Dank des Herausgebers

Diese Dokumentation „Deutsche Geschichte im 20. Jahrhundert" wurde von deutschen Historikern und Publizisten für die Nachwelt, zur Sicherstellung der Wahrheit über die bewegte politische Zeit in Mitteleuropa während der ersten fünfzig Jahre des Zwanzigsten Jahrhunderts und deren Fortwirkung geschaffen.

Sie wurde ermöglicht durch die Mitarbeit vieler verantwortungsbewußter Deutscher und durch eine beachtliche finanzielle Unterstützung einer Vielzahl von Förderern unserer Arbeit.

Letztlich ermöglicht wurde dieses Werk durch die Arbeit der Herren Dr. Rolf Kosiek und Dr. Nikolaus von Preradovich und die entscheidenden Spenden von

> Frau Eva Pape
> Frau Ursula Rudel
> Herrn Paul Kleinewefers
> Herrn Walter Niehoff †

denen es ein besonderes Anliegen war, einen wesentlichen Beitrag zur wahren Geschichtsbetrachtung zu leisten. Mein Dank gilt allen, die diese Arbeit ermöglichten.

Das Werk „Kultur- und Zeitgeschichte" geht letztlich zurück auf die Mitwirkung der Herren Klaus-Christoph Marloh, Dr. Hans Ertl, Wolfgang Hahn und Dr. Wolfgang Huber.

Rosenheim, Herbst 1990

Der Herausgeber

LEXIKON

DEUTSCHE GESCHICHTE
im 20. Jahrhundert

geprägt durch

ERSTEN WELTKRIEG
NATIONALSOZIALISMUS
ZWEITEN WELTKRIEG

Herausgegeben von Waldemar Schütz
Bearbeitet von Rolf Kosiek

DVG · DEUTSCHE VERLAGSGESELLSCHAFT · ROSENHEIM

ISBN 3-920722-01-9

Geleitwort

Die kritische Geschichtswissenschaft, die vor knapp zweihundert Jahren durch Barthold Georg Niebuhr und Leopold von Ranke ihr Gepräge erhielt, wird von drei Säulen getragen: den Quellen, ihrer Interpretation und der sachgerechten Darstellung. Das Quellenmaterial ist nicht nur eine unerläßliche Bedingung für die Urteilsbildung, sondern auch für die Zuverlässigkeit und Unabhängigkeit dieses Urteils. In den Quellen, insbesondere in den schriftlichen Zeugnissen, die uns erhalten sind, manifestiert sich die Geschichte. Geschichtsforschung läuft deshalb im Grunde auf nichts anderes hinaus, als daß wir das Quellenmaterial zum Sprechen bringen. Eine Geschichtsschreibung, die sich in der Darstellung nicht auf Quellen stützen kann, unterscheidet sich nur äußerlich von historischen Romanen, liest sich aber in der Regel nicht so gut.

Heute gilt es als Grundregel der Geschichtswissenschaft, von einer möglichst breiten Quellenbasis auszugehen. Obwohl im Zweifelsfall auch eine scheinbar belanglose Notiz beträchtlichen Zeugniswert besitzen kann, braucht einer grundsätzlichen Gleichwertigkeit des historischen Materials nicht das Wort geredet zu werden. Ob ein Dokument wichtig oder unwichtig ist, entscheidet sich immer anhand der Fragestellung des Geschichtsforschers. Die Fragestellungen ergeben sich aus seinem Arbeitsvorhaben. Aber selbst diese Eingrenzung geht niemals so weit, daß dadurch die Möglichkeit einer rangmäßigen Einstufung des Geschichtsmaterials völlig über den Haufen geworfen wird. Die „12 Artikel der Bauernschaft" aus dem Jahr 1525 sind und bleiben ein gewaltiges Zeugnis der Geschichte. Eine Notiz über den Kubikzentimeter-Inhalt des Tintenfasses eines mecklenburgischen Konsistorialrates im 19. Jahrhundert muß demgegenüber nicht unbedingt nur als amüsante Belanglosigkeit bezeichnet werden, aber zweifellos besitzt das erste Dokument einen höheren Stellenwert.

Diese Hierarchie flacht sich beträchtlich ab, sobald es um Fragen der Zeitgeschichtsforschung geht. Der Hintergrund des Problems, wie historisches Material einzustufen und zu bewerten ist, wird von der Frage nach dem Wichtigen und Unwichtigen, Wesentlichen und Unwesentlichen geprägt. Die Entscheidung darüber wird in der Zeitgeschichtsforschung und ebenso bei den meisten Geschichtsdarstellungen des 20. Jahrhunderts nur selten ohne politische Rücksichten gefällt. Für den Geschichtsunterricht in West- und Mitteldeutschland wurde nach 1945 das Programm der Umerziehung verbindlich, das von den vier Siegermächten bereits während des Zweiten Weltkrieges beschlossen und vorbereitet worden war.

Derselben Auflage hatte auch die Zeitgeschichtsforschung in der Bundesrepublik nachzukommen, die in der Nachkriegszeit entstand. Ihre Richtung war von vornherein festgelegt. Sie schlug sich in der Bezeichnung ihres 1950 in München gegründeten Zentrums nieder: „Deutsches Institut für Geschichte der nationalsozialistischen Zeit". Die Aufgabe war unmißverständlich, sie stand im Dienst der sogenannten Vergangenheitsbewältigung. Um diese Hypothek nach außen hin zu verbergen, wurde 1952 der Name neutralisiert und geändert in „Institut für Zeitgeschichte".

Der politische Auftrag der Vergangenheitsbewältigung im Sinne der Umerziehung machte es der zeitgeschichtlichen Forschung nach 1945 von Anfang an unmöglich, dem

Anspruch wissenschaftlicher Objektivität gerecht zu werden. Besonders gravierend war der Umstand, daß das Münchener Institut und mit ihm die gleichgelagerte Zeitgeschichtsforschung aufgrund der politischen Fixierung dazu genötigt war, bei der Auswahl der Quellen bewußt selektiv zu verfahren. Überdies wurden ganze Fragenkomplexe wegen ihrer politischen Brisanz ausgespart; sie waren tabuisiert. Dazu kam schließlich noch der Umstand, daß nur ein streng begrenzter Zugang zu den Quellen möglich war. Zeitgeschichtsforschung, das hieß damals: wenig Material, versetzt mit viel Meinung.

Diese Einschränkung gilt noch immer. Die Siegermächte hatten im Frühjahr 1945 das gesamte Quellenmaterial zur deutschen Geschichte seit 1918, das ihnen noch bei der Besetzung Deutschlands in die Hände fiel, umgehend beschlagnahmt und abtransportiert. Die USA und Großbritannien gaben nach 1960 wesentliche Bestände zurück. Frankreich und die Sowjetunion halten die Dokumente bis heute unter Verschluß. Nur in wenigen Ausnahmefällen gelingt die Einsicht in gewisse Komplexe.

Am unzugänglichsten sind auch im Ausland jene Dokumente, für die naturgemäß das deutsche Interesse besonders groß ist. Daß sich die englische Regierung dazu entschloß, die Unterlagen über die Mission von Rudolf Heß bis zum Jahre 2017 zu sperren, spricht für sich. Dasselbe gilt für die rund 2000 Telegramme, die Winston Churchill und Präsident Roosevelt vor dem Eintritt der USA in den Zweiten Weltkrieg gewechselt hatten und in denen sich, wie Churchill selbst bekundete, die wirklich wichtigen Tatsachen für den Eintritt Amerikas in den Krieg finden. In den USA verbietet ein Gesetz ausdrücklich ihre Veröffentlichung.

Wer diesen Rahmen bedenkt, innerhalb dessen sich die deutsche Zeitgeschichtsforschung zu bewegen hat, wird jede Bemühung begrüßen und unterstützen, die der Sicherung und Erweiterung des Dokumentenstandes dient. Die Vereinigung „Kultur- und Zeitgeschichte – Archiv der Zeit" wurde zu diesem Zweck gegründet und sieht darin ihre Hauptaufgabe. Mit den beiden Bänden „Deutsche Geschichte im 20. Jahrhundert" legt sie eine Chronologie der wichtigsten Ereignisse seit 1900 und ein Lexikon von Stichworten vor, die zumeist in der einschlägigen Literatur nur schwer oder entstellt zu finden sind. Die Bedeutung einer solchen Publikation braucht kaum unterstrichen zu werden. Hier wird ein Material vorgelegt, das weit verstreut und auch demjenigen nur schwer zugänglich ist, dem die Probleme unserer jüngeren Geschichte etwas besser vertraut sind. Da sich während der letzten Jahrzehnte in Deutschland ein bestimmt umrissenes Geschichtsbild durchgesetzt hat, bieten die beiden Bände die Möglichkeit, in vieler Hinsicht Korrekturen anzubringen. Korrekturen, die vor allem an den Tatsachen selbst durchzuführen sind.

So widersinnig es auch klingen mag: Unsere Epoche ist geradezu besessen von einem schrankenlosen Bedürfnis nach zuverlässiger Information, und doch wird nichts so häufig entstellt, verdreht, in politische Richtungen gebogen, manipuliert wie die Tatsachen. Wie aber kann ein zutreffendes Geschichtsbild entstehen, wenn es sich auf vermeintliche Tatsachen gründet und nicht auf die wirklichen Tatsachen? Die Zeitgeschichtsforschung im Ausland, vor allem in den Vereinigten Staaten, hat sich inzwischen schon seit Jahren zu einer Geschichtsschreibung der Vorurteilslosigkeit und Unbefangenheit durchgerungen. Die Sowjetunion vollzieht zur Zeit dieselbe Revision. Es sei nur an Katyn und die Ermordung von Abertausend polnischen Offizieren durch die Sowjets während des Zweiten Weltkrieges erinnert oder an jüngste Veröffentlichungen über die Vorbereitungen Stalins zum militärischen Angriff auf Deutschland, anhand derer die Frage neu aufgerollt werden muß, ob Hitler 1941 nicht zu einem Präventivschlag gezwungen war.

Wahrheitsfindung ist kein antiquiertes Unternehmen. Wahrheitsfindung in der Historiographie bedeutet Objektivität. Und dies wiederum heißt nichts anderes, als den Dingen, Ereignissen, Entwicklungen Gerechtigkeit widerfahren zu lassen – gleichgültig dagegen, ob die Ergebnisse für irgendeine Politik begrüßenswert sind oder nicht. Auf Gerechtigkeit hat die Geschichte genauso Anspruch wie jeder einzelne Mensch. Wer Tatsachen zurechtrückt, dient dem immer noch gültigen Grundsatz, den der größte deutsche Historiker, Leopold von Ranke, der modernen Geschichtsschreibung als Imperativ mit auf den Weg gegeben hat: Nicht mehr und nicht weniger zu tun, als „darzustellen, wie es eigentlich gewesen".

Hellmut Diwald

Vorwort

Das vorliegende Lexikon ist aus einer besonderen Lage entstanden: Mehr als eine Generation nach dem Zweiten Weltkrieg gibt es kein leicht zugängliches lexikalisches Werk zur deutschen Geschichte unseres Jahrhunderts mit objektiver Darstellung. Vorhandene Bücher sind meist sehr einseitig aus der Nachkriegssicht geschrieben, betonen nahezu ausschließlich die deutsche Schuld unter Verdrängung der Schuld der Alliierten und berücksichtigen kaum die Forschungsergebnisse der Historiker aus den letzten Jahrzehnten. Deshalb stellte sich „Kultur- und Zeitgeschichte – Archiv der Zeit" diese Aufgabe, deren Ergebnis nun nach mehrjähriger Arbeit vorliegt. An dieser Stelle sei allen Mitarbeitern herzlich gedankt.

Einschränkungen ergaben sich dadurch, daß trotz 50jährigem oder gar längerem zeitlichen Abstand von den Ereignissen manche Quellen und Archive – im Westen teilweise, im Osten fast in ihrer Gesamtheit – noch nicht der Forschung zugänglich gemacht wurden, sondern immer noch aus politischen Gründen unter Verschluß gehalten werden, nachdem seit 1945 vorrangig die Deutschland belastenden Materialien daraus veröffentlicht worden sind. Immer noch tauchen gelegentlich die bisherige allgemeine Anschauung verändernde Unterlagen auf. So ergaben sich erst in den letzten Jahren neue Aussagen z. B. zum Fall Katyn, zu Vorgängen in Konzentrationslagern, zum Präventivkriegscharakter des Rußlandfeldzuges, von allgemeinen Umbrüchen wie beim „Historikerstreit" seit 1986 mit dem Versuch der Versachlichung der Zeitgeschichte ganz zu schweigen. Auch die in Westdeutschland geltenden Strafgesetze und ihre Anwendung durch die Gerichte mußten beachtet werden.

Wir hoffen dennoch – trotz gelegentlich noch unklarer Quellenlage und sich in manchen Fällen widersprechenden Angaben in der Literatur –, im wesentlich alles sachlich und so dargestellt zu haben, „wie es wirklich war". Für weitere Hinweise und Anregungen sind wir dankbar.

Ein besonderes Anliegen war es, die moderne Literatur zu den einzelnen Stichwörtern möglichst bis zur Gegenwart (1990) fortzuführen, um dem Interessierten den Zugang zu den neueren Darstellungen zu ermöglichen, die der historischen Wahrheit näher kommen als viele Veröffentlichungen aus der ersten Nachkriegszeit. Die benutzten allgemeinen Nachschlage- und Sammelwerke sind nicht bei den einzelnen Stichwörtern, sondern im Anhang aufgeführt.

Für mich war diese Arbeit nach meinem Studium der Geschichte u. a. bei Hermann Heimpel und Percy Ernst Schramm in Göttingen sowie bei Werner Conze in Heidelberg eine sehr fruchtbare Wiederbeschäftigung mit wesentlichen Fragen unserer jüngsten Vergangenheit.

Seit kurzem sind durch die freiheitlichen Bewegungen im östlichen Mitteleuropa jahrzehntelang mit Gewalt festgeschriebene politische Machtverhältnisse aufgebrochen worden. Diese Revision staatlicher Ordnungen hat bereits erhebliche Wirkungen auch auf die Geschichtsschreibung ausgelöst. Möge das vorliegende Werk mit dazu beitragen, der historischen Wahrheit den Weg in die Öffentlichkeit zu bahnen und die Zeit einseitig-subjektiver Beurteilungen der Zeitgeschichte durch objektive Darstellungen abzulösen.

Nürtingen, am 18. Januar 1990.   Rolf Kosiek

A

Aachen, 1944/45 umkämpfte westdeutsche Großstadt. Nach schweren Bombenangriffen (vor allem am 13./14. 7. und 24./25. 12. 1943 sowie 11./12. 4. 1944) kam A. Anfang Oktober 1944 in Frontnähe. Gegen die von der Zivilbevölkerung weitgehend evakuierte Stadt begann der alliierte Angriff am 7. 10. 1944, der am 14. 10. 1944 zur Einkesselung führte. Bis zum 21. 10. 1944 konnten rund 5000 Mann unter Oberst Wilck A. zäh verteidigen und dadurch den weiteren US-Vormarsch sehr verzögern.

A-A-Linie, die von Adolf → Hitler im →Rußlandfeldzug angestrebte sowjetische Rückzugslinie Archangelsk–Astrachan. Durch die sowjetische Gegenoffensive im Dezember 1941 ist der deutsche Vorstoß jedoch auf der Linie Leningrad–Charkow–Krim zum Stehen gekommen, und 1942 konnten nur noch begrenzte Gebietsgewinne in Richtung →Stalingrad/ → Kaukasus erzielt werden.

Abendland, Bezeichnung für Europa. Im Unterschied zum Morgenland wird – insbesondere seit dem 16. Jahrhundert – Europa, vor allem sein mittlerer und westlicher Teil, A. (Okzident) genannt. Der Begriff umschreibt den europäischen Kulturkreis als Erbe aus Germanentum, Antike und Christentum. Die Gemeinsamkeit des A. kam bei der Verteidigung Europas gegen Mongolen, Muslims und Türken zum Ausdruck und wurde auch im 20. Jahrhundert bei der Verteidigung gegen den Bolschewismus beschworen.
H. St. Chamberlain: Die Grundlagen des 19. Jahrhunderts, 2 Bde., 1899. O. Spengler: Der Untergang des Abendlandes, 2 Bde., 1918/22. H. W. Neulen: An deutscher Seite, 1985. A. Rein: Europa und das Reich, 1943. R. Benz: Geist und Reich, 1932.

Abetz, Otto, Diplomat, * 26. 3. 1903 Schwetzingen, † 5. 5. 1958 Langenfeld/Düsseldorf. Der Kunstlehrer war 1934 Frankreich-Referent der →Reichsjugendführung und ab Januar 1935 in der →Dienststelle Ribbentrop als Referent für Frankreich tätig. Er wurde 1939 aus Frankreich ausgewiesen, war ab Juni 1940 wieder in Frankreich, ab August 1940 als Deutscher Botschafter bei der Regierung →Pétain. A. versuchte, die Franzosen zur Zusammenarbeit mit Deutschland zu gewinnen, schaffte Verbindung zu vielen französischen Intellektuellen, Literaten und Künstlern. 1945 im Schwarzwald verhaftet, wurde A. 1949 in Frankreich zu 20 Jahren Zwangsarbeit verurteilt, 1954 jedoch entlassen. 1958 kam er bei einem Autounfall infolge eines Schadens an der Lenkung um, möglicherweise bei einem politischen Racheakt. Er schrieb: „Das offene Problem. Rückblick auf zwei Jahrzehnte deutscher Frankreich-Politik" (1951).
E. Jäckel: Frankreich in Hitlers Europa, 1966.

Abgeordnetenhaus, die Zweite Kammer in Preußen 1855–1918.

Abmeierung, Fachausdruck aus dem →Erbhofrecht. Unter Wiederaufnahme alter bäuerlicher Tradition konnte nach dem →Erbhofgesetz vom 29. 9. 1933 in Deutschland ein →Erbhofbauer, der sich zur Führung seines Hofes unfähig gezeigt hatte, die sogenannte Bauernfähigkeit verlieren. Man konnte ihm dann die Erbhofverwaltung oder das Erbhofeigentum entziehen; er wurde „abgemeiert".

Abstammungsnachweis (Ariernachweis), von 1935–1945 für bestimmte Zwecke geforderter Nachweis der Abstammung aus „deutschem oder artverwandtem Blut" (von „arischer Abstammung"). Als „artverwandten Blutes" wurden vor allem die Angehörigen nordeuropäischer Völker angesehen. Der A. wurde durch eine urkundlich belegte Abstammungsdarstellung der Sippe (Ahnentafel oder Ahnenpaß) erbracht und war Voraussetzung für den Eintritt in bestimmte Berufe, Führungsposten, in →NSDAP oder →SS. Durch den A. sollten als rassefremd Bezeichnete, insbesondere Juden, aus bestimmten Berufen und von führenden Stellen in Deutschland ferngehalten werden. Der kleine A. ging bis zu den Großeltern, der große A. bis zu den am 1. 1. 1800 lebenden Vorfahren, für die SS bis 1750.

Abstimmungen, in den Diktaten von →Versailles und →Saint-Germain 1919 festgelegte Volksabstimmungen über die künftige Staatszugehörigkeit bestimmter deutscher Gebiete. Die A. wurden 1920/21 unter alliierter Kontrolle bei teilweise erheblicher Benachteiligung der Deutschen vorgenommen, die an der → Saar 1935. Die Abstimmungsgebiete waren: 1. →Nordschleswig: a) nördliche Zone am 10. 2. 1920 mit 74,2% (75000) für Dänemark; b) südliche Zone am 14. 3. 1920 mit 80% (53000) für Deutschland. Die Grenze zwischen den beiden Zonen sowie der Umstand, daß das Abstimmungsergebnis in der nördlichen Zone en bloc Gültigkeit hatte, in der südlichen Zone jedoch gemeindeweise, begünstigte die dänische Seite sehr. Die nördliche Zone fiel an Dänemark. – 2. Südliches →Ostpreußen und vier Kreise →Westpreußens (Marienwerder) am 11. 7. 1920 mit in Ostpreußen 97,8% (354000) für Deutschland, in Westpreußen 92,3% (97000) für Deutschland. Damit wurden die polnischen Behauptungen des angeblich polnischen Charakters dieser Gebiete überzeugend widerlegt, die bei Deutschland blieben bis auf kleine Bezirke, die entgegen der Abstimmung und gegen deutschen Protest von der Botschafterkonferenz am 1. 10. 1920 Polen zugesprochen wurden. – 3. →Eupen-Malmedy am 24. 7. 1920; statt geheimer Abstimmung mußten die Deutschen, 82% der Einwohner, durch belgisches Militär behindert und eingeschüchtert, auf den Ämtern für Deutschland votieren, wozu nur wenige (270) bereit waren. Der Völkerbundsrat sprach am 20. 9. 1920 die Kreise Eupen und Malmedy Belgien zu. – 4. →Oberschlesien am 20. 3. 1921 mit 59,6% (717000) für Deutschland trotz polnischen Terrors gegen Deutsche. Entgegen dem Abstimmungsergebnis wurde Oberschlesien geteilt und der wertvollste Teil des Bergbau- und Industrieureviers, Ostoberschlesien mit rund 950000 Bewohnern und 3200 km^2 Fläche, vom Völkerbundsrat am 20. 10. 1921 Polen zugesprochen, wobei auch die mehrheitlich deutschen Städte Kattowitz (57%) und Königshütte (75%) an Polen fielen. In dem am 3. 5. 1921 entfesselten 3. →Korfanty-Aufstand versuchte Polen, ganz Oberschlesien zu erobern, was von deutschen → Freikorps in blutigen Kämpfen (→Annaberg) verhindert wurde. – 4. →Kärnten: a) südliche Zone A am 10. 10. 1920 mit 59% (22000) für Österreich trotz teilweiser Besetzung durch jugoslawische Truppen; b) in nördlicher Zone B konnte die A. nach dem Abstimmungsergebnis in Zone A entfallen. Versuche slowenischer Truppen, nach der A. Südkärnten zu besetzen, konnten verhindert werden. Kärnten blieb bis auf die ohne A. an Jugoslawien fallenden Gebiete →Mießtal und Seeland und das zu Italien kommende →Kanaltal bei Österreich. – 5. → Saarland am 13. 1. 1935 mit 90,8% (478000) für Deutschland, wonach das Saargebiet am 1. 3. 1935 zum Reich zurückkehrte. – 6. →Ödenburg, wichtigste Stadt des →Burgenlandes, am 14. 12. 1921. Durch massive Wahlfälschungen und Druck ungarischer Truppen und Freischaren fiel das Ergebnis zuungunsten Österreichs aus. Der ostburgenländische Grenzsaum mit vielen Gemeinden mit deutscher Mehrheit kam ohne A. zu Ungarn. – Andere rein oder überwiegend deutsche Gebiete, insbesondere das →Memelland, große Teile →Westpreußens, →Posens, der →Südsteiermark sowie →Südtirol, →Elsaß-Lothringen, das →Hultschiner Ländchen und das →Sudetenland wurden ohne A. abgetrennt. – A. über den →Anschluß Österreichs an das Deutsche Reich fanden am 24. 4. 1921 in Nordtirol und am 29. 5. 1921 im Salzburger Land mit 98,6% bzw. 99% für den Anschluß statt. Weitere derartige A. wurden Österreich von den Alliierten verboten.

F. Lüdtke, E. O. Thiele: Der Kampf um deutsches Ostland, 1939. H. Dietwart: Hundert Jahre deutsches Schicksal, 1981. H. Draeger (Hrsg.): Der Vertrag von Versailles, 1933. P. Kirn: Geschichte der deutschen Grenzen, 1958. Wicker Kreis (Hrsg.): Die deutschen Ostgrenzen, 1981. B. von Hülsen: Der Kampf um Oberschlesien, 1922.

Abwehr, deutscher militärischer Nachrichten- und Spionageabwehrdienst, 1920 gegründet und dem Reichswehrministerium angegliedert, später dem Oberkommando der Wehrmacht unterstellt. Die A. wurde ab 1. 1. 1935 von (Konter-)Admiral W. →Canaris geleitet. Sie war wie folgt gegliedert: Amtsgruppe Ausland für die außenpolitisch-militärische Auswertung, Abteilung Z für Organisation und Verwaltung, Abteilung I für den Geheimen Meldedienst, Abteilung II für Sabotage und Zersetzung, Abteilung III für Spionageabwehr und Gegenspionage. Der A. gelangen erhebliche Erfolge bei der Enttarnung feindlicher Agenten und Spionageringe, z. B. der →Roten Kapelle. Von Canaris gedeckt und unterstützt, haben jedoch auch A.-Angehörige im Krieg der Feindseite kriegswichtige Nachrichten zukommen lassen, Staatsstreichpläne und Attentate vorbereitet und unterstützt (so Oberst →Oster, Leiter der Abteilung Z von 1938–1943). Diese Aktionen wurden dadurch unterbunden, daß 1943 der Referatsleiter von →Dohnanyi verhaftet und Oster vom Dienst suspendiert, Canaris im Februar 1944 abgelöst und die A. dem Auslandsnachrichtendienst des →Reichssicherheitshauptamtes angegliedert wurde. Die nachrichtendienstlichen Meldungen der A. wurden den Anforderungen der Kriegführung nur selten gerecht.

H. Höhne: Kennwort: Direktor. Die Geschichte der Roten Kapelle, 1970. H. Höhne: Canaris. Patriot im Zwielicht, 1976. P. Leverkuehn: Der geheime Nachrichtendienst der deutschen Wehrmacht im Kriege, 1957. O. Reile: Der deutsche Geheimdienst im II. Weltkrieg, 2 Bde., 1989. G. Buchheit: Der deutsche Geheimdienst. Geschichte der militärischen Abwehr, 1966. O. Reile: Treffpunkt Lutetia Paris, 1973. R. Gehlen: Der Dienst, 1973. O. Reile: Geheime Ostfront, 1963. W. Schellenberg: Aufzeichnungen. Die Memoiren des letzten Geheimdienstchefs unter Hitler, 1979.

„Achse", Fall, deutsche Gegenmaßnahmen nach dem Bekanntwerden von Italiens Waffenstillstand am 8. 9. 1943. Dabei wurde Rom im Handstreich besetzt, alle italienischen Truppen im Mutterland, in Frankreich und auf dem Balkan wurden entwaffnet, gefangengenommen oder entlassen, insgesamt 42 Divisionen, vier Kampfgruppen und starke Marineverbände. Vereinzelter Widerstand wurde schnell gebrochen. Rund 300 italienischen Flugzeugen und einigen Kriegsschiffen gelang der Durchbruch zu den →Alliierten.

W. Haupt: Kriegsschauplatz Italien 1943–1945, 1977. A. Kesselring: Soldat bis zum letzten Tag, 1953. B. H. Liddell Hart: Jetzt dürfen sie reden, 1950.

Achsenmächte, Bezeichnung zunächst für Deutschland und Italien, später auch für Japan und die anderen Verbündeten Deutschlands im 2. Weltkrieg. Die am 25. 10. 1936 zwischen dem italienischen Außenminister →Ciano und → Hitler (bzw. von →Neurath) vereinbarte deutsch-italienische Übereinkunft wurde von →Mussolini am 1. 11. 1936 als →„Achse Berlin–Rom" bezeichnet und symbolisierte die wachsende politische Zusammenarbeit beider Länder: Anerkennung der italienischen Eroberung Abessiniens, gemeinsame Unterstützung Franco-Spaniens, Duldung des →Anschlusses Österreichs durch Italien bis hin zu gemeinsamen Maßnahmen im 2. Weltkrieg. Spätere Festigung des Zusammenhalts der A. erfolgte durch →Antikominternpakt, →Stahlpakt, →Dreimächtepakt.

J. Petersen: Hitler–Mussolini. Die Entstehung der Achse Berlin–Rom 1933–36, 1973. M. Funke (Hrsg.): Hitler, Deutschland und die Mächte, 1976. F. Anfuso: Rom–Berlin in diplomatischem Spiegel, 1951.

Acht Karlsbader Punkte, →Karlsbader Acht Punkte.

Achtstundentag. Zur Ablösung der früher meist höheren und vom Unternehmer festgesetzten täglichen Arbeitszeit wurde im →Arbeitszeitrecht mit der Arbeitszeitordnung vom 17. 2. 1935 für Deutschland der A. für alle Arbeiter und Angestellten eingeführt, d. h. festgelegt, daß die werktägliche Arbeitszeit acht Stunden nicht überschreiten darf. Damit wurde eine alte Forderung der Arbeiterverbände erfüllt. Der A. wurde in der Arbeitszeitverordnung vom 30. 4. 1938 bestätigt.

Adenauer, Konrad, Politiker, * 5. 1. 1876 Köln, † 19. 4. 1967 Rhöndorf. Jurist in Köln, dort ab 1906 städtischer Beigeordneter (Zentrum) und 1917–1933 Oberbürgermeister, 1920 Mitglied, dann Präsident des Preußischen Staatsrats bis 1933. A. setzte sich nach 1918 für einen von Preußen abgelösten rheinischen Freistaat ein. 1934 und nach dem 20. Juli 1944 wurde A. kurzzeitig verhaftet. Von den Amerikanern wurde er im Mai 1945 als Oberbürgermeister von Köln erneut eingesetzt und im Oktober 1945 von den Engländern wieder entlassen. A. war Mitbegründer und ab März 1946 Vorsitzender der CDU der britischen Besatzungszone, CDU-Fraktionsvorsitzender im Landtag von Nordrhein-Westfalen, 1948 Präsident des Parlamentarischen Rates. Am 15. 9. 1949 wurde er mit einer Stimme Mehrheit zum 1. Bundeskanzler gewählt. Er betrieb die Westintegration der Bundesrepublik. In seine Regierungszeit fielen u. a. der Deutschlandvertrag, mit dem die BRD am 5. 5. 1955 weitgehend souverän wurde, der wirtschaftliche Aufschwung, der Beitritt der BRD zur NATO und die Aufstellung der Bundeswehr sowie eine Verständigung mit Frankreich. Am 15. 10. 1963 trat A., bis dahin immer wiedergewählt, als Bundeskanzler zurück. Er schrieb: „Erinnerungen" (1965–1968).

K.D. Erdmann: Adenauer in der Rheinpolitik nach dem 1. Weltkrieg, 1966. A. Baring: Außenpolitik in Adenauers Kanzlerdemokratie, 1969. M. Jenke: Bonn – besser als Weimar?, 1985. H. P. Schwarz: Adenauer, 1986. H. Osterhold: Konrad Adenauer, 1987. W. von Sternburg: Adenauer, 1988.

„Adler", Unternehmen, Bezeichnung für den deutschen Luftkrieg gegen Großbritannien 1940. Nach ersten stärkeren deutschen Luftangriffen auf Südengland ab 10. 7. 1940 durch die Luftflotte 2 (General der Flieger Albert →Kesselring) und 3 (General der Flieger Hugo → Sperrle) erfolgte am 1. 8. 1940 →Hitlers → „Weisung Nr. 17" über den verschärften Luft- und Seekrieg gegen England, der am „Adlertag", 13. 8. 1940, begann und seinen Höhepunkt am 15./16. 8. 1940 mit dem Einsatz von 1786 Flugzeugen erreichte (→Luftschlacht um England). Die zweite Phase brachte vom 5.–7. 9. 1940 Bombenangriffe auf London, die sich abgeschwächt bis zum 5. 10. 1940 hinzogen und wegen hoher Bomberverluste abgebrochen wurden. Mit dem Decknamen „A." wurden ferner ein Unternehmen zur Freikämpfung des Küstenabschnittes Fiume–Zara–Split von Partisanen ab 20. 10. 1943 und der Rückzug der Einheiten der deutschen 17. Armee auf →Sewastopol vom 12. – 16. 4. 1944 nach Durchbruch der Sowjets beim deutschen V. Armeekorps bezeichnet.

G. W. Feuchter: Geschichte des Luftkrieges, 1954. H. Kohl: Wir fliegen gegen England, 1940. T. Weber: Die Luftschlacht um England, 1956.

„Adler der Ostfront", Ehrenname für den Stukaflieger Hans-Ulrich →Rudel.

Adlerhorst, Bezeichnung für das →Führerhauptquartier bei Schloß Ziegenhain/Hessen, etwa elf Kilometer westlich Bad Nauheim. Der im Winter 1939/40 erbaute A. wurde 1940 wegen des schnellen Endes des →Westfeldzuges nicht benutzt, sondern erst vom 10. 12. 1944 bis 16. 1. 1945, als →Hitler von hier die →Ardennenoffensive leitete.

G. Buck (Hrsg.): Das Führerhauptquartier 1939–1945, 1977.

Adlerorden, 1. *Schwarzer A.*, 1701–1919 höchster preußischer Orden. Von König Friedrich I. 1701 gestiftet, verlieh er mit dem Wahlspruch „Suum cuique" (Jedem das Seine) den Erbadel. – 2. *Roter A.*, 1792–1918 zweithöchster preußischer Orden. Von Erbprinz Georg Wilhelm von Bayreuth gestiftet, wurde er in vier Klassen und einem Großkreuz mit dem Wahlspruch „Sincere et constanter" (Aufrichtig und standhaft) verliehen. – 3. *Verdienstorden vom Deutschen Adler,* deutscher Orden 1937–1945. Am 1. 5. 1937 von Adolf Hitler gestiftet, wurde er in fünf Stufen und einer Medaille, für militärische Verdienste mit Schwertern, nur an Ausländer verliehen. Am 20. 4. 1939 wurde das →Großkreuz in Gold als Sonderstufe von Adolf Hitler gestiftet.

Adlerplakette, Ehrengabe des Deutschen Reiches. Die in Form eines kleinen Adlerschildes 1922 vom Reichspräsidenten →Ebert gestiftete Plakette wurde bis 1945 für Verdienste um Wissenschaft und Kunst verliehen.

„Adler von Triest", Ehrenname für Gottfried Alois Baron von →Banfield.

„Admiral Graf Spee", →„Spee, Admiral Graf".

Admiralitäts-Inseln, Inselgruppe und ehemalige deutsche Kolonie in Asien. Als Teil des →Bismarck-Archipels umfaßten die A. rund 2000 km^2 mit 13000 Bewohnern. Mit dem → Bismarck-Archipel wurden sie 1884 von der Neuguinea-Kompanie erworben und kamen 1899 unter unmittelbare Reichsherrschaft, vom Bezirksamt Friedrich-Wilhelms-Hafen auf →Kaiser-Wilhelm-Land verwaltet. 1914 wurden die A. von Australiern besetzt, die 1919 das Völkerbundsmandat über die Inselgruppe erhielten.

H. Nevermann: Die Admiralitäts-Inseln, 1934. K. Graudenz und H. M. Schindler: Die deutschen Kolonien, 1982.

„Admiral Scheer", erfolgreiches deutsches Panzerschiff. Einsatz im Spanischen Bürgerkrieg mit Beschuß des Hafens von Almeria am 29. 5. 1937. Sie lief am 23. 10. 1940 unter Kapitän Krancke zur Kaperfahrt aus und versenkte bis zur Rückkehr am 1. 4. 1941 im Atlantik und Indischen Ozean 17 Schiffe mit 113233 BRT,

insbesondere am 5. 11. 1940 im Nordatlantik Teile des Geleitzuges HX 84 mit dem britischen Hilfskreuzer „Jervis Bay". 1942/43 war sie gegen alliierte Geleitzüge von Nordnorwegen aus eingesetzt, 1944/45 vor Kurland und Ostpreußen, bis sie am 9./10. 4. 1945 durch Bomben in Kiel zerstört wurde.

E. B. Potter: Seemacht, 1986.

Adolf-Hitler-Kanal, bis 1945 Bezeichnung für einen 1933–1939 gebauten Kanal in Oberschlesien, der das Industriegebiet um Gleiwitz mit der Oder bei Cosel verbindet.

Adolf-Hitler-Koog, bis 1945 Bezeichnung für einen 1935 eingeweihten Koog an der Westküste Schleswig-Holsteins, der in der Dieksander Bucht dem Meere abgewonnen wurde und 1333 ha eingedeichtes Land umfaßt.

Adolf-Hitler-Marsch, Sternmarsch der →HJ zum Reichsparteitag der NSDAP. Ab 1936 marschierten beim A. der dt. Jugend mehrere tausend HJ-Angehörige aus allen Gebieten des Reiches nach Nürnberg und dort geschlossen an →Hitler vorbei. Nach dem Ende des Reichsparteitages 1938 zogen sie nach Landsberg am Lech zu einer abendlichen Abschlußkundgebung. An den Reichsparteitagen nahmen ab 1933 etwa 50000 HJ-Angehörige teil.

Adolf-Hitler-Schulen (AHS), nationalsozialistische Schulen für Führernachwuchs. In Zusammenarbeit zwischen →Reichsjugendführer (B. von →Schirach) und dem Reichsorganisationsleiter der →NSDAP (Dr. R. →Ley) entstanden die AHS ab 1937, zunächst in →Crössinsee und →Sonthofen. Sie sollten mit der Ausbildung des Führernachwuchses der NSDAP beginnen, die später in →Ordensburgen fortgesetzt wurde. In den AHS wurden unentgeltlich junge Menschen aller Stände und Klassen zusammengefaßt und wie in Internaten untergebracht. Charakter, schulische und sportliche sowie geistige Begabung und Führungseigenschaften waren für die Berufung entscheidend. Schulziel war nach sechs Jahren die Reifeprüfung („Diplom"). Das Niveau der AHS war hoch, die angewandte Pädagogik sehr modern und offen, so daß sie die Jungen begeisterte. Erzieher und Schüler trugen HJ-Uniform und unterstanden dem Inspekteur (später Kommandeur) der AHS in der →Reichsjugendführung.

M. Klüver: Die Adolf-Hitler-Schulen, 1979.

Adolf-Hitler-Spende der deutschen Wirtschaft, Spende industrieller Wirtschaftsverbände im Frühjahr 1933. Mit der A. sollten Einzelsammlungen abgelöst und der nationale Aufbau gefördert werden. Die verschiedenen Wirtschaftszweige verpflichteten sich im allgemeinen, rund 5‰ der Jahreslohnsumme zu spenden.

Ärzte-Prozeß, amerikanischer Militärgerichtsprozeß gegen deutsche Ärzte, der am 9. 12. 1946 in Nürnberg begann und am 20. 8. 1947 endete. Angeklagt waren der frühere Reichsbeauftragte für das Sanitäts- und Gesundheitswesen, Prof. Karl Brandt, der ehemalige Präsident des Deutschen Roten Kreuzes, Prof. Karl Gebhard, weitere zwanzig Ärzte und zwei Nichtmediziner. Vorgeworfen wurden ihnen Versuche an Häftlingen, die die Angeklagten als notwendig für die Rettung und Versorgung von verwundeten und erkrankten Soldaten bezeichneten. Sieben Angeklagte, darunter Brandt und Gebhard, wurden zum Tod durch den Strang, fünf zu lebenslänglicher, vier zu langjähriger Freiheitsstrafe verurteilt und sieben freigesprochen. Rechtsgrundlagen und Durchführung dieses Prozesses sowie die Urteile dieser Siegerjustiz werden vielfach als fragwürdig angesehen.
T. Taylor: Die Nürnberger Prozesse, 1951.

Afrikakorps, deutscher Truppenteil im 2. Weltkrieg. Nach Niederlagen der italienischen Truppen in Nordafrika verfügte A. →Hitler am 11. 1. 1941 mit →Weisung Nr. 22 die Aufstellung deutscher Panzerverbände zum Einsatz in Nordafrika, die ab Februar 1941 dort eintrafen und von General Erwin →Rommel befehligt wurden. Durch List und Geschick hatte Rommel, als „Wüstenfuchs" vom Gegner gefürchtet wie geachtet, anfangs große Erfolge, konnte →Bengasi und →Tobruk erobern und bis →El Alamein, 100 km vor Kairo, vorrücken, von wo er wegen ausbleibenden Nachschubs – dessen Daten durch italienischen Verrat und durch Abhören (Ultra) den Briten bekannt wurden und der dann im Mittelmeer meist versenkt wurde – umkehren mußte (2. 11. 1942). Nachdem am 8. 11. 1942 amerikanische Truppen bei Algier und Oran gelandet waren, wurde das A. im Zweifrontenkrieg immer mehr zusammengedrängt und mußte am 13. 5. 1943 unter Generaloberst von Arnim kapitulieren, der im März Nachfolger Rommels geworden war. Die Reste des A., rd. 250000 Mann, gingen in Gefangenschaft und mußten meist in den USA bis Kriegsende Farmarbeit leisten.
P. Carell: Die Wüstenfüchse, [6]1961. W. Baum, E. Weichold: Der Krieg der Achsenmächte im Mittelmeerraum, 1973. B. L. Montgomery: Von El Alamein zum Sangro. Wessel: Mit Rommel in der Wüste, 1944. W. Haupt, J. K. W. Bingham: Der Afrika-Feldzug, 1968. V. Kühn: Mit Rommel in der Wüste, [6]1985. H. Schroetter: Panzer rollen in Afrika vor, 1985. F. Kurowski: Endkampf in Afrika, o. J. F. Kurowski: Das Afrika-Korps, 1978. H. Gr. von Esebeck: Afrikanische Schicksalsjahre, 1975. J. Piekalkiewicz: Der Wüstenkrieg in Afrika 1940–43, 1985.

Agadir, Panthersprung von, →Panthersprung von Agadir.

Agrarpolitischer Apparat, nationalsozialistische Parteiorganisation. Von Richard Walther →Darré am 1. 6. 1930 gegründet, sollte der A. die agrarpolitischen Aussagen und Maßnahmen der →NSDAP ausarbeiten und koordinieren. 1933 ging aus dem A. das Reichsamt für Agrarpolitik (Agrarpolitisches Amt) unter Darré mit Sitz in Berlin hervor. Stabsleiter war van der Decken.
E. Klais: Geschichte der deutschen Landwirtschaft im Industriezeitalter, 1973.

Agrarprogramm der NSDAP, Erklärung der →NSDAP vom 6. 3. 1930 zur Agrarpolitik. Die von R. W. →Darré formulierte „Parteiamtliche Kundgebung über die Stellung der NSDAP zum Landvolk und zur Landwirtschaft" brachte Forderungen zur Verbesserung der Lage der Bauern durch eine „deutsche Bodenpolitik". Sie sollte ein Verbot der Verpfändung des Bodens bewirken, ein besonderes Erbrecht gegen die Zersplitterung der Höfe bringen, zur Entschuldung der Bauern führen und deren Selbstbewußtsein heben. Das A. brachte der NSDAP viele Stimmen aus dem in der Weimarer Zeit weithin in Not geratenen Bauernstand. Zentrale Punkte des A. wurden nach 1933 von Darré in der NS-Agrarpolitik verwirklicht, insbesondere im →Reichserbhofgesetz vom 29. 9. 1933.
R. W. Darré: Das Bauerntum als Lebensquell der nordischen Rasse, [2]1937. R. W. Darré: Um Blut und Boden, 1940. H. Backe: Um die Nahrungsfreiheit Europas, 1939. H. Backe: Das Ende des Liberalismus in der Wirtschaft, 1938. H. Stoll/Z. Bauer: Deutsches Bauernrecht, [4]1943. R. W. Darré: Aufbruch des Bauerntums, 1942. Mühlbauer/Wintrich/Rummel: Bauer und Erbhof, 1937. F. Grundmann: Agrarpolitik im „Dritten Reich", 1979. W. Tornow: Chronik der Agrarpolitik und Agrarwirtschaft des Deutschen Reiches von 1933–1945, 1972.

Ahnenerbe, wissenschaftliche Einrichtung der SS. Am 1. 7. 1935 wurde in Berlin auf Anregung von H. →Himmler, R. W. →Darré und dem Urgeschichtsforscher H. Wirth die „Studiengesellschaft für Geistesgeschichte Deutsches Ahnenerbe" als eine „Lehr- und Forschungsgemeinschaft" innerhalb der →SS gegründet. Ab 1937 war H. Himmler Präsident, Reichsgeschäftsführer war W. Sievers mit Sitz in Waischenfeld, Kurator war W. Wüst. 1944 bestanden etwa vierzig wissenschaftliche Abteilungen. Das A. sollte die germanische Vorge-

schichte erforschen, sich um die deutsche Volkskunde bemühen, auch Beiträge zur Rassenforschung liefern. Das A. gab Schriftenreihen und Zeitschriften heraus. Der Versuch des A., im Rahmen eines „Germanischen Wissenschaftseinsatzes" auch in den germanischen Ländern West- und Nordeuropas Fuß zu fassen, hatte keinen großen Erfolg.
M. H. Kater: Das „Ahnenerbe" der SS 1935–45, 1974.

„Aida", Unternehmen, Bezeichnung für die Offensive des deutschen →Afrikakorps gegen die Engländer in Libyen und Ägypten vom 26. 5. 1942.

Akademie für deutsches Recht, 1933–1945 höchste wissenschaftliche Stelle zur Gestaltung des deutschen Rechts im Sinne der nationalsozialistischen Weltanschauung. Im Juni 1933 von Reichsminister Hans →Frank gegründet und seitdem von ihm geleitet, hatte die A. ihren Sitz in München und die Form einer öffentlich-rechtlichen Körperschaft der Reichs.

Akademie für Jugendführung, Führerschulungsstätte der →HJ in Braunschweig. Nach Ableistung von Arbeits- und Wehrdienst, längerer Tätigkeit bei einer Gebietsführung der HJ und Teilnahme an einem Lehrgang an der Reichsjugendführerschule in Potsdam konnte ein Hitlerjunge an die A. berufen werden. Die Ausbildung dauerte ein Jahr, endete mit einer Abschlußprüfung und verpflichtete zu zwölfjährigem Dienst in der HJ. Die A. sollte mit modernen Methoden der Menschenführung vertraut machen und ein befähigtes Führerkorps der HJ heranziehen. Die Arbeit der kurz vor dem 2. Weltkrieg errichteten A. mußte im Krieg eingestellt werden.
J. Schultz: Die Akademie für Jugendführung der Hitlerjugend in Braunschweig, 1978. M. Bültemann: Architektur für das Dritte Reich, 1986.

Akademien des NSD-Dozentenbundes, 1938–1945 bestehende akademische Einrichtungen u. a. in Kiel, Göttingen, Heidelberg, Tübingen. Die A. sollten das deutsche Wissenschaftsleben mit nationalsozialistischem Geist durchdringen und in diesem Sinn die Einheit von Forschung und Lehre, von Lehrendem und Lernendem und die der verschiedenen Wissensgebiete fördern.

„Alarich", Unternehmen, Bezeichnung bis 24. 7. 1943 (dann →„Achse") für einen deutschen Plan zur Besetzung Italiens durch deutsche Truppen für den Fall des Ausscheidens Italiens aus dem Bündnis. Damit befaßte sich A. →Hitlers →Weisung Nr. 49 vom 31. 7. 1943. Vorbereitende Maßnahmen dazu hatte Gene-

ralfeldmarschall E. →Rommel durch Truppenverlegungen nach Oberitalien bereits ab 27. 7. 1943 getroffen.
W. Hubatsch: Hitlers Weisungen für die Kriegführung 1939–1945, 1962.

Algeciras-Konferenz, Tagung europäischer Groß- und Mittelmächte sowie der USA vom 16. 1.–7. 4. 1906 zur Beilegung der 1. →Marokko-Krise. Deutschland, nur von Österreich-Ungarn unterstützt, mußte nachgeben und Frankreichs – seit 1904 beanspruchte – Herrschaft über Marokko gegen kleine Zugeständnisse anerkennen. Erstmals wirkte sich hier die Einkreisung Deutschlands aus. In der Algeciras-Akte, 1909 durch das Marokko-Abkommen ergänzt, wurde die allgemeine Handelsfreiheit in Marokko und außerdem festgelegt, daß die Bank von Marokko von einem französischen, spanischen und deutschen Prüfer kontrolliert, die Polizei in Marokko von französischen und spanischen Offizieren geleitet werden sollte. Als Vertreter eines härteren Kurses gegenüber Frankreich wurde die „Graue Eminenz" im deutschen Auswärtigen Amt, von →Holstein, entlassen.

Alldeutscher Verband, nationale Vereinigung. Der 1891 als Reaktion auf den Sansibar-Vertrag gegründete A. (bis 1894 Allgemeiner Deutscher Verband) sollte das deutsche Nationalbewußtsein stärken und forderte eine tatkräftige Macht- und Weltpolitik des Kaiserreichs. Sein Organ waren die „Alldeutschen Blätter". Er hatte zeitweise bis zu 40 000 Mitglieder, verlor nach dem 1. Weltkrieg seine Bedeutung und wurde 1939 aufgelöst.
Werner: Der Alldeutsche Verband, 1935.

Alleinkriegsschuld, →Kriegsschuldfrage.

Alliierte, Verbündete. Im engeren Sinne der Zeitgeschichte werden darunter die alliierten (und assoziierten) Mächte verstanden, die im 1. und/oder 2. →Weltkrieg Gegner Deutschlands waren, insbesondere England, Frankreich, USA und Rußland/Sowjetunion, die zugleich als Siegermächte 1919 in →Versailles/ →Saint-Germain/→Trianon und 1945 in → Potsdam auftraten.

Alliierte Hohe Kommission (AHK), oberstes Kontrollorgan 1949–1955 der drei Westmächte für die Bundesrepublik Deutschland und Berlin-West. Die drei Hohen Kommissare der AHK bestimmten noch weitgehend die Richtlinien der westdeutschen Politik. Sitz der AHK war der Petersberg bei Bonn. Grundlage der AHK war das →Besatzungsstatut vom 12. 5. 1949, das am 21. 9. 1949 in Kraft trat.
L. Herbst (Hrsg.): Westdeutschland 1945–1955, 1986.

Alliierter Kontrollrat, 1945 eingesetzte alliierte Behörde, die nach der Verhaftung der deutschen Reichsregierung am 23. 5. 1945 die Regierungsgewalt in Deutschland übernahm und „für eine angemessene Einheitlichkeit" des Vorgehens in den vier Zonen sorgen sollte. Die vier Besatzungsmächte waren durch ihre jeweiligen Oberbefehlshaber im A. in Berlin vertreten. Jeder Vertreter hatte das Vetorecht. Mit 62 Kontrollratsgesetzen und 57 Direktiven wurde die „Entmilitarisierung", „Entnazifizierung" und „Entindustrialisierung" Deutschlands zunächst in allen vier Zonen eingeleitet. Am 20. 3. 1948 verließ der sowjetische Militärbefehlshaber den A., der seitdem nicht mehr zusammentrat.

M. Virally: Die internationale Verwaltung Deutschlands, 1948. L. Herbst (Hrsg.): Westdeutschland 1945–1955, 1986. J. Foschepoth und R. Steininger (Hrsg.): Die britische Deutschland- und Besatzungspolitik 1945–1949, 1985.

Alpenfestung, Bezeichnung für den Alpenraum gegen Ende des 2. Weltkrieges. Ab Herbst 1944 wurden von deutscher Seite Überlegungen angestellt, bei einem Eindringen feindlicher Verbände in das Reichsgebiet die verbliebenen deutschen Streitkräfte im Nordraum um Berlin und in den Alpen zu konzentrieren, um in diesen Gebieten den Einsatz neuer Waffen sowie den Zerfall der Feindkoalition durch den Ausbruch von Differenzen zwischen der Sowjetunion und den Westmächten abzuwarten. Der Gauleiter von Tirol, Franz →Hofer, beantragte am 3. 11. 1944 vom Führerhauptquartier Vollmachten für den Ausbau der A. Im Februar wurden erste Maßnahmen zu ihrer Errichtung eingeleitet. Hofer drängte am 9. 4. 1945 erneut auf die Herstellung des Verteidigungszustandes in den Alpen, in die vor allem deutsche Truppen aus Norditalien einrücken sollten. Am 15. 4. 1945 wurden erste Vorbefehle erlassen, am 20. 4. 1945 von A. →Hitler der Ausbau der A. befohlen. Die Übersiedlung einiger zentraler Behörden des Deutschen Reiches und der →NSDAP in den Raum Berchtesgaden wurde gegen Ende April teilweise durchgeführt. Mit dem Verbleib des Führerhauptquartiers in Berlin und dem schnellen Kriegsende wurde der Plan hinfällig. Es gab nur einige Panzersperren bei Reutte in Tirol, am Fernpaß, in der Scharnitzer Klause, am Zirler Berg, bei Kufstein und Unken. Die Westalliierten hatten Gerüchte um die Errichtung einer A. jedoch mit großer Besorgnis verfolgt und von der Schweiz den Kriegseintritt gegen Deutschland verlangt, um die A. mit Schweizer Hochgebirgstruppen erobern zu können.

Alpenkorps, Gebirgsjägerdivision. 1915 wurde nach dem Kriegseintritt Italiens eine bayerisch-preußische Division aufgestellt, das A., das im 1. Weltkrieg zunächst in Tirol, später in Serbien, Rumänien, Italien und an der Westfront kämpfte. In der Deutschen Wehrmacht wurde im 2. Weltkrieg das XVIII. Armeekorps als A. bezeichnet, das u. a. in Nordnorwegen eingesetzt war.

S. Herbert: Das Alpenkorps, 1988.

Alte Garde, Gruppe von →NSDAP-Mitgliedern. Zur A. gehörten die Träger des →Blutordens (Teilnehmer am →Marsch zur →Feldherrnhalle in München 9. 11. 1923) und des →Goldenen Ehrenzeichens der NSDAP (Mitglieder mit einer Mitgliedsnummer unter 100 000). Die A. veranstaltete eigene Treffen, besonders den „Tag der Alten Garde" am 9. November.

Alte Kämpfer, NS-Bezeichnung für Männer, die vor dem 30. 1. 1933 →SA- oder →SS-Mitglieder waren, die →NSDAP-Mitgliedsnummer unter 300 000 hatten oder am 1. 10. 1933 länger als ein Jahr →Amtswalter der NSDAP waren.

„Altmark"-Zwischenfall, britische Verletzung norwegischer Hoheitsgewässer. Am 16. 2. 1940 kaperte der britische Zerstörer „Cossack" mit fünf Torpedobooten in norwegischen Hoheitsgewässern im Jössingfjord das deutsche Handelsschiff „Altmark", wobei vier deutsche Seeleute ums Leben kamen. Die „Altmark" hatte 303 britische Seeleute an Bord, deren Schiffe die „Admiral Graf Spee" aufgebracht hatte; die englischen Schiffe nahmen sie mit. Norwegen protestierte kaum gegen diesen Bruch des Seerechts und bewies dadurch sein geheimes Einverständnis mit den Engländern. Andere deutsche Handelsschiffe wie der Dampfer „Nordland" bei Hustad oder der deutsche Dampfer „Neuenfels" im Roßfjord entgingen um diese Zeit nur knapp demselben Schicksal durch Flucht.

E. Kern: Von Versailles nach Nürnberg, 1967. E. B. Potter: Seemacht, 1986.

Altonaer Blutsonntag, 17. 7. 1932. Nachdem am 28. 6. 1932 das Verbot der →SA und des Tragens von Uniformen aufgehoben worden war, veranstaltete die SA am 17. 7. 1932 zum Reichstagswahlkampf einen behördlich genehmigten Marsch mit 7000 Teilnehmern durch (Hamburg-)Altona. Dabei eröffneten starke kommunistische Gruppen von Häusern und von Dächern das Feuer auf die Kolonne; nur mühsam konnte die Polizei den kommunistischen Widerstand brechen. Der A. forderte 17 Todesopfer und über 250 Verwundete. Für Reichs-

kanzler von →Papen war der A. ein Vorwand, um die sozialdemokratisch geführte Regierung von Preußen, zu dem Altona 1932 noch gehörte, am 20. 7. 1932 durch den Reichspräsidenten ihrer Ämter entheben und sich selber zum Reichskommissar in Preußen bestellen zu lassen.
H. Dietwart: Hundert Jahre deutsches Schicksal, 1981. E. Kern: Von Versailles bis Nürnberg, ³1971.

Altreich, Bezeichnung für das Reichsgebiet vor dem →Anschluß Österreichs 1938. Nach dem Anschluß Österreichs setzte sich die Bezeichnung →„Großdeutsches Reich" durch, das neben dem A. und Österreich die wiedergewonnenen deutschen Gebiete →Sudetenland, →Memelgebiet, →Danzig-Westpreußen und →Eupen-Malmedy umfaßte.

Amann, Max, Reichsleiter der NSDAP, * 24. 11. 1891 München, † 30. 3. 1957 München. Der Kaufmann war im 1. Weltkrieg als Feldwebel Vorgesetzter →Hitlers, trat mit der Mitglieds-Nr. 3 der →NSDAP bei, war 1921–1923 Geschäftsleiter des →„Völkischen Beobachters", ab 1922 Direktor des Franz-→Eher-Verlags (Zentralverlag der NSDAP). Er nahm 1923 am →Marsch zur →Feldherrnhalle teil und kam dafür 4½ Monate in Untersuchungs- und Schutzhaft. 1924 wurde er Münchner Stadtrat, von 1928–1930 war er Mitglied des Kreistags von Oberbayern. 1933 wurde A. Mitglied des Reichstages, Vorsitzender des Verbandes der deutschen Zeitungsverleger und Präsident der →Reichspressekammer bis 1945, wobei er den Zentralverlag stark ausweitete. Ab 1935 Mitglied des Reichskultursenats, wurde A. 1941 SS-Obergruppenführer. Im Spruchkammerverfahren wurde A. nach Kriegsende in zwei Instanzen als „Hauptschuldiger" zu zehn Jahren Arbeitslager verurteilt.
J. Wulf: Presse und Funk im Dritten Reich, 1964. K.-D. Abel: Presse-Lenkung im NS-Staat, 1968. K. Koszyk: Deutsche Presse 1914–1945, 1972. J. Hagemann: Publizistik im Dritten Reich, 1948.

„Amanullah", Deckname für Pläne des deutschen Auswärtigen Amtes und der Amtsgruppe Ausland/Abwehr im OKW, 1939 die als englandfreundlich angesehene Regierung von Afghanistan abzulösen.
J. Glasneck und I. Kircheisen: Türkei und Afghanistan, 1968.

„Amerika", Deckname für A. →Hitlers Sonderzug im →Polenfeldzug im September 1939. Er stand bei Polzin, Groß-Born und Illnau bei Oppeln.
G. Buck (Hrsg.): Das Führerhauptquartier 1939–1945, 1977.

„Amina", Bezeichnung für Unternehmungen deutscher Sabotage-Trupps im Iran im Sommer 1941, um dort britische Einrichtungen zu zerstören. Die von den Briten nicht aufgeriebenen Trupps konnten sich mit Stämmen des aufständischen Kurdenfürsten Murchen in die nordpersischen Berge absetzen.
W. Kohlhaas: Hitler-Abenteuer im Irak, 1989. Y. P. Hirschfeld: Deutschland und Iran im Spielfeld der Mächte, 1980. Schulze-Holthus: Aufstand im Iran, 1980.

Amt Rosenberg, Kurzbezeichnung für die Dienststelle „Beauftragter des Führers für die Überwachung der gesamten geistigen und weltanschaulichen Schulung und Erziehung der NSDAP", die von A. →Rosenberg geleitet wurde.

Amtsleiter, Dienstrangbezeichnung in der → NSDAP. So gab es z. B. Reichsamtsleiter oder Gauamtsleiter.
H. L. Hermann: Die Amtsträger der Bewegung, 1941. F. Lampe: Die Amtsträger der Partei, 1941.

Amtswalter, Bezeichnung für Hoheitsträger (Funktionäre) der →NSDAP und ihrer Gliederungen, beispielsweise der →Deutschen Arbeitsfront.

„Andreas", Unternehmen, →„Bernhard".

Anerbe, Bezeichnung für den Erben eines Bauernhofes, insbesondere eines →Erbhofs im 3. Reich. Im A.-recht war die gesetzliche Erbfolge des A. geregelt, die die Zerstückelung und Überschuldung im Erbfall verhindern sollte. A.-behörden waren das A.-gericht, das Erbhofgericht und das Reichserbhofgericht.

Angriff, Der, NS-Zeitung in Berlin. Seit 4. 7. 1927 erschien der A. als „Das deutsche Monatsblatt in Berlin" und Organ des Gauleiters Dr. Joseph →Goebbels unter dem Motto: „Für die Unterdrückten, gegen die Ausbeuter". Ab 1. 10. 1929 erschien der A. zweimal wöchentlich, ab 1. 11. 1930 täglich mit dem Untertitel „Das deutsche Abendblatt in Berlin", seit 1. 10. 1932 zweimal täglich als „Der A. am Mittag" und als „Nacht-A.". Als Herausgeber schrieb Dr. Goebbels („Dr. G."), vor allem bis 1933, meist die Leitartikel. Schriftleiter war Dr. Julius Lippert. Bekannt wurden die Karikaturen von „Mjölnir" (H. Schweitzer) im A. Ab 10. 5. 1933 kam der A. als „Tageszeitung der Deutschen Arbeitsfront" mit Goebbels als Herausgeber im parteieigenen →Eher-Verlag heraus. Ab 19. 2. 1945 mit der „Berliner illustrierten Nachtausgabe" vereinigt, erschien die letzte Nummer des A. am 24. 4. 1945. Die Auflage betrug 1927 rund 2000, 1939 etwa 150000, 1944 über 300000 Stück.

J. Hagemann: Publizistik im Dritten Reich, 1948. E. K. Bramsted: Goebbels und die nationalsozialistische Propaganda 1925–1945, 1971.

Anhaltelager, →Konzentrationslager der österreichischen Regierungen →Dollfuß und →Schuschnigg für politische Gegner. Die A. wurden durch Verordnung des Bundeskanzlers Dollfuß vom 23. 9. 1933 eingerichtet und dienten insbesondere zur Inhaftierung von Sozialisten (vor allem nach dem Sozialisten-Aufstand vom Februar 1934, →Februarunruhen) und Nationalsozialisten (nach der →Julierhebung vom 25. 7. 1934). Es gab in Österreich bis zu zwanzig A. mit im Herbst 1934 über 13000 Insassen, das größte war →Wöllersdorf südlich von Wien. Nach dem deutsch-österreichischen Juliabkommen vom 11. 7. 1936 wurden viele Inhaftierte aus den A. freigelassen. Das Lager Wöllersdorf wurde erst im Februar 1938 aufgelöst und später niedergebrannt.

Annaberg, Basaltberg in →Oberschlesien südwestlich von Großstrehlitz. Der 385 m hohe Berg mit einer Wallfahrtskirche wurde am 21. 5. 1921 durch das →Freikorps Oberland polnischen Aufständischen (Insurgenten) nach heftigem Kampf entrissen, was mit für den Verbleib Schlesiens bei Deutschland entscheidend wurde. 1938 wurde ein Ehrenmal für die gefallenen Freikorpskämpfer auf dem A. eingeweiht.

Mohaupt: Kampf um den Annaberg, 1936. Eggers: Der Berg der Rebellen, 1937. G. Körner: Selbstschutz in Oberschlesien 1921, 1981.

Anschlußbewegung, politische Strömung in Österreich zur Vereinigung mit dem Deutschen Reich. Die durch Österreichs Niederlage 1866 und die Auflösung des Deutschen Bundes erfolgte Trennung Österreichs vom übrigen Deutschland bewirkte in dem nun mehrheitlich nichtdeutschen Österreich-Ungarn bei den Deutschen eine A., die die Vereinigung zumindest der deutschen Gebiete der k. u. k. Monarchie mit dem Reich zum Ziel hatte. Einen Anschluß wollte vor allem die Alldeutsche Partei →Schönerers. Nach dem Zusammenbruch der Monarchie beschloß die deutsch-österreichische Nationalversammlung am 12. 11. 1918: „Deutsch-Österreich ist ein Bestandteil der Deutschen Republik", und ähnlich erklärte die →Weimarer Nationalversammlung in ihrer Verfassung Deutsch-Österreich zum Teil des Reiches. Der SPÖ-Staatssekretär für Äußeres →Bauer führte im Februar 1919 Geheimverhandlungen mit dem deutschen Außenminister von →Brockdorff-Rantzau über den An-

schluß. Im Diktat von →Saint-Germain wurde den Österreichern der Anschluß und die Bezeichnung →„Deutsch-Österreich" untersagt, womit ihr Selbstbestimmungsrecht eindeutig verletzt wurde. Im wirtschaftlich lebensunfähigen Restösterreich waren Not und Arbeitslosigkeit die Folgen des →Anschlußverbots. 1921 in Tirol und Salzburg durchgeführte →Abstimmungen sprachen sich zu mehr als 98 % für den Anschluß aus, woraufhin weitere Abstimmungen von den →Alliierten verboten wurden. Alle österreichischen Parteien setzten sich für den Anschluß ein, besonders die Sozialisten, die scharf kritisierten, daß Österreich 1922 in den →Genfer Protokollen für einen dringend benötigten Kredit erneut 20 Jahre zum Verzicht auf einen Anschluß gezwungen wurde. Ihr Führer Dr. Karl →Renner erklärte, die einzig annehmbare Lösung für Österreich sei der Anschluß an das Deutsche Reich, „zu dem wir der Natur der Dinge nach gehören". Als von 1927 bis 1931 geheim geführte deutsch-österreichische Verhandlungen über eine Zollunion an die Öffentlichkeit kamen, protestierten die Alliierten, und der Haager Gerichtshof untersagte sie. Mit →Dollfuß, der am 20. 5. 1932 österreichischer Bundeskanzler wurde, begann jedoch im Gegensatz dazu eine gegen das Reich gerichtete Politik. Im Juli 1932 verpflichtete er sein Land für eine Völkerbundsanleihe, weiterhin keinen Anschluß anzustreben, was allgemeine Proteste auslöste, vor allem der Nationalsozialisten, Großdeutschen und Sozialisten. Gegen die im März 1933 eingeführte verfassungsfeindliche Dollfuß-Diktatur fand im Februar 1934 (→Februarunruhen) ein Aufstand der Sozialisten und am 25. 7. 1934 einer der Nationalsozialisten (→Julierhebung) statt, bei dem Dollfuß tödlich verwundet wurde. Sein Nachfolger →Schuschnigg setzte den Kampf gegen die A. fort und richtete weitere →„Anhaltelager" genannte Konzentrationslager für Tausende von Nationalsozialisten und Sozialisten ein. Im September 1934 und im April 1935 erneuerten England, Frankreich und Italien in →Stresa das Anschlußverbot und sprachen sich für die Unabhängigkeit Österreichs aus. Durch die deutsch-italienische Annäherung ab 1935 verlor Schuschnigg den italienischen Rückhalt und mußte im →Juliabkommen vom 11. 7. 1936 mit →Hitler eine deutschfreundliche Politik zusagen, die „der Tatsache, daß Österreich sich als deutscher Staat bekennt, entspricht". Da er dann die Anhaltelager leerte und vom Reich die wirtschaftlichen und finanziellen Beschränkungen aufgehoben wurden, verstärkte sich die A. sehr, insbesondere auch als Folge der für Deutschland erfolgreichen →Saarabstimmung. Außenpolitische

Mißerfolge Schuschniggs bei Annäherungsversuchen an Ungarn, die Tschechoslowakei und Italien schwächten seine Stellung ebenso wie der starke wirtschaftliche und politische Aufstieg des Reichs, wodurch die A. weiter anwuchs. Als Ende 1937 in Österreich die zwar noch verbotene, aber seit 1936 erfolgreich wirkende und stark zunehmende →NSDAP wieder unterdrückt wurde, kam es schließlich am 12. 2. 1938 auf dem Obersalzberg zum →Berchtesgadener Abkommen zwischen Schuschnigg und Hitler: Arthur →Seyß-Inquart wurde österreichischer Innenminister, und es wurde eine allgemeine Amnestie für verurteilte und gefangengehaltene Nationalsozialisten erlassen; die NSDAP blieb zwar weiter verboten, ihre Weltanschauung sollte jedoch nicht mehr verfolgt werden. Dieses Nachgeben stärkte die A. erheblich, auf „Siegesfeiern" und großen Demonstrationen wurden offen Hakenkreuzfahnen gezeigt, und die „Illegalen" setzten sich über staatliche Anordnungen hinweg. Dem Bundeskanzler entglitt die Lage mehr und mehr. Im März 1938 kam es dann gegen seinen Willen zum →Anschluß Österreichs an das Deutsche Reich.

R. Hampel: Österreichs deutsches Bekenntnis, 1976. v. Paller: Der großdeutsche Gedanke, 1928. H. Sündermann: Wie deutsch bleibt Österreich?, 1970.

Anschluß Österreichs, Wiedereintritt Österreichs in den Reichsverband am 13. 3. 1938. Die →Anschlußbewegung in Österreich wuchs nach dem deutsch-österreichischen Abkommen vom 11. 7. 1936 stark an, nachdem rund 15 000 NS-Anhänger aus den →Anhaltelagern entlassen worden waren und reichsdeutsche Touristen wieder nach Österreich reisen konnten. Die durch erneute Unterdrückung der →NSDAP in Österreich sich Ende 1937 zuspitzende Lage wurde im →Berchtesgadener Abkommen zwischen →Hitler und →Schuschnigg am 12. 2. 1938 entschärft, wonach der großdeutsch eingestellte Arthur →Seyß-Inquart Innenminister in Wien wurde. Als Schuschnigg zur Eindämmung der nationalen Welle am 9. 3. 1938 überraschend für den 13. 3. eine Volksabstimmung unter diskriminierenden Umständen mit dem Ziel einer Fortsetzung der österreichischen Selbständigkeit ankündigte, kam es in Österreich zu offener Empörung und allgemeiner Forderung des Anschlusses. Als Schuschnigg am 11. 3. die Volksabstimmung absetzte und zurücktrat, wurde Seyß-Inquart sein Nachfolger. An diesem Tag übernahmen in allen Bundesländern die österreichischen Nationalsozialisten die Verwaltung, während von Deutschland aus die Grenze nach Österreich gesperrt wurde. Nach einer zwi-

schen Berlin und Wien vereinbarten Aufforderung Seyß-Inquarts rückten am Morgen des 12. 3. 1938 reichsdeutsche Truppen in friedensmäßiger Ausrüstung und mit Spielmannszügen voran in Österreich ein, von der Bevölkerung überall stürmisch begrüßt. Der österreichische Militärbefehlshaber hatte die Armee angewiesen, die deutschen Kameraden „auf das herzlichste zu begrüßen", so daß in diesem →„Blumenkrieg" kein Schuß fiel. Während Hitler in einer Rundfunkerklärung vom 12. 3. noch vom „nationalsozialistischen Deutsch-Österreich" gesprochen hatte, änderte er, vor allem unter dem Eindruck des begeisterten Empfangs in Österreich, seine Politik: Dementsprechend beschloß die Wiener Regierung wie die Reichsregierung am 13. 3. 1938 das „Anschlußgesetz" bzw. das „Gesetz über die Wiedervereinigung Österreichs mit dem Deutschen Reich", das am 14. 4. 1938 in Kraft trat. Die meisten Österreicher, auch der Sozialistenführer Dr. Karl →Renner sowie die katholischen und evangelischen Kirchenleitungen, begrüßten den Anschluß. Am 15. 3. fand in Wien auf dem Heldenplatz eine große Kundgebung mit Hitler statt, und in einer gemeinsamen Parade vereinigten sich reichsdeutsche und österreichische Truppenteile. In einer Volksabstimmung am 10. 4. 1938 stimmten in Österreich 99,7 %, im Reich 99,0% dem A. zu. Gleichzeitig waren mit der Volksabstimmung Wahlen zum „Großdeutschen Reichstag" unter Einschluß Österreichs verbunden. Gegen den Anschluß erhob als einziger Staat das sozialistische Mexiko Protest. 1945 hoben die Siegermächte den A. auf.

G. Botz: Die Eingliederung Österreichs in das Deutsche Reich, 1972. R. Hampel: Österreichs deutsches Bekenntnis, 1976. H. Grell (Hrsg.): Der Österreich-Anschluß 1938, 1987. C. Zentner: Heim ins Reich, 1988. N. von Preradovich: Großdeutschland 1938, 1987. J. Benoist-Méchin: Griff über die Grenzen, 1966. E. Schmidt: März 1938, 1987. N. Schausberger: Der Griff nach Österreich, 1978. H. Sündermann: Die Grenzen fallen, 1939. H. Andics: Der Staat, den keiner wollte, 1962.

Anschlußverbot, Verbot des →Anschlusses Österreichs an das Deutsche Reich nach dem 1. und 2. Weltkrieg. Obwohl die österreichische Nationalversammlung am 12. 11. 1918 erklärt hatte, „Deutsch-Österreich ist ein Bestandteil der Deutschen Republik", obwohl ab Februar 1919 Anschlußverhandlungen zwischen den Außenministern Österreichs und des Deutschen Reichs liefen und die →Weimarer Verfassung vom 11. 8. 1919 in Art. 61 Absatz 2 auch ausdrücklich den Anschluß „Deutschösterreichs" vorgesehen hatte, verboten die Alliierten in den Diktaten von →Versailles und →Saint-Germain den Anschluß. Artikel 61,2 der Weimarer Verfassung mußte auf Druck der

Alliierten durch ein Protokoll vom 22. 9. 1919 wieder aufgehoben werden. Gegen das A. wandte sich die →Anschlußbewegung bis zum →Anschluß am 12./13. 3. 1938. Nach dem 2. Weltkrieg wurde das A. von den Siegern erneuert und im österreichischen Staatsvertrag von 1955 festgeschrieben.

ANST, Abkürzung für Arbeitsgemeinschaft Nationalsozialistischer Studentinnen.

Antifa, verkürzt für →Antifaschismus, sowjetischer Propagandabegriff. Er bezeichnete ursprünglich eine sog. Einheitsfront von Kommunisten und Bürgerlichen; mit ihm wurde auch unter kriegsgefangenen deutschen Soldaten für eine Zusammenarbeit mit Kommunisten geworben (→Nationalkomitee „Freies Deutschland", →Bund Deutscher Offiziere). Im Zeichen der A. standen Umerziehungsprogramme für Kriegsgefangene mit Lager-, Gebiets- und drei Zentralschulen in der UdSSR, die bis 1949 betrieben wurden.

Antifaschismus, als kommunistisches Propagandawort für die sich gegen den Nationalsozialismus richtenden politischen Strömungen geschaffen. In der Weimarer Zeit wurde der A. von der →KPD auch für die Bildung einer linken Einheitsfront benutzt. Nach 1945 versuchten im Gegensatz dazu linke Kreise den A. in die Nähe von „Demokratie" oder „Liberalismus" zu bringen, und antifaschistische Gesinnung galt im Nachkriegsdeutschland vielfach als politisches Gütezeichen. In der Regel sind sogenannte antifaschistische Vereinigungen, Komitees und Bürgerinitiativen kommunistisch gesteuert.
Th. Pirker (Hrsg.): Komintern und Faschismus, 1965, E. Nolte: Der Faschismus in seiner Epoche, 1963. E. Nolte: Marxismus – Faschismus – Kalter Krieg, 1974. H. Duhnke: Die KPD von 1933–1945, 1972.

Antikominternpakt, Abkommen vom 25. 11. 1936 zwischen Japan und dem Deutschen Reich. Die auf japanische Anregung in Berlin zwischen Botschafter von Ribbentrop und dem japanischen Militärattaché General Oshima geführten Verhandlungen hatten den A. zur Folge, der auf fünf Jahre abgeschlossen war und 1941 verlängert wurde. Sein Ziel war es, der Tätigkeit der Kommunistischen Internationale entgegenzuwirken. In einem geheimen Zusatzabkommen wurde gegenseitige Neutralität bei einem unprovozierten Angriff durch die Sowjetunion und außerdem vereinbart, mit der Sowjetunion keine gegen den Geist des A. gerichteten Verträge zu schließen. Am 6. 11. 1937 trat Italien bei, im Februar/März 1939 Ungarn, Mandschukuo und Spanien, am 25. 11.

1941 Bulgarien, Kroatien, Dänemark, Finnland, Rumänien, Slowakei und Nationalchina.
T. Sommer: Deutschland und Japan zwischen den Mächten 1935–40, 1962.

Antirevisions-Front, →Stresa.

Antisemitismus, erstmals 1879 von Wilhelm Marr verwendete, sprachlich ungenaue Bezeichnung für Judenfeindlichkeit. Der Begriff A. meint die Bereitschaft, aus Handlungen und Ansichten von Juden sowie der Verschiedenheit von Juden und Nichtjuden eine kollektive Ablehnung der Juden herzuleiten. Diese Verschiedenheit ist sowohl durch die Konfession als auch die Herkunft der Juden, eines semitischen Volkes, bedingt. A. war und ist in allen Ländern anzutreffen, in denen Juden unter Nichtjuden leben und lebten. In Staaten mit christlicher Bevölkerung wurde er lange Zeit durch deren Behauptung beeinflußt, die Juden hätten ihren Religionsstifter getötet und seien deshalb als Volk von „Gottesmördern" anzusehen. Im 19. Jahrhundert entwickelte sich davon abweichend vor allem in Deutschland ein A., der Glaubensdifferenzen als unbedeutend ansah und Abstammungsverschiedenheiten zwischen Juden und Nichtjuden hervorhob mit der Folge, daß die Mitwirkung von Juden in Politik, Wirtschaft und Kultur der nichtjüdischen Bevölkerungsmehrheit als unzulässige Einmischung in die Angelegenheiten eines den Juden fremden Volkes bezeichnet und zurückgewiesen wurde. Im 20. Jahrhundert war die Teilnahme von Juden an revolutionären Bewegungen, insbesondere am kommunistischen Umsturz und anschließenden Massenterror in Rußland, Anlaß für einen weitverbreiteten A. Das Dritte Reich strebte zunächst die Auswanderung der Juden aus Deutschland und ihre Ansiedlung in Palästina an, um die Trennung und voneinander unbeeinflußte Entwicklung von Juden und Deutschen zu ermöglichen, was auch die Zustimmung der Zionisten fand und eine Zusammenarbeit von ihnen mit Reichsbehörden zur Folge hatte; aber auch, um eine Gruppe aus Deutschland zu entfernen, die in Teilen die Revolution in Deutschland 1918 sowie marxistische Gruppen und Parteien intensiv unterstützt hatte und deshalb als Sicherheitsrisiko angesehen wurde. Dazu kam die Mitwirkung von Juden im deutschen Kultur- und Geistesleben sowie im Journalismus, wie sie überlieferten Normen oft widersprach und deshalb in weiten Kreisen des deutschen Volkes auf Ablehnung stieß. Nach Kriegsausbruch 1939 weigerten sich fast alle in Betracht kommenden Länder, Juden aus Deutschland und den von der Wehrmacht besetzten Gebieten einreisen zu lassen, so daß ihre Auswanderung nahezu zum Stillstand kam. Da als Reaktion auf den in Deutschland dominierenden A. sowohl 1933 als auch 1939 jüdische Gruppen im Ausland im Namen aller Juden Deutschland den „Krieg" erklärt hatten, nahmen die judenfeindlichen Maßnahmen im Dritten Reich bis hin zur →„Endlösung der Judenfrage" zu. In der Nachkriegszeit ist der A. vor allem in arabischen Ländern und in der Dritten Welt verbreitet, wo die Unterdrückung von Palästinensern durch Israelis besonders beachtet wird. Antisemitische Strömungen gibt es auch in den USA, wo die Beeinflussung der amerikanischen Politik durch eine jüdische Lobby auf Widerstand stößt. In der Sowjetunion wird der A. vor allem durch die Erinnerung an Juden im kommunistischen Terrorapparat am Leben gehalten und besonders durch Gruppen verbreitet, die eine Rückbesinnung auf die traditionelle russische Politik befürworten. Diese Bestrebungen haben eine verstärkte Emigration von Juden aus Rußland nach Israel zur Folge. Aber nicht nur in der Neuzeit, sondern auch in den zurückliegenden Jahrhunderten ist es oft zu schweren Auseinandersetzungen zwischen Juden und Nichtjuden mit einseitigen und gegenseitigen Verfolgungen gekommen.

W. Boehlich (Hrsg.): Der Berliner Antisemitismusstreit, 1965. J. Bunzel und B. Martin: Antisemitismus in Österreich, 1983. H. Greive: Geschichte des modernen Antisemitismus in Deutschland, 1983. P. G. J. Pulzer: Die Entstehung des politischen Antisemitismus in Deutschland und Österreich 1867 bis 1914, 1964. R. Rürup: Emanzipation und Antisemitismus, 1975. A. Bein: Die Judenfrage, 1980. F. Nicosia: Hitler und der Zionismus, 1988.

„Anton", Unternehmen, Bezeichnung für den deutschen Einmarsch in die bis dahin unbesetzte Zone Frankreichs. Nachdem am 7./8. 11. 1942 alliierte Truppen unter General Eisenhower in Marokko und Algerien gelandet waren und am 10. 11. 1942 Admiral Darlan als Oberbefehlshaber der Streitkräfte der französischen Regierung in →Vichy mit den Alliierten einen allgemeinen Waffenstillstand in Nordafrika geschlossen hatte, befahl A. →Hitler, daß am 11. 11. 1942 die deutsche 1. Armee unter Generaloberst Blaskowitz und die Armeegruppe Felber unter General der Infanterie Felber in den bis dahin unbesetzten Teil Frankreichs einmarschierten. In den folgenden Wochen wurde ohne Widerstand auch die Mittelmeerküste besetzt, wobei sich am 27. 11. 1942 beim Unternehmen „Lila", der Besetzung Toulons, die französische Flotte größtenteils selbst versenkte (über 100 Schiffe mit 230 000 BRT).

W. Hubatsch: Hitlers Weisungen für die Kriegführung 1939–1945, 1962.

Antonescu, Ion, rumänischer Staatsführer. * 15. 6. 1882 Pitesti, † 1. 6. 1946 Jilava/Bukarest. Seit 1933 Generalstabschef und 1937/38 Kriegsminister Rumäniens, wurde der deutschfreundliche Marschall am 4. 9. 1940 von König Carol II. zum Regierungschef berufen. Er trat am 23. 11. 1940 dem →Dreimächtepakt bei. Einen Putschversuch der „Eisernen Garde" unter Horia Sima konnte A. im Januar 1941 mit deutscher Unterstützung niederschlagen. Auf deutscher Seite trat A. dem Krieg gegen die Sowjetunion bei. Nach Einmarsch der Roten Armee in Rumänien wurde A. am 23. 8. 1944 gestürzt und verhaftet, später vor ein sogenanntes Volkstribunal gestellt und hingerichtet.

A. Hillgruber: Hitler, König Carol und Marschall Antonescu, 1954.

Anzio, Landung bei, →Nettuno.

AO, Abkürzung für →Auslandsorganisation der →NSDAP.

Appeasement-Politik, Schlagwort deutschfeindlicher Kreise zur Kennzeichnung einer Politik des Nachgebens um des Friedens willen. Unter dem britischen Premier Baldwin (1935–1937) aufgekommen zur Beschreibung von dessen Bereitschaft, Deutschland Revisionen des Versailler Diktats zuzugestehen, wurde der Begriff A. vor allem für die Deutschland-Politik des britischen Premiers Chamberlain (1937–1940) von dessen innenpolitischen Gegnern (Churchill, Eden, Attlee u. a.) verwendet. Insbesondere die Duldung des →Anschlusses Österreichs und dann des →Sudetenlandes im →Münchener Abkommen wurde →Chamberlain von dieser Gruppe als A. und nicht hinnehmbare Stärkung Deutschlands vorgeworfen. Chamberlain gab seine A. nach dem deutschen Einmarsch in Böhmen und Mähren im Frühjahr 1939 auf und schwenkte mit der Garantieerklärung für Polen (31. 3. 1939) auf eine Konfrontation mit Deutschland ein. Im weiteren Sinn wird A. heute als Ausdruck einer nachgebenden, vor einer kriegerischen Drohung zurückweichenden Politik, etwa gegenüber der Sowjetunion, verwendet.

H. Herzfeld: Zur Problematik der Appeasement-Politik, 1963. P. Lundgreen: Die englische Appeasement-Politik bis zum Münchener Abkommen, 1969. G. Schmidt: England in der Krise, 1981. D. Aigner: Das Ringen um England, 1969. R. Kieser: Englands Appeasementpolitik und der Aufstieg des Dritten Reiches im Spiegel der britischen Presse, 1964.

„Appell an die Vernunft", Bezeichnung für die Rede A. →Hitlers vom 19. 7. 1940 nach Beendigung des →Westfeldzugs vor dem Deutschen Reichstag. Besonders an England gerichtet, forderte die Rede zu einem gemeinsamen Frie-

den auf. Hitler erklärte darin u. a.: „In dieser Stunde fühle ich mich verpflichtet vor meinem Gewissen, noch einmal einen Appell an die Vernunft auch in England zu richten. Ich glaube, dies tun zu können, weil ich ja nicht als Besieger um etwas bitte, sondern als Sieger für die Vernunft spreche. Ich sehe keinen Grund, der zur Fortsetzung dieses Kampfes zwingen könnte." Noch am selben Abend gab Sefton Delmer im BBC aus London die britische Antwort: „Herr Führer und Reichskanzler, wir werfen Ihnen diese unglaubliche Zumutung zurück, mitten in Ihre übelriechende Führerfresse."
M. Domarus: Hitler-Reden und Proklamationen 1932–1945, Band II, 1965. S. Delmer: Die Deutschen und ich, 1961.

Arbeiterbewegung, organisierte Bestrebungen der Arbeiter zur Verbesserung ihrer wirtschaftlichen und sozialen Lage. Als Folge der Industrialisierung trat im 19. Jahrhundert die A. in Deutschland in Form von Arbeiterparteien, →Gewerkschaften und Genossenschaften in Erscheinung. Am 23. 5. 1863 gründete F. Lassalle in Leipzig mit dem Allgemeinen Deutschen Arbeiterverein die erste Arbeiterpartei der Welt. Nach seinem Tode (1864) entstand 1869 die Sozialdemokratische Arbeiterpartei unter →Bebel und →Liebknecht mit marxistischer Zielsetzung. Dadurch kam die A. in Gegensatz zur Reichsführung (Sozialistengesetze 1878–1890) und nationalen Politik, was mit zur Novemberrevolution 1918 führte. Nach Auflösung der Gewerkschaften der Weimarer Republik propagierte die →Deutsche Arbeitsfront (DAF) ab 1933 für Arbeiter und Arbeitgeber die Idee einer →Volksgemeinschaft, den Gedanken der Betriebsgemeinschaft und der Überwindung des →Klassenkampfes. Nach dem 2. Weltkrieg entstanden erneut Gewerkschaften und sozialistisch ausgerichtete Parteien in Westdeutschland, ohne daß jedoch Marxismus und Klassenkampf in ihren Reihen große Bedeutung erlangten. Der wirtschaftliche Aufschwung der 50er Jahre verbesserte entscheidend die Lage der deutschen Arbeiter, so daß von „Proletariern" und deren Ausbeutung keine Rede mehr sein kann.
A. Winnig: Vom Proletariat zum Arbeitertum, 1933. E. Jünger: Der Arbeiter, 1932. H. Herkner: Die Arbeiterfrage,⁸1922. W. Sombart: Der proletarische Sozialismus, 1924.

„Arbeitertum", 14tägliche Zeitschrift 1931–1945. Sie war die amtliche Zeitschrift der →Deutschen Arbeitsfront (DAF) und der →NS-Gemeinschaft „Kraft durch Freude" und 1939 mit 4,5 Millionen Exemplaren eine der auflagenstärksten Zeitschriften der Welt.

Arbeiter- und Soldatenräte, marxistische Arbeiter- und Soldatenvertreter. 1917 wurden nach der russischen Februar-Revolution A. gebildet, die vielfach den Übergang zur bolschewistischen Herrschaft unterstützten. Ab November 1918 entstanden A. kurzzeitig auch in Deutschland an verschiedenen Orten, besonders in Berlin, München und Bremen, verschwanden aber bald wieder, zum Teil nach militärischem Eingreifen von →Freikorps und →Reichswehr.

Arbeitsbeschaffungsprogramm, Maßnahmen zur Behebung der Arbeitslosigkeit 1933. Mit dem „Gesetz zur Verminderung der Arbeitslosigkeit" vom 1. 6. 1933, dem →„Reinhardtprogramm", wurden umfassende Maßnahmen der →„Arbeitsschlacht" zur Herabsetzung der Zahl der Arbeitslosen, 1932 mehr als sechs Millionen, eingeleitet. Durch planvolle Belebung der Wirtschaft sollten vermehrt Arbeitsplätze sowie höhere Löhne und dadurch eine Erhöhung des Gesamtgüterumsatzes erfolgen („Arbeit schafft Kapital"). Dazu dienten bestimmte Steuerbefreiungen, Spendenaufrufe, Förderung öffentlicher Arbeiten und Anreize zur Eheschließung.
D. Hertz-Eichenrode: Wirtschaftskrise und Arbeitsbeschaffung, 1982. F. Forstmeier und H. E. Volkmann (Hrsg.): Wirtschaft und Rüstung am Vorabend des Zweiten Weltkrieges, 1975.

Arbeitsdienst, Beschäftigungs- und Erziehungsgemeinschaft durch gemeinsames Arbeiten für junge Menschen. Nach dem 1. Weltkrieg wurde in mehreren Ländern (u. a. Schweiz und USA) ein freiwilliger A. und 1922 in Bulgarien eine A.-Pflicht eingeführt. In Deutschland wurde in der Weimarer Republik der A. zwar auch von vielen Verbänden (→Stahlhelm, →Jungdeutscher Orden, →Artamanen und →NSDAP) gefordert und auch als Mittel zur Volkserziehung und Überwindung von Klassengegensätzen bezeichnet, aber erst zu Beginn der 30er Jahre angesichts der wachsenden Arbeitslosigkeit und zu ihrer Verminderung eingeführt. Durch Notverordnung des Reichspräsidenten vom 5. 7. 1931 wurde unter Reichskanzler Heinrich →Brüning der „→Freiwillige A." (FAD) für „junge Deutsche aller Stände" geschaffen, der von zahlreichen Verbänden und Gemeinden unterstützt worden ist. 1932 hatte er etwa 25 000 Mitglieder. Ab 1933 wurde er von der NSDAP getragen, von Oberst a. D. Konstantin →Hierl, dem späteren →Reichsarbeitsführer, aufgebaut und organisiert. Nach den Plänen seines Mitarbeiters Dr. Helmut Stellrecht wurde der A. aus einem Instrument der Arbeitsbeschaffung zu einer Erziehungsgemeinschaft weiterentwickelt. Das Reichsarbeitsdienstgesetz vom 26. 6. 1935 führte den →Reichsarbeitsdienst (RAD) mit der Arbeitsdienstpflicht für „alle jungen Deutschen beiderlei Geschlechts" zwischen dem vollendeten 18. und 25. Lebensjahr ein, durch Verfügung für die Dauer eines halben Jahres. Im Frieden wurde der RAD hauptsächlich bei Bodenverbesserungen, beim Bau von Siedlungen, in der Forstwirtschaft, beim Straßen- und Wegebau und beim Bau von Wasserstraßen eingesetzt, ab Sommer 1938 in starkem Maße beim Bau des Westwalls. Nach Kriegsbeginn war der RAD hinter den Fronten vor allem für die Wiederherstellung zerstörter Straßen und Brücken sowie den Bau von Feldflughäfen tätig.

H. Hierl: Sinn und Gestaltung der Arbeitsdienstpflicht, 1932. H. Stellrecht: Der Deutsche Arbeitsdienst, ⁵1933. von Gönner (Hrsg.): Spaten und Ähre. Das Handbuch der deutschen Jugend im Reichsarbeitsdienst, 1937. W. Mallebrein: Einer für alle, 1958. H. Köhler: Arbeitsdienst in Deutschland, 1967. W. Stelling und W. Mallebrein: Männer und Maiden, 1979.

Arbeitsfront, →Deutsche Arbeitsfront.

Arbeitsgemeinschaft Deutsche Glaubensbewegung, →Deutsche Glaubensbewegung.

Arbeitsgemeinschaft Nordwest, norddeutsche Gruppe innerhalb der →NSDAP. Am 10./11. 9. 1925 gründeten west- und norddeutsche Gauleiter der NSDAP die A., in der besonders die sozialrevolutionären Ideen der Gebrüder Gregor und Otto →Strasser gegen den Kurs der Parteileitung der NSDAP in München gestellt wurden. Geschäftsführer war J. →Goebbels. Die Statuten wurden am 9. 10. 1925 erlassen. Auf der Bamberger Führertagung der NSDAP vom 14. 2. 1926, auf der Goebbels sich von der Strasser-Gruppe löste und zur Hitler-Gruppe übertrat, wurde die A. von →Hitler aufgelöst.

Arbeitskammern, →Reichsarbeitskammer.

Arbeitsleiter, →Politische Leiter.

Arbeitslosigkeit, Zustand fehlender Arbeitsplätze für Arbeitswillige. Durch die wirtschaftlichen Folgen des →Versailler Diktats und der →Weltwirtschaftskrise ab 1928 nahm die A. auch in Deutschland von 1929 an stark zu und erreichte am 15. 3. 1932 mit 6,129 Millionen ihren Höhepunkt, der sich bis Januar 1933 mit 6,047 Millionen fast unverändert hielt, wobei die Arbeitslosenzahl bei Berücksichtigung der „unsichtbaren Arbeitslosen" (Frauen, Alte) bei 7,8 Millionen lag. Erst die durchgreifenden Maßnahmen der neuen Reichsregierung zur Arbeitsbeschaffung beseitigten die A. überraschend schnell: April 1933 5,330 Millionen, September 1933 3,850 Millionen, Februar 1934 3,374 Millionen, Juni 1935 1,877 Millionen, Oktober 1935 1,828 Millionen, April 1937 0,961 Millionen, Februar 1939 0,445 Millionen, davon nur rund 20% voll einsatzfähig. Wesentlich zur Behebung der A. hatten der Bau der →Reichsautobahnen ab 1933 sowie die Einführung der →Wehrpflicht und des →Reichsarbeitsdienstes (1935) beigetragen. Die Massen-A. 1932 hatte erheblich mit die Regierungs- und Parlamentskrise der →Weimarer Republik bewirkt. Im Gegensatz zu den deutschen Verhältnissen bestand im Ausland, vor allem in den USA, bis Kriegsbeginn eine große Arbeitslosigkeit mit Verelendung der einkommensschwachen Bevölkerungsgruppen.

D. Hertz-Eichenrode: Wirtschaftskrise und Arbeitsbeschaffung, 1982. T. W. Mason: Sozialpolitik im Dritten Reich, 1977.

Arbeitsmaid, 1935–1945 Angehörige des →Reichsarbeitsdienstes für die weibliche Jugend in Deutschland.

H. Retzlaff: Arbeitsmaiden am Werk, 1940.

Arbeitsmann, amtliche Bezeichnung für männliche Angehörige des →Reichsarbeitsdienstes, Mehrzahl: Arbeitsmänner. Im A. sollte, wie es Reichsarbeitsführer K. →Hierl am 28. 3. 1935 ausdrückte, die „Verschmelzung von Soldatentum, Bauerntum und Arbeitertum" einen neuen nationalsozialistischen Mannestyp ergeben.

Arbeitspaß, Ausweis für alle zum →Reichsarbeitsdienst Verpflichteten über die Ableistung dieses Dienstes.

Arbeitsschatzanweisungen, Bezeichnung für Wertpapiere, die in Verbindung mit dem Gesetz zur Verminderung der Arbeitslosigkeit vom 1. 6. 1933 zur Finanzierung der Arbeitsbeschaffungsmaßnahmen ausgegeben worden sind. Dazu erhielten Länder und Gemeinden von der Gesellschaft für öffentliche Arbeiten in Berlin Darlehen, die vom Arbeitsministerium bewilligt wurden. Insgesamt waren A. bis zu einer Milliarde Reichsmark vorgesehen. Die A. des Lieferanten wurden von der Bank diskontiert, von der Reichsbank rediskontiert.

Arbeitsschlacht, Bezeichnung für die Gesamtheit der Maßnahmen, die von der Reichsregierung ab 1933 zur Arbeitsbeschaffung und Eingliederung der mehr als sechs Millionen Arbeitslosen in den Wirtschaftsablauf getroffen wurden.

Arbeitsspende, Bezeichnung für eine „freiwillige Spende zur Förderung der nationalen Arbeit" im Zusammenhang mit den Maßnahmen zum →Arbeitsbeschaffungsprogramm auf Grund des Gesetzes vom 1. 6. 1933.

Arbeitszeitrecht, Bestimmungen zur Regelung der Arbeitszeit. Während vorher weitgehend die Betriebsleitungen die Arbeitszeit festlegten, wurde durch die Arbeitszeitordnung vom 17. 2. 1935 für Deutschland der →Achtstundentag für alle Beschäftigten eingeführt (durch Arbeitszeitverordnung vom 30. 4. 1938 zum 1. 1. 1939 neu geordnet). Eine Überschreitung war nur in beschränktem Umfang zulässig. Für einige Berufe wurden Sonderbestimmungen eingeführt. Erhöhter Schutz galt den Frauen und Jugendlichen (Jugendschutzgesetz vom 30. 4. 1938). Kinderarbeit, das heißt Arbeit noch nicht 14jähriger, wurde grundsätzlich verboten.

„Arcadia-Konferenz", Deckname für eine Zusammenkunft zwischen →Roosevelt und →Churchill. Der US-Präsident und der britische Premierminister legten dabei mit ihren Stabschefs vom 22. 12. 1941 – 14. 1. 1942 in Washington die Grundzüge der alliierten Kriegführung fest: Priorität des europäischen vor dem asiatischen Kriegsschauplatz, gemeinsamer Generalstab, gemeinsame Oberkommandos, Bestätigung der politischen Ziele der „→Atlantik-Charta", weltweite Kriegs- und Nachkriegsallianz der „Vereinten Nationen".

Ardennenoffensive, letzte Offensive der deutschen Wehrmacht im 2. Weltkrieg vom 16. 12. 1944 bis Ende Januar 1945. Die ab September 1944 von Generaloberst →Jodl vorbereitete A. sollte aus dem Raum Echternach-Monschau bis Antwerpen führen, diese Nachschubbasis der →Alliierten ausschalten und damit das Kriegsglück noch einmal wenden. Dafür standen die neu aufgestellte 6. SS-Panzer-Armee unter Sepp →Dietrich, die 5. Panzerarmee unter von →Manteuffel und zwölf Infanterie-Divisionen unter von →Rundstedt und →Model bereit. Parallel dazu wurde im nördlichen Elsaß der deutsche Angriff „Nordwind" unternommen. Nach erheblichen Raumgewinnen und teilweisem Zusammenbruch der alliierten Front kam die A. wegen der feindlichen Luftüberlegenheit sowie des Fehlens von Reserven und Treibstoff zum Stehen, insbesondere als ab 3. 1. 1945 der alliierte Gegenangriff einsetzte. Nach wochenlangen schweren Kämpfen mußten sich die deutschen Verbände auf ihre Ausgangsstellungen zurückziehen. Die A. verzögerte den alliierten Vormarsch im Westen um Wochen, führte allerdings auch zu einer Schwächung der deutschen Ostfront.

H. A. Jacobsen und J. Rohwer: Entscheidungsschlachten des zweiten Weltkrieges, 1960. H. Jung: Die Ardennenoffensive 1944/45, 1971. P. Elstob: Hitlers letzte Offensive, 1972. G. Martin: Fallschirmpioniere in der Ardennenschlacht 1944/45, 1984. J. Piekalkiewicz: Der zweite Weltkrieg, 1985. H. H. Saunders: Wacht am Rhein, 1984. R. Mennel: Die Schlußphase des zweiten Weltkrieges im Westen 1944/45, 1981. F. Kurowski: Von den Ardennen zum Ruhrkessel, 1965. F. Kurowski: Endkampf um das Reich 1944–1945, 1987.

Ariergesetze, seltene Bezeichnung für die →Nürnberger Gesetze von 1935.

Ariernachweis, →Abstammungsnachweis.

Arierparagraph, Bezeichnung für gesetzliche oder satzungsmäßige Bestimmungen, mit denen die Mitgliedschaft von so bezeichneten Rassefremden, insbesondere Juden, in Institutionen und Behörden, vor allem in Deutschland von 1933–1945, unterbunden werden sollte. Einige Vereinigungen hatten den A. bereits im 19. Jahrhundert. Er galt auch in deutschen studentischen Verbindungen und praktisch für alle Berufsbeamten nach dem „Gesetz zur Wiederherstellung des Berufsbeamtentums" vom 7. 4. 1933. Ausgenommen waren davon jüdische Frontkämpfer des 1. Weltkrieges sowie vor dem 1. Weltkrieg eingestellte Beamte.

„Armee secrète" (Geheimarmee), nichtkommunistische Untergrundarmee des französischen Widerstandes (Résistance). Die 1941 gebildete A. wurde 1944 mit den kommunistischen „Franc-tireurs et Partisans" zu den „Forces Françaises de l'interieur" (FFI) vereinigt. Neben dem Umfang nach begrenzten Überfällen auf deutsche Truppen und Einrichtungen hat die A. vor allem Anschläge gegen sogenannte „Kollaborateure" (→Kollaboration) durchgeführt. Nach der Besetzung Frankreichs durch Amerikaner und Engländer haben sich zahlreiche ihrer Mitglieder an Aktionen gegen angeblich deutschfreundliche Franzosen und Anhänger der Regierung des Marschalls →Pétain beteiligt, bei denen 1944/45 etwa 105000 Franzosen ums Leben kamen.

Arnauld de la Perière, Lothar von, Vizeadmiral, * 18. 3. 1886 Posen, † 24. 2. 1941 Le Bourget/Paris. Ab 1903 in der Marine, diente A. auf Linienschiffen und Torpedobooten und war 1911–1913 als Torpedooffizier mit der →„Emden" in Ostasien. Er wurde 1915 U-Boot-Kommandant und machte mit U 35 vierzehn Feindfahrten im Mittelmeer, 1918 eine mit U 139 im Atlantik, wobei er insgesamt 189 Handelsschiffe mit 446708 BRT sowie zwei Kanonenboote versenkte und damit erfolgreichster

U-Boot-Kommandant im Handelskrieg beider Weltkriege wurde. Er erhielt den →„Pour le mérite". 1919 kämpfte er in der 3. Marinebrigade gegen innere Unruhen in Deutschland. Nachdem er 1928–1930 Kommandant des Schulkreuzers „Emden" gewesen war, trat er 1931 in den Ruhestand und lehrte 1932–1938 an der türkischen Marineakademie. 1939 reaktiviert, war er Marinebevollmächtigter 1939/40 in Danzig, 1940 von Belgien-Niederlande, dann als Konteradmiral in der Bretagne und in Westfrankreich. 1941 wurde er Vizeadmiral und verunglückte bald darauf bei einem Flugzeugabsturz tödlich.

B. Herzog und G. Schomaekers: Ritter der Tiefe, graue Wölfe, 1965. H. Pemsel: Biographisches Lexikon zur Seekriegsgeschichte, 1985.

Arnheim, alliiertes Luftlandeunternehmen bei Arnheim und Nimwegen in Holland 17.–26. 9. 1944. Um zu ihrem Invasionsgebiet in Nordfrankreich schnell weitere Nachschubhäfen zu gewinnen und die deutschen Truppen in Holland durch einen Vorstoß bis zur Zuidersee abzuschneiden, planten die Alliierten auf Anregung Montgomerys, die Brücken über Waal, Lek und Maas durch Luftlandetruppen zu nehmen (Operation Market Garden). Drei Divisionen landeten aus rund 5000 Flugzeugen am 17./18. 9. 1944 in dem bis dahin größten Luftlandeunternehmen. Die bei Arnheim gelandete Gruppe, vor allem Briten, wurde völlig aufgerieben, die Lek-Brücke blieb in deutscher Hand. Die Waal-Brücke bei Nimwegen konnte nicht von den gelandeten Verbänden, sondern erst am 20. 9. durch von Belgien aus vorstoßende alliierte Panzer genommen werden. Die Maas-Brücke bei Grave und eine Kanalbrücke bei Vechel wurden dagegen erobert. Durch die heldenhafte Gegenwehr der zahlenmäßig weit unterlegenen deutschen Verbände, vor allem →Waffen-SS, wurde das Luftlandeunternehmen für die Alliierten zu einer großen Niederlage, für die Wehrmacht einer der letzten großen Siege. Die Alliierten verloren etwa 17000, die Deutschen 10000 Mann.

C. Ryan: Die Brücke von Arnheim, 1975. J. Piekalkiewicz: Arnheim 1944, 1976.

Arras, Ort großer Schlachten 1914–1918 in Nordfrankreich. Nach vorübergehender deutscher Besetzung von A. fand im 1.–13. 10. 1914 eine Schlacht bei A. zwischen der deutschen 6. und der französischen 10. Armee statt, die zur deutschen Besetzung der Lorettohöhe nördlich A. führte. Die englische 1. und die französische 10. Armee versuchten in der Frühjahrsschlacht bei A. und La Bassée vom 9. 5. bis 23. 7. 1915 mit großer Übermacht praktisch vergeblich (fünf Kilometer Geländegewinn),

die deutsche Front einzudrücken. Ebenso erfolglos blieb die von den Alliierten vom 25. 9.–13. 10. 1915 unternommene Herbstschlacht von A. und La Bassée, wo es bei zwei Kilometer Geländegewinn 105 000 Mann alliierter und 57 000 Mann deutscher Verluste gab. Die Frühjahrsschlacht bei A. vom 9. 4.–20. 5. 1917 brachte den Alliierten acht Kilometer Gewinn bei 142 000 Mann britischer und 85 000 Mann deutscher Verluste. Bei der von der deutschen Führung vom 21. 3. bis 6. 4. 1918 versuchten Großen Schlacht um Frankreich hatte die deutsche 17. Armee bei ihrem Angriff südlich A. auch nur geringen Erfolg. Am 26. 8. 1918 begann ein alliierter Angriff südlich von A., der im September die deutsche Front zwischen A. und Cambrai („Wotanstellung") durchbrach. Das Gebiet um A. war so Schauplatz größter Schlachten des 1. Weltkrieges.

H. Stegemann: Geschichte des Krieges, 4 Bde., 1917–21.

Artamanen, Angehörige des 1924 gegründeten, sich als →„völkisch" verstehenden „Bundes Artam e. V.". Der Begriff leitet sich vom mittelhochdeutschen Wort „art" für Ackerbau und „manen" für Männer her. Die A. entstammten der →Jugendbewegung und besonders der Bauernhochschulbewegung nach dem 1. Weltkrieg und strebten eine enge Verbundenheit zu Scholle und Boden durch bäuerliche Siedlung, Urbarmachung von Ödland und einen freiwilligen ländlichen →Arbeitsdienst an. Orientierung für ihre Ziele entnahmen sie hauptsächlich dem erstmals 1918 erschienenen Buch von Willibald Hentschel „Varuna – Das Gesetz des aufsteigenden und sinkenden Lebens in der Völkergeschichte". Dementsprechend führten sie ein betont einfaches Leben, in dem auch die Rückbesinnung auf die germanische Geschichte und die Anerkennung der Bedeutung von Rassen eine Rolle spielten. Um 1930 hatten die Artamanen etwa 25 000 – davon 10% weibliche – Mitglieder. Nach 1933 traten sie zumeist der Hitlerjugend bei und setzten ihre Ideen im →Landdienst der →HJ fort.

Arteigenes Christentum, Glaubensrichtung. Aufbauend auf Gedanken von Lagarde, Bonus und H. St. →Chamberlain, traten Anhänger des A., besonders nach 1933, für ein stark germanisiertes Christentum ein, um auf der Grundlage des Rassegedankens eine neue christliche Religion zu schaffen.

W. Baetke: Arteigene germanische Religion und Christentum, 1933. K. Leese: Das Problem des Arteigenen in der Religion, 1935. D. Klagges: Das Urevangelium Jesu, der deutsche Glaube, 1926.

Artikel 231 des →Versailler Diktats, Kriegsschuldartikel. Der im VIII. Teil „Wiedergutma-

chungen" des Versailler Vertrages angeführte A. weist geschichtsfälschend Deutschland und seinen Verbündeten die Urheberschaft am 1. Weltkrieg zu. Er lautet: „Die alliierten und assoziierten Regierungen erklären und Deutschland erkennt an, daß Deutschland und seine Verbündeten als Urheber aller Verluste und aller Schäden verantwortlich sind, welche die alliierten und assoziierten Regierungen und ihre Angehörigen infolge des ihnen durch den Angriff Deutschlands und seiner Verbündeten aufgezwungenen Krieges erlitten haben." Gegen diese Darstellung protestierte der deutsche Außenminister von →Brockdorff-Rantzau sofort bei Übergabe der Bedingungen am 7. 5. 1919. Dennoch wurde sie von den →Alliierten in ihrer →„Mantelnote" vom 16. 6. 1919 wiederholt. Eine von der deutschen Reichsregierung berufene internationale Kommission kam, wie auch später die internationale Geschichtsforschung, zur Ansicht, daß der A. unberechtigt sei. Er belastete die internationalen Beziehungen zwischen den Weltkriegen erheblich.
Reimar Hobbing Verlag (Hrsg.): Der Friedensvertrag von Versailles, 1919.

Artus-Plan, Plan für die Landung deutscher Truppen in Irland 1940. Die Irisch-Republikanische Armee (IRA) erhoffte sich von einer solchen Landung die Vertreibung der Engländer aus Nordirland und dessen Anschluß an die Republik Irland. Sie hatte Unterlagen für den A. geliefert und drängte auf seine Verwirklichung, die von Deutschland im Sommer 1940 erwogen wurde. Ähnliche Landungspläne für die deutsche Besetzung der sechs Ulster-Grafschaften liefen 1940 unter der Bezeichnung Unternehmen →„Kathleen".
E. Stephan: Geheimauftrag Irland, 1961. M. Funke (Hrsg.): Hitler, Deutschland und die Mächte, 1978.

Askari, eingeborener Soldat, insbesondere in der Kolonie Deutsch-Ostafrika. Im 1. Weltkrieg kämpften die A. der deutschen Schutztruppe unter General Paul von →Lettow-Vorbeck in Deutsch-Ostafrika bis zum Kriegsende treu unter ihren deutschen Führern. 1928 wurde ihnen von einer deutschen Kommission ihr rückständiger Sold als Ehrenschuld ausgezahlt.
P. von Lettow-Vorbeck: Heia Safari, 1920.

„Aster" („Königsberg"), Unternehmen, Bezeichnung für die Absetzbewegung der deutschen Armeeabteilung Narwa aus Estland in die nördlich von Riga vorbereitete Wenden- (Nelken-, Tulpen-) Stellung. Die Bewegung wurde am 16. 9. 1944 begonnen, Ende September 1944 war Estland geräumt.
Militärgeschichtliches Forschungsamt (Hrsg.): Abwehr-

kämpfe am Nordflügel der Ostfront, Band 5 der Beiträge zur Militär- und Kriegsgeschichte, 1963. W. Haupt: Heeresgruppe Nord, 1966. Ders.: Der Kampf im Nordabschnitt der Ostfront, 1967.

„A-Tag", Tag, an dem nach der Aufmarschanweisung für den Fall →„Gelb" (→Frankreichfeldzug) vom 29. 10. 1939 (erster Plan vom 19. 10. 1939) der Angriff im Westen möglich sein mußte. Später wurde mit A. auch der Tag des Beginns der Besetzung Vichy-Frankreichs (11. 11. 1942) bezeichnet.
W. Hubatsch: Hitlers Weisungen für die Kriegführung 1939–1945, 1983.

Atlantik-Charta, Grundsatzerklärung von US-Präsident →Roosevelt und dem britischen Premierminister →Churchill vom 12. 8. 1941. Nach einem Entwurf Churchills, der die nach außen hin noch neutralen USA in den Krieg ziehen wollte, verfaßten er und Roosevelt auf dem US-Kriegsschiff „Augusta" am 12. 8. 1941 die A., die am 14. 8. 1941 veröffentlicht wurde, ohne je paraphiert oder unterschrieben zu sein. Die A. sollte mit der Verkündung später nicht eingehaltener Grundsätze über alliierte Kriegsziele Deutschland in der Welt weiter isolieren und Neutrale an die Seite des kriegführenden Großbritannien bringen. Die Sowjetunion stimmte der A. am 24. 9. 1941 unverbindlich zu, weitere 23 Staaten am 1. 1. 1942 im Rahmen des „Washington Pakts", in den die A. aufgenommen wurde. Insgesamt traten der A. 47 Staaten bei. Ihre wichtigsten Grundsätze sind: Verzicht der Sieger auf Gebietserwerb, Hoheitsänderungen nur mit Zustimmung der betroffenen Bevölkerung, Selbstbestimmungsrecht der Völker, freier Handel, Freiheit der Meere und allgemeiner Gewaltverzicht bei Abrüstung der Aggressoren (Deutschland, Italien). Deutschland wurde von diesen Zusicherungen ausdrücklich ausgenommen. Teile der A. finden sich in der UNO-Charta wieder.
G. Zieger: Die Atlantik-Charta, 1963.

Atlantikfestungen, die nach der Invasion 1944 eingeschlossenen und weiter von der Wehrmacht verteidigten französischen und belgischen Hafenstädte und Inseln. Dazu gehörten Dünkirchen, Calais, Boulogne, →Brest, Lorient, St. Nazaire, La Rochelle, Royan, Le Verdon und die Kanalinseln. Sie sollten möglichst lange verteidigt werden und wurden von See her und aus der Luft versorgt. Nördlich der Loire konnten die Alliierten bis Herbst 1944 alle A. bis auf Dünkirchen, Lorient und die Kanalinseln nach harten Kämpfen erobern, wonach noch 100000 deutsche Soldaten eingeschlossen blieben. Aus einigen A. wie Brest, Dünkirchen und St. Nazaire wurde die Zivilbe-

völkerung teilweise evakuiert. Erst im April 1945 fielen Royan und Le Verdon. Andere A. wie St. Nazaire und die Kanalinseln konnten sich bis zur Kapitulation im Mai 1945 behaupten.
W. Fahrmbacher und W. Matthiae: Lorient, ²1956.

Atlantik-Schlacht, deutsch-alliierter Seekrieg im Atlantik 1939–1945. Die deutsche Seekriegführung versuchte im ganzen 2. Weltkrieg, mit wechselnder Taktik die Zufuhr von Handels- und Kriegsgütern aus Amerika insbesondere nach England und später ins nördliche Rußland vor allem durch U-Boote, teilweise auch durch Großkampfschiffe (Schlachtschiffe →„Scharnhorst", „Gneisenau", →„Bismarck", →„Tirpitz" und Panzerschiffe) zu unterbinden. Insbesondere die unter →Dönitz entwickelte →„Rudeltaktik" mit dem gruppenweisen Einsatz von U-Booten hatte so große Erfolge, daß Anfang 1943 die Versorgung Englands ernsthaft gefährdet war. Die bei Kriegsbeginn schwache deutsche U-Boot-Flotte (57 Boote) konnte trotz äußersten Einsatzes der Mannschaften und dann verstärkten U-Boot-Baus (später 100 einsatzfähige Boote) die A. nicht zum vollen Erfolg führen, zumal alliierte technische Abwehrentwicklungen (Asdic, Radar, Ultra, Funkpeilung) ihr ab 1943 große Verluste zufügten, die deutschen Verbesserungen (Elektro-U-Boote) 1945 zu spät kamen und der alliierte Neubau die Verluste decken konnte. Insgesamt kamen 863 deutsche U-Boote zum Fronteinsatz, von denen 630 verlorengingen. In der A. versenkten die deutschen U-Boote über 13 Millionen BRT feindlicher Tonnage, davon 5,4 Millionen BRT allein 1942, 1944 nur noch knapp 0,3 Millionen BRT.
Castello und Hughes: Atlantikschlacht, 1979. L. Peillard: Die Schlacht im Atlantik, 1975. J. Rohwer: Geleitzugschlachten im März 1943, 1975. K. Dönitz: 10 Jahre und 20 Tage, 1967. H. Pemsel: Seeherrschaft, Band 2, 1985. H. Busch: So war der U-Boot-Krieg, 1952. E. B. Potter u. a.: Seemacht, 1986.

Atlantikwall, deutsche Befestigungslinie ab 1942 an der Westküste von Frankreich, Belgien und Holland. Ab 1941, vor allem nach der zurückgeschlagenen englischen Landung bei →Dieppe am 19. 8. 1942, begann die →Organisation Todt auf Befehl →Hitlers, an der französischen, belgischen, holländischen und – teilweise – dänischen Westküste Befestigungsanlagen gegen die erwartete große alliierte Invasion auszubauen. Der A. sollte die deutsche Heeresgruppe B unter →Rommel in Frankreich in die Lage versetzen, landende alliierte Truppen bereits an der Küste aufzuhalten und Brückenköpfe zu verhindern. Der bis 1944 noch nicht fertig ausgebaute A. war für die alli-

ierte Invasion jedoch nicht das erhoffte Hindernis und wurde verhältnismäßig schnell durchbrochen.
R. H. Zimmermann: Der Atlantikwall von Dünkirchen bis Cherbourg, 1982, zwei Bände, ²1988. H. Neumann: Festungsbaukunst und Festungsbautechnik, 1988. Grasser und Stahlmann: Westwall – Maginot-Linie – Atlantikwall, 1988.

„Atlantis", erfolgreicher deutscher →Hilfskreuzer im 2. Weltkrieg. Der Schnellfrachter „Goldenfels" wurde zu Beginn des 2. Weltkriegs zur „A." umgebaut und erhielt getarnte Geschütze und Torpedorohre. Unter Kapitän zur See Bernhard →Rogge stach die „A." am 31. 3. 1940 zur längsten Fahrt eines deutschen Hilfskreuzers in See (102000 Seemeilen) und operierte im Atlantik, Indischen Ozean und Pazifik. In 622 Seetagen wurden 22 Handelsschiffe mit 145700 BRT aufgebracht. Am 22. 11. 1941 wurde die „A." vom britischen Kreuzer „Devonshire" im Südatlantik gestellt. Der Kapitän ließ zur Vermeidung von Menschenverlusten nach kurzem Gefecht die „A." selbst versenken, nachdem die Mannschaft vom deutschen U-Boot U 126 übernommen war. Sie kam bis Dezember 1941 über andere Schiffe unter teils abenteuerlichen Umständen in die Heimat zurück.
W. Frank: Schiff 16, 1955. H. Pemsel: Biographisches Lexikon zur Seekriegsgeschichte, 1985. E. B. Potter u. a.: Seemacht, 1986. H. J. Ehrlich und K. Weyher: Vagabunden auf See, 1953. G. Hümmelchen: Handelszerstörer, ²1967.

Atombombe, auf der Freisetzung der Atomkernenergie beruhende Waffe mit großer Zerstörungsgewalt. Durch die von dem deutschen Chemiker O. →Hahn im Dezember 1938 entdeckte Urankernspaltung, über die sofort öffentlich berichtet wurde, war erstmalig der Zugriff auf die die bisher bekannten Energiearten um Größenordnungen übertreffende Atomkernenergie möglich. Deutsche Kernphysiker, unter anderem Heisenberg, Bothe und Gerlach, waren mangels ausreichender Förderung und wegen Uneinsichtigkeit hoher militärischer Stellen erst 1945 in der Lage, eine Kettenreaktion einzuleiten. In den USA hatten führende Physiker mit einem Brief Einsteins vom 2. 8. 1939 an US-Präsident →Roosevelt den Bau einer Atombombe gefordert, der im Manhattan Project mit großen Mitteln und Hunderttausenden von Mitarbeitern geheim eingeleitet wurde. Da die deutsche Wehrmacht kurz vor Fertigstellung der ersten amerikanischen A. kapitulierte, wurden die für Deutschland vorgesehenen A. auf das bereits zum Waffenstillstand bereite Japan am 6. 8. 1945 über →Hiroshima und am 9. 8. 1945 über →Nagasaki abgeworfen, wobei Hunderttausende von Zivilisten starben oder schwer verletzt wurden.

J. Herbig: Kettenreaktion – Das Drama der Atomphysiker, 1976. D. Irving: Der Traum von der deutschen Atombombe, 1967. H. J. Fischer: Hitler und die Atombombe, 1986. M. Walker: Die Uranmaschine, 1990.

„Attila", Deckname für deutsche Planungen zum Einmarsch in den unbesetzten Teil Frankreichs für den Fall, daß die der →Vichy-Regierung unterstellten französischen Truppen zu den →Alliierten überwechseln sollten. Die Vorbereitungen zu „A." wurden durch →Hitlers →Weisung Nr. 19 vom 10. 12. 1940 ausgelöst. Die Besetzung begann als Unternehmen „Anton" am 11. 11. 1942.

W. Hubatsch: Hitlers Weisungen für die Kriegführung 1939–1945, 1962.

„Aufbau Ost", Deckname für erste Planungen eines deutschen Angriffs gegen die Sowjetunion ab 1. 8. 1940.

Militärgeschichtliches Forschungsamt (Hrsg.): Der Angriff auf die Sowjetunion. Bd. 5 der Beiträge zur Militär- und Kriegsgeschichte, 1983. A. Hillgruber: Hitlers Strategie, 1965.

Auguste Viktoria, Kaiserin, * 22. 10. 1858 Dolzig/Niederlausitz, † 11. 4. 1921 Doorn/Holland. Die letzte deutsche Kaiserin und Königin von Preußen, Tochter von Friedrich VIII. von Schleswig-Holstein-Sonderburg-Augustenburg und Prinzessin Adelheid von Hohenlohe-Langenburg, heiratete 1881 den späteren Kaiser →Wilhelm II., dem sie sieben Kinder schenkte. Durch ihre vorbildliche familiäre und charakterliche Haltung sowie durch ihre große Fürsorge für die ärmeren Volksschichten stand sie im ganzen Volk in hohem Ansehen. Ihr starker Einsatz für die Verwundeten im 1. Weltkrieg steigerte noch ihre Beliebtheit. Sie hielt sich aus der Politik weitgehend zurück, versuchte nur im 1. Weltkrieg im Sinne einer entschiedeneren Kriegführung und gegen Bestrebungen zu wirken, die die Moral der deutschen Truppen gefährdeten.

Wilhelm, Kronprinz: Ich suche die Wahrheit, 1925. Wilhelm II.: Ereignisse und Gestalten 1878–1918, 1922, und Aus meinem Leben 1859–88, 1927. A. O. Meyer: Kaiserin Auguste Viktoria, 1921. Lindenberg: Kaiserin Auguste Viktoria, 1933.

Aus, am Ostrand der Namib-Wüste in Süd-West-Afrika, zwischen Lüderitzbucht und Keetmannshoop gelegen, war 1915 bis 1919 nach dem vorausgegangenen Waffenstillstand mit den südafrikanischen Truppen Ort der Internierung der Angehörigen der deutschen Schutztruppe. A. war berüchtigt durch sein unerträgliches Klima und seine harten Windverhältnisse. Duch Eigeninitiative schufen sich die Schutztruppler in der konzentrationslagerähnlichen Bleibe eine Überlebenschance.

Ausbürgerung, Aberkennung der deutschen Staatsangehörigkeit. Sie war schon vor 1933 unter bestimmten Voraussetzungen – etwa bei Steuerflucht – möglich. Nach dem „Gesetz über den Widerruf von Einbürgerungen und die Aberkennung der deutschen Staatsangehörigkeit" vom 14. 7. 1933 konnten alle Einbürgerungen in der Zeit zwischen dem 9. 11. 1918 und dem 30. 1. 1933 widerrufen werden, „falls die Einbürgerung nicht als erwünscht anzusehen ist" (§1). §2 bestimmte: „Reichsangehörige, die sich im Ausland aufhalten, können der deutschen Staatsangehörigkeit für verlustig erklärt werden, sofern sie durch ein Verhalten, das gegen die Pflicht zur Treue gegen Reich und Volk verstößt, die deutschen Belange geschädigt haben." Nach der 11. Verordnung zum Reichsbürgergesetz vom 25. 11. 1941 wurden alle Juden ausgebürgert, die sich außerhalb Deutschlands aufhielten.

Auschwitz: deutsches →Konzentrationslager.

Ausland-Institut, →Deutsches Ausland-Institut.

Auslandsdeutsche, deutsche Staatsbürger, die im Ausland leben. Von den A. zu unterscheiden sind die Volksdeutschen, die (meist seit Generationen) im nichtdeutschsprachigen Ausland leben und eine fremde Staatsangehörigkeit besitzen, sich aber dennoch wegen ihrer Herkunft, Sprache und Kultur als Deutsche betrachten.

R. Kosiek: Deutsches Land in fremder Hand, 1982. Fr. C. Badendiek: Volk unter Völkern, 1979. M. Straka: Deutsche in aller Welt, ²1966.

Auslands-Organisationen der NSDAP (AO), Zusammenschluß aller reichsdeutschen Nationalsozialisten im Ausland und in der Seefahrt. Die AO wurde als Gau seit 1933 von Gauleiter E. W. →Bohle geführt, der ab 1937 auch Chef der A. im Auswärtigen Amt war, hatte seit 1933 ihren Sitz in Berlin und diente der Betreuung der NS-Parteimitglieder im Ausland. Gegliedert war sie in Landesgruppen oder Landeskreise, Kreise, Ortsgruppen und Stützpunkte. Sie beachtete streng die Nichteinmischung in innere Angelegenheiten der Gastländer und diente entgegen anderslautenden Behauptungen nicht der Spionage oder als 5. Kolonne. Als Landesgruppenleiter der AO in der Schweiz wurde Wilhelm →Gustloff 1936 von einem Juden in Davos ermordet.

H. Ehring: Die Auslandsorganisation der NSDAP, 1937.

Aussiger Ausschreitungen, Massaker an Sudetendeutschen 1945. In die sudetendeutsche Stadt Aussig (Nordböhmen) an der Elbe waren am 29./30. 7. 1945 Tschechen der Svoboda-Garde und Hunderte junger Bandenmitglieder gekommen, die die durch weiße Armbinden gekennzeichneten Deutschen mißhandelten. Am 31. Juli ereignete sich in der kurz vorher von Deutschen geräumten Munitionssammelstelle eine Explosion, offenbar von Tschechen eingeleitet, und daraufhin begann unter dem Vorwand, die Deutschen hätten diese Explosion verursacht, eine Jagd auf alle Deutschen, auch Frauen und Kinder, die massenweise in die Elbe geworfen und auch noch mit Maschinengewehren beschossen wurden. Das Massaker mit Waffen und Knüppeln tobte in der ganzen Stadt bis zum späten Abend und forderte viele Verletzte und rund 2700 Tote, Teil der 1945 von Tschechen ermordeten etwa 200000 Deutschen.
Arbeitsgemeinschaft zur Wahrung sudetendeutscher Interessen (Hrsg.): Dokumente zur Austreibung der Sudetendeutschen, ²1951.

Austrofaschismus, abwertende Bezeichnung linker Kreise für eine antimarxistische, nationale, teilweise antidemokratische Politik in Österreich 1919–1938. Sie richtete sich gegen Sozialismus und Kommunismus, orientierte sich auch am italienischen Faschismus Mussolinis. Ende der Zwanziger Jahre gewann Othmar →Spanns Lehre vom Ständestaat auf sie Einfluß. Im →Korneuburger Programm der →Heimwehren vom 18. 5. 1930 wurde der westliche demokratische Parlamentarismus verworfen und eine starke Staatsführung gefordert. Eher klerikale als nationale Züge des A. kamen unter der Herrschaft von →Dollfuß und →Schuschnigg 1933–1938 zur Wirkung.
F. L. Carsten: Faschismus in Österreich, 1977.

Austromarxismus, Sonderform des Marxismus in Österreich ca. 1900–1938. Der von C. Grünberg („Vater des A."), M. Adler, O. →Bauer und R. Hilferding vertretene A., allgemein auch die Politik der Sozialdemokraten 1918–1938, verstand sich als Zwischenform zwischen Kommunismus und Sozialdemokratie mit Anerkennung des Bolschewismus für Rußland, jedoch nicht für entwickeltere Gesellschaften. Eine proletarische Revolution wurde als notwendig und nicht durch Reformen ersetzbar angesehen. Als C. Grünberg, vorher Professor in Wien, 1923 Direktor des Instituts für Sozialforschung in Frankfurt wurde, bekam der A. Einfluß auf die marxistische →Frankfurter Schule und die spätere →Kritische Theorie. Die österreichischen →Heimwehren sowie die

Regierungen →Dollfuß und →Schuschnigg sahen eine ihrer wesentlichen Aufgaben in der Bekämpfung des A., der im →Republikanischen Schutzbund eine bewaffnete Hilfstruppe besaß. Die →Februarunruhen 1934 mit tagelangen blutigen Auseinandersetzungen zwischen der österreichischen Regierung und Sozialdemokraten, die bei Einsatz von Artillerie vor allem in Wien zahlreiche Opfer kosteten, schwächten den A. erheblich. Die Sozialdemokraten wurden verboten, ihr Parteivermögen wurde eingezogen. Danach kamen viele Austromarxisten in →Anhaltelager, andere emigrierten in die Sowjetunion.
H. Benedikt (Hrsg.): Geschichte der Republik Österreich, 1954.

Autobahn, →Reichsautobahn.

Automatic Arrest, pauschale Internierung Deutscher 1945. In der alliierten →Direktive JCS 1067 zur Behandlung Deutschlands war in Kapitel acht den alliierten Streitkräften neben der Verhaftung der „hauptsächlichen Nazi-Genossen, anderer Kriegsverbrecher" auch folgende Maßnahme befohlen: „Alle Personen, die, wenn man sie weiter in Freiheit ließe, die Erreichung Ihrer Ziele gefährden würden, werden ebenso verhaftet und bis zu einem Gerichtsverfahren vor einem entsprechenden, von Ihnen zu errichtenden, halbjuristischen Forum in Haft gehalten." Nach Listen wurden daraufhin ganze Berufsgruppen und Amtsinhaber, etwa alle „-räte", ohne Gerichtsurteil verhaftet und für längere Zeit im A. in Lagern unter meist unmenschlichen Bedingungen mit grausamen Schikanen und hohen Todesraten, vor allem durch Unterernährung und fehlende ärztliche Betreuung, gehalten. Die Zahl dieser Verhaftungen betrugen für Norddeutschland etwa 56500, NRW 266000, Rheinland-Pfalz 183000, Hessen 59000, Saar 1700, Baden-Württemberg 120000, Bayern 109000. In der Sowjetzone (rund 133000 Verhaftungen) und Österreich wurde ähnlich vorgegangen. Die Lager, teilweise auch im Ausland, bestanden bis etwa 1948. Ein Teil der Überlebenden kam dann vor Spruchkammern, ein anderer wurde einfach entlassen, wobei reine Willkür herrschte. Den aus dem A. Entlassenen wurden anschließend beruflich viele Hindernisse in den Weg gelegt.
E. Möllenhoff: Arzt hinter Stacheldraht, 1984. E. Kern: Von Versailles nach Nürnberg, 1967. Landesverband der ehemaligen Besatzungsinternierten Baden-Württemberg (Hrsg.): Die Internierung im Deutschen Südwesten, 1960. J. Gheorghe: Automatic Arrest, 1956.

„Avalanche" (Lawine), Deckname für die Landungsoperation der Alliierten am Golf von

→Salerno zu Beginn der →Invasion Süditaliens. Von Sizilien aus setzten am 3. 9. 1943 die 5. US-Armee, das X. britische Korps und das VI. US-Korps über die Straße von Messina und nahmen einen 35 Kilometer langen Küstenstreifen zwischen Amalfi, Salerno und Paestum ein. Die 10. deutsche Armee unter Generaloberst von Vietinghoff verhinderte den geplanten schnellen Vorstoß auf Neapel.

Axmann, Arthur, Reichsjugendführer, * 18. 2. 1913 Hagen/Westfalen, ab 1928 Mitglied der → Hitler-Jugend (HJ). A. wurde 1932 in die Reichsleitung der →NSDAP zur Neuorganisation der nationalsozialistischen →Jugendbetriebszellen berufen. 1933 übernahm er das Sozialamt der Reichsführung der HJ, organisierte die →Reichsberufswettkämpfe und förderte landwirtschaftliche Maßnahmen der Hitler-Jugend. Nach dem Studium der Rechte Mitglied der →Akademie für Deutsches Recht, befaßte sich A. mit der Jugendgesetzgebung. Nach Wehrdienst im Westen wurde er am 8. 8. 1940 als Nachfolger →Schirachs Reichsjugendführer. An der Ostfront verlor er 1941 einen Arm. Er konnte sich 1945 aus dem sowjetisch besetzten Berlin nach Westen durchschlagen und wurde im Dezember 1945 verhaftet. Eine Nürnberger Entnazifizierungskammer stufte ihn im Mai 1949 als „Hauptschuldigen" ein und verurteilte ihn zu drei Jahren und drei Monaten Freiheitsstrafe, die durch die Untersuchungshaft als verbüßt galten. In West-Berlin wurde A. im August 1958 erneut entnazifiziert und zu 35 000 DM Strafe verurteilt, weil er die deutsche Jugend indoktriniert habe. Nach dem Kriege war A. als Handelsvertreter tätig.

H. C. Brandenburg: Die Geschichte der Hitler-Jugend, 1968. E. Blohm: Hitler-Jugend – soziale Tatgemeinschaft, 1977. H.-J. Koch: Geschichte der Hitler-Jugend, 1976. J. Rüdiger (Hrsg.): Die Hitler-Jugend und ihr Selbstverständnis im Spiegel ihrer Aufgabengebiete, 1983. H. Taege: . . . über die Zeiten fort, 1978.

B

Bach-Zelewski, Erich von dem, SS-Obergruppenführer und General der Polizei, * 1. 3. 1899 Lauenhaching/Pommern, † 8. 3. 1972 München-Harlaching. Als Soldat des 1. Weltkriegs kämpfte er anschließend in →Freikorps und war bis 1924 Reichswehroffizier, dann Bauer. 1930 trat er in die →NSDAP, 1931 in die →SS ein, deren Oberabschnitte in Königsberg (Nordost, 1934–1936) und Breslau (Südost, ab 1936) er führte. 1932 leitete er den persönlichen Schutz A. →Hitlers. Von 1932–1944 Mitglied des Reichstages, wurde er 1939 SS-Gruppenführer, im November 1941 SS-Obergruppenführer und General der Polizei. Seit Beginn des →Rußlandfeldzuges war B. Höherer SS- und Polizeiführer im Bereich der Heeresgruppe Mitte und Sonderbeauftragter für die Partisanen- und Bandenbekämpfung. 1944 kommandierte er die deutschen Truppen bei der Niederschlagung des →Warschauer Aufstandes und war bei Kriegsende Kommandierender General eines Armeekorps. Im 1. Weltkrieg mit dem Eisernen Kreuz 1. und 2. Klasse ausgezeichnet, erhielt er am 30. 9. 1944 das →Ritterkreuz. In Nürnberg trat B. als Kronzeuge der Anklage auf. Wahrscheinlich steht damit im Zusammenhang, daß ihm die Auslieferung an die Sowjetunion und alliierte Prozesse erspart blieben. 1951 verurteilte ihn der Münchner Spruchkammer zu zehn Jahren Arbeitslager, wobei die Berufungskammer fünf Jahre Untersuchungshaft anrechnete. 1958 wegen seiner Teilnahme am Vorgehen gegen SA-Führer um →Röhm 1934 festgenommen, wurde er 1961 zu fast fünf Jahren Haft und 1962 wegen der Tötung von drei Kommunisten 1933 von einem Nürnberger Gericht zu lebenslänglicher Zuchthausstrafe verurteilt, die er trotz langer Krankheit bis 14. 2. 1972, wenige Tage vor seinem Tode, verbüßte.

Backe, Herbert, Reichsernährungsminister und Wirtschaftspolitiker, * 1. 5. 1896 Batum/Rußland, † 6. 4. 1947 Nürnberg. Der Rußlanddeutsche war im 1. Weltkrieg interniert, studierte dann Landwirtschaft und verwaltete ab 1924 einen Bauernhof in Pommern. Er trat 1923 der →NSDAP bei, wurde 1932 Mitglied des preußischen Landtags und im Oktober 1933 Staatssekretär im Reichsministerium für Ernährung und Landwirtschaft. Als solcher leitete er 1934 die Erzeugungsschlacht mit dem Ziel weitgehender Unabhängigkeit des Deutschen Reiches von Nahrungsmittelimporten ein. 1936 wurde er Beauftragter für den Vierjahresplan. Als Nachfolger →Darrés übernahm B. am 23. 5. 1942 das Ministerium und wurde am 1. 4. 1944 Reichsminister für Ernährung und Landwirtschaft, was er bis Kriegsende auch unter →Dönitz blieb. Mit der Reichsregierung in Flensburg-Mürwik festgenommen und inhaftiert, nahm er sich im Nürnberger Kriegsverbrechergefängnis das Leben.

Badoglio, Pietro, italienischer Marschall ab 1926, * 28. 9. 1871 Grazzano Monferrato, † 1. 11. 1956 ebenda. Der Gegner des italienischen Kriegseintrittes wurde von →Mussolini nach dem →Balkanfeldzug am 6. 12. 1940 entlassen. In Zusammenarbeit mit König Viktor Emanuel III. und dem Vatikan stürzte er am 25. 7. 1943 Mussolini, wurde Regierungschef und schloß am 3. 9. 1943 einen Separatwaffenstillstand mit den Alliierten, der am 8. 9. 1943 in Kraft trat. Unter dem Druck antifaschistischer Kräfte mußte er am 9. 6. 1944 sein Amt dem Sozialisten Ivanhoe Bonomi überlassen.

Bäumer, Gertrud, Dr. phil., Schriftstellerin, * 12. 9. 1873 Hohenlimburg, † 25. 3. 1954 Bethel. Nach Volksschullehrertätigkeit und Philosophiestudium wurde B. in enger Zusammenarbeit mit Helene Lange und Friedrich →Naumann eine der bedeutendsten Persönlichkeiten der frühen deutschen Frauenbewegung. 1910–1933 war sie Vorsitzende der deutschen Frauenvereine. Sie gründete im 1. Weltkrieg den „Nationalen Frauendienst" und war Mitherausgeberin von „Die Frau" (1893–1944) und des „Handbuchs der Frauenbewegung" (5 Bde. 1901 ff.), worin sie sich für die Gleichberechtigung der Frau einsetzte. 1916–1920 stand sie dem Sozialpädagogischen Institut in Hamburg vor, 1920–1933 war sie Mitglied des Reichstags (→DDP) und 1922–1933 Ministerialrätin im Reichsinnenministerium. Für Jugend- und Frauenfragen trat sie auch als Völkerbundsdelegierte ein. Zu ihren sozialen Schriften gehören „Die soziale Idee in den Weltanschauungen des 19. Jahrhunderts" (1910), „Studien über Frauen" (1921), „Die Frau im neuen Lebensraum" (1931), „Männer und Frauen im geistigen Werden des deutschen Volkes" (1934) sowie „Der ritterliche Mensch" (1941). In ihren Romanen behandelte sie vor allem Themen des Mittelalters: „Adelheid" (1936), „Wolfram von Eschenbach" (1938), „Dante Alighieri" (1942), „Der Jüngling im Sternenmantel" (1947).
W. Goetz u. a.: Gabe für Gertrud Bäumer, 1931.

Bagdad-Bahn, Eisenbahnlinie von Konya (nördlich des Taurus) über Bagdad nach Basra am Persischen Golf. Als Fortsetzung der Anatolischen Bahn Istanbul-Konya wurde 1903 mit dem Bau der B. begonnen. Träger war die Anatolische Eisenbahngesellschaft, die 1899 von der Deutschen Bank, der Dresdner Bank und anderen Banken gegründet worden war, so daß im wesentlichen deutsches Kapital den Bau der B. trug. Nachdem frühere, ab 1888 laufende Bahnbauvorhaben der Deutschen Bank in Westanatolien von der deutschen Außenpolitik nur wenig unterstützt wurden, um keine Interessenkonflikte mit Rußland und England im Vorderen Orient zu erzeugen, wurde im Abkommen mit Rußland (19. 8. 1911) und England (15. 6. 1914) der Bau der B. unter deutscher Leitung einvernehmlich geregelt. Ende 1918 war der große Taurustunnel und die Strecke bis Nisibin, 1940 die ganze, rund 2500 Kilometer lange B., fertig.
R. Hüber: Die Bagdadbahn, 1943. H. Pönicke: Die Hedschas- und Bagdadbahn, 1958. J. Manzenreiter: Die Bagdadbahn 1872–1903, 1982. Lohdemann und Pohl: Die Bagdadbahn, 1988. F. H. Bode: Der Kampf um die Bagdadbahn 1903–1914, 1941.

„Bajadere", Deckname für den geplanten Einsatz von Revolutionsagenten in Indien. Ende 1942 erhielt die deutsche Abwehr den Auftrag, rund einhundert in Deutschland auszubildende und einzukleidende Inder in Ostpersien mit Fallschirm abzusetzen, die sich nach Indien durchschlagen und dort Aufstände und eine allgemeine Revolution gegen die Engländer vorbereiten sollten.
K. H. Abshagen: Canaris, 1954.

Baku, sowjetische Ölstadt südöstlich des Kaukasus am Kaspischen Meer. Nach dem deutsch-sowjetischen Zusammengehen im →Polenfeldzug planten Frankreich und England einen Angriff, vor allem Luftangriffe, auf die Ölfelder von B. vom Irak und von Syrien aus, um die sowjetischen Öllieferungen an das Reich zu unterbinden. Der deutsche Westfeldzug verhinderte diese Absicht. Die Akten über diese Planungen blieben jahrzehntelang unter Verschluß.
G. Deschner: Bomben auf Baku, 1989.

Balck, Hermann, General der Panzertruppen, * 7. 12. 1893 Danzig-Langfuhr, † 29. 11. 1982 Asperg. Der Sohn eines Generalleutnants und Pour-le-mérite-Trägers ging als Oberprimaner zu den Goslarer Jägern, wurde als Offizier im 1. Weltkrieg siebenmal verwundet, erhielt EK I und II, den Österreichischen Militärverdienstorden 3. Klasse, das Ritterkreuz mit Schwertern des Hohenzollernhausordens und wurde im Oktober 1918 zum Pour le mérite eingegeben. Nach Kriegsende kämpfte er mit seiner Kompanie beim Grenzschutz Ost in der Provinz Posen. Ab 1920 war er in der →Reichswehr, 1935 als Major Abteilungskommandeur in Tilsit. Im →Frankreichfeldzug zeichnete er sich mit seinem 1. Schützenregiment beim Durchbruch bei Sedan und Vorstoß bis Dünkirchen aus, wofür er am 3. 6. 1940 das Ritterkreuz erhielt. Die Festung Belfort nahm er im Handstreich. Im Balkanfeldzug durchstieß er mit sei-

nem Panzerregiment die →Metaxaslinie und drang in Saloniki wie Athen ein. Er bekam den bulgarischen Tapferkeitsorden III. Klasse mit Schwertern. Ab 7. 7. 1941 war er beim Oberkommando des Heeres für das Kfz-Wesen tätig und wurde am 1. 1. 1941 General der Schnellen Truppen. Am 12. 5. 1942 übernahm er die 11. Panzerdivision, die er an Schwerpunkten der Ostfront führte, auch bei Stalingrad, wo er am 22. 12. 1942 das Eichenlaub erhielt. Für die Vernichtung der Sowjetarmee Popow erhielt B. am 4. 3. 1943 die Schwerter. Ab 1. 11. 1943 führte er als Kommandierender General das XXXXVIII. Panzerkorps im Osten, ab 5. 8. 1944 die 4. Panzerarmee bei Baranow und in Südpolen, wofür er am 31. 8. 1944 mit den Brillanten ausgezeichnet wurde. Als Chef der Heeresgruppe G in Lothringen ab November 1944 konnte er die US-Übermacht lange aufhalten. Im Frühjahr noch einmal in Ungarn als Chef der deutschen 6. und ungarischen 1. und 3. Armee eingesetzt, vernichtete er in der letzten Kesselschlacht östlich von Graz noch mehrere Sowjetdivisionen. Es gelang ihm, alle deutschen Truppen, rund 300000 Mann, aus Ungarn nach Westen zu führen und an US-Truppen zu übergeben. Jahre nach der US-Kriegsgefangenschaft wurde B. von einem Stuttgarter Gericht wegen eines – berechtigten – Todesurteils gegen einen pflichtvergessenen Truppenführer von Ende 1944 zu drei Jahren Haft verurteilt, wovon er 18 Monate absitzen mußte. Danach war er in der Wirtschaft und für eine Fluglinie nach Südafrika tätig.
G. Fraschka: Mit Schwertern und Brillanten, 1977.

Balfour-Deklaration, britisches Hilfsversprechen für die Errichtung einer „jüdischen Heimstatt" in Palästina für die Zeit nach dem 1. Weltkrieg. Arthur James Earl of Balfour, 1902–1905 britischer Ministerpräsident, gab diese Zusage als britischer Außenminister (1916–1919) unter Premierminister Lloyd George im Brief vom 2. 11. 1917 an den Lord Rothschild – zur Weitergabe an die „Zionistische Vereinigung" –, um Juden zum Kampf gegen Deutschland zu gewinnen. US-Präsident Wilson bekräftigte die B. durch einen Brief vom 31. 8. 1918. In den 20er Jahren begannen dann Differenzen zwischen einwandernden Juden und Arabern, denen Engländer Palästina, das bis zum Ende des 1. Weltkrieges türkisches Staatsgebiet war, als Belohnung für ihren Kampf gegen die Türkei in Aussicht gestellt hatten.

Balkanfeldzug, 6. 4.–30. 4. 1941, deutscher Feldzug gegen Jugoslawien und Griechenland. Italien hatte Ostern 1939 Albanien besetzt und

ohne Absprache mit Deutschland am 28. Oktober 1940 Griechenland angegriffen, wurde aber von den Griechen weit nach Albanien zurückgedrängt. Griechenland war mit England verbündet, das von dort aus die für Deutschland wichtigen Ölfelder Rumäniens bombardieren konnte. Bulgarien (1. 3. 1940) und Jugoslawien (25. 3. 1941) waren dem →Dreimächtepakt beigetreten. Nachdem deutsche Vermittlungsbemühungen im italienisch-griechischen Krieg im Februar 1941 gescheitert waren und am 27. 3. 1941 ein Offiziersputsch in Belgrad ein sowjetfreundliches Regime eingesetzt hatte, das am 5. 4. 1941 einen Freundschaftspakt mit der Sowjetunion abschloß und die jugoslawische Heer mobilisierte, war die Lage der Achsenmächte auf dem Balkan sehr ernst. Am 6. 4. 1941 griffen deshalb deutsche Truppen von Österreich und Bulgarien aus Jugoslawien und Griechenland an, ab 11. 4. auch ungarische Truppen Jugoslawien. Am 10. 4. erklärte sich das von Serbien gelöste Kroatien für selbständig; am 17. 4. kapitulierte die jugoslawische Armee. Der erst am 27. 3. eingesetzte König Peter II. von Jugoslawien und seine Regierung emigrierten nach London. In Jugoslawien begann ein grausamer Partisanenkrieg. Am 21. 4. 1941 kapitulierte die griechische Armee nach heftiger Gegenwehr, und bis zum 29. 4. zog England die Reste seines in Griechenland gelandeten Expeditionskorps, rund 30000 Mann, nach Kreta und Ägypten zurück. Der griechische König Georg II. ging mit seiner Regierung ins Exil nach London. 22000 Briten kamen in deutsche Gefangenschaft. Die gefangenen 223000 Griechen wurden sofort in ihre Heimat entlassen. In Jugoslawien hatte die deutsche Wehrmacht 151 Gefallene, in Griechenland 2408 Tote neben insgesamt 3169 Vermißten zu beklagen.
Militärgeschichtliches Forschungsamt (Hrsg.): Das Deutsche Reich und der Zweite Weltkrieg, Band 3, 1984. M. Pusch: Der Balkan-Feldzug, 1987. J. Piekalkiewicz: Der Zweite Weltkrieg, 1985. J. Piekalkiewicz: Krieg auf dem Balkan 1940–1945, 1984. A. Buchner: Der deutsche Griechenland-Feldzug, 1957. K. Olshausen: Zwischenspiel auf dem Balkan, 1973. W. Schumann (Hrsg.): Griff nach Osteuropa, 1973. J. Wuescht: Jugoslawien und das Dritte Reich, 1969.

„Balli Kombetar", Bezeichnung für Pläne und Einsatz nationalalbanischer Bandenkampfeinheiten auf deutscher Seite. Von September 1943 bis Mai 1944 wurden 12000 Albaner im Rahmen von „B." angeworben und vor allem zur Sicherung der deutschen Nachschubstraße Tirana–Elbasan–Struga–Bitola gegen Partisanen in Albanien eingesetzt. Dadurch konnten erhebliche deutsche Einheiten vom Sicherungseinsatz freigestellt werden.
H. Spaeter: Die Brandenburger, 1978.

Ballin, Albert, Reeder, * 15. 8. 1857 Hamburg,
† 9. 11. 1918 Hamburg. Ab 1886 zunächst als
Leiter der Passageabteilung, ab 1888 im Vorstand, war B. ab 1899 Generaldirektor der
Hamburg-Amerika-Linie (Hapag), die unter
seiner Leitung bis 1914 zur größten Reederei
der Welt aufstieg. Als enger jüdischer Freund
Kaiser Wilhelms II. bemühte sich B. um einen
Ausgleich mit England, dessen Vormachtstellung im Atlantikverkehr er mit der Hapag bedroht hatte. Angesichts der deutschen Niederlage im 1. Weltkrieg beging er Selbstmord.
L. Cecil: Albert Ballin, 1969. B. Huldermann: Albert
Ballin, ³1922. H. Leip: Des Kaisers Reeder, 1956.

Baltendeutsche (Balten), die von den deutschen Einwanderern abstammenden Bewohner des Baltikums. Nachdem Bischof Adalbert
von Bremen 1201 nach früheren erfolglosen
Versuchen Stadt und Bistum →Riga mit deutschen Kaufleuten und Geistlichen gegründet
hatte, setzte eine Welle deutscher Einwanderung über See, vor allem aus Westfalen und
Niedersachsen, nach Estland, Livland und Kurland ein („Aufsegelung"). Die Deutschen bildeten eine Schicht von Großgrundbesitzern,
städtischen Kaufleuten und Handwerkern. Die
deutsche bäuerliche Ostsiedlung dagegen erreichte das Baltikum nicht mehr. Auch nach
dem Niedergang des Deutschen Ritterordens,
der nach der Vereinigung mit dem Schwertbrü-
derorden 1237 den militärischen Schutz des
Landes übernommen hatte, bestimmten die B.
unter schwedischer und später russischer Oberhoheit die deutsch-protestantische Kultur des
Landes und bewahrten ihr deutsches Volkstum
und die deutsche Sprache als Landessprache.
Die 1630 gegründete deutsche Universität in
Dorpat wurde 1710 zwar geschlossen, 1802 jedoch wieder eröffnet und wirkte als einzige
evangelische Hochschule des zaristischen Rußlands weit in den Osten hinein. Viele B. dienten
in der russischen Armee und Verwaltung. Im
Zuge der Nationalisierung kam es im 19. Jahrhundert zu Russifizierungsmaßnahmen und
außerdem Bestrebungen der estnischen und
lettischen Nationalbewegung gegen die deutsche Oberschicht. 1867 wurde im Baltikum
Russisch als Amtssprache eingeführt. Zwischen 1907 und 1914 führte die Ansiedlung von
rund 20000 rußlanddeutschen Bauern, vor allem aus Wolhynien, noch einmal zur Stärkung
der B. Aus den Wirren der russischen Revolution wurde das Baltikum im Februar 1918
durch deutsche Truppen befreit, Litauen, Estland und Lettland erklärten sich unter deutschem Schutz für selbständig. Mit dem Rückzug der deutschen Truppen im November 1918
flohen rund 20000 B. vor den nachrückenden

Bolschewisten, bis 1919 deutsche →Freikorps
und einheimische Verbände das Baltikum von
ihnen säuberten. Am 22. 5. 1919 wurde Riga
befreit, das Datum wird seitdem als deutsch-
baltischer Gedenktag gefeiert. Im Zuge der
estnischen (1919) und lettischen (1920) Bodenreform verloren die B. ihren Großgrundbesitz,
sie erreichten jedoch in Lettland schon 1919
Minderheitenschutz, in Estland 1925 Kulturau-
tonomie. Statt der 1918 kurzzeitig wieder tätigen deutschen Universität Dorpat entstand
1921 in Lettland das Herder-Institut als private
deutsche Hochschule, 1927 staatlich anerkannt; in Dorpat 1931 das Theologisch-Philoso-
phische Luther-Institut. Seit 1920 wirkte der
„Verband deutscher Vereine in Estland", seit
1923 in Lettland die „Zentrale deutsch-balti-
scher Arbeit", ab 1928 als „Deutsch-baltische
Volksgemeinschaft". In Estland gab es für die
B. die „Deutsch-baltische Partei", in Lettland
mehrere deutsche Parteien, die im „Ausschuß
der deutsch-baltischen Parteien" vereint waren. Nachdem sowjetische Truppen 1939 in den
noch selbständigen baltischen Staaten stationiert und die deutschen Schulen, Kirchen und
Institute enteignet worden waren, kamen auf
Grund von Verträgen über →Umsiedlungen
mit Estland (15. 10. 1939) und Lettland (30. 10.
1939) im Herbst 1939 rund 15000 B. aus Estland und 55000 B. aus Lettland freiwillig ins
Deutsche Reich und wurden meist im Warthegau und in Westpreußen angesiedelt. Nach Verträgen mit der Sowjetunion (10. 1. 1941) kamen
dann noch 12000 „Nachsiedler" aus Estland
und Lettland sowie 45000 Deutsche aus Litauen ins Reich zurück. Nach dem 2. Weltkrieg
wurden die B. aus ihrer neuen Heimat in Ostdeutschland wiederum vertrieben und wohnen
nun verstreut. Viele wanderten auch aus.
H. Rothfels: Das baltische Deutschtum in Vergangenheit
und Gegenwart, 1932. E. Wittram: Geschichte der baltischen Deutschen, 1939. G. von Rauch: Geschichte der
baltischen Staaten, 1970. W. Lenz (Hrsg.): Deutschbalti-
sches biographisches Lexikon, 1970. H. von zur Mühlen:
Die baltischen Lande, 1987. E. Thomson: Die Deutsch-
Balten, 1976.

Baltenkreuz, vom Baltischen Nationalausschuß 1919 gestiftete Kriegsauszeichnung für
die an der Befreiung des Baltikums von den Sowjets beteiligten deutschen Truppen (→Balti-
kumunternehmen).

Baltenregiment, →Baltische Landeswehr.

Baltikumer, Angehörige deutscher →Frei-
korps und anderer Verbände bei den Baltikum-
kämpfen 1919. Die B. kämpften später vielfach
in Freikorps und anderen Freiwilligenverbänden weiter, so im März 1920 im Ruhrgebiet ge-

gen bewaffnete Kommunisten, bis 1921 in →Oberschlesien gegen polnische Insurgenten und in →Kärnten gegen vordringende Jugoslawen. Zum Teil waren sie 1923 auch am →Ruhrkampf gegen die französische Besatzungsmacht beteiligt. Später traten sie oft rechtsgerichteten Vereinigungen und Parteien bei.

Baltikumstruppen, deutsche Freiwilligenverbände, meist aus Angehörigen der 8. Armee bestehend, die 1918/19 nach Ende des 1. Weltkrieges Kurland befreiten und erfolgreich gegen die Sowjets verteidigten, bis sie sich auf Druck der Westalliierten und der Reichsregierung nach Ostpreußen zurückziehen mußten.
von der Goltz: Meine Sendung in Finnland und im Baltikum, 1920. F. W. von Oertzen: Die deutschen Freikorps 1918–1923, 1936.

Baltikumunternehmen, Kämpfe deutscher →Freikorps 1919 im Baltikum. Den im November 1918 aus dem Baltikum abrückenden deutschen Truppen waren die Bolschewisten gefolgt und hatten eine Schreckensherrschaft errichtet, obwohl sich Estland, Lettland und Litauen 1918 für selbständig erklärt hatten. Ab Februar 1919 kämpften deutsche Freikorps und Reste des deutschen Heeres unter General Rüdiger Graf von der →Goltz zusammen mit einheimischen Verbänden gegen die Sowjets. Die lettische Regierung hatte den Freikorpskämpfern dafür Siedlungsland und Bürgerrecht versprochen. Die vollständige Befreiung des Baltikums versuchten die Westalliierten schon im April 1919 durch die Forderung nach der Absetzung des Generals von der Goltz zu verhindern. Der kümmerte sich jedoch nicht darum und stürmte am 22. 5. 1919 mit seinen Truppen →Riga, wobei in letzter Minute vielen →Baltendeutschen das Leben gerettet wurde. Unter dem Druck der Alliierten mußten auch Reichsregierung und Reichswehr die →„Baltikumer" zum Rückzug auffordern (Termin 15. 7. 1919), was diese zunächst nicht beachteten. Militärische Maßnahmen der Alliierten – Sperrung der Ostsee für deutsche Schiffe, Eingreifen britischer Seestreitkräfte vor Riga – führten zur Abberufung von der Goltz', der vorher seine Einheiten noch der antibolschewistischen „Westrussischen Regierung" des Fürsten Awalow unterstellt hatte. Sein Nachfolger von Eberhard (ab 12. 10. 1919) zog sich langsam zurück, und bis Dezember 1919 rückten die Freikorps aus dem Baltikum ab, womit das B. zu Ende ging.
R. von der Goltz: Meine Sendung in Finnland und im Baltikum, 1920. F. W. von Oertzen: Die deutschen Freikorps 1918–1923, 1936. E. Jünger (Hrsg.): Der Kampf um das Reich, o. J.

Baltische Landeswehr, deutsch-baltische Freikorpstruppen, die gemeinsam mit den deutschen Baltikumstruppen 1918/19 Kurland und Riga von den Sowjets befreiten und dann verteidigten. Die Landeswehr entstand Ende 1918 südlich der Düna und stieß von da aus nach Norden vor, während sich das gleichfalls aus deutsch-baltischen Freiwilligen bestehende Baltenregiment in Estland bildete und die Kommunisten durch einen Vorstoß nach Süden angriff.
C. Grimm: Jahre deutscher Entscheidung im Baltikum 1918/19, 1939. F. W. von Oertzen: Die deutschen Freikorps 1918–1923, 1936.

Banater Schwaben, die deutschen Siedler im Banat, einem Gebiet zwischen Donau, Theiß, Maros und Karpaten, und deren Nachkommen. Das unter der Türkenherrschaft im 16. und 17. Jahrhundert weitgehend verödete Banat fiel nach den Türkensiegen des Prinzen Eugen im Frieden von Passarowitz 1718 an Österreich und wurde dann unter Kaiser Karl VI., Kaiserin Maria Theresia und Kaiser Joseph II. vorwiegend mit katholischen Schwaben, Pfälzern und Lothringern besiedelt. Das durch Türkeneinfälle (1737–1739) besonders gefährdete südliche und östliche Banat wurde 1742 als Teil der Militärgrenze eingerichtet, die 1873 aufgehoben wurde. 1718 als „Kaiserliche Provinz Temescher Banat" unmittelbar der habsburgischen Krone unterstellt, wurde das Banat 1778 an Ungarn angegliedert und 1920 größtenteils an Rumänien und Jugoslawien abgetreten. Die etwa 80 000 zwischen 1722 und 1788 eingewanderten B. hatten sich bis 1939 auf etwa 450 000 Personen vermehrt, wovon rund 300 000 in Rumänien, knapp 150 000 in Jugoslawien und 1300 in Ungarn, vorwiegend als Bauern, lebten. Den seit 1867 verstärkten Madjarisierungsbestrebungen widerstanden die B. im allgemeinen, insbesondere seitdem ab 1907 die Ungarländische deutsche Volkspartei vor allem aus dem Banat heraus das deutsche Volkstum verteidigte. 1945 wurden die B. in Jugoslawien von Serben größtenteils grausam ermordet und praktisch völlig ausgemerzt, während die rumänische B. Zwangsverschleppung nach Rußland (1945–1948) und teilweise Zwangsumsiedlung in die Baragan-Steppe (1951–1956) erdulden mußten. Durch die Rumänisierungsbestrebungen Ceausescus wurde das Volkstum der B. erneut sehr gefährdet, mit der Folge einer verstärkten Auswanderung in den Westen.
A. Valentin: Die Banater Schwaben, 1959. H. Retzlaff: Deutsche Bauern im Banat, 1939. J. A. Baumann: Geschichte der Banater Berglanddeutschen Volksgruppe, 1989. S. Janko: Weg und Ende der deutschen Volksgruppe in Jugoslawien, [2]1982. H. Schneider: Das Banat, 1986. J. Wüscht: Beiträge zur Geschichte der Deutschen

in Jugoslawien 1943–1944, 1966. H. Kühnel: Die Donauschwaben, 1988.

Bandenkampf, offizielle Bezeichnung für die Partisanenbekämpfung im 2. Weltkrieg, insbesondere im Osten und Südosten Europas. Als Auszeichnung im B. wurde das →B.-abzeichen verliehen.

Bandenkampfabzeichen, Auszeichnung für Teilnahme an der Partisanenbekämpfung (→Bandenkampf). Das B. wurde am 29. 1. 1944 von A. Hitler in drei Stufen gestiftet: in Bronze für 20, in Silber für 50, in Gold für 100 Kampftage gegen Partisanen. Ein B. in Gold mit Brillanten war vorgesehen, wurde aber nicht mehr verliehen.

Banfield, Gottfried Alois Baron von, * 6. 2. 1890 Castelnuovo/Dalmatien. Der Sohn eines österreichischen Marineoffiziers besuchte die Marineakademie in Fiume und wurde am 17. 6. 1909 Seekadett. Zwei Jahre später meldete er sich zur Seefliegereinheit. Im 1. Weltkrieg war er auf der Seeflugstation Triest tätig, ab Juni 1915 als deren Kommandant. Mit seinen Flugbooten war er bei der Abwehr feindlicher Flieger sehr erfolgreich, wurde mit fast 20 Abschüssen erfolgreichster Seeflieger der k. u. k. Seeluftwaffe und als „Adler von Triest" bekannt. Er erhielt den Militär-Maria-Theresia-Orden. Nach 1918 erst in der britischen Werftindustrie tätig, baute er ab 1924 in Triest ein Schiffsbergungsunternehmen auf, das mehrere spektakuläre Bergungen von Schlachtschiffen und Passagierdampfern durchführte und auch an der Räumung des Suez-Kanals nach 1956 beteiligt war. Er schrieb: „Der Adler von Triest" (1984).
H. Pemsel: Biographisches Lexikon zur Seekriegsgeschichte, 1985.

Bann, Einheit der →Hitler-Jugend. Ein B. umfaßte vier bis sechs Unterbanne (Stämme) und wurde von einem B.-führer geleitet. Der Bann war mit einer Nummer bezeichnet, die auf den Achselklappen der HJ-Hemden getragen wurde. Dem B. entsprach im Jungvolk der Jungbann, beim →BDM zunächst der Untergau, bis im 2. Weltkrieg auch dort der B. eingeführt wurde.

Banse, Dr. Ewald, Professor (seit 1932), Geograph und Schriftsteller, * 23. 5. 1883 Braunschweig, † 31. 10. 1953 Braunschweig. B. unternahm ausgedehnte Forschungsreisen in den Mittelmeerraum und Vorderen Orient und gewann hier Eindrücke, die er zu einer neuen Methode des Erdkundeunterrichts verarbeitete.

1913 erschien sein heute noch beachtenswertes „Lexikon der Geographie". Zusammen mit L. F. Clauß betrieb er Studien zur Rassenseelenkunde, vor allem an Hand von unwillkürlichen Gebärden der Menschen. In seinem Buch „Raum und Volk im Weltkriege – Gedanken über eine nationale Wehrlehre" (1932) untersuchte er vor allem den „Krieg als geographische Erscheinung", eine geopolitische Studie. Er schrieb ferner u. a. „Der Orient" (3 Bde., 1910), „Die Türkei" (^{3}1919) und gab das „Lexikon der Geographie" (2 Bde., ^{2} 1933) heraus.
Th. Müller: Ewald Banse, 1932.

Baranowitschi, Schlacht von, →Brussilow-Offensive.

Barbarossa, als Fall oder Unternehmen „B." Tarnwort für den →Rußlandfeldzug beim deutschen Generalstab, das später allgemein als Bezeichnung für den Ostfeldzug benutzt wurde und wird.
W. Hubatsch: Hitlers Weisungen für die Kriegführung 1939–1945, 1983.

Barkhorn, Gerhard, deutscher Jagdflieger, * 20. 3. 1919 Königsberg, † 12. 1. 1983 Frechen/ Köln. Der mit 301 Abschüssen nach E. →Hartmann erfolgreichste Jagdflieger der Welt erzielte am 2. 7. 1941 seinen ersten Abschuß, erhielt am 23. 8. 1942 nach 59 Luftsiegen als Oberleutnant das →Ritterkreuz und am 2. 3. 1944 nach dem 250. Abschuß als Hauptmann das →Eichenlaub mit Schwertern. Er war Kommandeur des Jagdgeschwaders 52 und (1945) 6, ab 1944 als Major. Gegen Kriegsende flog er im Jagdverband 44 den Düsenjäger Me 262. Seit 1956 in der Bundeswehr, führte er dort zunächst das Geschwader 31, diente in Stäben, wurde 1973 Generalmajor und nahm zum 30. 9. 1975 den Abschied. Er starb an den Folgen eines Autounfalls.
R. F. Toliver und F. J. Constable: Das waren die deutschen Jagdflieger-Asse, ^{12}1986.

Barlach, Ernst, Bildhauer, Graphiker, Dichter, * 2. 1. 1870 Wedel/Holstein, † 24. 10. 1938 Güstrow. In seinen wuchtigen, derben, das Naturvorbild vereinfachenden Bildwerken kommt stark das erdgebunden-schicksalunterworfene Menschliche zum Ausdruck. Bedeutende Plastiken sind: „Russische Bettlerin", „Singender Mann", „Kriegermal für den Magdeburger Dom". Er schrieb u. a. die Dramen „Der arme Vetter" (1918), „Die Sündflut" (1924), die Romane „Seespeck" (1948) und „Der gestohlene Mond" (1948) sowie „Ein selbsterzähltes Leben" (1928).
R. von Walter: Ernst Barlach, 1929. K. D. Carls: Ernst Barlach, 1935. P. Fechter: Ernst Barlach, 1957. K. Barlach: Mein Vetter Ernst Barlach, 1960.

Barmat-Skandal, Korruptionsaffäre 1924/25. Im B. um die aus Rußland eingewanderten Konzerninhaber Isaak und Salomon Barmat kam – wie auch im Fall des Iwan Baruch Kutisker – die Korruption von Abgeordneten und Parteien sowie die Amtsbegünstigung nach Zahlung von Schmiergeldern an die Öffentlichkeit, so daß der Reichstag am 9. 1. 1925 einen Untersuchungsausschuß einsetzen mußte. Im Gefolge des B. trat Postminister Höfle (Zentrum) zurück, und der frühere Reichskanzler →Bauer (SPD) wurde aus seiner Partei ausgeschlossen. Eine dann verschleiernde und verzögernde Gerichts- und Untersuchungspraxis trug zur wachsenden Staatsverdrossenheit in der Weimarer Republik und zur Abwendung von den regierenden Parteien bei.

Bartels, Adolf, Schriftsteller und Literaturhistoriker, * 15. 11. 1862 Wesselburen, † 7. 3. 1945 Weimar. Der Verfasser zahlreicher Romane war zunächst Redakteur in Frankfurt, ab 1905 Professor in Weimar, 1909 bis 1933 Herausgeber der Zeitschrift „Deutsches Schrifttum". Er trat für eine Literaturgeschichte auf rassischer Grundlage ein und untersuchte aus dieser Sicht Schriften von Juden. Am 30. 1. 1938 wurde er Dr. hc. der Universität Leipzig. Mit seinen Romanen „Die Dithmarscher" (1898) und „Dietrich Sebrandt" sowie den Tragödien „Die Päpstin Johanna", „Catilina", „Der Sacco" und der Trilogie „Martin Luther" (1903) behandelte er historische Stoffe. Politische Bücher waren „Lessing und die Juden" (1918), „Rasse und Volkstum" (2. Auflage 1920), „Die Berechtigung des Antisemitismus" (1921), „Der Nationalsozialismus – Deutschlands Rettung" (1924), „Jüdische Herkunft und Literaturwissenschaft" (1925). 1901/02 kam eine umfangreiche „Geschichte der deutschen Literatur" (19. Auflage 1943) heraus, 1913 „Deutschvölkische Gedichte" und 1921 „Neue Gedichte".
D. Cölln (Hrsg.): Adolf Bartels, Leben, Wesen und Werk, 1935. D. Cölln: Adolf Bartels, der völkische Vorkämpfer und Dichter, 1937. W. Loose: Adolf Bartels, 1921.

Barth, Karl, Schweizer reformierter Theologe, * 10. 5. 1886 Basel, † 10. 12. 1968 Basel. Nach Professuren für systematische Theologie in Göttingen, Münster und Bonn wurde er 1935 entlassen, weil er den Beamteneid verweigerte. Ab 1935 lehrte er in Basel, war Mitbegründer der dialektischen Theologie und führend in der Bekennenden Kirche. Er wandte sich 1938 gegen den Anschluß der Sudetenlandes an das Deutsche Reich und war ab 1945 Hauptvertreter der Kollektivschuldthese und des „Abfalls der evangelischen Kirche vom Vaterland" bei Verharmlosung des Marxismus und Bolschewismus. Er schrieb u. a. „Der Römerbrief" (1919) und „Kirchliche Dogmatik" (ab 1927).
H. U. von Balthasar: Karl Barth, 1951. E. Busch: Karl Barths Lebenslauf, 1975. K. G. Steck: Karl Barth und die Neuzeit, 1973.

Batschka (Batscherland), Landschaft zwischen unterer Theiß und Donau. Die sehr fruchtbare B. wurde nach den Türkenkriegen im 18. Jahrhundert zunächst mit etwa 50 000 Deutschen besiedelt, später kamen Ungarn und Serben hinzu. Von den 600 000 Einwohnern waren 1939 rund 250 000 Deutsche. Die B. kam 1920 größtenteils von Ungarn zu Jugoslawien. Im selben Jahr wurde in Neusatz der Schwäbisch-Deutsche Kulturbund unter Josef Menrath gegründet. Ab 1923 saßen fünf deutsche Batscher im Belgrader Parlament. 1945 wurden fast alle B.-Deutschen vertrieben oder ermordet. Die Vertriebenen der B. organisierten sich ab 1949 in der Landsmannschaft der Donauschwaben.
J. V. Senz: Die Deutschen im Batscherland, 1984. S. Diener: Die Batschka, Diss. Tübingen 1978. J. Schramm: Batschka, 1960. F. Stelzer: Geschichte der Bacska, 1883. F. Zimmermann: Die deutsche Siedlung im Batscherland, 1979. H. Rüdiger: Die Donauschwaben in der südlichen Batschka, 1931.

Bauer, Titel eines →Erbhofbesitzers nach dem →Reichserbhofgesetz vom 29. 9. 1933, während die Berufsbezeichnung, auch für Nicht-Erbhofbesitzer, Landwirt blieb.

Bauer, Gustav, Reichskanzler, * 6. 1. 1870 Darkehmen/Ostpreußen, † 16. 9. 1944 Berlin. Als Sozialdemokrat ab 1903 in der Zentrale der Freien Gewerkschaften in Berlin tätig und ab 1912 Mitglied des Reichstages, wurde B. 1918 im Kabinett →Max von Badens Staatssekretär des Reichsarbeitsamtes und ab Februar 1919 Reichsarbeitsminister. Nach dem wegen des →Versailler Diktats erfolgten Rücktritt →Scheidemanns war B. Reichsministerpräsident, ab 14. 8. 1919 Reichskanzler einer Regierung der Weimarer Koalition (SPD, Zentrum, Deutsche Demokratische Partei), die unter Protest das Diktat unterzeichnete. Nach dem →Kapp-Putsch, bei dem B. mit der Regierung nach Dresden und Stuttgart floh, trat B. zurück. Er war in den folgenden Regierungen Müller und Wirth (bis 22. 11. 1922) Reichsschatzminister und Vizekanzler. 1928 legte er anläßlich eines Korruptionsprozesses (→Barmat-Skandal) sein Reichstagsmandat nieder und zog sich aus der Politik zurück.
A. Golecki: Das Kabinett Bauer 1919/20, 1980.

Bauer, Max Hermann, preußischer Oberst, * 31. 1. 1869 Quedlinburg, † 6. 5. 1929 auf

Schiffsreise von Nanking nach Hankau. Ab 1888 Berufssoldat in einem preußischen Artillerieregiment, war B. seit 1905 im Generalstab wesentlich an der Modernisierung der Artillerie beteiligt. Im 1. Weltkrieg Sektionschef in der Operationsabteilung der Obersten Heeresleitung, beeinflußte er entscheidend die Kampfführung der schweren Waffen, die Leitung der gesamten Kriegswirtschaft und das →Hindenburgprogramm. Sein Einfluß auf →Hindenburg, →Ludendorff und den →Kronprinzen war beträchtlich. Nach Beteiligung am →Kapp-Putsch floh er ins Ausland, wo er u. a. in Rußland und China als Wirtschaftsberater der Regierung wirkte. 1925 wurde er amnestiert und kehrte nach Deutschland zurück. Sein Buch „Der große Krieg in Feld und Heimat" (1921) wurde bekannt.
A. Vogt: Oberst Max Bauer, 1974.

Bauer, Otto, Dr. jur., Politiker, * 5. 9. 1881 Wien, † 4. 7. 1938 Paris. Der jüdische Jurist, seit 1907 in Wien Redakteur bei der „Arbeiter Zeitung" und „Der Kampf", war maßgeblicher Theoretiker des →Austromarxismus und führte nach russischer Kriegsgefangenschaft ab 1917 den linken Flügel der österreichischen Sozialdemokraten. Von November 1918 bis Juli 1919 war B. österreichischer Staatssekretär für Äußeres, trat für den Anschluß Österreichs an Deutschland sowie die Rettung Deutsch-Südtirols ein und unterschrieb am 2. 5. 1919 das geheime Anschlußprotokoll zusammen mit dem deutschen Außenminister von →Brockdorff-Rantzau. Er war Mitglied der österreichischen Nationalversammlung und 1920–1934 Abgeordneter im Nationalrat, wo er die SPÖ-Opposition gegen die bürgerlichen Regierungen entscheidend beeinflußte. Nach Beteiligung an den →Februarunruhen 1934 floh er nach Brünn, wo er das Auslandsbüro der Sozialisten einrichtete, das ab 1938 in Paris wirkte. Als marxistischer Schriftsteller verfaßte B. politische Bücher, u. a. „Der Weg zum Sozialismus" (1913), „Bolschewismus oder Sozialdemokratie" (1920), „Kapitalismus und Sozialismus nach dem Weltkrieg" (1931), „Zwischen zwei Weltkriegen" (1936), „Die illegale Partei" (1939).
J. Braunthal: Otto Bauer, 1961. O. Leichter: Otto Bauer, Tragödie oder Triumph, 1970.

Bauernschulen, Bildungseinrichtungen für junge Bauern. In den 30er Jahren richtete der →Reichsnährstand B. für die Erziehung und Ausbildung junger Bauern und Bauernführer ein. Die Kurse dauerten meist acht Wochen. Eine Bauernhochschule in Goslar widmete sich der gleichen Aufgabe mit höheren Anforderungen.

Bauerntum, Stand freier Eigenbauern, die keinen Grundherrn über sich haben. Diese Tradition führt bis in die indogermanische und germanische Vergangenheit zurück und ist dadurch gekennzeichnet, daß es im Bauerntum keine mechanische Erbfolge gibt und der Hof selbst dem Erben unbelastet übergeben wird. Diese Freiheit des Hofbesitzers war der römischen und mediterranen Welt unbekannt. Sie bildete auch den Kern der Auseinandersetzungen zwischen Karl dem Großen und den Sachsen und ist nach Widukind von Corvey (um 1000) auch kennzeichnend für die Unterschiede zwischen Deutschen und Slaven. Das Freibauerntum wird auch durch das bis heute gültige norwegische Odalrecht geschützt. Das B. hat vergleichsweise stark überlieferte bäuerliche Lebensformen bewahrt, bei ihm spielt auch die Auswahl des Ehepartners unter dem Gesichtspunkt der Tüchtigkeit eine erhebliche Rolle. Die →Erbhofgesetzgebung des 3. Reiches hat sowohl die Unbelastbarkeit und Existenz von →Erbhöfen angestrebt als auch davon die Vermehrung der bäuerlichen Bevölkerung und Wahrung ihrer Tradition erwartet, somit bewußt an germanische Lebens- und Wirtschaftsformen angeknüpft. Diese Politik wurde mit den Worten →„Blut und Boden" gekennzeichnet.
R. W. Darré: Das Bauerntum als Lebensquell der nordischen Rasse, 1928. J. von Leers: Odal, 1935.

Baumann, Hans, Liederdichter, Hörspiel- und Buchautor, * 22. 4. 1914 Amberg, † 8. 11. 1988 Murnau/Oberbayern. Der Sohn eines Berufsoffiziers wurde Lehrer, trat früh der →Hitler-Jugend bei und wurde 1934 Referent für Laienspiel in der Reichsführung der HJ in Berlin. Zahlreiche seiner Lieder wurden Volkslieder, die auch von der Nachkriegs-Jugendbewegung übernommen wurden (z. B. „Hohe Nacht der klaren Sterne", „Und die Morgenfrühe, das ist unsere Zeit", „Gute Nacht, Kameraden"). 1938 erschien sein Grenzlanddrama „Kampf um die Karawanken". Von 1939–1945 war B. Offizier der Wehrmacht. Nach Kriegsende wandte er sich stark dem Katholizismus zu, distanzierte sich von früheren politischen Dichtungen und erklärte, er habe immer das Reich Gottes gemeint, wenn er vom Reich geschrieben habe. Er wurde ein bekannter Jugendbuch-Autor („Der Sohn des Columbus", 1951; „Die Höhlen der großen Jäger", 1953; „Steppensöhne", 1954) und mit zahlreichen Preisen im In- und Ausland geehrt. 1962 reichte er unter Pseudonym ein Drama „Im Zeichen der Fische" ein und erhielt dafür den Gerhart-Hauptmann-Preis der Berliner Freien Volksbühne, mußte ihn aber nach Bekanntwerden seiner Identität wieder zurückgeben. Man machte ihm in diesem Zusammenhang sein 1932 veröffentlichtes Lied „Es zittern die morschen Knochen" zum Vorwurf.

Baur, Hans, Flugkapitän und Generalleutnant, * 19. 6. 1897 Ampfing (Niederbayern). B. meldete sich im 1. Weltkrieg als 17jähriger zur Fliegertruppe, erzielte als Infanterieflieger neun Abschüsse und wurde hoch dekoriert. Nach Kriegsende ging er als Pilot zur Lufthansa. 1932 flog er A. →Hitler zu zahlreichen Wahlkundgebungen und wurde 1933 dessen Chefpilot, hat aber auch zahlreiche Politiker und Gäste des 3. Reiches geflogen. Bei Kriegsende verlor er beim Ausbruch aus der Reichskanzlei ein Bein, geriet in sowjetische Hände und kehrte erst nach zehnjähriger schwerer Gefangenschaft nach Deutschland zurück. Noch bis in sein hohes Alter hat er in unzähligen Vorträgen von seinen Erinnerungen berichtet. Er veröffentlichte „Mit Mächtigen zwischen Himmel und Erde" (1971).

Bayerische Königspartei, politische Partei in Bayern nach dem 1. Weltkrieg. Die B. wurde im November 1919 unter Leitung von Josef Mayer-Koy zur Wiederherstellung der bayerischen Monarchie auf demokratischer Grundlage gegründet. Gegen stark hervortretende separatistische Neigungen bildete sich eine Opposition, der sich auch Kronprinz →Rupprecht anschloß und die sich dann überparteilich ab Frühjahr 1921 gegen die B. im Bayerischen Heimat- und Königsbund organisierte, so daß die B. an Bedeutung verlor. 1945 neugegründet, wurde sie zeitweilig von der Militärregierung verboten und erlangte nie Bedeutung.
H. Fenske: Konservativismus und Rechtsradikalismus in Bayern nach 1918, 1969.

Bayerische Mittelpartei, politische Partei in Bayern 1918–1924. Die am 14. 11. 1918 in Nürnberg gegründete B. faßte konservative Gruppen zusammen und bildete den bayerischen Landesverband der →Deutschnationalen Volkspartei (DNVP). Sie war ab 1919 im Münchner Landtag vertreten und stellte die Justizminister Dr. C. Roth (1920–1921) und Dr. F. Gürtner (1922–1932). Der Name B. wurde 1924 zugunsten der DNVP auch in Bayern aufgegeben.
H. Fenske: Konservativismus und Rechtsradikalismus in Bayern nach 1918, 1969.

Bayerischer Bauernbund, Vereinigung und politische Partei in Bayern 1895–1933. Durch Abgeordnete war der am 2. 3. 1895 gegründete B. ab 1889 im Reichstag und im bayerischen

Landtag vertreten. Ein linker Flügel des B. unterstützte 1918/19 die Regierung →Eisner, der anschließend tonangebende rechte Flügel unter G. Eisenberger hingegen die Regierungen Hoffmann und Kahr und arbeitete mit der Bayerischen Volkspartei zusammen. Nach der Umbenennung von 1922 in „Bayerischen Bauern- und Mittelstandsbund" nahm der B. auch an der Regierung teil und war 1927–1930 Mitglied der „Deutschen Bauernschaft", bevor er 1933 aufgelöst wurde.
A. Hundhammer: Geschichte des Bayerischen Bauernbundes, 1924. H. Haushofer: Der Bayerischer Bauernbund (1893–1933) in: H. Gollwitzer (Hrsg.): Europäische Bauernparteien im 20. Jahrhundert, 1977.

Bayerische Volkspartei (BVP), Partei in Bayern nach dem 1. Weltkrieg. Die Abspaltung vom Zentrum war 1920–1933 in Bayern stärkste Partei und 1922–1932 im Reich Regierungspartei. 1933 wurde sie aufgelöst.

Bayernpartei, (BP), politische Partei in Bayern. Am 28. 10. 1946 in München durch L. Lallinger gegründet, wurde die B. wegen monarchistischer Neigungen erst am 29. 3. 1948 auf Landesebene durch die US-Militärregierung lizensiert. In ihrem Programm von 1949 fordert die B. einen selbständigen Staat Bayern mit „Schaffung eines bayerischen Staatsangehörigkeitsgesetzes". Die föderalistische und konservative B. erreichte bei der ersten Bundestagswahl 1949 unter dem Vorsitzenden J. Baumgartner (1947–1959) ihren Höhepunkt mit 20,9 % der Stimmen in Bayern und 17 Bundestagsmandaten. Obwohl sie ab Dezember 1951 mit dem Zentrum ein Fraktionsbündnis in Bonn als „Föderalistische Union" eingegangen war, kam die B. nicht wieder in den Bundestag und sank ab 1962 auch bei den bayerischen Landtagswahlen unter 5 %. Als die B. 1966 ein CSU-Angebot, Kandidaten der B. auf CSU-Listen zu plazieren, ablehnte, traten führende B.-Funktionäre zur CSU über, auch der Parteivorsitzende. 1967 erfolgte eine Spaltung in B. und Bayerische Staatspartei (BSP). Da der Wählerschwund anhielt, hat die B. keine politische Bedeutung mehr.
J. Unger: Die Bayernpartei, Geschichte und Struktur 1945–1957, 1979. F. Wende (Hrsg.) Lexikon zur Geschichte der Parteien in Europa, 1981.

BB, Abkürzung für →Bayerischer Bauernbund.

BDM, Abkürzung für →Bund Deutscher Mädel.

Beamtennotopfer, Kürzung der Beamtengehälter 1930. Das amtlich als „Reichshilfe der

Personen des öffentlichen Dienstes" bezeichnete B. wurde mit →Notverordnung vom 26. 7. 1930 von der Regierung →Brüning im Rahmen ihrer deflationistischen Bemühungen zur Überwindung der Wirtschaftskrise eingeführt und bedeutete eine 2,5-prozentige Kürzung der Einkommen der Beschäftigten im öffentlichen Dienst.

Beauftragter der NSDAP, Parteivertreter auf Gemeindeebene. Nach der Deutschen Gemeindeordnung vom 30. 1. 1935 war ein B. „zur Sicherung des Einklangs der Gemeindeverwaltung mit der Partei" zu bestellen. Er sollte u. a. bei Personal-, Satzungs- und Ehrungsfragen mitentscheiden und die Belange der NSDAP auf kommunalem Gebiet durchsetzen. Zum B. wurde vom Stellvertreter des Führers meist der jeweilige Kreisleiter ernannt.

Bebel, August, Politiker, * 22. 2. 1840 Köln-Deutz, † 13. 8. 1913 Passugg/Schweiz. Seit 1861 in der Arbeiterbewegung tätig, wurde der Drechslermeister 1867 Vorsitzender des Vereinstags deutscher Arbeitervereine. 1869 war er Mitbegründer der Sozialdemokratischen Arbeiterpartei (SDAP) in Eisenach, 1875 der Sozialistischen Arbeiterpartei (SAP) in Gotha, Vorläufern der 1890 gegründeten →SPD. Als orthodoxer Marxist, Vertreter der internationalen Arbeiterverbrüderung und geschickter Volksredner wurde B. bald – und blieb es bis zu seinem Tode – der unbestrittene Führer der deutschen Sozialdemokraten, in deren Reihen er die „Revisionisten" scharf bekämpfte. Er trug wesentlich zur Entwicklung der Parteizeitung „Vorwärts" sowie zum Erfurter Programm der SPD von 1891 bei. Ab 1867 war B. Mitglied des Norddeutschen Reichstags, 1871–1913 (außer 1881–1883) Mitglied des Reichstages und 1881–1891 Mitglied des Landtags in Sachsen. Er wurde 1872 (mit W. →Liebknecht) wegen Vorbereitungen zum Hochverrat zu zwei Jahren Festung und wegen Majestätsbeleidigung zu neun Monaten Haft verurteilt. Seine Schriften wurden viel gelesen: „Unsere Ziele" (1870), „Die Frau und der Sozialismus" (1883), „Christentum und Sozialismus" (1892), „Aus meinem Leben" (1910–1914).
B. Seebacher-Brandt: Bebel, 1988. E. Schraepler: August Bebel, 1966. E. Schraepler: August-Bebel-Bibliographie, 1962. H. Hirsch: August Bebel, 1968. F. Klüss: August Bebel, 1923.

Beck, Ludwig, Generaloberst, * 29. 6. 1880 Biebrich, † 20. 7. 1944 Berlin. Als Berufsoffizier war B. ab 1912 beim Großen Generalstab, wurde 1918 Major, war Reichswehroffizier, begrüßte die nationalsozialistische Machtergreifung, wurde am 1. Oktober 1933 Chef des Truppenamtes und am 1. 7. 1935 Chef des Generalstabs des Heeres. Er war Befürworter der militärischen Gleichberechtigung des Deutschen Reiches und auch von Planungen gegen die Tschechoslowakei, wandte sich jedoch in der →Sudetenkrise 1938 gegen militärische Maßnahmen und trat infolge dieses Gegensatzes zu →Hitler am 18. 8. 1938 zurück, nachdem er in der Wehrmachtsspitze keine Unterstützung erhalten hatte. B. hatte dann Verbindung zu verschiedenen Gruppen des Widerstandes, insbesondere zu →Goerdeler. In der geplanten Reichsregierung der Widerständler sollte B. Staatsoberhaupt werden. Am 20. 7. 1944 kam B. in der Hoffnung auf das Gelingen des Attentats auf Hitler in Zivil mit eingepackter Uniform in die Bendlerstraße in Berlin zum Befehlshaber des Ersatzheeres, Generaloberst Fromm, der ihm Stunden später, nach dem Scheitern des Putsches, auf seine Bitte eine Pistole zum Selbstmord ließ. Nach zwei nicht tödlichen eigenen Kopfschüssen wurde B. von einem Soldaten erschossen.
G. Buchheit: Ludwig Beck, ein preußischer General, 1964. N. Reynolds: Beck – Gehorsam und Widerstand, 1977. O. E. Remer: Verschwörung und Verrat um Hitler, 1981. K. L. Müller: General Ludwig Beck, 1980. W. Foerster: Generaloberst Ludwig Beck, 1953.

Beck, Maximilian Wladimir, Freiherr (seit 1898) von, Dr. jur., österreichischer Staatsmann, * 6. 9. 1854 Wien, † 20. 1. 1943 Wien. Der Jurist war von 1880–1906, ab 1900 als Abteilungschef im österreichischen Ackerbauministerium tätig. Von Juli 1906 bis November 1908 österreichischer Ministerpräsident, führte er gegen den Widerstand des Adels und des Thronfolgers das allgemeine und gleiche Wahlrecht in Österreich ein. Seine Versuche weiterer Demokratisierung sowie des nationalen Ausgleichs in Ungarn und Böhmen hatten keinen Erfolg, sondern trugen zum Ende seiner Regierung bei. 1907–1918 war B. Angehöriger des Herrenhauses des österreichischen Reichsrats und 1915–1934 Präsident des österreichischen Obersten Rechnungshofes.
J. C. Allmeyer-Beck: Ministerpräsident Baron Beck, 1956.

Becker, Carl Heinrich, Prof. Dr., preußischer Kultusminister, * 12. 4. 1876 Amsterdam, † 10. 2. 1933 Berlin. Als Orientalist war B. ab 1902 Dozent in Heidelberg, ab 1908 Professor in Hamburg, seit 1913 in Bonn, bis er 1916 als Vortragender Rat in die Hochschulabteilung des preußischen Kultusministeriums eintrat, wo er 1919 Staatssekretär wurde und 1921 wie 1925–1930 Kultusminister als Vertreter der →Deutschen Demokratischen Partei war. Er führte Hochschulreformen durch, ersetzte die

Lehrerbildungsseminare durch Pädagogische Akademien und gründete die Preußische Dichterakademie. Ab 1930 lehrte er in der Universität Berlin. Zu seinen bedeutenden Schriften gehören „Gedanken zur Hochschulreform" (1919), „Die Pädagogische Akademie im Aufbau unseres nationalen Bildungswesens" (1926), „Vom Werden und Wesen der islamischen Welt" (1924–1932).
H. Schaeder (Hrsg.): Carl Heinrich Becker, 1950. E. Wende: Carl Heinrich Becker, 1959.

Becker, Karl, General der Artillerie, * 14. 12. 1879 Speyer, † 8. 4. 1940 Berlin. Im 1.Weltkrieg Führer einer 42-cm-Batterie, war B. anschließend im Heereswaffenamt tätig, dessen Chef er 1938 wurde. Er war maßgeblich an der Entwicklung des modernen Kriegsgeräts des deutschen Heeres nach 1933 beteiligt. Seit 1933 war er daneben Professor an der Technischen Hochschule Berlin und Dekan der Wehrtechnischen Fakultät, ab 1937 Präsident des Reichsforschungsrates. Er lieferte wesentliche Beiträge zur Ballistik.

Bedarfsdeckungsschein, Kaufberechtigung. Nach dem Gesetz zur Verminderung der Arbeitslosigkeit vom 1. 6. 1933 konnte zur Unterstützung oder Entlohnung ein B. ausgegeben werden, der zweckgebunden zum Kauf von Gütern wie Kleidung, Mobiliar usw. in bestimmten Verkaufsstellen berechtigte. Er wurde an zeitvermittelte Arbeitslose sowie im Rahmen von Fürsorgestellen und Ehestandsdarlehen ausgegeben.

Bedingungslose Kapitulation, alliierte Forderung im 2. Weltkrieg. Das völkerrechtlich sehr umstrittene Prinzip der B. (unconditional surrender), im 19. Jahrhundert von den Nordstaaten im amerikanischen Bürgerkrieg gegen die Südstaaten angewandt, wurde von US-Präsident →Roosevelt auf der Konferenz von →Casablanca (14. – 26. 1. 1943) gegen die →Achsenmächte gefordert und nach Billigung durch →Churchill als alliiertes Kriegsziel verkündet. Diese Forderung machte einen Vertragsfrieden unmöglich, verlängerte damit den 2. Weltkrieg und ließ den Achsenmächten keine andere Wahl, als den Totalen Krieg zu verkünden und bis zum Letzten zu kämpfen. Die Forderung nach B. nahm dem deutschen Widerstand viele Handlungsmöglichkeiten und bewies, daß es den Alliierten nicht um die Abschaffung der nationalsozialistischen Regierung, sondern um die Niederringung des deutschen Volkes und der Existenz seines Staates ging. Die B. der deutschen Wehrmacht wurde am 7./8. 5. 1945 erklärt.
F. Kurowski: Bedingungslose Kapitulation, 1983.

Beethoven-Programm, Bauprogramm für das „Mistel"-Flugzeug im 2. Weltkrieg. Dabei wurde der Bomber Ju 88 so umgebaut, daß er anstelle der Kanzel eine 3,8-t-Sprenghohlladung besaß und von einem aufgesetzten Leitflugzeug ins Zielgebiet gesteuert wurde. Die Erprobung erfolgte Anfang 1943. Bis 1945 waren rund zweihundertfünfzig Maschinen im Einsatz. Der nach dem „Eisenhammer-Plan" vorgesehene Einsatz gegen russische Rüstungsindustrien wurde durch den raschen Verlust geeigneter Abflughäfen verhindert.

Befehlsleiter, →Politische Leiter.

Befreiungsgesetz, auf alliierten Befehl erlassenes Gesetz zur sogenannten Entnazifizierung. Das als B. bezeichnete „Gesetz zur Befreiung von Nationalsozialismus und Militarismus" wurde am 5. 3. 1946 von den drei Landesregierungen der US-Besatzungszone Deutschlands verkündet, um die allgemeine Entnazifizierung vorzunehmen, nachdem die Alliierten erkannt hatten, daß sie nicht Millionen Anklagen erheben konnten, sich aber genügend deutsche Helfer für die sogenannte Entnazifizierung zur Verfügung stellten. Das B. regelte die Einstufung in fünf Kategorien: 1. Hauptschuldige, 2. Belastete, 3. Minderbelastete, 4. Mitläufer, 5. Entlastete. Als Strafen wurden jahrelange Haft, Arbeitslager und Vermögenseinzug verhängt. Bis 1950 waren allein in den drei Westzonen vom B. über sechs Millionen Deutsche betroffen, wovon fast 1700 in Kategorie 1, rund 23000 in 2, etwa 150000 in 3 und mehr als eine Million in 4 eingestuft wurden. Fast vier Millionen Verfahren wurden später eingestellt. In der Sowjetzone wurden die Entnazifizierungen bereits durch Befehl vom 26. 2. 1948 beendet, in den westdeutschen Ländern hingegen „Abschlußgesetze" erst zwischen 1949 und 1954 erlassen, die zum Teil die Verurteilungen jener Sonderjustiz aufhoben oder ihre Folgen milderten, insbesondere für Beamte nach dem 131er-Gesetz. Durch das B. kam jahrelange Not über viele deutsche Familien.

Begabtenförderungswerk des deutschen Volkes, Einrichtung zur Förderung begabter Kinder minderbemittelter Eltern. Die Maßnahmen zur besonderen Förderung begabter Kinder aus ärmeren Familien wurden 1939 im B. zusammengefaßt. Insbesondere gehörten dazu Schulgelderlaß, Gebührenerlaß und Stipendien für Hochschulen (Langemarckstudium), aber auch Maßnahmen in der praktischen Berufsausbildung, bei der eine Auslese durch den →Reichsberufswettkampf getroffen wurde.

Behncke, Paul, Admiral, * 13. 8. 1866 Süsel/ Eutin, † 4. 1. 1937 Berlin. Der Marineoffizier führte als Admiral im 1. Weltkrieg ein Geschwader, war von 1918–1924 erster Chef der Marineleitung und erwarb sich beim Wiederaufbau der deutschen Kriegsmarine Verdienste.

Beinhorn, Elly, Sportfliegerin, * 30. 5. 1907 Hannover. Die bekannte Sportfliegerin führte eine Reihe bemerkenswerter Flüge aus, so 1931 den ersten Weltflug, 1931/32 einen Weltflug, für den sie als erste deutsche Frau mit dem Hindenburg-Pokal ausgezeichnet wurde, 1933 den Flug rings um Afrika, 1934/35 einen Amerikaflug. 1936 heiratete sie den Autorennfahrer Bernd Rosemeyer, der 1938 tödlich verunglückte. Sie schrieb u. a.: „Ein Mädchen fliegt allein" (1932), „Berlin–Kapstadt–Berlin" (1933), „Ich fliege um die Welt" (1952).

Beketowka, sowjetisches Kriegsgefangenenlager und -krankenhaus südwestlich von →Stalingrad. Viele nach der Kapitulation von Stalingrad am 2. 2. 1943 gefangene deutsche Soldaten erreichten auf ihrem Fußmarsch B. nicht mehr oder starben dort bald aufgrund von Entkräftung und Kälte. Neben Soldaten der 6. Armee kamen auch Gefangene der deutschen Heeresgruppe Mitte in dieses Lager, wo rund 80000 in Massengräbern bestattet sein sollen.
W. Anders: Verbrechen der Sieger, 1975.

Belostok, deutscher Name für die Stadt Bialystok in Polen.

Belowescher Heide, deutscher Name für Bialowiezer Heide in Polen.

Bengasi, nordafrikanische Hafenstadt. Die wichtige Stadt an der westlichen Cyrenaika in der italienischen Kolonie Libyen war am 6. 2. 1941 den Italienern von den Briten abgenommen worden. Schon bald nach dem Eintreffen des Deutschen →Afrikakorps konnten Panzerverbände des Generals Erwin →Rommel am 4. 4. 1941 B. einnehmen. Die Stadt wechselte einige Male den Besitzer, bis sich das Deutsche Afrikakorps nach der Schlacht bei →El Alamein ab 4. 11. 1942 zurückziehen und am 20. 12. 1942 auch B. aufgeben mußte.
P. Carell: Die Wüstenfüchse, ⁶1961. J. Piekalkiewicz: Der Zweite Weltkrieg, 1985. W. Haupt und J. K. W. Bingham: Der Afrika-Feldzug, 1968.

Berchtesgadener Abkommen, Vereinbarung zwischen →Hitler und →Schuschnigg vom 12. 2. 1938. Nachdem sich seit dem →Juli-Abkommen von 1936 die deutsch-österreichischen Beziehungen sehr verschlechtert hatten und Österreich zunehmend international isoliert

wurde, besuchte der österreichische Bundeskanzler Schuschnigg am 12. 2. 1938 Hitler auf dessen Einladung auf dem →Obersalzberg. Vereinbart wurden u. a. eine Generalamnestie für die österreichischen Nationalsozialisten, die Ernennung von →Seyß-Inquart zum österreichischen Innen- und Sicherheitsminister, ein Pressefrieden und die Bestätigung des Juli-Abkommens. Hitler erkannte die Fortdauer des Verbots der NSDAP in Österreich und die Verbannung der österreichischen Nationalsozialisten Leopold und Tavs an. Nach der Amnestie kam es zu Siegesfeiern und Demonstrationen der Nationalsozialisten in Österreich gegen den →Austrofaschismus Schuschniggs, wogegen die Polizei teilweise nicht mehr einschritt.
Akten zur Deutschen Auswärtigen Politik 1918–1945, Serie D, Band 1.

Bereichsleiter, →Politische Leiter.

Bereitschaftsleiter, →Politische Leiter.

Bereza-Kartuska, polnisches Konzentrationslager für Volksdeutsche, Ukrainer und Oppositionelle in Polen. Das KL B. wurde 1926 unter Pilsudski errichtet. Vor allem ab 1. 9. 1939 wurden dort viele Volksdeutsche festgehalten und mißhandelt. Das Lager wurde am 18. 9. 1939 durch sowjetische Truppen besetzt, die Häftlinge kamen in Freiheit.

Bergen-Belsen, deutsches →Konzentrationslager.

Berger, Gottlob, SS-Obergruppenführer und Staatssekretär, * 16. 7. 1896 Gerstetten, † 5. 1. 1975 Stuttgart. Der schwäbische Turn- und Sportlehrer kam in der SS schnell voran, wurde 1940 Obergruppenführer und war ab 1. 1. 1940 als Chef des SS-Hauptamtes enger Mitarbeiter →Himmlers. Ab Juli 1942 war B. auch Staatssekretär in Rosenbergs Reichsministerium für die besetzten Ostgebiete. Sehr offen für die Anliegen der →Volksdeutschen und für eine Zusammenarbeit der Europäer, führte er den Vorsitz in der Deutsch-Kroatischen Gesellschaft und in der Deutsch-Flämischen Studiengruppe. Am 31. 8. 1944 erhielt B. den Befehl über die militärischen Operationen in der Slowakei gegen sowjetisch unterstützte Aufständische, die erfolgreich abgeschlossen wurden. Der General der Waffen-SS übernahm am 1. 10. 1944 als Generalinspekteur des Kriegsgefangenenwesens eine weitere Aufgabe und hat in diesem Amt sehr viel zur Versorgung und menschlichen Behandlung von Kriegsgefangenen, insbesondere auch der russischen, beigetragen, wofür er später hohes Lob von alliier-

ten Persönlichkeiten erhielt. Zunächst wurde er am 2. 4. 1949 von einem US-Militärgericht in Nürnberg zu 25 Jahren Haft verurteilt, das Urteil jedoch 1951 „in den Hauptpunkten" aufgehoben und B. am 15. 12. 1951 aus der Haft entlassen.
R. Kübler: Chef KGW, 1984. H.Taege: NS-Perestroika?, 1988.

Berghof, Adolf →Hitlers Landsitz auf dem →Obersalzberg bei Berchtesgaden. Hitler hatte 1927 das Haus →Wachenfeld erworben, das, nach 1933 mehrfach erweitert, als B. bezeichnet wurde. Dort fanden vor dem Krieg wichtige internationale Begegnungen statt (u. a. mit Schuschnigg, Chamberlain). Am 25. 4. 1945 zerstörten 318 britische Bomber mit 1181 t Bomben den B. und alle benachbarten Gebäude. Seine Ruinen wurden 1952 auf Betreiben des bayerischen Ministerpräsidenten Hoegner (SPD) gesprengt.
F. Schaffing: Der Obersalzberg – Brennpunkt der Zeitgeschichte, o. J.

„Bergmann", Sonderverband (Unternehmen), Einheit des Amtes Ausland/Abwehr ab 1941. Der Sonderverband „B." wurde aufgestellt, um während des Ostfeldzuges ab 1941 die nichtrussischen Völker der UdSSR, vor allem im kaukasischen Raum, für die deutsche Sache zu gewinnen. Das OKW billigte den Einsatz dieser Einheit erst im Frühjahr 1942. Kommandeur war bis 1943 Hauptmann Dr. Dr. Theodor →Oberländer, Professor für Staatswissenschaft an der Universität Prag. Insbesondere im Zuge der deutschen Großoffensive im Sommer und Herbst 1942 im Südabschnitt der Ostfront hatte der Sonderverband „B." Erfolge. Oberländer verfaßte 1941–1943 sechs umfangreiche Denkschriften, die eine Änderung der deutschen Besatzungspolitik im Osten forderten und sich für Anwerbung nichtrussischer Kriegsfreiwilliger in großem Stil einsetzten. Er konnte sich damit jedoch nicht durchsetzen.
O. Bräutigam: So hat es sich zugetragen, 1968. Th. Oberländer: Der Osten und die deutsche Wehrmacht, 1987. H. Beher (Hrsg.): Erinnerungen an den Sonderverband, 1983.

Berlin, Friede von, Friedensvertrag zwischen den USA und Deutschland vom 25. 8. 1921. Der US-Senat hatte trotz Präsident Wilsons Anstrengungen die Ratifizierung des →Versailler Diktats verweigert, so daß ein Sonderfriede mit Deutschland erforderlich wurde. Auf der Grundlage eines Kongreßbeschlusses vom 2. 7. 1921 gab der Friede von B. den USA alle Rechte und Vorteile aus dem Versailler Diktat, hielt sie jedoch von den militärischen und poli-

tischen Verpflichtungen frei. Zum Frieden von B. trat das deutsch-amerikanische Schuldenabkommen vom 10. 8. 1922. Beide ermöglichten dann die amerikanischen Anleihen an Deutschland.
W. Link: Die amerikanische Stabilisierungspolitik in Deutschland 1921–1932, 1970.

Berlin, Schlacht um, Eroberung Berlins am Ende des 2. Weltkriegs. Nachdem die Reichshauptstadt am 25. 4. 1945 von den Sowjets eingeschlossen war, wurde sie bis zum 2. 5. 1945 äußerst erbittert, teilweise von ausländischen Freiwilligenverbänden der →Waffen-SS (Franzosen, Spaniern), verteidigt. A. Hitler hatte die Stadt nicht verlassen und ging dort am 30. 4. 1945 in den Freitod. Versuche der Armee Wenck, Berlin zu befreien, scheiterten wenige Kilometer vor der Stadt. Die Westalliierten hatten durch ein Zurückhalten ihrer Angriffsspitzen den Sowjets die Einnahme Berlins ermöglicht wie vorher die von Wien und Prag. Die den Sowjets überlassene Eroberung der Reichshauptstadt verschaffte Stalin höheres Ansehen und gab ihm ein wichtiges Faustpfand für die Nachkriegspolitik.
G. W. Gellermann: Die Armee Wenck – Hitlers letzte Hoffnung, 1984. P. Gosztony: Der Kampf um Berlin 1945 in Augenzeugenberichten, 1975. F. Kurowski: Armee Wenck, 1957. J. Schultz-Naumann: Die letzten dreißig Tage, 1980. W. Paul: Kampf um Berlin, 1962. C. Ryan: Der letzte Kampf, 1966. W. Tieke: Das Ende zwischen Oder und Elbe, 1981. F. Kurowski: Endkampf um das Reich 1944–1945, 1987. W. Haupt: Berlin 1945, 1963. J. Mabire: Berlin im Todeskampf, 1977.

„Berlin", Unternehmen, Bezeichnung für die Operation der Schlachtschiffe „Gneisenau" und „Scharnhorst" im Atlantik 1941. Am 22. 1. 1941 verließen die beiden Schiffe unter Kapitän zur See Fein und Kapitän zur See Hoffmann Kiel, durchbrachen am 4. 2. 1941 unerkannt die Dänemarkstraße und versenkten am 22. 2. 1941 vor Neufundland fünf Frachter mit 25 784 BRT. Sie operierten dann zunächst vor Sierra Leone und versenkten am 15. 3. 1941, wieder vor Neufundland, dreizehn Schiffe mit 61 773 BRT. Den auf sie angesetzten britischen Schlachtschiffen konnten sie entkommen und erreichten am 22. 3. 1941 den Hafen von Brest, nachdem sie insgesamt 22 Schiffe mit 115 622 BRT versenkt hatten.
G. Bidlingmaier: Einsatz der schweren Kriegsmarineeinheiten im ozeanischen Zufuhrkrieg, 1963. J. Piekalkiewicz: Seekrieg 1939–1945, o. J. Rohwer, G. Hümmelchen: Chronik des Seekrieges 1939–1945, 1968. E. B. Potter u. a.: Seemacht, 1982. H. Pemsel: Seeherrschaft, Band 2, 1985.

Berliner Erklärung, →Juni-Deklaration.

Berliner Verkehrsarbeiterstreik, Streik in Berlin vom 3.–7. 11. 1932. Als eine Urabstimmung am 2. 11. 1932 über ein Lohnabkommen mit

Kürzung der Stundenlöhne für die Arbeiter der Berliner Verkehrsgesellschaft nicht die erforderliche Mehrheit erreicht hatte, riefen kommunistische Gewerkschafter und die nationalsozialistischen →Betriebszellen zum Streik auf, unmittelbar vor der Reichstagswahl am 6. 11. Der Streik, in dessen Leitung Ulbricht und Dr. →Goebbels vertreten waren, legte den öffentlichen Verkehr in Berlin bis zum Abbruch am 7. 11. lahm. Sympathiekundgebungen wurden u. a. in Wuppertal und Osnabrück veranstaltet. Ziel des Streiks war eine Demonstration gegen die Regierung →Papen und deren Notverordnungen. Das Zusammengehen von Kommunisten und Nationalsozialisten war vor allem darauf zurückzuführen, daß von Papen durch Interventionen bei Reichspräsident von →Hindenburg und die von ihm bewirkte Auflösung des am 31. 7. 1932 gewählten Reichstages, in dem die →NSDAP stärkste Fraktion geworden war, den Nationalsozialisten eine Regierungsbildung unmöglich gemacht und deshalb deren Protest auch durch eine gemeinsame Aktion mit Kommunisten herausgefordert hatte.

Berliner Vertrag, Vertrag vom 24. 4. 1926 zwischen Deutschland und der Sowjetunion zur Zusammenarbeit. Der zwischen Außenminister →Stresemann und Krestinski in Berlin für die Dauer von fünf Jahren geschlossene B. baute auf dem →Rapallo-Vertrag auf, sollte dem Frieden dienen und die gemeinsame Zusammenarbeit fördern. Die UdSSR wollte damit eine Westausrichtung Deutschlands verhindern und Deutschland die Aussichten auf die Rückgewinnung der von Polen geraubten deutschen →Ostgebiete verbessern. Man vereinbarte Neutralität bei Angriffen von dritter Seite und keinen Wirtschaftsboykott in solch einem Fall. Der B. wurde 1931 und 1933 jeweils um fünf Jahre verlängert. Auf diesen B. bezogen sich →Hitler und Stalin noch im August 1939 ausdrücklich.
Akten zur Deutschen Auswärtigen Politik, Serie B, Bd. 2, 1967. L. Zimmermann: Deutsche Außenpolitik in der Ära der Weimarer Republik, 1958.

Berliner Viermächtestatut, alliierte Vereinbarung zur Besetzung und Verwaltung Berlins. Als Teil der →Juni-Deklaration zur Übernahme der Regierungsgewalt in Deutschland vom 5. 6. 1945 enthält das B. die von Großbritannien, USA, Frankreich und der Sowjetunion getroffene Regelung zur Besetzung und Verwaltung Groß-Berlins mit der Einteilung der Stadt in vier →Besatzungssektoren und der gemeinsamen Verwaltung durch die Berliner Alliierte Kommandantur der vier Mächte. Ab

1948 durch den Kalten Krieg immer mehr ausgehöhlt, bildete das B. nur noch die Grundlage zur gemeinsamen Bewachung von Rudolf →Heß im Spandauer Gefängnis bis zu dessen Tod.

„Bernhard", Unternehmen, Bezeichnung für die Fälschung britischer Banknoten im 2. Weltkrieg durch deutsche Dienststellen. Ursprünglich als Unternehmen „Andreas" von Alfred H. Naujocks geplant, sollte das Falschgeld über England abgeworfen werden und die britische Wirtschaft zerrütten. Die Fälschungen gelangen ab März 1941, dann leitete R. →Heydrich das Projekt unter dem Namen „B.", dem Vornamen des zuständigen Ressortleiters Krüger. Das Geld wurde dann nicht über England abgeworfen, sondern für kriegswichtige Käufe und die Finanzierung von Geheimdienstaktionen verwandt.
W. Hagen: Unternehmen Bernhard, 1955.

Besatzungsstatut, westalliierte Vereinbarung über die Teilsouveränität Westdeutschlands. Von den Außenministern der USA, Großbritanniens und Frankreichs am 6.–8. 4. 1949 in Washington beschlossen, den Ministerpräsidenten der westdeutschen Länder zur Zustimmung vorgelegt, von den westalliierten Militärgouverneuren gebilligt und am 12. 5. 1949 verkündet, sah das B. eine Neuregelung des Besatzungsrechts, vor allem eine Teilsouveränität für die zu bildende Bundesrepublik Deutschland vor. Entscheidende Gebiete, insbesondere der Außenpolitik, Entmilitarisierung, Wiedergutmachung, Gesetzeskontrolle und der obersten Gewalt im Falle eines Notstandes, behielten sich die Westmächte vor. Das B. trat am 21. 9. 1949 in Kraft und setzte an die Stelle des →Alliierten Kontrollrates für Deutschland die →Alliierte Hohe Kommission. Es galt nach Revision vom 6. 3. 1951 bis zum 5. 5. 1955 und wurde durch den Deutschlandvertrag aufgehoben.
W. Grabert: Jalta, Potsdam und die Dokumente zur Zerstörung Europas, 1985. L. Herbst (Hrsg.): Westdeutschland 1945–1955, 1986.

Besatzungszonen, alliierte Verwaltungsgebiete Deutschlands ab 1945. Nachdem die Europäische Beratende Kommission (EAC) der Alliierten am 12. 9. 1944 drei B. vorgesehen, die Großen Drei in Jalta (11. 2. 1945) dann aber noch eine vierte französische beschlossen hatten, wurden vier B. nach der →Juni-Deklaration der Alliierten vom 5. 6. 1945 in Deutschland gebildet, deren endgültige Grenzen im 3. Zonenprotokoll der EAC vom 26. 7. 1945 festgelegt wurden. Danach umfaßte (mit späteren Änderungen) die britische B. die Länder Schleswig-

Holstein, Hamburg, Niedersachsen, Nord-rhein-Westfalen, die amerikanische Hessen, Württemberg, Bayern und Bremen, die französische Rheinland-Pfalz, Württemberg-Hohenzollern, Baden, die sowjetische Brandenburg, Mecklenburg, Sachsen, Sachsen-Anhalt und Thüringen. Groß-Berlin wurde in vier Besatzungssektoren aufgeteilt. Trotz der Einteilung in B. hielten die Alliierten zunächst an der Einheit Deutschlands fest. Die westlichen B. wurden ab 1. 1. 1947 zur Bizone (englische und amerikanische B.) und ab 8. 4. 1949 zur Trizone (einschließlich französischer B.) vereinigt und bildeten ab 23. 9. 1949 die Bundesrepublik Deutschland, die sowjetische B. ab Oktober 1949 die sogenannte Deutsche Demokratische Republik. Auch Österreich wurde ab 4. 7. 1945 in vier B. aufgeteilt, bis es am 15. 5. 1955 selbständig wurde und die Besatzungstruppen abzogen.

L. Herbst (Hrsg.): Westdeutschland 1945–1955, 1986. M. Kessel: Westeuropa und die deutsche Teilung, 1989. J. Foschepoth und R. Steininger (Hrsg.): Die britische Deutschland- und Besatzungspolitik 1945–1949, 1985.

Besetzte Gebiete, das vom 10. 1. 1920 bis 1926 bzw. 1930 von Alliierten besetzte linksrheinische Deutschland zuzüglich einiger rechtsrheinischer Brückenköpfe. Nach dem →Versailler Diktat (Art. 428–430) wurden die linksrheinischen Gebiete des Reiches und einige rechtsrheinische Brückenköpfe bei Köln, Koblenz, Mainz und Kehl, ab 1921 auch bei Duisburg-Ruhrort, Düsseldorf und Wiesbaden besetzt. Sie waren dem „Interalliierten hohen Ausschuß für die Rheinlande" (Rheinland-Kommission) in Koblenz unterstellt, der deutschen Verwaltung, vor allem im →Ruhrkampf 1923, weitgehend entzogen und durch Zoll- und Paßgrenzen vom Reich losgelöst, das für die Besatzungskosten aufkommen mußte. Die von Frankreich und Belgien unterstützten →Separatisten versuchten in dieser Zeit vergeblich, diese Gebiete dem Reich zu entfremden und von ihm völlig zu trennen. Die Freigabe der B. sollte bei Erfüllung der übrigen Reparationsforderungen nach 5, 10 und 15 Jahren erfolgen. Die Räumung der 1., der Kölner Zone, für Januar 1925 vorgesehen, erfolgte erst im Januar 1926 nach Abbruch der Ruhrbesetzung, die der übrigen B. am 1. Juli 1930 nach Annahme des →Young-Planes. Weiterhin durfte das Reich in den B., wie 50 Kilometer östlich des Rheins in der entmilitarisierten Zone, keine Truppen und Verteidigungsanlagen unterhalten.

Bessarabiendeutsche, →Volksdeutsche in und aus Bessarabien. Nachdem Bessarabien, mehrheitlich von Rumänen bewohnt, 1812 von der Türkei an Rußland gekommen war, siedelten sich 1814–1842 vorwiegend Süddeutsche im mittleren Teil an. Sie kamen 1918 mit Bessarabien zu Rumänien, bis die Sowjetunion durch Ultimatum am 26. 6. 1940 die Abtretung des Landes von Rumänien erzwang. Durch das deutsch-sowjetische Abkommen vom 5. 9. 1940 wurde die →Umsiedlung der B. ins Reich vereinbart, die noch 1940 für 93 500 Personen erfolgte.

P. Nasarski (Hrsg.): Wege und Wandlungen, 1981. R. Kosiek: Deutsches Land in fremder Hand, 1982. D. Jachomowski: Die Umsiedlung der Bessarabien-, Bukowina- und Dobrudschadeutschen, 1984. K. Mayer: Der Weg aus der Steppe 1940, ²1986. A. Cammann: Vom Volkstum der Deutschen aus Bessarabien, 1962.

Best, Werner, Dr. jur., Reichsbevollmächtigter in Dänemark 1942–1945, * 10. 7. 1903 Darmstadt, † 23. 6. 1989 Düsseldorf-Erkrath. Der Beamtensohn studierte Jura und wurde im Ruhrkampf zweimal von Franzosen verhaftet. Ab 1929 Richter in Hessen, trat er 1930 der NSDAP, 1931 der SS bei. Von 1931–1933 war er nationalsozialistisches Mitglied des Landtages in Hessen. 1935 wurde er Abteilungsleiter bei der Gestapo in Berlin, von 1936–1940 war er Amtschef (ab Oktober 1937 als Ministerialdirigent) im Hauptamt Sicherheitspolizei im Innenministerium und Stellvertreter Heydrichs. Der SS-Brigadeführer war erster juristischer Berater von Gestapo und SD. 1940–1942 war er im Verwaltungsstab des Militärbefehlshabers in Frankreich tätig. Im November 1942 wurde er Reichsbevollmächtigter in Dänemark und war als solcher sehr um einen Ausgleich mit der königlich-dänischen Regierung und um Schonung des dänischen Volkes bemüht. Dabei verhinderte er auch Judendeportationen. In Kopenhagen wurde er nach jahrelanger Haft 1948 zum Tode verurteilt, dann zu zwölf Jahren Haft begnadigt und 1951 entlassen. Ab 1957 war er als Rechtsberater beim Stinneskonzern tätig. 1972 erfolgte eine Anklage wegen angeblicher Massenexekutionen in Polen 1939/40, die nicht weiter verfolgt wurde. B. schrieb „Die Verwaltung in Polen vor und nach dem Zusammenbruch der polnischen Republik" (1940), „Die deutsche Polizei" (1941) und „Dänemark in Hitlers Hand" (1988, Hrsg. S. Matlok).

Bethmann Hollweg, Theobald von, Reichskanzler. * 29. 11. 1856 Hohenfinow/Eberswalde, † 2. 1. 1921 Hohenfinow. Der Sohn einer 1840 geadelten Frankfurter Bankiersfamilie wurde 1886 Landrat, 1899 Oberpräsident von Brandenburg, 1905 preußischer Innenminister, 1907 Staatssekretär des Reichsamts des Innern und Vizekanzler. Am 14. 7. 1909 wurde er von →Bülows Nachfolger als Reichskanzler und preußischer Ministerpräsident. Er konnte eine

Finanzreform, das Reichsversicherungsgesetz und eine Verfassung für Elsaß-Lothringen erreichen, nicht jedoch eine Wahlreform. Erfolglos bemühte er sich um eine Verständigung mit England sowie um ein Heraushalten Deutschlands aus der Balkanfrage. Zaudernd und ohne klare außenpolitische Linie, beging er zu Beginn des 1. Weltkriegs diplomatische Fehler. Gegen seine Überzeugung stimmte er dem deutschen Einmarsch in Belgien, der Proklamation eines Königreichs Polen und dem uneingeschränkten U-Boot-Krieg zu. Vor allem auf Druck der Militärs wurde er am 13. 7. 1917 von Kaiser→Wilhelm II. widerstrebend entlassen. Er schrieb seine „Betrachtungen zum Weltkrieg" (2 Bände, 1919/21; 1989).

Freiher v. Liebig: Die Politik Bethmann Hollwegs, 1919. E. v. Vietsch: Bethmann Hollweg, Staatsmann zwischen Macht und Ethos, 1969. K. Hildebrand: Bethmann Hollweg, der Kanzler ohne Eigenschaften? 1970. H. G. Zwarzlik: Bethmann Hollweg als Reichskanzler 1909–1914, 1957.

„Beton", Unternehmen, Deckname für die handstreichartige Einnahme des belgischen Forts →Eben Emaël am 10. 5. 1940. 84 Mann der Sturmgruppe „Granit" unter Oberleutnant Rudolf Witzig vom Fallschirmjägerregiment 1 landeten im Morgengrauen mit zehn Lastenseglern auf dem 1935 fertiggestellten, für uneinnehmbar gehaltenen und mit 2000 Mann besetzten Fort, machten die schweren Geschütze kampfunfähig, eroberten die Flak- und MG-Stellungen und sprengten die Panzerkuppeln. Am 11. 5. 1940 kapitulierte die ganze Festung. Die Deutschen hatten fünf Tote, die Belgier zweihundert. Die Eroberung der Festung machte einen wichtigen Weg nach Belgien frei.

V. Kühn: Deutsche Fallschirmjäger im Zweiten Weltkrieg, 1982. W. Melzer: Albert-Kanal und Eben-Emaël, 1957. G. Schlang: Die deutschen Lastenseglerverbände 1937–1945, 1985. J. E. Mrazek: Kampfsegler im 2. Weltkrieg, 1981. J. E. Mrazek: Lastensegler auf Eben Emael, 1980.

Beutedeutscher, volkstümliche Bezeichnung für →Volksdeutsche, die durch Eingliederung ihrer Heimat zum Deutschen Reich kamen, zum Beispiel die Elsässer und Lothringer.

Bevölkerungspolitik, Maßnahmen, mit denen ein Staat Zahl und Zusammensetzung seiner Bevölkerung beeinflussen will. Dabei kann eine Vermehrung angestrebt werden, beispielsweise durch Förderung der Einwanderung. Häufiger wird eine Steigerung der Geburtenraten gewünscht. Das geschieht meistens durch steuerliche Begünstigung und bevorzugte Unterbringung von kinderreichen Familien, durch Zahlung von Kindergeld und, wie beispielsweise im Frankreich der Gegenwart, durch Ehrung und Auszeichnung kinderreicher Mütter. Andere Staaten, vor allem der Dritten Welt, versuchen ein Bevölkerungswachstum zu vermeiden, um Hungersnöte und Unterernährung zu begrenzen. Dazu zählen nicht nur Appelle an die Staatsbürger, sondern auch die Festsetzung eines Mindestalters für die Eheschließung sowie die Begrenzung der Kinderzahl in China oder die Zahlung von Prämien für die freiwillige Sterilisation in Indien. Die Zusammensetzung der Bevölkerung mit dem Ziel, den Nationalcharakter zu wahren, haben die USA durch Einwanderungsquoten zu regeln versucht, die Nordeuropäer und Angelsachsen begünstigen, aber für andere Europäer, Lateinamerikaner und Farbige geringer sind. Darüber hinaus kann in den Vereinigten Staaten erbkranker Nachwuchs durch gerichtlich angeordnete Sterilisation verhindert werden. Im Dritten Reich nahm die Geburtenzahl auf 1000 Einwohner von 14,7 im Jahr 1933 auf 20,4 im Jahr 1939 zu, gefördert hauptsächlich durch Appelle zur Geburtenfreudigkeit, durch Kinderbeihilfen an kinderreiche Familien, Ehestandsdarlehen, Einrichtungsdarlehen, Wohnungsbeschaffung, Förderung des Siedlungswesens und Steuererleichterungen für kinderreiche Familien, aber auch durch eine verschärfte Strafandrohung bei Abtreibungen. Damit wurde wieder ein Geburtenüberschuß erzielt, nachdem das deutsche Volk vorher vom Aussterben bedroht war. Die Zusammensetzung der Bevölkerung wurde durch das Gesetz zur Verhütung erbkranken Nachwuchses, das nach amerikanischem Vorbild erlassen worden war, sowie durch eine Heiratskontrolle beeinflußt, die Eheschließungen genehmigungspflichtig machte. Die Bundesrepublik hat heute die niedrigste Geburtenrate der Welt, es sterben mehr als neun Geburten pro 1000 Einwohner pro Jahr stirbt ihre Bevölkerung aus. Geringe Kindergeldzahlungen oder Steuererleichterungen haben bisher nichts dagegen bewirkt. Diskussionen über den Bevölkerungsstand werden in der Öffentlichkeit fast ausschließlich unter dem Gesichtspunkt geführt, wie sich die Verminderung der Deutschen in der Bundesrepublik auf etwa 52 Millionen im Jahr 2000, auf 39 Millionen im Jahr 2030 und auf 22 Millionen im Jahr 2070 auf Arbeitspotential, Wirtschaftswachstum, Nachfragestruktur, Alterssicherung, Siedlungsstruktur, Gesundheitswesen, Bildungswesen, Familienstruktur und Militärwesen auswirkt. Eine Politik, die zu steigenden Geburtszahlen führen könnte – etwa durch höhere soziale Leistungen oder eine Änderung des 1976 von der SPD/FDP-Koalition reformierten Abtreibungsparagraphen – ist nicht abzusehen.

Ebenso bestehen große Widerstände gegen ein „Leitbild" der Frau als Mutter, da dies ihrer „Selbstverwirklichung" schaden soll. Statt dessen wird vor allem von Politikern der SPD, zum Teil auch der CDU, die verstärkte Einwanderung in die Bundesrepublik Deutschland sowie die Anerkennung einer „multikulturellen Gesellschaft" auf ihrem Boden gefordert, obwohl nach Meinungsumfragen eine große Bevölkerungsmehrheit den weiteren Zustrom von Ausländern ablehnt.
F. Burgdörfer: Volk ohne Jugend, 1934. F. Burgdörfer: Bevölkerungsdynamik und Bevölkerungsbilanz, 1951. E. Wagemann: Menschenzahl und Völkerschicksal, 1948. R. Hepp: Die Endlösung der deutschen Frage, 1988. P. Chaunu: Die verhütete Zukunft, 1981.

Bewährungsbataillon (Strafbataillon), Sondereinheiten der deutschen Wehrmacht im 2. Weltkrieg. In ein B. kamen straffällig gewordene Offiziere und Mannschaften, die nach einer bestimmten Bewährungszeit zur regulären Truppe zurückversetzt wurden. Die B. wurden auch an Schwerpunkten der Kämpfe eingesetzt. Im B. 999 kämpften ursprünglich Wehrunwürdige (Kriminelle, politische Häftlinge), die durch Bewährung die volle Wehrwürdigkeit erhalten konnten.
H.-P. Klausch: Die 999er, 1986.

Bewährungszeit, Probezeit für NSDAP-Anwärter ab 1933. 1933 verfügte die Reichsleitung der →NSDAP, daß Parteimitglieder, die nach dem 30. 1. 1933 ihren Beitritt erklärt hatten, eine zweijährige B. ableisten mußten, bevor das Mitgliedsbuch ausgehändigt und das Recht zum Tragen des →Braunhemdes erworben wurde.

Bewegung, Eigenbezeichnung der →NSDAP und ihrer angeschlossenen Verbände zur Kennzeichnung der besonderen Dynamik und der Besonderheit ihrer Organisation als umfassender Volkspartei.

BHE, Abkürzung für →Block der Heimatvertriebenen und Entrechteten.

Bialystok, Schlacht von, erfolgreiche deutsche Kesselschlacht im Juni/Juli 1941. Bei Beginn des →Rußlandfeldzuges konnte die in zwei Armeen aufgeteilte deutsche Heeresgruppe Mitte unter Generalfeldmarschall von →Bock die bei B. zum Angriff nach Westen massierten starken russischen Verbände in einem ersten Kessel am 29. 6. 1941 einschließen, der am 1. 7. kapitulierte. Nach Osten entkommene russische Einheiten wurden durch vorgestoßene schnelle deutsche Panzerverbände bei Minsk am 27. 6. abgeschnitten und ebenfalls eingekesselt, so daß sie bis zum 9. 7. aufgeben mußten. Die

Russen verloren in beiden Kesseln rund 330000 Gefangene, mehr als 3300 Panzer und 1800 Geschütze bei geringen deutschen Verlusten. Die Schlacht von B. vernichtete die russische Westfront, verhinderte eine neue Auffangstellung am Dnjepr und ermöglichte den weiteren deutschen Vorstoß auf Moskau.
P. Carell: Unternehmen Barbarossa, 1963. J. Piekalkiewicz: Der Zweite Weltkrieg, 1985.

Biber, 1944/45 in Dienst gestelltes →Ein-Mann-U-Boot der Kriegsmarine mit zwei Torpedos an den Rumpfseiten, das gegen Küsten- und Hafenziele eingesetzt wurde.

Bielefelder Abkommen, Vereinbarung zwischen Vertretern der Reichsregierung, Parteien und Gewerkschaften vom 23. 3. 1920 zur Beendigung des →Spartakisten-Aufstandes im Ruhrgebiet. Als nach dem Zusammenbruch des →Kapp-Putsches die geflohene Reichsregierung wieder nach Berlin zurückkehrte und der Generalstreik beendete wurde, legte die „Rote Armee" der Spartakisten im Ruhrgebiet mit bis zu 60000 Mann ihre Waffen (u. a. Panzerzug, Panzer, schweres Geschütz) nicht nieder, eroberte mehrere Städte, terrorisierte die Bevölkerung und ermordete zahlreiche sogenannte Klassenfeinde. Im B. versuchte Reichskommissar →Severing, zwischen Regierungsparteien, →USPD, Gewerkschaften und →KPD eine Übereinkunft zur Beendigung des Kampfes zu erreichen, nach dem die „Rote Armee" aufgelöst, ihre Waffen abgeliefert und die Reichswehrtruppen ins Ruhrgebiet einmarschieren sollten. Dafür waren Zugeständnisse an die Linken in der Regierung vorgesehen, die →Freikorps sollten aufgelöst und die gefangenen Spartakisten entlassen werden. Rote Armee und KPD lehnten das B. ab. Vom 31. 3. bis 7. 4. 1920 wurde deshalb der Aufstand durch Regierungstruppen in schweren Kämpfen niedergeschlagen. Ein Teil der Aufständischen floh ins französisch besetzte Gebiet.
E. Kern: Von Versailles bis Nürnberg, ³1971. H. Hürten: Zwischen Revolution und Kapp-Putsch, 1977. H. Spethmann: Zwölf Jahre Ruhrbergbau, 1928.

„Bienenstock", Kommandounternehmen, Bezeichnung für den Einsatz deutscher Rammjäger gegen einfliegende alliierte Bomberverbände 1945. Diese Einsätze liefen auch unter den Decknamen „Elbe", „Herrmann" und →S. O. (Selbstopfer) „Werwolf" im April 1945.
H. Hermann: Bewegtes Leben, 1984. A. Rose: Radikaler Luftkampf, 1977.

Bismarck-Archipel, Inselgruppe und ehemalige deutsche Kolonie im Pazifik. Die zum ehemaligen →Deutsch-Neuguinea gehörige Inselgruppe Melanesiens bestand aus den Hauptinseln →Neu-Pommern, →Neu-Mecklenburg und →Neu-Hannover sowie den →Admiralitätsinseln. Auf den rund 47000 km² lebten 1914 130000 Bewohner, davon 500 Weiße. In deutscher Zeit wurden vor allem Kopra und Kautschuk ausgeführt. Der B. wurde 1884 von der Neuguinea-Kompanie erworben und kam 1899 unter unmittelbare Reichsverwaltung. Der deutsche Gouverneur Haber mußte im September 1914 vor einer Übermacht der Australier kapitulieren, die 1919 das Völkerbundsmandat über den B. erhielten.

J. Schultz-Naumann: Unter Kaisers Flagge, 1985. K. Graudenz, H. M. Schindler: Die deutschen Kolonien, 1982.

Bismarck-Unternehmen („Rheinübung"), Atlantik-Einsatz der „Bismarck" und „Prinz Eugen" im Mai 1941. Nach erfolgreichen deutschen Atlantik-Unternehmen 1940/41 verließen am 18. 5. 1941 das neue Schlachtschiff „Bismarck" (45170 BRT), Stapellauf 14. 2. 1939, und der Schwere Kreuzer „Prinz Eugen" unter Flottenchef Admiral Günther Lütjens Gotenhafen, stachen am 21. 5. 1941 von Bergen aus in See, um durch die Dänemarkstraße zwischen Island und Grönland den Atlantik zu erreichen. Am 24. 5. wurde von ihnen in der Dänemarkstraße der britische Schlachtkreuzer „Hood", das größte Kriegsschiff der Welt, nach kurzem Kampf versenkt, das britische Schlachtschiff „Prince of Wales" schwer beschädigt. Danach wurde die „Prinz Eugen" zum Kreuzerkrieg entlassen, die leicht beschädigte „Bismarck" versuchte Brest zu erreichen. Mehrfach von britischen Torpedoflugzeugen angegriffen, wurde die „Bismarck" am Abend des 26. 5. 1941 südwestlich von Irland manövrierunfähig. Am 27. 5. 1941 wurde sie von zwei britischen Schlachtschiffen und zwei Kreuzern zusammengeschossen. Nach mehreren Torpedotreffern sank sie um 10.40 Uhr, nachdem ihre Besatzung die Flutventile geöffnet hatte. An der Jagd nach der „Bismarck" waren sieben Schlachtschiffe, zwei Flugzeugträger und zwölf Kreuzer beteiligt, von denen vier Schlachtschiffe, drei Kreuzer und zwei Flugzeugträger sowie fünf Zerstörer zum direkten Kampf mit ihr kamen. Admiral Lütjens ging mit 2271 Mann (110 wurden von britischen, acht von deutschen Schiffen gerettet) mit der „Bismarck" unter. Das Wrack der „Bismarck" wurde 1989 in rund 4500 m Tiefe entdeckt und mit einem Unterwasserroboter untersucht.

H. Pemsel: Seeherrschaft, Bd. 2, 1985. J. Piekalkiewicz: Der Zweite Weltkrieg, 1986. J. Rohwer und G. Hümmelchen: Chronik des Seekrieges 1939–1945, 1968. Lohmann und Hildebrand: Die deutsche Kriegsmarine 1939–1945, 3 Bde., 1956 ff. B. von Müllenheim-Rechberg: Schlachtschiff Bismarck 1940/41, 1981. E. B. Potter: Seemacht, 1982. H. Lorentz: Bis zur letzten Granate, 1988. J. Brennecke: Schlachtschiff Bismarck, 1960. R. Grenfell: Jagd auf die Bismarck, 1953. H. Schellmann: Die Luftwaffe und das Bismarck-Unternehmen im Mai 1941, 1962.

Björkö, Vertrag von, Übereinkommen zwischen Kaiser →Wilhelm II. und Zar Nikolaus II. vom 25. 7. 1905. Bei einem Zusammentreffen vor der nordwestlich von Petersburg gelegenen Insel B. unterzeichneten beide Monarchen ein von Wilhelm II. entworfenes Schutzabkommen zwischen Deutschland und Rußland, dem auch Frankreich beitreten sollte. Der Text verstieß jedoch gegen Verpflichtungen, die Rußland schon gegenüber Frankreich eingegangen war, und wurde deshalb auf Intervention des russischen Außenministers Lambsdorff nicht in Kraft gesetzt.

W. Klein: Der Vertrag von Björkö, 1931.

Blaskowitz, Johannes, Generaloberst, * 10. 7. 1883 Peterswalde, Kreis Wehlau/Ostpreußen, † 5. 2. 1948 Nürnberg. B. war seit 1902 preußischer Infanterieoffizier, im 1. Weltkrieg in der Obersten Heeresleitung. 1933 war B. als Generalleutnant Inspekteur der Reichswehr-Waffenschulen, 1935 Kommandeur der 2. Division Stettin, dann Kommandierender General des II. Armeekorps Stettin, 1938 Oberbefehlshaber der Heeresgruppe 3 Dresden. Im März 1939 war B. am Einmarsch in Böhmen und Mähren beteiligt. Er arbeitete den Angriffsplan für den →Polenfeldzug aus und wurde Oberbefehlshaber der 8. Armee im Polenfeldzug, seit dem 20. 10. 1939 Oberbefehlshaber der deutschen Besatzungstruppen in Polen, seit Dezember 1939 Oberbefehlshaber Ost. Nach Beschwerden über die deutsche Besatzungspolitik in Polen wurde er am 5. 5. 1940 abgelöst und kam zum Einsatz im Frankreichfeldzug. Seit Mai 1944 war er Oberbefehlshaber der Heeresgruppe G in Frankreich, ab Januar 1945 Oberbefehlshaber der Heeresgruppe H in Holland. Dort kapitulierte er am 5. 5. 1945 vor den Briten. Kurz bevor man ihm wegen geringfügiger Vorwürfe den Prozeß machen wollte, nahm er sich durch Fenstersprung aus dem Nürnberger Gefängnis das Leben.

„Blau", Unternehmen, Deckname für die deutsche Frühsommer-Offensive 1942 der Heeresgruppe Süd im →Rußlandfeldzug. Von der Linie Kursk, Charkow, Taganrog begann am 28. 6. 1942 der deutsche Angriff der 2. Armee (Generaloberst Frhr. von Weichs), den 4. Panzerarmee (Generaloberst Hoth) und der ungarischen 2. Armee (Generaloberst von Jány), ab 30. 6. 1942 auch der deutschen 6. Armee (Ge-

neral →Paulus). Die erste Phase – „B."I – wurde mit der Eroberung von Woronesch (7. 7. 1942) und des Gebietes zwischen Donez und Don schnell abgeschlossen. Die 2. Phase – „B."II – begann am 9. 7. 1942 nach Teilung der Heeresgruppe Süd in Heeresgruppe A mit Stoßrichtung nach Süden gegen die Ostküste des Schwarzen Meeres und zum →Kaukasus und in Heeresgruppe B mit Angriffsrichtung →Stalingrad, das ab 13. 9. 1942 schrittweise erobert wurde. Aufgrund der →Weisung Nr. 45 vom 23. 7. 1942 sah die 3. Phase – „B."III – für die Heeresgruppe A die Eroberung der Ölfelder bei Maikop, Grosny und Baku sowie den Durchbruch zum Kaukasus vor. Maikop wurde am 9. 8. 1942 erobert, auf dem →Elbrus, dem höchsten Berg des Kaukasus, am 21. 8. 1942 die deutsche Flagge gehißt. Bei Naltschik kam der deutsche Vormarsch zum Halten, Grosny, Baku und Astrachan konnten nicht mehr erreicht werden.
P. Carell: Unternehmen Barbarossa, 1963, J. Piekalkiewicz: Der zweite Weltkrieg, 1985. W. Hubatsch: Hitlers Weisungen für die Kriegführung 1939–1945, 1962.

Blaue Division (División Azul), Einheit spanischer Freiwilliger im 2. Weltkrieg im Kampf gegen die Sowjetunion. Kurz nach Beginn des →Rußlandfeldzuges erteilte der spanische Außenminister im Einvernehmen mit →Franco Ende Juni 1941 der Falange den Auftrag, eine Division Freiwilliger unter General Muñoz Grandes für den Kampf gegen den Bolschewismus aufzustellen, die in Erinnerung an die deutsche Hilfe (→Legion Condor) im Spanischen Bürgerkrieg mit großer Begeisterung und schnell gebildet wurde. Am 13. 7. 1941 vom spanischen Kriegsminister verabschiedet, bis 20. 8. 1941 in Grafenwöhr ausgebildet, kamen die rund 20000 Mann ab 14. 10. 1941 im Osten zum Einsatz, zunächst am Wolchow, vor Leningrad und am Ilmensee. Nach ihren blauen Falange-Hemden zur deutschen Uniform wurden sie „Blauhemden-Division" oder B. genannt. Im Oktober 1943 wurde die B. unter ihrem letzten Kommandeur, E. Esteban-Infantes, dem späteren spanischen Generalstabschef, auf spanischen Wunsch aufgelöst und bis Dezember 1943 nach Spanien zurückgeführt. Spanische Freiwillige bildeten ab 17. 11. 1943 noch die → „Spanische Legion" mit drei Bataillonen und rund 2000 Mann unter Oberst G. Navarro, eingesetzt bei der Heeresgruppe Nord. Auf Druck der Alliierten befahl Spanien am 6. 3. 1944 auch die Rückführung der „Legion", die in Königsberg aufgelöst wurde und am 17. 4. 1944 in die Heimat fuhr, wo die Soldaten begeistert empfangen und auf Wunsch in die Landespolizei überführt wurden. Weitere spanische Freiwillige kämpften im Osten in der Waffen-SS

und bildeten noch im März 1945 zwei Kompanien. Letzte Reste von ihnen verteidigten unter Hauptmann Roca das eingeschlossene Berlin. Rund 4000 Spanier fielen im Osten, die letzten 286 aus Rußland entlassenen Gefangenen wurden am 2. 4. 1954 von Tausenden jubelnder Spanier in Barcelona begrüßt.
E. Esteban-Infantes: Blaue Division, 1958. H. W. Neulen: An deutscher Seite, 1985. P. Gostony: Hitlers Fremde Heere, 1976. J. Hoffmann: Die Ostlegionen 1941–43, 1977.

blaue Schwestern, →NSV-Schwesternschaft.

Blitzkrieg, Bezeichnung für die schnellen Siege der deutschen Wehrmacht bis 1941. In jeweils wenigen Tagen oder Wochen wurden Polen (1939), Dänemark und Norwegen (1940), Frankreich mit Belgien und den Niederlanden (1940) sowie Jugoslawien und Griechenland (1941) dank der maßgeblich von A. Hitler mitentwickelten B.-Taktik besetzt. Der →Rußlandfeldzug war gleichfalls als B. geplant. Er konnte jedoch nur mit Verspätung beginnen, weil Italien im Kampf gegen Griechenland Hilfe brauchte, und deshalb konnte der deutsche Vormarsch vor Wintereinbruch 1941 Moskau nicht mehr erreichen. Der Feldzug verwandelte sich deshalb ab Dezember 1941 in einen Abnutzungskrieg, den die deutsche Führung vermeiden wollte. Wichtigste Bestandteile der deutschen B.-Strategie waren der massierte Einsatz von Panzerverbänden an Schwerpunkten zum Durchbruch (z.B. bei der Aktion →Sichelschnitt im Westfeldzug, Mai 1940) mit starker Luftunterstützung (Sturzkampfflugzeuge) und Kesselbildung. Seitdem wird als B. eine schnelle Kriegsentscheidung bezeichnet, z. B. im israelisch-ägyptischen 6-Tage-Krieg.

Blitzmädel (Blitzmädchen), Bezeichnung für die →Nachrichtenhelferinnen der deutschen Wehrmacht, die an ihrer Uniform das Blitz-Zeichen der Nachrichtentruppe trugen. Sie waren eine Gruppe der als Zivilangestellte dienenden →Wehrmachthelferinnen. 1943/44 gab es rund 300000 Wehrmachthelferinnen, davon etwa 8000 B., die bei Kriegsende, vor allem in sowjetischer Gefangenschaft, ein grausames Schicksal hatten.
F. W. Seidler: Blitzmädchen, 1979.

Blitztransport, eiliger Sondertransport der Reichsbahn im 2. Weltkrieg. Der B. wurde von Fahrtbeginn bis zum Zielbahnhof ohne Unterbrechung durchgeführt. Für erforderliche Lokwechsel mußte die neue Lok unter Dampf bereitstehen. „Führer-B." waren von A. →Hitler persönlich angeordnet worden.
H. Pottgiesser: Die deutsche Reichsbahn im Ostfeldzug 1939–44, 1960.

Block, →Blockleiter.

Blockadebrecher, →Bezeichnung für Handelsschiffe, die eine vom Gegner verhängte Blokkade durchbrachen und in die Heimat gelangten. Als Großbritannien zu Anfang des 1. und des 2. Weltkriegs völkerrechtswidrig die Seeblockade gegen Deutschland verhängte, waren viele deutsche Handels- und Passagierschiffe auf allen Meeren. Ein Teil versuchte, als B. die Heimat zu erreichen, um Menschen, Waren und Schiffsgut vor Internierung und Beschlagnahme zu retten. Auf oft abenteuerliche Weise gelangten viele B. in deutsche Häfen. Als größter B. erreichte vom August bis Dezember 1939 der Passagierdampfer „Bremen" (51 650 BRT) von New York über Murmansk Deutschland.
J. Brennecke: Schwarze Schiffe – Weite See, 1989. M. Price: Blockadebrecher, 1984. A. Ahrens: Die Siegesfahrt der „Bremen", 1940. L. Dinklage und H.-J. Witthöft: Die deutsche Handelsflotte 1939–1945, 1971.

Block der Heimatvertriebenen und Entrechteten (BHE) →Gesamtdeutscher Block/Bund der Heimatvertriebenen und Entrechteten.

Blockleiter, niedrigster Hoheitsträger (→Politischer Leiter) der NSDAP. Der vom Kreisleiter eingesetzte und dem Ortsgruppenleiter verantwortliche B. stand seinem Block, der untersten Organisationseinheit der NDSAP mit rund fünfzig Familien vor, betreute ihn und sorgte dort für die Verbreitung der nationalsozialistischen Weltanschauung. Daneben kassierte er die Mitgliedsbeiträge und warb für den Besuch von Parteiveranstaltungen. Ihm standen Blockhelfer zur Seite. Der B. war oft gleichzeitig auch Blockwart.

Blockwart (Blockwalter), Leiter eines Blocks von →DAF oder →NSV oder der untersten Dienststelle des →Reichsluftschutzbundes. Er hatte oft auch das Amt des →Blockleiters inne.

Blomberg, Werner von, Generalfeldmarschall, * 2. 9. 1878 Stargard, † 14. 3. 1946 Nürnberg. Der Sohn einer Offiziersfamilie war preußischer Kadett, trat 1897 in das preußische Heer ein, bekleidete ab 1911 und auch im 1. Weltkrieg Generalstabsstellungen und erhielt den Pour le mérite. 1919–1920 war er im Reichswehrministerium und 1927–1929 Chef des Truppenamtes der →Reichswehr. In dieser Stellung besuchte er mehrfach die Sowjetunion und förderte die Zusammenarbeit von Reichswehr und Roter Armee. Ab 1929 war er als Generalleutnant Befehlshaber des Wehrkreises I. in Königsberg. In dieser Zeit lernte er A. →Hitler kennen, der ihn sehr beeindruckte. 1932 war er Mitglied der deutschen Abrüstungsdelegation in Genf. Am 30. 1. 1933 wurde er von Reichspräsident von →Hindenburg unter Beförderung zum General der Infanterie zum Reichswehrminister in der Regierung Hitlers ernannt. In dieser Position trieb er den Ausbau der Reichswehr zur deutschen →Wehrmacht und die Wiedereinführung der im Versailler Diktat verbotenen Waffen voran. Nach dem Tode von Hindenburgs unterstützte er die Unterstellung der Wehrmacht unter A. Hitler und befahl die Vereidigung der Truppe auf ihn. Im Mai 1935 wurde er Reichskriegsminister und Oberbefehlshaber der neuen Wehrmacht. Nach der Wiederherstellung der →Wehrhoheit im Rheinland wurde er zum ersten Generalfeldmarschall der Wehrmacht ernannt. Am 4. 2. 1938 mußte er abdanken, nachdem die anstoßerregende Vergangenheit seiner zweiten Frau bekannt worden war. Seitdem lebte er in Meran und Bad Wiessee. Von den Alliierten 1945 verhaftet, starb er in Nürnberg in amerikanischer Haft.
O. E. Moll: Deutsche Generalfeldmarschälle 1935 bis 1945, 1961. F. Wiedemann: Der Mann, der Feldherr werden wollte, 1964.

Blomberg-Fritsch-Krise, →Fritsch-Krise.

Blumenkrieg, Bezeichnung für den →Anschluß Österreichs. Am Morgen des 12. 3. 1938 marschierten deutsche Truppeneinheiten, auf besonderen Befehl in friedensmäßiger Ausrüstung und mit Spielmannszügen voran, in Österreich ein, wo sie von der Bevölkerung mit großem Jubel empfangen und mit Blumen überschüttet wurden. Nirgends fiel ein Schuß oder wurde Widerstand geleistet. Wegen des ähnlichen Empfangs der deutschen Truppen beim Einmarsch in das deutsche →Sudetenland ab 1. 10. 1938 wurde auch hier von einem B. oder „Blumenfeldzug" gesprochen.

Blutfahne, die am 9. 11. 1923 beim →Marsch auf die Feldherrnhalle an der Spitze des Zuges vom SA-Mann Heinrich Trambaur mitgeführte Hakenkreuzfahne. Für die NSDAP symbolisierte sie den Tod der an der Feldherrnhalle und im Hof des bayerischen Kriegsministeriums erschossenen 16 Nationalsozialisten. Mit der Blutfahne, 1927 der Obhut der SS und hier als Fahnenträger Jakob Grimminger übergeben, wurden seitdem in Anlehnung an mittelalterliche Traditionen Fahnenweihen der NSDAP vorgenommen.

Blutorden, nationalsozialistische Auszeichnung, 1933 von A. →Hitler für etwa 1500 Teilnehmer am →Marsch zur Feldherrnhalle und an der NS-Erhebung am 9. 11. 1923 gestiftet.

Sie bestand aus einer silbernen Denkmünze am Bande. Ab 30. 5. 1938 wurde der B. auch an Mitglieder der NSDAP verliehen, die in Deutschland, in Österreich und im Sudetenland als Folge ihres politischen Einsatzes zum Tode oder einer mindestens einjährigen Freiheitsstrafe verurteilt oder dabei besonders schwer verletzt worden waren. Diese Voraussetzungen wurden von etwa 3000 NSDAP-Mitgliedern erfüllt.

Blutschutzgesetz, Abkürzung für das „Gesetz zum Schutze des deutschen Blutes und der deutschen Ehre". Es wurde vom Deutschen Reichstag anläßlich des Reichsparteitages der NSDAP am 15. 9. 1935 im Rahmen der →„Nürnberger Gesetze" beschlossen. Kernpunkt war das Verbot von Ehen zwischen Juden und Nichtjuden in Deutschland.

Blut und Boden, Leitgedanke der NS-Agrarpolitik und Motto des Reichsnährstandes. Nach ähnlicher Bezeichnung durch Oswald Spengler (in „Untergang des Abendlandes") wurde das Schlagwort vor allem durch R. W. Darrés „Neuadel aus Blut und Boden" (1930) bekannt. Ziel war die Schaffung von unbelasteten →Erbhöfen, damit verbunden die Erwartung, daß die Bauernfamilien von diesen Höfen auch viele Kinder haben und damit das Geburtendefizit des deutschen Volkes überwinden würden. Diese Politik wurde noch vor 1933 vom späteren Reichsbauernführer R. W. →Darré entworfen und hauptsächlich durch das →Reichserbhofgesetz vom 29. 9. 1933 zu verwirklichen versucht.
R. W. Darré: Das Bauerntum als Lebensquell der nordischen Rasse, 1929. R. W. Darré: Neuadel aus Blut und Boden, 1930.

„Blut und Ehre", Aufschrift auf den Fahrtenmessern der →Hitler-Jugend.

Blutzeugen der Bewegung (Blutopfer), Bezeichnung für die im politischen Kampf der → NSDAP ums Leben gekommenen Parteimitglieder und -anhänger. Dazu zählen die Erschossenen vom 9. 11. 1923 in München, die in den bürgerkriegsähnlichen Auseinandersetzungen mit Kommunisten ums Leben Gekommenen in der Weimarer Republik und auch noch im Dritten Reich, die während und nach der →Julierhebung 1934 in Österreich erschossenen oder hingerichteten Nationalsozialisten sowie die Opfer des Anschlags im →Bürgerbräukeller in München am 8. 11. 1939 als wichtigste Gruppen. Vor dem 30. 1. 1933 verzeichnete die NSDAP 207 Tote, danach bis zum Jahr 1942 noch einmal 234.

BNSDJ, Abkürzung für →Bund Nationalsozialistischer Deutscher Juristen.

Bock, Fedor von, Generalfeldmarschall, * 3. 12. 1880 Küstrin, † 3. 5. 1945 in Schleswig-Holstein. Der Sproß einer alten Offiziersfamilie trat 1898 ins Heer ein und war 1912–1919 Generalstabsoffizier. Er erhielt als Bataillonskommandeur im 1. Weltkrieg den Pour le mérite, war danach vier Jahre im Reichswehrministerium tätig und wurde 1931 Generalleutnant. Als General führte B. 1938 die 8. Armee beim Österreich-→Anschluß. Im →Polenfeldzug befehligte B. die Heeresgruppe Nord, im →Frankreichfeldzug die Heeresgruppe B, wonach er 1940 Generalfeldmarschall wurde. Im →Rußlandfeldzug führte B. bis Dezember 1941 die Heeresgruppe Mitte, danach bis zu seiner Ablösung am 15. 7. 1942 die Heeresgruppe Süd. Als er sich der Regierung →Dönitz zur Verfügung gestellt hatte, fiel B. am 3. 5. 1945 bei einem Tieffliegerangriff in Schleswig-Holstein.
O. E. Moll: Deutsche Generalfeldmarschälle 1935–1945, 1961.

„Bodenplatte", Unternehmen, Bezeichnung für den letzten Großeinsatz der deutschen Luftwaffe im 2. Weltkrieg. In Verbindung mit der →Ardennen-Offensive griffen am 1. 1. 1945 1305 deutsche Flugzeuge dreizehn britische und vier amerikanische Feldflugplätze in Südholland, Belgien und Nordfrankreich an. Dabei sollen 579 alliierte Flugzeuge bei 277 deutschen Verlusten zerstört oder abgeschossen worden sein.
G. W. Feuchter: Geschichte des Luftkrieges, 1954. J. Piekalkiewicz: Der Zweite Weltkrieg, 1985.

Bodenreform, sozial- und wirtschaftspolitische Bestrebungen zur Änderung der Besitzverhältnisse am Boden. In Deutschland führte Ende des 19. Jahrhunderts der Gedanke der B. zu einer Bewegung. Für sie war das Verhältnis des Volkes zu seinem Boden von grundlegender Bedeutung und sie erstrebte deshalb ein Bodenrecht, das die Belange der Volksgemeinschaft über das Einzelinteresse stellte. 1898 wurde in Berlin von A. →Damaschke der „Bund deutscher Bodenreformer" gegründet und bis 1935 geleitet. Sein Organ war ab 1889 „Die Bodenreform". Er trat für ein Bodenrecht ein, das Spekulation ausschließt und die Wertsteigerung des Bodens, insbesondere für Erbbaurecht und Heimstättenrecht, Siedlungsbau und gemeinnützigen Wohnungsbau nutzbar macht. Diese Forderungen wurden teilweise nach 1919 (§ 155 der Weimarer Verfassung), stärker nach 1933 verwirklicht. 1935 wurde eine Reichsstelle für Raumordnung ge-

schaffen. 1945 wurde der „Bund deutscher Bodenreformer" von den Alliierten verboten. In der Sowjetzone wurde nach 1945 zunächst die Enteignung des Bodeneigentums über hundert Hektar, später die totale Kollektivierung durchgeführt.
A. Damaschke: Die Bodenreform, [20]1923.

Böhme, Herbert, Dr. phil., Dichter und Schriftsteller, * 17. 10. 1907 Frankfurt/O., † 23. 10. 1971 Lochham/München. Nach Studium in München und Marburg veröffentlichte der leidenschaftliche Künder nationaler Ideale Gedichte: „Morgenrot Deutschland" (1933), „Des Blutes Gesänge" (1934), „Gesänge unter der Fahne" (1935), „Kampf und Bekenntnis" (1937); Schauspiele: „Volk bricht auf" (1933); den Roman „Andreas Jemand" (1939) und Novellen: „Der Kirchgang des Großwendbauern" (1936), „Die zärtlichen Verirrungen" (1940). Nach schwerer Verwundung wurde B. im 2. Weltkrieg auf den Lehrstuhl für Philosophie in Posen berufen. Von 1945–1947 war er auf dem Hohenasperg/Württemberg interniert, gab ab 1949 die „Klüter Blätter" als geistig und künstlerisch anspruchsvolle Monatszeitung heraus, gründete 1950 das „Deutsche Kulturwerk Europäischen Geistes", dessen Präsident er bis zum Tode blieb, gründete und leitete den „Türmer-Verlag" und veröffentlichte weitere Gedichtbände u. a.: „Mit gelösten Schwingen" (1954), „Anruf und Gesang" (1957), „Am Wohnsitz der Götter" (1963), „Preußische Balladen" (1964); Novellen: „Ein gewonnenes Leben" (1955), „Die Flucht" (1956) sowie zeitkritische Bücher: „Bekenntnisse eines freien Mannes" (1959), „Ordnung der Werte" (1967).
H. Sündermann (Hrsg.): Deutsche Annalen 1972, 1972.

Boelcke, Oswald, Jagdflieger im 1. Weltkrieg, * 19. 5. 1891 Giebichenstein/Halle, † 28. 10. 1916 bei Bapaume/Frankreich. Seit 1911 im Heeresdienst und ab 1914 in der aufkommenden Fliegerei ausgebildet, wurde B. einer der erfolgreichsten deutschen Jagdflieger. Bis zu seinem Absturz, durch Zusammenstoß an der Westfront, erzielte der jüngste Hauptmann des deutschen Heeres vierzig Luftsiege. Er entwickelte die erfolgreiche Taktik des Luftkampfes in einer Jagdstaffel und wurde mit dem Pour le mérite ausgezeichnet.
M. Boelcke: Hauptmann Boelckes Feldberichte, 1917. J. Werner: Boelcke, der Mensch, der Flieger, der Führer der deutschen Jagdfliegerei, 1932. von Hoeppner: Deutschlands Krieg in der Luft, 1937. Ritter: Der Luftkrieg, 1926.

Bohle, Ernst Wilhelm, Gauleiter der Auslandsorganisation (AO) der NSDAP, * 28. 7. 1903 Bradford (England), † 9. 11. 1960 Düsseldorf.

Der Professorensohn lebte ab 1906 in Kapstadt und studierte dann in Köln und Berlin mit Abschluß als Diplomkaufmann. Seit November 1931 Mitarbeiter der von Gregor →Strasser gegründeten „Auslandsabteilung der NSDAP", wurde er am 8. 5. 1933 Leiter der →Auslandsorganisation (AO) der NSDAP im Rang eines Gauleiters. Seit 3. 10. 1933 im Stabe Heß, ab 12. 11. 1933 Mitglied des Reichstages, wurde er am 30. 1. 1937 Staatssekretär im Auswärtigen Amt und am 21. 6. 1943 SS-Obergruppenführer. Von den Alliierten im Mai 1945 inhaftiert, wurde B. im →Wilhelmstraßenprozeß, wo er sich als einziger Angeklagter schuldig bekannte, am 14. 4. 1949 zu fünf Jahren Gefängnis verurteilt, allerdings am 21. 12. 1949 bereits vorzeitig entlassen. Er lebte dann als Kaufmann in Hamburg.
K. Höffkes: Hitlers politische Generale, 1986.

Bombenkrieg, Gesamtheit der alliierten Bombenangriffe im 2. Weltkrieg. Großbritannien hatte seine Bomberflotte ab Mitte der 30er Jahre stark ausgebaut und für einen Einsatz gegen Deutschland vorbereitet. Bereits am 4. 9. 1939 fanden erste britische Luftangriffe auf Wilhelmshaven und Cuxhaven statt, am 11./12. 1. 1940 auf Westerland/Sylt, am 20. 3. 1940 auf Sylt, am 24. 4. 1940 auf Wennigstedt/Sylt und Heide in Holstein. Zwar wurde auch von deutscher Seite das ab 13. 9. 1939 eingeschlossene Warschau als Festung nach Kriegsrecht von der deutschen Luftwaffe bombardiert, aber die Stadt gehörte zum Frontgebiet, war mehrfach aufgefordert worden, die Waffen ehrenvoll zu strecken oder die Zivilbevölkerung zu evakuieren, und erst als darauf keine Reaktion erfolgte, wurde Warschau am 25./26. 9. 1939 aus der Luft angegriffen. Am 6. 10. 1939 schlug A. →Hitler eine Beschränkung des Luftkrieges und das Verbot vom B. gegen Frauen und Kinder vor. Churchill befahl jedoch nach seinem Regierungseintritt am 10. 5. 1940 sofort dem Bomber Command (BC) die verstärkten Angriffe auf zivile Ziele in Deutschland. Entsprechend erfolgte ein Angriff gegen das Ruhrgebiet am 16./17. 5. 1940 mit 99 Bombern. Nach dem Beginn der deutschen →Luftschlacht um England verstärkten sich auch die englischen Angriffe. Sie richteten sich erstmals am 25. 8. 1940 gegen Berlin. 1941 flogen jeweils mehrere hundert Bomber gegen deutsche Städte. Am 23. 2. 1942 wurde Sir Arthur Harris („Bomber-Harris") Chef der britischen Bomberflotte, der im Auftrag des britischen Kriegskabinetts durch rücksichtslosen B. die „Moral der Zivilbevölkerung und besonders der Industriearbeiter" brechen sollte. Die nun folgenden →Terrorangriffe mit oft mehr als 1000 Bombern forderten meist viele Opfer und machten Zehntausende obdachlos: u. a. am 28./29. 3. 1942 Lübeck, 30./31. 5. 1942 Köln, 24.–30. 7. 1943 Hamburg mit →Feuersturm und über 30 000 Toten sowie 277 000 zerstörten Wohnungen, 11./12. 8, 1944 Darmstadt mit 12 300 Toten, 23./24. 2. 1945 Pforzheim mit 17 600 Toten, 3. 2. 1945 Berlin mit 22 000 Toten. Am 13./15. 2. 1945 wurden bei mehreren B. auf das mit Flüchtlingen überfüllte →Dresden zwischen 135 000 und 300 000 Menschen getötet, mehr als bei einem der beiden →Atombombenabwürfe auf Japan. Ab 1944 verfolgten britische Jäger auch tagsüber einzelne Zivilisten mit Bordwaffen. Der deutsche Einsatz von rund 1200 Tag- und später über 700 Nachtjägern sowie von rund 2000 Flakbatterien brachten den Anglo-Amerikanern erhebliche Verluste (7100 britische, 18 000 US-Flugzeuge mit über 125 000 Mann), konnte aber nicht verhindern, daß in den letzten Kriegsjahren fast jede größere deutsche Stadt in erheblichem Umfang zerstört wurde. Die →Evakuierung der Zivilbevölkerung und die →Kinderlandverschickung bewirkten eine Begrenzung der Verluste, trotzdem fanden durch den B. 600 000 Menschen den Tod. Der letzte Terrorangriff fand am 2./3. 5. 1945 auf Kiel statt. Insgesamt warfen die Alliierten 1 996 036 t Bomben auf Deutschland und das deutschbesetzte Europa, davon über 80 % erst 1944/45, allein 477 000 t noch 1945, 14 000 t sogar noch in den letzten 36 Stunden des Krieges. Insgesamt wurden im Reich rund 3,4 Mill. Wohnungen zerstört und 7,5 Mill. Menschen obdachlos. Der Widerstandswille der deutschen „Heimatfront" wurde dadurch jedoch, anders als von den Alliierten erwartet, gestärkt. Der B. brachte für die deutsche Rüstung zwar erhebliche Behinderungen und Verzögerungen, vor allem bei den →V-Waffen, die Ausfälle konnten aber, bis auf die Benzinproduktion wettgemacht werden, so daß 1944/45 der deutsche Rüstungsausstoß am größten war. Der anglo-amerikanische B. gegen die deutsche Zivilbevölkerung war eindeutig völkerrechtswidrig und ein Kriegsverbrechen, ebenso die Angriffe auf Frankreich. Dagegen begann Deutschland erst nach den Alliierten mit dem B. und den Vergeltungswaffen. Insgesamt fielen 71 172 t Bomben auf England.

D. J. Irving: Und Deutschlands Städte starben nicht, 1967. G. Bergander: Dresden im Luftkrieg, 1977. D. Irving: Der Untergang Dresdens, 1977. F. Kurowski: Der Luftkrieg über Deutschland, 1977. H. Rumpf: Das war der Bombenkrieg, 1961. H. Brunswick: Feuersturm über Hamburg, 1978. M. Czesany: Alliierter Bombenterror, 1986. J. v. Lang: Krieg der Bomber, 1986. Berthold und Matern: München im Bombenkrieg, 1983. J. Piekalkiewicz: Luftkrieg 1939–1945, 1978. E. Klöss (Hrsg.): Der Luftkrieg über Deutschland 1939–1945, 1964. H. Verrier: Bomberoffensive gegen Deutschland 1939–1945, 1970.

Bombenteppich, Flächenbombardement. Im Rahmen des →Bombenkriegs gegen deutsche Städte gingen die Alliierten ab 1942 von der Bombardierung einzelner Ziele zum B. über. Dadurch wurden ganze deutsche Städte zerstört, so vor allem Köln, →Hamburg, →Dresden, Berlin. Bei einem großen B. von Brandbomben wurde der →Feuersturm ausgelöst.

D. J. Irving: Und Deutschlands Städte starben nicht, 1967. M. Czesany: Alliierter Bombenterror, 1988.

Bomber Command, britisches Oberkommando der Bomberflotte, im September 1939 mit Sitz in High Wycombe aufgestellt. Ab 22. 2. 1942 wurde es von Luftmarschall Arthur Travers Harris geleitet, der beim →Bombenkrieg zum schonungslosen Flächenbombardement deutscher Städte überging und damit Menschenopfer und Zerstörungen bewirkte, die in der Auslöschung →Dresdens am 13./15. 2. 1945 ihren traurigen Höhepunkt fanden.

Bordkriegsgerichte, Kriegsgerichte bei der Marine.

Bormann, Martin, Leiter der Parteikanzlei der NSDAP und Sekretär Hitlers, * 17. 6. 1900 Halberstadt, † 2. 5. 1945 Berlin. Der Landwirt schloß sich nach dem Militärdienst am Ende des 1. Weltkrieges 1922/23 dem Freikorps Roßbach an. Im März 1924 wurde er wegen Beteiligung an einem Fememord zu einem Jahr Gefängnis verurteilt. 1927 in die NSDAP eingetreten, wurde B. in Thüringen Gaupressewart und 1928 Gaugeschäftsführer. Von Juli 1933 bis zu Heß' Englandflug war B. Stabsleiter beim „Stellvertreter des Führers" und dessen Sekretär, nachdem er im Oktober 1933 Reichsleiter der NSDAP und im November 1933 Mitglied des Reichstages geworden war. Am 12. 5. 1941 wurde B. Heß' Nachfolger mit dem Titel „Chef der Parteikanzlei". In dieser Stellung und als Sekretär Hitlers wurde B. einer der einflußreichsten Männer des Dritten Reiches, der insbesondere über den Zugang zu Hitler befand. B. blieb im Führerbunker bis zu Hitlers Tod, unterzeichnete dessen Testament, in dem er zum Parteiminister ernannt wurde, und kam bei einem Ausbruchversuch am 2. 5. 1945 ums Leben. Er wurde am 1. 10. 1946 vom IMT in Nürnberg in Abwesenheit zum Tode verurteilt und im Oktober 1954 vom Amtsgericht Berchtesgaden für tot erklärt. 1973 wurde nach einem gerichtsmedizinischen Gutachten ein auf dem Lehrter Bahnhof in Berlin exhumiertes Skelett als das B.s identifiziert.

J. von Lang: Der Sekretär – Martin Bormann, ³1987. R. Smelser, R. Zitelmann (Hrsg.): Die braune Elite, 1989. J. Wulf: Martin Bormann, 1962.

Bormann-Diktate, Bormanns Aufzeichnungen der Äußerungen A. Hitlers 1945. Martin →Bormann zeichnete von Februar bis April 1945 persönliche Äußerungen A. →Hitlers auf, darunter auch dessen sogenanntes Politisches Testament. Nach Veröffentlichungen in Englisch und Französisch ließ der Besitzer der Originale, der Schweizer François Genoud, auch eine deutsche Ausgabe erscheinen.
A. Knaus Verlag (Hrsg.): Hitlers Politisches Testament, 1981. G. Sudholt (Hrsg.): Adolf Hitlers drei Testamente, 1977.

Bose, Subhas Chandra, indischer Politiker, * 23. 1. 1897 Cuttack (Orissa), † 18. 8. 1945 Taipeh (Formosa). Der aus Bengalen stammende militante Nationalist und Widersacher Gandhis war von 1938–1939 Präsident der indischen Kongreßpartei, verließ sie dann und gründete eine sozialrevolutionäre Partei. 1941 emigrierte er nach Deutschland und stellte hier aus indischen Kriegsgefangenen eine „Indische Legion" auf, die zusammen mit den Achsenmächten und für die Unabhängigkeit Indiens kämpfen sollte. Im Februar 1943 begab er sich ins japanisch besetzte Singapur, proklamierte dort eine provisorische indische Regierung und kämpfte mit einer neugebildeten „Indischen Nationalarmee" gegen die Anglo-Amerikaner. In den letzten Kriegstagen kam er bei einem Flugzeugabsturz ums Leben.

Bouhler, Philipp, Chef der Kanzlei des Führers, * 11. 9. 1899 München, † 19. 5. 1945 Dachau. B. wurde als Kriegsfreiwilliger im 1. Weltkrieg schwer verwundet, studierte 1919/20 Philosophie und trat 1921 in den Verlag des →Völkischen Beobachters ein. 1922 wurde er Stellvertreter des Hauptgeschäftsführers der →NSDAP, 1925 deren Reichsgeschäftsführer und blieb es bis 1934. Seit Juni 1933 war er Reichsleiter der NSDAP, seit November 1933 MdR und seit Oktober 1934 Chef der →Kanzlei des Führers der NSDAP. Er war außerdem Vorsitzender der Parteiamtlichen Prüfungskommission zum Schutze des NS-Schrifttums und seit 30. 1. 1936 SS-Obergruppenführer. Am 19. 5. 1945 nahm er sich als alliierter Gefangener bei Dachau das Leben. Er schrieb „Adolf Hitler" (1932), „Kampf um Deutschland" (1938), „Napoleon" (1942) und gab die „Nationalsozialistische Bibliographie" heraus.

Boxeraufstand, ausländerfeindlicher chinesischer Aufstand 1900/01. Durch wiederholte Eingriffe und wirtschaftliche Einflußnahmen der Kolonialmächte, vor allem Großbritanniens, hatte sich in China zunehmend ein Ausländerhaß entwickelt, zu dem der Geheimbund der „Gesellschaft für Rechtlichkeit und Eintracht" (I-Ho-T'uan) wesentlich beitrug. Seine militärisch ausgebildeten Mitglieder wurden von den Engländern „Boxer" genannt. Nach Anschlägen auf Bahnlinien und Ausschreitungen gegen Missionsstationen wurden die europäischen Gesandtschaften vom 12. 6. 1900 an in Peking belagert, wo am 20. 6. 1900 der deutsche Gesandte Klemens von →Ketteler beim Gang ins Außenministerium ermordet wurde. Eine Entsetzung Pekings durch europäische Truppen unter dem britischen Admiral Seymour scheiterte am 18. 6. 1900. Deutsche Truppen führten nach Seymours berühmten Kommando „The Germans to the Front" am 22. 6. 1900 einen Angriff gegen Tientsin. Peking konnte am 14. 8. 1900 entsetzt werden. Eine von rasch herbeigeholten europäischen, japanischen und US-Einheiten gebildete Truppe unter Generalfeldmarschall Graf Alfred von →Waldersee („Weltmarschall") brauchte kaum noch einzugreifen. Im Frieden von Peking vom 7. 9. 1901 mußte China erhebliche Reparationen zahlen, die militärische Besetzung bestimmter Punkte zwischen Peking und dem Meer erlauben und den europäischen Mächten eine eigene Schutzwache zubilligen.
R. O'Connor: Der Boxeraufstand, 1980. U. Ratenkopf: Die Chinapolitik des Deutschen Reiches 1871–1945, 1987.

BP, Abkürzung für →Bayernpartei.

Bracht, Franz, Reichsminister, * 23. 11. 1877 Berlin, † 26. 11. 1933 Berlin. Der Jurist war 1909–1911 Staatsanwalt in Essen, dann Regierungsrat im Reichsversorgungsamt, ab 1918 Vortragender Rat im Reichsamt des Inneren. Nachdem B. 1923–1924 Staatssekretär in der Reichskanzlei unter zwei Regierungen →Marx gewesen war, wurde er 1924(–1932) Oberbürgermeister von Essen. Als Zentrumspolitiker wirkte er bei →Papens Absetzung der preußischen Regierung am 20. 7. 1932 mit und übernahm als kommissarischer Innenminister (stellvertretender Reichskommissar) die Regierungsgewalt in Preußen. Im anschließenden Kabinett →Schleicher war B. Dezember 1932/ Januar 1933 Reichsinnenminister.

Brandenburger, Angehörige der „Division Brandenburg" im 2. Weltkrieg. Das in Brandenburg (Havel) aufgestellte „Regiment (später Division) Brandenburg z. b. V. 800" bestand teilweise aus Freiwilligen anderer Völker und stellte die erste deutsche Kommandotruppe dar, die Geheimeinsätze durchführte, in Zivil oder gegnerischer Uniform zur Aufklärung oder zur Verwirrung des Gegner hinter den feindlichen Linien operierte, Handstreiche ausführte und an operativen Schwerpunkten als „Feuerwehr" eingesetzt wurde. Die B. galten als Draufgängerhaufen. Sie waren beim Gegner sehr gefürchtet und wegen ihrer geheimen Kriegführung bei den eigenen Truppen nur wenig bekannt.

H. Spaeter: Die Brandenburger, ²1982. W. Brockdorff: Geheimkommandos des Zweiten Weltkrieges, 1967. H. Kriegsheim: Getarnt, getäuscht und doch getreu, 1958.

Brandi, Albrecht, Fregattenkapitän, * 30. 6. 1914 in Dortmund, † 6. 1. 1966. Seit 1935 bei der Kriegsmarine, nahm B. 1939 auf dem Minensuchboot M1 an der Eroberung der Westerplatte bei Danzig und 1940 am Norwegenfeldzug teil. Ab Juni 1940 war er Kommandant von M1. 1941 kam er zur U-Boot-Waffe und erhielt im Herbst 1942 sein erstes Boot. Er operierte zunächst im Nordatlantik, ab Frühsommer 1943 im Mittelmeer. Als dort sein Boot beschädigt wurde, schlug er sich mit seiner Mannschaft über Marokko nach Spanien und von da nach Deutschland durch. Brandi riskierte vor allem Angriffe auf Kriegsschiffe, die schon moderne Ortungsgeräte hatten, und versenkte – neben feindlichen Handelsschiffen – drei feindliche Kreuzer und zwölf Zerstörer. Dafür erhielt er am 21. 1, 1943 das →Ritterkreuz, am 11. 4. 1943 das →Eichenlaub, am 13. 5. 1944 die →Schwerter und am 24. 11. 1944 die →Brillanten, weil er seine Erfolge unter schwersten Bedingungen erzielt hatte. Bei Kriegsende bildete Brandi Freiwillige aus, die in →Einmann- und Zweimann-Booten und als Kampfschwimmer gegen feindliche Schiffsziele, Brücken und Nachschublager eingesetzt werden sollten und die dabei kaum Überlebenschancen hatten. Trotzdem meldeten sich für diesen Einsatz allein 3000 Offiziere freiwillig, er kam aber zu spät. Nach der Gefangenschaft wurde Brandi in Dortmund ein erfolgreicher Architekt.

G. Fraschka: Mit Schwertern und Brillanten, 1977.

Brandt, Karl, Professor Dr. med., Chirurg und Leibarzt A. →Hitlers, * 8. 1. 1904 Mülhausen (Elsaß), † 2. 6. 1948 Landsberg. Der im März 1932 der →NSDAP beigetretene Arzt wurde 1933 an die chirurgische Universitätsklinik in Berlin berufen und 1934 Hitlers Arzt. Im September 1939 wurde er von Hitler mit der Durchführung der →Euthanasie beauftragt, die am 24. 8. 1941 wieder eingestellt wurde. Als Generalkommissar für das Sanitäts- und Gesundheitswesen (ab 17. 8. 1942) und Leiter des gesamten medizinischen Versorgungs- und Vorratswesens (ab 5. 9. 1943) wurde B. Leiter der Hitler unmittelbar unterstellten Obersten Reichsbehörde des Reichsbeauftragten für das Sanitäts- und Gesundheitswesen. Da er A. Hitler wiederholt vor der Behandlung durch des-

sen Leibarzt →Morell warnte, wurde B. am 5. 10. 1944 als Leibarzt entlassen, obwohl er erst am 20. 4. 1944 zum SS-Gruppenführer und Generalleutnant der Waffen-SS befördert worden war. Im März 1945 verhaftet, wurde er im April 1945 wegen angeblicher Verbindungen zu den Alliierten zum Tode verurteilt, das Urteil aber nicht vollstreckt. Im Nürnberger Ärzteprozeß wurde B. am 20. 8. 1947 wegen des Vorwurfs der Beteiligung an Menschenversuchen zum Tode verurteilt und am 2. 6. 1948 in Landsberg erhängt. Er war für die Mitgefangenen in Landsberg wegen seiner persönlichen und politischen Haltung ein besonderes Vorbild.

Brauchitsch, Walther von, Generalfeldmarschall, * 4. 10. 1881 Berlin, † 18. 10. 1948 Hamburg. Der Sohn einer preußischen Offiziersfamilie diente seit 1900 als Offizier im preußischen Heer, erhielt im 1. Weltkrieg als Generalstabsoffizier das EK I. Der Reichswehroffizier wurde 1930 Generalmajor, 1932 Inspekteur der Artillerie, 1935 Kommandierender General des I. Armeekorps, 1936 General der Artillerie, 1937 Befehlshaber des Gruppenkommandos 4 (Leipzig). Seit 4. 2. 1938 Generaloberst, wurde B. gleichzeitig Oberbefehlshaber des Heeres. Nach dem →Frankreichfeldzug zum Generalfeldmarschall ernannt, wurde er am 19. 12. 1941 wegen seines Herzleidens verabschiedet. Der für die deutschen Siege der ersten Kriegsjahre Verantwortliche wurde nach Kriegsende verhaftet, nach England gebracht und dann bei Münster von den Briten in einem Lager gehalten, damit ihm der Prozeß gemacht werden könnte. Vorher starb der Schwerkranke im britischen Militärkrankenhaus von Hamburg-Barmbeck.

O. E. Moll: Deutsche Generalfeldmarschälle 1935–1945, 1961.

Braun, Eva (später Hitler), Ehefrau A. Hitlers, * 6. 2. 1912 München, † 30. 4. 1945 Berlin. In München hatte A. →Hitler Eva B. 1929 im Photoatelier Hoffmann kennengelernt. Beide wurden Freunde, und ab Mitte der 30er Jahre wohnte Eva B. auf Hitlers →Berghof, ohne an die Öffentlichkeit zu treten. Am 15. 4. 1945 kam sie gegen Hitlers ausdrücklichen Wunsch nach Berlin und blieb bei ihm im Bunker unter der Reichskanzlei in der bald umkämpften Stadt. Am 29. 4. 1945 ließen sich beide im Bunker trauen und gingen am folgenden Tag angesichts der militärisch aussichtslosen Lage in den Freitod. Unmittelbar danach wurden beide von engsten Mitarbeitern Hitlers nach dessen Willen im Garten der Reichskanzlei verbrannt, um nicht den Feinden in die Hände zu fallen. Nach 1945 wurden von Luis Trenker gefälschte „Tagebücher der Eva Braun" veröffentlicht.

H. von Schirach: Frauen um Hitler, 1983. J. Frank: Eva Braun, 1988. Charlier/de Launay: Eva Hitler geb. Braun, o. J. N. E. Gun: Eva Braun-Hitler, 1968.

Braun, Otto, preußischer Ministerpräsident, * 28. 1. 1872 Königsberg, † 15. 12. 1955 Ascona/ Schweiz. Der aus einer Angestelltenfamilie stammende gelernte Drucker trat 1889 der SPD bei, wurde 1902 Stadtverordneter in Königsberg, 1913 Mitglied des preußischen Abgeordnetenhauses, 1919 der Nationalversammlung und 1920 Mitglied des Reichstags. Von November 1918 bis April 1921 war er preußischer Landwirtschaftsminister, von März 1920 bis Juli 1932 mit Unterbrechungen preußischer Ministerpräsident und 1925 SPD-Kandidat bei der Reichspräsidentenwahl, die →Hindenburg gewann. Obwohl er mit seiner Koalition von →SPD, →Zentrum und →DDP am 24. 4. 1932 bei der Landtagswahl in Preußen die Mehrheit verloren hatte, amtierte er mit seiner Regierung weiter, bis er durch Reichskanzler von →Papen am 20. 7. 1932 abgesetzt wurde. Der als „roter Zar" bezeichnete frühere Führer der ostpreußischen Landarbeiterbewegung behinderte als überzeugter Pazifist systematisch die Landesverteidigungsmaßnahmen der Reichswehr. Mit seinem Innenminister →Severing versuchte er, den Aufstieg der →NSDAP in Preußen zu verhindern. Im März 1933 emigrierte er in die Schweiz, wo er 1940 seine Erinnerungen „Von Weimar zu Hitler" veröffentlichte und bis zu seinem Tode blieb.
H. Schulze: Otto Braun oder Preußens demokratische Sendung, 1977. E. Kuttner: Otto Braun, 1932. H. Steffen: Otto Braun, 1932.

Braun, Wernher von, Dr. phil., Dr. h. c. mult., Professor, Raketenforscher und -techniker, * 23. 3. 1912 Wirsitz/Preußen, † 16. 6. 1977 Alexandria/Virginia-USA. Nach Studium an der TH Berlin 1932 beim Heereswaffenamt als Raketenfachmann angestellt, wurde er 1937 (bis 1945) technischer Direktor der Heeresversuchsanstalt →Peenemünde. Bereits 1938 hatte er die Rakete A4, einen Vorläufer der →V2, mit 18 Kilometer Reichweite projektiert. Daraus wurde ab 1943 die V2 entwickelt, die seit dem 8. 9. 1944 gegen England eingesetzt wurde. Bis Kriegsende wurden etwa 2500 dieser Geschosse abgefeuert. 1945 verhaftet und in die USA gebracht, setzte er dort mit seinen Mitarbeitern die Raketenentwicklung fort, wurde 1960 Direktor des George C. Marshall Space Flight Center in Huntersville, Alabama, entwickelte die Jupiter-Rakete sowie die Redstone-Rakete für den ersten US-Raumflug 1961 und die Saturn-5-Rakete für den ersten Mondflug von US-Astronauten 1969. Als

wesentlicher Kopf, Motor und Organisator der US-Raumfahrt wurde B. 1970 Deputy Assistant Director der Planungsabteilung der NASA. Er schrieb mehrere Bücher zur Raumfahrt wie „Das Marsprojekt" (1952), „Station im Weltraum" (1954), „Eroberung des Mondes" (1955), „Vorstoß zum Mars" (1957), „Bemannte Raumfahrt" (1968). Er erhielt mehr als 20 Ehrendoktortitel, zahlreiche Orden und Medaillen.
W. Dornberger: V2 – Der Schuß ins Weltall, 1952. E. Bergaust: Wernher von Braun, 1976. H. Gartmann: Wernher von Braun, 1959. G. Sudholt: Deutsche Annalen 1978, 1978.

Braunbuch, kommunistische Veröffentlichung zum →Reichstagsbrand. Die im August 1933 vom „Welthilfskomitee für die Opfer des deutschen Faschismus" des Kommunisten Willi Münzenberg in Paris herausgegebene, mit geschickten Fälschungen versehene „Dokumentation" wollte die Nationalsozialisten für den Reichstagsbrand verantwortlich machen. Das B. hatte im Ausland erhebliche Wirkung. Seine falschen Behauptungen wurden sogar von Historikern anerkannt, bis die Forschungen von Tobias u. a. die Haltlosigkeit der Vorwürfe und die Alleintäterschaft des Niederländers van der Lubbe bewiesen. Ein weiteres B. Münzenbergs vom April 1934 befaßte sich mit dem →Reichstagsbrandprozeß.
F. Tobias: Der Reichstagsbrand, 1962. H. Köhler u. a.: Reichstagsbrand, 1986. U. Backes u. a.: Reichstagsbrand, 1986.

Braune Schwestern, →NS-Schwesternschaft.

Braunes Haus, Sitz der Reichsleitung der NSDAP in München 1930–1945. Das um 1830 im klassizistischen Stil an der Briennerstraße in München gebaute Palais Barlow wurde am 5. 7. 1930 von der NSDAP erworben und nach Plänen →Hitlers vom Architekten P. L. →Troost ausgebaut. Später wurden weitere Gebäude der Umgebung für die Reichsleitung der NSDAP erworben. In der Nachbarschaft des B. wurden nach 1933 der Führerbau und das Verwaltungsgebäude der NSDAP sowie zwei Tempel für die Särge der am 9. 11. 1923 erschossenen 16 Nationalsozialisten errichtet.

Braunhemd, Dienstanzug der Politischen Leiter der NSDAP sowie der SA- und SS-Angehörigen. Seine Träger wurden auch „Braunhemden" genannt. Zu Beginn der 20er Jahre erwarb die NSDAP für ihre Ordner (SA und SS) preisgünstig einen Restposten von braunen Hemden, die für die deutsche Kolonialtruppe in Ostafrika angefertigt, aber nicht mehr verschifft worden waren. Das B. wurde dann beibehalten. Zum B. trugen SA und politische

Führer einen braunen, die Amtswalter und SS-Angehörigen einen schwarzen Schlips, dazu am linken Arm eine Hakenkreuzbinde. Am Kragen des B. befanden sich zwei Spiegel für Rangabzeichen und – wie bei der SA und SS – für Formationsabzeichen.

„Braunschweig", Unternehmen, Bezeichnung für den →Kaukasus-Feldzug 1942/43.

Brechung der Zinsknechtschaft, Schlagwort völkischer Vereinigungen, insbesondere der →NSDAP in Punkt 11 ihres Parteiprogramms vom 24. 2. 1920. Gemeint war die Abschaffung von Gewinnen, die nicht durch Arbeit, sondern durch Spekulation erworben worden waren. Die NSDAP unterschied deshalb zwischen „raffendem" und „schaffendem" Kapital.
G. Feder: Kampf gegen die Hochfinanz, 1933. G. Feder: Wirtschaftsführung im Dritten Reich, 1934.

Brehm, Bruno, Dr. phil., Dichter und Historiker, * 23. 7. 1892 Laibach, † 5. 6. 1974 Alt Aussee. B. wurde als k. u. k. Offizier im 1. Weltkrieg schwer verwundet, geriet in russische Gefangenschaft und wurde nach einer Beinamputation als Invalide ausgetauscht. Anschließend kämpfte er als Batteriechef weiter. B., dessen Vorfahren aus dem Erzgebirge und dem Egerland stammten, lebte dann in Wien. Seine Romantrilogie vom Untergang Österreichs („Apis und Este", 1931, „Weder Kaiser noch König", 1933, und „Das war das Ende", 1932) wurde einer der größten Bucherfolge der 30er Jahre. Darüber hinaus verfaßte er zahlreiche Bücher besinnlichen Inhalts („Ein Graf spielt Theater", „Auf Wiedersehen Susanne!", 1939, „Heimat in Böhmen" und „Die sanfte Reitschul'"), Kurzgeschichten und Erzählungen. B. erhielt zahlreiche Auszeichnungen (Sudetendeutscher Kulturpreis, Prinz-Eugen-Medaille der Stadt Wien, Peter-Rosegger-Preis). Im 2. Weltkrieg kämpfte er im →Afrikakorps und in Ungarn. Nach Kriegsende verfaßte er „Wehe den Besiegten" (1961), „Der Trommler" (1960) und „Der Böhmische Gefreite", erzielte damit aber keine höheren Auflagen.
G. Sudholt: Deutsche Annalen 1975, 1975.

Breitscheid, Rudolf, Dr. rer. pol., sozialdemokratischer Politiker, * 2. 11. 1874 Köln, † 24. 8. 1944 Buchenwald. Der Sohn eines Buchhändlers war nach dem Studium der Volkswirtschaft bis 1905 als Journalist bei linksliberalen Zeitungen in Hamburg und Hannover tätig, dann 1905–1908 Geschäftsführer des Handelsvertragsvereins. Ab 1904 war er als Freisinniger Stadtverordneter in Berlin und Mitglied des Brandenburger Provinziallandtages. 1908 gründete er mit anderen die Demokratische Vereinigung, trat 1912 in die →SPD ein und war 1917–1922 Mitglied der →USPD, deren Zeitschrift „Der Sozialist" er herausgab. Von November 1918 bis Januar 1919 war B. preußischer Innenminister, von 1920–1933 Mitglied des Reichstags der USPD und SPD, ab 1922 einer der Fraktionsvorsitzenden der SPD und ihr außenpolitischer Sprecher. Ab 1926 gehörte er der Völkerbundsdelegation an. Im März 1933 emigrierte er über die Schweiz nach Paris, wo er als Journalist tätig war und gegen das 3. Reich schrieb. Nach dem deutschen Einmarsch floh B. nach Marseille, wurde dort von den Franzosen am 11. 12. 1941 verhaftet und an Deutschland ausgeliefert. Nach Einstellung eines Hochverratsprozesses vor einem ordentlichen Gericht kam B. bis 1943 in das KL Sachsenhausen, dann ins KL →Buchenwald, wo er bei einem alliierten Bombenangriff umkam. Er schrieb „Der Bülowblock und der Liberalismus", 1908.
P. Pistorius: Rudolf Breitscheid, 1968. H. Zwoch (Hrsg.): Reichstagsreden, 1974.

Breitspurbahn, Vorhaben der Reichsbahn für eine transkontinentale Eisenbahn. Von Dr. Fritz →Todt wurde etwa 1941 der Bau einer B. mit rund drei Meter Spurbreite zum wirtschaftlicheren Gütertransport und zur Entlastung des Straßenverkehrs vorgeschlagen, die quer durch Europa von West nach Ost bzw. Südost verlaufen sollte. Planungen sahen eine Streckenführung von Paris über Berlin und Moskau nach Kasan bzw. über München und Wien nach Istanbul vor. Auch an eine begrenzte Personenbeförderung bei Geschwindigkeiten von 250 km/h war gedacht. Das von →Hitler geförderte Vorhaben kam bis 1945 über Planungen nicht hinaus und war dann hinfällig.
A. Joachimsthaler: Die Breitspurbahn Hitlers, 1981.

Breker, Arno, Professor, Bildhauer, Architekt, Graphiker, * 19. 7. 1900 Wuppertal-Elberfeld. Nach Ausbildung in der väterlichen Steinmetzwerkstatt und Studium der Bildhauerei an der Düsseldorfer Kunstakademie arbeitete B., schon durch ein Bildnis des Reichspräsidenten →Ebert und Plastiken auf der Großen Kunstausstellung 1926 in Düsseldorf bekannt geworden, von 1927–1933 in Paris, wo er in den Kreis von Jean Cocteau, Charles Despiau und Aristide Maillol kam, der ihn den „deutschen Michelangelo" nannte. Der Rompreis 1932 brachte einen fast einjährigen Aufenthalt in der Villa Massimo in Rom. Von Max Liebermann 1933 nach Berlin gerufen, wurde B. bei den Olympischen Spielen 1936 mit der Silber-

medaille für seinen „Zehnkämpfer" und die „Siegerin" ausgezeichnet. Von 1938–1945 Professor an der Hochschule für Bildende Künste in Berlin und Mitglied der Preußischen Kunstakademie, schuf er zahlreiche Monumentalplastiken an öffentlichen Bauten, u. a. an der →Reichskanzlei. 1940 lehnte er ein Angebot →Stalins, als Staatsbildhauer in die Sowjetunion zu kommen, ab. Nach 1945 entwarf B. Verwaltungsgebäude des Gerling-Konzerns, schuf Reliefs, Büsten und Skulpturen von bedeutenden Persönlichkeiten. Wegen seiner Arbeiten im Dritten Reich, vor allem den idealisierten Helden- und Kämpfergestalten, nach 1945 diffamiert und behindert, setzte der bedeutendste Bildhauer unseres Jahrhunderts sein umfangreiches Werk fort, das er in seinen Lebenserinnerungen „Im Strahlungsfeld der Ereignisse" (1972) beschreibt. In seinen Arbeiten bemühte er sich um die „Schönheit der Form und die Harmonie von Seele, Geist und Körper".
Volker G. Probst: Arno Breker – Der Prophet des Schönen, 1982. M. G. Davidson: Kunst in Deutschland 1933–1945, 1988. M. Marmin und J. M. Infiestes: Arno Breker, 1976.

Breslau an der Oder, Hauptstadt Schlesiens. Die Stadt mit 630000 Einwohnern (1939) wurde Anfang 1945 unter Generalmajor von Ahlfen (danach General der Infanterie Niehoff) als wichtiger Pfeiler der deutschen Verteidigung im Osten zur Festung erklärt und sollte den sowjetischen Vorstoß auf die Heeresgruppe A aufhalten. Seit 15. 2. 1945 eingeschlossen, mußte B. schließlich nach elfwöchigem Häuserkampf am 6. 5. 1945 kapitulieren und wurde dabei zu zwei Dritteln zerstört.
H. G. W. Gleiss: Breslauer Apokalypse 1945, 5 Bde., 1986/88.

Brest, umkämpfte Festung im 2. Weltkrieg. Stadt und Festung Brest in der Bretagne wurden am 19. 6. 1940 vom deutschen XV. Panzerkorps unter General der Infanterie Hoth erobert. In B. wurde eine wichtige U-Boot-Basis angelegt, im Hafen lagen auch deutsche Großkampfschiffe, so die „→Scharnhorst" und „Gneisenau", nach erfolgreichen Atlantikunternehmen vom März 1941 bis zum Kanaldurchbruch am 11. 12. 1942. Nach der →Invasion wurde B. ab 7. 8. 1944 Frontgebiet, am 27. 8. 1944 eingeschlossen und zur Festung erklärt. Nach Verhandlungen durften alle Zivilisten auf deutschen Fahrzeugen die Stadt verlassen. General der Fallschirmtruppen Hermann Bernhard →Ramcke verteidigte B. mit rund 30000 Mann, das Ziel schwerer Luftangriffe wurde, lehnte mehrere Kapitulationsangebote ab, bis er am 19. 9. 1944 kapitulieren mußte, als die US-Truppen mit Phosphorgranaten die

Stadt beschossen. Für seinen Einsatz, der lange Zeit alliierte Truppen band, erhielt Ramcke am 20. 9. 1944 die Schwerter und die Brillanten.

Brest-Litowsk, Friede von, Friedensschluß zwischen Rußland und den Mittelmächten vom 3. 3. 1918. Nach der Oktoberrevolution und der Auflösung der russischen Front war am 15. 12. 1917 ein Waffenstillstand zwischen Rußland und den Mittelmächten geschlossen worden. Die am 20. 12. 1917 begonnenen Friedensverhandlungen, bei denen die Mittelmächte auf Annexionen verzichten und das nationale Selbstbestimmungsrecht anerkennen wollten, wurden vor allem von Trotzki in die Länge gezogen und nach dem Sonderfrieden mit der Ukraine vom 9. 2. 1918 abgebrochen. Nach neuem deutschen Vormarsch setzte sich Lenin für weitere Verhandlungen ein, die dann zum Frieden von B. führten. Darin mußte Rußland Finnland, das Baltikum, seinen Teil Polens und die Ukraine sowie südliche Gebiete, die an die Türkei fielen, abtreten, wonach in diesen Ländern die Bevölkerung über ihre Zukunft entscheiden sollte. Im Zusatzvertrag vom 27. 8. 1918 mußte Rußland Reparationen von 6 Milliarden Goldmark übernehmen und Georgien in die Unabhängigkeit entlassen. Der Friede von B. wurde 1919 von den Alliierten aufgehoben. Er brachte den Mittelmächten nicht mehr die erhoffte militärische Erleichterung und wirtschaftliche Unterstützung.
W. Hahlweg (Hrsg.): Der Friede von Brest-Litowsk, 1971. W. Bihl: Österreich-Ungarn und die Friedensschlüsse von Brest-Litowsk, 1970. A. Milatz: Der Friede von Brest-Litowsk und die deutschen Parteien, 1949.

Brest-Litowsk, polnisches Konzentrationslager. Im Jahre 1926 unter Pilsudski errichtet, diente das KL B. zur Inhaftierung von Volksdeutschen, Ukrainern und polnischen Oppositionellen.

Briand-Kellogg-Pakt, →Kellogg-Pakt.

Brigade, Organisationseinheit beim Militär sowie bei Verbänden der NSDAP. Bei der deutschen Wehrmacht war die B. ein militärischer Großverband zwischen Regiment und Division. Bei →SA, →SS und →NSKK war die B. eine Untergliederung, die mehrere →Standarten umfaßte und einem B.-führer unterstand.

Brigade Ehrhardt, →Ehrhardt.

Brillanten, Kurzform für „Ritterkreuz des Eisernen Kreuzes mit dem Eichenlaub mit Schwertern und Brillanten", Orden im 2. Weltkrieg. Die am 28. 9. 1940 von A. Hitler gestifteten B. waren bis zum 29. 12. 1944, der Stiftung des Goldenen Eichenlaubs mit Schwertern und Brillanten, die höchste deutsche Kriegsauszeichnung. Sie wurden insgesamt 27mal verliehen, und zwar an W. →Mölders, A. →Galland, G. M. →Gollob, H.-J. →Marseille, H. →Graf, E. →Rommel, W. →Lüth, W. → Nowotny, A. →Schulz, H.-U. →Rudel, H. Graf →Strachwitz, H. O. →Gille, H. →Hube, A. →Kesselring, H. →Lent, S. →Dietrich, W. →Model, E. →Hartmann, H. →Balck, H. B. →Ramcke, H. W. →Schnaufer, A. →Brandi, F. →Schörner, H. von →Manteuffel, T. →Tolsdorff, K. →Mauss, D. von →Saucken.

G. Fraschka: Mit Schwertern und Brillanten, 1977.

British Expeditionary Forces, die seit Anfang September 1939 in Frankreich stationierte englische Expeditionsarmee. Sie war 394000 Mann stark, unzureichend gerüstet und dem französischen Oberkommando unterstellt. Im Mai 1940 rückte sie mit der Masse ihrer Verbände nach Belgien ein und zog sich nach dem deutschen Vorstoß zur Kanalküste in den Raum →Dünkirchen und De Panne zurück, wo sie nur noch einen Brückenkopf halten konnte. Am 24. 5. 1940 gab A. →Hitler den deutschen Verbänden den Haltebefehl, um den Rückzug der englischen Verbände über See zu ermöglichen, weil er Englands Stellungen in der Welt nicht erschüttern wollte und als Folge seiner Großzügigkeit für die Zeit nach dem Frankreichfeldzug einen Friedensvertrag mit England erwartete. In einer von M. →Bormann festgehaltenen Aufzeichnung vom 26. 2. 1945 sagte er: „Absichtlich habe ich den flüchtenden Briten bei Dünkirchen geschont." So konnten die Engländer in der Operation →„Dynamo" vom 25. 5. bis 3. 6. 1940 rund 340000 Soldaten, darunter 123000 Franzosen, auf Kriegs- und Zivilschiffen nach England übersetzen und damit die Grundlage für den Neuaufbau ihrer Armee und die Fortsetzung des Krieges behalten.

Brjansk-Wjasma, →Wjasma-Brjansk.

Brockdorff-Rantzau, Ulrich Graf von, Dr. jur., Außenminister, * 29. 5. 1869 Schleswig, † 8. 9. 1928 Berlin. Der Jurist und preußische Leutnant kam 1894 in den diplomatischen Dienst, war 1909–1912 Generalkonsul in Budapest und 1912–1918 Gesandter in Kopenhagen. Ab Dezember 1918 Staatssekretär im Auswärtigen Amt und ab Februar 1919 Außenminister, leitete B. die deutsche Delegation bei den Versailler Verhandlungen, die jedoch zu den Beratungen nicht zugelassen wurde. Bei Übergabe des →Versailler Diktats trug er symbolisch schwarze Handschuhe und wies entschieden den Vorwurf der deutschen Allein- oder Hauptschuld am 1. Weltkrieg (→Kriegsschuldfrage) zurück. Er forderte für Deutschland einen Frieden auf der Grundlage der dem Waffenstillstand 1918 zugrunde gelegten 14 Punkte Wilsons, insonderheit das Selbstbestimmungsrecht in den Abtretungsgebieten und den →Anschluß Österreichs, mit dessen Außenminister Otto →Bauer er am 2. 5. 1919 ein geheimes Anschlußprotokoll ausgehandelt und unterzeichnet hatte. Als die von ihm miterarbeitete deutsche Antwort auf das Versailler Diktat von den Alliierten abgelehnt worden war und die Reichsregierung trotzdem unterschreiben wollte, trat B. am 20. 6. 1919 zurück. Als deutscher Botschafter in Moskau 1922–1928 war er maßgeblich am Vertrag von →Berlin von 1926 beteiligt. Er schrieb „Dokumente und Gedanken um Versailles", [3]1925.

U. Wengst: Graf Brockdorff-Rantzau und die außenpolitischen Anfänge der Weimarer Republik, 1973. E. Stern-Rubarth: Brockdorff-Rantzau, 1929.

Bromberger Blutsonntag, Massenmord an Volksdeutschen durch Polen am 3. 9. 1939. In den Provinzen Posen und Westpreußen sowie im Ostteil Oberschlesiens, die aufgrund des Versailler Diktats vom Deutschen Reich an Polen abgetreten werden mußten oder die von Polen teilweise gewaltsam besetzt waren, waren die Deutschen anhaltenden Schikanen durch polnische Behörden ausgesetzt. Sie haben deshalb ihre Heimat zu Hunderttausenden verlassen und sind in das Altreich umgezogen. Die Flüchtlingszahlen stiegen mit den polnischen Drangsalierungen im Sommer 1939 stark an, vor allem, nachdem es im August 1939 mit Duldung polnischer Behörden immer mehr zu Ermordungen von Deutschen kam. Diese Morde nahmen mit dem Kriegsausbruch am 1. 9. 1939 sprunghaft zu. Sie betrafen zu einem erheblichen Teil Deutsche, die von polnischen Behörden nach vorbereiteten Listen verhaftet und ins Innere Polens getrieben wurden und die dabei ebenso dem Terror der Wachmannschaften als dem der polnischen Bevölkerung ausgesetzt waren. Die Gesamtzahl der oft bestialisch umgebrachten Deutschen ließ sich nicht genau feststellen, sie bewegt sich aber im fünfstelligen Bereich. Besonders hoch war die Zahl der ermordeten Deutschen in Bromberg am 3. 9. 1939, weshalb die betroffene Bevölkerung vom B. sprach. Nach Kriegsende versuchten Polen, als Opfer der Bromberger Massenmorde Polen und als Täter Deutsche darzustellen. So schrieb im Polyglott Reiseführer „Polen" (München

1973) ein polnischer Autor unter dem Stichwort „Bromberg“: „Am 3. 9. 1939 ermordeten die Nazis nach Einnahme der Stadt etwa 20000 Angehörige der polnischen Zivilbevölkerung (‚Blutsonntag‘).“ Übersehen wurde bei dieser Geschichtsfälschung unter anderem, daß Bromberg am 3. 9. 1939 noch fest in polnischer Hand war und erst am 6. 9. 1939 von deutschen Truppen erobert wurde.

Auswärtiges Amt (Hrsg.): Die polnischen Greueltaten an den Volksdeutschen in Polen, ²1940. H. Fechner: Deutschland und Polen, 1964. P. Aurich: Der deutsch-polnische September 1939, 1969. E. Kern: Von Versailles bis Nürnberg, 1967. R. Frenkel: Der Bromberger Blutsonntag im September 1939, ³1976. G. Schubert: Das Unternehmen „Bromberger Blutsonntag“, 1989. A. Schikkel: Deutsche und Polen, 1984.

Brückner, Wilhelm, Chefadjutant Hitlers. * 11. 12. 1884 Baden-Baden, † 1954 Herbstdorf/ Chiemgau. Der Student der Rechte nahm am 1. Weltkrieg teil, zuletzt als Oberleutnant, trat in das →Freikorps Epp ein und war im Mai 1919 als Reichswehroffizier an der Niederschlagung der →Münchner Räterepublik beteiligt. Seit 1922 in →SA und →NSDAP tätig, führte er beim →Marsch auf die Feldherrnhalle am 9. 11. 1923 die Münchner SA, wofür er zu 1½ Jahren Festungshaft verurteilt wurde und davon 4½ Monate absitzen mußte. Nach Tätigkeit beim VDA und beim Deutschen Ausland-Institut wurde B. 1930 SA-Adjutant Hitlers. Am 9. 11. 1934 wurde er SA-Obergruppenführer, 1939 Mitglied des Reichstags. Der allgemein beliebte Adjutant wurde 1941 zur Wehrmacht einberufen, wo er bei Kriegsende Oberst war.

Brüning, Heinrich, Dr., Reichskanzler, * 26. 11. 1885 Münster, † 30. 3. 1970 Norwich/ Vermont, USA. Nach dem Studium der Politik und Volkswirtschaft und freiwilligem Kriegsdienst war B. von 1920–1930 Geschäftsführer des Christlichen Deutschen Gewerkschaftsbundes. Seit 1924 Mitglied des Reichstages, wurde er im Dezember 1929 Vorsitzender der →Zentrumsfraktion und am 28. 3. 1930 Reichskanzler eines Kabinetts der bürgerlichen Mitte. Mit drastischen Einsparungen und Kürzungen versuchte er die durch →Reparationsforderungen, →Inflation und →Weltwirtschaftskrise zerrütteten Staatsfinanzen zu retten. Er löste am 18. 7. 1930 den Reichstag auf und regierte dann mit →Notverordnungen, ab 1931 auch als Außenminister, als der er in Lausanne 1932 ein Ende der deutschen Reparationszahlungen vereinbaren konnte. Am 13. 4. 1932 verbot er →SA und →SS durch Notverordnung. Als die →Arbeitslosenzahl die Sechsmillionengrenze überschritt, mußte B.

am 30. 5. 1932 zurücktreten. Seit Mai 1933 war er Vorsitzender der Zentrumspartei, die er im Juli 1933 auflöste. 1934 emigrierte er über die Schweiz in die USA, wo er von 1937–1952 an der Harvard-Universität lehrte. Von 1952–1955 las er an der Universität Köln und kehrte dann in die USA zurück. Seine „Memoiren 1918–1934“ erschienen 1970, seine Reden „Zwei Jahre am Steuer des Reichs“ 1932.

F. A. Hermens und T. Schieder (Hrsg.): Festschrift für Heinrich Brüning, 1967. R. Morsey (Hrsg.): Heinrich Brüning, 1973.

Brünner Todesmarsch, Massaker an Sudetendeutschen 1945. Nachdem am 25. 4. 1945 die Rote Armee in Brünn (Südmähren) eingerückt war und sich danach viele Grausamkeiten an Sudetendeutschen ereignet hatten, wurden die Deutschen am Abend des 30. 5. 1945 aus ihren Häusern getrieben, mußten in der Nacht warten und wurden morgens nach Pohrlitz getrieben, wobei unterwegs und in Pohrlitz selbst Tausende getötet wurden. Am anderen Tag wurden die Gehfähigen weiter nach Österreich getrieben. Der Rest, etwa 6000, kam in Lager, mußte unbeschreibliche Grausamkeiten über sich ergehen lassen und verstarb zum größten Teil.

Arbeitsgemeinschaft zur Wahrung sudetendeutscher Interessen (Hrsg.): Dokumente zur Austreibung der Sudetendeutschen, ²1951.

Brussilow-Offensive, russischer Angriff unter Brussilow Juni–November 1916. Zur Entlastung der Westalliierten, vor allem vor →Verdun, und Italiens griffen am 4. 6. 1916 unter General Brussilow 38 russische Divisionen der russischen 7., 8., 9. und 11. Armee auf rund 300 Kilometer Breite die schwächeren Kräfte der Mittelmächte in Wolhynien und der Bukowina an. Gegenüber tschechischen und ruthenischen Truppen der 4. österreichischen Armee mit schlechter Kampfmoral im Norden bei Luzk und der 7. österreichischen Armee im Süden an der Strypa gelang Brussilow ein tiefer Einbruch, während im Mittelabschnitt die deutsch-österreichische Front hielt. Nach Räumung der Bukowina mußten die österreichischen Truppen die Front auf die Karpaten zurücknehmen. Das war nur ein geringer Geländegewinn. Er kostete die Russen rund 1 200 000 Mann und erschöpfte ihre Angriffskraft erheblich, während die österreichischen Verluste 511 000 und die reichsdeutschen 85 000 Mann betrugen. Von der deutschen Westfront hatten sieben Divisionen zur Hilfe abgezogen werden müssen. Nach den ersten Erfolgen der B. trat Rumänien am 27. 8. 1916 gegen Österreich in den Krieg ein. Im Reich wurde Generalstabschef Erich von →Falkenhayn durch

Paul von →Hindenburg und Erich →Ludendorff abgelöst.

H. Stegemann: Geschichte des Krieges, Bd. 4, 1921.

Buch, Walter, Vorsitzender des Parteigerichts der NSDAP, * 24. 10. 1883 Bruchsal, † 9. 9. 1949 Inning (Ammersee). Der Berufsoffizier im Ersten Weltkrieg, zuletzt Major, trat 1922 in die →NSDAP ein, wurde 1923 Führer der →SA in Franken und 1927 Vorsitzender des →Untersuchungs- und Schlichtungsausschusses (→USCHLA) der NSDAP. Seit 1928 Mitglied des Reichstages, baute B. die Parteigerichtsbarkeit auf und wurde 1934 Vorsitzender des Obersten Parteigerichts, dessen Erste Kammer er leitete. Am 9. 11. 1934 wurde er SS-Gruppenführer. Der Schwiegervater Martin →Bormanns wurde nach Kriegsende zu fünf Jahren Arbeitslager verurteilt und 1949 als „Hauptschuldiger" eingestuft. Nach der Entlassung aus einem amerikanischen Internierungslager nahm er sich das Leben.

Buchenlanddeutsche, (Bukowinadeutsche), Volksdeutsche in und aus dem Buchenland. Als das Buchenland 1775 von der Türkei an Österreich abgetreten wurde, wanderten dort deutsche Siedler ein, die die Wirtschaft entwickelten. Um 1910 gab es 170 000 B. Das Buchenland wurde 1849 eigenes Kronland und fiel 1919 an Rumänien. Die Nordbukowina mußte nach dem Ultimatum vom 26. 6. 1940 an die Sowjetunion abgetreten werden. Nach einem Abkommen zwischen dem Deutschen Reich und Rußland vom 5. 9. 1940 und mit Rumänien vom 22. 10. 1940 kamen im Herbst 1940 95 770 B. ins Reich. 7000 B. aus dem südlichen Buchenland flüchteten 1944 vor den vordringenden Sowjets nach Deutschland. Die B. wurden teilweise im →Warthegau angesiedelt, von wo sie 1945 erneut vertrieben wurden.

P. Nasarski: Wege und Wandlungen, Bd. 1, 1981. R. Kosiek: Deutsches Land in fremder Hand, 1982. Kaindl: Geschichte der Bukowina, ²1903. Handwörterbuch des Grenz- und Auslandsdeutschtums, Bd. 1, 1936. D. Jachomowski: Die Umsiedlung der Bessarabien-, Bukowina- und Dobrudschadeutschen, 1984. R. Wagner: Deutsches Kulturleben in der Bukowina, 1980. R. Wagner: Die Bukowina und ihre Deutschen, 1979.

„Buche-Pascal", →„Mars-Eifel".

Buchenwald, deutsches →Konzentrationslager.

Buchrucker-Putsch, Umsturzversuch 1923. Der als Zivildienstangestellter der Reichswehr in Küstrin tätige Major a. D. Buchrucker, der dort ein Arbeitskommando zur Sammlung und Pflege aus den Oberschlesienkämpfen stam-

mender Waffen leitete, beschloß, mit seinen rund 400 Männern, meist ehemaligen Freikorpskämpfern, nach Berlin zu marschieren, um die Regierung zur „Heeresverstärkung" und Übernahme der Freikorpskämpfer zu zwingen. In der Annahme, die Reichswehr werde ihn unterstützen, begab er sich am 30. 9. 1923 mit seinem Stab zum Küstriner Reichswehrkommandeur Oberst Gudovius, der ihn jedoch sofort festnehmen ließ. Reichswehreinheiten entwaffneten anschließend nach kurzem Gefecht Buchruckers Anhänger. Wegen Hochverrats wurde Buchrucker am 27. 10. 1923 zu zehn Jahren Festung verurteilt.

Bückeberg, Ort der zentralen Erntedankfeier im Dritten Reich. Auf dem 160 Meter hohen, südlich von Hameln am rechten Ufer der Weser gelegenen B. fand seit 1933 jährlich am Erntedanktag ein Staatsakt unter großer Beteiligung des Bauerntums und in Anwesenheit A. →Hitlers und des →Reichsbauernführers statt. Abordnungen aus dem ganzen Reich nahmen an dieser zentralen Veranstaltung teil.

Bülow, Bernhard, Fürst von (seit 1905), Reichskanzler, * 3. 5. 1849 Klein-Flottbek/Hamburg, † 28. 10. 1929 Rom. B. war Jurist, seit 1874 im diplomatischen Dienst, u. a. als Gesandter in Bukarest (1888) und Botschafter in Rom (1893/94). Der Freund Kaiser →Wilhelms II. wurde 1897 Staatssekretär des Äußeren und am 16. 10. 1900 Reichskanzler und preußischer Ministerpräsident. Er befürwortete die deutsche Weltpolitik (Kolonien, →Bagdadbahn, Flottenbau). Vergeblich versuchte er, sich England, später Rußland zu nähern und die →Einkreisung Deutschlands zu verhindern. →Marokkokrise (1905/06) und Bosnienkrise (1908) kennzeichneten eine für Deutschland ungünstige Entwicklung. Ungeschicklichkeit in der →Daily-Telegraph-Affäre ließ ihn 1908 das Vertrauen des Kaisers verlieren. Als über der Reichsfinanzreform der ihn unterstützende →Bülow-Block im Reichstag auseinanderfiel, trat B. am 14. 7. 1909 zurück. Er lebte dann meist in Italien, wurde 1914 deutscher Sonderbotschafter in Rom, um Italiens Kriegseintritt auf alliierter Seite zu verhindern. Seine „Denkwürdigkeiten" erschienen in vier Bänden erst 1930/31.

D. Stegmann: Die Erben Bismarcks, 1970. P. Winzen: Bülows Weltmachtkonzept, 1977. L. F. Hiller von Gärtringen: Fürst Bülows Denkwürdigkeiten, 1956. S. Münz: Fürst Bülow als Staatsmann und Mensch, 1930. A. v. Wegerer: Fürst Bülows Irrtümer über den Kriegsausbruch, 1931.

Bülow, Karl von, Generalfeldmarschall, * 24. 3. 1846 Berlin, † 31. 8. 1921 Berlin. Der

Kriegsteilnehmer von 1866 und 1870/71 wurde 1903 Kommandierender General des III. Armeekorps in Berlin und befehligte 1914 die 2., zum Teil auch die 1. Armee im rechten Flügel der deutschen Truppen, die über Lüttich und Namur zur Marne vorstießen. Dort gab er am 10. 9. 1914 einvernehmlich mit Oberstleutnant →Hentsch den deutschen Truppen der 1. Armee den verhängnisvollen Befehl zum Anhalten und dann zum Rückzug wegen eines befürchteten feindlichen Gegenangriffs. Dadurch kam der gesamte, bis dahin unaufgehaltene deutsche Vormarsch zum Stehen, der abgeänderte Schlieffenplan war gescheitert. Die Alliierten sprachen vom →„Wunder an der Marne" und folgten nur zögernd den sich zurückziehenden deutschen Truppen. Im April 1915 nahm B. wegen Krankheit den Abschied. Er schrieb „Mein Bericht zur Marneschlacht" (1919).
L. von Gebsattel: Generalfeldmarschall Karl von Bülow, 1929.

Bülow-Block, Reichstagskoalition 1906/09 zur Unterstützung des Reichskanzlers von →Bülow. Nach der Reichstagsauflösung von 1906 bildete sich der B. gegen SPD und Zentrum; er bestand aus den bisherigen Kartellparteien (Deutsche-Konservative, Freikonservative, Nationalliberale Partei), der Freisinnigen Volkspartei, der Freisinnigen Vereinigung und der Deutschen Volkspartei. Die Reichstagswahl 1907 brachte dem B. 189 Sitze und zusammen mit anderen Gruppen eine regierungsfähige Mehrheit. 1909 fiel der B. über Fragen der Reichsfinanzreform auseinander, so daß Reichskanzler von Bülow zurücktreten mußte.
T. Eschenburg: Das Kaiserreich am Scheidewege: Bassermann, Bülow und der Block, 1929.

Bündische Jugend, Sammelbezeichnung für Gruppen der freien Jugendbewegung nach 1922. Unter dem Einfluß der Frontgeneration entstand in der deutschen →Jugendbewegung ab etwa 1922 ein neuer Stil des „Bündischen", in dem der übersteigerte Individualismus des alten Wandervogels einer stärkeren Betonung der Gemeinschaft, auch der Volksgemeinschaft, wich. Größere Lager, marschierende Kolonnen, freiwilliger Siedlungs- und →Arbeitsdienst lösten die romantische Flucht in die Wälder ab. Innerhalb der B. – insgesamt rund 50000 Angehörige – entstanden engere Zusammenschlüsse, so 1927 die Deutsche Freischar, 1929 der Deutsche Pfadfinderbund. Der angestrebte „Große Bund" entstand jedoch nicht. Ab 1930 erfolgte eine stärkere politische Polarisierung nach rechts und links, wobei sich der größte Teil der B. als national bekannte. An-

fang 1933 wurde der →„Großdeutsche Bund" unter Admiral von →Trotha gegründet. Die B. ging bald darauf im →Jungvolk und in der →HJ auf und prägte nachhaltig deren Stil. In den 50er Jahren entstanden wieder Bünde aus dem Geist der B., sie vereinten im Oktober 1963 auf dem Hohen Meißner zum 50. Jahrestag des ersten Meißnertreffens 5000 Jugendliche in einem großen Zelt (Kohten-) Lager.
Pohl: Bündische Erziehung, 1933. W. Vesper: Deutsche Jugend, 1934. H. Dietwart: Hundert Jahre deutsches Schicksal, 1981. K. O. Paetel: Jugendbewegung und Politik, 1961. O. Stählin: Die Deutsche Jugendbewegung, 1930. L. Fick: Die deutsche Jugendbewegung, 1939. F. Raabe: Die Bündische Jugend, 1961.

Bürckel, Josef, NSDAP-Gauleiter der Rheinpfalz, der Saarpfalz und von Wien, * 30. 3. 1895 Lingenfeld (Pfalz), † 28. 9. 1944 Ludwigshafen. Nach vierjährigem freiwilligem Militärdienst 1914/18 war B. ab 1920 als Lehrer und im Kampf gegen →Separatisten tätig. Der NSDAP trat er im April 1925 bei, wurde am 24. 3. 1926 Gauleiter der Rheinpfalz, am 14. 9. 1930 Mitglied des Reichstags, übernahm am 31. 1. 1933 zusätzlich den Gau Saarland und wurde am 10. 8. 1934 als Nachfolger →Papens Saarbevollmächtigter der Reichsregierung, nach der erfolgreichen →Saarabstimmung am 1. 3. 1935 Gauleiter des neuen Gaues Saarpfalz. Als fähiger Organisator wurde B. nach dem →Anschluß Österreichs am 13. 3. 1938 mit der Reorganisation der österreichischen NSDAP und der Vorbereitung der Volksabstimmung über den Anschluß beauftragt und am 23. 4. 1938 zum Reichskommissar für die Wiedervereinigung Österreichs mit dem Deutschen Reich, am 30. 1. 1939 zum Gauleiter von Wien ernannt. Seit 2. 8. 1940 Chef der Zivilverwaltung in Lothringen, wurde B. am 11. 3. 1941 Reichsstatthalter in der Westmark. Er starb überraschend an Kreislaufversagen.
K. Höffkes: Hitlers politische Generale, 1986.

Bürgerbräukeller, Attentat im, Sprengstoffanschlag auf Hitler in München. Am 8. 11. 1939 wurde im Bürgerbräukeller in München um 21.20 Uhr ein Sprengstoffanschlag auf Hitler verübt. Eine Ladung detonierte in der tragenden Säule des Raumes, in dem er jährlich am Vorabend des 9. November zur →„Alten Garde" sprach. Da Hitler jedoch entgegen seiner Gewohnheit elf Minuten vorher den Saal verlassen hatte, um den Abendzug nach Berlin zu erreichen, befand er sich nicht unter den sieben Toten und 63 Verletzten. Der kurz vorher in Konstanz beim illegalen Grenzübertritt verhaftete 36jährige Tischler Georg Elser gestand am 14. 11., das Attentat ganz allein seit einem Jahr vorbereitet und die Bombe in mehr als dreißig

Arbeitsnächten in die Säule des B. eingebaut zu haben. Als Sozialist und ehemaliges Mitglied des Roten Frontkämpferbundes wollte er Hitler töten, um den Krieg zu beenden. Seit November 1939 war Elser im KL Sachsenhausen und Dachau bevorzugter Häftling. Am 9. 4. 1945 wurde er hingerichtet.

H. Ortner: Der Einzelgänger, 1989. L. Gruchmann (Hrsg.): Johann Georg Elser, 1989. W. Berthold: Die 42 Attentate auf Adolf Hitler, 1981.

Bukarest, Friede von, Friedensvertrag zwischen Rumänien und den Mittelmächten vom 7. 5. 1918. Nach seinem Kriegseintritt am 27. 8. 1916 war Rumänien bis auf die Moldau von den Mittelmächten besetzt worden und mußte am 9. 12. 1917 den Waffenstillstand von Foscani schließen, der eine Vorvereinbarung von Buftea ablöste. Im Frieden von B. erhielt Bulgarien die ihm erst 1913 abgenommene Süddobrudscha zurück; die Norddobrudscha blieb unter gemeinsamer Verwaltung der Mittelmächte. Reparationen wurden nicht erhoben. In parallelen Wirtschaftsverträgen erhielten die Mittelmächte Vorrechte. Der inzwischen noch nicht ratifizierte Friede von B. wurde im Waffenstillstandsabkommen von 1918 in →Compiègne aufgehoben und somit nicht wirksam.

E. Bornemann: Der Friede von Bukarest 1918, 1978.

Bukowinadeutsche, →Buchenlanddeutsche.

Bumke, Erwin, Dr. jur. Reichsgerichtspräsident. * 7. 7. 1874 Stolp, † 20. 4. 1945 Leipzig. Der Jurist war seit 1905 Landrichter in Essen und ab 1907 im Reichsjustizamt tätig. Nach Kriegsdienst als Hauptmann der Landwehr wurde er 1920 Ministerialdirektor im Reichsjustizministerium, 1929 Reichsgerichtspräsident und als solcher Vorsitzender des Staatsgerichtshofes für das Deutsche Reich. Er fällte u. a. am 25. 10. 1932 das Urteil über die Absetzung der preußischen Regierung. Daneben war B. ab Dezember 1932 Vertreter des Reichspräsidenten. 1939 wurde B. als Reichsgerichtspräsident bestätigt. Angesichts der bevorstehenden Kriegsniederlage schied er freiwillig aus dem Leben.

D. Kolbe: Reichsgerichtspräsident Dr. Erwin Bumke, 1975.

Bund der Auslandsdeutschen (BdA), Vereinigung der ins Reich zurückgekehrten →Auslandsdeutschen nach dem 1. Weltkrieg. Der BdA wurde am 18. 8. 1919 in Berlin als Vertretung der aus dem Ausland, vor allem den Kolonien, ins Reich zurückgekehrten oder vertriebenen Deutschen sowie zur Förderung des deutschen Volkstums bei den Auslandsdeutschen gegründet. Der in Ortsgruppen und Landesverbände gegliederte BdA besaß 1925 rund 80 000 Mitglieder und 1931 im Ausland etwa 130 angeschlossene Verbände. Zeitschrift des BdA war die „Auslandswarte" (1919–1936). Den Vorsitz führten O. Schallert (1919–1926), H. Schnee (bis 1933), W. Roemer (1934–1939); Th. Heuss war stellvertretender Vorsitzender 1926–1932. Im Ehrenpräsidium waren u. a. →Adenauer, →Stresemann, →Löbe und Borsig vertreten. Der BdA bearbeitete die Schadensersatzanträge seiner Mitglieder für das im Ausland enteignete Eigentum und bewirkte bis 1928 Auszahlungen in 84000 Fällen in Höhe von insgesamt rund 500 Mill. RM. Mit der →Deutschen Kolonialgesellschaft und dem Arbeitsausschuß deutscher Verbände bildete der BdA 1931 die „Deutsche Arbeitsgemeinschaft". 1939 wurde der BdA aufgelöst, nachdem schon ab 1934 ein Teil seiner Arbeit von der →NS-Auslandsorganisation übernommen worden war. 1952 wurde der BdA in Westberlin neu gegründet.

W. Börner und M. Weißbecker: BdA, in: D. Fricke (Hrsg.): Die bürgerlichen Parteien in Deutschland 1830–1945, 1968. H. W. Herold: Das Schicksal des deutschen Eigentums im Auslande, 1926.

Bund der Landwirte (BdL), deutsche, vor allem preußische Interessenvertretung der Bauern, besonders der Großgrundbesitzer. Der am 18. 2. 1893 in Berlin gegründete B. d. L. vertrat überparteilich die „landwirtschaftlichen Interessenten" und wollte sie „zur Wahrung des der Landwirtschaft gebührenden Einflusses auf die Gesetzgebung zusammenschließen". Er besaß 1913 über 300 000 Mitglieder, strebte Einfluß in allen Parteien an und war vor allem in der →Deutsch-konservativen Partei von Bedeutung. Seine Vertreter bildeten im Reichstag die Wirtschaftliche Vereinigung mit mehr als 100 Abgeordneten vor 1914. Den Vorsitz führten B. von Ploetz (1893–1898), C. von Wangenheim (1898–1920), Dr. G. Roesicke (1920). Am 1. 1. 1921 schloß sich der B. d. L. mit dem 1919 gegründeten →Deutschen Landbund zum Reichs-Landbund zusammen. Zeitschriften des B. d. L. waren „Bund der Landwirte" und „Korrespondenz des B. d. L.". Im B. d. L. überwogen konservative, nationale, vor allem am Großgrundbesitz ausgerichtete Interessen. So förderte er die Schutzzollpolitik und das Dreiklassenwahlrecht, lehnte den Bau des →Mittellandkanals und die →Novemberrevolution 1918 ab und arbeitete ab 1913 eng mit dem →Alldeutschen Verband zusammen.

D. Fricke: Bund der Landwirte, in: D. Fricke (Hrsg.): Die bürgerlichen Parteien in Deutschland 1832–1945, 1968. H. J. Puhle: Agrarische Interessenpolitik und preußischer Konservatismus 1893–1914, 1966.

Bund der Landwirte, BdL, politische Partei der deutschen Bauern im Sudetenland. Der BdL wurde am 17. 11. 1918 in Böhmisch-Leipa von J. Jannausch und F. Peterle gegründet. Die Gründung als „Reichspartei" für das ganze Sudetenland erfolgte in Prag am 21./22. 1. 1920. Neben bäuerlichen Interessen stand die Forderung des Selbstbestimmungsrechts für die Deutschen im Vordergrund, der BdL bot jedoch auch den Tschechen die Zusammenarbeit an und befürwortete die Bodenreform des Großgrundbesitzes als einzige deutsche Partei. Die Parlamentswahlen von 1920 brachten dem BdL unter dem Vorsitzenden Peterle mit 15,2 % der deutschen Stimmen und 13 Mandaten das beste Ergebnis der deutschen Parteien. Die von dem politischen Führer F. Spina (ab 1925 F. Krepek) angestrebte Zusammenarbeit mit den Tschechen brachte bereits 1922 das Ende des „Deutschen Parlamentarischen Verbandes" als Zusammenschluß aller deutschen Parteien des Sudetenlandes. Ab 1926 war der BdL mit Spina (Ministerium für öffentliche Arbeiten) in der Prager Regierung vertreten, blieb dort auch trotz deutsch-feindlicher Politik Prags, was zu Abspaltungen führte. 1933 gab der BdL ein erneutes Bekenntnis zum tschechoslowakischen Staat ab. 1935 erhielt er nur noch 1,7 % der deutschen Stimmen und fünf Mandate. Dennoch blieb Spina in der Prager Regierung Minister ohne Geschäftsbereich. Nachdem Spina im Januar 1938 noch einen Versuch zur Vereinigung von BdL und Sudetendeutscher Partei (SdP) verhindert hatte, überführte G. Hacker, nach dem Österreich-Anschluß BdL-Vorsitzender, am 22. 3. 1938 den BdL in die SdP. Presseorgane des BdL waren die Tageszeitung „Deutsche Landpost", „Der Deutsche Landbote" (zweimal wöchentlich), „Westböhmische Stimmen" und der „Deutsche Landruf für Mähren und Schlesien". Sitz der Parteileitung war Böhmisch-Leipa. Mit über 100000 Mitgliedern und einem dichten Netz von Ortsgruppen war der BdL zeitweise die mitgliederstärkste deutsche Partei des Sudetenlandes.

N. Linz: Der Bund der Landwirte auf dem Weg in den Aktivismus, in: K. Bosl (Hrsg.): Die Erste Tschechoslowakische Republik als multinationaler Parteienstaat, 1979. F. Wende (Hrsg.): Lexikon zur Geschichte der Parteien in Europa, 1981.

Bund deutscher Bodenreformer, Vereinigung gegen Mißbrauch des Bodenrechts und für Bodenreform. Aus dem 1888 entstandenen „Deutschen Bund für Bodenbesitzreform" wurde am 2. 4. 1898 der B. d. B. auf Betreiben von A. →Damaschke gegründet. Er trat für ein Bodenrecht ein, „das seinen Gebrauch als Werk- und Wohnstätte fördert, das jeden Mißbrauch mit ihm ausschließt und das die Wertsteigerung, die er ohne Arbeit des einzelnen erhält, möglichst dem Volksganzen nutzbar macht". Den Vorsitz führte 1898–1935 A. Damaschke und 1935–1945 K. Schmidt. Presseorgane waren „Bodenreform" (1898–1935) und ab 1905 „Jahrbuch der Bodenreform". 1945 wurde der B. d. B. aufgelöst. Erfolge des B. d. B. waren die Aufnahme des Erbbaurechts in das BGB, eines Bodenreformartikels in die Weimarer Verfassung und das Heimstättengesetz vom 10. 5. 1920. Daraus entwickelte sich eine Heimstättenbewegung bis hin zu den Baugenossenschaften und -sparkassen, die Haus- und Grundbesitz für weite Volkskreise ermöglichte.

J. Seemann: Bund deutscher Bodenreformer, in: D. Fricke (Hrsg.): Die bürgerlichen Parteien in Deutschland 1830–1945, 1968. A. Damaschke: Die Bodenreform, 1902. M. Liertz: Adolf Damaschke und die deutsche Bodenreform, 1948.

Bund Deutscher Mädel (BDM), nationalsozialistischer Mädelbund als Untergliederung der Hitler-Jugend für die 14–18jährigen Mädel. Vereinzelte nationalsozialistische Mädchengruppen wurden ab 1928 als „Schwesternschaften" in die HJ übernommen und ab Juni 1930 „BDM in der HJ" genannt. Mit Verfügung G. →Strassers vom Juli 1932 wurde der BDM einzige NS-Mädchenorganisation, die nach 1933 stark anwuchs. Ihre Grundlage war dann das „Gesetz über die HJ" vom Dezember 1936. Danach war der →Jungmädelbund (meist dem BDM zugerechnet) für die 10–14jährigen, der eigentlichen BDM für die 14–18jährigen nach freiwilligen Beitritt zuständig; ab 1938 kam für die 17–21jährigen das BDM-Werk →„Glaube und Schönheit" hinzu. Analog zur HJ gliederte sich der BDM in Mädelschaften (10–20 Mädel), Mädelscharen (2–4 Mädelschaften), Mädelgruppen (2–4 Mädelscharen), Mädelringe (4 Mädelgruppen), Untergaue (3–5 Mädelringe), Gaue, Obergaue und Gauverbände mit der Reichsjugendführung an der Spitze, die eine Referentin für den BDM besaß. Die Dienstkleidung bestand aus BDM-Mütze, weißer BDM-Bluse, schwarzem Halstuch mit Lederknoten, Obergauarmdreieck auf dem linken Oberarm, BDM-Gürtel, blauem BDM-Rock, weißen Söckchen, braunen Schnürhalbschuhen, brauner BDM-Weste. Die Führerinnen trugen ein blaues Kostüm mit weißer Bluse und blauem Hut, Handtasche und blauem Dienstmantel. Bei Kriegsbeginn gab es mehr als vier Mill. Angehörige des BDM. Neben sportlicher Ertüchtigung, Singen und Basteln stand die hauswirtschaftliche und weltanschauliche Ausbildung des Mädchen zur Frau und Mutter. Zur Führerinnenausbildung gab es

Untergau-, Obergau- und Reichsführerinnen- schulen. Praxisnahe Tätigkeit wurde im →Landdienst und in der →Kinderlandver- schickung, besonders im 2. Weltkrieg auch beim Arbeitseinsatz auf dem Lande, in Mütter- heimen, Krankenhäusern, bei Sammelaktio- nen, für die Älteren auch im Luftschutz-, Nach- richten- und Gesundheitsdienst geleistet. An- gehörige des BDM wurden gegen Kriegsende auch als →Wehrmachthelferinnen eingesetzt, wobei viele bei der Gefangennahme, vor allem im Osten, ein schweres Schicksal erlebten. Als Zeitschrift erschien „Das Deutsche Mädel" (ab 1933) sowie das von der Reichsjugendführung herausgegebene Jahrbuch „Wir schaffen".

E. Blohm: Hitler-Jugend – soziale Tatgemeinschaft, 1977. Reichsjugendführung (Hrsg.): Aufbau und Abzeichen der Hitler-Jugend, 1940. B. von Schirach: Die Hitler-Ju- gend, 1934. H. W. Koch: Geschichte der Hitler-Jugend, 1976. H. C. Brandenburg: Die Geschichte der Hitler-Ju- gend, 1968. W. Kuhnt: In Pflicht und Freude, 1988. E. Skagel: Die Jugend des Führers Adolf Hitler, 1942. J. Rüdi- ger: Soldatinnen, 1987. J. Rüdiger: Die Hitlerjugend und ihr Selbstverständnis im Spiegel ihrer Aufgabenge- biete, 1983. H. Fritsch: Land mein Land, 1986. G. Gries- mayr und Würschinger: Idee und Gestalt der Hitler-Ju- gend, 1979. T. Rittmeyer (Hrsg.): So waren wir, 1985. J. Rüdiger: Der Bund Deutscher Mädel, 1984. H. Taege: . . . über die Zeiten fort, 1978.

Bund deutscher Offiziere in der Sowjetunion, auf Betreiben des sowjetischen NKWD (Staats- sicherheitsdienstes) von deutschen Offizieren in russischer Gefangenschaft gegründete Ver- einigung gegen →Hitler. Im sowjetischen Kriegsgefangenenlager Lunjowo bei Moskau gründeten am 11./12. 9. 1943 auf Betreiben so- wjetischer Funktionäre 95 gefangene deutsche Offiziere den B. als eine gegen A. Hitler arbei- tende Vereinigung. Mit dem Versprechen, Deutschland in den Grenzen von 1937 zu erhal- ten, wurde General W. von Seydlitz als Leiter der Organisation gewonnen. Die große Mehr- heit der gefangenen deutschen Offiziere und Generale lehnte den B. ab und beteiligte sich nicht an seinen Tätigkeiten wie Herausgabe von Flugblättern, die, hinter den Linien ge- worfen, zum Sturz Hitlers und der →NSDAP und zum Überlaufen aufforderten. Der bald mit dem →Nationalkomitee „Freies Deutsch- land" vereinigte B. löste sich am 2. 11. 1945 auf. Eine Reihe seiner Mitglieder machte im sowje- tisch besetzten Mitteldeutschland Karriere.

B. Scheurig: Verrat hinter Stacheldraht?, 1965. K. H. Frieser: Die deutschen Kriegsgefangenen in der Sowjet- union und das Nationalkomitee „Freies Deutschland", 1981.

Bund deutscher Osten, Vereinigung für ost- deutsche Grenzlandarbeit. 1933 wurde der B. mit der Aufgabe der „Volkstums- und Grenz- landarbeit" in den deutschen Ostprovinzen ge-

gründet. Mit seinem Organ „Ostland" setzte er sich für die landwirtschaftliche Förderung und bäuerliche Siedlung in Ostdeutschland ein, wandte sich gegen die Landflucht und hob die Bedeutung des Grenzlanddeutschtums im Osten hervor. Reichsführer der völkischen Ver- einigung von 1939–1945 war Prof. Dr. Dr. Th. →Oberländer.

Bundesrat, Regierungsorgan im Norddeut- schen Bund (1867–1871) bzw. Deutschem Reich (1871–1918). Als Vertretung der beteilig- ten Bundesfürsten und Regierungen wirkte der B. bei der Gesetzgebung mit, erließ Verwal- tungsvorschriften und regelte Streitfragen zwi- schen den Mitgliedern. Er besaß 43, ab 1871 dann 58, seit 1911 61 Stimmen je nach der Lan- desgröße: (ab 1871) Preußen 17, Bayern 6, Sachsen und Württemberg 4, Baden, Hessen und (seit 1911) Elsaß-Lothringen 3, Braun- schweig und Mecklenburg-Schwerin 2, die son- stigen je 1 Stimme. Präsident war der vom preußischen König bzw. deutschen Kaiser er- nannte Bundes- bzw. Reichskanzler. Die Be- deutung des B. trat allmählich gegenüber dem Reichstag zurück.

H.-O. Binder: Reich und Einzelstaaten während der Kanzlerschaft Bismarcks 1881–90, 1971.

Bund für Deutsche Kirche, völkische evangeli- sche Vereinigung. Der 1921 vom Flensburger Pastor F. Andersen gegründete B. trat für eine „dem deutschen Wesen entsprechende Prägung des Christentums in Kirche und Schule" und dazu für eine Beseitigung des Alten Testamen- tes aus der Heiligen Schrift ein. Der B. ging später in den →Deutschen Christen auf, deren Programm seinen Zielen nahekam.

Bund Nationalsozialistischer Deutscher Juri- sten (BNSDJ), Fachorganisation der NSDAP für Juristen. Der B. wurde 1928 von H. →Frank mit Sitz in Berlin gegründet und von ihm geleitet. Er sollte das Programm der NSDAP im Rechtswesen verwirklichen. 1930 hatte er erst 233, im Dezember 1933 jedoch schon über 80000 Mitglieder. Am 22. 4. 1933 wurde H. Frank „Reichskommissar für die Gleichschaltung der Justiz in den Ländern und für die Erneuerung der Rechtsordnung", er un- terstellte dann die bestehenden Berufsorgani- sationen der Justizbeamten und Anwälte dem BNSDJ. Im April 1934 wurde der B. der Rechtsabteilung der NSDAP-Reichsleitung angegliedert, 1936 in den neugegründeten NS-Rechtswahrerbund umbenannt.

O. Koellreutter: Zur Entwicklung der Rechtseinheit, 1935. H. Schorn: Der Richter im 3. Reich, 1959. J. Staff: Justiz im Dritten Reich, 1978. H. Weinkauff: Die deut- sche Justiz und der Nationalsozialismus, 1968.

Bund Oberland, Wehrverband der 20er Jahre. Der B. war aus dem →Freikorps Oberland hervorgegangen, das 1919 beim Kampf gegen die →Münchener Räterepublik aufgestellt worden war und 1921 beim Kampf um Schlesien, insbesondere bei der Erstürmung des →Annaberges eingesetzt war. Der B. vertrat unter seinem Anführer Dr. F. Weber großdeutsche und völkische Ziele, schloß sich am 2. 9. 1923 mit der NSDAP und der →Reichskriegsflagge zum →Deutschen Kampfbund zusammen und beteiligte sich am 9. 11. 1923 am →Marsch auf die Feldherrnhalle, wobei vier seiner Angehörigen erschossen wurden. F. Weber wurde im →Hitler-Prozeß angeklagt und verurteilt. 1925 neugegründet, ging der B. später in der NSDAP auf.

Burckhardt, Carl Jacob, Dr. phil. Professor, Schweizer, Danziger Völkerbundskommissar. * 10. 9. 1891 Basel, † 3. 3. 1974 Genf. Nach dem Studium der Geschichte und Staatswissenschaften war B. 1918–1921 Attaché in Wien, 1923 Beauftragter des Internationalen Roten Kreuzes (IRK) für griechische Gefangene und Flüchtlingen in der Türkei. Nach Lehrtätigkeit an der Universität Zürich (ab 1927) versuchte er 1937–1939 als Hoher Kommissar des Völkerbundes in →Danzig zwischen Deutschen und Polen zu vermitteln, wobei er an der polnischen Uneinsichtigkeit scheiterte. Anschließend wieder im Dienst des IRK, war er 1944–1948 dessen Präsident, daneben 1945–1949 Schweizer Gesandter in Paris. Der angesehene konservative Humanist veröffentlichte zu kulturellen und geschichtlichen Fragen u. a. „Richelieu" (3 Bde. 1935), „Erinnerungen an Hofmannsthal" (1948), seinen Freund aus der Wiener Zeit, und „Meine Danziger Mission 1937–39" (1960).
A. Friese: Carl Jacob Burckhardt, 1952.

Burgenland, Landschaft im Osten von Österreich. Das früher germanisch, seit dem frühen Mittelalter deutsch besiedelte B. gehörte unter den Habsburgern seit Jahrhunderten staatsrechtlich zu Ungarn. In den Diktaten von →St. Germain und →Trianon 1919/20 wurde es größtenteils und mit →Ödenburg Österreich zugesprochen, allerdings ohne die deutschen Städte Wieselburg, Güns, Steinamanger und Eisenburg, die zu Ungarn kamen. Die Ungarn weigerten sich jedoch, alle vorgesehenen Gebiete an Österreich abzutreten, hielten das Land mit Truppen besetzt, befolgten alliierte Anordnungen nicht und schlugen Ende August 1921 einrückende österreichische Zoll- und Polizeitruppen zurück. Nach einem Ultimatum der Alliierten zog Ungarn zwar seine regulären Truppen

zurück, besetzte das B. jedoch mit rund 10000 Freischärlern. Nach Verhandlungen im Oktober willigte Österreich in eine Abstimmung in Ödenburg und acht umliegenden Orten ein, wenn Ungarn dafür das übrige B. räume. Daraufhin zogen die ungarischen Freischärler nach Ödenburg, das unter ihrer Herrschaft in manipulierter Wahl am 14. 12. 1921 mit 65 % für Ungarn stimmte. So blieb die überwiegend deutsche Stadt Ödenburg bei Ungarn. Bis in den Sommer 1922 dauerten die Auseinandersetzungen mit den ungarischen Freischärlern im B.
W. Berger: Das Burgenland, 1977. O. Guglia: Das Werden des Burgenlandes, 1961. L. Pfleger: Ödenburg, das verlorene Herz des Burgenlandes, 1971. G. Schlag: Die Kämpfe um das Burgenland 1921, 1970. G. Fritsch und J. Zachs: Das Buch vom Burgenland, 1968.

Burgfrieden, Übereinkunft der Reichstagsparteien 1914–1916. Zu Beginn des 1. Weltkriegs schlossen die deutschen Reichstagsparteien den B., um durch Verzicht auf politische Auseinandersetzungen untereinander und gegenüber der Reichsregierung die Wehrkraft zu stärken. Insbesondere stimmte die SPD geschlossen den Kriegskrediten am 4. 8. 1914 zu, da sie „gegen den russischen Despotismus . . . in der Stunde der Gefahr das Vaterland nicht im Stich" lassen könne. Die radikale SPD-Linke (→Liebknecht, →Luxemburg, Zetkin, Mehring) wandte sich jedoch bereits Ende 1914 gegen jede weitere Kriegführung und gründete am 1. 1. 1916 die Gruppe „Internationale", später in →„Spartakusbund" umbenannt. Die gemäßigte SPD-Linke (Kautsky, Bernstein, Haase, →Eisner) lehnte ab Dezember 1915 weitere Kriegskredite und den B. ab. Im April 1917 spaltete sich die SPD, der radikale Teil, die →USPD, der sich dem Spartakusbund anschloß, wandte sich gegen B. und Kriegskredite. Die Mehrheits-SPD (→Ebert, →Scheidemann) bewilligte zwar weitere Kriegskredite, drängte jedoch auf Frieden und innere Reformen und trat im Juli 1917 besonders für die →Friedensresolution des Reichtages ein, die den Gegnern Deutschland neuen Auftrieb gab. Der B. war damit ab 1916 praktisch aufgehoben.
S. Miller: Burgfrieden und Klassenkampf, 1974.

Burte, Hermann (eigentlich Hermann Strübe), Dichter und Maler, * 15. 2. 1879 Maulburg/Baden, † 21. 3. 1960 Lörrach. B. dichtete sowohl in deutscher Sprache als auch in alemannischer Mundart. Die Sprachkraft seiner Werke ist beeindruckend. Früh schrieb er „Patrizia"-Sonette (1910), wurde nach 1912 aber vor allem durch seinen Roman „Wiltfeber" bekannt. Sein „Katte"-Drama (1914) wurde oft aufgeführt, andere Dramen waren „Herzog

Utz", „Der kranke König", „Das neue Haus", „Simson", „Warbeck". Im Alter trat der Dichter als feinsinniger Übersetzer französischer Lyrik der jüngsten Vergangenheit hervor. Für den „Wiltfeber" erhielt er den Kleistpreis.
Knudsen: Der Dichter Hermann Burte, 1918. M. Dufner-Greif: Der Wiltfeberdeutsche, 1939.

Busch, Ernst, Generalfeldmarschall, * 6. 7. 1885 Essen-Steele, † 17. 7. 1945 Nottingham/Großbritannien. Im Ersten Weltkrieg als Hauptmann mit dem Pour le mérite ausgezeichnet, war B. in Stabsstellungen der Reichswehr tätig und ab 1925 Chef ihres Transportwesens. Er wurde 1937 Generalleutnant, 1938 General, 1939 Kommandierender General des VIII. Armeekorps, das er auch im →Polenfeldzug führte. Als Befehlshaber der 16. Armee erhielt er 1940 nach dem →Frankreichfeldzug das Ritterkreuz. Im Februar 1943 wurde er als Armeeführer in Rußland zum Generalfeldmarschall befördert. Vom 29. 10. 1943 bis 28. 6. 1944 führte er im Osten die Heeresgruppe Mitte bis zu ihrem Zusammenbruch. Ab 20. 3. 1945 war er Oberbefehlshaber Nordwest in Schleswig-Holstein und Dänemark. Er starb in britischer Gefangenschaft.
O. E. Moll: Deutsche Generalfeldmarschälle 1935–1945, 1961.

BVP, Abkürzung für →Bayerische Volkspartei.

Bzura, Schlacht an der, siegreiche deutsche Schlacht vom 12.–19. 9. 1939 im →Polenfeldzug. Die noch intakte polnische Posen-Armee wurde von der bereits weit vorgestoßenen deutschen 8. Armee am geplanten Rückzug auf Warschau gehindert, versuchte vergeblich vom 9.–11. 9. 1939 nach Süden durchzubrechen und wurde dann von der zur Verstärkung herangezogenen deutschen 10. und 4. Armee bis zum 16. 9. zwischen B. und Weichsel eingekesselt. Am 19. 9. mußten die eingeschlossenen rund 100 000 Polen aus 19 polnischen Divisionen kapitulieren, womit die letzte polnische Armee westlich der Weichsel und die bedeutendste polnische Streitmacht ausgeschaltet war. Am 16. 9. verließ die polnische Regierung Polen.
J. Piekalkiewicz: Der Zweite Weltkrieg, 1985. R. Elble: Die Schlacht an der Bzura, 1975.

C

Cambrai, Schlachten bei, Panzer- und Abwehrschlachten 1917/1918. Am 20. 11. 1917 setzte die britische 3. Armee erstmals etwa 400 Panzer (Tanks) gegen die deutsche →Siegfriedstellung südwestlich von C. ein und erzielte einen Einbruch von rund fünf Kilometern Tiefe, der im deutschen Gegenangriff vom 30. 11.–6. 12. 1917 von der deutschen 2. Armee unter von der Marwitz wieder bereinigt wurde. Vom 21.–23. 3. 1918 konnte die deutsche 2. Armee dann zwischen C. und Monchy die alliierte Front durchbrechen. Bei der Abwehrschlacht von C. vom 27. 9.–10. 10. 1918 verteidigten deutsche Truppen zunächst zäh die Siegfriedstellung, mußten allerdings am 9. 10. die Stadt C. Kanadiern überlassen.
H. Stegemann: Geschichte des Krieges, Band 4, 1921.

Canaris, Wilhelm, Admiral und Chef der deutschen Abwehr, * 1. 1. 1887 Aplerbeck (Dortmund), † 9. 4. 1945 Flossenbürg. Seit 1905 als Berufssoldat in der Marine, nahm C. 1914 an der Schlacht bei den →Falklandinseln teil, entkam auf dem Kreuzer „Dresden", wurde in Chile interniert, flüchtete nach Deutschland, führte 1915/16 einen Geheimauftrag in Spanien durch und war 1917–1918 U-Boot-Kommandant im Mittelmeer. 1920 war er am →Kapp-Putsch beteiligt, nachdem er vorher gegenrevolutionäre Gruppen organisiert hatte. Ab 1920 war C. im Stab der Ostseestation tätig, 1924–1928 in der Marineleitung, wurde 1932 Kommandant des Linienschiffes „Schlesien" und 1934 Festungskommandant von Swinemünde. Am 1. 1. 1935 wurde er Chef des deutschen Nachrichtendienstes und der Abwehr, zuletzt als Admiral. Wie sein bis 1943 amtierender Abteilungsleiter Hans →Oster gehörte C. dem Widerstand gegen Hitler an und deckte viele Aktionen dieses Kreises. Nach aufkommendem Verdacht verlor C. im Februar 1944 sein Amt als Abwehrchef, wurde nach dem →20. Juli-Attentat 1944 verhaftet und am 9. 4. 1945 im KL Flossenbürg wegen der von ihm zugegebenen Widerstandtätigkeit nach einem Standgerichtsurteil hingerichtet.
H. Fraenkel/R. Manvell: Canaris, Spion im Widerstreit, 1969. H. Höhne: Canaris, 1976. A. Brissaud: Canaris, 1976. K. Balzer: Der 20. Juli und der Landesverrat, 1971. K. H. Abshagen: Canaris, Patriot und Weltbürger, 1949. K. Bartz: Die Tragödie der Deutschen Abwehr, 1955.

Cannes, Konferenz von, ergebnislose deutsch-alliierte Reparationskonferenz 6.–14. 1. 1922. Auf deutsches Ersuchen um Zahlungsaufschub für die ersten beiden Reparationsraten für 1922 hin beriefen der britische Außenminister Lloyd George und der französische Außenminister Briand eine Konferenz nach C. ein, auf der

→Rathenau, der kurz darauf deutscher Außenminister wurde, den deutschen Antrag auf Stundung begründete. Briands unnachgiebiger Nachfolger Poincaré war gegen jedes Entgegenkommen zugunsten Deutschlands, auch gegen Lloyd Georges Anregung eines umfassenden politischen Abkommens für Europa unter Berücksichtigung der französischen Wünsche und stimmte nur Lloyd Georges Vorschlag einer Weltwirtschaftskonferenz in Genua für April 1922 zu.

W. Rathenau: Cannes und Genua, 1922. E. Laubach: Die Politik der Kabinette Wirth 1921/22, 1968.

„Cap Arcona", deutsches Passagierschiff. Das mit 27650 BRT viertgrößte deutsche Passagierschiff (Jungfernfahrt 1927) brachte in den letzten Monaten des 2. Weltkrieges Tausende von Flüchtlingen und Soldaten aus den Ostgebieten über die Ostsee. Als Reichskommissar für die Seeschiffahrt ließ der Hamburger Gauleiter K. Kaufmann am 25./26. 4. 1945 rund 5000 Insassen des evakuierten KL Neuengamme auf die C. bringen. Bei britischen Bomben- und Bordwaffenangriffen auf deutsche Flüchtlingsschiffe wurde die C. in der Lübecker Bucht am 3. 5. 1945 versenkt, wobei nur rund 500 Menschen gerettet werden konnten. Ein ähnliches Schicksal erlitt die mit KL-Insassen belegte „Thielbek".

H. Schön: Die „Cap Arcona"-Katastrophe, 1989. W. Lange: Cap Arcona, 1988. B. Suchowiak: Mai 1945, 1985.

Caprivi-Zipfel, Teil Deutsch-Südwestafrikas. Im Helgoland-Sansibar-Vertrag zwischen Großbritannien und Deutschland kam 1890 der C., ein etwa 450 Kilometer langer und durchschnittlich 50 Kilometer breiter, nach Osten vorspringender Landstreifen im Nordosten von →Deutsch-Südwestafrika, zu dieser Kolonie. Das nach dem Reichskanzler Caprivi benannte Gebiet sollte den Zugang zum Sambesi ermöglichen, hatte jedoch wirtschaftlich keine große Bedeutung.

K. Graudenz und H. M. Schindler: Die deutschen Kolonien, 1982.

Casablanca, Konferenz von, westalliierte Kriegskonferenz 1943. Vom 14.–24. 1. 1943 trafen sich US-Präsident →Roosevelt und Großbritanniens Premierminister →Churchill mit den Chefs ihrer militärischen Stäbe in C. zur Abstimmung der weiteren Kriegsstrategie. →Stalin nahm aus Ärger über die ausbleibende Invasion der Westalliierten unter dem Vorwand, er sei als Oberbefehlshaber im Osten unabkömmlich, nicht teil. Roosevelt erhob (und veröffentlichte erstmalig) die Forderung nach der →Bedingungslosen Kapitula-

tion Deutschlands, Japans und Italiens, die Churchill hinnahm, wodurch ein politisches und früheres Ende des 2. Weltkrieges unmöglich wurde, das Millionen von Menschenleben gerettet hätte. Die Westalliierten beschlossen, vorrangig den Nordafrika-Feldzug abzuschließen und dann auf Sizilien zu landen. Churchills Vorschlag, auch über den Balkan vorzudringen, wurde nicht weiterverfolgt. Die von Stalin als dringend geforderte Landung in Nordfrankreich wurde erst für Herbst 1943 in Aussicht gestellt, was jedoch nicht eingehalten wurde. Am Rande der Konferenz von C. versöhnten sich auf Anregung Roosevelts äußerlich die konkurrierenden französischen Generale de Gaulle und Giraud.

K. Birnbaum: The Casablanca-Conference, 1952.

Caserta, Kapitulation von, Teilkapitulation der deutschen Truppen in Italien vom 29. 4. 1945. Nach geheimen Fühlungsnahmen seit März 1945 zwischen Beauftragten des SS-Obergruppenführers Wolff, Vertreter der Wehrmacht bei der italienischen Regierung, und dem US-Geheimdienst in der Schweiz unter Allen Dulles ging der Oberbefehlshaber der deutschen Heeresgruppe Südwest (C), Generaloberst von Vietinghoff-Scheel, nach dem Durchbruch der Alliierten durch die deutsche „Gotenlinie" bei Bologna auf die Kapitulation ein. Die ohne Kenntnis und Einverständnis →Hitlers erfolgte Kapitulation wurde von Oberstleutnant Schweinitz und Major Wenner als deutsche Vertreter, auf alliierter Seite von Generalleutnant W. D. Morgan im Hauptquartier des alliierten Oberkommandierenden des Kriegsschauplatzes Mittelmeer, Alexander, auf Schloß C. bei Neapel am 29. 4. 1945 unterzeichnet. Sie trat am 2. 5. um 14 Uhr Ortszeit für ganz Italien in Kraft und wurde auch erst an diesem Tag bekanntgegeben. Der bis März 1945 als Oberbefehlshaber Südwest, dann als Oberbefehlshaber West amtierende Generalfeldmarschall →Kesselring hatte von den Vorgängen gewußt. Großadmiral und Reichspräsident →Dönitz hat als Nachfolger Hitlers die Kapitulation von C. gebilligt.

A. Dulles: Unternehmen Sunrise, 1967. E. Preiswerk u. a.: 1945 – Kapitulation in Norditalien, 1981.

„Catapult", britischer Deckname für die Vernichtung der französischen Kriegsflotte durch die Engländer. Nach dem deutsch-französischen Waffenstillstand 1940 mußte die französische Kriegsflotte nicht ausgeliefert werden, sondern wurde in der Nähe des algerischen Hafens →Oran stationiert. Auf Befehl Churchills wurden am 3. 7. 1940 völkerrechtswidrig französische Kriegsschiffe in britischen Häfen

beschlagnahmt, am 3. 7. 1940 der größte Teil der französischen Kriegsflotte im Hafen Mersel-Kebir bei Oran durch britische Kriegsschiffe sowie am 6. 7. 1940 durch britische Flugzeuge versenkt, wobei 1297 Franzosen ums Leben kamen. Der Überfall rief in Frankreich („Rache für Oran!") große Empörung hervor. Einen ähnlichen, allerdings weniger erfolgreichen Angriff führten die Engländer vom 23.–25. 9. 1940 auf den Hafen von Dakar durch.
H. Pemsel: Seeherrschaft, Bd. 2, 1985.

CDU, Abkürzung für →Christlich-Demokratische Union.

CDUD, Abkürzung für →Christlich-Demokratische Union Deutschlands.

„Cerberus", (auch „Mandarine", „Terero"), Unternehmen, Deckname für den Kanaldurchbruch der „Brest-Kampfgruppe" der Kriegsmarine mit den Schlachtschiffen →„Gneisenau" und →„Scharnhorst" sowie dem Schweren Kreuzer „Prinz Eugen" unter den Kapitänen zur See Fein, Hoffmann und Brinkmann. Am Abend des 11. 2. 1942 verließen die seit fast einem Jahr in Brest liegenden Großkampfschiffe den Hafen und fuhren, begleitet von 6 Zerstörern, 14 Torpedobooten, 3 S-Boot-Flotillen, 21 Minensuchern, 22 Räumbooten, 21 U-Bootjägern, 37 sonstigen Schiffen und zahlreichen Flugzeugen, unentdeckt durch den Kanal und wurden erst am folgenden Mittag hinter Dover von den Briten gesichtet, deren Zerstörer, Schnellboote und Flugzeuge den Verband nicht mehr stoppen und ihm keinen Schaden zufügen konnten. Dank strengster Geheimhaltung von deutscher Seite und Pannen in der britischen Überwachung gelang eine der waghalsigsten Unternehmungen der Kriegsmarine im 2. Weltkrieg.
G. Bidlingmaier: Unternehmen „Cerberus", in Marine-Rundschau 1962, Nr. 1 19–40. J. P. Mallmann-Showell: Das Buch der deutschen Kriegsmarine 1935–1945, 1982. J. Piekalkiewicz: Seekrieg 1939–1945, ohne Jahr. J. Rohwer, G. Hümmelchen: Chronik des Seekrieges 1939–1945, 1968. H. Pemsel: Seeherrschaft, Band 2, 1985. E. B. Potter u. a.: Seemacht, 1982. J. D. Potter: Durchbruch, 1970. T. Robertson: Sie wagten das Äußerste, 1958.

Chamberlain, Arthur, Neville, * 18. 3. 1869 Birmingham, † 9. 11. 1940 Heckfield. 1937–1940 brit. Premierminister. Engl. Verhandlungspartner →Hitlers beim →Münchener Abkommen 1938.

Chamberlain, Houston Stewart, Kulturphilosoph, * 9. 9. 1855 Portsmouth/England, † 9. 1. 1927 Bayreuth. Der freie Schriftsteller lebte nach dem Studium der Naturwissenschaften ab 1885 in Dresden, Wien und Bayreuth, wo er Richard Wagners Tochter Eva heiratete. In seinen Werken gab er eine Gesamtschau der Kulturgeschichte und hob die Bedeutung der nordischen Rasse und des arischen Geistes hervor, insbesondere in „Die Grundlagen des 19. Jahrhunderts" (1899). Er trat im 1. Weltkrieg für alldeutsche Forderungen, für Deutschland und später für den →Nationalsozialismus ein. Er schrieb u. a. „Das Drama Richard Wagners" (1892), „Immanuel Kant" (1905), „Arische Weltanschauung" (1905), „Goethe" (1912), „Rasse und Nation" (1918), „Lebenswege meines Denkens" (1919), „Mensch und Gott" (1921), „Rasse und Persönlichkeit" (1925).
L. von Schroeder: H. St. Chamberlain, 1918. A. Vanselow: Das Werk Houston Stewart Chamberlains, 1927.

Champagne, Schlachten in der, mehrere große Materialschlachten während des 1. Weltkrieges. Nach dem Rückzug der deutschen Truppen in der →Marne-Schlacht („Marnewunder") Anfang September 1914 kam es zum Stellungskrieg, der östlich von Paris bis 1918 in der C. tobte. Sowohl im Dezember 1914 wie in der Winterschlacht in der C. vom 16. 2. bis März 1915 schlug die deutsche 3. Armee unter von Einem französische Angriffe zurück. In der Herbstschlacht in der C. vom 22. 9.–3. 11. 1915 gelang den Franzosen ein geringer Geländegewinn von fünf Kilometer Tiefe und dreizehn Kilometer Breite, der durch deutsche Eroberungen im Januar/Februar 1916 teilweise ausgeglichen wurde. In der Doppelschlacht an der Aisne und in der C. vom 16. 4.–27. 5. 1917 erreichten die französischen Truppen nur kleine Geländegewinne, trotz ihrer hohen Verluste von 630000 Mann bei 290000 Mann deutscher Verluste. Der im Rahmen der großen deutschen Offensive am 15. 7. 1918 im Raum C. beginnende Angriff mußte nach einigen Anfangserfolgen bereits am 16. 7. abgebrochen werden. Der hart umkämpfte Boden der C. wurde ab 26. 9. 1918 Schauplatz der Abwehrschlacht gegenüber dem alliierten Großangriff, in dessen Verlauf die deutsche 1. und 3. Armee sich Mitte Oktober auf die →Hunding-Brunhild-Stellung und Anfang November auf die Maas zurückzogen.
H. Stegemann: Geschichte des Krieges, 4 Bde., 1917–1921.

Charlemagne, französischer Freiwilligenverband, der im 2. Weltkrieg auf deutscher Seite kämpfte. Nach Beginn des Rußlandfeldzuges meldeten sich zahlreiche Franzosen freiwillig zum Kampf gegen den Kommunismus, die in der „Légion Volontaires Françaises contre le Bolchevisme" (LVF) sowie einer französischen SS-Sturmbrigade zusammengefaßt wurden. Beide Einheiten wurden zusammen mit Milizionären, die dem französischen Regierungschef Marschall Pétain unterstanden und 1944 mit ihm zusammen nach Deutschland emi-

griert waren, im Oktober 1944 zur 33. SS-Gre-
nadierdivision „Charlemagne" vereinigt. Die
Division wurde bei der Verteidigung Pommerns gegen die Rote Armee weitgehend aufgerieben; Überlebende verteidigten noch in
den letzten Kriegstagen die Reichshauptstadt
Berlin.

J. Mabire: Berlin im Todeskampf 1945, 1977. H. W. Neulen: An deutscher Seite, 1985.

Cherwell, Frederick Alexander, ursprünglich
Lindemann, Friedrich Alexander, * 5. 4. 1886
Baden-Baden, † 3. 7. 1957 Oxford. Der aus
Deutschland stammende Physiker war 1919
und 1953–1956 Professor in Oxford und enger
Berater Churchills im Zweiten Weltkrieg in Fragen der Luftabwehr und des Luftkrieges, insbesondere des →Bombenkrieges. C. war ein
energischer Befürworter des →Flächenbom-
bardements gegen die deutsche Zivilbevölkerung.

China-Feldzug, →Boxer-Aufstand.

Chodzen, polnisches Konzentrationslager für
Volksdeutsche 1939. Neben anderen KL errich-
tete Polen 1939 das KL C. in einer ehemaligen
Zuckerfabrik zwischen Leslau und Kutno.
Hier wurden Anfang September 1939 rund
7000 Deutsche, auch Frauen und Kinder, ge-
fangengehalten und mißhandelt, bis deutsche
Truppen sie befreiten.

Choltitz, Dietrich von, General, * 9. 11. 1894
Schloß Wiesegräflich (Neustadt/Oberschle-
sien), † 4. 11. 1966 Baden-Baden. Seit 1914 Berufssoldat, wurde C. 1935 Major, 1941 Oberst,
1942 Generalmajor, 1944 General der Infanterie und deutscher Wehrmachtsbefehlshaber
von Groß-Paris. Als solcher ordnete er am
25. 8. 1944 die kampflose Übergabe von Paris
an die Alliierten an, um die Stadt vor Zerstörungen und weiteren alliierten Bombenangriffen zu bewahren. Er war bis 1947 in französischer Kriegsgefangenschaft. 1951 veröffentlichte er seine Memoiren „Soldat unter Soldaten".

E. Roskothen: Groß-Paris 1941–1944, 1989.

Chotek, Sophie, Gemahlin des Erzherzogs
Franz-Ferdinand, * 1. 3. 1868 Stuttgart,
† 28. 6. 1914 Sarajewo (Bosnien). Die Tochter
des damaligen österreichischen Gesandten in
Württemberg, später Hofdame der Erzherzo-
gin Isabella, heiratete 1900 den österreichischen Thronfolger Erzherzog →Franz Ferdinand. 1909 wurde sie Herzogin von Hohen-
berg. Sie kam mit ihrem Mann beim Attentat
von →Sarajewo ums Leben.

Christbäume, volkstümliche Bezeichnung für
die langbrennenden Leuchtkugelkaskaden, die
im 2. Weltkrieg bei nächtlichen →Terrorangrif-
fen gegen deutsche Städte von alliierten Auf-
klärungsflugzeugen abgeworfen wurden und
zur Kennzeichnung der Angriffsziele für die
nachfolgenden Bomber dienten.

Christlich-Demokratische Union (CDU), politische Partei in Westdeutschland seit 1945. Die
(in Bayern als CSU auftretende) bundespoli-
tisch wichtigste Partei nach 1945 wurde von Vertretern des früheren Zentrums und anderer
Weimarer Parteien, beider Kirchen und der Gewerkschaften gegründet. Als interner Grün-
dungstag gilt der 25. 5. 1945. Zunächst noch als
→Christlich-Demokratische Union Deutschlands (CDUD) bezeichnet, erließ sie am 26. 6.
1945 als erste bürgerliche Partei in der Sowjetzone ihren Gründungsaufruf. Am 2. 9. 1945
wurde im Rheinland und in Westfalen die
Christlich-Demokratische Partei (CDP) gegründet. Auf dem ersten „Reichstreffen der
CDU" vom 14.–16. 12. 1945 in Bad Godesberg
einigten sich die genannten Parteien auf die Bezeichnung CDU. Neben dem „christlichen Sozialismus" („Kölner Leitsätze" vom Juni 1945)
trat „wirtschaftlicher Sozialismus" (Frankfurter Leitsätze vom September 1945, Ahlener
Programm vom 3. 2. 1947) mit der Forderung
nach Planwirtschaft und Verstaatlichung, bis
die „Düsseldorfer Leitsätze" vom 15. 7. 1949
die „Soziale Marktwirtschaft" propagierten.
Konrad →Adenauer, seit Februar 1946 CDU-
Vorsitzender der Britischen Zone, konnte sich
mit seiner Politik der Westeinbindung gegen
Jakob Kaiser, den Vorsitzenden der CDU Berlins und der Sowjetzone, durchsetzen, der ein
Gesamtdeutschland zwischen Ost und West anstrebte. Die vom damals noch parteilosen Ludwig Erhard, ab 1948 Direktor für Wirtschaft im
Frankfurter Wirtschaftsrat und ab 1949 Bundes-
wirtschaftsminister (CDU), eingeleitete und
durchgeführte Politik der Sozialen Marktwirtschaft führte zum „Wirtschaftswunder" und die
CDU/CSU zu wachsenden Wahlerfolgen: Sie
erzielte bei Bundestagswahlen 1949 31 %, 1953
45,2 % und 1957 50,2 % der Stimmen. Im
„Hamburger Programm" der CDU vom 22. 4.
1953 wurde die Westeinbindung der Bundesrepublik Deutschland als Ziel festgeschrieben.
Als stärkste Regierungspartei von 1949 bis 1969
unter den Bundeskanzlern Adenauer (1949–
1963), Erhard (1963–1966) und Kiesinger
(1966–1969) bestimmte die CDU die westdeutsche Politik bis 1969, als sie in Bonn von einer
SPD/FDP-Koalition in die Opposition gedrängt wurde. Auf die Parteivorsitzenden Adenauer (1946–1963) und Erhard (1963–1967)

folgten K. G. Kiesinger (1967–1971), R. Barzel (1971–1973) und Helmut Kohl (ab 1973), der die CDU/CSU in einer Koalition mit der FDP 1982 wieder an die Regierung brachte. Auf Landesebene war die CDU (mit Ausnahme von Bremen) in allen Bundesländern, die CSU in Bayern an der Regierung beteiligt.

E. Deuerlein: CDU/CSU 1945–1957, 1957. H. Pütz: Die CDU, 1976. A. R. L. Gurland: Die CDU/CSU, 1980.

Christlich-Demokratische Union Deutschlands (CDUD), politische Partei 1945. Am 25. 5. 1945 gründeten in Berlin u. a. H. Krone, O. Lenz, H. Lukaschek, O. Nuschke, J. Kaiser und E. Lemmer die CDUD, die am 26. 6. 1945 in der Sowjetzone als erste bürgerliche Partei ihren Gründungsaufruf veröffentlichte. Am 14./16. 12. 1945 bildete sie mit der westdeutschen CDP die →CDU. In der Sowjetzone blieb die CDUD bestehen.

E. Deuerlein: CDU/CSU 1945–1957, 1957. H. Pütz: Die CDU, 1976. A. R. L. Gurland: Die CDU/CSU, 1980.

Christlich-Nationale Bauern- und Landvolkpartei (CNBL), national-konservative bäuerliche Interessenpartei 1928–1933. Die am 17. 2. 1928 durch die MdR (Listenvertreter des Reichslandbundes) F. Döbrich, W. Dorsch und F. Hänse gegründete CNBL forderte in ihrer programmatischen Entschließung vom 8. 3. 1928 einen ständisch gegliederten nationalen Staat mit Erhalt des Privateigentums, Schutz des Bauerntums gegen das „internationale Finanzkapital" und gegen den Marxismus. Die CNBL wurde, vor allem bis 1930 vom →Reichslandbund unterstützt, dessen Präsident M. Schiele 1930 mit anderen MdR aus der DNVP-Fraktion zur CNBL übertrat und Reichsernährungsminister im Kabinett →Brüning wurde. Von 19 Reichstagsmandaten im Jahr 1930 sank der Anteil der CNBL auf 1 Mandat 1932 ab, da sich viele Wähler der →NSDAP zuwandten. Zur Reichstagswahl am 5. 3. 1933 trat die CNBL nicht mehr an.

Christlich-Nationaler Block, Wahlbündnis aus →CSVD, →DVP und →Deutscher Bauernpartei zur Reichstagswahl am 5. 3. 1933. Die unter starkem Einfluß- und Wählerschwund zugunsten der NSDAP stehenden bürgerlichen Parteien erhielten im C. zusammen nur noch 1 % der Stimmen und 4 Mandate.

Christlichsoziale Partei (CP), österreichische Partei 1895–1934. Seit 1891 gab es im Wiener Parlament eine Gruppe der „Christlichsozialen", und am 17. 5. 1895 wurde in Wien die CP gegründet. Organisator und stärkste Persönlichkeit war der Wiener Bürgermeister Karl →Lueger, seit 1885 im Reichsrat. Das stark von der katholischen Sozialreformbewegung geprägte Parteiprogramm wurde von Papst Leo XIII. sanktioniert, setzte sich für den Schutz des ideellen und materiellen Besitzstandes des deutschen Volkes ein und enthielt antisemitische Passagen. Organ der CP war die 1894 gegründete „Reichspost". 1898 schloß sich die Katholische Volkspartei der CP an, die ständig zunahm und 1907 mit 98 Abgeordneten die stärkste Fraktion im Reichsrat wurde. Nach Luegers Tod (1910) und darauf eintretenden Wählerverlusten bestimmte ab 1918 Prälat Ignaz →Seipel die Politik der CP, die ab 1920 wieder den Bundeskanzler stellte, von 1922–1924 und 1926–1929 Seipel. Nach mehreren CP-Übergangskabinetten schafften ab 1933 die CP-Bundeskanzler →Dollfuß und →Schuschnigg den Parlamentarismus ab und stützten sich auf die Heimwehren und die austrofaschistische Vaterländische Front, in der die CP 1934 aufging.

A. Diamant: Die österreichischen Katholiken und die Erste Republik, 1960. H. Benedikt (Hrsg.): Geschichte der Republik Österreich, ²1977. R. Schmitz: Das christlichsoziale Programm, 1932.

Christlichsoziale Partei (CSP), monarchistische, sozialkonservative Partei 1878–1919. Die vom Berliner Hofprediger Adolf Stoecker und von Professor Adolph Wagner am 5. 1. 1878 in Berlin gegründete Christlich-Soziale Arbeiterpartei nannte sich 1881 in CSP um. Die „Allgemeinen Grundsätze" vom 5. 1. 1878 forderten eine christliche, patriotische und monarchistische Politik zur Einigung des deutschen Volkes. Das Eisenacher Programm von 1895 betonte die Notwendigkeit sozialer Verbesserung für alle „schaffenden Stände" und Stoeckers Bestrebungen, die deutschen Arbeiter dem Marxismus zu entziehen. Es wandte sich energisch gegen „den falschen Liberalismus und die drückende Kapitalherrschaft, gegen das übergreifende Judentum und die revolutionäre Sozialdemokratie". Von 1881–1896 bildete die CSP eine selbständige Gruppe innerhalb der →Deutschkonservativen Partei, darin eng verbunden mit der „Kreuzzeitungsgruppe" um W. von Hammerstein. Danach wieder selbständige Partei, hatte die CSP ihren Schwerpunkt um Berlin und in Westdeutschland. Um 1907 hatte sie rund 9000 Mitglieder in etwa 170 Ortsgruppen, im Reichstag bis 1912 höchstens drei Mandate, wo sie sich 1903 mit anderen Parteien zur Wirtschaftlichen Vereinigung zusammenschloß und mit der →Deutschen Reformpartei (DRP) und der →Deutschsozialen Partei (DSP) zusammenarbeitete. Nach Stoeckers Tod 1909 erfolgte eine Annäherung an die Konservativen. Nach der Novemberrevolution 1918 löste die CSP sich auf und trat in die neue

→DNVP über. Parteiorgane waren u. a. ab 1888 die Tageszeitung „Das Volk" und 1904–1911 die Tageszeitung „Das Reich".

W. Frank: Hofprediger Adolf Stoecker und die christlich-soziale Bewegung, ²1935. K. Kupisch: Adolf Stoecker, 1970.

Christlich-Sozialer Volksdienst (CSVD), bürgerliche, evangelische Partei 1929–1933. Der CSVD entstand am 28. 12. 1929 durch Vereinigung einer →DNVP-Absplitterung (Christlich-Soziale Reichsvereinigung mit den MdR Hülser, Behrens, Mumm und Liesch) mit dem württembergischen, evangelischen Christlichen Volksdienst um W. Simpfendörfer, der Vorsitzender wurde. Der CSVD trat in seinen Leitsätzen vom 28. 12. 1929 für eine soziale Neuordnung auf christlicher Grundlage, für freie Entfaltung der Kirchen und Einschränkung der liberalen Wirtschaft ein, entsprach somit dem Zentrum auf evangelischer Seite. Die Schwerpunkte des CSVD lagen in Württemberg, Hessen und Westfalen. 1930 erreichte er 14 Reichstagsmandate, 1932 nur noch drei und fünf. Der CSVD unterstützte die Regierung →Brüning. Bei der Reichstagswahl am 5. 3. 1933 verband sich der CSVD mit DVP und Deutscher Bauernpartei zum →Christlich-Nationalen Block, der vier Mandate erhielt. Am 1. 7. 1933 löste sich der CSVD auf, seine MdR wurden Hospitanten in der NSDAP-Fraktion.

G. Opitz: Der Christlich-Soziale Volksdienst, 1969.

Churchill, Winston, ab 1953 Sir, britischer Premierminister, * 30. 11. 1874 Blenheim Palace, Woodstock, † 24. 1. 1965 London. Der konservative Politiker war Premierminister einer großen Kriegskoalition seit 10. 5. 1940. C. gelang die Abwehr der deutschen →Luftschlacht um England 1940/41 und damit die Verhinderung einer →Invasion. Die konsequente Mobilisierung von Bevölkerung und Wirtschaft ermöglichte ein Durchhalten des bereits angeschlagenen Landes. C. war verantwortlich für die Strategie des →Flächenbombardements im →Bombenkrieg gegen die deutsche Zivilbevölkerung, womit die geplante Zermürbung jedoch nur teilweise erreicht wurde. Seine Idee einer Konzentrierung der alliierten Kriegführung auf den Süden Europas, die sich auch gegen die sowjetische Expansion richten sollte, wurde seit der Konferenz von →Teheran (28. 11.–1. 2. 1943) nicht mehr auf den Balkan ausgedehnt. Vor dem →Potsdamer Abkommen wurde er im Juli 1945 bei Neuwahlen unerwartet durch den Labour-Politiker Clement Attlee ersetzt.

M. Manchester: Churchill, 1989. E. Schwinge: Churchill und Roosevelt aus kontinental-europäischer Sicht, ⁴1986. D. Aigner: Winston Churchill, 1975.

Ciano, Galeazzo, Graf von Cortellazzo, italienischer Außenminister, * 18. 3. 1903 Livorno, † 11. 1. 1944 Verona. Verheiratet mit →Mussolinis Tochter Edda, war C. Mitglied des Faschistischen Großrates, ab 1936 auch Außenminister. Wegen zunehmender Kritik am italienischen Kampf auf deutscher Seite wurde er am 25. 7. 1943 entlassen. C. war maßgeblich in den Sturz Mussolinis verwickelt, der ihn nach seiner Auslieferung durch deutsche Dienststellen an die neugebildete faschistische Republik von Salò internieren und schließlich in Verona erschießen ließ.

F. W. Deakan: Die brutale Freundschaft, 1964.

„Cicero", Deckname für Elyesa Bazna * 1904, † 23. 12. 1970. Der albanische Kammerdiener des britischen Botschafters in Ankara photographierte zwischen Oktober 1943 und Anfang des Jahres 1944 geheime Dokumente aus dessen Tresor und verkaufte die Aufnahmen an den Vertreter des deutschen Auslands-SD in der Türkei, L. C. Moyzisch. Die Dokumente enthielten wichtige Informationen über die alliierte Kriegführung und Politik. „Cicero" wurde schon nach wenigen Wochen durch einen Beamten des Auswärtigen Amtes in Berlin an den amerikanischen Geheimdienstchef in der Schweiz, Allen Dulles, verraten, konnte den Engländern aber entfliehen.

Allen W. Dulles: Der lautlose Krieg, 1968.

Cisleithanien, →Zisleithanien.

Claß, Heinrich, alldeutscher Politiker, * 29. 2. 1868 Alzey, † 16. 4. 1953 Jena. Der in Mainz tätige Rechtsanwalt und spätere Justizrat war im „Deutschbund", ab 1897 im →„Alldeutschen Verband" tätig und dessen Vorsitzender von 1908–1939. Er trat für eine deutsche Weltpolitik ein, forderte anläßlich der →Marokkokrise „Westmarokko deutsch" und im 1. Weltkrieg deutsche Gebietserwerbungen. 1917 gründete er die →Deutsche Vaterlandspartei mit. Als Hauptschriftleiter der „Deutschen Zeitung" (Berlin) wandte er sich gegen die →Erfüllungspolitik der Weimarer Republik, beteiligte sich 1929 an der Nationalen Opposition gegen den →Young-Plan und 1931 an der →Harzburger Front. 1933 wurde C. MdR der NSDAP. Unter dem Pseudonym Einhart schrieb er 1909 die in vielen Auflagen erschienene „Deutsche Geschichte" und 1932 seine Erinnerungen „Wider den Strom".

H. Kruck: Geschichte des Alldeutschen Verbandes 1890–1939, 1954.

Claudius, Hermann, Dichter, * 24. 10. 1878 Langenfelde/Hamburg, † 8. 9. 1980 Hamburg. Er wuchs in bescheidenen Verhältnissen auf und war bis ins 56. Lebensjahr als Volksschullehrer tätig, empfand jedoch seit seiner Kindheit Lyrik als seine Berufung. Das künstlerische Vermächtnis seines berühmten Urgroßvaters Matthias C., des „Wandsbecker Bothen", war ihm lebenslang Hilfe und Bürde zugleich. C.'s bekannteste – plattdeutsche – Gedichtsammlung blieb „Mank Muren" (1912), zwischen Alt-Hamburgs Mauern. Dort war seine ganze Dichtung von bedeutender Sprachkraft angesiedelt. Ab 1923 erschien die Sammlung „Heimkehr" und 1966 „Skizzenbuch meiner Begegnungen" (mit literarischen Freunden) mit der Abgrenzung von Prosaisten, obwohl er selbst teilweise dazugehörte. C. hielt sich selbst nicht für einen kritischen Geist. Er kam aus dem Arbeitertum wie Lersch und Winnig, hielt vielfach Abstand von der „wirren, vergeßlichen Welt" und starb im 102. Lebensjahr an den Folgen eines Unfalls.

N. Numsen: Hermann Claudius, 1938.

Clauß, Ludwig Ferdinand, Prof., Dr., Psychologe und Rassenseelenforscher, * 8. 2. 1892 Offenburg, † 13. 1. 1974 Huppert/Ts., Professor an der Universität Berlin 1936–1943. C. begründete die Rassenseelenforschung und untersuchte besonders den Zusammenhang zwischen Rasse und Seele sowie Rasse und Charakter. Seine dafür notwendigen Beobachtungen machte er sowohl in Deutschland als auch im Vorderen Orient ab 1927. Er veröffentlichte: „Von Seele und Antlitz der Rassen und Völker" (1929), „Rassenseelenforschung im täglichen Leben" (1934), „Als Beduine unter Beduinen" (1934 und 1954), „Die nordische Seele" (^{5}1935), „Rasse und Seele" (1935), „Rasse und Charakter" (1936), „Semiten der Wüste unter sich" (1937), „Die Wüste macht frei" (Roman, 1956), „Die Seele des Andern" (1958), „Die Weltstunde des Islams" (1963) und war Mitherausgeber der Zeitschrift „Rasse".

Clemenceau, Georges, französischer Politiker, * 28. 9. 1841 Mouilleron-en-Pareds (Vendée), † 24. 11. 1929 Paris. Der Arzt, ab 1876 Abgeordneter und Führer der Radikalsozialisten, war ein Gegner des Friedensvertrages von 1871 und Bismarcks, insbesondere von dessen Kolonialpolitik. 1902 wurde er Senator. Als Ministerpräsident (1906–1909) führte er die Trennung von Staat und Kirche durch. Ab 1917 wieder Regierungschef, setzte er mit brutaler Härte, deswegen „Tiger" genannt, alle Kräfte Frankreichs für den Krieg ein und drückte als großer Deutschenhasser 1919 bei den →Versailler Verhandlungen mit den anderen Siegermächten und als Vorsitzender der Friedenskonferenz die verhängnisvollen Diktatbedingungen gegen

Deutschland durch. Im Januar 1920 bei der Präsidentenwahl unterlegen, zog C. sich aus der Politik zurück. Er schrieb u. a. „Demosthenes" (deutsch 1926), „Claude Monet" (deutsch 1929), „Größe und Tragik eines Sieges" (deutsch 1930).

J. Martet: Clemenceau spricht, 1930. J. Martet: Der Tiger, 1930. G. Suarez: Clemenceau, zwei Bände, 1933. von Rummel: Clemenceau, 1935.

CNBL, Abkürzung für →Christlich-Nationale Bauern- und Landvolkpartei.

Codreanu, Corneliu Zelea, Führer der „Legionäre des Erzengels Michael" und der „Eisernen Garde" Rumäniens, * 13. 9. 1899 Jassy, † 30. 11. 1938 bei Bukarest. C., der griechisch-orthodoxen Religion zutiefst verpflichtet, zugleich Antikommunist und Antisemit, wollte für Rumänien einen eigenen Weg zwischen Bolschewismus und westlichem Liberalismus suchen, wurde aber mit seinen Legionären trotzdem von der Kirche, außerdem von Juden und Freimaurern heftig bekämpft. In der Nacht vom 29. auf den 30. 11. 1938 wurde der wegen Hochverrats zu zehn Jahren Zwangsarbeit verurteilte C. mit 13 seiner Legionäre auf Befehl von König Carol II. in der Haft von Gendarmen getötet. Er schrieb „Eiserne Garde" (1939) und „Aufzeichnungen im Kerker".

Alexander von Randa: Lebende Kreuze, 1979.

Compiègne, Waffenstillstand von, am 11. 11. 1918 zwischen Deutschland und den Westalliierten abgeschlossen. Im Walde von C. unterzeichneten am 11. 11. 1918 Vertreter der Westalliierten, an der Spitze Marschall Foch, und Deutschlands mit Staatssekretär Erzberger unter Deutschland entehrenden Umständen den den 1. Weltkrieg beendenden Waffenstillstand, dem die 14 Punkte Wilsons zugrunde lagen. Deutschland nahm Vorleistungen auf sich wie Aufhebung des Friedens von Brest-Litowsk und Bukarest, Räumung Frankreichs, Belgiens und Elsaß-Lothringens sowie des rechten Rheinufers in 25 Tagen, Auslieferung vieler Waffen, der Flotte und aller U-Boote. Damit wurde Deutschland vor den Friedensverhandlungen praktisch wehrlos gemacht, während die →Hungerblockade gegen Deutschland weiter aufrechterhalten wurde. Entgegen den Vereinbarungen des Waffenstillstandes von C., der bis zur Unterzeichnung des →Versailler Diktats am 28. 6. 1919 in Kraft blieb, ging das Friedensdiktat nicht von den 14 Punkten Wilsons aus, vielmehr wurden dem wehrlosen Deutschland Verpflichtungen auferlegt, die Wilsons Plänen völlig widersprachen, Deutschland für eine unabsehbare Zeit politisch entmündigten,

ihm große Gebiete und alle Kolonien raubten, es militärisch fast völlig entmachteten und wirtschaftlich ausbluteten.
E. Marhefka: Der Waffenstillstand, 1928.

Compiègne, Waffenstillstand von, abgeschlossen am 22. 6. 1940 zwischen Deutschland und Frankreich. An derselben Stelle im Walde von C. und in demselben Eisenbahnwagen wie im November 1918 unterzeichneten für Deutschland Generaloberst →Keitel und für Frankreich General Huntzinger den Waffenstillstand, der am 25. 6. 1940 in Kraft trat und den siegreichen deutschen Westfeldzug nach sechs Wochen Dauer beendete. Die im Gegensatz zum Benehmen der alliierten Sieger 1918 mit allen militärischen Ehren empfangenen und behandelten französischen Vertreter mußten darin einwilligen, daß der größte Teil Frankreichs im Norden und Westen von deutschen Truppen besetzt blieb, die französische Armee demobilisiert wurde und deutsche Emigranten ausgeliefert wurden. Im unbesetzten Teil Frankreichs wurde der sich dann bildenden Regierung unter Marschall →Pétain und Ministerpräsident →Laval mit Sitz in →Vichy ein Freiwilligenheer von 100000 Mann unter Waffen belassen. Die französische Kriegsflotte, die sich dem Zugriff der Wehrmacht entzogen hatte, brauchte nicht ausgeliefert zu werden und wurde später von den Briten gekapert oder in Nordafrika bei →Oran vernichtet. Die Präambel des Waffenstillstandes sah für den künftigen Friedensschluß eine Wiedergutmachung Frankreichs für das „dem Deutschen Reich selbst mit Gewalt angetane Unrecht" vor.
E. Böhme: Entstehung und Grundlagen des Waffenstillstandes von 1940, 1966.

Conrad von Hötzendorf, Franz Graf (ab 1918), österreichischer Generalstabschef, * 11. 11. 1852 Penzing/Wien, † 25. 8. 1925 Bad Mergentheim. Der Sohn einer Offiziersfamilie besuchte Kadettenschule (1863) und Militärakademie (1867) und war dann im österreichischen Truppendienst tätig. Von 1888–1892 Taktiklehrer an der Kriegsschule, gab C. militärwissenschaftliche Werke heraus. Nach Kommandostellen wurde C. 1906 Chef des Generalstabs der k. u. k. Armee und setzte sich für Reformen und Verstärkung der Truppen sowie für einen Präventivkrieg gegen Serbien ein. Deswegen wurde er im November 1911 entlassen, im Dezember 1912 aber wieder berufen. 1914 trat er vor Kriegsausbruch für entschlossenes Vorgehen gegen Serbien ein und leitete dann die Operation der k. u. k. Truppen, wobei es jedoch mit der deutschen Führung unter →Falkenhayn zu Schwierigkeiten kam. Als konsequenter Verbündeter der Deutschen gegen

Kaiser →Karls II. Friedensfühler eingestellt, wurde C. bald nach dem Thronwechsel am 1. 3. 1917 als Generalstabschef entlassen und als Heeresgruppenführer an der Italienfront eingesetzt, von wo er am 15. 7. 1918 abberufen und zum Obersten sämtlicher Leibgarden ernannt wurde. Seine Erinnerungen „Aus meiner Dienstzeit 1906–18" erschienen in 5 Bänden ab 1922.
O. Regele: Feldmarschall Conrad von Hötzendorf, 1955. H. Hoyer: Kaiser Karl und Feldmarschall Conrad von Hötzendorf, 1972.

Conti, Leonardo, Dr. med., Reichsgesundheitsführer. * 24. 8. 1900 Lugano/Schweiz, † 6. 10. 1945 Nürnberg. Der Sohn italienisch-schweizerischer Eltern war als Medizinstudent in Deutschland aktiv in der völkischen Studentenbewegung tätig, nahm als Freikorpskämpfer 1920 am →Kapp-Putsch teil und war ab 1923 in der SA Organisator ihres Sanitätsdienstes sowie Gründer und Führer des →NS Deutschen Ärztebundes im Gau Berlin. Der seit 1927 in Berlin niedergelassene Arzt war 1932–1933 MdL der NSDAP in Preußen und wurde im April 1933 Ministerialrat im Preußischen Innenministerium und 1934 Preußischer Staatsrat. Am 20. 4. 1939 wurde C. →Reichsgesundheitsführer und Leiter des Hauptamtes für Volksgesundheit der NSDAP, am 28. 8. 1939 Staatssekretär für Gesundheitswesen und Volkspflege im Reichs- und im Preußischen Innenministerium, 1944 auch SS-Obergruppenführer. C. wurde 1945 von den Alliierten inhaftiert, um in Nürnberg verurteilt zu werden. Dort erhängte er sich am 6. 10. 1945 in seiner Zelle. Er schrieb u. a. „Körperliche Erziehung im völkischen Aufgabenkreis" (1933) und „Körperliche Erziehung als biologische Aufgabe des Staates" (1935).

Coronel, Seeschlacht bei, Gefecht am 1. 11. 1914 zwischen siegreichen Deutschen und Briten. Das deutsche Ostasiengeschwader unter Vizeadmiral Graf →Spee mit den Panzerkreuzern „Scharnhorst" und „Gneisenau" sowie den kleinen Kreuzern „Dresden", „Leipzig" und „Nürnberg" wurde vor der chilenischen Küste von einem britischen Verband unter Konteradmiral Cradock angegriffen. In einem kurzen Gefecht wurden die britischen Panzerkreuzer „Good Hope" und „Monmouth" versenkt, worauf die kleinen britischen Kreuzer flüchteten. Während die Deutschen keine Verluste hatten, verloren die Engländer 1440 Mann. Auf der Weiterfahrt wurde das Ostasiengeschwader am 8. 12. 1914 bei den →Falklandinseln nunmehr von starken britischen Seestreitkräften mit weitreichender Artillerie angegriffen und mit Ausnahme der „Dresden", die entkommen konnte, versenkt.

B. Bruce: Seeschlachten des 20. Jahrhunderts, 1975. H. Pemsel: Seeherrschaft, Band 2, 1985. Pochhammer: Graf Spees letzte Fahrt, [11]1939. E. B. Potter u. a.: Seemacht, 1982.

Coventry, englische Großstadt mit kriegswichtiger Industrie südöstlich von Birmingham. Der Angriff von 449 deutschen Bombern in der Nacht vom 14./15. 11. 1940, bei dem ein Teil der Altstadt mit der Kathedrale zerstört und 554 Menschen getötet wurden, galt kriegswichtigen Zielen, wird jedoch fälschlicherweise oft als Begründung und zur Entschuldigung der anglo-amerikanischen →Terrorangriffe auf Deutschland genannt. In Wahrheit hatten die Briten ihr Bomberprogramm und die Flächenbombardements deutscher Wohngebiete lange vorher geplant und begonnen. Die englische Führung war durch Kenntnis des deutschen Funkcodes vom Angriff auf C. unterrichtet, verbot jedoch alle Evakuierungsmaßnahmen, um diese Tatsache den Deutschen zu verheimlichen.

CP, Abkürzung für →Christlichsoziale Partei.

Crössinsee, Ordensburg. 1936 gegründet war C. bei Falkenburg in Ostpommern eine der drei →Ordensburgen der NSDAP. Sie nahm am 24. 4. 1936 den Lehrbetrieb auf, wurde zunächst von der →DAF und ab 1941 von der →NSDAP getragen. Sie diente der Nachwuchsführerschulung und verband körperliche, geistige und gesellschaftliche Erziehung nach modernen Prinzipien, wobei Kameradschaft und Elitebewußtsein gefördert wurden.

CSP, Abkürzung für →Christlichsoziale Partei.

CSU, Abkürzung für Christlich-Soziale Union (→Christlich-Demokratische Union).

CSVD, Abkürzung für →Christlich-Sozialer Volksdienst.

Cuno, Wilhelm, Dr. jur., Reichskanzler, * 2. 7. 1876 Suhl, † 3. 1. 1933 Aumühle. Ab 1907 im Reichsschatzamt, führte C. im 1. Weltkrieg die Reichsgetreidestelle und war Referent für Kriegswirtschaftsfragen. Ab 1918 war er Generaldirektor der Hamburg-Amerika-Linie (HAPAG). Nachdem er als Wirtschaftsfachmann der Reichsregierung an Kriegsfolgekonferenzen (Versailles, Genua) teilgenommen hatte, war er als Parteiloser vom 22. 11. 1922 bis 13. 8. 1923 Reichskanzler einer Mitte-Rechts-Regierung. Er rief zum passiven Widerstand gegen die französische →Ruhrbesetzung auf und fi-

nanzierte den Ruhrkampf aus Reichsmitteln. Ein Mißtrauensantrag der SPD ließ ihn zurücktreten. Von 1926–1933 war C. wieder Generaldirektor der HAPAG.

K. H. Harbeck: Das Kabinett Cuno, 1969. H. H. Kohlhaus: Die Hapag, Cuno und das Deutsche Reich 1920–1933, Diss. Hamburg 1952.

Curtius, Julius, Dr. jur., Reichsminister, * 7. 2. 1877 Duisburg, † 10. 11.1948 Heidelberg. Der Jurist und Rechtsanwalt in Duisburg war Offizier im 1. Weltkrieg, trat danach der →DVP bei und war 1920–1932 ihr Reichtagsabgeordneter. Seit 1921 Anwalt beim Berliner Kammergericht, hatte er mehrere Aufsichtsratsposten, vor allem in der Schwerindustrie, inne. In fünf Kabinetten der Weimarer Republik war C. 1926–1929 Wirtschaftsminister und 1929–1931 Außenminister. Wie sein Vorgänger →Stresemann setzte er sich ziemlich ergebnislos für eine Verständigung mit den Westalliierten ein und versuchte Erleichterungen bei den Reparationen, insbesondere über den →Young-Plan, und in der →Rheinlandbesetzung zu erreichen. Der von ihm mitgetragene Plan einer →Zollunion mit Österreich scheiterte 1931 an Frankreichs Widerstand, den der Haager Schiedsgerichtshof für rechtens erklärte. Bei der Umbildung des Kabinetts →Brüning am 3. 10. 1931 verlor C. sein Ministeramt. Seine politischen Erfahrungen legte er in „Was im Haag erreicht wurde" (1929), „Sechs Jahre Minister der deutschen Republik" (1948) und „Der Young-Plan" (1950) nieder.

H. Lange: Julius Curtius, 1970.

Curzon-Linie, Grenzlinie zwischen Polen und der Sowjetunion. Die vom britischen Außenminister Lord Curzon 1920 empfohlene Grenzlinie zwischen Polen und der Sowjetunion von Dünaburg über Wilna, Grodno, Brest, entlang des Bugs nach Przemysl folgte weitgehend den ethnischen Gegebenheiten. Nach seinem Eroberungskrieg 1920/21 gegen die Sowjetunion erzwang Polen im Frieden von Riga jedoch eine rund 250 Kilometer weiter östlich verlaufende Grenze unter Einschluß großer weißrussischer und ukrainischer Gebiete. In Absprache mit dem Deutschen Reich rückte die Sowjetunion ab 16. September 1939 wieder bis etwa zur C.-Linie vor, an der sie, an einigen Stellen darüber hinausgreifend, trotz exilpolnischer Proteste auch nach dem Kriegsende 1945 festhielt. Heute rechtfertigen Polen die Besetzung der deutschen Ostgebiete bis zur Oder-Neiße-Linie mit dem Verlust jener Territorien östlich der Curzon-Linie, die sie zwischen dem Frieden von Riga und dem 2. Weltkrieg annektiert hatten. Dabei verschweigen sie, daß jene Gebiete mehrheitlich von Ukrainern und

Weißrussen besiedelt waren, die von den Polen in der Zwischenkriegszeit ebenso unterdrückt wurden wie die Deutschen in →Westpreußen, →Posen und →Oberschlesien.

Cyrenaika, nordöstliche Provinz der italienischen Kolonie Libyen in Nordafrika mit der Hauptstadt →Bengasi. Von Libyen aus griffen die Italiener ab 13. 9. 1940 die britischen Truppen in Ägypten an, wurden jedoch von denen zurückgeschlagen und mußten die C. bis zum 8. 2. 1941 aufgeben. Darauf kam ihnen das unter Führung von General Erwin →Rommel neuaufgestellte Deutsche →Afrikakorps zu Hilfe und eroberte Libyen mit Ausnahme des Hafens →Tobruk bis April 1941 zurück. Ein englischer Gegenstoß („Crusader") von November 1941 bis Januar 1942 wurde abgefangen und Libyen bis Juni 1942 vollständig erobert. Nach der Niederlage Rommels bei →El Alamein mußte Libyen dann bis zum 23. 1. 1943 von deutschen und italienischen Truppen geräumt werden.

D

Dachau, deutsches →Konzentrationslager.

DAF, Abkürzung für →Deutsche Arbeitsfront.

Dahlerus, Birger, schwedischer Industrieller und Friedensvermittler, * 6. 2. 1891 Stockholm, † 8. 3. 1957 Stockholm. Als Bekannter →Görings versuchte D. auf Wunsch der deutschen Reichsregierung im August 1939 mehrfach zwischen Berlin und London wegen der deutschpolnischen Spannungen zu vermitteln. Er flog von Berlin aus zu Gesprächen mit Außenminister Halifax am 25./26. 8. 1939 nach London und nach kurzem Aufenthalt in Berlin wieder nach England zurück, sprach am 27./28. 8. neben Halifax auch Premierminister Chamberlain, berichtete A. →Hitler am 28. 8. von diesen Unterredungen und teilte Halifax am Morgen des 29. 8. von Berlin aus telefonisch Hitlers Verständigungsbereitschaft mit, am Abend noch einmal. Am 30. 8. flog er früh wieder nach London, um Halifax und Chamberlain die deutschen Ansichten zur Lösung der Krise zu erläutern. Mittags telefonierte er zweimal mit Göring und übermittelte danach seinen englischen Gesprächspartnern die deutsche Bereitschaft, weiter mit Polen zu verhandeln, am Abend kehrte er nach Berlin zurück. Am 31. 8. begleitete er den britischen Botschafter Henderson zum polnischen Botschafter und las ihm die deutschen Vorschläge zur Beilegung des Konflikts vor. Anschließend unterrichtete ihn Henderson vertraulich von dem, was er außerdem noch vom polnischen Botschafter Lipski erfahren habe: Polen erwarte nach dem Kriegsausbruch den Sturz der NS-Regierung durch oppositionelle deutsche Gruppen, fürchte einen bewaffneten Konflikt mit dem Deutschen Reich daher nicht und werde sich deshalb auch auf keine Verhandlungen mit der Reichsregierung einlassen. Mittags telefonierte D. mit Sir Horace Wilson im Foreign Office, aber der schrie „Halten Sie den Mund" und legte den Hörer auf. Am 1. 9. bot er den Engländern zweimal telefonisch seinen erneuten Besuch an, erhielt jedoch die Antwort, vor einem Rückzug der deutschen Truppen aus Polen sei man im Foreign Office daran nicht interessiert. Am 3. 9. übermittelte er noch vor dem Ablauf des britischen Ultimatums in zwei Ferngesprächen Görings – von A. Hitler gebilligte – Bereitschaft, sofort zu Verhandlungen nach London zu fliegen, aber man legte in London wieder auf. Beim Nürnberger IMT trat D. 1946 als Zeuge auf. Über seine vergebliche Mission schrieb D. nach dem Krieg das Buch „Der letzte Versuch", deutsch 1948.

D. L. Hoggan: Der erzwungene Krieg, 1962.

DAI, Abkürzung für das →Deutsche Ausland-Institut in Stuttgart.

Daily-Telegraph-Affäre, deutsch-englische Verstimmung 1908. Der Londoner „Daily Telegraph" veröffentlichte am 28. 10. 1908 Teile eines als Interview umgestalteten Gesprächs des deutschen Kaisers →Wilhelm II. mit dem britischen Obersten Stuart Wortley aus dem Vorjahr, worin Wilhelm II. seine Englandfreundlichkeit betonte und erklärte, diese würde in Deutschland kaum erwidert und habe im Burenkrieg ein Kontinentalbündnis gegen England verhindert. Das wurde in Großbritannien als Überheblichkeit und in Deutschland unzutreffenderweise als unzulässige Einmischung des Kaisers in die Kompetenz des Reichskanzlers angesehen, was zu Parlamentsdebatten und Diskussionen in der Presse führte. Das Interview war vor der Veröffentlichung zuständigerweise dem Reichskanzler von →Bülow vorgelegt, von diesem jedoch fahrlässig einem untergeordneten Beamten zur Prüfung überlassen worden. In der Reichstagsdebatte vom 10./11. 11. 1908 wandten sich alle

Parteien gegen den Kaiser, der vom Reichskanzler, der deswegen seinen Rücktritt eingereicht hatte, schlecht verteidigt wurde, so daß Wilhelm II. selbst an Abdankung dachte. Aus diesem Anlaß von SPD, Zentrum und Freisinnigen gestellte Anträge zur Änderung der Reichsverfassung fanden keine Mehrheit im Reichstag, die Schwächung von Kaiser und Reichskanzler gegenüber dem Reichstag wirkte sich jedoch noch beim Sturz von Bülows 1909 aus.

W. Schüssler: Die Daily-Telegraph-Affaire 1909, 1952.

DAK, Abkürzung für Deutsches →Afrikakorps.

Daladier, Edouard, * 18. 6. 1884 Carpendras (Dep. Vaucluse), † 10. 10. 1970 Paris. 1838–1940 franz. Ministerpräsident, Verhandlungspartner →Hitlers beim →Münchener Abkommen 1938.

Daladier-Linie, französische Befestigungen. Als Fortsetzung der →Maginot-Linie nach Nordwesten bis Calais sollte die D. Frankreich gegen einen deutschen Angriff durch Belgien schützen. Sie wurde im 2. Weltkrieg bereits am 14. 5. 1940 bei Sedan von der deutschen Wehrmacht durchbrochen.

J. Piekalkiewicz: Der Zweite Weltkrieg, 1985.

Daluege, Kurt, SS-Oberstgruppenführer und Chef der Ordnungspolizei, * 15. 9. 1897 Kreuzberg/Oberschlesien, † 23. 10. 1946 Prag. Nach Notabitur ab 1916 Kriegsfreiwilliger, trat D. nach Kriegsende dem Freikorps →Roßbach bei. Er studierte dann in Berlin bis zum Diplomingenieur und war ab 1924 Angestellter der Stadt Berlin im Hoch- und Tiefbau. Frühes Mitglied der NSDAP, gründete er am 22. 3. 1926 die SA in Berlin und Norddeutschland und war ihr Berliner Führer, zugleich stellvertretender Gauleiter von Berlin bis 1928. 1928–1933 führte D. die Berliner SS und ab 1931 die SS-Gruppe Ost. Ab 1932 Mitglied des Landtages in Preußen, wurde er am 3. 5. 1933 Ministerialdirektor im preußischen Innenministerium und Leiter der Polizeiabteilung, im September 1933 preußischer Staatsrat und Befehlshaber der Polizei in Preußen, im November 1933 Mitglied des Reichstages. 1936 wurde D. Chef der Ordnungspolizei im Deutschen Reich. Seit dem 20. 4. 1942 SS-Oberstgruppenführer, wurde D. nach dem Attentat auf →Heydrich am 31. 5. 1942 zum stellvertretenden Reichsprotektor von Böhmen und Mähren ernannt. Als solcher wurde er nach 1945 für die Vergeltungsaktion von Lidice verantwortlich gemacht und nach Auslieferung von den Westalliierten an die CSR in Prag zum Tode verurteilt und von den Tschechen hingerichtet.

C. Cadle: My Honor is Loyalty, 1979.

Damaschke, Adolf Wilhelm Ferdinand, Sozialreformer und -politiker, * 24. 11. 1865 Berlin, † 30. 7. 1935 Berlin. Als Volksschullehrer in Berliner Arbeitervierteln mit der Not der einkommensschwachen Bevölkerungsgruppen vertraut, verlangte D. eine Bodenreform, da der Boden wegen seiner Unvermehrbarkeit dem freien Markt entzogen und das Bodeneigentumsrecht beschränkt werden müsse. Seit 1895 freier Publizist, gründete D. mit anderen 1896 den →„Bund deutscher Bodenreformer", den er bis 1935 als Vorsitzender führte. 1903 zog er sich aus der Parteipolitik zurück. Als Herausgeber der „Blätter für Bodenreform" (1889–1935) und des „Jahrbuchs der Bodenreform" (ab 1905) wie durch seine Bücher „Aufgaben der Gemeindepolitik" ([4]1901), „Die Bodenreform" (1902) und „Zur Einführung in die deutsche Heimstättenbewegung" (1920) wirkte er auf die Boden-, Steuer- und Sozialpolitik der Weimarer Zeit wie des 3. Reiches, besonders beim Heimstättenwerk sowie bei der Entstehung der Bausparkassen und -genossenschaften. Seine Erinnerungen „Aus meinem Leben" erschienen 1924/25, neubearbeitet als „Ein Leben für Nation und Sozialismus" 1934.

M. Liertz: Adolf Damaschke und die deutsche Bodenreform, 1948.

Damenweg, (französisch Chemin des Dames), Schlachtort im 1. Weltkrieg. Der als 30 Kilometer langer Höhenweg über den Rücken zwischen Aisne und Ailette südlich von Laon führende D. war im 1. Weltkrieg nach dem deutschen Rückzug von der Marne in deutscher Hand geblieben und lange hart umkämpft, insbesondere in der Doppelschlacht Aisne-→Champagne (6. 4.–27. 5. 1917). Nachdem die deutsche Front im November 1917 hinter die Ailette zurückgenommen war, wurde der D. am 27. 5. 1918 von den Deutschen zurückerobert und bis Oktober 1918 gehalten. Im 2. Weltkrieg wurde der D. von der deutschen Wehrmacht am 20. 5. 1940 genommen.

H. Stegemann: Geschichte des Krieges, vier Bände, 1917–21.

Danzigfrage, politische Streitfrage um Danzig nach dem →Versailler Diktat 1919–1939. Das fast rein deutsche Danzig (1966 km² mit rund 380 000 Bewohnern, davon nur 3 % Polen) war nach dem Versailler Diktat am 15. 11. 1920 ohne Abstimmung und gegen den Protest der Bevölkerung vom Reich abgetrennt und als sogenannter Freier Staat unter Völkerbundsherrschaft gestellt worden. Hoher Kommissar des Völkerbunds war in Danzig 1937–1939 C. J. →Burckhardt. Polen hatte die Hafen- und Zollrechte in der Stadt. Ab 1933 bekam in freien Wahlen die NSDAP im Volkstag und Senat die Mehrheit und stellte den Senatspräsidenten, →Rauschning bis November 1934, dann

→Greiser. Deutsche wie Danziger Bestrebungen, die Stadt dem Reich wieder anzuschließen, stießen auf heftigen Widerstand Polens, wurden jedoch im November 1937 vom britischen Außenminister Halifax ausdrücklich als berechtigt anerkannt. Mit zahllosen Schikanen versuchten die Polen, Danzig weiter vom Reich zu trennen und ihre Befugnisse in der Stadt zu vergrößern. 1938/39 machte das Reich mehrmals offizielle Vorschläge zur Rückkehr Danzigs an das Reich gegenüber Polen, mit dem Angebot eines Nichtangriffspaktes für 25 Jahre, die jedoch strikt abgelehnt wurden. Mit einem Zollstreit Anfang August 1939 und anderen Zwischenfällen eskalierten die Vorgänge in Danzig. Am 23. 8. 1939 wurde Gauleiter →Forster Staatsoberhaupt Danzigs, der am 1. 9. 1939 Danzig zum Bestandteil des Deutschen Reiches erklärte. Das deutsche Linienschiff „Schleswig-Holstein" leitete am Morgen des 1. 9. 1939 mit der Beschießung der polnisch besetzten Westerplatte in der Danziger Bucht den Polenfeldzug ein, nachdem schon an den Vortagen deutsche Verkehrsflugzeuge über See von der Westerplatte aus beschossen waren. Danach wurde Danzig Teil des Reichsgaues Danzig-Westpreußen. 1945 kam Danzig unter polnische Verwaltung.

R. Ruhnau: Danzig, 1971. R. Ruhnau: Danzig gestern und heute, 1985. L. Denne: Das Danzigproblem in der deutschen Außenpolitik 1934–39, 1959. W. Ramonat: Der Völkerbund und die Freie Stadt Danzig 1920–1934, 1979. C. J. Burckhardt: Meine Danziger Mission 1937–1939, 1960. W. Epp: Danzig – Schicksal einer Stadt, 1984. R. Ruhnau: Die freie Stadt Danzig 1919–1939, 1979. A. Forster und A. Greiser: Danzigs Lebenskampf, 1935.

Danzig-Westpreußen, Reichsgau 1939–1945. Nach dem siegreichen →Polenfeldzug wurde aus dem Gebiet der Stadt →Danzig, der überwiegend deutsch bewohnten, zurückeroberten früheren preußischen Provinz →Westpreußen mit den Regierungsbezirken Danzig und Bromberg sowie dem nach dem 1. Weltkrieg Ostpreußen angegliederten westpreußischen Regierungsbezirk Marienwerder der selbständige Reichsgau D.-W. gebildet, der nicht an Preußen angegliedert, sondern dem Reich unmittelbar unterstellt wurde. Der frühere Gauleiter von Danzig, Albert →Forster, wurde Gauleiter des Reichsgaus. 1945 wurde der Reichsgau polnischer Verwaltung unterstellt, die den größten Teil der deutschen Bevölkerung vertrieb, wobei viele ermordet wurden.

W. Zarske: Sechs Monate Reichsgau Danzig-Westpreußen, 1940.

DAP, Abkürzung für die →Deutsche Arbeiterpartei von 1919, der Vorgängerin der →NSDAP.

Dardanellenangriff, vergeblicher britisch-französischer Angriff 1915/16 zur Eroberung der Dardanellen. Um den russischen Verbündeten auf dem Seeweg unterstützen zu können, versuchten britisch-französische Flotteneinheiten mit über 15 Linienschiffen unter dem englischen Vizeadmiral de Robeck am 18. 3. 1915 nach vorausgegangenen Beschießungen und erfolglosen Landungsversuchen, die Meerengen der Dardanellen zu durchbrechen. Unter dem deutschen Admiral →Souchon schlugen türkische und deutsche Schiffe den Angriff zurück, wobei zwei britische und ein französisches Linienschiff versenkt wurden. Am 25. 4. und 6. 8. 1915 landeten britische, französische und australische Truppen an verschiedenen Stellen der Halbinsel Gallipoli, die jedoch unter dem preußischen General und türkischen Marschall Liman von Sanders erfolgreich verteidigt wurde, so daß das Unternehmen am 20. 12. 1915 bzw. 9. 1. 1916 von den Alliierten erfolglos abgebrochen wurde. Bei den unter Hamilton eingesetzten 410000 Briten und 79000 Franzosen betrugen die Verluste 115000 bzw. 27000 Mann, die der Türken 165000. Rund 500 Deutsche waren bei der Abwehr des D. in meist führenden Stellen beteiligt. Für das alliierte Landeunternehmen soll sich →Churchill stark eingesetzt haben.

H. Stegemann: Geschichte des Krieges, Band 3, 1919. E. B. Potter: Seemacht, 1982. H. Kannengießer: Gallipoli, 1927.

Darré, Richard Walther, Reichsminister und Reichsbauernführer. * 14. 7. 1895 Belgrano/Argentinien, † 5. 9. 1953 München. Nach Schulbesuch in Deutschland und England nahm der Kriegsfreiwillige als Offizier am 1. Weltkrieg teil, wurde 1920 Diplomkoloniallandwirt und 1925 Diplomlandwirt. Kurzzeitig war er Angehöriger eines Berliner →Freikorps. Bei den Artamanen lernte er H. →Himmler kennen. Nach Tätigkeit bei der deutschen diplomatischen Vertretung in Kowno, Reval und Riga erschienen 1928/30 seine Bücher „Das Bauerntum als Lebensquell der nordischen Rasse" und „Neuadel aus Blut und Boden", in denen er auf das Bauerntum und seine Bedeutung für die Bestandserhaltung des deutschen Volkes hinwies. Er stand seit 1927 in Verbindung mit der →NSDAP, wurde 1930 ihr Mitglied, entwarf ihr agrarpolitisches Programm, wurde Leiter ihrer agrarpolitischen Abteilung und begann die Bauern in der Partei zu organisieren. 1930 trat er auch der SS bei, baute 1931–1932 deren Rassen- und Siedlungsamt (später: Rasse- und Siedlungshauptamt) auf und leitete es bis 1938. Am 4. 4. 1933 wurde D. →Reichsbauernführer, am 29. 6. 1933 als Hugenbergs

Nachfolger Reichsminister für Ernährung und Landwirtschaft. Mit dem →Reichserbhofgesetz vom 29. 9. 1933 trug er wesentlich zur Entschuldung, Erhaltung und zum Selbstbewußtsein der deutschen Bauern bei, zu deren Ansehen auch durch das jährliche →Erntedankfest auf dem Bückeberg bei Hameln. Im November 1933 wurde D. Mitglied des Reichstages, Reichsleiter der NSDAP, 1934 SS-Gruppenführer, Mitglied der Akademie für Deutsches Recht und Ehrenpräsident der Deutschen Landwirtschaftlichen Gesellschaft. Er gründete im September 1933 den →Reichsnährstand als Ständevertretung der deutschen Bauern und des Agrarhandels und gab daneben landwirtschaftliche Zeitschriften heraus. Selbst veröffentlichte er u. a.: „Der Schweinemord" (1937), „Um Blut und Boden" (1939), „Erkenntnisse und Werden" (1940), „Neuordnung unseres Denkens" (1940), „Aufbruch des Bauerntums" (1942) und „Im Kampf um die Seele des deutschen Bauern" (1943). Im Mai 1942 trat er wegen Meinungsverschiedenheiten über kriegsbedingte Agrarfragen als Minister zurück, blieb jedoch bis Kriegsende Reichsbauernführer. 1945 wurde D. verhaftet, am 14. 4. 1949 im →Wilhelmstraßenprozeß zu sieben Jahren Haft verurteilt, 1950 jedoch vorzeitig freigelassen und lebte danach in Bad Harzburg.
H. Reischle: Reichsbauernführer Darré, 1933. H. Gies: Walther Darré und die nationalsozialistische Bauernpolitik 1930 bis 1933, 1966. F. Grundmann: Agrarpolitik im „Dritten Reich", 1979. A. Bramwell: Blood and Soil, 1985.

Davidstern, →Judenstern.

Dawes-Plan, alliierter Zahlungsplan für deutsche →Reparationen 1923/24. Als im Sommer 1923 nach dem →Ruhrkampf und wachsender →Inflation in Deutschland klar wurde, daß der Reparationszahlungsplan der →Londoner Konferenz von 1921 nicht eingehalten werden konnte, setzte die Reparationskommission am 26. 12. 1923 auf Ersuchen Deutschlands zwei Sachverständigenausschüsse unter dem US-Bankier Charles →Dawes und dem Briten MacKenna zur Untersuchung der deutschen Zahlungskraft ein. Die Gutachten vom 9. 4. 1924 hoben die Bedeutung der wirtschaftlichen Gesundung Deutschlands hervor und wandten sich gegen die französische Ruhrbesetzung. Das Dawes-Gutachten wurde dann Vorlage für die am 15./16. 8. 1924 in London unter deutscher Beteiligung (→Stresemann, →Luther) stattfindende Reparationskonferenz, die den D. erarbeitete: Deutschland mußte auf unbestimmte Zeit jährlich 2,5 Mrd. Goldmark zahlen, wobei die volle Summe erst im fünften Jahr fällig wurde; Reichsbahn und Reichsbank

wurden unter internationaler Kontrolle verpfändet, ebenso die Einnahmen aus Zöllen und Verbrauchssteuern, die deutsche Industrie wurde mit dem Zinsendienst für Anleihen von fünf Mrd. Goldmark belastet; in Berlin wurde eine internationale Agentur unter Parker Gilbert für die Abwicklung eingesetzt. Obwohl der D. keine endgültige Reparationssumme nannte und zu einer großen Auslandsverschuldung Deutschlands führte, wurde er vom Reichstag gegen die Stimmen der nationalen Parteien angenommen, trat am 1. 9. 1924 in Kraft und wurde, als er sich als undurchführbar erwies, 1930 durch den →Young-Plan abgelöst. Als Vorteile des D. wurde angesehen, daß Deutschland eine Auslandsanleihe von 800 Mill. RM erhielt und Frankreich die Räumung des Ruhrgebietes innerhalb eines Jahres zusagte und Dortmund sofort räumte. Die unerfüllbaren Forderungen des D. trugen wesentlich mit zur Verelendung des deutschen Bürgertums und zur Zerstörung der →Weimarer Republik bei.
K. Bergmann: Der Weg der Reparation, 1926. M. Sering: Deutschland unter dem Dawesplan, 1928. W. Link: Die amerikanische Stabilisierungspolitik in Deutschland 1921–32, 1970. K. A. Holz: Die Diskussion um den Dawes-Plan und Young-Plan in der deutschen Presse, 1977. R. C. Dawes: Wie der Dawesplan zustande kam, 1926.

DDP, Abkürzung für →Deutsche Demokratische Partei.

Degrelle, Léon, belgischer Politiker und SS-Divisionskommandeur, * 15. 6. 1906 Bouillon/Luxemburg. Der Jurist gründete 1930 im wallonischen Belgien die katholische Rex-Bewegung (Christkönigbewegung), die sich für einen autoritären Ständestaat aus „natürlichen Gemeinschaften" (Familie, Berufsstand, Volk) und gegen die Parteien einsetzte und 1936 im belgischen Parlament 21 Sitze hatte, sie 1939 jedoch teilweise wieder verlor. Im Mai 1940 in Belgien verhaftet und nach Frankreich verschleppt, wurde er dort von den Deutschen befreit. Er trat freiwillig ins deutsche Heer ein, kam zur Waffen-SS und erhielt am 13. 2. 1944 nach dem Tode des 1. Kommandeurs die Führung der Sturmbrigade „Wallonie", die sich im Kessel von Tscherkassy bewährte und im August 1944 den sowjetischen Durchbruch auf Dorpat verhinderte. Am 27. 8. 1944 erhielt D. als höchstdekorierter Ausländer der Wehrmacht das →Eichenlaub zum Ritterkreuz und die Goldene Nahkampfspange von →Hitler. Mit seiner SS-Division „Wallonie" verteidigte er zuletzt Teile Pommerns, insbesondere den Oderbrückenkopf Stettin-Altdamm. Am 7. 5. 1945 flog er von Oslo aus in einer He 111 nach Nordspanien, wo die Maschine wegen Treibstoffmangels kurz vor der Küste abstürzte. D. wurde schwerverletzt geborgen. Belgien verurteilte ihn am 14. 12. 1945 zum Tode und verlangte seine Auslieferung von Spanien, das darauf nicht antwortete. D. schrieb „Die verlorene Legion" ([2]1972) und „Erinnerungen eines Faschisten" (1969), in englisch erschien „Hitler born at Versailles" (1987).

E. G. Krätschmer: Die Ritterkreuzträger der Waffen-SS, [3]1982. J. Vinks: Der Nationalismus in Flandern, 1978. H. W. Neulen: An deutscher Seite, 1985.

Dehmel, Richard, lyrischer Dichter, * 18. 11. 1863 Wend. Hermsdorf/Saganer Heide (Niederschlesien), † 8. 2. 1920 Blankenese. Nach Studien in Berlin und Leipzig war der Förstersohn Journalist, dann Sekretär im Wirtschaftsverband. Künstlerisch war er stark von Nietzsche und einer Griechenlandreise beeindruckt. Wie sein Freund Liliencron schuf er naturalistische Gedichte. Dem Bauern galten seine Erntelieder, Spottverse aber Spießbürgern und selbstquälerischen Gruppen. Ab 1895 lebte er als freier Schriftsteller, seit 1901 im Hamburger Vorort Blankenese. 1914 wurde er Kriegsfreiwilliger. Der Wegbereiter des Expressionismus spürte „eines Erdgotts Hand und urweltliches Treiben". Alles drängte sich ihm zusammen in ein „übermächtiges Eines". Neben seinen Gedichten schrieb er den Roman in Romanzen „Zwei Menschen" (1903) und sein Tagebuch „Zwischen Volk und Menschheit" (1919) sowie Schauspiele wie „Der Mitmensch" (1895) und „Menschenfreunde" (1917).

R. Liebold: Dehmel, Diss. Tübingen 1956. J. Bab: Richard Dehmel, 1926. G. Schiefler: Richard Dehmel, 1961.

Delmer, Denis Sefton, britischer Journalist und Kriegsberichterstatter, * 24. 5. 1904 Berlin, † 5. 9. 1979. D. lebte bis zum 2. Weltkrieg als Journalist meist in Deutschland und war ab 1941 für die gesamte britische Kriegspropaganda verantwortlich. Dabei schreckte er vor Lügen und Fälschungen (z. B. →„Mölders-Brief") nicht zurück. Er schrieb „Die Deutschen und ich" (1962).

„Delta", Unternehmen, Deckname für die deutsche Säuberung Westgriechenlands von Partisanen 1943. Die Anweisung zum sofortigen Beginn dieser Maßnahmen erfolgte am 10. 7. 1943.

R. Kaltenegger: Die Stammdivision der deutschen Gebirgstruppe, 1981.

Demjansk, sowjetische Stadt zwischen Ilmensee und Seligersee. Hier, im Nordabschnitt der Ostfront, wurden das II. deutsche Armeekorps unter General der Infanterie Graf von Brock-

dorff-Ahlefeldt und Teile des X. Armeekorps, insgesamt etwa 100 000 Mann, vom 8. 2. bis 28. 4. 1942 von sowjetischen Truppen eingekesselt. Sie wurden, wie auch beim Kessel von Cholm, bis zum Entsatz aus der Luft versorgt, um Feindkräfte zu binden. Mit Beginn der wärmeren Jahreszeit konnten sie durch die 16. deutsche Armee freigekämpft werden. Für die Verteidigung von D. wurde 1943 der D.-Schild als Ärmelschild gestiftet.

W. Haupt: Demjansk.

Demokratie, →Verfassung der Bundesrepublik Deutschland.

„Der Schulungsbrief", Monatszeitschrift 1934–1944. Der S. wurde ab März 1934 monatlich vom Hauptschulungsamt der →NSDAP und der →Deutschen Arbeitsfront in Berlin herausgegeben. Hauptschriftleiter war F. H. Woweries, Mitglied des Reichstages. „D". enthielt hauptsächlich Berichte über die Entwicklung der NSDAP und ihrer Verbände, über allgemeine Geschichte, ideologische Themen, im 2. Weltkrieg auch über das Frontgeschehen. Herausgeber war ab Mai 1937 der Reichsorganisationsleiter der NSDAP. →Amtswalter der Politischen Organisation der NSDAP und der →Betriebszellenorganisation erhielten den →„D." kostenlos, für andere Leser betrug er den Jahresbezugspreis vier Reichsmark. Das letzte Heft erschien (seit Mitte 1944 in kleinerem Format) Ende 1944 als „Frontausgabe".

Deutsch-Atlantische Telegraphengesellschaft (DAT), deutsche Überseekabelgesellschaft. Die 1899 mit Sitz in Berlin gegründete DAT betrieb deutsche Überseekabel und war die einzige deutsche Kabelgesellschaft, nachdem sie sich ab 1922 mit anderen Kabelgesellschaften vereinigt hatte. Ab 1924 begann sie mit der Neueinrichtung überseeischer Kabelverbindungen, nachdem durch das →Versailler Diktat die deutschen Überseekabel enteignet waren.

Deutschbalten, →Baltendeutsche.

Deutsch-Belgien, Sammelbezeichnung für das deutschsprachige Gebiet Belgiens. Es besteht aus dem 1918 an Belgien abgetretenen Gebiet von Eupen, den deutschsprachigen Gebieten des Kantons →Malmedy (die Stadt Malmedy selbst ist mehrheitlich wallonisch), aus dem altbelgischen, an das Eupener Gebiet angrenzenden Gebiet von Montzen und dem an Luxemburg angrenzenden Gebiet von Arel (Arlon). Die Zahl der Deutschen in Belgien wird, je nachdem ob man die „altbelgischen" Deutschen dazuzählt, mit 60000 (Haarmann), 75000 (Badendiek) oder 110000 (Straka und Brugger) angegeben. Bis zum Ende des 1. Deutschen Reiches gehörte ganz Belgien (seit dem Ende des spanischen Erbfolgekrieges 1714 unter österreichischer Herrschaft) zum Reichsgebiet. Nach der napoleonischen Zeit mit den Niederlanden vereinigt (und dadurch mit Luxemburg in Personalunion verbunden), löste es sich 1830 von den Niederlanden. Luxemburg wurde geteilt, der französisch-sprachige Teil und das Gebiet von Arel kamen, wie auch das Montzener Gebiet zu Belgien. Im →Versailler Diktat wurden →Eupen und Malmedy Belgien zugeschlagen, eine versprochene Volksbefragung wurde nicht korrekt durchgeführt. 1940–1945 wieder ein Teil des Deutschen Reiches, gehört es seitdem wieder zum belgischen Staatsgebiet. Das „neubelgische" Deutschtum der 1918 abgetretenen Gebiete ist als Volksgruppe anerkannt (Sondergesetz von 1980), verfügt über ein eigenes Schulwesen, deutsche Medien und einen gewählten Rat der Volksgruppe als Rechtspersönlichkeit, in Verwaltung und Justiz ist die deutsche Sprache anerkannt. Eine Besonderheit ist die Möglichkeit, daß Wehrpflichtige ihren Wehrdienst in einer Einheit mit deutscher Kommandosprache ableisten. Im „altbelgischen" Gebiet ist die Schul- und Verwaltungssprache französisch und die deutsche Sprache vom Aussterben bedroht. M. Straka: Handbuch der europäischen Volksgruppen, 1970. G. Brugger: Die deutsche Volksgruppe in Belgien, 1969. H. Haarmann: Soziologie und Politik der Sprachen Europas, 1975. P. Nasarski (Hrsg): Wege und Wandlungen, Band 1, 1981.

Deutsch-britisches Flottenabkommen, deutsch-britische Vereinbarung vom 18. 6. 1935 über die Höchstgrenze der deutschen Flotte. Vor dem Hintergrund langjähriger vergeblicher Konferenzen zwischen den Großmächten über allgemeine Abrüstung zu Lande wie zu Wasser wurde ab März 1935 nach kurzen Verhandlungen zwischen dem deutschen Sonderbotschafter von →Ribbentrop und dem britischen Außenminister am 18. 6. 1935, dem Jahrestag der Schlacht bei Waterloo, ein D. durch Briefaustausch geschlossen. Es sah unter Bruch der →Versailler Bestimmungen vor, daß die Gesamttonnage der deutschen Kriegsflotte auf 35 % der des Commonwealth erhöht werden durfte, die französische sollte 30 % über der deutschen liegen; das Verhältnis der U-Boote sollte 45:100, später 1:1 betragen; Deutschland verpflichtete sich, die internationalen Bestimmungen über den U-Bootkrieg einzuhalten, insbesondere keinen uneingeschränkten U-Bootkrieg zu führen. Mit dem D. erlangte Deutschland ein weiteres Stück →Wehrhoheit zurück und konnte erfolgreich mit internationaler Zustimmung einen Teil des →Versailler Diktates revidieren. Am 17. 7. 1937 wurde eine Zusatzvereinbarung getroffen, die Einzelheiten und gegenseitige Information zum Schiffsbauprogramm umfaßte. Das Abkommen wurde am 28. 4. 1939 von →Hitler gekündigt, als England Polen die →Garantieerklärung gegeben hatte. N. T. Wiggershaus: Der deutsch-englische Flottenvertrag vom 18. 6. 1935, 1972. F. Berber (Hrsg.): Deutschland–England 1933–1939, 1940. R. Bensel: Die deutsche Flottenpolitik von 1933–1939, 1958. R. Ingrim: Hitlers glücklichster Tag, 1962. K. Meyer: Das deutsch-englische Flottenabkommen von 1935, 1940. H. Rogge: Hitlers Versuche zur Verständigung mit England, 1940.

Deutschbund, völkische Vereinigung. Der 1894 von Friedrich Lange gegründete D. war die älteste deutschvölkische Vereinigung. Er erstrebte die Wiedererweckung und Vertiefung völkischen Gedankenguts.

Deutsch-christliche Bewegungen, Glaubensvereinigungen für ein artgemäßes deutsches Christentum. Unter dem Einfluß des nordischen Gedankens und der Ergebnisse der Rassenlehre, vorbereitet durch Schriften H. St. →Chamberlains, G. →Frenssens u. a., entstanden nach dem 1. Weltkrieg mehrere deutsch-christliche Gemeinschaften, die insbesondere den Einfluß des Alten Testaments und des Judentums im Christentum zurückdrängen wollten; 1921 der „Bund für deutsche Kirche", 1927 die „Geistchristliche Religionsgemeinschaft" und die „Kirchenbewegung Deutsche Christen", 1932 die →„Glaubensbewegung Deutsche Christen". Da die meisten dieser Vereinigungen dem Nationalsozialismus positiv gegenüberstanden, hatten sie im Dritten Reich erheblichen Einfluß und Spielraum im religiösen Bereich, nach 1945 jedoch nicht mehr.

Deutsche Afrika-Linien (DAL), Sammelbezeichnung deutscher Schiffslinien. Seit 1934 und bis zum 2. Weltkrieg betrieben unter der Bezeichnung DAL die Woermann-Linie, die deutsche Ostafrika-Linie und die Hamburg-Bremer-Afrika-Linie den Afrikadienst gemeinsam. Sitz der Vereinigung war Hamburg. Die DAL wurden ab 1950 wieder aufgebaut.

Deutsche Agrarpartei, österreichische politische Partei. Aus Vertretern der →Alldeutschen Bewegung bildete sich 1905 die D., die auf deutsch-nationaler Grundlage vor allem die Interessen der Bauern vertrat. Sie war besonders in Kärnten und Böhmen vertreten. Aus ihr entstand 1920 die →Deutsche Bauernpartei, 1923 der →Landbund.

Deutsche Akademie der Dichtung, wissenschaftliche Akademie für Dichtkunst. Die 1926 gegründete Abteilung Dichtung der Preußischen Akademie der Künste in Berlin wurde 1933 in D. A. d. D. umbenannt. Ihr erster Vorsitzender war Hanns →Johst. Sie bestand bis 1945.

Deutsche Ansiedlungsgesellschaft (DAG), Vereinigung zur Ostsiedlung. Die aus den Reihen der →SS gegründete DAG hatte die Förderung der deutschen Ansiedlung in den ab 1939 zum Deutschen Reich gehörenden Gebieten im Osten zur Aufgabe.

Deutsche Arbeiterpartei (DAP), nationale Partei 1919/20. Am 5. 1. 1919 wurde die DAP von A. Drechsler und K. Harrer in München gegründet. Sie wurde am 24. 2. 1920 in →NSDAP umbenannt.

Deutsche Arbeiterpartei, österreichische politische Partei. Die D. wurde am 15. 11. 1903 in Aussig/Sudetenland gegründet und gab sich am 15. 8. 1904 in Trautenau ihr Programm, das auf dem „Linzer Programm" von 1882 der Deutschnationalen beruhte und weitere soziale und nationale Forderungen enthielt. Sie wurden im September 1913 unter Einfluß von W. Riehl mit antimarxistischer Zielrichtung verschärft und wandten sich außerdem gegen Klerikalismus und Judentum. Bei den Reichsratswahlen 1911 errang die D. drei Mandate. Die D. nannte sich im Mai/August 1918 in →Deutsche Nationalsozialistische Arbeiterpartei (DNSAP) um und forderte im neuen Programm vom August 1918 nun die „Zusammenfassung des gesamten deutschen Siedlungsgebietes in Europa zum demokratischen, sozialen Deutschen Reich". Nach dem 1. Weltkrieg spaltete sich die DNSAP in einen sudetendeutschen und einen österreichischen Teil, den W. Riehl bis 1924 führte. 1926 schloß sich nach inneren Krisen und Spaltungen die österreichische DNSAP der deutschen →NSDAP an, deren Programm nun verbindlich wurde, insbesondere das Führerprinzip. Teile der alten DNSAP blieben unter dem früheren Vorsitzenden K. Schulz bis in die 30er Jahre unabhängig, aber unbedeutend. Presseorgane der D. waren u. a. die „Deutsche Arbeiterstimme", Gablonz, und die „Deutsche Arbeiter-Zeitung", Aussig.

Deutsche Arbeitsfront (DAF), Verband zur sozialen und beruflichen Betreuung der berufstätigen Deutschen 1933–1945. Nachdem am 2. 5. 1933 die früheren Freien Gewerkschaften aufgelöst und dem nationalsozialistischen Stabs-

leiter Dr. Robert →Ley unterstellt, bald danach auch die christlichen Gewerkschaften übernommen worden waren und sich auch die anderen Angestellten- und Arbeiterverbände zur Verfügung gestellt hatten, tagte am 15. 5. 1933 ein Gründungskongreß. Die DAF wurde dann im November 1933 mit Wirkung vom 1. 1. 1934 gegründet, erhielt am 24. 10. 1934 eine Verfassung von A. →Hitler und wurde dadurch der NSDAP angeschlossen. Leiter blieb Dr. Ley, Stellvertreter R. Schmeer. Die DAF sollte den Arbeitsfrieden im Sinne des nationalsozialistischen Gemeinschaftsgedankens sichern und die Belange der Arbeiter „durch Bildung einer wirklichen Volks- und Leistungsgemeinschaft, die dem Klassenkampfgedanken abgeschworen hat", vertreten. Grundsätzlich galt Einzelmitgliedschaft für alle berufstätigen Reichs- und Auslandsdeutschen, daneben gehörten Verbände (→Reichsnährstand, →Reichskulturkammer, →NS-Ärztebund, →NS-Rechtswahrerbund u. a.) der DAF korporativ an. Die DAF gliederte sich in Gau-, Kreis- und Ortsgruppen sowie in Betriebs- und Straßenzellen. Die Funktionsträger führten die Bezeichnung – „walter" in Verbindung mit dem jeweiligen Amtsbereich. Das Zentralbüro der DAF in Berlin gliederte sich in eine Zahl von Ämtern für besondere Aufgaben (Rechtsberatung, Berufserziehung, Wohnungswesen u. a.). Eine fachlich-vertikale Gliederung wies 16 Fachämter auf (früher Reichsbetriebsgemeinschaften): Nahrung und Genuß; Textil; Bekleidung; Bau; Wald und Holz; Eisen und Metall; Chemie; Druck und Papier; Energie; Verkehr; Verwaltung; Bergbau; Banken und Versicherung; Freie Berufe; Verbindungsstelle DAF-→Reichsnährstand; Steine und Erden; Hauptarbeitsgebiet Handel und Handwerk mit den Fachämtern „Der deutsche Handel", „Das deutsche Handwerk" sowie die DAF-Abteilungen Wehrmacht und Luftfahrt. Eine Sonderdienststelle der DAF bildete die →NS-Gemeinschaft „Kraft durch Freude", die alle Einzelmitglieder der DAF umfaßte und preiswerte Auslandsreisen, insbesondere auf KdF-eigenen Schiffen, anbot. Das →„Heimstättenamt Gehag" (Gemeinnützige Heimstätten-Spar- und Bau-AG) baute mustergültige Arbeitersiedlungen. Das Amt →„Schönheit der Arbeit" bemühte sich um die Verschönerung des Arbeitsplatzes und bessere Arbeitsbedingungen. Der jährliche →Reichsberufswettkampf forderte die arbeitende Jugend zu besonderen fachlichen Leistungen heraus. Die DAF führte Schulungen durch und bot umfangreiche kulturelle Programme, auch in den Betrieben (Werkpausenkonzerte), an. Das Vorhaben des →KdF-Wagens („Volkswagen") wurde eingeleitet, mit

Anleihen finanziert und dann durch den ausbrechenden 2. Weltkrieg unterbrochen. Der DAF gehörten auch eigene Wirtschaftsunternehmen an, so die Bank der Deutschen Arbeit, der Versicherungsring der Deutschen Arbeit, das KdF-Wagen-Werk (Volkswagen-Werk), Verlage u. a. 1933 hatte die DAF das Vermögen der aufgelösten Gewerkschaften übernommen. Sie erhielt außerdem Beiträge ihrer Mitglieder, die direkt vom Lohn abgezogen wurden und nach Höhe (etwa 1,5 %) und Familienstand gestaffelt waren. Die DAF war die größte Arbeiterorganisation der Welt mit 1942 rund 25 Mill. Mitgliedern und 40 000 hauptamtlichen Mitarbeitern. In den Betrieben wirkte die DAF durch das Arbeitsordnungsgesetz vom 20. 1. 1934 bei Tarif- und Vertragsfragen beratend mit und hatte das Vorschlagsrecht für den Vertrauensrat. Neben ihr amtierte der →Treuhänder der Arbeit. Als Zeitschriften erschienen „Arbeitertum" (seit 1931) und „Monatshefte für NS-Sozialpolitik" (seit 1933), als Zeitung „Der Angriff" (seit 1927). Die DAF wurde am 10. 10. 1945 durch Kontrollratsgesetz Nr. 2 aufgelöst.

R. Ley: Durchbruch zur sozialen Ehre, 1935. R. Ley: Soldaten der Arbeit, 1938. W. Müller: Das soziale Leben in Deutschland unter besonderer Berücksichtigung der Deutschen Arbeitsfront, 1938. G. Starcke: Die Deutsche Arbeitsfront, 1940. Hamburger Stiftung für Sozialgeschichte des 20. Jahrhunderts (Hrsg): Sozialstrategien der Deutschen Arbeitsfront, fünf Bände, 1987. T. W. Mason: Sozialpolitik im Dritten Reich. 1977.

Deutsche Bauernpartei, ab 1928 Bezeichnung des 1895 gegründeten →Bayerischen Bauernbundes.

Deutsche Bauernpartei, österreichische politische Partei. Als Nachfolgerin der →Deutschen Agrarpartei wurde am 26. 6. 1920 die D. gegründet, in bewußtem Gegensatz zum Reichsbauernbund der →Christlichsozialen Partei. Sie umfaßte vor allem großdeutsch gesinnte, evangelische und freisinnige Gruppen der österreichischen Bauern, insbesondere in Oberösterreich, der Steiermark und Kärnten. 1920 erhielt die D. sechs Mandate. Sie schloß sich am 6. 12. 1922 mit anderen Bauernbünden großdeutscher Haltung zum →Landbund zusammen.

A. Feldmann: Landbund für Österreich, Diss. 1967.

Deutsche Christen (DC), Bezeichnung für verschiedene national ausgerichtete Gruppen und Vereinigungen evangelischer Christen kurz vor dem und im Dritten Reich. Die D. C. strebten in Verbindung mit der Weltanschauung des Nationalsozialismus ein dem deutschen Nationalbewußtsein entsprechendes, weitgehend von der mosaischen Religion und vom Alten Testa-

ment losgelöstes Christentum an, teilweise eine „Reichskirche". Die seit 1927 bestehenden Thüringer D. C. traten unter Pfarrer S. Leffler („Christus im Dritten Reich der Deutschen", 1935) und Pfarrer J. Leutheusser („Der Weg zur christlichen Nationalkirche", [5]1936) für eine deutsche Nationalkirche ein und bejahten das →Führerprinzip, ähnlich die „Volkskirchenbewegung D. C." in Württemberg und die „Christus bekennende Reichskirche" des Bremer Bischofs Weidemann. Zu den Wahlen zur preußischen Generalsynode wurde 1932 die „Glaubensbewegung D. C." gegründet, die unter ihrem Reichsleiter, Pfarrer J. Hossenfelder, schnell großen Anklang unter der evangelischen Pastorenschaft fand und bei den Kirchenwahlen am 23. 7. 1933 viele Führungsstellen errang. Sie verkündete „artgemäßen Christenglauben, wie er deutschem Luthergeist und deutscher Frömmigkeit entspricht". Auf die D. C. stützte sich weitgehend der am 27. 9. 1933 von der Nationalsynode der Deutschen Evangelischen Kirche in Wittenberg zum Reichsbischof gewählte Pfarrer Ludwig →Müller. Bestrebungen zur völligen Abschaffung des Alten Testaments und zur Einführung des Arierparagraphen für alle Angehörigen (Sportpalastkundgebung am 13. 11. 1933) sowie nachlassende Förderung seitens der Reichsregierung schwächten einerseits die D. C. und bewirkten einen Führungswechsel (statt Hossenfelder nun Christian Kinder) mit nachfolgend gemäßigterem Programm, verstärkten andererseits den Widerstand der gegen die D. C. eingestellten „Bekennenden Kirche" mit ihrem „Pfarrernotbund". Leiter der seit 1933 so genannten „Reichsbewegung D. C." war ab Juli 1935 Studienrat Rehm, ab 1938 Pfarrer W. Petersmann (ab 1938 „Luther-Deutsche"). 1945 verboten die Alliierten die D. C., gegen Amtsträger wurden von den neuen Landeskirchen „Verfahren zur Wiederherstellung eines an Amt und Bekenntnis gebundenen Pfarrerstandes" durchgeführt. Zeitschriften der D. C. waren u. a. „Die Nationalkirche" (1932–1941), „Das Evangelium im Dritten Reich" (1932–1936), „Deutsche Frömmigkeit", „Positives Christentum" (1935–1941).

E. Hirsch: Das kirchliche Wollen der Deutschen Christen, [3]1933. C. Kinder: Volk vor Gott, 1935. A. Jäger: Kirche im Volk, 1936. K. Meier: Die Deutschen Christen, [3]1967. H. Wienecke: Die Kampf- und Glaubensbewegung Deutsche Christen, 1936.

Deutsche Demokratische Partei (DDP), linksliberale Partei 1918–1933. Am 20. 11. 1918 wurde die DDP von Politikern der →Fortschrittlichen Volkspartei (FoVP) und der →Nationalliberalen Partei (NLP) gegründet. Im Programm vom 15. 12. 1919 von Leipzig bekannte sich die DDP zum Weimarer Staat, zum Rechtsstaat und zur „solidarischen Arbeits- und Volksgemeinschaft" und forderte die Revision der Diktate von →Versailles und →Saint-Germain mit Rückgabe der deutschen Kolonien. Die Wahl zur Nationalversammlung 1919 brachte für die DDP 74 Mandate, die dadurch drittstärkste Partei wurde. Sie bestimmte durch C. Haußmann (Vorsitzender des Verfassungsausschusses) und H. →Preuß wesentlich die Weimarer Verfassung mit. Die DDP war an den Weimarer Regierungen mit bis zu drei Ministern vertreten (u. a. →Rathenau, Geßler). Innerparteiliche Auseinandersetzungen zwischen rechtem und linkem Flügel verstärkten den Niedergang der DDP, die 1924 nur noch 28 Mandate, 1928 25 Mandate errang. Vor den Reichstagswahlen 1930 gründeten die DDP und die Volksnationale Reichsvereinigung Arthur →Mahrauns (→Jungdeutscher Orden) mit Aufruf vom 28. 7. 1930 die →Deutsche Staatspartei (DSTP), die 20 Mandate erhielt, wonach die Mahraun-Gruppe wieder austrat, so daß die DSTP nur noch 14 Mitglieder des Reichstages hatte. 1932 erhielt die DSTP lediglich vier bzw. zwei Mandate. In einer Listenverbindung mit der SPD brachte der DSTP-Rest am 5. 3. 1933 noch fünf Abgeordnete in den Reichstag, die am 23. 3. 1933 dem →Ermächtigungsgesetz zustimmten. Am 28. 6. 1933 wurde die Partei durch Beschluß ihres Vorstands aufgelöst.

W. Schneider: Die DDP in der Weimarer Republik 1924–1930, 1978.

deutsche Farben, →Reichsfarben.

Deutsche Fraktion, Reichstagsfraktion 1916–1918. Im deutschen Reichstag bildete sich 1916 von Angehörigen mehrerer Parteien, die für eigene Fraktionen zu klein waren, die D. F. als eine rechtsstehende parlamentarische Arbeitsgemeinschaft unter Leitung von Arthur Graf von Posadowsky-Wehner. Ihr gehörten zwölf Abgeordnete der →Reichs- und Freikonservativen Partei (RFKP), sechs der Wirtschaftlichen Vereinigung, fünf der →Deutsch-Hannoverschen sowie zwei der →Deutschvölkischen Partei und des →Bayerischen Bauernbundes an. Die D. F. wurde im November 1918 aufgelöst.

F. Wende (Hrsg.): Lexikon zur Geschichte der Parteien in Europa, 1981.

Deutsche Front, Wahlbündnis der pro-deutschen Parteien im Saarland 1933. Im Vorfeld der →Saarabstimmung vom 13. 1. 1935 schlossen sich am 15. 7. 1933 alle nichtmarxistischen deutschen Parteien des Saargebietes (→Zentrum, →DNVP, →NSDAP, Volkspartei) zur D. zusammen. Leiter wurde der Generalsekretär des Zentrums, das sich im Herbst 1933 wie die anderen deutschen Parteien an der Saar, mit Ausnahme der NSDAP, auflöste. Die D. agierte zur Saarabstimmung so erfolgreich, daß sich bei einer Beteiligung von 97,6 % 90,8 % der Abstimmenden für die Wiedervereinigung mit Deutschland entschieden.

Deutsche Gesellschaft für öffentliche Arbeiten AG (Öffa), Einrichtung des Reichs zur Förderung von Vorhaben der Arbeitsbeschaffung. Die am 1. 8. 1930 vom Reich in Berlin errichtete D. war Hauptverwaltungsstelle für alle der wertschaffenden Arbeitslosenfürsorge dienenden Reichsdarlehen. Sie brauchte die Richtlinien des Haushaltsgesetzes nicht zu berücksichtigen. Das Anfangskapital betrug 150 Millionen RM, wozu Zinsen und Tilgungen früherer Reichsdarlehen kamen. Daneben wurden im Treuhandgeschäft bis 1939 rund 1257 Millionen Reichsmark vergeben. Die D. trat am 1. 4. 1937 in Abwicklung, wurde bei Beginn des 2. Weltkrieges jedoch wiederbelebt, um Bankgarantien für Kredite an Unternehmer zu gewähren, die zahlungsunfähig geworden waren sowie auf Kriegswirtschaft umstellten.

Deutsche Gewerkschaftsfront Saar, Vereinigung deutscher Gewerkschaften an der Saar 1933. Zur Vorbereitung der →Saarabstimmung vom 13. 1. 1935 vereinigten sich im Herbst 1933 13 Arbeitnehmerverbände im Saarland zur D. und arbeiteten mit der →„Deutschen Front" zusammen für den Abstimmungssieg zugunsten Deutschlands.

Deutsche Glaubensbewegung, religiöse Vereinigung. Am 30. 7. 1933 erfolgte auf Anregung von J. W. Hauer in Eisenach der Zusammenschluß von Anhängern, Gruppen und Verbänden eines „Deutschen Glaubens" zur Arbeitsgemeinschaft D. unter Hauers Leitung. Auf einer Tagung vom 18.–23. 5. 1934 in Scharzfeld lösten sich die einzelnen Gruppen zugunsten der D. auf und bestätigten Hauer als Vorsitzenden und Ernst Graf zu Reventlow als Stellvertreter. Die D. proklamierte: „Das Kampfziel der Deutschen Glaubensbewegung ist die Einheit des deutschen Volkes in einem arteigenen deutschen Glauben . . . Werte deutschen Glaubens sind Boden, Blut und Ehre." Sie verpflichten zum bedingungslosen Einsatz für die Heimat und die Freiheit des Volkes." Auf der Grundlage dieser Werte wollte die D. einen „Deutschen Glauben" entwickeln und eine echte Religionsgemeinschaft werden: „Deutscher Glaube ahnt das Göttliche im unabänderlichen Gesetz des Lebens von Mensch und All. Ihm ist die Forschung ein ‚Suchen Gottes‘." Die christliche Religion wurde von der D. entschieden abgelehnt. Organe der D. waren Hauers seit 1933 erscheinende Zeitschrift „Deutscher Glaube" und Reventlows „Reichswart" (seit 1920). Die D. war in Orts-, Kreis- und Landesringe gegliedert. Ende März 1936 trat Hauer wegen Schwierigkeiten mit Regierung und →NSDAP vom Vorsitz der D. zurück und Reventlow aus. Die Leitung übernahm Wiedenhöft mit der Zeitschrift „Durchbruch" (1935–1937). Ab September 1935 war für HJ- und SS-Angehörige, ab November 1937 auch für NSDAP-Mitglieder der Besuch von Veranstaltungen der D. untersagt. Nach Hauers Rücktritt, dem Verbot des „Durchbruch" 1937 und der Umbenennung der D. in →„Deutscher Glaube Kampfring e. V." sank die Mitgliederzahl stark.

J. W. Hauer: Was will die Deutsche Glaubensbewegung? 1934. E. von Reventlow: Wo ist Gott? 1934. J. W. Hauer: Deutsche Gottschau, 1935. W. Schloz: Kampf und Ziel der Deutschen Glaubensbewegung, ohne Jahr. O. Speer: Christliche oder völkische Lebensordnung? ohne Jahr. G. Frenssen: Der Glaube der Nordmark, 1936. M. Dierks: Jakob Wilhelm Hauer 1881–1962, 1986.

Deutsche im südlichen Afrika. In der Republik Südafrika lebt eine deutsche Volksgruppe, die auf 35 000 (Straka) –70 000 Mitglieder (Badendieck) geschätzt wird. Die Zahl der Deutschstämmigen ist erheblich größer, nach Ansicht mancher Autoren ist jeder zweite weiße Südafrikaner zum Teil deutscher Abstammung, viele Farbige sind es auch. Schon unter den ersten Kolonisten, die mit Jan van Riebeeck 1652 an Land gingen, befanden sich Deutsche. Doch wurden diese frühen Siedler schnell von den Buren assimiliert. Die heutige deutsche Volksgruppe geht weitgehend auf die Einwanderung im 19. Jahrhundert zurück, die teilweise von der damaligen britischen Kolonialmacht gefördert wurde (Ansiedlung der für den Krimkrieg angeworbenen „Deutschen Legion" und in ihrem Gefolge von preußischen Bauern vor allem in Natal), teilweise kamen die Siedler als „Bauernmissionare" durch die „Hermannsburger Mission" ins Land. Deutsche Privatschulen und die ev.-luth. Kirche trugen zur Erhaltung des Deutschtums bei. Der 1. Weltkrieg brachte manche Verfolgung, doch gab es nach dem 1. und verstärkt nach dem 2. Weltkrieg wieder eine stetige deutsche Auswanderung nach Südafrika. Einige deutsche Privatschulen und deutsche Auslandsschulen in den Großstädten, außerdem zahlreiche deutsche Vereine tragen zur Erhaltung des Deutschtums bei. Da sich die (vornehmlich deutschen) ev.-luth. Kirchen Südafrikas nicht mit den farbigen Kirchen vereinigen wollten, wurden sie aus dem Lutherischen Weltbund ausgeschlossen.

In Südwestafrika (Namibia), der ehemaligen deutschen Kolonie, gibt es ebenfalls eine deutsche Volksgruppe von 13 000 (Straka) –30 000 (Badendieck) Mitgliedern. Ihre Anfänge liegen schon vor der deutschen Erwerbung von Südwestafrika (ab 1882). Deutsche Missionare der Rheinischen Mission riefen deutsche Bauern und Handwerker ins Land. Nach dem Beginn der deutschen Kolonialherrschaft wuchs die Zahl der Deutschen an – trotz der verschiedenen Eingeborenenaufstände –, da Südwest die einzige deutsche Kolonie mit einem für Europäer geeigneten Klima war. Auch nach der Übernahme als „Mandat" durch Südafrika 1918 blieben die deutschen Schulen und Gottesdienste erhalten. Deutsch war bis 1989 eine der drei Staatssprachen neben Afrikaans und Englisch, und neben deutschen Privat- und Auslandsschulen gibt es staatliche Schulen mit deutscher Unterrichtssprache. Auch deutsche Vereine und Jugendgruppen tragen zur Erhaltung der allerdings durch die politischen Wirren bedrohten Volksgruppe bei.

M. Straka: Deutsche in aller Welt, ²1969. Fr. C. Badendieck: Volk unter Völkern, 1979. P. Nasarski (Hrsg.): Wege und Wandlungen, Bd. 2, 1983.

Deutsche in Südamerika. Während ein Kolonisierungsversuch des Augsburger Kaufhauses der Welser im 16. Jahrhundert keine dauernden Spuren hinterließ, kam seit dem Beginn des 19. Jahrhunderts ein dauernder Strom deutscher Auswanderer nach Südamerika. Haupteinwanderungsland war Brasilien, doch gibt es auch in Argentinien, Chile, Paraguay, Venezuela und Peru geschlossene deutsche Siedlungen. Im 20. Jahrhundert kamen viele Rußlanddeutsche (Mennoniten) und Donauschwaben nach Südamerika. Durch deutsche Privatschulen, die evangelische Kirche und deutsche Vereine bewahrten die Auswanderer ihr Deutschtum durch Generationen. Der 2. Weltkrieg brachte in Brasilien ein Verbot der deutschen Unterrichtssprache und vieler deutscher Vereine, auch in anderen Ländern war das Deutschtum Belastungen ausgesetzt (es galt als „5. Kolonne"). Da außerdem die evangelische Kirche sich immer mehr der spanischen bzw. portugiesischen Umgebung anpaßt, sind die Nachkommen der deutschen Auswanderer einem starken Assimilationsdruck ausgesetzt, dem viele bereits erlegen sind.

Erwähnt werden sollte auch der große Einfluß deutscher Einwanderer und Instruktoren auf das südamerikanische Militär, aus dem im 20. Jahrhundert drei deutschstämmige Präsi-

denten hervorgingen (Banzer/Bolivien, Geissel/Brasilien und Stroessner/Paraguay).
Zahl der Deutschstämmigen: Brasilien: 1,5 Millionen, Argentinien: 260000, Paraguay: 35000, Chile: 30000, sonstiges Lateinamerika: 40000.

M. Straka: Deutsche in aller Welt, ²1966. P. Nasarski (Hrsg): Wege und Wandlungen, Bd. 2, 1983. H. Fröschle (Hrsg.): Die Deutschen in Lateinamerika, 1979.

Deutsche Kampfspiele, völkisch-sportliches Nationalfest. Die D. wurden 1922 auf Anregung von C. Diem vom Deutschen Reichsausschuß für Leibesübungen als einmal im Jahr zu veranstaltendes Fest eingeführt, das neben sportlichen Wettkämpfen auch „deutsche Kunst, deutsches Lied und deutsche Volksgemeinschaft" darstellen und fördern sollte. Sie fanden 1934 in Nürnberg zum letztenmal statt und wurden dann vom Deutschen Turn- und Sportfest abgelöst.

C. Diem: Weltgeschichte des Sports und der Leibesübungen, 2 Bde., 1960. C. Diem: Deutsche Kampfspiele, 1922.

Deutsche Kolonialgesellschaft (DKG), Vereinigung zur Förderung kolonialer Interessen. 1887 entstand die DKG aus dem Zusammenschluß des 1882 gegründeten Deutschen Kolonialvereins und der 1884 gegründeten Gesellschaft für deutsche Kolonisation bzw. für deutsche Ansiedlung. Ziele waren die Vermehrung der Kolonien, die Verbreitung des kolonialen Gedankens und der Schutz der deutschen Kolonien, u. a. durch Verstärkung der Kriegsflotte. Nach 1919 trat die DKG für die Rückgabe der deutschen Kolonien ein. Einer Mitgliedzahl von rund 15000 bei Gründung stand eine von etwa 40000 1914 gegenüber. 1887–1894 war Präsident Fürst Hermann zu Hohenlohe-Langenburg, der frühere Vorsitzende des Deutschen Kolonialvereins. Die DKG wurde 1933 dem →Reichskolonialbund angeschlossen. Schriften der DKG waren die „Deutsche Kolonialzeitung" und die „Kolonialen Monatsblätter", daneben wurden koloniale Bücher herausgegeben.

K. Hildebrand: Vom Reich zum Weltreich, 1969.

Deutsche Nationalpartei, →Deutschnationale Vereinigung.

Deutsche Nationalsozialistische Arbeiterpartei (DNSAP), österreichische Partei. Am 5. 5. 1918 durch Umbenennung der am 15. 11. 1903 in Aussig gebildeten →Deutschen Arbeiterpartei gegründet, forderte die DNSAP vor allem die „Zusammenfassung des gesamten deutschen Siedlungsgebietes in Europa zum demokratischen sozialen Deutschen Reich". Sie war demokratisch aufgebaut, ohne Führerprinzip.

Nach Auflösung der Monarchie zerfiel die DNSAP in eine österreichische und eine sudetendeutsche Partei. 1923 besaß die österreichische DNSAP rund 34000 Mitglieder. Im August 1924 löste K. Schulz im Parteivorsitz W. Riehl ab. Der größte Teil der österreichischen DNSAP schloß sich 1926 an die reichsdeutsche →NSDAP an und übernahm deren Programm, wie es auf dem Passauer Treffen 1926 von →Hitler gefordert war. Eine Gruppe um Schulz blieb selbständig. Die sudetendeutsche DNSAP existierte bis 1933, erhielt 1925 fünf, 1929 sogar neun Sitze im Prager Parlament. Sie vertrat vor allem die Forderung nach Autonomie, dann nach Anschluß des Sudetenlandes an das Deutsche Reich. Am 4. 10. 1933 löste sie sich auf, um einem Verbot durch die Tschechen zuvorzukommen. Die meisten Angehörigen traten später der →Sudetendeutschen Partei bei.

H. Benedikt (Hrsg.): Geschichte der Republik Österreich, 1977. F. Wende (Hrsg.): Lexikon zur Geschichte der Parteien in Europa, 1981.

Deutsch-Englische Gesellschaft (DEG), Club zur deutsch-englischen Verständigung. Am 2. 12. 1935 wurde in Berlin die DEG gegründet. Ehrenvorsitzender und Präsident wurde Herzog Carl Eduard von Sachsen-Coburg und Gotha, Vorsitzender Eugen Lehnkering, Angehöriger der Dienststelle Ribbentrop. Im Vorstand waren u. a. Karl Haushofer, Walther Funk, Heinrich Lammers und Hans Friedrich Blunck, ab 1. 6. 1937 Edmund von Sellner, der 1938 auch Walther Hewel als Schatzmeister ablöste. Ehrenmitglied war der britische Botschafter in Berlin, Nevile Henderson. 1939 hatte die DEG rund 700 Mitglieder. Neben einem Clubhaus in Berlin-Charlottenburg (ab 1938) gab es zwölf Zweigstellen, u. a. in Hamburg, Heidelberg, München, Wien, die rege Club- und Vortragstätigkeit entwickelten, vor allem viele Besucher aus England betreuten. Geschäftsführer war SS-Oberscharführer Gert H. Schlottmann. An die DEG angegliedert war der Deutsch-Englische Kreis (DEK) als Jugendorganisation, der deutsch-englische Jugendlager durchführte. Nach Kriegsbeginn stellte die DEG ihre Tätigkeit ein, ihr Vermögen ging an die Vereinigung zwischenstaatlicher Verbände. Sie wurde am 12. 2. 1962 im Vereinsregister gelöscht. Mit der 1949 gegründeten DEG hat sie nur den Namen gemein.

Deutsche Ost-Afrika-Linie, deutsche Reederei. Die 1890 gegründete, in Hamburg ansässige Reederei unterhielt einen Fahrgast- und Frachtverkehr nach Afrika. Vor dem 2. Weltkrieg besaß sie elf Schiffe mit insgesamt 75500 Bruttoregistertonnen.

Deutsche Partei (DP), deutsche Partei in der Slowakei 1938–1945. Am 8. 10. 1938 gründete Franz Karmasin die DP als nationalsozialistische Sammlungsbewegung der Deutschen in der Slowakei und Nachfolgerin der im September 1938 verbotenen Karpatendeutschen Partei. Im Parlament der Slowakischen Republik hatte sie zwei Abgeordnete (F. Karmasin und J. Steinhübel). Ab 1940 gehörten der nach dem Führerprinzip gegliederten Partei mit rund 60 000 Mitgliedern praktisch alle Erwachsenen der 180 000 Karpatendeutschen an. Ihre Presseorgane waren der „Grenzbote" und „Deutsche Stimmen".
P. Brosz: Die Karpatendeutschen in der Slowakei 1918–1945, 1972.

Deutscher Bauernbund, Bauernvertretung. Am 30. 6. 1909 in Berlin gegründet, sollte der D. vor allem die mit der Ostmarkenpolitik des Reiches und ihrer Bevorzugung der Großgrundbesitzer unzufriedenen Bauern Ostdeutschlands vereinigen. Er trat für Schutzzölle, Aufteilung des Großgrundbesitzes und Förderung der Bildung auf dem Lande ein. Dem 1914 rund 50 000 Mitglieder umfassenden D. traten 1919 der Fränkische und der Sächsische Bauernbund bei. 1919–1924 schloß sich der D. der →DDP an, ab 1927 zerfiel er.
H. Gollwitzer (Hrsg.): Europäische Bauernparteien im 20. Jahrhundert, 1977.

Deutsche Rechtsfront, →Rechtsfront.

Deutsche Reformpartei (DRP), bürgerliche, sozialreformerische und antisemitische Partei 1890–1914. O. Böckel, einziges Mitglied des Reichstages der Deutschen Antisemitischen Vereinigung, gründete nach seinem Austritt am 6./7. 7. 1890 in Erfurt die Antisemitische Volkspartei und nannte sie 1893 in DRP um. Das Erfurter Gründungsprogramm enthielt antisemitische und sozialreformerische Forderungen für Bürger und Bauern gegen Kapital und Adel, wandte sich gegen den schrankenlosen Wirtschaftsliberalismus und trat für einen starken Staat ein. Das Kasseler Programm von 1906 forderte die Reinerhaltung der Rasse und des Blutes. 1894–1900 bildete die DRP mit der DSP die Deutschsoziale Reformpartei (DSRP). 1900 erfolgte nach der Spaltung der DSRP die Neugründung der DRP unter Zimmermann, bis 1903 noch unter dem Namen DSRP. Bei den Reichstagswahlen 1903 erhielt die DRP sechs Mandate und 1,5 %, 1912, nach dem Tode Zimmermanns (1910), nur noch drei Mandate bei 0,8 % der Stimmen. Nach starkem Mitglieder- und Einflußschwund vereinigte sich die DRP am 22. 3. 1914 mit der DSP zur →Deutschvölkischen Partei.

K. Wawrzinek: Die Entstehung der deutschen Antisemitenparteien, 1927.

Deutscher Flottenverein (DFV), Vereinigung zur Förderung der deutschen Flotte und des Gedankens einer deutschen Seemacht. Der im April 1898 in Berlin gegründete Verein setzte sich unter starker Förderung des damaligen Staatssekretärs und späteren Großadmirals →Tirpitz erfolgreich für den Bau einer großen deutschen Flotte ein und warb im Volk für den Gedanken einer deutschen Seegeltung. Um 1908 hatte er mehr als eine Million Mitglieder. Sein Organ war „Die Flotte". Der DFV wurde 1919 in „Deutscher Seeverein" umbenannt mit dem Organ „Die See". 1934 wurde er in den →„Reichsbund deutscher Seegeltung" überführt.
A. von Tirpitz: Erinnerungen, 1919. D. Stegmann: Die Erben Bismarcks, 1970. B. Kaulisch: A. v. Tirpitz und die imperialistische deutsche Flottenrüstung, 1982.

Deutscher Glaube Kampfring e. V., deutschvölkische Glaubensbewegung. Am 30. 7. 1933 wurde J. W. Hauer von verschiedenen Gruppen eines „deutschen Glaubens" zum Leiter einer „Arbeitsgemeinschaft →Deutscher Glaubensbewegung" gewählt, die sich entschieden zum Nationalsozialismus bekannte und sich ab 1938 D. G. K. e. V. nannte. 1935 trat Hauer zurück und machte die seit 1933 bestehende Vereinszeitschrift „Deutscher Glaube" unabhängig. Sein Nachfolger wurde Wiedenhöft. Die seit 1935 erschienene Vereinszeitschrift „Durchbruch" wurde 1937 verboten und durch die „Sigrune" ersetzt. Der 1935 ausgetretene Ernst Graf zu Reventlow löste seine seit 1920 erscheinende Zeitschrift „Reichswart" ebenfalls vom Verein.
J. W. Hauer: Was will die Deutsche Glaubensbewegung? 1934. Ders.: Deutsche Gottschau, 1935. Graf E. Reventlow: Wo ist Gott? 1934. G. Frenssen: Der Glaube der Nordmark, 1936.

Deutscher Gruß, nationalsozialistische Grußform. Der schon in Germanien übliche Gruß durch Heben des gestreckten rechten Arms bis in Augenhöhe wurde ab 1933 als „Hitlergruß" im Deutschen Reich allgemein üblich und mit den Worten „Heil Hitler!" verbunden. In der Wehrmacht galt er zunächst nur beim Grüßen ohne Kopfbedeckung und gegenüber A. →Hitler, ab Juli 1944 allgemein. 1945 wurde der Gruß verboten und später unter Strafe gestellt.

Deutscher Heimatbund, Reichsvereinigung des vor allem auf Prof. Ernst Rudorff zurückgehenden, 1904 ins Leben gerufenen Heimatschutzes mit Sitz in Düsseldorf, gegliedert in Landesvereine.

Deutscher Kampfbund, Bündnis nationaler Verbände 1923. Als am 2. 9. 1923 in Nürnberg die „Vaterländischen Verbände" zu einem „DeutschenTag" zusammengekommen waren, gründeten →NSDAP (→Hitler), →Bund Oberland (F. Weber) und der Verband Reichskriegsflagge (A. Heiß) den D. unter Hitlers Führung. Der D. führte am 9. 11. 1923 den →Marsch auf die Feldherrnhalle in München durch.

Deutscher Kolonialverein, Verein zur Förderung des kolonialen Gedankens. Der im Dezember 1882 in Frankfurt/M. unter Vorsitz von Fürst Hermann zu Hohenlohe-Langenburg gegründete D. widmete sich der Förderung des kolonialen Gedankens und des deutschen Erwerbs von Kolonien. Er ging 1887 in der →Deutschen Kolonialgesellschaft auf. Erneut wurde 1904 ein D., Gesellschaft für nationale Siedlungs- und Auslandspolitik, mit Sitz in Berlin gegründet, der deutsche Ansiedler in den deutschen Kolonien, nach 1919 deutsche Auswanderer unterstützte. Er wurde 1936 in den →Reichskolonialbund überführt.
K. Hildebrand: Vom Reich zum Weltreich, 1969. J. Schultz-Naumann: Unter Kaisers Flagge, 1985.

Deutscher Kulturverband, sudetendeutsche Vereinigung. Der im November 1919 gegründete Verband entwickelte sich zur größten parteipolitisch neutralen Vereinigung der Sudetendeutschen und zählte 1938 rund 300000 Mitglieder. Er war die Nachfolgeorganisation des Deutschen Schulvereins in Wien, dessen Tätigkeit von den tschechischen Behörden 1919 verboten wurde. Der D. hatte die Aufgabe, alle gemeinschaftserhaltenden Bestrebungen der deutschen Bevölkerung in der tschechoslowakischen Republik zu fördern und dort, wo die Notwendigkeit bestand, Schulen, Kindergärten und Tagesheimstätten zu errichten. Die Zahl der eigenen Schulen betrug 34, die der Kindergärten 136 und derTagesheimstätten 61. Die Zahl der durch laufende Unterstützungen am Leben erhaltenen Einrichtungen war noch einmal so groß. Der D. erwarb sich auch auf dem Gebiete der Volksbildungsarbeit, durch Beratungsstellen und volkspflegerische Maßnahmen, sowie durch einen eigenen Verlag für volkstümliches Brauchtum große Verdienste. Er hat Kulturpreise verliehen und gewährte Studienunterstützungen an mehrere tausend Schüler aller Berufsgruppen. Der D. besaß 3200 Ortsgruppen, so daß er in jeder Gemeinde mit mehr als 100 deutschen Einwohnern vertreten war. In ihm arbeiteten alle sudetendeutsche Parteien mit. Er verkörperte als unpolitischer Verband die Gemeinschaft der Sudetendeutschen. Im Herbst 1938 wurde er in den Kulturverband der Deutschen mit Sitz in Prag umgebildet.
E. Lehmann: Handbuch der sudetendeutschen Volksbildung, 1931. R. Pozorny: Deutsche Schutzarbeit im Sudetenland, 1974.

Deutscher Nationalpreis, →Nationalpreis.

Deutscher Nationalverband, Bündnis deutschnationaler österreichischer Gruppen und Parteien ab 1910. Nach den für sie wenig erfolgreichen Wahlen 1907 schlossen sich die deutschnationalen Gruppen und Parteien am 26. 2. 1910 zum D. als einer Dachorganisation bei Beibehaltung ihrer Selbständigkeit lose zusammen. Bei den Reichsratswahlen 1911 erreichten die im D. vereinigten Gruppen jedoch zusammen 99 Mandate und wurden stärkste Kraft im Abgeordnetenhaus. Auf den D. konnte sich dann bis in den 1. Weltkrieg die Regierung stützen.
P. Molisch: Geschichte der deutschnationalen Bewegung in Österreich, 1926. A. Fuchs: Geistige Strömungen in Österreich 1867–1918, 1949.

Deutscher Offizierbund (DOB), Interessenverband deutscher Offiziere nach 1918. Der D. wurde nach dem 1. Weltkrieg als Vertretung der ausgeschiedenen deutschen Offiziere gegründet, um ihre Belange wahrzunehmen. Er ging 1934 im →Reichsverband Deutscher Offiziere auf.

Deutscher Orden, höchster Orden im 3. Reich. Der von A. Hitler gestiftete D. wurde in seiner höchsten Stufe, dem Großkreuz, nur zweimal verliehen, am 12. 2. 1942 posthum an Dr. Fritz →Todt und im Juni 1942 posthum an Reinhard →Heydrich.

Deutscher Ostbund, Interessenverband geschädigter Ostdeutscher. Am 27. 9. 1920 wurde der D. als Interessenvertretung der in den abgetretenen deutschen Ostgebieten enteigneten oder geschädigten Deutschen gegründet. Er ging 1933 im →Bund Deutscher Osten auf.

Deutscher Ostmarkenverein, „Verein zur Förderung des Deutschtums in den Ostmarken". Der als Ostmarkenverein am 3. 11. 1894 in Posen gegründete, 1899 in D. umbenannte Verein mit Sitz in Berlin widmete sich der siedlungs-, wirtschafts- und kulturpolitischen Förderung der Deutschen in den preußischen Ostprovinzen, wo er u. a. Volksbanken und Büchereien gründete und Stipendien vergab. Er stand im Gegensatz zur Ostmarkenpolitik Caprivis. Um 1914 hatte er mehr als 50000 Mitglieder und wurde vor allem vom deutschen Bürgertum und Großgrundbesitz getragen. Dennoch konnte er sich gegen die Polen und ihren Westmarkenverein „Stratz" nicht durchsetzen. Ab 1919 trat der D. für die Rückgewinnung der geraubten Ostgebiete ein. Der von der Mitgliederzahl stark geschrumpfte Verein ging 1933 im →Bund Deutscher Osten, dem Zusammenschluß aller ostdeutschen Heimatverbände, auf. Der D. wurde nach seinen Gründungsmitgliedern F. von Hansemann, H. Kennemann und H. von Tiedemann-Seeheim auch „H. K. T.-Verein", seine Mitglieder „Hakatisten" genannt.

A. Galos u. a.: Die Hakatisten, 1966. R. Baier: Der deutsche Osten als soziale Frage, 1980. H. Rothfels: Bismarck, der Osten und das Reich, [2]1960.

Deutscher Reichsausschuß für Leibesübungen (DRA), Dachverband deutscher bürgerlicher Turn- und Sportverbände. Von 1919–1933 war der D. unter der Präsidentschaft von Th. Lewald Dachverband der rund 40 deutschen bürgerlichen Turn- und Sportverbände. Generalsekretär war C. →Diem. Auf dessen Anregung schuf der D. 1920 die Deutsche Hochschule für Leibesübungen in Spandau, organisierte ab 1922 die Deutschen Kampfspiele, stiftete das Deutsche Turn- und Sportabzeichen, gründete 1925 das Sportforum in Berlin und leitete die deutschen Sportlergruppen bei den Olympiaden 1928 und 1932. Nach Selbstauflösung des D. am 10. 5. 1933 trat an seine Stelle der →Deutsche Reichsbund für Leibesübungen.

C. Diem: Weltgeschichte des Sports und der Leibesübungen, 2 Bde., 1960.

Deutscher Reichsbund für Leibesübungen (DRL), Dachverband der deutschen Turn- und Sportvereine. Am 30. 1. 1934 vom Reichssportführer H. von Tschammer und Osten gebildet, war der D. die Nachfolgeorganisation des 1933 selbstaufgelösten →Deutschen Reichsausschusses für Leibesübungen. Neben der stark geförderten sportlichen Betätigung wurde die vor allem in Österreich und im Sudetenland verbreitete „Dietwartarbeit" zur völkischen Erziehung unterstützt. Der D. hatte mit der Durchführung der 1936 in Garmisch-Partenkirchen und Berlin ausgetragenen Olympischen Spiele sowie durch die Erfolge der deutschen Sportler einen großen Erfolg zu verzeichnen. Ende 1938 wurde er in den von Tschammer und Osten neugegründeten →Nationalsozialistischen Reichsbund für Leibesübungen überführt.

C. Diem: Weltgeschichte des Sports und der Leibesübungen, 2 Bde., 1960.

Deutscher Reichsbund Kyffhäuser, von 1921 bis 1938 Name des →Kyffhäuserbundes als Dachverband deutscher Kriegervereine.

Deutscher Schulverein, →Verein für das Deutschtum im Ausland.

Deutscher Schutzbund, Dachorganisation für Vereine von Grenz- und Auslandsdeutschen. Der 1919 gegründete Verband bemühte sich, die Arbeit der Grenz- und Auslandsdeutschen politisch zu ergänzen. Er betätigte sich insbesondere bei den Volksabstimmungen 1919–1922 in den deutschen Grenzgebieten. 1931 wurde er in den Volksdeutschen Arbeitskreis (mit nur noch persönlichen Mitgliedern, es waren höchstens 500) umgewandelt und 1936 mit dem Volksdeutschen Klub vereinigt.

Deutscher Siedlerbund, Verband für Heimstättensiedler. Im März 1935 gegründet, übernahm der D. im Auftrag des →Reichsheimstättenamtes der →NSDAP und der →DAF die verstärkte Betreuung und Beratung der 1936 rund 130 000 →Heimstätteninhaber. Das aus der Weimarer Zeit stammende Heimstättengesetz wurde 1937 auf Kinderreiche erweitert, um ihnen ausreichende Wohnmöglichkeit zu geben. Als Organ diente die seit 1923 erscheinende „Der deutsche Heimstättensiedler".

Deutscher Sprachverein, Verein für deutsche Sprache. Er wurde 1885 auf Anregung des Kunstgeschichtlers Hermann Riegel (27. 2. 1834 – 12. 8. 1900) als allgemeiner D. S. zur Pflege der deutschen Sprache und ihrer Reinheit gegründet. Er wollte „den echten Geist und das eigentümliche Wesen der deutschen Sprache pflegen, Liebe und Verständigung für die Muttersprache wecken, den Sinn für Reinheit, Richtigkeit, Deutlichkeit und Schönheit beleben, demgemäß ihre Reinigung von unnötigen fremden Bestandteilen fördern und auf diese Weise das deutsche Volksbewußtsein kräftigen". Organ war ab 1. 4. 1886 die von Riegel herausgegebene „Zeitschrift des allgemeinen deutschen Sprachvereins", ab 1925 die „Muttersprache" mit „Wissenschaftlichen Beiheften". Ab 1923 nannte sich der Verein D., sein Organ war die „Zeitschrift des Deutschen Sprachvereins". Für den 1943 aufgelösten Verein wurde 1947 in Lüneburg als Nachfolgerin die Gesellschaft für deutsche Sprache gegründet, die sich allerdings später von den Absichten des alten D. entfernte. Erst 1963 wurde von Heinrich Heeger in Hamburg mit dem „Verein für Sprachpflege" und dem Organ „Der Sprachpfleger" wieder eine Nachfolgeeinrichtung ins Leben gerufen, die den Zielen des D. gerecht werden will.

H. Dunger: Allgemeiner Sprachverein, 1890. H. Riegel: Der Allgemeine Deutsche Sprachverein, 1885. O. Steuernagel: Die Einwirkung des Deutschen Sprachvereins auf die deutsche Sprache, 1926.

Deutscher Wehrverein, Verein zur Förderung des deutschen Wehrgedankens. Der analog zum →Deutschen Flottenverein 1912 mit Sitz in Berlin gegründete D. trat für die Stärkung des deutschen Verteidigungsgedankens ein. 1914 hatte er etwa 100000 Einzel- und 260000 Korporativmitglieder. 1921 mußte er in Erfüllung des →Versailler Diktats zwangsaufgelöst werden. Später wiederbegründet, blieb er ohne Bedeutung.

R. Chickering: Der Deutsche Wehrverein und die Reform der deutschen Armee, in: Militärgeschichtliche Mitteilungen 25, 1979.

Deutsches Afrikakorps, →Afrikakorps.

Deutsches Asienkorps, deutsche Truppeneinheit im Vorderen Orient im 1. Weltkrieg. Im Sommer 1917 wurde um 4500 Mann des D. als Kern die türkische Heeresgruppe →„Jilderim" (Blitz) unter Falkenhayn aufgestellt, um Bagdad zurückzuerobern. Nach dem Verzicht auf diesen Plan wurde das D. unter Liman von Sanders 1918 in Palästina eingesetzt, von wo es sich vor der Übermacht angreifender Engländer, auf sich allein gestellt, langsam zurückziehen mußte. Beim Waffenstillstand am 30. 10. 1918 stand das D. mit noch über 2000 Mann auf der Linie Adana-Aleppo und kehrte im März 1919 nach Deutschland zurück.

J. L. Wallach: Anatomie einer Militärhilfe, 1976.

Deutsches Ausland-Institut (DAI), Einrichtung zur Verbindung mit den Auslandsdeutschen und Volksdeutschen. Das 1917 in Stuttgart gegründete und dort als Anstalt des öffentlichen Rechts ansässige D. A. I. förderte die Beziehungen zwischen den Auslandsdeutschen und dem Mutterland, insbesondere durch Verbreitung des Wissens um die Auslandsdeutschen. Es besaß eine große Bibliothek, Archive, Karten- und Fotoabteilungen, veranstaltete Vorträge und Ausstellungen. Seit 1925 besaß das DAI ein eigenes „Haus des Deutschtums", ab 1936 unterhielt es als „Ehrenmal der Deutschen Leistung im Ausland" ein ständiges Museum im Stuttgarter Wilhelms-Palast. Bis 1945 erschienen die Monatsschrift „Deutschtum im Ausland" und die Vierteljahresschrift „Volksforschung" neben anderen Schriftenreihen. Nach Kriegsende wurde 1951 das Institut für Auslandsbeziehungen als Nachfolger gegründet.

Deutsche Schrift, →Sütterlinschrift.

Deutsches Frauenwerk (DFW), Dachverband deutscher Frauenvereine. 1933 gegründet, bildete das DFW die Dachorganisation aller deutschen Frauenvereine, besaß aber auch Einzelmitglieder. Personell war es eng mit der →Nationalsozialistischen Frauenschaft (NSF) verbunden, von der es geführt wurde. Es hatte u. a. die Abteilungen Mütterdienst, Volkswirtschaft, Hauswirtschaft, Hilfsdienst, Grenzland-Ausland. Ab 1936 war es ein selbständiger eingetragener Verein.

G. Scholtz-Klink: Die Frau im Dritten Reich, 1978.

Deutsches Jungvolk (DJ), Untergliederung der →Hitler-Jugend für die 10–14jährigen deutschen Jungen. Die Haupterziehungsaufgaben des DJ waren wie bei der HJ körperliche Ertüchtigung und weltanschauliche Bildung unter jugendlicher Führung, wobei das jungenmäßige Erleben und Spiel im Vordergrund standen. Lager, Fahrt und Heimabend waren wie Liedgut und Stil weitgehend von der →Bündischen Jugend der →Deutschen Jugendbewegung übernommen. Gesetzliche Grundlage war das Gesetz über die HJ vom 1. 12. 1936. Wie die 1926 gegründete HJ bestand das DJ schon vor 1933. Angehörige des DJ vor dem 1. 10. 1932 erhielten das →HJ-Ehrenabzeichen. Das DJ war untergliedert in Jungenschaft (15 Jungen), Jungzug (3 Jungenschaften), Fähnlein (3 Jungzüge), Jungstamm (4 Fähnlein), Jungbann (6 Jungstämme) und wie die HJ in 40 Bezirke. Dienstanzug war im Sommer: braune Sommermütze (Schiffchen), braunes Hemd mit Schulterstreifen rechts sowie Gebietsarmdreieck und DJ-Armscheibe auf dem linken Oberarm, schwarzes Halstuch mit Lederknoten, schwarzes Koppel mit Koppelschloß, Fahrtenmesser, schwarze (Kord-)Kniehose, graue Kniestrümpfe, braune Halbschuhe; im Winter dazu: schwarze Schimütze, blaue Winterbluse, blaue Überfallhose. Der Angehörige des DJ wurde Pimpf genannt und hatte nach der Aufnahme in das DJ eine Pimpfenprobe abzulegen. Der Eintritt war freiwillig, die Aufnahme erfolgte in der Regel am 19. April, ebenso mit 14 Jahren die Überführung in die HJ. Sonderbestimmungen des Reichsjugendführers schützten vor Überanstrengung der Pimpfe. Das DJ trug erheblich zur Überwindung der Klassengegensätze und zum Erlebnis der Volksgemeinschaft bei.

B. von Schirach: Die Hitler-Jugend, Idee und Gestalt, 1935. E. Blohm: Hitler-Jugend – soziale Tatgemeinschaft, 1977. Reichsjugendführung (Hrsg.): Aufbau und Abzeichen der Hitler-Jugend, 1940. B. von Schirach: Revolution der Erziehung, 1938. H.-J. W. Koch: Geschichte der Hitler-Jugend, 1976. H. C. Brandenburg: Die Geschichte der Hitler-Jugend, 1968. W. Kuhnt: In Pflicht und Freude, 1988. H. Taege: . . . über die Zeiten fort, 1978.

Deutsches Kreuz, Kriegsorden des 2. Weltkriegs. Das von A. →Hitler am 28. 9. 1941 gestiftete D. wurde in Gold verliehen „für vielfach bewiesene außergewöhnliche Tapferkeit". Voraussetzung war die frühere Verleihung des EK I. Das D. konnte vor oder nach dem →Ritterkreuz verliehen werden, das auch eine einmalige Tat auszeichnen konnte. Das D. in Silber wurde „für vielfache außergewöhnliche Verdienste in der militärischen Kriegführung" verliehen. Voraussetzung war der Besitz des EK I oder des Kriegsverdienstkreuzes 1. Klasse mit Schwertern. Das D. bestand aus einem achtstrahligen Stern mit goldenem oder silbernem Lorbeerkranz um einen runden Schild, der ein Hakenkreuz trug.

H. Scheibert: Die Träger des Deutschen Kreuzes in Gold (Heer). Ders.: Die Träger des Deutschen Kreuzes in Gold (Marine, Luftwaffe, Waffen-SS). Ders.: Die Träger des Deutschen Kreuzes in Silber.

Deutsches Meer, gelegentliche Bezeichnung für die Nordsee.

Deutsches Nachrichtenbüro (DNB), Presseagentur 1933–1945. Im Dezember 1933 entstand das D. durch Zusammenlegung des Wolffschen Telegraphen-Büros (WTB) und der Telegraphen-Union (TU), die zum Hugenberg-Konzern gehörte. Als zentrale Nachrichtenagentur in Berlin besaß das D. Nebenstellen im In- und Ausland. Das D. gab verschiedene Nachrichtendienste heraus, u. a. den „Allgemeinen DNB-Dienst".

Deutsche Sporthilfe, Fördereinrichtung im Sport. Aus dem 1934 gegründeten Hilfsfonds für den deutschen Sport ging 1936 die D. als eine Einrichtung des →Deutschen Reichsbundes für Leibesübungen (DRL) hervor. Die durch Spenden und den Sportgroschen, eine Abgabe von den Eintrittspreisen zu Sportveranstaltungen, finanzierte D. förderte u. a. die Olympischen Spiele 1936 sowie Sporttalente und Sportinvaliden.

Deutsche Sprachinseln in Italien. Außerhalb des geschlossenen deutschen Sprachgebiets in Südtirol gibt es noch folgende deutsche Sprachinseln: 1. Im früher österreichischen Trentino (Welschtirol) das →Fersental und die Gemeinde Lusern. 2. Das früher (bis 1918) zu Kärnten gehörende →Kanaltal, dessen deutsche Bewohner aber zum Teil nach Abschluß des →Hitler-Mussolini-Pakts umgesiedelt wurden. 3. Die deutschen, aus dem Mittelalter stammenden Ortschaften am Südhang der karnischen Alpen: Zahre, Bladen und Tischlwang (italienisch Sauris, Sappada und Timaus). 4. Die ebenfalls aus dem Frühmittelalter stammende Gemeinde Ljetzan (italienisch Giazza) bei Verona, der letzte Rest der ehemals deutschen →„13 Gemeinden", wo eine altertümliche deutsche Mundart, das „Zimbrische", gesprochen wird. 5. Die „Walsersiedlungen" am Monte Rosa im Zusammenhang mit dem deutschen Sprachgebiet im Schweizer Kanton Wallis. Alle diese Gebiete haben keinerlei sprachliche Minderheitenrechte. Es gibt, vor allem im Trentino und Kanaltal, einige deutsche Vereine und freiwilligen deutschen Sprachunterricht. Auch unterstützen einige Vereine in der Bundesrepublik Deutschland, in Österreich und der Schweiz diese Sprachinseln, in denen noch etwa 10000 Menschen die deutsche Sprache (zum Teil nur in Dialektform) beherrschen.

B. Wurzer: Die deutschen Sprachinseln in Oberitalien, 1969. M. Straka (Hrsg.): Handbuch der europäischen Volksgruppen, 1970.

„Deutsches Recht", →NS-Rechtswahrerbund.

Deutsches Reich, amtliche Bezeichnung des deutschen Staates seit 1871. Mit der Ausrufung des preußischen Königs Wilhelm zum deutschen Kaiser Wilhelm I. am 18. 1. 1871 in Versailles und der Verkündung der Reichsverfassung am 16. 4. 1871 entstand das (2.) D. Es überlebte das Ende der Monarchie 1918. Die →Weimarer Reichsverfassung von 1919 wurde bis 1945 offiziell nicht außer Kraft gesetzt. Da am 7./8. 5. 1945 nur die deutsche Wehrmacht kapitulierte, bestand das D. fort. Seine rechtmäßige Regierung war lediglich nach der Verhaftung des Kabinetts Dönitz am 23. 5. 1945 an der Ausübung ihrer Geschäfte gehindert. Auch die Berliner Erklärung (→Juni-Deklaration) der Alliierten vom 5. 6. 1945 zur Machtübernahme in Deutschland löste das D. nicht auf. Nach den Urteilen des Bundesverfassungsgerichts vom 31. 7. 1973 und 7. 7. 1975 ist das D. folglich nicht untergegangen, sondern existiert weiter. Im 2. Weltkrieg wurde nach der Angliederung Österreichs, des Sudetenlandes, Memels, Danzig-Westpreußens, Eupen-Malmedys und der Einbeziehung Elsaß-Lothringens amtlich auch die Bezeichnung →Großdeutsches Reich verwendet.

Deutsches Schutzwall-Ehrenzeichen, Ehrenzeichen für Verdienste um den →Westwall. Das am 2. 8. 1939 von A. →Hitler gestiftete D. war eine Auszeichnung für besondere Leistungen beim Bau des Westwalls. Es bestand aus einer bronzenen Medaille, die Reichsadler, Spaten und Schwert über einem Bunker zeigte, trug die Inschrift „Für Arbeit zum Schutze Deutschlands" auf der Rückseite und wurde auf der linken Brustseite an braunem, durch zwei weiße Streifen eingefaßtem Band getragen.

Deutsche Staatspartei (DSTP), Nachfolgepartei der →DDP 1930–1933. Vor den Reichstagswahlen 1930 verband sich die von der drittstärksten Weimarer Partei auf unter 5% der Wählerstimmen abgesunkene DDP unter Koch-Weser mit der Volksnationalen Reichsvereinigung Arthur →Mahrauns (→Jungdeutscher Orden) im Aufruf vom 28. 7. 1930 zur Gründung der DSTP, die bei der Reichstagswahl nur 3,4% der Stimmen erhielt. Bald schied die Volksnationale Reichsvereinigung wieder aus. Die Auflösung der DDP und die Gründung der DSTP wurden auf dem Parteitag in Hannover am 8.–10. 11. 1930 beschlossen. Die DSTP unterstützte das Kabinett →Brüning und die Wiederwahl →Hindenburgs. 1932 erreichte sie bei den Reichstagswahlen nur noch 4 und 2, am 5. 3. 1933 in einer Listenverbindung mit der SPD noch 5 Mandate. Am 28. 6. 1933 löste der Vorstand die DSTP auf.

Deutsches Turn- und Sportfest, nationales Sportfest. Nachfolgeveranstaltung der von C. Diem 1922 eingeführten und bis 1934 durchgeführten Deutschen Kampfspiele. Das D. fand jedoch nur einmal vom 24.–31. 7. 1938 in Breslau statt und bildete mit rund 250 000 Teilnehmern, auch solchen aus dem Sudetenland, das größte nationale Sportereignis des 3. Reiches.
C. Diem: Weltgeschichte des Sports und der Leibesübungen, 2 Bde., 1960.

Deutsche Umsiedlung-Treuhand-GmbH (DUT), Dienststelle zur vermögensrechtlichen Betreuung der →Umsiedler 1939–1945. Am 3. 11. 1939 wurde die DUT als Dienststelle des Reichskommissars für die Festigung des deutschen Volkstums (H. →Himmler) gegründet. Sie sorgte insbesondere für einen Ausgleich des von den Umsiedlern aus Rußland und dem Baltikum in ihrer bisherigen Heimat zurückgelassenen Vermögens und ihrer Verbindlichkeiten.

Deutsche Vaterlandspartei, nationale Partei 1917/18. Am 2. 9. 1917 wurde in Königsberg die D. von Generallandschaftsdirektor Wolfgang →Kapp als Vereinigung der Gegner der Friedensresolution des Reichstags gegründet. Unter Führung von Großadmiral A. von →Tirpitz und Herzog Johann Albrecht von Mecklenburg sollte sie alle „vaterländischen Kräfte ohne Unterschied der politischen Parteistellung" zusammenfassen und die Energien auf den deutschen Sieg bündeln. Die von den Nationalliberalen, den Konservativen und dem →Alldeutschen Verband unterstützte V. hatte zunächst großen Erfolg im nationalen Bürgertum und gewann bis 1,25 Mill. Mitglieder. Am 10. 12. 1918 löste sie sich auf.

K. Worthmann: Geschichte der Deutschen Vaterlandspartei 1917/18, 1926.

Deutsche Volksliste (DVL), Einteilung nach dem Grad der deutschen Volkszugehörigkeit in den 1939 eingegliederten Ostgebieten. Mit Verordnung vom 4. 3. 1941 wurde die D. vom Reichskommissar zur Festigung des deutschen Volkstums (H. →Himmler) eingeführt. Die D. unterschied nach dem Grad der deutschen Volkszugehörigkeit mehrere Klassen, wobei auch die Haltung während der „polnischen Zeit" nach dem 1. Weltkrieg berücksichtigt wurde. Die Aufnahme in die D. bedeutete die Anerkennung der deutschen Volkszugehörigkeit.

Deutsche Volkspartei (DVP) rechtsliberale, von Gustav Stresemann bestimmte Partei 1918–1933. Nach einem Aufruf der →NLP und des rechten Flügels der FVP zur Gründung einer rechtsliberalen Partei nach Gründung der linksliberalen DDP beschloß die NLP. am 15. 12. 1918 die Gründung der DVP unter dem alten und neuen Vorsitzenden G. →Stresemann. Die Wahlen zur Nationalversammlung brachten ihr 4,4 % und 22 Mandate. Zunächst war die Partei gegen die Weimarer Koalition eingestellt, stand der →DNVP nahe und unterstützte die Ziele des →Kapp-Putschs. 1920 erreichte sie 14 % und 62 Mandate, trat der Regierung →Fehrenbach bei (1920/21) und förderte den passiven Widerstand an der Ruhr. Von August bis November 1923 war G. Stresemann Reichskanzler zweier Kabinette, anschließend bis zu seinem Tode (3. 10. 1929) Reichsaußenminister. Durch ihre Teilnahme an einer Regierung und Koalition mit der →SPD verlor die DVP viele Wähler an die DNVP und sank 1930 auf 4,5 % mit 30 Mandaten. Auch ein schärferer Rechtskurs ab November 1930 unter dem neuen Vorsitzenden E. Dinkeldey brachte 1932 nur sieben bzw. elf Mandate. Im →Christlich-Nationalen Block mit →CSVP und →Deutscher Bauernpartei erhielt die DVP 1933 nur noch 1,1 % und zwei Mandate. Teile traten zur →NSDAP über, der Rest löste sich am 4. 7. 1933 auf.
R. Thimme: Stresemann und die DVP 1923–1925, 1961.
W. Hartenstein: Die Anfänge der DVP 1918–20, 1962.

Deutsche Volkspartei, österreichische politische Partei ab 1896. Am 7. 6. 1896 gegründet, sollte die D. die nationalen Vertreter aller deutschen Parteien zusammenfassen. Sie ging anläßlich des Streits um die Doppelsprachigkeit an den Gymnasien aus der von O. Steinwender 1887 gegründeten →Deutschnationalen Vereinigung bzw. der aus dieser entstandenen Deutschen Nationalpartei hervor und vertrat

staatstreu und kompromißbereit sowie nicht unbedingt antisemitisch die Belange der Deutschen in der Donaumonarchie. Die radikalere Gruppe um von →Schönerer und seinen Verband der Deutschnationalen schloß sich nicht an. Der D. lag im wesentlichen das „Linzer Programm" der Deutschnationalen von 1882 zugrunde. Als sich nach den für die Deutschnationalen verlustreichen Wahlen von 1907 Einigungsbestrebungen durchsetzten und am 26. 2. 1910 der →Deutsche Nationalverband als Dachorganisation entstand, verschmolz darin die Verfassungspartei mit der D., die als wesentlicher Teil der nach den Reichsratswahlen von 1911 stärksten politische Kraft die Regierung stürzte. Pressesprachrohre der D. waren u. a. die „Freien Stimmen", Klagenfurt, die „Deutsche Volkszeitung", Reichenberg, sowie zeitweise die „Deutsche Zeitung", Wien.
P. Molisch: Geschichte der deutschnationalen Bewegung in Österreich, 1926. G. Kolmer: Parlament und Verfassung in Österreich, 8 Bde., 1902–1914.

Deutsche Zentrumspartei, ab 1911 offizieller Name des →Zentrums.

Deutsch-Hannoversche Partei (DHP), für die Wiederherstellung der Souveränität des Landes Hannover eintretende konservative Partei 1869–1933. Aus dem Hannoverschen Wahlverein ging 1869/70 unter Leitung des hannoverschen Adels die DHP hervor, die ein föderalistisches, großdeutsches Reich mit Wiederherstellung der Welfenmonarchie forderte. Die antipreußische und regional auf Niedersachsen begrenzte DHP hatte meist ein Wahlbündnis mit dem Zentrum. Von elf Reichsmandaten 1884 sank sie auf fünf im Jahr 1912 ab. Nach dem 1. Weltkrieg forderte die DHP eine ausgleichende Sozialreform und Förderung des Mittelstandes und setzte sich für ein eigenes Land Niedersachsen ein, erreichte aber beim Volksbegehren am 28. 5. 1928 nicht die dafür erforderliche Stimmenzahl. Die Zahl ihrer Reichsmandate sank von vier im Jahr 1920 auf eins im November 1932, das am 5. 3. 1933 auch verlorenging. Am 1. 7. 1933 löste die DHP sich auf.

Deutschkonservative Partei (DKonsP.), konservative monarchistische Partei mit starkem Einfluß des Adels und der Großagrarier 1876–1918. Am 7. 6. 1876 in Frankfurt/M. von preußischen Konservativen gegründet, trat die DKonsP. für die Monarchie, für das Dreiklassenwahlrecht, gegen weitere Demokratisierung und schrankenlosen Liberalismus in der Wirtschaft ein. Das „Tivoli-Programm" von 1892 sah außerdem Zollschutz für Industrie und Landwirtschaft, Schutz der Kirchen und

Maßnahmen gegen die SPD vor. Organisatorisch unterstützte der Bund der Landwirte die DKonsP. Presseorgane waren u. a. die Berliner „Kreuzzeitung" und ab 1911 der „Reichsbote". Die Zahl der Reichstagsmandate sank von 72 im Jahr 1893 bei 18 % auf 43 im Jahr 1912 bei nur noch 11 %. Im 1. Weltkrieg forderte die DKonsP. wie der →Alldeutsche Verband Annexionen im Osten, lehnte einen Verständigungsfrieden ab und wandte sich gegen eine Verfassungsreform. Nach der Novemberrevolution löste sich die DKonsP. auf. Viele Mitglieder gingen mit dem Vorsitzenden der letzten Reichstagsfraktion, K. Graf von Westarp, zur neugegründeten DNVP.
H. Booms: Die Deutschkonservative Partei, 1954.

Deutschkunde, Zusammenfassung mehrerer Unterrichtsfächer. Als Ausfluß der Richertschen Schulreformen der 20er Jahre forderte der deutsche Germanistenverband eine „umfassende D." zur besseren Berücksichtigung der völkischen Grundlagen des deutschen Geisteslebens. Nach 1933 wurde die D. als Fächergruppe aus Deutsch, Geschichte, Erdkunde, Religion, Kunst und Musik zur Unterrichtung über das Wesen des deutschen Volkes, seines Brauchtums und seiner Kultur in allen ihren Gestaltungen hervorgehoben mit dem Ziel, das Verständnis hierfür zu wecken, sittliche Kräfte zu entwickeln sowie Charakter und Kultur der Deutschen zu bewahren.
W. Hofstaetter und A. Peters: Sachwörterbuch der Deutschkunde, 2 Bde., 1930. H. Richert: Die deutsche Bildungseinheit und die höhere Schule, 1920. W. Hofstaetter u. a.: Grundzüge der Deutschkunde, 2 Bde., 1925/29.

Deutschland, das Land der Deutschen. Seit dem Mittelalter wurde D. als Begriff für den Bereich der deutschen Sprache, Kultur, Sitten sowie für das Siedlungsgebiet der Deutschen üblich, auch als „die deutschen Lande". Inoffiziell galt es als Kurzform für die Bezeichnung des Heiligen Römischen Reiches Deutscher Nation. Betont wurde, daß nicht natürliche Grenzen, sondern Sprache und Volkstum D. bestimmen. Ein einiges D. als Grundlage der deutschen Identität wurde Zielvorstellung besonders in den Befreiungskriegen um 1813 und in der Paulskirchenversammlung 1848/49. In diesen Beratungen wurde zwischen Kleindeutschland (ohne Österreich) und Großdeutschland unterschieden. Nach der kleindeutschen Lösung von 1871 wurde D. vielfach als das Deutsche Reich verengt, gleichfalls nach dem Anschlußverbot für Österreich von 1919. Nach der Vereinigung Österreichs und des Sudetenlandes mit dem Deutschen Reich 1938 waren fast alle deutschen Gebiete staatlich zusammengefaßt, 1945 haben die Alliierten D. in mehrere Teile und Zonen aufgespalten, die teilweise noch bestehen. Die Einigung D. war nach 1918 wie nach 1945 und bis zur Gegenwart ein Hauptanliegen aller nationalen Vereinigungen. Der Begriff D. wird vor allem im Deutschlandlied und in E. M. Arndts Gedicht „Was ist des Deutschen Vaterland" umrissen.

Deutschland erwache!, der aus dem „Sturmlied" von Dietrich →Eckart entnommene Kampfruf der nationalsozialistischen Bewegung seit 1920, der auch auf SA- und SS-Standarten angebracht war.

Deutschlandflug, Propagandaflug A. →Hitlers 1932. Eine der wirksamsten Maßnahmen der →NSDAP im Wahlkampf um das Amt des Reichspräsidenten 1932 war der D., bei dem A. Hitler mit einer Lufthansamaschine in zwei Wochen rund 60 deutsche Städte anflog und täglich mehrmals zu großen Menschenmassen sprach. Der D. stellte damals eine sensationelle Neuerung dar.

Deutschlandlied, deutsche Nationalhymne. Das von Heinrich Hoffmann von Fallersleben am 26. 8. 1841 auf dem damals britischen Helgoland gedichtete und am 4. 9. 1841 vom Hamburger Verleger Campe mit der Weise von Haydns Kaiserhymne veröffentlichte „Lied der Deutschen" wurde im 1. Weltkrieg in Deutschland zum Bekenntnislied, nachdem es am 11. 11. 1914 beim Sturm junger deutscher Regimenter auf →Langemarck gesungen worden war. Reichspräsident →Ebert erklärte es am 11. 8. 1922 zur Nationalhymne, die von 1933–1945 zusammen mit dem →Horst-Wessel-Lied gesungen wurde. 1945 von den Alliierten verboten, wurde das ganze D. mit allen drei Strophen in einem Briefwechsel zwischen Bundespräsident Th. →Heuss und Bundeskanzler K. →Adenauer am 6. 5. 1952 wieder zur Nationalhymne erklärt, wobei aus politischen Gründen festgesetzt wurde, daß bei offiziellen Anlässen nur die 3. Strophe gesungen werden solle.

R. Pozorny: Hoffmann von Fallersleben, 1982. H Gerstenberg: Deutschland über alles, 1933. H. Tümmler: Deutschland, Deutschland über alles, 1979. G. Knopp und E. Kuhn: Das Lied der Deutschen, 1988.

Deutschnationale Bewegung, nationale Strömung unter den Deutschen in Österreich. Bestrebungen zur Zusammenfassung aller Deutschen der österreich-ungarischen Monarchie zu einem deutschen Staat gab es schon in der ersten Hälfte des 19. Jahrhunderts. Vor allem in Kreisen der Intelligenz befürchtete man ein Übergewicht der nichtdeutschen Völker im

Habsburger Staat. In Graz wurde 1867 die erste D. gegründet. Als ihr Führer G. Ritter von →Schönerer 1873 ins Wiener Abgeordnetenhaus einzog, wurde die D. politisch wirksam. Sie wandte sich ab 1879 auch scharf gegen die bisher herrschende deutsch-liberale Partei. 1882 gründete Schönerer den →Deutschnationalen Verein und verfaßte das grundlegende Linzer Programm, das bei Sonderstellung Galiziens und Dalmatiens nur eine Personalunion mit Ungarn, dafür aber eine engere Zusammenfassung aller deutschen Länder Österreichs, einen engen Anschluß an das Deutsche Reich und Deutsch als alleinige Amtssprache vorsah. Als 1885 in der D. der →Arierparagraph eingeführt wurde und die D. in immer größeren Gegensatz zum österreichischen Staat geriet, spaltete sich ein Teil ab, der die Staatsgrundlagen der Monarchie anerkannte und 1891 die →Deutsche Nationalpartei und 1896 die →Deutsche Volkspartei gründete. Schönerers Anhänger bildeten dagegen 1901 die →Alldeutsche Vereinigung. Als Zusammenfassung deutsch-nationaler und deutsch-liberaler Gruppen entstand 1910 der →Deutsche Nationalverband, der 1911 stärkste Partei im Reichsrat wurde. Die Deutsch-Nationalen bildeten 1919 die Großdeutsche Vereinigung und gründeten im September 1920 die →Großdeutsche Volkspartei mit der Hauptforderung des Anschlusses Österreichs an das Deutsche Reich. Im abgetrennten Sudetenland übernahm die →Deutsche Nationalpartei das Erbe der D.

E. Pichl (Hrsg.): Schönerer und die Entwicklung des Alldeutschtums in der Ostmark, 1922/23. P. Molisch: Geschichte der Deutschnationalen Bewegung in Österreich, 1926. R. Suchenwirth: Das tausendjährige Österreich, 1937.

Deutschnationale Front, Nachfolgerin der →DNVP. Am 3. 5. 1933 nannte die DNVP sich in D. um, bevor sie sich am 27. 6. 1933 auflöste.

Deutschnationale Vereinigung, österreichische politische Gruppierung. Am 18. 2. 1887 gründete O. Steinwender, Mitverfasser des „Linzer Programms" von 1882 der österreichischen Deutschnationalen, mit einem Teil des „Deutschen Klubs" die D. als politische Vertretung der deutschen Belange in Österreich und führte sie an. Aus ihr entstand 1891 die →Deutsche Nationalpartei, am 7. 6. 1896 die →Deutsche Volkspartei. Diese Verbände hoben sich durch eine kompromißbereitere, staatstreue, stärker am „Linzer Programm" ausgerichtete und nicht antisemitische Politik von der radikaleren alldeutschen Gruppierung um →Schönerer ab. Im Rahmen des am 26. 2. 1910 gegründeten →Deutschen Nationalverbandes als Dachverband aller deutschnationalen Verbände verschmolz die Verfassungspartei mit der D. Zu ihren Presseorganen gehörten die „Freien Stimmen", Klagenfurt, die „Deutsche Volkszeitung", Reichenberg, und zeitweise die „Deutsche Zeitung", Wien.

P. Molisch: Geschichte der deutschnationalen Bewegung in Österreich, 1926.

Deutschnationale Volkspartei (DNVP), bürgerliche rechtsstehende Partei 1918–1933. Am 24. 11. 1918 gründeten Mitglieder mehrerer konservativer Vorkriegsparteien und Gruppen (u. a. Deutschkonservative Partei, Christlichsoziale Partei, Reichs- und Freikonservative Partei) in Berlin die DNVP. Sie wollte konservatives „Staats- und Kulturgut" erhalten, das deutsche Kaisertum erneuern, den Verlust der Kolonien und der abgetretenen Gebiete rückgängig machen, das Privateigentum gegen Sozialisierung sichern und vor allem den Mittelstand fördern. Im Herbst 1922 spaltete sich ein rechter, alldeutscher, völkischer, antisemitischer Flügel, die „Deutschvölkische Arbeitsgemeinschaft", ab und gründete im Dezember 1922 die Deutschvölkische Freiheitspartei (DVFP). Unterstützt vom →Reichs-Landbund, erreichte die DNVP bei der Reichstagswahl am 4. 5. 1924 21,4% der Stimmen und wurde mit 106 Abgeordneten stärkste Reichstagsfraktion. 1924/25 und 1926/27 war die DNVP in den Kabinetten →Luther und →Marx vertreten. Vorsitzender war bis 20. 10. 1928 Graf von Westarp, dann Alfred →Hugenberg, der die Weimarer Regierungen scharf bekämpfte, sich insbesondere (mit der NSDAP) gegen den →Young-Plan wandte. Im Januar 1930 spalteten sich zwölf Mitglieder des Reichstages von der DNVP ab und gründeten die →Volkskonservative Vereinigung, zu der im Sommer 1930 eine weitere DNVP-Gruppe unter Graf Westarp stieß. Im Oktober 1931 bildete die DNVP mit →NSDAP und →Stahlhelm die →Harzburger Front gegen die Regierung →Brüning. Am 30. 1. 1933 beteiligte sie sich am „Kabinett der nationalen Konzentration" unter A. →Hitler mit A. Hugenberg als Wirtschafts- und Landwirtschaftsminister. Am 5. 3. 1933 erhielten NSDAP und DNVP zusammen 52,1% der Stimmen mit 341 Mandaten im Reichstag, der damit seit März 1930 erstmalig wieder eine regierungsfähige Mehrheit besaß. Am 3. 5. 1933 nannte die DNVP sich in →Deutschnationale Front um und löste am 21. 6. 1933 ihre „Kampfstaffeln" auf, fünf Tage später trat A. Hugenberg von seinen Ministerämtern zurück, einen Tag später löste die DNVP sich auf.

W. Liebe: Die DNVP 1918–1924, 1956. M. Dörr: Die DNVP 1925 bis 1928, 1964. W. Weiss (Hrsg.): Der nationale Wille. Werden und Wirken der DNVP 1918–1928, 1928. A. von Freytag-Loringhoven: DNVP, 1931.

Deutsch-Neuguinea, ehemalige deutsche Kolonie. Als Verwaltungseinheit umfaßte D. alle deutschen Besitzungen in der Südsee außer Samoa, insgesamt rund 243 000 km² mit 418 000 Eingeborenen und 900 Weißen. Nach ersten preußischen Plänen von 1866–1869 und Niederlassungen Hamburger Handelshäuser ab 1872 erwarb O. Finsch 1884 das nordöstliche Neuguinea (→Kaiser-Wilhelms-Land) und den →Bismarck-Archipel für die Neuguinea-Kompanie. Die Gebiete wurden am 17. 5. 1885 unter den Schutz des Reiches gestellt wie die am 15. 12. 1886 von der Kompanie erworbenen westlichen →Salomoninseln. 1898/99 wurde das Schutzgebiet vom Reich selbst übernommen, ebenso die 1899 von Spanien erworbenen →Karolinen-, →Marianen- und →Palau-Inseln sowie 1906 die →Marshall-Inseln. Bis 1891 war Finschhafen, dann Friedrich-Wilhelms-Hafen der Verwaltungssitz. Von 1902–1914 war A. Hahl Gouverneur, der das Land erforschen und wirtschaftlich (Kokospalmen, Phosphatbau) fördern ließ. Dennoch betrug der Reichszuschuß 1913 noch 1,7 Millionen Mark. Da ohne Schutztruppen, mußten die einzelnen Gebiete im September/Oktober 1914 vor den angreifenden Australiern, Japanern und Engländern kapitulieren. 1920 kam der Hauptteil D.s unter das Völkerbundsmandat Australiens, ein Teil der Inseln unter das Japans. Die Deutschen wurden ausgewiesen.

R. Neuhauß: Deutsch-Neuguinea, 3 Bde. 1911. W. Scheel: Deutschlands Kolonien, 1912. A. Hahl: Deutsch-Neuguinea, 1936. A. Hahl: Gouverneursjahre in Neuguinea, 1937. J. Schultz-Naumann: Unter Kaisers Flagge, 1985. W. Haupt: Deutschlands Schutzgebiete in Übersee 1884–1918, 1984. K. Graudenz und H. M. Schindler: Die deutschen Kolonien, 1982.

Deutschösterreich, Bezeichnung für die deutschen Gebiete der österreichisch-ungarischen Monarchie. Nachdem schon seit Jahrzehnten die deutschen Gebiete der k. u. k.-Monarchie nichtamtlich als D. bezeichnet worden waren, wurde nach dem Zusammenbruch des Habsburger Staates am 12. 11. 1918 in Wien die Republik D. ausgerufen und der Wille zum Anschluß an das Deutsche Reich erklärt. D. umfaßte die Länder Niederösterreich, Oberösterreich, Steiermark, Kärnten, Tirol, Vorarlberg und Salzburg sowie die Ende Oktober 1918 errichteten Länder Deutschböhmen und Sudetenland, insgesamt 118 000 km² mit 10,4 Millionen Einwohnern. Im Friedensdiktat von →Saint-Germain wurden gegen den ausgesprochenen einheitlichen Willen der betreffenden Bevölkerung Südtirol, Deutschböhmen und Sudetenland von D. abgetrennt, der Name D. verboten und ein Anschluß an das Deutsche Reich untersagt. Am 21. 10. 1919 wurde unter diesem Zwang D. in die Republik Österreich umgewandelt.

R. Suchenwirth: Das tausendjährige Österreich, 1937. R. Hampel: Österreichs deutsches Bekenntnis, 1976. T. Borodajkewycz: Saint-Germain, 1969. F. F. G. Kleinwächter: Von Schönbrunn bis St.-Germain, 1964. L. Jedlicka (Hrsg.): Ende und Anfang. Österreich 1918/1919, 1969.

Deutsch-Ostafrika, ehemalige deutsche Kolonie. Nach Niederlassungen Hamburger Firmen und einem Handelsvertrag von 1859 zwischen den Hansestädten und dem Sultan von Sansibar erwarb C. →Peters Ende 1884 durch Verträge mit Häuptlingen das Kerngebiet D.s für die von ihm und anderen 1884 gegründete →Deutsch-Ostafrikanische Gesellschaft, Gesellschaft für deutsche Kolonisation. Sie bekam am 27. 2. 1885 einen kaiserlichen Schutzbrief. Als der Sultan von Sansibar ihr auch die Küsten- und Zollverwaltung überließ, kam es zu einem Araberaufstand, den H. von Wichmann mit Reichshilfe 1889/90 niederwarf. 1891 übernahm das Reich die Verwaltung. Insbesondere wegen des von den Deutschen durchgesetzten Verbots des Sklavenhandels kam es bis 1906 noch zu mehreren Araberaufständen, die unterdrückt wurden. Die endgültigen Grenzen wurden 1890 im →Helgoland-Sansibar-Vertrag mit England festgelegt, worin Deutschland auf Sansibar, Witu und Uganda verzichtete, das Peters gerade erworben hatte. Das ganze Gebiet D. umfaßte 993 500 km^2 mit (1914) rund 7,65 Millionen Eingeborenen und 5300 Europäern. Die wirtschaftliche Entwicklung (Zuckerrohr, Kokos, Kaffee, Sisal, Kautschuk) war durch den deutschen Eisenbahnbau sehr gefördert, viele Schulen waren errichtet worden, besonders unter den letzten Gouverneuren von Rechenberg und H. Schnee (ab 1912). Dennoch investierte das Reich 1913 noch 40,9 Millionen Mark. Im 1. Weltkrieg leistete die deutsche Schutztruppe von 3000 Weißen unter General P. von →Lettow-Vorbeck mit 13 000 treuen →Askaris, vom Mutterland völlig abgeschnitten, den mehrfach überlegenen Südafrikanern, Engländern, Belgiern und Portugiesen erfolgreichen Widerstand. Bei Tanga (3.–5. 11. 1914), Jassini (18. 1. 1915) und Mahiwa (15.–18. 8. 1917) errang sie glänzende Siege. 1917/18 trat die Schutztruppe unbesiegt auf portugiesisches und britisches Kolonialgebiet über. Am 14. 11. 1918 streckte sie, gerade ins britische Rhodesien eingedrungen, auf Befehl der Reichsregierung die Waffen. Von D. kam 1920 der größte Teil unter britische Mandatsverwaltung, Ruanda und Urundi fielen als Völkerbundsmandate an Belgien. Die Briten enteigneten die deutschen Farmer. Nachdem seit 1925 die Einwanderung Deutscher wieder zugelassen worden war, wurden sie ab September 1939 erneut vertrieben.

C. Peters: Die Gründung von Deutsch-Ostafrika, 1906. H. Meyer: Deutsch-Ostafrika (Das deutsche Kolonialreich, Bd. 1), 1909. H. Schnee: Deutsch-Ostafrika im Weltkriege, 1919. P. von Lettow-Vorbeck: Heia Safari!, 1920. W. Haupt: Deutschlands Schutzgebiete in Übersee 1884–1918, 1984. P. H. Kuntze: Das Volksbuch unserer Kolonien, 1938. W. Scheel: Deutschlands Kolonien, 1912. K. Graudenz und H. M. Schindler: Die deutschen Kolonien, 1982.

Deutsch-Ostafrikanische Gesellschaft (DOAG), Gesellschaft für deutsche Kolonisation in Ostafrika. Die DOAG wurde 1884 in Berlin von C. →Peters und Graf Behr-Bandelin gegründet. Sie sandte noch im selben Jahr Peters, Graf Pfeil und andere nach Ostafrika, wo der Kern der späteren deutschen Kolonie in zwölf Verträgen mit Häuptlingen erworben wurde. Am 27. 2. 1885 erfolgte der Schutz des Reiches, 1891 die Übernahme des Schutzgebietes durch das Reich. 1885 war der Verein eine Kommanditgesellschaft mit Peters als Präsident hervorgegangen, deren Anfangskapital von 3,5 Millionen Mark meist von Kleinaktionären aufgebracht wurde. Ab 1891 war die DOAG privilegierte Erwerbsgenossenschaft, die bis 1903 noch das Recht der Münzprägung besaß. Sie bestand auch nach den Weltkriegen fort.

C. Peters: Die Gründung von Deutsch-Ostafrika, 1906. H. Meyer: Deutsch-Ostafrika (Das deutsche Kolonialreich, Bd. 1), 1909. F. F. Müller: Deutschland – Zansibar – Ostafrika, 1959. W. Haupt: Deutschlands Schutzgebiete in Übersee 1884–1918, 1984. K. Graudenz und H. M. Schindler: Die deutschen Kolonien, 1982.

Deutsch-polnischer Nichtangriffspakt, aufsehenerregender Vertrag zwischen Deutschland und Polen 1934. Nachdem Frankreich dem Drängen Polens zum gemeinsamen Angriff gegen Deutschland nicht nachgegeben hatte, kam es im Herbst 1933 nach Gesprächen der Reichsminister →Goebbels und von →Neurath mit dem polnischen Außenminister Beck in Genf am 15. 11. 1933 zu einer Aussprache Hitlers mit dem polnischen Botschafter Lipski über Deutschlands Wunsch nach beiderseitigen besseren Beziehungen. Als im Dezember 1933 auch Polens Staatschef Pilsudski sein Zögern aufgab, konnte der Vertrag am 26. 1. 1934 von Reichsaußenminister von Neurath und Lipski in Berlin unterzeichnet werden. Die auf zehn Jahre abgeschlossene Vereinbarung sprach einen Gewaltverzicht und die Anerkennung des →Kellogg-Paktes aus und sah vor, alle Streitigkeiten friedlich zu regeln. Ein am 15. 3. 1934 in Kraft tretendes Protokoll beendete den deutsch-polnischen Zollstreit. Der D. war das erste bilaterale Abkommen Hitlers, der es sich im Gegensatz zur →Weimarer Republik erlauben konnte, die bestehende deutsch-polnische Grenze praktisch anzuerkennen. Der D. erhöhte das Ansehen Deutschlands wie Polens und leitete Besuche deutscher Minister, u. a. Goebbels' und →Görings, in Polen 1934 ein.

D. L. Hoggan: Der erzwungene Krieg, 1962. J. Lipski: Diplomat in Berlin 1933–39, 1968.

Deutsch-Probener Volksinsel, deutsche Sprachinsel in der Slowakei. Um die Stadt Deutsch-Proben (Nemecké Pravno) im Quellgebiet der Neutra in der westlichen Slowakei befand sich eine alte deutsche Sprach- und Volksinsel mit 1939 rund 20 000 Deutschen. Die Vertreibung machte ihr 1945/46 ein Ende.

Deutschradikale Partei, österreichische politische Partei. 1901 zunächst als „Freialldeutsche" von K. H. Wolf, einem früheren Anhänger der alldeutschen Bestrebungen von →Schönerers, gegründet, vertrat die D. einen deutschnationalen Kurs wie die →Deutsche Volkspartei, von der sie sich nur durch klarer formulierte Ziele unterschied.

Deutsch-sowjetische Geheimgespräche, geheime deutsch-sowjetische Sondierungen 1942/44. Auch während des Ostfeldzuges fanden, lange Zeit nur auf sowjetische Initiative, Fühlungnahmen zwischen beiden Seiten über die Frage statt, ob es im Osten zu einem Waffenstillstand kommen könnte. Der Meinungsaustausch wurde über Bulgarien, Japan, in Stockholm und auch direkt zwischen deutschen und sowjetischen Vertretern geführt. Dazu zählten vor allem Unterredungen, die der Mitarbeiter des Auswärtigen Amtes, Dr. Peter Kleist, 1943 mit einem sowjetischen Beauftragten hatte. Die sowjetischen Bedingungen sahen einen Waffenstillstand bei Rückzug der deutschen Truppen auf die Vorkriegsgrenzen vor. Ob sie ernst gemeint waren, wurde nicht geprüft: Es bestand einerseits die Gefahr, daß Stalin die deutsch-sowjetischen Konsultationen nur als Druckmittel benutzen wollte, um von seinen westlichen Verbündeten größere Zugeständnisse für die Nachkriegszeit zu erpressen. Noch größer aber war das Risiko, die sowjetische Seite könnte ein erhebliches Territorium bis hin zur deutschen Grenze kampflos besetzen und dann den Krieg trotzdem fortsetzen, nun aber nicht durch hohe Verluste bei der Eroberung dieses Gebietes geschwächt. Die deutsche Verteidigungsstrategie, der Roten Armee Land nur gegen wesentlich höhere Opfer als die der eigenen Truppe zu überlassen, wäre damit ohne ausreichende Garantien für sowjetisches Wohlverhalten hinfällig geworden. Als diese Überlegungen bei Jahresanfang 1945

schon keine Rolle mehr spielen konnten und nun von deutscher Seite eine Kontaktaufnahme über die sowjetische Botschaft in Stockholm angestrebt wurde, lehnte die Gegenseite ab.

A. Fischer: Sowjetische Deutschlandpolitik im Zweiten Weltkrieg 1941–1945, 1975. G. Lang: Die Polen verprügeln, 2 Bde., 1988. P. Kleist: Die europäische Tragödie, 1961.

Deutsch-sowjetischer Nichtangriffspakt, Abkommen zwischen Deutschland und der Sowjetunion vom August 1939. 1939 verhandelten Briten und Franzosen in Moskau wegen eines Bündnisses gegen das Deutsche Reich, konnten jedoch nicht die Zustimmung der Polen zum Durchmarsch sowjetischer Truppen durch ihr Land erhalten. Damit war der Plan hinfällig. Stalin gab daher am 12. 8. 1939 zu erkennen, daß er eine Verständigung mit dem Reich wünsche. Nach Vorverhandlungen flog Reichsaußenminister von →Ribbentrop am 23. 8. 1939 nach Moskau und unterzeichnete am selben Tag mit Molotow den D., auch →„Hitler-Stalin-Pakt" genannt. Der auf zehn Jahre abgeschlossene D. sah Verzicht auf gegenseitige Gewaltanwendung, Neutralität bei kriegerischer Verwicklung eines Partners, Teilnahmeverzicht an einer gegnerischen Mächtegruppierung und friedliche Schlichtung von Streitigkeiten vor. Ein „Geheimes Zusatzprotokoll", dessen Inhalt noch am selben Tag über einen deutschen Beamten (Herwarth von Bittenfeld) an Roosevelt verraten, sonst erst 1945 bekannt und von den Sowjets bis 1989 abgestritten wurde, grenzte „für den Fall einer territorialpolitischen Umgestaltung" die gegenseitigen Interessenbereiche in Ost- und Südosteuropa ab: Finnland, Estland, Lettland, Polen östlich der Linie von Narew, Weichsel und San sowie Bessarabien sollten danach in den sowjetischen Bereich fallen. Mit dem D. hatte Hitler wenigstens vorübergehend die Einkreisung Deutschlands verhindert, die Gefahr eines Zweifrontenkrieges behoben und freie Hand für die Auseinandersetzung mit Polen erhalten. Stalins Plan war es, das Reich durch den D. in einen Krieg mit Polen und somit auch mit den Westmächten zu verwickeln. Roosevelt gab sein Wissen von dem geheimen deutsch-sowjetischen Plan einer neuen Teilung Polens nicht an Warschau weiter, wo man bei Kenntnis dieser Absichten den Revisionsforderungen Hitlers vielleicht entgegengekommen und so der Anlaß zum 2. Weltkrieg vermieden worden wäre.

D. L. Hoggan: Der erzwungene Krieg, 1961. R. W. Weber: Die Entstehung des Hitler-Stalin-Paktes 1939, 1980. A. Hillgruber und K. Hildebrand: Kalkül zwischen Macht und Ideologie, 1980. P. W. Fabry: Die Sowjetunion und das Dritte Reich, 1971. P. Kleist: Auch Du warst dabei, 1952. P. Kleist: Die europäische Tragödie, 1961. A. Seidl: Die Beziehungen zwischen Deutschland und der Sowjetunion 1939 bis 1941, 1949. K. Höffkes (Hrsg.): Deutsch-sowjetische Geheimverbindungen, 1988. W. Leonhard: Der Schock des Hitler-Stalin-Paktes, 1989. A. Bühl: Der Hitler-Stalin-Pakt, 1989. H. Herwarth: Zwischen Hitler und Stalin, 1982. E. Oberländer: Hitler-Stalin-Pakt, 1989. V. Suworow: Der Eisbrecher – Hitler in Stalins Kalkül, 1989. E. Topitsch: Stalins Krieg, 1990. J. Fleischhauer: Der Pakt, 1990. P. Fabry: Der Hitler-Stalin-Pakt 1939–1941, 1962.

Deutsch-sowjetisches Grenz- und Freundschaftsabkommen, →Grenz- und Freundschaftsabkommen.

Deutschsoziale Partei (DSP), konservative antisemitische Partei 1900–1914. Im Juni 1889 von Th. →Fritsch, M. Liebermann von Sonnenberg und anderen gegründet, verband sich die DSP im Oktober 1894 mit der →DRP zur →DSRP. In Magdeburg spaltete sich am 8./10. 9. 1900 eine Gruppe wieder ab und gründete unter MdR Liebermann von Sonnenberg (Vorsitzender 1900–1911) erneut die DSP, die mit anderen konservativen antisemitischen Parteien zusammenarbeitete, insbesondere mit der Christlichsozialen Partei (CSP) und dem Bund der Landwirte. Im Dezember 1903 bildete die DSP mit CSP, Bayerischem Bauernbund u. a. im Reichstag die Fraktionsgemeinschaft „Wirtschaftliche Vereinigung". 1907 erreichte sie mit neun Reichstagsmandaten ihren größten Wahlerfolg. Nach Schwund an Mandaten und Mitgliedern verband sich die DSP unter W. Lattmann am 22. 3. 1914 mit der DRP zur →Deutschvölkischen Partei.

Deutschsoziale Partei (DSP), völkische antisemitische Partei 1921–1928. Von R. Kunze am 9. 11. 1921 in Berlin gegründet, trat die DSP für eine Überwindung der sozialen Gegensätze durch eine neue Volksgemeinschaft ein. 1922 war sie in mehreren Gebieten des Reiches verboten. In der Verbotszeit der →NSDAP erzielte sie bei der Reichstagswahl 1924 vier Mandate und besaß 1925 rund 34000 Mitglieder. Nach dem Wiedererstarken der NSDAP ging die DSP 1927/28 an innerparteilichen Auseinandersetzungen zugrunde.

Deutschsoziale Reformpartei (DSRP), konservative antisemitische Partei 1895–1900. Am 7. 10. 1894 schlossen sich in Eisenach die →DRP und die →DSP zur DSRP zusammen, wobei deren Vorsitzende O. Zimmermann

(DRP) und M. Liebermann von Sonnenberg (DSP) gleichberechtigt die neue Partei führten. Sie forderte den Schutz der „schaffenden Stände" durch eine geeinte Volksgemeinschaft unter einem starken Kaiser und wandte sich gegen den „zersetzenden Geist" des Judentums. Da der DSP-Flügel mehr den Konservativen und Großagrariern, der DRP-Teil mehr dem Mittelstand und den kleinen Bauern zuneigte, führten Richtungskämpfe nach der enttäuschenden Reichstagswahl von 1898 (3,3% und 13 Reichstagsmandate) im September 1900 zur Aufspaltung der DSRP in die ursprüngliche DRP und DSP.

Deutsch-Südwestafrika, ehemalige deutsche Kolonie. Nach Ansiedlungen deutscher Missionare seit 1829 und Englands Besetzung der Walfischbay 1878 erwarb der Bremer Kaufmann Adolf →Lüderitz 1882 Angra Pequena (Lüderitzbucht) mit einem Küstenstreifen (Lüderitzland), das mit weiteren Gebieten am 24. 4. 1884 den Schutz des Reiches erhielt. Der im Mai 1885 eintreffende erste Reichskommissar Dr. H. Göring schloß weitere Schutzverträge mit Stämmen des Binnenlandes ab. Durch Verträge mit Portugal (1886) und England (1890, Erwerb des →Caprivizipfels) wurden die Grenzen festgelegt: D. umfaßte 1914 836000 km^2 mit etwa 200000 Eingeborenen und 15000 Weißen, davon 9000 Deutschen. Unruhen der →Hottentotten und →Hereros konnte Gouverneur Major Leutwein (1894–1905) mit der 1889 aufgestellten Schutztruppe bis 1898 unterdrücken. Anfang 1904 brach ein blutiger Aufstand der Hereros aus, die von der Schutztruppe am Waterberg besiegt und in die wasserarme Sandwüste getrieben wurden, wo viele umkamen. An den →Hottentottenaufstand vom Herbst 1904 unter Hendrik Witboi schloß sich ein verlustreicher Kleinkrieg bis 1908 an. Dabei ging die wirtschaftliche Entwicklung des Landes, das ab 1891 von Windhuk aus verwaltet wurde, schnell voran, insbesondere seit Eröffnung der Eisenbahn Windhuk – Küste (1902), der Einführung der Karakul-Schafe (1907), dem Fund von Diamanten in der Namib und dem Beginn des Kupferabbaus. 1913 schoß das Reich noch 38,5 Millionen Mark zu. Im 1. Weltkrieg (letzter Gouverneur Seitz seit 1910) konnte die Schutztruppe die ersten Angriffe der Briten bei Sandfontein und der Portugiesen bei Naulila zurückschlagen, mußte sich dann aber vor der zehnfachen Übermacht des britisch-burischen Heeres unter Botha langsam zurückziehen und am 9. 7. 1915 bei Otawi ergeben. 1920 wurde D. als Völkerbundmandat der Südafrikanischen Union unterstellt, rund 6000 Deutsche wurden ausgewiesen. Die Verbliebenen und spätere Einwanderer haben den deutschen Charakter des Landes bis heute erhalten, so daß D. als einzige ehemalige deutsche Kolonie deutsch geprägt blieb. Trotz schwerer Verfolgung im 2. Weltkrieg konnten die Deutschen in D. ihr Schulwesen wieder aufbauen und in den 80er Jahren Deutsch als dritte Amtssprache durchsetzen. Mit etwa 20 000 Menschen machen die Deutschen etwa ein Viertel der Weißen des heutigen Namibia aus.

L. Schultze-Jena: Deutsch-Südwestafrika (Das deutsche Kolonialreich Bd. 2), 1910. P. Barth: Südwestafrika, 1926. Th. Leutwein: Elf Jahre Gouverneur in Deutsch-Südwestafrika, ³1908. H. Grimm: Das Deutsche Südwesterbuch, 1929. P. H. Kuntze: Das Volksbuch unserer Kolonien, 1938. H. O. Meissner: Traumland Südwest, 1968. G. Sudholt: Die deutsche Eingeborenenpolitik in Südwest, 1975. U. Timm: Deutsche Kolonien, 1981. R. Kosiek: Deutsches Land in fremder Hand, 1982. W. Haupt: Deutschlands Schutzgebiete in Übersee 1884–1918, 1984. J. Schultz-Naumann: Unter Kaisers Flagge, 1985. H. von Lichtenfeld: Südwestafrika, 1978. K. Graudenz und H. M. Schindler: Die deutschen Kolonien, 1982. W. Nuhn: Sturm über Südwest, 1989. M. Damböck: Südwestafrika, 1987. J. Hecker (Hrsg.): 1884–1984: Vom Schutzgebiet bis Namibia, 1985. W. Weiss: Namibia – Südwestafrika, 1985.

Deutschtum in den USA. Nach Angaben mancher Publizisten hat jeder zweite US-Amerikaner (auch) deutsche Vorfahren. Obwohl man die deutsche Einwanderung meist mit der Landung der Krefelder Mennoniten 1683 beginnen läßt, sind deutsche Siedler schon vorher verbürgt. So ist z. B. New York (Neu Amsterdam) eine Gründung des in holländischen Diensten stehenden Peter Minuit (Minewit) aus Wesel. Die erste Druckerei auf amerikanischem Boden war deutsch, am Unabhängigkeitskrieg nahmen die Deutschen aktiv teil, der ehemalige preußische Offizier von Steuben wurde der „Drillmeister" der US-Armee. Es ist jedoch eine Legende, daß Deutsch beinahe einmal Staatssprache der USA geworden wäre. Ein großer Teil der deutschen Auswanderer assimilierte sich sehr schnell, nie hatten die zahlenmäßig stärkeren Deutsch-Amerikaner den Einfluß der Amerika-Iren, -Juden oder -Polen. Doch gab es ein blühendes Vereinswesen, eine deutsche Presse, deutsche Kirchen und deutsche Privatschulen. Der mit einer heftigen Deutschenverfolgung verbundene Eintritt der USA in den 1. Weltkrieg 1917 versetzte dem D. einen Schlag, von dem es sich nicht mehr erholt hat. Heute ist ein organisiertes D. nur noch in Resten erhalten, vor allem die Jugend fehlt. Gab es vor dem 1. Weltkrieg noch über 700 deutsche Zeitungen und Zeitschriften, darunter viele Tageszeitungen, so gab es 1987, einschließlich kleinster Blättchen, nur noch 66, darunter keine Tageszeitung. Selbst Auswanderer der ersten Generation beherrschen die deutsche Sprache oft nur noch sehr schlecht. Erhalten hat sich das D. am ehesten bei den Angehörigen gewisser protestantischer Sekten (Mennoniten, Hutterer, Amish), die sich aufgrund ihres Glaubens streng von der übrigen Welt absondern. Hier wird seit Generationen deutsch gesprochen, allerdings oft in der Form des sogenannten „Pennsylvania-Dutch", eines deutsch-englischen Mischdialekts. Die noch bestehenden deutschen Vereine widmen sich in erster Linie der Nostalgie und der Folklore (Steubenparade in New York, Volksfeste).

B. C. Längin: Wege und Wandlungen, Bd. 3, 1983. J. Willer: Der amerikanische Traum, 1983. VDA (Hrsg.): Leitfaden der deutschsprachigen Presse im Ausland, 1984.

Deutschvölkische Bewegung, Sammelbegriff für bestimmte nationale Gruppen zwischen 1914 und ca. 1930. Die D. strebte die Erneuerung des deutschen Volkes durch Rückbesinnung auf den Volksbegriff, teilweise auf die „germanische Grundlage", und, seit 1918, in Ablehnung der Verzichts- und Erfüllungspolitik an, womit oft ein starker Antisemitismus verbunden war. Sie kämpfte gegen das →Versailler Diktat, insbesondere die erzwungenen Gebietsabtretungen, und die Besatzungspolitik der Franzosen und Belgier, vor allem im →Ruhrkampf. Die →Deutschvölkische Partei, 1914 gegründet, trat mit fünf MdR und ihrem Organ „Deutschvölkische Blätter" stark für einen deutschen Sieg im 1. Weltkrieg ein und ging 1918 in der →DNVP auf. Aus dem 1918 gegründeten Deutschvölkischen Bund ging 1920 der Deutschvölkische Schutz- und Trutzbund hervor, der unter A. Roth, A. Dinter und A. Bartels alldeutsche Bestrebungen verfolgte, teilweise im Untergrund wirkte und nach dem Rathenau-Attentat 1922 – damals 170 000 Mitglieder umfassend – verboten wurde. Von der DNVP spaltete sich im Dezember 1922 unter A. von Graefe, R. Wulle und E. Graf von Reventlow die →Deutschvölkische Freiheitspartei (DVFP) ab, die nach dem Verbot der →NSDAP 1923 mit deren Gruppen in den Reichstagswahlen als Nationalsozialistische Freiheitspartei bzw. -bewegung zusammenarbeitete. Sie zerfiel nach dem Rücktritt ihrer Führer →Ludendorff, von Graefe und G. →Strasser sowie der Neugründung der NSDAP, der die meisten Anhänger der DVFP beitraten. Die D. wurde dann immer mehr von der NSDAP aufgesogen.

D. Fricke (Hrsg.): Die bürgerlichen Parteien in Deutschland 1830–1945, 1968. F. Wende (Hrsg.): Lexikon zur Geschichte der Parteien in Europa, 1981. A. Dinter: Ursprung, Ziel und Weg der deutsch-völkischen Freiheitsbewegung, 1924.

Deutschvölkische Freiheitspartei (DVFP), rechte völkische Partei 1922–1933. Ein rechter Flügel der DNVP und andere völkische Gruppen (Freikorpsangehörige) gründeten am 16. 12. 1922 (A. von Graefe, Th. Fritsch, W. Hennig) die DVFP, die zunächst in Mecklenburg-Schwerin und dann in Norddeutschland Zulauf erhielt, vor allem nach dem Verbot der →NSDAP aus deren Mitgliedern, so daß auch die DVFP in manchen Reichsgebieten verboten wurde. Angehörige der DVFP beteiligten sich am →Marsch auf die Feldherrnhalle am 9. 11. 1923 sowie an der völkischen Liste zur Reichstagswahl im Mai 1924. Trotz Teilnahme am Völkisch-Nationalen Block erhielt die DVFP bei der Reichstagswahl 1928 kein Mandat mehr. Ihr Einfluß schwand bis zum Ende der Partei 1933 weiter.

Deutschvölkische Partei (DvP), völkische antisemitische Partei 1914–1918. Am 22. 3. 1914 schlossen sich die →DSP und die →DRP zur DvP unter W. Lattmann (1914/15) und F. Werner (1915–1918) zusammen. Ihre fünf MdR bildeten ab 1916 die Deutsche Fraktion mit der →RFKP, der →CSP und anderen. Die DvP trat offen für Annexionen im 1. Weltkrieg ein, so daß es zum Konflikt mit der Reichsregierung und zeitlichen Verbot der Parteiorgane „Deutschvölkische Blätter" und „Staatsbürger-Zeitung" kam. Im November 1918 löste sich die Partei auf, wobei viele Mitglieder zur neugegründeten DNVP gingen.

DF, Abkürzung für Deutsche Freischar, →Bündische Jugend.

DFsP, Abkürzung für →Deutsche Freisinnige Partei.

DFW, Abkürzung für →Deutsches Frauenwerk.

DHP, Abkürzung für →Deutsch-Hannoversche Partei.

Dicke Berta, Scherzname für schwere Mörser. Im 1. Weltkrieg wurden die deutschen 42-cm-Mörser der Firma Krupp scherzweise D. nach Frau Berta Krupp von Bohlen und Halbach genannt.

„Die Kunst im Dritten Reich", Monatszeitschrift für Kunst 1937–1944. Ab 1. 1. 1937 erschien die Zeitschrift, ab Nr. 9/1939 als „Die Kunst im Deutschen Reich", im →Eher-Verlag in München. Herausgeber waren zunächst die Professoren Richard Klein und Leonhard Gall, ab 1938 der „Beauftragte des Führers für die gesamte geistige und weltanschauliche Erziehung der NSDAP", Alfred →Rosenberg. Das Format war zunächst 28x21 cm, ab Nr. 7/8-1937 36x28 cm. Verkaufspreis war 1,– RM. In der Zeitschrift wurden viele Kunstgegenstände, auch farbig, wiedergegeben, Künstler mit ihrem Werk geschildert und Ausstellungen beschrieben. Ab Nr. 5/1939 trat eine Ausgabe B mit dem Architekturteil „Die Baukunst" für 2,– RM hinzu. Als letzte Nummer erschien Nr. 8/9-1944.

Diem, Carl, Prof. Dr., Sportwissenschaftler und -organisator. *24. 6. 1882 Würzburg, †17. 12. 1962 Köln. Von 1913–1933 Generalsekretär des →Deutschen Reichsausschusses für Leibesübungen, war D. jahrzehntelang eine der wichtigsten und wirkungsvollsten Persönlichkeiten des deutschen Sports, der auch die geistige und völkische Bedeutung des Sports hervorhob. Er war 1920 Mitbegründer der Deutschen Hochschule für Leibesübungen in Spandau, führte 1922 die →Deutschen Kampfspiele ein, war seit 1933 Generalsekretär des Organisationsausschusses für die XI. →Olympischen Spiele 1936 in Berlin, begründete 1947 die Deutsche Sporthochschule in Köln und schrieb u. a. „Olympische Spiele" (1912), „Zur Neugestaltung der Körpererziehung" (1921), „Deutsche Kampfspiele" (1922/26), „Persönlichkeit und Körpererziehung" (1924), „Olympische Flamme" (3 Bde., 1942), „Weltgeschichte des Sports und der Leibesübungen" (2 Bde., 1960). Ihm war die Teilnahme der deutschen Sportler an den Olympiaden nach dem 1. (ab 1928) und nach dem 2. Weltkrieg (ab 1952) mit zu verdanken. Der Deutsche Sportbund stiftete zu seiner Erinnerung die „Carl-Diem-Plakette".

Dienstauszeichnung, als Anerkennung für treue Dienste für Volk und Reich 1933–1945 verliehene Auszeichnung. 1. Die D. der Wehrmacht in vier Klassen (zwei Medaillen, zwei Kreuze) für 4-, 12-, 18- und 25jährige Dienstzeit wurde am 16. 3. 1936 von A. →Hitler gestiftet, am 10. 3. 1939 dazu das goldene Eichenlaub zur 1. Klasse für 40jährige Dienstzeit. 2. Für analoge Dienstzeiten wurden von A. Hitler am 30. 1. 1938 die D. für den →Reichsarbeitsdienst in Form von vier ovalen Medaillen, 3. die D. für Angehörige der →Waffen-SS und der →SS-Junkerschulen in Form von zwei Medaillen und zwei Kreuzen sowie 4. die D. für die Polizei in drei Stufen (eine Medaille und zwei Kreuze) für 8, 18 und 25 Dienstjahre gestiftet. 5. Am 12. 4. 1939 stiftete A. Hitler das D. der NSDAP für 10-, 15- und 25jährige Parteitätigkeit.

Diensteid, der Eid der Beamten und Soldaten im Deutschen Reich. Mit dem „Gesetz über die Vereidigung der Beamten und Soldaten der Wehrmacht" vom 2. 8. 1934 wurde der bisherige Verfassungseid durch den D. (Treueid) auf den „Führer des Deutschen Reiches und Volkes, Adolf →Hitler" abgelöst. Im Gegensatz zu früher durfte die religiöse Beteuerung nicht mehr weggelassen werden. Der Wortlaut des D. findet sich auch im deutschen Beamtengesetz vom 26. 1. 1937 und im Gesetz vom 20. 7. 1935. Der D. für die Soldaten trat an die Stelle des bisherigen Fahneneids, der auf Fahne, Geschütz oder Offizierssäbel zu leisten war.

Dienststelle Ribbentrop, außenpolitisches Amt unter Ribbentrop. 1934 aus →Ribbentrops Büro (Beauftragter für Abrüstungsfragen) entstanden, war die D. neben dem Außenpolitischen Amt der NSDAP unter →Rosenberg und dem Auswärtigen Amt unter von →Neurath eine Einrichtung, die sich bis 1938 unter Leitung J. von Ribbentrops mit außenpolitischen Fragen, insbesondere mit den deutsch-britischen Beziehungen, befaßte. Sie bahnte u. a. das →Deutsch-britische Flottenabkommen von 1935 an, besaß bis zu 300 Mitarbeiter und wurde aus Sonderzuweisungen (→Adolf-Hitler-Spende u. a.) finanziert. Als J. von Ribbentrop am 4. 2. 1938 Außenminister wurde, verlor die D. an Bedeutung und ging dann ein.

Diensttauglichkeitsgrad, Bewertung der Tauglichkeit für den Dienst in der Wehrmacht. Die D.e waren: d.u. = dauernd dienstuntauglich, a.v. = arbeitsverwendungsfähig, g.v. = garnisonsverwendungsfähig, k.v. = kriegsverwendungsfähig, u.k. = unabkömmlich.

Dienstverpflichtung, staatliche Maßnahme des Arbeitseinsatzes für besondere Aufgaben. Für den schnellen Ausbau des Westwalls wurde mangels genügender freier Arbeitskräfte mit Verordnung vom 22. 6. 1938 die D. von Arbeitern und Angestellten eingeführt, wobei bestehende Arbeitsverhältnisse für begrenzte Zeit aufgehoben wurden. Ab 13. 2. 1939 konnten die Arbeitsämter für staatspolitisch besonders bedeutsame und unaufschiebbare Aufgaben eine D. zeitlich unbegrenzt vornehmen. Im Kriege diente die D. vor allem der Sicherung des Arbeitskräftebedarfs in der Rüstungsindustrie und bei Behörden. Im Januar 1943 wurde die D. auch auf Frauen im Alter von 17 bis 45 Jahren ausgedehnt, die vorher wegen ihrer familiären Pflichten noch nicht für Kriegs- oder Rüstungsaufgaben eingesetzt waren. Im Rahmen der D. wurden 1944 Frauen der Jahrgänge 1920–1924 sowie aus dem →Reichsarbeitsdienst als →Luftwaffenhelferinnen, vor allem für die Flak, eingesetzt, um Soldaten für die Front freizustellen.

Dieppe, Schlacht bei, deutscher Sieg 1940. In der Schlacht bei D. und Saint-Valéry vom 9.–13. 6. 1940 wurden englisch-französische Truppen von deutschen Wehrmachtsverbänden an der Kanalküste eingeschlossen und zur Übergabe gezwungen, wobei 26 000 Gefangene gemacht wurden.
J. Piekalkiewicz: Der Zweite Weltkrieg, 1985.

Dieppe, Landungsunternehmen von, erfolgloser alliierter Landungsversuch 1942. Am 19. 8. 1942 landeten britisch-kanadische Truppen unter Generalmajor Roberts mit etwa 6100 Mann auf neun Landungsschiffen und rund 250 Booten bei D. an der französischen Ärmelkanalküste an vier Stellen unter starkem Feuerschutz von Schiffsartillerie (acht Zerstörer) und Luftverbänden. Dennoch wurden sie noch bis zum selben Nachmittag von deutschen Wehrmachtsverbänden völlig zurückgeschlagen, wobei sie einige Schiffe, mehr als einhundert Flugzeuge und zwanzig Panzer sowie über 2000 Gefangene und fast 1200 Gefallene verloren, während die deutschen Verluste 600 Mann und 48 Flugzeuge betrugen. Die Landung bei D. sollte →Stalins dringender Forderung nach einer zweiten Front im Westen nachkommen und die britische Verteidigung bei →El Alamein entlasten. Der völlige Fehlschlag bei D. ließ die Alliierten die →Invasion bis 1944 hinauszögern.
H. Pemsel: Seeherrschaft, Bd. 2, 1985. E. B. Potter u. a.: Seemacht, 1982.

Dietl, Eduard, Generaloberst, * 21. 7. 1890 Bad Aibling, † 23. 6. 1944 bei Hartberg/Steiermark. Der Berufsoffizier nahm am 1. Weltkrieg teil, trat 1918 dem →Freikorps Epp bei und wurde 1920 als Hauptmann und Kompaniechef in die →Reichswehr übernommen. Er lernte in München früh A. →Hitler kennen und wurde Nationalsozialist. Als Major baute er ab 1931 eine Gebirgstruppe auf. Seit 1935 Oberst und ab 1938 Generalmajor, nahm er als Kommandeur der 3. Gebirgsjägerdivision 1939 am →Polenfeldzug teil. Im →Norwegenfeldzug besetzte D. mit der 3. Gebirgsjägerdivision in äußerst harten Kämpfen →Narvik und verteidigte die Stadt vom 9. 4.–10. 6. 1940 gegen vielfache alliierte Übermacht erfolgreich bis zu deren Abzug, wofür der bei seinen Soldaten äußerst beliebte Truppenführer als erster Offizier mit dem →Eichenlaub zum Ritterkreuz ausgezeichnet wurde. Im →Rußlandfeldzug stieß er mit einem Gebirgsjägerkorps „Norwegen" gegen Murmansk vor, wurde 1942 Oberbefehlshaber der deutschen Truppen in Lappland und am 1. 6. 1942 Generaloberst. Beim Rückflug von einem Besuch bei Hitler stürzte sein Flugzeug in den Alpen in einem Schlechtwetterbereich ab.

G.-L. Dietl, K. Herrmann: General Dietl, 1951. K. Knabe: Das Auge Dietls, 1978. K. Knabe: Die schweigende Front, 1979.

Dietrich, Joseph („Sepp"), Generaloberst, * 28. 5. 1892 Hawangen/Allgäu, † 21. 4. 1966 Ludwigsburg. Der gelernte Hotelfachmann trat 1911 in das bayerische Heer ein, wurde im 1. Weltkrieg mehrfach ausgezeichnet und 1920 in die bayerische Polizei übernommen. 1920–1926 gehörte er dem →Freikorps Oberland an und nahm am Kampf um den Annaberg teil. Seit 1928 in der →NSDAP, dann in der →SA und Mitbegründer der →SS, wurde er 1930 MdR, 1931 SS-Gruppenführer, 1933 Kommandeur des SS-Wachbataillons Berlin, das ab September 1933 Leibstandarte SS „Adolf Hitler" (LAH) genannt wurde. Mit diesem Verband war er 1934 am Einsatz gegen →Röhm beteiligt und wurde dafür SS-Obergruppenführer. In harter Ausbildung schuf er eine Elitetruppe, die wegen ihrer schneidigen Paraden bei Staatsempfängen viel umjubelt wurde. Im 2. Weltkrieg wurde D. mit seinem SS-Regiment, später SS-Division „Leibstandarte Adolf Hitler", schließlich 6. SS-Panzerarmee, auf fast allen Kriegsschauplätzen eingesetzt, vor allem an kritischen Punkten, wo er mit seinen Männern scheinbar Unmögliches leistete. Er wurde mit dem →Ritterkreuz (5. 7. 1940), mit →Eichenlaub (31. 12. 1941) und →Schwertern (17. 3. 1943) und →Brillanten (6. 8. 1944) ausgezeichnet. In Österreich ging er am 8. 5. 1945 mit seiner Truppe in US-Gefangenschaft und wurde im →„Malmedy-Prozeß" am 16. 7. 1946 ohne Begründung zu lebenslanger Haft verurteilt, am 10. 8. 1951 zu 25 Jahren Haft begnadigt. Am 22. 10. 1955 wurde er entlassen, aber 1957 im „Röhm-Prozeß" vom Landgericht München erneut zu einer Freiheitsstrafe verurteilt, aus der er am 2. 2. 1959 entlassen wurde. An der Beisetzung des beliebten Truppenführers in Ludwigsburg nahmen fast 7000 Kameraden und Freunde teil.

E. G. Krätschmer: Die Ritterkreuzträger der Waffen-SS, ³1982. F. Steiner: Die Armee der Geächteten, 1971. H. G. Stein: Geschichte der Waffen-SS, 1967. G. Fraschka: Mit Schwertern und Brillanten, 1977.

Dietrich, Otto, Dr. rer. pol., Reichspressechef, * 31. 8. 1897 Essen, † 22. 11. 1952 Düsseldorf. Der Kriegsfreiwillige wurde im 1. Weltkrieg Offizier und mit dem EK I ausgezeichnet, studierte dann politische Wissenschaft in München, promovierte dort 1921 und war dann als Redakteur in Essen und München tätig. Ab 1. 2. 1931 war er als stellvertretender Schriftleiter im Dienst der →NSDAP. Am 31. 8. 1931 wurde er (bis 1945) Pressechef der NSDAP, der die großen Propagandafeldzüge A. →Hitlers vorbereitete und ihn bei den Wahlkämpfen begleitete. Er wurde 1932 Reichsleiter der NSDAP, 1933 Vizepräsident der Reichspressekammer sowie Vorsitzender des Reichsverbands der Deutschen Presse und 1938 Pressechef der Reichsregierung als Staatssekretär im Ministerium für Volksaufklärung und Propaganda, außerdem Präsident der Reichspressekammer. Im 2. Weltkrieg führte er die Pressestelle im Führerhauptquartier. Seit 1932 war er Mitglied der SS und wurde 1941 SS-Obergruppenführer. 1945 gefangengenommen, wurde er am 11. 4. 1949 im Nürnberger Wilhelmstraßen-Prozeß zu sieben Jahren Haft verurteilt, aber schon am 16. 8. 1950 entlassen. Danach war er bei der Deutschen Kraftverkehrsgesellschaft in Düsseldorf tätig. Er schrieb „Mit Hitler an die Macht" (1933), „Auf den Straßen des Sieges. Mit dem Führer durch Polen" (1939), „Zwölf Jahre mit Hitler" (posthum 1955).

J. Wulf: Presse und Funk im Dritten Reich, 1964. J. Hagemann: Die Presselenkung im Dritten Reich, 1970. H. Sündermann: Hier stehe ich, 1975.

Dietwart, Leiter für die geistige Schulung in Turn- und Sportvereinen. Aus dem ganzheitlichen Geist der Jahnschen Turnbewegung sorgte der D. in der Deutschen Turnerschaft für der „geistige und sittliche Ertüchtigung" der jungen Sportler. Besonders bei den Grenzlanddeutschen, z. B. im Sudetenland, und in Österreich wurde der Arbeit des D.s große Bedeutung beigemessen, die völkisch ausgerichtet war und der Pflege der deutschen Volkstumswerte diente. In Dietprüfungen, ab 1934 vom Deutschen Reichsbund für Leibesübungen durchgeführt, hatten die D.e ihre Fähigkeit nachzuweisen. Dem D. standen Diethelfer zur Seite.

Diktat (Diktatfriede), →Versailler Diktat.

Dinter, Artur, Dr. phil. nat., Schriftsteller und Politiker, * 27. 6. 1876 Mülhausen (Elsaß), † 21. 6. 1948 Offenburg. Der völkisch eingestellte Oberlehrer schrieb die Romane „Die Sünde wider das Blut" (1918), „Die Sünde wider den Geist" (1920), „Die Sünde wider die Liebe" (1922). Er gründete 1919 den Deutschvölkischen Schutz- und Trutzbund mit, nach dem →NSDAP-Verbot in Thüringen die „Großdeutsche Volksgemeinschaft". D. war von 1924–1928 nationalsozialistischer Landtagsabgeordneter in Thüringen, 1925 bis zum Rücktritt am 30. 9. 1927 auch Gauleiter von Thüringen. Er gründete 1927 die 1937 von →Himmler verbotene „Deutsche Volkskirche", die die christliche Kirche vom Judentum reinigen wollte. Hierzu schrieb er „War Jesus Jude?" (1934) und „Die reine Lehre Jesu als Grundlage zur religiösen Einigung des Deutschen Volkes" (1936). Er wurde 1928 aus der NSDAP, 1939 aus der Reichsschrifttumskammer ausgeschlossen.

Direktive JCS 1067, US-Anweisung zur Behandlung des besetzten Deutschlands. Von US-Präsident F. D. →Roosevelt wurde die D. am 23. 3. 1945 gebilligt, von seinem Nachfolger H. S. Truman bestätigt als „Weisung der Vereinten Stabschefs an den Oberkommandierenden der amerikanischen Besatzungsstreitkräfte in Deutschland". Sie wurde am 17. 10. 1945 veröffentlicht und war bis zum 14. 7. 1947 in Kraft. In sie waren wesentliche Forderungen des Morgenthau-Planes zur Zerstörung Deutschlands eingeflossen. Sie bestand aus 51 Abschnitten in drei Teilen und enthielt Anweisungen zum →Kontrollrat, zur →Entnazifizierung, →Entmilitarisierung, Demokratisierung, Kontrolle der Medien, für Gerichte und Erziehung, zu Wirtschafts- und Finanzfragen. In Punkt 4.b) hieß es: „Deutschland wird nicht besetzt werden zum Zweck der Befreiung, sondern als eine besiegte Feindnation. Der Zweck ist nicht Unterdrückung, sondern die Besetzung Deutschlands zum Zwecke der Durchsetzung gewisser alliierter Ziele . . . Sie werden jede Fraternisierung mit den deutschen Beamten und der deutschen Bevölkerung strengstens unterbinden." Alle Gerichte, Erziehungseinrichtungen, Hochschulen, Laboratorien, Forschungsstätten sollten geschlossen, die Erzeugung von Metallen, Chemikalien und Werkzeugmaschinen verhindert werden. Produktion, Erwerb und Entwicklung von Waffen aller Art, Flugzeugen und Schiffen wurden den Deutschen verboten. Zum deutschen Lebensstandard schrieb Punkt 21 vor: „Sie werden angemessene Maßnahmen treffen, um sicherzustellen, daß der Lebensstandard des deutschen Volkes nicht höher ist als der, in irgendeiner benachbarten verbündeten Nation besteht."
P. Kleist: Aufbruch und Sturz des 3. Reiches, 1968. W. Grabert (Hrsg.): Jalta – Potsdam und die Dokumente zur Zerstörung Europas, 1985.

División Azul, spanische Bezeichnung für die →Blaue Division.

DJ, Abkürzung für →Deutsches Jungvolk.

DKons.P., Abkürzung für →Deutschkonservative Partei.

DNSAP, Abkürzung für →Deutsche Nationalsozialistische Arbeiterpartei.

DNVP, Abkürzung für →Deutschnationale Volkspartei.

Dobrudschadeutsche, Volksdeutsche in und aus der Dobrudscha (Rumänien). Ab etwa 1840 wanderten Volksdeutsche, vor allem aus Bessarabien, in die Dobrudscha ein, wo sie insbesondere in der Norddobrudscha geschlossene bäuerliche Siedlungen gründeten. Die meist evangelischen D. unterstanden 1858–1918 dem Oberkirchenrat in Berlin. 1924 bildete sich ein eigener Verband rumänischer Bürger deutscher Abstammung in der Dobrudscha. Aufgrund der deutsch-rumänischen Vereinbarung vom 22. 10. 1940 erfolgte die →Umsiedlung von rund 15 000 D. ins Reich, vor allem nach Österreich. Viele D. sind seit den 50er Jahren in der Landsmannschaft der Dobrudscha- und Bulgariendeutschen zusammengeschlossen.
H. Petri: Geschichte der deutschen Siedlungen in der Dobrudscha, 1956. P. Nasarski: Wege und Wandlungen, Bd. 1, 1981. D. Jachomowski: Die Umsiedlung der Bessarabien-, Bukowina- und Dobrudschadeutschen, 1984.

Dönitz, Karl, Großadmiral und letzter Reichspräsident, *16. 9. 1891 Grünau/Berlin, † 24. 12. 1980 Aumühle/Hamburg. Ab 1910 in der kaiserlichen Marine, wurde D. 1913 Offizier, 1918 U-Boot-Kommandant und war dann in der Reichsmarine tätig, ab 1930 im Admiralstab, 1934/35 Kommandant des Kreuzers „Emden", 1935 Chef der neuen ersten U-Boot-Flottille „Weddingen". Ab 1936 baute er als „Führer der U-Boote" die U-Boot-Waffe auf, als deren Befehlshaber (ab 12. 9. 1939) er sie im 2. Weltkrieg sehr erfolgreich einsetzte, insbesondere durch die von ihm entwickelte →Rudeltaktik. Der volle Erfolg der Abschnürung Englands blieb ihm versagt, da entgegen seinen Mahnungen die U-Boot-Waffe zu spät ausgebaut wurde und später die Alliierten durch Radar, Luftüberlegenheit, Funkpeilung und Entschlüsselung deutscher Funksprüche (→Enigma) den deutschen Booten große Verluste zufügten. 1940 wurde er Vizeadmiral, 1942 Admiral und am 30. 1. 1943 Großadmiral und Nachfolger → Raeders als Oberbefehlshaber der deutschen Kriegsmarine. 1940 erhielt er das →Ritterkreuz, im April 1943 das →Eichenlaub und am 30. 1. 1944 das Goldene Parteiabzeichen. Ab Anfang 1945 setzte er die Marine vor allem zur Rettung von Flüchtlingen aus dem Osten über die Ostsee ein. Seit 22. 4. 1945 Oberbefehlshaber in Norddeutschland, wurde D. in →Hitlers Testament vom 30. 4. 1945 zu dessen Nachfolger als Reichspräsident und Oberbefehlshaber der Wehrmacht ernannt. Unter dem seit 1932 amtierenden Reichsfinanzminister L. Graf →Schwerin von Krosigk ließ er am 2. 5. 1945 in Plön eine „Geschäftsführende Reichsregierung" bilden, deren Sitz ab 3. 5. Flensburg-Mürwik war. Durch Teilkapitulationen gegenüber Amerikanern und Briten gelang ihm die Rettung weiterer Millionen deutscher Soldaten und Flüchtlinge vor den Sowjets, bis die USA auf der Gesamtkapitulation bestanden, die D. dann für die Deutsche Wehrmacht, nicht für das Reich, veranlaßte. Nachdem der Reichspräsident und die neue Reichsregierung zunächst von den Alliierten durch Amtshandlungen und Bezeugungen militärischer und protokollarischer Ehren anerkannt worden waren, wurden sie am 23. 5. 1945 ohne Begründung unter entwürdigenden Umständen verhaftet und an weiterer Amtsausübung gehindert. Als die →„Berliner Erklärung" vom 5. 6. 1945 über die Aneignung der Regierungsbefugnis durch die Alliierten bekannt wurde, protestierte der gefangene D. als Staatsoberhaupt in seiner →„Mondorfer Erklärung" vom Juli 1945 gegen diesen Völkerrechtsbruch und legte Verwahrung dagegen ein, daß der „Deutsche Staat" aufgehört habe zu bestehen. Vom →Nürnberger Tribunal angeklagt, wurde D. am 1. 10. 1946 zu zehn Jahren Gefängnis wegen angeblicher Verbrechen gegen den Frieden und das Kriegsrecht verurteilt, die er in Spandau verbüßte. Danach lebte er in Aumühle, wo er „Zehn Jahre und zwanzig Tage" (1958), „Mein wechselvolles Leben" (1968), „Die Strategie zur See im 2. Weltkrieg" (1970) und „40 Fragen an Karl Dönitz" (1979) schrieb. Bei seiner Beisetzung in Aumühle gaben dem bei Freund und Feind hochgeachteten Soldaten Tausende ehemaliger U-Boot-Männer und Freunde das letzte Geleit, während die Bundesregierung jede militärische Ehrung und die Teilnahme von Bundeswehrangehörigen in Uniform verboten hatte.

H. Busch: So war der U-Boot-Krieg, [4]1983. W. Lüdde-Neurath: Regierung Dönitz, [3]1964. Lohmann und Hildebrand: Die deutsche Kriegsmarine 1939–1945, 3 Bde., 1956 ff. J. Rohwer: Die U-Booterfolge der Achsenmächte 1939–1945, 1968. J. Rohwer und G. Hümmelchen: Chronik des Seekrieges 1939–1945, 1968. F. Ruge: Der Seekrieg 1939–1945, 1954. Salewski: Die deutsche Seekriegsleitung 1935–1945, 1970. H. Pemsel: Biographisches Lexikon zur Seekriegsgeschichte, 1985. M. G. Steinert: Die 23 Tage der Regierung Dönitz, 1967. W. Görlitz: Karl Dönitz, 1972. K. Alman: Großadmiral Karl Dönitz, 1983. P. Padfield: Dönitz – des Teufels Admiral, 1984. O. Moll: Die deutschen Generalfeldmarschälle 1935–1945, 1961. G. Sudholt: Deutsche Annalen 1981, 1981.

Doggerbank, Seeschlacht auf der, unentschiedene deutsch-britische Seeschlacht am 24. 1. 1915. Nachdem die deutsche Hochseeflotte Anfang 1915 die Erlaubnis zu begrenzten Ausfahrten erhalten hatte, liefen drei deutsche Schlachtkreuzer, ein Panzerkreuzer, vier Kleine Kreuzer und achtzehn Zerstörer unter Konteradmiral →Hipper zur D. aus. Durch Kenntnis des deutschen Funkschlüssels unterrichtet, griffen fünf britische Schlachtkreuzer, sieben Kleine Kreuzer und 33 Zerstörer unter Vizeadmiral Beatty auf der D. überraschend an. Nachdem das britische Flaggschiff, der Schlachtkreuzer „Lion", manövrierunfähig geschossen und der britische Schlachtkreuzer „Tiger" erheblich beschädigt worden war, konnten die deutschen Schiffe, von denen der Panzerkreuzer „Blücher" sank, der britischen Übermacht entkommen, die die Verfolgung bald abbrach. Zum ersten Mal wurde hier im Seekrieg auf mehr als 15 km Entfernung geschossen.

H. Pemsel: Seeherrschaft, Bd. 2, 1985. G. Bruce: Seeschlachten des 20. Jahrhunderts, 1975. H. Stegmann: Geschichte des Krieges, Bd. 3, 1919. E. B. Potter u. a.: Seemacht, 1982. M. von Levetzow: Die Seeschlacht an der Doggerbank, 1926.

Dohnanyi, Hans von, Widerständler im 3. Reich, * 1. 1. 1902 Wien, † 8. oder 9. 4. 1945 Sachsenhausen. Der Ministerialrat im Justizministerium hatte schon 1938 Verbindungen mit dem militärischen Widerstand und wurde bei Kriegsbeginn zur Abwehr in die von General Hans →Oster geleitete Zentralabteilung versetzt, zu dessen aktivem Widerstandskreis er gehörte. Nach dem Auffinden belastender Dokumente wurde er am 5. 4. 1943 verhaftet und kurz vor Kriegsende im KL Sachsenhausen erhängt.

Dolchstoß, These zur Deutung der Ursachen des deutschen Zusammenbruchs im 1. Weltkrieg. Die von nationaler Seite nach 1918 vertretene These vom D. besagt, daß die Linksparteien in Deutschland durch ihre Zermürbung des Kriegswillens, durch Streiks und die →Novemberrevolte von 1918 einen D. in den Rücken des an der Front kämpfenden deutschen Heeres geführt hätten. Das „im Felde unbesiegte Heer" sei, so →Hindenburg am 18. 11. 1919 vor dem parlamentarischen Untersuchungsausschuß der deutschen Nationalversammlung, „von hinten erdolcht" worden. Der auch von Kaiser →Wilhelm II. aufgegriffene D. spielte in der nationalen Propaganda der Weimarer Zeit eine große Rolle, während die Linksparteien von einer D.-legende sprachen. Ein D.-Prozeß fand am 19. 10.–20. 11. 1925 in München statt.

von Zwehl: Der Dolchstoß in den Rücken des siegreichen Heeres, 1921. Schwertfeger u. a.: Die Ursachen des Zusammenbruchs, 1923. J. Petzold: Die Dolchstoßlegende, 1963.

Dollfuß, Engelbert, Dr. jur., österreichischer Bundeskanzler, *4. 10. 1892 Texing/Melk, †25. 7. 1934 Wien. Nach Theologie- und Jurastudium sowie Kriegsdienst an der österreichischen Italienfront wurde D. 1919 Sekretär des Niederösterreichischen Bauernbundes, 1927 Direktor der Niederösterreichischen Landeslandwirtschaftskammer, 1930 Präsident der Verwaltungskommission der Österreichischen Bundesbahnen und 1931/32 Landwirtschaftsminister. Seit 20. 5. 1932 Bundeskanzler einer schwachen Mehrheit aus Christsozialen, Heimwehr und Landbund, näherte er sich Italien und verpflichtete sich am 15. 7. 1932, für eine Völkerbundsanleihe bis 1952 keine wirtschaftliche oder politische Verbindung mit dem Deutschen Reich einzugehen, was weithin Empörung auslöste. Am 6. 3. 1933 erklärte er den Staatsnotstand, löste das Parlament auf, setzte dann die Verfassung außer Kraft, schaffte die Demokratie ab und führte einen autoritären Ständestaat ein, wobei er sich vor allem auf die →„Vaterländische Front" stützte. Der sozialistische →Republikanische Schutzbund wurde am 1. 4. 1933 aufgelöst, die KPÖ am 26. 5. 1933, die NSDAP am 19. 6. 1933 verboten. In →„Anhaltelager" genannten Konzentrationslagern wurden Zehntausende seiner politischen Gegner inhaftiert. Nach einem blutigen Aufstand der Sozialisten vom 11.–16. 2. 1934 (→Februarunruhen) wurden in Österreich alle Parteien außer der „Vaterländischen Front" verboten. Als am 25. 7. 1934 österreichische NS-Mitglieder und ehemalige Bundesheersoldaten einen kurz vorher verratenen Putsch durchführten, bei dem die Regierungsmitglieder als Geiseln gefangengenommen werden sollten (→Juli-Erhebung), wurde D. aus Versehen im Bundeskanzleramt angeschossen und starb. Diese Aktion wurde in erster Linie dadurch ausgelöst, daß D. durch das Verbot der NSDAP und die Verhinderung von Wahlen die Vereinigung Österreichs mit dem Deutschen Reich unmöglich machen wollte.

J. Messner: Dollfuß, 1934. G. Jagschitz: Bundeskanzler Dollfuß 4. Juli 1934, 1975. H. Sündermann: Wie deutsch bleibt Österreich?, 1970. R. Suchenwirth: Das tausendjährige Österreich, 1937. Lorenz: Der Staat wider Willen 1918–38, 1939. G. Shepherd: Engelbert Dollfuß, 1961.

Donauschwaben, Sammelbezeichnung für die deutschen Siedler im Bereich der ehemaligen Habsburger Monarchie (ungarischer Teil), die nach den Türkenkriegen ins Land gerufen wurden. Die Siebenbürger Sachsen zählen also nicht zu den D. Der Name „Schwaben" wurde hier für Siedler *aller* deutschen Stämme verwandt, unter denen das fränkisch-pfälzische Element überwog. Diese Siedler ließen sich vor allem im Banat, in der Batschka, der Baranya, in Slawonien und westungarischen Gebieten nieder. Immer in der Minderheit, waren die fast ausschließlich bäuerlich-kleinbürgerlichen Siedler ohne eigentliche Führungsschicht mit dem Erwachen des ungarischen Nationalismus seit der zweiten Hälfte des 19. Jahrhunderts einem starken Magyarisierungsdruck ausgesetzt, dem viele erlagen (so waren der ungarische Ministerpräsident Gömbös und der Kardinal Mindszenty deutscher Abstammung). Neue Verbindungen zum Mutterland (VDA, Jugendbewegung) bewirkten etwa seit Beginn dieses Jahrhunderts ein nationales Erwachen der D. Nach dem 1. Weltkrieg wurde ihr Siedlungsgebiet unter (Rest-)Ungarn, Rumänien und Jugoslawien aufgeteilt. Im 2. Weltkrieg zum Teil unter deutscher Besetzung bzw. in mit Deutschland verbündeten Staaten lebend, wurden sie zur Wehrmacht, vor allem aber zur Waffen-SS eingezogen. Nach dem 2. Weltkrieg waren sie schweren Verfolgungen ausgesetzt. In Jugoslawien wurden sie sämtlicher Rechte beraubt und, soweit sie nicht fliehen konnten, in Konzentrationslager gesperrt. 32,7% der deutschen Bevölkerung gingen dabei zugrunde. Heute ist die deutsche Volksgruppe in Jugoslawien praktisch ausgerottet. Aus Rumänien floh ein Teil der Bevölkerung mit den abziehenden deutschen Truppen, andere wurden zur Zwangsarbeit nach Rußland verschleppt und gingen, soweit sie überlebten, dann in die Bundesrepublik. Während der in Rumänien verbliebene Rest zunächst relativ weitgehende kulturelle Rechte erhielt, waren die Deutschen unter Ceausescu starkem Druck und schweren Lebensverhältnissen ausgeliefert. Das führte zu einer immer stärkeren Abwanderung in die Bundesrepublik. Anders verlief die Entwicklung in Ungarn. Durch Flucht und Vertreibung verlor die Volksgruppe bei Kriegsende etwa 50% ihres Bestandes. Später ließ der Druck auf die Deutschen jedoch nach, und es wurden ihnen recht weitgehende schulische und kulturelle Möglichkeiten geboten. Da aber gerade die Führungsschicht von Flucht und Vertreibung besonders betroffen war, schickten die zurückgebliebenen Deutschen ihre Kinder nur zögernd in die deutschen Schulklassen und traten nur selten deutschen Vereinen bei. Von den in Ungarn verbliebenen etwa 270000 Deutschen dürften sich nur ein Viertel bis ein Drittel zur deutschen Minderheit bekennen.

S. Janko: Weg und Ende der deutschen Volksgruppe in Jugoslawien, 1982. D. Waldmann: Die Deutschen im Rumänien von heute, 1970. P. Nasarski (Hrsg.): Wege und Wandlungen, Bd. 1, 1981. Statistisches Bundesamt (Hrsg.): Die deutschen Vertreibungsverluste, 1958. D. Gauss: Donauschwaben, 1961.

„Donnerschlag", Unternehmen, geplanter Ausbruch der deutschen 6. Armee aus dem Kessel von →Stalingrad. Nachdem am 21. 12. 1942 der Entsatzangriff der deutschen 4. Panzerarmee unter Generaloberst Hoth bereits 50 Kilometer vor Stalingrad angelangt war, mußte die Truppe wegen starker sowjetischer Gegenwehr und der Bedrohung der deutschen Kaukasus-Front nach Süden abbiegen, und Hitler stimmte dem vorbereiteten Unternehmen „D." nicht zu.
W. Görlitz: Paulus und Stalingrad, 1964. H.-A. Jacobsen, J. Rohwer: Entscheidungsschlachten des Zweiten Weltkrieges, 1960. E. von Manstein: Verlorene Siege, 1976. A. Philippi, F. Heim: Feldzug gegen Sowjetrußland 1941–45, 1962.

„Dora", deutscher Geschütztyp im 2. Weltkrieg. Mit einem Kaliber von 80 Zentimeter und einem Granatengewicht von 7,1 Tonnen war die „D." das größte Geschütz der Welt. Es wurde zum ersten und einzigen Male im Juni 1942 zusammen mit den Mörsern „Thor" und „Odin" (61,5 Zentimeter Kaliber) bei der Belagerung der sowjetischen Festung →Sewastopol (Krim) eingesetzt, die am 1. 7. 1942 von der deutschen 11. Armee unter Generaloberst E. von →Manstein erobert wurde.

„Dora-Mittelbau", →Mittelbau.

Dornier, Claude, Flugzeugbauer, * 14. 5. 1884 Kempten, † 5. 1. 1969 Zug (Schweiz). Seit 1910 Angestellter der Zeppelin GmbH in Friedrichshafen, gründete er dort 1914 die D. Metallbau GmbH, die vor allem Ganzmetallflugzeuge baute. Er trat zunächst besonders mit erfolgreichen Flugbooten hervor, so dem D.-Wal (1922), dem D.-Superwal (1926) und der Do-X (1929). Ab 1934 baute er u. a. die Do 17, als „Fliegender Bleistift" berühmt, zunächst Postflugzeug und im 2. Weltkrieg schneller Bomber, sowie Aufklärer. Ab 1938 gab es die Do 217 in verschiedenen Ausführungen als Bomber, Torpedoflugzeug und Nachtjäger. Die Do 335, der „Ameisenbär", ein einsitziger Jäger, war das schnellste Propellerflugzeug im 2. Weltkrieg. 1934 wurde D. Ehrenbürger von Friedrichshafen, später Wehrwirtschaftsführer und Mitglied im Aufsichtsrat der Deutschen Aero Lloyd AG in Berlin. Er leitete die Fachabteilung Flugzeugbau der Wirtschaftsgruppe Luftfahrtindustrie. 1940 trat er der →NSDAP bei. Nach 1945 wurde er als Entlasteter eingestuft und durfte nach Aufhebung der Beschränkung für den Flugzeugbau ab 1955 wieder Flugzeuge konstruieren.
W. Zuerl: Deutsche Flugzeugkonstrukteure, 1938. W. Zuerl: 25 Jahre Dornier, 1939.

Dorpmüller, Julius, Dr. ing. e. h., Reichsverkehrsminister, * 24. 7. 1869 Elberfeld, † 5. 7. 1945 Malente-Gremsmühlen. Nach dem Studium an der TH Aachen ging D. zur preußischen Eisenbahn und war 1907–1917 bei der chinesischen Eisenbahn tätig, floh dann über Rußland ins Reich, leitete Reichsbahndirektionen (Oppeln 1923, Essen 1924) und wurde 1926 Generaldirektor der Deutschen Reichsbahn, nach 1933 auch Vorsitzender des Verwaltungsrats der →Reichsautobahnen. Von 1937–1945 war er Reichsverkehrsminister.

Douaumont, französische Festung bei Verdun. Im 1. Weltkrieg war D. die stärkste und vielumkämpfte Panzerfestung im französischen Festungsgürtel von Verdun, sieben Kilometer nordöstlich der Stadt. Sie wurde am 25./26. 2. 1916 nach schwersten Kämpfen von Einheiten unter Hauptmann Haupt und Oberleutnant von Brandis erobert, mußte aber am 24. 10. 1916 wieder geräumt werden. Im 2. Weltkrieg wurde D. am 15. 6. 1940 von deutschen Truppen erobert. Bei D. befinden sich ein französisches Kriegerdenkmal und ein großer Soldatenfriedhof.
W. Beumelburg: Douaumont, 1933. C. von Brandis: Die Stürmer von Douaumont, 1934. H. Stegemann: Geschichte des Krieges, vier Bände, 1921. C. von Brandis: Vor uns der Douaumont, 1966.

„Dragoon" (Dragoner), Bezeichnung für die alliierte Landung in Südfrankreich am 14./15. 8. 1944. Um die Invasion in der Normandie zu unterstützen, erfolgte eine alliierte Landung in Südfrankreich im Abschnitt zwischen Hyeres und Cannes. Beteiligt waren die 7. US-Armee unter General Patch, das VI. US-Korps unter General de Lattre de Tassigny. Infolge alliierter Luftüberlegenheit und deutscher Nachschubschwierigkeiten gelangen den Amerikanern und Franzosen die rasche Einnahme von Toulon und Marseille und ein schneller Vorstoß entlang von Rhône und Saône, und bereits am 12. 9. 1944 konnten sich die südlichen mit den westlichen Invasionsverbänden bei Landres/ Bourgogne vereinigen.

Dreibund, deutsch-österreichisch-italienisches Geheimbündnis. Als Italien sich durch Frankreichs Vorgehen in Nordafrika bedrängt fühlte und sich dem Zweibund Deutschland-Österreich näherte, wurde am 20. 5. 1882 der geheime D. auf fünf Jahre geschlossen. Er sah vor: Wenn einer der Verbündeten von zwei oder mehr Großmächten angegriffen würde, mußten die beiden anderen helfen; wenn Deutschland von Frankreich angegriffen würde, mußte Italien helfen; wenn Italien von Frankreich angegriffen würde, mußten die beiden anderen helfen; bei sonstigen kriegerischen Verwicklungen waren die anderen zu wohlwollender Neutralität verpflichtet. Eine deutsche Zusatzerklärung besagte, daß Italien Deutschland nicht gegen England zu helfen brauchte. Der D. war der wichtigste Bestandteil von Bismarcks Bündnispolitik und wurde alle fünf Jahre verlängert, 1887 etwas erweitert. Er wurde aber durch ein nicht mit dem Vertrag zu vereinbarendes Geheimbündnis, das Italien mit Frankreich schloß, langsam unterhöhlt, zwar am 5. 12. 1912 noch verlängert, aber nach der →Londoner Konferenz vom 26. 4. 1915 von Italien am 3. 5. 1915 gekündigt und durch Italiens Kriegserklärung an Österreich vom 23. 5. 1915 zerrissen.

R. Kjellén: Dreibund und Dreiverband, 1921. H. Onkken: Das Deutsche Reich und die Vorgeschichte des Weltkrieges, 2 Bde, 1933. F. Fellner: Der Dreibund, 1960. M. Behnen: Rüstung – Bündnis – Sicherheit, 1985.

Dreimächtepakt (Dreierpakt), Bündnis zwischen Deutschland, Italien und Japan 1940. Da England nach dem Ende des →Frankreichfeldzuges alle Friedensangebote →Hitlers zurückgewiesen hatte, kam es auf Anregung Hitlers am 27. 9. 1940 in Berlin zum D. zwischen dem Deutschen Reich, Italien und Japan mit dem Ziel, die USA vom Kriegseintritt in Europa wie in Asien abzuhalten. Der D. sollte die „neue Ordnung in Europa" unter deutsch-italienischer Führung und im großasiatischen Raum unter Japan sichern. Die Verbündeten verpflichteten sich zu voller gegenseitiger Unterstützung, wenn einer von ihnen von einer Macht angegriffen würde, die gegenwärtig nicht in den europäischen oder chinesisch-japanischen Krieg verwickelt war; bestehende Vereinbarungen mit der Sowjetunion blieben unberührt. Hitlers Hoffnung auf Japans Vorgehen gegen das britische Singapur wie auf Rußlands Beitritt zum D. blieb unerfüllt. Dem Dreibund traten Ungarn (20. 11. 1940), Rumänien (23. 11. 1940), die Slowakei (24. 11. 1940), Bulgarien (1. 3. 1941), Jugoslawien (25. 3. 1941) und Kroatien (15. 6. 1941) bei. Da Japan zuerst die USA angriff, hätten nach dem D. Deutschland und Italien den USA am 11. 12. 1941 nicht den Krieg zu erklären brauchen.

Th. Sommer: Deutschland und Japan zwischen den Mächten 1935–40, 1962. B. Martin: Deutschland und Japan im 2. Weltkrieg, 1969. A. Togo: Japan im Zweiten Weltkrieg, 1958. O. Schneider-Kynast: Drei-Mächte-Pakt, 1940.

Dreizehn Gemeinden, (Tredici Comuni), deutsche Sprachinseln in Norditalien. Die D. umfassen am Südhang der Lessinischen Alpen, nördlich von Verona zahlreiche Dörfer in früher dreizehn, später acht Gemeinden mit rund 20000 Einwohnern. Sie bildeten bis 1797 unter dem Schutz Venedigs einen eigenen Freistaat. Nur noch wenige Leute in den nördlichen Dörfern sprechen eine alte deutsche Mundart.

G. Cazzelletti: Die Orts- und Flurnamen der Dreizehn Gemeinden, 1938. B. Wurser: Die deutschen Sprachinseln in Oberitalien, ⁵1983.

Dresden, Luftangriff auf, alliierter Terrorangriff 1945. Unmittelbar nach Ende der →Jalta-Konferenz am 11. 2. 1945 erfolgten auf persönlichen Befehl →Churchills vom Abend des 13. 2. bis zum Mittag des 15. 2. 1945 vier schwere alliierte Terrorangriffe ohne jede kriegswichtige Bedeutung auf das mit Verwundeten und Flüchtlingen vollgestopfte Dresden. Mehr als 800 Flugzeuge warfen über 600000 Brand- und 10000 Sprengbomben auf die Stadt. Die Zahl der Toten wurde zunächst auf über 300000 geschätzt und wird heute noch mit mindestens 135000 angegeben. Rund 40000 Opfer konnten bis 6. 5. 1945 identifiziert werden. Das wegen seiner prachtvollen Bauten berühmte „Elbflorenz" wurde völlig zerstört, weite Flächen der Innenstadt blieben seitdem unbebaut. Mit einer wesentlich höheren Opferzahl als bei den →Atombombenabwürfen auf Japan hält der Terrorangriff auf D. den Rekord an getöteten Zivilisten.

D. Irving: Der Untergang Dresdens, 1977. G. Bergander: Dresden im Luftkrieg, 1977. D. Irving: Und Deutschlands Städte starben nicht, 1967.

Dr.-Fritz-Todt-Stiftung, Einrichtung zur Förderung des Technikernachwuchses. An seinem 50. Geburtstag am 4. 9. 1941 gründete Fritz →Todt die Stiftung „zur Sicherung und Förderung des Nachwuchses wissenschaftlich und technisch Begabter". Sie sollte „Männern der Technik bei der Gründung kinderreicher Familien den Rückhalt geben" und den Kindern „solcher kinderreicher Männer der Technik, die infolge Tod oder Erwerbsbeschränkung aus dem Daseinskampf ausscheiden, Ausbildungsbeihilfe" gewähren. Mit der Durchführung wurde Prof. Richard Grün beauftragt.

F. W. Seidler: Fritz Todt, 1986.

Drittes Reich, Bezeichnung für das Deutsche Reich von 1933–1945. Der Begriff aus dem mittelalterlichen Chiliasmus wurde von Lessing, Schelling und Ibsen umgewandelt und von E. Krieck („Die deutsche Staatsidee" 1917) unter Rückgriff auf Fichte als Grundlage eines neuen deutschen Nationalbewußtseins verwendet. Als politische Forderung wurde das D. →Eckart 1919 und vor allem durch A. Moeller van den Bruck in seinem Buch „Das Dritte Reich" (1923) bekannt gemacht. Von der →NSDAP als Zielvorstellung aufgegriffen, wurde die Bezeichnung auch von →Hitler (Parteitag 1. 9. 1933) benutzt, um die Kontinuität der Reichsidee vom 1. Reich (962–1806) und 2. Reich (1871–1918) zum D. zu betonen und die deutsche Erneuerung durch den Nationalsozialismus auszudrücken. Später wurde die Bezeichnung D. meist durch →„Großdeutsches Reich" ersetzt (Presseanweisung vom 10. 7. 1939). Seit 1945 trat sie in vielen Buchtiteln auf, die sich mit der Zeit von 1933–1945 befassen.

A. Moeller van den Bruck: Das Dritte Reich, 1923. J. Neurohr: Der Mythos vom Dritten Reich, 1957. J. Petersen: Die Sehnsucht nach dem Dritten Reich in deutscher Sage und Dichtung, 1934. W. Nigg: Das Ewige Reich, 1944. H. Huber und A. Müller: Das Dritte Reich, 2 Bde., 1964. K. Hildebrand: Das Dritte Reich, 1979. H. Glaser: Das Dritte Reich, 1979.

DRP, Abkürzung für →Deutsche Reformpartei.

DSP, Abkürzung für →Deutschsoziale Partei.

DSRP, Abkürzung für →Deutschsoziale Reformpartei.

DSTP, Abkürzung für →Deutsche Staatspartei.

Dubowka, sowjetisches Gefangenenlager. Das für kriegsgefangene deutsche Soldaten der 6. Armee während der Schlacht um →Stalingrad 1942/43 errichtete Lager befand sich etwa 45 Kilometer südwestlich der Stadt. Die dort nach einem Todesmarsch eintreffenden Gefangenen starben zu Tausenden an Hunger, Entkräftung und Epidemien in dem völlig unzureichend eingerichteten und versorgten Lager, ohne daß genaue Zahlen belegt sind.
J. Anders: Verbrechen der Sieger, 1975.

Dünaburg, Kampfort im 1. Weltkrieg. In der Schlacht bei D. vom 9. 9.–1. 11. 1915 konnten die Russen die lettische Stadt D. behaupten. Die Düna von D. bis Riga bildete dann bis September 1917 einen Stellungsabschnitt der Ostfront. In der Abwehrschlacht bei D. vom 18.–25. 7. 1917 wurde ein großer russischer Angriff abgewiesen. Am 18. 2. 1918 wurde D. durch einen deutschen Handstreich genommen.

Dünkirchen, Schlacht um, deutscher Sieg über Franzosen und Briten 1940. Am 20. 5. 1940 hatte die deutsche Panzergruppe Kleist des Panzerkorps →Guderian von den Ardennen her die Kanalküste an der Somme-Mündung erreicht und damit die Operation →„Sichelschnitt" erfolgreich durchgeführt, die alliierten Truppen in Belgien und Nordostfrankreich vom übrigen Frankreich getrennt. Durch →Hitlers Befehl (gegen den Protest der Generalität) vom 24. 5. 1940, die deutschen Panzer in ihren Stellungen zu belassen und den deutschen Angriff auf D. 15 Kilometer vor der Stadt zu stoppen, konnten die französische Nordarmee und das britische Expeditionskorps Dünkirchen erreichen und sich dort vom 26. 5. bis 4. 6. 1940 größtenteils, nur von deutscher Artillerie und Luftwaffe gestört, einschiffen („Wunder von Dünkirchen"). Rund 338 000 Mann, davon 110 000 Franzosen, entkamen unter Zurücklassung aller Ausrüstung nach England (Operation „Dynamo"). Mehr als 40 000 Franzosen wurden in D. von der deutschen Wehrmacht gefangengenommen. Mit der Einnahme von D. war der Kampf in Nordfrankreich beendet, der den Deutschen über eine Million Gefangene einbrachte. Zwar wurde am 28. 5. 1940 im britischen Kabinett über Friedensfühler zu Deutschland beraten, aber diese Pläne scheiterten an →Churchill und Eden. So ging Hitlers Hoffnung, durch die militärische Schonung der Briten in D. Frieden mit England zu erreichen und den Krieg zu beenden, nicht auf.

E. Kern: Von Versailles nach Nürnberg, 1967. H. A. Jacobsen: Dünkirchen, 1958. J. Piekalkiewicz: Der Zweite Weltkrieg, 1985. A. Kesselring: Soldat bis zum letzten Tag, 1953. H. A. Jacobsen: Dünkirchen, 1958. J. Benoist-Méchin: Der Himmel stürzt ein, 1958.

Düsenflugzeuge, siehe →Strahlflugzeug.

Duesterberg, Theodor, Stahlhelmführer, * 19. 10. 1875 Darmstadt, † 4. 11. 1950 Hameln. Der preußische Offizier nahm an der Niederschlagung des →Boxeraufstandes 1900/01 in China und als Major am 1. Weltkrieg teil und wurde 1919 als Oberstleutnant entlassen. Ab 1919 regionaler DNVP-Geschäftsführer und ab 1923 Führer des Stahlhelmgaues Halle, wurde er 1924 zweiter Bundesführer des →Stahlhelm neben F. →Seldte. Er wandte sich scharf gegen das →Versailler Diktat und die Weimarer →Erfüllungspolitik sowie, mit anderen nationalen Gruppen, gegen den →Young-Plan. Mit Deutschnationalen und →NSDAP schloß er sich am 11. 10. 1931 mit den rund 500 000 Stahlhelmangehörigen zur →Harzburger Front zusammen. Zu den Präsidentschaftswahlen im März 1932 von Deutschnationalen und vom Stahlhelm aufgestellt, erhielt er im ersten Wahlgang nur 6,8 % der Stimmen und schied damit aus. 1933 lehnte D. im Gegensatz zu Seldte ein Ministerangebot Hitlers ab und legte dann seine Ämter im Stahlhelm nieder. Nach 1945 schrieb er „Der Stahlhelm und Hitler" (1949).

F. Seldte: Vor und hinter den Kulissen, 1931. A. Klotzbücher: Der politische Weg des Stahlhelm in der Weimarer
Republik, 1964. V. Berghahn: Der Stahlhelm, 1966.

DUT, Abkürzung für →Deutsche Umsied-
lungs-Treuhand-GmbH.

DVFP, Abkürzung für →Deutschvölkische
Freiheitspartei.

DVL, Abkürzung für →Deutsche Volksliste.

DVoP, Abkürzung für →Deutsche Volkspartei.

DVP, Abkürzung für →Deutsche Volkspartei
(ab 1918).

DvP, Abkürzung für →Deutschvölkische Partei.

E

Eben Emael, Einnahme von, siehe →„Beton".

Ebert, Friedrich, Reichspräsident, * 4. 2. 1871
Heidelberg, † 28. 2. 1925 Berlin. Der gelernte
Sattler trat 1889 in Mannheim der SPD bei, war
ab 1893 Redakteur der „Bremer Bürgerzei-
tung" und seit 1900 Mitglied der Bremer Bürgerschaft. Ab 1905 Sekretär des SPD-Vorstan-
des in Berlin, war E. seit 1912 MdR und wurde
1913 SPD-Vorsitzender, ab 1916 mit Scheidemann Fraktionsvorsitzender der SPD im
Reichstag. Er wirkte an der Friedensresolution
des Reichstages vom 19. 7. 1917 und am Sturz
des Reichskanzlers →Michaelis am 31. 10. 1917
wesentlich mit. Am 9. 11. 1918 übernahm E.
das Kanzleramt von Prinz →Max von Baden
und wurde am 10. 11. 1918 zusammen mit
H. Haase Vorsitzender des Rates der Volksbeauftragten, einer Art Regierung für das Deutsche Reich. Er verhinderte durch Truppeneinsatz die Räteherrschaft in Deutschland. Am
11. 2. 1919 wurde E. von der →Weimarer Nationalversammlung zum vorläufigen Reichspräsidenten gewählt und von ihr nach Inkrafttreten
der Verfassung im Amt bestätigt. Am 27. 10.
1922 verlängerte der Reichstag unter Umgehung der verfassungsmäßig vorgeschriebenen
unmittelbaren Volkswahl E.s Amt bis 30. 6.
1925. Am 23. 12. 1924 erklärte ein Magdeburger Gericht E. der Teilnahme an einem Munitionsarbeiterstreik vom Januar 1918 überführt
und im juristischen Sinne des Landesverrats
schuldig. Er starb dann bald danach an einer
verschleppten Blinddarmentzündung.
F. Ebert (jun.): Schriften, Aufzeichnungen und Reden,
2 Bde., 1926. G. Kotowski: Friedrich Ebert, 1963.
W. Besson: Friedrich Ebert, ²1970. W. Maser: Friedrich
Ebert, 1987. H.-O. Meissner: Junge Jahre im Reichspräsidentenpalais. Erinnerungen an Ebert und Hindenburg
1919–1934, 1988.

Ebner-Eschenbach, Marie von, geb. Gräfin
Dubsky, * 13. 9. 1830 Schloß Zdislawitz (Mähren), † 12. 3. 1916 Wien. Sie begann ohne großen Erfolg als Dramatikerin, wurde dann aber
eine der besten Erzählerinnen in der deutschen
Literatur. Ihre Werke sind dem Geist des deutschen Idealismus verpflichtet, lassen aber auch
ein starkes soziales Verantwortungsgefühl erkennen. Als Sozialkritikerin war sie ihrer Zeit
weit voraus. Zu ihren Dramen zählen „Maria
Stuart in Schottland" (1860) und „Maria Roland" (1867), dann folgten „Erzählungen"
(1875), „Neue Erzählungen" (1881) sowie
„Dorf- und Schloßgeschichten" (1883). 1903 erschien der Renaissance-Roman „Agave". Eine
biographische Skizze waren „Meine Kinder-
jahre" (1906).
A. Bettelheim: Marie von Ebner-Eschenbachs Wirken
und Vermächtnis, 1920. M. Alkemade: Die Lebens- und
Weltanschauung der Freifrau Marie von Ebner-Eschenbach, 1935. H. Wallach: Studien zur Persönlichkeit Marie
von Ebner-Eschenbachs, Diss. Wien 1950.

Eckart, Dietrich, Dichter, Journalist und politischer Schriftsteller, * 23. 3. 1868 Neumarkt/
Oberpfalz, † 26. 12. 1923 Berchtesgaden. Nach
abgebrochenem Medizinstudium schrieb E.
Schauspiele, u. a. „Familienväter" (1904),
„Der Froschkönig" (1905), „Der Erbgraf"
(1907), „Heinrich der Hohenstaufe" (1915)
und „Lorenzaccio" (1915). 1918–1921 gab er
die Wochenschrift „Auf gut Deutsch" heraus,
fand 1919 Anschluß an die →NSDAP und
wurde 1921 erster Hauptschriftleiter des
→„Völkischen Beobachters". Bis zu seinem
Tod hat er trotz zunehmender Herzkrankheit
alle Energien für die NSDAP verwandt und
wurde ein enger Freund A. →Hitlers, der ihm
auch sein Buch „Mein Kampf" widmete. Von
E. stammt das „Sturmlied" der →NSDAP mit
dem von ihr übernommenen Kampfruf
„Deutschland erwache!". In seiner journalisti-
schen Tätigkeit griff E. auf die germanische Geschichte zurück und wandte sich scharf gegen
Juden und Marxisten, aber auch gegen linksstehende Repräsentanten der Weimarer Republik, was 1923 zu einem Haftbefehl gegen ihn
führte. E. verbarg sich deshalb auf dem Obersalzberg bei Berchtesgaden. Nach dem

→Marsch zur Feldherrnhalle wurde E. in Haft genommen, wegen seines Gesundheitszustandes bald wieder entlassen und starb kurz danach. Er schrieb u. a. „Der Bolschewismus von Moses bis Lenin" (1924).

A. Rosenberg: Dietrich Eckart. Ein Vermächtnis, 1928. R. Lembert: Dietrich Eckart, 1934. A. Reich: Dietrich Eckart, 1933. L. Weiser: Dietrich Eckart, 1934. R. Euringer: Dietrich Eckart, 1935. M. Plewnia: Auf dem Weg zu Hitler, 1970.

Eckener, Hugo, Luftschiffahrtspionier, * 10. 8. 1868 Flensburg, † 14. 8. 1954 Friedrichshafen. Nach dem Studium der Philosophie und Volkswirtschaft zunächst freier Schriftsteller und Journalist, wandte sich E. 1906 der Luftschifffahrt zu, trat 1908 in den Luftschiffbau →Zeppelin ein, wurde engster Mitarbeiter Zeppelins und 1911 Direktor der Deutschen Luftschiffahrts-AG. Bis 1914 machte er als Fahrtleiter und Kapitän mehr als 2000 Zeppelinfahrten und wurde Instrukteur für Marineluftschiff-Führer. Nach Zeppelins Tod (1917) leitete Eckener die Weiterentwicklung der Zeppeline, baute die deutsche Luftschiffahrt nach dem 1. Weltkrieg wieder auf und brachte sie als Vorsitzender der Gesellschaft Luftschiffbau Zeppelin (später Deutsche Zeppelin-Reederei) zur Weltgeltung. 1924 überquerte er im Zeppelin ZR III erstmalig den Atlantik und wirkte auf dieser wie anderen Reisen (Weltreise 1929, Polarfahrt 1931) für das deutsche Ansehen in der Welt. Als 1937 nach der Zeppelin-Katastrophe von Lakehurst der deutsche Luftschiffbau eingestellt wurde, schrieb E. Bücher und Artikel, u. a. seine Autobiographie „Mit dem Zeppelin über Länder und Meere" (1949).

R. Italiander: Hugo Eckener, ein moderner Columbus, 1979. T. Nielsen: Eckener, 1954.

„Edelweiß", Unternehmen, Deckname für das Absetzen eines deutschen Wettertrupps in Ostgrönland 1944.

J. Piekalkiewicz: Spione, Agenten, Soldaten, 1969. F. Ruge: Der Seekrieg 1939–1945, 1962.

Edelweiß-Korps, Truppenbezeichnung. Im 1. Weltkrieg wurde dem XX., später dem XIV. österreichisch-ungarischen Armeekorps die Bezeichnung E. verliehen.

Edertalsperre, Stausee im hessischen Waldeck. In der Operation „Chastise" (Züchtigung) wurde die E. – wie auch die Möhnetalsperre im Sauerland – am 16. 5. 1943 im Rahmen des →Bombenkrieges von der Sonderstaffel 617 der Royal Air Force unter Oberstleutnant Gibson unter Verwendung einer Spezialbombe zerstört, um die Wasserversorgung des Ruhrgebietes lahmzulegen. Durch den erzeugten Wasserdruck gelang die teilweise Zerstörung der 400 m langen und 48 m hohen Staumauer; über 2000 Menschen fanden unterhalb der E. durch die auslaufenden Fluten den Tod.

Egger-Lienz, Albin, Professor, Maler, * 29. 1. 1868 Striebach-Geriach/Lienz, † 4. 11. 1926 Zwölfmalgreien/Südtirol. Der österreichische Maler stellte, von Defregger beeinflußt, in monumentalem Stil das urwüchsige Bauerntum seiner Heimat, insbesondere Szenen aus der Tiroler Geschichte, wie dem Freiheitskampf unter Andreas Hofer und dem 1. Weltkrieg, dar. Er lehrte als Professor an den Akademien in Weimar und Wien.

J. Soyka: Albin Egger-Lienz, 1925. H. Hammer: Albin Egger-Lienz, 1930.

Ehegesundheitsgesetz, Bezeichnung für das Gesetz zum Schutz der →Erbgesundheit des deutschen Volkes vom 18. 10. 1935. Als eine Ergänzung des Gesetzes zur Verhütung erbkranken Nachwuchses vom 14. 7. 1933 verbot das E. Ehen, die von Anfang an durch eine mit Ansteckungsgefahr verbundene Krankheit bedroht waren oder aus denen erbkranker Nachwuchs hervorgehen konnte. In Zweifelsfällen konnte ein Ehetauglichkeitszeugnis verlangt werden, das das zuständige Gesundheitsamt ausstellte. Bei Versagen des Ehetauglichkeitszeugnisses war Beschwerde beim →Erbgesundheitsgericht oder Erbgesundheitsobergericht zulässig. Unter Umgehung des E. im Ausland geschlossene Ehen waren nichtig. Ausländer hatten ein Ehefähigkeitszeugnis nach dem Ehegesetz vom 6. 7. 1938 vorzulegen.

Eher-Verlag, amtlich: „Franz Eher Nachfolger GmbH", (Zentralverlag der NSDAP), Verlag und Verlagsbuchhandlung in München, später mit Niederlassungen in Berlin und Wien. Der E. ging am 17. 12. 1920 in den Alleinbesitz der NSDAP über, wurde GmbH und insbesondere ab 1933 zum Verlag für das gesamte parteiamtliche Schrifttum. Das Unternehmen wurde von Anfang an von Max →Amann geleitet, Verwaltungsdirektor war 1933–1943 Rolf Rienhardt, 1943–1945 Wilhelm Baur. An den E. wurden, insbesondere nach 1933, Teile des →Hugenberg-Presse-Konzerns, die Cura-Gesellschaft für die staatseigenen Verlage der Weimarer Zeit und andere Verlage angeschlossen. Im E. erschienen u. a. A. →Hitlers „Mein Kampf", →„Völkischer Beobachter", „Der →Angriff", „Illustrierter Beobachter", „Nationalsozialistische Monatshefte", „Das →Schwarze Korps", die NS-Bibliographie. Nach dem 2. Weltkrieg wurde der Freistaat Bayern Rechtsnachfolger des E.

Eheschulen (Bräuteschulen), Ausbildungsein-richtungen für zukünftige Ehefrauen. Die E. wurden ab Herbst 1936 vom Mütterdienst des →Deutschen Frauenwerkes gegründet und vermittelten in mehrwöchigen Kursen haus-wirtschaftliche, erzieherische und weltanschau-liche Kenntnisse als Vorbereitung der jungen Frauen für den Ehestand. Besondere Muster-stätten der E. waren die „Reichsbräuteschu-len" in Berlin-Wannsee und Edewecht/Olden-burg.

Ehestandshilfe, staatliche Förderung von Ehe-schließungen durch Darlehen im 3. Reich. Zu-nächst nach dem Gesetz zur Verminderung der Arbeitslosigkeit, dann nach dem Gesetz über Förderung der Eheschließungen vom 3. 11. 1937 wurde im Rahmen der nationalsozialisti-schen Bevölkerungspolitik E. in Form unver-zinslicher langfristiger Ehestandsdarlehen oder Einrichtungsdarlehen an künftige Ehegat-ten gegeben. Die E. betrug bis zu 1000 RM und wurde in →Bedarfsdeckungsscheinen ausgege-ben, die zum Bezug von Möbeln und Hausrat berechtigten. Die monatliche Tilgungsrate machte 1% der Darlehnssumme aus. Bei Ge-burt eines Kindes wurden jeweils 25% der Dar-lehnssumme erlassen. Für die Landbevölke-rung galten weitere Vergünstigungen, u. a. ab 1938 ein zusätzliches Einrichtungsdarlehen von 800 RM. Angehörige des →Frauenhilfsdien-stes erhielten nach mindestens zweijähriger Dienstzeit ein nicht rückzahlbares Ehestands-darlehen von 1000 RM. Bis 1937 war Vorausset-zung für die E., daß die Ehefrau nicht berufstä-tig wurde. Die E. wurde durch eine Sonder-steuer für ledige Verdiener finanziert.

Ehrenblatt des Deutschen Heeres, militärische Auszeichnung des 2. Weltkrieges. Die am 22. 7. 1941 gestiftete Auszeichnung erfolgte durch Nennung des Namens in einem dem Heeres-Verordnungsblatt beigefügten Ehrenblatt. Seit dem 30. 1. 1944 erhielten die dort aufgeführten Soldaten, wenn sie bereits das EK I besaßen, die sogenannte „Ehrenblattspange" verliehen, die auf dem Band des EK getragen wurde. In der Luftwaffe wurden Ehrenblatt wie Ehren-spange am 5. 7. 1944 eingeführt.

Ehrenbuch für die deutsche kinderreiche Fami-lie, →Reichsbund Deutsche Familie.

Ehrendegen, Auszeichnung für SS-Angehö-rige. Der E. wurde vom Reichsführer-SS →H. Himmler an SS-Führer vom Untersturmführer an aufwärts verliehen.

Ehrenführerring der Kinderreichen, →Reichs-bund Deutsche Familie.

Ehrenkreuz der deutschen Mutter, Auszeich-nung für kinderreiche Mütter. Von A. →Hitler 1938 gestiftet, wurde das E. – meist am Mutter-tag – vom Ortsgruppenleiter in drei Stufen ver-liehen: In Bronze für Mütter von vier und fünf Kindern, in Silber bei sechs und sieben Kin-dern, in Gold bei acht und mehr Kindern. Um das Hakenkreuz im inneren Schild standen die Worte „Der Deutschen Mutter". Das E. wurde am Band um den Hals getragen. Angehörige der Jugendorganisationen der →NSDAP hat-ten die Trägerin des E. zu grüßen, die auch wie Kriegsbeschädigte bevorzugt behandelt wur-den.

Ehrenkreuz des Deutschen Reiches, Auszeich-nung für Weltkriegssoldaten, -teilnehmer und -hinterbliebene. Am 13. 7. 1934 stiftete Reichs-präsident von →Hindenburg das E. zur Erin-nerung an den 1. Weltkrieg. Es hatte die Form eines Eisernen Kreuzes, die Inschrift „1914–1918", wurde auf Antrag verliehen: in Bronze mit gekreuzten Schwertern und Lorbeerkranz an Frontsoldaten, in Bronze mit Eichenkranz an Kriegsteilnehmer, jeweils an einem schwar-zen Band, das von zwei weißen, in der Mitte von einem roten Streifen durchzogen war, in Schwarz an Witwen und Eltern von Gefallenen mit einem weißen Band, das von zwei schwar-zen und einem roten Streifen in der Mitte durchzogen war.

Ehrenkreuz für Hinterbliebene deutscher Spa-nienkämpfer, Auszeichnung für Angehörige im Spanienkrieg gefallener Deutscher. Von A. →Hitler am 14. 4. 1939 gestiftet, bestand das Ehrenkreuz für die nächsten Angehörigen der etwa 400 im spanischen Bürgerkrieg gefal-lenen deutschen Freiwilligen, Angehörigen der →Legion Condor, aus dem verkleinerten →Spanienkreuz ohne Schwerter in Bronze.

Ehrenrat, militärisches und studentisches Eh-rengericht. Nach der Verordnung zur Wahrung der Ehre vom 1. 11. 1934 bestand bei jedem Re-giment und jeder selbständigen Dienststelle der deutschen Wehrmacht für Ehrenangelegen-heiten ein E., der als geschäftsführende, bera-tende, aufklärende und begutachtende Stelle tätig war. Für Offiziere entschied der bei den militärischen Vorgesetzten gebildete verstärkte E. Die studentische Ehrenordnung vom 23. 6. 1937 sah einen E. bei den einzelnen Studenten-führungen vor.

Ehrensold, Ehrengehalt für Träger von Aus-zeichnungen. Den Inhabern höchster Kriegs-auszeichnungen (→Pour le mérite, →Militär-verdienstkreuz u. a.) wurde vom Staat ein monatlicher E. ausgezahlt, nach dem Erlaß vom 27. 8. 1939 je 20 RM.

Ehrenzeichen der HJ, →HJ-Ehrenzeichen.

Ehrenzeichen der NSDAP, →Goldenes Parteiabzeichen.

Ehrenzeichen des 9. November 1923, →Blutorden.

Ehrenzeichen für deutsche Volkspflege, Auszeichnung für Gemeinschaftsdienst. Das E. wurde am 1. 5. 1939 von A. →Hitler für Verdienste auf dem Gebiet der Volkswohlfahrt, des →Winterhilfswerks, der Pflege von Kranken und Verwundeten, des Rettungswesens, der Pflege deutschen Volkstums und der Fürsorge für Deutsche im Ausland gestiftet, löste das Ehrenzeichen des Deutschen Roten Kreuzes ab und erweiterte es. Es bestand aus einem 5,2 cm breiten, gleichschenkeligen, weiß emaillierten, golden eingefaßten Balkenkreuz, das in der Mitte den Hoheitsadler mit dem Hakenkreuz trug. Auf der Rückseite stand: „Für deutsche Volkspflege". Es war in vier Stufen gestiftet: Halskreuz mit einer Sonderstufe mit Stern; Steckkreuz für die linke Brustseite; an der Brust zu tragendes Kreuz am roten Band mit weißem Saum, Medaille.

Ehrhardt, Hermann, Freikorpsführer, * 29. 11. 1881 Diersburg/Baden, † 27. 9. 1971 Brunn am Walde/Niederösterreich. Im 1. Weltkrieg Korvettenkapitän der Reichsmarine, gründete E. 1919 die →„Brigade E." als →Freikorps, das mehrfach im Regierungsauftrag zur Niederschlagung kommunistischer Aufstandsversuche und Räteherrschaft (Braunschweig, Wilhelmshaven, München) sowie im Grenzlandkampf gegen Polen in Oberschlesien (August 1919) eingesetzt wurde. Als die Freikorps auf Befehl der Berliner Regierung aufgelöst werden sollten, stellte sich die Brigade E. Generallandschaftsdirektor Wolfgang →Kapp und General von Lüttwitz für einen Umsturzversuch (→Kapp-Putsch) zur Verfügung: Am 13. 3. 1920 besetzte sie das Berliner Regierungsviertel und unterstützte Kapp, der sich zum Reichskanzler ernannte, während Reichspräsident →Ebert und die Regierung Gustav →Bauer (beide SPD) erst nach Dresden und dann nach Stuttgart flohen, nach einem Generalstreik gegen Kapp jedoch nach Berlin zurückkehrten. E. wurde gefangen, konnte aber aus dem Lager Munster entfliehen. Er gründete dann die →Organisation Consul (OC), einen Geheimbund, aus dessen Reihen die Attentäter von →Erzberger (erschossen 1921) und →Rathe-

nau (erschossen 1922) hervorgingen. Nach erneuter Verhaftung konnte E. 1923 wieder fliehen und lebte dann in Süddeutschland und ab 1936 als Landwirt in Österreich.

G. Krüger: Die Brigade Ehrhardt, 1971. D. Venner: Söldner ohne Sold, 1974. E. von Salomon: Der Fragebogen, 1951.

„Eiche", Unternehmen, Deckname für den deutschen Einsatz zur Befreiung des Duce. Der nach dem Übertritt Italiens zu den Alliierten verhaftete →Mussolini wurde im Berghotel „Campo Imperatore" am Gran-Sasso-Massiv gefangengehalten. Am 12. 9. 1943 um 14 Uhr landeten neun deutsche Lastensegler mit der 1. Kompanie des Fallschirmjäger-Lehrbataillons unter Oberleutnant Freiherr von Berlepsch und dem SD-Sonderkommando unter SS-Hauptsturmführer Otto →Skorzeny auf dem Hochplateau vor dem Hotel, besetzten es handstreichartig und befreiten den Duce, der im Fieseler Storch nach Rom und von dort ins deutsche →Führerhauptquartier Rastenburg gebracht wurde. Das tollkühne Unternehmen unter Skorzenys Leitung erregte großes Aufsehen.

O. Skorzeny: Geheimkommando Skorzeny, 1950. Ders.: Meine Kommandounternehmungen, 1976.

Eichenlaub, Auszeichnung zur Erhöhung eines Ordens. Nachdem es schon im Kriege 1870/71 das E. zum Eisernen Kreuz als dessen höchste Stufe gegeben hatte, stiftete A. →Hitler am 3. 6. 1940 das E. zum Ritterkreuz des EK als eine weitere Stufe des Ritterkreuzes, die erstmalig an Generalleutnant E. →Dietl verliehen wurde. Das E. bestand aus drei silbernen Eichenblättern, die auf der Bandspange des Ritterkreuzes auflagen. Insgesamt wurde das E. im 2. Weltkrieg 883mal verliehen, davon neunmal an Ausländer. Als weitere Stufen des E. stiftete A. Hitler am 28. 9. 1940 das E. mit Schwertern (159 Verleihungen, 1 Ausländer) und das E. mit Schwertern und Brillanten (27 Verleihungen) sowie am 29. 12. 1944 das Goldene E., das nur zwölfmal an höchstbewährte Einzelkämpfer verliehen werden sollte und nur einmal am 29. 12. 1944 an Oberst H.-U. →Rudel verliehen wurde.

E. G. Krätschmer: Die Ritterkreuzträger der Waffen-SS, ³1982. E. Obermaier: Die Ritterkreuzträger der Luftwaffe 1939–1945. E. Lenfeld und F. Thomas: Die Eichenlaubträger 1940–1945, 1983. G. Fraschka: Mit Schwertern und Brillanten, 1977. K. Alman: Mit Eichenlaub und Schwertern, 1986.

Eichmann, Adolf, SS-Obersturmbannführer, * 19. 3. 1906 Solingen, † 1. 6. 1962 Ramle/Israel. E. lebte seit seiner Kindheit in Linz (Donau), trat 1927 dem deutsch-österreichischen Frontkämpferbund sowie 1932 der →NSDAP und der →SS bei. Seit 1933 lebte er im Deutschen Reich, kam hauptamtlich zum →Sicherheitsdienst des Reichsführers-SS und wurde bald für die Auswanderung von Juden zuständig, später leitete er das Referat IVB 4 (Judenangelegenheiten) im →Reichssicherheitshauptamt. Nach Ausbruch des 2. Weltkrieges plante er zunächst auch Ansiedlungen der Juden in Osteuropa, ab 1941 organisierte er Deportationen von Juden in Konzentrationslager. 1946 floh er aus amerikanischer Gefangenschaft und lebte ab 1950 unter anderem Namen in Argentinien. 1960 wurde er vom israelischen Geheimdienst nach Israel verschleppt, wogegen die Regierung Argentiniens, dessen Staatsangehöriger E. geworden war, erfolglos protestierte. Vom 2. 4.–11. 12. 1961 wurde ihm in Jerusalem der Prozeß gemacht. E. bestritt dabei seine Beteiligung an Massentötungen von Juden im 2. Weltkrieg, wurde aber zum Tode verurteilt. Das Gericht sah als erwiesen an, daß die von ihm nach Auschwitz sowie in die von O. Globocnik geleiteten Lager Treblinka, Sobibor, Majdanek und Belsec deportierten Juden größtenteils umgebracht worden seien (Aktion Reinhard). Nach seiner Hinrichtung erschienen posthum seine Erinnerungen: „Ich, Adolf Eichmann" (1980).

R. Servatius: Adolf Eichmann, Plädoyer, 1961. A. W. Less (Hrsg.): Schuldig. Das Urteil gegen Adolf Eichmann, 1987.

Eicke, Theodor, →SS-Totenkopfverbände.

eingegliederte Gebiete, Bezeichnung für die nach dem Polen-Feldzug durch den Erlaß A. →Hitlers vom 8. 10. 1939 dem Reich im Osten zugefügten Gebiete. Aus den e. G. wurden die neuen →Reichsgaue →Danzig-Westpreußen und →Wartheland gebildet. Nicht zu den e. G. gehörte das →Generalgouvernement.

Einkreisung, außenpol. Isolierung eines Staates. Als E. wurde insbesondere die deutschfeindliche Bündnispolitik Englands vor dem 1. Weltkrieg in Deutschland und England bezeichnet, so von Reichskanzler von →Bülow am 14. 11. 1906 im Reichstag. Die E. des Deutschen Reiches nahm besonders seit der englisch-französischen →Entente cordiale von 1904 und ihrer Erweiterung zur →Triple-Entente mit Rußland von 1907 Formen an und kam auch schon bei der →Algeciras-Konferenz von 1906 zum Ausdruck. Die E. führte schließlich zum 1. Weltkrieg. Eine neue Einkreisung Deutschlands zeichnete sich mit dem französisch-sowjetischen Beistandspakt vom 2. 5. 1935 ab und vollzog sich im Frühjahr 1939, als Großbritannien zusammen mit Frankreich

Vereinbarungen traf und Bündnisse mit Polen und der Türkei schloß, Garantien für Rumänien und Griechenland abgab und später in langen Verhandlungen die UdSSR zu einem Bündnis gewinnen wollte, was zunächst durch den →Hitler-Stalin-Pakt vom 23. 8. 1939 verhindert wurde, 1941 jedoch gelang.

N. von Preradovich: Die Einkreisung, 1984.

Einmann-U-Boot (Einmanntorpedo), von einem Mann gesteuertes Kleinst-U-Boot. Gegen Ende des 2. Weltkrieges wurde das mit einem Torpedo bewaffnete E. vor allem im Westen gegen Schiffsziele und Brücken eingesetzt. Meist war damit eine →Selbstopferung verbunden. Das E. hatte nur einen sehr begrenzten Aktionsradius.

G. Brache: Die Einzelkämpfer der Kriegsmarine, 1981.

Einsatzgruppen, besondere Einheiten aus Angehörigen der Sicherheitspolizei und des Sicherheitsdienstes 1938–1945. Sie wurden von R. →Heydrich aufgestellt und rückten 1938 nach Österreich und in das Sudetenland, 1939 nach Böhmen und Mähren sowie nach Polen ein mit dem Auftrag, Personen zu verhaften und Unterlagen von Behörden, Parteien und Organisationen sicherzustellen, deren Tätigkeit sich gegen das Dritte Reich gerichtet hatte. Vor Beginn des →Rußlandfeldzuges wurden vom Reichssicherheitshauptamt der SS Einsatzgruppen in einer Gesamtstärke von etwa 3000 Mann neu aufgestellt, die zusätzlich zu diesen Aufgaben den Befehl erhielten, hinter der Front Partisanen zu bekämpfen sowie Personen festzunehmen und zu erschießen, die als Feinde der deutschen Besatzungsmacht angesehen wurden. Nach dem Krieg fanden Gerichtsverfahren gegen Angehörige von Einsatzgruppen statt, die beschuldigt wurden, während des Rußlandfeldzuges in großem Umfang auch jüdische Zivilisten erschossen zu haben.

R. Aschenauer: Krieg ohne Grenzen, 1982. H. Krausnick und H.-H. Wilhelm: Die Truppe des Weltanschauungskrieges, 1981. H. Buchheim: SS und Polizei im NS-Staat, 1964.

Einsatzgruppen-Prozeß, →Ohlendorf-Prozeß.

Eintopf, Essensbrauch. Im Herbst 1933 wurden deutsche Familien und Gaststätten dazu aufgefordert, an einem bestimmten Sonntag der Monate Oktober bis März nur E. zu bereiten und den Kostenunterschied zwischen dem E. und einem üblichen Sonntagsgericht den Sammelstellen der →NSV, insbesondere für das →WHW, zu übergeben. Der E. sollte als freiwilliges Opfer für notleidende Deutsche das Bewußtsein der →Volksgemeinschaft fördern. Führende Vertreter von Staat und Partei nahmen demonstrativ am E.-Essen teil, zu dem im 3. Reich in jedem Jahr wieder aufgefordert wurde.

„Ein Volk, ein Reich, ein Führer", Forderung nach deutscher Einheit ab 1938. Die Parole kam beim →Anschluß Österreichs auf und meinte die Rückgabe der durch das →Versailler Diktat vom Deutschen Reich abgetrennten Gebiete sowie das Selbstbestimmungsrecht für die außerhalb Deutschlands lebenden Deutschen, denen die Diktate von Versailles und →Saint-Germain die Vereinigung mit dem Reich verboten hatten. Sie brachte außerdem die Überzeugung zum Ausdruck, daß diese Forderungen durch A. Hitler verwirklicht werden könnten.

Einwohnerwehren, Selbstschutzorganisationen nach 1918. Angesichts der revolutionären Ereignisse entstanden Ende 1918 in fast ganz Deutschland die E. (Sicherheits-, Bürgerwehren) als militärische Selbstschutzverbände zur Abwehr kommunistischer Machtergreifungen, Aufständischer und Plünderer, zum Schutz des Eigentums, der Grenzen und Überfälle aus dem Ausland. Ihre Mitglieder, fast ausnahmslos nationalbewußte ehemalige Weltkriegssoldaten, wurden durch Verordnung des Rates der Volksbeauftragten (einer Art Zentralregierung) vom 13. 1. 1919 zur „Republikanischen Schutztruppe" zusammengefaßt, von der →Reichswehr ausgerüstet und betreut, geleitet von der Zentralstelle für E. im Reichswehrministerium, in Preußen am 18. 3. 1919 einheitlich gegliedert. Am 1. 12. 1919 forderten die Alliierten die Auflösung der E. als gegen das →Versailler Diktat verstoßende Wehrverbände. Beim →Kapp-Putsch im März 1920 stellte sich die Zentralstelle für E. hinter →Kapp und von Lüttwitz. Eine Reichsverordnung vom 8. 4. 1920, die jedoch nicht überall befolgt wurde, löste die E. auf, noch einmal ein Reichsgesetz vom 19. 3. 1921. In Bayern wurden die dort in der →Organisation Escherich (Orgesch) vereinten E. erst im Juni 1921 nach längeren Auseinandersetzungen mit der Reichsregierung aufgelöst.
F. L. Carsten: Reichswehr und Politik 1918–1933, 1964. E. Könnemann: Einwohnerwehren und Zeitfreiwilligenverbände, 1969.

Eisenhower, Dwight David, General und später Präsident der USA, * 14. 10. 1890 Denison (Texas), † 28. 3. 1969 Washington. Am 25. 6. 1942 wurde E. Oberbefehlshaber der amerikanischen, ab 24. 12. 1943 aller alliierten Truppen in Europa. Er führte die amerikanische Invasion in Marokko ab 7. 11. 1942 und anschlie-ßend die Landung alliierter Truppen auf Sizilien (10. 7.) und dem italienischen Festland (3. 9. 1943) durch. Im Juni 1944 landeten die alliierten Truppen unter seinem Oberbefehl in Nordfrankreich, konnten dank ihrer Übermacht und Luftüberlegenheit Fuß fassen, Frankreich erobern und Ende 1944 die Reichsgrenze erreichen. Beim weiteren Vorstoß überließ E. den Sowjets Wien, Berlin und Prag, verbot, daß deutsche Truppen, die vorher gegen die Rote Armee gekämpft hatten, vor amerikanischen Verbänden kapitulierten, so daß sie in sowjetische Gefangenschaft gehen mußten und dort in großer Zahl den Tod fanden. Aber unter der Verantwortung Eisenhowers wurden die Lebensbedingungen auch in amerikanischen Kriegsgefangenenlagern so gestaltet, daß dort Hunderttausende von deutschen Soldaten an Unterernährung und Seuchen umgekommen sind. Für die deutsche Bevölkerung befürwortete Eisenhower eine harte Behandlung nach der →Direktive JCS 1067. Als Präsident von 1953–1961 hat er die Bürgerrechtsgesetzgebung begonnen, die auf den heftigen Widerstand weißer Bevölkerungskreise vor allem im Süden der USA stieß, und bekämpfte die Politik des Senators McCarthy, der den Einfluß der Linken im öffentlichen Leben der USA zurückdrängen wollte.
J. Bacques: Der geplante Tod, 1989.

Eiserne Brigade, frühe zeitweilige Bezeichnung für die →Eiserne Division der →Baltikumtruppen.

Eiserne Division, Teil der →Baltikumtruppen. Im November 1918 wurden von der Reichsregierung Freiwillige zur Unterstützung der 8. Armee bei der zugesagten Verteidigung des Baltikums vor den Kommunisten angeworben. Sie bildeten zunächst die →Eiserne Brigade, dann die E. unter Major Bischoff und kämpften u. a. bei Mitau und →Riga. Als die Reichsregierung die Baltikumtruppen auf Druck der Alliierten im Herbst 1919 zurückbefahl, blieben Teile der E. unter Bischoff bei den weißrussischen Truppen im Kampf gegen die Bolschewisten und kehrten erst nach den Niederlagen der Weißrussen nach Deutschland zurück.
H. Schulze: Freikorps und Republik, 1920. D. Venner: Söldner ohne Sold, 1974.

Eiserne Front, linksgerichteter Wehrverband. Am 16. 12. 1931 wurde in Berlin vom →Reichsbanner Schwarz-Rot-Gold, der SPD, der marxistischen Gewerkschaft und dem Arbeitersportbund die E. als Kampfverband gegen die →Harzburger Front gegründet. Unter Führung von K. Höltermann und O. Wels (SPD-Vorstand, „oberster Befehlshaber" der E.)

nahm die E., deren Zentrale sich im Hause der SPD-Parteileitung in Berlin befand, an den gewalttätigen und bürgerkriegsähnlichen Auseinandersetzungen in der Weimarer Republik teil. Viele ihrer Mitglieder wurden deshalb verurteilt. Emblem der E. waren drei Pfeile, ihr Organ war die „Eiserne Front". Später wurde in SPD-Kreisen bedauert, daß die E. die Absetzung der preußischen SPD-Regierung am 20. 7. 1932 (→Preußenschlag) und die Berufung A. →Hitlers zum Reichskanzler am 30. 1. 1933 durch Reichspräsident v. →Hindenburg nicht gewaltsam verhindert habe. Anfang Mai 1933 zerfiel die E. nach Auflösung der Gewerkschaften.

K. Rohe: Das Reichsbanner Schwarz-Rot-Gold, 1966.

Eiserner Vorhang, Bezeichnung für die Westgrenze des sowjetischen Machtbereichs. Von J. →Goebbels am 25. 2. 1945 in der Wochenschrift „Das Reich" benutzt, von W. →Churchill in einem Telegramm vom 12. 5. 1945 an Truman und in seiner Rede in Fulton am 5. 3. 1946 öffentlich verwendet, bezeichnete der E. die hermetische Abschließung des sowjetischen Herrschaftsbereiches in Ost-, Südost- und Mitteleuropa nach 1945. Insbesondere teilte der E. Deutschland an Elbe und Werra im Verlauf der 1346 km langen Westgrenze der sowjetischen Besatzungszone von der Ostsee bei Travemünde bis nach Böhmen.

Eisernes Kreuz (EK), preußisch-deutscher Kriegsorden. Zu Beginn der Befreiungskriege am 10. 3. 1813 in Breslau vom preußischen König Friedrich Wilhelm III. gestiftet, wurde das EK für Verdienste im Krieg ohne Rücksicht auf Dienstgrad und Stand verliehen und am 19. 7. 1870, 5. 8. 1914 und 1. 9. 1939 erneuert. Es bestand aus einem gußeisernen Kreuz mit silberner Einfassung. Bis 1918 wurde es in zwei Klassen (EK II und EK I) und einem Großkreuz (für gewonnene Schlachten), in besonderer Ausführung auf einem goldenen Stern als „Blücherkreuz" an Blücher 1815 und →Hindenburg 1918 verliehen. Nach der Erneuerung des E. durch A. →Hitler am 1. 9. 1939 (und Ergänzungen) besaß das E. die Stufen: EK II am roten Band mit schwarz-weißen Seitenstreifen); EK I (Steckkreuz, getragen auf der linken Brusttasche); →Ritterkreuz des EK (größer, am schwarz-weiß-roten Halsband) mit seinen Ergänzungen →Eichenlaub, →Schwertern, →Brillanten, →Goldenem Eichenlaub. Das Großkreuz des EK (fast doppelte EK-Größe, am schwarz-weiß-roten Halsband), erhielt als einziger Träger H. →Göring. Die EK des 2. Weltkrieges trugen in der Mitte ein Hakenkreuz über der Zahl „1939". Im 2. Weltkrieg

wurde eine silberne Spange verliehen, wenn der Auszuzeichnende bereits das EK des 1. Weltkrieges besaß. Nach Bundesgesetz vom 26. 7. 1957 dürfen die EK in Westdeutschland nur ohne Hakenkreuz getragen werden.

M. Zimmermann: Das Eiserne Kreuz, 1914. K. Bauch: Das Eiserne Kreuz 1813–1939, 1941. W. Hesse u. a.: Die tragbaren Ehrenzeichen des Deutschen Reiches, 1940. H.-P. Stein: Symbole und Zeremoniell in deutschen Streitkräften, [2]1986.

„Eisfjord", Unternehmen, →„Sizilien".

Eisner, Kurt, anarchistischer Politiker, * 14. 5. 1867 Berlin, † 21. 2. 1919 München. Der unter dem Namen Salomon Kosmanowski geborene Journalist war 1899–1905 Redakteur am sozialdemokratischen „Vorwärts" in Berlin, danach in München tätig, ab 1910 bei der sozialdemokratischen „Münchner Post". Seit 1917 war er Führer der USPD in München, beteiligte sich am Januarstreik 1918 und wurde dann bis Oktober 1918 inhaftiert. Am 7. 11. 1918, noch vor der Abdankung des Kaisers, rief er in München die Republik aus, ernannte sich zum Ministerpräsidenten einer USPD-SPD-Regierung und proklamierte den „Freistaat" Bayern. Am 12. 12. 1918 veröffentlichte er angebliche Beweise für die deutsche Verantwortung am Ausbruch des 1. Weltkriegs, die dem französischen Ministerpräsidenten Clemenceau bei der Eröffnung der Versailler Verhandlungen über einen Friedensvertrag als Beweis für eine deutsche Kriegsschuld dienten. E. erregte damit Widerspruch in ganz Deutschland, auch den des Berliner Rats der Volksbeauftragten. Nach einer für die USPD verheerenden Niederlage bei den Landtagswahlen (3 von 180 Sitzen) am 19. 1. 1919 wollte E. als Ministerpräsident zurücktreten, wurde aber am 21. 2. auf dem Weg zum Landtagsgebäude von dem 22jährigen Leutnant Graf Arco-Valley erschossen, worauf seine Anhänger im Landtag das Feuer eröffneten (2 Tote) und wenig später in München eine Räterepublik ausgerufen wurde.

F. Schade: Kurt Eisner und die bayerische Sozialdemokratie, 1961. H. Dietwart: Hundert Jahre deutsches Schicksal, 1981. F. Fechenbach: Der Revolutionär Kurt Eisner, 1929. H. Neubauer: München und Moskau 1918–1929, 1958. A. Mitchell: Revolution in Bavaria 1918–1919, 1967.

„Eisstoß", Unternehmen, Deckname für deutsche Luftangriffe auf sowjetische Großkampfschiffe im Hafen von Leningrad und Kronstadt im April 1942. Am 4. 4. 1942 begann die deutsche 1. Luftflotte unter General der Flieger Förster mit dem Stuka-Geschwader 1 und den Kampfgeschwadern 1 und 4 als Unternehmen „E." die Bombardierung von Schiffen der sowjetischen Baltischen Flotte. Die Angriffe (ab

24. 4. 1942 auch unter dem Decknamen „Götz von Berlichingen") beschädigten mehrere Schlachtschiffe und Kreuzer sowie kleinere Einheiten schwer.

J. Piekalkiewicz: Seekrieg 1939–1945, o. J. J. Rohwer und G. Hümmelchen: Chronik des Seekrieges 1939–1945, 1968.

EK, Abkürzung für →Eisernes Kreuz.

El Alamein, Schlachtort im 2. Weltkrieg. Am 30. 6. 1942 erreichten nach Einnahme Tobruks am 21. 6. 1942 die von →Rommel befehligten deutschen Truppen mit rund 70 Panzern das nur 85 km westlich von Alexandria gelegene E., wo der deutsche Angriff vor starkem britischen Widerstand und wegen Nachschubschwierigkeiten steckenblieb. Kurz vor Alexandria, wohin die Briten schon abgezogen waren, wo die britische Flotte den Hafen verließ und Sprengtrupps die Zerstörung der Hafenanlagen vorbereiteten, und damit am Einfallstor nach Ägypten kam der deutsche Vorstoß zum Stehen. Es gelang nicht, die britische Front zu durchbrechen, auch nicht bei dem am 30./31. 8. 1942 aus der südlichen Wüste unternommenen Angriff Rommels. Als die Briten unter Montgomery am 2. 11. 1942 mit vielfacher Panzerübermacht bei E. angriffen, mußte sich das Deutsche →Afrikakorps unter schweren Verlusten in Richtung Tripolis zurückziehen. Die Schlacht bei E. vom 30. 6. bis 3. 7. 1942 brachte so eine Wende im Afrika-Feldzug.

P. Carell: Die Wüstenfüchse, 1958. W. Baum und E. Weichhold: Der Krieg der Achsenmächte im Mittelmeerraum, 1973.

Elbrus, mit 5633 m höchster Berg des Kaukasus, auf dem am 21. 8. 1942 um 10 Uhr eine deutsche Hochgebirgsgruppe unter Hauptmann Groth die deutsche Reichskriegsflagge hißte.

R. Kaltenegger: Die deutsche Gebirgstruppe 1933–1945, 1989.

Elbschiffahrtsakte, internationale Vereinbarung über die Benutzung der Elbe vom 22. 2. 1922. Nach Artikel 331 des →Versailler Diktats wurde die Elbe internationalisiert und nach Artikel 340 einer internationalen Kommission unterworfen, die in Dresden saß und die E. formulierte. Diese wurde am 22. 3. 1923 vom Reichstag als Gesetz verabschiedet. Am 14. 11. 1936 wurde die E. von der Reichsregierung im Zuge der Revision des Versailler Diktats für aufgehoben erklärt und durch das Gesetz über das Verfahren in Binnenschiffahrtssachen vom 30. 1. 1937 abgelöst.

H. Krüger: Die Rechtslage der Elbe, 1974.

Elsaß-Lothringen, Grenzprovinzen zwischen Deutschland und Frankreich. In der Völkerwanderung von Alemannen (Elsaß) und Franken (Lothringen) besiedelt, waren das Elsaß und Lothringen bis zum 30jährigen Krieg Teile des Heiligen Römischen Reiches Deutscher Nation. Mit dem 30jährigen Krieg begann die langsame Eroberung von E.-L. durch die französischen Könige. Der deutsche Charakter des Landes wurde dabei zunächst nicht angetastet. Allerdings fiel die Eroberung in eine Zeit, in der Französisch die führende Sprache Europas (vor allem des Adels und des gebildeten Bürgertums) war; das erleichterte der Oberschicht in E.-L. die Identifikation mit dem neuen Staat. Trotzdem war für den jungen Goethe das Erlebnis des Elsaß (Straßburg, Sesenheim) der Anstoß für seine Hinwendung zur deutschen Geschichte. Die französische Revolution und der dadurch entstehende französische Staatsnationalismus sowie die napoleonische Ära, in der E.-L. viele Heerführer Napoleons stellte (z. B. Kleber, Rapp), verstärkten die Hinwendung vor allem des Bürgertums zu Frankreich. Als 1871 das Elsaß und Deutschlothringen (sowie einige französischsprachige Grenzgebiete) wieder an Deutschland kamen, war die Mehrheit der deutschsprachigen Bewohner zunächst dagegen. Über 200000 Elsaß-Lothringer wanderten nach Frankreich aus. Obwohl die deutsche Politik in E.-L. wirtschaftlich und kulturell durchaus erfolgreich, in der Behandlung der Bevölkerung jedoch nicht immer taktvoll war (→Zaberner Zwischenfall 1913) und dem Reichsland erst 1911 die Selbstverwaltung gewährt wurde, hat ein wachsender Teil der Bevölkerung dann aber die Zugehörigkeit zum Deutschen Reich bejaht. Im Krieg 1914–1918 erfüllten die meisten Elsaß-Lothringer ihre militärische Pflicht. 1918 wieder von Frankreich annektiert, wurde aber auch dieser Anschluß von einem großen Teil der Bevölkerung begrüßt – man wollte lieber auf der Seite der Sieger als der Verlierer sein. Die dann einsetzende rücksichtslose Assimilationspolitik Frankreichs (Vertreibung von 112000 eingewanderten Reichsdeutschen und deutschgesinnten E.-L., französischer Schul- und Amtssprache) bewirkte eine starke autonome Bewegung. 1940 wieder von Deutschland besetzt, wurde auch dies von einem Teil der Bevölkerung bejaht. Die anfängliche Zustimmung änderte sich jedoch mit der Kriegslage, aber auch als Folge ungeschickter Maßnahmen von deutscher Seite (Ausweisung von 145000 französischsprachigen Einwohnern, Einberufung zur Wehrmacht, obwohl die E.-L. noch de jure Franzosen waren, Verbot des öffentlichen Sprechens der französischen Sprache und der Basken-

mütze, die von frankreich-freundlichen E.-L. demonstrativ getragen worden war). Die erneute Besetzung durch Frankreich 1944/45 führte zu einer gnadenlosen Verfolgung der deutschgesinnten Kreise und rücksichtsloser Assimilierung. Die deutsche Sprache ist seitdem, vor allem in den Städten, auf dem Rückzug. Von den Kindern beherrscht nur noch eine kleine Minderheit das Hochdeutsche, auch den Dialekt (mit vielen französischen Worten vermischt) spricht die Mehrheit in den Städten nicht mehr als Umgangssprache. Seit den 60er Jahren macht sich eine gewisse Renaissance des Elsässertums bemerkbar, z. B. im „René-Schickele-Kreis", in den Werken André Weckmanns und den Liedern Jean Dentingers. Bei voller Bejahung ihrer französischen Staatsangehörigkeit fordern diese Kreise die Erhaltung ihrer regionalen Sprache und Kultur.
André Weckmann: Wie die Würfel fallen, 1981. P. Schall: Geschichte des Elsaß, 1978. P. Nasarski (Hrsg.): Wege und Wandlungen, Bd. I, 1981. C. Graeter: Das Elsaß, 1988. E. Philipps: Schicksal Elsaß, 1980. A. Stählin und andere: Elsaß, 1979. O. Meißner (Hrsg.): Elsaß und Lothringen – Deutsches Land, 1941. F. Kerber (Hrsg.): Das Elsaß, 1940. P. Schall: Karl Roos und der Kampf des heimattreuen Elsaß, 1941.

Elser, Georg, →Bürgerbräuattentat.

„Emden", deutscher Kleiner Kreuzer, 3670 BRT, im 1. Weltkrieg. Unter Kapitän Karl Friedrich Max von Müller führte die E. 1914 im Indischen Ozean zwei Monate erfolgreich Handelskrieg und brachte 23 feindliche Handelsschiffe mit 101 000 BRT auf, vernichtete im Hafen von Penang einen russischen Kleinen Kreuzer und einen französischen Zerstörer und schoß die Öltanks von Madras in Brand. Am 9. 11. 1914 wurde die E. bei den Kokosinseln vom australischen Kreuzer „Sydney" (5700 BRT) zusammengeschossen und von der Besatzung auf die Riffe gesetzt. Die vor dem Gefecht zur Zerstörung der Funkstelle gelandete Abteilung unter Kapitänleutnant von Mücke entkam auf dem Schoner „Ayesha", Kapitän von Müller geriet in Gefangenschaft.
H. Pemsel: Seeherrschaft, Bd. 2, 1985. E. B. Potter und andere: Seemacht, 1982. R. K. Lochner: Die Kaperfahrten des Kleinen Kreuzers Emden, 1979. K. Bartz: Der Kommandant der Emden, 1979. H. Pemsel: Biographisches Lexikon zur Seekriegsgeschichte, 1985. H. Mücke: Emden, 1915. E. Raeder: Der Kreuzerkrieg, 1923. H. von Waldeyer-Hartz: Der Kreuzerkrieg 1914–1918, 1931.

Endlösung der Judenfrage, im 2. Weltkrieg Bezeichnung für die Entfernung von Juden aus Deutschland und den von der Wehrmacht besetzten Gebieten. Bis zum Sommer 1941 verstand man darunter ihre Auswanderung, die jedoch zum Stillstand kam, als immer mehr der vorgesehenen Aufnahmeländer die Einreise von Juden ablehnten. Daran schloß sich die Deportation von Juden in →Konzentrationslager zumeist im Osten an, in denen viele den Tod gefunden haben.

„Englandspiel", Funkspiel der deutschen Abwehr 1942–1944. Nach Festnahme einer britischen Agentengruppe mit Sender am 6. 3. 1942 in Den Haag (Holland) („Unternehmen Nordpol") konnte die deutsche Abwehr im „E." den Sender unter Oberstleutnant H. J. Giskes ab Sommer 1942 bis Anfang 1944 betreiben, ohne daß die Briten Verdacht schöpften, nicht von ihren Agenten bedient zu werden. Das „E." gehörte zu den erfolgreichsten Unternehmen der deutschen →Abwehr im 2. Weltkrieg. Es gelang ihr, zahlreiche abgesetzte Feindagenten sowie Waffen und Sprengstoffe sicherzustellen, Sabotagemaßnahmen zu verhindern und dafür eine holländische Widerstandsbewegung vorzutäuschen, die von den Engländern verpflegt und bezahlt wurde. So kam es in Holland nicht zu einer Untergrundtätigkeit, wie die Engländer sie beispielsweise in Frankreich organisiert hatten.
J. Piekalkiewicz: Spione, Agenten, Soldaten, 1969. O. Reile: Geheime Westfront, 1962.

„Enigma" (Rätsel), Chiffriermaschine. Die von 1937 bis Kriegsende von der Deutschen Wehrmacht verwendete Chiffriermaschine für Schlüssel- und Funksprüche wurde 1940 vom englischen Geheimdienst durch Verwendung eines Rechners entschlüsselt. Dadurch erhielten die Alliierten wertvolle Informationen über die deutsche Kriegführung, ohne daß dies der Wehrmacht bekannt war. Die Dechiffrierung deutscher Funksprüche hatte kriegsentscheidende Bedeutung.
F. Winterbotham: Aktion Ultra, 1976.

Entente cordiale (herzliches Einvernehmen), französisch-englische Verständigung. Nach dem Scheitern deutsch-englischer Bündnisverhandlungen räumten England und Frankreich koloniale Streitigkeiten zwischen sich aus und schlossen am 8. 4. 1904 die E., die am 31. 8. 1907 durch Einbeziehung Rußlands zur →Tripelallianz (→Dreiverband) erweitert und durch Generalstabsbesprechungen und militärische Vereinbarungen ergänzt wurde. Deutsche Versuche, diese →Einkreisung – wie durch den Vertrag von →Björkö vom 25. 7. 1905 oder bei der 1. →Marokkokrise nach dem 31. 3. 1905 zu durchbrechen, hatten keinen Erfolg.
G. Monger: Ursachen und Entstehung der englisch-französisch-russischen Entente 1900–1907, 1969.

Entente, Kleine, Bündnis südosteuropäischer Staaten. 1920/22 schlossen sich die Tschechoslowakei, Jugoslawien und Rumänien zur Kleinen E. gegen Österreich und Ungarn zusammen. Das auch von Frankreich vor allem in den 30er Jahren unterstützte Bündnis zerfiel 1938/39.

Entmilitarisierte Zone, Gebiet beiderseits des Rheins. Nach dem Diktat von →Versailles 1919 durften sich westlich des Rheins im besetzten Gebiet und in einem Bereich von 50 km Tiefe östlich des Rheins keine deutschen Truppen aufhalten. Die deutsche →Wehrhoheit in der E. wurde am 7. 3. 1936 durch Einmarsch einiger deutscher Regimenter wiederhergestellt.

Entmilitarisierung, militär. Entwaffnung und Bekämpfung des soldatischen Geistes. Die E. Deutschlands war eines der wichtigsten Ziele der Alliierten im 2. Weltkrieg und wurde im →Potsdamer Protokoll vom 2. 8. 1945 ausdrücklich betont. Sie wurde ab 1945 mit Entwaffnung der deutschen →Wehrmacht, Zerstörung oder Demontage der gesamten Rüstungsindustrie und mit der →Umerziehung (Diffamierung des Soldatentums) in allen Teilen Deutschlands rigoros und vollständig durchgeführt. Auch die Auflösung →Preußens durch alliiertes Kontrollratsgesetz Nr. 46 vom 25. 2. 1947 wurde als Teil der E. angesehen. Im Zuge des Kalten Krieges ab etwa 1952 kam es dann auf Druck der Westalliierten, die Hilfskräfte und Bundesgenossen benötigten, zur Beendigung der E. und ab 1955 zur Wiederbewaffnung in der Bundesrepublik Deutschland. In der Sowjetischen Besatzungszone wurde bereits ab Oktober 1952 die Kasernierte Volkspolizei aufgestellt, die den Charakter militärischer Streitkräfte hatte und am 18. 1. 1956 in Nationale Volksarmee (NVA) umbenannt wurde.

Entnazifizierung, von den Alliierten durchgeführte oder befohlene Maßnahmen im besetzten Deutschland nach 1945. Die Sieger des 2. Weltkriegs verboten in ihren Besatzungszonen die →NSDAP sowie ihre Gliederungen und angeschlossenen Verbände, die Verbreitung nationalsozialistischer Ideen und Literatur, inhaftierten Personen, die der NSDAP oder einer von ihr geschaffenen Organisation angehört hatten oder die in der Wehrmacht bestimmte Ränge bekleidet oder im Staatsapparat leitende Funktionen ausgeübt hatten. Grundlage dafür war das „Gesetz zur Befreiung von Nationalsozialismus und Militarismus" vom 5. 3. 1946, kurz →„Befreiungsgesetz" oder „Entnazifizierungsgesetz" genannt. Es unterschied Hauptschuldige, Belastete, Minderbelastete, Mitläufer und Entlastete je nachdem, was eine eigens geschaffene „Spruchkammer" über Aktivität und Stellung der vorgeladenen Personen feststellte. Verhängt wurden „Sühnemaßnahmen" genannte Strafen: Ein Hauptschuldiger verlor Wahlrecht und Wählbarkeit, die berufliche Existenz, sein Vermögen und den Führerschein und durfte nicht im Staat oder als Journalist tätig werden. Verboten waren ihm ferner jede unternehmerische und freiberufliche Tätigkeit und leitende Funktion im beruflichen wie privaten Bereich. Auch Gefängnis und Arbeitslager konnten verfügt werden. Die Strafen für weniger Belastete waren geringer. Bis 1950 wurden in den Westzonen über sechs Millionen Deutsche auf diese Weise „entnazifiziert", d. h. für ihre politische Einstellung kriminalisiert, rund vier Millionen eingeleitete Verfahren nicht mehr durchgeführt, als die E. ab 1948 eingestellt wurde (E.-Schlußgesetze ab 1949). Die „Spruchkammern" wurden mit sogenannten Antifaschisten besetzt, die für ihre Funktionen durch politische Gesinnung prädestiniert erschienen.
G. Vollnhals (Hrsg.): Entnazifizierung, 1990.

Epp, Franz Xaver Ritter von (seit 1917), General und Reichsstatthalter, * 16. 10. 1868 München, † 31. 12. 1946 München. Seit 1884 Soldat und ab 1886 Offizier, besuchte E. die Kriegsakademie und nahm dann als Freiwilliger 1900–1901 an der deutschen China-Expedition (→Boxeraufstand) und 1904–1906 als Kompaniechef im Kampf gegen Aufständische in Deutsch-Südwestafrika (→Herero-Aufstand) teil. Im 1. Weltkrieg Fronteinsatz als Kommandeur des bayerischen Infanterie-Leibregiments und Verleihung des →Pour le mérite. Nach der deutschen Niederlage gründete E. als Oberst das →Freikorps E., mit dem er maßgeblich zur Niederwerfung der →Münchner Räterepublik 1919 und des kommunistischen Ruhraufstands 1920 beitrug. Bis zum 31. 12. 1923 war E. Angehöriger der →Reichswehr. Er kam in dieser Zeit über seinen Stabsoffizier E. →Röhm mit A. →Hitler in Verbindung, unterstützte den →„Völkischen Beobachter" und rechtsgerichtete Verbände in Bayern, wurde SA-Obergruppenführer, trat 1928 der →NSDAP bei und war von 1928–1945 deren Abgeordneter im Reichstag. 1933 wurde er zunächst Reichskommissar, am 9. 3. 1933 Reichsstatthalter von Bayern, 1935 auch zum General der Infanterie befördert. Seit 1936 war er Führer des →Reichskolonialbundes. Bei Kriegsende kam er in amerikanische Internierung und verstarb dort.
Walter Frank: Franz Ritter von Epp, 1934.

Erbgesundheit, die die Erbanlagen betreffende Gesundheit. Als erbgesund galt im 3. Reich ein Mensch, bei dem die ärztliche Untersuchung und die erbbiologische Begutachtung von ihm und seiner Familie kein Anzeichen für krankhafte Erbanlagen ergab. Als erblich belastet galten diejenigen, die zwar gesund erschienen, die aber nach erbbiologischer Feststellung Träger krankhafter Erbanlagen waren. Eine Maßnahme zur Beeinflussung der E. ist die →Erbpflege (Eugenik). Die →E.-slehre bildet als Teil der Humangenetik die wissenschaftliche Grundlage der Eugenik.

Erbgesundheitsgericht, Rechtsbehörde zur →Erbpflege. Das durch Gesetz vom 25. 7. 1933 zum Gesetz zur Verhütung erbkranken Nachwuchses vom 14. 7. 1933 eingerichtete E. war dem Amtsgericht angegliedert und bestand aus einem Amtsrichter als Vorsitzendem sowie einem beamteten und einem freien Arzt. Es entschied über die Unfruchtbarmachung von Erbkranken in nichtöffentlichen Verfahren sowie über Beschwerden gegen die Verweigerung eines Ehetauglichkeitszeugnisses. Beschwerden über Entscheidungen des E. waren zum Erbgesundheitsobergericht möglich, das einem Oberlandesgericht angegliedert war.

Erbgesundheitslehre, die wissenschaftliche Grundlage der →Erbpflege (Eugenik), Teil der (menschlichen) Erblehre (Humangenetik). Die E. wurde Ende des vorigen Jahrhunderts vor allem in den USA verbreitet und hatte dort auf die Gesetzgebung einiger Bundesstaaten Einfluß. Im Deutschen Reich ging u. a. das Gesetz zur Verhütung erbkranken Nachwuchses vom 14. 7. 1933 auf Erkenntnisse der E. zurück. Wegen Maßnahmen aufgrund dieses Gesetzes wurde die E. nach 1945 in Deutschland lange tabuisiert.
E. Baur, E. Fischer, F. Lenz: Menschliche Erblichkeitslehre und Rassenhygiene, 2 Bde., [3]1927. J. Graf: Vererbungslehre und Erbgesundheitspflege, 1930.

Erbhof, ein nach dem →Reichserbhofgesetz vom 29. 9. 1933 als E. anerkannter land- und forstwirtschaftlicher Besitz. Ein E. mußte mindestens „eine Ackernahrung" (7,5 ha) groß sein und durfte im Regelfall höchstens 125 ha umfassen, mußte von einer Hofstelle aus ohne Vorwerke zu bewirtschaften sein und einer bauernfähigen Person gehören. Bauernfähig war, wer die deutsche →Reichsangehörigkeit besaß, „deutschen oder stammverwandten Blutes" (bis 1. 1. 1800), ehrbar sowie nicht entmündigt und fähig war, den Hof ordnungsgemäß zu führen. Der Eigentümer eines E. hieß Bauer, der eines anderen Hofes Landwirt. Einem Bauern

konnte bei Unfähigkeit durch →Abmeierung der E. entzogen werden. Beim Tod des Besitzers ging der E. ungeteilt in den Besitz des →Anerben über. Ein E. war grundsätzlich unbelastbar und unveräußerlich; über Ausnahmen befanden die Anerbengerichte. Der E. wurde in die beim Anerbengericht geführte E.-rolle eingetragen, die Eintragungen darin wurden mit anderen Berechtigungsnachweisen im Erbhofbuch für den Eigentümer zusammengefaßt. Mitte 1938 gab es im →„Altreich" 684 997 E. mit 15,6 Millionen ha. Die Errichtung der E. diente der Stärkung der deutschen Bauern, beendete die Verschuldung und verhinderte die Zersplitterung des bäuerlichen Erbes.
H. Dölle: Handbuch des Reichserbhofrechts, [2]1939. H. Stoll und E. Bauer: Deutsches Bauernrecht, [5]1943. W. Abel: Agrarpolitik, [2]1958.

Erbhofgesetz, →Reichserbhofgesetz.

Erbpflege (Eugenik), Verbesserung der →Erbgesundheit. Die E. umfaßt sowohl die Förderung der Vermehrung von Menschen mit gesunden Erbanlagen als auch die Verhütung erbkranken Nachwuchses. Beide Maßnahmen wurden im 3. Reich auf gesetzlicher Grundlage vorgenommen. Dazu dienten z. B. das Gesetz zur Verhütung erbkranken Nachwuchses vom 4. 7. 1933, das Ehegesundheitsgesetz vom 18. 10. 1935, die Förderung der Kinderreichen und →Ehestandshilfen.
G. Friese und H. Lemme: Die deutsche Erbpflege, 1937. W. Stuckart und R. Schiedermair: Rassen- und Erbpflege in der Gesetzgebung des Dritten Reiches, 1938. F. Burgdörfer u. a.: Grundlagen der Erb- und Rassenpflege, 1936. M. Staemmler: Rassenpflege im völkischen Staat, 1937. C. Gansmüller: Die Erbgesundheitspolitik des Dritten Reiches, 1987.

Erbtauglichkeit, im 3. Reich Bezeichnung für die Eigenschaft von erbgesunden Personen, die zugleich als für das Volk wertvoll angesehene Erbeigenschaften besitzen. Beispielsweise war die E. nach dem →Reichserbhofgesetz die Voraussetzung für die Bauernfähigkeit. Die durch gesunde Kinder bestätigte E. wurde im 3. Reich als Erbtüchtigkeit bezeichnet und diente bei bevölkerungspolitischen Maßnahmen, z. B. der Gewährung von Ehrenpatenschaften, als Maßstab für Zuwendungen.

Erbtüchtigkeit, →Erbtauglichkeit.

Erfüllungspolitik, auf Erfüllung des →Versailler Diktats abzielende deutsche Politik. Die seit 1921 zuerst von Reichskanzler J. →Wirth und seinem Außenminister W. →Rathenau eingeschlagene Politik, die als unrealisierbar angesehenen Versailler Forderungen möglichst zu erfüllen, wurde von der nationalen Opposition, vor allem später von der NSDAP, als aussichtslose E. bezeichnet und als würde- wie ehrlos scharf bekämpft. Nachdem Reichskanzler W. →Cuno 1923 nach der französischen Besetzung des →Ruhrgebietes die E. nicht fortsetzte, kehrte G. →Stresemann als Reichskanzler und Außenminister und anschließend Reichskanzler H. →Brüning zu ihr zurück. Die in die E. gesetzte Hoffnung auf Verringerung der alliierten Forderungen zerschlug sich durch die unversöhnliche Haltung Frankreichs und das zu geringe Entgegenkommen der Alliierten im →Dawes-Plan, →Locarno-Pakt und →Young-Plan. Ab 1933 machte A. →Hitler mit der E. ein Ende und hob nach und nach die diskriminierenden Bestimmungen des Versailler Diktats auf, wogegen sich im Ausland nur geringer Protest erhob.

Erkennungsmarke, Metallmarke für Soldaten. Die ovale E. wurde im Kriege von den deutschen Soldaten an einer Schnur um den Hals getragen und diente zur Identifizierung von Gefallenen und Verwundeten. Sie enthielt in Metall eingeprägt Truppenteil, Stammrollennummer und Blutgruppe, jeweils in einer Ausführung auf dem Ober- und Unterteil, die durch drei Schlitze getrennt waren. Von der E. gefallener Soldaten wurde das Unterteil abgebrochen.

Ermächtigungsgesetz, Gesetz, das einer Staatsstelle für eine bestimmte Zeit Sonderbefugnisse erteilt. Ein E. war z. B. das Reichsgesetz vom 4. 8. 1914, nach dem der Bundesrat entgegen der Reichsverfassung zur Regelung der Kriegswirtschaft Verordnungen mit Gesetzeskraft erlassen konnte, auch das „Kriegswirtschaftliche E." der österreichisch-ungarischen Monarchie von 1917, auf das sich der österreichische Bundeskanzler E. →Dollfuß am 7. 3. 1933 bei Einführung seiner Diktatur berief, obwohl sich Österreich nicht im Krieg befand. Als E. wird oft auch das „Gesetz zur Behebung der Not von Volk und Reich" bezeichnet, das der Reichstag am 23. 3. 1933 mit den Stimmen von →NSDAP, →DNVP, →Zentrum, →Deutsche Staatspartei und →Bayer. Volkspartei gegen die Stimmen der SPD mit verfassungsändernder Zweidrittelmehrheit beschloß und das am folgenden Tag in Kraft trat. Es gab der Reichsregierung für vier Jahre das Recht, ohne Zustimmung von Reichstag und Reichsrat und ohne Mitwirkung des Reichspräsidenten Gesetze einschließlich des Haushalts zu erlassen, die von der →Weimarer Verfassung abweichen konnten. Die Rechte des Reichspräsidenten, des Reichstags und des Reichsrats durften dabei jedoch nicht angetastet werden. Verträge mit anderen Staaten bedurften nicht mehr der Billigung durch den Reichstag. Das E. wurde durch Gesetz vom 30. 1. 1937 bis 1. 4. 1941, durch Gesetz vom 30. 1. 1939 bis zum 10. 5. 1943 jeweils vom Reichstag, 1943 durch Führererlaß verlängert, so daß die Weimarer Verfassung formell in Kraft blieb.

Ermittlungshilfe, strafprozessuale Einrichtung zur Gewinnung sicherer Angaben über die Person eines Beschuldigten. Mit Verfügung des Reichsjustizministers vom 7. 10. 1937 geschaffen, sollte die E. auf Ersuchen des Staatsanwaltes oder Richters Erhebungen zur Persönlichkeit des Beschuldigten anstellen. Leiter der E. war meist ein Staatsanwalt oder Richter, dem als Beirat Vertreter von Staat, →NSDAP und Rechtswesen oder Ärzte zur Seite standen. Die E. wurde vor allem für Ersttäter geleistet. Der E. stand die Gerichtshilfe vom Deutschen Reichsverband für Gerichtshilfe, Gefangenen- und Entlassenenfürsorge (ab 1936 Deutscher Reichsverband für Straffälligenbetreuung und Ermittlungshilfe) zur Seite.

„Erna", Unternehmen, Deckname für hinter den sowjetischen Linien in Estland 1941 operierende estnische Freiwilligengruppen. Die bei Beginn des →Rußlandfeldzuges von der deutschen Abwehr abgesetzten Beobachter führten im Juli 1941 Erkundungsaufträge für das deutsche Armeeoberkommando durch.

W. Haupt: Baltikum 1941, 1963. Ders.: Heeresgruppe Nord, 1966.

Ernährungshilfswerk des Deutschen Volkes (EHW), Organisation zur Erfassung von Nahrungsmittelabfällen. Im Rahmen des →Vierjahresplans in den 30er Jahren innerhalb der →NSV eingerichtet, sorgte das EHW für die Sammlung und Verwertung von Nahrungsabfällen aus Kantinen, Küchen und Haushaltungen für zusätzliche Schweinemast. Aus dem Aufkommen sollten bis zu eine Million Schweine jährlich gemästet werden. Das EHW trug auch dazu bei, den Nahrungsmittelbedarf möglichst im Inland zu decken.

Erntedankfest, →Bückeberg.

Erntedanktag, nationaler Feiertag 1933–1945. Der E., 1933 als nationaler Feiertag eingeführt, wurde als Ehrentag der Bauern am Sonntag nach Michaelis (29. 9.) begangen. Auf dem →Bückeberg bei Hameln fand am E. 1933–1937 die zentrale Reichsfeier mit Staatsakt in Anwesenheit A. →Hitlers und des →Reichsbauernführers statt, wozu Abordnungen aus allen Teilen Deutschlands erschienen. Daneben gab es am E. lokale Feiern von Bauernschaft und →NSDAP, die oft mit kirchlichen Erntedankfeiern gekoppelt waren und die auch auf die Bedeutung der Bauern für die Volksgemeinschaft hinweisen sollten.

Ersatzheer, im 2. Weltkrieg die Gesamtheit der nicht zum Feldheer gehörenden militärischen Truppenteile und Dienststellen. An der Spitze des E. stand der Befehlshaber des E. (BdE), von 1939–1944 Generaloberst F. →Fromm, der gleichzeitig für die Kontrolle der Rüstung des Heeres zuständig war. Das E. hatte für die Ergänzung des Feldheeres zu sorgen, also neue Soldaten zu erfassen und sie auszubilden. Zu Fromms Dienststelle gehörten General der Infanterie F. →Olbricht und Oberst i. G. C. Graf →Stauffenberg, die für das E. Einsatzpläne für den Fall innerer Unruhen ausarbeiteten (→„Walküre"), das jedoch in der Absicht taten, die Truppe durch Täuschung in einem Staatsstreich gegen A. →Hitler einzusetzen. Am →20. 7. 1944 zündete Stauffenberg im Führerhauptquartier einen Sprengsatz, der mehrere Teilnehmer der Lagebesprechung tötete, A. →Hitler jedoch nur geringfügig verletzte. In der Annahme, A. Hitler getötet zu haben, verließ Stauffenberg das FHQ in Ostpreußen, begab sich nach Berlin zurück und mobilisierte durch Fernschreiben Teile des E. gegen Reichsregierung und Oberkommando der Wehrmacht. Die Befehle wurden jedoch nur zum Teil und gar nicht mehr befolgt, als die Putschabsicht von der Truppe erkannt wurde. Stauffenberg und Mitverschworene wurden auf Befehl Fromms noch am 20. 7. 1944 erschossen. Fromm selber, der auch in die Umsturzvorbereitungen verwickelt war, wurde später zum Tode verurteilt und im März 1945 hingerichtet. Ab 20. 7. 1944 war H. →Himmler BdE.

Erster Weltkrieg, Gesamtheit der Kampfhandlungen 1914–1918. Nach europäischen Krisen (→Marokko-Krise, Balkan-Krise) und der → Einkreisung Deutschlands löste das Attentat von →Sarajewo am 28. 6. 1914 den E. aus. Im Anschluß an Vermittlungsversuche machte Serbien am 25. 7., Rußland am 26. 7. geheim, offen am 30. 7., Frankreich am 1. 8. um 16 Uhr, das Deutsche Reich am 1. 8. um 17 Uhr mobil. Am Abend des 1. 8. erklärte Deutschland an Rußland und am 3. 8. an Frankreich den Krieg. England mobilisierte seine Flotte am 2. 8. und erklärte dem Reich den Krieg am 4. 8. 1914. Gekämpft wurde zwischen den →Mittelmächten (Deutschland und Österreich-Ungarn) und den →Entente-Mächten (Frankreich, England, Rußland) im Westen wie im Osten Euro-

pas, dazu in den Kolonien und auf allen Weltmeeren. Am 12. 11. 1914 erklärte die Türkei, seit dem 2. 8. 1914 mit den Mittelmächten verbunden, der Entente den Krieg und kämpfte im Vorderen Orient. Nach dem Londoner Vertrag vom 26. 4. 1915 erklärte Italien am 23. 5. 1915 Österreich den Krieg. Nach Annäherung Bulgariens an die Mittelmächte brach die Entente am 5./6. 10. 1915 die Beziehungen zu Bulgarien ab. Am 6. 4. 1917 erklärten die USA dem Reich, am 7. 12. 1917 Österreich-Ungarn den Krieg. Nach wechselndem Kriegsglück machten die Mittelmächte 1916/17 mehrere Vorschläge zu einem Verständigungsfrieden (→Friedensresolution), die alle abgelehnt wurden. Nach dem Zusammenbruch Rußlands im Herbst 1917 kam es nach langen Verhandlungen am 3. 3. 1918 zum Frieden von →Brest-Litowsk mit Rußland, nach Waffenstillstand am 9. 12. 1917 am 7. 5. 1918 auch zum Frieden mit Rumänien. Nach dem Einbruch in die mazedonische Front schloß Bulgarien am 29. 9. 1918 Waffenstillstand mit der Entente. Ab Ende Oktober brach die österreichische Front in Italien zusammen, und am 28. 10. 1918 ersuchte Österreich-Ungarn die USA um Sonderfrieden und Vermittlung eines Waffenstillstands, der gegenüber Italien am 3./4. 11. 1918 eintrat. Am 31. 10. 1918 trat der Waffenstillstand an der türkischen Front in Vorderasien in Kraft. Ab 5. 10. 1918 ersuchte die Reichsregierung den US-Präsidenten Wilson um Waffenstillstand auf der Grundlage seiner 14 Punkte. Nach längerem Notenwechsel wurde er am 11. 11. 1918 bei →Compiègne geschlossen, nachdem Kaiser →Wilhelm II. abgedankt hatte. Der E. forderte etwa 10 Mill. tote Soldaten, davon 3,8 Mill. der Mittelmächte, darunter 2 Mill. Deutsche. Bei 21 Mill. Verwundeten entfielen auf die Mittelmächte 7,9 Mill., davon 5,7 Mill. auf das Reich. Rund eine Million reichsdeutsche Soldaten kamen in alliierte Kriegsgefangenschaft, 2,5 Mill. alliierte Soldaten in deutsche. Der E. wurde mit den Diktaten von →Versailles, →Saint-Germain, →Trianon, Neuilly und Sèvres 1919/20 abgeschlossen.

E. von Frauenholz: Führer in die Weltkriegsliteratur, 1932. H. Stegemann: Geschichte des Krieges 1914–1918, 4 Bde., 1917–1921. Schwarte (Hrsg.): Der Große Krieg 1914–1918, 10 Bde., 1921–1933. von Kuhl: Der Weltkrieg 1914–1918, 2 Bde., 1929. E. Glaise von Horstenau: Österreich-Ungarns letzter Krieg 1914–1918, 8 Bde., 1930–1938. K. und M. Uhlirz: Der Weltkrieg, 1939. W. Schieder (Hrsg.): Erster Weltkrieg, 1969. P. Graf Kielmannsegg: Deutschland und der Erste Weltkrieg, ²1980.

Erweiterte Kinderlandverschickung, →Kinderlandverschickung.

Erzberger, Matthias, Zentrumspolitiker, * 20. 9. 1875 Buttenhausen/Württemberg,

† 26. 8. 1921 Bad Griesbach/Baden. Nach Tätigkeit als Volksschullehrer und (ab 1895) Redakteur der Zentrumszeitung „Deutsches Volksblatt" wurde E. 1903 MdR, setzte sich in einem Memorandum vom 2. 9. 1914 für umfangreiche Annexionen (Belgien), später für deutsche Friedensangebote (19. 7. 1917) ein und trug zum Sturz des Reichskanzlers →Bethmann Hollweg bei. Seit Oktober 1918 Staatssekretär, unterschrieb er am 11. 11. 1918 für Deutschland den Waffenstillstandsvertrag in →Compiègne und setzte sich dann gegen die Außenpolitik →Brockdorff-Rantzaus, für die Annahme des →Versailler Diktats und die Erfüllung der alliierten Bedingungen ein. Seit 21. 5. 1919 Reichsfinanzminister und Vizekanzler, bewirkte er eine Finanzreform mit reichseinheitlicher Steuerverwaltung durch die Finanzämter und Finanzhoheit des Reiches. Im März 1920 mußte er zurücktreten, nachdem das Landgericht Berlin-Moabit in einem von E. angestrengten Beleidigungsprozeß gegen K. Helfferich, der ihm Korruption vorgeworfen hatte, E.s Unschuld nicht als erwiesen ansah. Er schrieb „Der Völkerbund" (1918) und „Erlebnisse im Weltkrieg" (1920). Am 26. 8. 1921 wurde E. als „Erfüllungspolitiker" von den ehemaligen Marineoffizieren Tillessen und Schulz von der →Organisation Consul bei Griesbach/Baden erschossen.

K. Helfferich: Fort mit Erzberger, 1920. Nowak: Versailles, 1927. K. Epstein: Matthias Erzberger und das Dilemma der deutschen Demokratie, 1962. T. Eschenburg: Matthias Erzberger, 1973. R. Morsey: Die deutsche Zentrumspartei 1917–1923, 1966.

Essener Blutbad, →Krupp-Blutbad.

„Eule" (Riese), Bezeichnung für den Neubau eines Führerhauptquartiers bei Waldenburg nahe Charlottenbrunn/Schlesien, 70 km südwestlich von Breslau. Die Arbeiten an der großzügigen Führungsanlage in Stollen und Bunkern wurden Ende 1944 eingestellt, als sich die Front näherte und der Standort für das Reich nicht mehr zentral genug war. Im Sommer 1944 wurden dort zeitweilig 28000 Arbeiter beschäftigt.

H. Schröter: Geheime Reichssache 330, 1970. U. Bahnsen und J. P. O'Donnell: Die Katakombe, 1975.

Eupen-Malmedy, deutsches Grenzland im Westen. Das Gebiet, 1036 qkm groß, 1910 von 60000 Menschen bewohnt, von denen 10000 französischsprechend waren, gehörte seit dem 10. Jahrhundert zum Reich und seit 1815 zur preußischen Rheinprovinz. Nach dem →Versailler Diktat mußte es 1920 an Belgien abgetreten werden. Vorher hatte unter Aufsicht der belgischen Regierung am 24. 7. 1920 eine sogenannte „Volksabstimmung" stattgefunden, bei denen sich die Optanten für Deutschland, nur 270 von 33726 Stimmberechtigten, in offene Listen eintragen mußten. Eine geheime Abstimmung wurde von den Belgiern verhindert. Angesichts belgischer Schikanen und Drohungen war kein anderes Ergebnis zu erwarten. Deutsche Proteste gegen diese offenkundigen Wahlmanipulationen wurden vom Völkerbund zurückgewiesen. Bis Mai 1925 herrschte in E. diktatorisch ein Militärgouverneur, der dort die Zweisprachigkeit einführte. Als G. →Stresemann 1926 die Einwilligung Belgiens zur Rückgabe E.s gegen eine Entschädigung vereinbart hatte, scheiterte der Plan am Widerstand Frankreichs, das die Versailler Bestimmungen nicht geändert wissen wollte. Nach der Besetzung Belgiens wurde E. am 18. 5. 1940 durch Führererlaß wieder Bestandteil des Reiches, was Belgien 1945 nicht anerkannte. Seitdem gehört E. wieder zu Belgien. Die deutschsprechende Mehrheit in E. hat inzwischen wieder einige Minderheitenrechte erhalten (→Deutsch-Belgien).

Bartz: Das Unrecht an Eupen-Malmedy, 1928. R. Kosiek: Deutsches Land in fremder Hand, 1982. P. Nasarski: Wege und Wandlungen, Bd. 1, 1981. G. Brugger: Die deutsche Volksgruppe in Belgien, 1969. T. Kraus: Eupen–Malmedy–St. Vith, 1934.

Europa-Idee, im 2. Weltkrieg Bezeichnung für ein vereinigtes Europa unter deutscher Führung. Insbesondere in der →Waffen-SS wurden Pläne für ein einheitliches Europa mit weitgehender Autonomie der einzelnen Völker für die Zeit nach einem deutschen Sieg im 2. Weltkrieg entwickelt. Diese Idee veranlaßte auch viele Freiwillige aus nichtdeutschen Ländern, sich freiwillig in der Waffen-SS dem Kampf gegen den Bolschewismus zur Verfügung zu stellen. Diese E. war jedoch nur unvollständig ausgearbeitet, blieb angesichts der Kriegslage ohne Einfluß auf die Entscheidungen der Reichsregierung und nach 1945 ohne Aussicht auf die Verwirklichung.

H. W. Neulen: Eurofaschismus und der Zweite Weltkrieg, 1980. Ders.: Europas verratene Söhne, 1982. P. Straßner: Europäische Freiwillige, 1977. H. Taege: NS-Perestroika?, 2. Bde., 1988/89.

Euthanasie, Bezeichnung für die Tötung von unheilbar Geisteskranken in Deutschland ab Beginn des 2. Weltkrieges. Die Maßnahmen wurden geheim durchgeführt, jedoch in der Bevölkerung bekannt und nach Protesten von kirchlicher Seite wieder eingestellt. Da die E. mit Kriegsausbruch begann, ist zu vermuten, daß der erhöhte Bedarf an Pflegepersonal für verwundete Soldaten, das aus Irrenanstalten abgezogen werden konnte, eine Rolle bei der Entscheidung über die E. gespielt hat.

Evakuierung, im 2. Weltkrieg weitgehende Räumung bombengefährdeter Städte von Zivilisten. Vor dem ab 1942 anwachsenden →Bombenkrieg der Alliierten wurden sehr viele Menschen, vor allem Frauen und Kinder, aus den Großstädten aufs Land umgesiedelt. Ein besonderer Teil der E. war die →Kinderlandverschickung (KLV). Die Umsiedlung von Millionen Menschen rettete vielen das Leben. Ein Teil der Evakuierten kehrte erst Jahre nach Kriegsende in die zerstörten Städte zurück.

Exodus-Affäre, →Irrfahrten.

F

Fachschaft, nach 1933 die Zusammenfassung aller zu einem Beruf Gehörigen innerhalb einer berufsständischen Organisation, z. B. die F. Verlag in der →Reichsschrifttumskammer. Eine Untergliederung war die (Fach-)Gruppe, etwa Buchhandel, die mehrere (Fach-)Ämter umfaßte. Die →Deutsche Arbeits-Front (DAF) gliederte sich in Fachabteilungen, Fachgruppen, Fachschaften und Fachschaftssparten.

FAD, Abkürzung für Freiwilliger →Arbeitsdienst.

Fähnlein, Einheit im →Deutschen Jungvolk. Ein F. umfaßte vier Jungzüge und damit etwa 160 Jungen unter einem F.führer. Dem F. beim Deutschen Jungvolk entsprach die Gefolgschaft bei der →HJ.

Fähnrich, Dienstgrad beim Militär. Bei der deutschen Wehrmacht wurde ein Offiziersanwärter auf der Kriegsschule zum F. befördert. Nach Bestehen der Offiziersschule wurde er Oberf.

Fahneneid, der Treueid des Soldaten. Im 3. Reich trat an die Stelle des F. der →Diensteid.
R. Höhn: Verfassungskampf und Heereseid, 1938.

Fahnenjunker, Anwärter für die Laufbahn des aktiven Offiziers im deutschen Heer und in der Luftwaffe.

Falange, rechtsgerichtete Bewegung und Partei in Spanien. José Antonio Primo de Rivera, Sohn eines 1930 gestorbenen spanischen Diktators, gründete am 29. 10. 1933 die F. Española, die sich 1934 mit den 1931 entstandenen syndikalistischen J.O.N.S.-Angriffsgruppen (Juntas de Ofensiva Nacional-Sindicalista) zur F. vereinigte und im Februar 1936 von der prokommunistischen spanischen Regierung verboten wurde. Primo de Rivera wurde im März 1936 auf deren Befehl hin verhaftet und am 20. 11. 1936, also nach Ausbruch des spanischen Bürgerkriegs, unter dem Vorwurf erschossen, er, der Gefangene, habe die Erhebung der nationalspanischen Kräfte unter General →Franco im Juli 1936 unterstützt. Die F. wurde dann von General Franco geführt und stellte ihm die entschlossensten Anhänger im Bürgerkrieg gegen das von einer Volksfront geführte und kommunistisch beeinflußte republikanische Spanien. 1937 vereinigte Franco die F. mit anderen nationalen Gruppen zum „Sammelbecken aller patriotischen Kräfte"; sie wurde damit zum Kern der neuen Staatspartei Spaniens, der F. Española Tradicionalista y de las J.O.N.S., unter seiner Führung. 1976/77 wurde die F. offiziell aufgelöst. Ihre Mitglieder wurden als Falangisten bezeichnet.
B. Nellessen: Die verbotene Revolution, Aufstieg und Niedergang der Falange, 1963.

Falkenhausen, Alexander von, General, * 29. 10. 1878 Blumenthal/Neiße, † 31. 7. 1966 Nassau/Lahn. Der Berufsoffizier nahm 1900/01 am →China-Feldzug teil, war 1910–1914 Militärattaché in Tokio, im 1. Weltkrieg Generalstabsoffizier und bis 1930 in der →Reichswehr. 1934–1939 beriet er Tschiang Kai-schek. 1939 reaktiviert, wurde F. am 1. 9. 1940 General der Infanterie und Militärbefehlshaber von Belgien und Nordfrankreich. 1944 wurde er abgelöst, dann der Mitwisserschaft am Attentat vom →20. Juli verdächtigt und deshalb bis Kriegsende im Konzentrationslager Dachau inhaftiert. Von einem belgischen Kriegsgericht in Lüttich am 9. 3. 1951 zu zwölf Jahren Zwangsarbeit verurteilt, wurde er nach wenigen Tagen begnadigt, da er sich für belgische Bürger eingesetzt habe.

Falkenhausen, Ludwig Freiherr von, Generaloberst, * 13. 9. 1844 Guben, † 4. 5. 1936 Görlitz. Der Kriegsteilnehmer von 1866 und 1870/71 war im 1. Weltkrieg Befehlshaber der Armeeabteilung F zum Grenzschutz in Elsaß-Lothringen, wurde 1916 Oberkommandierender für die Küstenverteidigung in Hamburg, von August 1916 bis April 1917 war er Führer der 6. Armee in Nordfrankreich und von 1917 bis Kriegsende deutscher Generalgouverneur von Belgien. Er schrieb u. a. „Der große Krieg der Jetztzeit" (1909) und „Flankenbewegung und Massenheere" (1911).

Falkenhayn, Erich von, preußischer General und Kriegsminister, * 11. 9. 1861 Burg Belchau/ Thorn, † 8. 4. 1922 Schloß Lindstedt/Potsdam. Nach Generalstabstätigkeit in →Kiautschou und beim →China-Feldzug 1900/01 sowie beim XVI. Armeekorps in Lothringen war F. ab 1913 (bis 20. 1. 1915) Kriegsminister und ab 14. 9. 1914 Generalstabschef des deutschen Heeres. Nach dem Scheitern des →Schlieffen-Planes und des →Wettlaufs zum Meer begann F. an der Westfront den Stellungskrieg und erzielte im Osten (→Masuren, →Gorlice-Tarnow, Serbien) Erfolge. 1916 wollte er Frankreich vor →Verdun in einem Ermattungskrieg zermürben. Der Fehlschlag dieses Planes, zusammen mit der →Somme-Offensive, dem →Brussilow-Angriff und dem Kriegseintritt Rumäniens führte zu F.s Ablösung durch →Hindenburg und →Ludendorff im August 1916. Als Führer der 9. Armee bewährte sich F. dann bei der schnellen Eroberung Rumäniens. Im Juli 1917 wurde er Oberbefehlshaber des Heeresgruppenkommandos F (→Jilderim) in Palästina, wo er jedoch nur noch defensiv wirken konnte und Streit mit der türkischen Heeresleitung bekam. Ab März war F. Oberbefehlshaber der 10. Armee in Weißrußland. Am 5. 6. 1919 nahm er den Abschied. Er schrieb „Die Oberste Heeresleitung 1914–16" (1920) und „Der Feldzug der 9. Armee gegen die Rumänen und Russen" (1921).
von Zwehl: General Erich von Falkenhayn, 1926. K. H. Janssen: Der Kanzler und der General, 1967.

Falkenhorst, Nikolaus von, Generaloberst, * 17. 1. 1885 Breslau, † 18. 6. 1968 Holzminden. Nach Teilnahme als Offizier am 1. Weltkrieg war F. bei der Reichswehr, 1925–1927 im Reichswehrministerium, von 1933–1935 Militärattaché in Prag, Belgrad und Bukarest. Seit 1936 Kommandeur der 32. Division, führte sie als Kommandierender General im →Polenfeldzug 1939 das XXI. Armeekorps und leitete danach das →„Unternehmen Weserübung", die Besetzung Dänemarks und Norwegens vom 9. 4. bis 10. 6. 1940. Im Sommer 1941 befehligte er die deutsche Eismeerfront beim Angriff auf Rußland. Ab 1. 1. 1942 war F. Militärbefehlshaber in Norwegen, wurde jedoch wegen Differenzen mit Reichskommissar →Terboven am 18. 12. 1944 abberufen. Am 2. 8. 1946 hat ihn ein britisch-norwegisches Kriegsgericht wegen der Erschießung von Angehöri-

gen britischer Kommandounternehmen zum Tod verurteilt. Später wurde das Urteil in lebenslängliche, dann in zehn Jahre Haft umgewandelt, aus der F. am 23. 7. 1953 entlassen worden ist.

Falklandinseln, Seeschlacht bei den, deutschenglische Seeschlacht 1914. Nach dem siegreichen Seegefecht bei →Coronel im November 1914 umrundete das deutsche Ostasiengeschwader unter Vizeadmiral Graf Spee Kap Hoorn. Als es am 8. 12. 1914 Port Stanley auf den Falklandinseln angriff, traf es auf einen übermächtigen Gegner: fünf britische Schlacht- und Panzerkreuzer und drei Kreuzer gegen zwei deutsche Panzerkreuzer und drei Kreuzer. Bis zum Abend wurden die deutschen Panzerkreuzer „Scharnhorst" und „Gneisenau" und die Kreuzer „Nürnberg" und „Leipzig" versenkt, wobei die Briten meist außer Reichweite der deutschen Schiffe feuerten, nur der Kreuzer „Dresden" konnte entkommen. Von den versenkten Schiffen wurden lediglich 215 deutsche Überlebende gerettet. Vizeadmiral Graf →Spee fand bei dem Gefecht den Tod.
H. Pemsel: Seeherrschaft, Bd. 2, 1985. Pochhammer: Graf Spees letzte Fahrt, ³1926. G. Bruce: Seeschlachten des 20. Jahrhunderts, 1975. E. B. Potter: Seemacht, 1982.

„Fall Rot", →„Rot, Fall", analog „Fall →Gelb" und „Fall →Weiß".

Farbbücher, →Weißbücher.

Faschismus, politische Ideologie in Italien im 20. Jahrhundert. 1932 schuf Mussolini mit der „Dottrina del fascismo" für seine seit 1922 in Italien regierende Bewegung eine Lehre, die die Wiedererrichtung des Römischen Imperiums zum Ziel hatte und innerstaatlich eine antifeudalistische, antimarxistische, antiparlamentarische, ständestaatlich geprägte und autoritär gestaltete Politik durchsetzen wollte. Da Mussolini somit schon kurz nach dem 1. Weltkrieg auch als Gegner der Kommunisten hervortrat, haben linke Gruppierungen später auch autoritäre Parteien, die ihre Gegner waren, als faschistisch bezeichnet, obwohl diese weder die römische Geschichte wiederholen noch die staatliche Ordnung Italiens im 20. Jahrhundert kopieren wollten. Von dieser unhaltbaren Gleichsetzung her rührt auch die linke Praxis, sich summarisch als antifaschistisch zu bezeichnen.
G. Gentile: Grundlagen des Faschismus, 1936. R. Farinacci: Die faschistische Revolution, 3 Bde., 1939–1940. H. Heller: Europa und der Faschismus, 1929. H. Vollweiler: Der Staats- und Wirtschaftsaufbau im faschistischen Italien, 1938. E. Nolte: Der Faschismus in seiner Epoche, 1963.

Februarunruhen, Aufstand der österreichischen Sozialdemokraten 1934. Die zwischen der österreichischen Sozialdemokratie und dem Diktator →Dollfuß herrschenden Spannungen entluden sich in blutigen Auseinandersetzungen, als am 12. 2. 1934 ein sozialdemokratisches Parteiheim in Linz (Hotel Schiff) nach Waffen durchsucht wurde. Einheiten des seit 1933 verbotenen sozialdemokratischen Wehrverbandes →„Republikanischer Schutzbund" erhoben sich insbesondere in den österreichischen Industriegebieten (Steyr, St. Pölten, Weiz, Bruck a. d. Mur, Wörgl) sowie in Wien und lieferten Regierungstruppen, Polizei und den →Heimwehren schwere Kämpfe, vor allem in den Arbeitervierteln Wiens, wo auch schwere Waffen gegen den Schutzbund eingesetzt wurden. Da Teile der Schutzbundführung schon vorher festgenommen waren und der Aufruf zum Generalstreik nicht befolgt wurde, brach der Aufstand, der über 300 Todesopfer forderte, bald zusammen. Neun Schutzbündler wurden standrechtlich erschossen. Die Sozialdemokraten wurden verboten, ihre Mandate in Ländern und Gemeinden für ungültig erklärt, viele von ihnen verhaftet und in →„Anhaltelager" eingeliefert, in denen bereits zahlreiche Nationalsozialisten festgehalten wurden.

Feder, Gottfried, →NSDAP-Politiker, * 27. 1. 1883 Würzburg, † 24. 9. 1941 Murnau/Oberbayern. Der selbständige Diplomingenieur gründete 1917 den „Deutschen Kampfbund zur Brechung der Zinsknechtschaft" und trat für die Abschaffung der Zinsen, weitgehende Verstaatlichung des Großkapitals und die Verringerung des jüdischen Einflusses in der Wirtschaft ein. 1919, noch vor A. →Hitler, trat er der →Deutschen Arbeiterpartei bei, war Mitbegründer der →NSDAP, propagierte dort seine Ideen und schrieb früh einen Kommentar zum Programm der NSDAP, deren Reichsleitung und Wirtschaftsrat er auch angehörte. Von 1924–1936 war er MdR und ab 29. 6. 1933 Staatssekretär im Reichswirtschaftsministerium. Sein Einfluß sank jedoch in dem Maße, wie sich seine wirtschaftspolitischen Vorstellungen als unrealisierbar herausstellten. Seit Dezember 1934 war F. Professor an der TH Berlin und hielt sich von der Politik fern. Er veröffentlichte „Der deutsche Staat auf nationaler und sozialer Grundlage" (1923), „Das Programm der NSDAP und seine weltanschaulichen Grundlagen" (1927), „Was will Adolf Hitler?" (1931), „Kampf gegen die Hochfinanz" (1933), „Die Juden" (1933), „Wirtschaftsführung im Dritten Reich" (1934), „Die neue Stadt" und gab die „Nationalsozialistische Bibliothek" heraus.

A. R. Herrmann: Gottfried Feder, 1933. R. Smelser und R. Zitelmann (Hrsg.): Die braune Elite, 1989. M. Riebe: Gottfried Feder, Dipl.-Arb. Erlangen, 1971. A. Barkai: Das Wirtschaftssystem des Nationalsozialismus, 1977. K. H. Ludwig: Technik und Ingenieure im Dritten Reich, 1974.

Fehrenbach, Konstantin, Reichskanzler, * 11. 1. 1852 Wellendingen/Baden, † 26. 3. 1926 Freiburg. Der Jurist und Zentrumspolitiker war 1885–1887 und 1901–1913 MdL und 1907–1909 Landtagspräsident in Baden, seit 1903 MdR, wurde 1917 Vorsitzender des Reichstagshauptausschusses und 1918 Reichstagspräsident. Als Präsident der Weimarer Nationalversammlung verurteilte er 1919 scharf das →Versailler Diktat. Nach den ersten Reichstagswahlen wurde er am 25. 6. 1920 Kanzler einer bürgerlichen Minderheitsregierung ohne die SPD, nahm an den Reparationskonferenzen von →Spa 1920 und →London 1921 teil und ging dabei weitgehend auf alliierte Forderungen ein. Als am 27. 4. 1921 in London die deutschen Reparationszahlungen auf 132 Milliarden Goldmark, zahlbar in 37 Jahren zuzüglich 5% Zinsen auf die Restsumme, festgelegt wurden und das Londoner Ultimatum vom 5. 5. 1921 die Verurteilung angeblicher deutscher Kriegsverbrecher durch deutsche Gerichte forderte, verlor F. als →„Erfüllungspolitiker" die Unterstützung der DNVP und mußte am 4. 5. 1921 zurücktreten. Ab März 1923 war er Vorsitzender der Zentrumsfraktion des Reichstages.

H. Ronde: Von Versailles nach Lausanne, 1950. H. Dietwart: Hundert Jahre deutsches Schicksal, 1981. R. Morsey: Die deutsche Zentrumspartei 1917–1923, 1966.

Feindstaatenklauseln, Bezeichnung für die Artikel 53 und 107 der UNO-Satzung. In den F. haben sich die Alliierten des 2. Weltkrieges das Recht für Sondermaßnahmen gegenüber ihren ehemaligen Feindstaaten, insbesondere Deutschland, vorbehalten. In Artikel 53, Absatz 1, Satz 2 wird das Kontrollrecht des UNO-Sicherheitsrates für Maßnahmen aufgehoben, die UNO-Staaten gegen einen „Feindstaat" wegen „Erneuerung einer aggressiven Politik seitens eines ehemaligen Feindstaates" durchführen. Damit sind Interventionen bis zum Einfall seiner Weltkriegsgegner in Deutschland der UNO-Kontrolle enthoben. In Artikel 107 werden die von den Alliierten als Folge des 2. Weltkrieges getroffenen oder genehmigten Maßnahmen gegenüber „Feindstaaten" der Anwendung der UNO-Satzung entzogen. Daß der UNO-Beitritt der Bundesrepublik und der sogenannten DDR die F. nicht gegenstandslos machte, bewies u. a. der Rückgriff der UNO auf die F. im Fall Rudolf →Heß. Vor und nach dem Beitritt zur UNO hat sich die BRD nicht für die Aufhebung der F. eingesetzt.

D. Blumenwitz: Feindstaatenklauseln – die Friedensordnung der Sieger, 1972. T. von Falkenstein: Die sich ändernde Bedeutung der Feindstaatenartikel für Deutschland, 1974. A. Seidl: Der Fall Rudolf Heß 1941–1984, 1984. W. Grabert (Hrsg.): Jalta-Potsdam und die Dokumente zur Zerstörung Europas, 1985.

Feldherrnhalle, 1841–1844 von König Ludwig I. gebaute Ruhmeshalle am Odeonsplatz in München. An der F. wurde am 9. 11. 1923 der Marsch →Hitlers und →Ludendorffs und ihrer Anhänger im Feuer der bayerischen Landespolizei gestoppt. Seit 1933 befand sich an der Ostseite der F. eine von Kurt Schmid-Ehmen geschaffene Ehrentafel für die am 9. 11. 1923 gefallenen 16 Nationalsozialisten. Während des 3. Reichs fand alljährlich am 9. 11. unter Hitlers Führung ein Erinnerungsmarsch vom Bürgerbräukeller zur F. statt. Die Wachstandarte der SA erhielt den Ehrennamen „F.", ebenso 1944 eine Panzergrenadierdivision.

Feldkriegsgerichte, →Wehrmachtgerichtsbarkeit.

Feldpost, Organisation des Postverkehrs zwischen Front und Heimat im Krieg sowie die von der F. beförderten Sendungen. Geleitet vom Heeresfeldpostmeister, dem Armeefeldpostmeister und F.meister unterstanden, versorgte die F. als Teil der Wehrmacht die deutschen Truppen gebührenfrei mit Post. Die Verteilung war auf einem System von F.nummern für die einzelnen Einheiten aufgebaut, womit die Nachsendung bei den ständigen Ortsveränderungen der Truppe gesichert war. Im 2. Weltkrieg beförderten die etwa 12000 F.männer täglich durchschnittlich 25 Millionen Sendungen über die rund 400 F.ämter auf Divisionsebene. F.prüfstellen dienten zur Kontrolle. Gefälschte F.briefe wurden von der alliierten Kriegspropaganda zur Wehrkraftzersetzung im Front- oder Heimatbereich abgeworfen, so z. B. der fingierte →Mölders-Brief.
von Rackow (Hrsg.): Handwörterbuch des Postwesens, 1953.

„Felix", Unternehmen, deutscher Plan zur Eroberung Gibraltars im 2. Weltkrieg. Nach seinem Treffen mit Spaniens Staatschef →Franco am 23. 10. 1940 in →Hendaye erteilte A. →Hitler mit der Weisung Nr. 18 vom 12. 11. 1940 der deutschen Heeresführung den Befehl für militärische Planungen, die zu einem Eingreifen in Gibraltar und Marokko mit spanischer Hilfe führen und damit den Engländern den Zugang zum Mittelmeer versperren sollten. Als Termin war der 10. 1. 1941 vorgesehen, aber er konnte nicht eingehalten werden, da Franco nicht auf die erhofften Vereinbarungen einging. Am 11. 6. 1941 wurde mit der Weisung Nr. 32 das Unternehmen F. auf die Zeit nach dem →Rußlandfeldzug verschoben. Es wurde ab Herbst 1941 mit dem Decknamen „Isabella" und ab 1942/43 als „Gisela" bezeichnet und sollte nun vor allem der Sicherung der nordspanischen Häfen gegen alliierte Landungen dienen.
D. Detwiler: Hitler, Franco und Gibraltar, 1962. K.-J. Ruhl: Spanien im 2. Weltkrieg, 1975. H. Greiner: Die Oberste Wehrmachtführung 1935–1943, 1951. A. Hillgruber: Hitlers Strategie, 1965. W. Hubatsch: Hitlers Weisungen für die Kriegführung 1939–1945, 1962.

Felsennest, Bezeichnung für das →Führerhauptquartier auf einem Berg bei dem Dorf Rodert nahe Münstereifel. Das in eine Naturhöhle hineingebaute F. war Mitte März 1940 fertiggestellt und wurde von A. →Hitler vom 10. 5. bis 5. 6. 1940 im →Westfeldzug benutzt. Ursprünglich lief es unter dem Decknamen „Rodert" oder „R.".
G. Buck (Hrsg.): Das Führerhauptquartier 1939–1945, 1977.

Fememorde, Bezeichnung für die Tötung von Verrätern in Deutschland zu Beginn der 20er Jahre. Nach 1918 wurden für den Grenzlandschutz und gegen kommunistische Aufstände von Reichswehr, Freikorps und geheim operierenden Verbänden (Schwarze Reichswehr) häufig Waffenlager angelegt, die vor Behörden und Alliierten verborgen bleiben mußten. Wiederholt wurden diese Verstecke an die Siegermächte sowie linke Gruppen oder Redaktionen verraten. Konnten die Informanten enttarnt werden, wurden sie zumeist von Angehörigen der Wehrverbände umgebracht. Diese Selbstjustiz wurde als F. bezeichnet. Vor allem im Zusammenhang mit den Grenzkämpfen in →Oberschlesien 1921 und im →Ruhrkampf 1923 fanden solche Hinrichtungen, insgesamt etwa 300, statt. Die Täter wurden selten entdeckt, dann nur milde bestraft und spätestens 1932/33 amnestiert. Die Bezeichnung F. wurde von linken Politikern und Medien als Anklage geprägt und geht auf die mittelalterliche, teilweise geheime Femegerichtsbarkeit zunächst in Westfalen und später auch anderen Teilen des Reiches zurück. Die Attentate auf →Erzberger und →Rathenau wurden gelegentlich auch als F. bezeichnet, gleichfalls die Selbstjustiz, die deutsche Kriegsgefangene in alliierten Lagern während des 2. Weltkrieges gegenüber Mitgefangenen ausübten, die mit dem Lagerpersonal kollaborierten.
F. Grimm: Grundsätzliches zu den Fememordprozessen, 1928. E. J. Gumbel: Verräter verfallen der Feme, 1929. von Glombowski (Hrsg.): Handwörterbuch der Rechtswissenschaft, 1931. E. von Salomon: Der Fragebogen, 1951. F. Felgen: Femegericht, 1930. E. J. Gumbel: Vom Fememord zur Reichskanzlei, 1962.

Fersental, deutsche Volksinsel östlich von Trient. Das seit dem Mittelalter vorwiegend deutsch besiedelte Fersental liegt rund 50 km östlich von Trient. Die Einwohner sprechen noch einen mittelhochdeutschen Dialekt. Ende des vorigen Jahrhunderts förderte der →Deutsche Schulverein dort die deutsche Sprache. Im 1. Weltkrieg verlief die Front zunächst auf den Bergkämmen über dem F., dessen Bewohner die österreichischen Truppen versorgten, bis diese den Vormarsch antraten. Nach 1918 kam das F. im Diktat von →Saint-Germain zu Italien, seine Bewohner wurden hartem Italienisierungsdruck ausgesetzt. Nach dem →Hitler-Mussolini-Pakt von 1939 optierten rund 700 Deutsche aus dem F. für das Reich. Bei der →Umsiedlung 1942 kamen die meisten Bewohner des F. in den Kreis Budweis in Südböhmen auf Höfe, von wo sie bei Kriegsende wieder vertrieben wurden. Die Männer waren zur Wehrmacht eingezogen. Die meisten Frauen und Kinder kamen nach 1945 wieder ins F., wo sie erst allmählich wieder Eigentümer ihrer geplünderten Höfe wurden.
B. Wurser: Die deutschen Sprachinseln in Oberitalien, [5]1983.

Feuersturm, Bezeichnung für die durch Luftsog verursachte Wirkung eines großen Brandbombenangriffs. Bei den schweren Luftangriffen der Alliierten im →Bombenkrieg mit Brandbomben, vor allem in Hamburg (27. 7. 1943) und Dresden (13. bis 15. 2. 1945), entstand durch Flächenbrände ein starker Luftsog von den Seiten her, der das Feuer weiter anfachte und wie ein F. durch die Straßen fegte, so daß dabei Menschen mitgerissen wurden.
D. Irving: Der Untergang Dresdens, 1977. H. Brunswig: Feuersturm über Hamburg, 1978. D. J. Irving: Und Deutschlands Städte starben nicht, 1967. A. Price: Luftschlacht über Deutschland, [4]1983. H. Rumpf: Der hochrote Hahn, 1952.

Fichtebund, Deutscher, nationaler Verein. Im Januar 1914 gegründet, setzte sich der F. insbesondere für ein wahres Bild vom Deutschen Reich im Ausland ein, wehrte sich gegen deutschfeindliche Hetze in der Welt und bekämpfte nach 1919 das →Versailler Diktat. Sein Sitz war Hamburg.

Fichte-Gesellschaft, Gesellschaft für Jugenderziehung im Geiste Fichtes. Die 1916 gegründete F. trat für eine Nationalerziehung der Jugend im Sinne Fichtes ein. Ab 1919 unterhielt sie die Fichtehochschulen als nationalbewußte Volkshochschulen. 1933 wurde die F. in den Reichsbund Volkstum und Heimat überführt.

Fiehler, Karl, Reichsleiter, * 31. 8. 1895 Braunschweig, † 8. 12. 1969 Diessen. Mit der Mitgliedsnummer 37 in die →NSDAP eingetreten, wurde F. wegen Beteiligung am →Marsch zur Feldherrnhalle vom 9. 11. 1923 zusammen mit A. →Hitler in Landsberg inhaftiert. 1927 wurde er Schriftführer der NSDAP, 1930 Leiter ihres Hauptamtes für Kommunalpolitik und 1933 MdR, Oberbürgermeister von München sowie Vorsitzender des Deutschen Gemeindetages, 1943 SS-Obergruppenführer. Er schrieb „Nationalsozialistische Gemeindepolitik" (1928) und gab seit 1933 die Zeitschrift „Nationalsozialistische Gemeinde" heraus.

Fieseler Storch, Flugzeugtyp. In den Gerhard-Fieseler-Werken ab 1937 als Fi 156 gebaut, war der F. ein dreisitziger Hochdecker mit 240 PS, der auf kleinsten Plätzen aufsteigen und landen konnte. Er war das erste Langsamflugzeug der Welt, wurde zum Kunstflug verwendet und diente im 2. Weltkrieg vor allem als Verbindungsflugzeug für Truppenstäbe.

Flächenbombardement, →Bombenteppich.

Flämische Bewegung, Freiheitsbewegung in Flandern. Um 1840 entstand im jungen belgischen Staat die F. für den Kampf der Flamen zur Erhaltung ihrer Eigenart gegen die Vorherrschaft der französischen Sprache und Kultur. Von 1873–1888 konnte das Niederländische (Flämische) als gleichberechtigte Amts- und Schulsprache in Flandern durchgesetzt werden. Im 1. Weltkrieg arbeiteten die flämischen „Aktivisten" mit der deutschen Verwaltung in Belgien zusammen und erreichten 1916/17 vorübergehend die Flamisierung der Universität Gent, die Einsetzung eines „Rats von Flandern" und die Trennung Belgiens in einen flämischen und wallonischen Verwaltungsbezirk. Nach dem 1. Weltkrieg stark verfolgt und unterdrückt, erreichte die F. trotzdem, daß 1921 das Flämische zur alleinigen Amtssprache und 1932 zur Unterrichtssprache in Flandern erhoben und die Universität Gent flämisch wurde. Innerhalb der F. traten die „Belgizisten" für eine Beibehaltung des belgischen Staates ein, die flämischen Nationalisten für einen Anschluß an die Niederlande. Im 2. Weltkrieg wurde die F. von der deutschen Verwaltung gefördert, und viele Flamen kämpften als Freiwillige an deutscher Seite im Osten. Auch dank der höheren Geburtenzahl der Flamen sind die wesentlichen Ziele der F. heute gesichert.
Oßwald: Flandern und Großniederland, 1928. Bährens: Die Flämische Bewegung, 1935. Zeck: Die flämische Frage, 1938. M. v. Haegedoren: Flandern den Flamen, 1987. J.-C. Salm: Flandern, 1983.

Flaggenstreit, innenpolitische Streitfrage in der →Weimarer Zeit. Nachdem die Auseinandersetzung um die Reichsflagge trotz Inkrafttretens der →Weimarer Verfassung innenpolitisch immer wieder Zündstoff geliefert hatte, erließ Reichspräsident von →Hindenburg am 5. 5. 1926 nach Beschluß der Regierung →Luther eine Flaggenverordnung, wonach die deutschen diplomatischen und konsularischen Vertretungen im Ausland neben der schwarz-rotgoldenen Reichsflagge die schwarz-weiß-rote Handelsflagge zeigen sollten; die schwarzweiß-rote Flagge der Marine sollte dafür durch eine schwarz-rot-goldene Bugflagge (Gösch) ergänzt werden. Über die ohne Anhörung des Reichsrates erlassene Flaggenverordnung stürzte nach heftigen Auseinandersetzungen im Reichstag (11. 5. 1926) die Reichsregierung. Die neue Regierung Marx setzte die Flaggenverordnung durch, ohne daß es dadurch zur innenpolitischen Beruhigung in dieser Frage kam. Weiterhin galt den völkischen und nationalen Gruppen und Parteien die schwarz-rotgoldene Fahne als die der „Novemberverbrecher" und des →Dolchstoßes. Die durch den F. erfolgte innenpolitische Polarisierung schlug sich auch in der Benennung von Verbänden nieder: →„Reichsbanner Schwarz-Rot-Gold" auf der linken und „Volksbund Schwarz-WeißRot" auf der rechten Seite. Der F. wurde erst nach 1933 durch die neue Flaggenverordnung beendet.

Flakabwehrmann, Bezeichnung für dienstverpflichtete deutsche Zivilisten bei der Flak oder der Heimatflak im 2. Weltkrieg.

Flakhelfer, übliche Bezeichnung für die ab 1943 eingesetzten jungen →Luftwaffen- und →Marinehelfer.
H. D. Nicolaissen: Die Flakhelfer, 1981. J. Rüdiger (Hrsg.): Zur Problematik von Soldatinnen, 1987.

Flakwaffenhelferin, Bezeichnung für Mädchen und junge Frauen, die im 2. Weltkrieg bei der Fliegerabwehr eingesetzt waren. Um Soldaten für die Front freizumachen, wurden ab Sommer 1944 F. ab 17 Jahre zur Bedienung von Scheinwerfern, Meß- und Horchgeräten bei der (Heimat-)Flak eingesetzt. Die F. gehörten zu den →Luftwaffenhelferinnen.

Flandern, Kämpfe in, Schlachten im 1. und 2. Weltkrieg. Von 1914–1918 war F. durchgehend Schauplatz schwerer Kämpfe, die mit der Schlacht an der →Yser (18. 10. bis 30. 11. 1914) und der Schlacht bei →Ypern (30. 10. bis 24. 11. 1914) begannen und sich dann im Stellungskrieg fortsetzten. Vom 27. 5. bis 3. 12. 1917 versuchten die Alliierten immer wieder, die Front zu durchbrechen, um zu den deutschen U-

Boot-Basen zu gelangen. Die schwersten Kämpfe tobten dabei vor Ypern, wo die Alliierten trotz aller Anstrengungen nur Geländegewinne bis zu 8 km Tiefe erzielen konnten. In diesen Monaten hatten die Engländer 352 000, die Franzosen 8000, die Deutschen 242 000 Mann Verluste. Ein deutscher Gegenangriff auf den Kemmel führte vom 10. bis 29. 4. 1918 zur Eroberung dieses Höhenzuges, aber er ging in der Abwehrschlacht vom 28. 9. bis 17. 10. 1918 wieder verloren, und Flandern mußte deshalb geräumt werden. Im 2. Weltkrieg wurden in der Schlacht in Flandern und im Artois (19. 5. bis 4. 6. 1940) französische, britische und belgische Truppenteile vernichtet und 800 000 Gefangene gemacht. Dem Rest des britischen Expeditionskorps gab A. →Hitlers Haltebefehl an die deutschen Truppen Gelegenheit zur Einschiffung im Raum →Dünkirchen.
H. Stegemann: Geschichte des Krieges, Bd. 4, 1921. W. Beumelburg: Flandern 1917, 1928.

Flex, Walter, Dr. phil., Dichter, * 6. 7. 1887 Eisenach, † 16. 10. 1917 auf Ösel. Nach Studium in Erlangen und Straßburg wurde F. Privatgelehrter und Erzieher der Bismarck-Enkel, über deren Vorfahren er auch Novellen („Zwölf Bismarcks", 1913) und eine Tragödie („Klaus Bismarck", 1913) schrieb. In seinen 1925 in zwei Bänden erschienenen „Gesammelten Werken" ging es ihm stets um das Denken und Empfinden der nationalgesinnten deutschen Jugend. 1914 wurde er Kriegsfreiwilliger; sein an der Front entstandenes Lied „Wildgänse rauschen durch die Nacht" hat weite Verbreitung gefunden, ebenso sein Buch „Der Wanderer zwischen beiden Welten" (1917). Darin setzte er seinem gefallenen Kameraden Leutnant Ernst Wurche ein Denkmal, überlieferte vor allem dessen sittliche Ziele: rein bleiben und reif werden; der Versuchung zum Angstbeten bei Gefahr ist zu widerstehen; Leutnantsdienst tun heißt seinen Leuten vorleben, das Vorsterben ist dann vielleicht ein Teil davon. Seine Ideen beeinflußten vor allem die deutsche →Jugendbewegung. In seinen später erschienenen Briefen bedauerte F., daß stets nur die Feinde den Deutschen den nationalen Idealismus beigebracht hätten. Er fiel auf der Ostseeinsel Ösel.
J. Klein: Walter Flex, 1928. O. Riedrich: Walter Flex, 1934. J. Banzhaf: Walter Flex, 1934. K. Flex: Walter Flex, ¹⁶1940. H. Lemcke: Walter Flex, 1940.

Flick, Friedrich, Dr. rer. pol. h. c., Dr. ing. h. c., Großindustrieller und Wirtschaftsführer, * 10. 7. 1883 Ernsdorf/Westfalen, † 20. 7. 1972 Konstanz. Der Bauernsohn machte nach Besuch der Handelshochschule Köln schnell Karriere in der Stahlindustrie: 1907 Prokurist der

Bremer Hütte, 1913 im Vorstand der Eisenindustrie Menden/Schwerte, 1919 Generaldirektor der Charlottenhütte. In den 20er Jahren erwarb er für sich Stahl- und Walzwerke, baute einen großen Konzern mit der 1937 gegründeten „Friedrich Flick KG" als Spitze auf und saß im Aufsichtsrat vieler Werke des Ruhrgebiets. Seit 1932 spendete er auch für die →NSDAP, trat ihr 1937 bei und wurde 1938 →Wehrwirtschaftsführer. Als Mitglied des →Freundeskreises Reichsführer SS förderte er auch die SS. Nach seiner Verhaftung am 13. 6. 1945 wurde er von den Amerikanern im →Flickprozeß am 22. 12. 1947 wegen angeblicher Verbrechen gegen die Menschlichkeit und Kriegsverbrechen bei der Beschäftigung von Kriegsgefangenen und Konzentrationslager-Insassen zu sieben Jahren Haft verurteilt, am 25. 8. 1950 jedoch vorzeitig entlassen. Er baute seinen durch die alliierte Entflechtung zerschlagenen Konzern wieder auf, so daß er bereits 1955 wieder mehr als 100 Firmen besaß und als reichster Mann Westdeutschlands galt. Bis zu seinem Tode wies er alle Schuldvorwürfe von sich und lehnte die Forderung auf Entschädigungen an ehemalige Beschäftigte ab. Bei seinem Tode gehörten ihm wieder rund 300 Firmen mit einem Wert von etwa sechs Mrd. DM.
G. Ogger: Friedrich Flick der Große, 1971.

Flick-Prozeß, Verfahren vor dem US-Militärgerichtshof V in Nürnberg gegen Friedrich →Flick und seine leitenden Angestellten. Am 19. 4. 1947 begann der F. im Rahmen der Nürnberger Siegerjustiz gegen Friedrich Flick und fünf seiner führenden Mitarbeiter, die wegen Verbrechen gegen die Menschlichkeit, Kriegsverbrechen und Mitgliedschaft in einer verbrecherischen Organisation angeklagt waren. Ihnen wurden die zwangsweise Beschäftigung von Kriegsgefangenen, Konzentrationslager-Insassen und Fremdarbeitern in ihren Werken sowie die Ausplünderung von Fabriken im besetzten Ausland vorgeworfen. Das Urteil vom 22. 12. 1947 sah für Flick sieben Jahre, für zwei weitere Angeklagte etwas geringere Haftstrafen vor. Zwei Angeklagte wurden freigesprochen. Die Verurteilten wurden bis Januar 1951 durch US-Hochkommissar McCloy vorzeitig entlassen.

Fliegeralarm, umgangssprachliche Bezeichnung im 2. Weltkrieg für Luftalarm. Als Warnung vor den alliierten →Terrorangriffen im →Bombenkrieg wurde in Deutschland F. mit Sirenen gegeben. Der Voralarm, die „öffentliche Luftwarnung", bestand aus drei gleichlangen, gleichbleibenden Heultönen. Danach sollten Vorbereitungen zum Aufsuchen der Luft-schutzkeller getroffen werden und Gebrechliche und Familien mit Kleinkindern sich bereits auf den Weg machen. Vollalarm wurde durch schnell wechselnde auf- und abschwellende Heultöne gegeben, wenn anfliegende feindliche Bomberverbände sich auf etwa 100 km genähert hatten. Dann waren die Schutzkeller aufzusuchen. Das Ende des F., die Entwarnung, wurde durch einen langen, gleichbleibenden Heulton angezeigt. Ab 1943 mußte in manchen deutschen Städten fast täglich mit F. gerechnet werden, der oft mehrere Stunden dauerte.

Fliegergeschädigte, Personen, deren Besitz durch alliierten →Bombenkrieg im 2. Weltkrieg beschädigt oder vernichtet war. Bei völliger Zerstörung der Wohnung sprach man von Ausgebombten. Die F. erhielten nach dem Grad ihres Verlustes Entschädigung und wurden bei Vergabe von →Bezugsscheinen und Sonderzuteilungen bevorzugt. Zu den F. gehörten gegen Kriegsende Millionen Personen. Auch nach 1945 hatten F. Anspruch auf Entschädigungen.

Flieger-HJ, Sondereinheit der →Hitler-Jugend. Zur „fliegerischen Ertüchtigung" der Jugend, insbesondere beim Segelflugsport, erhielten interessierte Jugendliche eine besondere Ausbildung in der F., in der die früheren Jugendgruppen der Flugsportvereine aufgegangen waren. Die der F. Entwachsenen wurden vom →NSFK betreut.

Florian, Friedrich Karl, Gauleiter, * 4. 2. 1894 Essen, † 24. 10. 1975 Düsseldorf. Der ab 1914 kriegsfreiwillige Grubenbeamte in Buer kam 1916 als Jagdflieger zum Geschwader →Richthofen, wurde im Mai 1918 abgeschossen und geriet in britische Gefangenschaft. Ab 1920 wieder Grubenbeamter, wurde F. 1920 Mitglied des „Deutschvölkischen Schutz- und Trutzbundes", begründete 1923 den „Westfälischen Treuebund" gegen die französische Besetzung des →Ruhrgebietes mit, wurde im August 1925 Mitglied der →NSDAP und SA-Führer in Buer und dort 1927 einziger NSDAP-Stadtrat. Ab 1. 8. 1930 Gauleiter von Düsseldorf, wurde er im September 1930 MdR, am 25. 9. 1933 SA-Gruppenführer und 1934 Preußischer Staatsrat und Vorsitzender des Rheinischen Gemeindetages. Im Februar 1934 rief er die öffentlichen NS-Beratungsstellen ins Leben. Am 1. 5. 1936 trat er in die Reichsleitung der NSDAP ein und wurde am 30. 1. 1937 SA-Obergruppenführer. Seit April 1945 in alliierter Gefangenschaft, wurde er am 14. 6. 1949 zu 6½ Jahren Haft und 20 000 DM Geldstrafe ver-

Flottenabkommen

urteilt. Nach der Entlassung am 1. 5. 1951 war F. als Industrievertreter tätig.
K. Höffkes: Hitlers politische Generale, 1986.

Flottenabkommen, →Deutsch-britisches Flottenabkommen.

Flottengesetze, Bezeichnung für die zwischen 1898 und 1912 erlassenen Gesetze zum Ausbau der deutschen Kriegsflotte. Zur Absicherung von Deutschlands Weltmachtstellung und Verhinderung von Blockaden wurde vor allem ab 1898 auf Betreiben des Leiters des Reichsmarineamtes, des späteren Großadmirals →von Tirpitz, die deutsche Kriegsflotte verstärkt. Das 1. F. vom März 1898 sah den Bau von sieben Linienschiffen, zwei großen und sieben kleinen Kreuzern vor. Nach dem 2. F. vom Juni 1900 sollte die Zahl der deutschen Linienschiffe von 19 auf 36 erweitert werden, das entsprach zwei Dritteln des Bestandes der englischen Kriegsflotte. Als England um 1905 mit dem Bau der großen Dreadnought-Schlachtschiffe begonnen hatte, zog Deutschland ab 1908 jährlich mit vier Schlachtschiffen nach. Das letzte F. von 1912 sah bis 1917 jährlich den Bau von abwechselnd zwei und drei Schlachtschiffen vor. Auch damit war die deutsche Kriegsflotte immer noch kleiner als die englische, was aber von London schon als Bedrohung der britischen Weltmachtstellung aufgefaßt wurde und mit zum 1. Weltkrieg führte.
V. R. Berghahn: Der Tirpitzplan, 1971. H. Schottelius und W. Deist: Marine und Marinepolitik 1871–1914. W. Hubatsch: Die Kaiserliche Marine, 1975. E. B. Potter: Seemacht, 1986. H. Fernis: Die Flottennovellen im Reichstag, 1934. W. Hubatsch: Die Ära Tirpitz, 1955.

Flotten-Kriegsabzeichen, ein 1941 gestiftetes Kriegsabzeichen der Kriegsmarine.

Flottenverein, →Deutscher Flottenverein.

Flucht übers Meer 1945, →Rettung über See.

Fock, Gorch (eigentlich Johann Kinau), heimatverbundener plattdeutscher Dichter, * 22. 8. 1880 Finkenwerder, † 31. 5. 1916 Skagerrak. Er war der Sohn eines Elbfischers, arbeitete als kaufmännischer Angestellter in Nord- und Mitteldeutschland, war ab 1907 bei der Hamburg-Amerika-Linie und meldete sich 1914 zum Kriegsdienst. Zunächst war er an der West- und Ostfront als Landsturmmann eingesetzt, ehe er, seinem langgehegten Wunsch entsprechend, zur Marine kam. In der großen Seeschlacht am →Skagerrak ging er, erst 36 Jahre alt, mit dem Kleinen Kreuzer „Wiesbaden" unter. In seinen Erzählungen und Romanen beschrieb er vor allem das Leben der Fischer, sein großenteils hochdeutsch geschriebener Roman „Seefahrt

ist not" (1913) war in Norddeutschland und Nordeuropa weit verbreitet. Weitere Werke von ihm sind der Roman „Hein Godewind" (1912), das Schauspiel „Cilli Cohrs", „Fahrensleute" (1914), „Hamborger Janmooten" (1914), „Nordsee 1916". 1917 erschienen aus dem Nachlaß „Sterne überm Meer", Tagebuchblätter und Gedichte.
J. Kinau: Gorch Fock, 1935. W. Hengst: Gorch Focks Roman „Seefahrt ist not", Diss. 1929. O. Rodrich: Gorch Fock, 1934.

Focke, Heinrich, Professor, Flugzeugbauer, * 8. 10. 1890 Bremen, † 25. 2. 1979 Bremen. Der Flugzeugkonstrukteur gründete und leitete ab 1924 in Bremen die Focke-Wulf-Flugzeugbau AG und baute Sport- und sehr leistungsfähige Militärflugzeuge. Im 2. Weltkrieg wurde besonders die FW 189 als Aufklärer und die FW 190 als wohl bestes propellergetriebenes Jagdflugzeug eingesetzt, das im Typ FW 190 D-12 in 11 000 m Höhe 725 km/h erreichte. Als Seeaufklärer bewährte sich die FW 200 C Condor. 1937 baute F. den ersten brauchbaren Hubschrauber FW 61 und erzielte damit mehrere Welthöchstleistungen. Er war 1954–1956 Professor an der TH Stuttgart und schrieb u. a. „Das Trag- und Hubschrauberproblem" (1937).

Forschungsamt, Dienststelle H. →Görings. Das F. in Berlin war ein Geheimdienst, der sich vor allem erfolgreich mit der in- und ausländischen Telefonüberwachung befaßte und der Reichsregierung Nachrichten über Telefonate ausländischer Staatschefs mit ihren europäischen Botschaftern zugänglich machte. Die Existenz des F. war streng geheim und kaum bekannt, obwohl es bis zu 6000 Angehörige umfaßte.
D. Irving: Das Reich hört mit, 1989.

Forster, Albert, Gauleiter, * 26. 7. 1902 Fürth, † um 1952 Warschau. Der Bankkaufmann wurde am 7. 11. 1923 Mitglied der →NSDAP und →SA, am 6. 4. 1926 der →SS. Ab 14. 9. 1930 MdR, wurde F. am 15. 10. 1930 Gauleiter von →Danzig, wo er die NS-Zeitung „Vorposten" gründete. Nachdem die NSDAP am 28. 5. 1933 die absolute Mehrheit in Danzig erhalten hatte, wurde F. am 23. 8. 1933 Staatsoberhaupt der Freien Stadt. In dieser Eigenschaft unterzeichnete er am 1. 9. 1939 das Staatsgrundgesetz über die Wiedervereinigung Danzigs mit dem Deutschen Reich. Am 26. 10. 1939 wurde F. Gauleiter des neuen Gaues →Danzig-Westpreußen und Reichsstatthalter in Danzig. Seit Dezember 1941 SS-Obergruppenführer, kam F. 1945 in US-Gefangenschaft, wurde an Polen ausgeliefert, am 28. 4. 1948

128

dort zum Tode verurteilt, zunächst aber nicht hingerichtet. Er soll im Februar 1952 in Warschau getötet worden sein.

K. Höffkes: Hitlers politische Generale, 1986. R. Ruhnau: Danzig – Geschichte einer Stadt, 1971. W. Löbsack: Albert Forster, der deutsche Angestelltenführer, 1934. W. Löbsack: Albert Forster, Gauleiter und Reichsstatthalter, 1940.

Forstmann, Walter, Dr., U-Boot-Kommandant, * 9. 3. 1883 Essen, † 2. 11. 1973 Essen. Seit 1900 bei der Marine, kam F. 1909 zur U-Boot-Waffe, wurde 1910 U-Boot-Kommandant und versenkte im 1. Weltkrieg auf 41 Feindfahrten mit U 12 und U 39 146 Handelsschiffe mit 384 000 BRT und ein Kanonenboot, womit er der zweiterfolgreichste U-Boot-Kommandant beider Weltkriege im Handelskrieg (nach L. von →Arnauld de la Perière) wurde. Er erhielt den →Pour le mérite. Karl →Dönitz war bei F. Wachoffizier. Ab 1. 1. 1918 war F. Chef der 3. U-Boot-Flottille in Wilhelmshaven. Nach Kriegsende ging F. in die Wirtschaft, bis er im 2. Weltkrieg reaktiviert wurde und 1940 zunächst im OKW, von Sommer 1940 bis 1945 als Chef des Wehrwirtschaftsstabes Dänemark in Kopenhagen Dienst tat. Von Mai bis August 1945 war er in Kriegsgefangenschaft.

Herzog und Schomaekers: Ritter der Tiefe, graue Wölfe, 1965. H. Pemsel: Biographisches Lexikon zur Seekriegsgeschichte, 1985.

Fortschrittliche Volkspartei (FoVP), linksliberale Partei 1910–1918. Am 6. 3. 1910 schlossen sich in Berlin →FVP, →FVg und →DVP zur FoVP unter O. Fischbeck (1910–1918) zusammen, um den Linksliberalismus zu größerem Einfluß zu bringen. Das gemeinsame Programm forderte „Ausbau der politischen Freiheit" sowie „Steigerung des berechtigten Einflusses des deutschen Bürgertums" und trat für Demokratisierung des Wahlrechts, des Heeres, der Justiz, für Herabsetzung der Schutzzölle und Anerkennung der Gewerkschaften ein. Die FoVP besaß 1912 rund 120 000 Mitglieder und wurde von liberalen Industrie-, Handels-, Gewerkschafts-, Bauern- und Lehrergruppen und -vereinen unterstützt. 1912 schloß sie mit der →NLP ein Wahlbündnis, erhielt 42 Reichstagsmandate und hatte ab Sommer zusammen mit dem Zentrum die Mehrheit im Reichstag, dessen Präsident ihr MdR Kaempf wurde. Im 1. Weltkrieg stützte die FoVP die Politik Bethmann Hollwegs, drang auf Staatsreform und bildete am 6. 7. 1917 zusammen mit →SPD, →Zentrum und →NLP den „Interfraktionellen Ausschuß", den ihr MdR F. von Payer, ab November 1917 auch Vizekanzler, leitete. Im November 1918 gründete die FoVP mit dem linken Flügel der NLP die →DDP und ging in ihr auf.

Fosse Ardeatine →Kappler, Herbert.

FoVP, Abkürzung für Fortschrittliche Volkspartei.

Franco Bahamonde, Francisco, spanischer Staatschef, * 4. 12. 1892 El Ferrol, † 20. 11. 1975 Madrid. Ab 1912 im Kolonialdienst, zeichnete sich F. ab 1922 als Kommandeur der spanischen Fremdenlegion in Marokko aus, leitete 1927–1931 die Militärakademie in Saragossa, schlug 1934 einen anarchistischen Aufstand in Asturien nieder und war 1935/36 spanischer Generalstabschef. Von der Volksfrontregierung 1936 auf die Kanarischen Inseln abgeschoben, nahm er von dort Verbindung zu den revoltierenden spanischen Militärs in Marokko auf und trat am 17. 7. 1936 an die Spitze der nationalen Erhebung, wurde am 29. 9. 1936 Staatschef, spanischer Oberbefehlshaber und Führer der Falange. Mit deutscher (→Legion Condor) und italienischer Unterstützung konnte er im blutigen Spanischen Bürgerkrieg bis Frühjahr 1939 die von internationalen Brigaden und der Sowjetunion gestützte rote Volksfront niederringen und Spanien von ihrer Herrschaft befreien. Als autoritärer Führer („Caudillo") einer klerikal-faschistischen Regierung trat er im März 1939 dem →Antikominternpakt bei, versagte sich aber beim Gespräch in →Hendaye am 23. 10. 1940 weiteren Bündniswünschen →Hitlers und hielt Spanien aus dem 2. Weltkrieg heraus. Vor seinem Tode leitete er die Wiedereinführung der Monarchie und Demokratisierungsbestrebungen ein.

Timmermanns: General Franco, 1937. Froembgen: Franco, 1939. W. von Oven: Hitler und der spanische Bürgerkrieg, 1978. J. Arraras: Franco, 1939. D. von Mikusch: Franco befreit Spanien, 1939.

Frank, Hans, Dr. jur., Generalgouverneur, * 23. 5. 1900 Karlsruhe, † 16. 10. 1946 Nürnberg. Der Anwaltssohn trat 1919 dem →Freikorps Epp bei, studierte Jura in München und promovierte in Kiel, trat 1923 in die →NSDAP und →SA ein, nahm 1923 am →Marsch auf die Feldherrnhalle teil und beriet später als Münchener Rechtsanwalt A. →Hitler, u. a. im Ulmer →Reichswehrprozeß (1930). Er gründete 1928 den →Bund Nationalsozialistischer Deutscher Juristen, aus dem 1936 der →Nationalsozialistische Rechtswahrerbund hervorging. 1929 übernahm er das neue Reichsrechtsamt der NSDAP und wurde damit Reichsleiter. Seit 1930 MdR, wurde er 1933 bayerischer Justizminister und Reichsjustizkommissar, im Dezember 1934 Reichsminister ohne Geschäftsbereich. Er war auch Führer des NS-Juristenbundes. 1933 gründete er die →Akademie für deutsches Recht, die er auch

leitete. Im Oktober 1939 wurde er zum Generalgouverneur für das →Generalgouvernement mit Sitz Krakau ernannt, verlor aber 1942 seine Parteiämter nach öffentlicher Kritik an der Politik des 3. Reiches. Im →Nürnberger Prozeß wurde er am 1. 10. 1946 wegen Kriegsverbrechen und Verbrechen gegen die Menschlichkeit zum Tode verurteilt und am 16. 10. 1946 hingerichtet. Er gab seit 1931 die Zeitschrift „Deutsches Recht" sowie 1935 das „Nationalsozialistische Handbuch für Recht und Gesetzgebung" heraus. In der Nürnberger Haft schrieb er „Im Angesicht des Galgens" (herausgegeben 1953 von O. Schloffer).
R. Wistrich: Wer war wer im Dritten Reich, 1983. W. Präg und W. Jacobmeyer (Hrsg.): Das Diensttagebuch des deutschen Generalgouverneurs in Polen 1939–1945, 1975. H. W. Koch: Volksgerichtshof, 1988. M. Broszat: Nationalsozialistische Polenpolitik 1939–1945, 1961. H. Weinkauff: Die deutsche Justiz und der Nationalsozialismus, 1968. R. Smelser und R. Zitelmann (Hrsg.): Die braune Elite, 1989. S. Piotrowski: Hans Franks Tagebuch, 1963.

Frank, Karl Hermann, Reichsminister, * 24. 1. 1898 Karlsbad, † 22. 5. 1946 Prag. Der Lehrersohn war ab 1933 einer der engsten Mitarbeiter →Henleins beim sudetendeutschen Volkstumskampf und dessen Propagandaleiter. Ab 1935 war er Abgeordneter der →SdP in Prag. Im Oktober 1938 wurde er stellvertretender Gauleiter der →NSDAP des Sudetengaus, dann MdR, im März 1939 Staatssekretär in Prag unter von →Neurath, nach dessen Ablösung im August 1943 Reichsminister für das Protektorat unter →Frick. Der SS-Obergruppenführer geriet 1945 in US-Gefangenschaft, wurde an die Tschechen ausgeliefert, die ihm vor allem die Verantwortung für die Zerstörung der Ortschaft Lidice vorwarfen, von ihnen zum Tode verurteilt und vor Tausenden von Zuschauern in Prag erhängt.
D. Brandes: Die Tschechen unter deutschem Protektorat 1939–1942, 1969. E. Frank: Karl Hermann Frank, Staatsminister im Protektorat, ²1971.

Frank, Walter, Prof. Dr. phil., Historiker, * 12. 2. 1905 Fürth, † 9. 5. 1945 Groß-Brunsrode/Braunschweig. Der Sohn eines bayerischen Beamten arbeitete schon als Geschichtsstudent beim „Völkischen Beobachter" mit, wurde 1934 Referent für Fragen des historischen Schrifttums im Stabe →Heß, im März 1935 Professor und am 1. 7. 1935 Leiter, 1936 Präsident des →„Reichsinstituts für Geschichte des neuen Deutschlands" in Berlin. Er schrieb u. a. „Hofprediger Adolf Stoecker" (1928), „Nationalismus und Demokratie im Frankreich der Dritten Republik" (1933), „Franz Ritter von Epp" (1934), „Zur Geschichte des Nationalsozialismus" (1934),

„Geist und Macht" (1938). 1941 wurde er beurlaubt. Bei Kriegsende nahm er sich das Leben.
H. Heiber: Walter Frank und sein Reichsinstitut für Geschichte des neuen Deutschlands, 1966.

Frankfurter Schule, Bezeichnung für einen Kreis um das Frankfurter Institut für Sozialforschung. Vom Sohn eines jüdischen Auswanderers nach Argentinien finanziert, war 1923 in Frankfurt von marxistischen Intellektuellen um Friedrich Pollock und Max Horkheimer ein der Universität Frankfurt lose angegliedertes „Institut für Sozialforschung" gegründet worden. Direktor war zuerst der Austromarxist Carl Grünberg, ab 1930 Max Horkheimer. Als „Kritische Theorie" wurde die hier propagierte Verbindung von Marxismus und Psychoanalyse bezeichnet. Aus der F. mit enger Verbindung zu den Sowjets ging u. a. Richard →Sorge hervor. 1933 ging die F. nach Genf, später nach Paris und ließ sich in New York nieder, wo sie als „Institute of Social Research" an der Columbia-Universität tätig war. Im 2. Weltkrieg wurde hier wesentlich das Programm der →Umerziehung der Deutschen vorbereitet. Ab 1949 war Horkheimer wieder in Frankfurt, auch als Rektor der Universität, neben Adorno, Pollock, Fromm und Marcuse für den Neomarxismus und die Umerziehung in Westdeutschland tätig, später auch Habermas.
C. von Schrenck-Notzing: Charakterwäsche, 1965. R. Künast: Umweltzerstörung und Ideologie. Die Frankfurter Schule, 1983. M. Jay: Dialektische Fantasie, 1981. W. van Reijen und G. Schmid Noerr: Grandhotel Abgrund, 1988. R. Wiggershaus: Die Frankfurter Schule, 1986.

Frankreichfeldzug, Krieg gegen Frankreich 1940. Nach dem sogenannten „Sitzkrieg", der Waffenruhe an den deutsch-französischen Linien ab 3. 9. 1939, begann der deutsche Angriff im Westen am 10. 5. 1940 durch Luxemburg, Belgien und Holland mit der Heeresgruppe B (Fedor von →Bock, 6. und 18. Armee) im Norden, Heeresgruppe A (Gerd von →Rundstedt, 1., 4., 12. und 16. Armee) zwischen Aachen und Luxemburg und der Heeresgruppe C (Ritter von →Leeb) im Süden. Nach dem Operationsplan „Sichelschnitt" durchbrach die Heeresgruppe A die Ardennen, überschritt am 14. 5. die Maas bei Sedan und brach nördlich von Aisne und Somme Richtung Kanalküste durch, die am 20. 5. bei Abbéville von der 2. Panzerdivision (XIX. Panzerkorps →Guderian) erreicht wurde. Schon am 15. 5. hatte Holland kapituliert, am 28. 5. folgte Belgien. Am 24. 5. fiel Boulogne, am 26. 5. Calais. Die in Flandern eingeschlossenen vier feindlichen Armeen wurden vom 29. 5. bis 4. 6. aufgerieben oder flohen, wie die Briten, unter Zurücklassung allen Materials, aus →Dünkirchen, das am 4. 6. erobert wurde. Ab 5. 6. 1940 erfolgte der deutsche Angriff über Somme und Aisne nach Süden, durchstieß die →Weygand-Linie, erreichte am 9. 6. Rouen und zerschlug bis 12. 6. die französische Westfront. Am 11. 6. wurde Reims, am 12. 6. Châlons, am 14. 6. Paris erobert. Vom 14. bis 16. 6. durchbrach die Heeresgruppe C die →Maginotlinie, ab 15. 6. drangen die deutschen Truppen durch die Vogesen vor. Am 15. 6. fiel Verdun, am 16. 6. Orléans, am 17. 6. erreichten die Schnellen Truppen Guderians die Schweizer Grenze bei Belfort, so daß die Truppen der französischen 3., 5. und 8. Armee zwischen Epinal und Belfort eingeschlossen waren und am 22. 6. 1940 kapitulierten. Am 10. 6. erklärte Italien Frankreich den Krieg, italienische Truppen drangen ab 21. 6. bis zu 30 km Tiefe in Frankreich ein. Der französische Ministerpräsident Reynaud trat am 16. 6. 1940 zurück, Marschall →Pétain an seine Stelle und bat am 17. 6. um Waffenstillstand, den er am 22. 6. 1940 im Walde von Compiègne unterzeichnen ließ. Bis dahin wurden noch Lyon, Vichy, Nantes und Poitiers besetzt. Als am 25. 6. 1940 um 1.35 Uhr Waffenruhe eintrat, waren mehr als 60% vom Gebiet Frankreichs bis zur spanischen Grenze am Atlantik von deutschen Truppen erobert worden. Die deutschen Verluste betrugen 27 074 Tote, 18 384 Vermißte und 111 000 Verwundete, der Gegner hatte 1,9 Mill. Gefangene und die Ausrüstung von 55 Divisionen verloren. Nach dem F. wurden →Elsaß-Lothringen und →Luxemburg der Zivilverwaltung deutscher Gauleiter unterstellt, für die Niederlande wurde am 18. 5. 1940 Arthur →Seyß-Inquart Reichsstatthalter. Belgien kam unter deutsche Militärverwaltung. Rund 40% des französischen Territoriums blieben unter der →Vichy-Regierung Marschall Pétains unbesetzt und weitgehend souverän. Am 18. 5. 1940 wurde →Eupen-Malmedy dem Reich wieder angegliedert, dem es bis 1919 angehört hatte. Britische Schiffe überfielen am 3. 7. 1940 die französische Flotte in →Oran, wobei 1297 Franzosen getötet und die meisten Schiffe zerstört wurden.

J. Piekalkiewicz: Ziel Paris. Der Westfeldzug 1940, 1986. J. Piekalkiewicz: Der Zweite Weltkrieg, 1985. W. Weiß (Hrsg.): Der Krieg im Westen, ²1940. H. Guderian: Erinnerungen eines Soldaten, 1951. H. Guderian: Panzer marsch! 1956. G. Buck (Hrsg.): Der Westfeldzug, 1979. E. Murawski: Der Durchbruch im Westen, 1940. Oberkommando der Wehrmacht (Hrsg.): Der Sieg über Frankreich, 1940. K. Frowein: Festung Frankreich fiel, 1940. H. A. Jacobsen: Fall Gelb, 1956. A. Tschimpke: Die Gespensterdivision, 1940. A. Horne: Der Frankreichfeldzug 1940, 1976. J. Benoist-Méchin: Der Himmel stürzt ein, 1958.

Franz-Eher-Verlag, →Eher-Verlag.

Franz-Ferdinand, österreichischer Erzherzog und Thronfolger, * 18. 12. 1863 Graz, † 28. 6. 1914 Sarajewo. Der Neffe des österreichischen Kaisers →Franz Joseph I. wurde nach dem Selbstmord von Kronprinz Rudolf (30. 1. 1889) und dem Tod seines Vaters (1896) Thronfolger der Donaumonarchie. Ab 1898 war er des Kaisers Stellvertreter im Oberkommando der Streitkräfte, 1899 wurde er General der Kavallerie, 1913 „Generalinspektor der gesamten bewaffneten Macht". Er plante einen Übergang vom Dualismus Österreich-Ungarn zum Trialismus mit besonderer Berücksichtigung der Kroaten und Südslawen. Der politisch gut ausgebildete und willensstarke Thronfolger war ein guter Freund Kaiser →Wilhelms II. Als Feind eines Großserbiens wurde er mit seiner Gemahlin bei einem Truppenbesuch in →Sarajewo durch Schüsse des serbischen Nationalisten Princip ermordet, eine Tat, die den 1. Weltkrieg auslöste.

R. Kiszling: Erzherzog Franz-Ferdinand, 1953. E. Franzel: Franz Ferdinand D'Este, 1964. R. A. Kann: Erzherzog Franz Ferdinand, 1976. M. Polatscheck: Franz Ferdinand – Europas verlorene Hoffnung, 1989. L. Cassels: Der Erzherzog und sein Mörder, 1988.

Franz Joseph I., Kaiser von Österreich, König von Ungarn, * 18. 8. 1830 Schönbrunn, † 21. 11. 1916 Schönbrunn. Der älteste Sohn des Erzherzogs Franz Karl und der bayerischen Prinzessin Sophie kam 18jährig während der Revolution am 2. 12. 1848 als Nachfolger seines Onkels Ferdinand auf den Thron, den er durch militärischen Einsatz 1849 in Oberitalien und Ungarn (mit russischer Hilfe) sichern konnte. Die 1849 erlassene Verfassung wurde 1851 wieder aufgehoben. Im Krimkrieg (1854–1856) verlor Österreich die Gunst Rußlands, gegen Napoleon III. 1859 den Krieg in Oberitalien, wobei F. in der Schlacht von Solferino selbst den Oberbefehl geführt hatte. 1866 verlor Österreich gegen Preußen. Verfassungsreformen gipfelten 1867 im Ausgleich mit den Ungarn und in der Einführung der österreichisch-ungarischen Doppelmonarchie, die den Ungarn weitgehende Autonomie gewährte. Nur die Einheit des österreichisch-ungarischen Heeres mit deutscher Befehlssprache blieb erhalten. 1879 wurde der →Zweibund mit Deutschland geschlossen, dem der Kaiser als „deutscher Fürst" stets die Treue hielt. Als liberaler Monarch ließ F. die Kabinette Taaffe (1879–1893) und Badeni (1895–1897) die Slawen zum Nachteil der Deutschen bevorzugen. Sein einziger Sohn, Kronprinz Rudolf, beging 1889 Selbstmord, seine Frau Elisabeth, sein Bruder Maximilian, Kaiser von Mexiko, sowie der neue Thronfolger Erzherzog →Franz Ferdinand starben eines gewaltsamen Todes. Der wegen seiner vorbildlichen Pflichttreue und Ritterlichkeit sehr beliebte Monarch prägte die letzte Epoche des habsburgischen Reiches. Schweren Herzens trat er in den 1. Weltkrieg ein, dessen Ende mit der Zerstörung der Monarchie er nicht mehr erlebte.

J. Redlich: Kaiser Franz Joseph von Österreich, 1928. Geißler: Von Metternich bis Sarajewo, 1939. A. Bossi Fedrigotti: Kaiser Franz Joseph und seine Zeit, 1978. F. Herre: Kaiser Franz Joseph von Österreich, 1978. J. P. Bled: Franz Joseph, 1988. H. Drimmel: Franz Joseph, 1983.

Frauenamt, Amt der →Deutschen Arbeitsfront (DAF). Das F. betreute und vertrat die berufstätigen Frauen in Deutschland. Dienststellen des F. befanden sich in den Gau-, Kreis- und Ortsverwaltungen der DAF. Amtsleiterin des F. war Reichsfrauenführerin Gertrud →Scholtz-Klink. Zu den Aufgaben des F. gehörten Schutz der Gesundheit der berufstätigen Frau, Schwangeren- und Mütterschutz, Rechts-, Sozial- und Arbeitsschutz. Das F. führte Schulungen auf beruflichem, volks- und hauswirtschaftlichem Gebiet durch.

Frauenarbeitsdienst, Arbeitsdienst der weiblichen Jugend im Rahmen des →Reichsarbeitsdienstes. Durch Reichsgesetz vom 26. 6. 1935 wurde der Reichsarbeitsdienst für die männliche und weibliche Jugend vom vollendeten 18. bis 25. Lebensjahr geschaffen. Der zunächst auf freiwilliger Grundlage eingeführte „Arbeitsdienst für die weibliche Jugend" zählte 1939 rund 30 000 →Arbeitsmaiden, die vor allem in der Landwirtschaft eingesetzt waren. Mit Verordnung vom 4. 9. 1939 wurde dann die allgemeine →Arbeitsdienstpflicht begründet, jedoch zunächst auf 100 000 Arbeitsmaiden begrenzt, am 29. 7. 1941 auf 130 000 erhöht und um sechs Monate →Kriegshilfsdienst bei Behörden, in Einrichtungen oder Familien erweitert. Der F. gliederte sich in Bezirke, diese in Lagergruppen mit Lagern von je etwa 40 Arbeitsmaiden. Zur Führerinnenausbildung bestanden 1941 eine Reichsschule, acht Bezirksschulen und 14 Lagerschulen. Das Leben in der Lagergemeinschaft mit Arbeit, Leibesübungen und Feiergestaltung sollte zur nationalsozialistischen Erziehung beitragen.

Zypreis: Der Arbeitsdienst für die weibliche Jugend, 1938. K. Hierl: Grundsätzliches zur Arbeitsdienstpflicht, 1934. W. Stelling: Wo ihr seid, soll die Sonne scheinen, 1985. W. Mallebrein und W. Stelling: Männer und Maiden, 1979.

Frauenhilfsdienst für Wohlfahrts- und Krankenpflege, Teil des →Deutschen Frauenwerks (DFW). Der 1938 gegründete F. diente der Wohlfahrts- und Krankenpflege und sah einen freiwilligen zweijährigen Dienst für Frauen vor.

Frauenschaft, →Nationalsozialistische Frauenschaft.

Frauenwerk, →Deutsches Frauenwerk.

Freideutsche Jugend, Vereinigung deutscher Jugendbünde. Auf dem 1. →Meißner-Treffen am 11. bis 12. 10. 1913 schlossen sich auf dem Hohen Meißner in Nordhessen 13 Verbände der deutschen →Jugendbewegung zur F. zusammen. Die „Meißner-Formel" der F. bildete dafür die Grundlage: „Die Freideutsche Jugend will aus eigener Bestimmung, vor eigener Verantwortung, mit innerer Wahrhaftigkeit ihr Leben gestalten. Für diese innere Freiheit tritt sie unter allen Umständen geschlossen ein. Zur gegenseitigen Verständigung werden Freideutsche Jugendtage abgehalten. Alle gemeinsamen Veranstaltungen der Freideutschen Jugend sind alkohol- und nikotinfrei." Am 8. 3. 1914 kam es aber schon zu ersten Abspaltungen. Die Angehörigen der F. kämpften, überwiegend völkisch eingestellt, größtenteils als Freiwillige im 1. Weltkrieg und anschließend in den →Freikorps. Einen Versuch Knud Ahlborns, 1922 im „Freideutschen Bund" eine neue Einigung zu erzielen, mißlang, ebenso wie 1920/21 im „Jungdeutschen Ring". Die Jugendbewegung blieb in einzelne Bünde gespalten.

S. Copalle und H. Ahrens: Chronik der freien deutschen Jugendbewegung, 1954. W. Laqueur: Die deutsche Jugendbewegung, 1955. G. Ziemer und Hans Wolf: Wandervogel und Freideutsche Jugend, 1962. W. Vesper: Deutsche Jugend, 1934. K. Ahlborn: Die Freideutsche Jugendbewegung, 1917. Freideutsche Jugend (Hrsg.): Festschrift zum Hohen Meißner, 1913.

Freikorps, militärischer Freiwilligenverband, insbesondere 1918–1923. Nach dem Vorbild der F. in den Befreiungskriegen 1813/15 bildeten sich nach Ende des 1. Weltkriegs 1918/19 um entschlossene Offiziere F. aus ehemaligen Frontkämpfern und zum Grenzkampf Entschlossenen, so u. a. die F. →Maercker, Brigade →Ehrhardt, Lichtschlag, von →Epp, →Oberland, Eiserne Division. Sie wurden zur Niederwerfung kommunistischer Aufstände eingesetzt (→Spartakus-Aufstand Berlin Januar 1919, Münchener →Räterepublik Mai 1919, Wilhelmshaven Januar 1919, Halle/Merseburg März 1919, Westfalen Februar 1919), kämpften im Osten gegen die Sowjets (Baltikum 1918/19) oder eindringende Polen (→Oberschlesien 1919/21), beteiligten sich 1923 am →Ruhrkampf gegen die Franzosen sowie bei der Niederschlagung der →Separatisten 1919/24 und schützten die →Weimarer Nationalversammlung. Die Weimarer Republik verdankte es vor allem dem selbstlosen Einsatz der F., daß sie nicht in Chaos und Bürgerkrieg unterging. Die unter Druck der Alliierten von der Reichsregierung verordnete Auflösung der Marinebrigade Ehrhardt und anderer F. löste den →Kapp-Putsch 1920 aus. 1919 gab es über 200 F. mit rund 400000 Angehörigen. Viele Freikorpskämpfer gingen nach der Auflösung ab 1920 in die →Reichswehr, manche bildeten Sondergruppierungen (Organisation →Consul, Kampfbund →Oberland, Reichskriegsflagge). Die nationalen F.-Kämpfer hatten in den rechten Parteien erheblichen Einfluß. Sie standen meist der Weimarer Republik und deren →Erfüllungspolitik ablehnend gegenüber. Viele traten in den →Stahlhelm, die →SA oder →SS ein. Nach 1938 wurde ihr Einsatz für Volk und Reich mit einer Ehrenurkunde belohnt. Bis Ende des 2. Weltkriegs bestand ein F.-Museum in Berlin.

F. W. von Oertzen: Die deutschen Freikorps 1918–1923, ³1938. von Schmidt-Pauly: Geschichte der Freikorps, ³1938. H. Schulze: Freikorps und Republik 1918–20, 1969. D. Venner: Söldner ohne Sold, 1975. E. Jünger (Hrsg.): Der Kampf um das Reich, o. J. E. von Salomon: Das Buch vom deutschen Freikorpskämpfer, 1939. H. W. Koch: Der deutsche Bürgerkrieg, 1978. D. Venner: Ein deutscher Heldenkampf, 1989.

Freisinnige Vereinigung (FVg), linksliberale Partei 1893–1910. Nach der Auflösung der Deutschen Freisinnigen Partei 1893 gegründet, um für weitere Parlamentarisierung und Freihandel einzutreten. Als sich ihr 1903 der Nationalsoziale Verein (NV) Friedrich →Naumanns anschloß, setzte sich die FVg auch für Sozialreformen ein, wobei es zur Zusammenarbeit mit der SPD kam. Bei Reichstagswahlen erhielt die FVg 1893 13, 1903 neun, 1907 14 Mandate. Am 10./11. 9. 1906 einigten sich die linksliberalen Parteien →FVg, →FVP und →DVP auf eine Fraktionsgemeinschaft (→Bülow-Block mit 49 Mandaten). Am 6. 3. 1910 bildeten die drei Parteien die →FoVP und gingen darin auf. Vorsitzender der FVg war 1893–1902 H. Rikkert, 1902–1911 K. Schrader. Neben der FVg nahestehenden Regionalzeitungen erschienen als Wochenblätter „Die Nation" und „Deutsches Reichsblatt".

Freisinnige Volkspartei (FVP), linksliberale bürgerliche Partei 1893–1910. Nach Spaltung der Deutschen Freisinnigen Partei gründete der weitaus größte Teil dieser Partei am 7. 5./ 14. 7. 1893 in Berlin die FVP unter E. Richter, der bis 1906 straff den Vorsitz führte. Die FVP erhielt 1893 24, 1898 29 und 1907 28 Reichstagsmandate. Sie war vor allem in Nord- und Ostdeutschland sowie in Berlin vertreten, wo sie die stärkste Stadtverordnetenfraktion und 1892–1912 den Oberbürgermeister stellte. Die FVP trat u. a. für Demokratisierung und Parlamentarisierung, Freihandel, „Selbsthilfe der Beteiligten" in der Sozialpolitik sowie Anerkennung der Gewerkschaften ein, lehnte →Flottengesetze und Kolonialpolitik ab und befürwortete den Manchester-Liberalismus. Als stärkste liberale Reichstagsfraktion bestimmte die FVP wesentlich die linksliberale Fraktionsgemeinschaft im →Bülow-Block, bis FVP, →FVg und →DVP am 6. 3. 1910 die →FoVP gründeten und darin aufgingen.

Freiwilligenverbände, im 2. Weltkrieg auf deutscher Seite kämpfende Einheiten aus Freiwilligen nichtverbündeter Völker. So kämpfte bis zu ihrer Rückführung 1943 die spanische →Blaue Division in Rußland. Ab 1940 wurden F. im Rahmen der SS aufgestellt, etwa die Division „Wiking" aus Skandinaviern, „Wallonie" unter Léon →Degrelle aus Ostbelgiern, „Charlemagne" aus Franzosen, so daß schließlich 21 F. aus rund 30 Nationen in eigenen SS-Einheiten, meist im Osten gegen die Bolschewisten, eingesetzt waren, teilweise bis zum Schlußkampf um Berlin. Nachdem bereits ab 1941 etwa 200000 russische Kriegsgefangene zu unbewaffnetem Hilfsdienst für die Wehrmacht herangezogen und vom deutschen →OKW schon lange russische F. gefordert waren, kam es wegen A. →Hitlers Bedenken erst 1942 zur Bildung russ. F., die zunächst in Frankreich und auf dem Balkan zur Partisanenbekämpfung eingesetzt wurden. Erst im November 1944 wurde die →Wlassow-Armee, zwei Divisionen russischer Soldaten, gebildet, die 1945 noch gegen die Sowjets zum Einsatz kamen. Unter den rund 1 Mill. Angehörigen der F. waren etwa 310000 Russen und 100000 Letten, daneben viele Volksdeutsche. In den F. herrschten hervorragende Kameradschaft, großer Idealismus und hohe soldatische Einsatzbereitschaft, vielfach wurde auch eine neue politische Ordnung für Europa von ihnen angestrebt (→Europa-Idee). Nach 1945 hatten die Überlebenden der F. in ihren Heimatländern schwer zu leiden und wurden grausam verfolgt.

P. Gosztony: Hitlers Fremde Heere, 1976. J. Hoffmann: Die Ostlegionen 1941–43, 1977. H. W. Neulen: Europas verratene Söhne, 1982. H. W. Neulen: An deutscher Seite, 1985. F. Steiner: Die Armee der Geächteten, ⁴1971. F. Steiner: Die Freiwilligen der Waffen-SS, ⁵1973. P. Straßner: Europäische Freiwillige, ³1977. W. Tröge: Europäische Front, 1942. P. Gosztony: Deutschlands Waffengefährten an der Ostfront 1941–1945, 1981. H. W. Neulen: Eurofaschismus und der Zweite Weltkrieg, 1980. H. Stöber: Die lettischen Divisionen der Waffen-SS, 1980. W. Tieke: Das finnische Freiwilligenbataillon der Waffen-SS, 1979. Saint-Loup: Legion der Aufrechten, 1977. J. V. Emilian: Der phantastische Ritt, 1977. L. Degrelle: Die verlorene Legion, 1972. E. Kern: General von Pannwitz und seine Kosaken, 1971. J. Hoffmann:

Deutsche und Kalmyken 1942 bis 1945, ³1977. P. Longworth: Die Kosaken, 1977. W. Schwarz: Kosaken, 1976. N. Tolstoy: Die Verratenen von Jalta, 1978.

Freiwilliger Arbeitsdienst (FAD), →Arbeitsdienst.

Fremdarbeiter, im 2. Weltkrieg zur Arbeit im Reich verpflichteter Ausländer. Um die durch den Einzug der deutschen Männer zur Wehrmacht entstehenden Lücken in der deutschen Industrie, Wirtschaft und Landwirtschaft auszufüllen, wurden im 2. Weltkrieg, verstärkt ab 1941, F. aus den von der Wehrmacht besetzten Gebieten zur Arbeit im Reich zwangsverpflichtet. Sie waren in der Nähe ihrer Arbeitsstellen in Lagern (Baracken) oder, vor allem in der Landwirtschaft, auf den einzelnen Höfen untergebracht. Für die Anwerbung der F. war insbesondere ab 21. 3. 1943 als Generalbevollmächtigter für den Arbeitseinsatz Fritz →Sauckel verantwortlich. Nach 1945 stellten die F. einen Teil der Displaced Persons (DP), insbesondere solche aus den Ostländern (Ostarbeiter), die nicht wieder in ihre Heimat zurückkehren wollten. Sie blieben noch jahrelang bevorzugt in Westdeutschland, von wo sie dann meist nach Amerika auswanderten.

Frenssen, Gustav, Dichter, * 19. 10. 1863 Barlt/Dithmarschen, † 11. 4. 1945 Barlt. Ursprünglich evangelischer Landpastor, verfaßte er 1902 seine „Dorfpredigten" und erzielte damit schon einen nachhaltigen Erfolg. Er wandte sich dann aber vom Christentum ab, denn dessen Religionsstifter „sei als Fremder ins Land gekommen", und gab sein Amt als Geistlicher auf. Statt dessen formulierte er in „Der Glaube der Nordmark" (1936) ein neues Bekenntnis: Gott sei keine Person, sondern in und mit dem All und durch das All. Jenes Volk werde das beste sein, das die Biologie zum ersten Punkt seiner Verfassung mache. Weitere Werke von F. sind: „Jörn Uhl" (1901), „Hilligenlei" (1906), „Peter Moors Fahrt nach Südwest" (1906), „Die Sandgräfin" (1896), „Die drei Getreuen" (1898), „Der Pastor von Poggsee" (1922), „Lütte Witt" (1924), „Otto Babendiek" (1926) und „Der Weg unseres Volkes" (1938).
O. Hauser: Gustav Frenssen als niederdeutscher Dichter, 1936. N. Numsen: Gustav Frenssen, 1933. W. Johnsen: Gustav Frenssen, 1934. A. Schmidt: Ein unerledigter Fall, 1985.

Freudenstadt, württembergische Kleinstadt im nordöstlichen Schwarzwald. Das unter Befehl von Oberstleutnant de Castries stehende 3. französisch-marokkanische Spahi-Regiment eröffnete am 16. 4. 1945 das Feuer auf das unverteidigte F., brannte es vollständig nieder und plünderte es und vergewaltigte unter der Zivilbevölkerung.

Freundeskreis Reichsführer SS (Freundeskreis Himmler), Kreis von Industriellen, Beamten und SS-Führern. Um 1935 wurde der →Keppler-Kreis zum F. erweitert, dem 1944 etwa 40 Persönlichkeiten angehörten, die sich regelmäßig trafen. Von 1936 ab stand H. →Himmler an dessen Spitze und wählte die Mitglieder aus. Der F. sollte wirtschaftlich beraten, die →SS mit Spenden unterstützen, die dem →„Ahnenerbe", dem →„Lebensborn" und SS-Betrieben zugute kamen, und die Verbindung von Industrie und Banken zur SS verbessern.
R. Vogelsang: Der Freundeskreis Himmler, 1972.

„Freya"-Gerät, Funkortungsgerät. Das 1934 entwickelte deutsche Gerät wurde bei der Nachtjagd zur Feststellung von Entfernung und Kurs anfliegender Flugzeuge eingesetzt. Es war mit einer Gitterantenne ausgestattet und hatte eine Reichweite von bis zu 150 km. Zusammen mit dem ab 1940 eingesetzten „Würzburg"-Funkmeßgerät konnte auch die Höhe feindlicher Flugzeuge bestimmt werden.

Frick, Wilhelm, Dr. jur., Reichsinnenminister, * 12. 3. 1877 Alsens/Pfalz, † 16. 10. 1946 Nürnberg. Der Lehrersohn trat nach dem Jurastudium 1900 in den bayerischen Staatsdienst ein und war seit 1919 Leiter der Politischen Polizei Münchens, wo er früh →Hitler kennenlernte. Er nahm am 9. 11. 1923 am →Marsch auf die Feldherrnhalle teil und wurde zu 15 Monaten Haft auf Bewährung verurteilt, aus der man ihn nach seiner Wahl in den Reichstag am 4. 5. 1924 vorzeitig entließ. Ab 1928 Fraktionsführer der →NSDAP im Reichstag und Reichsleiter, wurde F. am 23. 1. 1930 (bis 1. 4. 1931) erster nationalsozialistischer Landesminister (Innen- und Volksbildungsminister in Thüringen). Ab 30. 1. 1933 Reichsinnenminister, übernahm er am 1. 5. 1934 auch das preußische Innenministerium, ohne für die Polizei zuständig zu sein. Er führte u. a. die Reichsreform (→Gleichschaltung) und die Neuordnung des Gemeindewesens und des Beamtentums durch. Am 24. 8. 1943 wurde er Minister ohne Geschäftsbereich und →Reichsprotektor für Böhmen und Mähren. Vom →Nürnberger Militärtribunal wegen Verbrechen gegen den Frieden und die Menschlichkeit sowie Kriegsverbrechen angeklagt, wurde er zum Tode durch den Strang verurteilt und hingerichtet. Er hat verfaßt: „Die Nationalsozialisten im Reichstag" (1932), „Wir bauen das Dritte Reich" (1934), „Der Neuaufbau des Reiches" (1934).
Fabricius: Reichsinnenminister Dr. Frick, 1940. von Pfunderer: Dr. Wilhelm Frick und sein Ministerium, 1939.

Friedeburg, Hans Georg von, Generaladmiral, * 15. 7. 1895 Straßburg, † 23. 5. 1945 Flensburg. Der Generalssohn trat 1914 als Kadett in die Marine ein, nahm an der →Skagerrakschlacht teil, wurde 1917 Leutnant und kam 1918 zur U-Bootwaffe. Nach Bordkommandos wurde er 1932 Referent bei General von →Schleicher und 1933 als Korvettenkapitän und Nationalsozialist Marine-Adjutant des Reichswehrministers von →Blomberg. Ab 1934 im Oberkommando der Marine, wurde der Kapitän zur See 1939 Chef der Organisationsabteilung beim Befehlshaber der U-Boote →Dönitz. Ab Februar 1943 war F. Kommandierender Admiral der U-Boote. Zum Generaladmiral befördert, war F. vom 1. bis 9. 5. 1945 letzter Oberbefehlshaber der Kriegsmarine. Als solcher unterzeichnete er am 4. 5. 1945 die deutsche Teilkapitulation für den Nordwestraum gegenüber Montgomery und am 7. 5. sowie 9. 5. 1945 die Kapitulation der Wehrmacht in Reims und Berlin-Karlshorst gegenüber den Alliierten. Wegen der entwürdigenden Verhaftung der Regierung Dönitz nahm er sich das Leben.

W. Lüdde-Neurath: Regierung Dönitz, 1964. K. Dönitz: 10 Jahre und 20 Tage, 1958. H. Busch: So war der U-Boot-Krieg, 1952.

Friedensangebot der Mittelmächte, deutscher Friedensversuch im 1. Weltkrieg. Am 12. 12. 1916 gab Reichskanzler Th. von →Bethmann Hollweg nach dem Tode Kaiser →Franz Josephs, nach der Einnahme von Bukarest und kurz vor dem Sieg der Mittelmächte im Rumänienfeldzug, somit in einer militärisch günstigen Lage, das F. im Namen der Mittelmächte als Angebot „zum Frieden und zur Versöhnung" an die Alliierten ab (→Friedensresolution). US-Präsident Wilson regte darauf am 21. 12. 1916 alle Kriegsparteien zu einem „Meinungsaustausch über ihre Friedensbedingungen und Forderungen" an. Die Mittelmächte gingen darauf am 26. 12. 1916 zustimmend ein. Die Alliierten lehnten jedoch am 30. 12. 1916 scharf ab und betonten ihre Forderung nach „Sühne, Wiedergutmachung und Bürgschaften". Anfang Januar 1917 erhoben sie als Antwort auf die US-Note bereits einen Teil der späteren Versailler Forderungen.

W. Steglich: Die Friedenspolitik der Mittelmächte 1917/18, 1964.

Friedensdiktate, Bezeichnung für die Friedensverträge von →Versailles, →Saint-Germain und →Trianon 1919/20, in denen die Sieger den Verliererstaaten Deutschland, Österreich und Ungarn ohne deren Teilnahme an den Verhandlungen die Friedensbedingungen diktierten und ultimativ durchsetzten. Die F. wurden so zum Ausgangspunkt des 2. Weltkrieges.

Friedensrede, Bezeichnung für die Rede A. →Hitlers vor dem Reichstag am 17. 5. 1933. Nach der Festigung seiner Regierung wurde eine aggressive Außenpolitik A. Hitlers vom Ausland erwartet. Um so größer war dort die Überraschung, als Hitler in der F. unter Beifall und Zustimmung aller Fraktionen, auch der SPD, seinen Friedenswillen ausdrückte und erklärte, die „begründeten Lebensansprüche der anderen Völker" zu achten und sich mit den Nachbarn „friedlich und vertraglich auseinanderzusetzen". Ebenso wandte sich Hitler gegen das Aufrüsten, denn „der Ausbruch eines solchen Wahnsinns ohne Ende müßte zum Zusammenbruch der heutigen Gesellschafts- und Staatsordnung führen. Ein im kommunistischen Chaos versinkendes Europa würde eine Krise von unabsehbarem Ausmaß und nicht abzuschätzender Dauer heraufbeschwören." Hitler stimmte britischen Abrüstungsvorschlägen zu. Anschließend sprach der Reichstag, auch mit allen Stimmen der SPD, der Regierung das Vertrauen aus.

M. Domarus: Hitler – Reden und Proklamationen 1932–1945, Bd. I,1, 1973.

Friedensresolution, Entschließung des deutschen Reichstages zur Beendigung des 1. Weltkrieges. Die neuformierte linke Reichstagsmehrheit aus SPD, Zentrum und FV setzte am 19. 7. 1917 unter maßgeblichem Einfluß →Erzbergers mit 212 gegen 126 Stimmen bei 17 Enthaltungen die F. im Reichstag durch, in der ein schneller Frieden der Verständigung ohne Gebietsabtretungen und ohne zu große Kriegsentschädigungen gefordert wurde. Die F. (→Friedensangebot der Mittelmächte) wurde im Ausland als Ausdruck deutscher Schwäche aufgefaßt und wirkte deshalb ungünstig für die deutsche Position. Im Innern vertiefte sie die Spannungen zwischen rechten und linken Parteien, zumal sie wenige Tage nach der Entlassung des Reichskanzlers von →Bethmann Hollweg beschlossen wurde. Der neue Reichskanzler →Michaelis schränkte ihre Aussagen ein.

W. Steglich: Die Friedenspolitik der Mittelmächte 1917/18, 1964.

Friedland, Notaufnahmelager. In dem kleinen Ort mit früher 500 Einwohnern 12 km südlich von Göttingen, noch in der britischen, aber nahe der amerikanischen und sowjetischen →Besatzungszone, entstand nach dem Kriege das größte Notaufnahmelager Norddeutschlands. Ausgangspunkt waren nicht heizbare Wirtschaftsgebäude eines früheren Versuchsguts der Universität Göttingen. Das Lager F. wurde zum Symbol für die Aufnahme von Millionen Vertriebenen, Flüchtlingen, Zwangsverlegten, →Kriegsgefangenen, Heimkehrern sowie Spätaussiedlern und für diese das Tor zur Freiheit. Nach chaotischen Anfängen und vorübergehender Schließung 1946 bald ausgebaut, hatte F. bis 1950 bereits über eine Million, bis 1973 rund 3,3 Millionen Menschen, meist aus dem Osten, durchgeschleust und betreut. Die Arbeit wurde und wird vor allem von den Wohlfahrtsverbänden ausgeführt, ist aber auch auf private Förderung angewiesen. Auf einer nahen Anhöhe steht weithin sichtbar das Mahnmal der Vertriebenen.

A. Ehrhardt: Friedland, 1958. J. Nowack: Friedland – Lager der Barmherzigkeit, 1979. W. Müller-Bringmann: Das Buch von Friedland, 1956.

Fritsch, Theodor, Schriftsteller, * 28. 10. 1852 Wiesena/Delitsch, † 8. 9. 1933 Gautsch/Leipzig. Der völkische Publizist, ursprünglich Müller, setzte sich aus sozialen Gründen für die Erhaltung des Handwerks und des Mittelstandes ein und richtete Angriffe vor allem gegen das jüdische Großkapital. Seine Gedanken veröffentlichte er in seinem „Antisemiten-Katechismus" (1887, später „Handbuch der Judenfrage") und in seiner seit 1902 erscheinenden Zeitschrift „Hammer", dem Organ des von ihm gegründeten Hammerbundes. 1924 war F. kurzzeitig Reichstagsabgeordneter.

Fritsch, Werner Freiherr von, Generaloberst, * 4. 8. 1880 Benrath, † 22. 9. 1939 Praga/Warschau. Der Sohn eines preußischen Generalleutnants wurde 1898 Berufssoldat, besuchte 1907–1910 die Kriegsakademie und war im 1. Weltkrieg Generalstabsoffizier. Als Vertrauter der Generalobersten Hans von →Seeckt war er am Aufbau der Reichswehr beteiligt, wurde 1928 Leiter der Heeresabteilung im Truppenamt, 1930 Generalmajor, befehligte 1931 die 1. Kavalleriedivision und 1932 die 3. Division. Ab Februar 1934 war er General der Artillerie und Chef der Heeresleitung, unterstützte in dieser Position auch die Maßnahmen gegen die →Röhm-Gruppe in der SA am 30. 6. 1934, damit allein die Reichswehr Waffenträger der Nation bleiben konnte. Am 2. 5. 1935 wurde F. Oberbefehlshaber des Heeres und leitete als solcher den Aufbau dieses Truppenteils, den er als wichtiges Instrument zur Revision des →Versailler Diktats ansah. 1938 mußte Reichskriegsminister von →Blomberg nach einer standeswidrigen Eheschließung zurücktreten, was unter den Spitzen der Wehrmacht wie in der Reichsregierung zu einer ungeheuren Erregung führte. Als in dieser Situation F. in den Verdacht der Homosexualität geriet, wurde er am 4. 2. 1938 entlassen, ehe sich noch seine Unschuld herausstellen konnte. Er

wurde jedoch durch das Reichskriegsgericht in vollem Umfang rehabilitiert. A. →Hitler gab am 13. 6. 1938 vor der deutschen Generalität eine Ehrenerklärung für ihn ab und ernannte F. zum Kommandeur des Artillerieregiments 12. F. konnte jedoch die Umstände seiner Entlassung nicht verwinden und suchte deshalb im Polenfeldzug vor Warschau in vorderster Linie den Tod.

J. A. von Kielmannsegg: Der Fritsch-Prozeß, 1949. H. Foertsch: Schuld und Verhängnis. Die Fritschkrise im Frühjahr 1938, 1951. N. von Below: Als Hitlers Adjutant 1937–1945, 1980.

Fritzsche, Hans, Abteilungsleiter und Kommentator beim deutschen Rundfunk, * 21. 4. 1900 Bochum, † 27. 9. 1953 Köln. Nach Teilnahme am 1. Weltkrieg und Studium der Philosophie und Geschichte war F. bis 1924 Schriftleiter der „Preußischen Jahrbücher", 1924–1932 Redakteur der Telegraphen-Union und ab September 1932 Leiter des Nachrichtendienstes beim Deutschen Rundfunk. Seit 1923 Mitglied der →DNVP, trat F. am 1. 5. 1933 der →NSDAP bei und wurde Leiter des Nachrichtenwesens in der Presseabteilung des Propagandaministeriums. Ab Dezember 1938 war er Leiter der Abteilung „Deutsche Presse" und als Ministerialdirektor ab November 1942 Leiter der Rundfunkabteilung. Seit 1937 hielt er seine politischen Rundfunkkommentare „Es spricht Hans Fritzsche". Als ranghoher Regierungsbeamter an den Kapitulationsverhandlungen für Berlin beteiligt, wurde F. von den Sowjets in Moskau gefangengehalten, im →Nürnberger Prozeß an Stelle des verstorbenen Dr. →Goebbels als dessen enger Mitarbeiter angeklagt, am 1. 10. 1946 jedoch freigesprochen. 1947 von einer bayerischen Spruchkammer zu neun Jahren Zwangsarbeit verurteilt, wurde er amnestiert und am 29. 9. 1950 entlassen. Er schrieb seine Erinnerungen „Es spricht Hans Fritzsche" (1948), „Das Schwert auf der Waage" (1953).

J. Wulf: Presse und Funk im Dritten Reich, 1964. H. Bohrmann: NS-Presseanweisungen der Vorkriegszeit, 1984 ff. Hildegard Fritzsche: Vor dem Tribunal der Sieger.

Fritz-Todt-Stiftung, →Dr.-Fritz-Todt-Stiftung.

Fromm, Friedrich, Generaloberst und Befehlshaber des Ersatzheeres, * 8. 10. 1888 Berlin, † 12. 3. 1945 Brandenburg. Der Sohn eines Generalleutnants war seit 1906 Soldat, im 1. Weltkrieg im Generalstab und dann in der Reichswehr eingesetzt. Seit 1. 2. 1933 Oberst, wurde F. 1934 Chef des Allgemeinen Heeresamtes im Reichswehrministerium. Ab 1. 9. 1939 war er – seit 1940 Generaloberst – Chef der Heeresrüstung und Befehlshaber des Ersatzheeres. Er wußte seit 1938 um Widerstandspläne und wurde 1944 von →Stauffenberg in Attentatsvorbereitungen eingeweiht, die auch den Einsatz des Ersatzheeres nach dem Plan →„Walküre" vorsahen. Als er am 20. 7. 1944 jedoch telefonisch erfuhr, daß A. →Hitler das Attentat überlebt hatte, wollte er die Verschwörer mit Stauffenberg an der Spitze verhaften, wurde jedoch von ihnen festgesetzt und erst nach Stunden befreit. Darauf bildete er ein Standgericht und ließ noch am Abend des 20. 7. vier der Verschwörer, darunter Stauffenberg, erschießen, während er Generaloberst →Beck Gelegenheit zum Freitod gab. Dennoch wurde er am nächsten Tag verhaftet, vom Volksgerichtshof später wegen Feigheit und voreiliger Erschießung zum Tode verurteilt und erschossen.

W. Venohr: Stauffenberg, 1986. H. W. Hagen: Zwischen Eid und Befehl, 1959. O. E. Remer: 20. Juli 1944, 1951. O. E. Remer: Verschwörung und Verrat um Hitler, 1981. K. Balzer: Der 20. Juli und der Landesverrat, 1971. W. Erfurth: Die Geschichte des Deutschen Generalstabs von 1918–1945, 1957.

Frontarbeiter, Bezeichnung für die Angehörigen der →Organisation Todt im 2. Weltkrieg.

Frontbann, Ersatzbezeichnung für die →SA (Sturmabteilung) in der Verbotszeit der →NSDAP 1924/25. Er wurde von →Röhm aufgebaut und später mit der neugegründeten SA verschmolzen.

Frontbuchhandlungen, Buchhandlungen an der Front im 2. Weltkrieg. Die 1939 vom →OKW, der →DAF, dem Reichspropagandaministerium, der →Reichsschrifttumskammer und dem Deutschen Börsenverein gegründeten fahrbaren F. bestanden aus Reiseomnibussen mit Anhängern, die insgesamt rund 1500 Bücher faßten. Sie wurden von der DAF betreut, Sitz der „Zentrale der F." war Berlin. Der erste F.-Bus startete am 23. 12. 1939 von Berlin aus. Es wurden jedoch auch ortsfeste F. für Frontsoldaten eingerichtet.

Frontbücherei, Leihbücherei für das Feldheer im 2. Weltkrieg. Von der Deutschen Heeresbücherei eingerichtet, versorgte die F. die deutschen Soldaten mit Lesestoff; die Bücher wurden meist in Kompaniekisten mitgeführt. Die F. gingen aus Beständen der Truppenbüchereien und den Büchersammlungen des deutschen Volkes (1939/40 über 8 Millionen Stück) hervor.

Fronterlebnis, Schlüsselerlebnis der Frontkämpfer des 1. Weltkriegs. In den Materialschlachten des 1. Weltkriegs erlebt und in der Literatur der 20er und 30er Jahre (E. →Jünger,

H. Zöberlein, E. E. Dwinger u. a.) beschworen, wurde das F. für die Kriegsgeneration nach 1918 zum Ausgangspunkt für politische und soziale Betätigung insbesondere zur Revision des →Versailler Diktates. Die Überwindung des Klassenkampfes und der erblichen Stände in der Volksgemeinschaft, der großdeutsche Gedanke, ein kämpferischer Lebenswille und die Bejahung des Führerprinzips wurden vom F. stark beeinflußt. Dennoch war der „Frontsozialismus" nicht expansionistisch eingestellt, sondern nur auf die Erhaltung des deutschen Volkes ausgerichtet und der Verständigung mit den Nachbarvölkern offen. Aus dem F. entsprang der Wille zur Vermeidung weiterer Kriege und die Bejahung der Abrüstung, die von den Westalliierten jedoch nicht durchgeführt wurde.

E. Jünger: In Stahlgewittern, 1920. Ders.: Der Kampf als inneres Erlebnis, 1922. H. Zöberlein: Der Glaube an Deutschland, 1931. E. E. Dwinger: Deutsche Passion (Die Armee hinter Stacheldraht, Zwischen Weiß und Rot, Wir rufen Deutschland), 1929–1932. W. Beumelburg: Douaumont, 1922. E. Limpach: Die Front im Spiegel der Seele, 1927.

Frontflugspange, Kampfabzeichen für Flugzeugbesatzungen im 2. Weltkrieg. Die von H. →Göring 1941 gestiftete F. – in sieben Arten mit unterschiedlichem Schild für Jäger, Kampfflieger und Aufklärer – wurde in Bronze nach 20, in Silber nach 60 und in Gold nach 110 Feindflügen verliehen. Ein Anhänger konnte die Zahl der Frontflüge in Hunderten angeben.

Frontzeitung, im Krieg für die Front geschriebene Zeitung. Im 1. Weltkrieg gab es rund 120 F., die neben Kriegsnachrichten auch Erlebnisberichte brachten und im allgemeinen Teil die Verbindung zur Heimat förderten. Sie erschienen teilweise im Regiments- oder Divisionsbereich oder als Armeezeitung wie die „Liller Kriegszeitung". Im 2. Weltkrieg gaben die Propaganda-Kompanien größerer Einheiten die F. heraus, oft für besondere Kriegsaufgaben wie „gegen Engelland", „Der Stoßtrupp", „Der Durchbruch" im Westfeldzug.

„Frühlingssturm", Deckname für den Führerzug 1941. Vom 12. bis 25. 4. 1941 leitete A. →Hitler vom →Führerhauptquartier „F." aus den →Balkanfeldzug. Der Führerzug stand bei Mönichkirchen rund 35 km südlich von Wiener Neustadt und wurde bei Luftgefahr in einen Tunnel geschoben.

G. Buck (Hrsg.): Das Führerhauptquartier 1939–1945, 1977.

Führer, Der, Adolf →Hitler in seiner Stellung an der Spitze der →NSDAP und als Oberhaupt des Deutschen Reiches. Seit Juli 1921 war A. Hitler Führer der NSDAP, ab 30. 1. 1933 Reichskanzler und nach dem Tode →Hindenburgs am 2. 8. 1934 auch Reichspräsident aufgrund des neuerlassenen Staatsoberhauptgesetzes, das den Titel „F. und Reichskanzler" offiziell machte und in einer Volksabstimmung am 19. 8. 1934 von einer großen Wählermehrheit gebilligt wurde. Die neue Bezeichnung sollte die Einheit von Partei, Staat und Volk zum Ausdruck bringen. Am 14. 1. 1939 wurde die Presse angewiesen, künftig nur noch den Titel F. zu benutzen, was ab 22. 1. 1942 auch für die Wehrmacht galt, deren Oberster Befehlshaber A. Hitler ab 2. 8. 1934 war. In militärischen Dokumenten wie den „Weisungen für die Kriegführung" tritt meist der Titel „Der Führer und Oberste Befehlshaber der Wehrmacht" auf.

Führerbefehl, Anweisung A. →Hitlers. An die Stelle der →„Weisungen für die Kriegführung" trat, besonders ab 1944, der F., teilweise numeriert, als Geheime Kommandosache ausgefertigt und meist von A. Hitler unterzeichnet. Die F.e betrafen Anordnungen zur allgemeinen Kriegführung und Verteidigung. Darüber hinaus galten alle mündlich oder schriftlich erteilten Weisungen, die sich auf die öffentliche Ordnung, Wirtschaft oder Kriegführung bezogen, als F.
W. Hubatsch: Hitlers Weisungen für die Kriegführung 1939–1945, 1983.

Führer-Begleit-Bataillon, Einheit der Waffen-SS zum Schutz →Hitlers und seines Stabes. Am 1. 10. 1939 aus dem Führerbegleitkommando gebildet, wurde das F. später zum Regiment, im November 1944 zur Führer-Begleit-Brigade unter Oberst →Remer und am 26. 1. 1945 zur Führer-Grenadier-Division erweitert, die noch in der Ardennenoffensive kämpfte. Ende April 1945 wurde die Einheit im Kessel von Spremberg aufgerieben.

Führer-Blitztransport, →Blitztransport.

Führerbunker, bombensicherer Bunker für A. →Hitler in den jeweiligen Führerhauptquartieren und unter dem Gelände der Reichskanzlei. Der F. in Berlin war rund 15 m tief im Garten der Reichskanzlei angelegt und diente in den letzten Kriegsmonaten als Befehlsstelle A. Hitlers. Im F. nahm sich A. Hitler am 30. 4. 1945 das Leben.

Führergrundsatz (Führerprinzip), im 3. Reich Bezeichnung für die Leitung durch einen ernannten Führer. Innerhalb der →NSDAP in Anlehnung an die militärische Führung entwickelt, besagte der F., daß im Staat und der NSDAP Befehlsbefugnisse bestehen und von einem von übergeordneter Stelle ernannten Führer ausgeübt werden müssen, der zwar das Vertrauen seiner Untergebenen haben soll, aber nicht von ihnen und ihrer Mehrheitsentscheidung abhängig sein darf. Er soll sich lediglich von sachkundigen Männern (Führerräten) beraten lassen. Zu gelten habe hier das Prinzip „Beratung statt Abstimmung".
U. Wörtz: Programmatik und Führerprinzip, 1966. W. Horn: Führerideologie und Parteiorganisation in der NSDAP 1919–1933, 1972.

Führerhauptquartier (FHQ), ausgebauter Arbeits- und Wohnort für A. →Hitler und seinen →Wehrmachtführungsstab (WFüSt) im 2. Weltkrieg. Die Operationen im →Polenfeldzug leitete A. Hitler vom 3. bis 26. 9. 1939 vom Befehlszug „Adler" aus, anschließend benutzte er folgende F.e: →„Felsennest" bei Münstereifel (10. 5. bis 5. 6. 1940), →„Wolfsschlucht" bei Bruly de Pêche/Belgien (6. bis 26. 6. 1940), →„Tannenberg" auf dem Kniebis/Schwarzwald (28. 6. bis 5. 7. 1940), →„Berghof"/Berchtesgaden (1940–1941), Führerzug →„Frühlingssturm" bei Mönichkirchen südlich Wiener Neustadt (12. bis 25. 4. 1941), →„Wolfsschanze" bei Rastenburg/Ostpreußen (24. 6. 1941 bis 17. 6. 1942, 31. 10. 1942 bis 7. 11. 1942, 22. 11. 1942 bis 17. 2. 1943, 13. 3. 1943 bis 17. 6. 1944, 14. 7. 1944 bis 20. 11. 1944), →„Wehrwolf" bei Winniza/Ukraine (16. 7. bis 30. 10. 1942, 19. 2. bis 13. 3. 1943), →„Wolfsschlucht II" bei Soissons/Belgien (17. 6. 1944), →„Adlerhorst" („Wiesental") bei Ziegenberg/Taunus (10. 12. 1944 bis 16. 1. 1945). Seitdem hielt er sich in Berlin im Führerbunker der Reichskanzlei auf, wo er sich am 30. 4. 1945 das Leben nahm. Das jeweilige F. wurde meist von der →Organisation Todt gebaut, jedoch von A. →Speer geplant. Das FHQ →„Eule" bei Charlottenbrunn in Schlesien und das FHQ →„Olga" in Thüringen wurden 1944/45 nicht mehr fertiggestellt.
G. Buck (Hrsg.): Das Führerhauptquartier 1939–1945, [2]1979. U. Bahnsen und J. P. O'Donnell: Die Katakombe, 1975.

Führerprinzip, →Führergrundsatz.

Führerschulen, Schulungsstätten für Führungskräfte im 3. Reich. Die F. der →NSDAP dienten zur Schulung der →Politischen Leiter. Dazu gehörten die Reichsschulungsburg in Erwitte und die →Gauschulungsburgen in den einzelnen Gauen. →SA, →SS und →HJ besaßen eigene F. Die Kurse dauerten meist vier Wochen und waren von 50–80 Teilnehmern besucht. Sie vermittelten nationalsozialistisches Gedankengut, geschichtliche Bildung und praktische Fähigkeiten zur Feiergestaltung und Organisation sowie für allgemeine Führungsaufgaben. Daneben bestanden selbständige Reichsschulen der →DAF.

Führers Geburtstag, im 3. Reich Bezeichnung für den 20. April, der als Geburtstag A. →Hitlers festlich begangen wurde, insbesondere von der →NSDAP und ihren Gliederungen sowie in der Wehrmacht. F. war aber kein Staatsfeiertag.

Fürstenenteignung (Fürstenabfindung), Verstaatlichung des Eigentums der deutschen Fürsten. Nachdem im Gegensatz zur Enteignung des Hauses Habsburg in Österreich das Eigentum der deutschen Fürstenhäuser nach der Entthronung 1918 nur beschlagnahmt worden war, schlossen einige Länder Abfindungsverträge mit ihren ehemaligen Fürsten. Gegen den am 30. 11. 1925 getroffenen Vergleich zwischen Preußen und dem Haus Hohenzollern protestierte die KPD, gegen den abschließenden Gesetzentwurf der Reichsregierung vom 2. 2. 1926 die gesamte Linke mit einem Aktionskomitee von KPD, SPD, Gewerkschaften und →Reichsbanner. Ein von diesen Organisationen durchgesetztes Volksbegehren vom 4. bis 17. 3. 1926 erhielt rund 12,5 Mill. Unterschriften für eine entschädigungslose Enteignung. Eine entsprechende Gesetzesvorlage von KPD und SPD fand jedoch am 6. 5. 1926 im Reichstag keine Mehrheit, auch die →NSDAP stimmte dagegen. Der Volksentscheid für die Enteignung brachte am 20. 6. 1926 nur 15,5 Millionen Zustimmungen statt der erforderlichen 20 Millionen. Vertraglich wurden dann die Fürstenhäuser abgefunden, wobei der Landbesitz meist geteilt, die kulturellen Einrichtungen dem Staat übergeben und Renten bzw. Abfindungen vereinbart wurden. Gegen die Abmachung mit dem Haus Hohenzollern stimmte am 12. 10. 1926 im preußischen Landtag nur die KPD.
U. Schüren: Der Volksentscheid zur Fürstenenteignung 1926, 1978.

Funk, Walther, Reichswirtschaftsminister, * 18. 8. 1890 Trakehnen/Ostpreußen, † 31. 5. 1960 Düsseldorf. Nach dem Studium der Rechte und Volkswirtschaft war F. ab 1912 Wirtschaftsjournalist und 1922–1933 Chefredakteur der „Berliner Börsenzeitung". Im Sommer 1931 trat er der →NSDAP bei, wurde Wirtschaftsberater A. →Hitlers, als Vorsitzender des Wirtschaftsrates auch Mitglied der Reichsleitung der NSDAP, 1932 auch ihr Reichstagsabgeordneter. Er vermittelte A. Hitler Verbindungen zur Großindustrie. Ab 30. 1. 1933 Pressechef der Reichsregierung, wurde F. am 11. 3. 1933 Unterstaatssekretär im Propagandaministerium, 1938 Reichswirtschaftsminister und Generalbevollmächtigter für die Kriegswirtschaft, 1939 auch Reichsbankpräsident. Im Prozeß vor dem Internationalen Militär-Tribunal wurde er 1946 in Nürnberg zu lebenslanger Haft verurteilt, im Mai 1957 jedoch wegen Krankheit entlassen.
P. Östreich: Walther Funk, 1941.

Furtwängler, Wilhelm, Dirigent und Komponist, * 25. 1. 1886 Berlin, † 30. 11. 1954 Ehrensteinburg/Baden-Baden. Er war Kapellmeister in Straßburg, Lübeck, Mannheim, Wien und Frankfurt/M., ehe er als einer der bedeutendsten Dirigenten des 20. Jahrhunderts 1922 Leiter der Berliner Philharmoniker wurde. Daneben leitete er von 1922–1928 auch das Leipziger Gewandhausorchester und 1927–1930 sowie 1939–1940 zugleich die Wiener Philharmonie, außerdem 1931 und ab 1936 die Bayreuther Festspiele und war 1933/34 leitender Kapellmeister der Berliner Staatsoper. Auf Auslandstourneen hat F. fast alle großen Orchester der Welt dirigiert. Daneben trat er durch eigene Kompositionen und musiktheoretische Schriften hervor. 1945 verlor F. seine Stellung, da er im 3. Reich preußischer Staatsrat und Vizepräsident der →Reichsmusikkammer gewesen war, konnte nach seinem Entnazifizierungsverfahren jedoch ab 1947 wieder öffentlich auftreten und wurde 1949 erneut Dirigent der Berliner Philharmoniker bis zu seinem Tod. Seine Interpretationen, besonders der deutschen Klassik und Romantik, sind auf Schallplatten erhalten.
O. Schrenk: Wilhelm Furtwängler, 1940. F. Herzfeld: Wilhelm Furtwängler, ²1950. M. Hürlimann (Hrsg.): Wilhelm Furtwängler im Urteil seiner Zeit, 1955.

FVg, Abkürzung für Freisinnige Vereinigung.

FVP, Abkürzung für Freisinnige Volkspartei.

G

Gaeta, italienische Festung, in der Walter →Reder und Herbert →Kappler als Kriegsgefangene bis 1977 (Flucht Kapplers) und 1985 festgehalten wurden, nachdem sie von Italien in rechtsbeugenden sogenannten →Kriegsverbrecherprozessen zu lebenslanger Haft verurteilt worden waren.

Galland, Adolf, Jagdflieger und Generalleutnant, * 19. 3. 1912 Westerholt. Nach Abitur und Segelfliegertätigkeit trat G. 1932 als Verkehrsflieger bei der Lufthansa, 1934 in die Reichswehr ein und kam 1935 zum „Jagdgeschwader →Richthofen". 1937/38 flog er als Angehöriger der →Legion Condor in Spanien rund 300 Einsätze und erhielt dafür 1939 das Spanienkreuz in Gold mit Brillanten. Nach Stabstätigkeit und als Staffelkapitän im →Polenfeldzug eingesetzt, wurde G. im April 1940 Kommodore des Jagdgeschwaders 26, mit dem er in Frankreich und über England kämpfte. Am 24. 9. 1940 erhielt er als Major nach 40 Abschüssen als dritter Offizier das →Eichenlaub, am 21. 6. 1941 als erster deutscher Soldat die Schwerter. Nach →Mölders' Absturz wurde G. als Oberst im November 1941 dessen Nachfolger als „General der Jagdflieger", 1942 Inspekteur der Jagdflieger und als Generalmajor mit 30 Jahren jüngster General der Wehrmacht, 1944 Generalleutnant. Mit 104 Abschüssen wurde er einer der erfolgreichsten Jagdflieger und erhielt als zweiter Luftwaffenangehöriger am 28. 1. 1942 die →Brillanten. Sowohl durch eigenes begeisterndes Vorbild wie durch Einführung neuer Kampftechniken trug er erheblich zum Erfolg der deutschen Jagdwaffe bei und scheute auch sachbedingte Auseinandersetzungen mit → Hitler und →Göring nicht. Im Januar 1945 seines Kommandos enthoben, wurde er Chef eines neuen Düsenjägerverbandes und flog das einsitzige Strahlflugzeug Me 262. 1948–1954 war er Berater der argentinischen Luftwaffe, später der deutschen Luftfahrtindustrie. Er schrieb seine Erinnerungen „Die Ersten und die Letzten" (1953).
W. Held: Adolf Galland, 1983. G. Fraschka: Mit Schwertern und Brillanten, 1977. T. J. Constable und R. F. Toliver: Das waren die deutschen Jagdflieger 1939–1945, 1972.

Gallipoli, Kampf um, →Dardanellenangriff.

Gallwitz, Max von (seit 1913), General, * 2. 5. 1852 Breslau, † 17. 4. 1937 Neapel. Nach Teilnahme am Krieg 1870/71 und Truppen- wie Stabsdienst wurde G. 1911 Inspekteur der Feldartillerie, führte im 1. Weltkrieg zunächst das Garde-Reserve-Korps und die Armeegruppe G, wobei er Namur eroberte, dann Verbände im Osten und in Serbien und kommandierte als einer der fähigsten Truppenführer 1916/17 die Gruppe West vor →Verdun, die 2. Armee an der →Somme und die 5. vor Verdun. 1918 führte er die Heeresgruppe G in Lothringen. 1920–1924 war G. MdR der →DNVP. Er schrieb „Meine Führertätigkeit im Weltkriege 1914–16" (1928) und „Erleben im Westen 1916–18" (1932).
Hermann Stegemann: Geschichte des Krieges, 4 Bde., 1921.

Gamper, Kanonikus Michael, Führer der deutschen →Südtiroler unter faschistischer Herrschaft, * 7. 2. 1885 Prissian, † 15. 4. 1956 Bozen. Nach Theologiestudium in Innsbruck organisierte er als Pfarrer und Leiter des Athesia-Verlages – des bis heute führenden Südtiroler Verlags für katholisch-konservative Publikationen – den Widerstand gegen die Unterdrückungs- und Assimilationspolitik des faschistischen Italiens seit den 20er Jahren. Gegen das Verbot der deutschen Schulen organisierte er →„Katakombenschulen" für Südtiroler Kinder und erhielt so dem Land die deutsche Sprache und Kultur. Im Krieg wandte er sich gegen eine →Umsiedlung der Südtiroler und verfaßte 1945 eine Denkschrift für die Alliierten, in der er die Rückkehr Südtirols zu Österreich forderte. Nach dem 2. Weltkrieg baute er die deutschsprachige Presse in Südtirol neu auf. Gegen die andauernden italienischen Überfremdungsversuche warnte er 1953 mit dem Artikel „Südtirol auf dem Todesmarsch".
A. Euler: Michael Gamper, Hirt und Herold von Tirol, 1976. E. Widmoser: Südtirol von A–Z, 1964.

„Gastwirt", Unternehmen, Deckname für die Ausbildung irischer Agenten zum Einsatz in England. Von der deutschen Abwehr wurden ab Oktober 1941 Iren für Funk- und Sabotageaufträge im Raum London ausgebildet.
E. Stephan: Geheimauftrag Irland, 1961.

Gau, nach dem Reich oberstes Hoheitsgebiet im Aufbau der →NSDAP. Die aus der germanischen Zeit überlieferte Gebietsbezeichnung wurde von der Turn- und →Jugendbewegung wieder aufgegriffen und auch von der NSDAP bei der regionalen Gliederung ihrer Organisation, später des ganzen Reiches verwendet.

Anfang 1938 gab es 33, 1941, nach der Erweiterung des Reichsgebiets, 42 Gaue, dazu kam als „Sondergau" die →Auslandsorganisation der NSDAP. An der Spitze der G.e standen → G.leiter. Die G.e waren in Kreis, Ortsgruppe, Zelle und Block untergliedert.

K. Höffkes: Hitlers politische Generale, 1986. G. Rühle: Das Dritte Reich, 4 Bde., 1933–1936.

Gauleiter, Führer eines →Gaues der →NSDAP. Von A. →Hitler ernannte und ihm unmittelbar unterstellte Hoheitsträger, die an der Spitze der Gaue standen und „dem Führer gegenüber die Gesamtverantwortung" für den anvertrauten Bereich auf politischem, kulturellem und wirtschaftlichem Gebiet trugen. Insbesondere hatten die G. das Aufsichtsrecht über alle Parteigliederungen. Nach 1933 waren sie oft durch Ernennungen zu →Reichsstatthaltern, Ministerpräsidenten, Ministern oder →Oberpräsidenten auch oberste Länder- oder Provinzialbeamte und verkörperten so die „Einheit von Staat und Partei". Aus der →„Kampfzeit" der NSDAP in der Weimarer Republik bestand zwischen vielen Gauleitern und A. Hitler noch ein besonders enges Vertrauensverhältnis. Die Gauleiter erhielten ihre Aufträge und Richtlinien schriftlich oder mündlich von A. Hitler, zum Teil auf eigens dafür angesetzten Gauleitertagungen, später von M. →Bormann und gegen Ende des Krieges über einen täglichen Rundruf von Dr. →Goebbels. Einige Gauleiter wurden durch Verordnung vom 1. 9. 1939 →Reichsverteidigungskommissare, die anderen am 16. 11. 1941. Als solche wurden sie am 25. 9. 1944 mit der Aufstellung des →Volkssturms beauftragt, über dessen Einsatz jedoch die Wehrmacht bestimmte. Die Gauleiter wurden als Teil der →„Politischen Leiter der NSDAP" am 30. 9. 1946 im →Nürnberger Prozeß pauschal als „verbrecherische Gruppe" verurteilt. Insgesamt sind rund 125 Hoheitsträger der NSDAP Gauleiter gewesen.

K. Höffkes: Hitlers politische Generale, 1986. Das deutsche Führerlexikon, 1934. H. L. Hermann: Die Amtsträger der Bewegung, 1941. Fr. Lampe: Die Amtsträger der Partei, 1941. G. Rühle: Das Dritte Reich, 4 Bde., 1933–1936.

de Gaulle, Charles, französischer Offizier und Staatspräsident, * 22. 11. 1890 Lille, † 9. 11. 1970 Colombey-les-Deux-Eglises. Nach dem Waffenstillstandsersuchen Marschall→Pétains begab er sich am 17. 6. 1940 nach London, rief dort zum Widerstand gegen Deutschland auf und gründete am 23. 6. 1940 ein „Französisches National-Komitee" unter seiner Führung. Er stellte Verbindungen zu Widerstandsgruppen in Frankreich (→Résistance) her und faßte versprengte französische Truppenkontingente in England zusammen, die er zunächst in West- und Nordafrika, nach der alliierten Landung in der Normandie auch in Frankreich einsetzte. Am 3. 6. 1944 trat er an die Spitze einer französischen „Provisorischen Regierung" und zog mit ihr am 25. 8. 1944 in Paris ein. Von seinen Verbündeten erreichte er schließlich die Teilnahme Frankreichs an der →Potsdamer Konferenz (17. 7. bis 2. 8. 1945) und die nachträgliche Einrichtung einer französischen →Besatzungszone in Deutschland. Sein Ziel, die französische Ostgrenze bis an den Rhein vorzuschieben, erreichte er jedoch nicht. Im Januar 1946 trat er als Ministerpräsident und provisorischer Staatspräsident zurück. Bis zu diesem Zeitpunkt waren etwa 100 000 Franzosen als Anhänger Pétains in Frankreich getötet, viele andere grausam verfolgt worden. 1958 wurde de Gaulle Ministerpräsident und Staatspräsident Frankreichs, strebte seitdem eine europäische Einigung unter Frankreichs Führung an, setzte sich für eine deutsch-französische Verständigung ein, jedoch auch mit großem Nachdruck für die Abtretung der deutschen →Ostgebiete an Polen. Er versuchte, England aus europäischen Gremien auszugrenzen und veranlaßte den Austritt Frankreichs aus der militärischen Integration der NATO, was ihm die Zustimmung der sowjetischen Regierung einbrachte. 1968 wurde er beinahe durch Studentendemonstrationen und Streiks in Frankreich zum Rücktritt veranlaßt.

A. Fabre-Luce: De Gaulle, 1961. R. Massip: De Gaulle und Europa, 1964. W. Weisenfeld: Charles de Gaulle, 1990.

Gauschulungsburg, Führerschule der NSDAP oder einer Untergliederung auf Gauebene.

Gayl, Wilhelm Freiherr von, Abstimmungskommissar und Reichsminister, * 4. 2. 1879 Königsberg, † 7. 11. 1945 Potsdam. Der Jurist war 1909–1933 in der Leitung der ostpreußischen Siedlungsgesellschaft tätig. Als Hauptmann nahm er am 1. Weltkrieg teil, war 1918 Landeshauptmann der Militärverwaltung in Kowno, vertrat Ostpreußen 1919 in →Versailles und trug 1920 als Reichskommissar für die Abstimmung in Ostpreußen zum beeindruckenden deutschen Abstimmungssieg bei. Als DNVP-Mitglied wurde er 1932 im Kabinett →Papen Reichsinnenminister und unterstützte Papens →„Preußenschlag", die Absetzung der sozialdemokratisch geführten Regierung in Preußen. Mit dem Rücktritt Papens verlor er sein Ministeramt.

G. Schwerin: Wilhelm Gayl, Diss. Erlangen 1972.

GB/BHE, Abkürzung für →Gesamtdeutscher Block/Bund der Heimatvertriebenen und Entrechteten.

Gebiet, oberste organisatorische Einheit der →Hitler-Jugend. Ein Gebiet umfaßte mehrere →Banne bzw. Jungbanne oder Untergaue und entsprach dem →Gau in der Gliederung der →NSDAP. Es war die nächste Einheit unterhalb der →Reichsjugendführung. Dem G. stand ein G.s-führer vor. Zur Inspektion mehrer G.e gab es bis 1935 noch die Obergebiete, die danach nur noch eine namentliche Zusammenfassung der G.e waren.

J. Rüdiger (Hrsg.): Die Hitler-Jugend und ihr Selbstverständnis im Spiegel ihrer Aufgabengebiete, 1983. Reichsjugendführung (Hrsg.): Aufbau und Abzeichen der Hitler-Jugend, 1940.

Gefangene, →Kriegsgefangene.

Gefolgschaft, im 3. Reich Bezeichnung für eine Gemeinschaft, die dem Willen eines Führers folgt. Nach dem →Führergrundsatz bildeten die Geführten die G. des jeweils nächsthöheren Führers. So waren die Betriebsangehörigen als G.smitglieder die G. ihres Betriebsführers nach dem Arbeitsordnungsgesetz vom 20. 1. 1934. In der →HJ bildete die G. eine Untergliederung, die drei Scharen mit zusammen rund 250 Jungen umfaßte und einem G.s-führer unterstanden; mehrere G.en (drei bis fünf) bildeten einen Unterbann der HJ.

Gefrierfleischorden, in der Landsersprache des 2. Weltkriegs Bezeichnung für die →Ostmedaille (Teilnahme am →Rußlandfeldzug im Winter 1941/42).

Gehag, Abkürzung für Gemeinnützige Heimstätten-Spar- und Bau-AG (Reichsheimstättenamt G.) der →Deutschen Arbeitsfront.

Geheime Feldpolizei (GFP), deutsche Polizei in den im 2. Weltkrieg besetzten Gebieten. Die GFP hatte dort ähnliche Aufgaben wie →Gestapo und Kripo im Reich, zusätzlich den Schutz militärischer Einrichtungen, auch gegen Partisanen. Sie war bis 1942 dem Heer, dann der Sicherheitspolizei unterstellt. Ihr gehörten größtenteils Soldaten an.

Geheime Staatspolizei (Gestapo), im 3. Reich Zweig der →Sicherheitspolizei zur Bekämpfung staatsgefährdender Bestrebungen. Sie wurde auf Veranlassung H. →Görings am 26. 4. 1933 zunächst für Preußen aus Angehörigen der preußischen →Politischen Polizei gebildet mit dem Auftrag, Aktionen der verbotenen →Kommunistischen Partei Deutschlands, insbesondere ihrer Untergrundapparate und bewaffneten Formationen, zu bekämpfen und zu verhindern. Dazu gehörte auch die Unter-

bindung der aus dem Ausland gesteuerten Tätigkeit der Kommunistischen →Internationale auf deutschem Boden. Wenig später kam die Untersuchung aller anderen gegen das Dritte Reich gerichteten politischen Aktivitäten dazu. Erster Chef des Geheimen Staatspolizeiamtes (Gestapa) in Berlin war Rudolf Diels, der in der Endphase der Weimarer Republik für die polizeiliche Überwachung der KPD in Preußen zuständig gewesen war, sein Nachfolger wurde am 20. 4. 1934 R. →Heydrich. Bis 1936 wurde die territoriale Zuständigkeit der Gestapo auf ganz Deutschland ausgedehnt. Nach dem G.-Gesetz vom 10. 2. 1936 hatte sie alle staatsgefährlichen Bestrebungen im Deutschen Reich zu erforschen und zu bekämpfen. Ab 17. 6. 1936 wurde sie von H. →Himmler, Reichsführer SS, Chef der Deutschen Polizei und Staatssekretär im Reichsinnenministerium, geleitet. Die G. war ein von der allgemeinen Polizei getrennter selbständiger Verwaltungszweig, deren Verfügungen nicht der Nachprüfung durch Verwaltungsgerichte unterlagen. Nach der Gründung des →Reichssicherheitshauptamtes (Chef bis 1942: R. Heydrich, ab 1943 E. →Kaltenbrunner) gehörte ihm die Gestapo als dessen Amt IV unter ihrem Leiter H. Müller an. Die Gestapo konnte Verhaftungen ohne richterlichen Haftbefehl und Einweisungen in →Konzentrationslager aufgrund von Schutzhaftbefehlen vornehmen, die sie selber ausstellte. Ebenso konnten Entlassungen aus der Schutzhaft nur mit Zustimmung der Gestapo erfolgen. Ihr Referat IV B 4 unter Obersturmbannführer A. →Eichmann war im Krieg auch für die Festnahme und Deportation von Juden in Konzentrationslager verantwortlich. 1944 hatte die Gestapo etwa 31 000 Angehörige. Im →Nürnberger Prozeß wurde sie 1946 als verbrecherische Organisation verurteilt.

W. Best: Die politische Polizei des Dritten Reiches, 1937. H. Buchheim: SS und Polizei im NS-Staat, 1964. J. Delarue: Geschichte der Gestapo, 1979.

Geheimwaffen, im 2. Weltkrieg Bezeichnung für neuartige Waffensysteme, deren Existenz bis zu ihrem Einsatz geheim bleiben sollte. Auf deutscher Seite zählten dazu vor allem Fernraketen (→V1 und V2), Flugabwehrraketen, ferngesteuerte Bomben, →Raketenflugzeuge. Viele dieser Entwicklungen wurden jedoch vor Kriegsende nicht mehr bis zur Einsatzreife entwickelt. 1945 fielen über 300000 Patente von G. den Alliierten in die Hände.

W. Dornberger: V2 – Der Schuß ins Weltall, 1952. W. Schweizer: Geheime Seeminen, 1989. F. Hahn: Waffen und Geheimwaffen des deutschen Heeres 1933–1945, 2 Bde., 1989. W. Wagner: Die ersten Strahlflugzeuge der Welt, 1989. W. Hellmold: Die V1, 1988. D. Irving: Die Geheimwaffen des Dritten Reiches, 1965. C. Friedrich:

Die Geheimwaffen und Wunderwaffen des II. Weltkrieges, o. J. Die deutschen Waffen und Geheimwaffen des 2. Weltkrieges und ihre Weiterentwicklung, 1964.

Gehlen, Arnold, Professor, Dr. phil., Philosoph und Soziologe, * 29. 1. 1904 Leipzig, † 30. 1. 1976 Hamburg. Als einer der bedeutendsten Anthropologen und Philosophen des 20. Jahrhunderts lehrte G. an den Universitäten Leipzig (1934–1938), Königsberg (1938–1940) und Wien (1940–1945). Im 2. Weltkrieg wurde er als Frontoffizier schwer verwundet. Nach Kriegsende war er zunächst ohne Professur und lehrte dann ab 1947 an der Verwaltungshochschule Speyer und ab 1962 an der Technischen Hochschule Aachen. In seinen Werken, insbesondere in „Der Mensch – seine Natur und Stellung in der Welt" (1940) begründete er eine moderne Anthropologie, die den Menschen als instinktarmes und deshalb auf kulturelle Ergänzung angewiesenes „Mängelwesen" beschreibt, also auf Stabilisierung durch Institutionen und Traditionen (Hierarchien, Staat, Nation, Familie) und die Vermittlung von Wertordnungen angewiesen. In „Moral und Hypermoral" (1969) kritisiert er vor allem die Moralhypertrophie, das heißt das Urteilen und Handeln ausschließlich nach moralischen und somit vielfach sachfremden Gesichtspunkten ohne die Prüfung der sich daraus ergebenden Konsequenzen, insbesondere im Bereich der Politik. Daneben schrieb er u. a. „Theorie der Willensfreiheit" (1933), „Urmensch und Spätkultur" (1956), „Anthropologische Forschung" (1961). Von der „Gesamtausgabe" seiner Werke erschien Band vier 1983.
F. Jonas: Die Institutionenlehre Arnold Gehlens, 1966. G. Sudholt, Deutsche Annalen 1973, 1973.

Gehlen, Reinhard, General und Geheimdienstchef, * 3. 4. 1902 Erfurt, † 8. 6. 1979 Berg/Starnberg. Ab 1920 Berufsoffizier in der Reichswehr, kam G. 1935 in den Generalstab des Heeres und war 1942–1945 Abteilungsleiter „Fremde Heere Ost", ab 1944 als Generalmajor. Sein Geheimdienstwissen über die Sowjetunion stellte er 1945 den Amerikanern zur Verfügung, für die er die „Organisation Gehlen" als Nachrichtendienst vor allem für Ostaufklärung aufbaute. Sie wurde 1955 von der Bundesregierung übernommen und wirkte als Bundesnachrichtendienst (BND) unter G.s Führung mit Sitz in Pullach bei München. 1968 wurde G. pensioniert. Neben seinen Erinnerungen „Der Dienst" (1971) schrieb G. „Zeichen der Zeit" (1973) und „Verschlußsache" (1980), worin er vor allem vor den Gefahren des Kommunismus warnte.
H. Zolling und H. Höhne: Pullach intern, 1971.

Geilenberg-Programm, Maßnahmen zur Wiederherstellung zerstörter Mineralölerzeugungsstätten. Nach einem Befehl A. →Hitlers (Führererlaß) vom 30. 5. 1944 wurden im G. Anlagen der Mineralölproduktion wiederaufgebaut sowie kleinere Hydrieranlagen verlegt. Als Arbeitskräfte dienten meist Kriegsgefangene.
W. A. Boelcke: Deutschlands Rüstung im Zweiten Weltkrieg, 1969.

Geistliches Ministerium, die unter dem Reichsbischof nach der Reichskirchenverfassung vom 11. 7. bzw. 14. 7. 1933 stehende oberste Behörde in der Deutschen Evangelischen Kirche. Das G. bestand aus drei Theologen und einem Juristen und hatte seinen Sitz in Berlin. Nach innerkirchlichen Spannungen wurden im Gesetz zur Sicherung der Deutschen Evangelischen Kirche vom 14. 9. 1935 Voraussetzungen dafür geschaffen, daß der Reichskirchenminister →Kerrl Befugnisse des G. auf andere kirchliche Stellen übertragen konnte.

„Gelb", Fall, deutsche Planungen für den Westfeldzug im 2. Weltkrieg. Am 19. 10. 1939 lag der erste Aufmarschplan für den Fall „G.", den Angriff gegen Frankreich, vor, am 29. 10. 1939 folgten die Richtlinien des OKH für die Bereitstellung derjenigen Truppeneinheiten, die nach dem →„A-Tag" angreifen sollten. Diese Planungen wurden im Zusammenwirken von Generalleutnant von →Manstein, General →Guderian und A. →Hitler hin zum →„Sichelschnitt" verändert: Dem Einmarsch in Holland, dann dem Vorstoß durch die Ardennen bis zur Kanalküste und somit der Einkesselung der in Belgien versammelten gegnerischen Verbände. Der vorgesehene Angriff auf Holland wurde von Oberst →Oster, einem Mitarbeiter von →Canaris im Amt Ausland/→Abwehr, dem holländischen Militärattaché in Berlin, Oberst Sas, verraten. Diese Mitteilungen hatten nur deshalb keine Auswirkungen, weil der Angriffstermin mehrfach verschoben wurde und man von holländischer Seite Osters Informationen nicht mehr glaubte, als der deutsche Vormarsch am 10. 5. 1940 dann tatsächlich begann.
W. Görlitz: Der Zweite Weltkrieg, 1951. H. Greiner: Die Oberste Wehrmachtführung 1939–1943, 1951. W. Haupt: Sieg ohne Lorbeer, 1965. W. Hubatsch: Hitlers Weisungen für die Kriegführung 1939–1945, 1962. H. Jacobsen: Fall „Gelb", 1957. H. Guderian: Erinnerungen eines Soldaten, [11]1979. E. von Manstein: Verlorene Siege, 1955.

Geleitzugschlachten, Seeschlachten im Nordatlantik ab 1941. Gegen die seit August 1941 südlich von Spitzbergen nach Murmansk und Archangelsk laufenden alliierten Geleitzüge operierten – oft von Nordnorwegen aus – deutsche U-Boote, Großkampfschiffe und Flugzeuge. So kamen von dem am 4. Juli 1942 östlich der Bären-Insel angegriffenen alliierten Geleitzug PQ-17 von 36 Handelsschiffen nur elf in der Sowjetunion an, 144 000 BRT wurden bis 10. 7. 1942 davon versenkt. Vom Geleit PQ 18 wurden vom 12. bis 18. 9. 1942 zehn Schiffe, vom Geleit SC 107 vom 1. bis 6. 11. 1942 15 Schiffe mit 83 000 BRT, vom Geleit HX 229 und SC 122 vom 16. bis 20. 3. 1943 21 Schiffe mit 141 000 BRT versenkt. Beim Kampf mit dem Geleit JW55 B und den ihn deckenden britischen Großkampfschiffen sank am 26. 12. 1943 das Schlachtschiff →„Scharnhorst" (31 850 BRT).

E. B. Potter u. a.: Seemacht, 1986. H. Pemsel: Seeherrschaft, Bd. 2, 1985. P. S. Smith: Geleitzug nach Rußland, 1980. G. Karweine: Geleitzug PQ 17, 1964.

Gemeindeordnung, Verfassung der Gemeinden. In der Deutschen G. vom 30. 1. 1935 wurde die Verwaltung der Gemeinden neu geordnet und die Mitwirkung der →NSDAP darin gesetzlich festgelegt, insbesondere durch den vom →Stellvertreter des Führers ernannten Beauftragten der NSDAP, der bei der Berufung von Bürgermeistern, Gemeinderäten und Beigeordneten, beim Erlaß der Hauptsatzung sowie bei Ehrungen mitzuwirken hatte. Die Gemeinde- oder Dorfvorsteher wurden Bürgermeister. Aufgrund des Gesetzes vom 15. 12. 1933 waren die Gemeinden und Gemeindeverbände im Deutschen Gemeindetag zusammengeschlossen, der als Körperschaft des öffentlichen Rechts die Gemeinden beriet und für sie Gutachten verfaßte.

Gemeindeumschuldung, Maßnahmen zur Entlastung der Gemeinden von ihrer vor 1933 entstandenen Verschuldung. Im Gemeindeumschuldungsgesetz vom 21. 9. 1933 wurden den Gemeinden Möglichkeiten zur günstigen Umwandlung ihrer Schulden geboten, u. a. durch Beitritt zu einem Umschuldungsverband, der Schuldverschreibungen an die Gläubiger der Gemeinden ausgab.

Gemeinnutz geht vor Eigennutz, Leitgedanke des Programms der →NSDAP. Der aus dem altdeutschen Recht stammende Grundsatz wurde von der NSDAP als Richtlinie für das Verhalten aller Deutschen sowie für die Wirtschaftspolitik und die Gesetzgebung des 3. Reiches proklamiert. Er sollte den Mißbrauch des Kapitals für eigennützige und gemeinschaftsgefährdende Zwecke vermeiden oder verringern und so die Gegensätze zwischen Klassen und Ständen abbauen, also zum Aufbau einer →Volksgemeinschaft beitragen. Bei Spannun-

gen sollten die Gemeinschaftsinteressen Vorrang vor individuellen Zielen haben, Eigentum und Privatrechte als Treuhänderschaft gegenüber der Allgemeinheit gelten. Mit dem Prinzip G. sollte folglich ein Gemeinschaftsbewußtsein in Deutschland gefördert werden, das innerstaatliche Auseinandersetzungen vermied und äußeren Belastungen gewachsen war.

G. Feder: Das Programm der NSDAP und seine weltanschaulichen Grundlagen, 1927. Krannhals: Das organische Weltbild, 1928. Merk: Der Gedanke des gemeinen Besten in der deutschen Staats- und Rechtsentwicklung, 1934.

Gemeinschaftshilfe der Wirtschaft, Aktion der Wirtschaft im 2. Weltkrieg. Durch Verordnung vom 19. 2. 1940 wurde die G. als eine Unterstützungseinrichtung für Betriebe geschaffen, die im Rahmen der Kriegswirtschaft stillgelegt wurden. Aus Gemeinschaftsmitteln der Wirtschaft wurden Gelder aufgebracht, um die volkswirtschaftlichen Werte der betroffenen Firmen zu erhalten.

Generalgouvernement, Bezeichnung für von der Wehrmacht besetzte polnische Gebiete im 2. Weltkrieg. Nach dem Ende des →Polenfeldzuges 1939 wurde mit Erlaß A. →Hitlers vom 12. 10. 1939 (in Kraft getreten am 26. 10. 1939) das G. „für die besetzten polnischen Gebiete" (ab Juli 1940 nur noch G.) geschaffen. Es umfaßte das Land zwischen der neuen Reichsgrenze, die nach der Angliederung der Gebiete →Wartheland und →Danzig-Westpreußen entstanden war, und der deutsch-sowjetischen Demarkationslinie, die im →deutsch-sowjetischen Vertrag vom 28. 9. 1939 entlang Narew, Bug und San festgelegt wurde. Zum G. gehörten die Distrikte Krakau, Warschau, Lublin und Radom mit 12,1 Millionen Einwohnern, am 1. 8. 1941 kam noch der Distrikt Galizien mit Lemberg dazu. Verwaltet wurde es von Generalgouverneur Hans →Frank mit Sitz in Krakau, der A. Hitler direkt unterstellt war und dem wiederum Distriktgouverneure unterstanden. Gegen die deutsche Besatzung im G. richtete sich eine Partisanentätigkeit, die 1944 mit dem →Warschauer Aufstand ihren Höhepunkt fand. 1944/45 wurde das G. durch sowjetische Truppen besetzt.

M. du Prel (Hrsg.): Das deutsche Generalgouvernement Polen, 1940. H. Umbreit: Deutsche Militärverwaltungen 1938–1939, 1977.

Generalinspektor für das deutsche Straßenwesen, Titel und Dienststelle im 3. Reich. Für die am 30. 6. 1933 geschaffene Dienststelle wurde am 5. 7. 1933 Dr. Ing. Fritz →Todt als G. ernannt, der ab 30. 11. 1933 bis zu seinem Unfall-

tod am 8. 2. 1942 als Leiter einer obersten Reichsbehörde A. →Hitler unmittelbar unterstand. Als G. schuf Todt die →Reichsautobahnen als modernstes Straßennetz Europas, wobei er der Landschaftspflege und der Schönheit der Bauten hohen Wert einräumte. Daneben verbesserte er das Fernstraßennetz als Voraussetzung für den wachsenden Verkehr.
Schönleben: Fritz Todt, 1943. F. W. Seidler: Fritz Todt, 1986.

Generalrat der deutschen Wirtschaft, Gremium von Wirtschaftsfachleuten. Am 15. 7. 1933 berief A. →Hitler 17 Vertreter der Großindustrie, der Banken und des Großgrundbesitzes in den G., der Maßnahmen zur Beseitigung der Arbeitslosigkeit und zur Ankurbelung der Wirtschaft beraten sollte. Ihm gehörten u. a. G. →Krupp, C. Bosch, F. →Thyssen, K. F. von Siemens, A. →Vögler, A. von Finck, K. von Schröder, F. →Reinhard, R. →Ley, C. V. Krogmann und H. →Backe an. Der G. trat nur einmal am 20. 9. 1933 zusammen, seine Mitglieder haben aber später beratend am Vierjahresplan und der Wirtschaftspolitik der Reichsregierung mitgewirkt.

Genfer Abrüstungskonferenzen, internationale Konferenzen 1932–1934. Nachdem die vom →Völkerbund im Dezember 1925 eingesetzte Abrüstungskommission vor allem wegen des mangelnden Abrüstungswillens der Westalliierten keine praktischen Ergebnisse erzielt hatte, tagten ab 2. 2. 1932 die vom Völkerbund einberufenen G., an denen 64 Staaten unter Vorsitz des ehemaligen englischen Außenministers Henderson teilnahmen. Da über die deutsche Gleichberechtigung wie über Abrüstungsvorschläge Englands (McDonald am 16. 3. 1933) und der USA (Simons am 9. 10. 1933) keine Einigung erreicht werden konnte und Frankreich erst in weiterer vier Jahren mit der Abrüstung beginnen wollte, kündigte Deutschland am 14. 10. 1933 die Mitarbeit in der Abrüstungskonferenz auf. Frankreich protestierte am 17. 4. 1934 gegen die geringe deutsche Aufrüstung und zog sich dann auch zurück. Als die Sitzungsperiode am 11. 6. 1934 beendet und der Vorsitzende Henderson 1935 gestorben war, wurden die G. nicht fortgesetzt.
S. Nadolny: Abrüstungsdiplomatie 1932/33, 1978.

Genfer Protokolle, Vereinbarungen zwischen Österreich und den Westalliierten 1922. Zur Abwendung des Staatsbankrotts erreichte Österreich durch die geschickte Politik Bundeskanzler →Seipels am 4. 10. 1922 in Genf die Unterzeichnung der G. durch die Westalliierten. Darin verpflichtete sich Österreich für die Dauer von 20 Jahren zur Erhaltung seiner politischen und territorialen Unabhängigkeit, die von England, Frankreich, Italien und der Tschechoslowakei garantiert wurde; dafür erhielt es vom →Völkerbund eine langfristige Anleihe von 650 Millionen Goldkronen. Im dritten G. versprach Österreich die Vorlage eines Reform- und Sanierungsprogramms für den Staatshaushalt innerhalb von zwei Jahren. Damit schrieben die G. das →Anschlußverbot der Diktate von →Versailles und →Saint-Germain erneut fest, wogegen sich die SPÖ wehrte.
G. Ladner: Seipel als Überwinder der Staatskrise, 1964.

Genua, Konferenz von, internationale Reparationskonferenz 1922. Auf Anregung des britischen Premiers Lloyd George tagte vom 10. bis 19. 4. 1922 in Genua eine Weltwirtschaftskonferenz, die über die Rückständigkeit der deutschen →Reparationszahlungen beraten sollte. 28 Staaten nahmen an ihr teil, auch erstmals die Sowjetunion, weshalb die USA von ihr fernblieben. Frankreich versuchte bei dieser Gelegenheit, die Sowjetunion, die auf der →Versailler Konferenz 1919 nicht vertreten war, zu Reparationsforderungen an das Deutsche Reich zu veranlassen. Als die sowjetischen Vertreter dies dem deutschen Außenminister →Rathenau mitteilten, kam es am 16. 4. 1922 in →Rapallo zu einem nach diesem Ort benannten Vertrag, in dem das Deutsche Reich und die Sowjetunion auf alle gegenseitigen Forderungen aus der Kriegszeit verzichteten. Als die Westmächte von diesem Abkommen zwischen Rathenau und dem sowjetischen Außenminister Tschitscherin erfuhren, wurde die Konferenz von G. ergebnislos abgebrochen. Deutschland erhielt keine Reparationsanleihe, und Frankreich und England verweigerten eine Herabsetzung der Reparationsraten.
W. Rathenau: Cannes und Genua, 1922.

Geopolitik, Wissenschaft vom Einfluß der geographischen Verhältnisse auf die Politik. Die Grundlagen der G. wurden im 19. Jahrhundert von dem deutschen Geographen Friedrich Ratzel und dem amerikanischen Admiral Alfred Thayer Mahan, im 20. Jahrhundert von dem gebürtigen Amerikaner und späteren General der chinesischen Armee Homer Lea sowie dem schwedischen Schriftsteller Rudolf Kjellén gelegt. Besonders erforscht wurde sie aber seit Beginn der 20er Jahre in Deutschland durch General a. D. Prof. Dr. Karl Haushofer und sein Institut an der Universität München. Es ging Haushofer dabei in erster Linie um die raumbedingten, vom Menschen weitgehend unabhängigen und deshalb zeitlosen Bedingungen und Zwänge für die Politik, besonders die der Großmächte. Da R. →Heß Schüler Haushofers war, andererseits Haushofers Untersuchungen zum Lebensraum die Politik des 3. Reiches beeinflußt haben, wurde die G. nach Ende des 2. Weltkrieges in Deutschland nicht weiter erforscht. Zur Zeit wird sie dafür stärker in den USA und an Offiziersschulen südamerikanischer Armeen beachtet.

F. Ratzel: Erdmacht und Völkerschicksal, 1940. A. T. Mahan: Der Einfluß der Seemacht auf die Geschichte, 1967. H. Lea: Die Stunde der Angelsachsen, 1946. R. Kjellén: Der Staat als Lebensform, 1924. K. Haushofer: Geopolitik des Pazifischen Raumes, 1925. Ders.: Weltpolitik von heute, o. J. (1934). Ders.: Weltmeere und Weltmächte, 1937. O. Maull: Das Wesen der Geopolitik, ²1939. H.-A. Jacobsen (Hrsg.): Karl Haushofer – Leben und Werk, 2 Bde., 1979. G. Bakker: Deutsche Geopolitik 1919–1946, 1967.

George, Heinrich (eigentlich Heinrich Georg Schulz), * 9. 10. 1893 Stettin, † 25. 9. 1946 Sachsenhausen. Nach Teilnahme am 1. Weltkrieg und Ausbildung am Theater entwickelte sich G. zu einem der bedeutendsten Helden- und Charakterdarsteller des 20. Jahrhunderts. Er übernahm auch zahlreiche Filmrollen und trug wesentlich zum Weltruhm des deutschen Films in den 30er Jahren bei, u. a. durch Hauptrollen in „Metropolis" (1926), „Berlin Alexanderplatz" (1931), „Das Mädchen Johanna" (1935), „Der Volksfeind" (1937), „Heimat" (1938), „Friedrich Schiller" (1940), „Der Postmeister" (1940), „Jud Süß" (1940), „Kolberg" (1944). Seit 1938 war G. auch Generalintendant des Berliner Schiller-Theaters. 1945 wurde er von den Sowjets in das Konzentrationslager Sachsenhausen verschleppt und starb dort wie Tausende von anderen Häftlingen.

B. Drews: Heinrich George, 1959. B. Drews: Wohin des Wegs, 1987.

Germanische Freiwilligenverbände, →Freiwilligenverbände.

Germans to the front, Befehl aus dem →Boxeraufstand. Der vielzitierte Befehl wurde am 22. 6. 1900 vom englischen Admiral Seymour gegeben, nachdem sein Angriff auf Peking gescheitert war. Eine deutsche Einheit führte daraufhin am 22. 6. 1900 einen Entlastungsangriff gegen Tientsin durch.

Gesamtdeutscher Block/Bund der Heimatvertriebenen und Entrechteten (GB/BHE), Partei der Bundesrepublik Deutschland ab 1950. Am 8. 1. 1950 wurde der BHE in Kiel von Personen gegründet, die durch die →Vertreibung aus ihrer Heimat, aber auch durch die sogenannte →Entnazifizierung benachteiligt und teilweise entrechtet worden waren. Am 14. 11. 1952 ver-

einigte sich der BHE mit verschiedenen Vertriebenen- und gesamtdeutsch ausgerichteten Gruppen zum GB/BHE. Die neue Partei erhielt bei den Landtagswahlen in Schleswig-Holstein 1950 15, bei der Bundestagswahl 1953 mit 5,7% Stimmenanteil 27 Mandate. Der GB/BHE beteiligte sich darauf an der zweiten Regierung →Adenauer mit dem Vertriebenenminister Theodor →Oberländer und dem Sonderminister Waldemar Kraft. Beide traten jedoch 1955 zur CDU über, neuer Parteivorsitzender des GB/BHE wurde F. von Kessel. Auf Länderebene koalierte der GB/BHE sowohl mit der CDU als auch mit der SPD. 1957 erhielt die Partei nur noch 4,6% der Stimmen und kam deshalb nicht mehr in den Bundestag. Vor der Bundestagswahl 1961 verband sie sich unter Frank Seiboth mit der Deutschen Partei (DP) zur Gesamtdeutschen Partei (GDP), die jedoch nur noch einen Stimmenanteil von 2,8% bekam. Ab 1962 war H. Ahrens Vorsitzender. Die in ihrer Bedeutung stark zurückgegangene Partei nannte sich ab 1972 wieder BHE. Viele ihrer Mitglieder traten ab 1964 der →Nationaldemokratischen Partei Deutschlands (NPD) bei.

F. Neumann: Der GB/BHE 1950–1960, 1968. M. G. Lange und andere: Parteien in der Bundesrepublik, 1955. F. Wende (Hrsg.): Lexikon zur Geschichte der Parteien in Europa, 1981.

Geßler, Otto, Dr. jur., Reichswehrminister, * 6. 2. 1875 Ludwigsburg, † 24. 3. 1955 Lindenberg/Allgäu. Nach Jurastudium und Tätigkeit im bayer. Justizdienst war G. 1910–1912 Bürgermeister von Regensburg und 1914–1919 Oberbürgermeister von Nürnberg. Er gründete 1918 die →Deutsche Demokratische Partei in Franken, war ab Oktober 1919 Reichsminister für Wiederaufbau und wurde im März 1920 nach →Noskes Rücktritt Reichswehrminister, bis er im Januar 1928 wegen angeblicher Verschleuderung von Reichswehrmitteln zurücktreten mußte. Er unterstützte den Aufbau der →Reichswehr durch General von →Seeckt sehr. 1920–1924 war er MdR, 1931–1933 Vorsitzender des →Vereins für das Deutschtum im Ausland (VDA). Wegen des Vorwurfs der Verbindung zu Widerstandskreisen wurde G. nach dem →20. 7. 1944 zeitweilig inhaftiert. 1950–1952 war er Präsident des Deutschen Roten Kreuzes (DRK). Er schrieb u. a. „Die Träger der Reichsgewalt" (1931) und „Reichswehrpolitik in der Weimarer Zeit" (Hrsg. K. Sendtner, 1958).

F. L. Carstens: Reichswehr und Politik 1918-33, ³1966.

Gestapa, Abkürzung für →Geheimes Staatspolizeiamt, →Geheime Staatspolizei.

Gestapo, Abkürzung für →Geheime Staatspolizei.

Gesundheitspaß, Ausweis über ärztliche Befunde und medizinische Maßnahmen. 1937 vom NSDAP-Hauptamt zur Förderung der Gesundheit eingeführt, sollte der G. für jede Person frühere medizinische Befunde, therapeutische Maßnahmen oder Kuren angeben, um den aufgesuchten Arzt zu unterrichten. Der ausbrechende 2. Weltkrieg verhinderte die allgemeine Einführung des G.

Getto (frühere Schreibweise Ghetto), abgeschlossener Wohnbezirk für Juden. Die G.s wurden im Mittelalter von Juden eingerichtet, um ihnen eine von religiösen Geboten bestimmte Existenz zu gewährleisten, die sich von den Lebensgewohnheiten der nichtjüdischen Umwelt unterschied. Mit und nach der Französischen Revolution wurden sie jedoch zum Verlassen der G.s gedrängt. Die Anhänger dieser Revolution wollten den Juden zwar als Einzelpersonen alle staatsbürgerlichen Rechte zugestehen, nicht jedoch den Status einer besonderen Gruppe, da dies ihrer Doktrin von der Gleichheit aller Menschen widersprach. Tatsächlich haben darauf viele Juden zunächst in Frankreich, dann allgemein in West- und Mitteleuropa die G.s verlassen und sich assimiliert, anders als in Osteuropa, wo G.s bis zum 2. Weltkrieg in weitaus größerer Zahl erhalten blieben. Etwa ab 1940 erfolgte in den von der deutschen Wehrmacht besetzten Gebieten die Neuerrichtung oder Erweiterung von G.s auf Anordnung deutscher Behörden.

Gewerkschaften, Arbeitnehmervertretungen. Die im 19. Jahrhundert aus der Arbeiterbewegung entstandenen G. wurden 1916 staatlich anerkannt. In der Weimarer Zeit gab es den Allgemeinen Deutschen Gewerkschaftsbund (ADGB), auch Freie Gewerkschaften genannt, der marxistisch ausgerichtet war und der SPD nahestand, mit bis zu 8,5 Millionen, 1933 noch 4,6 Millionen Mitgliedern; den Gewerkschaftsring oder die Hirsch-Dunckerschen Gewerkschaften, freiheitlich-national und politisch in der Mitte stehend, mit 0,5 Millionen Mitgliedern; den Deutschen Gewerkschaftsbund (DGB), dem Zentrum nahestehend, mit 1,5 Millionen Mitgliedern. 1933 wurden diese Gewerkschaften aufgelöst und ihr Vermögen der neugegründeten →Deutschen Arbeitsfront (DAF) übertragen, die bis zum Kriegsende einzige Gewerkschaftsorganisation in Deutschland war.
R. Seidel: Die Gewerkschaftsbewegung in Deutschland, 1952. J. Kurth: Geschichte der Gewerkschaften in Deutschland, 1957. H. Stadler: Die Gewerkschaften. Ein Staat im Staate, 1965.

Gewerkschaftsachse, Bezeichnung für Pläne des Generals von Schleicher 1932. von → Schleicher, ab 3. 12. 1932 auch Reichskanzler, wollte sich durch die G. eine ausreichende parlamentarische Unterstützung im Reichstag sichern. Dafür plante er ein Bündnis, das vom sozialdemokratischen Allgemeinen Deutschen Gewerkschaftsbund (ADGB) über die christlichen Gewerkschaften bis hin zum Strasser-Flügel der →NSDAP reichen sollte. Er wollte dadurch eine Machtübernahme A. →Hitlers, aber auch einen Verfassungsbruch von →Papens verhindern, der eine Reichstagsauflösung ohne anschließende Neuwahlen und somit eine Diktatur als Reichskanzler plante. Der zum linken Flügel der NSDAP zählende Reichsorganisationsleiter Gregor →Strasser stand diesen Plänen aufgeschlossen gegenüber, konnte sich jedoch nicht mit seinen Ansichten durchsetzen und legte deshalb am 8. 12. 1932 seine Ämter in der NSDAP nieder. Da auch →SPD und ADGB nicht mit dem von ihnen als „reaktionär" angesehenen General von Schleicher zusammenarbeiten wollten, kam die G. nicht zustande. Von Schleicher mußte deshalb Ende Januar 1933, keine zwei Monate im Amt, zurücktreten.

GFP, Abkürzung für Geheime Feldpolizei.

GG, Abkürzung für Generalgouvernement.

Ghetto, →Getto.

Gille, Herbert Otto, SS-Obergruppenführer und General der Waffen-SS, * 8. 3. 1897 Gandersheim, † 26. 12. 1966 Stemmen/Hannover. Seit 1911 Kadett, nahm G. am 1. Weltkrieg teil, erhielt EK I und II und schied 1919 als Oberleutnant aus. Anschließend war er Gutsinspektor. Am 20. 5. 1934 trat er in die SS-Verfügungstruppe ein. Als Abteilungskommandeur nahm er am →Polen- und →Westfeldzug teil. Im →Rußlandfeldzug war G. zunächst Kommandeur des Artillerieregiments „Wiking" im Südabschnitt der Ostfront und erhielt am 28. 2. 1942 das →Deutsche Kreuz in Gold. Für den Vorstoß mit seiner Vorausabteilung fast bis zum Kuban wurde er am 8. 10. 1942 mit dem →Ritterkreuz ausgezeichnet. Ab Mai 1943 führte er die Panzerdivision „Wiking", die beim Rückzug lange entscheidende Frontabschnitte zwischen Donez und Dnjepr hielt, wofür G. am 1. 11. 1943 das →Eichenlaub bekam. Vom 28. 1. bis 16. 2. 1944 war G. mit seiner Division neben anderen Verbänden im Kessel von →Tscherkassy eingeschlossen und erkämpfte dann den Durchbruch. Er wurde dafür am 18. 2. 1944 mit den →Schwertern ausgezeichnet. Vom 16. 3. bis 5. 4. 1944 verteidigte er den Kessel Kowel, in den er hineingeflogen war, bis zum Entsatz und erhielt danach am 19. 4. 1944 als erster SS-Führer die →Brillanten. Ab Juli 1944 führte er das neuaufgestellte IV. SS-Panzerkorps in den Abwehrkämpfen bei Warschau, 1945 als SS-Obergruppenführer und General der Waffen-SS (seit 9. 9. 1944) bei Budapest und vom Plattensee bis in die Steiermark. Nach der Kapitulation geriet G. in US-Gefangenschaft und wurde zu eineinhalb Jahren Gefängnis verurteilt, aus dem er am 21. 5. 1948 entlassen wurde. Er setzte sich für die Soldaten der Waffen-SS ein und gab ab November 1951 die Monatszeitschrift „Wiking-Ruf" heraus, die er mit seinem Versandbuchhandel auch verlegerisch betreute.

G. Fraschka: Mit Schwertern und Brillanten, 1977. E. G. Krätschmer: Die Ritterkreuzträger der Waffen-SS, [3]1982.

Gisevius, Hans Bernd, Jurist und Widerständler, * 14. 6. 1904 Arnsberg, † 23. 2. 1974 Müllheim/Baden. Der Jurist trat 1933 von der →DNVP zur →NSDAP über und war ab August 1933 im preußischen Verwaltungsdienst und bei der Polizei, ab 1936 als Regierungsrat bei der →Gestapo und im Innenministerium tätig. Dann ging er in die Privatwirtschaft. 1940 wurde er von der deutschen Abwehr als Vizekonsul nach Zürich entsandt, wo er, schon mit →Canaris und Widerstandskreisen in Verbindung, Kontakte zum US-Geheimdienst in der Schweiz unter A. Dulles aufnahm und dort für den deutschen Widerstand wirkte, insbesondere Botschaften von →Goerdeler und →Beck übergab. Kurz vor dem Attentat vom →20. 7. 1944 kam er nach Berlin und beteiligte sich dort am Umsturzversuch, konnte jedoch später wieder in die Schweiz entkommen. Im →Nürnberger Prozeß 1945/46 sagte er vor allem gegen →Göring aus. Seine Erinnerungen „Bis zum bitteren Ende" (1946) sind sehr umstritten. Er schrieb ferner „Adolf Hitler" (1967).

A. W. Dulles: Die Verschwörung in Deutschland, 1949. W. Venohr: Stauffenberg, 1986. Archiv Peter (Hrsg.): Spiegelbild einer Verschwörung, 1961. E. Kern: Verrat in Deutschland, 1963. K. Balzer: Der 20. Juli und der Landesverrat, 1971.

Glaise von Horstenau, Edmund, österreichischer Vizekanzler, * 27. 2. 1882 Braunau/Inn, † 20. 7. 1946 Lager Langwasser/Nürnberg. Nach Kriegsschule und Truppendienst wurde der k. u. k. Offizier im 1. Weltkrieg in Galizien schwer verwundet, war ab 1915 Pressereferent im österreichischen Armeeoberkommando und nahm 1917/18 an den Friedensverhandlungen in →Brest-Litowsk teil. Im Anschluß an das Studium der Geschichte wurde er 1925 Generalstaatsarchivar und Leiter des Kriegsarchivs in Wien, war dann Chefredakteur der Österreichischen Wehrzeitung und wurde 1934 an die Universität Wien berufen. 1934–1936 war er Mitglied des Staatsrats. Nach dem →Juliabkommen 1936 wurde G. als Vertreter der nationalen Opposition Minister ohne Amtsbereich im Kabinett →Schuschnigg, ab November 1936 Leiter des Inneren. Vor und nach dem →Anschluß war G. Vizekanzler in der Regierung →Seyß-Inquart und in dieser Eigenschaft Mitunterzeichner des Anschlußgesetzes. Im unabhängig gewordenen Kroatien war er von April 1941 bis Oktober 1944 der von A. →Hitler Bevollmächtigte Deutsche General in Agram. In US-Gefangenschaft seit 1945, sagte er als Zeuge im →Nürnberger Prozeß um Seyß-Inquart aus und ging angesichts der drohenden Auslieferung an Jugoslawien im Lager in den Freitod. Er schrieb u. a. „Befreiungskrieg 1813 und 1814" (1913), „Die Katastrophe" (1929), „Franz Josephs Weggefährte" (1930) und gab das Generalstabswerk „Österreich-Ungarns letzter Krieg 1914–18" (1929 ff.) heraus.

von Peter (Hrsg.): Glaise von Horstenau, 1980. P. Broncek (Hrsg.): Ein General im Zwielicht, 2 Bde., 1983.

Glaube und Schönheit, Teil des →Bundes Deutscher Mädel (BDM). Das BDM-Werk „G." wurde auf der →HJ-Führertagung in Berlin am 19. 1. 1938 gegründet und umfaßte im BDM die Mädel von 17 bis 21 Jahren. Es gliederte sich in Arbeitsgemeinschaften, BDM-Werk-Gruppen, BDM-Werk-Ringe und faßte die jungen Frauen je nach Neigung und Begabung in einjährigen Arbeitsgemeinschaften zusammen. Die allgemeine Erziehung zielte auf die zukünftige Aufgabe als Frau und Mutter und Trägerin eines deutschen Kulturwillens in der Familie hin und umfaßte Gesundheitsdienst, Spiel, gesellige Kultur, Körperpflege und Haushalt, persönliche Lebensgestaltung und Werkarbeit, Leibeserziehung und Gymnastik, Musik und Volkskunde, modische Fragen und Tanz. Die junge Frau sollte Leben behüten, Sitte bewahren, Schönheit pflegen und so ihre Persönlichkeit entfalten lernen. Die Dienstkleidung entsprach der des BDM. Als Organ diente die BDM-Zeitschrift „Das Deutsche Mädel", von der →Reichsjugendführung herausgegeben. Der bald ausbrechende Krieg mit seinen Dienstverpflichtungen schränkte die Wirkungsmöglichkeit von G. und die Erfassung aller Mädel der Altersstufe sehr ein.

E. Blohm: Hitler-Jugend, soziale Tatgemeinschaft, 1977. J. Rüdiger: Der Bund Deutscher Mädel, 1984. J. Rüdiger: Der Bund Deutscher Mädel in Dokumenten, 1984.

Gleichberechtigung, außenpolitisches Ziel aller deutschen Regierungen seit 1919. Durch das →Versailler Diktat war das Deutsche Reich in seiner Souveränität und in vielen Bereichen der internationalen Vertrags-, Wehr-, Wirtschafts- und Finanzpolitik gegenüber den Nachbarstaaten benachteiligt und beschränkt. Die Forderung nach G., insbesondere nach Anerkennung als vollwertiger und ebenbürtiger Vertragspartner bei internationalen Verträgen wurde von allen Reichsregierungen der Weimarer Zeit erhoben, von den Alliierten jedoch hinhaltend verweigert. Die volle G. des Reiches erreichte erst nach und nach A. →Hitler durch seine einseitigen Erklärungen u. a. zur →Wehrhoheit (16. 3. 1935) und zur Nichtigkeit des Kriegsschuldparagraphen des Versailler Diktats (30. 1. 1937).

Gleichschaltung, Umstellung des öffentlichen Lebens und der Verbände auf den Nationalsozialismus. Das Gesetz zur G. der Länder mit dem Reich vom 31. 3. 1933 hat den Föderalismus schon weitgehend beseitigt. Mit dem zweiten G.-Gesetz vom 7. 4. 1933 wurden die →Reichsstatthalter eingesetzt, meist Gauleiter der NSDAP. Die G. der Länder wurde mit dem „Gesetz über den Neubau des Reiches" vom 30. 1. 1934, das die Landesvertretungen aufhob und ihre Hoheitsrechte auf das Reich übertrug, mit der Auflösung des Reichsrats am 14. 2. 1934 und mit der Unterstellung der Justizverwaltungen am 1. 4. 1935 unter das Reich abgeschlossen. Die G. der Berufsverbände brachte am 2. 5. 1933 die Freien Gewerkschaften in die →Deutsche Arbeitsfront, die Bauernorganisationen im Sommer 1933 in den →Reichsnährstand, andere Verbände in NS-Organisationen oder unter NS-Führung. Die G. der Parteien erfolgte durch Verbot der KPD am 28. 2. 1933 und der SPD am 22. 6. 1933, während sich die anderen Parteien im Juni/Juli 1933 selbst auflösten.
P. Diehl-Thiele: Partei und Staat im Dritten Reich, 1969. W. Johe: Die gleichgeschaltete Justiz, 1983. E. Matthias und R. Morsey (Hrsg.): Das Ende der Parteien 1933, 1960.

Gleiwitzer Sender, Überfall auf den. Am Abend des 31. 8. 1939 täuschte ein deutsches Kommando einen polnischen Überfall auf den Sender Gleiwitz in Oberschlesien vor, wobei ein deutschfeindlicher Aufruf in polnischer Sprache verlesen wurde. Damit sollte der Angriff der deutschen Wehrmacht auf Polen am 1. 9. 1939 auch mit gerechtfertigt werden. Zwar gab es zu diesem Zeitpunkt schon ausgedehnte Verfolgungen von Deutschen auf polnischem Gebiet mit zahlreichen Morden sowie viele Verletzungen der deutschen Grenze durch polnische Soldaten, so daß man nicht künstlich einen Anlaß zum Kriege brauchte. Durch die Aktion sollte aber eine größere Öffentlichkeit mobilisiert werden, die die Ereignisse auf polnischem Boden nicht selber verfolgen konnte.
A. Spieß und H. Lichtenstein: Das Unternehmen Tannenberg, 1979. W. Benz und H. Graml (Hrsg.): Sommer 1939, 1979.

Godesberger Konferenz, Treffen A. →Hitlers mit dem britischen Premierminister →Chamberlain. Beide Politiker hatten am 15. 9. 1938 auf dem →Obersalzberg über die Lösung der →Sudetenkrise gesprochen, England und Frankreich danach von Prag die Abtretung des →Sudetenlandes verlangt und am 21. 9. die gewünschte Zusage erhalten. Am 22./23. 9. 1938 berieten Hitler und Chamberlain im Rheinhotel Dreesen in Bad Godesberg über den Termin der Übergabe des Sudetenlandes an das Deutsche Reich. Noch während dieser Gespräche verkündete die Tschechoslowakei die allgemeine Mobilmachung und lehnte am 25. 9. das ihr von Großbritannien übermittelte Godesberger Memorandum mit den dort genannten Räumungsfristen als „absolut und bedingungslos unannehmbar" ab. Darauf wurde für den 29. 9. 1938 die →Münchener Konferenz einberufen.

Goebbels, Joseph, Dr. phil., Reichsminister, * 29. 10. 1897 Rheydt, † 1. 5. 1945 Berlin. Nach Promotion (Heidelberg 1921), schriftstellerischer und Banktätigkeit in Köln sowie Teilnahme am Ruhrkampf war G. ab September 1924 Sekretär des MdR Franz von Wiegershaus in Elberfeld, wo er auch im Gaubüro der →NSDAP und als Schriftleiter der „Völkischen Freiheit" tätig war. Am 1. 10. 1925 wurde er Schriftleiter der von Gregor →Strasser herausgegebenen „NS-Briefe" sowie Sekretär Strassers. Er vertrat in dieser Zeit betont sozialrevolutionäre Kurs, opponierte deshalb gegen die mehr konservativ ausgerichtete Politik A. →Hitlers und gründete zusammen mit Strasser die →Arbeitsgemeinschaft „Nordwest" mehrerer Gauleiter, die sich gegen die Linie der Parteileitung in München wandten und sogar ein diesen Zwecken dienendes neues Parteiprogramm für die NSDAP entwarfen. Bei einer Aussprache über diese Differenzen am 14. 2. 1926 in Bamberg stellte sich G. jedoch auf die Seite A. Hitlers, wurde dafür von Strasser entlassen, aber im November 1926 von A. Hitler zum Gauleiter von Berlin ernannt. Er hat dort unter großem persönlichem Einsatz, vor allem in den kommunistisch beeinflußten Arbeitervierteln, immer mehr Wähler und Mitglieder für die NSDAP gewonnen. Ab 4. 7. 1927 gab er die Zeitung →„Der Angriff" heraus, seit dem 20. 5. 1928 war er MdR und ab 9. 1. 1929 Reichspropagandaleiter der NSDAP. Am 13. 3. 1933 wurde er Reichsminister für Propaganda und Volksaufklärung, ab 13. 9. 1933 Leiter des →Winterhilfswerks und ab 22. 9. 1933 Präsident der →Reichskulturkammer. Im Krieg wirkte er an der Wochenzeitung →„Das Reich" mit. Als Reichsbevollmächtigter für den totalen Kriegseinsatz verkündete er am 24. 8. 1944 die totale Mobilmachung und setzte alle ihm zur Verfügung stehenden rhetorischen und organisatorischen Fähigkeiten zur Stärkung des deutschen Verteidigungswillens ein. Im Testament A. Hitlers vom 29. 4. 1945 wurde er zum Reichskanzler ernannt. Am 1. 5. 1945 ging er mit seiner Familie in den Tod. Er veröffentlichte u. a. „Die Zweite Revolution" (1926), „Wege ins Dritte Reich" (1927), „Revolution der Deutschen" (1933), „Vom Kaiserhof zur Reichskanzlei" (1934), „Signale der neuen Zeit" (1934), „Wetterleuchten" (1939) und die „Zeit ohne Beispiel" (1942). Nach dem Krieg wurden seine „Reden" (1971/73) und seine „Tagebücher" in verschiedenen Ausgaben herausgebracht.

H. Heiber: Joseph Goebbels, 1962. F. Chr. Prinz zu Schaumburg-Lippe: Dr. G., 1963. V. Reimann: Dr. Joseph Goebbels, 1971. H.-D. Müller: Der junge Goebbels, 1974. W. von Oven: Finale Furioso, 1974. K. Höffkes: Hitlers politische Generale, 1986. W. von Oven: Wer war Goebbels?, 1987. R. Smelser und R. Zitelmann (Hrsg.): Die braune Elite, 1989. W. Krämer: Vom Stabe Heß zu Dr. Goebbels, 1979. E. Fröhlich (Hrsg.): Die Tagebücher von Joseph Goebbels (1924–1941), 5 Bde., 1987. W. von Oven: Mit Goebbels bis zum Ende, 2 Bde., 1949/50. H. Fraenkel und R. Manvell: Goebbels, 1960. C. Kessemeier: Der Leitartikler, 1968. P. Longerich: Propagandisten im Krieg, 1987.

Goerdeler, Carl Friedrich, Politiker, * 31. 7. 1884 Schneidemühl, † 2. 2. 1945 Berlin. Der Jurist und Kommunalpolitiker trat nach dem 1. Weltkrieg der →DNVP bei und war von 1920–1930 2. Bürgermeister von Königsberg, anschließend Oberbürgermeister von Leipzig. 1931/32 war er unter →Brüning Reichskommissar für die Preisüberwachung und hoffte, Reichskanzler zu werden. Auch nach 1933 war er Wirtschaftsberater der Reichsregierung sowie 1934–1935 Reichskommissar für die Preisüberwachung. 1937 trat er vom Amt des Leipziger Oberbürgermeisters zurück, um dann für die Firma Bosch tätig zu sein. Seitdem betätigte er sich im Widerstand gegen →Hitler, besonders in Verbindung mit Generaloberst →Beck und auf häufigen Auslandsreisen in die Schweiz und nach England. Als Verfasser zahlreicher Denkschriften und Regierungsmodelle war er Kopf des nichtmilitärischen Widerstandes und als Reichskanzler nach dem Putsch vom →20. 7. 1944 vorgesehen. Er strebte eine autoritäre Regierung an und glaubte, ein Großdeutschland mit dem gesamten deutschen Volksraum beim Waffenstillstand mit den Alliierten durchsetzen zu können. Durch seine Aussagen nach seiner Verhaftung am 12. 8. 1944 wurden viele Verschwörer belastet. G. wurde am 10. 9. 1944 vom →Volksgerichtshof zum Tode verurteilt und nach längerer Haft hingerichtet.

G. Ritter: Goerdeler und die deutsche Widerstandsbewegung, 1954. W. Venohr: Stauffenberg, 1986. K. Balzer: Verschwörung gegen Deutschland, 1978. K. Balzer: Der 20. Juli und der Landesverrat, 1971. H. A. Jacobsen (Hrsg.): Spiegelbild einer Verschwörung, 1984. A. von Ribbentrop: Die Kriegsschuld des Widerstandes, 1974. J. F. Taylor: Der 20. Juli 1944, 1968. A. P. Young: Die „X"-Dokumente, 1989. Ritter von Schramm (Hrsg.): Beck und Goerdeler, 1965. H. Rothfels: Die deutsche Opposition gegen Hitler, 1949.

Göring, Emmy, zweite Ehefrau Hermann Görings, * 24. 3. 1893 Hamburg, † 8. 6. 1973. Am 10. 4. 1935 heirateten Hermann →Göring und Emmy, geschiedene Köstlin, geborene Sonnemann, im Berliner Dom, getraut von Reichsbischof Ludwig →Müller und mit Adolf →Hitler als Trauzeugen. Wegen Hitlers Ehelosigkeit übernahm sie bei offiziellen Anlässen zahlreiche repräsentative Verpflichtungen, ohne dabei politischen Einfluß auszuüben. Am 2. 6. 1938 wurde ihre Tochter Edda geboren. Nach 1945 mußte sie mit ihrer Tochter längere Zeit im Gefängnis Straubing verbringen. Sie schrieb „An der Seite meines Mannes" (1966).

Göring, Hermann, Reichsmarschall und Ministerpräsident, * 12. 1. 1893 Rosenheim, † 15. 10. 1946 Nürnberg. Der Sohn des 1. Reichskommissars von →Deutsch-Südwest besuchte die →Kadettenanstalten in Karlsruhe sowie Berlin-Lichterfelde und war ab 1912 Infanterieleutnant im Elsaß. Im 1. Weltkrieg wurde er mit 22 Abschüssen einer der erfolgreichsten deutschen Jagdflieger, erhielt die →EKs, den →Pour le mérite (1917) und war 1918 letzter Kommandeur des legendären Jagdgeschwaders →Richthofen. Nach Kriegsende betätigte sich G. als Kunst- und Verkehrsflieger in Dänemark und Schweden, wo er Karin Freiin von Kantzow, geborene von Fock, kennenlernte, die er 1922 heiratete († 1931). Seit 1921 wieder in Bayern, trat er 1922 der →NSDAP bei, wurde im Dezember 1922 Oberster Führer der SA und nahm 1923 am →Marsch auf die Feldherrnhalle teil, wobei er schwer verwundet wurde und dann ins Ausland floh (Österreich, Italien, Schweden), bis eine Amnestie im Herbst 1927 die Rückkehr ermöglichte. Zunächst bei der Lufthansa tätig, wirkte G. für die NSDAP, wurde 1930 persönlicher Beauftragter →Hitlers für Berlin, 1928 MdR und im August 1932 Reichstagspräsident. Mit vielen Verbindungen zu Industrie, Wirtschaft und Adel trug er wesentlich zur Machtübernahme der NSDAP bei. Danach übernahm G. eine Fülle von Ämtern. Am 30. 1. 1933 wurde er preußischer Innenminister, Reichsminister ohne Geschäftsbereich und Reichskommissar für Luftfahrt; am 10. 4. 1933 preußischer Ministerpräsident, im Mai Reichsminister der Luftfahrt, am 30. 7. 1934 →Reichsforst- und -jägermeister, am 1. 3. 1935 als General der Flieger Oberbefehlshaber der Luftwaffe. Seit April 1936 Generaloberst, wurde G. am 18. 10. 1936 „Beauftragter des Führers für den →Vierjahresplan". 1935 heiratete er die Schauspielerin Emmy Sonnemann. Im April 1938 wurde er Generalfeldmarschall und am 19. 7. 1940 →Reichsmarschall. Seit 30. 8. 1939 war er Vorsitzender des Ministerrats für die Reichsverteidigung, am 1. 9. 1939 erklärte A. Hitler ihn zu seinem Nachfolger. Nachdem er im August 1939 vergeblich versucht hatte, den Frieden zu bewahren, leitete er den Luftkrieg gegen Polen und Frankreich und 1940 die Lufteinsätze gegen England. Seine Versprechen, die britischen Bomber von Deutschland fernzuhalten und den →Stalingrad-Kessel zu versorgen, konnte er nicht halten. Dadurch sanken sein Einfluß und Ansehen erheblich. Ende April 1945 schlug G. A. Hitler vor, dessen Nachfolge anzutreten und Verhandlungen mit den Alliierten aufzunehmen. Darauf wurde er von A. Hitler seiner Ämter enthoben, aus der NSDAP gestoßen und am 27. 4. 1945 verhaftet. Am 8. 5. 1945 kam er in US-Gefangenschaft und wurde als „Hauptkriegsverbrecher" in →Nürnberg angeklagt. Nach geschickter und würdevoller Verteidigung wurde er als in allen Punkten schuldig zum Tode verurteilt. Dem Erhängen entzog er sich wenige Stunden vorher durch Zerbeißen einer Giftkapsel, deren Herkunft ungeklärt blieb. Er verfaßte „Aufbau einer Nation" (1934) und veröffentlichte „Reden und Aufsätze" ([2]1938).

Sommerfeldt: Hermann Göring, [9]1933. E. Gritzbach: Hermann Göring – Werk und Mensch, [16]1938. H. Fraenkel und R. Manvell: Göring, 1964. L. Mosley: Göring, 1975. D. Irving: Göring, 1987. E. Göring: An der Seite meines Mannes, 1966. R. Smelser und R. Zitelmann (Hrsg.): Die braune Elite, 1989. S. Martens: Hermann Göring, 1985. A. Kube: Pour le mérite und Hakenkreuz, 1986. W. Paul: Wer war Hermann Göring? 1983. A. Kube: Pour le mérite und Hakenkreuz, [2]1987. H. Boog: Die deutsche Luftwaffenführung 1935–1945, 1982.

Göring-Kanal, bis 1945 Bezeichnung für einen 17 km langen Stichkanal, der vom Mittellandkanal zu den →Reichswerken Hermann Göring im Salzgitter-Gebiet (Niedersachsen) führte.

Göring-Programm, Rüstungsprogramm für die deutsche Luftwaffe. Das G. für den Flugzeugbau erwies sich nach den Verlusten der Luftwaffe bis Mitte 1941 als unzureichend, was insbesondere Generalfeldmarschall Erhard → Milch am 26. 6. 1941 erklärte. Darauf wurde am 29. 7. 1941 von A. →Hitler das „Elch-Programm" veranlaßt, wonach vor allem Bomber gebaut werden sollten.

D. Irving: Die Tragödie der Deutschen Luftwaffe, 1970. T. Thomas: Geschichte der deutschen Wehr- und Rüstungswirtschaft, 1966.

Göring-Werke, →Reichswerke Hermann Göring.

„Götterdämmerung", im 2. Weltkrieg Stichwort für die Alarmierung von Ersatzeinheiten des Heeres und der SS bei besonderen Notlagen wie Putsch oder Attentat, ergänzend zum Stichwort →„Walküre" ausgegeben.

P. Hoffmann: Widerstand, Staatsstreich, Attentat, 1969. H. Paar: Dilettanten gegen Hitler, 1985.

„Götz von Berlichingen", Unternehmen, →„Eissstoß".

Goldene Fahne der DAF, jährliche Auszeichnung der →Deutschen Arbeitsfront. Im Leistungswettbewerb der deutschen Betriebe wurde seit 1937 von der →DAF die G. als besondere Auszeichnung, verbunden mit dem Titel „Nationalsozialistischer Musterbetrieb", jeweils am 1. Mai vergeben. Sie bestand aus einer Hakenkreuzfahne, deren weißer Kreis von einem goldenen Zahnrad umgeben war.

Goldenes Ehrenzeichen der Hitler-Jugend, Auszeichnung für besondere Verdienste um die HJ. Der →Reichsjugendführer verlieh das G. an besonders bewährte Führer der →HJ und Führerinnen des →BDM sowie an Persönlichkeiten, die mit der Jugend eng verbunden waren. Das G. erhielten u. a. Admiral von →Trotha, Hanna →Reitsch und die Dichterin Agnes →Miegel.

Goldenes Eichenlaub, höchster deutscher Militärorden im 2. Weltkrieg. Nach der Erneuerung des →Eisernen Kreuzes mit seinen Klassen und dem →Ritterkreuz mit seinen verschiedenen Stufen stiftete A. →Hitler am 29. 12. 1944 das Goldene Eichenlaub mit Schwertern und Brillanten zum Ritterkreuz des Eisernen Kreuzes. Es sollte nur zwölfmal verliehen werden, „um höchstbewährte Einzelkämpfer, die mit allen Stufen des Ritterkreuzes ausgezeichnet sind, vor dem Deutschen Volke besonders zu ehren". Als einziger deutscher Soldat wurde damit am 29. 12. 1944 H.-U. →Rudel als Kommodore des Schlachtgeschwaders Nr. 2 „Immelmann" unter gleichzeitiger Beförderung zum Oberst ausgezeichnet.

„Goldenes Kreuz", höchste Stufe des Deutschen Ordens, 1942 nur an Dr. Fritz →Todt und Reinhard →Heydrich jeweils posthum verliehen.

Goldenes Parteiabzeichen, Auszeichnung für langjährige Mitglieder der →NSDAP. Das 1933 eingeführte G. wurde von A. →Hitler an Parteigenossen mit einer Mitgliedsnummer unter 100 000 verliehen und galt nach dem →Blutorden als höchstes Ehrenzeichen der NSDAP, konnte aber auch an solche Personen vergeben werden, „die sich um die nationalsozialistische Bewegung und um die Erreichung ihrer Ziele besonders verdient gemacht haben". Es bestand aus einer runden Anstecknadel, die um ein Hakenkreuz die Umschrift „NATIONAL-SOZIALISTISCHE D.A.P." und einen goldenen Eichenlaubkranz trug.

Goldmark, Rechnungseinheit nach 1919. Bei dem Währungsverfall nach dem 1. Weltkrieg kam die G. als feste Rechnungseinheit auf, die der deutschen Vorkriegsmark entsprach und im Wert $^{10}/_{42}$ Golddollar (1 Dollar = 4,20 G.) oder $^{1}/_{2790}$ kg Feingold betrug. Die Zahlungsverpflichtungen des →Versailler Diktats waren in G. ausgedrückt. Die spätere →Reichsmark erhielt dieselbe Wertgrundlage.

Gollob, Gordon M., Jagdflieger, Oberst, * 16. 6. 1912 Graz, † 8. 9. 1987. Der begeisterte Segelflieger trat nach Abitur und Maschinenbaustudium in Graz 1933 als Artillerist in das österreichische Bundesheer ein, besuchte die Militärakademie in Wiener Neustadt, wurde als Leutnant am 1. 9. 1936 Fluglehrer und kam 1938 zur deutschen Luftwaffe. Er nahm am →Polen- und →Norwegenfeldzug teil und erhielt im →Rußlandfeldzug nach 34 Abschüssen am 18. 9. 1941 das →Ritterkreuz, nach 81 Luftsiegen am 26. 10. 1941 das →Eichenlaub, nach 101 Abschüssen am 24. 6. 1942 die →Schwerter und erzielte als erster Flieger der Welt 150 Abschüsse, wofür er am 30. 8. 1942 als dritter Soldat mit den →Brillanten ausgezeichnet wurde. Danach erhielt er Flugverbot, entwickelte ein erfolgreiches Bordsuchgerät zum Aufspüren feindlicher Flugzeuge, flog

neue Maschinen, auch Düsenjäger, und setzte sich vor allem für die Verwendung der Me 262 ein. Im Januar 1945 wurde er als Oberst „General der Jagdflieger", konnte aber die desolate Lage der deutschen Jäger nicht mehr ändern. Nach dem Krieg war G. erfolgreich in der Industrie tätig.

G. Fraschka: Mit Schwertern und Brillanten, 1977. T. J. Constable und R. F. Toliver: Das waren die deutschen Jagdfliegerasse 1939–1945, 1972.

Goltz, Colmar Freiherr von der (Goltz-Pascha), Generalfeldmarschall, * 12. 8. 1843 Bielkenfeld/Labiau, † 19. 4. 1916 Bagdad. Nach Teilnahme an den Kriegen 1866 und 1870/71 war G. im Generalstab tätig und verfaßte ein Werk, in dem er auf die Bedeutung des Volkes und der Volksstimmung im Kriege hinwies („Das Volk in Waffen", ^{5}1899). Von 1883–1896 leitete er den Neuaufbau des türkischen Heeres. Ab 1989 war er Chef des Pionierkorps und Inspekteur der deutschen Festungen, 1902 Kommandierender General des I. Armee-Korps, 1907 Armeeinspekteur und wurde 1911 während weiterer Tätigkeit in der Türkei (1909–1913) Generalfeldmarschall. 1911 gründete er den →Jungdeutschlandbund als Dachorganisation nationaler Jugendverbände. Im 1. Weltkrieg war G. 1914 Generalgouverneur von Belgien und führte nach dem Kriegseintritt der Türkei 1915/16 die 6. türkische Armee in Mesopotamien, wo er die Engländer bei Kut-el-Amara einschloß und besiegte, damit auch deren Vereinigung mit den Russen in Persien verhinderte. Er starb dabei am Fleckfieber. Neben schöngeistigen Werken schrieb er noch „Von Roßbach bis Jena" (^{2}1906), „Kriegsgeschichte Deutschlands im 19. Jahrhundert" (1900–1914), „Denkwürdigkeiten" (1929).

von Schmiterlöw: Generalfeldmarschall Freiherr von der Goltz, 1926. H. Teske: Colmar Freiherr von der Goltz, 1957. P. Demirhan: Generalfeldmarschall Colmar Freiherr von der Goltz, 1960. D. Pertev: Generalfeldmarschall Colmar Freiherr von der Goltz, 1960.

Goltz, Rüdiger Graf von der, General, * 8. 12. 1865 Züllichau, † 4. 11. 1946 Kinsegg/Allgäu. Nach Truppen- und Generalstabsdienst war G. im 1. Weltkrieg an verschiedenen Fronten eingesetzt. 1918 zum Kommandeur der 12. Landwehrdivision („Ostseedivision") ernannt, befreite er mit ihr und teilweise in Deutschland ausgebildeten Finnen Finnland von den Sowjets und war als „Deutscher General in Finnland" beim Aufbau der finnischen Armee tätig. 1919 kämpfte er mit seinen Truppen im Baltikum gegen die Sowjets, bis ihn die deutsche Reichsregierung auf Druck der Alliierten im Herbst 1919 zurückrief und für die deutschen Freiwilligenverbände den Nachschub sperrte.

Während der Weimarer Zeit war G. in der Jugendertüchtigung tätig, leitete die „Vereinigten Vaterländischen Verbände", wirkte in der →Harzburger Front mit und war 1934–1938 Führer des →„Reichsverbandes deutscher Offiziere". Er schrieb „Meine Sendung in Finnland und im Baltikum" (1920), als 2. Auflage „Als politischer General im Osten" (1936).
E. Jünger (Hrsg.): Der Kampf um das Reich, o. J.

„Gomorrha", Codebezeichnung für den alliierten Terrorangriff auf Hamburg. Die anglo-amerikanische Luftwaffe nahm im Bombenkrieg Ende Juli 1943 auf Hamburg Flächenbombardements von bis dahin unvorstellbarem Ausmaß vor. Etwa 9000 Tonnen Minen-, Spreng- und Brandbomben zerstörten die Hälfte der Wohnhäuser; im →Feuersturm starben 30500 Menschen. Die deutschen Funkmeßgeräte waren vorher durch Abwurf von Stanniolstreifen ausgeschaltet und damit die Stadt weitgehend verteidigungslos gemacht worden. Schwere Schäden entstanden auch bei den Industrie- und Hafenanlagen, trotzdem konnten bereits fünf Monate später wieder 80% der früheren Produktionskapazität eingesetzt werden.
D. J. Irving: Und Deutschlands Städte starben nicht, 1967. F. Kurowski: Der Luftkrieg über Deutschland, 1977. H. Rumpf: Das war der Bombenkrieg, 1961. H. Brunswig: Feuersturm über Hamburg, 1978.

Gorlice-Tarnow, Durchbruchschlacht im 1. Weltkrieg. Um die nach der russischen Offensive vom März 1915 gefährdete österreichisch-ungarische Front zu stützen, durchbrach in der Schlacht von G. vom 1. bis 3. 5. 1915 die deutsche 11. Armee unter →Mackensen mit der österreichischen 3. und 4. Armee unter dem Oberbefehl →Conrad von Hötzendorfs die russische Front auf zunächst 16 km Breite. Die Russen mußten sich dann auf mehr als 160 km Breite teilweise fluchtartig bis über den San zurückziehen und bis Ende Juni fast ganz Galizien räumen, wodurch Lemberg und Przemysl befreit wurden. Die Schlacht bei G. stellte so eine Wende auf dem östlichen Kriegsschauplatz dar; sie befreite darüber hinaus die Mittelmächte von der Gefahr des tödlichen Drucks im Osten und nahm dem folgenden Kriegseintritt Italiens viel von seiner Bedrohung.
Hermann Stegemann: Geschichte des Krieges, Bd. 3, 1919.

Goten-Bewegung, Bereitstellung von Frontkämpfern im März 1945. Nach einem →Führerbefehl vom 25. 3. 1945 wurden noch im Heimatgebiet vorhandene Verbände sowie Kräfte aus Stamm-Mannschaften von →Reichsarbeitsdienst, Ausbildungstruppen oder Fahnenjunker-Schulen der Front zugeführt, wobei

rund 96000 Mann (→Ostg.) der Ostfront und weitere (→Westg.) der Westfront zugeteilt wurden.
W. Haupt: Das Ende im Osten, 1970.

Gotenhafen, Name der Hafenstadt Gdingen bei Danzig 1939–1945.

Gotterkenntnis, Deutsche, von Erich und Mathilde →Ludendorff begründetes religiöses Bekenntnis. Nach der Deutschen G. ist Gott jenseits von Zeit, Raum und Ursächlichkeit das Wesen aller Erscheinungen in Kosmos und der Mensch Bewußtsein Gottes im All. Sinn des Lebens soll es sein, sich zum Bewußtsein Gottes emporzuheben, Sinn der Rassen und Völker, Gott auf ihre Art zu erleben. Das Bekenntnis zur Deutschen G. durfte laut Verordnung vom 13. 5. 1937 als Religionszugehörigkeit amtlich eingetragen werden. Organ der Deutschen G. war die Zeitschrift „Am heiligen Quell deutscher Art".
M. Ludendorff: Triumph des Unsterblichkeitswillens, 1937. M. Ludendorff: Aus der Gotterkenntnis meiner Werke, 1937.

gottgläubig, religiöse Kennzeichnung. Im Deutschen Reich, insbesondere nach dem Erlaß vom 26. 11. 1936, wurden Personen als g. bezeichnet, die sich nicht zu einer bestimmten Religions- oder Weltanschauungsgemeinschaft bekannten, aber nicht glaubenslos waren. Meist war damit ein Glauben an ewige Mächte und ihr Wirken, wenn auch nicht in Form eines persönlichen Gottes, verbunden, außerdem die Ablehnung einer materialistischen Weltanschauung. Insbesondere wurde eine arteigene Frömmigkeit deutschen Wesens als g. bezeichnet.

Gottlosenbewegung, Bezeichnung für die Verbände, die den Gottesglauben bekämpfen. Die vor allem in der Sowjetunion („Bund der Gottlosen") geförderte G. wurde in Deutschland 1932 durch Auflösung der kommunistischen Freidenkerverbände und nach 1933 durch Verbot der religionsfeindlichen Verbände unterdrückt. Auf dem Parteitag der →NSDAP 1936 wandten sich führende Persönlichkeiten der Partei gegen die G., in der auch zahlreiche Juden vertreten waren. 1940 gab es weltweit etwa sieben Millionen organisierte Gottlose, davon sechs Millionen in der Sowjetunion.
Fehst: Bolschewismus und Judentum, 1934. Pörzgen: Ein Land ohne Gott, 1936.

Gottschee, deutsche Sprachinsel im südlichen Slowenien (Unterkrain). Im 14. Jahrhundert siedelten die Kärntner Grafen von Ortenburg deutsche Bauern, vor allem aus Kärnten, Osttirol und Franken, im G.r Ländchen an. 1363 wurde der Ort G. erstmalig genannt. Aus dem kargen Karstbergland wanderten später viele G.r nach Amerika aus. 1919 kam die G. an Jugoslawien. Die rund 18000 deutschen Bewohner der G. wurden 1941 in das Savegebiet umgesiedelt und von dort 1945 vertrieben. Die G.r sprachen eine bayerische Mundart und hatten altes Volkstum bewahrt.

Grothe: Die deutsche Sprachinsel Gottschee, 1932. Röthel: Die Entwicklung des Gottscheer Volkes, 1932. P. E. Nasarski: Wege und Wandlungen, Bd. 1, 1981. M. Kundegraber: Bibliographie zur Gottscheer Volkskunde, 1962/63. S. Janko: Weg und Ende der deutschen Volksgruppe in Jugoslawien, ²1982. J. Wüscht: Beiträge zur Geschichte der Deutschen in Jugoslawien 1934–1944, 1966. H. Otterstädt: Gottschee, 1962.

„Goya", deutsches Transportschiff. Der Transporter (5230 BRT) war 1945 zur →Rettung über See ostdeutscher Flüchtlinge eingesetzt. Das mit 6385 Menschen völlig überladene Schiff wurde am 16. 4. 1945 von dem sowjetischen U-Boot „L-3" (Kommandant Konowalow) westlich der Danziger Bucht versenkt, wobei 6220 Personen den Tod fanden. Die →„Gustloff"-Katastrophe wurde dadurch noch übertroffen.

H. Schön: Ostsee '45, ³1985. K. Gerdau: Goya – Rettung über See, 1985.

Graf, Hermann, Jagdflieger, Oberst, * 12. 10. 1912 Engen/Hegau, † 4. 11. 1988. G. ging als Freiwilliger am 31. 7. 1939 zu den Jagdfliegern, machte den →Frankreich-Feldzug mit und erzielte im Osten 1941/42 in 13 Monaten über 200 Abschüsse. Er erhielt nach 40 Luftsiegen am 24. 1. 1942 das →Ritterkreuz, für 104 Abschüsse am 17. 5. 1942 das →Eichenlaub und bereits zwei Tage später die →Schwerter. Nach dem 172. Luftsieg bekam er am 16. 9. 1942 als fünfter Soldat die →Brillanten. Dann erhielt G. zeitweilig Feindflugverbot, war Kommandeur der Ergänzungsjagdgruppe Ost in Südfrankreich und anschließend als Kommodore des Jagdgeschwaders 11 von Rotenburg aus im Einsatz gegen die alliierten Bomber, wobei er mehrfach verwundet wurde. 1944 kam er als Oberst wieder zum alten Jagdgeschwader 52, das mit fast 11000 Abschüssen das erfolgreichste der Luftwaffe war und 1945 im Verband der Heeresgruppe →Schörner kämpfte. Insgesamt erzielte G. bei 830 Feindflügen 252 Abschüsse, von denen 212 bestätigt wurden. Am 9. 5. 1945 verweigerte G. in Böhmen den Befehl, nach Westfalen in britische Gefangenschaft zu fliegen, schlug sich nach Sprengung aller Maschinen mit vielen deutschen Zivilisten zu den Amerikanern durch, die ihn mit seinem ganzen Geschwader an die Sowjets auslieferten. G.

war dann fünf Jahre in der UdSSR in Gefangenschaft und nach seiner Rückkehr in Westdeutschland in der Schweißindustrie tätig. Zu Unrecht wurde er später der Zusammenarbeit mit den Sowjets in der Gefangenschaft beschuldigt.

B. K. Jochim: Oberst Hermann Graf. G. Fraschka: Mit Schwertern und Brillanten, 1977. R. F. Toliver und T. J. Constable: Das waren die deutschen Jagdfliegerasse, ¹²1986.

Granowo, polnisches Konzentrationslager 1945. Das Konzentrationslager G. wurde 1945 bei Lissa von Polen für Deutsche eingerichtet.

„Graue Eminenz", Bezeichnung für den Geheimrat im deutschen Auswärtigen Amt Friedrich von →Holstein.

Graziani, Rodolfo, Marchese di Neghelli, italienischer Marschall, * 11. 8. 1882 Filettino, † 11. 1. 1955 Rom. G. war 1936–1937 italienischer Vizekönig von Abessinien, dann Generalstabschef des Heeres und Oberbefehlshaber der italienischen Truppen in Nordafrika. Am 9. 2. 1941 wurde er wegen des Fehlschlags seiner Offensive in Ägypten in den Ruhestand versetzt. Vom 27. 9. 1943 bis 28. 4. 1945 war er unter Mussolini Kriegsminister der faschistischen Republik und wurde deshalb 1950 wegen angeblichen Hochverrats zu 19 Jahren Haft verurteilt, jedoch kurz danach amnestiert. Er betätigte sich später politisch in der neofaschistischen MSI.

„Greer"-Fall, deutsch-amerikanischer See-Zwischenfall. Der US-Zerstörer „Greer" wurde am 4. 9. 1941 südwestlich von Island dem deutschen U-Boot U 652, das von einem britischen Aufklärer angegriffen wurde, irrtümlich mit Torpedos beschossen, in der Annahme, es handle sich um ein englisches Kriegsschiff. Darauf befahl US-Präsident Roosevelt am 9. 9. 1941 amerikanischen Schiffen die Feuereröffnung auf Schiffe der Achsenmächte, die sich in sogenannten Sicherheitszonen aufhielten.

„Greif", Unternehmen, Sonderaktion in der →Ardennenoffensive im Dezember 1944. Dabei operierten deutsche Kampfgruppen in amerikanischer Uniform und mit amerikanischen Fahrzeugen und Waffen hinter der alliierten Front, um dort Unruhe und Verwirrung zu stiften.

O. Skorzeny: Meine Kommandounternehmungen, 1976. J. Toland: Ardennen-Schlacht 1944, 1960. H.-A. Jacobsen, J. Rohwer: Entscheidungsschlachten des Zweiten Weltkrieges, 1960. H. Jung: Die Ardennenoffensive 1944/45, 1971. J. Piekalkiewicz: Spione, Agenten, Soldaten, 1969.

Greim, Robert, Ritter von, Generalfeldmarschall, * 22. 6. 1892 Bayreuth, † 24. 5. 1945 Salzburg. Der Berufsoffizier war im 1. Weltkrieg Flugzeugführer mit rund 600 Einsätzen, zuletzt als Hauptmann. Nach dem Studium der Rechte baute er 1924–1927 die chinesische Luftwaffe auf, anschließend bildete er Piloten in Süddeutschland aus. 1934 trat er als Major der →Reichswehr bei und wurde 1935 Kommandeur des Jagdgeschwaders →Richthofen, damit erster Geschwaderkommandeur der neuen Luftwaffe. 1938 wurde G. Generalmajor und Personalchef der Luftwaffe, 1940 General der Flieger. Als Kommandierender General des V. Fliegerkorps nahm er am →Westfeldzug teil und erhielt am 24. 6. 1940 das →Ritterkreuz, am 2. 4. 1943 das →Eichenlaub und am 29. 8. 1944 die →Schwerter. Seit 1941 an der Ostfront eingesetzt, wurde G. im Februar 1943 als Generaloberst Oberbefehlshaber der 6. Luftflotte (Luftwaffenkommando Ost). Von Hanna →Reitsch in das bereits umkämpfte Berlin eingeflogen und dabei verwundet, wurde G. am 27. 4. 1945 von A. →Hitler zum Oberbefehlshaber der Luftwaffe als Nachfolger Görings und zum Generalfeldmarschall ernannt. Gegen seinen Wunsch mußte er das brennende Berlin auf Hitlers Befehl verlassen, um nach Plön zu Großadmiral →Dönitz zu fliegen. Nach seiner Gefangennahme beging der mit Hanna Reitsch noch nach Tirol geflogene G. in Salzburg Selbstmord in alliierter Haft.
H. Reitsch: Fliegen mein Leben, 1951. H. Reitsch: Das Unzerstörbare in meinen Leben, 1975.

Greiser, Arthur Karl, Senatspräsident und Reichsstatthalter, * 22. 1. 1897 Schroda/Posen, † 14. 7. 1946 Posen. Der Kriegsfreiwillige wurde im Juli 1917 Flieger-Offizier. Nach Abschuß im Oktober 1918 und Lazarettaufenthalt war G. in einem →Freikorps im Grenzschutz Ost eingesetzt, dann bis 1929 als Handelsvertreter in Danzig tätig. Er gründete 1924 den →„Stahlhelm" in Danzig, trat 1929 der →NSDAP bei, wurde im November 1930 Mitglied des Danziger Volkstags und war vom Oktober 1930 bis Juni 1933 Gaugeschäftsführer der NSDAP in Danzig. Am 20. 6. 1933 wurde er Vizepräsident und Innensenator von Danzig, am 28. 11. 1934 Nachfolger →Rauschnings als Senatspräsident. Von 1933–1939 war er auch stellvertretender Gauleiter der NSDAP des Gaues Danzig. Im September 1939 wurde G. Chef der Zivilverwaltung in Posen, am 21. 10. 1939 Gauleiter und →Reichsstatthalter des neuen Gaues →Wartheland. Im Mai 1945 stellte er sich in Bayern den Amerikanern, die ihn an Polen auslieferten. Dort verurteilte man ihn wegen seiner „Eindeutschungspolitik" am 9. 7. 1946 zum Tode. Vor seinem früheren Amtssitz wurde er öffentlich gehängt. Er schrieb mit A. →Forster „Danzigs Lebenskampf" (1935).
K. Höffkes: Hitlers politische Generale, 1986. C. J. Burckhardt: Meine Danziger Mission, 1960. R. Ruhnau: Die freie Stadt Danzig 1919–1939, 1979.

Grenzlanddeutsche, →Volksdeutsche.

Grenzmark Posen-Westpreußen, preußische Provinz bzw. Regierungsbezirk. Zur G. gehörten nach dem Ostmarkengesetz vom 21. 7. 1922 die westlich vom Weichselkorridor gelegenen, 1919 beim Deutschen Reich verbliebenen nicht zusammenhängenden Teile der ehemaligen Provinzen →Posen und →Westpreußen als eigene Provinz. Am 1. 10. 1938 wurde die G. aufgelöst. Ein Teil davon kam als Regierungsbezirk G. mit Schneidemühl als Verwaltungssitz zur preußischen Provinz Pommern, andere Teile zu den Reichsgauen Mark Brandenburg und Niederschlesien.

Grenz- und Freundschaftsabkommen, deutsch-sowjetischer Vertrag vom 28. 9. 1939. Nach dem →Polenfeldzug wurde als Ergänzung des deutsch-sowjetischen →Nichtangriffspakts vom 23. 8. 1939 das G. in Moskau von Reichsaußenminister Joachim von →Ribbentrop und dem sowjetischen Außenminister Molotow unterzeichnet. Es sah die genaue Grenzziehung zwischen der deutschen und der sowjetischen Interessensphäre vor. In einem geheimen Zusatzprotokoll wurde, abweichend vom Nichtangriffspakt, Deutschland das Gebiet zwischen Weichsel und Bug sowie der →Suwalki-Zipfel zugesprochen, während Litauen der sowjetischen Einflußsphäre zufiel. In einem zweiten geheimen Zusatzprotokoll verständigten sich beide Seiten darüber, auf ihren Gebieten „keine polnische Agitation" zu dulden. Außerdem sagte die Sowjetunion im „vertraulichen Protokoll" vom gleichen Tag zu, den Reichs- und Volksdeutschen aus ihren Gebieten auf deren Wunsch die Umsiedlung ins Reich bei Wahrung ihrer Vermögensrechte zu gestatten; die Reichsregierung übernahm für Ukrainer und Weißrussen dieselbe Verpflichtung.
R. Pemsel: Hitler – Revolutionär, Staatsmann, Verbrecher?, 1986. K. Höffkes: Deutsch-sowjetische Geheimverbindungen, 1988.

Greuelpropaganda, bewußte Falschmeldungen über angebliche Verbrechen des Kriegsgegners. Im 1. Weltkrieg wurde insbesondere von britischer Seite die G. als Methode der psychologischen Kriegführung gegen die Mittelmächte entwickelt und angewandt. So wurde in Flugblättern und Zeitungen behauptet, die deutschen Soldaten hätten in Belgien Kindern die Hände abgehackt und belgische Priester als Klöppel in Glocken aufgehängt, die Österreicher 700000 Serben vergast (Daily Telegraph, März 1916). Diese G. wurde von den Westalliierten nach dem 1. Weltkrieg zwar teilweise eingestanden, trotzdem jedoch mit zur Rechtfertigung des →Versailler Diktats herangezogen. Im 2. Weltkrieg und vor allem nach 1945 wurde die G. von alliierter Seite vielfach noch gesteigert.

A. Ponsonby: Lügen in Kriegszeiten, 1930. U. Walendy: Alliierte Kriegspropaganda 1914–1919, o. J. H. Wanderscheck: Weltkrieg und Propaganda, 1935. F. Avenarius: Die Weltkarikatur in der Völkerverhetzung, 1921. E. Howe: Die schwarze Propaganda, 1983. S. Delmer: Die Deutschen und ich, 1962. H. Wendig: Richtigstellungen zur Zeitgeschichte, 1990.

Griechenlandfeldzug, →Balkanfeldzug.

Griese, Friedrich, Dichter, * 2. 10. 1890 Lehsten (Mecklenburg), † 1. 6. 1975 Bad Bevensen (Niedersachsen). Der größte mecklenburgische Dichter im 20. Jahrhundert, ursprünglich Lehrer und dann Landschulrektor, nahm als Artillerist am 1. Weltkrieg teil und veröffentlichte danach zahlreiche Romane, in denen sich das Leben in seiner Heimat widerspiegelt. Zu seinen Werken gehören „Das Korn rauscht" (1923), „Die letzte Garbe" (1927), „Winter" (1927), „Das Tal der Armen" (1929), „Sohn seiner Mutter" (1929), „Der ewige Acker" (1930), „Der Herzog" (1931), „Das letzte Gesicht" (1934), „Bäume im Wind" (1937), „Die Weißköpfe" (1939). G. hat, auch nach dem 2. Weltkrieg, niemals einen Zweifel an seiner nationalbewußten Haltung gelassen und schrieb noch „Der Wind weht nicht, wohin er will" (1960).

K. Melcher: Friedrich Griese, 1936. E. Darge: Friedrich Griese, 1940. A. Nivelle: Friedrich Grieses Romankunst, 1951.

Grimm, Friedrich, Prof. Dr., Jurist, * 17. 6. 1888 Düsseldorf, † 16. 5. 1959 Freiburg/Breisgau. Seit 1914 Anwalt in Essen, wurde G. 1927 Professor für internationales Privat- und Prozeßrecht in Münster. Er verteidigte 1923 die während der →Ruhrbesetzung von Franzosen angeklagten Deutschen und vertrat nach 1933 die Belange des Reichs in politischen Prozessen im Ausland, auch die Witwe W. →Gustloffs. Von 1933–1945 war G. MdR, ab 1949 wieder als Anwalt tätig. Er wandte sich scharf gegen die politische Justiz und ihren Rückgriff auf die →Greuelpropaganda. Von ihm sind erschienen „Vom Ruhrkrieg zur Rheinlandräumung" (1930), „Der Feind diktiert" (1932), „Hitlers deutsche Sendung" (1933), „Frankreich an der Saar" (1934), „Wir sind im Recht" (1935), „Um Rhein, Ruhr und Saar" (1937), „Politische Justiz, eine Krankheit unserer Zeit" (1953).

H. Schild (Hrsg.): Mit offenem Visier, 1961. H. Grabert (Hrsg.): Ein Leben für das Recht, 1961.

Grimm, Hans, Dr. h. c., Schriftsteller und Dichter, * 22. 3. 1875 Wiesbaden, † 27. 9. 1959 Lippoldsberg/Weser. Der Professorensohn ging nach kurzem Literaturstudium in Lausanne mit 20 Jahren nach England und 1896 für 14 Jahre als Kaufmann und Farmer nach Südafrika und Deutsch-Südwest. Von 1911–1913 studierte er Staatswissenschaft in München. Land und Leute in Afrika sowie das Leben der Auslandsdeutschen schilderte G. in seinen zahlreichen Erzählungen, Novellen und seinem Hauptwerk „Volk ohne Raum" (1926), für das er 1927 die Ehrendoktorwürde der Universität Göttingen erhielt. G. bemühte sich um die deutsch-englische Verständigung und trat für das Lebensrecht des deutschen Volkes ein, insbesondere nach 1945 und unter dem Druck unberechtigter Schuldvorwürfe. In seiner „Erzbischofschrift" (1950) gab er die „Antwort eines Deutschen" auf die Umerziehungspropaganda der Besatzer und wies auf die Verantwortung der Alliierten für den Krieg hin. In seinem „Warum – woher, aber wohin?" (1954) legte er den Irrweg Europas in den 2. Weltkrieg und das Schicksal Deutschlands dar wie auch in zahlreichen öffentlichen Vorträgen, bis 1955 in Schleswig-Holstein seine Vorträge verboten wurden. Seit der Vorkriegszeit führte er auf seinem Klosterhof in Lippoldsberg (Weser) jährlich vielbesuchte „Dichtertage" durch, die über seinen Tod hinaus stattfanden. Zu seinen bekanntesten Werken gehören „Südafrikanische Novellen" (1913), „Die Olewagen-Saga" (1918), „Die Ölsucher von Duala" (1918), „Das deutsche Südwester-Buch" (1929), „Der Schriftsteller und seine Zeit" (1931), „Lüderitzland" (1934). Das Gesamtwerk ist im Klosterhaus-Verlag, Lippoldsberg, 1969–1981 erschienen.

A. Hoffknecht: Hans Grimms Weltbild und Lebensgefühl, Diss. 1934. E. Kirsch: Hans Grimm, 1938. H. Härtle: Hans Grimm, 1965. S. Hajek: Hans Grimm, 1941. O. Becker: Die Klein-Epik Hans Grimms, Diss., Marburg 1956.

Grischino, Stadt nordwestlich von →Stalingrad. G. wurde im Februar 1943 von der Roten Armee besetzt und nach einer Woche von deutschen Truppen zurückerobert. Dabei wurden die Leichen von 576 deutschen und verbündeten Soldaten und Nichtkombattanten (Verwundete, →OT-Arbeiter, →Nachrichtenhelferinnen, Krankenschwestern) gefunden, die vielfach Spuren von Mißhandlungen und Verstümmelungen aufwiesen.

W. Anders: Verbrechen der Sieger, 1975.

Groener, Wilhelm, General und Minister, * 22. 11. 1867 Ludwigsburg, † 3. 5. 1939 Berlin.

Der Berufsoffizier wurde 1899 Hauptmann, 1912 Oberstleutnant und trug 1914 als Chef des Feldeisenbahnwesens wesentlich zum schnellen deutschen Aufmarsch bei. 1918 Generalstabschef der Ostfront, wurde er am 26. 10. 1918 →Ludendorffs Nachfolger als Generalquartiermeister und leitete dann die Rückführung des deutschen Heeres, nachdem er Kaiser →Wilhelm II. zur Abdankung geraten hatte. Mit →Hindenburg begründete er die Zusammenarbeit von Militärs und SPD, namentlich mit →Ebert, riet zur Annahme des →Versailler Diktats. Am 30. 9. 1919 nahm er seinen Abschied. Von 1920–1923 war er mit Unterbrechungen Reichsverkehrsminister und 1928–1932 Reichswehrminister, 1931/32 auch Brünings Reichsinnenminister, als der er im April 1932 →SA und →SS verbot. Mit →Brünings Sturz schied G. aus der Politik aus. Er schrieb „Der Weltkrieg und seine Probleme" (1920), „Das Testament des Grafen Schlieffen" (1927), „Der Feldherr wider Willen" (1930). Seine „Lebenserinnerungen" erschienen 1957 (Hrsg. F. Hiller von Gaertringen). G. wurde 1915 mit dem →Pour le mérite und 1932 mit der Goethe-Medaille ausgezeichnet.
Kabisch: Groener, 1932. D. Groener-Geyer: General Groener, 1955. G. W. Rakenius: Wilhelm Groener als Erster Generalquartiermeister, 1977. W. Sauer: Das Bündnis Ebert–Groener, Diss. Berlin 1957.

Gross, Gustav, Prof. Dr., Reichsratspräsident, * 12. 6. 1856 Reichenberg/Böhmen, † 23. 2. 1935 Wien. Der Nationalökonom lehrte an der Universität Wien. Seit 1899 Reichsratsabgeordneter, war G. einer der führenden deutschnationalen Politiker und „Kronjurist der Deutschen" in Österreich. Er leitete 1911–1917 den →Deutschen Nationalverband und war 1917/18 Präsident des Reichsrates. Seit 1885 führte er den →Deutschen Schulverein, in dem er ab 1925 als Obmann wirkte, und unterstützte stark das →Grenzlanddeutschtum. Er schrieb „Die Lehre vom Unternehmergewinn" (1884), „Karl Marx" (1885) und „Wirtschaftsformen und Wirtschaftsprinzipien" (1888).

großdeutsch, alle Deutschen, insbesondere auch alle Österreicher umfassend. In der ersten Hälfte des 19. Jahrhunderts, vor allem 1848/49 in der Frankfurter Nationalversammlung, trat der Gegensatz zwischen der g. Richtung, die eine Einigung ganz Deutschlands einschließlich der deutschen Teile Österreichs anstrebte, und der kleindeutschen Richtung hervor, die sich für ein Preußen-Deutschland ohne die deutschen Teile Österreichs einsetzte. Nach Bismarcks kleindeutscher Einigung blieb der g. Gedanke vor allem in Österreich lebendig und wurde nach der Auflösung der k. u. k. Monarchie bestimmend, so daß in Wien am 12. 11. 1918 und erneut am 12. 3. 1919 der →Anschluß an das Deutsche Reich beschlossen, auch in der →Weimarer Verfassung Deutsch-Österreich als Teil des Deutschen Reiches erklärt wurde. Nachdem der Anschluß durch die Diktate von →Versailles und →Saint-Germain verboten war, verstärkte sich der g. Gedanke weiter und trug wesentlich zum Scheitern der Diktatur →Schuschniggs sowie zum Anschluß Österreichs am 12. 3. 1938 bei, der in der Volksabstimmung vom 10. 4. 1938 von über 99% aller deutschen Wähler gebilligt wurde. Mit der Rückkehr des →Sudetenlandes am 1. 10. 1938, des →Memellandes am 23. 3. 1939 sowie →Danzigs am 1. 9. 1939 kamen weitere deutsche Gebiete friedlich zum Reich, im Kriege die früheren deutschen Ostprovinzen, →Elsaß-Lothringen, →Eupen-Malmedy und →Luxemburg. Für kurze Zeit war der g. Gedanke somit verwirklicht.
von Paller: Der großdeutsche Gedanke, 1928. E. F. Schneider: Großdeutsche und Kleindeutsche, 1939. G. Wollstein: Das Großdeutschland der Paulskirche, 1977. A. I. Berndt: Der Marsch ins Großdeutsche Reich, 1939. C. Steding: Das Reich und die Krankheit der europäischen Kultur, 1939. W. Andreas: Die Wandlungen des großdeutschen Gedankens, 1924. R. Breitling: Paul de Lagarde und der großdeutsche Gedanke, 1927. H. von Möller: Großdeutsch und Kleindeutsch, 1937. R. Luza: Österreich und die großdeutsche Idee in der NS-Zeit, 1977.

Großdeutscher Freiheitskampf (-krieg), ab 1939 in Deutschland verbreitete Bezeichnung für den 2. Weltkrieg. Damit sollte zum Ausdruck gebracht werden, daß die Alliierten mit dem →Versailler Diktat die Freiheit Deutschlands beschränkten, ihre Wiederherstellung behinderten und durch die Kriegserklärung Englands und Frankreichs an das Deutsche Reich am 3. 9. 1939 ihre Absichten nun mit militärischen Mitteln durchzusetzen versuchten.

Großdeutsches Reich, Bezeichnung für das Deutsche Reich nach dem →Anschluß Österreichs und der Angliederung weiterer deutscher Gebiete im 2. Weltkrieg.

Großdeutsche Volksgemeinschaft, Ersatzorganisation der NSDAP 1923/25. Als nach dem →Marsch zur Feldherrnhalle am 9. 11. 1923 die →NSDAP verboten wurde, bildete die G. bis zur Neugründung der Partei am 27. 2. 1925 die Ersatzorganisation für die Nationalsozialisten im süddeutschen Raum unter Leitung von →Bouhler, →Streicher und Esser.

Großdeutsche Volkspartei, Partei Deutsch-Österreichs. 1919 von nationalen Gruppen gegründet, forderte die G. in ihrem Salzburger Programm von 1920 vor allem den →Anschluß Österreichs an das Deutsche Reich. Sie errang 1920 20, 1924 zehn Mandate und war 1922–1932 in der Regierung vertreten. 1933 ging sie in Opposition zur Regierung →Dollfuß und schloß eine Kampfgemeinschaft mit der →NSDAP, in der ihre Mitglieder dann immer mehr aufgingen. Nachdem sie noch 1933 mit einem Betätigungsverbot belegt war, löste sie sich 1934 auf.

I. Ackerl: Die Großdeutsche Volkspartei, Diss. 1967.

Großdeutschland, politische Zielvorstellung, im Großdeutschen Reich kurzzeitig verwirklicht. Seit dem 19. Jahrhundert hatte der →großdeutsche Gedanke, vor allem in Österreich nach Bismarcks kleindeutscher Lösung, als Ziel die Vereinigung aller Deutschen in einem Staat. Eine Reihe von Verbänden und Parteien war großdeutsch eingestellt. Das →NSDAP-Programm vom 24. 2. 1920 erklärte in Punkt 1: „Wir fordern den Zusammenschluß aller Deutschen . . . zu einem Großdeutschland", und das NSDAP-Organ →„Völkischer Beobachter" trug ab 1921 den Untertitel „Kampfblatt der nationalsozialistischen Bewegung Großdeutschlands". Nach dem →Anschluß Österreichs am 12. 3. 1938 wurde allgemein von G. gesprochen, später vom →Großdeutschen Reich.

Großer Generalstab, militärisches Führungsorgan in Preußen und Deutschland. Durch Scharnhorsts Reformen 1803 begründet, von Helmut von Moltke ab 1857 ausgebaut, wurde der G. in Berlin durch strenge Auswahl höchstbefähigter Offiziere und ab 1869 durch Beiziehung auch nichtpreußischer Persönlichkeiten zur wirkungsvollen und erfolgreichen Führungszentrale des Reichsheeres. Die Kriege von 1864, 1866, 1870/71 wurden dort meisterhaft vorbereitet, weniger gut der 1. Weltkrieg konzipiert. Der G. wurde 1919 durch das →Versailler Diktat aufgelöst, seine Aufgaben wurden dann vom →Truppenamt übernommen. Von 1935–1945 gab es den Generalstab des Heeres und der Luftwaffe sowie den Admiralstab der Marine.

W. Görlitz: Kleine Geschichte des deutschen Generalstabs, 1967. F. von Cochenhausen (Hrsg.): Von Scharnhorst zu Schlieffen 1806–1906, 1933.

„Großer Plan", Bezeichnung für die Denkschrift der deutschen Seekriegsleitung für das Oberkommando der Wehrmacht vom 25. 2. 1942. Darin wurde eine gemeinsame Seekriegführung der Achsenmächte Deutschland, Italien und Japan gegen England vorgeschlagen

sowie auf →Rommels Durchbruch zum Suez-Kanal und ein Vorgehen der Japaner gegen den Persischen Golf gedrungen.

M. Salewski: Die deutsche Seekriegsleitung 1935–1945, Bd. II, 1975.

Große Schlacht in Frankreich, deutsche Angriffsschlacht in Frankreich 1918. Vom 21. 3. bis 6. 4. 1918 versuchte die deutsche 2., 7., 17. und 18. Armee, auf mehr als 80 km Frontbreite an der Nahtstelle zwischen französischen und britischen Truppen zwischen Oise und Scarpe die alliierte Front zu durchbrechen, um nach der Entscheidung im Osten auch im Westen, noch vor dem Eintreffen der Amerikaner, das Kriegsglück zu erzwingen. Nach erheblichen Anfangserfolgen und Geländegewinnen blieb der Vormarsch Anfang April stecken. Die G. forderte rund 240 000 deutsche und 210 000 alliierte Opfer, ohne eine entscheidende Wende zu bringen.

H. Stegemann: Geschichte des Krieges, Bd. 4, 1921. M. Middlebrook: Der 21. März 1918, 1979.

Großgermanisches Reich, politische Zielvorstellung im 2. Weltkrieg. Sie wurde nach den militärischen Siegen Deutschlands 1939/41 vor allem in Kreisen der →SS vertreten und plante ein vereintes Europa unter deutscher Führung mit Vorrechten für die nordeuropäischen Länder.

H. Taege: NS-Perestroika?, 2 Bde., 1988/89.

Großkampfschiff, Bezeichnung für die größten Kriegsschiffe, die Schlachtschiffe und Schlachtkreuzer. Vor dem 1. Weltkrieg wurden auch die Linienschiffe dazu gerechnet.

Großkreuz, besondere Stufe des →Eisernen Kreuzes. In der „Verordnung über die Erneuerung des Eisernen Kreuzes vom 1. 9. 1939" stiftete A. →Hitler das G. des Eisernen Kreuzes „für überragende Taten, die den Verlauf des Krieges entscheidend beeinflussen". Das G. wurde nur einmal, und zwar an H. →Göring, den Oberbefehlshaber der Luftwaffe, in der Reichstagssitzung nach dem Westfeldzug am 19. 7. 1940 verliehen. Das G. war etwa doppelt so groß wie das EK II und wurde an einem schwarz-weiß-roten Bande am Hals getragen.

E. G. Krätschmer: Die Ritterkreuzträger der Waffen-SS, [3]1982.

„Grün", Fall, Bezeichnung für die deutschen militärischen Planungen zum Anschluß des →Sudetenlandes und Einmarsch in die Tschechoslowakei. Vorbereitende Anweisungen ergingen 1937 an die Wehrmachtsteile, letzte Änderungen nahm A. →Hitler am 30. 5. 1938 vor. Nach dem →Münchener Abkommen begann der deutsche Einmarsch am 1. 10. 1938.

W. Hubatsch: Hitlers Weisungen für die Kriegführung 1939–1945, 1962. B. von Lossberg: Im Wehrmachtführungsstab, 1949.

Grüne Front, Zusammenschluß von Bauernverbänden 1929. Im März 1929 verbanden sich der →Reichslandbund (M. Schiele, fünf Millionen Mitglieder), der Deutsche Landwirtschaftsrat (Brandes), die Deutsche Bauernschaft (Fehr) und die Vereinigung der deutschen christlichen Bauernvereine (A. Hermes) zur nationalkonservativen G. als interessenpolitischem Zweckbündnis. Die G. setzte sich für die Förderung eines nationalen Bauerntums ein und forderte höhere Agrarschutzzölle. Sie bewirkte auch eine Politisierung der deutschen Landwirtschaft und hob das Selbstbewußtsein des Bauernstandes. Die in der G. zusammengefaßten Verbände wurden 1933 in den →Reichsnährstand überführt.

Grüne Zone, →Rote Zone.

Grundgesetz, →Verfassung der Bundesrepublik Deutschland.

Grynszpan, Herschel, jüdischer Attentäter, * 28. 3. 1921 Hannover. Der Sohn einer 1911 vor antisemitischen Maßnahmen von Polen nach Deutschland ausgewanderten Familie ging 1936 nach Paris. Angeblich auf die Nachricht über die Abschiebung ehemaliger polnischer Juden aus dem Reich nach Polen beschloß er, den deutschen Botschafter in Paris zu erschießen, traf jedoch am 7. 11. 1938 in der deutschen Botschaft den deutschen Legationsrat Ernst Eduard vom Rath, der an der Verletzung am 9. 11. 1938 verstarb. Die Bluttat löste die →Kristallnacht aus. G. wurde 1940 an Deutschland ausgeliefert, war im Konzentrationslager Sachsenhausen und Zuchthaus Moabit in Haft und kam 1945 frei. Der Verdacht auf politische Hintermänner seiner Tat konnte nicht ausgeräumt werden.
L. van Diek: Der Attentäter, 1988. L. van Diek: Wer war Herschel Grynszpan?, 1988.

Guderian, Heinz, Panzergeneral, * 17. 6. 1888 Kulm/Weichsel, † 14. 5. 1954 Schwangau/Füssen. Der Offizierssohn trat 1907 ins preußische Heer ein, nahm am 1. Weltkrieg als Nachrichten- und Generalstabsoffizier teil, gehörte 1919 zum Stab der Eisernen Division in →Riga und tat dann Dienst in der →Reichswehr, zeitweilig in deren →Truppenamt (getarnter Generalstab). Seit 1933 Oberst und ab 1934 Stabschef beim Inspekteur der motorisierten Truppen, baute G. eine moderne deutsche Panzerwaffe auf, die für die späteren →Blitzkriege entscheidend wurde. G. hatte für sie in seinem 1937 er-

schienenen Buch „Achtung Panzer" die Einsatzprinzipien formuliert. 1935 wurde er Chef der 1. Panzerdivision, 1938 General der Panzertruppen. Seine von A. →Hitler akzeptierte →Blitzkriegstaktik bewährte sich im →Polenfeldzug, wofür er im Oktober 1939 das →Ritterkreuz erhielt, sowie im →Frankreichfeldzug, wo der seine Männer begeisternde Truppenführer mit seiner Panzergruppe G in wenigen Tagen durch die Ardennen und an Sedan vorbei bis zur Kanalküste vorstieß und erst durch A. Hitlers Haltebefehl vor →Dünkirchen gestoppt werden konnte. Anschließend stieß er ebenso rasant bis zur Schweizer Grenze vor. Im Sommer 1941 vernichtete er eine starke sowjetische Kräftegruppe östlich von Kiew und erreichte danach den Raum von Tula südlich Moskau. Nach dem Ende des deutschen Vorstoßes wurde er vom Truppendienst abgelöst, im Februar 1943 zum Generalinspekteur für die Panzertruppen und am 20. 7. 1944 zum Generalstabschef des Heeres ernannt. Differenzen über die Kriegführung bewirkten am 28. 3. 1945 seine Beurlaubung. Vom 10. 5. 1945 bis 1948 war er in US-Gefangenschaft. Er schrieb nach dem Krieg „Kann Westeuropa verteidigt werden?" (1951), „So geht es nicht" (1951), seine „Erinnerungen eines Soldaten" (1951) und „Panzer – Marsch!" (1956).
K. Macksey: Guderian, 1975. K. J. Walde: Guderian, 1976. D. Bradley: Generaloberst Heinz Guderian und die Entstehungsgeschichte des modernen Blitzkrieges, 1986. H. Scheibert: Das war Guderian, 1980.

Günther, Hans Friedrich Karl, Prof. Dr., Anthropologe und Rassenforscher, * 16. 2. 1891 Freiburg/Breisgau, † 25. 9. 1968 Freiburg/Breisgau. Nach weitverbreiteten Büchern über Anthropologie, darunter „Rassenkunde des deutschen Volkes" (1922), „Rassenkunde Europas" (1924), „Der nordische Gedanke unter den Deutschen" (1925), „Adel und Rasse" (1926), „Rasse und Stil" (1926) und „Rassengeschichte des hellenischen und römischen Volkes" (1928) erhielt er 1930 eine Professur in Jena, 1935 in Berlin und 1939 in Freiburg/Breisgau. 1935 wurde ihm der Preis der →NSDAP für Wissenschaften und 1941 die Goethe-Medaille verliehen. G. analysierte vor allem die in Europa vertretenen Rassen nach körperlichen und seelischen Merkmalen, untersuchte jedoch auch andere Fragen der Sozialanthropologie („Die Verstädterung", 1934; „Das Bauerntum als Lebens- und Gemeinschaftsform", 1939; „Formen und Urgeschichte der Ehe", 1940). Nach dem 2. Weltkrieg hat er viele seiner Bücher wieder herausgebracht und andere neu verfaßt, so „Gattenwahl" (1951) und „Vererbung und Umwelt" (1967). Mit religiösen Fra-

159

gen befaßte er sich in „Bauernglaube" (1965), außerdem in „Jesus – Seine Botschaft und deren Aufnahme im Abendland" (1952) und „Entstellung und Klärung der Botschaft Jesu", die er unter dem Pseudonym „Heinrich Ackermann" veröffentlichte. Als „Ludwig Winter" schrieb er „Der Begabungsschwund in Europa" (1959). Dazu kommen weitere Werke über Geschichte, Philosophie und Anthropologie.
L. Stengel von Rutkowsky: Hans F. K. Günther, 1936.

Guernica, Fliegerangriff auf, in der kommunistischen Propaganda Sinnbild für →Terrorangriff. Die nordspanische Stadt mit etwa 4600 Einwohnern war im Spanischen Bürgerkrieg bis zum 29. 4. 1937 von roten Truppen besetzt. Drei Tage vor ihrer Eroberung durch nationalspanische Verbände wurde sie bombardiert. Am 26. 4. 1937 griffen 21 Maschinen der →Legion Condor unter dem Kommando von Oberstleutnant Fuchs und drei italienische Maschinen die strategisch wichtige Brücke über den Rio Oca am Rande der Stadt an, um die Bewegung roter Truppen im frontnahen Bereich zu erschweren. Die Flugzeuge hatten jedoch für einen anderen Einsatz in der Nähe von Bilbao, wo Eichengestrüpp in der Nähe rotspanischer Stellungen in Brand gesetzt werden sollte, hauptsächlich Stabbrandbomben und nur einige wenige Sprengbomben geladen, die zur Demoralisierung der Roten gedacht waren. Nach Erhalt des Angriffsbefehls befahl Oberstleutnant Fuchs jedoch sofort den Start der Ju 52, da ein Auswechseln der Bombenladung einen Zeitverlust von etwa 90 Minuten bedeutet hätte, und er glaubte, auch mit wenigen Sprengbomben die Brücke vernichten zu können. Beim Bombenabwurf aus einer Höhe von 1500–1800 Meter wurden die relativ leichten Stabbrandbomben jedoch vom Wind abgetrieben und landeten im Stadtgebiet, wo sie Brände auslösten. Guernica befand sich zum Zeitpunkt des Angriffs etwa 30 km hinter der Front, war von roten Bataillonen belegt und wurde an anderen durchquert, die Munition für mehrere Kampftage mit sich führten, da der Nachschub auf roter Seite nur unzulänglich funktionierte. Dadurch wurde die Wirkung der Brände noch vergrößert. Der Angriff auf eine frontnahe und mit Feindtruppen belegte Stadt war militärisch zulässig, auch wenn eigentlich nur ein Punktziel bombardiert werden sollte. Die kommunistische Propaganda behauptete jedoch ab Frühjahr 1937 wahrheitswidrig, Guernica sei bewußt zerstört worden und habe 1645 Tote und 889 Verwundete zu beklagen. In Wirklichkeit lag die Zahl der Toten zwischen 200 und 250, und ein großer Teil der Stadt

wurde auch nicht durch den Luftangriff, sondern von kommunistischen Bergarbeitern („Dinamiteros") vernichtet, um den nachrückenden Nationalspaniern nur „verbrannte Erde" zu hinterlassen. Da die Kommunisten aber von Berichten über die Ermordung von Nationalspaniern und außerdem der internationalen Diskussion über die Moskauer Prozesse ablenken wollten, hat ihre Propaganda den Luftangriff vom 26. 4. 1937 zum Sinnbild eines militärisch nutzlosen Terrorangriffs auf eine ungeschützte Zivilbevölkerung erhoben. Diesem Zweck diente auch das von Picasso für die Pariser Weltausstellung 1937 gemalte Bild „G.". Die Wirkung dieser Greuelpropaganda hält bis heute an.
A. von Thadden: Guernica, 1982. K. Maier: Guernica, 26. 4. 1937; 1975. S. Kappe-Hardenberg: Ein Mythos wird zerstört, 1987. W. von Oven: Hitler und der Spanische Bürgerkrieg, 1978.

Gürtner, Franz, Reichsjustizminister, * 26. 8. 1881 Regensburg, † 29. 1. 1941 Berlin. G. war Referent im bayerischen Justizministerium (1909–1914, 1920–1922), im 1. Weltkrieg Frontoffizier (EK I und II) und wurde als Angehöriger der Bayerischen Mittelpartei (dann Deutschnationale Volkspartei) bayerischer Justizminister bis 1932. Am 2. 6. 1932 wurde er Reichsjustizminister im Kabinett von →Papen und behielt dieses Amt auch unter den folgenden Reichskanzlern von →Schleicher und A. →Hitler, ohne Mitglied der →NSDAP zu werden, bis zu seinem Tod. Er führte nach 1933 die Reichsjustizreform durch und setzte sich stets für die Unabhängigkeit und die rechtlichen Grundlagen der deutschen Justiz ein, konnte dagegen keine Kontrolle über die Konzentrationslager erreichen. Zusammen mit R. Freisler gab er „Das neue Strafrecht" (1936) heraus.
E. Reitter: Franz Gürtner, 1976.

Gumbinnen, Schlacht bei, deutsch-russische Schlacht 1914. Im 1. Weltkrieg griff vom 18. bis 20. 8. 1914 in der Schlacht bei Gaweiten-Gumbinnen die deutsche 8. Armee unter Generaloberst von Prittwitz und Gaffron die in Ostpreußen eingefallene, weit überlegene russische 1. (Njemen-)Armee unter Rennenkampf an. Auf die Nachricht von einer Rückenbedrohung durch die vom Süden vorrückende russische 2. (Narew-)Armee ließ Prittwitz gegen den Widerstand seines Stabes die auf den Flügeln bereits erfolgreiche Schlacht abbrechen und befahl den Rückzug hinter die Weichsel. Dazu kam es jedoch nicht, da Prittwitz durch →Hindenburg abgelöst wurde, der sich mit der 8. Armee gegen die russische Narew-Armee wandte und sie in der Schlacht bei →Tannenberg besiegte. Die deutschen Verluste bei G. betrugen 14 600 Mann.

H. Stegemann: Geschichte des Krieges, Bd. 1, 1917.

Gustav-Linie, deutsche Verteidigungsstellung in Mittelitalien. Nach dem Rückzug der deutschen Truppen von →Sizilien am 17. 8. 1943 der wenig später erfolgten Landung alliierter Truppen auf dem süditalienischen Festland wurde auf Befehl von Generalfeldmarschall E. →Rommel die G. südlich von Rom, an der schmalsten Stelle der Apenninenhalbinsel (120 km), als tiefgegliedertes Stellungssystem mit dem Mittelpunkt →Monte Cassino ausgebaut. Sie zog sich von Gaeta entlang des Sangros bis zu dessen Mündung in der Adria durch gebirgiges, fast wegloses Gelände dahin. Vor der G. wurden die Alliierten bis Ende Mai 1944 aufgehalten.

W. Haupt: Kriegsschauplatz Italien 1943–1945, 1977.
A. Kesselring: Soldat bis zum letzten Tag, 1963.

Gustloff, Wilhelm, Landesgruppenleiter der NSDAP in der Schweiz, * 30. 1. 1895 Schwerin, † 4. 2. 1936 Davos. G. war seit 1917 beim Physikalisch-Meteorologischen Forschungsinstitut der Schweiz in Davos angestellt, trat 1921 dem Deutsch-völkischen Schutz- und Trutzbund, 1929 der →NSDAP bei und war seit 1932 Landesgruppenleiter ihrer →Auslandsorganisation in der Schweiz. Am 4. 2. 1936 wurde er in seiner Wohnung von dem Juden David Frankfurter erschossen, die NSDAP in der Schweiz darauf am 18. 2. 1936 vorübergehend verboten. Frankfurter, der in seinem Prozeß den Antisemitismus der NSDAP als Motiv für den Mord bezeichnete, wurde am 14. 12. 1936 von einem Schweizer Gericht zu 18 Jahren Haft verurteilt, 1945 jedoch nach Palästina freigelassen. Nach G. wurde ein KdF-Schiff →„Wilhelm Gustloff" benannt. Aus der 1936 errichteten Wilhelm-Gustloff-Stiftung gingen die 1939 gegründeten Wilhelm-Gustloff-Werke mit Sitz Weimar hervor, zu der Fabriken der Maschinen-, Waffen- und Fahrzeugindustrie gehörten.

W. Diewerge: Der Fall Gustloff, 1936.

g.v., Abkürzung für garnisonsverwendungsfähig. Mit g.v. wurden Soldaten bezeichnet, die wegen Verwundung oder Krankheit nicht mehr kriegsverwendungsfähig (k.v.) waren, aber noch hinter der Front (g.v. Front) oder in der Heimat (g.v. Heimat) eingesetzt werden konnten.

H

Haager Abkommen (Haager Konventionen), Vereinbarungen der in Den Haag abgehaltenen Konferenzen. Insbesondere werden darunter die drei Abkommen der →Haager Friedenskonferenz von 1899 sowie die 13 Abkommen von 1907 zum Landkriegs-, Seekriegs- und Neutralitätsrecht sowie zur friedlichen Beilegung internationaler Konflikte bezeichnet, wozu auch die Haager →Landkriegsordnung gehört. Grundlage der kriegsvölkerrechtlichen Abkommen war der Gedanke, daß bewaffnete Auseinandersetzungen zwischen Staaten zwar nicht vermieden, aber so humanisiert werden können, daß sie ohne Gefährdung des Kriegsziels ein Höchstmaß an Schonung des kampfunfähigen Gegners sowie der Zivilbevölkerung mit sich bringen. Das setzt voraus, daß man dem Gegner das Recht zur Kriegserklärung und -führung zubilligt, ihn also nicht kriminalisiert und folglich als „gerechten Feind" betrachtet, den man nicht auszurotten hat. Das ist die Bedingung dafür, daß die Gegenseite ebenso humanitär verfährt. Das in Europa entwickelte Völkerrecht hatte in den letzten 200 Jahren diese Betrachtungsweise des Krieges und dadurch auch die Haager Abkommen ermöglicht.

Die Kriminalisierung des Krieges, somit die Abkehr von seinen völkerrechtlichen Voraussetzungen, erfolgte in der neueren Geschichte zum erstenmal im →Versailler Diktat, das die Frage einer Kriegsschuld aufwarf, die bis dahin für das Völkerrecht unerheblich war. Entsprechend wurde auch die Bestrafung des angeblich Schuldigen, nämlich der unterlegenen Partei, verlangt, das Völkerrecht also mit dem Strafrecht verbunden. Die Folge dieser Bestrafungsmentalität waren Bedingungen, die den Widerstand des Unterlegenen unausweichlich zur Folge haben mußten, so daß also der Friedensschluß schon den nächsten Krieg wahrscheinlich machte. Seitdem ist der Einbruch der Bestrafungsmentalität in das Völkerrecht noch weiter fortgeschritten und dadurch jede Form der Konfliktregelung erschwert.

C. Schmitt: Der Nomus der Erde im Völkerrecht des Jus Publicum Europaeum, 1950. O. Nippold: Die zweite Haager Friedenskonferenz, 2 Bde., 1908–1911. W. Schükking: Das Werk von Haag, 1912–1917. J. Hinz: Kriegsvölkerrecht, ²1960.

Haager Friedenskonferenzen, internationale Tagungen zur Rüstungsbeschränkung 1899 und 1907. Auf Anregung des russischen Zaren Nikolaus II. tagte die 1. H. vom 18. 5. bis 9. 7. 1899 im Haag. 26 auch außereuropäische Staaten konnten sich aber nur auf eine unverbindliche Erklärung über eine wünschenswerte Rüstungsbeschränkung und Regeln humaner Kriegführung einigen, außerdem wurde der Haager Schiedshof eingesetzt. Auf der 2. H., ebenfalls auf russische Anregung einberufen, einigten sich 44 Staaten über Regeln zur Land- und Seekriegführung. Beide H. konnten das Wettrüsten und den Ausbruch des 1. Weltkriegs jedoch nicht verhindern.

P. Zorn: Die beiden Haager Friedenskonferenzen von 1899 und 1907, 1915. P. Horn: Deutschland und die beiden Haager Friedenskonferenzen, 1920. J. Düllfer: Regeln gegen den Krieg? 1981. H. Lammasch: Die Lehre von der völkerrechtlichen Schiedsgerichtsbarkeit in ihrem vollen Umfang, 1914.

Haager Konferenzen, deutsch-alliierte Verhandlungen zur Abwicklung des →Young-Plans 1929/30. Nachdem sich die Alliierten Anfang Juni 1929 auf den Young-Plan geeinigt hatten, befaßte sich im August 1929 die 1. H. mit seiner Verwirklichung. Dabei drängte der deutsche Außenminister →Stresemann erneut auf die Räumung des Rheinlandes, die für den 30. 6. 1930 zugesagt wurde. Nach Stresemanns Tod (3. 10. 1929) versuchten der neue deutsche Außenminister →Curtius und Reichsbankpräsident →Schacht auf der H. im Januar 1930 vergeblich, die Bedingungen des Young-Plans zu lockern und künftige Sanktionen der Sieger auszuschalten. Schließlich mußten die Deutschen die „feierliche Verpflichtung" unterschreiben, die Jahresraten des Young-Plans von über zwei Mrd. Goldmark für 37 Jahre, dann bis 1988 jährlich 1,7 Mrd. Goldmark zu zahlen, obwohl die Unerfüllbarkeit dieser Forderung offensichtlich war. Österreichs Bundeskanzler →Schober erreichte auf dieser H., daß sein Land fast ganz von Reparationszahlungen befreit wurde.

Haager Landkriegsordnung (HLKO), auf den Haager Friedenskonferenzen beschlossenes Abkommen. Die H. bildet eine Anlage des auf den →Haager Friedenskonferenzen von 1899 und 1907 verabschiedeten IV. Abkommens über die Regeln des Landkriegs. Sie gilt zwischen den Staaten, die sie ratifiziert haben, und nach Artikel 2 nur dann in einem Konflikt, wenn alle Kriegführenden Vertragspartner sind. Die H. wurde durch spätere Abkommen ergänzt.

R. Laun (Hrsg.): Die Haager Landkriegsordnung, [5]1950. J. Hinz: Kriegsvölkerrecht, [2]1960.

Haavara-Abkommen, deutsch-jüdische Vereinbarung über Geldtransfer. Seit die Regierung →Brüning 1931 die Kapitalausfuhr aus dem Deutschen Reich verboten hatte, wurde zwischen deutschen und jüdischen Stellen über einen Transfer jüdischen Kapitals aus Deutschland nach Palästina verhandelt, ab Mai 1933 zwischen dem deutschen Generalkonsul in Jerusalem, H. Wolff, und Sam Cohen von der Hanotaiah Ltd. mit dem Ziel, den verstärkt aus Deutschland nach Palästina auswandernden Juden eine Kapitalmitnahme zu ermöglichen. Die im Juli 1933 erzielte Übereinkunft sah einen Transfer von drei Mill. RM vor und wurde im August 1933 durch Schreiben vom Reichswirtschaftsministerium und zionistischen Vertretern vereinbart. Entsprechend kam es in Deutschland zur Gründung einer Palästina-Treuhandstelle zur Beratung deutscher Juden und der Trust and Transfer Office Haavara Ltd. in Palästina. Die jüdisch geführten Banken Warburg & Co. in Hamburg sowie A. E. Wassermann in Berlin wurden verantwortlich für die Übernahme des jüdischen Eigentums in Deutschland und die Bezahlung der Auswanderer in Palästina; dafür wurde ein Sonderkonto bei der Reichsbank eingerichtet. Auf diese Weise konnten jüdische Auswanderer in Palästina über mindestens 12 500 bis 25 000 RM aus ihrem Eigentum verfügen. Bis September 1939 wurden nach mehrfacher Erneuerung des H. 100 Mill. RM für 50 000 Auswanderer nach Palästina transferiert. Deutschland stand 1936 nach England an zweiter, ab Juni 1937 an erster Stelle der Einfuhrländer Palästinas, da für die vereinbarten Summen deutsche Waren geliefert wurden. Das H. förderte also die Eingliederung der Juden in Palästina, unterlief aber gleichzeitig einen im März 1933 von Juden verhängten Boykott deutscher Waren.

F. R. Nicosia: Hitler und der Zionismus, 1989.

Haber, Fritz, Prof. Dr., Chemiker, * 9. 12. 1868 Breslau, † 29. 1. 1934 Basel. Der jüdische Wissenschaftler war 1911–1933 Leiter des Kaiser-Wilhelm-Instituts für physikalische Chemie in Berlin, wo er u. a. die Ammoniak-Synthese mit C. Bosch (Haber-Bosch-Verfahren) entwickelte und zur technischen Anwendung brachte. Dadurch konnte Deutschland im 1. Weltkrieg die kriegswichtige Salpeter-Erzeugung im Inland vornehmen. Für seine Entdeckung erhielt H. 1918 den Nobelpreis für Chemie.

H. Kallmann: Das Andenken von Fritz Haber, 1946.

Habicht, Theo, 1931–1933 Landesinspektor der →NSDAP in Österreich, * 4. 4. 1889 Wiesbaden. Der Kriegsfreiwillige kämpfte 1915–1918 an der französischen und italienischen Front und erhielt das EK II. 1919/20 nahm er an der Niederschlagung des Spartakistenaufstandes in Berlin teil; danach wurde er Schriftsteller. Im April 1926 trat er der NSDAP bei, war 1927–1931 Kreisleiter in Wiesbaden und wurde 1931 Landesgeschäftsführer der NSDAP und MdR. Ab Juli 1931 führte er als Landesinspektor die NSDAP in Österreich, wurde dort 1933 ausgewiesen und organisierte von München aus die Erhebung der österreichischen Nationalsozialisten gegen →Dollfuß am 25. 7. 1934. Nach deren Scheitern wurde er aus seinen Parteiämtern entlassen, war dann 1937–1939 Oberbürgermeister von Wittenberg und anschließend Unterstaatssekretär im deutschen Auswärtigen Amt.

Habsburger-Gesetz, österreichisches Gesetz zur Landesverweisung und Enteignung der Habsburger. Nachdem Kaiser →Karl I. am 11. 11. 1918 auf den Thron verzichtet hatte, wurde am 3. 4. 1919 das H., das „Gesetz betreffend die Landesverweisung und die Übernahme des Vermögens des Hauses Habsburg-Lothringen", erlassen. Es nahm den Habsburgern alle Vorrechte und verwies alle Mitglieder des Herrscherhauses des Landes, „soweit sie nicht auf ihre Mitgliedschaft zu diesem Hause und auf alle aus ihr gefolgerten Herrschaftsansprüche verzichten und sich als getreue Staatsbürger der Republik bekannt haben". Das H. wurde 1935 aufgehoben, 1945 wieder in Kraft gesetzt und 1955 im Staatsvertrag verankert, jedoch in den 80er Jahren bei einer Einreise der greisen Kaiserin →Zita, die nicht auf ihre Erbansprüche verzichtet hatte, nicht angewandt. In Ungarn wurden die Habsburger durch das Gesetz vom 6. 11. 1921 des Thrones verlustig erklärt.

Hacha, Emil, Prof. Dr., Staatspräsident der Tschechoslowakei und des Protektorats Böhmen und Mähren, * 12. 7. 1872 Schweinitz/Südböhmen, † Juni 1945 Prag. Der Jurist war seit 1925 Präsident des Obersten Verwaltungsgerichts der Tschechoslowakei und wurde am 30. 11. 1938 als Beneschs Nachfolger Staatspräsident. Nach dem Auseinanderfallen von Tschechei und Slowakei schloß er am 15. März 1939 in Berlin mit A. →Hitler einen Protektoratsvertrag, zu dem er gedrängt wurde. H. blieb Staatspräsident des →Protektorats bis 1945. Nach dem sowjetischen Einmarsch verhaftet, wurde H. ohne Gerichtsverfahren im Kerker getötet.

Hagen, Hans W., Dr. phil., Kunsthistoriker und Schriftsteller, * 9. 5. 1907 Markkirch (Elsaß), † 2. 4. 1969 München. Der im →Frankreichfeldzug schwerverwundete Offizier tat nach dem Lazarettaufenthalt im Wachbataillon

„Großdeutschland" in Berlin Dienst. Als seine Einheit am →20. 7. 1944 von den Verschwörern unter Vorspiegelung falscher Tatsachen gegen die Reichsregierung eingesetzt werden sollte, durchschaute Hagen diese Absicht, verschaffte sich durch einen Besuch bei Dr. →Goebbels Klarheit über den Putsch und stellte zwischen ihm und seinem Bataillonskommandeur Major O. E. →Remer eine Verbindung her mit der Folge, daß sich das Wachbataillon nun gegen die Verschwörer wandte. Hagen hat so entscheidend dazu beigetragen, daß es in Berlin nicht zum Kampf zwischen Wehrmachtseinheiten gekommen ist. Nach Krieg und langer Gefängnishaft, als Folge seiner Verwundungen stark gelähmt, hat er zahlreiche Artikel und mehrere Bücher veröffentlicht: „Durchbruch zu neuer Mitte" (1957), „Zwischen Eid und Befehl" (1958), „Begegnungen" (1962) und „Ein Beispiel der Befreiung" (1967); nach seinem Tod erschien „Schicksalsstunden des Reiches" (1974).

Hago, Abkürzung für Nationalsozialistische Handwerks-, Handels- und Gewerbe-Organisation.

Hahn, Otto, Prof. Dr., Chemiker und Nobelpreisträger, * 8. 3. 1879 Frankfurt, † 28. 7. 1968 Göttingen. Der nach dreijähriger Assistentenzeit ab 1904 in England und Kanada auf Radiochemie spezialisierte Chemiker entdeckte 1905 das Radiothor, 1917 das Protactinium und entwickelte wichtige Verfahren. Seit 1911 Professor an der Berliner Universität, wurde er 1928 Direktor des Berliner Kaiser-Wilhelm-Instituts für Chemie. Ende 1938 entdeckte er zusammen mit Fritz Straßmann die Uranspaltung, wovon er seine im Ausland lebende frühere jüdische Mitarbeiterin Lise Meitner verständigte. Die Nachricht von der Kernspaltung kam durch sie in die USA und war die Grundlage für den Bau der amerikanischen Atombomben. 1945–1946 wurde H. zusammen mit führenden deutschen Atomphysikern in England interniert. Im November 1945 erhielt er den Nobelpreis für Chemie von 1944. Seit April 1946 Präsident der Kaiser-Wilhelm-Gesellschaft sowie ab 1948 der aus ihr gebildeten Max-Planck-Gesellschaft, setzte er sich am 6. 1. 1947 in einem Appell an die Alliierten für die hungernden und vertriebenen Deutschen ein, später gegen den Mißbrauch der Kernenergie. Er erhielt zahlreiche Ehrungen und Preise. Neben zahlreichen Fachveröffentlichungen schrieb er „Vom Radiothor zur Uranspaltung" (1962) und die Autobiographie „Mein Leben" (1968).
D. Hahn: Otto Hahn, 1979.

Hakenkreuz, altes Heilszeichen und Symbol der →NSDAP und des 3. Reiches. Das Zeichen in Gestalt eines Kreuzes mit vier rechtwinklig oder bogenförmig abgesetzten Armen (Haken), die je nach Ausführung eine rechts- oder linksdrehende Bewegung andeuten, ist mindestens seit der Jungsteinzeit in Europa anzutreffen, auch in Asien (Sanskrit: Swastika), seltener in Afrika und Amerika. Besonders oft ist es auf germanischen Schmuckstücken und Keramiken zu finden. Es läßt sich als Sonnenrad deuten und galt in Europa bis ins Mittelalter, in Indien und Japan bis heute als glückbringendes und unheilabwehrendes Sonnensymbol. Im 19. Jahrhundert wurde es von der deutschen Turnbewegung um Turnvater Jahn als Symbol des Bekenntnisses zum deutschen Volkstum und Ende des 19. Jahrhunderts als Zeichen des Deutschen Turnerbundes benutzt, später von der völkischen →Jugendbewegung und den →Freikorps. Es trat auf Banknoten der Kerenski-Regierung in Rußland auf. 1919 schuf A. →Hitler die H.-fahne für die NSDAP mit schwarzem H. im weißen Kreis auf rotem Fahnentuch. Sie wurde am 7. 8. 1920 offizielle Fahne der NSDAP, 1933 neben der schwarzweiß-roten Fahne →Reichsflagge und am 15. 9. 1935 nach dem Reichsflaggengesetz einzige Reichs- und Nationalflagge Deutschlands. 1945 wurde sie von den Alliierten verboten, sie ist es auch in der Bundesrepublik Deutschland. Orden aus dem 2. Weltkrieg dürfen hier nur ohne H. getragen werden.

L. Wilser: Das Hakenkreuz nach Ursprung, Vorkommen und Bedeutung, 1917. J. Lechler: Vom Hakenkreuz, 1921.

Hakenkreuzfahne, →Hakenkreuz.

Haldane-Mission, deutsch-britische Verhandlungen zur Flottenbegrenzung 1912. Auf deutsche Einladung kam am 10. 2. 1912 der britische Kriegsminister Richard B. Haldane nach Berlin, um mit Reichskanzler von →Bethmann Hollweg über dessen Plan für eine deutsch-englische Verständigung zu verhandeln. Kaiser →Wilhelm II. und Admiral von →Tirpitz waren jedoch trotz eines Rücktrittsangebots des Reichskanzlers nicht zu einer Verlangsamung des deutschen Flottenbaus als *Voraussetzung* für ein Abkommen mit England bereit, Haldane wiederum lehnte ein Nichtangriffsabkommen mit *anschließender* Verringerung des deutschen Kriegsschiffbaus ab. Es kam also zu keiner Einigung.

Halder, Franz, Generaloberst und Generalstabschef, * 30. 6. 1884 Würzburg, † 2. 4. 1972 Aschau/Oberbayern. Der Offizierssohn war ab 1902 Berufssoldat, wurde 1904 Leutnant, im 1. Weltkrieg als Generalstabsoffizier und danach in der Reichswehr verwendet. Er wurde 1931 Oberst, 1934 Generalmajor und 1936 als Generalleutnant Oberquartiermeister des Heeres. Seit 1. 2. 1938 General der Artillerie, wurde H. am 1. 9. 1938 als Nachfolger →Becks Chef des Generalstabs des Heeres und leitete, seit 1940 Generaloberst, die Feldzüge gegen Polen, Frankreich, auf dem Balkan und gegen Rußland bis 1942. Am 27. 10. 1939 erhielt er das Ritterkreuz. Wegen Meinungsverschiedenheiten mit A. →Hitler über strategische Fragen wurde H. am 24. 9. 1942 entlassen. Er hatte seit 1938 Verbindung zu Widerstandskreisen, wurde wegen seiner Kontakte zu →Beck und →Witzleben am 31. 1. 1945 verabschiedet und kam bis Kriegsende in Haft. Er schrieb sein „Kriegstagebuch" (1962–1964, bearbeitet von H.-A. Jacobson) sowie „Hitler als Feldherr" (1946).

P. Bor (Hrsg.): Gespräche mit Halder, 1950. H.-A. Jacobson: Die Halder-Tagebücher als historische Quelle, 1964. M. Horn: Halder, 1948.

Halfaja-Paß, Schlüsselstellung über der Bucht von Sollum auf der →Cyrenaika. Der H. versperrte den Zugang von dem von den Achsenmächten belagerten Hafen →Tobruk. Er wurde am 25. 4. 1941 vom →Afrikakorps erobert, dann hart umkämpft und war von Januar bis Juni 1942 vorübergehend, nach der Niederlage von →El Alamein endgültig in britischer Hand.

Halt, Karl Ritter von, Sportfunktionär, * 2. 6. 1891 München, † 5. 8. 1964 München. Der (spätere) Bankdirektor war einer der erfolgreichsten deutschen Leichtathleten, bis 1921 mehrfach deutscher Zehnkampfmeister und Teilnehmer der Olympiade 1912. Im 1. Weltkrieg erhielt er den Max-Joseph-Ritterorden und damit den persönlichen Adel. Nach dem Studium der Staatswissenschaften betreute er 1924–1939 die deutschen Leichtathleten bei Länderkämpfen. Seit 1929 Mitglied des Internationalen Olympischen Komitees, leitete er als Präsident die Organisation der →Olympischen Winterspiele 1936 in Garmisch-Partenkirchen sowie weitere Sportverbände. H. war Leiter des Fachamtes für Leichtathletik im →Deutschen Reichsbund für Leibesübungen und wurde am 18. 9. 1944 kommissarischer →Reichssportführer. Von 1945–1950 im Konzentrationslager Buchenwald inhaftiert, setzte sich H. anschließend wieder erfolgreich für den westdeutschen Sport ein, insbesondere für die deutsche Teilnahme an der Olympiade 1952 und bei der Zusammenstellung gesamtdeutscher Olympiamannschaften und war

1951–1960 Präsident des Nationalen Olympischen Komitees.
C. Diem:Weltgeschichte des Sports und der Leibesübungen, 2 Bde., 1960.

Hamburg, Terrorangriff auf, →„Gomorrha", →Bombenkrieg, →Feuersturm.

Hamburger Aufstand, kommunistischer Aufstand 1923. Für den Herbst 1923 hatte die Kommunistische →Internationale eine revolutionäre Erhebung in Deutschland vorbereitet. Auf einer Betriebsrätekonferenz der Kommunisten in Chemnitz wurde als Termin dafür der 22. 10. 1923 genannt. Der Vertreter der Hamburger KPD verließ die Konferenz mit dieser Information, erfuhr deshalb aber nicht mehr, daß der Beschluß wenig später wieder aufgehoben wurde. So bewaffneten sich am 22. Oktober Hamburger Kommunisten, stürmten Polizeireviere und ermordeten Beamte, zerstörten Postämter und Eisenbahnlinien und errichteten Barrikaden in der unzutreffenden Annahme, die KPD habe sich in ganz Deutschland erhoben. Ihr Aufstand konnte deshalb von →Reichswehr und Polizei in drei Tagen niedergeschlagen werden. Die schlecht vorbereitete Aktion, von den Kommunisten als „Deutscher Oktober" verherrlicht, führte innerhalb der KPD zu heftigen Auseinandersetzungen um Parteilinie und bewirkte auch, daß die kommunistische Partei der Sowjetunion unter →Stalin nicht mehr an eine Durchsetzung der Weltrevolution glaubte und statt dessen zur „Errichtung des Sozialismus in einem Land", nämlich der Sowjetunion, überging.
E. Kern: Von Versailles nach Nürnberg, 1967. H. Dietwart: Hundert Jahre deutsches Schicksal, 1981.

Hammerstein-Equord, Kurt Freiherr von, Generaloberst, * 26. 9. 1878 Hinrichshagen/Mecklenburg, † 25. 4. 1943 Berlin. Der Förstersohn war im 1. Weltkrieg Major im Generalstab, nach 1918 im Stabe von Reichswehrminister →Noske, 1924–1929 Stabschef beim Wehrkreiskommando III und wurde 1929 als Generalmajor Chef des →Truppenamtes (Generalstabschef) der →Reichswehr. Seit Oktober 1930 Chef der Heeresleitung und General der Infanterie, warnte er als Gegner des Nationalsozialismus 1933 →Hindenburg vor der Ernennung A. →Hitlers zum Reichskanzler. Ende Januar 1934 trat er zurück und wurde Generaloberst. 1939 von Hitler reaktiviert und als Oberbefehlshaber einer Armeegruppe im Westen eingesetzt, plante er, der in Verbindung mit Angehörigen des Widerstands stand, Hitler bei einem Truppenbesuch festnehmen zu lassen. Bevor es dazu kam, wurde er entlassen und lebte dann in Berlin.

K. von Hammerstein: Spähtrupp, 1963. F. L. Carsten: Reichswehr und Politik 1918–1933,1964.

Hamsun, Knut (eigentlich Pedersen), norwegischer Dichter, * 4. 8. 1859 Lom (Gudbrandsdal), † 19. 2. 1952 Nörholm/Grimstad. Der Sohn eines norwegischen Schneidermeisters hielt sich 1883–1885 und 1886–1888 als Gelegenheitsarbeiter in den USA auf und veröffentlichte 1888 seinen ersten Roman „Hunger", 1892 folgte „Mysterien", 1894 „Pan", 1913 „Kinder ihrer Zeit". Für sein bekanntestes Werk „Segen der Erde" (1917) erhielt er 1920 den Literatur-Nobelpreis. In Deutschland erschienen seine gesammelten Werke 1918–1936 in 17 Bänden. Ab 1917 lebte H. zurückgezogen auf seinem Gut Nörholm (Südnorwegen). Er war ein Freund Deutschlands, trat in den 30er Jahren der Partei Vidkun Quislings (Nasjonal Samling) bei, erließ 1940 einen Aufruf zugunsten Deutschlands, wurde deshalb nach Kriegsende verhaftet, in ein Irrenhaus gesteckt, enteignet und 1948 zu einer hohen Geldstrafe verurteilt. Über die Erlebnisse aus dieser Zeit schrieb er in „Auf überwachsenen Pfaden" (1948).
Th. Hansen: Knut Hamsun, 1985. F. Meyen: Hamsun-Bibliographie (1931). F. Thiess: Das Menschenbild bei Knut Hamsun, 1956. S. S. Nilson: Knut Hamsun und die Politik, 1964. R. Ferguson: Knut Hamsun, 1990.

Hanke, Karl, Gauleiter, * 24. 8. 1903 Lauban/Schlesien, † Juni 1945 Tschechoslowakei. Der Berliner Gewerbelehrer trat 1928 in die → NSDAP ein und war nach der Entlassung aus dem Schuldienst für sie ab 1931 hauptamtlich tätig. Seit 1932 MdL in Preußen und MdR, wurde H. im März 1933 persönlicher Referent und Sekretär von →Goebbels, im Januar 1937 zweiter Vizepräsident der →Reichskulturkammer, im April 1937 Ministerialdirektor, im Februar 1938 Staatssekretär. Nach Teilnahme am →Polen- und →Frankreichfeldzug wurde er im Februar 1941 Gauleiter und Oberpräsident von Niederschlesien, 1942 SS-Gruppenführer. Der in der Festung Breslau verbliebene H. wurde in →Hitlers Testament zum Nachfolger →Himmlers als Reichsführer SS und Chef der Polizei ernannt. Am 6. 5. 1945, dem Tag der Kapitulation Breslaus, verließ H. im Flugzeug die Stadt, stieß zu Generalfeldmarschall →Schörner, wurde später unerkannt im Sudetenland von Tschechen gefangengenommen und soll im Juni 1945 bei einem Fluchtversuch angeschossen und erschlagen worden sein.
H. Höffkes: Hitlers politische Generale, 1986.

„Hannibal", Unternehmen, Deckname für die Verlegung der Unterseeboots-Lehr-Division von Danzig, Gotenhafen und Pillau zur Lübek-

ker Bucht. Dabei sollten nach dem Befehl des Oberbefehlshabers der Marine, Großadmiral Karl →Dönitz, vom 21. 1. 1945 soviele Flüchtlinge aus Ost- und Westpreußen wie möglich im Schiffsraum mitgenommen werden.
H. Schön: Ostsee '45, 1984.

Hansabund, Interessenvertretung von Gewerbe, Handel und Industrie. Die 1909 gegründete wirtschaftspolitische Vereinigung mit Sitz in Berlin trat für die Belange von Industrie, Gewerbe und Handel ein, wandte sich gegen die Planwirtschaft und bemühte sich um eine gemeinsame Wirtschaftspolitik der liberalen Parteien. Präsident des Hs. war J. Riesser bis 1920, H. Fischer 1920–1934. Der H. wurde 1934 aufgelöst.
S. Mielke: Der Hansabund 1909–14, Diss. 1972. J. Riesser: Der Hansabund, 1912.

Hans-Schemm-Bücherei, pädagogische Fachbücherei. Die H., bis 1935 Comenius-Bücherei, war vor dem 2. Weltkrieg mit rund 380000 Bänden die größte pädagogische Fachbücherei der Welt. Sie wurde 1871 vom Leipziger Lehrerverein gegründet und im 3. Reich vom NS-Lehrerbund mit staatlicher Hilfe unterhalten.

Harbig, Rudolf, populärer Leichtathletikweltrekordler, * 8. 11. 1913 Dresden, † 5. 3. 1944 Ostfront. Der Mittelstreckenläufer war siebenmal deutscher Meister, gewann bei der Olympiade in Berlin 1936 in der 4 x 400-m-Staffel die Bronzemedaille und stellte 1939 den Weltrekord über 400 m (46,0 sek.) sowie über 800 m (1 : 46,6 min.) auf, der erst 1955 verbessert wurde, sowie den über 1000 m.

Harlan, Veit, Schauspieler und Regisseur, * 22. 9. 1899 Berlin, † 13. 4. 1964 Capri. Mit 16 Jahren erstmalig auf der Bühne, spielte H. von 1924–1934 am Staatlichen Schauspielhaus in Berlin und ab 1927 auch in Filmen. Als Regisseur gestaltete er seine Filme, u. a. „Krach im Hinterhaus" (1934), „Kreuzersonate" (1937), „Der Herrscher" (1937), so hervorragend, daß Reichspropagandaminister Dr. →Goebbels ihn förderte. In seinen Filmen „Jugend" (1938), „Das unsterbliche Herz" (1939), „Jud Süß" (1940), „Der große König" (1941) und „Kolberg" (1944), die große Wirkung hatten, trat meist seine Frau Kristina →Söderbaum auf. Nach 1945 wiederholt verhaftet und wegen angeblicher Verbrechen gegen die Menschlichkeit angeklagt, wurde er am 29. 4. 1950 vom Hamburger Schwurgericht endgültig freigesprochen. Mit „Unsterbliche Geliebte" (1951), „Die blaue Stunde" (1952), „Verrat an Deutschland" (1954) und anderen Filmen

schufen er und seine Frau auch in der Nachkriegszeit und trotz großer Widerstände bedeutende Werke. Posthum erschien 1966 seine Autobiographie „Im Schatten meiner Filme".

Harris, Sir Arthur Travers, britischer Bomberchef, * 13. 4. 1892, † 5. 4. 1984. H. war ab 22. 2. 1942 Chef des Bomber Command und leitete auf Weisung des Luftstabes das →Flächenbombardement auf deutsche Städte. Im Juli 1943 führte er mit großangelegten Angriffen auf →Hamburg den ersten massiven Vernichtungsschlag gegen eine deutsche Stadt, dem viele andere Angriffe mit hohen Verlusten für die Zivilbevölkerung und der Zerstörung unersetzlichen Kulturgutes folgen sollten. Die meisten Opfer forderte die Vernichtung →Dresdens im Februar 1945. Sein Ziel, durch Luftangriffe die Moral der deutschen Bevölkerung zu brechen, erreichte H. jedoch nicht. Erfolgreiche Wiederaufbaumaßnahmen sowie der Durchhaltewille des deutschen Volkes erwiesen sich als stärker.

Hartmann, Erich, Jagdflieger, * 19. 4. 1922 Weissach/Württemberg. H. meldete sich 1940 zur Luftwaffe, kam im Oktober 1942 zum Jagdgeschwader 52 an die Ostfront und wurde dort in kürzester Zeit mit 352 anerkannten Feindabschüssen bei rund 1400 Feindflügen erfolgreichster Jagdflieger der Welt. Er wurde am 2. 9. 1943 Staffelkapitän und am 1. 11. 1944 Gruppenkommodore, am 1. 9. 1944 zum Hauptmann und am 8. 5. 1945 zum Major befördert. Das →Ritterkreuz erhielt er am 29. 10. 1943, das →Eichenlaub am 2. 3. 1944, die →Schwerter am 4. 7. 1944 und die →Brillanten am 25. 8. 1944. Ab März 1945 flog er noch Düsenjäger. Nach seinem letzten Luftsieg am 8. 5. 1945 ergab sich H. den Amerikanern, die ihn an die Sowjets auslieferten. Er kam erst 1955 aus der Gefangenschaft zurück, trat 1956 in die Bundeswehr ein und baute das erste deutsche Düsenjägergeschwader JG 71 „Richthofen" auf. Ab 12. 12. 1960 war er Oberstleutnant, seit dem 26. 7. 1967 Oberst. Am 30. 9. 1970 schied er auf eigenen Wunsch aus der Bundeswehr aus.
R. F. Toliver und T. J. Constable: Holt Hartmann vom Himmel, deutsch 1971. G. Fraschka: Mit Schwertern und Brillanten, 1959. R. F. Toliver und T. J. Constable: Das waren die deutschen Jagdfliegerasse, 12 1986.

Hartmann, Nicolai, Prof. Dr. phil., * 20. 2. 1882 Riga, † 9. 10. 1950 Göttingen. Nach Studium in St. Petersburg und Dorpat war H. seit 1909 Privatdozent, seit 1920 Professor für Philosophie in Marburg, seit 1925 in Köln, seit 1931 in Berlin und seit 1946 in Göttingen. In einem eigenen philosophischen System gliederte er die reale Welt in eine anorganische, organi-

sche, seelische und geistige Schicht, analysierte jede dieser Schichten und bestimmte die Zusammenhänge zwischen ihnen. Daneben sah er die Sphäre des idealen Seins, die ebenso erkannt werden könne wie die reale. Wichtiges Anliegen H.s sind Volksbewußtsein und Arterhaltung, Biologie und Verhaltensforschung werden von ihm jedoch noch nicht betrachtet. Zu seinen Werken zählen: „Grundzüge einer Metaphysik der Erkenntnis" (1927), „Ethik" (1926), „Ontologie" (3 Bände, 1935–1938), „Teleologisches Denken" (1951).
H. Heimsoeth (Hrsg.): Nicolai Hartmann, 1952. J. Wirth: Realismus und Apriorismus in Nicolai Hartmanns Erkenntnistheorie, 1965. W. Lichter: Die Kategorialanalyse der Kausaldetermination, 1964.

Hartmannsweilerkopf, hart umkämpfter Vogesenberg 1914–1918. Der 956 m hohe Berg in den Südvogesen, der direkt zur Rheinebene abfällt, wurde im ganzen 1. Weltkrieg wegen seiner strategischen Bedeutung hart umkämpft. Nach mehrfachem Besitzwechsel blieb er ab Dezember 1915 in deutscher Hand. Er trägt eine Kriegergedenkstätte für 30 000 Gefallene.
H. Stegemann: Geschichte des Krieges, 4 Bde., 1917–1921. H. Kilian: Totentanz auf dem Hartmannsweilerkopf, ²1977. G. Goes: Hartmannsweiler Kopf, 1930.

Harzburger Front, Bündnis nationaler Parteien und Gruppen 1931. Auf Betreiben von A. →Hugenberg veranstaltete die „Nationale Opposition" aus →NSDAP (A. →Hitler), →DNVP (A. →Hugenberg), →Stahlhelm (F. →Seldte), →Alldeutscher Verband und den sogenannten Vaterländischen Verbänden am 11. 10. 1931 in Bad Harzburg ein Treffen, an dem auch H. →Schacht, H. von →Seeckt, weitere Reichswehrgenerale und Mitglieder deutscher Fürstenhäuser teilnahmen. Als Redner der Tagung forderten die Verbandsführer den Rücktritt der Regierung →Brüning, die Aufhebung der →Notverordnungen, Neuwahlen zum Reichstag und boten eine Koalitionsregierung der Rechten an. Die H. zerbrach bereits im Frühjahr 1932, als sich ihre Führer nicht auf einen gemeinsamen Kandidaten zur Wahl des Reichspräsidenten einigen konnten. Sie war jedoch für die Einigung der Rechten wichtig und erlebte praktisch am 30. 1. 1933 eine Neuauflage.
V. R. Berghahn: Der Stahlhelm, 1966.

Hassell, Ulrich von, Diplomat, * 12. 11. 1881 Anklam, † 8. 9. 1944 Berlin. Seit 1908 im diplomatischen Dienst, trat der mit einer Tochter des Großadmirals von →Tirpitz verheiratete H. 1918 der →DNVP und 1933 der →NSDAP bei. Als Gesandter war er 1926–1930 in Kopenha-

gen und 1930–1932 in Belgrad, 1932–1938 als Botschafter in Rom. Nach seiner Entlassung 1938 schloß sich H. dem Widerstandskreis um →Beck und →Goerdeler an, für die er auf vielen Auslandsreisen als Vorstandsmitglied des Mitteleuropäischen Wirtschaftstages Beziehungen herstellte, unter anderem zum britischen Außenminister Halifax. Er versuchte vergeblich, einflußreiche deutsche Generale für einen Putsch gegen A. →Hitler zu gewinnen und trat für die Wiedereinführung der Monarchie ein. In Goerdelers Plänen war er als Außenminister vorgesehen. Nach dem Attentat vom →20. 7. 1944 wurde er verhaftet, vom →Volksgerichtshof zum Tode verurteilt und gehängt. Er schrieb „Im Wandel der Außenpolitik" (1939). Seine im Kriege vergrabenen Tagebücher erschienen 1946 unter dem Titel „Vom anderen Deutschland".
K. Balzer: Der 20. Juli und der Landesverrat, 1971. A. von Ribbentrop: Die Kriegsschuld des Widerstandes, 1974. H. Rothfels: Die deutsche Opposition gegen Hitler, 1949.

„Haudegen", Deckname für ein deutsches Unternehmen 1944/45. Vom September 1944 bis September 1945 war das Unternehmen „H." ein deutscher Wettertruppeinsatz im Nordostland von Spitzbergen. Nach der deutschen Kapitulation war es ein Forschungsauftrag.
F. Ruge: Der Seekrieg 1939–45, 1962.

Hauer, Jakob Wilhelm, Prof. Dr., Indologe und Religionswissenschaftler, * 4. 4. 1881 Ditzingen/Württ., † 18. 12. 1962 Tübingen. H. war evangelischer Missionar in Indien und lehrte dann nach seiner Rückkehr an den Universitäten Marburg (1925) und Tübingen (ab 1927). Er wandte sich vom Christentum ab und wurde einer der führenden Vertreter der nichtchristlichen →„Deutschen Glaubensbewegung", die er von 1933–1936 auch leitete. Zu seinen Veröffentlichungen zählen „Die Religionen" (1924), „Der Yoga als Heilsweg" (1932), „Deutsche Gottschau" (1934) und „Was will die deutsche Glaubensbewegung?" (1934), „Glaubensgeschichte der Indogermanen" (1937) und „Der deutsche Born" (4 Bde., 1952).

Hauerland, deutsche Volksinsel in der Mittelslowakei. Als seit dem 11. Jahrhundert ungarische Könige deutsche Siedler ins Land holten, entstand um die von Deutschen gegründete Bergbaustadt Kremnitz ein Kranz deutscher Städte und Dörfer, das H. südlich der Westbeskiden zwischen der Neutra und der Gran. Kremnitz wurde 1295 erstmals genannt und hatte seit 1328 deutsches Stadtrecht. Es war königliche Freistadt, die Deutschen besaßen das Kuttenberger Bergrecht. Sie stellten 1875 noch

75% der Stadteinwohner. Das abgeschiedene und arme H. wurde von der Madjarisierung des 19. Jahrhunderts nicht so sehr erfaßt. 1919 lebten im H. noch rund 60000 Deutsche. Mit den anderen Volksinseln der Slowakei teilte das H. 1945 das Schicksal der →Karpatendeutschen, die meist ihre Heimat verloren.

A. Hudak: Die Karpatendeutschen, 1975. L. Wohland (Hrsg.): Untergang des deutschen Siedlungsgebiets in der Mittelslowakei, 1989.

Hauptkriegsverbrecherprozeß, Bezeichnung für den ersten der →Nürnberger Prozesse 1945/1946. Im H. wurden führende Politiker und Soldaten des Dritten Reiches vom sogenannten Internationalen Militärtribunal als Ausdruck reiner Siegerjustiz abgeurteilt. Nach dem →Londoner Viermächteabkommen vom 8. 8. 1945 und der am 29. 10. 1945 verabschiedeten Verfahrensordnung fand der H., der wichtige Rechtsgrundsätze verletzte, im Saal 600 des Nürnberger Schwurgerichts vom Oktober 1945 bis 1. 10. 1946 statt. Hauptankläger waren Jackson (USA), Rudenko (UdSSR), Shawcross (Großbritannien) und de Menthon (Frankreich). Angeklagt wegen I. Verschwörung gegen den Frieden, II. Verbrechen gegen den Frieden, III. Kriegsverbrechen, IV. Verbrechen gegen die Menschlichkeit waren 24 Personen und sechs Organisationen nach der Anklageschrift vom 6. 10. 1945. Im Verfahren wurde die deutsche Verteidigung massiv behindert. Gegen Martin →Bormann wurde in Abwesenheit verhandelt, Dr. Robert →Ley beging Selbstmord nach der Anklagezustellung, Gustav →Krupp von Bohlen und Halbach wurde wegen Krankheit für verhandlungsunfähig erklärt. Im Urteil vom 1. 10. 1946 wurde die Todesstrafe durch den Strang verhängt gegen Hermann →Göring, Joachim von →Ribbentrop, Wilhelm →Keitel, Ernst →Kaltenbrunner, Alfred →Rosenberg, Hans →Frank, Wilhelm →Frick, Julius →Streicher, Fritz →Saukkel, Alfred →Jodl, Arthur →Seiß-Inquart, Martin →Bormann; lebenslängliche Haft erhielten Rudolf →Heß, Walther →Funk und Erich →Raeder, begrenzte Haftstrafen Karl →Dönitz (10 Jahre), Baldur von →Schirach (20 Jahre), Albert →Speer (20 Jahre) und Konstantin von →Neurath (15 Jahre); freigesprochen wurden Hjalmar →Schacht, Franz von →Papen und Hans →Fritzsche. →SS, →Reichsregierung, →Führerkorps der NSDAP, →Gestapo und →SD wurden zu verbrecherischen Organisationen erklärt, →SA, →Generalstab und →OKW, ebenfalls angeklagt, jedoch nicht. H. Göring nahm kurz vor der Hinrichtung Gift, Bormann blieb verschollen. Die übrigen Todesurteile wurden am 16. 10. 1946

vollstreckt, die Asche der Gehängten wurde in einen Bach bei München geschüttet. Die Haftstrafen wurden im →Spandauer Gefängnis verbüßt. Weitere Nürnberger Prozesse schlossen sich an.

R. Pemsel: Hitler – Revolutionär, Staatsmann, Verbrecher? 1986. M. Bardèche: Nürnberg oder die Falschmünzer, ³1961. G. Brennecke: Die Nürnberger Geschichtsentstellung, 1970. H. Fritzsche: Vor dem Tribunal der Sieger, 1981. D. Irving: Der Nürnberger Prozeß, 1979. W. Maser: Nürnberg. Tribunal der Sieger, 1977. B. F. Smith: Der Jahrhundertprozeß, 1977. L. Graf Schwerin von Krosigk: Die großen Schauprozesse, 1981. J. J. Heydecker und J. Leeb: Der Nürnberger Prozeß, 1958. S. Westphal: Der deutsche Generalstab auf der Anklagebank, 1978.

Hauptmann, Gerhart, größter Bühnendichter und Erzähler seiner Zeit, * 15. 11. 1862 Salzbrunn/Schlesien, † 6. 6. 1946 Agnetendorf/Schlesien. Nach Studium der Bildhauerei, Naturwissenschaften und Philosophie machte H. ab 1883 Auslandsreisen, lebte als Bildhauer in Rom, ab 1885 in Dresden, in Erkner bei Berlin, dann in Oberschreiberhau (Agnetendorf) am Riesengebirge sowie in Berlin und Kloster Hiddensee. Mit sozialkritischen und naturalistischen Dramen wie „Die Weber" (1892), „Florian Geyer" (1895), „Fuhrmann Henschel" (1898), „Rose Bernd" (1903) eroberte er die deutschen Bühnen. Im Traumspiel „Hanneles Himmelfahrt" (1892) zeigte er den Einbruch des Märchenhaften, Jenseitigen in die Alltagswelt. Dramen aus der Sage und Geschichte sind „Der arme Heinrich" (1901) oder „Kaiser Karls Geisel" (1908). Für seine auch teilweise neuromantischen Werke erhielt er 1912 den Nobelpreis. Über den Parteien stehend, war er bewußt deutsch und fühlte sich als Vertreter des Reichs. In seiner „Atriden"-Tetralogie (1941–1948) gestaltete er das Grauen des 2. Weltkriegs, das er besonders bei der unnötigen Vernichtung →Dresdens durch alliierte Bomber im Februar 1945 erlebte und beschrieb. Seine Autobiographie „Das Abenteuer meiner Jugend" erschien 1937. Nach 1945 wurde die Aufführung seiner Werke zunächst von den Alliierten verboten. Die gesammelten Werke erschienen mehrfach.

F. Endres: Gerhart Hauptmann, 1932. F. Sulger-Gebing: Gerhart Hauptmann, 1932. F. A. Voigt und W. A. Reinhardt: Hauptmann und Shakespeare, 1938. E. Hilscher: Gerhart Hauptmann, 1988. J. Gregor: Gerhart Hauptmann, 1951. C. F. W. Behl und F. A. Voigt: Gerhart Hauptmanns Leben, 1957.

Hauptstadt der Bewegung, im 3. Reich Bezeichnung für München als der Ursprungsstadt der →NSDAP und →SA.

Haus der Deutschen Erziehung, Bezeichnung für das Gebäude der Reichsleitung des →NS-Lehrerbundes in Bayreuth.

Haus der Deutschen Kunst, Ausstellungsgebäude in München. Als Ersatz für den 1931 abgebrannten Glaspalast wurde in München 1933–1936 nach Plänen von P. L. →Troost im Auftrag A. →Hitlers das H. für große Kunstausstellungen gebaut. Seine großzügigen klaren Formen knüpfen an den deutschen Klassizismus der älteren Münchener Bauten an. Die Grundsteinlegung nahm A. Hitler am 15. 10. 1933 vor. Nach Fertigstellung diente das H. zur repräsentativen Darstellung zeitgenössischer Kunst. Es überstand die alliierten Bombenangriffe nahezu unbeschädigt.

Haus des Deutschtums, Gebäude des →Deutschen Ausland-Instituts (DAI) in Stuttgart seit 1925.

Haushofer, Karl, Prof. Dr., Geopolitiker, * 27. 8. 1869 München, † 13. 3. 1946 Pähl/Oberbayern. Seit 1887 beim bayerischen Militär, durchlief H. Kadettenschule, Universität und Militärakademie, wurde 1903 Lehrer für Kriegsgeschichte, dann 1908–1910 nach Japan abkommandiert, unternahm ausgedehnte Fernostreisen und promovierte 1913 über Japan. Nach Kriegsdienst im 1. Weltkrieg als Generalmajor wurde H. 1921 Professor für Geographie in München und Hauptvertreter der von ihm begründeten Geopolitik. Er war 1924 Mitbegründer und ab 1933 alleiniger Herausgeber der „Zeitschrift für Geopolitik" und schrieb u. a. „Das Japanische Reich" (1921), „Geopolitik des Pazifischen Ozeans" (1925), „Wehr-Geopolitik" (1932), „Der nationalsozialistische Gedanke in der Welt" (1934), „Weltmeere und Weltmächte" (1937) und „Werden des Deutschen Volkes" (1939). Seit 1919 war Rudolf →Heß sein Schüler und „Wahlsohn", durch ihn lernte H. 1921 A. →Hitler kennen, der, wie später →Darré und →Rosenberg, von H. und seiner Geopolitik beeinflußt wurde. Von 1933–1936 war H. Präsident der Deutschen Akademie, 1938–1941 Leiter des →Volksbunds für das Deutschtum im Ausland. Da sein Sohn Albrecht trotz Freundschaft zu Heß Verbindung zu den Kreisen der Attentäter vom →20. 7. 1944 hatte und deshalb inhaftiert wurde, kam auch H. in das Konzentrationslager Dachau. Die vom Alliierten Militärtribunal in Nürnberg 1945 geplante Anklageerhebung gegen H. wegen seiner angeblichen Grundlegung für die NS-Lebensraumideologie wurde später fallengelassen. Aus Verzweiflung über das Schicksal des am 23. 4. 1945 in der Haft erschossenen Sohnes Albrecht und des Reiches beging H. mit seiner Frau Selbstmord.
H.-A. Jacobsen (Hrsg.): Karl Haushofer, 2 Bde., 1979. G. Bakker: Deutsche Geopolitik 1919–46, 1967.

H. Haushofer: Mein Leben als Agrarier, 1982. E. Himmelsbach: Albrecht Haushofer, 1985.

Hausjahrmädel, schulentlassenes Mädchen, das im 3. Reich das →hauswirtschaftliche Jahr ableistete.

Hausser, Paul, Generaloberst und Oberstgruppenführer der Waffen-SS, * 7. 10. 1880 Brandenburg/Havel, † 21. 12. 1972 Ludwigsburg. Der Offizierssohn kam nach Kadettenanstalt, Kriegsakademie und Truppendienst 1912 zum →Großen Generalstab und nahm als Major am 1. Weltkrieg im Westen und Osten teil. Er wurde mit beiden EK und hohen preußischen, sächsischen, bayerischen und österreichischen Orden ausgezeichnet. Nach Teilnahme am Grenzschutz Ost wurde er in die →Reichswehr übernommen, dort 1927 Oberst, 1931 Generalmajor und am 31. 1. 1932 als Generalleutnant verabschiedet. Der Angehörige des →„Stahlhelm" kam im November 1934 als Kommandeur der SS-→Junkerschule nach Braunschweig, war dann maßgeblich am Aufbau der →SS-Verfügungstruppe beteiligt, deren ritterlichen und kameradschaftlichen Geist er prägte, und wurde so zum „Vater und Schöpfer der →Waffen-SS". Nach Teilnahme am →Polenfeldzug stellte er die SS-Division „Das Reich" auf, die er in Frankreich, auf dem Balkan und im Osten führte. Der von seinen Männern sehr verehrte „Papa Hausser" erhielt →Ritterkreuz (8. 8. 1941), →Eichenlaub (28. 7. 1943) und →Schwerter (26. 8. 1944), wurde am 1. 10. 1941 Obergruppenführer und General der Waffen-SS und kommandierte dann das II. SS-Panzerkorps im Osten. Nach der alliierten Invasion in Frankreich befehligte H. dort die 7. Armee. Als Oberstgruppenführer und Generaloberst der Waffen-SS war H. ab 23. 1. 1945 Oberbefehlshaber der Heeresgruppe Oberrhein, dann der Heeresgruppe G, bis er am 2. 4. 1945 wegen Meinungsverschiedenheiten mit A. →Hitler seines Postens enthoben wurde. Von 1945–1949 in US-Haft, trat H. als Entlastungszeuge im Nürnberger Prozeß auf. Später war H. Vorsitzender der →Hilfsgemeinschaft auf Gegenseitigkeit (HIAG) der ehemaligen Waffen-SS. Er schrieb „Waffen-SS im Einsatz" (1953) und „Soldaten wie andere auch" (1966).
E. G. Krätschmer: Die Ritterkreuzträger der Waffen-SS, ³1982.

hauswirtschaftliches Jahr, ein Jahr praktischer Hausarbeit für Mädchen. 1934 wurde das h. J. von Reichsfrauenführung, →Reichsjugendführung und Reichsanstalt für Arbeitsvermittlung geschaffen, damit schulentlassene Mädchen in einem Familienhaushalt als zusätzliche Arbeitskraft bei Betreuung durch eine Hausfrau die Hausarbeit und die Aufgaben einer Mutter lernen konnten. Das →„Hausjahrmädel" erhielt ein Taschengeld bei Anschluß an die betreffende Familie. Das h. J. wurde auf das am 15. 2. 1938 eingeführte →Pflichtjahr für Mädel angerechnet.

Heidegger, Martin, Prof. Dr., Philosoph, * 26. 9. 1889 Meßkirch, † 26. 5. 1976 Freiburg/ Breisgau. Der Bauernsohn wurde nach dem Studium der Philosophie 1915 Privatdozent, 1923 Professor in Marburg, 1928 Ordinarius für Philosophie in Freiburg/Breisgau. Er begründete die Existenzphilosophie. In seinem Hauptwerk „Sein und Zeit" (1927) entwickelte er eine Fundamentalontologie, mit der er sich als einer der tiefsten Denker der Zeit auswies. Er schrieb Wesentliches über die Sprache, die Heimat- und Erdverbundenheit des Menschen. 1933 wurde er Rektor der Freiburger Universität und trat in seiner Rektoratsrede „Die Selbstbehauptung der deutschen Universität" (1933) wie in weiteren Vorträgen und Vorlesungen für den Nationalsozialismus als Neubeginn des deutschen Schicksals ein. Er wandte sich jedoch gegen antisemitische Aktionen an der Universität, trat 1934 als Rektor zurück und hielt seitdem Abstand zum Nationalsozialismus. Nach dem 2. Weltkrieg erhielt H. Lehrverbot bis Juli 1950, so daß er erst ab 1951 wieder Vorlesungen halten konnte. In einem Interview, das erst nach seinem Tode veröffentlicht werden durfte, erklärte H., daß er den Nationalsozialismus für die einzige Überlebenschance Deutschlands gehalten habe. Die Wirkung seines Denkens auf die Philosophie, insbesondere in Frankreich, war und ist sehr groß. Weitere wichtige Werke von ihm sind „Hölderlin und das Wesen der Dichtung" (1936), „Platons Lehre von der Wahrheit" (1942), „Vom Wesen der Wahrheit" (1943), „Einführung in die Metaphysik" (1953).

A. Fischer: Die Existenzphilosophie Martin Heideggers, 1935. K. Löwith: Heidegger – Denker in dürftiger Zeit, 1984. W. Biemel: Martin Heidegger, 1976. W. Franzen: Martin Heidegger, 1976. H. G. Gadamer: Heideggers Wege, 1983. B. Martin: Martin Heidegger und das Dritte Reich, 1989. V. Farias: Heidegger und der Nationalsozialismus, 1989. H. Ott: Martin Heidegger, 1988. H.-M. Sass: Heidegger-Bibliographie, 1968.

Heil!, alte Grußform. Die schon bei den Goten nachgewiesene Grußform (hails) wurde in der Fürstenhuldigung verwendet und 1846 im Turnergruß „Gut Heil!" erneuert, später in der →Jugendbewegung als Gruß benutzt. Als „Heil Hitler" wurde sie um 1925 als nationalsozialistische Grußform in der →NSDAP und ab 1933 als →Deutscher Gruß allgemein üblich.

Die NSDAP-Reichsleitung erklärte am 20. 11. 1933 ausdrücklich an alle Gauleiter, daß sowohl mit „Heil" als auch mit „Heil Hitler" gegrüßt werden könne.

Heimatarmee (polnisch: Armia Krajówa), polnische Partisanenarmee im 2. Weltkrieg. Sie entstand 1942 durch Vereinigung verschiedener nichtkommunistischer Partisanengruppen im besetzten Polen und wurde bis 1943 von General Stefan Rowecki, danach von General Bor-Komorowski geführt und umfaßte rund 350000 Mann. Bei Annäherung der Roten Armee an Warschau befahl Bor-Komorowski am 1. 8. 1944 den →„Warschauer Aufstand" gegen die deutschen Truppen in der Stadt. Die polnischen Partisanen gingen mit äußerster Brutalität gegen deutsche Soldaten und Verwundete vor, konnten jedoch in einem zweimonatigen Kampf von herangeführten deutschen Verbänden bis zum 2. 10. 1944 geschlagen werden. Die Rote Armee, die bald nach Aufstandsbeginn den Ostteil Warschaus besetzte, überquerte die Weichsel nicht und trug so zur Niederlage der Heimatarmee bei, behinderte auch Versorgungsflüge englischer und amerikanischer Maschinen, die die Aufständischen entlasten sollten. Nach der sowjetischen Besetzung ganz Polens wurden die Mitglieder der H. von der sowjetischen Geheimpolizei systematisch ermittelt, viele von ihnen verschleppt und umgebracht.

Heimatbewegung, Bestrebungen zur Erhaltung des Deutschtums im →Elsaß nach dem 1. Weltkrieg. Als das Elsaß nach 1918 Teil von Frankreich wurde, bildete sich die H. zur Verteidigung der deutschen Sprache und Durchsetzung einer eigenständigen Verwaltung gegen die Französisierung. Die H. gewann ab 1924/25 trotz vielfältiger Unterdrückung immer stärker an Boden. Kurz vor und in den ersten Monaten des 2. Weltkriegs wurden viele der „Autonomisten" von Franzosen verhaftet und nach Nancy oder Südfrankreich deportiert. Der Führer der H., der Oberlehrer Karl →Roos, wurde von einem französischen Kriegsgericht zum Tode verurteilt und erschossen.

H. Büttner: Geschichte des Elsaß, 1939.

Heimatblock, österreichische Wahlgruppierung 1930. Für die Nationalratswahlen im November 1930 bildeten Angehörige der →Heimwehr um E. R. →Starhemberg den H., der 6,2% der Stimmen und acht Mandate erhielt. Ähnlich wie der →Korneuburger Eid wandte sich das Programm des H. gegen die parlamentarische Demokratie sowie Parteien und trat für einen Ständestaat ein. 1932 ging der H. in die Regierung →Dollfuß. Seine Bedeutung sank ab 1934 mit der Ausschaltung der Parteien und der Errichtung der →Vaterländischen Front in Österreich.

Heimatflak, im 2. Weltkrieg ab Mai 1942 deutsche Flugabwehr mit teilweise zivilem Personal. Ab Mai 1942 wurde zur Verstärkung der Luftabwehr gegen alliierte →Terrorangriffe die H. aufgestellt, die ganz oder teilweise mit zivilem Personal, den →Flakwehrmännern, besetzt war. Die H. war eine Alarmeinheit, die nur bei Bedarf zusammentrat: Die zivilen Angehörigen waren in der Nähe ihrer Batterie berufstätig. Nachdem ab Februar 1943 auch Schüler und Frauen als →Flakhelfer zu Marine- oder Luftwaffenflak-Einheiten eingezogen waren, wurden diese auch teilweise als H.-helfer bezeichnet.

Heimatschutz, Bestrebungen zur Erhaltung der natürlichen und geschichtlichen Eigenart. Eng verbunden mit dem seit Anfang des 19. Jahrhunderts in Deutschland um sich greifenden Naturschutzgedanken setzte sich der vor allem auf Professor Ernst Rudorff (1840–1916) zurückgehende H. seit Ende des 19. Jahrhunderts neben der Pflege der Landschaft für die Erhaltung und Förderung heimischen Wesens in Brauch, Mundart, Lied und Sitte ein. Die eigentliche deutsche H.-Bewegung wurde 1904 ins Leben gerufen. Die Landesvereine als Träger der H.-arbeit waren im Deutschen Heimatbund mit Sitz in Düsseldorf zusammengeschlossen. Ein H.-gesetz wurde 1934 in Sachsen erlassen. Seit 1938 gab es die Zeitschrift „Heimatleben".
E. Rudorff: Heimatschutz, ³1904, neu hrsgg. von P. Schultze-Naumburg, 1926. Lindner: Heimatschutz im Neuen Reich, 1934. R. Künast: Umweltzerstörung und Ideologie, 1983. R. H. Francé: Die Entdeckung der Heimat, ²1982. W. Schoenichen: Naturschutz, Heimatschutz, 1954.

Heimatschutz, österreichischer Wehrverband, →Heimwehr.

Heimatzuflucht, das Recht des nicht als Anerbe berufenen Kindes eines verstorbenen →Erbhofbauern, bei unverschuldeter Notlage auf dem väterlichen Hof gegen angemessene Mithilfe Zuflucht zu suchen.

„Heim ins Reich", Schlagwort in Österreich vor 1938. Die alle Volksschichten erfassende → Anschluß-Bewegung wurde auch H.-Bewegung genannt.

Heimmütterschulen, Einrichtungen des →Deutschen Frauenwerks. Die ab 1936 einge-

richteten H. waren Ausbildungsstätten des →Mütterdienstes des Deutschen Frauenwerkes, in denen vor allem junge Mädchen in „Heranbildung körperlich und seelisch tüchtiger Mütter" auf die Ehe vorbereitet werden sollten. Die Kurse an den H. dauerten meist vier bis sechs Wochen.

Heimstätte, gebundenes, von einer Behörde oder Siedlungsgesellschaft ausgegebenes Grundeigentum mit Haus. Nachdem seit den 80er Jahren des 19. Jahrhunderts die H.-bewegung in Deutschland gewachsen und von den Bodenreformern (→Damaschke) stark gefördert worden war, schuf das Reichs-H.-gesetz vom 10. 5. 1920 die Grundlage dafür, daß Einfamilienhäuser mit kleinem Garten an Minderbemittelte, vor allem Kriegsveteranen und -hinterbliebene von Reich, Ländern, Gemeinden oder gemeinnützigen Siedlungsgesellschaften zu Vorzugsbedingungen vergeben werden konnten. Das Reichs-H.-gesetz vom 25. 11. 1937 mit Ausführungsverordnung vom 19. 7. 1940 erweiterte den Kreis der Begünstigten z. B. auch um Kinderreiche. Es unterschied Wohnh. mit Familienhaus und Nutzgarten sowie Wirtschaftsh. für einen landwirtschaftlichen oder gärtnerischen Familienbetrieb. Die Eigenschaft der H. wurde ins Grundbuch eingetragen, der Ausgeber behielt Vorkaufsrecht. Die H. war vererbbar, aber nicht spekulativ verkäuflich oder zur Zwangsvollstreckung freigegeben. Bei grober Mißwirtschaft konnte die H. eingezogen werden. Bei der →DAF gab es ein Reichsh.-amt. Um 1936 gehörten rund 130 000 H.-Inhaber dem →Deutschen Siedlerbund an. Ab 1923 gab es die Zeitschrift „Die Heimstätte".
Rusch: Heimstättenrecht, 1938. A. Damaschke: Zur Einführung in die deutsche Heimstättenbewegung, 1920. T. Harlander und G. Fehl: Hitlers sozialer Wohnungsbau 1940–45, 1986.

Heimtückegesetz, das „Gesetz gegen heimtückische Angriffe auf Staat und Partei und zum Schutze der Parteiuniformen" vom 20. 12. 1934. Es bestrafte die Aufstellung und Verbreitung von „Greuelnachrichten", auch „nichtöffentlicher böswilliger Äußerungen", wenn damit gerechnet werden mußte, daß sie in die Öffentlichkeit drangen, außerdem die mißbräuchliche Benutzung von Uniformen oder Abzeichen der →NSDAP und ihrer Gliederungen, insbesondere bei Straftaten, mit Gefängnis. Auch unerlaubtes Besitzen, Herstellen, Anbieten oder In-Verkehr-bringen solcher Uniformen oder Abzeichen wurde mit Gefängnis, mit Haft- oder Geldstrafe bedroht. Bestraft wurde ebenso, wer sich aus egoistischen oder politischen Motiven wahrheitswidrig als Mitglied der NSDAP oder einer ihrer Gliederungen ausgab. Im allgemeinen bedurfte die Strafverfolgung der Zustimmung des →Stellvertreters des Führers oder einer von ihm beauftragten Stelle. Dem H. vorausgegangen war die „Verordnung des Reichspräsidenten zur Abwehr heimtückischer Angriffe gegen die Regierung der nationalen Erhebung" vom 21. 3. 1933, worin eine „unwahre oder gröblich entstellte Behauptung" zu Lasten der Regierung oder ihrer Parteien mit Gefängnis bis zu zwei Jahren oder Zuchthaus bedroht wurde.

Heimwehren (Heimatschutz, Heimatwehr), bewaffnete österreichische Selbstschutzverbände nach 1918. Aus Frontkämpfervereinigungen, Kameradschaftsverbänden und Bürgerwehren wurden nach dem Ende der k. u. k. Monarchie 1918 in Österreich die H. zum Selbstschutz gegen innere Unruhen und Angriffe von außen gegründet, meist auf Privatinitiative mit behördlicher Genehmigung. Besonders erfolgreich war der „Kärntner Heimatdienst" unter Hans →Steinacher, der nach dem erfolgreichen →Kärntner Freiheitskampf vom November 1918 bis Juni 1919 gegen die eingefallenen Slowenen auch die Vorbereitungen zur siegreichen →Volksabstimmung am 10. 10. 1920 in der südlichen Zone Kärntens traf. Die antimarxistischen und antidemokratischen H. bekamen größeren politischen Einfluß, nachdem Emil Fey, 1933–1935 Innenminister und zeitweise Vizekanzler, 1927 die „Wiener Heimwehr" gegründet und 1931 alle Wiener Selbstschutzverbände vereinigt hatte, und Ernst Rüdiger Fürst von →Starhemberg, seit 1928 im Oberösterreichischen Heimatschutz tätig und seit 1929 sein Landesführer, 1930 Bundesführer des Österreichischen Heimatschutzes und am 1. 5. 1934 Vizekanzler geworden war. Im →Korneuburger Eid vom 18. 5. 1930 gaben sich die H., noch unter Bundesführer Dr. Steidle, ein neues Programm, das die Abschaffung der parlamentarischen Demokratie und des Parteienstaates, einen autoritären Staat mit Selbstverwaltung der Stände, die Bekämpfung von Marxismus und Liberalismus sowie die Überwindung des Klassenkampfes forderte. 1930 gelangte Starhemberg mit seinem Heimatblock ins Parlament. Bundeskanzler →Dollfuß stützte sich bei seiner klerikalen Diktatur ab 1933 auf die H., die bei den →Februarunruhen der Sozialisten 1934 und beim nationalsozialistischen Aufstand im Juli 1934 (→Juli-Erhebung) eingesetzt wurden. Teile der H., insbesondere eine steirische Gruppe, hatten sich ab 1933 der österreichischen →NSDAP angeschlossen und wurden mit ihr verboten. Unter Bundeskanzler →Schuschnigg verloren die H. an Bedeutung, bis sie 1936 aufgelöst und in die →Vaterländische Front überführt wurden.

F. Schweiger: Geschichte der niederösterreichischen Heimwehr 1928–30, Diss. 1964. L. Jedlicka: Die österreichische Heimwehr, in: Internationaler Faschismus 1920–45, 1966. F. L. Carsten: Faschismus in Österreich, 1977. E. R. Starhemberg: Memoiren, 1971. L. Kerekes: Abenddämmerung einer Demokratie, 1966.

Heinkel, Ernst, Flugzeugkonstrukteur und -bauer, * 24. 1. 1888 Grunbach/Württ., † 30. 1. 1958 Stuttgart. Nach Ingenieurstudium war er im 1. Weltkrieg Direktor einer Flugzeugfabrik. 1922 gründete er die Ernst-H.-Flugzeugwerke in Travemünde, später in Warnemünde, ab 1934 in Rostock und ab 1936 auch in Oranienburg. Er entwickelte und baute zahlreiche Spezialflugzeugtypen u. a. für Langstreckenflug, Postdienst, Katapultstart und Seedienst, ferner die stromlinienförmige He 70 (1932) und ab 1935 den Standardbomber der deutschen Luftwaffe, die He 111. 1938 wurde H. →Wehrwirtschaftsführer und erhielt (mit →Messerschmitt) den →Deutschen Nationalpreis. Er baute im August 1939 mit der He 178 das erste Düsenflugzeug der Welt, nachdem bereits am 20. 6. 1939 die He 176, ein Raketenflugzeug, mit über 800 km/h den bestehenden Geschwindigkeitsrekord von Propellermaschinen weit überboten hatte. Kurz vor Ende des Krieges brachte er einen leichten Düsenjäger als „Volksjäger" heraus. Am 18. 1. 1949 wurde er nach zwei Spruchkammerverfahren als Mitläufer eingestuft und begann 1950 erneut mit der Herstellung von Maschinen sowie Motorrollern, ab 1957 auch von Flugzeugen in Stuttgart-Zuffenhausen. 1953 brachte H. seine Erinnerungen „Stürmisches Leben" heraus.

W. Zuerl: Deutsche Flugzeugkonstrukteure, 1938.

Heisenberg, Werner, Prof. Dr., theoretischer Physiker und Nobelpreisträger, * 5. 12. 1901 Würzburg, † 1. 2. 1976 München. Der bedeutendste deutsche theoretische Physiker nach 1920 trug mit seiner Einführung der Matrizen in die Quantenmechanik und der Unschärferelation wesentlich zur modernen Atomtheorie bei und erhielt 1932 den Nobelpreis. Er war 1924–1927 Privatdozent in Göttingen und Kopenhagen, 1927–1941 Professor in Leipzig, 1941–1945 in Berlin und Direktor des Kaiser-Wilhelm-Instituts in Berlin-Dahlem. Im 2. Weltkrieg war H. maßgeblich am staatlich zu spät geförderten deutschen Reaktorbau und an der Kernwaffenherstellung beteiligt. Den ersten Reaktor brachte er im Frühjahr 1945 in Haigerloch bis zum Betrieb. Anschließend war er mit anderen deutschen Atomphysikern in England interniert. 1946 wurde H. Direktor des Max-Planck-Instituts in Göttingen, 1958 (bis 1970) Professor in München und dort Leiter des Max-Planck-Instituts. Mit 17 deutschen Atomwissenschaftlern wandte er sich im April 1957 gegen die atomare Bewaffnung der Bundeswehr. Er schrieb u. a. „Die physikalischen Prinzipien der Quantentheorie" (^{3}1944), „Die Physik der Atomkerne" (^{3}1949), „Das Naturbild der heutigen Physik" (1955), „Der Teil und das Ganze" (1969), „Schritte über Grenzen" (1971).

A. Hermann: Werner Heisenberg, 1976. C. F. von Weizsäcker und B. L. van der Waerden: Werner Heisenberg, 1977. J. G. Leithäuser: Werner Heisenberg, 1957. F. Hund: Geschichte der Quantentheorie, 1967.

Heißmeyer, August, General der Waffen-SS, * 11. 1. 1897 Gellersen/Hameln, † 16. 1. 1972 Schwäbisch Hall. Nach Teilnahme am 1. Weltkrieg als Leutnant und Medizinstudium trat H. 1925 der →NSDAP bei und baute die →SA im Gau Hannover-Süd auf, wo er zeitweilig stellvertretender Gauleiter war. Seit 1930 in der →SS, wurde er 1935 als Gruppenführer Chef des SS-Hauptamtes und 1939 nach dessen Umorganisation Leiter der „Dienststelle Obergruppenführer H.". Ab 1936 war er Inspekteur der →Napolas und beeinflußte deren moderne Bildungsmethoden. Seine Vorstellungen, die SS zur „Erziehungsarmee" umzuformen, konnte er nicht durchsetzen. Am 19. 11. 1944 zum General der Waffen-SS ernannt, wurde er nach 1945 als „Hauptschuldiger" eingestuft, interniert und mit Vermögenseinzug bestraft. Seine Frau Gertrud →Scholtz-Klink war →Reichsfrauenführerin.

Heldengedenktag, staatlicher Feiertag zum Gedächtnis der Gefallenen 1934–1945. Der auf Anregung des Volksbundes deutsche Kriegsgräberfürsorge seit 1923 am 5. Sonntag vor Ostern gefeierte Volkstrauertag wurde ab 1934 als H. und Staatsfeiertag für die Gefallenen des 1. Weltkriegs, ab 1940 auch für die des 2. Weltkriegs, sowie für die Opfer der nationalsozialistischen Bewegung begangen. 1939 wurde er auf den 16. März, den Jahrestag der Wiedereinführung der Wehrpflicht 1935, oder den vorangehenden Sonntag verlegt. Am H. fanden vor allem in Berlin größere Truppenparaden statt.

Heldenklau, scherzhafte Bezeichnung für Personen, die gegen Ende des 2. Weltkriegs auf der Suche nach kriegsverwendungsfähigen Männern Betriebe, Behörden oder Stäbe durchsuchten, insbesondere für den mit der Leitung der Aktion beauftragten General von Unruh.

Heldenplatzkundgebung, Massenkundgebung in Wien nach dem Anschluß 1938. Nach dem am 13. 3. 1938 von der Wiener wie von der Reichsregierung beschlossenen →Anschluß Österreichs an das Deutsche Reich fand am 15. 3. 1938 auf dem Wiener Heldenplatz vor der Neuen Hofburg eine Kundgebung mit mehreren hunderttausend Menschen statt. Bundeskanzler →Seyß-Inquart erklärte in seinen Begrüßungsworten: „Das Reich ist wieder erstanden, das volksdeutsche Reich ist geschaffen." Anschließend sprach A. →Hitler und beendete seine Rede mit den Worten: „Als Führer und Kanzler der deutschen Nation und des Reiches melde ich vor der deutschen Geschichte nunmehr den Eintritt meiner Heimat in das Deutsche Reich." In einer anschließenden Wehrmachtparade marschierten auch die österreichischen Eliteeinheiten in ihren historischen Uniformen an A. Hitler und der österreichischen Generalität vorbei.

Helferin, Bezeichnung für Frauen, die im 2. Weltkrieg als →Wehrmachthelferinnen im militärischen Dienst standen, u. a. als Flak-, Lazarett-, Luftwaffen-, Marine-, Nachrichten-, Stabsh.

Helfferich, Karl, Dr., Währungspolitiker, * 22. 7. 1872 Neustadt/Weinstraße, † 23. 4. 1924 bei Bellinzona (Eisenbahnunfall). Nach Studium der Rechts- und Staatswissenschaft sowie publizistischer Tätigkeit wurde H. 1899 Privatdozent für Nationalökonomie in Berlin. Ab 1901 war er Währungsfachmann in der Kolonialabteilung des Auswärtigen Amtes, ab 1906 Direktor der Anatolischen Eisenbahngesellschaft und als solcher Förderer der →Badgad-Bahn. 1908 kam er in den Vorstand der Deutschen Bank, im Februar 1915 als Staatssekretär ins Reichsschatzamt. Vom Mai 1916 bis November 1917 war er Staatssekretär im Innenministerium und zugleich Vizekanzler. Die Kosten des 1. Weltkrieges versuchte er in der Hoffnung auf Kriegsentschädigung nach einem erwarteten Sieg durch große Kriegsanleihen anstelle von Steuern zu decken. 1918 war er deutscher Geschäftsträger in Moskau, danach einer der tatkräftigsten Politiker der DNVP und von 1920–1924 deren Reichstagsabgeordneter. Sein scharfer Kampf gegen die →„Erfüllungspolitiker" zwang Reichsfinanzminister →Erzberger 1920 zum Rücktritt, nachdem Helfferich einen Prozeß gegen ihn gewonnen hatte. Außerdem wandte er sich gegen den →Dawes-Plan und unterstützte den →passiven Widerstand im →Ruhrkampf. Während der Inflation schlug H. eine Roggenwährung vor und schuf die Voraussetzung zur Einführung der →Rentenmark von 1923 und Stabilisierung der deutschen Währung. Die Reichsregierung verweigerte

ihm das erstrebte Amt des Reichsbankpräsidenten. Er schrieb u. a. „Das Geld" (1903), „Deutschlands Volkswohlstand 1888–1913" (1913), „Der Weltkrieg" (3 Bände, 1919), „Die Politik der Erfüllung" (1922), „Reichstagsreden" (2 Bände, 1922/25).
Scheffbuch: Helfferich, 1934. von Raumer: Karl Helfferich, 1938. Wahrmund: Dr. Karl Helfferich, 1938. R. Fischer: Karl Helfferich, 1932. L. von Lumm: Helfferich als Währungspolitiker und Gelehrter, 1926. K. Epstein: Matthias Erzberger und das Dilemma der deutschen Demokratie, 1962.

Helgoland, Insel in der Deutschen Bucht. Sie war bis 1890 in englischem Besitz und wurde vom Deutschen Reich im Tausch gegen einen Küstenstreifen in Ostafrika sowie durch Verzicht auf Sansibar erworben. Die nach 1918 geschleiften Befestigungen wurden nach 1933 wieder errichtet. Am 14. 5. 1945 besetzten englische Truppen die Insel, evakuierten die Bevölkerung und benutzten H. jahrelang als Bombenziel. Dabei wurde die Insel völlig zerstört. Nach einer gewaltlosen Besetzungsaktion durch deutsche Studenten vom 21. 12. 1950 wurde H. am 1. 4. 1952 an die Bundesrepublik Deutschland zurückgegeben.
E. Lüth: Helgoland, 1962. W. Krogmann: Helgoländer Wörterbuch, 1957. B. Krebs: Helgoland, 3 Bde., 1985–1988.

Hendaye, Zusammenkunft in, Treffen zwischen A. →Hitler und General →Franco am 23. 10. 1940. Nachdem Spaniens Staatschef Franco im Juni 1940 seine Bereitschaft erklärt hatte, für den Erwerb von Gibraltar, West-Algerien und Französisch-Marokko auf Deutschlands Seite in den Krieg einzutreten und Spaniens Außenminister Suñer am 16./17. 9. 1940 in Berlin schon über diese Fragen verhandelt hatte, sprach A. Hitler am 23. 10. 1940 in seinem Salonwagen auf dem Grenzbahnhof H. mit Franco in Anwesenheit der beiden Außenminister. Hitler bot Gibraltar und ein zehnjähriges Bündnis für Francos Kriegseintritt an. Da er in bezug auf die französischen Kolonien aber keine Zusage machen wollte, wich Franco einem Vertrag aus. Zu Francos Zögern trug wahrscheinlich auch eine geheime Einflußnahme des deutschen Abwehrchefs und Widerständlers →Canaris bei, der mit Franco befreundet war. Auch auf weitere deutsche Angebote im Februar 1941 ging Franco nicht ein, sondern blieb bis Kriegsende neutral, Gibraltar deshalb britisch.
D. Detwiler: Hitler, Franco und Gibraltar, 1962. K.-J. Ruhl: Spanien im 2. Weltkrieg, 1975.

Henlein, Konrad, Dr. jur. h. c., sudetendeutscher Volksgruppenführer, Gauleiter und Reichsstatthalter, * 6. 5. 1898 Maffersdorf/

Böhmen, † 10. 5. 1945 Pilsen. Nach Besuch der Handelsakademie Gablonz trat H. als Kriegsfreiwilliger 1916 bei den Tiroler Kaiserjägern ein, erhielt Tapferkeitsauszeichnungen und kam am 17. 11. 1917 in italienische Gefangenschaft (bis 1919). Der Bankbeamte war 1919 in der Turnbewegung in Reichenau tätig, wurde 1925 Gaudietwart des Jeschken-Iser-Gaus des Deutschen Turnverbandes und hauptamtlicher Turnlehrer in Asch. Seit 1931 Verbandsturnwart des Sudetendeutschen Turnverbandes, veröffentlichte H. am 1. 10. 1933 in Eger den Aufruf zur Gründung der →„Sudetendeutschen Heimatfront" als Sammlung aller Sudetendeutschen, im April 1935 in →„Sudetendeutsche Partei" (SdP) umbenannt. Sie wurde unter H. am 19. 5. 1935 mit 44 Mandaten zur stärksten Partei der Tschechoslowakei. 1936 wurde H. Ehrenobmann des Deutschen Turnverbandes, Ehrendoktor der Universität Breslau und Vorsitzender des Verbandes der Volksgruppen in Europa. Am 24. 4. 1938 forderte er in den acht →Karlsbader Punkten Autonomie für das →Sudetenland. Die Prager Regierung verbot am 16. 9. 1938 die SdP und ließ H., der sich in Deutschland aufhielt, in der Tschechoslowakei steckbrieflich suchen. Nach dem →Münchener Abkommen und dem Anschluß des Sudetenlandes an das Deutsche Reich wurde H. am 1. 10. 1938 Gauleiter der NSDAP, in die er am 11. 12. 1938 die SdP überführte, Reichskommissar für das Sudetenland, am 4. 12. 1938 MdR, am 16. 3. 1939 Leiter der Zivilverwaltung in der Tschechoslowakei, am 1. 5. 1939 →Reichsstatthalter im Reichsgau Sudetenland (bis 1945). Seit 21. 6. 1943 SS-Obergruppenführer, kam H. im Mai 1945 in US-Gefangenschaft, wo er sich nach Eröffnung der Auslieferung an die Tschechen am 10. 5. 1945 im Lager Rotzikau das Leben nahm. Er schrieb „Sudetendeutschtum und gesamtdeutsche Kultur" (1936), „Konrad Henlein spricht" (1937) und „Heim ins Reich" (1939).
W. Jaksch: Europas Weg nach Potsdam, 1958. J. W. Brügel: Tschechen und Deutsche, 1967. R. Pozorny: Wir suchten die Freiheit, 1978. R. Pozorny: Der Sudeten-anschluß 1938, 1978. K. Höffkes: Hitlers politische Generale, 1986. K. A. Deubner: Der Politiker Konrad Henlein, 1938. E. Frank: Männer haben immer gebaut, 1975. W. Brand: Die sudetendeutsche Tragödie, 1949.

Hensel, Walther, eigentlich Julius Janiczek, Musikerzieher, * 8. 9. 1887 Mährisch-Trübau, † 5. 9. 1956 München. Der Vorkämpfer der musikalischen →Jugendbewegung und Musiklehrer gründete 1923 den Finkensteiner Bund, setzte sich für gemeinschaftliches Musizieren und Volkstanz in Singwochen und Musiktagungen ein und wollte das Bewußtsein der Verbundenheit von Musik, Volkstum, Glaube und

Kultur stärken. Er war Mitglied des „Staatlichen Volksliederausschusses für das deutsche Volkslied in der Tschechoslowakei". 1932 gründete er in Stuttgart eine eigene Musikschule und gab Volksliedsammlungen heraus. Eigene Forschungen befaßten sich vor allem mit dem sudetendeutschen Volkslied. Nach 1945 war er als wissenschaftlicher Berater des Volksliedarchivs der Städtischen Bücherei in München tätig. Er schrieb „Lied und Volk" (1921), „Auf den Spuren des Volksliedes" (1944) und gab die „Finkensteiner Blätter" 1922–1932 heraus.

Hentsch, Richard, Oberstleutnant i. G., * 18. 12. 1869 Köln, † 13. 2. 1918 Bukarest. Der Berufsoffizier diente bis 1914 im Generalstab des XIX. Armeekorps in Leipzig und kam nach Kriegsausbruch in den Großen Generalstab. Während der Marneschlacht entsandte ihn Generalstabschef von →Moltke zur Lageerkundung bei der auf Paris vorrückenden deutschen 2. Armee, von der ungünstige Nachrichten vorlagen. H. veranlaßte deren Rückzug, da er für sie die Einkesselung durch englische Truppen befürchtete. Gegen den Willen ihrer Generalstäbe veranlaßte er anschließend auch den Rückzug der 3. und 1. Armee, wodurch der deutsche Vormarsch in Frankreich zum Stehen kam und sich für die Franzosen damit das →„Wunder an der Marne" ereignete. Wegen dieser Befehle, zu denen sich H. nach den mündlichen Anweisungen Moltkes für berechtigt hielt, kam es zu heftigen Vorwürfen, weshalb er gegen sich ein Untersuchungsverfahren beantragte. Er wurde dabei von persönlicher Schuld freigesprochen. 1916 war er Oberquartiermeister der Heeresgruppe →Mackensen und 1917 Stabschef der Militärverwaltung in Rumänien.
E. Bircher: Die Krise an der Marne, 1927.

Hereroaufstand, Aufstand der Herero (Damara) in →Deutsch-Südwestafrika 1904. Nach einem ersten H., der 1896 vom deutschen Gouverneur →Leutwein niedergeschlagen wurde, erhoben sich am 12. 1. 1904 von Okahandja aus unter Samuel Maharero erneut rund 8000 bewaffnete Hereros, während die nur 750 Mann starke deutsche Schutztruppe im Süden gegen aufständische →Hottentotten eingesetzt war. 123 Weiße, fast alles Deutsche, wurden dabei auf einzelnen Stationen von Hereros ermordet, größere Ortschaften wie Okahandja und Omaruru von ihnen eingeschlossen. Die auf 7500 Mann verstärkte →Schutztruppe unter General von →Trotha hat dann die Hereros – insgesamt rund 40000 Menschen – am 11. 8. 1904 am →Waterberg entscheidend geschlagen und anschließend in die wasserlose Omahekesteppe

abgedrängt, wo viele von ihnen umkamen. Etwa 1500 Hereros unter dem Anführer des Aufstandes, Samuel Maharero, traten auf englisches Gebiet über und wurden am Ngami-See angesiedelt. Nach der Amnestie von 1905 gab es noch 14000 Hereros in Südwest. Sie waren als ein Bantu-Stamm erst Ende des 18. Jahrhunderts von Osten nach Südwestafrika eingewandert.
L. Schultze-Jena: Deutsch-Südwestafrika (Das deutsche Kolonialreich, Bd. 2), 1910. Th. Leutwein: Elf Jahre Gouverneur in Deutsch-Südwestafrika, [3]1908. H. von Lichtenfeld: Südwestafrika, 1978. K. Graudenz und H. M. Schindler: Die deutschen Kolonien, 1982. J. Irle: Die Hereros, 1908. Großer Generalstab (Hrsg.): Die Kämpfe der deutschen Truppen in Südwest-Afrika, 2 Bde., 1906/1907.

„Herkules", Deckname für deutsche Planungen zur Eroberung von Malta, um den Nachschub für das Deutsche →Afrikakorps zu sichern und britische Angriffe auszuschalten. Die Vorbereitungen vom 13. 4. bis 24. 6. 1942 kamen nicht zur Verwirklichung.
W. Görlitz: Der Zweite Weltkrieg, 2 Bde., 1951/52. H. Götzel: Generaloberst Kurt Student und seine Fallschirmjäger, 1980.

Hermann-Göring-Koog, eingedeichte Fläche bei Tating an der Westküste Schleswig-Holsteins. Das 1933–1935 dem Meer abgerungene, trockengelegte und besiedelte Gebiet mit einer Gemeinde von 160 Einwohnern hieß ab 1. 7. 1937 H. und wurde im Juni 1945 in Tümlauer Koog umbenannt.

Hermann-Göring-Meisterschule für Malerei, Malschule in Kronenburg/Eifel. Aus der Landakademie des Malers Werner Peiner in Kronenburg ging 1938 mit Förderung durch H. →Göring die H. unter Peiners Leitung hervor. Sie sollte den deutschen Volkscharakter angemessene Kunst pflegen.

Hermann-Göring-Stadt, vorgesehener Name für die Stadt der →Reichswerke Hermann Göring bei Braunschweig, heute Salzgitter.

Hermann-Göring-Werke →Reichswerke Hermann Göring.

Hermannstadt (rumänisch Sibiu), Bezirksstadt in Siebenbürgen (Rumänien). Um 1140 von deutschen Siedlern gegründet und 1224 im Goldenen Freibrief mit Privilegien bedacht, wurde H. 1241 von den Mongolen zerstört, dann wieder aufgebaut und bildete den kulturellen Mittelpunkt der →Siebenbürger Sachsen mit Nationalarchiv, Bruckenthalmuseum und 1940 von Klausenburg nach H. verlegter Universität. Die Stadt war bis 1876 Sitz des Sachsengrafen und ist heute Sitz des Bischofs der deutschen evangelischen Landeskirche. Sie liegt nördlich der Südkarpaten vor dem Rotenturmpaß. Um 1880 waren von 19500 Einwohnern über 12000 Deutsche, 1940 von 50000 noch 22000, von denen ab 1970 viele in die Bundesrepublik ausgewandert sind. Im 1. Weltkrieg wurden die Rumänen am 26./29. 9. 1916 bei H. von der deutschen 9. Armee unter →Falkenhayn besiegt und zum Rückzug gezwungen.

Sigerus: Vom alten Hermannstadt, 3 Bde., 1922–1928. Chronik der Stadt Hermannstadt 1100–1929, 1930. E. M. Tahlgott: Hermannstadt, 1934.

Hermannstellung, deutsche Auffangstellung 1918 in Nordfrankreich-Belgien. Ab August 1918 als Teil der →Hindenburglinie im Anschluß an die →Hundingstellung ausgebaut, verlief die H. von La Fère an der Oise in nördlicher Richtung bis Gent. Nach Aufgabe der westlich gelegenen →Siegfriedstellung am 9. 10. 1918 bezogen (von Nord nach Süd) die 4., 6., 17., 2. und 18. Armee die H. und hielten sie gegen die erbitterten Angriffe der Franzosen, Briten und Belgier bis Anfang November 1918.

H. Stegemann: Geschichte des Krieges, Bd. 4, 1921.

Herrenklub, Bezeichnung für den „Deutschen Klub". Dieser, hervorgegangen aus dem „Juni-Klub", war im November 1924 vom thüringischen Freiherrn H. von Gleichen-Rußwurm gegründet worden und hatte als Mitglieder führende Vertreter der Industrie und des Großgrundbesitzes, höhere Beamte und Offiziere sowie konservative Publizisten. Um 1932 gab es rund 20 H.s mit knapp 500 Angehörigen, unter ihnen →Schacht, Warburg, →Papen, →Thyssen, →Stinnes, →Flick, →Schleicher, →Schwerin-Krosigk, Pferdmenges. Die Mitglieder des H.s lehnten im allgemeinen die Weimarer Demokratie ab, vertraten autoritäre, elitäre und nationale Standpunkte und standen politisch der →DNVP, der →DVP, den völkischen Gruppen oder dem →Tatkreis nahe. Die Leitung des H.s hatten ein dreiköpfiges Direktorium und ein zwölfköpfiger Vorstand. 1924–1927 erschien als Organ „Das Gewissen". Nach 1933 verlor der H. seinen Einfluß und löste sich 1944 auf.

Hersing, Otto, Fregattenkapitän, * 30. 11. 1885 Mülhausen/Elsaß, † 5. 7. 1960 Angelmodde/Münster. Seit 1903 in der Marine, kam H. 1913 zur U-Boot-Waffe und erhielt am 22. 10. 1913 U 21, mit dem er am 5. 9. 1914 den britischen Kreuzer „Pathfinder" (3000 BRT) vor dem Firth of Forth versenkte: der erste erfolgreiche Torpedoangriff eines U-Bootes der Seekriegsgeschichte. Ab 1915 im Mittelmeer stationiert, versenkte er am 25. 5. bzw. 27. 5. 1915 vor den →Dardanellen die britischen Linienschiffe „Triumph" (12000 BRT) und „Majestic" (14900 BRT), wodurch der alliierte Angriff auf die Dardanellen entscheidend geschwächt wurde. Am 8. 2. 1916 versenkte er vor Syrien den französischen Panzerkreuzer „Admiral Charner" (4700 BRT), außerdem insgesamt 36 Handelsschiffe mit 79000 BRT. Ab April 1917 war er Lehrer an der U-Boot-Schule und wurde 1924 aus der Reichsmarine verabschiedet, war aber 1935–1945 noch Verbindungsoffizier beim Befehlshaber des Wehrkreises VI in Münster. Er schrieb „,U 21' rettet die Dardanellen" (1932).

Herzog und G. Schomaekers: Ritter der Tiefe, graue Wölfe, 1965. H. Pemsel: Biographisches Lexikon zur Seekriegsgeschichte, 1985.

Hertling, Georg Friedrich Graf von, Reichskanzler, * 31. 8. 1843 Darmstadt, † 4. 1. 1919 Ruhpolding (Oberbayern). Der katholische Philosoph war ab 1867 Dozent, ab 1880 Professor in Bonn, ab 1882 in München. Er gründete die Görres-Gesellschaft mit und war lebenslang ihr Präsident. Für das Zentrum war er 1875–1890 und 1896–1912 MdR, 1909–1912 dessen Fraktionsvorsitzender. 1912 wurde H. bayerischer Ministerpräsident und konnte 1913 Prinzregent Ludwig als bayerischen König durchsetzen. 1914 wurde er in den Grafenstand erhoben. Als Nachfolger von →Michaelis wurde der betagte Konservative am 1. 11. 1917 Reichskanzler und preußischer Ministerpräsident, ohne jedoch im Streit zwischen den Parteien und der militärischen Führung wirksam Politik betreiben zu können. Am 30. 9. 1918 trat er zurück. Er schrieb u. a. „Recht, Staat und Gesellschaft" (1906), „Erinnerungen aus meinem Leben" (2 Bde. 1919/20).

H. von Grauert: Graf Georg von Hertling, 1920. W. Bekker: Georg von Hertling, 1981.

Herzl, Theodor, Dr. jur., Begründer des Zionismus, * 2. 5. 1860 Budapest, † 3. 7. 1904 Edlach/Niederösterreich. Als Mitarbeiter der „Neuen Freien Presse" erlebte der jüdische Publizist während der Dreyfus-Affäre in Paris den Antisemitismus weiter französischer Kreise und zog daraus den Schluß, daß sich die Juden aus ihrer nichtjüdischen Umwelt zurückziehen und einen eigenen Nationalstaat bilden, eine „Heimstätte der Juden" schaffen sollten. Sein Buch „Der Judenstaat" (1896) mit dem Untertitel „Lösung der Judenfrage" begründete die zionistische Bewegung, die diesen Plan verwirklichen wollte. Auf H.s Anregung tagte am 29. 8. 1897 in Basel der 1. „Zionisten-Congress", dem regelmäßig weitere Kongresse folgen sollten. Als erster Präsident der zionistischen Weltorganisation sprach H. mit dem türkischen Sultan, Kaiser →Wilhelm II. und dem Papst über Gebiete, die für dieses Projekt zur Verfügung stehen sollten. Ein englisches Angebot, einen Judenstaat in Uganda zu errichten, lehnte der 6. Zionistische Weltkongreß 1903 ab. Vielmehr bestanden die Zionisten darauf, daß sie aus historischen Gründen Anspruch auf ein Gebiet in Palästina hätten, das damals zum Osmanischen Reich gehörte. H. hat den Erfolg seiner Bemühungen nicht mehr erlebt. Seine Forderungen hatten aber ein erstes Ergebnis in der →Balfour-Deklaration und führten 1948 zur Gründung des Staates Israel in Palästina. Seine Gebeine wurden 1949 in Jerusalem beigesetzt.

J. H. Schoeps: Theodor Herzl, 1975. R. Kallner: Herzl und Rathenau, 1976. A. Friedmann: Das Leben Theodor Herzls, 1919. W. Döbertin: Der Zionismus Theodor Herzls, Diss., Hamburg 1964.

Heß, Rudolf, Politiker des 3. Reiches, * 26. 4. 1894 Alexandria (Ägypten), † 17. 8. 1987 Berlin. Nach seiner Kaufmannslehre kam H. 1914 als Kriegsfreiwilliger zur Infanterie, später zur Luftwaffe, wurde Leutnant und 1917 schwer verwundet. Nach Kriegsende studierte er in München Volkswirtschaft und bei K. →Haushofer Geopolitik, wurde 1919 Mitglied der →Thule-Gesellschaft und trat dem →Freikorps Epp bei. Ab Januar 1920 gehörte er zur →NSDAP, beteiligte sich als Führer der Münchener „Studentengruppe der NSDAP" am 9. 11. 1923 am →„Marsch auf die Feldherrnhalle" und wurde dafür zu 18 Monaten Festungshaft verurteilt, von denen er, zusammen mit A. →Hitler, 7½ Monate in Landsberg/Lech verbüßte. Seit dieser Zeit war er dessen Vertrauter und von 1925–1932 sein Privatsekretär. 1927 heiratete er die Arzttochter Ilse Pröhl. Nach dem Rücktritt Gregor →Strassers als Reichsorganisationsleiter wurde H. im Dezember 1932 Leiter der →„Politischen Zentralkommission" (PZK) und am 21. 4. 1933 →„Stellvertreter des Führers" der NSDAP, damit auch dessen wichtigster Verbindungsmann zu allen Parteistellen. Er wurde wegen seiner persönlichen Integrität, seines verbindlichen Wesens und seiner Fähigkeit zum Ausgleich in der NSDAP sehr geschätzt und galt als „Gewissen der Partei". 1933 wurde er MdR, am 1. 12. 1933 Reichsminister ohne Geschäftsbereich und SS-Obergruppenführer, beschränkte sich aber auf seine Aufgaben in der NSDAP und nahm wenig Einfluß auf die Politik, obwohl er am 4. 2. 1938 in den Geheimen Kabinettsrat und am 30. 8. 1939 in den Ministerrat für die Reichsverteidigung berufen wurde. Am 10. 5. 1941 flog er von Augsburg nach Schottland,

sprang dort mit dem Fallschirm ab und versuchte, mit dem Herzog von Hamilton in ein Gespräch über deutsch-englische Friedensverhandlungen zu kommen. Er wurde jedoch auf Befehl →Churchills festgenommen und seitdem in englischer Haft gehalten, ohne daß seine Vorschläge mit ihm erörtert worden wären. 1946 wurde er im Nürnberger →„Hauptkriegsverbrecherprozeß" wegen angeblicher Verschwörung und Verbrechens gegen den Frieden zu lebenslanger Haft verurteilt, die er im Gefängnis Spandau, seit 1966 als einziger Häftling, verbüßte. Erst 1969 willigte er in den Besuch seiner Angehörigen ein. Am 17. 8. 1987 starb er dort, offiziell durch Freitod, nach einer anderen Darstellung wurde er durch Angehörige des englischen Geheimdienstes ermordet. Um Demonstrationen zu verhindern, durfte er erst viele Monate später im Familiengrab in Wunsiedel beigesetzt werden.

W. R. Heß: Mein Vater Rudolf Heß, 1984. W. R. Heß: Mord an Rudolf Heß? 1989. I. Heß: Gefangener des Friedens, 1955. I. Heß: Antwort aus Zelle 7, 1967. I. Heß: Ein Schicksal in Briefen, 1971. W. R. Heß: Rudolf Heß, Briefe 1908–1933, 1987. W. Schwarzwäller: Der Stellvertreter des Führers, 1974. D. Irving: Heß, 1988. A. Seidl: Der Fall Rudolf Heß 1941–1984, 1984. R. Nederling (Hrsg.): Rudolf Heß – Sein Schicksal in Bildern, 1982. H. Thomas: Der Mord an Rudolf Heß, 1989. W. Schwarzwäller: Rudolf Heß, 1987. R. Smelser und R. Zitelmann (Hrsg.): Die braune Elite, 1989. J. Leasor: Botschafter ohne Auftrag, 1963.

Heusinger, Adolf, General, * 4. 8. 1897 Holzminden, † 30. 11. 1982 Köln. Der Professorensohn nahm ab 1915 als Fahnenjunker am 1. Weltkrieg teil, trat danach in die →Reichswehr ein, wurde ab 1929 als Oberleutnant im Reichswehrministerium und ab 1937 als Major in der Operationsabteilung des Generalstabs des Heeres verwendet, deren Chef er im Oktober 1940 als Oberst wurde. Der von →Hitler geschätzte Stratege war ab 1941 Generalmajor und ab 1943 Generalleutnant. Nach dem Attentat vom →20. 7. 1944, das er verletzt überlebte und mißbilligte, von dessen Planungen er aber wußte, wurde er bis zum Freispruch im Oktober 1944 inhaftiert, blieb danach aber seiner Ämter enthoben. Von 1945 bis 1948 war H. in alliierter Haft und trat als Zeuge in Nürnberg auf. 1949 berief ihn Bundeskanzler →Adenauer als militärischen Berater, der dann führend am Aufbau der Bundeswehr („Himmeroder Denkschrift") beteiligt war. H. war Chef der Abteilung Streitkräfte im Bundesverteidigungsministerium und vom 1. 3. 1957–1961 Generalinspekteur der Bundeswehr, von April 1961 bis Februar 1964 dann Vorsitzender des Ständigen Militärausschusses der NATO in Washington. Er schrieb „Befehl im Widerstreit" (1950).

Heuss, Theodor, Prof. Dr., Bundespräsident, * 31. 1. 1884 Brackenheim/Heilbronn, † 12. 12. 1963 Stuttgart. Nach dem Studium der Kunstgeschichte und Staatswissenschaften war H. publizistisch tätig. Seit 1903 Mitglied der →Freisinnigen Vereinigung und in Verbindung mit F. →Naumann, war H. 1905–1912 Schriftsteller der Zeitschrift „Die Hilfe", 1912–1918 Chefredakteur der „Neckar-Zeitung" (Heilbronn), 1920–1933 Dozent an der Hochschule für Politik in Berlin. Daneben schrieb er in der „Vossischen Zeitung" und in der „Frankfurter Zeitung". Ab 1910 war er in der →Fortschrittlichen Volkspartei, gründete 1918 die →DDP mit, war 1924–1928 ihr MdR und 1930–1933 MdR der →Deutschen Staatspartei. 1932 veröffentlichte er das Buch „Hitlers Weg" gegen den Nationalsozialismus, im März 1933 stimmte er dem →Ermächtigungsgesetz zu. 1933–1936 war er Herausgeber der „Hilfe", erhielt Schreibverbot und veröffentlichte deshalb eine Zeitlang seine Beiträge unter Pseudonym (Brackenheim). 1945–1946 Kultusminister von Württemberg-Baden, gründete er 1946 die FDP mit und war deren Vorsitzender. Ab 1947 Professor für Neuere Geschichte und Politische Wissenschaften an der TH Stuttgart, war H. MdL in Württemberg-Baden, arbeitete im Parlamentarischen Rat mit und war 1949–1959 erster Bundespräsident. Er schrieb u. a. „Geist der Politik" (1964), „Erinnerungen 1905–33" (1964), „Tagebuchbriefe 1955–63" (1970).

T. Ramm: Theodor Heuss, 1964. W. Wiedner: Theodor Heuss, 1973. Fr. Henning: Heuss, 1986. H. Bott: Theodor Heuss in seiner Zeit, 1966. H. H. Welchert: Theodor Heuss, 1968. G. Scholz: Die Bundespräsidenten, 1990.

Heydrich, Reinhard, Polizeichef und SS-Führer im 3. Reich, * 7. 3. 1904 Halle, † 4. 6. 1942 Prag. Der Sohn eines Direktors am Konservatorium trat 1918 der Deutschnationalen Jugend, 1919 einem →Freikorps und 1920 dem Deutschvölkischen Schutz- und Trutzbund bei. Von 1922 bis 1931 gehörte er der Reichsmarine an, die er als Oberleutnant zur See wegen eines nicht eingehaltenen Eheversprechens verlassen mußte. Im Juli 1931 trat er der →NSDAP und der →SS bei, in der er mit dem Aufbau eines Nachrichtendienstes (→Sicherheitsdienst des Reichsführers SS) betraut wurde. Es gehörte dabei zu seinen Aufgaben, über parteipolitische Gegner der NSDAP, aber auch über Strömungen innerhalb der Partei Informationen zu sammeln und zu diesem Zweck ein Mitarbeiternetz zu bilden. Unter H. →Himmler baute er ab April 1933, zunächst in Bayern, eine politische Polizei auf, die Gegner der NSDAP, vor allem aus dem marxistischen Bereich, mit Härte bekämpfte. Ab April 1934 war H. Chef der →Geheimen Staatspolizei, die bis 1936 ihre Zuständigkeit auf das ganze Reichsgebiet ausdehnte. Am 17. 6. 1936 wurde er Chef der →Sicherheitspolizei und vereinigte damit in seiner Hand alle polizeiliche Macht und Überwachungskontrollen im Deutschen Reich. Zu den Aufgaben der Gestapo gehörte auch die Förderung der Auswanderung der Juden aus Deutschland mit polizeilichem Druck, für die A. →Eichmann zuständig war. Nach dem →Polenfeldzug kam die Deportation von Juden in →Gettos und →Konzentrationslager im Osten dazu, die dort, vor allem ab 1942, in großer Zahl den Tod gefunden haben. 1941 stellte H. für den Rußlandfeldzug →Einsatzgruppen auf, die den vorrückenden deutschen Truppen folgen und hinter der Front Gegner der deutschen Besatzungsmacht bekämpfen und vernichten sollten. Ihnen wurden nach Kriegsende in Prozessen auch systematische Judenerschießungen zur Last gelegt. Neben der Sicherheitspolizei leitete H. auch den Inlands- und Auslands-SD, Geheimdienste, die im In- und Ausland politisch wichtige Informationen sammeln sollten. Sie waren ab 1939, zusammen mit Gestapo und Kriminalpolizei, im →Reichssicherheitshauptamt unter der Leitung H.s zusammengefaßt. Am 27. 9. 1941 wurde H. auch Stellvertretender Reichsprotektor von Böhmen und Mähren. Da es ihm in kurzer Zeit gelang, die tschechische Opposition gegen Deutschland zu zerschlagen und die Masse der Tschechen für eine Zusammenarbeit mit dem Reich zu gewinnen, wurde er im Auftrag der exiltschechischen Regierung Benesch, die eine Fortsetzung dieser Politik unterbinden wollte, durch abgesetzte Fallschirmagenten in Prag bei einem Attentat am 27. 5. 1942 schwer verwundet und starb am 4. 6. 1942. A. →Hitler verlieh dem SS-Obergruppenführer die höchste Stufe des →Deutschen Ordens und bezeichnete ihn in einer Trauerrede wegen der Konsequenz, mit der H. die Gegner des 3. Reiches verfolgt hatte, als „Mann mit dem eisernen Herzen".

G. Deschner: Reinhard Heydrich, 1977. R. Smelser und R. Zitelmann (Hrsg.): Die braune Elite, 1989. H. Höhne: Der Orden unter dem Totenkopf, 1967. C. McDonald: Heydrich – Anatomie eines Attentats, 1990. L. Heydrich: Leben mit einem Kriegsverbrecher, 1976. R. Peuschel: Die Männer um Hitler, 1982. R. Ströbinger: Das Attentat von Prag, 1976.

HIAG, →Hilfsgemeinschaft auf Gegenseitigkeit.

„Hib"-Aktion, Werbemaßnahme der →NS-Betriebszellenorganisation von 1931 unter dem Schlagwort „*H*inein *i*n die *B*etriebe" zur Vergrößerung ihrer Mitgliedszahl und ihres politischen Einflusses.

Hierl, Konstantin, Reichsarbeitsführer, * 24. 2. 1875 Parsberg/Oberpfalz, † 23. 5. 1955 Heidelberg. Der Richtersohn war ab 1893 Berufssoldat, wurde 1895 Offizier, 1908 Hauptmann im →Großen Generalstab, Lehrer an der Kriegsakademie und war im 1. Weltkrieg zuletzt Oberstleutnant und Stabschef einer Armee. Mit seinem eigenen Freikorps H. nahm er 1919 an der Niederschlagung des →Spartakistenaufstandes in Augsburg und der →Räterepublik in München teil. Seit 1920 in der →Reichswehr, wurde er 1924 als Oberst wegen Teilnahme am →Marsch auf die Feldherrnhalle sowie als Anhänger →Ludendorffs entlassen. 1925–1927 organisierte er den →Tannenbergbund in Süddeutschland. Seit 1927 Mitglied der →NSDAP, zu der er schon seit 1920 Verbindung hatte, wurde er 1929 Organisationsleiter II in der Reichsleitung der NSDAP und 1930 MdR. Ab 1931 organisierte er im Parteiauftrag den Aufbau eines →freiwilligen Arbeitsdienstes. Im Mai 1933 wurde er Staatssekretär im Reichsarbeitsministerium und am 3. 7. 1934 Reichskommissar für den freiwilligen Arbeitsdienst, ab 1. 10. 1935 mit dem Titel →„Reichsarbeitsführer". Er schuf die Grundlagen des →Reichsarbeitsdienstes als einer Erlebnisschule der Nation zur Überwindung des Klassenkampfes und zur Bewährung der Volksgemeinschaft. Am 25. 8. 1943 wurde er Reichsminister. 1945 verhaftet, wurde er 1949 trotz Zubilligung persönlicher Integrität wegen führender Durchsetzung des Nationalsozialismus zu fünf Jahren Arbeitslager als „Hauptschuldiger" verurteilt. Er schrieb u. a. „Die politischen Aufgaben des Tannenbergbundes" (1926), „Sinn und Gestaltung der Arbeitsdienstpflicht" (1932), „Der Geist des Arbeitsdienstes" (1933), „Grundsätzliches zur Arbeitsdienstpflicht" (1934), „Gedanken hinter Stacheldraht" (1953), „Im Dienst für Deutschland 1918–45" (1955).
W. Mallebrein: Konstantin Hierl, 1971. W. Stelling/ W. Mallebrein: Männer und Maiden, 1979. H. Stellrecht: Der Deutsche Arbeitsdienst, 1933. von Gönner (Hrsg.): Spaten und Ähre, 1937.

Hildebrandt, Friedrich, Gauleiter und Reichsstatthalter, * 19. 9. 1898 Kiekindemark/Mecklenburg, † 5. 11. 1948 Landsberg. Der Landarbeiter nahm als Kriegsfreiwilliger am 1. Weltkrieg teil und erhielt das EK II und das Mecklenburgische Verdienstkreuz der I. Klasse. 1919 war er Angehöriger im →Freikorps von Brandis und kämpfte in Schlesien und im Baltikum. 1924 kam er als Spitzenkandidat der →Deutsch-Völkischen Freiheitsbewegung in den Mecklenburger Landtag, trat am 1. 2. 1925 in die →NSDAP ein und wurde am 22. 3. 1925 Gauleiter von Mecklenburg. 1929 war er wieder MdL, 1930 MdR, 1932 erzielte er für die

NSDAP die absolute Mehrheit im Mecklenburger Landtag. Am 26. 5. 1933 wurde er Reichsstatthalter von ganz Mecklenburg und von Lübeck, am 12. 9. 1933 Leiter der →Nordischen Gesellschaft", 1942 SS-Obergruppenführer. 1945 von den Amerikanern festgenommen, wurde er 1947 in Dachau von einem US-Militärgericht zum Tode verurteilt und im folgenden Jahr in Landsberg hingerichtet.

Hildesheim, Stadt in Niedersachsen. Die kulturhistorisch bedeutsame Stadt mit Dom und Fachwerkhäusern wurde am 23. 3. 1945 durch einen großangelegten britischen Luftangriff fast völlig zerstört, ohne daß dazu ein kriegswichtiger Grund bestanden hätte. Kurz darauf wurde sie von amerikanischen Verbänden eingenommen. Ähnlich erging es bei Kriegsende auch u. a. Paderborn.

Hilfsdienst, freiwilliger oder zeitlich begrenzter Einsatz von Frauen im 3. Reich. Der H. wurde von einer H. genannten Abteilung des →Deutschen Frauenwerkes für die einzelnen sozialen Hilfswerke (Rotes Kreuz, NSV usw.) organisiert, unter deren Verantwortung die Frauen arbeiteten.

Hilfsdienstpflichtgesetz, Gesetz vom 5. 12. 1916 über den →Vaterländischen Hilfsdienst im Rahmen des →Hindenburg-Programms für nicht zum Wehrdienst eingezogene Männer von 17 bis 60 Jahren. Die Arbeit wurde von den Militärbehörden organisiert, ihr Ergebnis war gering.

Hilfsgemeinschaft auf Gegenseitigkeit (HIAG), Interessenverband ehemaliger Angehöriger der Waffen-SS. Die 1948/49 entstandene HIAG, Bundesverband der Soldaten der ehemaligen →Waffen-SS, unterstützt in Not geratene Mitglieder und ihre Hinterbliebenen aus Beiträgen und Spenden. Darüber hinaus will ihr Suchdienst das Schicksal verschollener früherer Truppenangehöriger klären. Außerdem fördert sie kriegsgeschichtlich wichtige Publikationen über den Einsatz der Waffen-SS im 2. Weltkrieg. Im Rahmen ihrer Möglichkeiten tritt sie auch der Diffamierung ihrer früheren Truppe als „verbrecherische Organisation" entgegen und wendet sich gegen pauschale Verurteilungen, um auf diese Weise auch rechtliche Benachteiligungen früherer Truppenangehöriger zu überwinden. Durch die Organisation von Soldatentreffen versucht sie, die Kameradschaft unter ihren Mitgliedern zu erhalten. Obwohl Bundeskanzler →Adenauer die Angehörigen der Waffen-SS als „Soldaten wie andere auch" bezeichnet hatte, wurde die „Armee der

Geächteten" erst 1961 teilweise den anderen Wehrmachtsangehörigen rechtlich gleichgestellt. Vorsitzender der HIAG war lange Zeit Oberstgruppenführer a. D. Paul →Hausser, Träger des Eichenlaubs mit Schwertern zum Ritterkreuz des Eisernen Kreuzes. Als Organ der HIAG erscheint monatlich „Der Freiwillige". ˙

Hilfskasse der NSDAP, soziale Einrichtung der →NSDAP. Am 1. 1. 1929 aus der „SA-Versicherung" in München entstanden und M. →Bormann unterstellt, diente die H. zur Unterstützung der im Parteidienst verunglückten oder verletzten Mitglieder und deren Hinterbliebenen. Der vom Reichsschatzmeister der NSDAP verwalteten H. gehörten alle Parteimitglieder sowie die Angehörigen von SA, SS und NSKK mit Beitragspflicht (0,30 RM im Monat) an. Die H. führte die „Ehrenliste der gefallenen Kämpfer der NSDAP" und gewährte deren Hinterbliebenen einen Ehrensold.

Hilfskreuzer, einzeln operierende deutsche Schiffe. Zur Störung des alliierten Nachschubs wurden auch im 2. Weltkrieg mehrere umgebaute Handelsschiffe eingesetzt, die mit sechs oder acht 15-cm-Geschützen, Torpedos, Minen sowie – meist zwei – Erkundungsflugzeugen ausgerüstet waren. Nachschub erhielten sie über Versorgungsschiffe. Sie liefen über die Dänemarkstraße in den Atlantik. Die →„Atlantis" (Schiff 16, Kapitän Rogge) lief am 31. 3. 1940 aus, versenkte im Atlantik, Pazifik und Indischen Ozean 22 Schiffe mit 145697 BRT und wurde, am 22. 11. 1941 vom britischen Kreuzer „Devonshire" gestellt, im Südatlantik selbst versenkt. Die „Orion" (Schiff 36) lief am 6. 4. 1940 aus, versenkte im Atlantik, Indischen Ozean und Pazifik neun Schiffe mit 57744 BRT und kehrte am 21. 8. 1941 heim. Die „Widder" (Schiff 21, Kapitän von →Rucktesche ll) lief am 6. 5. 1940 aus, versenkte im Atlantik zehn Schiffe mit 58645 BRT und kehrte am 31. 10. 1940 heim. Die „Thor" (Schiff 10, Kapitän Kähler) lief am 6. 6. 1940 aus, versenkte im Atlantik elf Schiffe mit 83000 BRT, auch den britischen Handelskreuzer „Voltaire", und kehrte im Frühjahr 1941 heim. Die „Pinguin" (Schiff 33, Kapitän Krüger) lief am 22. 6. 1940 aus, versenkte im Atlantik und Indischen Ozean 32 Schiffe mit 154600 BRT, bevor sie am 8. 5. 1941 durch den britischen Kreuzer „Cornwall" vor Somalia versenkt wurde. Die „Kormoran" (Schiff 41, Kapitän Detmers) lief am 3. 12. 1940 aus, versenkte im Atlantik und Indischen Ozean elf Schiffe mit 68274 BRT und am 19. 11. 1941 vor Westaustralien den britischen Kreuzer

„Sidney" (7000 BRT), wobei sie schwer beschädigt wurde und später sank. Die „Komet" (Schiff 45, Kapitän Eyssen) lief am 3. 7. 1940 aus, fuhr nördlich von Rußland, teilweise von sowjetischen Eisbrechern unterstützt, durch die Beringstraße in den Pazifik, versenkte sechs Schiffe mit 42959 BRT und kehrte 1941 heim. Die „Michel" (Kapitän von Ruckteschell) lief am 20. 3. 1942 aus und brachte im Atlantik, Indischen Ozean und Pazifik 14 Schiffe mit 94000 BRT auf, bis sie am 1. 3. 1943 in Kobe (Japan) einlief. Insgesamt waren die deutschen H. äußerst erfolgreich, auch durch Legen von Minensperren vor Australien, Neuseeland und Südafrika. Am 2. 4. 1941 wurde ein →Kriegsabzeichen für H. gestiftet, das ein Wikingerschiff auf der Weltkugel segelnd zeigt.
E. B. Potter und andere: Seemacht, 1986. G. Hümmelchen: Handelszerstörer, 1960. H. Pemsel: Seeherrschaft, 1985. J. Brennecke: Das große Abenteuer, 1958. H. J. Ehrlich und K. Weyher: Vagabunden auf See, 1953.

Hilfspolizei (Hipo), Truppe zur Verstärkung der Polizei 1933. Nach der Machtübernahme durch A. →Hitler am 30. 1. 1933 bildete sich die H. aus SA- und SS-Männern, teilweise auch aus →„Stahlhelm"-Angehörigen, zur Unterstützung der staatlichen Polizei bei der „Durchführung der nationalen Revolution". Die Angehörigen der H. trugen eine entsprechende Armbinde, waren bewaffnet und besaßen Polizeibefugnisse. Die H. wurde im Sommer 1933 wieder aufgelöst.

Hilfswerk „Mutter und Kind", soziale Einrichtung der →NS-Volkswohlfahrt. Das 1934 geschaffene H. war ein Kernstück der NSV. Es diente der Betreuung als erbgesund und für die →Volksgemeinschaft wertvoll bezeichneter bedürftiger Familien, insbesondere der Mütter und Kinder, durch wirtschaftliche, gesundheitsfördernde und erzieherische Maßnahmen. Dazu gehörten Familien-, Wohnungs- und Siedlungshilfe, Schwangere und Wöchnerinnen wurden in Heimen betreut, Kinder in Krippen, Kindergärten und -horten versorgt. Weitere Aufgaben waren Jugendhilfe, →Kinderlandverschickung, Erholungsfürsorge für Schulentlassene, Bekämpfung der Säuglingssterblichkeit und der Abtreibung. Die Arbeit wurde zusammen mit der →NS-Schwesternschaft geleistet. Für das H. standen 1939 über 34000 Hilfsstellen, daneben Mütter- und Säuglingsberatungsstellen und 20000 Kindertagesstätten zur Verfügung, in denen über 500000 ehrenamtliche Helfer(innen) und mehr als 1500 Volkspflegerinnen und 5000 Kindergärtnerinnen tätig waren. Das H. unterstand dem Hauptamt für Volkswohlfahrt in der Reichsleitung der NSDAP.

Hilfswillige (Hiwis), Bezeichnung für die nichtdeutschen Helfer bei Einheiten der →Wehrmacht, Polizei und →SS im 2. Weltkrieg. Insbesondere im Verlauf des Ostfeldzuges traten Hunderttausende von H., u. a. Balten, Ukrainer, Russen, Kaukasier, oft Kriegsgefangene, freiwillig in deutschen Dienst und halfen, weniger bei der kämpfenden Truppe an vorderster Front als beim Nachschub, bei der Versorgung oder bei polizeilichen Aufgaben, auch bei der Flak im Reichsgebiet. Daneben gab es →Freiwilligen-Verbände bei der →Waffen-SS, die sich aus Ausländern zusammensetzten.

Hilgenfeldt, Erich, Reichsleiter der NSV, * 2. 7. 1897 Heinitz/Ottweiler. Der kaufmännische Angestellte war Betriebsleiter in der Industrie und wechselte dann zum Statistischen Reichsamt. Seit 1929 in der →NSDAP, leitete er ab 1933 das Hauptamt für →Volkswohlfahrt in der Reichsleitung der NSDAP und das →Winterhilfswerk des deutschen Volkes, das er in kurzer Zeit zu großer Wirksamkeit brachte. H. war somit der wichtigste Sozialpolitiker des 3. Reichs und trug durch seine Arbeit erheblich zur Überwindung der wirtschaftlichen Not, damit auch zum Bewußtsein einer Volksgemeinschaft bei.

Himmler, Heinrich, Reichsführer SS und Chef der deutschen Polizei, * 7. 10. 1900 München, † 24. 5. 1945 Lüneburg. Der Sohn eines Oberstudiendirektors und bayerischen Prinzenerziehers wurde nach dem Kriegsabitur 1917 Kriegsfreiwilliger und trat nach dem Waffenstillstand in das →Freikorps Landshut ein. 1922 wurde er Mitglied der →NSDAP, 1923 beendete er sein Landwirtschaftsstudium an der TH München. Als Mitglied der „Reichskriegsflagge" nahm er am NS-Aufstand vom 9. 11. 1923 teil (→Marsch auf die Feldherrnhalle). 1925 wurde er Gaugeschäftsführer der NSDAP in Niederbayern, 1926–1930 war er stellvertretender Reichspropagandaleiter der NSDAP, 1927 wurde er stellvertretender Reichsführer SS, 1929 Reichsführer. Damit übernahm er eine etwa 280 Mann starke Einheit, die für den persönlichen Schutz A. →Hitlers und hoher Parteiführer geschaffen worden war. 1930 wurde er MdR. Nach 1933 erhielt die →SS schrittweise die Kontrolle über die ganze deutsche Polizei, am 17. 6. 1936 wurde H. „Chef der deutschen Polizei" und Staatssekretär im Reichsinnenministerium. Die SS, die 1933 schon 60 000 Mann stark war, wurde bei der Bekämpfung politischer Gegner – vor allem Marxisten – des 3. Reichs eingesetzt, stellte die Mitglieder des Sicherheitsdienstes, bewachte die →Konzentrationslager mit ihren →Totenkopfverbänden und

wurde auch am 30. 6. 1934 gegen die Gruppe um E. →Röhm eingesetzt. Eine Verfügungstruppe, die zur Bekämpfung von inneren Unruhen vorgesehen war und militärisch ausgebildet wurde, war im 2. Weltkrieg der Grundstock der →Waffen-SS. Dabei sollte sich die SS aber nicht nur als Staatsschutzkorps des 3. Reiches betrachten, sondern als Orden, dessen Mitglieder auch immer für die Ziele des →Nationalsozialismus einzutreten hatten. Im Interesse dieses Ordens förderte H. die Erforschung der germanischen Geschichte, an der sich die SS orientieren sollte, Wirtschaftsunternehmen, die den SS-Angehörigen zu Bedarfsgütern und Wohnungen verhelfen und später die Waffen-SS ausrüsten sollten, und Verlage und Zeitungen, die der SS ein eigenes Gedankengut vermittelten. Als →Reichskommissar für die Festigung des deutschen Volkstums organisierte er die →Einwanderung von →Volks- und →Auslandsdeutschen in das Reichsgebiet. Hauptsächlich der SS wurde die Durchführung der Judenpolitik des 3. Reiches übertragen. Nach Ausbruch des 2. Weltkrieges hat die Waffen-SS, der etwa 900 000 deutsche und nichtdeutsche Freiwillige aus anderen europäischen Ländern angehörten, in zunehmendem Maße die Last der Kämpfe an allen Fronten getragen. Sie hat sich unter hohen Verlusten hervorragend bewährt. Im August 1943 wurde H. Reichsinnenminister, am 20. 1. 1944 Befehlshaber des Ersatzheeres, anschließend auch Oberbefehlshaber von Heeresgruppen. Nach Kriegsende nahm er sich in englischer Gefangenschaft das Leben.

H. Höhne: Der Orden unter dem Totenkopf, 1977. Fraenkel/Manvell: Himmler, 1981. H. Heiber (Hrsg.): Reichsführer!, 1968. E. Georg: Die wirtschaftlichen Unternehmungen der SS, 1963. M. H. Kater: Das „Ahnenerbe" der SS 1935–1945, 1974. George H. Stein: Die Geschichte der Waffen-SS, 1967.

Hindenburg, Paul von Beneckendorff und von, Generalfeldmarschall und Reichspräsident, * 2. 10. 1847 Posen, † 2. 8. 1934 Neudeck/Westpreußen. Nach Besuch der Kadettenanstalt Potsdam, Teilnahme an den Kriegen 1866 (Leutnant) und 1870/71 (Hauptmann) sowie Truppen- und Generalstabsdienst wurde H. 1903 Kommandierender General des IV. Armeekorps in Magdeburg und nahm 1911 den Abschied. Im 1. Weltkrieg wurde er nach dem Einfall der Russen in Ostpreußen reaktiviert, am 22. 8. 1914 zum Oberbefehlshaber der 8. Armee ernannt und schlug mit ihr, unterstützt von seinem Generalstabschef E. →Ludendorff, in der Schlacht bei →Tannenberg (26. bis 30. 8. 1914) und an den →Masurischen Seen (6. bis 14. 9. 1914) zwei zahlenmäßig überlegene russische Armeen, wodurch Ostpreußen befreit wurde. Dadurch wurde er der volkstümlichste Kriegsheld des 1. Weltkriegs. Am 1. 11. 1914 wurde er →Oberbefehlshaber Ost und am 27. 11. 1914 Generalfeldmarschall. Nach ihm wurde 1915 die oberschlesische Stadt Zabrze in H. umbenannt. Am 29. 8. 1916 wurde H. Chef der →Obersten Heeresleitung und damit, zusammen mit seinem Generalquartiermeister E. Ludendorff, die wichtigste militärische und politische Führungspersönlichkeit bis zum Kriegsende. Nach dem Waffenstillstand sorgte er 1918 für die ordnungsgemäße Rückführung und Auflösung des deutschen Heeres, die Aufstellung von Freiwilligenverbänden (→Freikorps) und leitete dann den Grenzschutz im Osten gegen angreifende Polen. Am 3. 7. 1919 trat er zurück. Nach langem Zögern kandidierte er am 26. 4. 1925 im zweiten Wahlgang der Reichspräsidentenwahl für die Rechte und besiegte die Mitbewerber →Marx (Zentrum) und →Thälmann (KPD). Er hielt sich in seinem Amt strikt an die Reichsverfassung. Als im März 1930 keine Parlamentsmehrheit für eine Regierung zu erreichen war, berief H. den Zentrumspolitiker H. →Brüning zum Reichskanzler, der ein „H.-Kabinett" bildete und mit →Notverordnungen des Reichspräsidenten regierte. Am 13. 3. bzw. 10. 4. 1932 wurde H. gegen →Hitler und Thälmann erneut zum Reichspräsidenten gewählt. Unter dem Einfluß →Papens und →Schleichers ließ er am 30. 5. 1932 Brüning fallen, berief am 31. 5. 1932 von Papen und, nach dessen Rücktritt am 3. 12. 1932, General von Schleicher zum Reichskanzler, obwohl die NSDAP stärkste Partei im Reichstag geworden war. Erst als auch von Schleicher ohne parlamentarische Mehrheit blieb, ernannte H. am 30. 1. 1933 A. Hitler zum Reichskanzler mit Auflagen: →Blomberg verlangte er als Reichswehrminister, Papen als Vizekanzler, außerdem gestattete er nur zwei NSDAP-Minister. Am 12. 3. 1933 schaffte H. die 1918 eingeführte schwarz-rot-goldene Flagge ab und bestimmte die schwarz-weiß-rote Fahne und die Hakenkreuzfahne zu Staatsflaggen. Am →„Tag von Potsdam", der Eröffnung des neugewählten Reichstags am 21. 3. 1933, nahm H. an dem Staatsakt in der Potsdamer Garnisonskirche in Uniform teil und sprach die Hoffnung aus, daß „der Geist dieser alten ehrwürdigen Stätte auf die heutige Generation übergehen und uns im Nationalbewußtsein zum Segen eines stolzen, freien und geeinten Deutschland zusammenschließen" werde. H. wurde mit einem Staatsbegräbnis im →Tannenbergehrenmal beigesetzt. Sein Sarg (und der seiner Frau) wurde bei Kriegsende vor den eindringenden Russen gerettet und fand später in der Elisabeth-Kirche in Marburg seine letzte Ruhe-

stätte. Er schrieb „Aus meinem Leben" (1920) und „Briefe, Reden, Berichte" (1934 herausgegeben von Enders).

W. Görlitz: Hindenburg, 1953. E. Marcks: Hindenburg, 1963. von Metzsch: Hindenburg, 1932. Bloem: Hindenburg als Reichspräsident, 1937. von Haeften: Hindenburg und Ludendorff als Feldherren, 1937. M. Lueders: Der Soldat und das Reich, 1961. W. Hubatsch: Hindenburg und der Staat, 1966. F. J. Luks: Hindenburg als Reichspräsident, 1959. W. Maser: Hindenburg, 1989. G. Schultze-Pfaelzer: Hindenburg, 1939. Deutsche Bücherei (Hrsg.): Hindenburg-Bibliographie, 1938.

Hindenburgdamm, Eisenbahndamm zur Insel Sylt. Der 11,2 km lange, oben 11 m, an der Sohle 50 m breite und 8 m hohe H. verbindet die Westküste Schleswig-Holsteins mit der Insel Sylt. Ab 1923 wurde er von 1500 Arbeitern in Tag- und Nachtschichten durch das Wattenmeer gebaut und am 1. 6. 1927 in Anwesenheit des Reichspräsidenten von →Hindenburg eingeweiht. Er kostete 25 Mill. RM. Dabei wurden 3,2 Mill. m^3 Material verbaut und 120000 t Schüttsteine und 200000 m^3 Basaltsteine für die Böschung angefahren.

Hindenburglinie, deutsche rückwärtige Verteidigungslinie im Westen im 1. Weltkrieg. Hinter der seit dem Ende des deutschen Vormarsches jahrelang in großen Materialschlachten umkämpften Frontlinie in Nordfrankreich und Belgien wurde die H. ausgebaut, in die 1917/18 die deutschen Truppen etappenweise zurückgedrängt wurden. Zur H. gehörten die →Siegfriedstellung von Arras bis Vailly, 1917 bezogen, die rund 100 km östlicher gelegene →Hermannstellung von Gent bis La Fère, im September 1918 bezogen, sowie die anschließende →Hunding-, Brünhild-, Kriemhild- und Michelstellung bis zur Mosel. Ferner gehörte zur H. im weiteren Hinterland die allerdings kaum ausgebaute Antwerpen-Brüssel-Maas-Linie. Die H. konnte bis zum Waffenstillstand 1918 größtenteils gehalten werden.

Hindenburgprogramm, Kriegswirtschaftsprogramm 1916. Nach Übernahme der →Obersten Heeresleitung durch →Hindenburg schuf E. →Ludendorff angesichts des Materialeinsatzes der Gegner und ähnlicher Maßnahmen in England das H. zur höheren Erzeugung von Munition und Waffen. Die Durchführung übernahm General →Groener als Leiter des neuerrichteten Kriegsamtes, der allerdings im August 1917 wegen Meinungsverschiedenheiten mit Ludendorff sein Amt niederlegte. Überstürzung und Fehlplanungen brachten das H. jedoch um seine Erfolge. Es wurde auch wegen der großen Gewinne der Rüstungsindustrie kritisiert. Zur Unterstützung des H.s wurde das →Hilfsdienstpflichtgesetz erlassen.

Hindenburgspende, Sozialfonds für Opfer des 1. Weltkriegs. Die 1927 anläßlich des 80. Geburtstages des Reichspräsidenten von →Hindenburg für Kriegsopfer und Kleinrentner eingerichtete und durch eine Volkssammlung aufgebrachte H. wurde 1928 in eine Stiftung umgewandelt, deren Kapital teilweise Hindenburg zur Verfügung stand. Auch zum 85. und – nach seinem Tode – 90. Geburtstag Hindenburgs wurden dafür Volkssammlungen veranstaltet, die allein 1937 knapp 3,2 Mill. RM ergaben.

Hipo, Abkürzung für →Hilfspolizei.

Hipper, Franz Ritter von (seit 1916), Admiral, * 13. 9. 1863 Weilheim/Oberbayern, † 25. 5. 1932 Hamburg. H. diente seit 1881 in der Kaiserlichen Marine, wurde 1884 Leutnant, 1901 Korvettenkapitän, 1905 Fregattenkapitän und 1907 Kapitän zur See. Ab 1903 befehligte er Kreuzer und seit 1912 als Konteradmiral die Aufklärungsstreitkräfte der deutschen Hochseeflotte. Er führte die Aufklärungsschiffe insbesondere bei Angriffen auf die englische Ostküste im November/Dezember 1914, beim Gefecht an der →Doggerbank am 24. 1. 1915 und mit besonderer Tapferkeit in der →Skagerrak-Schlacht am 31. 5. 1916. Seit Juni 1916 war er Vizeadmiral. Im August 1918 wurde er, als Nachfolger von Reinhard →Scheer, Chef der deutschen Hochseeflotte. Ein von ihm für Ende Oktober 1918 geplanter deutscher Flottenvorstoß gegen England konnte wegen der am 29. 10. 1918 in Wilhelmshaven beginnenden Matrosenmeutereien in den Nord- und Ostseehäfen nicht mehr durchgeführt werden.
H. von Waldeyer-Hartz: Admiral Hipper, 1933. E. B. Potter: Seemacht, 1982. H. Pemsel: Biographisches Lexikon zur Seekriegsgeschichte, 1985.

Hitler, Adolf, Führer und Reichskanzler, * 20. 4. 1889 Braunau am Inn, † 30. 4. 1945 Berlin. Er wuchs als Sohn eines Zollbeamten in Oberösterreich auf, besuchte die höhere Schule in Linz und Steyr und lebte von 1907 bis 1913 als selbständiger Aquarellist mit bescheidenem Einkommen in Wien. Politisch wurde er frühzeitig beeinflußt durch großdeutsch denkende Lehrer und die Lektüre völkischer und judengegnerischer Schriften, vor allem aber durch die Musik und Bücher Richard Wagners, unter dessen Einfluß er schon im Jugendalter den Entschluß faßte, Politiker zu werden. Ab 1913 lebte er in München, trat 1914 freiwillig in das bayerische Heer ein, wurde in vierjährigem Fronteinsatz mit beiden →Eisernen Kreuzen ausgezeichnet und verwundet. Ab 1919 gehörte er in München der →Deutschen Arbeiter-Partei an, die sich unter seinem Einfluß 1920 in →NSDAP umbenannte und in einem Parteiprogramm den Zusammenschluß aller Deutschen auf Grund des Selbstbestimmungsrechts, die Aufhebung der Diktate von →Versailles und →Saint-Germain, den Ausschluß der in Deutschland lebenden Juden von den Staatsgeschäften, die Brechung der Zinsknechtschaft, den Ausbau der Volksbildung und des Gesundheitswesens, den Vorrang des Gemeinnutzes vor Eigennutz sowie die Schaffung einer starken Zentralgewalt des Reiches forderte. H. verstand sich in dieser Zeit vor allem als Propagandist („Trommler"), der für eine nationale Politik werben, dabei aber nicht an die Staatsspitze streben sollte. Seine Angriffe gegen das Versailler Diktat, die marxistischen Parteien, die Rolle der Juden in der Politik sowie die Forderung nach einer →Volksgemeinschaft, wie man in seiner Partei das Wort →Nationalsozialismus verstand, verschafften der NSDAP eine wachsende Zahl von Mitgliedern. Am 29. 7. 1921 wurde er ihr Vorsitzender. Angesichts zunehmender Störungen seiner Versammlungen durch Marxisten gründete er einen Saalschutz (→SA), der sich später zu einer Massenorganisation entwickelte. Im Herbst 1923 kam es zwischen Führern der NSDAP, anderer rechtsstehender Gruppen und der bayerischen Regierung zu Verhandlungen mit der Absicht, die angeblich kommunistischen Aufstände, separatistischer Bestrebungen und einer galoppierenden Wirtschafts- und Währungskrise weitgehend handlungsunfähige Reichsregierung zu stürzen. Während jedoch der bayerische Generalstaatskommissar von →Kahr dabei auch eine Loslösung Bayerns vom Reich und die Wiedererrichtung einer bayerischen Monarchie ins Auge faßte, wollte H. lediglich einen Regierungswechsel herbeiführen und die Reichseinheit bewahren. Am Abend des 8. 11. 1923 erzwang er in einer öffentlichen Versammlung in München die Zustimmung von Kahrs zu seinen Plänen, aber von Kahr fühlte sich daran nicht gebunden und setzte am nächsten Tag Polizei gegen eine Demonstration der Nationalsozialisten ein, von denen 16 erschossen wurden (→Marsch zur Feldherrnhalle). Die NSDAP wurde danach verboten, H. zu einer Festungshaft verurteilt, die er bis zu seiner vorzeitigen Entlassung im Dezember 1924 in Landsberg/Lech verbüßte. Dort schrieb er auch den 1. Teil seines Buches „Mein Kampf". Am 27. 2. 1925 gründete er die NSDAP neu, nun mit der Absicht, mit ihr nicht lediglich als Trommler für die deutschen Rechte zu wirken, sondern auf legalem Weg die Macht in Deutschland zu erobern. Seine politischen Ziele legte er ausführlicher in dem im Dezember 1926 erschienenen 2. Teil von „Mein Kampf" dar. Als seine wichtigsten Aufgaben betrachtete er danach nicht nur die Überwindung des Diktats von Versailles, somit die Rückgewinnung der vom Deutschen Reich abgetrennten Gebiete und die Schaffung eines alle Deutschen umfassenden Nationalstaates, sondern auch die Vernichtung des Kommunismus als einer die ganze Welt bedrohenden Gefahr. Außerdem forderte er neuen Lebensraum in Osteuropa zur Sicherstellung von Deutschlands Ernährung. Dabei schien ihm ein Zusammengehen mit dem faschistischen Italien und England, dessen Interessen er durch dieses Programm weniger berührt sah als die Frankreichs, geboten. 1928 erhielt die NSDAP bei den Reichstagswahlen 12 Sitze, 1930 bereits 107 und wurde zweitstärkste Partei, 1932 mit 230 Sitzen stärkste. Begünstigt wurden diese Erfolge durch die Auswirkungen einer →Weltwirtschaftskrise in Deutschland, die etwa sieben Millionen Arbeitslose mit sich brachte und die keine Regierung der →Weimarer Republik zu steuern vermochte, deren Bewältigung aber immer mehr Wähler der NSDAP zutrauten. Am 30. 1. 1933 ernannte Reichspräsident von →Hindenburg H. zum Reichskanzler einer Koalitionsregierung, um die stärkste deutsche Partei nicht länger von der Macht fernzuhalten, aber auch, um wieder eine Regierung mit einer parlamentarischen Mehrheit zu bilden, die es seit März 1930 in Deutschland nicht mehr gegeben hatte. In der Reichstagswahl vom 5. 3. 1933 steigerte die NSDAP die Anzahl ihrer Sitze von 196 auf 288, am 23. 3. 1933 erhielt H. vom Reichstag ein →Ermächtigungsgesetz, daß ihm zur Überwindung der in Deutschland bestehenden Schwierigkeiten für die Dauer von vier Jahren außerordentliche Vollmachten bis hin zur Gesetzgebungsbefugnis der Reichsregierung einräumte. Entsprechend seiner Überzeugung, daß diese Aufgaben nur von einem politisch geeinten und auf diese Ziele ausgerichteten Deutschland bewältigt werden könnten, ließ H. marxistische Parteien – deren Mitglieder den Tod von etwa 200 Nationalsozialisten in der Weimarer Republik verschuldet hatten – verbieten, wirkte auf die Auflösung anderer Parteien hin, soweit sie das nicht von sich aus taten, und schaltete eine Opposition auch in anderen Gruppierungen aus. Besonders entschlossene und deshalb zumeist marxistische Gegner der NSDAP, die zumeist auch Feinde der Weimarer Republik gewesen waren, ließ er in →Konzentrationslagern inhaftieren. Vor allem drängte er auf eine Auswanderung der Juden, die in großer Zahl beim Novemberumsturz 1918 sowie in der Weimarer Republik marxistische Parteien unterstützt hatten und die er deshalb als ständiges

Risiko ansah. 1934 schaltete er mit dem Kreis um →Röhm eine Gruppe innerhalb der NSDAP aus, die sich in einer sogenannten 2. Revolution an die Macht bringen, einen SA-Staat errichten und als Sozialismus bezeichnete Veränderungen in Deutschland bewirken wollte, die große Teile der Reichswehr wie der ganzen Bevölkerung gegen die NSDAP mobilisieren mußten. Nach dem Tode von Reichspräsident von →Hindenburg übernahm H. auch dessen Amt als Führer und Reichskanzler, 1938 auch den Oberbefehl über die Wehrmacht. Innenpolitisch gelang ihm nach kurzer Zeit die Beseitigung der Wirtschaftskrise, der Arbeitslosigkeit und der Krise der Landwirtschaft, er verminderte auch in erheblichem Umfang durch Hilfsmaßnahmen die soziale Not in Deutschland, schuf ab 1935 eine moderne Wehrmacht, steigerte durch finanzielle Förderung die Geburtenzahlen, so daß es in Deutschland bald wieder einen Geburtenüberschuß gab, machte die →Arbeitsdienstpflicht für alle jungen Deutschen verbindlich und gewann großen geistigen Einfluß auf die in der →HJ zusammengefaßte deutsche Jugend. Er förderte auch die Kunst und repräsentative öffentliche Bauten, außerdem den Ausbau eines modernen Straßennetzes. 1935 kehrte das →Saarland zum Deutschen Reich zurück. 1936 wurde die →Wehrhoheit im bis dahin entmilitarisierten Rheinland wiederhergestellt, am 30. 1. 1937 das Versailler Diktat für nichtig erklärt. 1938 kam es zum →Anschluß Österreichs und des →Sudetenlandes an Deutschland, im März 1939 wurde das deutsche →Protektorat über Böhmen und Mähren errichtet; H. erklärte, daß er dadurch eine militärische Bedrohung des Reiches aus diesem Gebiet dauerhaft unterbinden wollte. Gleichfalls im März 1939 wurde das →Memelland wieder deutsches Staatsgebiet. Die Zustimmung zu H.s Politik wuchs dadurch in der deutschen Bevölkerung ständig, es gab jedoch auch vielfach verborgen ausgeübten Widerstand vor allem aus Gruppen, die die NSDAP 1933 von der Machtausübung verdrängt hatte oder die den Nationalsozialismus aus konfessionellen Gründen ablehnten. Das Vorhandensein dieser Kreise spielte beim Kriegsausbruch insofern eine Rolle, als das Ausland und hier vor allem Polen im Fall militärischer Konflikte eine Entmachtung der NSDAP durch diese Opposition erwartete und deshalb gegebene und angebotene Verhandlungsmöglichkeiten zur Kriegsvermeidung nur unzulänglich wahrgenommen hat. Als sich eine Rückgabe von Polen beherrschter deutscher Gebiete durch diplomatische Maßnahmen als nicht möglich erwies, die Polen andererseits die von ihnen seit 1918 beherrschte deutsche Bevölkerung immer stärker tyrannisierten und immer mehr auch zu Ermordungen übergingen, begann H., nachdem er am 23. 8. 1939 in Moskau einen Vertrag über eine gemeinsame Teilung Polens mit Josef Stalin geschlossen hatte, am 1. 9. 1939 mit Polen den Krieg, dem englische und französische Kriegserklärungen an das Reich folgten. 1939 wurde Polen besiegt, 1940 wurden Dänemark, Norwegen, Holland, Belgien und Frankreich besetzt. Das englische Expeditionskorps ließ H. bei →Dünkirchen über den Kanal entkommen, da er sich davon eine Verständigung mit England versprach. Sein Friedensvorschlag wurde jedoch abgelehnt, England verstärkte statt dessen mit Hilfe der formell noch neutralen USA seinen Widerstand gegen Deutschland. Um dem britischen Weltreich die Hoffnung auch auf eine sowjetische Unterstützung zu nehmen, andererseits aber auch als Reaktion auf eine zunehmend feindliche Haltung und einen starken Truppenaufmarsch der Sowjetunion, befahl H. zum 22. 6. 1941 den →Ostfeldzug, der nach anfänglichen großen Erfolgen zu deutschen Niederlagen führte. Am 11. 12. 1941 erklärte das Deutsche Reich den USA den Krieg und legalisierte damit einen Zustand, der vom amerikanischen Präsidenten Roosevelt faktisch schon herbeigeführt worden war. Die Übermacht der UdSSR, der USA und Englands brachte dann die Kriegswende gegen Deutschland. An der Ostfront mußte die Wehrmacht ab Winter 1942/43 zurückweichen, das deutsche Afrikakorps im Juni 1943 kapitulieren. Alliierte Bombenangriffe zerstörten deutsche Städte und Produktionsanlagen. Ab Sommer 1943 kämpften Engländer und Amerikaner in Italien, im Juni 1944 gelang ihnen die Landung in Frankreich und von da aus der Vormarsch zur deutschen Grenze. Unter diesen Belastungen duldete H. eine medizinische Behandlung durch seinen Leibarzt →Morell, die ihm zwar vorübergehend Energien verschaffte, seine Gesundheit jedoch stark angriff. Eine weitere große Enttäuschung war ein Bombenanschlag auf ihn am →20. 7. 1944, der einen von oppositionellen Offizieren getragenen Staatsstreich einleiten sollte. Im eingeschlossenen Berlin nahm sich H. am 30. 4. 1945 das Leben. In einem am Vortag unterzeichneten Politischen Testament machte er für den Ausbruch und die Opfer des Krieges jüdischen Einfluß auf England und Amerika verantwortlich und erklärte, er habe für diese Schuld Juden büßen lassen. Er versicherte, er habe nur aus Liebe und Treue zu seinem Volk gehandelt, dankte allen Deutschen, die im Krieg ihre Pflicht erfüllt hatten, und sprach die Überzeugung aus, daß der Nationalsozialismus einmal wiedererstehen werde.

Seine Leiche wurde im Garten der Reichskanzlei verbrannt.

Hitler-Dank (Ehrendank der NSDAP), Stiftung für bedürftige →„Alte Kämpfer" der →NSDAP. Die mit Verfügung →Hitlers am 20. 4. 1937 eingerichtete Stiftung zur Unterstützung bedürftiger verdienter Parteimitglieder, die als „Alte Kämpfer" durch den „Einsatz für die Bewegung" in Not geraten oder Schaden an ihrer Gesundheit erlitten hatten, und deren Hinterbliebenen vergab jährlich 500000 RM, wobei der Reichsschatzmeister über die betreffenden Anträge entschied.

Hitlerfahne, seltener Name für die →Hakenkreuzfahne.

Hitler-Freiplatz-Spende, Hilfsmaßnahme für NSDAP-Mitglieder und deren Angehörige. Die 1933 von der →NS-Volkswohlfahrt ins Leben gerufene und organisierte H. stellte bedürftigen Parteimitgliedern und deren Angehörigen einen Erholungsurlaub in Form eines „Freiplatzes" in einer deutschen Familie kostenlos für einige Wochen zur Verfügung.

Hitlergruß, →Deutscher Gruß.

Hitler-Jugend (HJ), nationalsozialistische Jugendorganisation. Ab 1922 („Jungsturm Adolf Hitler" in München unter Adolf Lenk) bekannten sich Jugendgruppen zum Nationalsozialismus. Die bedeutendste war die „Großdeutsche Jugendbewegung" unter Kurt Gruber (Plauen), der im Sommer 1926 von A. →Hitler zum ersten „Reichsführer der Parteijugend und Referenten für Jugendfragen in der Reichsleitung der NSDAP" berufen wurde. Auf dem →Reichsparteitag der →NSDAP in Weimar (3./4. 7. 1926) erhielten die rund 300 Mitglieder umfassenden Gruppen den Namen „H.-J." nach einem Vorschlag von Hans Severus Ziegler. Sie unterstanden zunächst dem höheren SA-Führer Edmund Heines, dann Kurt Gruber. Parallel zur HJ bildeten sich, zunächst selbständig, der →NS-Studentenbund (NSB), der →NS-Schülerbund (NSS), die →NS-Berufsschulorganisation (NSBSO) und der →Bund Deutscher Mädel (BDM), die mit Ausnahme des NSB später in der HJ aufgingen. Am 30. 10. 1931 wurde Baldur von →Schirach →„Reichsjugendführer der NSDAP", der wiederum den Führer des NSS, Adrian von →Renteln, zum „Reichsführer der HJ" ernannte. Bald danach wurde Schirach „Reichsleiter der NSDAP", löste die HJ ganz von der SA und übernahm die HJ-Führung selber. Als sich am →„Reichsjugendtag gegen Marxismus und Reaktion" am 1./2. 10. 1932 in Potsdam über 100000 Jungen und Mädel versammelten, hatte die HJ den Durchbruch zur größten deutschen Jugendorganisation geschafft. Traditionsabzeichen war bis 1933 eine runde Nadel mit aufgehender Sonne mit der umgebenden Inschrift „HJ Deutsche Arbeiter-Jugend", ab 1933 die Raute mit dem Hakenkreuz in der Mitte. Am 8. 7. 1933 wurde die Dienststelle „Jugendführer des Deutschen Reiches" eingerichtet, die Schirach als „Reichsjugendführer" leitete. Das „Gesetz über die H.-J." vom 1. 12. 1936 gab dem „Jugendführer des Deutschen Reiches" die Stellung einer Obersten Reichsbehörde mit Sitz in Berlin und unterstellte ihn unmittelbar dem Führer und Reichskanzler. Am 8./10. 1940 wurde Artur →Axmann „Reichsjugendführer der NSDAP und Jugendführer des Deutschen Reiches", unter ihm die „Reichsreferentin des BDM" (Dr. Jutta Rüdiger, vorher Trude Mohr) und der Stabsführer (Helmut Möckel, vorher Hartmann Lauterbacher). Axmann übergeordnet blieb Schirach als „Reichsleiter für die Jugenderziehung der NSDAP" sowie direkt verantwortlich für den →„Kriegsbetreuungsdienst" und die „Erweiterte →Kinderlandverschikkung" (KLV). Die HJ im weiteren Sinne umfaßte die männliche und weibliche Jugend von zehn bis 18 Jahren. Sie gliederte sich für Jungen in das →Deutsche Jungvolk (DJ) (10–14 Jahre) und die HJ im engeren Sinne (14–18 Jahre), für Mädel in die Jungmädel (JM) (10–14 Jahre) und den Bund Deutscher Mädel (BDM) (14–18 Jahre). Ab 1938 trat für 17- bis 21jährige Mädel das BDM-Werk →„Glaube und Schönheit" mit verschiedenen Arbeitsgemeinschaften hinzu. Sonderformationen bildeten die →Marine-, →Motor-, →Flieger- und →Nachrichten-HJ sowie im Kriege der HJ-Streifendienst. Besondere Dienstgestaltungen hatten die HJ-Spielscharen, Fanfaren-, Spielmanns- und Musikzüge. Die HJ im engeren Sinne gliederte sich in 40 Gebiete, dann folgten →Bann, (Unterbann), Stamm, Gefolgschaft, Schar und Kameradschaft mit entsprechenden Führern. Größere Gemeinden besaßen einen Standortführer der HJ. Der →Reichsjugendführung (RJF) unterstanden das Zentralamt mit u. a. Behördenabteilung, Grenz- und Auslandsamt, Kinderlandverschickung, Inspekteur der →Adolf-Hitler-Schulen sowie sechs Hauptämter, denen die Hauptabteilungen der Gebiete und Hauptstellen der Banne entsprachen. Die Finanzen der HJ kontrollierte der Reichsschatzmeister der NSDAP. Die HJ-Kluft bestand aus brauner Sommermütze (Schiffchen), braunem Hemd mit Schulterklappen, Gebietsarmdreieck, HJ-Armbinde,

schwarzem Halstuch mit Lederknoten, schwarzem Koppel und Schulterriemen, HJ-Fahrtenmesser, schwarzer Kniehose, grauen Kniestrümpfen und braunen Schnürhalbschuhen, im Winter kamen schwarze Schirmmütze, blaue Winterbluse und blaue Überfallhose dazu. Die Aufgabe der HJ ergab sich aus § 2 des Gesetzes vom 1. 12. 1936: „Die gesamte deutsche Jugend ist außer in Elternhaus und Schule in der HJ körperlich, geistig und sittlich im Geiste des Nationalsozialismus zum Dienst am Volk und zur Volksgemeinschaft zu erziehen." Die vorläufige Aufnahme erfolgte nach freiwilligem Beitritt jeweils am 20. 4., die endgültige am 2. 10. In der Jugenddienstverordnung vom 25. 3. 1939 wurde die Dienstpflicht in der HJ eingeführt. Die Jugendarbeit erfolgte auf dem wöchentlich einmal stattfindenden Heimabend sowie an Sportnachmittagen oder -abenden, bei den Jüngeren war sie vorwiegend bündisch ausgerichtet, bei den Älteren erfolgte sie im soldatischen Geist, jedoch ohne militärische Ausbildung, bei den Mädeln sollte sie Anmut und Harmonie sowie Verständnis für die Aufgabe als Frau und Mutter fördern. Auf Fahrt und Lager sowie beim Geländespiel wurden Heimat und Natur erlebt, wurde Kameradschaft geformt, zu Mut erzogen, der Charakter gebildet. Das Erbe der →Artamanen und anderer Gruppen wurde im „Landdienst" der HJ fortgeführt. Der →„Osteinsatz der HJ" erfolgte ab 1939 in den neuen →Reichsgauen im Osten. Im 2. Weltkrieg bereiteten →Wehrtüchtigungslager die Älteren in der HJ im Einvernehmen mit der Wehrmacht auf den Wehrdienst vor. 1939 umfaßte die HJ über acht Mill. Mitglieder mit 750000 Führern und Führerinnen, davon waren weniger als ein Prozent hauptamtlich angestellt. Der Führerschulung dienten Gebiets- und Reichsführerschulen (Potsdam, Marienwerder). Für die Führer vom Bannführer aufwärts war die →Akademie für Jugendführung in Braunschweig vorgesehen. Für den Führernachwuchs sollten vor allem die Adolf-Hitler-Schulen sorgen, die von der HJ verantwortlich geführt wurden. Zeitschriften waren „Wille und Macht", „Das Junge Deutschland", „Junge Welt", „Der Pimpf". Führungsgrundsatz der HJ war: „Jugend muß von Jugend geführt werden!" (A. Hitler), so daß die Führer nur wenig älter als die Gefolgschaft waren. Die HJ kannte keine Klassen- oder Standesgrenzen, gebrauchte vom Pimpf bis zum Reichsjugendführer das kameradschaftliche „Du". Dieses Führungsprinzip ohne Drill durch Erwachsene bewirkte eine moderne Emanzipation der deutschen Jugend, vor allem der Mädel, ließ Eigenwert und Selbstbewußtsein wachsen und früh Eigenverantwortung für andere und das Volk reifen. Zum kulturellen und bündischen Erbe trat die soziale Verantwortung, die durch Jugendschutzgesetze, →Reichsberufswettkampf (ab 1934), Gesundheitsdienst, Landdienst, Arbeit an der Landjugend, Ostdienst, KLV zum Ausdruck kam oder erweckt werden sollte. Die ganzheitliche, auch musisch betonte Erziehung sollte die Bindung zum eigenen Volk und Vaterland, auch zu Adolf Hitler, festigen, nicht aber dem Krieg oder dem Haß gegen andere Völker dienen. Nur aus dieser Grundhaltung sind die großen Leistungen und Opfer zu verstehen, die HJ und ihre Führerschaft im 2. Weltkrieg brachten.

B. von Schirach: Revolution der Erziehung, 1938. B. von Schirach: Die Hitler-Jugend, 1934. W. Klose: Generation im Gleichschritt, 1964. E. Blohm: Hitler-Jugend – soziale Tatgemeinschaft, 1977. Reichsjugendführung (Hrsg.): Aufbau und Abzeichen der Hitler-Jugend, 1940. H. Taege: . . . über die Zeiten fort, 1978. M. Klüver: Die Adolf-Hitler-Schulen, 1979. G. Griesmayr und O. Würschinger: Idee und Gestalt der Hitler-Jugend, 1979. J. Rüdiger: Die Hitler-Jugend und ihr Selbstverständnis im Spiegel ihrer Aufgabengebiete, 1983. J. Rüdiger: Bund Deutscher Mädel, 1984. H. Lauterbacher: Erlebt und mitgestaltet, 1984. H. Fritsch: Land mein Land, 1986. G. Dabel: KLV – Die erweiterte Kinderlandverschickung, 1981. H. W. Koch: Geschichte der Hitler-Jugend, 1976. H. C. Brandenburger: Die Geschichte der Hitler-Jugend, 1968. W. Kuhnt: In Pflicht und Freude, 1988. E. Skagel: Die Jugend des Führers Adolf Hitler, 1942. C. Sauter: Hitler-Jugend, das Erlebnis einer großen Kameradschaft, 1942. T. Rittmeyer: So waren wir, 1985.

„Hitlerjugend", Name einer SS-Division. Ab Juli 1943 wurde aus freiwilligen →Hitlerjungen eine Panzergrenadierdivision aufgestellt, die unter dem Eichenlaubträger F. Witt, SS-Brigadeführer und Generalmajor der Waffen-SS, zur 12. SS-Panzerdivision „H." ausgebildet und umgerüstet wurde. Sie war ab Juni 1944 nach sehr guter Ausbildung unter ihrem Kommandeur Witt an der Invasionsfront eingesetzt und schlug sich vor allem vor Caen mit äußerster Tapferkeit. Nach Witts Soldatentod am 12. 6. 1944 hielt die Division unter SS-Standartenführer K. Meyer („Panzermeyer") die Alliierten wochenlang auf. Als Meyer, am 27. 8. 1944 mit den →Schwertern ausgezeichnet, am 6. 9. 1944 verwundet in Gefangenschaft geriet, übernahm Obersturmbannführer Hubert Meyer die in den Abwehrkämpfen stark dezimierte Division und stellte sie in Westfalen neu auf. Ab 15. 10. 1944 wurde sie von SS-Standartenführer und Eichenlaubträger Hugo Kraas geführt, ab 16. 12. 1944 in der Ardennenoffensive eingesetzt und in harten Kämpfen ein zweites Mal nahezu aufgerieben. Anschließend war sie in Ungarn eingesetzt und ging von da auf Wien zurück. Nach dem Übergang über die Enns ging

sie am 8. 5. 1945 in amerikanische Gefangenschaft. 15 Angehörige der Division erhielten das →Ritterkreuz.

H. Meyer: Kriegsgeschichte der 12. SS-Panzerdivision „Hitlerjugend". Kompaniekameradschaft (Hrsg.): Die 3. Kompanie, 1978.

Hitlerjunge, Angehöriger der →Hitler-Jugend.

„Hitlerjunge Quex", Spielfilm. Nach dem gleichnamigen Roman von K. A. Schenzinger drehte H. Steinhoff 1933 einen Film, der das Schicksal des am 24. 1. 1932 in Berlin-Plötzensee von Kommunisten ermordeten 15jährigen →Hitlerjungen Herbert →Norkus, seinen politischen Einsatz gegen die Widerstände von Elternhaus und Schule sowie seinen Tod zum Vorbild hat. Der Film wurde stark besucht und erwies sich als wirksames Werbemittel für die →HJ.

Hitler-Mussolini-Pakt, Bezeichnung für das →Umsiedlungsabkommen für Südtirol von 1939. Die Revision des →Versailler Diktats, das Wiedererstarken Deutschlands sowie seine autoritäre Staatsführung hatten das 3. Reich außenpolitisch erheblich isoliert. A. →Hitler glaubte aber, wichtige Ziele nicht ohne die Unterstützung anderer Länder durchsetzen zu können. Ein Zusammengehen mit dem faschistischen Italien schien ihm trotz erheblicher Differenzen zwischen den Zielen beider Länder möglich und vorteilhaft zu sein. Eine Einigung setzte jedoch den deutschen Verzicht auf das 1918 von Italien besetzte und dann annektierte →Südtirol voraus, auf das →Mussolini nicht verzichten wollte, obwohl die Italiener 1939 nach intensiver Einwanderung nur 24% seiner Bevölkerung ausmachten. A. Hitler war im Interesse eines deutsch-italienischen Zusammengehens zu diesem Verzicht bereit. Der H. sah deshalb die Aussiedlung jener Südtiroler vor, die Deutsche bleiben wollten, und sollte jene im Land belassen, die für Italien zu optieren bereit waren. Aufgrund des H.s, der am 21. 10. 1939 in Kraft trat, übersiedelten etwa 75000 Südtiroler vorzugsweise nach Nordtirol. Nach dem Abfall Italiens 1943 war von deutscher Seite eine Rücksichtnahme auf italienische Wünsche nicht mehr erforderlich. Die Umsiedlungsaktion wurde sofort gestoppt, zahlreiche Südtiroler kehrten in ihre Heimat zurück, die als „Operationszone Alpenvorland" der Kontrolle auch der faschistischen Republik entzogen und faktisch dem Deutschen Reich angeschlossen wurde.

E. Widmoser: Südtirol-Brevier von A – Z, 1966. F. Ermacora: Südtirol und das Vaterland Österreich, 1984. J. Fontana und andere: Geschichte des Landes Tirol, 4 Bde., 1985–1989.

Hitlerprozeß, Strafprozeß vor dem Volksgericht München. Im sogenannten H. vom 26. 2. bis 1. 4. 1924 waren zehn Teilnehmer des →Marsches zur Feldherrnhalle vom 9. 11. 1923 wegen Hochverrats angeklagt: →Hitler, →Ludendorff, →Frick, →Röhm, Pöhner, Kriebel, Dr. Weber, Wagner, Brückner, Pernet. Da man ihnen für den versuchten Staatsstreich ehrenhafte Motive zugebilligt hatte, wurden Hitler, Pöhner, Weber und Kriebel zur gesetzlichen Mindeststrafe von fünf Jahren Festungshaft, die übrigen zu 15 Monaten Festungshaft mit Bewährung verurteilt. Ludendorff wurde wegen seiner Verdienste als Feldherr und Sieger von →Tannenberg freigesprochen. Im Verfahren hatten die Angeklagten Gelegenheit, ihre politischen Beweggründe ausführlich zu schildern. Beim Urteil gegen Hitler, der noch österreichischer Staatsbürger war, wurde auf eine Ausweisung nach § 9 Absatz 2 des →Republikschutzgesetzes verzichtet. Am 20. 12. 1924 wurde er aus der Festungshaft entlassen.

R. Breuer: Der Hitler-Ludendorff-Prozeß, 1924. R. Lurker: Hitler hinter Festungsmauern, 1933. H. Kallenbach: Mit Adolf Hitler auf Festung Landsberg, 1933. G. Franz-Willing: Putsch und Verbotszeit der Hitler-Bewegung, 1977.

„Hitlerputsch", →Marsch zur Feldherrnhalle.

Hitlers Politisches Testament, Aufzeichnungen M. →Bormanns vom Februar und April 1945. In der Zeit vom 4. bis 26. 2. sowie am 2. 4. 1945 notierte M. Bormann Äußerungen A. →Hitlers, die heute als sein „Politisches Testament" bezeichnet werden. Sie haben nichts mit dem von A. Hitler am 29. 4. 1945 diktierten Politischen Testament zu tun, sondern sind Aufzeichnungen von Gesprächen, in denen Ansichten über den 2. Weltkrieg und seine Ursachen, über die Politik der →NSDAP, über Geschichte, eigene Fehler und künftige Handlungsmöglichkeiten Deutschlands wiedergegeben sind.

A. Knaus Verlag (Hrsg.): Hitlers Politisches Testament, 1981.

Hitler-Stalin-Pakt, →Deutsch-Sowjetischer Nichtangriffspakt.

Hitlers Weisungen für die Kriegführung, →Weisungen für die Kriegführung.

Hitlers Zweites Buch, →Zweites Buch.

Hitler-Tagebücher, gefälschte Aufzeichnungen. 1983 wurden mit erheblichem Werbeaufwand von der Illustrierten „Stern", die am 28. 4. 1983 mit dem Abdruck begann, die H. vorgestellt.

Nachdem sie zunächst von einigen Historikern als echt beurteilt worden waren, stellten sie sich als Fälschungen des Stuttgarters K. Kujau heraus, für den der „Stern"-Reporter G. Heidemann von seinem Verlag neun Mill. DM erhalten, angeblich aber nicht in vollem Umfang weitergeleitet hatte. Der Presseskandal führte zu einem Strafprozeß, in dem Kujau und Heidemann verurteilt wurden.

Hiwis, →Hilfsfreiwillige.

HJ, Abkürzung für →Hitler-Jugend.

HJ-Ehrenzeichen, Auszeichnung für Angehörige der →Hitler-Jugend, die vor dem 1. 10. 1932, dem →„Reichsjugendtag von Potsdam", bereits Mitglied der HJ oder des →NS-Deutschen Studentenbundes waren.

HJ-Landdienst, →Landdienst und →Ostdienst der HJ.

HJ-Leistungsabzeichen, Auszeichnung, die in der →Hitler-Jugend nach Bestehen einer sportlichen und weltanschaulichen Prüfung verliehen wurde.

Hochseeflotte, Teil der deutschen Kriegsflotte. Ab 1907 wurden die aktiven Kampfverbände der Kaiserlichen Marine in Nord- und Ostsee H. genannt, im 1. Weltkrieg nur die in der Nordsee. Die H. unterschied sich von der Reserveflotte. Sie wurde im 1. Weltkrieg nur wenige Male eingesetzt und kämpfte vor allem in der Schlacht vor dem →Skagerrak am 31. 5. 1916 erfolgreich gegen britische Verbände.

E. B. Potter: Seemacht, 1982.

Hochverrat, gewaltsamer Angriff auf den inneren (im Gegensatz zum Landesverrat) Bestand des Staates bzw. der Staatsform. Der H. ist durch § 80 des StGB vom 15. 5. 1871 in der Fassung vom 1. 9. 1969 mit lebenslänglichem Zuchthaus bedroht. Entsprechendes gilt bei Versuch und Vorbereitung sowie bei der Verabredung zum H. besonders mit dem Ausland. Wer das Staatsoberhaupt oder ein Regierungsmitglied an der Ausübung seiner Gewalt hindert oder Nötigung anwendet, wer Bundeswehr oder Polizei behindert, wer andere öffentlich zum H. auffordert, fällt unter das gleiche Gesetz. Hochverräter unternehmen es, Regierungsorgane in einem Staatsstreich unter Verfassungsbruch zu überrumpeln. Manche Hochverräter, Überzeugungstäter, finden jedoch sittliche Anerkennung, wenn sie während des Staatsstreiches umkommen oder sich opfern oder wenn man ihnen rechtfertigende Beweggründe zuerkennt.

W. Wagner (Hrsg.): Hochverrat und Staatsgefährdung, 1957.

Höhere SS- und Polizeiführer (HSSPF), Vorgesetzte für SS- und Polizei-Angehörige in einem bestimmten Gebiet. Durch Erlaß des Reichsinnenministers vom 13. 11. 1937 eingeführt, sollten die H. die dem →Reichsführer SS und Chef der Deutschen Polizei, H. →Himmler, unterstehenden Kräfte im Mobilmachungsfall gemeinsam leiten. Vor allem sollten sie aber verhindern, daß die zahlreichen SS- und Polizeidienststellen, die ganz unterschiedliche Aufgaben hatten, sich selbständig entwickelten und gegeneinander arbeiteten. Es war also ihre Aufgabe, Untergebene zu einem Zusammenwirken zu veranlassen. Im 2. Weltkrieg wurde einigen H.n noch die Kontrolle über Maßnahmen übertragen, die militärischen Charakter hatten oder der Bekämpfung und Vernichtung von Gruppen dienten, die bewaffnet gegen die Wehrmacht kämpften oder als Feinde des Dritten Reiches angesehen wurden.

Hölz, Max, kommunistischer Revolutionär, * 14. 10. 1889 Moritz/Riesa, † 18. 9. 1933 bei Gorki/UdSSR. Der Landarbeitersohn wurde Techniker, nahm am 1. Weltkrieg teil und trat dann in die →USPD und →KPD ein. Ab April 1919 unternahm er im Vogtland mit beweglich operierenden Banden ("Expropriationsgruppen") nach sowjetischem Vorbild Plünderungen, Banküberfälle und Erpressungen. Die KPD schloß ihn deshalb wegen Disziplinlosigkeit aus. Aus einer Gefängnishaft in Burgdorf wurde er von Spartakisten wieder befreit. Während des →Kapp-Putschs (März 1920) konnte er im Gebiet um Falkenstein (Vogtland) ein Spartakistenregime errichten, bis →Freikorps die Aufständischen schlugen und H. in die Tschechoslowakei flüchten mußte. Beim Märzaufstand der KPD 1921 in Thüringen stand H. wieder an der Spitze "Roter Garden", die Plünderungen und Gewalttaten verübten, bis Freikorps und Reichswehreinheiten sie schlugen. H. wurde dann wegen Mordes und Hochverrats zu einer lebenslänglichen Zuchthausstrafe verurteilt, jedoch am 14. 7. 1928 amnestiert. Ab 1929 lebte er in der Sowjetunion, wurde dort zunächst mit großem Aufwand gefeiert, dann Mitarbeiter der Komintern, jedoch bald vor der Öffentlichkeit verborgen, da er sich auch hier nicht disziplinieren ließ. Wahrscheinlich deshalb starb er eines ungeklärten Todes (vermutlich wurde er ertränkt) und wurde mit Pomp bestattet. Er schrieb "Briefe aus dem Zuchthaus" (1927, Hrsg. E. E. Kisch) und "Vom Weißen Kreuz zur Roten Fahne" (1929).

Hoeppner, Ernst von (seit 1913), General, * 14. 1. 1860 Tonnin/Wollin, † 25. 9. 1922 Großmockratz/Wollin. Der preußische General der Kavallerie war im 1. Weltkrieg Generalstabschef bei mehreren Armeen und ab November 1916 Kommandierender General der deutschen Luftstreitkräfte, deren Aufbau und Entwicklung er stark vorantrieb. Er schrieb "Deutschlands Krieg in der Luft" (1921).

Hördt, Philipp, Pädagoge, * 23. 12. 1891 Weinheim/Bergstraße, † 26. 1. 1933 Heidelberg. Der Dozent an der Lehrerbildungsanstalt Heidelberg war neben Ernst →Krieck in der Weimarer Zeit Vorkämpfer für eine "Gesamterziehung", die den jungen Menschen zur Bindung an sein Volk führen sollte. Er setzte sich besonders für einen Kernunterricht in "Deutschkunde" ein, in der fachübergreifend (Deutsch, Geschichte, Erdkunde, Kunst, Musik, Religion) deutsche Kultur und deutsches Geistesleben unterrichtet wurden. Seine Gedanken beeinflußten die Schulpolitik des 3. Reiches. Er schrieb u. a. "Geschichte und Geschichtsunterricht" (1926), "Grundformen volkhafter Bildung" (1932, [8]1939) und "Theorie der Schule" ([4]1939).

Hofer, Franz, Gauleiter, * 27. 11. 1902 Bad Hofgastein, † um 1977 Mülheim/Ruhr. Der selbständige Kaufmann trat am 15. 9. 1931 in die NSDAP ein, wurde am 1. 4. 1932 Kreisleiter, am 1. 7. 1932 Stellvertretender Gauleiter und am 27. 11. 1932 Gauleiter von Tirol. Im Juni 1933 wurde er wegen Tätigkeit für die NSDAP zu zwei Jahren Gefängnis verurteilt, jedoch am 30. 8. 1933 von SA-Männern aus dem Innsbrucker Gefängnis befreit und auf der Flucht nach Italien verwundet. Ab 1937 war H. Leiter der "Politischen Leiter- und Mitglieder-Sammelstelle" und des österreichischen "Flüchtlingshilfswerks" in Berlin, ab 24. 5. 1938 Gauleiter der NSDAP in Tirol-Vorarlberg, ab 1. 4. 1940 dort Reichsstatthalter. Nach dem Abfall Italiens wurde er Reichsverteidigungskommissar für die Operationszone Alpenvorland (→Alpenfestung) mit Sitz in Verona. Am 6. 5. 1945 kam er in US-Gefangenschaft, aus der er 1948 floh. Er soll sich dann unter anderem Namen in Mülheim/Ruhr niedergelassen haben, wo er später als selbständiger Kaufmann unter seinem richtigen Namen tätig war.
K. Höffkes: Hitlers politische Generale, 1986.

Hoffmann-Fölkersamb, Hermann, Begründer der Wandervogel-Bewegung, * 10. 1. 1875 Straßburg, † 20. 9. 1955 Kiel. Der von 1895–1899 am Berlin-Steglitzer Gymnasium als Jurastudent unterrichtende H. begann ab 1896, mit

Schülern mehrtägige Wanderfahrten zu unternehmen. Ab 1897 nahm daran der Gymnasiast Karl Fischer teil, der ab 25. 1. 1900, nach Hoffmanns Eintritt in den diplomatischen Auslandsdienst, die Gruppen leitete und daraus den →Wandervogel bildete.

Hoheitsträger, Bezeichnung für alle Gebietsleiter der NSDAP vom Führer über Gau-, Kreis-, Ortsgruppen-, Stützpunkt-, Zellen- und Blockleiter. In seinem Bereich hatte der H. die Dienstaufsicht über die Parteistellen und war jeweils dem höheren H. verantwortlich. Die H. hatten nach 1933 meist auch staatliche Ämter inne.

Hohe Schule der NSDAP, geplante Lehr- und Forschungsstätte. Sie wurde von A. →Rosenberg ab 1936 angestrebt und sollte am Chiemsee nach Plänen des Architekten H. Giesler als zentrale und höchste Schulungs- und Forschungsinstitution der →NSDAP errichtet werden. Der Kriegsbeginn hat ihren Aufbau unmöglich gemacht, jedoch wurden in einigen Universitätsstädten bereits Institute und Außenstellen der H. eingerichtet. Die Institutsleiter erhielten Professorentitel. Verantwortlich für den Aufbau der H. sollte der Hauptstellenleiter im →Amt Rosenberg, Professor A. Baeumler, sein.

Hohlbaum, Robert, Dr. phil., Dichter, * 28. 8. 1886 Jägerndorf, † 4. 2. 1955 Graz. H. war als Bibliothekar in Wien, Duisburg und Weimar, nach der Vertreibung 1945 in Henndorf bei Salzburg und dann in Graz tätig. Er veröffentlichte mehr als 50 Romane, Novellenbände und Gedichtsammlungen, seine Themen umfassen alle Epochen der deutschen Geschichte und kreisen oft um die deutschen Einigungsbestrebungen, seine Künstlernovellen vor allem um das Leben berühmter Komponisten. H.s Werke dienten der Vertiefung eines großdeutschen Geschichtsbewußtseins. 1986 wurde sein Roman „Der König von Österreich" neu aufgelegt. Bekannt wurden ferner „Grenzland" (1921), „Frühlingssturm" (Trilogie, 1924–1926), „Mein Leben" (1936), „Zweikampf um Deutschland" (1936), „Mann und Volk" (1931–1938), „Die stumme Schlacht" (1939) und „Sonnenspektrum" (1951).

Holstein, Friedrich von, Diplomat, * 24. 4. 1837 Schwedt/Oder, † 8. 5. 1909 Berlin. Ab 1860 war H. mit Unterbrechungen im preußisch-deutschen diplomatischen Dienst. Seit 1876 im Auswärtigen Amt, wurde er, vor allem nach Bismarcks Rücktritt, auch wegen seiner enormen Aktenkenntnis ein wichtiger Berater

der Kanzler. Er begünstigte die Nichtverlängerung des Rücksicherungsvertrages mit Rußland sowie einen harten Kurs gegen Paris in der →Marokkokrise. Als Deutschland auf der Konferenz von →Algeciras nachgeben mußte, wurde H. 1906 entlassen, behielt aber weiterhin großen Einfluß als „Graue Eminenz" und wandte sich besonders gegen das persönliche Regiment des Kaisers. Er schrieb „Lebensbekenntnis in Briefen an eine Frau" (1932, herausgegeben von Rogge).

G. Richter: Friedrich von Holstein, 1966. von Trotha: Fritz von Holstein als Mensch und Politiker, 1931. K. Nolden: Friedrich von Holstein – die graue Eminenz, 1983. W. Frauendienst (Hrsg.): Die geheimen Papiere Friedrich von Holsteins, 4 Bde., 1957–1963. H. Rogge: Holstein und Hohenlohe, 1957. H. Rogge: Holstein und Harden, 1959.

„Holzauge", Bezeichnung für den Einsatz eines deutschen Wettertrupps in Ostgrönland 1942/43.

J. Piekalkiewicz: Spione, Agenten, Soldaten, 1969. F. Ruge: Der Seekrieg 1939–45, 1962.

Hoover-Moratorium, Stundungsplan für Reparationszahlungen. Der deutschfreundliche US-Präsident Herbert Clark Hoover (1929–1933) von der Republikanischen Partei machte am 20. 6. 1931 den von den Alliierten, am 6. 7. 1931 auch von Frankreich, und nach gewissen Änderungen von Deutschland angenommenen Vorschlag, die deutschen Reparations- und die zwischenalliierten Kriegsschuldenzurückzahlungen vom 1. 7. 1931 bis 30. 6. 1932 auszusetzen. Das Reich hatte nur die Zinsen der →Dawes- und →Young-Anleihe zu zahlen. Das der deutschen Wirtschaft entgegenkommende H. ging vor allem auf die Angst betroffener US-Bankiers um die Sicherheit ihrer Anlagen in Deutschland zurück. Es war ein Schritt zur Aufhebung des Young-Plans und zur Streichung der →Reparationen, ein Erfolg →Brünings.

W. J. Helbich: Die Reparationen in der Ära Brüning, 1962. W. Link: Die amerikanische Stabilisierungspolitik in Deutschland 1921–32, 1970.

Horst-Wessel-Koog, schleswig-holsteinischer Koog. 1938 wurde der wenige Jahre vorher im Kreis Eiderstedt an der Westküste Schleswig-Holsteins eingedeichte Hever-Sommerkoog zu Ehren des Anfang 1930 von dem Kommunisten A. Höhler ermordeten SA-Führers Horst →Wessel in H. umbenannt. Nach 1945 erhielt er den Namen Norderhever-Koog.

Horst-Wessel-Lied, nationalsozialistisches Kampflied und ab 1933 Teil der deutschen Nationalhymne. Der Student und Berliner SA-Sturmführer Horst Wessel, von dem mehrere

SA-Lieder stammen, veröffentlichte am 23. 9. 1929 in der NS-Zeitung →„Der Angriff" den Text eines Liedes, das J. →Goebbels später H. nannte und das nach der Ermordung Wessels Anfang 1930 Parteilied der NSDAP, 1933 Teil der deutschen Nationalhymne und dabei im Anschluß an das →Deutschland-Lied gesungen wurde. Die Melodie hatte Wessel von einem Matrosenlied übernommen. Das H. beginnt mit „Die Fahne hoch, die Reihen dicht geschlossen".

Horthy, Nikolaus von, ungarischer Reichsverweser, * 18. 6. 1868 Kenderes (Ungarn), † 9. 2. 1957 Estoril (Portugal). Der k. u. k. Marineoffizier, 1909 Flügeladjutant Kaiser →Franz Josephs, wurde im 1. Weltkrieg Konteradmiral und Oberbefehlshaber der österreichisch-ungarischen Flotte. Während der kommunistischen Räteherrschaft in Ungarn betraute ihn die gegenrevolutionäre Regierung mit der Bildung einer Nationalarmee, mit der H. die Kommunisten besiegte. Am 1. 3. 1920 wurde er von der Nationalversammlung zum Reichsverweser für das Königreich Ungarn gewählt. 1938 und 1940 erreichte H. in den →Wiener Schiedssprüchen die Rückgabe von Gebieten, die Ungarn 1919 abtreten mußte. Im 2. Weltkrieg beteiligte er sich mit Teilen der ungarischen Armee am →Rußlandfeldzug, versuchte jedoch ab März 1944 einen Frontwechsel, als sowjetische Verbände auf ungarischen Boden vordrangen. Ehe die von seinen Beauftragten mit der Roten Armee geführten Verhandlungen zu einer Kapitulation Ungarns führen konnten, wurde H. durch den Einsatz deutscher Truppen und eines Kommandos unter O. →Skorzeny zum Rücktritt am 15. 10. 1944 gezwungen und anschließend in Bayern interniert. Nach Kriegsende lebte er im portugiesischen Exil. Er schrieb „Ein Leben für Ungarn" (1953).
E. von Schmidt-Pauly: Nikolaus von Horthy, 1937.

„Hoßbach-Protokoll", nachträgliche Niederschrift über eine Besprechung zwischen A. Hitler und führenden deutschen Militärs am 5. 11. 1937. Vor Reichsaußenminister von →Neurath, Kriegsminister von →Blomberg und den Oberbefehlshabern von Heer (von →Fritsch), Marine (→Raeder) und Luftwaffe (→Göring) erläuterte A. →Hitler am 5. 11. 1937 seine außenpolitischen Ziele. Dabei wurde kein Protokoll geführt. Der gleichfalls anwesende Wehrmachtsadjutant Oberst Friedrich Hoßbach fertigte jedoch fünf Tage später eine Gedächtnisniederschrift über diese Besprechung an, die er unterzeichnete und von Blomberg übergab. Das Original ist verschwunden, 1945 wurde jedoch eine angebliche Kopie dieser Nieder-

schrift, die allerdings keine Unterschrift Hoßbachs aufweist, dem →Nürnberger Tribunal als Beweis für die aggressiven außenpolitischen Pläne A. Hitlers vorgelegt. Nach dem H. soll Hitler seinen Willen zu einer deutschen Expansion für „spätestens 1943–1945" und zum Ausschalten der Tschechoslowakei und Österreichs bei europäischen Krisen bekundet haben. Hoßbach hat nicht bestätigen können, daß die Kopie mit seiner Aufzeichnung identisch ist, konnte jedoch auch nicht das Gegenteil behaupten.
F. Hoßbach: Zwischen Wehrmacht und Hitler 1934–38, 1949. D. Kluge: Das Hoßbach-Protokoll, 1980. G. Meinck: Hitler und die deutsche Aufrüstung 1933 bis 1937, 1959. U. Walendy: Wahrheit für Deutschland, 1970.

Hottentottenaufstand, Eingeborenenaufstand in →Deutsch-Südwestafrika 1904–1908. Nachdem die Hottentotten (Nama) beim →Hereroaufstand 1904 die deutsche →Schutztruppe unterstützt hatten, erhoben sich Teile dieses Stammes im Süden des Landes am 4. 10. 1904 unter ihrem Häuptling Hendrik Witboi, der 1894 schon einmal unterworfen worden war, 1904 jedoch am →Waterberg auf deutscher Seite mitgekämpft hatte. Obwohl die Hottentotten 1905 vor allem bei Groß-Nabas, dann in den Karas-Bergen sowie bei Hartebeestmund am Oranje besiegt wurden, zog sich ein Kleinkrieg gegen sie bis 1908 hin. Die durch den Aufstand verursachten zusätzlichen Kosten wurden vom Reichstag nicht bewilligt. Es kam deshalb zu seiner Auflösung und den →„Hottentottenwahlen" am 25. 1. 1907.
H. von Lichtenfeld: Südwestafrika, 1978. K. Graudenz und H. M. Schindler: Die deutschen Kolonien, 1982. Großer Generalstab (Hrsg.): Die Kämpfe der deutschen Truppen in Südwestafrika, 2 Bde., 1907.

Hottentottenwahlen, Beiname für die Reichstagswahlen am 25. 1. 1907. Nachdem der Reichstag den zur Kostendeckung für den →Hottentottenaufstand notwendig gewordenen Nachtragskolonialhaushalt abgelehnt hatte, wurde er am 13. 12. 1906 aufgelöst. Die dann zum 25. 1. 1907 angesetzte Neuwahl wurde von den Regierungsgegnern verächtlich H. genannt und brachte dem hinter dem Reichskanzler von →Bülow stehenden →Bülowblock mit 189 Mandaten einen Stimmenzuwachs auf 49%, während die SPD von 81 auf 43 Mandate zurückfiel.

HSSPF, Abkürzung für →Höherer SS- und Polizeiführer.

Hube, Hans, Generaloberst, * 29. 10. 1890 Naumburg/Saale, † 21. 4. 1944 bei Berchtesgaden. Seit Anfang 1909 bei der Infanterie, nahm

der Leutnant am 1. Weltkrieg teil, verlor am 20. 9. 1914 den linken Arm, war ab Dezember 1915 jedoch wieder an der Front, erhielt →EK I und II sowie das Ritterkreuz des Hohenzollernhausordens und wurde als Hauptmann 1918 zum →Pour le mérite vorgeschlagen, den er wegen des Kriegsendes nicht mehr bekam. 1919 kämpfte er gegen kommunistische Aufstände in Mitteldeutschland und kam dann als Kompanieführer zur →Reichswehr. In dieser Zeit schrieb er das Buch „Der Infanterist". 1932 wurde er als Major Bataillonschef, am 1. 6. 1934 Oberstleutnant und ab 1. 5. 1935 Kommandeur der Infanterieschule Döberitz. Am 14. 5. 1940 wurde H. Kommandeur der 16. motorisierten Infanteriedivision, mit der er sich, bald Generalmajor, im Westen bewährte. An der Ostfront erhielt er am 1. 8. 1941 für den erfolgreichen Durchbruch durch die →Stalinlinie das →Ritterkreuz, am 17. 1. 1942 für die Vernichtung zweier Sowjetarmeen bei Kiew das → Eichenlaub. Am 16. 9. 1942 wurde er Generalleutnant und Kommandierender General des XIV. Panzerkorps, das vor →Stalingrad eingesetzt war und mit dem H. eingekesselt wurde. Dort erhielt er am 21. 12. 1942, inzwischen General der Panzertruppe, die →Schwerter. Als er am 18. 1. 1943 zur Berichterstattung ins → Führerhauptquartier flog, wurde ihm die Versorgung Stalingrads von außen übertragen. 1943 war H. Oberbefehlshaber aller Heeres- und Flaktruppen in →Sizilien, bis er am 17. 8. 1943 als letzter deutscher Soldat die Straße von Messina überquerte. Anschließend führte er Panzertruppen, insbesondere seine alte 16. Panzerdivision, bei →Salerno, ab November 1943 die 1. Panzerarmee im Osten. Für seine hervorragende Führungsleistung beim Ausbruch der 1. Panzerarmee aus einem großen Kessel am Dnjestr Anfang April 1944 erhielt H. am 20. 4. 1944 die →Brillanten und wurde zum Generaloberst befördert. Als der zum Oberbefehlshaber des Heeres vorgesehene Truppenführer am folgenden Tag nach Berlin fliegen wollte, stürzte er in der Nähe des →Obersalzbergs ab. Mit einem Staatsbegräbnis wurde er auf dem Berliner Invalidenfriedhof beigesetzt.
G. Fraschka: Mit Schwertern und Brillanten, 1977.

Hühnlein, Adolf, Korpsführer des NSKK, * 12. 9. 1881 Neustädtlein/Kulmbach, † 18. 6. 1942 München. Der Pionier- und Generalstabsoffizier des 1. Weltkriegs diente dann im →Freikorps Epp und bis 1923 in der →Reichswehr, war seit 1923 im Stab der →SA tätig und nahm am →Marsch zur Feldherrnhalle am 9. 11. 1923 teil. Seit 1925 Quartiermeister der NSDAP, wurde er 1927 Chef des Kraftfahrwesens der SA, stellte die SA-Motortrupps auf, gründete

und leitete das Nationalsozialistische Automobilkorps (NSAK) und 1931 das Nationalsozialistische Kraftfahr-Korps (→NSKK), das er 1934 mit der Motor-SA verschmolz. Ab 1933 war er MdR und Präsident der Obersten Nationalen Sportbehörde für den deutschen Kraftfahrsport und mit der Neugestaltung des gesamten deutschen Kraftfahrwesens beauftragt. Er überführte die bestehenden Motorsportvereine (ADAC u. a.) in den neuen Deutschen Automobil-Club (DAC) und organisierte werbewirksame Motorsportveranstaltungen wie die „2000-km-Fahrt durch Deutschland". 1936 erhielt er den Rang eines Generalmajors und wurde 1938 Reichsleiter der NSDAP. Im 2. Weltkrieg war er Beauftragter für den motorisierten Transport in der Kriegswirtschaft.

Hünefeld, Ehrenfried Günther Freiherr von, Flieger, * 1. 5. 1892 Königsberg, † 5. 2. 1929 Berlin. Der Offizierssohn wurde 1913 Flieger, im 1. Weltkrieg in Flandern schwer verwundet und war dann Truppenbetreuer in Bulgarien und Konstantinopel. 1918 geleitete er als deutscher Vizekonsul von Maastricht (ab 1916) Kaiser →Wilhelm II. nach Doorn. Ab 1921 leitete er die Verwertungsstelle der Finanzverwaltung in Bremen, 1923 wurde er dort Syndikus des Norddeutschen Lloyd. Am 12. 4. 1928 startete er mit Hermann →Köhl und dem Iren J. Fitzmaurice zur ersten Atlantiküberquerung in Ost-West-Richtung, die er in „Unser Ozeanflug" (1928) beschrieb. Vom 17. 9.–18. 10. 1928 führte er mit dem Schweden H. G. Lindner einen Flug bis Tokio durch und schrieb darüber „Mein Ostasienflug" (1929).

Hugenberg, Alfred, Dr. rer. pol., Wirtschafts- und Parteiführer, * 19. 6. 1865 Hannover, † 12. 3. 1951 Kükenbruch/Rinteln. Er war 1894–1899 bei der Ansiedlungskommission in Posen, 1900–1903 Verbandsdirektor der Raiffeisengenossenschaften, 1903–1907 Vortragender Rat im preußischen Finanzministerium, 1907–1908 Bankdirektor in Frankfurt, 1909–1918 Vorsitzender des Direktoriums der Krupp AG in Essen. Ab 1916 baute er auch den nach ihm benannten größten deutschen Medien-Konzern auf, zu dem Verlage (Scherl), viele Tageszeitungen (Der Tag, Berliner Lokal-Anzeiger), Zeitschriften (Woche, Gartenlaube), die Telegraphen-Union und die Ufa-Filmgesellschaft gehörten. Politisch betätigte sich H. vor dem 1. Weltkrieg als Mitbegründer des →Alldeutschen Verbandes, 1919 war er Mitglied der Weimarer →Nationalversammlung, ab 1920 als Mitglied der →DNVP MdR, vom 21. 10. 1928 bis zum Sommer 1933 Vorsitzender der Partei. Als Gegner der →Erfül-

lungspolitik bekämpfte er den →Young-Plan sowie die Regierung →Brüning und beteiligte sich an der Gründung der →Harzburger Front am 10. 11. 1931, anschließend unterstützte er die Kabinette von →Papen und von →Schleicher. Am 30. 1. 1933 wurde er Reichswirtschafts- und Ernährungsminister in der Regierung A. →Hitler, löste am 27. 6. 1933 die DNVP auf „in Erkenntnis der Tatsache, daß der Parteienstaat überwunden ist", und trat als Minister zurück, blieb aber MdR bis 1945. Die Ufa und den Scherl-Verlag verkaufte er an die →NSDAP oder das Reich gegen Anteile in der Schwerindustrie. 1945 kam er in britische Haft, wurde nach mehreren Entnazifizierungsverfahren 1951 als „Entlasteter" eingestuft. Er schrieb u. a.: „Innere Colonisation im Nordosten Deutschlands" (1891), „Bank- und Kreditwirtschaft des deutschen Mittelstandes" (1906), „Streiflichter aus Vergangenheit und Gegenwart" (1927), „Die soziale Frage in Deutschland" (1932) sowie „Die neue Stadt" (1935).
L. Bernhard: Der Hugenbergkonzern, 1928. Kriegk: Hugenberg, 1932. W. Borchmeyer (Hrsg.): Hugenberg und die Hitlerdiktatur, 1949. H. Holzbach: Das „System Hugenberg", 1981. Wernecke und Heller: Der vergessene Führer, 1983.

Hultschiner Ländchen, Abtretungsgebiet 1920. Früher zum schlesischen Herzogtum gehörend, war das H. 1742 von den Habsburgern zu Preußen gekommen, gehörte ab 1816 zum Regierungsbezirk Oppeln als Teil des Kreises Ratibor und wurde 1920 (317 km^2 und 54700 Einwohner) aufgrund des →Versailler Diktats ohne Befragung der neugebildeten Tschechoslowakei angegliedert. 1938 kam es wieder zum Deutschen Reich.

„Hummer", Deckname für deutsche Sabotageeinsätze 1940/42 gegen England. Sie erfolgten von Norwegen und Frankreich aus, so „H. I. Nord" am 30. 9. 1940 mit Flugzeug und Schlauchboot ab Südnorwegen mit Landung bei Banff in Schottland.

Hunding-Stellung, Teil der rückwärtigen deutschen Verteidigungslinie in Nordfrankreich im 1. Weltkrieg. Als an die →Hermannstellung ab La Fère anschließender Teil der →Hindenburglinie bis zur Brünhildstellung wurde die vorher ausgebaute H. im September 1918 bezogen und praktisch bis zum Waffenstillstand gehalten.

Hungerblockade, alliierte Einfuhrsperre von Nahrungsmitteln nach Deutschland im 1. Weltkrieg. Die gegen das Reich vor allem von Großbritannien durchgeführte Blockade aller Importe von neutralen Ländern traf die Lebensmittelversorgung des auf den Krieg nicht vorbereiteten Reiches in den späteren Jahren des 1. Weltkriegs schwer, führte zum „Steckrübenwinter" 1917 und zu ernsten Mangelkrankheiten bei großen Teilen der deutschen Bevölkerung, so daß Hunderttausende an der H. starben. Sie wurde nach dem →Waffenstillstand vom 11. 11. 1918 nicht gelockert, sondern zur Erpressung der deutschen Unterschrift unter das →Versailler Diktat aufrechterhalten und erst im April 1919 beendet, nachdem vor allem in den USA massive Proteste gegen sie erhoben worden waren (Hoover). Im 2. Weltkrieg kam es trotz ebenso vollkommener Blockade zu keiner H., da das Reich durch →Rationierung bis Kriegsende Hunger in Deutschland vermeiden konnte.

„Hydra", Codebezeichnung für die britische Bombardierung der deutschen Raketenversuchsanstalt →Peenemünde auf der Insel Usedom am 17./18. 8. 1943. Der Großangriff von 598 Lancaster- und Halifax-Bombern richtete zwar beträchtliche Zerstörungen an, intensive Instandsetzungsarbeiten ermöglichten jedoch schon nach wenigen Wochen die Wiederaufnahme der V2-Entwicklung.
W. Dornberger: V2 – Der Schuß ins Weltall, 1952.

I

Igelland, →Iglauer Sprachinsel.

I.G.-Farben-Prozeß, US-Militärtribunal gegen Mitarbeiter der IG-Farben. Vom August 1947 bis 30. 7. 1948 fand in →Nürnberg der I. vor dem Militärgerichtshof IV der USA gegen den Aufsichtsratsvorsitzenden Carl Krauch und 22 Vorstandsmitglieder, Direktoren und leitende Angestellte der I.G.-Farben AG wegen angeblicher Verbrechen gegen den Frieden, gegen die Menschlichkeit und Mitgliedschaft in der SS als verbrecherischer Organisation statt. Die Angeklagten sollten mit A. →Hitler den Krieg geplant, die →Wehrmacht aufgebaut, in besetzten Gebieten die Industrien sowie Kriegsgefangene und Konzentrationslager-Häftlinge ausgebeutet haben. 13 Angeklagte wurden zu Haft zwischen eineinhalb und sechs Jahren verurteilt, die übrigen freigesprochen. Sieben Verurteilte wurden nach Anrechnung der Untersuchungshaft innerhalb eines Jahres, die anderen später vorzeitig entlassen. Der I. und die Auflösung des I.G.-Farben-Konzerns gehörten zu den alliierten Plänen zur Zerschlagung der deutschen Wirtschaft, die schon vor Kriegsende bestanden und für die in Prozessen rechtliche Vorwände gesucht wurden.

Iglauer Sprachinsel, deutsche Sprachinsel bis 1945. Die an der Grenze zwischen Böhmen und Mähren gelegene, bis zu den Hussitenkriegen fest mit dem deutschen Siedlungsgebiet in Österreich verbundene deutsche Sprachinsel umfaßte 41 Gemeinden mit 1939 rund 35000 Deutschen. Ihr Mittelpunkt war die Stadt Iglau, die bis 1919 vorwiegend deutsch bewohnt war, dann aber einen starken Zuzug von Tschechen bekam. 1945 wurden auch aus der I. alle Deutschen vertrieben.
Schaumann: Die gewaltsame Vertschechung des deutschen Igellandes, 1938. Altrichter: Heimatbuch der Iglauer Volksinsel, 1940. E. Schwab: Die Iglauer Sprachinsel, 1919. J. Achatzi: Iglauer Heimatbuch, 1962.

„Ikarus", Deckname für deutsche Planungen zur Besetzung von Island im Frühsommer 1940. Auch wegen der Bedenken der Seekriegsleitung wurde der Plan fallengelassen.
A. Hillgruber: Hitlers Strategie, 1965.

„Illustrierter Beobachter" (I. B.), Illustrierte der NSDAP 1926–1945. Ab Juli 1926 erschien zunächst monatlich, später wöchentlich der I. im parteieigenen →Eher-Verlag. Hauptschriftleiter war Dietrich Loder, Mitarbeiter u. a. →Hitlers Photograph Heinrich Hoffmann. Der I. stellte eine Bild-Ergänzung zum →„Völkischen Beobachter" dar. Er hatte im März 1944 eine Auflage von 1,9 Mill. Exemplaren, seine letzte Nummer erschien am 12. 2. 1945.

Immelmann, Max, Jagdflieger, * 21. 9. 1890 Dresden, † 18. 6. 1916 bei Sallaumines/Flandern. Der sächsische Offizier schuf als Jagdflieger im 1. Weltkrieg an der Westfront neben →Boelcke die deutsche Luftkampftechnik und wurde einer der bekanntesten Kampfflieger. Die von ihm entwickelte und nach ihm I.-turn genannte Flugfigur zur schnellen Flugrichtungsumkehr besteht aus einem halben Looping und einer halben Rolle. Nach 15 Luftsiegen stürzte er ab. Nach seinen Feldpostbriefen gab seine Mutter „Meine Kampfflüge" (1916) heraus. Nach ihm wurden später Geschwader, auch eines der Bundeswehr, benannt.

IMT, Abkürzung für →International Military Tribunal, das nicht international, sondern nur von den vier Siegermächten Amerika, Sowjetunion, England und Frankreich gebildete Tribunal für Schauprozesse in Nürnberg 1945/46.

Industriebrief, Schreiben aus der deutschen Hochfinanz und Wirtschaft an Reichspräsident von →Hindenburg vom 19. 11. 1932. Namhafte Vertreter deutscher Großbanken und Unternehmen (u. a. →Thyssen, Schröder) setzten sich nach →Papens Scheitern im I. beim Reichspräsidenten für die Berufung A. →Hitlers zum Reichskanzler ein, da erst dann mit einem „Wiederaufstieg der deutschen Wirtschaft" zu rechnen sei. Da Hitler in einem Gespräch mit Hindenburg mit der Übernahme nur des Vizekanzleramts nicht einverstanden war, versuchte Hindenburg erst noch, mit → Schleicher die Regierungskrise zu lösen, so daß der im I. geäußerte Wunsch nicht gleich, sondern erst am 30. 1. 1933 verwirklicht wurde.

Industrieclubrede, Vortrag Hitlers vor dem Industrieclub 1932. Angesichts der kritischen Lage der deutschen Wirtschaft mit fast sieben Mill. Arbeitslosen und des Anwachsens der →NSDAP hatte der Düsseldorfer Industrieclub, in dem die einflußreichsten Vertreter der deutschen Industrie und Banken vertreten waren, A. →Hitler zum Vortrag eingeladen. Am 27. 1. 1932 sprach Hitler, von Fritz →Thyssen kurz eingeführt, fast zwei Stunden im überfüllten Saal des durch Polizei weiträumig abgesperrten „Parkhotels" in Düsseldorf. Während bei Hitlers halbstündigem geschichtlichem Rückblick kein Beifall erfolgte, wurden seine anschließenden Ausführungen zur Behebung der Arbeitslosigkeit, zur Befreiung von den Versailler Lasten, zur Beseitigung des Parteienwirrwarrs und zur Ankurbelung der Wirtschaft mit zunehmendem Applaus bedacht, der nach seinem abschließenden Appell zur nationalen Verantwortung in längerem Dauerbeifall gipfelte. Am folgenden Tag sprach Hitler vor den Spitzen der Seifenindustrie in Bad Godesberg und dann im →„Nationalklub" in Hamburg vor den wichtigsten norddeutschen Unternehmern. Obwohl Hitler die Wirtschaftsfachleute sichtlich beeindruckte, erhielt er von ihnen keine Millionenbeträge, wie oft in Anlehnung an einen beschönigenden Bericht des NSDAP-Pressechefs über die Düsseldorfer Rede behauptet wird. Große Industriespenden waren bis 1933 weiterhin eine Ausnahme.
P. Kleinewefers: Jahrgang 1905, 1977. H. A. Turner: Die Großunternehmer und der Aufstieg Hitlers, 1985.

Infanteriesturmabzeichen, →Kampfabzeichen im 2. Weltkrieg. Das I. wurde zu Anfang des 2. Weltkrieges vom Oberbefehlshaber des Heeres für Bewährung in drei Gefechten in vorderster Linie an verschiedenen Kampftagen gestiftet, für Angehörige von Infanteriedivisionen und Gebirgsjäger in Silber, für motorisierte Infanterieeinheiten in Bronze. Es bestand aus einem Eichenlaubkranz, dem oben ein nach rechts blickender Adler mit Hakenkreuz in den Fängen und von rechts unten nach links oben ein Gewehr aufgelegt war. Das I. wurde auf der linken Brustseite getragen.

Inflation, Bezeichnung für die Zerstörung der deutschen Währung und Wirtschaft vor und bis 1923. In den ersten Jahren der Weimarer Republik kam es, als Folge der Kriegsschulden und vor allem durch die Reparationsforderungen des →Versailler Diktats, zu einer wachsenden Entwertung der Reichsmark, die ab 1922 immer mehr zu einer galoppierenden I. wurde, insbesondere nach Ausbruch des →Ruhrkampfes. Der US-Dollar, der 1914 4,30 Reichsmark wert war, kostete im Juli 1919 14 RM, im Juli 1922 rund 500 RM, im Juli 1923 354000 RM, im August 1923 4,6 Mill. RM, im Oktober 1923 25 Mrd. RM und am 15. 11. 1923 4,2 Bill. RM, bis nach Plänen von Karl →Helfferich mit einem →Ermächtigungsgesetz die Deutsche Rentenbank gegründet und die →Rentenmark ausgegeben wurde. Die I. vernichtete alle Sparguthaben, ruinierte das deutsche Bürgertum finanziell, schuf große Armut in allen Bevölkerungsschichten, entschuldete den Staat und schaffte einigen wenigen „Inflationsgewinnlern", die für bald wertloses Geld Grundbesitz und Werte kauften, große Gewinne. Es entstand ein „Millionenheer der Enttäuschten und Verbitterten", was mit zur Zerstörung der Weimarer Demokratie beitrug.

C. L. Holtfrerich: Die deutsche Inflation 1914–1923, 1980. O. Busch (Hrsg.): Historische Prozesse der deutschen Inflation 1914–1924, 1978. R. Stucken: Deutsche Geld- und Kreditpolitik 1914–1963, [3]1964.

Innitzer, Theodor, Prof. Dr. theol., Kardinal, * 25. 12. 1875 Neugeschrei-Weipert/Sudetenland, † 9. 10. 1955 Wien. Nach dem Studium der Theologie 1902 zum Priester geweiht, wurde I. 1911 Professor in Wien, war 1928/29 Universitätsrektor und 1929/30 Sozialminister. Er trat stets für den →Anschluß Österreichs an das Deutsche Reich ein, insbesondere als Erzbischof (ab 19. 9. 1932) und Kardinal (ab 13. 3. 1933), vor allem nach einem Besuch bei A. →Hitler am 16. 3. 1938 mit dem Aufruf der katholischen Bischöfe Österreichs vom 18. 3. 1938 zur Volksabstimmung am 10. 4. 1938: „Am Tage der Volksabstimmung ist es für uns Bischöfe selbstverständliche nationale Pflicht, uns als Deutsche zum Deutschen Reich zu bekennen, und wir erwarten von allen gläubigen

Christen, daß sie wissen, was sie ihrem Volk schuldig sind." In einer Zusatzerklärung vom 31. 3. 1938 unterstrich I. – nach Zweifeln des Auslandes – die Freiwilligkeit dieser Erklärung und schrieb: „Ich betone nochmals, die Erklärung der Bischöfe wie überhaupt unsere Stellungnahme zur Wahl ist grundsätzlich zu werten als ein allein der Stimme unseres gemeinsamen deutschen Blutes entsprungenes Bekenntnis." Später kam es zu politischen Differenzen mit Dienststellen der NSDAP, worauf I. sich aus der Politik zurückzog. Nach 1945 wurde er wegen der Anschlußerklärung angegriffen, behielt jedoch sein Amt und wurde im Dezember 1952 päpstlicher Legat. Er schrieb u. a. „Johannes der Täufer" (1908) und „Die Parabeln des Evangelien" (1909).

V. Reimann: Innitzer, Kardinal zwischen Hitler und Rom, 1967. M. Krexner: Theodor Kardinal Innitzer, 1978. M. Liebermann: Theodor Innitzer und der Anschluß, 1988.

Intellektuelleneingabe, →Professoreneingabe.

Interalliierte Kontrollkommission für Österreich, Überwachungskommission der Alliierten für Österreich ab 1919. Im Diktat von →Saint-Germain-en-Laye mußte sich die Alpenrepublik zur Aufnahme von internationalen Überwachungsausschüssen (Heer, Marine, Luftwaffe) verpflichten. Sie wurden im Februar 1921 durch die Commission Militaire interalliée de Contrôle en Autriche, Organe de Liquidation, abgelöst, die bis 31. 1. 1928 wirkte und die österreichische Abrüstung überwachte.

U. Freise: Die Tätigkeit der alliierten Kommissionen in Wien nach dem 1. Weltkrieg, Diss. 1963.

Interfraktioneller Ausschuß, Reichstagsausschuß 1917/18. Auf Betreiben von M. →Erzberger (Zentrum) wurde während der Julikrise 1917 der I. im Reichstag als unregelmäßig, ohne Geschäftsordnung und feste Mitglieder tagendes Organ der Zusammenarbeit von →Zentrum, →SPD und →FVP (zeitweise auch der Nationalliberalen) eingerichtet, dem u. a. →Ebert, →Scheidemann, David, Südekum, Erzberger, →Gröber, →Fehrenbach und Haußmann angehörten. In seinen über 100 Sitzungen wurde auch die →Friedensresolution von 19. 7. 1917 vorbereitet sowie die weitere Parlamentarisierung der Reichsregierung betrieben. Der I. bestand bis zum November 1918.

E. Matthias und R. Morsey: Der Interfraktionelle Ausschuß 1917/18, 1959.

Internationale, zwischenstaatliche Vereinigung, insbesondere sozialistischer und kommunistischer Gruppen und Parteien. Am 28. 9.

1864 wurde in London als Erste I. die I. Arbeiterassoziation (IAA) unter der Mitwirkung von K. Marx und F. Engels gegründet, 1866 deren deutsche Sektion in Genf. Unter A. →Bebel und K. →Liebknecht trat 1868 die Mehrheit des Vereinstags deutscher Arbeitervereine, 1869 die Sozialdemokratische Arbeiterpartei der IAA bei. Nach Streit zwischen Marx und Bakunin wurde die IAA 1876 aufgelöst. Die Zweite I. wurde 1889 auf deutsches Betreiben in Paris von sozialistischen Parteien aus 20 Ländern gegründet und war marxistisch ausgerichtet. Sie hatte ab 1900 das I. Sozialistische Büro in Brüssel und zerbrach am Beginn des 1. Weltkriegs, als alle sozialistischen Parteien sich vaterlandsgetreu verhielten. 1919 wurde in Moskau die Dritte I., die Kommunistische I. (→Komintern), als Vereinigung aller kommunistischen Parteien unter straffer sowjetischer Führung gegründet, die 1943 als Zugeständnis an die Westmächte aufgelöst, 1947 als →Kominform wiederbelebt wurde. 1923 wurde von 43 sozialdemokratischen und sozialistischen Parteien die Zweite I. wiedergegründet. Versuche zur Vereinigung der Zweiten und Dritten I. scheiterten. Die Zweite I. bestand unter britischer Führung mit Sitz in Zürich bis 1940. Sie wurde 1951 in Frankfurt/Main von Parteien aus 34 Ländern unter Einschluß der SPD als Fünfte I. (Sozialistische I.) wiedergegründet. Eine 1938 von L. Trotzki in Mexiko proklamierte Vierte I. gewann keine Bedeutung. Eine I. der Freien Gewerkschaften ist der 1913 gegründete Internationale Gewerkschaftsbund (Amsterdamer I.) mit Sitz in Amsterdam. Von Kommunisten wurde 1919 die Rote Gewerkschafts-I. (Moskauer I.), in Utrecht 1920 eine Christliche Gewerkschafts-I. gegründet. Das marxistische Kampflied „Völker hört die Signale" wird als die I. bezeichnet.

J. Braunthal: Geschichte der Internationale, 3 Bde., 1961–1963. K.-H. Klär: Der Zusammenbruch der 2. Internationale, 1981.

Internationale Kontroll-Kommissionen für Deutschland, Überwachungskommissionen der Alliierten für die deutschen Streitkräfte ab 1919. Im →Versailler Diktat wurden in den Artikeln 203–210 I. bestimmt, die jeweils getrennt die deutschen Land-, Marine- und Luftstreitkräfte überwachen sollten. Unterhalt und Kosten waren nach Artikel 207 vom Reich zu tragen. Die I. standen unter Befehl des französischen Generals Nollet, ließen sich am 16. 9. 1920 in Berlin nieder und verteilten ihre 383 Offiziere und 737 Unteroffiziere und Mannschaften über das ganze Reich. Am 16. 2. 1927 berichtete Marschall Foch abschließend vor dem Heeresausschuß der französischen Abgeordnetenkammer über seine Prüfung der deutschen Entwaffnung im Auftrag des →Völkerbundes, die bis zum 31. 1. 1927 voll durchgeführt sei. Am 28. 2. 1927 verließen die I. das Reich.

Internationales Militär-Tribunal (International Military Tribunal, IMT), Bezeichnung für den sogenannten Gerichtshof, der 1945/46 den →„Hauptkriegsverbrecher-Prozeß" in Nürnberg führte. Das IMT war nicht international, da nur die vier Siegermächte Amerika, Sowjetunion, England und Frankreich vertreten waren, jedoch kein neutraler Staat. Es war kein ordentliches Gericht, da es massiv Rechtsgrundsätze verletzte: es führte rückwirkende Straftatbestände ein, war in einer Partei Ankläger und Richter, ließ keine Revision zu und behinderte die Verteidigung außerordentlich. Es war Ausfluß reiner Siegerjustiz wie in den folgenden →Nürnberger Prozessen.

H. Seidl: Der Fall Rudolf Heß, 1984. H. Seidl: Der verweigerte Friede, 1985. R. Pemsel: Adolf Hitler: Revolutionär – Staatsmann – Verbrecher?, 1986. D. Irving: Der Nürnberger Prozeß, 1979. W. Maser: Nürnberg, Tribunal der Sieger, 1977. B. F. Smith: Der Jahrhundertprozeß, 1977.

Invasion, militärisches Eindringen in fremdes Land, im und seit dem 2. Weltkrieg Bezeichnung für alliierte Landungen in Europa. Die I. in Italien begann am 10. 7. 1943 mit der Landung einer britischen und amerikanischen Armee auf →Sizilien, das bis Mitte August 1943 erobert war. Am 3. 9. 1943 setzten die Alliierten über die Straße von Messina und landeten am 9. 9. 1943 auch bei →Salerno, nachdem am 8. 9. 1943 Italien durch Waffenstillstand aus dem Krieg geschieden war. Wegen starker deutscher Verteidigung, vor allem am →Monte Cassino – dessen Kloster alliierte Bomber völlig zerstörten –, konnten die Alliierten erst Mai 1944 nach Rom durchbrechen, das am 4. 6. 1944 kampflos übergeben wurde. Die Front im Apennin konnte im wesentlichen bis Kriegsende gehalten werden. Die I. in Nordfrankreich begann am 6. 6. 1944 („D-Day") unter Oberbefehl General →Eisenhowers mit mehr als 5100 Schiffen und 2300 Transportflugzeugen zwischen der Orne-Mündung und der Ostküste der Cotentin-Halbinsel in der Normandie. Es gelang zunächst, die Bildung größerer alliierter Brückenköpfe zu verhindern. Durch gewaltige Material- und Menschenüberlegenheit, insbesondere in der Luft, konnten die Alliierten ihre Stellungen jedoch erweitern, am 30. 6. 1944 Cherbourg, am 9. 7. Caen erobern und am 30. 7. bei Avranches durchbrechen, so daß die I. für die Westmächte erfolgreich verlief. Die deutschen Verbände, insbesondere junge SS-Einheiten, leisteten trotz vielfacher Unterlegenheit harten Widerstand. Am 25. 8. wurde Paris kampflos übergeben, am 3. 9. Brüssel erobert. Am 15. 8. 1944 waren alliierte Verbände auch an der französischen Mittelmeerküste gelandet, die sich am 11. 9. 1944 mit den anderen I.-truppen bei Dijon vereinigen konnten. Bei der Vernichtung einer britischen Luftlandedivision bei →Arnheim in Südholland vom 17. bis 26. 9. 1944 sowie in der →Ardennenoffensive ab 16. 12. 1944 konnten die deutschen Truppen noch einmal Erfolge gegen die I.-truppen erzielen.

E. Klapdor: Die Entscheidung. Invasion 1944, 1984. P. Carell: Sie kommen, 1960. H.-A. Jacobsen und J. Rohwer: Entscheidungsschlachten des 2. Weltkriegs, 1960. J. Piekalkiewicz: Invasion Frankreich 1944, 1979. D. Ose: Entscheidung im Westen 1944, 1982. J. Piekalkiewicz: Der Zweite Weltkrieg, 1985. D. Irving: Hitlers Krieg, 1986. H. Speidel: Invasion 1944, 1949. M. Hastings: Unternehmen Overlord, 1986. L. Greil: Gloria Mundi, 1984. H. H. Saunders: Der verratene Sieg, 1984. R. Mennel: Die Schlußphase des zweiten Weltkrieges im Westen 1944/1945, 1981. H. Meyer: Von der Invasion bis zur Kapitulation, 1987. J. McKee: Der Untergang der Heeresgruppe Rommel, 1978. F. Ruge: Rommel und die Invasion, 1959.

Irak-Iran-Unternehmen, →Amina, →Sonderstab F.

Irredentismus, italienische politische Bewegung für den staatlichen Anschluß noch fremdregierter Gebiete mit italienischer Bevölkerung an Italien. Ab etwa 1866 forderte der I., das „Italia irredenta" (unerlöste Italien), die noch bei Österreich-Ungarn verbliebenen Gebiete mit vorwiegend italienischer Bevölkerung an Italien anzuschließen, insbesondere die Gebiete von Triest, Fiume, Dalmatien, Görz und Trient. Der I. führte Italien im 1. Weltkrieg aus dem →Dreierbund und an die Seite der Westmächte, die ihm die Erfüllung seiner Gebietswünsche versprochen hatten.

Mayr: Der italienische Irredentismus, [2]1917.

Irrfahrten, Fahrten von Schiffen mit Juden, denen die Landung verboten wurde. Vor, in und nach dem 2. Weltkrieg gab es eine Reihe von I., bei denen Schiffen mit jüdischen Auswanderern aus Europa die Landung im Ausland, auch in Palästina, verweigert wurde, da die Juden dort als unerwünscht galten. Weltbekannt wurden die →„St.-Louis"-I. im Frühsommer 1939 sowie die „Exodus"-Affäre, bei der im Juli 1947 die „Exodus" mit 4515 Juden an Bord von Südfrankreich aus nach Palästina auslief, von britischen Schiffen jedoch aufgebracht und nach Haifa umgeleitet wurde. Dort wurden die Insassen auf andere Schiffe verteilt, die sie nach Frankreich zurückbringen sollten. Als die Juden sich 24 Tage lang weigerten, in Frankreich an Land zu gehen, fuhren die Schiffe nach Hamburg, wo die Insassen mit Gewalt von Bord und in ein Internierungslager gebracht wurden.

Isonzo-Schlachten, zwölf Schlachten zwischen Österreich und Italien 1915–1917. Nach der Kriegserklärung Italiens an Österreich im 1. Weltkrieg standen zunächst nur schwache österreichisch-ungarische Truppen zur Verteidigung gegen italienische Angriffe zur Verfügung. Sie wurden deshalb in den ersten vier I. vom 6. 6. bis 30. 11. 1915 sowie in der fünften I. im März 1916 durch drei italienische Armeen auf den Isonzo zwischen Julischen Alpen und Golf von Triest zurückgedrängt, wobei die Italiener den Fluß an einigen Stellen südlich von Görz und nördlich von Tolmein überschreiten konnten. In der sechsten I. vom 6. bis 16. 8. 1916 nahmen die Italiener Görz ein, in der siebten bis neunten I. vom 13. 9. bis 18. 11. 1916 erzielten sie kleine Bodengewinne um Görz, ebenso in der zehnten I. vom 12. bis 17. 5. 1917. Nach der elften I. vom 18. 8. bis 18. 9. 1917 hatten die Italiener insgesamt einen Streifen von teilweise bis zu 10 km Tiefe östlich des Isonzo gewonnen. In der zwölften I. griff die deutsche 14. Armee unter O. von Below am 24. 10. 1917 im Norden bei Flitsch und Tolmein an, erzielte bereits am ersten Tag den Durchbruch und gelangte weit über das ursprünglich gesetzte Ziel hinaus bis zum 9. 11. 1917 an die Piave, wo die Italiener mit französischen und britischen Truppen eine neue Stellung aufgebaut hatten. Die Gefahr eines italienischen Durchbruchs nach Triest und auf Wien war danach endgültig gebannt. In den I. verlor Italien über eine Mill., Österreich rund 550 000 Mann.

H. Stegemann: Geschichte des Krieges, Bd. 4, 1921. K. von Dellmensingen: Der Durchbruch am Isonzo 1917, 1926. E. Bauer: Der Löwe von Isonzo, 1985. I. Pust: Die steinerne Front, 1980.

Iswolski, Alexander Petrowitsch Graf, * 17. 3. 1856 Moskau, † 16. 8. 1919 Paris. Der russische Diplomat, der den Zaren 1904 vor dem Krieg mit Japan gewarnt hatte, war von 1906–1910 russischer Außenminister. Er lenkte die russische Expansionspolitik wieder nach Westen, vor allem in Richtung Balkan und Dardanellen, und strebte deswegen einen europäischen Krieg an. Von 1910–1917 war er russischer Botschafter in Paris, trug wesentlich zum französisch-russischen Bündnis bei und beeinflußte die französischen Politiker gegen Deutschland. Seine Tätigkeit trug wesentlich mit zum Ausbruch des 1. Weltkriegs bei. Als Panslawist arbeitete I. auch mit den Tschechenführern Thomas Masaryk und Karl Kramarsch zusammen. Er schrieb seine Erinnerungen „Im Dunkel der europäischen Geheimdiplomatie" (2 Bde. 1926).

F. Stiewe: Der diplomatische Schriftwechsel Iswolskis 1911–1914, 6 Bde. 1924/25.

J

Jahresparolen der Hitler-Jugend, Motto für die Jahresarbeit der →HJ. In seiner Neujahrsansprache gab der →Reichsjugendführer jeweils die J. für die HJ heraus. Die einzelnen J. waren: 1933 Jahr der „Organisation", 1934 Jahr der „Schulung", 1935 Jahr der „Körperlichen Ertüchtigung", 1936 Jahr des „Jungvolks", 1937 Jahr der „Heimbeschaffung", 1938 Jahr der „Verständigung", 1939 Jahr der „Gesundheit", 1940 Jahr der „Bewährung", 1941 „Unser Leben ein Weg zum Führer", 1942 →„Osteinsatz und →Landdienst", 1943 „Kriegseinsatz der deutschen Jugend", 1944 Jahr der „Kriegsfreiwilligen".
J. Rüdiger: Die Hitler-Jugend und ihr Selbstverständnis im Spiegel ihrer Aufgabengebiete, 1983.

Jalta, Konferenz von, Tagung der drei alliierten Regierungschefs vom 4. bis 11. 2. 1945 auf der Krim. Nach sowjetischen militärischen Erfolgen stimmte →Stalin dieser (nach Teheran) zweiten Konferenz der alliierten Staatschefs im 2. Weltkrieg zu. An ihr nahmen – nach der britisch-amerikanischen Vorkonferenz von Malta (1. bis 2. 2. 1945) – →Stalin, →Roosevelt und →Churchill sowie deren Außenminister Molotow, Stettinius und Eden teil. Stalin setzte sich gegenüber dem todkranken Roosevelt und dem manchmal widersprechenden Churchill fast stets durch, so daß die Westmächte die sowjetische Herrschaft über ganz Ost- und Teile Mitteleuropas nach Kriegsende zuließen. Insbesondere wurden beschlossen: Eintritt der Sowjetunion in den Krieg gegen Japan kurz nach der deutschen Kapitulation; die Curzon-Linie als Ostgrenze Polens, das dafür „beträchtlichen Gebietszuwachs" im Westen erhalten sollte; Bildung einer Regierung aus kommunistischer und westlicher Exilregierung und freie Wahlen in Polen; Beteiligung Frankreichs an den deutschen Besatzungszonen; Einsetzung eines →Alliierten Kontrollrates für das in vier →Besatzungszonen zu teilende Deutschland; Entmilitarisierung, Entnazifizierung und Entindustrialisierung Deutschlands; Aburteilung so bezeichneter Kriegsverbrecher und Auflösung aller NS-Organisationen in Deutschland, Erhebung von Reparationen aus Deutschland; Bildung der UNO. In einer „Deklaration von J." wurden die Ergebnisse niedergelegt. Die Abmachungen von J. für Deutschland wurden durch die alliierte Deklaration vom 5. 6. 1945 (→Juni-Deklaration) und durch die →Potsdamer Beschlüsse konkretisiert.

The Conferences at Malta and Yalta, 1955. A. Fischer (Hrsg.): Teheran, Jalta, Potsdam, 1986. E. Deuerlein: Die Einheit Deutschlands 1941–49, ²1961. H. Bodensieck: Provozierte Teilung Europas? 1970. S. Kappe-Hardenberg (Hrsg.): Die Jalta-Dokumente, 1987. W. Grabert (Hrsg.): Jalta, Potsdam und die Dokumente zur Zerstörung Europas, 1985. A. Conte: Die Teilung der Welt, 1965.

Jangtse-Abkommen, deutsch-britische Vereinbarung über China. Nach dem gemeinsamen Vorgehen im →Boxeraufstand einigten sich Deutschland und England angesichts russischer Expansionspläne in dem am 16. 10. 1900 in Form eines Notenwechsels abgeschlossenen J. auf den Grundsatz der „offenen Tür" für das Küsten- und Jangtsekiang-Gebiet in China, so daß dort in einem neutralisierten Bereich alle Nationen freien Handel bei Wahrung der chinesischen Selbständigkeit treiben konnten. Die an China interessierten anderen Mächte wurden zum Beitritt aufgefordert, der erfolgte. China war dann zum Friedensschluß bereit. Das J. leitete von deutscher Seite angebotene deutsch-englische Bündnisgespräche ein.

Janko, Josef (Sepp), Dr. jur., Führer der deutschen Volksgruppe in Jugoslawien, * 9. 11. 1905 Ernsthausen/Banat. Der Rechtsanwalt war vom 15. 6. 1939 bis 8. 5. 1945 (letzter) Bundesobmann des 1920 gegründeten Schwäbisch-Deutschen Kulturbundes, der die rund 550000 Volksdeutschen in Jugoslawien vertrat, nach der Aufteilung Jugoslawiens 2. Weltkriege die Deutschen in dem zu Serbien gehörenden →Banat. Er leitete den Bund mit seinen rund 75000 Mitgliedern sehr erfolgreich, blieb 1945 bis kurz vor dem Einmarsch der Roten Armee auf seinem Posten und organisierte dann von Wien aus Hilfe für die volksdeutschen Flüchtlinge. 1945 interniert, gelang ihm zwei Jahre später die Flucht aus britischer Haft, ehe er nach Jugoslawien ausgeliefert werden konnte. Er schrieb „Weg und Ende der deutschen Volksgruppe in Jugoslawien" (1982).

Jannings, Emil, Schauspieler, * 23. 7. 1884 Rorschach/Schweiz, † 2. 1. 1950 Strobl/Österreich. Der Sohn eines amerikanischen Vaters und einer deutschen Mutter lief mit 16 Jahren von den Eltern fort, war zwei Jahre Seemann und begann 1906 seine Bühnenkarriere, die ihn über Königsberg, Nürnberg, Leipzig 1915 an das Deutsche Theater in Berlin führte, wo er bedeutende Charakterrollen spielte, ab 1916 auch im Film. Ende der 20er Jahre drehte er in Hollywood Stummfilme und erhielt dafür einen Oscar. Nach Deutschland zurückgekehrt, hatte er mit dem Film „Der blaue Engel" (1930) größten Erfolg, später mit der Darstellung großer Geschichtsfiguren (Heinrich VIII., Nero) sowie dem Dorfrichter Adam im „Zerbrochenen Krug" (1937). Die Titelrollen in „Die Entlassung" (1942), „Robert Koch" (1939), „Ohm Krüger" (1941) waren weitere Höhepunkte seines Schaffens. 1938 erhielt er für seine Verdienste um den deutschen Film den Adlerschild (→Adlerplakette) und wurde Leiter der Tobis-Filmgesellschaft, 1941 Staatsschauspieler. 1945 erhielt er von den Alliierten Berufsverbot.

H. Ihering: Emil Jannings, Baumeister seines Lebens und seiner Filme, 1941. C. Riess: Das gab's nur einmal, 3 Bde., 1985. C. C. Bergius (Hrsg.): Das Leben und ich, 1951.

Januarstreik, Munitionsarbeiterstreik 1918. Am 28. 1. 1918 begann auf Betreiben radikalsozialistischer Gruppen der auf Antrag des Führers der Revolutionären Obleute, R. Müller, ausgerufene Streik Berliner Munitionsarbeiter, dem in Berlin rund 400000, insgesamt etwa eine Mill. Arbeiter in Kiel, Hamburg, Magdeburg, Leipzig, Mannheim, Dortmund, Bochum und Braunschweig folgten. Im Streikkomitee waren →USPD (Dittmann, Haase, Ledebour) und →SPD (→Braun, →Ebert, →Scheidemann) vertreten, am Streik beteiligten sich →Spartakusbund und Metallarbeitergewerkschaft. Die Streikleitung forderte Friede ohne Annexionen, Aufhebung des Belagerungszustandes, Beteiligung von Arbeitervertretern an den Friedensverhandlungen, Selbstbestimmungsrecht der Völker, Wahlrechtsreform in Preußen und bessere Lebensmittelversorgung. Die Reichsregierung war nicht zur Verhandlung mit den Streikenden bereit, verschärfte den Belagerungszustand und stellte wichtige Werke unter militärischen Schutz (u. a. AEG, Borsig). Am 4. 2. 1918 brach der Streik zusammen. Einige Führer wurden zu Freiheitsstrafen verurteilt. Anführer des J.s fanden sich in der späteren Rätebewegung im November 1918 wieder zusammen.

Jaworzno, polnisches Konzentrationslager 1945. Das Konzentrationslager J. wurde 1945 bei Tschenstochau von Polen für Deutsche eingerichtet.

Jelusich, Mirko, Schriftsteller, * 12. 12. 1886 Semil/Nordböhmen, † 22. 6. 1969 Wien. Der k. u. k. Offizier im 1. Weltkrieg und dann in Wien lebende Schriftsteller beschrieb in seinen geschichtlich-biographischen Romanen große Persönlichkeiten und heroische Kämpfernaturen, u. a. in „Cäsar" (1929), „Don Juan" (1931), „Cromwell" (1933), „Hannibal" (1934), „Der Löwe" (1936), „Der Ritter" (1937), „Der Traum vom Reich" (1941). 1938 leitete er kurzzeitig das Wiener Burgtheater. Seine Werke waren weit verbreitet.

Jeschonnek, Hans, Generaloberst, * 9. 4. 1899 Hohensalza, † 18. 8. 1943 Goldap/Ostpreußen. Der Heeres-, dann Fliegeroffizier im 1. Weltkrieg beteiligte sich in der →Reichswehr am geheimen Aufbau der deutschen Luftwaffe; wurde im November 1938 Oberst, am 14. 8. 1939 Generalmajor, am 19. 7. 1940 General der Flieger und am 1. 4. 1942 Generaloberst. Seit 1. 2. 1939 war er Generalstabschef der Luftwaffe sowie ab 1942 Chef des Luftwaffen-Führungsstabes und damit für alle Operationen der Luftwaffe verantwortlich. Am 27. 10. 1939 erhielt er das →Ritterkreuz. Als trotz der verheerenden alliierten Luftangriffe seine Forderung nach verstärktem Ausbau der Jagdwaffe von H. →Göring nur unzureichend berücksichtigt wurde, nahm er sich aus Verzweiflung das Leben.

D. Irving: Die Tragödie der deutschen Luftwaffe, 1970.

Jesuitengesetz, Verbot des Jesuitenordens im Deutschen Reich. Das Reichsgesetz vom 4. 7. 1872 verbot den Jesuitenorden im Reichsgebiet und löste seine Niederlassungen auf. Es stellte eine der ersten Maßnahmen des „Kulturkampfes" Bismarcks gegen die katholische Kirche dar. 1904 wurde auf Antrag des Zentrums sein § 2, der die Ausweisung ausländischer und die Aufenthaltsbeschränkung inländischer Jesuiten festlegte, und 1917 das ganze J. aufgehoben.

Jilderim, türkische Heeresgruppe im 1. Weltkrieg. Die im Sommer 1917 zur Wiedereroberung Bagdads aufgestellte Heeresgruppe J. stand unter Leitung des deutschen Heeresgruppenkommandos F „Falke" unter dem ehemaligen Kriegsminister General Erich von →Falkenhayn und umfaßte das Deutsche Asienkorps mit rund 4500 Mann. Nachdem der Angriff auf Bagdad undurchführbar geworden war, wurde J. unter dem preußischen General und türkischen Marschall Otto →Liman von Sanders in Syrien eingesetzt, konnte jedoch die Front in Palästina nicht auf die Dauer gegen die Briten halten.

JM, Abkürzung für →Jungmädelbund.

Jodl, Alfred, Generaloberst, * 10. 5. 1890 Würzburg, † 16. 10. 1946 Nürnberg. Der Offizierssohn war im 1. Weltkrieg Front- und Generalstabsoffizier und ging dann in die →Reichswehr. Ab 1933 Oberstleutnant im Reichswehr-, dann Reichskriegsministerium, wurde er am 1. 7. 1935 Chef der Abteilung Landesverteidigung und 1938 Chef des Wehrmachtsführungsstabes im →OKW. Am 1. 4. 1939 wurde er Generalmajor, 1940 General der Artillerie und am 30. 1. 1944 Generaloberst. Insbesondere war er für die Operationen in Afrika und im Westen verantwortlich. Als enger militärischer Berater A. →Hitlers, den er seit 1923 kannte und achtete, konnte er eigene militärische Auffassungen in erheblichem Umfang durchsetzen. Auf politische Entscheidungen im 3. Reich nahm er keinen Einfluß. Der herausragende Soldat unterzeichnete als Bevollmächtigter von Reichspräsident →Dönitz am 7. 5. 1945 die Teilkapitulation der deutschen Wehrmacht in Reims. Für seine außerordentlichen Leistungen bei der Rückführung von Truppen nach Westen wurde er am 7. 5. 1945 mit dem →Eichenlaub ausgezeichnet. Am 23. 5. 1945 wurde er zusammen mit der amtierenden Reichsregierung in Flensburg unter entehrenden Umständen von alliiertem Militär verhaftet, im →Hauptkriegsverbrecherprozeß in Nürnberg am 1. 10. 1946 schuldig gesprochen und gehenkt. Eine deutsche Spruchkammer sprach am 28. 2. 1953 den untadeligen Offizier posthum von den ihm vorgeworfenen Verbrechen frei.

H. Greiner: Die oberste Wehrmachtsführung 1939–45, 1951. L. Jodl: Jenseits des Endes, 1976. G. Just: Alfred Jodl, 1971.

Jöde, Fritz, Musikerzieher, * 2. 8. 1887 Hamburg, † 19. 10. 1970 Hamburg. Er war Führer in der deutschen →Jugendbewegung, setzte sich für die Erneuerung der Jugend-, Schul- und Volksmusik ein und gründete die ersten Volksmusikschulen der Musikantengilde in Hamburg und Berlin. Außerdem gab er Liedersammlungen für die „Singkreise", für Schule und Haus heraus, ebenso die Zeitschrift „Die Laute" (später auch fortgesetzt als „Die Musikantengilde"). Bekannt wurde er auch durch die Vertonung zahlreicher Gedichte von H. →Löns. J. schrieb „Musik und Erziehung" (1919) und „Deutsche Jugendmusik" (1934). Er hatte großen Einfluß auf die Wiederbelebung des Singens und des modernen Wander- und Volkslieds, auch auf das Musikschaffen in der →Hitler-Jugend.

Johst, Hanns, Dichter und Kulturpolitiker, * 8. 7. 1890 Seerhausen/Sachsen, † 23. 11. 1978 Ruhpolding. Nach Medizinstudium und Krankenpflegetätigkeit in Bethel begann J. als Sol-

dat im 1. Weltkrieg Lyrik, Romane und Dramen zu schreiben: „Der junge Mensch" (1916), „Der König" (1920), „Der Kreuzweg" (1922), „Propheten" (1923), „Thomas Paine" (1927). Er betonte Wert und Schönheit der Heimat und der Überlieferung. Sein Drama „Schlageter" (1932) erlebte viele Aufführungen. In Essaybänden („Wissen und Gewissen", 1924) bekannte er sich zur „völkischen Sendung der Dichtkunst" und trat für die nationalsozialistische Weltanschauung ein. Im Februar 1933 wurde er Dramaturg des Preußischen Staatstheaters in Berlin und Präsident der Akademie für Deutsche Dichtung. Im Januar 1934 wurde er zum Preußischen Staatsrat und 1935 zum Präsidenten der →Reichsschrifttumskammer ernannt. Weitere Werke von ihm sind „Maske und Gesicht" (1935) und „Ruf des Reiches, Echo des Volkes" (1940). J. erhielt zahlreiche Ehrungen und Preise, u. a. den Großen Preis der NSDAP für Kunst und die Goethemedaille. Von einer Entnazifizierungskammer wurde er am 7. 7. 1949 als Mitläufer zu 500 DM Strafe verurteilt, von der Berufungsinstanz jedoch als Hauptschuldiger eingestuft und zu dreieinhalb Jahren Arbeitslager, Einzug seines halben Vermögens und zehn Jahren Schreibverbot verurteilt.

Jordan, Rudolf, Gauleiter, * 21. 7. 1902 Großlüder/Fulda, † 27. 10. 1988 München. 1920 Zeitfreiwilliger bei der →Reichswehr und 1921 Angehöriger des →Bundes Oberland, war J. nach dem Lehrerexamen 1924 bei Verlagen tätig, ab 1927 unterrichtete er an der Heeresfachschule für Wirtschaft und Verwaltung und an der Berufsschule in Fulda. Seit 15. 5. 1925 in der →NSDAP, wurde er im November 1929 Abgeordneter des Provinziallandtages von Hessen-Nassau, im Dezember 1929 einziger NSDAP-Stadtrat von Fulda, wo er die NS-Zeitung „Fuldaer Beobachter" gründete. Am 19. 1. 1931 wurde er Gauleiter von Halle-Merseburg, am 20. 4. 1932 MdL in Preußen, im Juli 1935 Preußischer Staatsrat, am 12. 11. 1933 MdR. Seit 20. 4. 1937 Reichsstatthalter von Braunschweig und Anhalt sowie Gauleiter von Magdeburg-Anhalt, wurde er 1939 Chef der Anhaltischen Landesregierung und am 18. 4. 1944 Oberpräsident der Provinz Magdeburg. Am 30. 5. 1945 von den Briten verhaftet, wurde er im September 1945 an die Amerikaner und am 26. 7. 1946 an die Sowjets ausgeliefert, die ihn 1949 nach Moskau brachten und 1950 zu 25 Jahren Gefängnis verurteilten, 1955 jedoch entließen. J. lebte dann als Sachbearbeiter der Flugzeugindustrie in München.

K. Höffkes: Hitlers politische Generale, 1986.

Journaille, auf Dr. J. →Goebbels zurückge-hende verächtliche Bezeichnung für verantwor-tungslose Sensations-, Hetz- und Lügenpresse, eine Zusammenziehung aus Journalist und Ka-naille.
W. von Oven: Wer war Goebbels?, 1987.

Joyce, William, antibritischer Propagandist 1939–1945, * 24. 4. 1906 New York, † 3. 1. 1946 London. Der irischstämmige US-Bürger lebte ab 1909 in Irland, ab 1921 in England, wo er Propagandachef des britischen Politikers Mos-ley war, bis er sich 1937 von ihm trennte. Seit August 1939 in Deutschland, wurde J. am 18. 9. 1939 beim deutschen Rundfunk für anti-britische Sendungen angestellt, denen er in England durch seinen Oxford-Akzent („Lord Haw-Haw") zu hohen Einschaltquoten ver-half. Seit 1940 deutscher Staatsbürger, wurde er am 28. 5. 1945 von britischem Militär verhaf-tet, am 16. 6. 1945 nach London gebracht und dort zum Tode verurteilt. Nachdem das Ober-haus seine Berufung am 18. 12. 1945 verworfen hatte, wurde er hingerichtet.

Judenboykott, nationalsozialistische Maß-nahme gegen jüdische Geschäfte. Nachdem der britische „Daily Express" am 24. 3. 1933 auf der Titelseite einen großen Artikel unter der Überschrift „Judäa erklärt Deutschland den Krieg" gebracht hatte, demzufolge die „Ju-den der ganzen Welt" einig wie ein Mann Deutschland „einen Wirtschafts- und Finanz-krieg" erklärten (→jüdische Kriegserklärun-gen) und weil in den USA an den Vortagen viele große jüdische Demonstrationen gegen das Deutsche Reich stattgefunden hatten, wurde in Deutschland für einen Tag, Sonn-abend, 1. 4. 1933, zu einem Boykott jüdischer Geschäfte, Rechtsanwälte und Ärzte von der →NSDAP aufgefordert, wobei auch SA-Wa-chen vor jüdischen Geschäften vom Besuch ab-halten sollten.
U. D. Adam: Judenpolitik im Dritten Reich, 1972.

Judenfrage, Bezeichnung für Spannungen zwi-schen Nichtjuden, die in einem Land die Mehr-heit bilden, und einer jüdischen Minderheit. Sie können bis zum →Antisemitismus führen. Die Ablehnung von Minoritäten, die sich von der Mehrheit durch Abstammung oder Verhal-ten unterscheiden, ist eine in Tieren und Men-schen entwicklungsgeschichtlich verankerte, ursprünglich arterhaltende Funktion (C. Me-ves). Sie bewirkt in allen Vielvölkerstaaten latente oder akute Spannungen. Insoweit ist die Judenfrage, die überall festzustellen ist, wo es Juden unter anderen Menschengruppen gab oder gibt, nur ein Teil von weitverbreiteten Minderheitsproblemen. Die Verschiedenheit ergibt sich einerseits durch die mosaische Kon-fession, die auf die deshalb auch als „Religions-volk" bezeichneten Juden beschränkt ist, ande-rerseits durch ihr Erscheinungsbild und ihre Lebensgewohnheiten. Auf diese Spannungen haben die Juden selber unterschiedlich rea-giert: Durch bewußte Abkapselung von ihrer Umwelt, ein Leben nach religiösen Geboten in Gettos, durch Speisegesetze, die besondere Es-sensgewohnheiten vorschreiben, durch Beto-nung eines Auserwähltheits- und Überlegen-heitsbewußtseins, durch engen Zusammen-schluß zur Durchsetzung ihrer Interessen und zur Bekämpfung ihrer tatsächlichen oder mög-lichen politischen Gegner sowie durch grenz-überschreitende Zusammenarbeit mit Juden in anderen Staaten. Eine andere Form der Bewäl-tigung ist der Versuch, sich aus dem jüdischen Kollektiv zu entfernen und sich den Nichtjuden vollkommen anzupassen (Assimilation) oder die Religionsausübung einzuschränken. Als weitere Möglichkeit, der jüdischen Existenz zu entkommen, folgte vor allem im 20. Jahrhun-dert das Bekenntnis zu Ideologien, die von der Gleichartigkeit aller Menschen ausgehen und auf dieser Grundlage neue Gesellschaftsord-nungen errichten wollen. Das setzt die revolu-tionäre Zerstörung überlieferter Lebensfor-men voraus. An dieser Unterstützung linksge-richteter – hier vor allem marxistischer – Bewe-gungen haben sich Juden sehr stark beteiligt. Ein weiterer Versuch, den Spannungen zwi-schen Juden und Nichtjuden zu begegnen, ist der →Zionismus mit dem inzwischen verwirk-lichten Plan, einen Judenstaat zu schaffen und dahin auszuwandern.

Judenstern, Kennzeichnung für Juden im 3. Reich. Der J. als gelber Sechsstern (David-stern), Symbol des Judentums und des →Zio-nismus, mit der Aufschrift „Jude" mußte nach einer Verordnung vom 23. 11. 1939 von allen Juden im deutsch besetzten Teil Polens und nach einer Verordnung vom 2. 9. 1941 dann vom 15. 9. 1941 an auch von den Juden über sechs Jahren im Reich auf der linken Brustseite getragen werden. Die Kennzeichnung der Pässe jüdischer deutscher Bürger mit einem „J" war Ende 1938 auf Wunsch der Schweizer Fremdenpolizei eingeführt worden, die damit die Einwanderung von Juden in die Schweiz er-schweren wollte.
E. Goldmann: Zwischen zwei Völkern, 1975. U. D. Adam: Judenpolitik im Dritten Reich, 1972. G. Schoen-berner: Der gelbe Stern, 1978.

Jüdische Agentur (Jewish Agency), Vertretung der Zionisten für Palästina. Vor dem 2. Welt-

krieg war die J. eine als Körperschaft des öffentlichen Rechts anerkannte Vertretung der Welt-Zionisten-Vereinigung (World Zionist Organization – WZO) für Palästina und beriet dort auch die britische Mandatsregierung. Chaim Weizmann, 1929–1931 und 1935–1946 Präsident der WZO und der J., erklärte in einem Schreiben vom 21. Zionistischen Weltkongreß in Genf vom 29. 8. 1939 an den britischen Premierminister →Chamberlain die Bereitschaft der Juden, in einem erwarteten Krieg – somit gegen Deutschland – zu kämpfen: „In this hour of supreme crisis . . . the Jews ‚stand by Great Britain and will fight at the side of the democracies'."
E. Nolte: Das Vergehen der Vergangenheit, 1987. N. Goldmann: Mein Leben – USA – Europa – Israel, 1981. F. R. Nicosia: Hitler und der Zionismus, 1989.

Jüdische Kriegserklärungen, Äußerungen von Juden gegen das 3. Reich. Nach dem Regierungsantritt A. →Hitlers und seiner auf Trennung von Deutschen und Juden abzielenden Politik kam es von Juden in allen Teilen der Welt zu Veröffentlichungen und Stellungnahmen gegen Deutschland, die vor allem in den USA einen großen Einfluß auf die öffentliche Meinung erreichten und in mehreren Ländern auch die Politik erheblich beeinflußten. Einige dieser Erklärungen werden als J. bezeichnet, so u. a. ein jüdischer Boykottaufruf vom März 1933 (→Judenboykott) und ein Schreiben Chaim Weizmanns vom 29. 8. 1939 (→Jüdische Agentur). Die Bewertung dieser Erklärungen hat im Historikerstreit 1986 eine Rolle gespielt.
Piper (Hrsg.): Historikerstreit, 1987. E. Nolte: Das Vergehen der Vergangenheit, 1987. N. Goldmann: Mein Leben, 2 Bde., 1981.

Jüdischer Weltkrongreß, Dachverband jüdischer Vereinigungen. Der 1918 gegründete American Jewish Congress und das 1919 entstandene Pariser Comité des Délégations Juives schlossen sich im August 1936 in Genf zur wirksamen Vertretung jüdischer Interessen in aller Welt zum J. zusammen, der seinen Sitz in den USA hat. Er ist in der Nachkriegszeit vor allem durch seine Forderungen nach Kriegsverbrecher-Prozessen in Deutschland und deutschen Wiedergutmachungsleistungen für Juden bekannt geworden, unter anderem auch durch seine Angriffe gegen den österreichischen Bundespräsidenten K. Waldheim, die jedoch nicht zu dessen Amtsniederlegung führten.

Jünger, Ernst, Schriftsteller, * 29. 3. 1895 Heidelberg. Seit 1914 Kriegsfreiwilliger und Stoßtruppführer an der Westfront, erhielt J. 1918 als mehrfach verwundeter Leutnant den →Pour le mérite, war dann bis 1923 in der →Reichswehr,

studierte anschließend Zoologie und Philosophie und wurde freier Schriftsteller. In seinen frühen Werken („In Stahlgewittern", 1920, „Der Kampf als inneres Erlebnis", 1922) stellte er das Fronterlebnis, aber auch den dadurch geprägten Kämpfer eindrucksvoll dar, der dem Pazifismus, dem Materialismus und der Bürgerlichkeit einen heroischen Idealismus entgegensetzt. J. veröffentlichte auch zahlreiche Beiträge in nationalen Zeitschriften („Die Kommenden", „Die Standarte"), wandte sich darin gegen Parlamentarismus und eine Politik der Unterwerfung und forderte dagegen die „Totale Mobilmachung" (1931). Besondere Aufmerksamkeit erregte er mit seinem Buch „Der Arbeiter" (1932), in dem er einen bestimmten Menschentyp beschreibt. Von der Parteipolitik hielt sich Jünger, auch im 3. Reich, fern. Im 2. Weltkrieg war er lange Zeit im Stab des Militärbefehlshabers in Frankreich. Nach dessen Verstrickung in das Attentat vom →20. Juli 1944 wurde Jünger wegen „Wehrunwürdigkeit" aus dem Heer entlassen. Nach Kriegsende veröffentlichte er u. a. „Strahlungen" (1949), „Heliopolis" (1949), „Gläserne Bienen" (1957), „An der Zeitmauer" (1959), „Die Schere" (1990), „Zeitsprünge" (1990); seit 1978 erschienen seine „Sämtlichen Werke" (18 Bde. 1978–1983). J. hat in seinen Büchern, wie es sein Bruder anläßlich einer Ehrung ausdrückte, keine Antworten geben, aber Fragen stellen wollen. Er hielt sich immer von linken Ideologien fern, gilt daher als konservativ und wurde auch wiederholt von linker Seite heftig angegriffen.
H. P. Schwarz: Der konservative Anarchist, 1962. F. Baumer: Ernst Jünger, 1967. H. Schwilk (Hrsg.): Ernst Jünger, 1988. A. Mohler: Die Schleife, 1955. G. Loose: Ernst Jünger, 1957. K. O. Paetel: Ernst Jünger, 1962. G. Kranz: Ernst Jüngers symbolische Weltschau, 1990.

Jugendbewegung, Erneuerungsbewegung aus der Jugend gegen die bürgerliche Welt mit eigenen Zielen und Lebensformen. Um 1900 bildeten sich in Deutschland Jugendgruppen hauptsächlich in Städten, die sich durch Fahrten und Wanderungen die Natur erschließen und die Heimat kennenlernen wollten, die aber auch ein Zusammenleben erstrebten, das sich von bürgerlichen Konventionen unterschied. Ausgangspunkt dieser Bewegung war das Steglitzer Gymnasium in Berlin, dessen Schüler ab 1896 unter der Führung des Studenten und Stenographielehrers Hermann →Hoffmann mehrtägige Wanderungen unternahmen, eine Aufgabe, die ab 1900 Karl Fischer fortsetzte. Nach diesem Beispiel bildeten sich auch an anderen Schulen Gruppen, die sich 1901 den Namen →„Wandervogel" gaben und bald auch andere Jugendliche aufnahmen. 1906 wurden in

Deutschland schon 80 Ortsgruppen mit rund 1500 Mitgliedern gezählt. Zwei Jahre später erschien der „Zupfgeigenhansl", das Liederbuch der J. von Hans Breuer. In kurzer Zeit gab es Gruppen in ganz Deutschland sowie bei den →Volks- und →Auslandsdeutschen; 1914 hatten sie 40000 Mitglieder. Beim Jugendtag auf dem Hohen →Meißner – einem Berg in Hessen – schlossen sich am 11./13. 10. 1913 13 Verbände zusammen und bekannten sich zur → „Meißnerformel": „Die Freideutsche Jugend will aus eigener Bestimmung, vor eigener Verantwortung, mit innerer Wahrhaftigkeit ihr Leben gestalten." In ihrer politischen Einstellung fühlten sich die meisten Wandervögel dem deutschen Volk verbunden: Am 1. Weltkrieg nahmen 15000 von ihnen teil; davon fielen 7000, als bekanntester der Dichter Walter → Flex („Der Wanderer zwischen beiden Welten"). Ab 1920 entstand die →„Bündische Jugend", die weniger Individualismus und Fahrt und dafür stärker die Gemeinschaft und das Lager betonte. Es bildeten sich größere Bünde (Deutsche Freischar, 1927; Deutscher Pfadfinderbund, 1929; Deutsche Jungenschaft, 1929) mit zum Teil charismatischen Jungenführern. Wesentliche Impulse gingen von der J. für die Erziehung (Reformpädagogik, Landschulheime), für die Musik (Volksmusik, offenes Singen), für das Laienspiel, für die Volkstumsarbeit (Fahrten zu Volksdeutschen) und für den Siedlungs- und →Arbeitsdienst aus. Der bündische Stil griff auch auf die kirchlichen, gewerkschaftlichen und parteigebundenen Jugendverbände über. Der 1933 unter Admiral Adolf von →Trotha gegründete „Große Bund" wurde mit den übrigen Bünden am 17. 6. 1933 aufgelöst. Die meisten ihrer Angehörigen gingen dann in die →Hitler-Jugend und prägten vor allem im Jungvolk deren Stil. In den späten 40er Jahren wurden viele Bünde neugegründet, die sich im Oktober 1963 zum 50. Jahrestag des ersten Freideutschen Treffens mit über 5000 Bündischen in einem großen Lager auf dem Hohen Meißner versammelten.

W. Laqueur: Die deutsche Jugendbewegung, 1962, 1978. W. Kindt (Hrsg.): Dokumentation der Jugendbewegung, 1963/74. H. Jantzen: Namen und Werke, 1972. U. Aufmuth: Die deutsche Wandervogelbewegung, 1979. W. Paul: Das Feldlager, 1979. H. Pross: Jugend – Eros – Politik, 1964. W. Vesper: Deutsche Jugend, 1934. K. Seidelmann: Bund und Gruppe als Lebensformen deutscher Jugend, 1955. E. Korn (Hrsg.): Die Jugendbewegung, 1963.

Jugenddienstpflicht, Pflicht der Jugendlichen zum Dienst in der HJ. Die Zweite Durchführungsverordnung zum Gesetz über die →Hitler-Jugend vom 25. 3. 1939 sah vor, daß alle Jungen von 10 bis 14 Jahren im →Deutschen Jungvolk, von 14 bis 18 Jahren in der Hitler-Jugend, Mädel im →Jungmädelbund oder im →Bund Deutscher Mädel Dienst taten. Auf ärztliches oder schulisches Gutachten hin konnte Befreiung gewährt werden. Ehrenrühriges oder unsittliches Verhalten führte zum Ausschluß von der J. Die J. wurde innerhalb der normalen HJ-Arbeit und bei Sondermaßnahmen (Ernteeinsatz, Altmaterialsammlung u. a.) abgeleistet.

Jugendführer, verantwortlicher Leiter in der Jugendarbeit. Im 3. Reich Angehöriger des Führerkorps der →„Hitler-Jugend".

Jugendherberge, Übernachtungs- und Begegnungsstätte für wandernde Jugendliche. Im Umkreis der deutschen →Jugendbewegung entstand in Deutschland um 1909 die Jugendherbergs-Bewegung, die unter Richard Schirrmann die erste J. in Altena/Westfalen errichtete. Der Reichsverband für deutsche J.n hatte 1939 rund 1850 Ortsverbände, 450 Kreisverbände und betreute rund 2000 J.n. Nach deutschem Vorbild entstanden dann in aller Welt J.n. Ursprünglich waren sie nur der Jugend vorbehalten, hatten Rauch- und Alkoholverbot und wurden im Geiste der Jugendbewegung geleitet. Von 1933–1945 unterstand der Reichsverband für deutsche J.n dem Jugendführer des Deutschen Reiches, die J.n dienten vor allem der →HJ. Besondere Formen der J. waren die Jugendburgen. Ab 1920 erschien die Zeitschrift „Die Jugendherberge", später „Jugend und Heimat", der Jahreskalender „Deutsches Wandern" und das „Reichs-Herbergs-Verzeichnis".

W. Münker: Geschichte des Jugendherbergswerks von 1933–1945, 1946. K. Götz: 50 Jahre Jugendwandern und Jugendherbergen 1909–1959, 1959. G. Beez: Jugend und Jugendherberge, 1967.

Jugendmusik, in der →Jugendbewegung entstandene Form des Laienmusizierens. Aus dem Wandervogel, für den H. Breuer 1908 den „Zupfgeigenhansl" als Liederbuch herausgegeben hatte, ging eine Singbewegung hervor, die eine Erneuerung der Musik des deutschen Volkes anstrebte: Sie sollte Quelle des Gemeinschaftsgefühls und der Lebensfreude sein. Hauptvertreter der J. waren Fritz →Jöde in Norddeutschland und Walther →Hensel in Böhmen und Schlesien. Es wurden Volksmusikschulen gegründet und Singwochen veranstaltet, die das „offene Singen" verbreiteten. Über die bündischen Gruppen wurde die J. in die →Hitler-Jugend getragen, die ab 1934 in kulturpolitischen Lagern und Musiktagen die J. pflegte und weiterentwickelte. Als Zeitschrift für J. erschien ab 1934 „Musik in Jugend und Volk".

F. Jöde: Musik und Erziehung, 1919. F. Jöde: Deutsche Jugendmusik, 1934. W. Hensel: Lied und Volk, 1923. E. Krieck: Musische Erziehung, 1933.

Jugoslawiendeutsche, →Banater Schwaben und →Gottschee.

Juliabkommen, deutsch-österreichisches Abkommen vom 11. 7. 1936. Die seit der →Juli-Erhebung 1934 belasteten deutsch-österreichischen Beziehungen wurden durch das vom deutschen Botschafter in Wien, Franz von →Papen, und Bundeskanzler Kurt →Schuschnigg in geheimen Besprechungen ausgehandelte J., eine nicht veröffentlichte Vereinbarung, entspannt, was auch italienischen Wünschen entgegenkam. Das J. sah vor, daß Österreich eine Politik führt, die „der Tatsache, daß Österreich sich als deutscher Staat bekennt, entspricht". Nationalsozialisten wurden in die Vaterländische Front aufgenommen; Dr. Arthur →Seiß-Inquart kam als Vertrauensmann der →NSDAP in den Wiener Staatsrat; rund 15000 politische Gefangene wurden entlassen, die NSDAP blieb allerdings in Österreich weiterhin verboten. Das Deutsche Reich hob die Devisensperre für Urlauber in Österreich auf. Freizügigkeit, Presseaustausch und kulturelle Beziehungen sollten gefördert werden. Mit dem J. wollte Schuschnigg die zunehmende außenpolitische Isolierung Österreichs durchbrechen, tatsächlich förderte es aber die →Anschlußbereitschaft in Österreich und das Ansehen der NSDAP erheblich.

L. Jedlicka und R. Neck (Hrsg.): Das Juliabkommen von 1936, 1977.

Juli-Attentat, →Zwanzigster Juli.

Juli-Erhebung, Umsturzversuch von Nationalsozialisten in Österreich 1934. Der österreichische Bundeskanzler E. →Dollfuß setzte 1933 die Verfassung des Landes außer Kraft, verbot alle Parteien mit Ausnahme der von ihm gegründeten →„Vaterländischen Front", reglementierte das öffentliche Leben und regierte praktisch als Diktator vor allem deshalb, weil er der wachsenden →Anschlußbereitschaft in Österreich begegnen und die staatliche Einheit Deutschlands und Österreichs unter allen Umständen verhindern wollte. Es kam daher zu zahlreichen illegalen, auch Gewaltaktionen aus Kreisen der verbotenen →NSDAP gegen seine Politik und die ihn unterstützenden Gruppen und Personen. Am 25. 7. 1934 versuchten österreichische Nationalsozialisten, die in der illegalen SS-Standarte 89 zusammengefaßt waren, den Sturz der Regierung Doll-

fuß: Sie sollte während einer Ministerratssitzung festgenommen, dann sollte über den Rundfunk ihr Rücktritt erklärt und Dr. A. Rintelen zum neuen Bundeskanzler proklamiert werden. Darauf sollten sich die Nationalsozialisten im ganzen Land erheben und überall die Ämter besetzen. Der Plan wurde jedoch verraten, die Ministerratssitzung deshalb vorzeitig beendet, so daß bei der Besetzung des Bundeskanzleramtes zwar Dollfuß angetroffen wurde, die meisten Minister aber nicht. Dollfuß wurde unbeabsichtigt erschossen, das Gebäude von Truppen umstellt, die von anderen Regierungsmitgliedern mobilisiert worden waren. Die Nachricht vom Rücktritt des Kabinetts Dollfuß wurde zwar durch Rundfunkmeldungen verbreitet und hatte einige Erhebungen in Österreich zur Folge, aber sie wurden in mehrtägigen Kämpfen von Polizei und Bundesheer niedergeschlagen. Einige Teilnehmer der J. wurden anschließend zum Tode, viele andere zu langjährigen Haftstrafen verurteilt. Das Ausland reagierte auf die Aktion mit heftigen Angriffen gegen das Deutsche Reich. Als neuer Bundeskanzler setzte K. von →Schuschnigg die Politik von Dollfuß im wesentlichen fort.

G. Brook-Shepherd: Der Anschluß, 1963. E. R. Starhemberg: Memoiren, 1971.

Julikrise, politische Krise in Europa unmittelbar vor Ausbruch des 1. Weltkrieges. Als nach der Ermordung des österreichischen Thronfolgerpaars am 28. 6. 1914 in →Sarajewo serbische Offiziere als Hintermänner des Attentats ermittelt wurden, ein österreichisch-serbischer Konflikt deshalb wahrscheinlich, ein Eingreifen des panslawistisch orientierten Rußlands zugunsten Serbiens und somit die Gefahr eines europäischen Krieges deutlich geworden war, erklärte Deutschland gegenüber der Wiener Regierung seine Bündnistreue. Es hoffte, daß sich dadurch ein großer Krieg vermeiden und der österreichisch-serbische Konflikt lokalisieren lasse. Nach wochenlangem Warten verlangte Österreich von Serbien in einem Ultimatum vom 23. 7. 1914 die Verhinderung antiösterreichischer Propaganda und Maßnahmen sowie die gerichtliche Untersuchung gegen die Attentäter unter Beteiligung österreichischer Beamter. Als Serbien, das insgeheim von Rußland unterstützt wurde und militärische Hilfe im Kriegsfall zugesichert bekommen hatte, darauf am 25. 7. 1914 ausweichend antwortete, kam es zum Abbruch der diplomatischen Beziehungen und am 28. 7. zur österreichischen Kriegserklärung an Serbien. Am 29. 7. mobilisierte der Zar seine Truppen, am 31. 7. verlangte die deutsche Regierung die Aufhebung der allgemeinen Mobilisierung in Rußland, jedoch erfolglos. Das Deutsche Reich erklärte deshalb an Rußland am 1. 8. 1914 den Krieg. Der 1. Weltkrieg begann.

W. Schieder: Erster Weltkrieg, 1969. B. F. Schulte: Vor dem Kriegsausbruch 1914, 1980.

Juliresolution, →Friedensresolution.

Jung, Rudolf, * 16. 4. 1882 Plaß/Pilsen, † Dezember 1945 Prag. Der Eisenbahningenieur zählte zu den Mitbegründern der →Deutschen Arbeiterpartei Österreichs und war von Beginn an in der sudetendeutschen Gewerkschaftsbewegung tätig, außerdem Mitverfasser des Iglauer Parteiprogramms der Deutschen Arbeiterpartei, das grundlegend für die parlamentarische Tätigkeit der →Sudetendeutschen wurde. Von 1913–1918 gehörte er dem Mährischen Landtag an, ab 1919 war er Abgeordneter der →Deutschen Nationalsozialistischen Arbeiterpartei im Prager Parlament. 1926 wurde er Vorsitzender dieser Partei, die 1933 durch Selbstauflösung einem Verbot durch die Tschechen zuvorkam. Sein Buch „Der nationale Sozialismus und seine Grundlagen" (1920) war das weltanschauliche Programm seiner Partei, das sich jedoch deutlich von dem der →NSDAP im Deutschen Reich unterschied. Sein in mehreren Auflagen erschienenes Buch „Die Tschechen – Tausend Jahre deutsch-tschechischer Kampf" bestimmte das politische Bewußtsein der Sudetendeutschen. 1938 erschien „Die Schicksalsfrage Mitteleuropas". Nach der Vereinigung des Sudetenlands mit dem Deutschen Reich war J. zunächst Leiter des Arbeitsamtes für Mitteldeutschland in Erfurt, ab 1944 Bevollmächtigter für den Arbeitseinsatz in Prag. Er ist im Dezember 1945 im tschechischen Zuchthaus Prag-Pankraz verhungert.

Jungdeutscher Orden (Jungdo), nationaler Kampfbund. Er ging, von Arthur →Mahraun am 17. 3. 1920 gegründet, aus dem Freikorps „Offizierskompanie Kassel" hervor, war vom Geist der →Jugendbewegung und des →Fronterlebnisses geprägt und strebte eine →Volksgemeinschaft in einem „Volks- und Führerstaat" an, lehnte einerseits Parlamentarismus und Kapitalismus ab, bekannte sich aber andererseits zur Weimarer Republik. Der J. war nach dem Vorbild des Deutschen Ritterordens aufgebaut: Hochmeister war Mahraun, unter ihm gab es Balleien, Komtureien und Bruderschaften. Gegen Ende der 20er Jahre hatte der J. etwa 200000 Mitglieder. Seit 1924 brachte er die Tageszeitung „Der Jungdeutsche" und ab 1925 das Monatsblatt „Der Meister" heraus. Mahraun trat für eine deutsch-französische

Verständigung ein, insbesondere in dem Buch „Der nationale Friede am Rhein" (1925). Der J. rechnete sich zur →Bündischen Jugend. Als sich der J. im Juli 1930 vorübergehend mit der →DDP zur →Deutschen Staatspartei zusammenschloß, verlor er viele seiner Mitglieder an die →NSDAP, der Mahraun selber ablehnend gegenüberstand. Der J. wurde 1933 aufgelöst. Nach 1945 wurde erfolglos eine Wiederbelebung des J. versucht.

K. Hornung: Der Jungdeutsche Orden, 1958. A. Mahraun: Das Jungdeutsche Manifest, ²1928. E. Maste: Die Republik der Nachbarn, 1957.

Jungdeutschlandbund, Dachverband deutscher Jugendverbände. Am 13. 11. 1911 wurde von Generalfeldmarschall Colmar Freiherr von der →Goltz der J. als Dachorganisation von 36 rechtsstehenden Jugendverbänden gegründet, darunter →Wandervogel e.V., Deutsche Turnerschaft, Deutschnationaler Handlungsgehilfenverband, Deutscher Pfadfinderbund. Ziele waren die von seinem Gründer seit längerem geforderte „körperliche und sittliche Erziehung im vaterländischen Geist" im Hinblick auf die „Erstarkung der künftigen Volkskraft". Mit rund 750000 Mitgliedern seiner angeschlossenen Verbände vertrat der J. um 1914 etwa 20% der deutschen Jugend. Nach dem 1. Weltkrieg löste er sich auf. Im J. kamen wesentliche Ideen der →Jugendbewegung zur Wirkung.

Junggesellensteuer, →Ledigensteuer.

Jungmädelbund (JM), Untergliederung der →Hitler-Jugend für die deutschen Mädel von 10 bis 14 Jahren. Der JM war gegliedert in Jungmädelschaften, Jungmädelscharen, Jungmädelgruppen, Jungmädelringe und Untergaue. Die Dienstkleidung bestand aus BDM-Mütze, weißer BDM-Bluse, schwarzem Halstuch mit Lederknoten, blauem Jungmädelrock, weißen Söckchen und braunen Schnürhalbschuhen. Mit 14 Jahren wurden die JM-Mitglieder in den →BDM überführt, in der Regel am 20. April. Die erzieherische Arbeit des JM war dem Alter angemessen, wobei Spielen, Singen, Basteln und Werken großen Raum einnahmen.

Reichsjugendführung: Aufbau und Abzeichen der Hitler-Jugend, 1940. J. Rüdiger: Die Hitler-Jugend und ihr Selbstverständnis im Spiegel ihrer Aufgabengebiete, 1983.

Jungmannen, Bezeichnung für die Zöglinge der →Nationalpolitischen Erziehungsanstalten.

Jungvolk, →Deutsches Jungvolk.

Juni-Deklaration, Erklärung zur Übernahme der Regierungsgewalt in Deutschland durch die Alliierten am 5. 6. 1945. Nach der Kapitulation der Wehrmacht am 8. 5. 1945 haben die USA, die Sowjetunion, England und Frankreich zunächst die Regierung des Großadmirals →Dönitz anerkannt, am 23. 5. 1945 deren Mitglieder jedoch unter entwürdigenden Umständen in Flensburg-Mürwik verhaftet. In der J. vom 5. 6. 1945 erklärten sie, „in Anbetracht der Niederlage Deutschlands" die oberste Regierungsgewalt in allen Bereichen zu übernehmen. Sie führten die Viermächtekontrolle über Gesamtdeutschland sowie die selbständige Verwaltung der jeweiligen →Besatzungszonen ein, deren Grenzen festgelegt wurden. Im →Potsdamer Protokoll wurde die J. bestätigt und erweitert. In seiner →Mondorfer Erklärung vom Juli 1945 protestierte Reichspräsident und Großadmiral Dönitz gegen die J. und legte den völkerrechtlichen Status dar, nach dem es auf deutschem Staatsgebiet keinen auszufüllenden rechtsfreien Raum gab.
W. Grabert (Hrsg.): Jalta–Potsdam und die Dokumente zur Zerstörung Europas. 1985.

Junker, 1. manchmal abwertend gemeinte Bezeichnung für die ostelbischen Großgrundbesitzer; 2. Bezeichnung für die Auszubildenden an den →Junkerschulen der →SS 1934–1945.

Junkerschulen, SS-Führerschulen. 1934 wurden in Bad Tölz und Braunschweig J. gegründet, die fachlich befähigte Führer (Offiziere) für die SS-→Verfügungstruppe, später →Waffen-SS, ausbilden sollten. Den zehnmonatigen Lehrgängen lagen die Ausbildungsvorschriften des Heeres zugrunde, so daß die Lehrgangsteilnehmer wie Offiziersanwärter des Heeres ausgebildet wurden. Viele Absolventen der J. wurden auch auf Lehrgängen des Heeres weitergebildet und geprüft. Zur militärischen Schulung kamen ein intensiver Sportunterricht und ein breitgestreutes kulturelles Programm hinzu. Der weltanschauliche Unterricht hatte im 2. Weltkrieg zu berücksichtigen, daß an den Junkerschulen auch viele nichtdeutsche Lehrgangsteilnehmer ausgebildet werden mußten. Namentlich die Junkerschule Bad Tölz hat innerhalb der Waffen-SS zur Bildung eines gesamteuropäischen Bewußtseins (→Europa-Idee) beigetragen. Nach Kriegsausbruch wurde die Lehrgangsdauer auf vier Monate verkürzt, da die Teilnehmer bereits über Fronterfahrung verfügten. 1943/44 wurde in Prag und Klagenfurt eine weitere J. eingerichtet, die J. Braunschweig nach Zerstörung ihrer Ausbildungsräume im Schloß nach Posen verlegt. Insgesamt wurden die J. von rund 15 000 Teilnehmern besucht.
R. Schulze-Kossens: Militärischer Führernachwuchs der Waffen-SS – Die Junkerschulen, 1982.

Juristen-Prozeß, US-Militärgerichtsprozeß gegen 16 deutsche Justizbeamte. 1947 fand vor dem amerikanischen Militärgerichtshof III in →Nürnberg ein Prozeß gegen den Staatssekretär im Reichsjustizministerium Franz →Schlegelberger, den Oberreichsanwalt Ernst Lautz sowie weitere 14 Ministerialbeamte, Richter und Staatsanwälte statt. Sie wurden wegen Verbrechen gegen den Frieden, gegen die Menschlichkeit, wegen Kriegsverbrechen, Mitgliedschaft in verbrecherischen Organisationen sowie wegen „Justizmord und anderer Greueltaten" angeklagt. Es handelte sich um einen von insgesamt zwölf Nachfolgeprozessen des Nürnberger →„Hauptkriegsverbrecherprozesses", deren Rechtsgrundlagen ebenso fragwürdig waren. Am 4. 12. 1947 wurden vier Angeklagte zu lebenslänglichen, sechs weitere zu fünf- und mehrjährigen Haftstrafen verurteilt, vier freigesprochen. Einige der Strafen wurden 1951 herabgesetzt.

K

Kadettenanstalten, militärische Ausbildungsstätten in Deutschland bis 1919. Nach ersten Kadettenakademien (Ritterakademien) des Großen Kurfürsten in Berlin, Kolberg und Magdeburg gründete König Friedrich Wilhelm I. von Preußen am 1. 9. 1717 mit 110 Zöglingen das „Königlich Kronprinzliche Corps des Cadets" in Berlin, dessen Chef sein Sohn Prinz Friedrich, später Friedrich der Große, war. Ab 1806 wurden auch Bürgerliche in die K. aufgenommen, von denen insgesamt acht in Potsdam, Köslin, Wahlstatt (Liegnitz), Bensberg, Oranienstein (Diez), Plön, Karlsruhe und Naumburg mit rund 2700 Plätzen entstanden. Die Zöglinge wurden mit zehn Jahren aufgenommen und kamen nach der Obertertia (16 Jahre) auf die Haupt-K. (HKA) nach Berlin-Lichterfelde, auf der etwa 1200 Kadetten ausgebildet wurden. Ab 1885 wurde hier das Abitur abgelegt, danach konnte zwischen einem freien Beruf oder dem Eintritt in das Heer als Fähnrich gewählt werden. Eine sächsische K. wurde 1691 in Dresden und eine bayerische, die allerdings erst 14jährige aufnahm, 1756 in

München gegründet. Aus den K. sind viele bedeutende Soldaten, aber auch Wissenschaftler und Künstler hervorgegangen. Am 9. 3. 1920 mußten alle K. aufgrund des →Versailler Diktats aufgelöst werden. Der „letzte Appell" der noch lebenden Kadetten fand am 6. 9. 1989 in der Heeresoffiziersschule Hannover, wo Gedenksteine für die K. stehen, statt.

A. Schott: Bundeskadettentag Hannover, 1989.

Kämpfer für die Nationale Erhebung, Bezeichnung für Angehörige der →NSDAP, →SA, →SS und anderer nationaler Verbände (→Stahlhelm), die sich vor dem 30. 1. 1933 für die „nationale Revolution" eingesetzt hatten. Das „Gesetz über die Versorgung der K." vom 27. 3. 1934 sicherte den in den politischen Auseinandersetzungen verletzten K., außerdem den Hinterbliebenen der dabei ums Leben Gekommenen gleiche Versorgungsansprüche wie Kriegsopfern.

Kärntner Freiheitskampf, Verteidigung Kärntens gegen Jugoslawien 1918/1920. Ab Mitte November 1918 drangen Truppen Jugoslawiens in das von Belgrad beanspruchte Kärnten ein. Nachdem zunächst Kärntner in Selbsthilfe die Eindringlinge vertrieben hatten, besetzten starke slowenische Einheiten Völkermarkt. Die Landesregierung in Klagenfurt verbot der Bevölkerung weiteren Widerstand. Als Slowenen jedoch am 14. 12. 1918 Grafenstein besetzten, vertrieb Oberleutnant Hans →Steinacher sie auf eigene Faust mit Freiwilligen. In einem allgemeinen Aufstand wurden die Slowenen bis Anfang Januar 1919 aus weiteren Teilen Kärntens vertrieben und schlossen am 13. 1. 1919 Waffenstillstand unter Beibehaltung der erreichten Linien. Ende Januar 1919 kam eine US-Abordnung von der Pariser Friedenskonferenz nach Kärnten. Am 29. 4. 1919 griffen Slowenen unter Bruch des Waffenstillstandes erneut an, aber Steinacher drängte sie mit vielen Freiwilligen über die Demarkationslinie zurück, wobei am 2. 5. 1919 Völkermarkt, bis zum 6. 5. auch das →Mießtal und damit ganz Kärnten von Slowenen befreit wurde. Gegen den Befehl aus Wien zog sich Steinacher von den alten Landesgrenzen nicht wieder zurück. Am 28. 5. 1919 fielen wieder verstärkte reguläre slowenische Truppen in Kärnten ein und eroberten die südlichen Gebiete, bis am 4. 6. 1919 erneut Waffenstillstand geschlossen wurde. Während die Alliierten ursprünglich die Abtretung Südkärntens mit Klagenfurt an Jugoslawien wollten, sah das endgültige Diktat von →Saint-Germain für Kärnten zwei →Abstimmungszonen vor: A, das südliche, von Slowenen besetzte Kärnten, und B, das nördliche,

von ihnen freie. Der Arbeit des „Kärntner Heimatdienstes" unter seinem Geschäftsführer Steinacher gelang es trotz hermetischer Abriegelung der Südzone durch die Slowenen, dort die Abstimmung so vorzubereiten, daß am 10. 10. 1920 unter alliierter Kontrolle 59% für Österreich stimmten und damit die Abstimmung in der Zone B überflüssig wurde. Unmittelbar nach der Abstimmung fielen erneut slowenische Truppen ein, mußten aber auf Druck der Alliierten das Land wieder verlassen, so daß Kärnten frei blieb, bis auf das Mießtal, das an Jugoslawien fiel, und das →Kanaltal, das zu Italien kam. Die Seele des K. war Steinacher, der bei den Kämpfen schwer verwundet wurde. Für Tapferkeit und Verdienste im K. wurde 1919 vom Land Kärnten das Kärntner Kreuz in zwei Stufen („Allgemeines" am Band, „Besonderes" als Steckkreuz) gestiftet.

W. Mallebrein: Hans Steinacher, 1980. F. X. Holder (H. Steinacher): Daß Kärnten eins und freibleibe, 1930. V. Miltschinsky: Kärnten, ein Jahrhundert Grenzlandschicksal, 1959. V. Miltschinsky: Kärnten wehrt sich, 1962. J. F. Perkonig: Kampf um Kärnten 1918–1920, 1930. V. Schumy: Kampf um Kärntens Einheit und Freiheit, 1950. M. Wutte: Kärntens Freiheitskampf, 1943. H. Steinacher: In Kärntens Freiheitskampf, ²1976.

Kärntner Volksabstimmung, →Kärntner Freiheitskampf.

Käsmark (Kezmarok), Mittelpunkt der früheren deutschen Sprachinsel Oberzips/Slowakei. Nach der ab 1150 beginnenden deutschen Besiedlung der →Zips wurde die von Deutschen gegründete Stadt K. am Ostrand der Hohen Tatra ihr kultureller Mittelpunkt mit alten Kirchen und deutschem Gymnasium. 1939 waren von rund 7000 Einwohnern 2600 Deutsche. Bekannt war die Textilindustrie mit Webfachschule. Die deutsche Volksinsel um Käsmark wurde 1945 praktisch vernichtet.

Kahr, Gustav Ritter von (seit 1911), Politiker, * 29. 11. 1862 Weißenburg/Bayern, † 30. 6. 1934 Dachau. Der Jurist war ab 1917 Regierungspräsident von Oberbayern. 1920 wurde er nach dem →Kapp-Putsch Ministerpräsident einer bürgerlichen Rechtsregierung in Bayern, löste die Arbeiter- und Soldatenräte auf und stützte sich auf die Einwohnerwehren (→„Orgesch"). Am 11. 9. 1921 trat er zurück, da er die nach →Erzbergers Tod erlassenen →Notverordnungen für Bayern ablehnte, und wurde wieder Regierungspräsident. Angesichts zunehmender staatlicher Auflösung ernannte ihn die Regierung von Knilling am 26. 9. 1923 zum Generalstaatskommissar für Bayern und übertrug ihm die vollziehende Gewalt. K. behielt den Ausnahmezustand bei. Als „Statthalter der

Monarchie" steuerte er einen Konfliktkurs zum Reich, nahm den bayerischen Teil der →Reichswehr unter dem gerade von der Reichsregierung entlassenen General von Lossow „in Pflicht", hielt auch Verbindung zu → Hitler und →Ludendorff, mit denen zusammen er eine Rechtsdiktatur plante. Die NS-Erhebung vom 8./9. 11. 1923 (→Marsch zur Feldherrnhalle) schlug er jedoch mit Reichswehr und Polizei nieder. Er trat am 18. 2. 1924 zurück. Im →Hitler-Prozeß versuchte er seine zeitweilig engeren Verbindungen zur →NSDAP zu verschleiern. 1924–1927 war K. Präsident des bayerischen Verwaltungsgerichtshofs. Während der Maßnahmen gegen → Röhm wurde auch K. getötet.

K. Rothenbücher: Der Fall Kahr, 1924. E. Deuerlein (Hrsg.): Der Hitler-Putsch, 1962.

Kairo-Konferenz, alliierte Kriegskonferenz. Das Treffen des US-Präsidenten, →Churchills und des chinesischen Marschalls Tschiang-Kai-schek fand am 26. 11. 1943 in Kairo statt. Dabei wurde die Intensivierung des Krieges gegen Japan und die Forderung nach dessen →bedingungsloser Kapitulation beschlossen. China sollte nach einem Sieg die Mandschurei, Taiwan und die Pescadores-Inseln zurückerhalten, Korea wiederhergestellt werden.

Kaiserjäger, österreichische Heereseinheit. Die Tiroler K. waren eine nach der Wiedergewinnung Tirols durch Österreich 1816 aufgestellte Jägertruppe, die sich im Frieden nur aus Tirol und Vorarlberg ergänzte. Ihre Angehörigen vollbrachten in den österreichischen Kriegen in Oberitalien sowie im 1. Weltkrieg herausragende Waffenleistungen.

H. von Lichem: Spielhahnstoß und Edelweiß, 1977. A. Graf Bossi Fedrigotti: Kaiserjäger, 1978.

Kaisers Geburtstag, Bezeichnung für den 27. Januar, den Geburtstag Kaiser →Wilhelms II., der bis 1918 festlich begangen wurde, insbesondere mit Paraden und Schulfeiern.

Kaiser-Wilhelm-Gesellschaft (Max-Planck-Gesellschaft) zur Förderung der Wissenschaften e. V., bedeutendster deutscher Verein zur Unterstützung wissenschaftlicher Forschung. Aus Anlaß der Hundertjahrfeier der Berliner Universität wurde auf Anregung des Kulturpolitikers Adolf von Harnack am 11. 1. 1911 in Berlin die K. von führenden Persönlichkeiten der deutschen Wirtschaft gegründet und nach ihrem Förderer Kaiser →Wilhelm II. benannt. Sie errichtete, unterhielt und förderte selbständige Forschungsinstitute unter besonderer Berücksichtigung der Naturwissenschaften.

Finanziert wurde sie durch Spenden aus der Wirtschaft und vom Staat. Vor dem 2. Weltkrieg bestanden rund 40 Institute, fünf der Geisteswissenschaften, die anderen zu gleichen Teilen für Physik-Chemie-Technik und Biologie-Medizin. Da die Alliierten nach dem 2. Weltkrieg eine Namensänderung gefordert hatten, übernahm die auf Initiative Otto →Hahns 1948 neugegründete Max-Planck-Gesellschaft die Aufgaben und Einrichtungen der K. Ihre Präsidenten waren Adolf von Harnack (1911–1930), Max Planck (1930–1937), Carl Bosch (1937–1940), Albert Vögler (1941–1945), Max Planck (1945–1946), Otto Hahn (1946–1948).

Kaiser-Wilhelm-Kanal (Nord-Ostsee-Kanal, Kieler Kanal), Kanal zwischen der Kieler Förde und der Elbebucht. 1887–1895 von Otto Baensch gebaut, ist der 98 km lange, an der Sohle 44 m, oben über 100 m breite und 11,30 m tiefe K. für große Seeschiffe befahrbar. Er verläuft von Holtenau an der Kieler Förde bis zur Nordsee bei Brunsbüttelkoog und verkürzt den Seeweg um Kap Skagen erheblich. Das →Versailler Diktat hatte den K. internationalisiert.

W. Schulz: Der Nord-Ostsee-Kanal vor dem Ersten Weltkrieg, 1989.

Kaiser-Wilhelms-Land, ehemalige deutsche Kolonie auf Neuguinea. 1844 wurde der Nordostteil von Neuguinea von der deutschen →Neuguinea-Compagnie erworben und als K. von ihr bis 1899, dann vom Reich unmittelbar verwaltet. Das etwa 180000 km² große und wenig erschlossene Land hatte 230000 Einwohner bei weniger als 300 Weißen. Die Verwaltung saß in Friedrich-Wilhelms-Hafen (Madang). Unter deutscher Herrschaft wurde in wachsender Menge vor allem Kopra und Kautschuk gewonnen und ausgeführt. 1921 kam K. als Territory of New Guinea unter australische Mandatsverwaltung für den Völkerbund.

K. Graudenz und H. M. Schindler: Die deutschen Kolonien, 1982. J. Schultz-Naumann: Unter Kaisers Flagge, 1985. R. Neuhauß: Unsere Kolonie Deutsch-Neuguinea, 1914. P. H. Kuntze: Das Volksbuch unserer Kolonien, 1938. W. Westphal: Geschichte der deutschen Kolonien, 1984. U. Timm: Deutsche Kolonien, 1981.

Kaiser-Wilhelm-II.-Land, Gebiet in der östlichen Antarktis. 1901 entdeckte die deutsche Südpolarexpedition unter E. von Drygalski ein Küstengebiet beiderseits des 90. östlichen Längengrades mit dem 366 m hohen Gaußberg. Es wurde K. genannt und ist größtenteils von Inlandeis bedeckt.

Kaltenbrunner, Ernst, Dr. jur., SS-Obergruppenführer, * 4. 10. 1903 Ried/Inn, † 16. 10. 1946

Nürnberg. Der Rechtsanwaltssohn studierte Jura, promovierte (1926) in Graz und ließ sich in Linz als Anwalt nieder. 1932 trat er in die →NSDAP und →SS ein. 1934/1935 wurde er wegen Hochverrats inhaftiert, dann leitete er ab 1937 die SS in Österreich und arbeitete auf den →Anschluß hin. Am 12. 3. 1938 wurde er Staatssekretär für die öffentliche Sicherheit in Österreich, SS-Gruppenführer und MdR. Am 30. 1. 1943 wurde der Obergruppenführer als Nachfolger des ermordeten R. →Heydrich Chef des →Reichssicherheitshauptamtes, somit der →Sicherheitspolizei und des →Sicherheitsdienstes. Nach der Absetzung des Abwehrchefs →Canaris übernahm er auch den militärischen Abwehr- und Nachrichtendienst. Später ermittelte er gegen die Beteiligten am Putschversuch vom →20. 7. 1944 („Kaltenbrunner-Berichte"). Ende 1944 versuchte er vergeblich, Verbindung zu den Westalliierten wegen eines Sonderwaffenstillstandes aufzunehmen. Nachdem er seine Dienststelle gegen Kriegsende nach Altaussee (Steiermark) verlegt hatte, wurde er dort von US-Truppen gefangengenommen und in →Nürnberg als „Hauptkriegsverbrecher" am 1. 10. 1946 zum Tod durch den Strang verurteilt.
R. Smelser und R. Zitelmann (Hrsg.): Die braune Elite, 1989. R. W. Houstons: Ernst Kaltenbrunner, Diss., 1972.

Kameradschaft, unterste Gliederung von Hitler-Jugend und NSD-Studentenbund. Die K. umfaßte bei der →HJ eine Gruppe von 15 Jungen, beim →NSDStB die örtliche Gruppe, deren Mittelpunkt meist ein Kameradschaftshaus war.

Kamerun, ehemalige deutsche Kolonie in Westafrika. Nachdem 1868 die Hamburger Firma Woermann in Duala die erste deutsche Faktorei angelegt hatte und 1883 ein deutsches Konsulat eingerichtet worden war, erklärte am 14. 7. 1884 Gustav Nachtigall als kaiserlicher Kommissar K. zum deutschen Schutzgebiet. Nach der Marokko-Krise kamen durch den →Marokko-Kongo-Vertrag vom 4. 11. 1911 von Frankreich weitere Gebiete im Osten und Süden (Neukamerun) hinzu, so daß die Kolonie knapp 800000 km^2 und 2,65 Mill. Einwohner bei 2000 Weißen umfaßte. Hauptausfuhrgüter des tropischen Landes waren Palmkerne und -öl, Holz, Kakao und Bananen. Der Reichszuschuß betrug 1913 noch 6,9 Mill. Mark. Im 1. Weltkrieg wurde die deutsche →Schutztruppe unter Oberstleutnant Zimmermann in Verletzung des Kongoakte von großer französisch-englischer Übermacht angegriffen und mußte im Februar 1916 auf neutrales Gebiet (Spanisch-Guinea) übertreten, während

die letzte deutsche Station in Nord-K. bald darauf kapitulieren mußte. Im →Versailler Diktat verlor das Reich K., das 1920 größtenteils unter britische und französische Mandatsverwaltung des Völkerbundes kam.
Surén: Kampf um Kamerun, 1934. R. Schober: Kamerun, 1937. Escherich: Kamerun, 1938. W. Haupt: Deutsche Schutzgebiete in Übersee 1884–1918, 1984. W. Scheel: Deutsche Kolonien, 1912. K. Graudenz und H. M. Schindler: Die deutschen Kolonien, 1982. W. Westphal: Geschichte der deutschen Kolonien, 1984. U. Timm: Deutsche Kolonien, 1981.

Kammhuber-Linie, die vom General der Flieger Kammhuber 1941 eingeteilte Linie mit Nachtjagdzonen von Jütland bis nach Südfrankreich zur Abwehr alliierter Flugzeuge.

Kampfabzeichen, Auszeichnungen für besonderen kämpferischen Einsatz im 2. Weltkrieg. Zu den von A. →Hitler oder den Oberbefehlshabern der einzelnen Wehrmachtteile gestifteten K. gehören: der →Narvikschild für Narvikkämpfer 1940 (für Heer und Luftwaffe silbern, für die Kriegsmarine goldfarben); ein Schild wurde ferner verliehen an die Eroberer →Kretas und der →Krim sowie die Verteidiger der Kessel →Demjansk, Cholm und des →Kuban-Brückenkopfs; das →Infanteriesturmabzeichen für Bewährung in drei verschiedenen Gefechten, in Silber für Infanteristen und Gebirgsjäger, in Bronze für motorisierte Regimenter; das →Panzerkampfabzeichen in Silber für Panzereinheiten, in Bronze für Schützen und Kradschützen; das →Sturmabzeichen für Angehörige anderer Waffengattungen; das →Zerstörerkriegsabzeichen für Besatzungen von Zerstörern, Schnell- und Torpedobooten; das →U-Boot-Kriegsabzeichen für mindestens zwei Feindfahrten; das Kriegsabzeichen für Besatzungen der Minensuch-, U-Boot-Jagd- und Sicherungsverbände; die →Frontflugspangen für Flieger nach 20 Frontflügen in Bronze, nach 60 in Silber, nach 110 in Gold; das →K. für Flakartillerie. Die K. wurden allgemein auf der linken Brustseite, die Frontflugspangen über der Ordensschnalle, ein Schild auf dem linken Oberarm getragen.
K.-G. Klietmann: Deutsche Auszeichnungen, 1957. H. K. Geeb und H. Kirchner: Deutsche Orden und Ehrenzeichen, 1958.

Kampfabzeichen für Flakartillerie, Kampfabzeichen im 2. Weltkrieg. Reichsmarschall H. →Göring stiftete am Anfang des 2. Weltkriegs das K. für besondere Leistungen der Bedienungsmannschaften der Flak. Es bestand aus einem Eichenlaubkranz mit oben aufgelegtem, nach rechts fliegenden Adler mit Hakenkreuz in den Fängen und einer nach rechts oben gerichteten Flak. Es wurde auf der linken Brustseite getragen.

Kampfbund für deutsche Kultur, NS-Vereinigung 1929–1934. Der K. wurde 1928 von A. →Rosenberg in München gegründet mit dem Ziel, sich gegen „Entartungserscheinungen" in der Kunst zu wenden, den jüdischen Einfluß im Kunstbetrieb zu verringern und „arteigene deutsche Kunst" zu fördern. Im Mai 1933 wurde der K. als Kulturorganisation der →NSDAP anerkannt. Reichsorganisationsleiter war Hans Hinkel, MdR und Staatskommissar im preußischen Wissenschaftsministerium. Am 6. 6. 1934 wurde der K. mit dem Reichsverband Deutsche Bühne zur Nationalsozialistischen Kulturgemeinde vereinigt.

Kampf dem Verderb, kampfrufartige Parole im Dritten Reich gegen Verderben und Verschwenden von Nahrungsmitteln und Gebrauchsgütern im Rahmen der deutschen →Vierjahrespläne, insbesondere ab 1936. Plakate in Lebensmittelgeschäften und Anzeigen forderten K.
K. Herbst: Kampf dem Verderb! [6]1939. W. Schmidt: Kampf dem Verderb! [2]1941.

Kampffront Schwarz-Weiß-Rot, Wahlbündnis von →DNVP und →Stahlhelm zur Reichstagswahl vom 5. 3. 1933. Unter den alten Nationalfarben errang die K. 52 Mandate (wie die DNVP am 6. 11. 1932), die zusammen mit den 288 Sitzen der →NSDAP zum erstenmal seit 1930 eine regierungsfähige absolute Mehrheit im Reichstag ergaben.
W. Vogel: Katholische Kirche und nationale Kampfverbände in der Weimarer Republik, 1989.

Kampfring Deutscher Glaube, Name für die →Deutsche Glaubensbewegung ab 1938 (auch →Deutscher Glaube Kampfring e.V.).

Kampfspiele, →Nationalsozialistische Kampfspiele.

Kampfzeit, nach 1933 übliche Bezeichnung der →NSDAP für die Jahre von ihrer Gründung bis zur Machtübernahme A. →Hitlers. Im 3. Reich wurden die aktiven Mitglieder der →NSDAP, →SA und →SS in der K., die →„Alten Kämpfer", besonders geehrt.

Kanaldurchbruch, Fahrt deutscher Schlachtschiffe durch den Ärmelkanal 1942. Da von deutscher Seite nach zwei britischen Überfällen auf die norwegische Küste Ende 1941 eine Invasion in Norwegen befürchtet wurde, sollten die in Brest liegenden deutschen Schlacht-

schiffe „Gneisenau" und →„Scharnhorst" und der Schwere Kreuzer „Prinz Eugen" durch den Ärmelkanal in die Nordsee verlegt werden. Die Schiffe liefen am 11. 2. 1942 unter Vizeadmiral Ciliax spät abends aus Brest aus und fuhren, von zahlreichen Zerstörern, Torpedo-, Minensuchbooten und Flugzeugen der Luftflotte 3 gesichert, am 12. 2. gegen 13 Uhr durch die Meerenge von Dover-Calais, erst kurz vorher von den Briten entdeckt, deren Küstenbatterien zu spät das Feuer eröffneten. Angriffe britischer Zerstörer und Schnellboote sowie Torpedoflieger wurden abgeschlagen. Die „Scharnhorst" erhielt zwei, die „Gneisenau" einen leichten Minentreffer. Das gegen anfänglichen Widerspruch der Marineleitung durchgeführte risikoreiche Unternehmen gelang durch genaueste Planung und vollständige Geheimhaltung.
H. Pemsel: Seeherrschaft, Bd. 2, 1985. S. W. Roskill: The War at Sea, Bd. 2, 1954. E. B. Potter: Seemacht, 1982.

Kanalrebellen, Bezeichnung für Gegner des Mittellandkanals. Der Bau des bereits 1856 geforderten Mittellandkanals war ab 1899 in Preußen heftig umstritten und wurde insbesondere von den Konservativen abgelehnt, die eine Gefährdung der ostdeutschen Landwirtschaft durch billige Getreideeinfuhren befürchteten. Von den im preußischen Abgeordnetenhaus den Kanalbau 1899 ablehnenden K. wurden die Beamten (zwei Regierungspräsidenten, 20 Landräte) in den einstweiligen Ruhestand versetzt. Der Gesetzentwurf wurde 1901 nochmals abgelehnt, 1905 der Kanalbau vom Rhein bis Hannover gebilligt.
H. Horn: Der Kampf um den Bau des Mittellandkanals, 1964.

Kanaltal, Landschaft im südlichen Kärnten. Das zu Deutsch-Österreich gehörende, fast rein deutschsprachige Gebiet des K. mit dem Hauptort Tarvis südwestlich von Villach mußte im Diktat von →Saint-Germain vom 10. 9. 1919 gegen den Willen seiner Bevölkerung an Italien ohne Volksabstimmung abgetreten werden.

Kanzlei des Führers, Dienststelle in Berlin 1934–1945. Die am 17. 11. 1934 eingerichtete K. bearbeitete alle Angelegenheiten, die vor A. →Hitler in seiner Eigenschaft als Führer der →NSDAP entschieden werden mußten. Sie wurde von Reichsleiter Philipp →Bouhler geleitet. In ihrem Aufgabenbereich fielen außerdem der „Schutz des nationalsozialistischen Schrifttums", Gnadengesuche und das Euthanasie-Programm.

Kapitulation, deutsche, am 7./8. 5. 1945. Der von A. →Hitler als Reichspräsident und Ober-

befehlshaber der Wehrmacht eingesetzte Großadmiral Karl →Dönitz vollzog Teilkapitulationen gegenüber den Westmächten (Nordwestdeutschland, Schleswig-Holstein, Niederlande, Dänemark, Einstellung des U-Boot-
Kriegs am 5. 5. 1945; Heeresgruppe G, Nord-
alpen am 6. 5.) und erreichte damit, daß sich
fast zwei Millionen deutsche Soldaten vor sowjetischer Gefangenschaft und Millionen
Flüchtlinge nach Westen retten konnten. Die
Gesamtkapitulation erfolgte auf Druck →Ei-
senhowers, des Oberbefehlshabers der westalliierten Truppen, am 7. 5. um 2.41 Uhr in Reims
durch Generaloberst Alfred →Jodl für den
8. 5. um 23.01 Uhr. Die K. wurde am 9. 5. 1945
um 0.16 Uhr auf Forderung der Sowjets in Berlin-Karlshorst wiederholt, von Generalfeldmarschall Wilhelm →Keitel, Generaladmiral
Hans Georg von →Friedeburg und Generaloberst Stumpff unterschrieben. Entgegen früheren Entwürfen beschränkte sich die K.-Ur-
kunde auf die →bedingungslose K. der deutschen Wehrmacht, bezog sich nicht auf den
deutschen Staat und enthielt nur in Artikel 4
den Hinweis auf ein allgemeines K.-instru-
ment, das die Sieger als →Juni-Deklaration am
5. 6. 1945 nach der völkerrechtswidrigen Verhaftung der Reichsregierung verkündeten.
R. Hansen: Das Ende des Dritten Reiches, 1966. F. Kurowski: Bedingungslose Kapitulation, 1983. W. Grabert:
Jalta-Potsdam und die Dokumente zur Zerstörung Europas, 1985.

Kapp, Wolfgang, deutscher Verwaltungsbeamter und Politiker, * 24. 7. 1858 New York,
† 12. 6. 1922 Leipzig. K. war ab 1906 Generallandschaftsdirektor in Ostpreußen. Als Alldeutscher bekämpfte er →Bethmann Hollweg, gründete 1917 zusammen mit →Tirpitz
die →Deutsche Vaterlandspartei. Am 13. 3.
1920 unternahm er zusammen mit General von
→Lüttwitz und diesem unterstehenden Truppen einen Putschversuch (→Kapp-Putsch) gegen die SPD-geführte Reichsregierung, die
Berlin verließ und nach Dresden und Stuttgart
floh. Der Aufstand scheiterte in wenigen Tagen, da die →Reichswehr unter General Hans
von →Seeckt K. nicht unterstützte und die Gewerkschaften gegen ihn einen Generalstreik
ausriefen. Gegen die Aktion Kapp/Lüttwitz erhoben sich auch bewaffnete kommunistische
Gruppen, die nach Kapps Rücktritt als selbst-
ernannter Reichskanzler ihre Waffen nicht nie-
derlegten, sondern von der Reichswehr in vor
allem im Ruhrgebiet verlustreichen Kämpfen
niedergeschlagen werden mußten, zum Teil mit
Unterstützung von →Freikorps, die sich vorher K. angeschlossen hatten. Die führenden
Personen des Umsturzversuchs wurden festgenommen mit Ausnahme von Kapp, der zu-

nächst nach Schweden fliehen konnte, sich je-
doch 1922 dem Reichsgericht stellte, vor dem
er wegen Hochverrats angeklagt werden sollte.
K. starb vor Prozeßbeginn in Untersuchungs-
haft.
G. Noske: Von Kiel bis Kapp, 1920. H. Spethmann: Die
Rote Armee an Ruhr und Rhein, 1930. W. von Lüttwitz:
Im Kampf gegen die Novemberrevolution, 1934. E.
Eyck: Geschichte der Weimarer Republik, Bd. 1, 1954.
L. Schemann: Wolfgang Kapp und das Märzunterneh-
men vom Jahre 1920, 1937. J. Erger: Der Kapp-Lüttwitz-
Putsch, 1967.

Kappler, Herbert, SS-Obersturmbannführer,
* 23. 9. 1907 Stuttgart, † 1977. Nach dem Studium an der TH Stuttgart und der Ausbildung
an der Polizeiakademie kam K., der zu den fähigsten deutschen Kriminalbeamten mit besonderen Kenntnissen in der Spionageabwehr gezählt wurde, 1939 als Polizeiattaché an die deutsche Botschaft in Rom. Am 23. 3. 1944 wurden
in der Via Rasella in Rom 33 deutsche Soldaten
durch einen von Kommunisten verübten
Sprengstoffanschlag getötet und 50 weitere
schwer verwundet. Auf Befehl von Generalfeldmarschall →Kesselring ließ deshalb K., inzwischen Kommandeur der Sicherheitspolizei
von Rom und Mittelitalien, 335 italienische
Geiseln in den Tuffsteinhöhlen Fosse Ardeatine
bei Rom erschießen, vorzugsweise Personen,
die entweder schon zum Tod verurteilt waren
oder mit einem Todesurteil zu rechnen hatten.
Deswegen lieferten die Engländer K. nach
Kriegsende an die Italiener aus, die ihn 1948
zum Tode verurteilten, dann zu einer lebenslan-
gen Haftstrafe als Kriegsgefangener „begna-
digten“. Er hat sie, zusammen mit Major Walter →Reder, im Militärgefängnis Gaeta verbüßt, bis er wegen einer Krebserkrankung in
das Militärgefängnis Celio in Rom eingeliefert
wurde. Von dort konnte er 1977 mit Hilfe seiner
Frau nach Deutschland fliehen, wo er einige
Monate später gestorben ist.
A. Kappler-Wenger: Ich hole Dich heim, 1989. R. Aschenauer: Der Fall Herbert Kappler, 1968.

Kapp-Putsch, gescheiterter Putsch-Versuch
1920. Im März 1920 befahl die Reichsregierung
vom →Versailler Diktat vorgeschriebene Trup-
penverringerungen, die auch die Marine-
brigaden Löwenfeld und →Ehrhardt, 6000
Mann im Lager Döberitz bei Berlin, betreffen
sollten. Reichswehrgeneral Walther von
→Lüttwitz verlangte in Gesprächen mit
Reichswehrminister G. →Noske eine Zurück-
stellung dieser Maßnahme und, als dies nicht
zugesichert wurde, Neuwahlen zum Reichstag,
wobei er Ratschlägen von →Kapp und →Lu-
dendorff folgte. Lüttwitz wurde darauf am
11. 3. 1920 seines Postens enthoben und ein

Haftbefehl gegen ihn erlassen, desgleichen gegen seine Vertrauten →Kapp, Major Pabst und Schnitzler. Am 12. 3. 1920 weigerte sich die →Reichswehr, gegen die Brigade Ehrhardt vorzugehen, die sich einer Auflösung widersetzte. Da Lüttwitz gegenüber Noske Putschabsichten zugegeben hatte, floh die Reichsregierung am selben Tag über Dresden nach Stuttgart. So konnte sie nicht wie geplant verhaftet werden, als die Brigade Ehrhardt am 13. 3. 1920 auf Befehl von Lüttwitz durch das Brandenburger Tor in das Berliner Regierungsviertel einrückte und es besetzte. Die Berliner Truppen und Polizei unterstellten sich Kapp und von Lüttwitz; in Schlesien, Ostpreußen, Mecklenburg und Schleswig-Holstein erkannten Truppen und Behörden die neue Regierung an. Da sich große Teile der Reichswehr und der Beamtenschaft jedoch zurückhielten, die nach Stuttgart geflohene Regierung zum Widerstand gegen Kapp und die Gewerkschaften zu einem Generalstreik aufriefen, der auch weitgehend befolgt wurde, da auch die Kommunisten in Leipzig, Hamburg, Berlin und im Ruhrgebiet bewaffnete Aufstände auslösten, trat Kapp am 17. 3. zurück und flog am darauffolgenden Tag nach Schweden. Obwohl die Regierung von Stuttgart aus am 16. 3. zur Beendigung des Generalstreiks aufrief, folgten die Gewerkschaften und Kommunisten zunächst nicht, vielmehr mußten weitere Aufstände von Reichswehr und →Freikorps niedergeschlagen werden. Reichskanzler →Bauer, Reichswehrminister Noske sowie der Chef der Heeresleitung, Reinhardt, mußten als Folge des Putsches zurücktreten. Es kam am 6. 6. 1920 zu Reichstagswahlen und anschließend zu einer Regierung unter K. →Fehrenbach (Zentrum). Somit hat der K. zu einem Regierungswechsel geführt. Von zehn wegen des K.s Angeklagten wurde nur Kapps Innenminister von Jagow verurteilt. Kapp stellte sich 1922 dem Reichsgericht und starb in Untersuchungshaft.

G. Noske: Von Kiel bis Kapp, 1920. W. von Lüttwitz: Im Kampf gegen die Novemberrevolution, 1934. J. Erger: Der Kapp-Lüttwitz-Putsch, 1967. L. Schemann: Wolfgang Kapp und das März-Unternehmen vom Jahre 1920, 1937. G. Stresemann: Die Märzereignisse und die Deutsche Volkspartei, 1920. M. Polzin: Kapp-Putsch in Mecklenburg, 1966.

Karajan, Herbert von, * 5. 4. 1908 Salzburg, † 16. 7. 1989 Salzburg. Nach Dirigententätigkeit am Staatstheater Ulm 1927–1934 wurde K. mit 27 Jahren jüngster deutscher Generalmusikdirektor in Aachen (1934–1941), außerdem 1938 Dirigent der Berliner Staatsoper und am 20. 4. 1939 Staatskapellmeister. Da K. am 1. 5. 1933 in Österreich der →NSDAP beigetreten war, konnte er erst nach einer sogenannten

Entnazifizierung sein erstes Nachkriegskonzert mit den Wiener Philharmonikern am 12. 1. 1946 geben. Er war einer der bedeutendsten Vertreter der deutschen Musik, nach →Furtwänglers Tod der berühmteste deutsche Dirigent, u. a. der Berliner Philharmoniker sowie der Bayreuther und Salzburger Festspiele, und gab viele Auslandskonzerte. Viele von ihm dirigierte Werke erschienen auf Langspielplatte. Posthum erschien 1989 „Mein Lebensbericht".

E. Häussermann: Herbert von Karajan, 1978. R. Vaughan: Herbert von Karajan, 1986. F. Herzfeld: Herbert von Karajan, 1959.

Karinhall, Landsitz Hermann Görings in der Schorfheide. Als preußischer Ministerpräsident erwarb H. →Göring ein früheres kaiserliches Jagdhaus nordöstlich Berlins in der Uckermark und baute es 1933/34 zu einem repräsentativen Empfangshaus um. Er nannte es nach seiner ersten Frau Karin (gestorben 1931), die er am 19. 4. 1934 in einem Mausoleum auf dem Grundstück von K. beisetzen ließ. Im April 1945 wurden die Gebäude beim Nahen der Roten Armee auf Görings Befehl zerstört, nachdem Teile der Einrichtung vorher nach Berchtesgaden geschafft worden waren.

Karl (Franz Joseph) I., Kaiser von Österreich, König von Ungarn, * 17. 8. 1887 Persenbeug/Niederösterreich, † 1. 4. 1922 Quinta do Monte/Madeira. Der Großneffe Kaiser →Franz Josephs I. wurde nach dem Selbstmord Kronprinz Rudolfs (1889) und der Ermordung Erzherzog →Franz Ferdinands (1914) Thronfolger. Militärisch ausgebildet, befehligte K. im 1. Weltkrieg eine Heeresgruppe im Osten. Nach dem Tod Kaiser Franz Josephs I. am 21. 11. 1916 wurde K. Kaiser von Österreich und im Dezember 1916 König von Ungarn. Er entließ Generalstabschef →Conrad von Hötzendorf und übernahm am 2. 12. 1916 den Oberbefehl über alle österreichisch-ungarischen Streitkräfte. Außerdem erließ er eine Amnestie für politische Straftaten, entschärfte die Ausnahmegesetzgebung und bildete die Regierung um. Durch seine frankreichfreundliche Gemahlin (seit 1911) →Zita von Bourbon-Parma stark beeinflußt, knüpfte er im Frühjahr 1917 über seine Schwäger →Sixtus und Xavier von Bourbon, die in der belgischen Armee dienten, hinter Deutschlands Rücken geheime Verbindungen zu Frankreich (Sixtusaffäre), um eine Beendigung des Krieges herbeizuführen. Der französische Ministerpräsident →Clemenceau ließ im April 1918 die von K. an Sixtus geschriebenen Briefe veröffentlichen, worauf Österreichs Außenminister Czernin zurücktrat und das Verhältnis zu Deutschland sehr belastet wurde. Ein Manifest K.s vom 16. 10. 1918 konnte die

Auflösung des Staates nicht mehr verhindern, die Unabhängigkeitsbestrebungen der nichtdeutschen Völker waren stärker. K. verzichtete am 11. 11. 1918 auf die Ausübung der Regierungsgeschäfte in Österreich, am 13. 11. für die in Ungarn, ohne formell abzudanken, ging im März 1919 von Österreich in die Schweiz, wobei er im Manifest von Feldkirch seine Rücktrittserklärung zurückzog. Im März und Oktober 1921 versuchte er von der Schweiz aus, durch ungenügend vorbereitete und deswegen scheiternde Putschversuche in Ungarn die Herrschaft zurückzugewinnen. Daraufhin wurde er von Ungarn auf ein englisches Schiff gebracht und von den Alliierten nach Madeira verbannt.

A. Graf Polzer-Hoditz: Kaiser Karl, 1928. E. von Glaise-Horstenau: Die Katastrophe, 1928. H. Vivian: Kreuzweg eines Kaisers, 1935. R. Lorenz: Kaiser Karl und der Untergang der Donaumonarchie, 1959. E. J. Görlich: Der letzte Kaiser, 1962. G. Brook-Shepherd: Um Krone und Reich, 1968. R. Fester: Die Politik Kaiser Karls und der Wendepunkt des Weltkrieges, 1925.

Karlsbader Acht Punkte, Angebot Henleins an die Prager Regierung 1938. Als Führer der →Sudetendeutschen Partei (SdP), die nach Selbstauflösung anderer deutscher Parteien fast alle Deutschen des Sudetenlandes vertrat, schlug Konrad →Henlein am 24. 4. 1938 in seinen K. der Prager Regierung eine Zusammenarbeit vor. Er verlangte dafür die Gleichberechtigung der Deutschen, Anerkennung der deutschen Volksgruppe als Rechtspersönlichkeit, Anerkennung des geschlossenen deutschen Siedlungsgebiets und dessen Selbstverwaltung durch Deutsche, Minderheitenschutz für die deutschen Volksinseln, Wiedergutmachung des den Deutschen seit 1918 angetanen Unrechts, deutsche öffentliche Angestellte im deutschen Gebiet, freies Bekenntnis zum deutschen Volkstum und zur deutschen Weltanschauung. Prag wies diese Forderungen strikt zurück und verschärfte seine Unterdrückungsmaßnahmen gegen die Deutschen.

E. Nittner: Dokumente zur sudetendeutschen Frage 1916–1967, 1967. Sudetendeutscher Rat (Hrsg.): München 1938, 1964. W. Turnwald: Dokumente zur Vertreibung der Sudetendeutschen, 1951.

Karlsbader Programm, →Karlsbader Acht Punkte.

Karlshorst, →Kapitulation, deutsche.

„Karlsruhe", deutscher Kleiner Kreuzer (4900 BRT), der im 1. Weltkrieg erfolgreich Kreuzerkrieg in der Karibik (17 Handelsschiffe mit 77 000 BRT aufgebracht) geführt hatte und dort am 4. 11. 1914 durch Explosion der eigenen Munition sank.

H. Pemsel: Seeherrschaft, Bd. 2, 1985. E. B. Potter: Seemacht, 1982.

Karmasin, Franz, deutscher Volksgruppenführer in der Slowakei, * 2. 9. 1901 Olmütz, † 1972. Der Ingenieur wurde 1927 Sekretär des Deutschen Kulturverbandes in der Zips, war Mitglied des sudetendeutschen „Kameradschaftsbundes", gründete im Juli 1928 und leitete danach die →Karpatendeutsche Partei (KdP), die er später der →Sudetendeutschen Partei (SdP) unter K. →Henlein unterstellte, dessen Stellvertreter er 1935 wurde. Am 8. 10. 1938 gründete er die Deutsche Partei (DP) als Nachfolgerin der im September 1938 verbotenen KdP und war einer ihrer beiden Abgeordneten im Parlament der Slowakischen Republik. Im Oktober 1938 wurde K. Staatssekretär für volksdeutsche Angelegenheiten in der Slowakei, 1939 Hauptmann der slowakischen Armee. 1945 bewährte er sich bei den von ihm vorbereiteten Trecks auf der Flucht vor den Sowjets, wodurch ein Großteil der karpatendeutschen Volksgruppe gerettet wurde. In Westdeutschland wirkte K. weiter für seine Landsleute in Vertriebenenverbänden und war u. a. 1959–1972 Mitglied des Sudetendeutschen Rates. In der Slowakei wurde er in Abwesenheit zum Tode verurteilt.

E. Maier: 40 Jahre Sudetendeutscher Rechtskampf, 1987. L. Wohland (Hrsg.): Untergang des deutschen Siedlungsgebietes in der Mittelslowakei, 1989. A. Hudak: Die Karpatendeutschen, 1975. E. K. Jahr: Die Deutschen in der Slowakei in den Jahren 1918–1929, 1971. P. Brosz: Die Karpatendeutschen in der Slowakei 1918–1945, 1972.

Karolinen, ehemalige deutsche Kolonie in der Südsee. Auf dieser mit über 700 Inseln größten Inselgruppe Mikronesiens, die rund 1300 km^2 umfaßte und auf der (1907) rund 40 000 Eingeborene und 140 Weiße lebten, hatten ab 1860 deutsche Handelshäuser Koprahandel betrieben und Plantagen wie Stationen angelegt. Am 30. 6. 1899 kaufte das Deutsche Reich die K. von Spanien, die zur deutschen Kolonie →Deutsch-Neuguinea kamen. Die Bezirksämter befanden sich auf Ponape und Jap. Angebaut wurde die Kokospalme. Entwicklung und Erschließung befanden sich 1914 noch im Anfangsstadium. Im Oktober 1914 wurden die K. von Japan besetzt, dem die K. als Völkerbundsmandat im →Versailler Diktat 1919 zugesprochen wurden.

K. Graudenz und H. M. Schindler: Die deutschen Kolonien, 1982. O. Beta: Das Buch von unseren Kolonien, 1908. C. Grotewold: Unser Kolonialwesen und seine wirtschaftliche Bedeutung, 1907. Kuhn: Die deutschen Schutzgebiete, 1913. H. Meyer: Das Deutsche Kolonialreich, 2 Bde., 1910. P. Rohrbach: Die deutschen Kolonien, 1914. J. Schultz-Naumann: Unter Kaisers Flagge, 1985.

Karpatendeutsche, zusammenfassende Bezeichnung für die Deutschen in den Karpatenländern (Slowakei, →Zips, Galizien, →Bukowina, →Siebenbürgen), im engeren Sinne in der Slowakei. Die ab 900 in den Karpatenländern siedelnden Deutschen, zu denen im 18. Jahrhundert deutsche Siedler in Galizien und im Buchenland kamen, bildeten dort bis 1945 starke Volksgruppen, die in unterschiedlichem Maße kulturelle Autonomie besaßen und allgemein deutsche Sprache und Sitten pflegten. Als K. wurden im 20. Jahrhundert die Volksdeutschen der Slowakei benannt, die ihre karpatendeutsche Volksgruppe bis 1938 in der →K.-Partei (KdP), später in der Deutschen Partei (1938–1945) unter Leitung F. →Karmasins organisiert hatten. Gegen Ende des 2. Weltkriegs konnten die meisten K. in vorbereiteten Trecks vor den eindringenden Sowjets nach Westen fliehen. Sie haben sich dann in Westdeutschland und Österreich neu organisiert.

Kaindl: Geschichte der Deutschen in den Karpatenländern, 3 Bde., 1907/11. A. Hudak: Die Karpatendeutschen, 1975. R. Wagner: Die Bukowina und ihre Deutschen, 1979. L. Wohland (Hrsg.): Untergang des deutschen Siedlungsgebietes in der Mittelslowakei, 1989. P. Brosz: Die Karpatendeutschen in der Slowakei 1918–1945, 1972.

Karpatendeutsche Partei (KdP), Partei der Volksdeutschen in der Slowakei 1928–1938. Im Juli 1928 gründeten F. →Karmasin, R. Steinakker, K. Manoucscheck und andere die K. als Partei der Deutschen in der Slowakei und in Karpatenrußland. Sie setzte sich unter Karmasins Führung für die kulturelle Autonomie der Deutschen ein. Als Deutsche Wahlgemeinschaft kandidierte die KdP 1929 zusammen mit dem →Bund der Landwirte und der Deutschen Arbeits- und Wirtschaftsgemeinschaft. 1933 unterstellte sie sich der neugegründeten →Sudetendeutschen Partei (SdP) und bildete ihren Zweig in der Slowakei. Kurz vor dem →Münchener Abkommen wurde die KdP verboten. Ihre spätere Nachfolgerin war die Deutsche Partei.

E. K. Jahr: Die Deutschen in der Slowakei in den Jahren 1918–1929, 1971. P. Brosz: Die Karpatendeutschen in der Slowakei 1918–1945, 1972.

Katakombenschulen, geheime deutsche Schulen in Südtirol. In →Südtirol, das 1919 mit weniger als drei Prozent italienischer Bevölkerung an Italien abgetreten werden mußte, begannen, vor allem nach dem Sieg der Faschisten 1922, starke Entdeutschungsmaßnahmen mit Verbot der deutschen Sprache. Ab 1923 wurden stufenweise die deutschen Schulen abgebaut, deutsche Lehrer durch italienische ersetzt. Kanonikus Michael →Gamper rief zur Gründung von Geheimschulen, den K., auf, die in Kellern und Dachkammern einer Generation Südtirolern Unterricht in ihrer deutschen Muttersprache erteilten. Die K. wurden hart verfolgt, deutsche Lehrer verloren dabei ihr Leben, wie Angela Nicoletti (Kurtatsch) und Dr. Josef Noldin (Salurn), oder wurden in faschistischen Konzentrationslagern (Insel Lipari) inhaftiert. Die K. trugen wesentlich zum Erhalt der deutschen Sprache in Südtirol bei, bis sie ab 1943 wieder erlaubt war.

M. Villgrater: Die Katakombenschule.

„Kathleen", Deckname für Pläne einer deutschen Landung in Irland 1940. Nach Planentwicklungen der IRA (Irisch-Republikanische Armee) sollten deutsche Truppen in Nordirland landen, um die sechs Ulster-Grafschaften zu besetzen und für die IRA zu gewinnen, was von der deutschen Führung im Sommer 1940 erwogen wurde. Ähnliches sah der →Artus-Plan vor.

E. Stephan: Geheimauftrag Irland, 1961.

Kattowitz, Hauptstadt von Provinz und Gau →Oberschlesien. Das 1865 zur Stadt erhobene, sich schnell entwickelnde Industriezentrum des oberschlesischen Steinkohlebergbaus kam 1921/22 trotz der am 20. 3. 1921 für Deutschland ausgegangenen →Volksabstimmung in Oberschlesien mit großer deutscher Mehrheit in K. durch Entscheid des Völkerbundes vom 12. 10. 1921 zu Polen und wurde Hauptstadt der Woiwodschaft Schlesien. Nach dem Einmarsch deutscher Truppen am 5. 9. 1939 fiel die Stadt an Deutschland zurück. 1945 wurde sie unter polnische Verwaltung gestellt, die meisten Deutschen wurden aus ihr vertrieben.

Katyn, Massenmord bei, Ermordung von polnischen Offizieren durch die Sowjets. Am 13. 4. 1943 entdeckten deutsche Soldaten in einem Wald bei K. westlich von Smolensk in Massengräbern die Leichen von etwa 4100 polnischen Offizieren. Sie waren nach dem Einmarsch der Roten Armee in Ostpolen nach dem 17. 9. 1939 gefangengenommen und in das sowjetische Kriegsgefangenenlager Kosielsk gebracht worden. Bis zum April 1940 standen sie mit ihren Angehörigen in Polen in brieflichem Kontakt, dann hörte jede Verbindung auf. Nach Ausbruch des deutsch-sowjetischen Krieges am 22. 6. 1941 bemühte sich die polnische Exilregierung mit Sitz in London, von der sowjetischen Regierung Nachrichten über das Schicksal von rund 14000 polnischen Offizieren zu erhalten, die sich noch aus sowjetischer Gefangenschaft gemeldet, seit April 1940 aber kein Lebenszeichen mehr von sich gegeben hatten. Die Gefangenen des Lagers Kosielsk gehörten dazu. Die sowjetischen Behörden gaben keine Auskünfte, →Stalin äußerte am 3. 12. 1941 in Moskau gegenüber Sikorsky, dem Führer der Exilpolen, die Vermutung, sie seien aus der Sowjetunion in die Mongolei geflohen. Als der deutsche Rundfunk jedoch von den Massengräbern bei Katyn berichtete, erklärte die sowjetische Regierung, die Lager mit den polnischen Kriegsgefangenen seien 1941 von deutschen Truppen besetzt worden und nur diese kämen somit als Mörder in Frage. Die Untersuchung der Massengräber durch eine von deutscher Seite eingeladene internationale Kommission ließ jedoch keinen Zweifel daran, daß die Polen im Frühjahr 1940 von Sowjets durch Genickschuß umgebracht worden waren. Als die mit der Sowjetunion verbündete polnische Exilregierung eine Überprüfung dieser Aussage durch das Internationale Rote Kreuz forderte, brach Stalin die diplomatischen Beziehungen zu ihr ab. Die Westalliierten übernahmen Stalins Version der Ereignisse, obwohl sie, wie sich nach dem Krieg herausstellte, von deren Unglaubwürdigkeit überzeugt waren. Sie wollten jedoch auf diese Weise ihre gegen Deutschland gerichtete Kriegskoalition zusammenhalten. 1945 wurde der Mord von Katyn als Anklagepunkt im →Nürnberger Hauptkriegsverbrecherprozeß genannt, jedoch nicht verhandelt. 1952 bestätigten der Nürnberger US-Ankläger R. H. Jackson und eine Kommission des amerikanischen Kongresses die Richtigkeit der deutschen Angaben und die Verantwortung der Sowjets für diesen Mord. Es besteht kein Zweifel daran, daß auch die anderen polnischen Offiziere in sowjetischer Kriegsgefangenschaft ermordet worden sind, obwohl ihre Leichen bisher nicht gefunden wurden. Trotzdem hat man Anfang April 1985 auf dem Warschauer Militärfriedhof Powazki ein Mahnmal für die Toten von K. mit der Aufschrift errichtet: „Den polnischen Soldaten, die Opfer des Hitler-Faschismus wurden und in der Erde von Katyn ruhen", im Gegensatz zu einem Denkmal in London, das die Sowjets als Täter nennt. Erst 1989 gab ein Sprecher in Moskau zu, daß die Morde von Sowjets verübt wurden, und am 13. 4. 1990 erfolgte das offizielle sowjetische Eingeständnis.

Auswärtiges Amt (Hrsg.): Amtliches Material zum Massenmord von Katyn, 1943. J. Ciechanowski: Vergeblicher Sieg, 1948. J. K. Zawodny: Zum Beispiel Katyn, 1971. L. Fitzgibbon: Das Grauen von Katyn, 1980. J. Mackiewicz: Katyn – ungesühntes Verbrechen, 1983. H. van Bergh: Die Wahrheit über Katyn, 1986.

Kaufmann, Karl, Gauleiter und Reichsstatthalter, * 10. 10. 1900 Krefeld, † 4. 12. 1969

Hamburg. 1917/18 noch Kriegsfreiwilliger, war K. 1919 Mitglied der Brigade →Ehrhardt, nahm als →Freikorpskämpfer 1921 in Schlesien am Kampf um den →Annaberg teil, trat 1921 in die Kameradschaft Schill ein und kämpfte 1923 gegen die französische Besatzung im →Ruhrgebiet. Seit 1921 Mitglied der →NSDAP, gründete er im Ruhrgebiet NSDAP-Ortsgruppen, bis er Preußen verlassen mußte, nach Bayern ging und am 9. 11. 1923 am →Marsch auf die Feldherrnhalle in München teilnahm. Vom 27. 9. 1925 bis 6. 3. 1926 war K. Gauleiter von Rheinland-Nord, anschließend bis September 1929 vom Gau Ruhr. Am 15. 4. 1929 wurde er, seit 20. 5. 1928 MdL in Preußen, Gauleiter in Hamburg, am 16. 5. 1933 dort Reichsstatthalter, am 29. 7. 1936 Chef der Landesregierung, am 30. 1. 1942 SS-Obergruppenführer. 1945 weigerte sich K., Hamburg wegen der großen Zahl von Frauen und Kindern zu verteidigen und leitete am 3. 5. 1945 die Übergabe der Stadt an britisches Militär ein. Verhaftet und in →Nürnberg als Zeuge zugelassen, wurde K. 1948 zu 14 Monaten Haft verurteilt und am 22. 4. 1949 entlassen. 1950 und 1953 folgten kürzere Verhaftungen.

K. Höffkes: Hitlers politische Generale, 1986.

Kaufman-Plan, Plan zur Ausrottung der Deutschen nach einem alliierten Sieg. Im Sommer 1941, noch vor dem Eintritt der USA in den Krieg, veröffentlichte Theodore Nathan Kaufman das Buch „Germany must perish" (Deutschland muß ausgelöscht werden) in den USA, wo es weite Verbreitung fand. Der Präsident der amerikanischen Friedensgesellschaft und Jude schlug darin die völlige Aufteilung Deutschlands unter seine Nachbarstaaten, die biologische Vernichtung des deutschen Volkes durch Massensterilisierung aller Männer und Frauen sowie das Verbot der deutschen Sprache vor: „Das deutsche Volk muß für immer vollständig vernichtet werden!" Der K. spielte in der US-Presse eine große Rolle, die „New York Times" nannte ihn einen „Plan für den Dauerfrieden unter den zivilisierten Nationen". Auch die deutsche Presse hat ab 1941 ausführlich über den K. berichtet.

T. N. Kaufman: Germany must perish, 1941 (deutsch 1941 und 1985). W. Grabert (Hrsg.): Jalta-Potsdam und die Dokumente zur Zerstörung Europas, 1985.

Kaukasus-Feldzug, Teil des →Rußland-Feldzuges 1942/43. Mit →Hitlers →Weisung Nr. 45 (Operation „Braunschweig") für die Kriegführung im 2. Weltkrieg wurde der aus der Heeresgruppe Süd gebildeten Heeresgruppe A unter Generalfeldmarschall Wilhelm →List der Vorstoß über Rostow und den Westkaukasus zur

Ostküste des Schwarzen Meeres und zur Einnahme der Ölfelder von Grosny und →Baku befohlen. Nach Angriffsbeginn am 26. 7. 1942 konnte am 9. 8. 1942 das Ölgebiet von Maikop erobert und am 21. 8. 1942 auf dem →Elbrus, dem höchsten Gipfel des Kaukasus, die deutsche Reichskriegsflagge gehißt werden. Dann stockte der Vormarsch nach großem Geländegewinn, vor allem wegen Nachschubmangels. Am 9. 9. 1942 wurde List abgelöst und das →OKH führte die Operationen, bis am 22. 11. 1942 Generalfeldmarschall Ewald von →Kleist die Heeresgruppe A übernahm. Als im Dezember 1942 die Gefahr drohte, daß die Heeresgruppe A abgeschnitten wurde, befahl A. →Hitler am 28. 12. 1942 den Rückzug, der zum Teil nach Rostow am Don, zum Teil zum →Kuban-Brückenkopf erfolgte, der bis Oktober 1943 starke sowjetische Einheiten band. Der K. hatte die deutsche Südfront sehr verlängert und wegen Truppenmangels geschwächt.

P. Carell: Unternehmen Barbarossa, 1985. T. J. Kaljadin: Die Schlacht um den Kaukasus, 1959. W. Tieke: Der Kaukasus und das Öl, 1970. E. Kern: Der große Rausch, 1948. P. E. Schramm (Hrsg.): Kriegstagebuch des OKW, Bd. 3,1, 1982. P. Dimt: Flammender Kaukasus, 1984. R. Kaltenegger: Die deutsche Gebirgstruppe 1933–1945, 1989. C. Wagner: Heeresgruppe Süd, o. J. von Ernsthausen: Wende im Kaukasus, 1958. Konrad: Kampf um den Kaukasus. Bucher: Kampf im Gebirge, 1957.

KdF, Abkürzung für →NS-Gemeinschaft „Kraft durch Freude".

KdF-Wagen, bis 1945 Bezeichnung für den von A. →Hitler angeregten und skizzierten, von F. →Porsche konstruierten 24-PS-→Volkswagen mit einem Brennstoffverbrauch von 7 l auf 100 km, 115 km/h Höchstgeschwindigkeit und einem Preis von 1000,– RM. Er wurde im Volkswagenwerk bei Fallersleben gebaut. Für den Erwerb des K. wurde das K.-Sparen eingeführt. Bis Kriegsbeginn wurden nur wenige Fahrzeuge ausgeliefert, dann im Werk →Kübelwagen für die →Wehrmacht hergestellt.

Der KdF-Wagen von A bis Z, 1975.

Keim, August, Generalleutnant und Militärschriftsteller, * 25. 4. 1845 Marienschloß/Hessen, † 12. 1. 1926 Jugenheim/Bergstraße. Der 1898 aus preußischem Dienst verabschiedete Generalleutnant wirkte als Leiter des →Deutschen Flottenvereins, als Gründer des →Deutschen Wehrvereins und als Schriftsteller für die Entwicklung und Stärkung der deutschen Wehrkraft. Er schrieb seine Lebenserinnerungen „Erlebtes und Erstrebtes" (1925).

Keitel, Wilhelm, Generalfeldmarschall, * 22. 9. 1882 Helmscherode (Gandersheim), † 16. 10.

1946 Nürnberg. Ab 1901 war K. Artillerie-Offiziersanwärter, im 1. Weltkrieg in Front- und Generalstabsstellungen, 1920 Lehrer an einer Kavallerieschule, 1929 Leiter der Heeresorganisation im Reichswehrministerium, ab 1. 3. 1934 Generalmajor und Infanterieführer III in Potsdam, dann IV in Bremen, 1935–1938 Chef des Wehrmachtsamtes im Kriegsministerium, ab 1. 8. 1937 General der Artillerie. Als A. →Hitler den Oberbefehl über die →Wehrmacht übernahm, wurde ihm K. am 4. 2. 1938 als Chef des →Oberkommandos der Wehrmacht (OKW) direkt unterstellt. Am 10. 11. 1938 wurde K. Generaloberst, erhielt 1939 das →Goldene Parteiabzeichen und wurde am 19. 7. 1940 nach dem →Westfeldzug Generalfeldmarschall. Am 30. 9. 1939 erhielt er das →Ritterkreuz. Als Chef des OKW war K. weniger mit der Leitung militärischer Operationen als mit organisatorischen Aufgaben betraut. Am →20. 7. 1944 hat er erheblich dazu beigetragen, daß sich der Putschversuch auf eine kleine Offiziersgruppe beschränkte, die zur Unterstützung dieser Aktion aufgeforderten Wehrkreise deren Befehle jedoch nicht befolgten. A. Hitler hat Aufforderungen, den ihm treu ergebenen K. von seinem Posten zu entfernen, nicht befolgt. Im →Nürnberger Prozeß wurde K. für die Aufrüstung und Kriegführung der Wehrmacht verantwortlich gemacht und zum Tode verurteilt.

H. Guderian: Erinnerungen eines Soldaten, 1951. H. Diwald: Geschichte der Deutschen, 1978. W. Görlitz: Generalfeldmarschall Keitel, 1961.

Kellogg-Pakt, (Briand-Kellogg-Pakt), Friedenspakt 1928. Der nach dem US-Außenminister Frank Kellogg genannte K. wurde am 27. 8. 1928 in Paris von 15 Staaten, darunter Deutschland, die USA, England, Frankreich und Polen, geschlossen. Er trat am 25. 7. 1929 in Kraft. Bis 1939 waren ihm 63 Staaten beigetreten, 1928 auch die Sowjetunion. Zur Abschaffung des Krieges verurteilten die Unterzeichner den „Krieg als Mittel für die Lösung internationaler Streitfälle", versprachen in Artikel 1, auf Krieg „als Werkzeug nationaler Politik in ihren gegenseitigen Beziehungen" zu verzichten, und in Artikel 2, Konflikte friedlich beizulegen. Sanktionen und Garantien waren nicht vorgesehen. Die reine Willenserklärung erwies sich in der Folgezeit als unwirksam. Im →Nürnberger Prozeß 1945 wurde der K. zur Begründung der Strafbarkeit von Angriffskriegen herangezogen, obwohl er keine Definition eines Angriffskrieges enthielt. Sein Inhalt wurde von der UNO in ihrer Satzung berücksichtigt.

H. Wehberg: Krieg und Eroberung im Wandel des Völkerrechts, 1953.

Kempner, Dr. Robert M. W., Jurist und US-Ankläger, * 17. 10. 1899 Freiburg im Breisgau. K. war bis 1933 Justitiar im preußischen Innenministerium und setzte sich dort für das Verbot der →NSDAP ein, emigrierte als Jude 1933 nach Italien und Frankreich, 1939 in die USA und wurde dort juristischer Berater der amerikanischen Regierung. Nach 1945 war er Ankläger bei den →Nürnberger Prozessen, ab 1951 Rechtsanwalt in Frankfurt/M. Er schrieb „Eichmann und Komplizen" (1961), „Das Dritte Reich im Kreuzverhör" (1969), „Ankläger einer Epoche" (1983) und „SS im Kreuzverhör" (1987).

Kennkarte, allgemeiner polizeilicher Inlandsausweis 1938–1945. Mit Verordnung vom 22. 7. 1938 wurde die K. eingeführt. Jeder deutsche Staatsbürger mit Wohnsitz im Inland hatte im Besitz einer K. oder eines gleichwertigen amtlichen Lichtbildausweises zu sein. Die K. wurde auf fünf Jahre ausgestellt und konnte ab dem 15. Lebensjahr erworben werden. Wehrpflichtige hatten die K. bei sich zu führen.

Keppler, Wilhelm, Wirtschaftsführer, * 14. 12. 1882 Heidelberg, † 13. 6. 1960 Friedrichshafen. Nach Maschinenbaustudium in Karlsruhe und Danzig sowie Werkmeistertätigkeit war K. ab 1919 Chemiefabrikant. Seit 1927 Mitglied der →NSDAP, wurde K. im Dezember 1931 ihr Wirtschaftsberater, gründete den →K.-Kreis und vermittelte Verbindungen zwischen NSDAP und Wirtschaft. Seit März 1933 MdR, wurde K. im Juli 1933 Kommissar für Wirtschaftsfragen in der →Reichskanzlei und 1936 persönlicher Berater →Görings für den →Vierjahresplan. Vor dem →Anschluß Österreichs war K. kurzzeitig Sekretär an der Botschaft in Wien, von März bis Juni 1938 Reichskommissar in Österreich. Seit 21. 3. 1935 Mitglied der →SS, überführte K. den K.-Kreis in den →„Freundeskreis Reichsführer SS". Ab 1938 war er Staatssekretär zur Besonderen Verwendung im Auswärtigen Amt, Leiter der Zentralstelle für die wirtschaftspolitischen Organisationen der NSDAP und wurde am 30. 1. 1942 SS-Obergruppenführer. 1945 gefangengenommen, wurde K. im →Wilhelmstraßen-Prozeß am 14. 4. 1949 zu zehn Jahren Haft verurteilt, am 1. 2. 1951 freigelassen.

Keppler-Kreis, Kreis der NSDAP nahestehender führender Unternehmer ab 1931. Der Chemiefabrikant Wilhelm →Keppler schuf im Auftrage →Hitlers ab Dezember 1931 im K. einen bis 1933 mehrmals tagenden Kreis von Industriellen, Wirtschaftsführern und Bankiers (u. a. K. von Schroeder, H. →Schacht, F. Rein-

hart, O. Steinbrinck, E. →Helfferich, R. Bingel, E. Meyer, C. V. Krogmann), der Hitler wirtschaftlich beraten sollte. Treffen fanden u. a. am 18. 5. 1932 und 20. 6. 1932 in Berlin in Anwesenheit Hitlers statt. Der K. war 1932/33 an der Verbindungsaufnahme Hitlers zu →Papen sowie am →Industriebrief vom November 1932 beteiligt. 1935 ging der K. in den →„Freundeskreis Reichsführer SS" über.
E. Helfferich: 1932–46. Tatsachen, 1969.

Kerenski-Offensive, russischer Angriff im Juli 1917. Trotz der Februarrevolution 1917 kämpfte die neue russische Regierung an der Seite der Westalliierten weiter gegen die Mittelmächte und versuchte unter Kriegsminister A. F. Kerenski (Mai bis November 1917), mit der K. unter General A. A. Brussilow ab 1. 7. 1917 sowohl bei →Dünaburg und Wilna wie vor Lemberg die deutsch-österreichische Front zu durchbrechen. Im Süden gelangen nach Artillerie-Vorbereitung ab 29. 6. 1917 und Massierung der russischen Kräfte auf 50 km Breite bei Brzezany Einbrüche bis zu den Karpaten, vor allem gegenüber slawischen Einheiten der österreichisch-ungarischen Armee. Russischen Verlusten von 40 000 Mann standen 12 500 der Mittelmächte gegenüber. Mit sechs aus dem Westen herangeholten Verstärkungsdivisionen wurde ab 17. 7. 1917 der deutsch-österreichische Gegenstoß geführt, der nach dem Durchbruch bei Tarnopol fast ganz Galizien und die Bukowina zurückeroberte, wobei 42 000 russische Gefangene gemacht wurden. Die so gescheiterte K. trug wesentlich zur Auflösung des russischen Heeres bei.
H. Stegemann: Geschichte des Krieges, Bd. 4, 1921.

Kerrl, Hanns, Reichsminister, * 11. 12. 1887 Fallersleben, † 15. 12. 1941 Berlin. Der Justizbeamte erhielt im 1. Weltkrieg als Leutnant EK I und II, trat 1923 der →NSDAP bei und war Kreisleiter in Peine. Ab 1928 war er Mitglied des preußischen Landtags, 1932/33 dessen Präsident. Zunächst ab 23. 3. 1933 Reichskommissar für das preußische Justizministerium, war er vom 21. 4. 1933 bis 17. 6. 1934 preußischer Justizminister, dann Reichsminister ohne Geschäftsbereich und ab 16. 7. 1935 bis zu seinem Tode Reichs- und preußischer Minister für kirchliche Angelegenheiten. Seit November 1933 MdR und preußischer Staatsrat, war K. ab April 1935 Leiter des Zweckverbandes „Reichsparteitage Nürnberg" und SA-Obergruppenführer. Als Kirchenminister versuchte er mit Hilfe der →Deutschen Christen und gegen die Bekennende Kirche im Reichskirchenausschuß eine Befriedung und Zentralisierung in der Leitung der evangelischen Landeskirchen zu erreichen, was jedoch Anfang 1937 scheiterte. Nach seinem Tod blieb seine Stelle unbesetzt.

Kesselring, Albert, Generalfeldmarschall, * 30. 11. 1885 Marktsteft/Kitzingen, † 16. 7. 1960 Bad Nauheim. Seit 1904 bayerischer Soldat, wurde K. im 1. Weltkrieg als Generalstabsoffizier, dann in der →Reichswehr beim Chef des Stabes der Heeresleitung verwendet. Ab 1933 leitete er das neue Luftwaffenamt und baute die deutsche Luftwaffe auf, deren Generalstabschef er 1936/37 war. Am 1. 4. 1936 wurde er Generalleutnant, am 1. 6. 1937 General der Flieger und am 1. 1. 1938 Chef der Luftflotte 1, die er im Polenfeldzug führte. Im →Westfeldzug und im →Rußlandfeldzug kommandierte er bis Dezember 1941 die Luftflotte 2. Ab 19. 7. 1940 Generalfeldmarschall, wurde K. 1941 Oberbefehlshaber Süd, ab November 1943 Südwest und damit für den Afrika- und Italien-Kriegsschauplatz verantwortlich. Besonders in Italien konnte er den Vormarsch der Alliierten erheblich verzögern. Am 30. 9. 1939 erhielt er das →Ritterkreuz, am 25. 2. 1942 das →Eichenlaub, am 18. 7. 1943 die →Schwerter, am 19. 7. 1944 die →Brillanten. Ab 11. 3. 1945 war er Oberbefehlshaber West und kapitulierte am 4. 5. 1945 für Süddeutschland, nachdem er vorher einer Teilkapitulation für Italien zugestimmt hatte. Nach amerikanischer Gefangenschaft wurde er am 6. 5. 1947 in Venedig von einem britischen Militärgericht wegen einer Vergeltungsaktion (Erschießung von Geiseln in den →Fosse Ardeatine nach vorangegangener Ermordung von 35 deutschen Soldaten in Rom) zum Tod verurteilt, am 4. 8. 1947 zu lebenslanger Haft begnadigt und im Juli 1952 entlassen. Er schrieb „Soldat bis zum letzten Tag" (1953) und „Gedanken zum Zweiten Weltkrieg" (1955).
A. P. Scotland: Der Fall Kesselring, 1952. F. Kurowski: Generalfeldmarschall Albert Kesselring, 1985. G. Fraschka: Mit Schwertern und Brillanten, 1977.

Ketteler, Klemens Freiherr von, Diplomat, * 22. 11. 1853 Potsdam, † 20. 6. 1900 Peking. Nach diplomatischer Tätigkeit in Kanton, Peking, Washington und Mexiko wurde K. 1899 deutscher Gesandter in Peking. Er wurde im →Boxeraufstand ermordet, China nach Beendigung der Unruhen zu einer Sühnemission nach Deutschland und zur Errichtung einer Ehrenpforte an K.s Todesstelle verpflichtet.
Schreiber: Opfergang in Peking, 1936.

Kiautschou, früheres deutsches Pachtgebiet in China. Das 560 km² große, 1914 von knapp 200000 Menschen – darunter 5000 Europäern

einschließlich der 2300 Mann der deutschen Garnison – bewohnte Gebiet auf der Halbinsel Schantung umfaßte die Bucht von K., die Halbinsel →Tsingtau und die Halbinsel Haisi. Nach früheren Empfehlungen des Geologen F. von Richthofen und der Ermordung zweier deutscher Missionare am 1. 11. 1897 wurde K. durch ein deutsches Marinegeschwader unter Admiral von Diederichs am 14. 11. 1897 „ohne die geringste Gewaltsamkeit" besetzt, am 6. 3. 1898 nach dem Muster ähnlicher Vereinbarungen Chinas mit Rußland, England und Frankreich in einem deutsch-chinesischen Vertrag auf 99 Jahre an Deutschland gepachtet. Dazu kamen deutsche Bergwerks- und Bahnbaukonzessionen auf der Halbinsel Schantung. K. war nicht dem Reichs-Kolonial-Amt, sondern der Reichsmarineverwaltung unterstellt. Durch den Ausbau von Tsingtau und den Bahnbau blühte das Gebiet schnell auf. Tsingtau wurde der „gesündeste Europäerplatz der chinesischen Küste". 1909 wurde eine Universität gegründet. 1913 schoß das Reich noch 10,3 Mill. Mark zu. Nachdem im 1. Weltkrieg Japans Ultimatum auf Übergabe vom 16. 8. 1914 unbeantwortet geblieben war, griff Japan, das am 29. 8. 1914 dem Reich den Krieg erklärt hatte, K. an, das sich mit 4000 Mann unter Gouverneur →Meyer-Waldeck gegen 65000 Japaner zunächst erfolgreich verteidigte und nach Verbrauch aller Munition am 7. 11. 1914 kapitulieren mußte. Die Deutschen kamen für über fünf Jahre in japanische Gefangenschaft. 1915 erzwang Japan von China die Abtretung der deutschen Rechte, erhielt sie 1919 von den Alliierten bestätigt, mußte jedoch K. 1922 an China zurückgeben.
W. Schrameier: Kiautschou, 1915. O. von Gottberg: Die Helden von Tsingtau, 1915. K. Graudenz und H. M. Schindler: Die deutschen Kolonien, 1982. J. Schultz-Naumann: Unter Kaisers Flagge, 1985. J. Ardelt: Tsingtau, 1986. U. Ratenbol: Die Chinapolitik des Deutschen Reiches 1871–1945, 1987. F. W. Mohr: Handbuch für das Schutzgebiet Kiautschou, 1911.

Kiewitz-Vorhaben, deutsche Planung für den Einmarsch in den Niederlanden am 10. 5. 1940. Der deutsche Gesandte Major Werner Kiewitz sollte am Tage des deutschen Einmarsches der Königin von Holland eine Botschaft A. →Hitlers überbringen und sie dazu bewegen, daß niederländische Truppen der deutschen Wehrmacht keinen Widerstand leisten. Das K. wurde verraten, dadurch um seine Wirkung gebracht und deswegen nicht durchgeführt, so daß es zu mehrtägigen Kämpfen kam.
H. Michaelis und E. Schraepler: Ursachen und Folgen, Bd. 15.

Kinau, Johann, →Fock, Gorch.

Kinderlandverschickung (KLV), Erholungsaufenthalt für Stadtkinder auf dem Land. Ab 1933 wurde von der →NSV in Zusammenarbeit mit der →HJ die KLV organisiert, um bedürftigen Kindern einen kostenlosen Ferienaufenthalt auf dem Land zu verschaffen. Am 27. 9. 1940 begann unter dem Reichsleiter für die Jugenderziehung der NSDAP, Baldur von →Schirach, die Erweiterte KLV: Sie sorgte dafür, daß, von der →NSDAP finanziert, Kinder aus luftgefährdeten Gebieten freiwillig und zunächst auf sechs Monate befristet mit Lehrern in ungefährdeten KLV-Lagern leben konnten. Die unter Zehnjährigen wurden von der NSV meist in Familien, die über Zehnjährigen, nach Schulen oder Klassen zusammengefaßt, in von der HJ geführten Lagern untergebracht. Nach Zunahme der alliierten Terrorangriffe und deshalb Verminderung des normalen Schulunterrichts wurde die KLV ab 1943 verstärkt auch in Lager außerhalb des Reichsgebietes vorgenommen, im Osten von Lettland bis Jugoslawien. Insgesamt wurden fünf Mill. Kinder „landverschickt"; 1945 gab es etwa 9000 Lager mit rund 2,5 Mill. Kindern. Die Aktion hat Hunderttausende von Schülern vor dem Bombentod bewahrt.
G. Dabel: Die KLV. Die erweiterte Kinderlandverschickung, 1981. C. Larass: Der Zug der Kinder – KLV, 1983. J. Rüdiger: Die Hitler-Jugend und ihr Selbstverständnis im Spiegel ihrer Aufgabengebiete, 1983.

Kirchenbewegung Deutscher Christen, eine Abspaltung von der Reichsbewegung →Deutsche Christen in Thüringen. Die K. bezeichnete sich ab 1938 als Nationalkirchliche Einigung und erstrebte eine deutsche Nationalkirche für alle Konfessionen.

KL, amtliche und im 3. Reich gebräuchliche Abkürzung für →Konzentrationslager.

Klages, Dr. Ludwig, deutscher Philosoph und Psychologe, * 10. 12. 1872 Hannover, † 29. 7. 1956 Zürich. Er gründete 1905 als Privatgelehrter in München das Seminar für Ausdruckskunde und verlegte es 1919 nach Kilchberg bei Zürich. Der „Geist" erscheint in K.'Werken als lebenshemmende Macht. Diese Grundlehre wandte er auf die Charakterologie und Ausdrucksdeutung, besonders die Graphologie, an, denen er wissenschaftlichen Rang und Geltung verschaffte. Er schrieb u. a.: „Der Geist als Widersacher der Seele", 3 Bde., 1929, 1960; „Mensch und Erde", 1920; „Die Grundlagen der Charakterkunde", 1926, 1951.
E. Bartels: Ludwig Klages, 1953. H. E. Schröder: Ludwig Klages, 1966. J. Deussen: Klages' Kritik des Geistes, 1934. H. Kasdorff: Ludwig Klages, 1969. W. Hager: Ludwig Klages in memoriam, 1957.

Klagges, Dietrich, Ministerpräsident, * 1. 2. 1891 Herringen/Soest, † 12. 11. 1971 Bündheim. K. war seit 13. 6. 1925 Mitglied der →NSDAP und wurde deshalb 1930 als Lehrer entlassen. Nach dem nationalsozialistischen Wahlerfolg im Land Braunschweig im Januar 1931 wurde er dort Regierungsrat und im September 1931 Innen- und Volksbildungsminister. Er bewirkte zum 25. 2. 1932 die Einbürgerung des damals staatenlosen A. →Hitler und ermöglichte damit dessen Kandidatur zur Reichspräsidentenwahl. Ab 1933 war K. Ministerpräsident des Landes Braunschweig. 1945 wurde er verhaftet, 1950 mit der Verantwortung für Erschießungen belastet, die er nicht befohlen hatte, zu einer lebenslänglichen Haftstrafe verurteilt, 1952 zu 15 Jahren begnadigt und 1957 freigelassen. K. hat sich neben seiner Tätigkeit für die NSDAP und das Land Braunschweig auch stets darum bemüht, den Nationalsozialismus lehrbar und lernbar zu machen, ihn also zu einer abgeschlossenen Theorie zu entwickeln. Dem diente vor allem sein 1934 veröffentlichtes Buch „Idee und System". Nach seiner Haftentlassung hat K. sich vor allem mit dem Nationalismus auseinandergesetzt, sein umfangreiches Werk „An alle Völker der Erde" (1972) erschien nach seinem Tod. Er veröffentlichte ferner „Das Urevangelium Jesu, der deutsche Glaube" (1926) und „Reichtum und soziale Gerechtigkeit" (1932) neben anderen Büchern und Broschüren, die zum Teil unter Pseudonym erschienen.

Klassenkampf, Begriff der marxistischen Theorie und Politik. Nach Marx und Engels bestehen Gesellschaften aus Klassen, die sich voneinander durch Privateigentum unterscheiden und zwischen denen unüberbrückbare Gegensätze bestehen sollen. Die ganze Geschichte soll eine Folge von Kämpfen zwischen Besitzenden und Besitzlosen gewesen sein, aber auch zwischen denen, die eine effektivere Form der Produktion gegen die Verfechter einer technisch überholten Produktionsweise und damit auch ihre Macht durchsetzen wollten. Wesentliche Gemeinsamkeiten bestehen nach Marx und Engels nicht innerhalb von Staaten und Völkern, sondern nur zwischen den gleichen Klassen verschiedener Völker. Sie behaupten ferner, daß in den industriell entwickelten Ländern das Proletariat die Macht übernehmen, die sogenannte kapitalistische Produktionsweise beseitigen und nach einer Diktatur des Proletariats eine angeblich klassenlose Gesellschaft errichten werde, in der es dann auch keinen Klassenkampf mehr gebe. Tatsächlich ist nichts von dem eingetroffen, was Marx und Engels behauptet haben. Es gibt in allen

Völkern Gemeinsamkeiten, die stärker als Klassengegensätze sind, es hat noch niemals eine proletarische Revolution in einem industriell entwickelten Land mit einem starken Arbeiteranteil an der Bevölkerung, sondern immer nur bewaffnete Machtergreifungen kommunistischer Parteien in unterentwickelten Ländern oder durch Besetzungen gegeben, es gibt vor allem auch nicht die Verelendung der Arbeiter, die unabänderlich zur proletarischen Revolution führen soll. Außerhalb marxistischer Parteien und Gruppen gibt es Vorstellungen von einem K. nicht. Der Gedanke des K. hatte in der Weimarer Republik noch die Innenpolitik stark belastende Wirksamkeit. Im 3. Reich wurde ihm die Idee einer →Volksgemeinschaft entgegengesetzt, in der Bundesrepublik Deutschland betrachten sich die meisten politischen Parteien als Volksparteien, die die Interessen aller Bürger wahrzunehmen versprechen. Versuche, das K.-denken neu zu beleben, führten in der Bundesrepublik Deutschland zu keinem Erfolg. Die Kommunisten erhalten hier nur minimale Stimmenanteile, marxistische Gruppen sind ohne proletarische Basis. Die Ereignisse in der sogenannten DDR 1989/90, nicht weniger aber die Auflehnung der Bevölkerung in allen Ostblockländern hat erkennen lassen, daß die K.-Theorie ohne Resonanz bei der Bevölkerungsmehrheit ist.
M. Weber: Wirtschaft und Gesellschaft, 1922. R. Dahrendorf: Soziale Klassen und Klassenkonflikt in der industriellen Gesellschaft, 1957. M. Klüver: Vom Klassenkampf zur Volksgemeinschaft, 1988.

Klausenburg (rumänisch Cluj), früher deutsche Stadt →Siebenbürgens. Um 1173 von Deutschen gegründet, ab 1405 Freistadt in Ungarn, war K. bis ins 16. Jahrhundert vorwiegend deutsch, ein wirtschaftlicher Mittelpunkt und die größte Stadt Siebenbürgens mit Universität und Hochschulen. Vor dem 2. Weltkrieg lebten unter den rund 100000 Einwohnern nur noch 2000 Deutsche. Die Stadt kam 1920/21 von Ungarn zu Rumänien, 1940 zurück an Ungarn, 1945 wieder an Rumänien.

Kleiderkarte, →Reichskleiderkarte.

Kleine Entente, →Entente, Kleine.

Kleinempfänger, Bezeichnung für den ab 1938 gebauten preiswerten Rundfunkempfänger, der mit 35,– RM noch billiger als der →Volksempfänger für 65,– RM war.

Kleist, Ewald von, Generalfeldmarschall, * 8. 8. 1881 Braunfels/Lahn, † Oktober 1954 Lager Wladimirowka. Im 1. Weltkrieg war K.

Truppen- und Generalstabsoffizier, 1919 im →Freikorps, danach in der →Reichswehr. Von 1932–1935 war er Kommandeur einer Kavalleriedivision, dann Wehrkreisbefehlshaber. 1936 wurde er zum General der Kavallerie befördert. Nach der →Fritsch-Krise verabschiedet, wurde er 1939 reaktiviert und Oberbefehlshaber des XXII. Armeekorps. Am 15. 3. 1940 nahm K. an der Führerbesprechung zur Vorbereitung des →Frankreich-Feldzugs teil, durchbrach mit seinen Panzern im Mai 1940 die →Ardennen und stieß zur Kanalküste durch. Im Juli 1940 wurde er Generaloberst. Im →Balkanfeldzug eroberte er mit seiner Panzergruppe Belgrad. Im →Rußlandfeldzug führte K. die nach ihm benannte Panzergruppe, wurde 1942 Oberbefehlshaber der 1. Panzerarmee und am 12. 11. 1942 Oberbefehlshaber der Heeresgruppe A, die im →Kaukasus operierte. Nach der Einkesselung →Stalingrads führte er seine Truppen geordnet vom Kaukasus zurück. Anfang 1943 wurde er Generalfeldmarschall und im März 1944 mit den →Schwertern ausgezeichnet, nach dem Verlust der Halbinsel →Krim jedoch am 30. 4. 1944 zur Führerreserve versetzt. 1945 kam er in westalliierte Gefangenschaft, wurde an Jugoslawien ausgeliefert, wo man ihn am 4. 8. 1948 in einem Schauprozeß zu 15 Jahren Zwangsarbeit verurteilte, und dann den Sowjets übergeben. K. starb in sowjetischer Haft.

klerikale Partei, Partei des politischen Katholizismus. Als k. P. verstand sich in Deutschland das →Zentrum bis zu seiner Selbstauflösung 1933, in Österreich die →Christlichsoziale Partei, die 1934 in der →Vaterländischen Front aufging.

Kluck, Alexander von (ab 1909), Generaloberst, * 20. 5. 1846 Münster/Westfalen, † 19. 10. 1934 Berlin. Seit 1865 beim preußischen Heer, wurde K. im deutsch-französischen Krieg 1870/71 zweimal verwundet. Ab 1906 war er Kommandierender General des V. Armeekorps in Posen, ab 1907 des I. in Königsberg, 1913 wurde er Armeeinspekteur. Als Oberbefehlshaber führte er 1914 die 1. Armee auf dem rechten deutschen Flügel siegreich bis östlich von Paris, mußte dann aber, vorübergehend der 2. Armee unterstellt, den von Oberstleutnant →Hentsch veranlaßten Rückzug hinter die Aisne mitmachen. Im März 1915 verwundet, schied er im Oktober 1916 aus. Er schrieb „Der Marsch auf Paris" (²1926) und „Wanderjahre, Kriege, Gestalten" (1929).

Kluge, Hans Günther von, Generalfeldmarschall, * 30. 10. 1882 Posen, † 18. 8. 1944 bei

Verdun. Der Generalssohn war ab 1901 preußischer Offizier und wurde im 1. Weltkrieg im Generalstab, dann in der →Reichswehr verwendet. Im September 1933 wurde er Generalmajor und Inspekteur der Nachrichtentruppe, im April 1934 Generalleutnant und im September 1934 Befehlshaber im Wehrkreis VI (Münster). Ab 1938 General der Artillerie, führte K. im →Polen- und →Frankreich-Feldzug die 4. Armee und wurde am 19. 7. 1940 Generalfeldmarschall. 1941 drang er mit der 4. Armee bis kurz vor →Moskau vor. Ab 18. 12. 1941 war er Oberbefehlshaber der Heeresgruppe Mitte im Osten, bis er am 12. 10. 1943 einen schweren Autounfall erlitt. Am 7. 7. 1944 wurde er Oberbefehlshaber West und am 17. 7. 1944 auch der Heeresgruppe B in Frankreich. Am →20. 7. 1944 war K. nicht bereit, sich am Putsch zu beteiligen, aber es wurde bald ermittelt, daß er mit den Verschwörern in Verbindung gestanden und mit ihnen sympathisiert hatte. Deshalb wurde er am 17. 8. 1944 von seinem Kommando abgelöst und durch Generalfeldmarschall →Model ersetzt. Auf der Fahrt nach Deutschland nahm sich K. das Leben.

KLV, Abkürzung für →Kinderlandverschikkung.

Knirsch, Hans, sudetendeutscher Politiker, * 14. 9. 1877 Triebendorf/Mähren, † 6. 12. 1933 Dux. Ab 1910 (bis 1926) war er Vorsitzender der von ihm 1904 mitgegründeten →Deutschen Arbeiterpartei (ab 1918 NSDAP), die er auch im österreichischen Abgeordnetenhaus 1911–1918, danach im Prager Parlament vertrat. Der Kriegsfreiwillige des 1. Weltkriegs setzte sich ab 1919 für den Anschluß des →Sudetenlandes an Deutschland ein und kämpfte für das Selbstbestimmungsrecht der Sudetendeutschen.
Zeidler: Hans Knirsch, 1938.

Koch, Erich, Gauleiter und Reichskommissar, * 19. 6. 1896 Elberfeld, † 15. 11. 1986 Wartenburg. Der gelernte Kaufmann war 1915–1918 Kriegsfreiwilliger, kämpfte 1919 im →Freikorps Heinz in Oberschlesien und zusammen mit →Schlageter 1923 im →Ruhrgebiet gegen die Franzosen. 1922 wurde er Mitglied der →NSDAP und Gaugeschäftsführer im Ruhrgebiet, 1926 Stellvertretender Gauleiter des Gaues Ruhr und am 1. 10. 1928 Gauleiter von Ostpreußen. 1930 gründete er die nationalsozialistische „Preußische Zeitung", wurde am 14. 9. 1930 MdR und im September 1933 Oberpräsident von Ostpreußen. Am 9. 5. 1942 wurde K. Reichskommissar für die Ukraine, hat die einheimische Bevölkerung jedoch unangemessen behandelt und dadurch einen erheblichen Widerstand gegen die deutsche Besatzungsmacht mit verschuldet. Im April 1945 setzte er sich von Ostpreußen über Kopenhagen nach Schleswig-Holstein ab, lebte dort bis 1949 unerkannt als Landarbeiter, wurde dann von den Engländern verhaftet und am 14. 2. 1950 an Polen ausgeliefert. Das Bezirksgericht Warschau verurteilte ihn am 9. 3. 1959 zum Tod, aber er wurde nicht hingerichtet, sondern blieb bis an sein Lebensende im Gefängnis Wartenburg (Masuren) inhaftiert.
K. Höffkes: Hitlers politische Generale, 1986.

Köhl, Hermann, Flieger, * 14. 4. 1888 Neu-Ulm, † 7. 10. 1938 München. Als Fliegeroffizier wurde K. im 1. Weltkrieg mit dem →Pour le mérite ausgezeichnet. Am 12./13. 4. 1928 überquerte er mit von →Hünefeld und Fitzmaurice mit dem Flugzeug „Bremen" zum erstenmal den Atlantik von Ost nach West. Er schrieb „Unser Ozeanflug" (1929, mit J. Fitzmaurice und G. von Hünefeld) und „Bremsklötze weg" (1932).

Königsberg, Hauptstadt Ostpreußens. Die Stadt mit 1939 rund 370 000 Einwohnern wurde durch britische Terrorangriffe vom 26.–30. 8. 1944 stark zerstört. Ab 26. 1. 1945 kam sie in den Frontbereich, wurde am 30. 1. 1945 von sowjetischen Truppen eingeschlossen und zur Festung erklärt. Unter General der Infanterie Otto Lasch hielt K. zunächst allen Angriffen stand. Als ab 4. 4. 1945 drei sowjetische Armeen mit über 500 Panzern und 5 000 Geschützen stürmten, mußte die Stadt schließlich am 9. 4. 1945 kapitulieren.

„Königsberg", deutscher Kleiner Kreuzer (3400 BRT). Nach erfolgreichem Kreuzerkrieg vor der ostafrikanischen Küste, in dessen Verlauf sie am 20. 9. 1914 im Hafen von Sansibar den britischen Kreuzer „Pegasus" versenkte, wurde die K. ab November 1914 von starken britischen Seestreitkräften im Rufiji-Delta blockiert und am 11. 7. 1915 versenkt. Die Besatzung kämpfte dann in der deutschen →Schutztruppe unter →Lettow-Vorbeck.
H. Pemsel: Seeherrschaft, Bd. 2, 1985. E. B. Potter u. a.: Seemacht, 1982.

„Königsberg", Unternehmen, →„Aster".

Königsboden, Bezeichnung für das ursprünglich unmittelbar dem ungarischen König unterstellte Siedlungsgebiet der →Siebenbürger Sachsen um →Hermannstadt, die hier seit 1150 bis zur Gegenwart leben.

Köpenick, Hauptmann von. Der Schuhmacher Wilhelm Voigt marschierte am 16. 10. 1906, als

Hauptmann verkleidet und mit einigen ihm zufällig begegnenden Soldaten, auf das Rathaus von (Berlin-)Köpenick und ließ sich dort die Stadtkasse aushändigen. Der Vorgang dient seitdem als Beispiel und Karikatur des angeblichen preußisch-deutschen Militarismus und Gehorsamsgeistes.

Koerber, Ernest von, österreichischer Ministerpräsident, * 6. 11. 1850 Trient, † 5. 3. 1919 Baden/Wien. Der Jurist trat 1874 ins österreichische Handelsministerium ein und wurde 1895 Direktor der Staatseisenbahnen. Er war 1897/98 Handels- und 1899 Innenminister, vom 18. 1. 1900 bis 31. 12. 1904 Ministerpräsident und Innenminister, wobei er sich bis zu seinem Rücktritt um den Ausgleich der nationalen Gegensätze in der Donau-Monarchie bemühte. Ab 1915 österreichisch-ungarischer Finanzminister, wurde er am 28. 10. 1916 wieder Ministerpräsident, trat jedoch am 20. 12. 1916 nach dem Tode Kaiser →Franz Josephs wegen Meinungsverschiedenheiten mit Kaiser →Karl in Verfassungsfragen zurück.
H. Hantsch (Hrsg.): Gestalten der Geschichte Österreichs, 1962. H. Hantsch: Die Geschichte Österreichs, ⁴1968.

Körner, Paul, Politiker, * 2. 10. 1893 Pirna, † 29. 11. 1957 Tegernsee. Der Weltkriegsteilnehmer studierte Jura, trat im November 1926 in die →NSDAP ein und wurde 1928 Mitarbeiter →Görings, im Februar dessen persönlicher Referent. Seit 20. 4. 1933 Staatssekretär im preußischen Staatsministerium und ab September 1933 Preußischer Staatsrat, wurde K. am 22. 10. 1936 Görings Stellvertreter als Beauftragter des Vierjahresplans und 1939–1942 Vorsitzender des Generalrates für den →Vierjahresplan. Seit 1931 in der →SS, wurde K. am 30. 1. 1942 SS-Obergruppenführer und war ab 1937 MdR. Als leitender Wirtschaftsmann für die Aufrüstung und Kriegswirtschaft wurde K. vom →Nürnberger Militärtribunal IV am 11. 4. 1949 zu 15 Jahren Haft verurteilt, aus der er am 16. 12. 1951 entlassen wurde.

Köster, Hans von (ab 1900), Großadmiral, * 29. 4. 1844 Schwerin, † 21. 2. 1928 Kiel. Seit 1899 Generalinspekteur der Marine und 1903–1906 Chef der aktiven Schlachtflotte, förderte er entscheidend die taktische Ausbildung der Kriegsmarine. Ab 1908 war K. Vorsitzender des →Deutschen Flottenvereins.

Kohlenklau, Propagandasymbol gegen Energieverschwendung. Als schwarzer, unsympathischer Mann mit einem Sack auf dem Rücken oder in der Hand diente der K. ab 1942 in Deutschland als Verkörperung eines Energieverschwenders und Volksschädlings. Auf Plakaten, Zetteln, Anschlägen wie in Film- und Rundfunksendungen sollte der K. für Sparsamkeit bei Heizmaterial und Rohstoffen werben.

Kolbenheyer, Erwin Guido, Dr. phil., Dr. med. e. h., deutscher Dichter und Philosoph, * 30. 12. 1878 Budapest, † 12. 4. 1962 München-Solln. K. veröffentlichte als Student 1902 eine Giordano-Bruno-Tragödie „Heroische Leidenschaften" (1903), danach u. a. die Romane „Amor Dei" (1908, Spinoza), „Die Kindheit des Paracelsus" und „Meister Joachim Pausewang" (1917–1926), außerdem die Erzählungen „Tischgespräch über die Güte", „Weihnacht eines Sonderlings" und die „Karlsbader Novelle" (Goethe). 1925 veröffentlichte er seine grundlegende philosophische Schrift „Die Bauhütte", 1944 die vierteilige Dramengruppe „Menschen und Götter". 1946 wurde er aus seinem Heim in München ausgewiesen und lebte dann bei Wolfratshausen in Oberbayern. Über seinen Lebensweg berichtete er in seinem „Sebastian Karst" (1949). Seiner Philosophie legte K. ein biologisches Denken zugrunde und bekannte sich zu einem kirchenfreien Gottglauben. Die K.-Gesellschaft (Nürnberg) gibt seit 1957 seine Werke heraus.
E. Frank: Jahre des Glücks, Jahre des Leids, 1969. P. Dimt: Schlederloher Teestunde, 1985. F. Koch: Kolbenheyer, 1953.

„Kolberg", deutscher Spielfilm 1945. Als einer der letzten großen deutschen Spielfilme im 3. Reich unter Veit →Harlans Regie mit Christina →Söderbaum, Heinrich →George und Horst Caspar in den Hauptrollen hergestellt, zeigte dieser „Film der Nation" die erfolgreiche Verteidigung Kolbergs 1806 gegen Napoleon. Die Uraufführung fand am 30. 1. 1945 in der eingeschlossenen Atlantikfestung La Rochelle und in Berlin statt und sollte gegen Ende des Krieges zum höchsten Widerstand auffordern. Der Film lief ab Ende der 60er Jahre mit geschichtsverfälschendem Zusatz.

Kollaboration, Zusammenarbeit mit einer Besatzungsmacht. Von 1940–1945 haben in den von der deutschen Wehrmacht besetzten Gebieten Einheimische mit deutschen Behörden zusammengearbeitet, vielfach in dem Glauben, damit etwas für ihr Volk zu erreichen. Besonders in Frankreich wurde die Kollaboration des Marschalls →Pétain mit Deutschland von der Öffentlichkeit und den Parteien stark unterstützt. Nach der Eroberung Frankreichs durch die Alliierten wurden die Anhänger der

K. dann in großer Zahl verhaftet, mißhandelt und ermordet. In Frankreich gab es als Folge dieser sogenannten Säuberungen mehr als 100000, in Italien mehr als 200000 Tote. Insgesamt waren von diesen Repressalien allein 1,5 bis 2 Mill. Franzosen betroffen. Brutal verfolgt wurden auch die →Freiwilligen, die in den Reihen der Waffen-SS gegen die Sowjetunion gekämpft hatten, und ihre Angehörigen.

O. Abetz: Das offene Problem, 1951. H. W. Neulen: An deutscher Seite, 1985. W. Brockdorff: Kollaboration oder Widerstand in den besetzten Ländern, 1968. P. Sérant: Die politischen Säuberungen in Westeuropa, 1963. H. Nawratil: Die deutschen Nachkriegsverluste, 1986. P. de Pringet: Die Kollaboration, 1981.

Kollektivschuld, Behauptung von der Haftung einer Gruppe für schuldhafte Handlungen einzelner ihrer Mitglieder. Der Begriff K. wurde nach 1945 dazu benutzt, das ganze deutsche Volk mit vorwerfbaren Taten einzelner im 2. Weltkrieg zu belasten und damit Wiedergutmachungsforderungen sowie Kollektivstrafen zu begründen (→Stuttgarter Schuldbekenntnis). Allerdings wurde die Behauptung einer K. bisher ausschließlich gegen das deutsche Volk erhoben. Sachlich ist sie unhaltbar, da immer nur einzelne Personen für ihr Verhalten verantwortlich gemacht werden können. Deshalb wurde auch häufig anstelle von K. von Kollektivscham (Th. →Heuss), Mitbetroffenheit (K. Jaspers 1946) oder Mitverantwortung (H. Schmidt 1977) gesprochen. Obwohl rechtlich ohne Bedeutung, hat der Begriff K. in der Politik eine große Auswirkung gehabt.

Kolonialabzeichen, Plakette für Kolonialdienst. Das K. wurde 1922 vom Wiederaufbauministerium des Reiches gestiftet und von ihm oder dem Auswärtigen Amt an Personen verliehen, die im 1. Weltkrieg in den deutschen Kolonien tätig waren. Das K. bestand aus einer ansteckbaren Plakette und wurde wegen des abgebildeten Elefanten auch „Elefantenorden" genannt.

Kolonialdenkmünze, Erinnerungsmünze für Angehörige der →Schutztruppe. Die 1912 gestiftete K. war eine tragbare Denkmünze, die Teilnehmern an deutschen Kolonialfeldzügen verliehen wurde, wenn für sie keine andere Medaille geschaffen worden war.

koloniale Schuldlüge, unzutreffende Behauptung über die deutsche Kolonialpolitik. 1919 begründeten die Alliierten die Wegnahme deutscher Kolonien durch das →Versailler Diktat (Artikel 119–127) damit, daß Deutschland bei der Behandlung der Eingeborenen „versagt" habe und deshalb nicht in der Lage sei, Kolonien zu verwalten. Diese Unterstellung berücksichtigte nicht, daß das Deutsche Reich in seine Kolonien erhebliche Summen investiert, viel für die Schulbildung und medizinische Versorgung der Eingeborenen getan und zu großen Teilen von ihnen gute Beziehungen hergestellt hatte.

H. Schnee: Die koloniale Schuldlüge, [12]1940.

Kolonialfahne, Fahne der deutschen Kolonialbewegung. Das Sinnbild zeigt das schwarze Ordenskreuz der Deutschritter und das Kreuz des Südens im roten Feld. Die K. wurde von Carl →Peters, dem Erwerber →Deutsch-Ostafrikas, eingeführt. An die K. lehnte sich das spätere Abzeichen des →Reichskolonialbundes an.

Kolonialgesellschaft, Vereinigung zur Pflege des kolonialen Gedankens und zur wirtschaftlichen Erschließung der Kolonien. Zur Förderung der kolonialen Idee diente in Deutschland vor allem die Deutsche K., ab 13. 6. 1936 der →Reichskolonialbund. Als wirtschaftliche Unternehmen waren mehr als 60 K. en in den deutschen Kolonien tätig, z. B. die Deutsch-Ostafrikanische Gesellschaft, die Deutsche K. für Südwestafrika oder die →Neuguinea-Compagnie. Das gesamte Anlagevermögen der K. en in den deutschen Kolonien betrug 1914 mehr als 300 Mill. Mark. Durch das →Versailler Diktat erlitten die K. en große Vermögensverluste, ein Teil konnte nach 1919 weiterarbeiten.

L. Schoen: Die deutschen Kolonial- und Überseegesellschaften, 1933. H. Schnee (Hrsg.): Deutsches Koloniallexikon, 1920. L. Sander: Geschichte der deutschen Kolonialgesellschaft für Südwest-Afrika, 2 Bde., 1912.

Kolonialpolitisches Amt, Dienststelle in der Reichsleitung der →NSDAP. Das K. war 1934 zur Koordinierung aller kolonialpolitischen Fragen und Stellungnahmen gebildet worden und wurde von General Franz Ritter von →Epp geleitet. Wie alle anderen kolonialen Verbände wurde es am 13. 6. 1936 im →Reichskolonialbund unter von Epp zusammengefaßt.

Kolonialschule, Ausbildungsanstalt für Tätigkeit in den Kolonien. In Deutschland bestanden bis 1945 die K. Witzenhausen (Nordhessen), gegründet 1888, die besonders Landwirte in einem zweijährigen Lehrgang zu staatlich geprüften Koloniallandwirten ausbildete, und die 1926 errichtete Koloniale Frauenschule Rendsburg, die in einjährigem Lehrgang auf häusliche und siedlerische Tätigkeit in den Kolonien vorbereitete. Daneben hatten einige Hochschulen kolonialwissenschaftliche Institute. Für Beamte gab es eine Reichsschule für den Kolonialdienst in Berlin-Grunewald. Für die

Schulungsarbeit des →Kolonialpolitischen Amtes der →NSDAP und des →Reichskolonialbundes wurde 1938 in Ladeburg/Bernau ein „Kolonialpolitisches Schulungshaus" eingerichtet, das zweiwöchige Lehrgänge veranstaltete.

Kolonialtruppe, die zum Schutz der deutschen Kolonien und zur Aufrechterhaltung der Ordnung dienende →Schutztruppe.
W. Haupt: Die deutsche Schutztruppe 1899–1918, 1989.

Kolonien, deutsche, überseeische deutsche Besitzungen. Frühe deutsche Kolonialversuche der Welser in Venezuela (1528–1556), der Fugger in Südchile und Patagonien (1520), des Großen Kurfürsten von Brandenburg in Groß-Friedrichsburg an der afrikanischen Goldküste (1680–1717) und auf der Antilleninsel St. Thomas (1686–1721) sowie der Habsburger in Indien (1722) und Mosambique (1776) führten zu keinen dauerhaften Ergebnissen. Ab 1884 erwarb das Deutsche Reich mehrere K. in Afrika (→Togo, →Kamerun, →Deutsch-Südwestafrika, →Deutsch-Ostafrika), in der Südsee (→Deutsch-Neuguinea, →Samoa) und in China (→Kiautschou). Unter Bruch der Waffenstillstandsgrundlage, der →14 Punkte Wilsons, die in Punkt 5 „eine freie, weitherzige und unbedingt unparteiische Schlichtung aller kolonialen Ansprüche" zugesagt hatten, wurden dem Deutschen Reich im →Versailler Diktat 1919 alle Kolonien mit der Begründung der →„kolonialen Schuldlüge" abgenommen, Deutschland sei unfähig, K. zu verwalten. In Wirklichkeit hatte das Reich als letzte europäische Macht und in weit geringerem Maße als andere europäische Staaten Kolonien erworben und sie in der kurzen Zeit seit 1884 mustergültig aufgebaut und entwickelt.
G. Wegener: Die deutschen Kolonien, 1938. D. Schäfer: Kolonialgeschichte, 2 Bde., [4]1921. K. Graudenz und H. M. Schindler: Die deutschen Kolonien, 1982. F. Schinzinger: Die Kolonien und das Deutsche Reich, 1985. W. Haupt: Deutschlands Schutzgebiete in Übersee 1884–1918, 1984. H. G. Steltzer: Die Deutschen und ihr Kolonialreich, 1984. W. Westphal: Geschichte der deutschen Kolonien, 1984.

„Komet", Beiname des Jägers Me 163. Der raketengetriebene deutsche Abfangjäger Messerschmidt Me 163, der ab 1944 in 364 Exemplaren hergestellt wurde, konnte eine Höchstgeschwindigkeit von 800 km/h und eine Dienstgipfelhöhe von 15 200 m erreichen. Die Reichweite betrug 100 km bei acht Minuten Flugzeit. Der K. war mit Flugabwehrraketen ausgerüstet, zum Schutz wichtiger Objekte gedacht und startete, sobald sich ihm feindliche Maschinen näherten. Er warf nach dem Start sein Fahrgestell ab und landete dann auf Kufen.

„Komet", deutscher →Hilfskreuzer im 2. Weltkrieg. Unter Kapitän zur See Eyssen stach die „K." (Schiff 45) am 3. 7. 1940 von Gotenhafen aus in See und fuhr duch die Barentssee an Nowaja Semlja und nördlich an Sibirien vorbei in die Beringstraße, die sie am 3. 9. 1940 erreichte. Dabei durchquerte sie, über große Strecken von sowjetischen Eisbrechern begleitet, 720 Kilometer Eis. Als einzigem deutschen Schiff gelang der „K." die Fahrt auf dieser Route. Im Pazifik und im Indischen Ozean versenkte sie sechs neuseeländische und britische Frachter mit 42 959 BRT, beschoß den Hafen von Nauru und kehrte nach einer Fahrt um Kap Horn Ende November 1941 nach Frankreich zurück. Im Oktober 1942 wurde sie bei einem erneuten Durchbruchsversuch von britischen Zerstörern in der Biskaya versenkt.
E. B. Potter und andere: Seemacht, 1986. J. Brennecke: Das große Abenteuer, 1958. H. J. Ehrlich und K. Weyher: Vagabunden auf See, 1953. G. Hümmelchen: Handelsstörer, [2]1967.

Kominform, Abkürzung für Kommunistisches Informationsbüro. Das 1947 gegründete K. sollte die Lenkung und Leitung der mit der KPdSU verbundenen kommunistischen Parteien übernehmen, nachdem die Kommunistische →Internationale (→Komintern), die früher diese Aufgabe erfüllt hatte, mit Rücksicht auf die Westmächte 1943 aufgelöst worden war. Bis 1948 hatte das K. seinen Sitz in Belgrad, dann bis zu seiner Auflösung im April 1956 in Bukarest. Danach war die Information und Koordination der kommunistischen Parteien Aufgabe der monatlich erscheinenden Zeitschrift „Probleme des Friedens und des Sozialismus", die in Prag in über 40 Sprachen erscheint.
G. Nollau: Die Internationale, 1959.

Komintern, Abkürzung für Kommunistische Internationale. Die 3. oder Kommunistische →Internationale wurde im März 1919 von Lenin mit dem Ziel gegründet, im Anschluß an Rußland eine kommunistische Herrschaft auch in anderen Ländern zu begründen, also die Weltrevolution voranzutreiben. Sitz der K. war Moskau, die beherrschende Rolle der KPdSU zu jeder Zeit gewährleistet. Die K. propagierte 1919 den Umsturz zunächst in den industrialisierten Staaten, ab 1920 auch in den kolonialen und halbkolonialen Ländern. Als 1923 nach dem →Hamburger Aufstand die Erfolgsaussichten für eine Revolution in Europa schwanden, versuchte die K. auf Weisung →Stalins 1924 noch einmal eine Revolution in China, die ebenfalls zu keinem Erfolg führte. Seitdem konzentrierte sich die KPdSU (B) auf den „Aufbau des Sozialismus in einem Land", nämlich der Sowjetunion, um die Weltrevolution zum geeigneten Zeitpunkt mit deren Machtmitteln voranzutreiben. Ab Mitte der 20er Jahre hatte die K. damit nur noch die Aufgabe, die außenpolitischen Ziele der Sowjetunion zu unterstützen. Sie wurde am 15. 5. 1943 aufgelöst, um den mit der UdSSR verbündeten Westmächten vorzutäuschen, Stalin habe auf die Weltrevolution verzichtet. Die Westalliierten haben das im Krieg auch im wesentlichen geglaubt und entsprechend Zugeständnisse an Stalin für die Nachkriegszeit gemacht.

G. Nollau: Die Internationale, 1959. J. Braunthal: Geschichte der Internationale, 2 Bde., 1963. T. Pirker: Komintern und Faschismus, 1965.

Komischer Krieg, →Sitzkrieg.

Kommandobefehl, Befehl A. Hitlers über die Behandlung von Angehörigen alliierter Kommandounternehmen. Seit 1940 störten Engländer durch Kommandounternehmen im Westen. Beim britischen Landunternehmen bei →Dieppe am 19. 8. 1942 wurden gefangene Deutsche so gefesselt, daß sie sich selbst erdrosselten. Die Anleitung dazu in den britischen Nahkampfvorschriften fiel bei Dieppe in deutsche Hände. Darauf erließ A. →Hitler nach der Ankündigung im Wehrmachtsbericht vom 7. 10. 1942 am 18. 10. 1942 den K. als „Erlaß über die Vernichtung von Terror- und Sabotagetrupps". Nach Hinweis auf die Praxis der alliierten Kommandos befahl er, alle bei solchen Unternehmungen in Europa und Afrika gestellten Gegner niederzumachen und darüber Meldung zu erstatten. Nicht im Kampf gefangene Agenten sollten dem →SD übergeben werden. Der K. galt ausdrücklich nicht für normale Kampfhandlungen wie Großlandungen und Großluftlandeunternehmen, auch nicht für auf See oder nach Fallschirmabsprung in deutsche Hand gefallene alliierte Soldaten. Er wurde vom →Nürnberger Militärtribunal als Kriegsverbrechen gewertet, obwohl Generaloberst A. →Jodl am 4. 6. 1946 und Großadmiral E. →Raeder am 20. 5. 1946 seine Vorgeschichte darlegten.

R. Pemsel: Hitler – Revolutionär, Staatsmann, Verbrecher? 1986.

Kommissarbefehl (Kommissarerlaß), Anordnung zur Erschießung gefangener Kommissare der Roten Armee. Die „Richtlinien für die Behandlung politischer Kommissare" des →Oberkommandos der Wehrmacht (Wehrmacht Führungsstab Abt. L) vom 6. 6. 1941 befahlen, Kommissare der Roten Armee nicht als Kombattanten zu behandeln. Sie sollten vielmehr, wenn sie „als Organe der feindlichen Truppe" auftraten, als „Urheber barbarischer

asiatischer Kampfmethoden" abgesondert und erschossen werden. Diejenigen, „die sich keiner feindlichen Handlung schuldig machen oder einer solchen verdächtig sind, werden zunächst unbehelligt bleiben". Diese Anordnung wurde als Geheime Kommandosache am 8. 6. 1941 bis zu den Oberbefehlshabern der Armeen und Luftflotten bekanntgegeben und sollte von da ab nur noch mündlich mitgeteilt werden. Sie wurde in der Truppe kaum bekannt, noch weniger befolgt und im Mai 1942 aufgehoben, auch „um die Neigung zum Überlaufen und zur Kapitulation eingeschlossener sowjetischer Truppen zu steigern". Der K. wurde vom →Nürnberger Militärtribunal als Kriegsverbrechen gewertet.

R. Pemsel: Hitler – Revolutionär, Staatsmann, Verbrecher?, 1986.

Kommunismus, politische Theorie. Das Ziel des K. beschrieben Marx und Engels im „Kommunistischen Manifest" so: „In diesem Sinne können die Kommunisten ihre Theorie in dem einen Ausdruck: Aufhebung des Privateigentums, zusammenfassen." Angestrebt wird also eine „klassenlose Gesellschaft", in der alle Güter, da niemandem über das Lebensnotwendige hinaus etwas gehört, gleichmäßig verteilt werden können und somit alle Menschen ausreichend versorgt sind. Das zu jeder Zeit in der Geschichte anzutreffende Streben des Menschen nach Privateigentum bezeichnete Marx als „relativen Trieb", ausgelöst durch die Angst vor unzureichender Ernährung, die sich angesichts der allen Menschen garantierten Versorgung in der kommunistischen Gesellschaft legen werde. Tatsächlich ist das Streben des Menschen nach Privateigentum jedoch nicht auf äußere Umstände zurückzuführen, sondern eine Konstante seines Verhaltens. Der Kommunismus will dem Menschen also etwas zumuten, was seiner Natur widerspricht. Es kann deshalb niemals dauerhaft eine „klassenlose Gesellschaft" geben, und die historisch gesehen zeitweilige Herrschaft von Kommunisten ist deshalb von mehreren Voraussetzungen abhängig: 1. Da sich niemand für die Machtergreifung einer Gruppe einsetzen wird, die allen alles zu nehmen verspricht, haben die Kommunisten auch noch niemals ihre Herrschaft mit der Propagierung ihres Endziels angestrebt. Sie haben vielmehr ihr Machtstreben mit anderen Zielen gerechtfertigt, also Frieden, nationale Unabhängigkeit, Wohlstand, die Beseitigung unfähiger Regierungen oder das Gegenteil dessen versprochen, was sie endgültig wollen: Privateigentum, etwa an Grund und Boden. Täuschung war also ein wichtiges Hilfsmittel zu ihrer Machtergreifung. 2. Da sich jedoch nur

begrenzte Teile einer Bevölkerung täuschen ließen, waren sie dabei immer auch auf Gewalt
angewiesen. Noch niemals ist eine kommunistische Partei mit Zustimmung der Bevölkerungsmehrheit an die Regierung gekommen.
3. Nach der Machtergreifung mußten die Kommunisten Gewalt anwenden, um das Privateigentum zu enteignen, auch das, was sie vor ihrer Machtübernahme versprochen und vorübergehend auch zugestanden hatten, bis ihre
Herrschaft gefestigt war. 4. Regierende kommunistische Parteien sind auf ständige Gewaltanwendung angewiesen, um die Neubildung
von Privateigentum zu unterbinden. Wo die
Kommunisten darauf verzichten, streben die
Menschen sofort wieder nach persönlichem
Besitz. Kommunismus und persönliche Freiheiten sind deshalb miteinander unvereinbar.
5. Da der Mensch mehr leistet, wenn er für eigenen Gewinn arbeiten kann, als dort, wo man
ihm Eigentum und höhere Entlohnung vorent-
hält, sind marktwirtschaftlich orientierte Länder den kommunistischen Zentralverwaltungs-
wirtschaften immer hoch überlegen und bewirken einen Lebensstandard, der erheblich über
dem kommunistisch beherrschter Länder liegt.
Die Kommunisten müssen deshalb danach
streben, diese Vergleichsmöglichkeiten zu beseitigen, um nicht revolutionäre Bewegungen
in ihrem Machtbereich mit der Gefährdung ihrer Herrschaft zu fördern. Für sie besteht daher
ein Zwang zu Weltrevolution und Weltherr-
schaft, die „Überwindung des Kapitalismus"
ist eine Form der Sicherung ihrer Existenz.
6. Wenn alle Menschen nach Privateigentum
streben, können die Kommunisten davon
keine Ausnahme machen. Tatsächlich bedeutet
für die Angehörigen der Apparate regierender
kommunistischer Parteien die Durchsetzung
ihres Programms nicht den Verzicht auf Eigentum und Wohlstand, sondern, im Gegenteil,
die ökonomische Basis ihrer gesellschaftlichen
Existenz. In der Marktwirtschaft ist zwischen
dem Anbieter und dem Käufer keine andere
Instanz erforderlich. Wo man das Privateigentum aufgehoben hat, muß es jedoch eine Organisation geben, die festlegt, was produziert und
wie verteilt wird. Das ist der Parteiapparat, der
sofort überflüssig wird, wenn mit der Einführung von Privateigentum seine Funktion nicht
mehr gebraucht wird. Die volle Verfügbarkeit
über alle Güter erlaubt es dem Parteiapparat
aber, sich anzueignen, was er zu seinem Leben
braucht. Es gibt unzählige Beispiele dafür, das
dies in erheblichem Umfang geschieht. Die
Durchsetzung des kommunistischen Parteiprogramms hängt also davon ab, daß es eine
Gruppe gibt, die daran ein persönliches Interesse hat und zur Anwendung von Gewalt bereit

ist. Im Ostblock unter Einschluß der Sowjetunion hat die unter einer kommunistischen
Herrschaft unvermeidliche Wirtschaftskrise in
der Mitte der 80er Jahre überraschend dazu geführt, daß die Kommunisten zu deren Überwindung auf die Anwendung und Androhung
von Gewalt zum Teil verzichteten und sogar
eine begrenzte Reprivatisierung wie eine Verringerung der Parteiherrschaft selber in die
Wege leiteten. Das – ungewollte – Ergebnis ist
eine Entwicklung, die in einigen Ländern
schon zum Ende der kommunistischen Machtausübung geführt hat.

Kommunistische Partei Deutschlands (KPD),
marxistische Partei ab 1918. Am 30. 12. 1918 bildete sich aus dem →Spartakusbund, der sich
von der →USPD abgespalten hatte, unter K.
→Liebknecht, R. →Luxemburg und E. Meyer
in Berlin die KPD. Sie trat für eine sozialistische Republik mit →Räteherrschaft sowie für
die Aufhebung des Privateigentums an Produk-
tionsmitteln ein und lehnte gleichzeitig Wahlen
zur Nationalversammlung ab. Die Partei förderte sofort bewaffnete Aufstände, die jedoch
niedergeschlagen wurden und zur Erschießung
von Liebknecht und Luxemburg am 15. 1. 1919
führten. Im Dezember 1920 traten viele
USPD-Mitglieder zur KPD über und verstärkten ihre Mitgliederzahl auf rund 375 000. Neben vielen regionalen Tageszeitungen hatte die
KPD als Zentralorgan „Die Rote Fahne". 1921
organisierte die KPD vermehrt bewaffnete
Aufstände, die von der Reichsregierung mit
→Reichswehr, →Freikorps und Polizei nur
mühsam niedergeschlagen werden konnten.
Ab 1924 wurde die KPD unter Führung E.
→Thälmanns immer mehr zu einem ausführen-
den Organ der KPdSU (B). Sie schloß „Ver-
söhnler" aus, bekämpfte die „sozialfaschisti-
sche" →SPD, steigerte aber auch die Angriffe
gegen die →NSDAP und trug dadurch in erheblichem Maße zum Straßenterror in der Weimarer Republik bei. Nach dem →Reichstags-
brand am 28. 2. 1933 wurde die KPD verboten,
ihre Funktionäre kamen zu einem erheblichen
Teil in Haft, aber einige ihrer Gruppen haben
bis Kriegsende Propaganda- und
Sabotageaktionen unternommen. Als erste
Partei im Nachkriegsdeutschland rief die KPD
am 11. 6. 1945 zur Neugründung auf, übernahm in der Sowjetischen Besatzungszone
Deutschlands (SBZ) alle wesentlichen Funktionen und begann mit der Errichtung einer
„volksdemokratischen Ordnung", der Vorform
einer kommunistischen Herrschaft. Da sie nur
wenige Wähler für sich gewinnen konnte, erzwang sie 1946 in der SBZ ihre Vereinigung mit
der mitgliederstärkeren SPD zur Sozialisti-

schen Einheitspartei Deutschlands (SED), in der jedoch alle wesentlichen Funktionen von ehemaligen Kommunisten ausgeübt wurden. In Westdeutschland und (ab 1949) Bundesrepublik Deutschland bestand die KPD bei abnehmender Wählerzahl und Bedeutung bis 1956, dann wurde sie als verfassungsfeindlich verboten. Ihre Reste arbeiteten im Untergrund, bis sich 1968 die „Deutsche Kommunistische Partei" bildete.

H. Weber: Kommunismus in Deutschland 1918–1945, 1983. O. K. Flechtheim: Die KPD in der Weimarer Republik, 1969.

Kommunistische Partei Österreichs (KPÖ), österreichische politische Partei. Aus einer linksradikalen Abspaltung von der Sozialdemokratischen Partei Deutschösterreichs entstand am 3. 11. 1918 in Wien unter F. Koritschoner, K. Steinhardt sowie P. und E. Friedländer die Kommunistische Partei Deutschösterreichs (KPDÖ), ab 1920 KPÖ. Sie erstrebte eine kommunistische Rätediktatur nach sowjetischem Vorbild mit Enteignung des Großgrundbesitzes, Vergesellschaftung der Banken sowie Verstaatlichung des Verkehrswesens und großkapitalistischer Unternehmen. Nach dem 1. Weltkrieg unternahm die KPÖ vergeblich Putschversuche unter Führung des ungarischen Revolutionärs E. Bettelheim. Nachdem sie zunächst nicht an Wahlen teilgenommen hatte, erhielt die KPÖ 1920 rund 1% der Stimmen und blieb dann bis zum Verbot 1933 unter 0,6%. Die SPÖ war nicht zu einer „kämpferischen Einheitsfront" mit der KPÖ bereit. 1945 erhielt die KPÖ mit sowjetischer Hilfe ein Drittel der Kabinettsposten in der ersten Provisorischen Regierung unter →Renner, erlangte 1945 bei der Nationalratswahl aber nur 5,4% der Stimmen und vier Mandate. 1947 verschwand die KPÖ aus der Regierung, ab 1959 erhielt sie keine Mandate mehr.

Steiner: Die Kommunistische Partei Österreichs von 1918–1933, 1968.

Konkordat, völkerrechtlicher Vertrag zwischen einem Staat und dem Heiligen Stuhl, dazu zählt das →Reichskonkordat vom 20. 7. 1933.

W. Weber: Die deutschen Konkordate und Kirchenverträge der Gegenwart, 1962.

Konservatismus, politische Theorie. Linke Bewegungen verfolgen unterschiedliche Ziele – →Kommunismus, →Sozialismus, Anarchismus, →Liberalismus – mit unterschiedlichen Methoden; ihre Übereinstimmung besteht darin, daß sie ihre Bestrebungen mit einer bestimmten Vorstellung vom Wesen des Menschen rechtfertigen. Das anthropologische Modell, das ihren Absichten zugrunde liegt, kennt keine politisch wichtigen Konstanten des menschlichen Verhaltens. Vielmehr soll der Mensch durch äußere Einflüsse beliebig zu formen und zu einem Verhalten zu bringen sein, das den Aufbau einer ganz neuen Gesellschaftsordnung erlaubt. Kommunisten und Sozialisten etwa glauben daran, daß der Mensch bei entsprechender Beeinflussung auf das Streben nach Privateigentum verzichtet, das ihn zu allen Zeiten ausgezeichnet hat; Anarchisten wollen jede Form staatlicher Ordnung beseitigen, Liberale den Menschen von allen Bindungen, Überlieferungen und Strukturen befreien, die nicht durch die Vernunft zu rechtfertigen sind. Voraussetzung aller linken Programme ist die Beseitigung überlieferter Staats- und Gesellschaftsordnungen, damit der Weg für den neu zu formenden Menschen und den als ideal angesehenen Zustand freigemacht werden kann. Im Gegensatz dazu wollen die konservativen Gruppen das überlieferte Bild vom Menschen bewahren und ihren gleichfalls unterschiedlichen Zielen zugrunde legen: Die Überzeugung, daß es Verhaltenskonstanten des Menschen gibt, die nicht ausgeschaltet werden können und deshalb bei der Gestaltung des menschlichen Zusammenlebens berücksichtigt werden müssen. K. ist somit als Gesamtheit aller Bestrebungen zu bezeichnen, die die Theorie von der beliebigen Veränderlichkeit des menschlichen Verhaltens ablehnen und statt dessen ihre Ziele an den geschichtlich überlieferten Erfahrungen von den Handlungs- und Beeinflussungsmöglichkeiten des Menschen ausrichten. Sie glauben daher auch nicht an eine ideale Gesellschaftsordnung und lehnen die revolutionäre Beseitigung überlieferter Lebensformen im Interesse solcher Utopien ab. Die Begriffe „konservativ" und „rechtsgerichtet" oder →„rechts" im politischen Sinn sind identisch.

Konservative Volkspartei (KVP), von Juli 1930 bis Februar 1931 Name der →Volkskonservativen Vereinigung (VKV).

Kontrollkommission, von den Alliierten 1919 eingesetzter und bis 1927 tätiger Ausschuß zur Überwachung der deutschen Abrüstung, nach 1945 war die Control Commission of Germany (CCG) mit noch umfassenderen Befugnissen dafür tätig.

Konzentrationslager (KL, KZ), Bezeichnung für Internierungs- und Arbeitslager, in denen politische Gegner festgehalten werden. Der Begriff wurde zum erstenmal nach 1917 im kommunistisch beherrschten Rußland benutzt, K. hat es jedoch auch in zahlreichen anderen Ländern gegeben. Zu Beginn des Jahrhunderts internierten die Engländer im Krieg gegen die beiden Burenrepubliken Zehntausende von burischen Frauen und Kindern, die dabei zu einem großen Teil den Tod fanden, in K. Sie wollten dadurch den militärischen Widerstand der Buren, die sich gegen eine Eroberung ihres Landes wehrten, brechen. Nach dem 1. Weltkrieg haben die Polen in den von ihnen besetzten deutschen Ostprovinzen in K. zahlreiche Deutsche festgehalten, die keine polnischen Staatsangehörigen werden wollten. Das ausgedehnteste System von K., hier Arbeits- und Besserungslager genannt, errichtete die Sowjetunion. Im „Archipel GULAG" (A. Solschenizyn) waren zeitweise bis zu 20 Millionen Häftlinge, sogenannte Klassen- und Parteifeinde, Lebensbedingungen ausgesetzt, die bewußt zum Tod führen sollten. Von den schätzungsweise 66 Millionen Opfern des kommunistischen Terrors in der UdSSR haben die meisten ihr Leben dort verloren. Ähnliche Lager wurden 1945 in allen kommunistisch beherrschten Ländern Ost- und Mitteleuropas eingerichtet, in denen, vor allem in Polen, Jugoslawien und in der Tschechoslowakei, Deutsche zu Hunderttausenden den Tod fanden, in die später aber auch nichtdeutsche Gegner der Kommunisten eingeliefert wurden. Chinesen hat man nach der Machtübernahme Mao Tse-tungs in Millionenhöhe in Lagern inhaftiert und ermordet, ähnlich verfuhr Pol Pot mit seinen Landsleuten nach der kommunistischen Eroberung Kambodschas. In Südvietnam bestehen noch zahlreiche K. für Nichtkommunisten. In der Sowjetunion gibt es gleichfalls noch Häftlinge in unbekannter Zahl in Arbeitslagern, jedoch sollen sich nach Verlautbarungen aus der Ära Gorbatschow keine aus politischen Gründen Verurteilten mehr darunter befinden. In den dreißiger Jahren errichteten und unterhielten die Bundeskanzler →Dollfuß und →Schuschnigg in Österreich sogenannte →Anhaltelager für die Gegner ihrer klerikalen →„Vaterländischen Front", nämlich Sozialdemokraten und Nationalsozialisten. In Deutschland wurden K. ab März 1933 gegründet mit dem Ziel, Personen in Gewahrsam zu nehmen, die aufgrund eines von Polizeibehörden ausgestellten Schutzhaftlagerbefehls interniert werden sollten und für die es in Haftanstalten aus Platzmangel keine Unterbringungsmöglichkeiten gab. Zu den Insassen zählten hauptsächlich politische Gegner des 3. Reiches, vor allem Marxisten, von denen eine staatsgefährdende Tätigkeit bekannt war oder erwartet wurde, sowie Personen, von denen eine Gefährdung der öffentlichen Ordnung ausgehen konnte, besonders Berufsverbrecher und als asozial Bezeich-

nete. Die bekanntesten Lager im Reichsgebiet waren Dachau, Buchenwald, Sachsenhausen und Ravensbrück. Nach Kriegsausbruch wurden verstärkt Juden sowie Feinde der deutschen Besatzungsmacht aus anderen europäischen Ländern in K. verbracht, Lager selbst auch in den neu zum Reich gekommenen Gebieten (u. a. Auschwitz, Theresienstadt, Mauthausen, Kulmhof) sowie im besetzten Polen (→Generalgouvernement) eingerichtet. Die Zahl der Insassen war unterschiedlich hoch, am stärksten waren die K. aber gegen Kriegsende belegt. Die Lebens- und Arbeitsbedingungen werden von ehemaligen Häftlingen als schwer und belastend geschildert. Am schwierigsten gestalteten sich die Verhältnisse in den letzten Wochen vor der Kapitulation, als durch Evakuierungen von Lagern aus dem Osten die K. im Reichsgebiet überbelegt waren und die Bombardierung der Verkehrswege durch alliierte Flugzeuge eine Versorgung und medizinische Betreuung der Insassen fast nicht mehr möglich machte (so in Bergen-Belsen). In den Lagern haben viele Inhaftierte, darunter vor allem Juden, den Tod gefunden. Nach Kriegsende blieben mehrere Lager in der Sowjetischen Besatzungszone Deutschlands bestehen. Dort kamen Zehntausende von Häftlingen um, die als Gegner der Kommunisten eingeliefert wurden. Ebenso sind nach dem Ende des 2. Weltkriegs in Frankreich mehr als 100 000, in Italien mehr als 200 000 Personen als angebliche Kollaborateure der deutschen Besatzungsmacht, zum großen Teil in Internierungslagern, ermordet worden. In geringerem Umfang geschah das auch in anderen Ländern, so in Belgien und Holland. In den westlichen Besatzungszonen Deutschlands kamen Hunderttausende von Deutschen als Anhänger des 3. Reiches oft jahrelang in sogenannten →Automatischen Arrest, wobei viele durch Mißhandlungen, Unterernährung und Krankheiten in den Lagern den Tod gefunden haben. Prozesse gegen Verantwortliche für K. hat es nur in Deutschland gegeben, bereits während des Krieges gegen Lagerkommandanten, denen Übergriffe vorgeworfen wurden und die deshalb teilweise zum Tod verurteilt worden sind, nach dem Krieg vor allem gegen Angehörige des Lagerpersonals der K. Auschwitz, Treblinka, Sobibor, Majdanek, Belzec und Kulmhof, die angeklagt waren, an der Massentötung von Häftlingen durch Giftgas mitgewirkt zu haben. Morde und Verbrechen von ausländischen Tätern an Deutschen wurden jedoch nirgends bestraft oder untersucht.

Korfanty-Aufstand, polnischer Angriff auf Oberschlesien 1921. In einer →Abstimmung hatten sich 60% der Bevölkerung Oberschlesiens am 20. 3. 1921 für den Verbleib bei Deutschland entschieden, darunter – mit Ausnahme von Alt-Berun – alle Städte (Kattowitz mit 85%, Oppeln mit 90%), so daß ganz Oberschlesien beim Reich zu bleiben hatte. Als die Alliierten trotzdem über diese Frage berieten, fiel am 3. 5. 1921 der polnische Abstimmungskommissar Wojciech Korfanty (früher preußischer MdL und MdR) mit über 10000 bewaffneten, angeblich freiwilligen Polen, darunter „beurlaubten" polnischen Truppen mit Panzerzügen und Artillerie, erneut in Oberschlesien ein. Die dort stationierten französischen Truppen duldeten den Vertragsbruch und begünstigten die Polen. Da der deutschen →Reichswehr ein Eingreifen untersagt war, traten freiwillige deutsche Selbstschutzverbände unter Führung von General Hoefer, darunter die →Freikorps Oberland und Roßbach, den Polen entgegen und schlugen sie zurück. Am 21. 5. 1921 vertrieben sie die Polen vom →Annaberg. Die deutschen Verbände mußten dann jedoch aufgelöst werden, und die Polen konnten einen Teil Oberschlesiens (→Ostoberschlesien) behalten. Am 1. 7. 1921 verkündete die Alliierte Kommission das Ende der Kämpfe und eine Amnestie für die von den Polen an der deutschen Bevölkerung begangenen Gewalttaten. Gegen deutschen Protest wurde Oberschlesien 1921 geteilt.

Korneuburger Programm, Gelöbnis der österreichischen →Heimwehren 1930. Auf einer Kundgebung der österreichischen →Heimwehren am 18. 5. 1930 in Korneuburg las deren Bundesführer Dr. Steidle den als K. bezeichneten „Korneuburger Eid" vor, dem die Teilnehmer zustimmten. Gefordert wurden darin die Machtergreifung im Staat mit Abschaffung des Parlamentarismus und der Parteien, der Kampf gegen Marxismus und liberalen Kapitalismus, die Überwindung des →Klassenkampfes und die ständische Ordnung eines autoritären Staates. In das K. waren wesentliche Gedanken des Philosophen Othmar →Spann eingeflossen. Das K. stellte einen wesentlichen Schritt zum →Austrofaschismus dar.

Korridor, →Polnischer Korridor.

Kosaken, Volksstämme in Rußland. Die Zaren eroberten und kolonisierten neue Gebiete vorzugsweise durch Kosaken, Reiterstämme, die dafür steuerliche und rechtliche Vergünstigungen erhielten. Ihren Namen hatten sie von den Gebieten, in denen sie nach der Eroberung seßhaft wurden (etwa Schwarzmeerk., Donk., Transbaikalk.). Sie waren den Zaren in besonderem Maße ergeben und wurden deshalb auch zur Sicherung der inneren Ordnung in Rußland herangezogen. Entsprechend ihrer politischen Einstellung haben sich die K. ab 1918 besonders am Kampf gegen die Kommunisten beteiligt und wurden deshalb im Bürgerkrieg und nach Festigung der bolschewistischen Herrschaft in großem Umfang von den Kommunisten ausgerottet. Im 2. Weltkrieg stellten sich viele der Überlebenden der deutschen Wehrmacht als Hilfswillige und Soldaten zur Verfügung und waren in hervorragendem Maße an der Bekämpfung sowjetischer Partisanen beteiligt. 1944 wurden unter dem deutschen General Helmuth von Pannwitz das XIV. K.-Kavallerie-Korps aufgestellt, das 1945 in Nordjugoslawien kämpfte. Nach der Kapitulation vom 8. 5. 1945 führte von Pannwitz seine etwa 25000 K. sowie deren aus der Sowjetunion geflohene Frauen und Kinder nach Kärnten und übergab sie den Engländern. Entgegen den getroffenen Vereinbarungen wurden die K. dann von englischen Truppen mit Gewalt an die Rote Armee ausgeliefert, wobei es zu zahlreichen Morden und Selbstmorden kam; vor allem nahmen sich viele Frauen durch einen Sprung in die hochgehende Drau das Leben. Die meisten K. wurden von den Kommunisten sofort umgebracht, ein Rest starb in sibirischen Lagern. General von Pannwitz begab sich freiwillig, da er sich von seinen Soldaten nicht trennen wollte, in sowjetische Gefangenschaft und wurde nach einem Prozeß im Januar 1946 in Moskau gehängt. 1989/90 wurde ein für die Auslieferung der K. Verantwortlicher in London freigesprochen.
E. Kern: General von Pannwitz und seine Kosaken, 1963. N. Tolstoy: Die Verratenen von Jalta, ²1980.

Kossinna, Gustav, Vorgeschichtsforscher, * 28. 9. 1858 Tilsit, † 20. 12. 1931 Berlin. Von 1902–1927 Professor in Berlin, begründete K. die „siedlungsarchäologische Methode" und betonte die Bedeutung der Vorgeschichte als „nationale Wissenschaft". Er gründete 1909 in Berlin die Gesellschaft für deutsche Vorgeschichte, die erstmalig für solch eine Institution auch Laien aufnahm und deren Ehrenmitglied der schwedische Vorgeschichtler Oscar Montelius wurde, und gab seit 1909 die Zeitschrift „Mannus" heraus. Er schrieb u. a. „Die deutsche Vorgeschichte – eine hervorragend nationale Wissenschaft" (1912, ⁸1941), „Die Indogermanen" (1921), „Ursprung und Verbreitung der Germanen in vor- und frühgeschichtlicher Zeit" (1928), „Altgermanische Kulturhöhe" (1927).
R. Stampfuß: Gustav Kossinna, 1935. H. Schwerin von Krosigk: Gustav Kossinna, 1982.

Kotzde-Kottenrodt, Wilhelm, Schriftsteller der Jugendbewegung, * 1. 3. 1878 Gohlitz/Havelland, † 4. 9. 1948 Ebnet/Freiburg im Breisgau. Der Lehrer war führend in der →Jugendbewegung tätig, gründete die „Adler und Falken", schrieb mehrere Romane, u. a. „Schulmeister Wackerath", „Wilhelm Drömers Siegesgang" (1913), die Lutherdarstellung „Die Wittenbergisch Nachtigall (1917)" und die geschichtlichen Romane „Die Burg im Osten" (1925) und „Glutende Zeit" (1935), dazu Märchen und Jugendschriften wie „Von deutscher Jugend Sendung" (1921). Die K.-Gesellschaft widmet sich dem geistigen Erbe des Schriftstellers.
R. W. Tries: Zwischen Lötz, Lanke und Luch, 1938.

KPD, Abkürzung für →Kommunistische Partei Deutschlands.

KPDÖ, Abkürzung für Kommunistische Partei Deutschösterreichs, →KPÖ.

KPÖ, Abkürzung für →Kommunistische Partei Österreichs.

Kraft durch Freude, →NS-Gemeinschaft „Kraft durch Freude".

Krain, Landschaft südlich der Karawanken um Laibach im heutigen Slowenien. Von den dort siedelnden Germanen, insbesondere den Langobarden, teilweise verlassen, wurde K. ab 590 von Slowenen besiedelt. Im 8. Jahrhundert wurde es bayrisch, dann Mark des Frankenreiches und fiel 1282, endgültig 1335, an die Habsburger. 1144 erschien der deutsche Name →Laibach (später ein slowenischer), das um 1200 Landeshauptstadt wurde. Die Städte waren vorwiegend deutsch wie auch die im 14. Jahrhundert begründete Sprachinsel →Gottschee, die bis 1942 mit rund 25 000 Einwohnern bestand. 1880 stellten die rund 30 000 Deutschen in Krain 6% der Bevölkerung, in Laibach 23%. Nach dem Umsturz 1918 wurde Slowenisch zur einzigen Landessprache erklärt, deutsche Beamte wurden entlassen, der deutsche Schulunterricht sehr eingeschränkt. 1919 kam im Diktat von →Saint-Germain der größte Teil K.s an Jugoslawien, der südwestliche an Italien. Nach dem →Balkanfeldzug 1941 wurde nach dem deutsch-italienischen → Umsiedlungsvertrag vom 31. 8. 1941 die im größeren südlichen, an Italien fallenden Teil K.s wohnenden Deutschen nach Norden umgesiedelt, die Gottscheer in die Untersteiermark, Laibach fiel an Italien. Vom 9. 9. 1943 bis Kriegsende war Laibach noch einmal deutsch. Nach Kriegsende wurden nahezu alle in K. verbliebenen Deutschen ermordet. K. fiel wieder an Jugoslawien.
H. Gerstner: Das Deutschtum in Krain, 1979. A. Dimitz: Geschichte Krains, 1874/76. L. Hauptmann: Entstehung und Entwicklung Krains, 1929.

Krancke, Theodor, Admiral, * 30. 3. 1893 Magdeburg, † 18. 6. 1973 Wentorf/Hamburg. Seit 1912 in der Marine, diente K. im 1. Weltkrieg auf Torpedobooten, war dann in der Reichsmarine und leitete als Kapitän zur See 1937–1939 die →Marine-Akademie. 1939/40 war er im Stab „Weserübung" zur Planung des →Norwegen-Feldzuges. Als Kommandant des Schweren Kreuzers →„Admiral Scheer" operierte er vom 23. 10. 1940 bis 1. 4. 1941 im Atlantik und Indischen Ozean, wo er auf der erfolgreichsten Feindfahrt eines deutschen Überwasserschiffs im 2. Weltkrieg 17 Schiffe mit 113 200 BRT aufbrachte. Danach war K. Stabschef im Quartiermeisteramt des Oberkommandos der Marine, 1942–1943 dessen ständiger Vertreter im Führerhauptquartier. Seit 1. 3. 1943 Admiral, war K. dann Oberbefehlshaber des Marinegruppenkommandos West mit Sitz Paris und des Marineoberkommandos Norwegen. Er erhielt am 21. 2. 1941 das →Ritterkreuz und am 18. 10. 1944 das →Eichenlaub. Am →20. 7. 1944 drohte er mit dem Eingreifen seiner Marinetruppen, falls die Maßnahmen des zu den Verschwörern gehörenden Militärbefehlshabers in Frankreich gegen den Sicherheitsdienst in Paris nicht aufgehoben würden, und hatte damit Erfolg. 1945–1947 war er in Kriegsgefangenschaft. Er schrieb (mit J. Brennecke) „RRR das glückhafte Schiff" (1935).
G. Hümmelchen: Handelsstörer, 1960. H. Pemsel: Biographisches Lexikon zur Seekriegsgeschichte, 1985.

Krannhals, Paul, Philosoph, * 15. 11. 1883 Riga, † 18. 8. 1934 Gräfelfing. Nach dem Chemiestudium wirkte K. als Privatgelehrter und Kulturkritiker. In seinem Hauptwerk „Das organische Weltbild. Grundlagen einer neu entstehenden deutschen Kultur" (2 Bde., 1928) kritisierte er den als volkzerstörend angesehenen Individualismus und trat für das kulturschöpferische Prinzip des Volkes ein. K. forderte vor allem die Erziehung zum Gemeinschaftsbewußtsein. In seinem Buch „Der Glaubensweg des deutschen Menschen" (1934) wandte er sich gegen die „einseitige Erlösungsreligiosität" des Christentums. Weitere Werke sind „Der Weltsinn der Technik" (1932), „Religion als Sinnerfüllung des Lebens" (1933) und „Revolution des Geistes" (1935). Ein Paul-K.-Archiv wurde 1935 in Marburg gegründet.

Krasnik, Schlachten bei, Kämpfe 1914/15. Im 1. Weltkrieg schlug in der Zeit vom 23. bis 25. 8.

1914 die österreichische 1. Armee unter General Dankl bei K. im Distrikt Lublin (Polen) die 4. Armee der Russen, die sich dann nach Lublin zurückzog. In der 2. Schlacht bei K. vom 1. bis 19. 7. 1915 wurden die Russen ebenfalls geschlagen.
H. Stegemann: Geschichte des Krieges, 1. Band, 1917.

Krauß, Alfred, General und Politiker, * 26. 4. 1862 Zara, † 29. 9. 1938 Goisern. Der österreichische Offizier führte 1914 im Feldzug gegen Serbien eine Division, war dann Generalstabschef der Balkantruppen und vom Mai 1915 bis Februar 1917 der Südwestfront. Er führte das I. Korps auf dem russischen Kriegsschauplatz, u. a. beim Durchbruch von Flitsch, und ab Oktober 1917 gegen Italien. Von Juli bis November 1918 war er Kriegskommandant in der Ukraine. Anschließend setzte er sich als nationaler Politiker für den →Anschluß Österreichs an Deutschland ein. Er schrieb „Die Ursachen unserer Niederlage" (1920), „Das Wunder von Karfreit" (1926), „Der Irrgang der deutschen Königspolitik" (1927), „Gestalter der Welt" (1932), „Theorie und Praxis in der Kriegskunst" (1936).
K. Leppa: General der Infanterie Alfred Krauß, 1932.

Krebs, Hans, Generalstabschef, * 4. 3. 1898 Helmstedt, † 1. 5. 1945 Berlin. Der Kriegsfreiwillige wurde im 1. Weltkrieg Leutnant, war dann in der →Reichswehr und kam 1936 als Major zum deutschen Militärattaché nach Moskau. Seit 1939 war er Stabschef des VII. Armeekorps, ab Januar 1942 der 9. Armee unter General →Model und ab März 1943 Generalstabschef der Heeresgruppe Mitte unter Generalfeldmarschall →Kluge, ab September der Heeresgruppe B in Frankreich. Am 29. 3. 1945 wurde Generalleutnant K. als Nachfolger →Guderians letzter Generalstabschef des Heeres. Das →Ritterkreuz erhielt er am 5. 4. 1944, das →Eichenlaub am 2. 3. 1945. Bei der Räumung Berlins blieb er in der Stadt und leitete die Operationen aus dem Führerbunker. Nach dem Tod A. →Hitlers begab er sich in Absprache mit Dr. →Goebbels zu den Sowjets und versuchte dort, eine Feuereinstellung als Voraussetzung für politische Verhandlungen zu erreichen, was der sowjetische General Tschuikow nach Rücksprache mit Marschall Schukow ablehnte. K. kehrte mit diesem Bescheid in den Führerbunker zurück und nahm sich dort unmittelbar danach das Leben.

Krebs, Hans, sudetendeutscher Politiker, * 26. 4. 1888 Iglau, † 15. 2. 1947 Prag. Schon vor dem 1. Weltkrieg einer der Führer der →DNSAP, war K. ab 1925 deren Abgeordne-

ter im Parlament in Prag. 1933 mußte er vor tschechischen Verfolgungen nach Deutschland fliehen, erhielt 1938 den Rang eines →Gauleiters der →NSDAP und wurde im November 1938 Regierungspräsident in Aussig. Er schrieb „Kampf um Böhmen" (1936), „Wir Sudetendeutschen" (1938) und „Sudetenland erwacht" (1938). Er wurde von den Tschechen in Prag hingerichtet.
F. Wertheim: Von deutschen Parteien und Parteiführern im Ausland, 1930.

Kreis, Wilhelm, Baumeister, * 17. 3. 1873 Eltville, † 13. 8. 1955 Bad Honnef. Der Architekt monumentaler Bauweise in Anknüpfung an klassizistische und germanische Traditionen entwarf vor 1914 über 50 Bismarcktürme und baute u. a. die Augustus-Brücke in Dresden (1904–1908), die Bismarckhalle bei Stettin (1913–1915) und das vorgeschichtliche Museum in Halle (1913–1915). In den 20er und 30er Jahren schuf er moderne sachliche Bauten wie den Ehrenhof in Düsseldorf mit der Rheinhalle, mit dem Wilhelm-Marx-Haus in Düsseldorf eines der ersten Hochhäuser in Deutschland. Ab 1926 Professor der Akademie in Dresden, später in Düsseldorf, plante er das Luftgaukommando in Dresden und Parteibauten und war an →Speers Entwürfen zum Ausbau Berlins beteiligt. 1938 wurde er Reichskultursenator und 1941 Generalbaurat für die deutschen Kriegerfriedhöfe, 1943 Präsident der Reichskammer der bildenden Künste.
C. Meissner: Wilhelm Kreis, 1925. H. Stephan: Wilhelm Kreis, 1944. H. K. F. Mayer: Wilhelm Kreis, 1953.

Kreisleiter, →Politische Leiter.

Kremnitz, frühere deutsche Stadt in der Slowakei. Die erstmals 1295 erwähnte Stadt bildete den Mittelpunkt der seit dem 11. Jahrhundert aufblühenden deutschen Volksinsel des →Hauerlandes südlich der Beskiden. Seit 1328 war K. königliche Freistadt und Vorort über alle niederungarischen Bergstädte. Die Deutschen in K. genossen das Kuttenberger Bergrecht. Von den 8500 Einwohnern 1880 waren noch 75% Deutsche, 1940 nach den starken Madjarisierungen nur noch 13%. Ab 1945 gibt es nach Vertreibungen und Morden in K. praktisch keine Deutschen mehr.
A. Hudak: Die Karpatendeutschen, 1975. R. Bahr: Deutsches Schicksal im Südosten, 1936. P. Brosz: Die Karpatendeutschen in der Slowakei, 1972. E. K. Jahn: Die Deutschen in der Slowakei in den Jahren 1918 bis 1929, 1971. R. Pozorny: Deutsche Schutzarbeit im Sudetenland, 1974. L. Wohland: Mein Hauerland, 1953.

Kreta, deutsches Luftlandeunternehmen auf, 1941. Als britische Truppen im Oktober 1940 mit griechischer Erlaubnis K. besetzten, bedrohte ihre Luftwaffe die für die deutsche Kriegführung wichtigen rumänischen Ölfelder. Nach dem Balkanfeldzug im April 1941 befahl deshalb A. →Hitler mit →Weisung für die Kriegführung Nr. 28 vom 25. 4. 1941 (Unternehmen „Merkur") die Eroberung der Insel. Am 20. 5. 1941 landeten unter dem Oberbefehl von Generaloberst →Löhr eine Fallschirmjäger-Division und eine Gebirgsjäger-Division auf K., unterstützt von einem Fliegerkorps unter General W. von →Richthofen und dem gegen die britische Mittelmeerflotte eingesetzten Stukageschwader „Immelmann". Die Landung erfolgte in der Bucht von Suda sowie bei den Flugplätzen Iraklion, Malemes und Rethymnon. Da die Engländer den deutschen Funkverkehr entschlüsselt hatten und deshalb die deutschen Truppen an diesen Stellen erwarteten, kam es zu sehr harten und verlustreichen Kämpfen gegen die 43000 britischen und griechischen Verteidiger. Ab 23. 5. wurden 17000 Engländer von der Südküste Kretas aus nach Ägypten abtransportiert, die ihr gesamtes Material auf der Insel zurückließen. Dazu verloren sie rund 17000 Mann, drei Kreuzer („Gloucester", „Fiji", „Calcutta") und sechs Zerstörer, die Deutschen hatten 4000 Tote und 2594 Verwundete, außerdem verloren sie 151 Transportflugzeuge und mehrere kleine Schiffseinheiten. Es war das erstemal, daß eine Insel hauptsächlich aus der Luft erobert wurde. Die Landung auf K. zählt seitdem zu den herausragendsten Leistungen der deutschen Fallschirmjägertruppe. Der Westen von K. wurde bis zur Kapitulation am 8. 5. 1945 gehalten.

H. A. Jacobsen und J. Rohwer: Entscheidungsschlachten des Zweiten Weltkrieges, 1960. V. Kühn: Deutsche Fallschirmjäger im Zweiten Weltkrieg 1939–1945, [7]1989. K. Ruef: Gebirgsjäger zwischen Kreta und Murmansk, 1970. P. Kaloudis: Sprung über Kreta, 1980. F. Kurowski: Der Kampf um Kreta, 1965. H. Götzel: Generaloberst Kurt Student und seine Fallschirmjäger, 1980. Militärgeschichtliches Forschungsamt (Hrsg.): Kreta, 1987. A. Buchner: Der deutsche Griechenlandfeldzug 1941, 1957. H.-O. Mühleisen: Kreta 1941, 1968.

Kretschmer, Otto, Flottillenadmiral und U-Boot-Kommandant, * 1. 5. 1912 Heidau/Schlesien. Seit 1930 in der Reichsmarine und seit 1936 bei der U-Boot-Waffe, wurde K. am 1. 10. 1937 Kommandant von U 23, mit dem er im 2. Weltkrieg auf neun Feindfahrten sieben Handelsschiffe und einen Zerstörer versenkte. Ab April 1940 wurde er auf weiteren sieben Feindfahrten im Atlantik mit U 99 der erfolgreichste U-Boot-Kommandant des 2. Weltkriegs: insgesamt versenkte er 44 Schiffe mit 267000 BRT und erhielt dafür die →Schwerter am 26. 12. 1941 nach dem →Ritterkreuz (4. 8. 1940) und →Eichenlaub (4. 11. 1940). Er entwickelte die erfolgreiche Taktik des nächtlichen Überwassereinbruchs der U-Boote in die alliierten Geleitzüge, wobei aus der Geleitzugmitte möglichst mit jedem Torpedo ein anderes Schiff getroffen wurde. Am 17. 3. 1941 wurde sein Boot nach Verschießen aller Torpedos in einer Geleitzugschlacht durch Wasserbomben schwer beschädigt und mußte auftauchen. K. kam mit den meisten Besatzungsangehörigen in britische Gefangenschaft bis 1947. Er studierte dann Jura, trat 1955 in die Bundesmarine ein, wurde 1957 Kommandeur des 1. Geleitgeschwaders, 1958 der Amphibischen Streitkräfte und der U-Boote, 1962 als Flottilenadmiral Referent im Verteidigungsministerium und hatte von 1964 bis zur Pensionierung 1970 leitende Stellungen bei NATO-Kommandobehörden.

T. Robertson: Der Wolf im Atlantik, 1957. Herzog und G. Schomaekers: Ritter der Tiefe, graue Wölfe, 1965. H. Pemsel: Biographisches Lexikon zur Seekriegsgeschichte, 1985.

Kreuzerkrieg, Seekrieg zur Abschnürung des feindlichen Überseehandels. Im 1. Weltkrieg führten mehrere deutsche Kreuzer jahrelang erfolgreichen K. vor allem gegen britische Handelsschiffe, insbesondere die Kreuzer →„Emden", →„Karlsruhe" und →„Königsberg" sowie die →Hilfskreuzer „Möve", „Wolf" und „Seeadler". 1914 wurden rund 100000 BRT feindlicher Tonnage versenkt, später versenkte allein die „Wolf" unter →Nerger 214000 BRT. Im 2. Weltkrieg wurde 1941 erfolgreicher K. geführt, vor allem von der →„Admiral Scheer" unter Theodor →Krancke.

H. Pemsel: Seeherrschaft, Bd. 2, 1985. F. von Luckner: Seeteufel, 1921. H. von Waldeyer-Hartz: Der Kreuzerkrieg, 1931. E. B. Potter: Seemacht, 1982. G. Bruce: Seeschlachten des 20. Jahrhunderts, 1975. G. Hümmelchen: Handelsstörer, 1960. E. von Mantey: Der Kreuzerkrieg, 3 Bde., 1922–1937.

Kreuznach, Stadt an der Nahe, war 1916–1918 Sitz des deutschen Großen Hauptquartiers mit der →Obersten Heeresleitung (OHL).

Kreuznacher Programm, Plan für deutsche Kriegsziele 1917. Am 23. 4. 1917 legte auf einer von Kaiser →Wilhelm II. einberufenen Tagung in Bad Kreuznach die zivile und militärische Reichsleitung die Kriegsziele für den Fall des deutschen Sieges fest. Dabei setzte sich die →Oberste Heeresleitung in der Erwartung eines weiteren Krieges und dessen wirtschaftlicher und militärischer Absicherung für Gebietserwerbungen in Rußland und Belgien ein und gegen Reichskanzler →Bethmann Hollweg durch. Teile des Balkans sollten unter österreichische Herrschaft kommen. Als die

Sonderfriedensbemühungen des österreichischen Kaisers →Karl gescheitert waren, schloß sich Österreichs Außenminister Czernin auf einer weiteren Tagung in Bad Kreuznach am 17./18. 5. 1917 dem K. an.

„Kreuzritter", Deckname für den Einsatz eines deutschen Wettertrupps in Nordspitzbergen 1943/44.
F. Ruge: Der Seekrieg 1939–45, 1962.

Kreuzzug (crusade), Propagandawort der westlichen Alliierten gegen Deutschland im 2. Weltkrieg. Die Kriegsziele der Westmächte sahen die →bedingungslose Kapitulation Deutschlands vor, und ihr Kampf sollte sich nicht gegen die Regierung des 3. Reiches, sondern gegen Deutschland an sich richten. Öffentlich gerechtfertigt und gekennzeichnet wurde ihr militärischer Einsatz jedoch in erheblichem Maße als eine Art Glaubenskrieg. Als der britische Außenminister Halifax am 22. 7. 1940 im Rundfunk A. →Hitlers Friedensangebot vom 19. 7. 1940 zurückwies, sprach er von einem „Kreuzzug für die Christenheit", den sein Land führe. Bei der Verkündung der →Atlantik-Charta am 14. 8. 1941 redete →Roosevelt, Präsident der damals noch neutralen Vereinigten Staaten, über eine christliche Mission der Alliierten; gemeinsam mit →Churchill sang er vor Pressevertretern das Lied „Vorwärts, christliche Soldaten". Der amerikanische Oberbefehlshaber in Europa, →Eisenhower, nannte den Kampf gegen Deutschland einen K. für Demokratie und Christenheit und seine Kriegserinnerungen später „Kreuzzug in Europa". Weshalb die Westmächte diesen „K." in großer Übereinstimmung mit der Sowjetunion führten, die bei sich weder Demokratie noch christliche Konfessionen duldete, ist von den K.-Ideologen zu keiner Zeit erklärt worden.

Krieck, Ernst, Pädagoge und Philosoph, * 6. 7. 1882 Vögisheim/Baden, † 19. 3. 1947 Lager Moosburg/Isar. Der Volksschullehrer wurde 1928 Professor an der Pädagogischen Akademie in Frankfurt/M. Frühzeitig Mitglied der →NSDAP und deshalb strafversetzt, entwikkelte er eine „nationalsozialistische Erziehungslehre", in der er die Erziehung als „Urfunktion" bewertete. 1932 veröffentlichte er sein Buch „Nationalpolitische Erziehung", das ab 1933 als Standardwerk der Pädagogik galt. 1933 wurde K. Rektor der Universität Frankfurt; er folgte 1934 einem Ruf nach Heidelberg, wo er auch sein Hauptwerk „Völkisch politische Anthropologie" (3 Teile, 1936/38) veröffentlichte. Darin forderte er eine ganz-

heitliche Erziehung in der „Dreiheit von Leibeserziehung, Seelenführung und Geistesbildung". Er schrieb ferner „Die deutsche Staatsidee" (1917), „Bildungssysteme der Kulturvölker" (1927), „Menschenformung" (1925), „Der Mensch in der Geschichte" (1940) und gab seit 1933 die Zeitschrift „Volk im Werden" heraus. 1945 verhaftet, starb er in einem amerikanischen Internierungslager.
Ph. Hördt: Ernst Krieck, 1932. A. Niethammer: Ernst Kriecks Bildungstheorie und die Elemente totaler Erziehung, Diss., Tübingen 1959.

Kriegerdenkmal, Ehrenmal für die im Krieg Gefallenen. Fast in allen deutschen Gemeinden gab und gibt es ein K. Es wurde meist nach dem 1. Weltkrieg errichtet und oft auch zur Gedächtnisstätte für die Gefallenen des 2. Weltkriegs erweitert. Vereinzelt wurde auch schon für die Toten des Krieges 1870/71 ein K. geschaffen. Die größten Kriegerdenkmäler waren vor dem 2. Weltkrieg das →Tannenberg-Nationaldenkmal, das K. vor dem Armeemuseum in München, das Ehrenmal unter den Linden in Berlin, das →Marineehrenmal in Laboe/Kiel, die Heldenorgel in Kufstein und das Heldendenkmal in Wien.
K. von Seeger: Das Denkmal des Weltkriegs, 1930.

Kriegerverein, Vereinigung ehemaliger Soldaten. Nach den Freiheitskriegen und dem deutsch-französischen Krieg 1870/71 entstanden in größerer Zahl K.: Veteranen-, Kampfgenossen-, Militärbegräbnis-, Landwehr- oder Militärvereine. In ihnen pflegten die früheren Soldaten Kameradschaft, Soldatentum und nationale Gesinnung. Zu Beginn des Jahrhunderts gab es in fast jeder Gemeinde einen K., insgesamt rund 10000 mit etwa 800000 Mitgliedern. Die K.e waren in Dachverbänden zusammengeschlossen, von denen der →Kyffhäuserbund die meisten Vereine und Mitglieder hatte.

Kriegsabzeichen für Minensuch-, U-Jagd- und Sicherungsverbände, →Kampfabzeichen im 2. Weltkrieg. Vom Oberbefehlshaber der Kriegsmarine wurde Anfang des 2. Weltkrieges das K. für Besatzungen von Minensuch-, U-Boot-Jagd- und Schnellbooten zur Anerkennung für besondere Leistungen geschaffen. Es bestand aus einem Eichenlaubkranz mit oben aufgelegtem kleinen Adler mit Hakenkreuz in den Fängen, während im Mittelfeld eine stilisierte Wasserfontäne einer Seefläche entsprang. Es wurde auf der linken Brustseite getragen.
K.-G. Klietmann: Deutsche Auszeichnungen, ²1965.

Kriegsakademien, militärische Hochschulen in Deutschland bis 1945. Die preußische K. wurde 1810 in Berlin von General G. J. von

Scharnhorst begründet und bereitete geeignete Offiziere auf die Generalstabslaufbahn vor. Die Anwärter, meist im Hauptmannsrang, mußten Prüfungen für die Aufnahme ablegen und wurden dann in zweijährigen Lehrgängen in Strategie und Taktik sowie anderen militärwissenschaftlichen Fächern unterrichtet, hatten sich dazwischen im Truppendienst, im Manöver und bei Generalstabsübungen zu bewähren und dann Prüfungen abzulegen. In Friedenszeiten wurden jährlich etwa 100 Offiziere an der K. in Berlin aufgenommen. Nach bestandenem Abschlußexamen fügten die Offiziere ihrem Rang ein „i. G." (im Generalstab) hinzu. Bis 1919 bestand auch eine bayer. K., außerdem eine Marineakademie in Kiel. Nach Artikel 176 des →Versailler Diktats mußten die K. 1919 aufgelöst werden, 1935 wurde die K. in Berlin sowie die Marineakademie wieder eröffnet und eine →Luftkriegsakademie als militärische Hochschule der Luftwaffe in Gatow bei Berlin neu errichtet. Mit ihr verbunden war die Lufttechnische Akademie. Die Bundeswehr bildet Generalstabsoffiziere auf einer „Führungsakademie" in Hamburg aus. Nach dem Muster der deutschen K. haben zahlreiche andere Länder ebenfalls Ausbildungsstätten für Generalstabsoffiziere geschaffen und das deutsche Ausbildungsprogramm weitgehend übernommen.

Kriegsanleihe, staatliche Anleihe zur Deckung von Kriegsausgaben. Im 1. Weltkrieg hat das Deutsche Reich neun K.n aufgelegt, für die zusammen 98,7 Mrd. Mark gezeichnet wurden, vor allem vom patriotischen Mittelstand. Da die K.n nach dem verlorenen Krieg nicht zurückgezahlt wurden, bedeutete das einen schweren finanziellen Verlust für das deutsche Bürgertum bereits vor der Inflation.

Kriegsausbildungsschein (K-Schein) der HJ, Abschlußurkunde über die Teilnahme an einem →Wehrertüchtigungslager im 2. Weltkrieg.

Kriegsausgleichsverfahren, Vergleichsverfahren für durch Kriegsauswirkung verursachte Konkurse. Durch Verordnung vom 30. 11. 1939 wurde ein K. eingeführt, das Konkurse für solche Schuldner abwenden sollte, die durch Auswirkungen des begonnenen Krieges zahlungsunfähig geworden waren. Es richtete sich nach der Vergleichsordnung vom 26. 2. 1935.
Vogels: Vertragshilfe und Kriegsausgleichsverfahren, 1940.

Kriegsberichter(statter), im 2. Weltkrieg Bezeichnung für die Berichterstattung aus dem Frontbereich. Die K. gliederten sich in Wort-, Bild-, Film- und Rundfunkberichter und waren in →Propagandakompanien (PK), bei der Luftwaffe in K.-kompanien eingeteilt. Sie nahmen im Gegensatz zum 1. Weltkrieg bewaffnet in vorderster Front am Kampf teil, waren motorisiert und lieferten ihre Berichte an eine zentrale Verteilungsstelle, die sie weitergab. Bei Kriegsende gab es rund 15 000 K., die meist aus ihren zivilen Berufen als Schriftleiter, Kameramann oder Rundfunksprecher die fachlichen Voraussetzungen für ihre Aufgaben mitbrachten.
H. Gross: Als Kriegsberichter im Einsatz, 1987. E. Murawski: Der deutsche Wehrmachtbericht 1939–1945, 1962.

Kriegsbeschädigtenfürsorge, öffentliche soziale Versorgung im Kriegsdienst geschädigter Militärpersonen. Für Kriegsbeschädigte des 1. Weltkriegs galt das Reichsversorgungsgesetz vom 22. 12. 1927. Am 26. 8. 1938 wurde ein neues Wehrmachtfürsorge- und Wehrmachtversorgungsgesetz erlassen. Für die Kriegsopfer des 2. Weltkriegs gilt das Bundesversorgungsgesetz vom 20. 12. 1950. Die K. umfaßt vor allem neben der Rentenversorgung auch Arbeitsfürsorge, Arbeitsvermittlung, Berufsberatung und Berufsausbildung sowie Hilfe bei Darlehensbeschaffung. Auch für die Hinterbliebenen Gefallener und Kriegsbeschädigter wird gesorgt. Die Durchführung der K. lag bis 1945 in der Hand der Wehrmachtfürsorge- und Versorgungsämter oder der Landes- und Bezirksfürsorgeverbände, im 3. Reich in enger Zusammenarbeit mit der →NS-Kriegsopferversorgung (NSKOV), die, 1933 gegründet und vom Hauptamt für Kriegsopfer in der Reichsleitung der NSDAP betreut, vom →Reichskriegsopferführer Hanns →Oberlindober geleitet wurde.

Kriegsbetreuungsdienst, Maßnahme des →Bundes Deutscher Mädel (BDM) im 2. Weltkrieg. Der K. hatte die Aufgabe, die lebende Verbindung zwischen der Heimat und der an der Front stehenden Führerschaft, auch mit den betreffenden Frauen und Müttern, aufrechtzuerhalten. Ein Mittel dazu war der von den jeweiligen Gebieten herausgegebene „Feldpostbrief".

Kriegsbücherei der deutschen Jugend, Schriftreihe der Reichsjugendführung. Ab 1939 gab die →Reichsjugendführung die K. als wöchentlich erscheinende Heftreihe heraus, die bei den Jugendlichen wegen ihrer spannenden Kriegsschilderungen und ihres geringen Preises sehr beliebt wurde. Unter den Verfassern befanden sich anerkannte Jugendbuchschriftsteller, die teilweise unter Pseudonym schrieben.

Kriegserinnerungsmedaille, österreichische Gedenkmünze. Im Dezember 1932 wurde die K. für Österreicher und ehemalige Bundesgenossen gestiftet, die auf österreichischer Seite im 1. Weltkrieg gekämpft hatten.

Kriegsfreiwilliger, noch nicht oder nicht mehr dienstpflichtiger Mann, der sich freiwillig zum Kriegsdienst meldet. Zu Beginn des 1. Weltkrieges gab es in Deutschland so viele K., daß nicht alle angenommen werden konnten. Im 2. Weltkrieg kamen die K. vor allem aus den Reihen der →HJ, aber zu Hunderttausenden auch aus den von der Wehrmacht besetzten Ländern. Sie wollten gegen den Bolschewismus kämpfen und taten hautpsächlich Dienst in der →Waffen-SS.
H. W. Neulen: An deutscher Seite, 1985.

Kriegsgefangene, deutsche, in und nach den Weltkriegen vom Gegner gefangengehaltene deutsche Soldaten. Bis zur Kapitulation der deutschen Wehrmacht wurden K.n von den Westalliierten meist nach dem Genfer Abkommen von 1929 und der Haager Landkriegsordnung behandelt. Das galt jedoch nicht für die Sowjetunion, die diesen Vereinbarungen nicht beigetreten war. Die deutschen K.n in der UdSSR hatten deshalb fast ausnahmslos ein schweres Schicksal. Nach der Kapitulation der deutschen Wehrmacht, als eine gleichartige Behandlung alliierter Gefangener als Vergeltung nicht mehr möglich war, behandelten auch die Westmächte deutsche K. vielfach völkerrechtswidrig, vor allem durch Vorenthaltung des Kriegsgefangenenstatus für „entwaffnetes Militärpersonal" sowie durch jahrelanges Festhalten nach Kriegsende. Insgesamt kamen etwa 11,1 Millionen deutsche Soldaten in Gefangenschaft, rund 8 Millionen von März bis Mai 1945, darunter 3,8 Millionen in amerikanische, 3,7 Millionen in britische, 3,15 Millionen in sowjetische, 245 000 in französische und 194 000 in jugoslawische. Davon starben 1,3 Millionen in der UdSSR, eine unbekannte Zahl in westalliierten Lagern in Deutschland, vor allem in den berüchtigten →Rheinwiesenlagern, rund 115 000 in Frankreich, mindestens 80 000 in Jugoslawien, über 7000 in Polen, 5000 in den USA, etwa 1250 in der Tschechoslowakei und ebensoviel in Großbritannien. Von den 107 800 K. aus →Stalingrad kamen beispielsweise nur 6000 zurück. Die USA lieferten nach Kriegsende rund 760 000 deutsche K. an Frankreich aus, England rund 65 000 an Frankreich und die Benelux-Staaten, die UdSSR 70 000 an Po-

len und 25 000 an die Tschechoslowakei. Im Mai 1945 übergaben US-Truppen 135 000 K. aus der Heeresgruppe Mitte in Böhmen und Teile der Armee Wenck in Norddeutschland an die Rote Armee, insgesamt über 200 000 Mann. Schweden lieferte mit Gewalt deutsche K., die aus dem Baltikum über die Ostsee gekommen waren, an die Sowjetunion aus. Frankreich und England setzten rund 40 000 deutsche K. zum Minenräumen mit hohen Todesraten ein. Von den Westmächten wurden die meisten deutschen K.n bis 1947 entlassen, in der UdSSR hingegen viele noch jahrelang zurückgehalten und fanden durch Hunger, Kälte, Schwerarbeit und Mißhandlungen den Tod. Die Überlebenden kamen erst 1955 nach einem Besuch → Adenauers in Moskau frei. Erst Jahre nach dem Krieg konnte das Rote Kreuz auch im Westen erträgliche Bedingungen in den Lagern bewirken. Als letzte deutsche K. wurden Major Walter →Reder bis 1985 in Gaeta (Italien) sowie Franz Fischer und Ferdinand aus der Fünten bis 1989 in Breda (Holland) festgehalten. Neuere Untersuchungen haben ergeben, daß Hunderttausende von deutschen K.n, die 1945 in westalliierten Lagern auf deutschem Boden umgekommen sind, bewußt von den Amerikanern und hier vor allem auf Weisung ihres Oberbefehlshabers Eisenhower dem Tod ausgeliefert wurden.
E. Maschke (Hrsg.): Die deutschen Kriegsgefangenen des Zweiten Weltkriegs, 15 Bde., ab 1974. P. Carell/ G. Böddeker: Die Gefangenen, 1980. H. Nawratil: Die deutschen Nachkriegsverluste, 1986. J. Bacque: Der geplante Tod, 1989.

Kriegsgerichte, →Wehrmachtgerichtsbarkeit.

Kriegsgewinnler, Personen, die aus der Kriegswirtschaft übermäßige Gewinne erzielt haben. In und nach dem 1. Weltkrieg gab es Unternehmer, die aus Lieferungen im Rahmen der Kriegswirtschaft oder der Abwicklung von Kriegsfolgen hohe Gewinne gezogen haben. Sie spielten in der innenpolitischen Auseinandersetzung der Weimarer Zeit eine Rolle. Mehrfach wurde – im wesentlichen vergeblich – in und nach dem 1. Weltkrieg versucht, diese Gewinne durch Kriegsgewinnsteuern zu erfassen. Im 2. Weltkrieg wurden durch eine rigorose staatliche Preisüberwachung Kriegsgewinne weitgehend verhindert.

Kriegsgräberfürsorge, Errichtung, Instandhaltung und Ausgestaltung von Kriegsgräberstätten. Bis 1945 betreute das Zentralnachweisamt für Kriegerverluste und Kriegsgräber die im Reichsgebiet liegenden Kriegsgräberstätten, die unmittelbare Pflege oblag den jeweiligen Gemeinden. Die amtliche Fürsorge für die deutschen Kriegsgräber im Ausland nahm das Auswärtige Amt wahr. Mit einigen Staaten (Belgien, Frankreich, Großbritannien, Italien, Jugoslawien und Rumänien) bestanden entsprechende Verträge. Als private Organisation setzte sich vor allem der 1919 gegründete (1945 in Kassel neugegründete) Volksbund Deutsche Kriegsgräberfürsorge e. V. für den Ausbau und den Erhalt von Soldatenfriedhöfen und die Errichtung von Ehrenmalen im In- und Ausland ein, der seine Mittel durch Spenden und Sammlungen erhält. Im 2. Weltkrieg waren für die Betreuung der Soldatengräber in den Kampfgebieten besonders dazu bestimmte Offiziere (Gräberoffiziere) eingeteilt. Mit Erlaß vom 16. 3. 1941 ordnete A. →Hitler die Errichtung würdiger Kriegerfriedhöfe an und bestellte einen Generalbaurat für deren Gestaltung (Prof. Wilhelm →Kreis).

Kriegshilfeeinsatz der deutschen Jugend, Maßnahme für den freiwilligen Einsatz Jugendlicher als →Luftwaffenhelfer (Flakhelfer). Der K. wurde durch Erlaß vom 26. 1. 1943 für →Hitlerjungen ab Geburtsjahrgang 1926 ermöglicht, um Soldaten für die Front freizumachen.

Kriegshilfsdienst, zusätzliche Arbeitsverpflichtung nach dem →Reichsarbeitsdienst. Ab 1941 galt der K. für alle →Arbeitsmaiden nach abgeleistetem sechsmonatigem Arbeitsdienst als zusätzliche sechsmonatige Arbeit vor allem in der Rüstung, bei Behörden oder in Krankenhäusern.

Kriegsoffizier, Bezeichnung für Offiziere der Wehrmacht, die im 2. Weltkrieg ohne die sonst üblichen Voraussetzungen Offizier geworden waren. Bedingungen waren mindestens zweimonatige Frontbewährung und Alter bis zu 25 Jahren. Die Einführung des K. war eine Notmaßnahme angesichts des Mangels an Offizieren nach den hohen Verlusten.

Kriegsschule, militärische Fachschule. Die K. diente zur militärisch-wissenschaftlichen Ausbildung des Offiziersnachwuchses aller Waffenarten. In Preußen gingen die K.n aus den Divisionsschulen hervor, die ältesten wurden 1859 errichtet. Bis 1918 bestanden K.n in Potsdam, Erfurt (später Glogau), Neisse, Engers, Hannover, Kassel, Anklam, Metz sowie in München, Wien und Wiener Neustadt. 1939 gab es K.n in Dresden, Hannover, München, Potsdam und Wiener Neustadt, dazu die →Marineschule in Flensburg-Mürwik und die →Luftkriegsschulen in Gatow bei Berlin, Wildpark-Werder bei Potsdam, Dresden und Fürstenfeldbruck.

Kriegsschuldfrage, Untersuchung der Schuld am Ausbruch des 1. oder 2. Weltkrieges. Das überlieferte Völkerrecht hat die Frage nach der Schuld an einem Kriegsausbruch nicht gestellt. Es ging davon aus, daß jeder Staat das Recht habe, einem anderen den Krieg zu erklären, ohne daß deshalb eine Schulduntersuchung, also die Verbindung von Völkerrecht und Strafrecht, vorgenommen werden mußte. Dieser Verzicht auf die Kriminalisierung eines Feindes war die Voraussetzung dafür, daß die Kriegführung humanisiert werden konnte und der Friedensschluß allein von den Interessen des Siegers bestimmt war, aber nicht einer Bestrafung der unterlegenen Partei dienen mußte. Zum erstenmal in der jüngeren europäischen Geschichte hat das →Versailler Diktat diesen Grundsatz verlassen. Sein Artikel 231 hatte den Wortlaut: „Die alliierten und assoziierten Regierungen erklären und Deutschland erkennt an, daß Deutschland und seine Verbündeten als Urheber aller Verluste und aller Schäden verantwortlich sind, welche die alliierten und assoziierten Regierungen und ihre Staatsangehörigen infolge des ihnen durch den Angriff Deutschlands und seiner Verbündeten aufgezwungenen Krieges erlitten haben." Mit einer derartigen Schuldzuweisung, in der →„Mantelnote" vom 16. 6. 1919 ultimativ unterstrichen, wurden die Wegnahme von Gebieten und Kolonien, Entwaffnung, horrende Reparationsleistungen und zahlreiche Souveränitätsbeschränkungen Deutschlands gerechtfertigt. Reichsregierungen, Parteien, Reichspräsidenten und viele offizielle Persönlichkeiten Deutschlands haben ab 1919 die Behauptung einer Alleinkriegsschuld zurückgewiesen (so Reichspräsident von →Hindenburg am 18. 9. 1927 bei der Einweihung des Tannenberg-Ehrenmals und Reichskanzler A. →Hitler bei der Reichstagseröffnung am 21. 3. 1933), aber die Reichsregierung hat sich auch erheblich um eine objektive Klärung der Kriegsursachen bemüht. Im Auswärtigen Amt wurde ein Kriegsschuldreferat eingerichtet, das Reich finanzierte und unterstützte die von Alfred von Wegerer geleitete „Zentralstelle für Erforschung der Kriegsursachen", die die Zeitschrift „Die K." (ab 1927 „Berliner Monatshefte") herausgab, das Auswärtige Amt publizierte zwischen 1922 und 1927 in 40 Bänden seine diplomatischen Akten als „Die große Politik der europäischen Kabinette 1871–1914", der von Hans Draeger geleitete „Arbeitsausschuß Deutscher Verbände" untersuchte gleichfalls die Kriegsgründe. Es mußte vermutet werden, daß die Deutschland belastenden Bestimmungen des Versailler Diktats von den Siegermächten in dem Maß aufgehoben würden, wie dessen Art. 231 durch historische Forschung widerlegt wurde, und schließlich gestanden auch alliierte Politiker und Historiker die Fragwürdigkeit einer deutschen Alleinschuld am Weltkrieg 1914–1918 zu. Da zeigte sich jedoch, daß die deutschen Kriegsgegner deshalb keineswegs zu Revisionen des Versailler Vertrages bereit waren, ihre geringfügigen Zugeständnisse wurden vielmehr durch unübersehbare wirtschaftliche Schwierigkeiten Deutschlands erzwungen. Und das heißt auch, daß Kriegsschuldfrage und Kriegsschuldlüge, eingeschlossen der Verzicht auf jede Erörterung der Rolle der Siegermächte beim Kriegsausbruch, nur eine gigantische Ausplünderung und Demütigung des Deutschen Reiches moralisch rechtfertigen sollten. Die Geschichte wurde also verfälscht und das Ergebnis in den Dienst einer reinen Machtpolitik von Deutschlands Kriegsgegnern gestellt. Für die alliierte Politik nach dem 2. Weltkrieg spielt die K. gleichfalls eine erhebliche Rolle. Allerdings wird heute von deutscher offizieller Seite kein objektiver Beitrag zur Kriegsursachenforschung geleistet, wie dies nach dem 1. Weltkrieg der Fall war. Unabhängig davon ist eine umfassende Untersuchung der Gründe, die zum Ausbruch des 2. Weltkrieges führten, schon deshalb noch nicht möglich, weil wichtige Dokumente noch in den Archiven von Deutschlands Kriegsgegnern unter Verschluß gehalten werden. Immerhin haben schon zahlreiche Forscher wichtige Behauptungen bestritten, mit denen bisher die Politik der Siegermächte gegenüber Deutschland nach dem 2. Weltkrieg begründet und gerechtfertigt worden ist. Angesichts der Erfahrungen nach dem 1. Weltkrieg ist jedoch zu bezweifeln, daß neue geschichtliche Erkenntnisse über die Gründe, die 1939 den Kriegsausbruch bewirkten, das Verhalten der früheren Kriegsgegner Deutschlands beeinflussen, also ihre gegen Deutschland gerichteten Maßnahmen und Bevormundungen aufheben könnten.

A. von Wegerer: Die entscheidenden Ergebnisse der Kriegsschuldforschung, 1932. A. von Wegerer: Bibliographie zur Vorgeschichte des Weltkriegs, 1934. A. von Wegerer: Der Ausbruch des Weltkrieges, 2 Bde., 1939. E. Anrich: Europas Diplomatie am Vorabend des Weltkriegs, 1937. N. von Predradovich: Die Einkreisung. Ursachen und Anlaß des Ersten Weltkrieges, 1984. D. L. Hoggan: Der erzwungene Krieg, 1961. U. Walendy: Wahrheit für Deutschland, 1964. H. Härtle: Die Kriegsschuld der Sieger, 1966. B. von Richthofen: Kriegsschuld 1939–1941, 1981. E. Schwinge: Churchill und Roosevelt aus kontinentaleuropäischer Sicht, 1982. W. Baumgart (Hrsg.): Die Julikrise und der Ausbruch des Ersten Weltkrieges 1914, 1983. D. L. Hoggan: Frankreichs Widerstand gegen den Zweiten Weltkrieg, 1963. G. Franz-Willing: Der Zweite Weltkrieg, 1979. D. Bavendamm: Roosevelts Weg zum Krieg, 1983. D. Kunert: Ein Weltkrieg wird programmiert, 1984. Auswärtiges Amt (Hrsg.): Dokumente zur Vorgeschichte des Krieges, No. 2, 1939. U. Stern: Die wahren Schuldigen am Zweiten Weltkrieg, 1990.

Kriegssteuer, außerordentliche Steuer zur Deckung der Kriegskosten. Im September 1939 wurde als K. der Kriegszuschlag zur Einkommensteuer und auf Genußmittel eingeführt.

Kriegsverbrechen, alliierte, völkerrechtswidrige Verbrechen an Deutschen. Während des 2. Weltkriegs und der Besetzung Deutschlands haben Angehörige der Alliierten zahllose Verbrechen an deutschen Soldaten und Zivilisten sowie an Ausländern, die mit Deutschland sympathisierten, begangen. Vielfach wurden diese Handlungen durch übergeordnete Stellen befohlen, gedeckt oder amnestiert: 1. Ermordung und Mißhandlung von deutschen →Kriegsgefangenen, die zu einem großen Teil noch vor 1945 von der Wehrmacht-Untersuchungsstelle dokumentiert worden sind. Daran waren auch zahlreiche Partisanen beteiligt. 2. Tötung von deutschen Kriegsgefangenen durch eine völkerrechtswidrige Behandlung, die zum Tod führte und zum Tod führen sollte. 3. Massenmord und Mißhandlung von deutschen Zivilisten, im Sommer 1939 schon auf polnisch beherrschtem Gebiet, vor allem aber 1945 und danach beim Einmarsch der Roten Armee in Ostdeutschland, auch durch Polen, Tschechoslowaken und Jugoslawen bei der Vertreibung der deutschen Bevölkerung. Die Höhe dieser Opfer wird auf mehr als zwei Millionen geschätzt. 4. Ermordung und Mißhandlung von Ausländern, die während des 2. Weltkriegs mit Deutschland zusammengearbeitet haben oder haben sollen. 5. Inhaftierung von Hunderttausenden Deutschen nach 1945 aus politischen Gründen unter Bedingungen, die in zahlreichen Fällen zum Tod führten. Allein die deutschen „Nachkriegsverluste" wurden mit fast fünf Millionen Toten berechnet.

A. M. de Zayas: Die Wehrmacht-Untersuchungsstelle, [3]1980. A. M. de Zayas: Zeugnisse der Vertreibung, 1983. A. M. de Zayas: Anmerkungen zur Vertreibung, [2]1987. W. Ahrens (Hrsg.): Verbrechen an Deutschen, [2]1979. W. Ahrens: Verbrechen an Deutschen, 1983. H. Nawratil: Vertreibungsverbrechen an Deutschen, 1982. Alliierte Kriegsverbrechen und Verbrechen gegen die Menschlichkeit, 1977. P. Sérant: Die politischen Säuberungen in Westeuropa, 1966. E. Kern und K. Balzer: Alliierte Verbrechen an Deutschen, [2]1982.

Kriegsverbrecherprozesse, Strafverfahren in Deutschland ab 1945. Das →Versailler Diktat hatte in seinen Artikeln 227–230 die Auslieferung von Personen beantragt, „die angeklagt sind, eine Handlung gegen die Gesetze und Gebräuche des Krieges begangen zu haben", um sie vor alliierte Gerichte zu stellen, Kaiser →Wilhelm II. „wegen schwerster Verletzung des internationalen Sittengesetzes und der

Heiligkeit der Verträge". Zu den geplanten Prozessen kam es jedoch nicht, da Holland Kaiser Wilhelm II. und das Deutsche Reich namentlich genannte Soldaten weder auslieferten noch vor eigene Gerichte stellten. Anders war es nach dem 2. Weltkrieg. Im besetzten Deutschland veranstalteten die Siegermächte zahlreiche K. Im →„Hauptkriegsverbrecherprozeß" und den →Nürnberger Prozessen wurden führende deutsche Politiker, Beamte, Soldaten und Wissenschaftler unter erheblicher Verletzung überlieferter Rechtsgrundsätze angeklagt, zum Tod oder zu zum Teil erheblichen Freiheitsstrafen verurteilt, wobei ihre Verteidigung zusätzlich schwer behindert worden ist. Weitere K. auf der Grundlage des Kontrollratsgesetzes Nr. 10 vom 20. 12. 1945 schlossen sich in den einzelnen →Besatzungszonen an. Allerdings gab es in keinem anderen europäischen Land auf dieser Rechtsgrundlage Strafverfahren, so daß hier von Siegerjustiz gegen Deutschland gesprochen werden muß. In der Bundesrepublik Deutschland wurden und werden derartige K. (NSG-Prozesse) seit ihrer Gründung durchgeführt. Gegen Verdächtige wird von einer eigens eingerichteten „Zentralen Stelle der Landesjustizverwaltungen zur Aufklärung nationalsozialistischer Verbrechen" mit Sitz Ludwigsburg ermittelt.
R. Aschenauer: Zur Frage einer Revision der Kriegsverbrecherprozesse, 1949. R. Pemsel: Hitler – Revolutionär – Staatsmann – Verbrecher?, 1986. H. Härtel: Freispruch für Deutschland, 1965.

Kriegsverdienstkreuz (KVK), Orden im 2. Weltkrieg. Am 18. 10. 1939 stiftete A. →Hitler das K. in zwei Klassen als „Zeichen der Anerkennung solcher Kriegsverdienste, die keine Würdigung durch das EK finden können" und ergänzte es am 19. 8. 1940 um das Ritterkreuz des K. Das K. wurde in der 2. Klassen bronzen, in der 1. Klasse silbern, als Ritterkreuz silbern und größer als das K., bei Einsatz unter feindlicher Waffeneinwirkung mit Schwertern verliehen. Das K. wurde wie das Eiserne Kreuz getragen. Das Ritterkreuz des K. wurde erstmals im Mai 1942, insgesamt 245mal verliehen. Am 19. 8. 1940 stiftete A. Hitler die Kriegsverdienstmedaille, kreisrund mit aufgeprägtem K., die am schwarzen Band mit weißen Seiten und rotem Randstreifen getragen wurde. Am 13. 7. 1944 wurde das K. um das „Goldene Ritterkreuz" erweitert, das nur zweimal am 20. 4. 1945 verliehen worden ist (an Franz Hahne und Karl Otto Saur).
K. D. Patzerall: Die Ritterkreuzträger des Kriegsverdienstkreuzes 1942–1945, 1984.

Kriegsverdienstmedaille, →Kriegsverdienstkreuz.

kriegsverwendungsfähig (k.v.), Beurteilung bei der Militärtauglichkeitsprüfung. Als k.v. wurde bezeichnet, wer im Krieg für den Frontdienst geeignet und nicht in der Heimat unabkömmlich (u.k.) war. Die k.v.-gestellten Männer konnten zur Wehrmacht eingezogen werden.

Kriegswinterhilfswerk, das →Winterhilfswerk des deutschen Volkes während des 2. Weltkriegs.

Kriegswirtschaft, Gestaltung und Ordnung der Volkswirtschaft während eines Krieges. Deutschland war 1914 wie 1939 wirtschaftlich nicht auf einen Krieg vorbereitet. Im 2. Weltkrieg wurde zunächst die Wirtschaftspolitik mit der Verordnung über die Wirtschaftsverwaltung vom 27. 8. 1939 sowie die K.-Verordnung vom 4. 9. 1939 geregelt. Am 17. 3. 1940 entstand ein Ministerium für Bewaffnung und Munition unter Dr. Fritz →Todt. Allerdings wurde die deutsche Wirtschaft erst ab 1942 stärker auf die Erfordernisse des Krieges umgestellt, als Dr. Todts Nachfolger A. →Speer, auf den Plänen und Vorarbeiten seines Vorgängers aufbauend, die Rüstungserzeugung steigerte und dazu auch verstärkt Fremdarbeiter und Gefangene heranzog. Trotz Rohstoffknappheit, Arbeitskräftemangel und verheerender alliierter Bombenangriffe erreichte der deutsche Rüstungsausstoß 1944 seinen Höhepunkt. Die Belastung der Bevölkerung durch die K. war dabei begrenzt. Die Arbeitszeit wurde selbst nach der Verkündung des →„totalen Krieges" 1943 nicht wesentlich erhöht, und verheiratete Frauen wurden kaum zur Arbeit herangezogen. Von Sabotagemaßnahmen blieb die K., auch in besetzten Gebieten wie im Protektorat Böhmen und Mähren, praktisch verschont.
A. Osterheld: Die deutsche Kriegswirtschaft, 1940. E. Welter: Falsch und richtig planen, 1954. E. Eichholtz: Geschichte der deutschen Kriegswirtschaft 1939–1945, 1969. M. Geyer: Deutsche Rüstungspolitik 1890–1980, 1981. G. Thomas: Geschichte der deutschen Wehr- und Rüstungswirtschaft 1918–1945, 1966.

Kriegsziele, alliierte, Absichten von Deutschlands Kriegsgegnern im und nach dem Zweiten Weltkrieg. Insbesondere die Westalliierten haben in öffentlichen Erklärungen keinen Zweifel daran gelassen, daß sie den →Zweiten Weltkrieg nicht gegen die das →Dritte Reich tragende →NSDAP, sondern gegen Deutschland an sich führten. Sie wollten seine →bedingungslose Kapitulation und lehnten deshalb ebenso Friedensangebote von seiten der Reichsregierung ab, wie sie auch deutschen Oppositionsgruppen keinerlei Zusagen für einen Verhandlungsfrieden machten. Nach einer militärischen Besetzung des Reichsgebietes sollte es zu einer „Bestrafung" der Deutschen kommen, die sich keineswegs auf sogenannte →Kriegsverbrecherprozesse oder die Inhaftierung von verdächtigen Deutschen in großer Zahl beschränken sollte; vielmehr gehörten dazu auch die bewußt kalkulierten Morde und Ausschreitungen insbesondere von seiten der Roten Armee. Als der Widerständler und spätere Präsident des Bundesamtes für Verfassungsschutz Otto John 1944 in Madrid mit einem spanischen Vertrauensmann der Westalliierten sprach, erfuhr er: „Es gibt Leute, die sind der Ansicht, daß Deutschland ein Strafgericht verdient hat! Und das überläßt man gerne den Russen." Somit zählten zu den weiteren K.n: Die →Vertreibung von Millionen Deutschen aus ihren Siedlungsgebieten unter Inkaufnahme unzähliger Morde und Gewalttaten, die Abtretung großer Teile des deutschen Staatsgebietes an fremde Länder, die Aufteilung Deutschlands in →Besatzungszonen und die Unterbindung einer deutschen Zentralgewalt, die Beherrschung Deutschlands durch Besatzungsbehörden, die Reduzierung der deutschen Industrie durch Demontage. In welchem Maße der Wille zur Teilung Deutschlands noch lebendig ist, zeigte sich, als nach Beseitigung der kommunistischen Herrschaft in Mitteldeutschland 1989/90 auch in westlichen Ländern erhebliche Bedenken gegen die deutsche Wiedervereinigung geäußert und mit der Forderung verbunden wurden, ein bis zur →Oder-Neiße-Linie vereinigter deutscher Staat müsse zugunsten Polens endgültig auf die →Ostgebiete des Deutschen Reiches verzichten.

Krimbesetzung, Besetzung der russischen Halbinsel Krim im 1. Weltkrieg durch deutsche Truppen vom April bis November 1918.

Krimfeldzug, Eroberung der russischen Halbinsel Krim im Rußlandfeldzug 1941/42. Nach dem raschen deutschen Vorstoß durch die Ukraine und der Vernichtung einer sowjetischen Armee am Asowschen Meer bis 10. 10. 1941 begann die deutsche Heeresgruppe Süd (11. Armee) unter Generaloberst Erich von →Manstein den Angriff auf die Halbinsel Krim, durchbrach am 27. 10. 1941 die Enge von Perekop und hatte bis 16. 11. 1941 die ganze Krim mit Ausnahme der eingeschlossenen Festung →Sewastopol erobert. Sowjetische Landungsunternehmen auf der Krim bei Kertsch und Feodosia am 29. 12. 1941 und bei Eupatoria am 5. 1. 1942 konnten den Einschließungsring um Sewastopol nicht sprengen. Vom 8. bis 15. 5. 1942 eroberten deutsche Truppen die Halbinsel Kertsch zurück und machten da-

bei 150000 Gefangene. Am 7. 6. begann der deutsche Angriff auf die Festung Sewastopol, die am 1. 7. 1942 mit mehr als 100000 Gefangenen in deutsche Hand fiel. Am 8. 4. 1944 begann der sowjetische Großangriff auf die Krim. Ab 12. 4. 1944 konnten 150000 deutsche Soldaten von der abgeschnittenen Halbinsel durch die Luftwaffe und die Marine nach Konstanza (Rumänien) abtransportiert werden, etwa 80000 gerieten in Gefangenschaft, als die 17. Armee unter Generaloberst Jaenecke am 9. 5. Sewastopol und am 12. 5. 1944 die westlich davon gelegene Halbinsel Chersones aufgeben mußte. Für Teilnahme am K. wurde der Krimschild verliehen, von A. →Hitler am 25. 7. 1942 gestiftet und am linken Oberarm der Uniform zu tragen.

P. Carell: Unternehmen Barbarossa, 1985.

Kristallnacht (Reichskristallnacht), Ausschreitungen gegen Juden. Am 7. 11. 1938 schoß der Jude Herschel →Grynszpan in Paris auf den deutschen Legationssekretär Ernst vom Rath und verletzte ihn so schwer, daß er zwei Tage später starb. Auf die Nachricht von diesem Mord kam es an vielen Orten Deutschlands zu Ausschreitungen gegen Juden, die Todesopfer forderten, und zur Zerstörung von Synagogen und anderem jüdischen Eigentum, darunter auch Schaufenstern von Läden, wovon die Ereignisse in der Nacht vom 9. zum 10. 11. 1938 ihren Namen haben. Im Anschluß daran wurden in Deutschland zahlreiche Anordnungen erlassen, mit denen die Auswanderung von Juden verstärkt werden sollte. Die K. hat die öffentliche Meinung im Ausland, vor allem in den USA, stark gegen das Deutsche Reich beeinflußt.

N. von Preradovich: Reichskristallnacht, 1988. H. Graml: Reichskristallnacht, 1988. E. Dickmann: Die Reichskristallnacht, 1978. H. J. Döscher: „Reichskristallnacht" 1938, 1988. H. Metzger (Hrsg.): Kristallnacht, 1978.

Kritische Theorie, →Frankfurter Schule.

Krössinsee, Reichsschulungsburg der NSDAP. Am K. bei Falkenburg in Ostpommern errichtete Professor Clemens Klotz 1936 eine der drei →Reichsschulungsburgen (→Ordensburgen), auf denen Ordensjunker für hauptamtliche Aufgaben in der →NSDAP ausgebildet wurden.

Kronenorden, bis 1919 in Deutschland verliehener Orden in Kreuzform. Der bayerische K. (Verdienstorden der bayerischen Krone) war am 19. 5. 1808 von Maximilian I. in vier Klassen (Großkreuz, Großkomtur, Komtur, Ritter) gestiftet worden und schloß bei Inländern die

Erhebung in den persönlichen Adelsstand ein. Der preußische K. wurde am 18. 10. 1861 von König Wilhelm I. in vier Klassen gestiftet und stand dem Roten Adlerorden im Rang gleich. Bei Verdiensten im Krieg traten Schwerter zum Kreuz dazu. Der württembergische K. (Orden der württembergischen Krone) geht auf die Stiftung von König Wilhelm I. am 23. 9. 1818 zurück; er wurde zunächst in drei, ab 22. 12. 1864 in fünf Klassen verliehen. Mit Ausnahme der 5. Klasse war damit auch der persönliche Adel verbunden.

Kronstadt (rumänisch Brasov), früher vorwiegend deutsch bewohnte, bedeutendste Industriestadt Siebenbürgens. Der ungarische König Andreas II. rief 1212 den Deutschen Ritterorden ins Burzenland, der K. 1225 gründete. Die Hauptstadt des Burzenlandes war rein deutsch und das Zentrum wie der kulturelle Mittelpunkt der Siebenbürger Sachsen, u. a. durch das deutsche Gymnasium und das Burzenländer sächsische Museum. Von Bischof Honterus in K. ging ab 1533 die Reformierung →Siebenbürgens aus. Trotz jahrzehntelanger Madjarisierung waren um 1880 noch 33%, um 1940 noch 28% der Einwohner K.s Deutsche. Im 1. Weltkrieg wurde die Stadt nach dem Sieg General Erich von →Falkenhayns über die Rumänen in der Schlacht bei K. vom 6. bis 8. 10. 1916 von deutschen Truppen besetzt, 1920/21 kam sie mit Siebenbürgen von Ungarn an Rumänien. Nach 1970 wanderten viele Deutsche aus K. in die Bundesrepublik Deutschland aus.
H. Zillich: Kronstadt, ²1926. H. Wachner: Kronstädter Heimat- und Wanderbuch, 1934.

Kruckenkreuz (Krückenkreuz), Symbol der österreichischen →Vaterländischen Front. Das K. in Form eines griechischen Kreuzes, dessen Balkenenden in Querbalken auslaufen und das so an das →Hakenkreuz erinnert, war ursprünglich im Wappen des Königreichs Jerusalem und Ordenszeichen des früher päpstlichen Ordens vom Heiligen Grabe. Es wurde der österreichischen →Heimwehrbewegung aufgegriffen und war 1934–1938 Abzeichen der vom österreichischen Bundeskanzler Engelbert →Dollfuß geschaffenen Vaterländischen Front. Die rot-weiß-rote, mit grünen Sparren belegte K-Fahne galt 1936–1938 in Österreich als Staatsflagge und war der bisherigen rot-weiß-roten Staatsflagge gleichgestellt.
K. J. Heilig: Österreichs neues Symbol, ²1936.

Krüder, Ernst-Felix, Hilfskreuzerkommandant, * 6. 12. 1897 Hamburg, † 8. 5. 1941 Indischer Ozean. Seit 1915 in der Marine, nahm K.

an der →Skagerrak-Schlacht teil und wurde dann in der Reichsmarine, auch in Stäben, verwendet. Am 15. 6. 1940 lief er mit dem →Hilfskreuzer „Pinguin" aus, mit dem er im Atlantik und Indischen Ozean erfolgreichen Handelskrieg führte und vor australischen Häfen Minen legte, wofür er mit dem →Ritterkreuz am 22. 12. 1940 ausgezeichnet wurde. Nach Aufbringen von 32 Handelsschiffen mit 154 000 BRT wurde die „Pinguin" am 8. 5. 1941 vom britischen Kreuzer „Cornwall" nördlich der Seychellen im Indischen Ozean vernichtet. K. erhielt posthum am 15. 11. 1941 das →Eichenlaub.
J. Brennecke: Gespensterkreuzer HK 33, 1953. H. Pemsel: Biographisches Lexikon zur Seekriegsgeschichte, 1985.

Krupp von Bohlen und Halbach, Alfried, Industrieller, * 13. 8. 1907 Essen, † 30. 7. 1967 Essen. Der älteste Sohn des Firmen-Chefs trat am 1. 10. 1938 in das Direktorium der Firma Friedrich →Krupp AG ein und wurde nach deren Umwandlung in ein Einzelunternehmen im Dezember 1943 Alleininhaber. Als führender deutscher Waffenhersteller 1945 durch die amerikanische Besatzungsmacht verhaftet, wurde er im Nürnberger →Krupp-Prozeß der amerikanischen Siegerjustiz am 31. 7. 1948 zu zwölf Jahren Haft und Vermögensentzug verurteilt. 1951 entlassen, konnte er gegen die Zusicherung, keine Waffen mehr zu produzieren, seine im Krieg stark zerstörte und durch Demontagen beeinträchtigte Firma erneut übernehmen, die bald wieder ihre Spitzenstellung in der deutschen Industrie einnahm.
T. von Wilmowsky: Warum Krupp verurteilt wurde, ²1950.

Krupp von Bohlen und Halbach, Gustav, Industrieller, * 7. 8. 1870 Den Haag, † 16. 1. 1950 Blühnbach/Salzburg. Der Industriellen- und Ministerpräsidentensohn studierte Jura, trat 1898 in den diplomatischen Dienst ein und war 1904–1906 Legationsrat bei der deutschen Vertretung im Vatikan. 1906 heiratete er die Krupp-Erbin Bertha Krupp, trat in die Leitung der weltberühmten Essener Friedrich Krupp AG ein und übernahm als Vorsitzender des Aufsichtsrats 1909 die Firma, die im 1. Weltkrieg als die „Waffenschmiede" des Reiches die meisten Geschütze der Mittelmächte herstellte. Ab 1909 war K. Mitglied des preußischen Herrenhauses, 1921–1933 des preußischen Staatsrats. Nachdem französische Besatzungstruppen am 31. 3. 1923 im Krupp-Werk dreizehn unbewaffnete Arbeiter erschossen (→Krupp-Blutbad) sowie viele verletzt hatten und die Beerdigung mit Teilnahme Hunderttausender zu einer großen Demonstration gegen die französische Besatzungsmacht geworden war, wurde K. mit seinen Direktoren verhaftet und am 8. 5. 1923 von einem französischen Militärgericht zu 15 Jahren Gefängnis verurteilt, aus der er im November 1923 entlassen wurde. Ab 1931 war K. Vorsitzender des Reichsverbandes der Deutschen Industrie, ab 1. 6. 1933 saß er im Kuratorium der von ihm angeregten →„Adolf-Hitler-Spende der deutschen Wirtschaft". K. wurde 1937 →Wehrwirtschaftsführer, sein Unternehmen ein „Nationalsozialistischer Musterbetrieb". Im Dezember 1943 übergab er die Firma seinem ältesten Sohn Alfried →Krupp von Bohlen und Halbach. Wegen Unterstützung von Hitlers „Aufrüstungs- und Kriegspolitik" und „Vorbereitung von Angriffskriegen" wurde K. 1945 in →Nürnberg als Hauptkriegsverbrecher angeklagt, das Verfahren jedoch wegen seiner Haftunfähigkeit ausgesetzt. Dafür wurden im →Krupp-Prozeß 1947/48 vor dem US-Militärtribunal III sein Sohn Alfried und 19 leitende Firmenmitarbeiter angeklagt und verurteilt.

Krupp-Blutbad, Erschießung von Arbeitern der Firma Krupp durch Franzosen 1923. Als während der →Ruhrbesetzung französische Truppen am 31. 3. 1923 in die Essener Krupp-Werke eindrangen, alle Fahrzeuge beschlagnahmten und einen Offizier mit elf Mann zur Bewachung restlicher Fahrzeuge zurückließen, fühlten sich die Franzosen durch die sie umgebenden Arbeiter bedroht und eröffneten ohne Warnung das Feuer. Sie töteten 13 Arbeiter, verletzten 20 schwer und viele leicht. Am folgenden Tag wurden die Krupp-Direktoren Bruhn, Hartwig, Oesterlen und Ritter verhaftet, später auch der aus Berlin zurückkehrende Firmenchef Gustav →Krupp von Bohlen und Halbach. Das Begräbnis der toten Arbeiter, an dem Hunderttausende teilnahmen, wurde zu einem Massenprotest der Deutschen gegen die französische Besatzung. Ein französisches Kriegsgericht verurteilte Gustav Krupp von Bohlen und Halbach am 8. 5. 1923 zu 15 Jahren sowie acht seiner leitenden Angestellten zu zehn bis 15 Jahren Gefängnis.
E. Kern: Von Versailles bis Nürnberg, 1967. B. Eyck: Geschichte der Weimarer Republik, Bd. 1, ⁵1973.

Krupp-Prozeß, US-Militärtribunal in →Nürnberg 1947/48. Anstelle seines haftunfähigen Vaters Gustav →Krupp wurde der beim Einmarsch der Amerikaner 1945 verhaftete Alfried →Krupp von Bohlen und Halbach, Firmenchef seit Ende 1943, mit 19 leitenden Angestellten der Krupp-Werke im K. vor dem US-Militärgerichtshof III der Planung und Durchführung von Angriffskriegen, Plünde-

rung von Eigentum in fremdem Land und der Versklavung von Fremdarbeitern angeklagt. Aus Protest gegen die rechtswidrige Verhandlungsführung verließen alle Verteidiger zeitweise den Sitzungssaal und wurden wegen Mißachtung des Gerichts zu einer Haftstrafe verurteilt, ein Verteidiger vom Prozeß ausgeschlossen. Die Angeklagten wurden am 31. 7. 1948 bei einem Freispruch zu Haft zwischen knapp drei und zwölf Jahren verurteilt. Am 31. 1. 1951 setzte US-Hochkommissar McCloy alle Reststrafen, auch die Vermögenseinziehung Alfried Krupps, aus.

K-Schein, Abkürzung für →Kriegsausbildungsschein.

Kuban-Brückenkopf, Rückzugsstellung im →Rußlandfeldzug 1943. Ende 1942 bestand die Gefahr, daß die im Kaukasus operierende deutsche Heeresgruppe A östlich des Asowschen Meeres abgeschnitten wurde. Der →Kaukasus-Feldzug wurde deshalb gestoppt und die Truppe von dort zurückgenommen. Dabei bildete die 17. Armee unter Generaloberst Ruoff nach einer vierwöchigen Absetzbewegung den K., der mit der Halbinsel Kertsch auf der deutschbesetzten Krim durch Schiffsverkehr in Verbindung blieb. Der ursprünglich von 400 000 Mann gehaltene K. band lange Zeit starke sowjetische Kräfte und wehrte feindliche Großangriffe besonders im Mai 1943 ab. Am 7. 9. 1943 wurde der Abtransport der deutschen 17. Armee unter Generaloberst Jaenecke zur →Krim als Unternehmen „Wiking" begonnen und am 10. 10. 1943 beendet. Der Rückzug vom K. beendete den Kaukasus-Feldzug. Zur Erinnerung an die harten Kämpfe am K. wurde 1943 der Kuban-Schild als Ärmelschild gestiftet.
P. Carell: Unternehmen Barbarossa, 1985. F. Forstmeier: Die Räumung des Kuban-Brückenkopfes im Herbst 1943, 1964.

Kube, Wilhelm, Gauleiter und Generalkommissar, * 13. 11. 1887 Glogau, † 22. 9. 1943 Minsk. Nach Studium der Geschichte, Geographie und Staatswissenschaften war K. Redakteur, 1920–1923 Generalsekretär der →DNVP in Berlin, wurde 1924 Mitglied der →Deutschvölkischen Freiheitspartei und 1927 der →NSDAP, 1928 deren Gauleiter in der Ostmark. 1933 wurde er Oberpräsident der Mark Brandenburg und von Berlin sowie der Grenzmark →Westpreußen. 1936 verlor er sein Amt als Gauleiter wegen einer Verleumdung des Obersten Parteirichters, wurde jedoch ab 17. 7. 1941 als Generalkommissar für das besetzte Weißruthenien erneut verwendet. 1943 wurde er durch eine Mine, die sein Hausmädchen als sowjetische Partisanenhelferin unter seinem Bett angebracht hatte, getötet. Am 27. 9. 1943 fand für ihn eine Trauerfeier in der Reichskanzlei statt.

H. Höffkes: Hitlers politische Generale, 1986.

Kudlich, Hans, Arzt und österreichischer Sozialreformer, * 23. 10. 1823 Lobenstein (Österreichisch-Schlesien), † 11. 11. 1917 Hoboken bei New York. K. wurde 1848 in den österreichischen Reichstag gewählt, wo er am 26. 7. 1848 die Aufhebung der bäuerlichen Untertänigkeitsverhältnisse und der bäuerlichen Lasten beantragte. Die Aufhebung der Leibeigenschaft wurde am 7. 9. 1848 auch Gesetz und K. dadurch in Österreich sehr populär. Da er jedoch an der Wiener Oktoberrevolution von 1848 teilnahm, mußte er nach Deutschland flüchten und wurde von einem österreichischen Gericht in Abwesenheit zum Tode verurteilt. K. ging später nach Amerika und ließ sich dort als Arzt nieder. Er schrieb „Rückblicke und Erinnerungen" (3 Bde., 1873).

Pollak: Hans Kudlich und die Revolution von 1848, 1940. F. Prinz: Hans Kudlich, 1962.

Kübelwagen, Fahrzeug der deutschen Wehrmacht im 2. Weltkrieg. Der K. war ein viersitziger Personenkraftwagen, der aus dem Volkswagen (→KdF-Wagen) für militärische Zwecke entwickelt worden war.

Kühlmann, Richard von, Diplomat und Staatssekretär, * 3. 5. 1873 Istanbul, † 6. 2. 1948 Ohlstadt/Obb. Der Sohn des Generaldirektors der Anatolischen Eisenbahnen studierte Jura, trat 1900 in den diplomatischen Dienst ein und wirkte in Tanger (1904/05), London (1909/14), Den Haag (1915) und als Botschafter in Konstantinopel (1916). Als Staatssekretär im Auswärtigen Amt (1917/18) schloß er die Friedensverträge mit Rußland in →Brest-Litowsk am 3. 3. 1918 und mit Rumänien in →Bukarest am 7. 5. 1918. Als er in einer Reichstagsrede am 24. 6. 1918 für ein Ende des Krieges eintrat, mußte er am 9. 7. 1918 zurücktreten. Er schrieb u. a. „Entwicklung der Großmächte" (1926), „Gedanken über Deutschland" (1931), „Die Diplomaten" (1939), „Erinnerungen" (1948) sowie die Romane „Der Kettenträger" (1932), „Saturnische Sendung" (1953) und „Immaculata" (1937).

W. Goetz: Die Erinnerungen des Staatssekretärs Richard von Kühlmann, 1952. T. Rhodes: Kühlmann, wie er wirklich war, 1926. F. Meinecke: Kühlmann und die päpstliche Friedensaktion von 1917, 1928.

Kuhländchen, Landschaft im südöstlichen →Sudetenland. Das K. im oberen Tal der Oder um Neutitschein und Fulnek wurde spätestens im 11. Jahrhundert von Deutschen besiedelt und bis zu deren Vertreibung 1945 bewohnt.

Kulmhof (poln.: Chelmno), deutsches →Konzentrationslager.

Kulturbolschewismus, Propaganda für kommunistische Politik mit künstlerischen und pseudokünstlerischen Mitteln. Im engeren Sinn bezeichnet K. sowjetische Bemühungen um eine proletarisch-revolutionäre Kunst und Kultur („Prolet-Kult"), darüber hinaus auch andere Formen einer marxistischen Kunstpolitik. In konservativen Kreisen wurde das Wort K. ab 1919 auch zur Kennzeichnung gegenstandsloser (abstrakter) Darstellungen, atonaler Tonfolgen, sogenannter sozialkritischer Bühnendarbietungen und pornographischer Veröffentlichungen gebraucht, ebenso das Wort Kunstbolschewismus. Damit wurde zum Ausdruck gebracht, daß sich diese Stilmittel ebenso gegen überlieferte Lebensformen richten, wie der Kommunismus es mit politischen Methoden tut.

Nötzel: Gegen den Kulturbolschewismus, 1930. Hütten: Kulturbolschewismus, 1932.

Kulturfilm, Film über Natur, Kunst oder Wissenschaften. Ab 1. 9. 1934 waren alle deutschen Lichtspielhäuser verpflichtet, zum Hauptfilm einen K. von mindestens 250 m Länge vorzuführen.

Kulturschaffende, nach 1933 eingeführte Bezeichnung für alle künstlerisch Tätigen. Die K.n waren in der →Reichskulturkammer als der „berufsständischen Zusammenfassung und Gliederung aller K.n" vereinigt.

Kulturverband der Deutschen, ab Herbst 1938 Nachfolger des →Deutschen Kulturverbandes mit Sitz in Prag.

Kundt, Ernst, sudetendeutscher Politiker, * 15. 4. 1897 Böhmisch-Leipa, † 15. 2. 1947 Prag-Pankraz. Nach Teilnahme am 1. Weltkrieg führte der Jurist ab 1922 die von ihm gegründete sudetendeutsche →Jugendbewegung, wurde 1926 Geschäftsführer des „Deutschpolitischen Arbeitsamtes", der Mittelstelle aller nichtmarxistischen sudetendeutschen Parteien, war ab 1933 Mitglied der →Sudetendeutschen Heimatfront und gründete 1935 mit →Henlein u. a. die →Sudetendeutsche Partei (SdP), deren Hauptleitung er angehörte. Von 1935–1938 war er Mitglied des Prager Parlaments. Im Winter 1938/39 leitete er die deutsche Volksgruppe in Böhmen und Mähren. Ab April 1939 war K. →NSDAP-Mitglied und MdR. Im September 1939 wurde er Stadtkommissar in Polen, Anfang 1940 Kreishauptmann von Tarnow, im August 1941 Gouverneur des

Distriktes Radom, 1943 Unterstaatssekretär. Seit Januar 1945 wieder in Karlsbad, wurde er dort im Mai 1945 verhaftet, nach einem Prozeß ab Dezember 1946 in Prag am 15. 2. 1947 zum Tode verurteilt und noch am selben Tag hingerichtet.

Kunstbolschewismus, →Kulturbolschewismus.

Kurland, Teil Lettlands. Im 13. Jahrhundert vom Deutschen Ritterorden erobert, wurde K. 1561 ein weltliches Herzogtum unter dem letzten livländischen Deutschordensmeister Gotthard Kettler, dessen Familie 1737 ausstarb. K. kam dann unter russischen Einfluß. 1915 wurde es von deutschen Truppen erobert und bis Kriegsende besetzt. Bis 1919 kämpften deutsche →Baltikumstruppen in K. gegen die vordringenden Bolschewisten. Nach dem 1. Weltkrieg flohen viele Deutsche aus K., der Rest kam 1939/41 durch →Umsiedlungen ins Reich, als das Baltikum von sowjetischen Truppen okkupiert und dann ein Teil der UdSSR wurde.
R. Wittram: Baltische Geschichte, 1954.

Kurlandschlachten, Bezeichnung für die sechs Verteidigungsschlachten im deutschen Nordabschnitt der Ostfront 1944/45. Die „Kurlandarmee", Teil der früheren Heeresgruppe Nord, wurde am 1. 8. 1944 zum erstenmal von ihrer Landverbindung nach Ostpreußen abgeschnitten, diese wurde am 20. 8. 1944 wieder hergestellt, jedoch am 5. 10. 1944 endgültig unterbrochen. Seitdem band die Kurlandarmee starke sowjetische Kräfte, obwohl sie nur über See versorgt werden konnte, und hielt ihre Stellungen bis zur Kapitulation im Mai 1945. Ihre Angehörigen wurden lange in sowjetischer Gefangenschaft gehalten. Zur Erinnerung an die K. wurde am 12. 3. 1945 das Kurland-Ärmelband gestiftet, ein weißes Band mit schwarzer Schrift „Kurland" zwischen dem Wappen von Mitau und dem Deutschordenskreuz.
W. Haupt: Kurland, 1979. W. Haupt: Kurland 1944/45, 1980. W. Haupt: Das war Kurland, 1987.

Kursk, Schlacht bei, deutsch-sowjetische Schlacht 1943. Nach Abschluß der Winterkämpfe 1942/43 bestand nördlich, westlich und südlich der Stadt Kursk ein sowjetischer Frontbogen von etwa 200 km Länge, der rund 120 km tief in das von der Wehrmacht gehaltene Gebiet hineinragte. Er sollte durch das am 5. 7. 1943 beginnende Unternehmen „Zitadelle" abgeschnitten werden. Die sowjetischen Verbände hatten den Vormarsch erwartet und in den Angriffsräumen ein tiefgestaffeltes Stellungssystem errichtet. Deshalb kam der Vormarsch der deutschen 9. Armee unter Generaloberst →Model und der 2. deutschen Panzerarmee unter General Rudolf Schmidt von Norden nach Süden sowie der Angriff der deutschen 4. Panzerarmee unter Generaloberst Hoth von Süden nach Norden nur sehr langsam voran. Insgesamt standen 50 deutschen Divisionen mit 900 000 Mann und 2000 Panzern mehrere sowjetische Armeen gegenüber. Dabei kam es am 12. 7. 1943 zur größten Panzerschlacht des 2. Weltkriegs. Am 15. 7. 1943 zogen sich die deutschen Verbände auf ihre Ausgangsstellungen zurück, sie hatten 40 000 Mann und rund 1000 Panzer verloren, den Sowjets jedoch wesentlich höhere Verluste zugefügt. Angesichts der alliierten Landungen auf →Sizilien am 10. 7. 1943 mußten aber Truppen für Italien freigemacht werden, und es bestand keine Aussicht, mit den dann noch verfügbaren Verbänden den sowjetischen Frontbogen abzuschnüren. Die Sowjets konnten mit ihren wesentlich höheren Reserven zur Gegenoffensive übergehen und die deutschen Verbände in Richtung auf den Dnjepr zurückdrängen.
P. Carell: Unternehmen Barbarossa, 1985. J. Piekalkiewicz: Der Zweite Weltkrieg, 1986. S. Stadler: Die Offensive gegen Kursk 1943, 1980. L. Vrba: Kursk, 1986.

Kutisker-Skandal, →Barmat-Skandal.

k. v., Abkürzung für →kriegsverwendungsfähig.

Kyffhäuserbund, Dachverband deutscher Kriegervereine. Nachdem das Kyffhäuserdenkmal zu Ehren Kaiser Wilhelms I. am Nordrand eines Höhenzuges südlich des Harzes errichtet worden war, entstand 1898 der K. als Dachverband deutscher Landeskriegerverbände neben dem Deutschen Kriegerbund. 1903 war der K. mit 24 500 Vereinen in 26 Verbänden und 2,1 Mill. Mitgliedern bereits der größte deutsche Dachverband für militärische Traditionsvereine. 1921 schlossen sich der Deutsche Kriegerbund und der K. zum →„Deutschen Reichskriegerbund Kyffhäuser" zusammen, der 1930 etwa drei Mill. Mitglieder in 30 000 Vereinen hatte. 1938 wurde er in den →NS-Reichskriegerbund unter dem →Reichskriegerführer General der Infanterie a. D. →Reinhard überführt. Nach Kriegsende zunächst von den Alliierten verboten, wurde der K. später als einer der Soldatenverbände neu gegründet. Zu seinen Aufgaben gehören die Pflege der Tradition und Kameradschaft sowie die Unterstützung bedürftiger Mitglieder.

KZ, nichtamtliche, besonders nach 1945 benutzte Abkürzung für →Konzentrationslager (KL).

L

Länder, die Glieder des Deutschen Reiches 1919–1934. Nach der Weimarer Reichsverfassung von 1919 wurden aus den früheren Gliedstaaten des Deutschen Reiches L. mit eigenen Verfassungen, Parlamenten und Regierungen, wobei Reichsrecht Landesrecht brach. Auf Reichsebene wurden die L. durch den Reichsrat vertreten. Die Bedeutung der L. ging nach dem Gesetz vom 31. 3. 1933 zur Gleichschaltung der L. mit dem Reich, dem Gesetz über die Reichsstatthalter vom 7. 4. 1933 und dem „Gesetz über den Neubau des Reiches" vom 30. 1. 1934 zurück. Der Reichsrat wurde am 14. 2. 1934 aufgelöst. In Österreich wurden die früheren Bundesländer 1919–1938 L. genannt. Nach 1945 wurden in Westdeutschland und Österreich wieder L. gebildet, zunächst auch in Mitteldeutschland, aus denen jedoch 1952 15 Bezirke entstanden.

Lagarde, Paul Anton de (eigentlich Bötticher), Orientalist und deutschvölkischer Schriftsteller, * 2. 11. 1827 Berlin, † 22. 12. 1891 Göttingen. Der Professor der Orientalistik schuf für sein Fachgebiet bis heute unentbehrliche Textausgaben. Einem großen Leserkreis wurde er vor allem durch seine „Deutschen Schriften" (erstmals erschienen 1878) mit Gedanken für eine nationale Politik bekannt.
L. Schemann: Paul de Lagarde, 1920. M. Rüttner: Zum 150. Geburtstag von Paul de Lagarde, 1977. H. W. Schütte: Lagarde und Fichte, 1965. A. Rahlfs: Paul de Lagardes wissenschaftliches Lebenswerk, 1928.

LAH, Abkürzung für →Leibstandarte-SS „Adolf Hitler".

Laibach (slowenisch Ljubljana), Hauptstadt →Krains. Die von Deutschen gegründete, 1144 erstmals erwähnte Stadt wurde um 1200 nach Krainburg Landeshauptstadt von Krain, ab 1364 die des Herzogtums Krain. Bis ins 19. Jahrhundert war L. mehrheitlich von Deutschen bewohnt, wenn auch die Gegenreformation den deutschen Anteil schon vermindert hatte. 1919 kam L. von Österreich-Ungarn zu Jugoslawien; die vorher vorherrschende deutsche Sprache wurde durch die slowenische Unterrichts- und Amtssprache ersetzt. Während 1880 in L. noch fast 23% der Bewohner Deutsche waren, waren es 1921 nur noch 3%. 1941 im →Balkanfeldzug von der Wehrmacht erobert, kam L. 1941 an Italien. Nach dem deutsch-italienischen →Umsiedlungsvertrag vom 31. 8. 1941 erfolgte 1941/42 die Umsied-lung der meisten Deutschen aus L. und Umgebung. Nach dem Frontwechsel Italiens war L. vom 9. 9. 1943 bis Anfang Mai 1945 wieder deutsch. Am 9. 5. 1945 wurden in L. alle Deutschen von Slowenen verhaftet und fast ausnahmslos ermordet. L. kam dann mit Krain zu Jugoslawien.
H. Gerstner: Das Deutschtum in Krain. O. Plautz: Das Deutschtum in Krain 1848–1918, 1953. S. Balduin: Die mittelalterliche deutsche Besiedlung in Krain, 1966. R. Kosiek: Deutsches Land in fremder Hand, 1982.

Lammasch, Heinrich, Prof. Dr., österreichischer Ministerpräsident, * 21. 5. 1853 Seitenstetten/Niederösterreich, † 6. 1. 1920 Salzburg. Der Jurist war ab 1885 Professor für Strafrecht, Rechtsphilosophie und Völkerrecht in Innsbruck, ab 1889 in Wien. Er vertrat Österreich bei der 1. und 2. →Haager Friedenskonferenz (1899/1907) und war ab 1900 Mitglied des Internationalen Schiedshofs im Haag. Ab 1899 Mitglied des Herrenhauses, trat L. im 1. Weltkrieg für einen Verständigungsfrieden ein und war vom 27. 10. bis 11. 11. 1918 letzter österreichischer Ministerpräsident. Er war Mitglied der österreichischen Delegation in →Saint-Germain. Unter anderem verfaßte er „Grundriß des österreichischen Strafrechts" (1899), „Die Lehre von der völkerrechtlichen Schiedsgerichtsbarkeit in ihrem vollem Umfang" (1914) und „Der Völkerbund zur Bewahrung des Friedens" (1919).
M. Lammasch und H. Sperl (Hrsg.): Heinrich Lammasch, 1922. F. Huber: Heinrich Lammasch als Völkerrechtsgelehrter und Friedenspolitiker, Diss., Graz 1968. S. Verosta: Der Bund der Neutralen, 1969.

Lammers, Hans-Heinrich, Dr. jur., Reichsminister und Chef der Reichskanzlei, * 27. 5. 1879 Lublinitz/Oberschlesien, † 4. 1. 1962 Düsseldorf. Der Tierarztsohn war nach dem Jurastudium ab 1912 Richter in Beuthen. Im 1. Weltkrieg Kriegsfreiwilliger, wurde er anschließend Beamter im Reichsinnenministerium, 1921 Oberregierungsrat, 1922 Ministerialrat, 1932 Polizeidezernent, auch Mitglied der →NSDAP. Vom 30. 1. 1933 bis 1945 war L. Staatssekretär und Chef der →Reichskanzlei, wo er als „Notar des Reiches" insbesondere für die Gestaltung der Reichsgesetze zuständig war. Ab 26. 11. 1937 war L. Reichsminister ohne Geschäftsbereich, ab 1939 Mitglied und Geschäftsführer des Ministerrats für die Reichsverteidigung unter →Göring, ab 1940 SS-Obergruppenführer. Er war Mitglied der

→Akademie für Deutsches Recht und Leiter des Reichsverbandes deutscher Verwaltungsakademien. Bei Kriegsende in US-Gefangenschaft geraten, wurde L. im →Wilhelmstraßen-Prozeß am 11. 4. 1949 zu 20 Jahren Haft verurteilt, aber 1952 freigelassen. Er schrieb u. a. „Kommentar zum Gesetz über den Staatsgerichtshof" (1921), „Reichsverfassung und Reichsverwaltung" (1929) und gab (mit W. Simons) die „Rechtsprechung des Staatsgerichtshofes für das Deutsche Reich" (5 Bde. 1929–1933) heraus.
G. Franz-Willing: Die Reichskanzlei 1933–45, 1984.

Lamsdorf, polnisches →Konzentrationslager. 1945 bei Falkenberg/Oberschlesien für die Inhaftierung Deutscher von Polen errichtet, wurde L. das berüchtigste polnische Konzentrationslager. Hier wurden 1945/46 über 6000 von rund 8000 inhaftierten Deutschen auf unmenschliche Weise umgebracht. Die „Hölle von L." wurde zu einem Begriff. Versuche in den 70er Jahren, diese Vorgänge in der Bundesrepublik vor Gericht zu bringen, wurden durch die SPD/FDP-Bundesregierung verhindert.
H. Esser: Lamsdorf-Dokumentation über ein polnisches Vernichtungslager, ⁵1977.

Landbund, österreichische politische Partei. Am 6. 12. 1922 ging der L. aus dem Zusammenschluß der →Deutschen Bauernpartei mit anderen österreichischen Bauernbünden großdeutscher Haltung hervor. Der L. trat für eine „bürgerliche Gesellschaftsordnung" mit starker berufsständischer Vertretung der Bauern und den „Zusammenschluß aller deutschen Stämme von Mitteleuropa zu einem einheitlichen Volksstaat" ein und wandte sich gegen Parlamentarismus, Parteienstaat und jüdischen Einfluß. Er erhielt 1923 fünf, 1927 neun Mandate im Parlament und unterstützte die Koalition aus →CP und →Großdeutscher Volkspartei. 1927 trat der L. dieser Koalition bei und stellte mit K. Hartleb, V. Schlumy und E. K. Winkler die Vizekanzler. Der L. war gegen die →Heimwehren eingestellt und versuchte 1933 unter Winkler vergeblich, der →Vaterländischen Front von →Dollfuß mit einer „Nationalständischen Front" entgegenzutreten. In den folgenden Jahren gingen die meisten Angehörigen des L. zur →NSDAP.
A. Feldmann: Landbund für Österreich, Diss. 1967.

Landdienst der HJ, Tätigkeit von HJ und BDM. Im Rahmen des L. verpflichteten sich Angehörige der →HJ zwischen 14 und 25 Jahren freiwillig zu mehrjähriger Tätigkeit in Gruppen von Landhelfern bei Bauern, auch als Vorbereitung auf den eigenen Beruf. Der erzieherische Wert dieser Arbeit wurde in einer Verbindung von Stadtjugend und Bauern gesehen. Der Gedanke des L. stammt aus der →Bündischen Jugend, insbesondere von den →Artamanen. 1934 gab es 45 Gruppen des L. mit 500 Teilnehmern, 1939 11752 männliche und 14264 weibliche L.-Angehörige. Zur Ausbildung der L.-Führer dienten L.-heime der HJ sowie Lehrhöfe. Nach zweijährigem L. konnte die Landarbeits- bzw. die Hauswirtschaftsgehilfenprüfung abgelegt werden. Im Herbst 1942 gab es 483 L.-führer und 517 Anwärter sowie 797 L.-führerinnen und 1155 Anwärterinnen. Aus dem L. ging ab 1939 auch der →Ostdienst der HJ hervor.
H. Fritsch: Land mein Land, 1986. J. Rüdiger (Hrsg.): Die Hitler-Jugend und ihr Selbstverständnis im Spiegel ihrer Aufgabengebiete, 1983.

Landerziehungsheime, private höhere Heimschulen mit vielseitiger, meist ganzheitlicher Erziehung. Neben den Wissenschaften werden besonders Sport, Musik und Handwerken betrieben. Das erste L. wurde 1898 von Hermann →Lietz gegründet, noch heute bestehen einige Hermann-Lietz-Schulen (Spiekeroog, Holzminden). Die L. haben der modernen Pädagogik zahlreiche Impulse vermittelt. Die Lehrkräfte an L. betreuen auch in der Freizeit familienartig die Schüler. Der Heimgedanke der L. fand in Form der Schullandheime Eingang in die allgemeine Pädagogik.
H. Lietz: Deutsche Landerziehungsheime, 1917. A. Andreesen (Hrsg.): Das Landerziehungsheim, 1926. Schöll: Landerziehungsheim und Schulsiedlung im Dritten Reich, 1936. T. Dietrich (Hrsg.): Die Landerziehungsheimbewegung, 1967.

Landesbauernrat, zur Landesbauernschaft gehörige beratende Körperschaft im 3. Reich. Der L. bestand aus dem Landesbauernführer, dem Landesobmann, den Landes-Hauptabteilungsleitern, den Kreisbauernführern, Fachberatern und Ehrenmitgliedern, die sich große Verdienste um das Bauerntum erworben hatten. Sie wurden vom →Reichsbauernführer ernannt. Jeder L. hatte eigene Ehrengerichtsbarkeit.

Landesbauernschaft, Gebietsgliederung des →Reichsnährstandes im 3. Reich. Es gab 28 L.en, deren Gebiet etwa dem der Länder oder Provinzen entsprach. Die L.en untergliederten sich in Kreis- und Ortsbauernschaften unter Leitung von Kreis- und Ortsbauernführern. In den Kreisen bestanden noch Bezirksbauernschaften. Für die Arbeit der L.en waren der Landesbauernführer und der Landesobmann verantwortlich. Als Dienststelle des Reichsnährstandes oblag den L.en die Durchführung des →Reichserbhofgesetzes und die Förderung der Nahrungsmittelerzeugung.

Reischle und Sauer: Aufgaben und Aufbau des Reichs-nährstandes, [3]1940.

Landeshauptmann, hoher Verwaltungsbeamter. In den preußischen Provinzen wurde durch Gesetz vom 15. 12. 1933 der L. als ständiger Vertreter des Oberpräsidenten in der Leitung der provinziellen Selbstverwaltung eingeführt (in der Provinz Brandenburg der Landesdirektor). In Österreich war der L. 1918–1938 neben der Landesregierung die oberste Verwaltungsbehörde in den Bundesländern. Ihm unterstand die Landeshauptmannschaft. Vom Anschluß an das Deutsche Reich bis 1. 4. 1940 war der L. der Leiter der höheren Verwaltungsbehörde im Gebiet der früheren Bundesländer. Dazu wurden die jeweiligen Gauleiter bestellt. Mit dem Ostmarkgesetz wurde der L. durch den →Reichsstatthalter abgelöst.

Landesjägerkorps, Freikorps 1919/20. Das L. wurde von General →Maercker nach dem Waffenstillstand als →Freikorps aufgestellt, sicherte Anfang 1919 die Tagungen der Nationalversammlung in Weimar, bekämpfte kommunistische Aufstände in Mitteldeutschland und befreite u. a. Halle, Magdeburg und Braunschweig, im Mai 1919 und im März 1920 Leipzig von kommunistischer Herrschaft. Im Frühjahr 1920 wurde das L. aufgelöst, seine Angehörigen traten fast geschlossen zur →Reichswehr über.
E. Kern: Von Versailles bis Nürnberg, 1967. F. W. von Oertzen: Die deutschen Freikorps 1918–1923, [3]1938. von Schmidt-Pauli: Geschichte der Freikorps, [3]1938. D. Venner: Söldner ohne Sold, 1975. E. Jünger (Hrsg.): Der Kampf um das Reich, o. J. H. Schulze: Freikorps und Republik 1918-20, 1969.

Landesverrat, Straftat, die sich gegen die äußere Sicherheit eines Staates richtet. L. wird in jedem Staat mit Strafe bedroht, meist versteht man darunter – wie beispielsweise das Strafgesetzbuch für die Bundesrepublik Deutschland – den Verrat von Staatsgeheimnissen an fremde Mächte, Verschwörungen im Kriegsfall, Waffenhilfe für einen Feind oder Spionage für eine fremde Macht. Davon zu unterscheiden ist der Hochverrat, der auf die gewaltsame Veränderung der inneren Ordnung eines Staates ohne Mitwirkung einer ausländischen Macht abzielt. In der Bundesrepublik Deutschland wird Landesverrat hauptsächlich von prokommunistischen Straftätern für kommunistisch regierte Länder vorgenommen. Im 3. Reich haben verschiedene Widerstandsgruppen Hochverrat betrieben, nur vereinzelt, wie im Fall →Oster, kam auch Landesverrat dazu.
A. Arndt: Landesverrat, 1966.

Landfrauenschulen, Bildungseinrichtung für Landfrauen im 3. Reich. Die vom →Reichsnährstand getragenen L. bereiteten in ein- oder zweijährigen Kursen als hauswirtschaftliche Fachschulen auf den Bäuerinnenberuf vor. Sie vermittelten neben landwirtschaftlichen und hauswirtschaftlichen Kenntnissen auch solche der Kindererziehung, Gemeinschaftskunde und Rassenhygiene. Sie waren aus bäuerlichen Fachschulen und wirtschaftlichen Frauenschulen hervorgegangen.

Landhelfer(in), Bezeichnung für einen Jungen oder ein Mädchen im →Landjahr.

Landjahr, Dienst der entlassenen Volksschüler auf dem Lande 1934–1945. In Preußen wurde mit Gesetz vom 29. 3. 1934 das L. vor allem für die städtischen entlassenen Volksschüler eingeführt, dem sich andere Länder anschlossen. Damit sollte die „seelische Verbundenheit der schulentlassenen Stadtjugend mit Heimat und Volkstum und das Verständnis für den völkischen Wert gesunden Bauerntums" vertieft werden. Die Jugendlichen lebten im L. in Heimen oder Lagern unter Führung von Leitern, die vielfach aus der →Bündischen Jugend kamen. Außer in der Erntezeit wurde nur halbtags gearbeitet, daneben viel Sport betrieben und Gemeinschaftsarbeit geleistet. In den späten 30er Jahren wurde verstärkt Landjugend zum L. herangezogen, um so der Landflucht entgegenzuwirken. Bei Mädchen wurde der L.-Dienst auf die hauswirtschaftliche Lehre angerechnet, und das L. ersetzte das →„Pflichtjahr". 1938 gab es 450 L.-Lager, 1944 noch 259. Insgesamt gingen rund 264000 Teilnehmer in zehn Jahren durch den Dienst im L.

Landsberg (Lech), Zuchthaus und Festungshaftanstalt. In dem zur Strafanstalt umgebauten Schloß von L. verbüßten 1924 →Hitler und die im →Hitler-Prozeß am 1. 4. 1924 verurteilten Nationalsozialisten ihre Untersuchungs- und Festungshaft. Hitler schrieb hier den ersten Band von „Mein Kampf". Nach 1933 wurde Hitlers Zelle Erinnerungsstätte und Ziel des jährlichen →Adolf-Hitler-Marsches der deutschen Jugend. Ab 1945 war das Zuchthaus L. jahrelang berüchtigte Folter- und Haftanstalt der Amerikaner für deutsche Soldaten und Politiker. Mehr als 300 Todesurteile aus sogenannten →Kriegsverbrecherprozessen wurden hier von der US-Besatzungsmacht vollstreckt.
O. Lurker: Hitler hinter Festungsmauern, 1933. H. Kallenbach: Mit Adolf Hitler auf Festung Landsberg, 1939. R. Aschenauer: Landsberg, 1951. L. Rendulic: Glasenbach – Nürnberg – Landsberg, 1953.

Landser, in der deutschen Soldatensprache des 2. Weltkriegs Bezeichnung für den Soldaten.

Landsturm, Aufgebot waffenfähiger Männer. In Preußen 1813 eingeführt, umfaßte der L. im Deutschen Reich bis 1918 alle Wehrpflichtigen vom 17. bis 45. Lebensjahr, soweit sie nicht anderweitig militärisch eingesetzt waren. Im 1. Weltkrieg wurden Teile des L.s auch an der Front eingesetzt. Der L. wurde 1919 aufgelöst und erstand 1935 wieder. Nach dem Wehrgesetz vom 21. 5. 1935 bestand der L. aus den männlichen Jahrgängen über 45 Jahren. Der Angehörige des L.s war ein L.-mann. Ursprünglich war der L. das allgemeine Aufgebot aller waffenfähigen Männer zur Verteidigung der Heimat bei einem feindlichen Angriff.

Landvolkbewegung, bäuerliche Protestaktionen in der Weimarer Republik. 1928–1932 kam es insbesondere in Schleswig-Holstein zu ausgedehnten und militanten Abwehrmaßnahmen von Bauern gegen die Agrarpolitik der Reichsregierungen, die den Bauernstand in seiner Existenz bedrohten. Es fanden Massendemonstrationen unter schwarzen Fahnen und Symbolen aus den Bauernkriegen sowie Steuerstreiks statt, um auf die sich verschlechternde Lage der Bauern, von denen viele ihre verschuldeten Höfe nicht mehr halten konnten, aufmerksam zu machen. Unter Führung der Bauern K. Heim und W. Hamkens und unterstützt von →Freikorpskämpfern wurden aber auch von Bauerngruppen Sprengstoffanschläge gegen Landratsämter durchgeführt (Bombenleger-Prozeß, 1930). Von Schleswig-Holstein aus griff die L. auf Sachsen, Pommern, Thüringen, Oldenburg, Schlesien und Ostpreußen über. Einige Führer der L. wurden 1930 im sogenannten Bombenleger-Prozeß zu Zuchthausstrafen verurteilt, bald jedoch amnestiert. Viele Mitglieder der L. sind später zur →NSDAP gegangen.
W. Luetgebrune: Neu-Preußens Bauernkrieg, 1931. G. Stoltenberg: Politische Strömungen im schleswig-holsteinischen Landvolk 1918–33, 1962. R. Heberle: Landbevölkerung und Nationalsozialismus (1918–32), 1963. P. Petersen: Fliegender Sand, ²1985.

Landwehr, ältere Jahrgänge der ausgebildeten Wehrpflichtigen. Die in Preußen 1813 nach dem Vorschlag Scharnhorsts aufgestellte L. umfaßte im Deutschen Reich bis zum 1. Weltkrieg die Jahrgänge bis zum 39. Lebensjahr, die ihre aktive und Reserve-Dienstzeit abgeleistet hatten. Davon entfielen fünf Jahre auf die L. 1. Aufgebots, der Rest auf die L. 2. Aufgebots. Im 1. Weltkrieg wurde die L. an der Front eingesetzt. 1919 aufgehoben, entstand die L. nach dem Wehrgesetz vom 21. 5. 1935 wieder und

umfaßte nun die Jahrgänge vom 35. bis 45. Lebensjahr. Der Angehörige der L. war der L.-mann.

Langbehn, August Julius, Dr. rer. nat., Kulturphilosoph, * 26. 3. 1851 Hadersleben (Nordschleswig), † 30. 4. 1907 Rosenheim (Obb.). Nach naturwissenschaftlichen und archäologischen Studien verfolgte L. vom 30. Lebensjahr an die Idee, Rembrandt kulturkritisch als Leitbild für Deutsche darzustellen. Unter großen Opfern konnte er 1890 anonym „Rembrandt als Erzieher" erscheinen lassen. Von einem Deutschen" erscheinen lassen. Kunst erscheint L. in diesem Werk als Heilmittel, Natur, Nation und Naivität machen für ihn das Wesen der Künstlerpersönlichkeit aus. Das Buch erregte in linken Kreisen Kritik, aber Ermutigung fand L. sowohl bei Bismarck als auch bei Wilhelm Leibl. Er schrieb ferner u. a. „Vierzig Lieder von einem Deutschen" (1891), „Dürer als Führer" (1928) und „Der Geist des Ganzen" (hrsg. 1930 von B. M. Nissen).
B. M. Nissen: Der Rembrandtdeutsche Julius Langbehn, 1926. Hartwig: Langbehn als Vorkämpfer der deutschen Volkwerdung, 1938. C. Gurlitt: Langbehn, der Rembrandtdeutsche, 1927. H. Bürger-Prinz und A. Segelke: Julius Langbehn, der Rembrandtdeutsche, 1940.

Langemarck, Schlachtort im 1. Weltkrieg. Das rund 10 km nordöstlich von Ypern in Westflandern gelegene L. wurde im 1. Weltkrieg vielfach umkämpft, insbesondere in der Schlacht an der →Yser vom 18. 10. bis 30. 11. 1914. In deren Verlauf stürmten am 22./23. 10. und vor allem am 11. 11. 1914 junge deutsche Freiwilligen-Regimenter, so die 6. Reservedivision, bei starker feindlicher Gegenwehr die englischen Stellungen unter hohen eigenen Verlusten. Dadurch wurde L. nach dem 1. Weltkrieg zum Symbol der opferbereiten Vaterlandsliebe der deutschen Jugend. 1934 errichtete die →Reichsjugendführung zum 20. Jahrestag der Schlacht ein „Referat Langemarck", das sich der Erhaltung des „Erbes der Frontsoldaten" widmete. Ein →L.-Studium wurde zur Vorbereitung auf das Hochschulstudium eingeführt, der Gefallenenfriedhof von L. vom →NSD-Studentenbund betreut.
H. Stegemann: Geschichte des Krieges, Bd. 2, 1917. W. Beumelburg: Ypern 1914, 1925. H. Thimmermann: Der Sturm auf Langemarck, 1940. K. Unruh: Langemarck, 1986.

Langemarck-Studium, Vorbereitung auf das Hochschulstudium. 1934 wurde von der Reichsstudentenführung in Erinnerung an den flandrischen Schlachtort Langemarck, wo 1914 junge deutsche Freiwilligen-Regimenter mit vielen Studenten todesmutig angegriffen hatten, das L. unter Betreuung des Reichserziehungsministeriums eingerichtet. Das L. hatte zum Ziel, unbemittelten, hochbegabten jungen Deutschen zwischen 17 und 24 Jahren mit abgeschlossener Berufsausbildung in eineinhalb Jahren eine Vorbereitung auf das Hochschulstudium zu ermöglichen. Als Abschluß erfolgte eine Begabtenprüfung. Das L. war zunächst in Heidelberg und Königsberg möglich und wurde 1942 an zehn Universitäten angeboten.

Langen, Carl-Friedrich Freiherr von, Olympiasieger im Reitsport, * 25. 7. 1887 Rittergut Parow (Pommern), † 3. 8. 1934 Berlin. L. wurde im Weltkrieg als Rittmeister im 1. Garde-Ulanen-Regiment schwer verwundet und war danach auf Rollstuhl und Krücken angewiesen, überwand seine Behinderungen jedoch mit großer Energie und begann wieder zu reiten. Mit einem kriegsverwundeten französischen Beutepferd aus der Marneschlacht, Hanko, erreichte er eine große Vielseitigkeit (Jagdspringen, Military, Dressur). 1924 nahm er als erster deutscher Reiter nach dem Weltkrieg an einem internationalen Wettbewerb, dem Jagdspringen in Malmö, teil und siegte. Er gewann dann dreimal das deutsche Springderby in Hamburg. Bei der ersten Olympiade nach Kriegsende, zu der Deutschland eine Mannschaft schickte, gewann L. 1928 in Amsterdam Goldmedaillen im Einzel- und Mannschaftswettbewerb der Dressurreiter und sicherte damit für Deutschland den zweiten Platz in der olympischen Gesamt-Rangliste. Er fand bei einer Turnierübung den Tod. Sein Leben wurde in dem Film „. . . reitet für Deutschland", 1941, von Willy Birgel dargestellt.
C. Laar: . . . reitet für Deutschland, 1936. K. Schönerstedt: Sie ritten für Deutschland, 1986.

Lanz, Josef, Schriftsteller, * 19. 7. 1874 Wien, † 22. 4. 1954 Wien. L. war 1893–1899 Zisteziensermönch, verließ jedoch das Kloster und gründete den „Orden des Neuen Tempels". Seit 1905 gab er die Heftreihe „Ostara" heraus, in der er sich unter dem Pseudonym Jörg Lanz von Liebenfels gegen Rassenvermischungen und für eine Reinzucht der Arier aussprach.
E. Hieronimus: Lanz von Liebenfels, 1988. W. Daim: Der Mann, der Hitler die Ideen gab.

„Laubfrosch", Deckname für den Einsatz deutscher Wetterstationen in der Arktis 1943/44. Als „L.1" wurde die Errichtung einer deutschen Wetterstation im Sommer 1944 in Ostgrönland bezeichnet, mit „L.2" (später „Taaget") die auf der Bären-Insel. Unter „L.3" (später „Landvik") lief ein solcher Einsatz auf Südspitzbergen im Spätherbst 1944 sowie die

Wiederbesetzung der 1943 eingerichteten Stationen auf der Hopen-Insel.
W. Schwertfeger und F. Selinger: Wetterflieger in der Arktis 1940–1944, 1982.

Laue, Max von, Prof. Dr., Physiker und Nobelpreisträger, * 9. 10. 1879 Pfaffendorf/Koblenz, † 24. 4. 1960 Berlin. Der Schüler Max Plancks war Professor für theoretische Physik in Zürich (1912–1914), Frankfurt/M. (1914–1919), Berlin (1919–1943) und ab 1946 in Göttingen sowie stellvertretender Direktor des Berliner →Kaiser-Wilhelm-Instituts für Physik (1921–1945). 1914 erhielt er für seine bahnbrechenden Arbeiten zur Röntgenstrahlen-Elektronenbeugung in Kristallen (Laue-Diagramme) den Nobelpreis für Physik. Ab 1945 wirkte er für den Wiederaufbau der Physik in Deutschland und war maßgeblich an der Gründung der Max-Planck-Gesellschaft beteiligt, deren Fritz-Haber-Institut in Berlin er von 1951–1959 leitete. Der vielfach geehrte und ausgezeichnete Physiker starb an den Folgen eines Autounfalls.

Lausanne, Konferenz von, Reparationskonferenz 1932. Vom 16. 6. bis 9. 7. 1932 tagte die Konferenz von L. im Schloß Ouchy unter Vorsitz des britischen Premierministers MacDonald. Nachdem Reichskanzler H. →Brüning am 19. 1. 1932 wegen deutscher Zahlungsunfähigkeit eine Verlängerung des →Hoover-Moratoriums abgelehnt hatte, führte die Reparationskonferenz von L., vor allem auf Drängen MacDonalds, zur Ablösung des →Young-Plans und praktisch zum Abschluß der Reparationen. Alle deutschen →Reparationszahlungen sollten eingestellt, alle Ansprüche an Deutschland dadurch abgegolten sein, daß das Reich Schuldverschreibungen von 3 Mrd. RM ausgab. Die Beschlüsse von L. wurden allerdings nie ratifiziert. Sie stellten einen Erfolg des kurz vor Beginn der Tagung gestürzten Reichskanzlers Brüning dar.
Strupp: Der Vertrag von Lausanne, 1932. J. Hohlfeld: Dokumente zur deutschen Geschichte und Politik, Bd. 3, o. J.

Lausanner Protokoll, Abmachung zwischen Österreich und den Alliierten 1932. Nach dem alliierten Verbot der 1931 geplanten deutsch-österreichischen →Zollunion geriet Österreich in eine schwere Finanzkrise und wandte sich 1931/32 mit der Bitte um Finanzhilfe an die Alliierten. Daraufhin gewährte der Völkerbund eine Anleihe von 300 Mill. Schilling bei Erneuerung des Anschlußverbots für 30 Jahre und der Einrichtung von Kontrollorganen des Völkerbundes, was in Österreich starken Protest hervorrief.
G. Klingenstein: Die Anleihe von Lausanne, 1965.

Laval, Pierre, französischer Ministerpräsident, * 28. 6. 1883 Châteldon, † 15. 10. 1945 Paris. Der Jurist wurde 1914 sozialistischer, 1919 parteiloser Abgeordneter in der französischen Nationalversammlung. 1925–1931 war er mehrmals Minister, 1931/32 und 1935/36 Ministerpräsident konservativer Regierungen. Im Juli 1940 wurde er Vizepräsident der →Vichy-Regierung, unterstützte Marschall →Pétain und arbeitete mit der deutschen Besatzungsmacht zusammen, 1942–1944 als Ministerpräsident. Ab September 1944 amtierte er im exterritorialen Schloß Sigmaringen. Bei Kriegsende wurde er mit einem deutschen Flugzeug nach Spanien geflogen, das seine Aufnahme wie auch die Schweiz jedoch verweigerte. Er kehrte nach Deutschland zurück, wurde von den Amerikanern in Innsbruck gefangengenommen und am 1. 8. 1945 an Frankreich ausgeliefert, als →Kollaborateur und Hochverräter angeklagt und in einem Prozeß, in dem er nicht zu Wort kam und der deshalb äußerst umstritten ist, am 9. 10. 1945 zum Tod verurteilt. Vor seiner Hinrichtung nahm L. Gift und wurde als Sterbender erschossen.
O. Abetz: Das offene Problem, 1951. E. Jäckel: Frankreich in Hitlers Europa, 1966. P. de Pringet: Die Kollaboration, 1981. P. Sérant: Die politischen Säuberungen in Westeuropa, o. J.

Lebensborn e. V., soziale Einrichtung der SS. Der im Dezember 1935 von Reichsführer SS H. →Himmler gegründete L. war zunächst dem →Rasse- und Siedlungshauptamt und ab 1938 dem →Wirtschafts- und Verwaltungshauptamt der →SS unterstellt. Er unterhielt in ganz Deutschland Mütterheime, in denen auch ledige Mütter entbinden konnten. Sitz der Reichszentrale des L. war Steinhöring bei München, Geschäftsführer M. Sollmann, leitender Arzt Dr. G. Ebner. Finanziert wurde der L. durch Beiträge von SS-Führern, 1945 hatte er 17 000 Vereinsmitglieder. In seinen etwa 20 Heimen wurden rund 11 000 Kinder geboren, für die teilweise Adoptiveltern vermittelt worden sind. Am 10. 10. 1947 begann in Nürnberg der Prozeß gegen das Rasse- und Siedlungshauptamt, in dessen Rahmen auch das leitende Personal des L. angeklagt war, ausländische Kinder ihren Eltern weggenommen und nach Deutschland verbracht zu haben. Da dieser Anklagepunkt nicht aufrechtzuerhalten war, wurden drei Lebensbornmitarbeiter lediglich wegen ihrer Zugehörigkeit zur SS verurteilt, die im Nürnberger →Hauptkriegsverbrecherprozeß als verbrecherische Organisation eingestuft worden war.
G. Lilienthal: Der „Lebensborn e. V.", 1985.

Lebensmittelkarten, behördlich ausgegebene Berechtigungsscheine für den Kauf rationierter Lebensmittel. Im Deutschen Reich wurden mit Beginn des 2. Weltkriegs L. für eine Reihe von Nahrungsmitteln ausgegeben. Im Kriegsverlauf wurden weitere Güter rationiert, für die besondere Abschnitte auf den L. oder besondere L. gültig waren (Reichsfettkarte, Reichsbrotkarte), die verschiedene Farben besaßen. Es gab verschiedene Arten von Berechtigten nach Alter und Stand (Normalverbraucher, Soldaten auf Urlaub, Fremdarbeiter, Zivilist besetzter Gebiete und andere) sowie „Sonderzulagen" für Schwerarbeiter, Schwangere, stillende Mütter, Kleinkinder und Jugendliche. Die L. wurden meist monatlich ausgegeben, die eingenommenen Abschnitte waren von den Geschäftsleuten abzurechnen. Für Tabakwaren gab es „Raucherkarten". Aufgrund der gut organisierten Rationierung gab es bis Kriegsende trotz alliierten →Bombenterrors und schwieriger Verkehrsverhältnisse keinen Hunger. Erst als die Alliierten ab 1945 die tägliche Kalorienmenge für Erwachsene auf teilweise unter 1000 Kalorien herabsetzten, begann eine allgemeine Hungersnot, vor allem in den Städten. In der Bundesrepublik Deutschland wurden die L. erst am 10. 1. 1950 abgeschafft, nachdem sie nach der Währungsreform an Bedeutung verloren hatten.

Lebensraum, →Hitler, Adolf.

Ledigensteuer (Junggesellensteuer), Sondersteuer für unverheiratete Erwachsene. Die L. wurde im Deutschen Reich 1930 eingeführt, 1933 durch die Ehestandshilfe ersetzt und in die Einkommensteuer eingebaut. Sie sollte vor allem kinderreichen Familien zugute kommen.

Leeb, Wilhelm Ritter von (ab 1917), Generalfeldmarschall, * 5. 9. 1876 Landsberg/Lech, † 29. 4. 1956 Füssen. Der Offizierssohn trat 1895 in das bayerische Heer ein, diente im 1. Weltkrieg im Generalstab und erhielt 1917 mit dem →Max-Josephs-Orden den persönlichen Adel. 1919 war er im →Freikorps und trat dann in die →Reichswehr ein, wurde am 1. 2. 1929 Generalmajor und war bis 1933 Befehlshaber im Wehrkreis VII, dann bis 1938 Oberbefehlshaber des Gruppenkommandos (Heeresgruppe) 2, ab 1. 1. 1934 als General der Artillerie. Im Oktober 1938 führte er eine Armee bei der Eingliederung des →Sudetenlandes und kommandierte ab 26. 8. 1939 die Heeresgruppe C am Oberrhein, mit der er während des →Polenfeldzuges den →Westwall sicherte und im →Westfeldzug am 14. 6. 1940 die für uneinnehmbar gehaltene →Maginotlinie durchbrach. Am 24. 6. 1940 erhielt er das Ritterkreuz. Am 19. 7. 1940 zum Generalfeldmarschall befördert, wurde L. am 22. 6. 1941 Oberbefehls-haber der Heeresgruppe Nord, mit der er im →Rußlandfeldzug von Ostpreußen durch die baltischen Staaten bis Leningrad vorstieß. We-gen strategischer Meinungsverschiedenheiten erbat und erhielt er am 16. 1. 1942 den Abschied. Am 22. 10. 1948 wurde er von einem amerikani-schen Militärgericht zu drei Jahren Haft verur-teilt. Er schrieb „Die Abwehr" (1938).

G. Meyer (Hrsg.): Wilhelm Ritter von Leeb, 1976.

Leers, Johann von, Schriftsteller, * 25. 1. 1902 Vietlübbe/Mecklenburg, † 5. 3. 1965 Kairo. Nach Jurastudium und Tätigkeit als Attaché im Auswärtigen Amt trat L. 1929 der →NSDAP bei und wurde Gauredner sowie Bundesschu-lungsleiter des →NS-Studentenbundes. Er war Hauptschriftleiter der nationalsozialistischen Zeitschrift „Wille und Weg" und veröffentlichte rund 25 vor allem antisemitische Bücher und Schriften. 1945 flüchtete L. nach Italien und lebte 1950–1955 in Argentinien, wo er zahlrei-che Beiträge für die in Buenos Aires erschei-nende deutschsprachige Monatsschrift „Der Weg" verfaßte. Nach dem Sturz Perons ging L. nach Kairo, trat zum Islam über und war in Nassers Auslandspropaganda tätig.

Legalitätseid, Aussage →Hitlers im Ulmer →Reichswehrprozeß 1930. In dem vor dem Reichsgericht in Leipzig vom 23. 9. bis 7. 10. 1930 stattfindenden Prozeß gegen drei in Ulm stationierte Reichswehroffiziere, denen Betäti-gung für die →NSDAP als Hochverrat angela-stet wurde, sagte A. Hitler am 25. 9. 1930 als vereidigter Entlastungszeuge aus, daß er die politische Macht in Deutschland ausschließlich mit legalen Mitteln anstrebe. Dieser L. wurde Hitler von revolutionären Kreisen der →SA als zu weit gehende Anbiederung an das „System" vorgeworfen.

Legion Condor, deutsches Freiwilligenkorps im Spanischen Bürgerkrieg. Auf Ersuchen Ge-neral →Francos kämpften in der L. vom Juli 1936 bis März 1939 deutsche Freiwilligenver-bände, die eine durchschnittliche Stärke von rund 6000 Mann hatten, zusammen mit natio-nalspanischen und italienischen Truppen gegen die von der Sowjetunion und prokommunisti-schen Internationalen Brigaden unterstützten spanischen Volksfrontregierung und trugen da-durch entscheidend zur Verhinderung einer kommunistischen Machtübernahme auf der Pyrenäen-Halbinsel bei. Ende Juni 1936 trans-portierten deutsche Flugzeuge etwa 15000 na-tionalspanische Soldaten von Marokko nach Spanien und schufen damit die Voraussetzung für die schrittweise Eroberung des Landes. Die

L. setzte sich aus Flieger-, Flak-, Panzer- und Nachrichteneinheiten sowie Ausbildungstrup-pen zusammen. Ihre Franco direkt unterste-henden Kommandeure waren Generalmajor →Sperrle (November 1936 bis Oktober 1937), Generalleutnant Volkmann (bis November 1938) und Generalmajor W. von →Richthofen (bis Juni 1939). Die deutschen Verluste betru-gen 420 Tote, die Kosten beliefen sich auf 232,5 Mill. RM. Am 6. 6. 1939 paradierten die 20000 Soldaten, die in der L. gekämpft hatten, in Berlin. Sie wurden alle mit dem →Spanien-kreuz ausgezeichnet.

W. von Oven: Hitler und der Spanische Bürgerkrieg, 1978. W. Beumelburg: Kampf um Spanien, 1940. H. Tho-mas: Der spanische Bürgerkrieg, 1961.

Légion des Volontaires Françaises (LVF), fran-zösischer Freiwilligenverband im 2. Weltkrieg. Die 1941 unter Mitwirkung von prominenten Anhängern einer deutsch-französischen Zu-sammenarbeit gegründete LVF kämpfte an der Seite der Wehrmacht im →Rußlandfeldzug ge-gen den Bolschewismus, eingesetzt im Mittel-abschnitt der Ostfront. Im Oktober 1944 ging die Legion in der neuaufgestellten Waffen-SS-Division →„Charlemagne" auf.

H. W. Neulen: An deutscher Seite, 1985.

Legion Speer, Transporteinheit 1942–1945. Nach dem Vorbild der →Organisation Todt wurde im September 1942 eine nach Rüstungs-minister A. →Speer benannte uniformierte Transporteinheit unter →NSKK-Gruppenfüh-rer Jost gegründet. Sie bestand hauptsächlich aus europäischen Freiwilligen – auch sowjeti-schen Kriegsgefangenen – unter deutschen Führungskräften und wurde für Transportauf-gaben eingesetzt.

Leibstandarte-SS „Adolf Hitler" (LSSAH), Wach- und Kampfeinheit der SS. Am 17. 3. 1933 wurde aus A. →Hitlers Münchener SS-Leibwa-che zunächst die „SS-Stabswache Berlin", dann das „Wachbataillon Berlin", im Septem-ber 1933 die LSSAH unter ihrem Komman-deur Joseph (Sepp) →Dietrich gebildet und in der ehemaligen Kadettenanstalt Berlin-Lich-terfelde kaserniert. Sie war für den persönli-chen Schutz A. Hitlers zuständig, versah aber auch in steigendem Maße repräsentative Auf-gaben und den Innendienst in der →Reichs-kanzlei. Bis 1938 wurde sie im Rahmen der →SS-Verfügungstruppe zu einem motorisier-ten Infanterieregiment aufgestockt, als solches im Polenfeldzug eingesetzt und danach Einheit der →Waffen-SS. 1940 wurde sie Brigade, 1941 Division, ab 9. 9. 1942 SS-Panzergre-nadierdivision und ab Februar 1944 die

1. SS-Panzerdivision. Als Elitetruppe war sie an vielen Brennpunkten der Kämpfe im →Westfeldzug 1940, auf dem →Balkan 1941, im ganzen →Rußlandfeldzug, 1943 in Italien, 1944 an der →Invasionsfront in Frankreich und bei der →Ardennenoffensive, schließlich 1945 in Ungarn und dann im Raum Wien eingesetzt, bis sie am 8. Mai bei Linz kapitulierte.
R. Lehmann und R. Tiemann: Die Leibstandarte, 4 Bde., 1980. Truppenkameradschaft LAH-Flak: Gefährten unserer Jugend, 1984. H. Walther: Die 1. SS-Panzerdivision „Leibstandarte".

Leih- und Pachtgesetze (Lend- and Lease-Act), US-Kriegsgesetze. Die L. wurden am 11. 3. 1941 vom Kongreß der formell noch neutralen USA beschlossen. Sie stellten eine Ermächtigung für Präsident →Roosevelt dar, Waffen und kriegswichtige Güter von nun an auch ohne Bezahlung an solche Staaten zu liefern, deren Verteidigung als wichtig für die USA angesehen wurde. Bereits ab November 1939 waren gegen Bezahlung Waffen an die kriegführenden Westmächte, vor allem an Großbritannien, das Waren für 30 Mrd. Dollar erhielt, geliefert worden. Ab Juli 1941 wurden die L. auch auf die Sowjetunion ausgedehnt, die Waffen und Material für 11 Mrd. Dollar erhielt. Die L. ermöglichten England und der Sowjetunion in entscheidendem Maße die Fortsetzung des Krieges gegen Deutschland.

„Leipzig", Kleiner Kreuzer 1914. Der deutsche Kleine Kreuzer „L." (3250 t) störte am Beginn des 1. Weltkrieges erfolgreich die britische Seefahrt an der westamerikanischen Küste, verband sich dann mit dem deutschen Ostasiengeschwader unter Vizeadmiral Graf von →Spee, nahm an der Seeschlacht bei den →Falkland-Inseln teil und wurde hier am 8. 12. 1914 nach stundenlanger Verfolgung durch die britischen Kreuzer „Cornwall" und „Glasgow" versenkt.
H. Pemsel: Seeherrschaft, Bd. 2, 1985.

Leistungskampf der deutschen Betriebe, Wettbewerb der DAF. Ab 1936 veranstaltete die →DAF jährlich den L. mit dem Ziel einer „Bestgestaltung" der Arbeitsbedingungen und weiterer Förderung sozialer Aufgaben der Betriebe. Mitarbeiter der DAF und →Treuhänder der Arbeit bewerteten die sich am L. beteiligenden Betriebe (1938 rund 84000). Für gute Leistungen wurde im Gau das Gaudiplom, auf Reichsebene am 1. Mai die Bezeichnung „Nationalsozialistischer Musterbetrieb" und das Recht zum Führen der →Goldenen Fahne der DAF verliehen (1938 103 Betriebe). Für weitere Firmen (1938 266) gab es „Leistungsabzeichen".

Leistungsprinzip, gesellschaftspolitischer Grundsatz im 3. Reich. Das L. besagte, daß nicht Herkommen, Vermögen oder Vorbildung, sondern in erster Linie die Leistung im Dienste der Volksgemeinschaft für den Wert eines Menschen entscheidend sei und gewürdigt werden sollte. Erst das L. sichere die politische und wirtschaftliche Zukunft des Reiches. So wurde mit Gesetz vom 20. 1. 1934 der Leistungslohn mit der Maßgabe eingeführt, daß die Tariflöhne grundsätzlich Mindestlöhne seien und besondere Leistungen darüber hinaus vergütet werden könnten. Im Zusammenhang mit dem L. wurde von Leistungsmenschen, -gemeinschaft, -ethos und -willen gesprochen.
Kautter: Liberalismus, Marxismus, Kommunismus und das nationalsozialistische Leistungsprinzip, 1934. A. Friedrich: Grundlagen der Leistungsertüchtigung, 1939.

Lemberg, Schlachten bei, österreichisch-russische Kämpfe 1914/15. Zu Beginn des 1. Weltkriegs wurde die von Galizien aus angreifende 3. österreichische Armee unter Brudermann in der ersten Schlacht bei L. am 26. bis 30. 8. 1914 von der russischen 3. Armee unter Ruskij und der 8. unter Iwanow geschlagen und mußte L. räumen. Der Versuch der Wiedereroberung von L. in der zweiten Schlacht bei L. vom 7. bis 11. 9. 1914 blieb erfolglos. Erst nach der Durchbruchsschlacht von →Gorlice-Tarnow konnten die deutsche 11. Armee unter →Mackensen und die österreichische 2. Armee in der dritten Schlacht bei L. vom 17. bis 22. 6. 1915 die Stadt zurückgewinnen und damit die Gefahr für Ungarn beseitigen.
H. Stegemann: Geschichte des Krieges, Bd. 1 und 3, 1917/19.

Lenard, Philipp, Prof. Dr., Physiker und Nobelpreisträger, * 7. 6. 1862 Preßburg, † 20. 5. 1947 Messelhausen/Bad Mergentheim. Nach dem Studium der Physik und Promotion wurde L. Professor in Breslau (1894), Aachen (1895), Heidelberg (1896), Kiel (1898) und wieder Heidelberg (ab 1907). Für seine Versuche mit Kathodenstrahlen und zur Elektron-Licht-Wechselwirkung (photoelektrischer Effekt, Lumineszenz, X-Strahlen), mit denen er die Grundlagen zur Elektronentheorie und für den Atombombenbau legte, erhielt er 1905 den Nobelpreis für Physik. Politisch setzte er sich stark für die →NSDAP ein und erhielt 1936 als erster den von der NSDAP gestifteten Wissenschaftspreis, außerdem bekämpfte er zusammen mit seinem Kollegen J. Stark entschieden die Relativitätstheorie Einsteins als „jüdische Physik". Er schrieb „Über das Relativitätsgesetz" (1918), „Über Äther und Uräther" (1921),

„Große Naturforscher" (1929) und „Deutsche Physik" (4 Bde., 1936/37).

A. Becker (Hrsg.): Naturforschung im Aufbruch, 1936.

Leningrad, Belagerung von, deutsches militärisches Unternehmen 1941–1944. Zu Beginn des →Rußlandfeldzuges stieß die Heeresgruppe Nord unter Generalfeldmarschall Wilhelm Ritter von →Leeb durch die baltischen Staaten nach L. vor und schnitt am 8. 9. 1941 mit der Eroberung des ganzen Südufers der Newa und der Einnahme von Schlüsselburg (Petrokrepost) durch die 20. Infanterie-Division unter Generalmajor Zorn die letzte Landverbindung der Roten Armee nach L. ab. Da der direkte Angriff auf die Stadt sehr hohe Verluste mit sich gebracht hätte, wurde von deutscher Seite der Versuch unternommen, L. durch Abschnürung der Versorgung zur Kapitulation zu zwingen. Die Sowjets konnten jedoch durch Bootsverbindung über den Ladoga-See im Sommer und Lastwagenverkehr über dessen Eis im Winter die Verteidigungsfähigkeit von L. aufrechterhalten, bis sie im Januar 1943 wieder eine Landverbindung freigekämpft hatten. Bis dahin herrschte in L. eine Hungersnot und forderte viele Opfer unter der Zivilbevölkerung.

H. E. Salisbury: 900 Tage, 1970. P. Carell: Unternehmen Barbarossa, 1963. W. Haupt: Leningrad, 1980.

Lent, Helmut, Oberstleutnant und Nachtjäger, * 13. 6. 1918 Neumark, † 7. 10. 1944 Paderborn. L. ging nach dem Abitur 1937 zur Luftwaffe und errang im →Polenfeldzug, dann im Luftkampf um England erste Luftsiege. Ab Mai 1941 war er der erfolgreichste Nachtjäger. Nach 20 Abschüssen erhielt er am 30. 8. 1941 das →Ritterkreuz, nach 36 Luftsiegen am 6. 6. 1942 das →Eichenlaub. Als Major erhielt er am 3. 8. 1943 die →Schwerter, als Oberstleutnant am 31. 7. 1944 die →Brillanten. Er war als Inspekteur der Nachtjagd vorgesehen. Nach 102 Luftsiegen starb L. an den Folgen eines Flugzeugunfalls.

G. Fraschka: Mit Schwertern und Brillanten, 1977.

Lersch, Heinrich, Dichter, * 12. 9. 1889 München-Gladbach, † 18. 6. 1936 Remagen. Der gelernte Kesselschmied war seit 1925 freier Schriftsteller. Als hervorragendster „Arbeiterdichter" beschrieb er, stark vom Expressionismus geprägt, die Welt der Arbeit, wobei er die Klassenkampfidee überwand und die nationale Bedeutung des Arbeiters und dessen Stellung im Volk betonte, insbesondere bei seinen Schilderungen aus dem 1. Weltkrieg. Gedichtbände sind u. a. „Herz, aufglühe dein Blut" (1916), „Deutschland" (1917), „Mensch im Eisen" (1924), „Mit brüderlicher Stimme" (1934),

„Deutschland muß leben" (1935). Er schrieb die Romane „Manni" (1927), „Hammerschläge" (1930), „Die Pioniere von Eilenburg" (1934) sowie Erzählungen. Von ihm stammt das Wort „Deutschland muß leben, und wenn wir sterben müssen" und „Ich glaub an Deutschland wie an Gott! Wie Gott – so lieb ich dich!".

K. Weber: Heinrich Lersch, 1936. J. Klein (Hrsg.): Heinrich Lersch, Ausgewählte Werke, 2 Bde., 1965. B. Sieper: Heinrich Lersch, 1939. F. Hüser (Hrsg.): Heinrich Lersch, 1959.

Lettland, baltischer Staat. Das aus Kurland, Livland, Semgallen und Lettgallen bestehende Land an der Ostsee mit Hauptstadt Riga wurde ab Beginn des 13. Jahrhunderts von Deutschen kolonisiert, die Adel, Großgrundbesitzer und einen großen Teil der Stadtbevölkerung stellten. Zunächst Ordensland, kam es 1561 unter polnische, 1629 unter schwedische, 1721 unter russische Vorherrschaft, wobei Deutsch Kultur- und Amtssprache blieb. Im 1. Weltkrieg besetzten deutsche Truppen 1915 Kurland, im September 1917 →Riga, im Februar 1918 das übrige Livland. Am 18. 11. 1918 wurde der Freistaat L. ausgerufen, der dann größtenteils von Bolschewisten besetzt, jedoch im Frühjahr 1919 durch →Baltische Landwehr, deutsche →Baltikumstruppen und nationale Letten wieder befreit wurde. Als die Sowjetunion die Selbständigkeit Lettlands anerkannte, wurde 1920 der deutsche Großgrundbesitz enteignet, und viele der rund 65 000 Deutschen wanderten darauf ins Reich aus. Nach den →Umsiedlungsverträgen mit Lettland vom 30. 10. 1939 sowie mit Rußland vom 10. 1. 1941 wurden 1939/41 praktisch alle L.-Deutschen ins Reich umgesiedelt. L. wurde am 17. 6. 1940 von der Sowjetunion annektiert. Im Juni 1941 eroberten deutsche Truppen L., das ins →Reichskommissariat Ostland eingegliedert wurde. Viele Letten dienten in den →Freiwilligenverbänden der Waffen-SS. Im Herbst 1944 (Riga 13. 10. 1944) wurde L. von den Sowjets wieder besetzt und der UdSSR eingegliedert.

H. von Rimscha: Die Staatswerdung Lettlands und das baltische Deutschtum, 1939. G. von Rauch: Geschichte der baltischen Staaten, 1970.

Lettow-Vorbeck, Paul von, General, * 20. 3. 1870 Saarlouis, † 9. 3. 1964 Hamburg. Nach Teilnahme am Kampf gegen den chinesischen →Boxeraufstand 1900/01 war L. 1904–1907 als Hauptmann der →Schutztruppe in →Deutsch-Südwestafrika im →Herero- und →Hottentottenaufstand eingesetzt und wurde 1913 als Oberstleutnant Kommandeur der Schutztruppe in →Deutsch-Ostafrika. Im 1. Weltkrieg verteidigte er die Kolonie erfolgreich gegen eine Übermacht von Engländern, Belgiern und Portugiesen, trat im November 1917 auf portugiesisches Gebiet über und operierte ab September 1918 wieder in Deutsch-Ostafrika. Nach dem Waffenstillstand übergab er 1918 seineTruppe von 155 Deutschen, 1200 →Askaris und 2000Trägern und kehrte im März 1919 nach Deutschland zurück. 1919/20 befehligte er in Deutschland eine →Reichswehrbrigade, schlug damit im Juni 1919 einen kommunistischen Aufstand in Hamburg nieder und wurde 1920 wegen Unterstützung des →Kapp-Putsches entlassen. Seit 1928 MdR der DNVP, trat er im Juli 1930 zur →Konservativen Volkspartei über. Er schrieb „Meine Erinnerungen aus Ostafrika" (1920), „Heia Safari" (1920), „Was mir die Engländer über Ostafrika erzählten" (1932) und „Mein Leben" (1957). Seine Askaris hingen sehr an ihm und bezeugten ihm bis zu seinemTode ihreTreue.

L. Boell: Die Operationen in Ostafrika, 1951. E. V. von Rudolf: Heldenkämpfe in unseren Kolonien, 1939. H. Schnee: Die deutschen Kolonien vor, in und nach demWeltkrieg, 1939. K. Graudenz und H. M. Schindler: Die deutschen Kolonien, 1982.W. Stevenson: Der Löwe von Afrika, 1981. K. Gregorius: Bwana Mzungu, der weiße Mann, 1953.

Leuchter-Bericht, Ausarbeitung eines amerikanischen Ingenieurs. 1989 veröffentlichte der Amerikaner Fred A. Leuchter einen Bericht, den er nach einem Besuch der ehemaligen Konzentrationslager →Auschwitz, Auschwitz-Birkenau und →Majdanek angefertigt hat. Danach hat er in den Ruinen der Lager keine Spuren entdecken können, die auf die Anwendung von Giftgas im ZweitenWeltkrieg hindeuten.

Leutwein, Theodor, Schutztruppenoffizier und Gouverneur, * 9. 5. 1849 Strümpfelbrunn/ Baden, † 13. 4. 1921 Freiburg im Breisgau. Der badische Offizier wurde 1894 als Major Kommandeur der deutschen →Schutztruppe in →Deutsch-Südwestafrika, wo er 1894 den Hottentottenhäuptling Hendrik Witbooi gefangennahm und ihn zu einem Friedensvertrag veranlaßte. 1896 schlug er einen Aufstand der Osthereros nieder. Ab 1895 war er Landeshauptmann und ab 1898 (bis 1904/05) Gouverneur des Schutzgebietes. Unter ihm entwickelte sich Deutsch-Südwestafrika sehr schnell, und er versuchte, gutes Einvernehmen mit den Eingeborenen herzustellen. Als er 1904 den →Herero- und →Hottentottenaufstand nach den ersten Kämpfen durch Verhandlungen beenden wollte, wurde er im militärischen Kommando durch General von →Trotha abgelöst. Darauf kehrte L. Ende 1904 nach Deutschland zurück und ging 1905 als Generalmajor in den Ruhestand. Er schrieb „Elf Jahre Gouverneur in Deutsch-Südwestafrika" (1907).

Großer Generalstab: Die Kämpfe der deutschen Truppen in Südwestafrika, 2 Bde., 1907. P. Barth: Südwest-Afrika, 1926. O. Beta: Das Buch von unseren Kolonien, 1908. H. Blumhagen: Südwestafrika einst und jetzt, 1934. Von Dincklage-Campe: Deutsche Reiter in Südwest, 1910. Kuhn: Die deutschen Schutzgebiete, 1913. K. Graudenz und H. M. Schindler: Die deutschen Kolonien, 1982. H. von Lichtenfeld: Südwestafrika, 1978. P. Leutwein: Afrikanerschicksal, 1929. O. Hintrager: Südwestafrika in der deutschen Zeit, 1955.

Ley, Robert, Dr. phil., NS-Politiker, * 15. 2. 1890 Niederbreidenbach/Gummersbach, † 25. 10. 1945 Nürnberg. Der Bauernsohn schloß sein Chemiestudium – unterbrochen durch freiwilligen Kriegsdienst bei der Fliegertruppe 1914–1917 und französische Gefangenschaft 1917–1920 – 1920 mit der Promotion ab und war dann 1921–1928 bei der I.G. Farben tätig. Seit 1924 politisch tätig und ab 1925 in der →NSDAP, wurde L. am 14. 7. 1925 Gauleiter von Rheinland-Süd und am 29. 9. 1928 Gauleiter des Gaues Rheinland der NSDAP. Ab 20. 5. 1928 MdL in Preußen und ab 14. 9. 1930 MdR, gehörte er ab 21. 10. 1931 zur →Reichsleitung der NSDAP in München, zunächst als Stellvertreter G. →Strassers, ab 9. 12. 1932 als Reichsorganisationsleiter der NSDAP. Im März 1933 wurde L. Präsident des →Preußischen Staatsrates. Als Leiter der →NS-Betriebszellenorganisation (NSBO) übernahm L. am 2. 5. 1933 Gewerkschaftshäuser undVermögen der freien Gewerkschaften, deren Nachfolge die →Deutsche Arbeitsfront (DAF) am 3. 5. 1933 unter seiner Führung antrat. Noch 1933 wurde L. in die →Akademie für Deutsches Recht und den →Generalrat der Wirtschaft berufen. Am 27. 11. 1933 gründete er die →NS-Gemeinschaft „Kraft durch Freude" (KdF) in Berlin und leitete sie bis 1945. Am 1. 3. 1934 rief er mit dem →Reichsjugendführer zum 1. →Reichsberufswettkampf auf und bildete am 19. 6. 1934 den Reichsarbeits- undWirtschaftsrat. Im Rahmen seiner vielen Zuständigkeiten – später auch für die →Adolf-Hitler-Schulen – bewirkte L. wesentliche Verbesserungen am Arbeitsplatz, für die Freizeit und die Mitbestimmung der deutschen Arbeiter. Er veröffentlichte u. a. „Durchbruch zur sozialen Ehre" (1935) und „Soldaten der Arbeit" (1938). Im Mai 1945 von US-Truppen bei Berchtesgaden verhaftet, wurde L. in das Nürnberger Gefängnis eingeliefert, wo er „Leben oder Ruhm? Eine politische Analyse" schrieb. Nach früheren Selbstmordversuchen in der Gefangenschaft nahm L. sich am 25. 10. 1945 in seiner Zelle in Nürnberg nach Kenntnisnahme der Anklageschrift das Leben.

K. Höffkes: Hitlers politische Generale, 1986. R. Smelser: Robert Ley – Hitlers Mann an der „Arbeitsfront", 1989. R. Smelser und R. Zitelmann: Die braune Elite, 1989.

Liberalismus, Theorie zur Begründung persönlicher Freiheiten. Die Aufklärung ging davon aus, daß alle Menschen vernunftbegabt, also ihrem Wesen nach gleichartig seien. Unterschiede in ihrem Verhalten sowie Unzulänglichkeiten in Politik und Wirtschaft erklärte man aus dieser Sicht damit, daß von der Vernunft noch nicht überall in gleicher Weise Gebrauch gemacht werden könne. Folglich erwartete man eine Änderung dieses Zustandes, sobald alle Hemmnisse beseitigt seien, die der Entfaltung der Vernunft im Wege stehen sollten. Dann würde es ein von irrationalen Einflüssen unbelastetes Denken und Handeln aller Menschen geben, ein „freies Spiel der Kräfte" zu einem sogenannten Fortschritt in der Wirtschaft, der Kultur, dem Recht und der Sozialordnung führen, dann könnte es in der Politik keine Konflikte mehr wegen irrationaler Wertentscheidungen geben, dann wäre die Lösung vieler Probleme mit Hilfe der Vernunft zu erwarten. Auf der Grundlage dieses Menschenbildes strebte der L. die Befreiung des Individuums von allen Einflüssen an, die als Unfreiheit und Bevormundung angesehen wurden, um so der Vernunft und mit ihr der bestmöglichen Entfaltung des Menschen den Weg zu ebnen. Zu beseitigen waren demnach alle Strukturen, die rational nicht gerechtfertigt werden konnten, abzulehnen auch alle Wertvorstellungen, die nicht die uneingeschränkte Freiheit der Persönlichkeit anstrebten. Der Staat war demnach nur als eine Organisation auf der Grundlage eines Gesellschaftsvertrags denkbar, der genau vereinbarte Aufgaben zu erfüllen und dafür bestimmte Leistungen seiner Bürger in Anspruch zu nehmen hat, dem Menschen ganz unterschiedlichen Charakters angehören können und der keine überpersönlichen Werte repräsentieren darf. Das →Volk grenzt sich aus dieser Sicht von anderen Menschen nach nicht-rationalen Merkmalen ab und ist deshalb nicht erhaltenswürdig, kann also zugunsten einer Ordnung aufgegeben werden, die immer mehr Menschen bis hin zur ganzen Erdbevölkerung umfassen soll. Dementsprechend wird nationale Politik als überholt und falsch angesehen, eine internationalistische hingegen nicht. Traditionelle Institutionen und Gemeinschaften bewirken aus liberalistischer Sicht Verhaltensnormen, die Freiheit und somit auch die Vernunft einschränken. Der L. will den Menschen also von Bindungen „befreien", ohne dafür andere Werte zu vermitteln, er proklamiert also nur die „Freiheit wovon". Mit der angestrebten Beseitigung überlieferter Strukturen ist er in hohem Maße revolutionär und befindet sich in enger Nachbarschaft zu anderen linksgerichteten Bewegungen, deren – etwa kommunistische

oder sozialistische – Endziele er zwar nicht teilt, mit denen er jedoch in der Absicht übereinstimmt, bestehende Ordnungen zu beseitigen. Das Menschenbild der Aufklärung, auf dem der L. beruht, ist jedoch falsch. Der Mensch ist keineswegs nur ein vernunftbegabtes Wesen und auch nicht wie ein Tier durch Instinkte in seinem Verhalten festgelegt. Er kann daher nicht in jeder Situation allein durch Nachdenken zu einem in sich schlüssigen Verhalten kommen und muß daher selbst Maßstäbe für sein Denken und Handeln erarbeiten oder übernehmen, die ihm Orientierungen ermöglichen und ihn stabilisieren. Das bedeutet zwar eine Begrenzung seiner Wertentscheidungen, aber von schrankenloser oder auch nur weitgehender Freiheit können ohnehin nicht viele Leute Gebrauch machen. Im Menschen ist das Streben nach Einordnung in eine möglichst homogene Gruppe anthropologisch verankert, so daß die rein individualistisch ausgerichtete Konzeption des L. nicht seiner Triebstruktur gerecht wird. Hingegen bedeutet für ihn die Anerkennung einer Großgemeinschaft nicht nur die Mitwirkung in einer Gruppe, die ihm seine Existenz sichert, sondern sie entspricht auch seinen Bedürfnissen. Zudem strebt der Mensch nicht nur danach, seine persönlichen Wünsche zu erfüllen, sondern er will auch durch uneigennütziges Eintreten für eine überpersönliche Aufgabe seinem Leben einen weitergehenden Sinn geben. Nicht-rationalen Trieben kann ein rationalistisches Programm jedoch nicht Rechnung tragen; die anthropologischen Voraussetzungen des L. sind daher nicht gegeben. Er kann daher nur bestehende Ordnungen und Bindungen zerstören, damit auch den Weg für andere linksgerichtete Bestrebungen frei machen, jedoch die von ihm proklamierte Ordnung nicht verwirklichen. Im Gegensatz dazu gab und gibt es Bestrebungen, dem einzelnen Freiheitsrechte gegen Unterdrückung und Willkür zu sichern, die nicht die Entfaltung der Vernunft, sondern die der Persönlichkeit und die freie Wahl einer Wertordnung zum Ziel haben. Beispielsweise erhalten Glaubens-, Gewissens- und Bekenntnisfreiheit, wie sie im →Grundgesetz der Bundesrepublik Deutschland vorgesehen sind, ihren Sinn erst, wenn man sie als Voraussetzung für die Wahl von Normen, Traditionen und Vorbildern ansieht. Entsprechend macht der Mensch von seiner Freiheit also nicht dadurch Gebrauch, daß er zugunsten einer Vernunftgläubigkeit alle Bindungen ablehnt, sondern sie selbständig eingeht. Die Möglichkeit einer solchen Wahl ist als Beweis für das Vorhandensein von Rechten anzusehen, die aber nicht eine „Freiheit wovon", sondern die „Freiheit wozu" schaffen wollen. Die auf solche Weise gewährten undogmatischen Freiheiten beseitigen überlieferte Gemeinschaften, Strukturen und staatliche Ordnungen nicht, aber sie erlauben die Entfaltung der Persönlichkeit, der Eigeninitiative, die Entwicklung der Wirtschaft. Da L. und undogmatisches Freiheitsstreben seit der Aufklärung, die zeitlich mit der Bekämpfung absolutistischer Willkür zusammenfiel, oft gegenseitig beeinflußt haben, ist eine genaue Trennung beider Bestrebungen und der ihnen zugrunde liegenden unterschiedlichen Menschenbilder oft schwer vorzunehmen. So kommt es auch vor, daß allgemein annehmbare Freiheitsforderungen zur Tarnung liberalistischer Systemveränderungen benutzt werden können. Die umfassendste Kritik des L. erfolgte durch den →Konservatismus, der auf die unterschiedlichen Menschenbilder hingewiesen hat, die dem L. sowie dem undogmatischen Freiheitsstreben zugrunde liegen.

Lichtdom, Lichteffekte mittels vieler Scheinwerfer. Bei Massenveranstaltungen ab Mitte der 30er Jahre (Parteitag der →NSDAP, Olympiade 1936) wurde nach Einbruch der Dunkelheit ein L. erzeugt, indem viele um den Veranstaltungsort aufgestellte Flakscheinwerfer ihre Lichtbündel auf einen Punkt des Himmels richteten.

Lidice, Vergeltungsaktion von, Massenerschießung 1942. Nach der Ermordung des stellvertretenden Reichsprotektors R. →Heydrich gingen bei der deutschen Polizei in Prag Hinweise darauf ein, daß die gesuchten Attentäter im Dorf Lidice bei Kladno Unterstützung gefunden hätten. Darauf wurden die 172 männlichen Einwohner des Dorfes am 9./10. 6. 1942 von Prager Polizei erschossen, die Frauen und Kinder deportiert, die Gebäude und den Erdboden gleichgemacht. Die Aktion rief unter den Tschechen wie auch im Ausland erhebliche Empörung hervor und erfüllte so den Zweck des Attentats, die zunehmend guten Beziehungen zwischen Deutschen und Tschechen zu stören.
G. Deschner: Reinhard Heydrich, 1977. D. Brandes: Die Tschechen unter deutschem Protektorat, 1969. E. Kern: Von Versailles nach Nürnberg, 1967. R. Ströbinger: Das Attentat von Prag, 1976.

Liebenfels, Jörg Lanz von, Schriftstellername für Josef →Lanz.

Liebermann von Sonnenberg, Max, Politiker, * 21. 8. 1848 Hellfließ/Westpreußen, † 18. 9. 1911 Berlin. Zunächst Offizier, wurde L. dann Politiker und betätigte sich in der antisemiti-

schen Bewegung in Deutschland. 1889 gründete er die →Deutschsoziale Partei, war für sie ab 1890 im Reichstag und von 1895–1900 ihr Vorsitzender. Ab 1884 brachte er die „Deutschsozialen Blätter" heraus. 1903 war er an der Gründung der →Wirtschaftlichen Vereinigung beteiligt. Er schrieb „Rheinreise" (1878) und „Aus der Glückzeit meines Lebens" (1911).

Liebknecht, Karl, Dr. jur., marxistischer Politiker, * 13. 8. 1871 Leipzig, † 15. 1. 1919 Berlin. L. gehörte zum linksradikalen Flügel der SPD, war ab 1908 Mitglied des Preußischen Abgeordnetenhauses und ab 1912 MdR, lehnte als erster Parlamentarier am 2. 12. 1914 Kriegskredite im Reichstag ab und wurde wegen seines Radikalismus 1916 aus seiner Fraktion ausgeschlossen. Am 1. 5. 1916 wurde er bei einer Kundgebung verhaftet und wegen Hochverrats zu vier Jahren Zuchthaus verurteilt, im Oktober 1918 jedoch begnadigt. Zusammen mit Rosa →Luxemburg führte er dann den →Spartakusbund und rief am 9. 11. 1918 in Berlin aus eigener Machtvollkommenheit (nach →Scheidemann) eine „freie sozialistische Republik" aus. Am 30. 12. 1918 war er Mitbegründer der →KPD, dann maßgeblich am Berliner Januaraufstand mit zahlreichen Toten beteiligt und wurde, nachdem der Aufruhr von Regierungstruppen und Freikorps niedergeschlagen worden war, am 15. 1. 1919 verhaftet. Auf Befehl von Hauptmann Waldemar Pabst vom Stab der in Berlin eingerückten Garde-Kavallerie-Schützen-Division wurde er erschossen, um eine Fortsetzung seiner revolutionären Tätigkeiten zu unterbinden und so eine Stabilisierung der Lage in Deutschland zu erreichen.
H. Wohlgemuth: Karl Liebknecht, 1973. H. Trottnow: Karl Liebknecht, 1980. H. Gittig: Karl Liebknecht, Rosa Luxemburg, 1957.

Liechtenstein-Asyl, Aufnahme russischer Soldaten in Liechtenstein 1945. Bei Kriegsende trat ein rund 500 Mann starker Sonderverband der deutschen Wehrmacht aus Russen und Angehörigen anderer Nationalitäten aus der Sowjetunion, der nicht der →Wlassow-Armee angehörte, unter General Smyslowski mit Familienangehörigen in das neutrale Liechtenstein über. Fürst Franz Josef II. und die Regierung des militärisch wehrlosen Kleinstaates widersetzten sich erfolgreich allen Auslieferungsforderungen der Sowjets. Die Angehörigen des Verbandes wurden dadurch gerettet und fanden später Aufnahme hauptsächlich in Argentinien. Für die Asylgewährung und die Weiterreise hat der Staat Liechtenstein für seine Verhältnisse hohe Opfer bringen müssen, die später von der BRD ersetzt wurden.

H. von Vogelsang: Kriegsende in Liechtenstein, 1985.
H. von Vogelsang: Nach Liechtenstein – in die Freiheit,
1980. N. Tolstoy: Die Verratenen von Jalta, 1977.

Lienhard, Friedrich, Dichter, * 4. 10. 1865
Rothbach/Elsaß, † 30. 4. 1929 Eisenach. Ursprünglich Journalist in Berlin, wandte sich L.
etwa seit der Jahrhundertwende der Dichtung
zu. Er lehnte für sich den Naturalismus ab und
betonte statt dessen in seinen Werken die Hei-
matverbundenheit, schrieb erfolgreiche Romane wie „Oberlin" (1910), „Der Spielmann"
(1913), „Westmark" (1919), gab Gedichtbände
heraus wie „Gesammelte Gedichte" (1902),
schrieb Schauspiele wie „Wartburg" (Trilogie
1903–1906), „Wieland der Schmied" (1905),
„Odysseus" (1911), Wanderbücher wie „Thüringer Tagebuch" (1903) sowie in sechs Bänden
„Wege nach Weimar" (1905–1908). 1920–1929
war er Herausgeber der Zeitschrift „Der Türmer".
H. Langenbucher: Friedrich Lienhard und sein Anteil
am Kampf um die deutsche Erneuerung, 1935.

Lietz, Hermann, Begründer der Landerziehungsheime, * 28. 4. 1868 Dumgenevitz/Rü-
gen, † 12. 6. 1919 Haubinda/Thüringen. Der
Bauernsohn und reformerische Pädagoge
gründete 1898 nach englischem Vorbild das erste deutsche Landerziehungsheim in Ilsenburg/
Harz und trat für eine ganzheitliche Erziehung,
insbesondere für eine deutsche Nationalschule
ein. Von einem Verein getragene →Hermann-
L.-Schulen gibt es noch, u. a. auf Spiekeroog
und in Holzminden/Solling. L. verfaßte „Die
deutsche Nationalschule" (1911), „Deutsche
Landerziehungsheime" (1917), „Von Leben
und Arbeit eines deutschen Erziehers" (1920).
A. Andreesen: Hermann Lietz, 1934. A. Tischendorf:
Hermann Lietz und die neue Erziehung, Diss., Jena
1935. E. Kutzer: Hermann Lietz, 1961. E. Meissner: As-
ketische Erziehung, 1965.

Liliencron, Detlev Freiherr von, Dichter,
* 3. 6. 1844 Kiel, † 22. 7. 1909 Altrahlstedt bei
Hamburg. L. war von 1865 bis 1871 preußischer Offizier, bis 1887 Kirchspielvogt in Kel-
linghusen und lebte dann als freier Schriftsteller. Als Lyriker schrieb er vor allem Balladen,
in seiner Prosa bevorzugte er Stoffe aus der
vaterländischen Geschichte: „Adjutanten-
ritte" (1883), „Der Heidegänger" (1890),
„Kriegsnovellen" (1893), daneben schrieb er
Romane und eine Autobiographie („Leben
und Lüge", 1908). Sein Gesamtwerk, acht
Bände, wurde zuletzt 1921 herausgegeben.
H. Benzmann: Liliencron, 1904. Hordzewitz: Lilien-
crons ungedruckte Kriegstagebücher, 1938.

„Lili Marleen", Kriegsschlager. Das 1915 von
Hans Leip (1893–1983) geschriebene Gedicht
wurde in der Vertonung von Norbert Schulze
(1938) zum bekanntesten deutschen Schlager
des 2. Weltkriegs, seit es in einer Aufnahme mit
Lale Andersen am 18. 8. 1941 vom deutschen
→Soldatensender Belgrad täglich um 21.57
Uhr gesendet wurde. Eine französische und
eine englische Fassung wurden von alliierten
Soldatensendern gebracht. Nach der deutschen Niederlage von →Stalingrad Anfang
1943 wurde das Lied nicht mehr dem Ernst der
militärischen Lage gerecht und seltener gesendet.

Lille, Schlacht bei, deutsch-französische
Schlacht 1914. Im 1. Weltkrieg wurde die für
Flandern strategisch wichtige Festung L. am
11./12. 10. 1914 von der deutschen 6. Armee
unter Kronprinz →Rupprecht von Bayern erobert, wobei sich 5000 Franzosen ergaben. In
der Schlacht von L. vom 15. bis 28. 10. 1914 versuchten starke französische und britische Einheiten vergeblich, die deutsche Linie westlich
und nordwestlich von L. zu durchbrechen; die
deutsche Front konnte sogar noch weiter vor-
geschoben werden. Bis Oktober 1918 blieb L.
in deutscher Hand.
H. Stegemann: Geschichte des Krieges, Bd. 2, 1917.

Liman von Sanders, Otto, deutscher General
und türkischer Marschall, * 17. 2. 1855 Schwes-
sin/Stolp, † 22. 8. 1929 München. Ab 1874 im
preußischen Heer, war L. seit 1887 im Generalstab, 1911 Inspekteur der 4. Kavallerieinspek-
tion und 1912 Kommandeur der 22. Infanterie-
division in Kassel. Nach seinem Abschied
wurde er 1913 Leiter der deutschen Militärmission in Konstantinopel, wobei er die türkische
Armee reorganisierte. Nach dem von ihm betriebenen Kriegseintritt der Türkei kommandierte er die türkische 1., dann auch die 2., ab
1915 die 5. Armee, die 1915/16 die englischen
Angriffe auf die →Dardanellen und die Landung bei Gallipoli abwehrte. 1918 übernahm
L. die deutsche Heeresgruppe F in Syrien. Er
schrieb „Fünf Jahre Türkei" (1919).

Lindemann, Friedrich Alexander, →Cherwell,
Frederic Alexander.

links, politische Position, →Konservatismus.

Linsingen, Alexander von, Generaloberst,
* 10. 2. 1850 Hildesheim, † 5. 6. 1935 Hannover. Der preußische Offizier wurde 1909 Kommandierender General des II. Armeekorps,
das er im 1. Weltkrieg an der →Marne, später
im Osten führte. Anfang 1915 befehligte er die
Südarmee in Ostgalizien, seit Juli 1915 die
Bugarmee, seit September 1915 dazu die Hee-

resgruppe L. in Wolhynien. Von März bis November 1918 war er Oberbefehlshaber in den Marken und Gouverneur von Berlin.

Liquidationsabkommen, deutsch-polnische Endvereinbarung über Reparationen. Im L. vom 31. 10. 1929, das mit dem →Young-Plan in Kraft trat, hatten der deutsche Gesandte Rauscher und Polens Außenminister Zaleski vereinbart, daß beide Seiten auf alle aus dem 1. Weltkrieg und dem →Versailler Diktat herrührenden finanziellen oder vermögensrechtlichen Forderungen verzichteten. Vorher hatten deutsche Forderungen von rund 2 Mrd. polnischen von rund 800 Mill. Mark gegenübergestanden. Polen beendete alle schwebenden Liquidationsverfahren gegen deutschen Grundbesitz, soweit sich dieser noch am 1. 9. 1929 in deutscher Hand befand, und verzichtete auf das Wiederkaufsrecht im Hinblick auf frühere Verträge deutscher Siedler, was etwa 12000 deutschen Familien, vor allem im Korridor, zugute kam. In Streitfällen sollte ein deutsch-polnisches Schiedsgericht in Paris entscheiden, dessen neutraler Vorsitzender vom Schweizer Bundespräsidenten zu bestimmen war.

List, Wilhelm, Generalfeldmarschall (seit 19. 7. 1940), * 14. 5. 1880 Oberkirchberg/Ulm, † 18. 6. 1971 Garmisch-Partenkirchen. L. trat 1898 ins Heer ein, wurde 1900 Leutnant, war im 1. Weltkrieg Generalstabsoffizier, kämpfte 1919 im →Freikorps und ging dann in die →Reichswehr. 1930 wurde er Generalmajor, dann Leiter der Heeresausbildungsabteilung im Reichswehrministerium, 1932 Generalleutnant, 1933 Kommandeur des IV. Armeekorps Dresden, 1938 Oberbefehlshaber der Heeresgruppe 2 Kassel. Nach dem →Anschluß Österreichs wurde L. Oberbefehlshaber des Gruppenkommandos Wien. Im →Polenfeldzug führte Generaloberst L. die 14. Armee, im →Westfeldzug 1940 und im →Balkanfeldzug die 12. Armee. L. schloß mit Bulgarien das Durchmarschabkommen, war bis 15. 10. 1941 Oberbefehlshaber Südost und übernahm nach längerer Beurlaubung am 7. 2. 1942 die Heeresgruppe A in Rußland, die zum →Kaukasus vordrang. Am 10. 7. 1942 wurde er zur Führerreserve versetzt. Nach Kriegsende wurde L. im Prozeß (Geiselprozeß) gegen die Südost-Generäle am 19. 10. 1948 von einem amerikanischen Militärgericht wegen Vergeltungsmaßnahmen nach Partisanenüberfällen zu lebenslanger Haft verurteilt, vom US-Hochkommissar McCloy zwar nicht begnadigt, aber am 24. 12. 1952 aus dem Gefängnis Landsberg entlassen.

Litauen, baltischer Staat. L. war seit 1386 mit Polen vereinigt und fiel deshalb in den polnischen Teilungen (1772–1795) an Rußland. Auf seinem Territorium siedelten im Mittelalter, im Gegensatz zu →Estland, →Livland und →Kurland, nur wenige, später in den Städten (Wilna, Kaunas bzw. Kowno) zahlreiche Deutsche. Im 1. Weltkrieg wurde L. von deutschen Truppen besetzt und unter deutschem Schutz unabhängig, am 2. 11. 1918 ein Freistaat, in dem die Deutschen rund 1,4% der Bevölkerung ausmachten. Am 10. 1. 1923 bemächtigte sich L. des unter Völkerbundverwaltung stehenden deutschen →Memelgebietes, das es im Vertrag vom 22. 3. 1939 an das Reich zurückgeben mußte. Nach der Annektion L. durch die Sowjetunion am 15. 6. 1940 kamen aufgrund des deutsch-sowjetischen →Umsiedlungsvertrages vom 10. 1. 1941 rund 50000 L.-deutsche ins Reich, vor allem in das dem östlichen Ostpreußen angegliederte Gebiet um →Sudauen und Zichenau. Im Juni 1941 wurde L. von deutschen Truppen erobert und dem →Reichskommissariat Ostland angegliedert. Ab Juli 1944 besetzte die Sowjetunion L. erneut und annektierte es. Im Sommer 1941 und ab Sommer 1944 wurden zahlreiche Litauer von den Kommunisten ermordet und verschleppt. Im 2. Weltkrieg haben litauische →Freiwillige in der Waffen-SS gegen den Bolschewismus gekämpft.

G. Storost: Litauische Geschichte, 1921. G. Linde: Die deutsche Politik in Litauen im ersten Weltkrieg, 1965. M. Hellmann: Grundzüge der Geschichte Litauens und des litauischen Volkes, 1966.

Litzmann, Karl, General, * 22. 1. 1850 Neu-Globsow/Ruppin, † 28. 5. 1936 Neu-Globsow. Ab 1867 im preußischen Heer, nahm L. am Deutsch-Französischen Krieg 1870/71 teil, war 1901 Kommandeur der 39. Division im Elsaß, leitete 1902–1905 die preußische Kriegsakademie und schied 1905 aus dem aktiven Dienst. 1912 war er Mitbegründer des →Deutschen Wehrvereins und des →Jungdeutschlandbundes. Im 1. Weltkrieg erzwang er als Kommandeur der 3. Garde-Infanterie-Division am 24. 11. 1914 den die Schlacht bei →Lodz entscheidenden Durchbruch bei →Brzeziny (→„Löwe von Brzeziny"), eroberte als Kommandierender General des 40. Reservekorps Kowno, war 1915 an der Winterschlacht in den →Masuren beteiligt und kämpfte 1916 bei Luzk sowie später in den Karpaten. 1918 im Westen bei Souchez eingesetzt, mußte er im August 1918 wegen Krankheit ausscheiden. 1929 trat er der →NSDAP bei und war ab 1932 für sie MdR und Mitglied des preußischen Landtages. Im Juli 1933 wurde er preußischer Staatsrat. Ihm zu Ehren wurde Lodz am 12. 4. 1940 in L.-stadt unbenannt. Er schrieb militärwissenschaftliche Werke und „Lebenserinnerungen" (2 Bde. 1927/28).

von Wulffen: Die Schlacht bei Lodz, 1918.

Litzmannstadt, Name für Lodz 1940–1945. Die ab 1830 aus einem kleinen polnischen Dorf durch deutsche Industrielle und Arbeiter entwickelte Textilstadt wurde zu einem der wichtigsten Mittelpunkte der polnischen und russischen Industrie bis 1914 mit großem deutschen Bevölkerungsanteil und längere Zeit deutschen Bürgermeistern. Im 1. Weltkrieg wurde Lodz am 6. 12. 1914, im 2. Weltkrieg am 9. 9. 1939 von deutschen Truppen erobert. Am 12. 4. 1940 wurde →Lodz zu Ehren des Generals Karl →Litzmann, des Siegers in der Schlacht von Brzeziny bei Lodz 1914, in L. umbenannt.

P. E. Nasarski: Lodz – Gelobtes Land, 1988.

Lizenzparteien, die von den Besatzungsmächten ab 1945 zugelassenen Parteien. Nach dem 2. Weltkrieg benötigten in Deutschland Parteien eine Lizenz der jeweiligen Besatzungsmacht, um öffentlich auftreten zu dürfen. Lizenzen erhielten nur politisch genehme Personen, insbesondere Emigranten und Politiker aus der Weimarer Republik. Die L. durften zunächst Fragen der Besatzungspolitik, der Kriegsfolgen und der Außenpolitik nicht behandeln, hatten ihre öffentlichen und internen Veranstaltungen der Besatzungsmacht anzuzeigen und waren gehalten, die Umerziehung mit durchzuführen. Bei den Wahlen durften nur L. auftreten. Der Lizenzzwang entfiel nach Gründung der Bundesrepublik Deutschland. In der Sowjetzone erließ Marschall Schukow am 10. 6. 1945 den „Befehl" zur Zulassung antifaschistischer Parteien. Die US-Militärregierung gab am 13. 8. 1945 die „Erlaubnis" zur Gründung politischer Parteien, schränkte sie aber am 27. 8. 1945 auf Kreisebene ein und ließ erst im November 1945 den Zusammenschluß auf Länderebene zu. Die britische Militärregierung ließ ab 15. 9. 1945 politische Parteien zu, die französische Militärregierung ab Dezember 1945. Die KPD erließ einen Gründungsaufruf am 11. 6. 1945 in Berlin, die SPD am 15. 6. 1945 in Berlin, die CDU am 26. 6. 1945 in Berlin, die CSU gründete am 21. 8. 1945 in Würzburg.

C. von Schrenck-Notzing: Charakterwäsche, 1965.
H. E. Jahn: Die deutsche Frage von 1945 bis heute, 1985.
H. D. Fischer: Parteien und Presse in Deutschland, 1970.

Lizenzpresse, von den Besatzungsmächten in Deutschland und Österreich 1945–1949 zugelassene Zeitungen und Zeitschriften. Aufgrund des SHAEF-Gesetzes Nr. 191 vom 24. 11. 1944 wurde für die drei Westzonen das Militärregierungsgesetz 191 erlassen, das in der Fassung

vom 12. 5. 1945 u. a. die Herstellung von Drucksachen und Filmen, das Aufführen von Musik, das Betreiben von Schaubühnen und Rundfunksendern verbot. Die Nachrichten-Kontrollvorschrift Nr. 1 vom 12. 5. 1945 erlaubte lediglich aufgrund von Lizenzen der Militärregierung deutsche Presseveröffentlichungen, Rundfunkdienst und Filmherstellung. Die Lizenz erhielt ein Lizenzträger, der nach § 2 d der Zulassungsurkunde von anderen Personen und Gruppen unabhängig sein sollte und den Gewinn aus dem Unternehmen als persönliches Eigentum erhielt. Die Lizenz konnte ohne Kündigungsfrist und ohne Untersuchung rückgängig gemacht werden, so daß der Lizenzträger völlig abhängig von der Besatzungsmacht war und ihr gegenüber unbedingtes Wohlverhalten zeigen mußte. Ganze Bevölkerungsgruppen wie ehemalige Nationalsozialisten, Wirtschaftsführer, ehemalige Offiziere, Zeitungsverleger oder Großgrundbesitzer wurden von der Lizenzvergabe von vornherein ausgeschlossen. In Bad Orb wurde im Oktober 1945 ein besonderes Screening Center von dem New Yorker Psychiater David Mordechai Levy eingerichtet, das Lizenzkandidaten psychologisch prüfte, wobei neben demokratischer Gesinnung auch Auflehnung gegen die Eltern und früher Sexualverkehr als positiv für die Lizenzvergabe beurteilt wurden. Auf diese Weise ist die lückenlose Umerziehung in der deutschen Presse sichergestellt worden. Als der Lizenzierungszwang durch die Allgemeine Lizenz Nr. 3 vom 2. 5. 1949 sowie das Gesetz der Alliierten Hochkommission vom 23. 5. 1949 aufgehoben wurde, hatten die Lizenzträger einen solchen Vorsprung im westlichen Pressewesen, daß sie auch weiterhin die Medienlandschaft im Umerziehungssinne beherrschten.

C. von Schrenck-Notzing: Charakterwäsche, 1965.
H. Pross (Hrsg.): Deutsche Presse seit 1945, 1965.
H. Gehring: Amerikanische Literaturpolitik in Deutschland 1945–1953, 1976. J. Gimbel: Amerikanische Besatzungspolitik in Deutschland 1945–1949, 1968. R. Greuner: Lizenzpresse, 1962. H. D. Fischer: Parteien und Presse in Deutschland, 1970.

Lizenzträger, →Lizenzpresse.

Lizenzzwang, →Lizenzparteien.

Locarno-Vertrag (Locarno-Pakt), deutschwestalliierter Sicherheitsvertrag 1925. Der vom deutschen Außenminister G. →Stresemann vorbereitete (Deutsches Memorandum vom 9. 2. 1925), in Locarno am 16. 10. 1925 vereinbarte und in London am 1. 12. 1925 unterzeichnete L. bezweckte die Festigung eines auf dem →Versailler Diktat beruhenden Sicherheitssystems in Europa. Darin verpflichteten sich

Deutschland, Frankreich und Belgien unter Garantie Englands und Italiens, die durch das Versailler Diktat geschaffene Rheingrenze (deutscher Verzicht auf →Elsaß-Lothringen) sowie die entmilitarisierte Rheinlandzone aufrechtzuerhalten, gegeneinander „in keinem Falle" einen Krieg zu beginnen und alle Streitigkeiten friedlich zu regeln. Der L. sah im Gegensatz zum →Genfer Protokoll vom 2. 10. 1924 Deutschland als gleichberechtigten Partner vor. Der L. trat erst mit dem Eintritt des Deutschen Reiches in den →Völkerbund am 10. 9. 1926 in Kraft. Die insbesondere von Stresemann in den L. gesetzten Hoffnungen („Geist von Locarno") erfüllten sich nicht, sondern scheiterten an der Unversöhnlichkeit der Sieger von 1918. Als Frankreich am 2. 5. 1935 in Paris ein Militärbündnis mit der Sowjetunion abschloß und das französische Parlament es am 27. 2. 1936 mit großer Mehrheit ratifizierte, sah das Deutsche Reich dies als Verstoß gegen den L. an, kündigte den Pakt, erklärte am 7. 3. 1936 die deutsche →Wehrhoheit für das Rheinland und ließ drei Bataillone der Wehrmacht ins Rheinland einmarschieren. Gleichzeitig mit dem L. wurden in Locarno noch ein Schiedsabkommen Deutschlands mit Frankreich und Belgien, außerdem eines mit Polen und der Tschechoslowakei abgeschlossen, in dem Deutschland auf eine gewaltsame Revision seiner Ostgrenzen verzichtete, sie aber nicht anerkannte. Ferner schloß in Locarno noch Frankreich je einen (von Deutschland anerkannten) Verteidigungsvertrag mit Polen und der Tschechoslowakei. Die Locarno-Verträge riefen in Deutschland die Kritik der Vertreter einer prorussischen Politik (→Brockdorff-Rantzau) hervor und führten zum Rücktritt der DNVP-Minister. Ein „Ost-Locarno" wurde von Stresemann abgelehnt.

K. Strupp: Das Werk von Locarno, 1926. F. Berger (Hrsg.): Locarno, 1936. H. Rößler, E. Hölzle (Hrsg.): Locarno und die Weltpolitik, 1924–32, 1969. C. Höltje: Die Weimarer Republik und das Ost-Locarno-Problem 1919–1934, 1958.

Lodgman von Auen, Rudolf, Dr., sudetendeutscher Politiker, * 21. 7. 1877 Königgrätz, † 11. 12. 1962 München. 1911 (–1918) wurde L. Abgeordneter des Österreichischen Reichsrates, 1912 im Böhmischen Landtag. 1914 meldete er sich als Kriegsfreiwilliger. 1917 wurde er von Kaiser Karl zur Mitarbeit an der Grundreform der k. u. k. Monarchie herangezogen. Seine Ausarbeitung forderte einen Umbau des Reiches auf Grund einer Selbstverwaltung der Nationen. Nach dem Zusammenbruch der Mittelmächte und dem Zerfall der Monarchie gehörte er zu den Sudetendeutschen, die noch als Mitglieder des Wiener Nachkriegsparlamentes

den Anschluß Österreichs und damit auch der deutschen Gebiete Böhmens, Mährens und Österreichisch-Schlesiens an das Deutsche Reich forderten. Nach Gründung der CSR wurde er zunächst stellvertretender Landeshauptmann, dann Landeshauptmann der neugebildeten Provinz Sudetenland. Nach der Okkupation der sudetendeutschen Gebiete durch die Tschechen 1918 wurde er Vorsitzender der Deutschen Nationalpartei und Abgeordneter des Prager Parlamentes für den Wahlkreis Königgrätz. 1925 schied er aus der aktiven Politik aus und wurde Geschäftsführer des Verbandes der Deutschen Selbstverwaltungskörper in der CSR. Nach der Vertreibung 1945 wohnte er zuerst in Freising, dann in München, und wurde Mitbegründer der Sudetendeutschen Landsmannschaft, die von ihm geleitet und weitgehend geprägt worden ist. Er verfaßte auch zahlreiche Studien zur Frage der Heimatvertreibung der Deutschen, des Selbstbestimmungsrechtes und des Versuchs, das Heimatrecht international einzuführen.

Lody, Carl Hans, deutscher Kundschafter im 1. Weltkrieg, * 20. 1. 1877, † 6. 11. 1914 London. Der einer preußischen Offiziersfamilie entstammende Kapitän (1904) und Oberleutnant zur See (1908) mußte 1909 krankheitshalber die Schiffahrt aufgeben und wurde Reiseleiter in New York, dann bei der Hapag. Er meldete sich im Juli 1914 beim deutschen Admiralstab, um als Kundschafter nach England zu gehen. Im August 1914 reiste er unter falschem Namen auf eigene Kosten nach England und übermittelte vor allem aus Edinburgh wertvolle Nachrichten über die britische Hochseeflotte, so daß am 5. 9. 1914 der britische Kreuzer „Pathfinder" durch ein deutsches U-Boot im Firth of Forth versenkt werden konnte. Nach wertvollen Berichten aus London und Dublin wurde L. am 20. 10. 1914 in Dublin verhaftet, von einem Gericht wegen „war treason" (Kriegshochverrat) als Aufklärungsoffizier, nicht als Spion, zum Tode verurteilt, am 5. 11. 1914 ins Militärgefängnis im Tower von London überführt und dort erschossen.

J. Piekalkiewicz: Weltgeschichte der Spionage, 1988.

Lodz, Schlacht bei, deutsch-russische Schlacht 1914. Die aus dem Raum Posen-Thorn vorrückende, um Teile der 8. Armee verstärkte deutsche 9. Armee unter von →Mackensen besiegte russische Verbände bei Wlozlawek und Kutno und schloß dann die russische 2. und 5. Armee bei L. ein, wo vom 16. 11. bis 6. 12. 1914 die Schlacht um L. entbrannte. Dabei wurden Teile der deutschen Truppen durch die russische 1. Armee unter Rennenkampf einge-

schlossen, bis dem XXV. Reservekorps und der 3. Gardedivision unter General Karl →Litzmann am 23./24. 11. der Durchbruch bei Brzeziny gelang und die Russen zurückgeworfen wurden. Am 6. 12. räumten die Russen L. Durch den deutschen Sieg in der Schlacht um L. wurde die Bedrohung Schlesiens durch russische Truppen beendet. Die deutschen Verluste betrugen 100000 Tote, die russischen rund 300000.
H. Stegemann: Geschichte des Krieges, Bd. 2, 1917. von Wulffen: Die Schlacht bei Lodz, 1918. K. Litzmann: Lebenserinnerungen, 2 Bde., 1927/28.

Löbe, Paul, Reichstagspräsident, * 14. 12. 1875 Liegnitz, † 3. 8. 1967 Bonn. Der Tischlersohn wurde Schriftsetzer, arbeitete ab 1899 als Redakteur bei der sozialdemokratischen „Volkswacht" in Breslau, war dort ab 1904 Stadtverordneter und ab 1915 Provinzialabgeordneter. 1919 war L. Vizepräsident der Nationalversammlung, 1920–1933 MdR der SPD und 1920–1932 (außer 1924/25) Präsident des Reichstages. Er war Mitbegründer der Paneuropa-Union. 1933 kurzzeitig in Schutzhaft genommen, kam er 1944 wegen seiner Verbindung zu Widerstandskreisen in ein →Konzentrationslager. 1948/49 war L. Mitglied des Parlamentarischen Rates und 1949–1953 MdB der SPD und Alterspräsident des Bundestages. Ab 1954 leitete er das Kuratorium Unteilbares Deutschland. Er schrieb „Erinnerungen eines Reichstagspräsidenten" (1949, 1954 als „Der Weg war lang").

Löhr, Alexander, Generaloberst, * 20. 5. 1885 Turnau-Severin/Rumänien, † 26. 2. 1947 Belgrad. Als österreichischer Generalstabsoffizier baute L. im 1. Weltkrieg die österreichische Luftwaffe auf, war dann im Wiener Kriegsministerium tätig und wurde 1936 als Generalmajor Oberbefehlshaber der österreichischen Luftwaffe. Nach dem →Anschluß 1938 wurde L. am 1. 4. 1938 kommandierender General und Chef des Luftwaffenkommandos Ostmark. Als Oberbefehlshaber führte er die Luftflotte 4 vom 18. 3. 1939 bis 23. 6. 1942 im →Polen-, →Balkan- und →Rußlandfeldzug und leitete die Luftlandung auf →Kreta im Mai 1941. Ab 1. 8. 1942 war L. Oberbefehlshaber Südost und führte die Heeresgruppe E, mit der er den griechisch-ägäischen Raum bis August 1944 hielt. Dann zog er sich unter hinhaltendem Widerstand und Aufgabe Griechenlands und Bulgariens mit seiner Heeresgruppe nach Jugoslawien zurück, wo er trotz heftiger Partisanenkämpfe Anfang 1945 eine neue Abwehrfront aufbaute. Nach dem →Ritterkreuz (30. 9. 1939) erhielt er am 20. 1. 1945 das →Eichen-

laub. Im Mai 1945 ging L. mit seinen Truppen in jugoslawische Gefangenschaft. Nach einem Schauprozeß, in dem man ihn u. a. wegen des Luftangriffs auf Belgrad am 6. 4. 1941 anklagte, wurde er in Belgrad erschossen.
J. Diakow: Generaloberst Alexander Löhr, 1964. K. Hnilicka: Das Ende auf dem Balkan 1944/45, 1970. J. Piekalkiewicz: Der Zweite Weltkrieg, 1985.

Löns, Hermann, Dichter, * 29. 8. 1866 Kulm (Westpreußen), † 26. 9. 1914 vor Reims. L. kam als junger Journalist nach Hannover und durchstreifte von da aus oft die Lüneburger Heide. Hier gewann er Eindrücke, die er in zahlreichen Werken beschrieb. 1901 erschien „Mein grünes Buch", 1906 „Mein braunes Buch", 1906 „Aus Wald und Heide", 1909 „Mümmelmann", in denen Löns Natur- und Tierbeobachtungen in den Mittelpunkt stellt. Der Roman „Der Wehrwolf" (1910) schildert das Schicksal deutscher Bauern im 30jährigen Krieg. Als Versdichter schuf L. Balladen sowie Texte, die vielfach vertont worden sind („Mein goldenes Buch", 1901; „Der kleine Rosengarten", 1911). Beim Ausbruch des 1. Weltkrieges meldete sich L. freiwillig an die Front und fiel wenige Wochen später im Westen. Seine Gebeine wurden erst in den 30er Jahren in Frankreich entdeckt und 1935 in dem nach ihm benannten L.-Park in der Lüneburger Heide bei Fallingbostel beigesetzt. 1923 wurden seine „Sämtlichen Werke" in acht Bänden herausgebracht.
W. Deimann: Der Künstler und Kämpfer, 1935. E. Löns-Erbeck: Meine Erinnerungen an Hermann Löns, 1937. U. Thorstein: Löns und seine völkische Sendung, 1937. E. Seemann: Das niedersächsische Bauerntum in Löns' Dichtungen, 1938. J. Klein: Hermann Löns heute und einst, 1966. U. Kohtenschulte: Hermann Löns als Journalist, 1968. W. Deimann: Der andere Löns, 1965.

„Löwe", Deckname für eine Denkschrift vom 12. 7. 1940 des Generalmajors Alfred →Jodl, Chef des Wehrmachtführungsamtes, mit ersten Überlegungen über eine deutsche Landung in England, die später unter dem Decknamen „Seelöwe" vorbereitet wurde.
K. Klee: Unternehmen „Seelöwe", 2 Bde., 1958/59.

Löwen, Brand in, Häuserbrand nach Partisanenüberfall. Am 25. 8. 1914 wurden deutsche Truppen in der belgischen Stadt L. von Partisanen beschossen. Bei deren Bekämpfung gerieten zwei Tage später einige Häuser in Brand. Das Feuer griff auf die Universitätsbibliothek über und vernichtete einen Teil der Bestände. Im →Versailler Diktat wurde dem Reich auferlegt, aus den neuen Universitätsbibliothek in L. Ersatz aus deutschen Beständen zu liefern. Im 2. Weltkrieg wurde L. am 17. 5. 1940 nach hartem Kampf von den Deutschen genommen, wobei die Bibliothek zerstört wurde.

Oßwald: Der Streit um den belgischen Franktireurkrieg, 1931. W. Schivelbusch: Die Bibliothek von Löwen, 1988.

Löwenorden, Orden deutscher Fürstenhäuser bis 1919. Der Orden vom Zähringer Löwen wurde in Baden 1812–1919 in fünf Klassen und mit goldenem Verdienstkreuz verliehen. Der Hausorden vom Goldenen Löwen war 1770–1919 ein hessischer Orden mit einer Klasse, außerdem ein nassauischer Orden 1858–1919.

Löwenstadt, 1939–1945 Bezeichnung für Brzeziny. Die Stadt mit 1939 rund 13 000 Einwohnern im Lodzer Industriegebiet wurde in L. nach dem „Löwen von Brzeziny", General →Litzmann, benannt, der am 23./24. 11. 1914 mit dem bei L. von den Russen eingeschlossenen XXV. Korps und der 3. Garde-Division die Einkesselung durchbrach und dadurch die Schlacht bei →Lodz für Deutschland entschied.

Lohse, Hinrich, Gauleiter der NSDAP und Reichskommissar Ostland, * 2. 9. 1896 Mühlenbarek (Holstein), † 25. 2. 1964 Mühlenbarek. Nach Teilnahme am 1. Weltkrieg trat der Bankbeamte 1923 der →NSDAP bei, wurde am 22. 2. 1925 Gauleiter von Schleswig-Holstein, am 20. 5. 1928 in den Preußischen Landtag gewählt, im Mai 1933 Oberpräsident von Schleswig-Holstein, MdR und Preußischer Staatsrat. Im 2. Weltkrieg war er ab 17. 7. 1941 als →Reichskommissar Ostland Chef der deutschen Verwaltung für Estland, Lettland, Litauen und Weißrußland. Dafür wurde er 1948 zu zehn Jahren Haft verurteilt, jedoch 1951 aus gesundheitlichen Gründen freigelassen.

Londoner Abkommen (Londoner Charter, Londoner Viermächte-Abkommen), alliierte Vereinbarung 1945 zur Verfolgung und Bestrafung von →„Hauptkriegsverbrechern". Nachdem bereits am 13. 1. 1942 eine internationale Konferenz in London eine Bestrafung deutscher „Kriegsverbrecher" gefordert hatte, wurde am 8. 8. 1945 das L. zwischen Großbritannien, Frankreich, Sowjetunion und der provisorischen französischen Regierung geschlossen, wonach „Hauptkriegsverbrecher der →Achse" verfolgt und bestraft werden sollten. Dem L. war das Londoner Statut angeschlossen, das die Grundsätze für den zu bildenden Gerichtshof festlegte.

H. Seidl: Der Fall Rudolf Heß, 1984. R. Pemsel: Adolf Hitler: Revolutionär – Staatsmann – Verbrecher? 1986.

Londoner Außenministerkonferenzen, Beratungen der Siegermächte 1945–1947. Vom 10. 9.

bis 2. 10. 1945 berieten die Vertreter der USA, der UdSSR, Englands, Frankreichs und Chinas auf der 1. L. vor allem über Italien und Japan, konnten sich jedoch nicht über die italienischen Kolonien, Triest, die italienischen Reparationen und die alliierte Kontrolle Japans einigen. Bei der 2. L. der vier Sieger kam es zu keiner Einigung über die Friedensbedingungen für Deutschland, die Zusammenlegung von →Besatzungszonen und die deutschen Reparationen.

Londoner Konferenzen, internationale Tagungen im 1. Weltkrieg. Am 4./5. 9. 1914 vereinbarten England, Frankreich und Rußland in London, mit den Mittelmächten keinen Sonderfrieden zu schließen, am 26. 4. 1915 mit Italien dessen Kriegseintritt an der Seite der Alliierten. Dafür sollte Italien das Recht erhalten, Südtirol und Istrien nach Kriegsende zu annektieren.

Londoner Reparationskonferenzen, internationale Tagungen 1921–1924 über die →Reparationsfrage. In mehreren L. wurden die deutschen Zahlungsverpflichtungen aufgrund des →Versailler Diktats von den Alliierten erörtert. Die Pariser Konferenz vom Januar 1921 hatte von Deutschland die Zahlung von 269 Milliarden Goldmark in 42 Jahresraten und eine Abgabe vom deutschen Export in Höhe von 12% pro Jahr für diese Zeit verlangt. Statt dessen bot der deutsche Außenminister →Simons auf der 1. L. vom 1. bis 7. 3. 1921 unter der Voraussetzung, daß →Oberschlesien beim Deutschen Reich bleibe, die Zahlung von 50 Milliarden Goldmark an, wovon 20 Milliarden auf bereits erfolgte deutsche Leistungen angerechnet werden sollten. Die Alliierten brachen darauf die Verhandlungen ab, besetzten am 8. 3. 1921 Duisburg-Ruhrort und Düsseldorf und beschlagnahmten die Zollgelder dieses Bereichs. Am 27. 4. 1921 setzte die Reparationskommission die Gesamtsumme der Reparationen auf 132 Milliarden Goldmark fest. Die 2. L. vom 30. 4. bis 5. 5. 1921 stellte das →Londoner Ultimatum, in dem u. a. die Annahme dieser Zahlungsverpflichtung von Deutschland gefordert wurde. Eine 3. L. tagte vom 7. bis 14. 8. 1922 ohne Ergebnis, die 4. L. vom 5. bis 16. 8. 1924 hatte den →Dawes-Plan zur Folge. Die Unversöhnlichkeit der Alliierten auf den L. hat wesentlich zum Scheitern der →Weimarer Republik beigetragen.

H. Ronde: Von Versailles nach Lausanne, 1950.

Londoner Seekriegsrechtserklärung (Londoner Deklaration), internationale Erklärung zum Seekriegsrecht 1908/1909. Auf der Londoner Konferenz vom 4. 12. 1908 bis 26. 2. 1909 wurden von den Großmächten in der L. Vereinbarungen über wichtige Fragen des Seekriegs getroffen, u. a. zur Blockade und Konterbande. Die L. wurde von den einzelnen Staaten zwar nicht angenommen, wurde aber als Gewohnheitsrecht vom Haager Schiedsgericht als geltendes Völkerrecht anerkannt. Die L. wurde im 1. Weltkrieg zuerst von England, dann auch von anderen Mächten verletzt, im 2. Weltkrieg ebenso zunächst von England.

Londoner Statut, →Londoner Abkommen.

Londoner Ultimatum, Reparationsultimatum der Alliierten an Deutschland 1921. Die 2. →Londoner Reparationskonferenz verlangte am 5. 5. 1921 im L. von Deutschland die Verpflichtung zu Reparationszahlungen in einer Höhe, wie sie von der Reparationskommission festgelegt worden war, die „Aburteilung der Kriegsverbrecher" durch deutsche Gerichte sowie eine „Abrüstung zu Wasser, zu Lande und in der Luft" vorzunehmen und eine solche Zusicherung innerhalb von sechs Tagen abzugeben. Andernfalls werde man „am 12. Mai zur Besetzung des Ruhrtales schreiten und alle anderen militärischen Maßregeln zu Wasser und zu Lande" ergreifen. Nach Rücktritt der Regierung →Fehrenbach nahm die neugebildete Regierung →Wirth das L. am 11. 5. 1921 an.
H. Ronde: Von Versailles nach Lausanne, 1950. E. Laubach: Die Politik der Kabinette Wirth 1921/22.

Londoner Vertrag, →Londoner Konferenzen.

Londoner Viermächteabkommen, →Londoner Abkommen.

Lord Haw-Haw, Spitzname für den 1939–1945 in Berlin für englische Rundfunksendungen eingesetzten Amerikaner William →Joyce.

Lorenz, Werner, SS-Obergruppenführer, * 2. 10. 1891 Grünhof (Pommern), † 13. 3. 1974 Hamburg. L. trat 1929 in die →NSDAP und 1931 in die →SS ein, wurde 1933 Mitglied des Preußischen Landtags und am 12. 11. 1933 des Reichstags. 1934–1937 führte er den SS-Oberabschnitt Nord mit Sitz in Altona, zuletzt als SS-Gruppenführer, 1937–1945 leitete er die →Volksdeutsche Mittelstelle und damit ab Herbst 1939 die →Umsiedlung von rund 900000 Volksdeutschen vor allem aus dem Baltikum, westlichen Teilen der Sowjetunion und Rumänien in das Deutsche Reich. 1943 wurde er zum SS-Obergruppenführer befördert, am 10. 3. 1948 zu 20 Jahren Gefängnis verurteilt und 1955 entlassen.

Lorettohöhe (Höhe 165 m), Schlachtort im 1. Weltkrieg. Über die 12 km nördlich von Arras gelegene L., den Südostteil eines rund 11 km langen, bis 188 m hohen, die flandrische Tiefebene im Süden begrenzenden Landrükkens, verlief ab Oktober 1914 (Schlacht bei →Arras vom 1. bis 13. 10. 1914) die deutschfranzösische Front. In der Frühjahrsschlacht bei La Bassée und Arras („Loretto-Schlacht") vom 9. 5. bis 23. 7. 1915 mußten die Deutschen die L. nach schwersten Kämpfen aufgeben und sich 5 km zurückziehen. Im 2. Weltkrieg wurde die L. am 23. 5. 1940 von der deutschen Wehrmacht genommen.
W. Beumelburg: Loretto, 1927. H. Stegemann: Geschichte des Krieges, Bd. 2/3, 1917/19.

Los-von-Rom-Bewegung, papstfeindliche Bewegung in katholischen Ländern. Die gegen Ende des 19. Jahrhunderts einsetzende L. hatte vor allem unter deutschen Katholiken in Österreich zahlreiche Übertritte zum Protestantismus und Altkatholizismus zur Folge. Beschleunigt wurde die L., als nach Erlaß der Sprachenverordnung Badenis 1897 viele tschechische katholische Geistliche in Böhmen deutschfeindliche Bestrebungen unterstützten und auf dem „Deutschen Volkstag" am 11. 12. 1897 in Wien der Medizinstudent T. Rakus mit der schon bekannten Parole „Los von Rom!" zum Austritt aus der katholischen Kirche aufforderte. Die alldeutsche Bewegung →Schönerers stellte sich in einem Aufruf hinter die L., die vom evangelischen Gustav-Adolf-Verein aus Deutschland gefördert wurde. In Österreich wurden zahlreiche evangelische Pfarrstellen eingerichtet, 1902 die Zeitschrift „Die Wartburg" gegründet. Bis 1914 erfolgten rund 55000 Übertritte zum Protestantismus, 20000 zum Altkatholizismus. Die L. setzte sich nach einer Pause während des 1. Weltkriegs bis zum 2. Weltkrieg fort.
G. David: Werdegang der Los-von-Rom-Bewegung bis Anfang 1899, 1906. Fr. Hochstetter: 25 Jahre evangelische Bewegung in Österreich, 1929. F. von der Heydt: Die evangelische Bewegung in Österreich, 1934. H. Traar: Geschichte der evangelischen Kirche in Österreich, 1962.

Loßberg, Fritz von, General, * 30. 4. 1868 Homburg v. d. H., † 14. 5. 1942 Lübeck. Seit 1888 Offizier, kam L. 1900 in den preußischen Generalstab, wurde 1913 Generalstabschef des XIII. Armeekorps, 1915 Oberst und Abteilungschef in der Obersten Heeresleitung. In den meisten großen Abwehrschlachten der Westfront (→Champagne 1915, →Somme 1916, →Arras 1917, →Flandern 1917) war er Chef des Generalstabs der angegriffenen Armeen, zuletzt 1918 der Heeresgruppen Boehm und Herzog Albrecht von Württemberg. Ab Juli 1918 riet er vergeblich zum planmäßigen Rückzug auf die →Siegfried-, später auf die Antwerpen-Maas-Stellung. Nach 1918 war er Stabschef des Grenzschutzoberkommandos Süd und des Gruppenkommandos 2, 1920–1924 Befehlshaber im Reichswehrkreis 6, 1924–1927 Oberbefehlshaber des Gruppenkommandos 1. Er schrieb „Meine Tätigkeit im Weltkrieg 1914–1918" (1939).

Lothringen, deutsches Grenzland. Das seit den karolingischen Reichsteilungen zum Deutschen Reich gehörende, im Ostteil deutschsprachige L. fiel 1766 als Folge habsburgischer Hausmachtpolitik an Frankreich, blieb aber zunächst im Reichstag (unter Nomeny) vertreten. Der östliche, vorwiegend deutschsprachige Teil von L. kam von 1871–1918 zu Deutschland zurück, war 1919–1940 französisch, 1940–1944 wieder deutsch und Teil des neugeschaffenen Gaues Westmark. Seit 1945 gehört L. wieder zu Frankreich.
O. Meißner (Hrsg.): Elsaß und Lothringen Deutsches Land, 1940. F. Lange: Unser Elsaß, unser Lothringen, 1941. H. Bickler: Ein besonderes Land, 1978.

Lothringen, Schlacht in, deutsch-französische Schlacht 1914. Nach Ausbruch des 1. Weltkrieges drangen die französische 1. und 2. Armee unter den Generalen Dubail und Castelnau in Lothringen ein, wurden aber vom 20. bis 22. 8. 1914 von der deutschen 6. und 7. Armee unter Kronprinz →Rupprecht von Bayern in der Schlacht in L. wieder über die Reichsgrenze zurückgeworfen, wobei über 10000 französische Gefangene gemacht wurden. Der anschließende deutsche Angriff auf die starke französische Festungslinie Epinal – Nancy – Toul konnte, da aus L. zwei deutsche Korps zur Marne abgezogen werden mußten, nur bis Epinal und vor Nancy vorgetragen werden.

Lubbe, Marinus van der, Reichstagsbrandstifter, * 13. 1. 1909 Leiden, † 10. 1. 1934 Leipzig. Der arbeitslose, einer kommunistischen Gruppe angehörende holländische Maurergeselle kam am 18. 2. 1933 nach Berlin und wollte durch ein Fanal die deutschen Kommunisten zum Aufstand gegen die NS-Herrschaft veranlassen. Nachdem er am 25. 2. 1933 am Neuköllner Rathaus und Wohlfahrtsamt sowie am Berliner Schloß Brände gelegt hatte, die bald gelöscht werden konnten, brach er am 27. 2. abends in den Reichstag ein und legte mit Kohleanzündern so viele Brandherde, daß ein Teil des Gebäudes trotz schneller Gegenmaßnahmen ausbrannte. Am Tatort gefaßt, gestand L. die Brandstiftung als Alleintäter und wurde

dafür im →Reichstagsbrandprozeß zum Tode verurteilt und hingerichtet. Der →Reichstagsbrand veranlaßte die Reichsregierung zum Verbot der KPD und der Verhaftung vieler ihrer Funktionäre. Der Prozeß gegen L. wurde nach 1945 mehrfach wieder aufgenommen. Dabei wurde dessen Brandstiftung bestätigt, jedoch das Todesurteil in Haftstrafe abgemildert. Die Kommunisten, insbesondere Willi →Münzenberg in Paris mit seinem →„Braunbuch" 1933/34, versuchten die Brandstiftung wahrheitswidrig den Nationalsozialisten anzulasten.
F. Tobias: Reichstagsbrand, 1962. U. Backes und andere: Reichstagsbrand, 1986.

Luckner, Felix, Graf von, Korvettenkapitän und Hilfskreuzerkommandant, * 9. 6. 1881 Dresden, † 13. 4. 1966 Malmö. L. verließ als 13jähriger Elternhaus und Schule und ging zur Handelsmarine. Er lernte dabei nicht nur viele Segelschiffe, sondern auch die USA, Mexiko, Australien und viele Hafenstädte kennen. Nach Deutschland zurückgekehrt, machte er auf dem zweiten Bildungsweg sein Kapitänspatent und wurde 1911 aktiver Seeoffizier. 1916 nahm er an der →Skagerrak-Schlacht teil, kurz danach wurde er Kommandant des Segelschiffes „Seeadler", das als Hilfskreuzer ausgerüstet wurde, als norwegisches Schiff getarnt die englische Seeblockade durchbrach und dann im Handelskrieg, hauptsächlich in der Südsee, 86000 BRT feindlichen Schiffsraums vernichtete. Am 2. 8. 1917 geriet das Schiff auf der Insel Mopelia in der Südsee auf Strand und L. wenig später in britische Gefangenschaft. 1920 wurde er Kommandant des Segelschulschiffs „Niobe" und 1923 verabschiedet. 1921 veröffentlichte er sein Buch „Seeteufel" über sein Leben und seinen Kriegseinsatz, das ein Welterfolg wurde. Seine Erinnerungen „Aus siebzig Lebensjahren" erschien 1955.
E. von Mantey: Hilfskreuzer, 1936.

Ludendorff, Erich, General, * 9. 4. 1865 Gut Kruszewnia bei Posen, † 20. 12. 1937 München. L. wurde 1881 Offizier, war 1908–1912 Chef der Aufmarschabteilung im →Großen Generalstab und forderte vom Kriegsministerium 1912/13 eine Heeresverstärkung. 1913 wurde er als Oberst zur Truppe versetzt, bei der Mobilmachung 1914 war er Oberquartiermeister der 2. Armee, übernahm beim Angriff auf →Lüttich das Kommando über einen Truppenteil und erzwang mit ihm den Durchbruch in die Stadt. Dafür erhielt er den →Pour le mérite. Am 21. 8. 1914 wurde er Chef des Generalstabs der 8. Armee unter →Hindenburg, die Ostpreußen gegen den Vormarsch von zwei russischen Armeen verteidigte. Hindenburg und

Ludendorff besiegten in schwierigster Lage die eingedrungenen Russen erst in der Schlacht bei →Tannenberg und später an den →Masurischen Seen und in der Winterschlacht in →Masuren; damit war Ostpreußen von den eingedrungenen Russen befreit. Am 29. 8. 1916 erhielt L. unter Beförderung zum General der Infanterie die Stellung eines Ersten Generalquartiermeisters beim Chef des Generalstabs des Feldheeres (Hindenburg), damit einen Posten, der besonders für ihn geschaffen worden war. Bis zum Oktober 1918 hat dann hauptsächlich er die Operationen des deutschen Heeres geleitet. Am 13. 8. 1918 gab L. zu erkennen, daß der Krieg nicht mehr zu gewinnen war, er forderte am 29. 9. 1918 von der Reichsregierung ein sofortiges Waffenstillstandsangebot unter ehrenvollen Bedingungen. Als der amerikanische Präsident Wilson darauf die volle Unterwerfung Deutschlands verlangte, trat L. für die Fortsetzung des Widerstandes mit allen Kräften ein, wurde aber auf Betreiben der Reichsregierung, die das nicht mehr für möglich hielt, am 26. 10. 1918 abgelöst. Nach dem 1. Weltkrieg wandte sich L. der Politik zu, unterstützte zunächst die →NSDAP, nahm am 9. 11. 1923 am →Marsch auf die Feldherrnhalle teil und wurde danach wegen Hochverrats angeklagt, aber nicht verurteilt. 1924 kam er als nationalsozialistischer Abgeordneter in den Reichstag, 1925 kandidierte er erfolglos bei der Wahl zum Reichspräsidenten. 1926 schied er aus der Politik aus, gründete den Tannenbergbund und betätigte sich seitdem als Schriftsteller und Herausgeber einer eigenen Zeitschrift. Zusammen mit seiner Frau Mathilde trat er für eine eigenständige deutsche, von christlichen Einflüssen freie Religion ein, wandte sich gegen den Einfluß von ihm so bezeichneter überstaatlicher Mächte (Juden, Freimaurer, Katholiken) sowie zeitweilig auch gegen die NSDAP, der er eine mangelnde Abgrenzung zur katholischen Kirche vorwarf. L. verfaßte u. a. „Meine Kriegserinnerungen" (1919), „Kriegführung und Politik" (1922), „Vernichtung der Freimaurerei" (2 Teile, 1927/28), „Der totale Krieg" (1935).
Th. von Schäfer: Ludendorff, der Feldherr der Deutschen im Weltkriege, 1936. W. Foerster: Ludendorff im Unglück, 1952. H. Weber: Ludendorff und die Monopole, 1966.

Ludwigsorden, Orden deutscher Fürstenhäuser bis 1919. Als bayerischer Orden wurde der L. 1827–1919 in zwei Klassen, als hessischer Haus- und Verdienstorden 1807–1919 in sechs Klassen verliehen.

Lüderitz, Adolf, Kolonialpionier, * 16. 7. 1834 Bremen, † 24. 10. 1886 Oranjemündung/Südwestafrika. Vom Vater übernahm L. nach Amerikaaufenthalt 1878 einen Tabakgroßhandel. Am 1. 5. und 25. 8. 1883 kaufte er, der schon seit 1882 eine Faktorei in Lagos/Nigeria besaß, über seinen Angestellten Heinrich Vogelsang von Eingeborenen den Hafen von Angra Pequena, der später ihm zu Ehren L.-bucht genannt wurde, und dessen Hinterland, das spätere L.-land, das 1884 unter den Schutz des Deutschen Reiches gestellt wurde und den Kern der ersten deutschen Kolonie →Deutsch-Südwestafrika ausmachte. Dann gründete er die Südwestafrikanische Gesellschaft, an der er zu einem Sechstel beteiligt war. Er erstrebte ein geschlossenes deutsch-burisches Gebiet von der West- bis zur Ostküste Afrikas. Auf der Suche nach neuen Erzlagern im südlichen L.-land ertrank L. im Oranje nahe dessen Mündung.
W. Schüßler: Adolf Lüderitz, 1936. C. L. Lüderitz (Hrsg.): Die Erschließung von Deutsch-Südwestafrika, 1945. K. Graudenz und H. M. Schindler: Die deutschen Kolonien, 1982.

Lueger, Karl, österreichischer Politiker, * 24. 10. 1844 Wien, † 10. 3. 1910 Wien. Der Rechtsanwalt wurde 1875 in den Wiener Gemeinderat und 1885 in den Reichsrat gewählt. Gegen Ende der 80er Jahre vereinigte er die christlich-sozialen Gruppen Österreichs zu einer Partei und war ab 1888 ihr Vorsitzender. 1895/96 wurde er dreimal nacheinander zum Bürgermeister von Wien gewählt, erhielt aber erst nach einer weiteren Wahl 1897 die kaiserliche Bestätigung für sein Amt. Als Bürgermeister erwarb er sich große Verdienste um Wien, als Politiker wandte er sich besonders scharf gegen Liberalismus, jüdische Einflüsse und ungarische Sonderbestrebungen. 1907 vereinigte er die Adels- und Bauernpartei mit den →Christlichsozialen, die dadurch zur stärksten Fraktion des österreichischen Abgeordnetenhauses wurden.
H. Schnee: Bürgermeister Karl Lueger, 1936. von Kralik: Karl Lueger und der christliche Sozialismus, 1923. K. Skalnik: Karl Lueger, 1954. R. Kuppe: Karl Lueger, 1947.

Lüth, Wolfgang, Kapitän zur See und U-Boot-Kommandant, * 15. 10. 1913 Riga, † 14. 5. 1945 Flensburg. Seit 1933 in der Reichsmarine, kam er als Leutnant zur See zur U-Boot-Waffe und wurde im Dezember 1939 Kommandant von U 9 (fünf Feindfahrten, vier Handelsschiffe und ein U-Boot in der Nordsee versenkt), im Juni 1940 von U 138 (zwei Feindfahrten, fünf Handelsschiffe), im November 1940 von U 43 (fünf Feindfahrten, zwölf Handelsschiffe). Ab Mai 1942 versenkte er mit dem großen U 181 im Südatlantik und Indischen Ozean auf zwei Feindfahrten 22 Handelsschiffe und führte

dabei mit 205 Seetagen die längste Fernfahrt eines deutschen U-Bootes im 2. Weltkrieg durch. Insgesamt versenkte er 46 Schiffe mit 245 000 BRT und erhielt das →Ritterkreuz am 24. 10. 1940, das →Eichenlaub am 17. 11. 1942, die →Schwerter am 15. 4. 1943 und die →Brillanten am 11. 8. 1943. Im Oktober 1943 wurde er Fregattenkapitän, im Februar 1944 Chef der 22. U-Boot-Flottille. Ab Juli 1944 leitete er die 1. Abteilung der Marineschule Mürwik, deren letzter Kommandeur er ab 1. 9. 1944 als Kapitän zur See war. Nach Kriegsende wurde er nachts versehentlich von einem eigenen Wachtposten erschossen.
B. Herzog und G. Schomaekers: Ritter der Tiefe, graue Wölfe, 1965. H. Pemsel: Biographisches Lexikon zur Seekriegsgeschichte, 1985. K. Alman: Wolfgang Lüth, 1988. G. Fraschka: Mit Schwertern und Brillanten, 1977.

Lütjens, Günther, Admiral, * 25. 5. 1889 Wiesbaden, † 27. 5. 1941 Nordatlantik. Ab 1907 in der Marine, war L. im 1. Weltkrieg erfolgreicher Torpedoboot-Kommandant. 1926 wurde er Korvettenkapitän und Chef der 1. Torpedobootflottille, 1931 Fregattenkapitän und Leiter der Marineoffizier-Personalabteilung im Reichswehrministerium, 1933 Chef des Marinepersonalamtes, 1937 Konteradmiral und Führer der Torpedoboote. 1940 war er Befehlshaber der Aufklärungsstreitkräfte im →Norwegenfeldzug und erhielt am 14. 6. 1940 das →Ritterkreuz. Ab September 1940 Admiral, führte er 1941 als Flottenchef die Schlachtschiffe →„Scharnhorst" und →„Gneisenau" gegen britische Geleitzüge im Nordatlantik. Im Mai 1941 befehligte er als Flottenchef im Rahmen der Unternehmung „Rheinübung" den Verband mit dem neuen Schlachtschiff →„Bismarck" und dem Schweren Kreuzer „Prinz Eugen", versenkte am 24. 5. 1941 westlich Islands den britischen Schlachtkreuzer „Hood" und ging drei Tage später gegen britische Übermacht kämpfend südwestlich von Irland mit der angeschlagenen „Bismarck" unter. Die Bundesmarine nannte den Lenkwaffenzerstörer „L." nach dem hochdekorierten Offizier.
B. von Müllenheim-Rechberg: Schlachtschiff Bismarck 1940/41, 1981. H. Pemsel: Seeherrschaft, Bd. 2, 1985. H. Pemsel: Biographisches Lexikon zur Seekriegsgeschichte, 1985. G. Bidlingmaier: Einsatz der schweren Kriegsmarineeinheiten im ozeanischen Zufuhrkrieg, 1963.

Lüttich, Eroberung von, Handstreich 1914 und 1940. Im 1. Weltkrieg war die schnelle Einnahme der starken Festung L., die die Maasübergänge vor dem rechten deutschen Flügel sperrte, Vorbedingung für den Erfolg des →Schlieffenplanes. Von der deutschen 1. Armee Anfang August im Norden umgangen, wurde L. vom 4. bis 7. 8. 1914 von sechs verstärkten Infanteriebrigaden der 2. Armee unter General Emmich angegriffen. Nur der Brigade unter Generalmajor Erich →Ludendorff gelang der Vorstoß durch die Forts in die Stadt, wobei Ludendorff persönlich die Besatzung der Zitadelle gefangennahm und die Kapitulation der Stadt herbeiführte. Die anderen Forts fielen nach Einsatz schwerer Artillerie (→„Dicke Bertha") bis 16. 8. 1914 in deutsche Hand. Im 2. Weltkrieg wurde das für uneinnehmbar gehaltene stärkste Fort Lüttichs →Eben Emael bereits am Morgen des 11. 5. 1940 durch deutsche Luftlandetruppen mit Lastenseglern erobert, die Stadt am 13. 5. 1940, die übrigen Forts in den folgenden Tagen.
G. Schlang: Die deutschen Lastenseglerverbände 1937–1945, 1985.

Lüttwitz, Walther, Freiherr von, General, * 2. 2. 1859 Bodland/Oberschlesien, † 20. 9. 1942 Gorkau/Schlesien. Der Förstersohn wurde 1878 Offizier, war im 1. Weltkrieg Generalstabschef der 4. Armee, ab August 1916 der Heeresgruppe „Deutscher Kronprinz", dann Kommandierender General des 3. Armeekorps. Als Führer der Regierungstruppen schlug er Anfang 1919 den →Spartakistenaufstand in Berlin nieder und war ab Herbst 1919 Befehlshaber des Reichswehrgruppenkommandos I (Berlin). Er machte aus seiner nationalen Gesinnung kein Hehl. Im März 1920 war er militärischer Führer des →Kapp-Putsches, mußte anschließend aus dem Heer ausscheiden, hielt sich, steckbrieflich gesucht, teilweise im Ausland auf und wurde 1925 amnestiert. Er schrieb „Im Kampf gegen die November-Revolution" (1933).
J. Erger: Der Kapp-Lüttwitz-Putsch, 1967. L. Schemann: Wolfgang Kapp und das Märzunternehmen vom Jahre 1920, 1933.

Luftalarm, offizielle Bezeichnung für den in der Umgangssprache benutzten Begriff →Fliegeralarm. Er wurde durch Sirenen bekanntgegeben. Die unterschiedlichen Signale bedeuteten öffentliche Luftwarnung (Voralarm), Fliegeralarm (Hauptalarm) und Entwarnung.

Luftflotte, die größte Einheit der deutschen Luftwaffe bis 1945.

Luftkrieg, →Bombenkrieg.

Luftkriegsakademie, militärische Hochschule. Die deutsche L. wurde 1935 als eine →Kriegsakademie in Gatow bei Berlin errichtet und bestand bis 1945. Sie bildete Generalstabsoffiziere für die Luftwaffe aus. Mit ihr war die Lufttechnische Akademie verbunden.

Luftkriegsschule, militärische Bildungsanstalt. Für die Offiziersanwärter der deutschen Luftwaffe bestanden entsprechend den →Kriegsschulen des Heeres L.n ab 1939 bei Gatow bei Berlin, Wildpark-Werder bei Potsdam, Dresden und Fürstenfeldbruck.

Luftnotgebiet, Name für zerbombte und stark bombengefährdete deutsche Gebiete im 2. Weltkrieg. Insbesondere wurden als L. die west- und norddeutschen Großstädte und Industriegebiete bezeichnet.

Luftschiff, lenkbares Luftfahrzeug, meist stromlinienförmig, mit Auftrieb durch Gasfüllung und Antrieb durch Propeller. Nach französischen Versuchen ab 1852 förderte vor allem der deutsche Graf →Zeppelin ab 1873 den L.-bau. Am 2. 7. 1900 startete sein Z 1 auf dem Bodensee, Z 2 wurde 1905 durch Sturm vernichtet, Z 3 und Z 4 führten erfolgreiche Fahrten aus. Eine Volksspende von sechs Millionen Mark ermöglichte Graf Zeppelin 1908 die Gründung der Luftschiffbau Zeppelin GmbH in Friedrichshafen, die die „Zeppeline", den bekanntesten Typ des starren L.s, baute. Bedeutende Persönlichkeiten des Unternehmens wurden Hugo →Eckener, Ludwig Dürr und Alfred Colsman. Im 1. Weltkrieg gab es fünf Luftschifferbataillone für die L.e und Fesselballons. Mit L.en wurden Bombenangriffe u. a. gegen Paris, Brüssel, London und Bukarest geflogen. Das →Versailler Diktat ließ in Deutschland bis 1926 nur den L.-bau zur Ablieferung an die Alliierten zu und verbot L.-truppen. Im August 1929 umrundete „Graf Zeppelin" als erstes L. die Erde. Eines der bedeutendsten L.e war die LZ 129 „Hindenburg", 248 m lang, 41 m breit, 190 000 m³ Gasinhalt, vier Dieselmotoren mit 4400 PS, 50 Fahrgäste, 195 km/h. Sie brannte am 6. 5. 1937 im planmäßigen Luftverkehr bei der Landung auf dem US-Flugplatz Lakehurst aus. Nach insgesamt rund 120 L.en wurde 1938 als letztes Groß-L. die LZ 130, die neue „Graf Zeppelin", gebaut. Im 2. Weltkrieg spielten die L.e keine Rolle mehr. Gelegentlich werden L.e noch für Reklameflüge verwendet.

L. Dürr: 25 Jahre Zeppelin-Luftschiffbau, 1925. H. Eckener: Graf Zeppelin, 1938. P. Meyer: Luftschiffe, 1980. F. Gütschow: Das Luftschiff, 1985.

Luftschlacht um England, Kampf der deutschen Luftwaffe gegen die britische Royal Air Force (RAF) um die Lufthoheit über England 1940/41. Als England 1940 ein deutsches Friedensangebot abgelehnt hatte, begannen im Juli 1940, insbesondere mit A. →Hitlers →Weisung Nr. 16 vom 16. 7. 1940 (Unternehmen „Seelöwe") und Nr. 17 vom 1. 8. 1940, Planungen für eine Landung in England, die die deutsche Luftherrschaft über dem Kanal und dem südlichen England voraussetzte. Die L. begann am 13. 8. 1940, dem →„Adlertag". Die deutschen Luftflotten 2, 3 und 5 unter dem Befehl der Feldmarschälle →Kesselring und →Sperrle sowie von Generaloberst Stumpff, die über 2355 Flugzeuge verfügten, flogen von Frankreich, Belgien und Norwegen aus am 1. Tag 1485 Einsätze gegen britische Flughäfen, fliegende Verbände und die Luftrüstungsindustrie, die Zahl der Einsätze steigerte sich bis zum 31. 8. 1940 auf 4775. Da die Engländer durch Entschlüsselung des deutschen Geheimcodes „Enigma" die deutschen Angriffsziele kannten und ihre Jäger deshalb gezielt einsetzen konnten, verlor die Luftwaffe in dieser Zeit 215 Bomber und 252 Jäger, die RAF 359 Jäger. In einer zweiten Welle griff die Luftwaffe vom 6. 9. bis 5. 10. 1940 Wirtschaftszentren, vor allem in London, bei gleichfalls hohen eigenen Verlusten an, am 15. 9. („Battle of Britain-Day") mußte sie 56 Abschüsse hinnehmen. In einer dritten Angriffswelle ab Mitte November 1940 wurden britische Industriestädte, insbesondere London, auch →Coventry am 14./15. 11. 1940, bombardiert. Da jedoch die geringe Reichweite der deutschen Jäger den Bombern keinen ausreichenden Schutz bot, fielen bis März 1941 2265 eigene Maschinen aus. Bis Mai waren durch Luftangriffe 41 294 Briten getötet worden, ohne daß das deutsche Ziel, England friedensbereit zu machen, erreicht worden wäre. Für den →Rußlandfeldzug ab Juni 1941 mußten dann zahlreiche Maschinen nach Osten verlegt werden. Die ab 1942 als Vergeltungsschläge für den zunehmenden alliierten →Bombenterror gegen England durchgeführten deutschen Angriffe sowie der vor allem gegen London erfolgreiche Einsatz der →V-Waffen ab Juni 1944 werden nicht mehr zur L. gerechnet.

K. Klee: Das Unternehmen „Seelöwe", 1958. J. Piekalkiewicz: Der Zweite Weltkrieg, 1985. U. Balke: Der Luftkrieg in Europa, 2 Bde., 1989/90. H. A. Jacobsen und J. Rohwer: Entscheidungsschlachten des Zweiten Weltkriegs, 1960. A. Price: Der härteste Tag, 1981. W. Volkmann: Die britische Luftverteidigung, 1981. H. Kohl: Wir fliegen gegen England, 1940. T. Weber: Die Luftschlacht um England, 1956. C. Zentner: Schlacht um England, 1980.

Luftschutz, Gesamtheit der Maßnahme zum Schutz gegen feindliche Angriffe aus der Luft. Nach dem L.-Gesetz vom 26. 6. 1935, das eine L.-pflicht einführte, war der Reichsminister der Luftfahrt für die L.-pflicht zuständig. Die 1. Durchführungsverordnung vom 4. 5. 1937 wies dem zivilen L. folgende Aufgaben zu: L.-warndienst, Sicherheits- und Hilfsdienst

(SHD), Werkl., Selbstschutz, erweiterter Selbstschutz. Der am 29. 4. 1933 gegründete →Reichsl.-bund (RLB) unterstand dem Minister der Luftfahrt und wurde 1944 von der →NSDAP übernommen. Er sorgte für die Schulung der ehrenamtlichen L.-warte, die die L.-gemeinschaften führten, die kleinsten Einheiten des Selbstschutzes, die aus den Bewohnern eines Hauses oder Blockes bestanden. Der RLB hatte 1939 rund 13,5 Mill. Mitglieder und 820000 Amtsträger mit 28000 Lehrern in 3800 L.-schulen. Der Werkl. diente dem L. in den Betrieben. Der erweiterte Selbstschutz war zuständig für öffentliche Gebäude und Dienststellen sowie private Betriebe ohne Werkl. Der SHD hatte bei Personen- und Sachschäden Hilfe zu leisten und bei der Aufrechterhaltung der öffentlichen Sicherheit bei Luftangriffen mitzuwirken. Zur L.-dienstpflicht konnte durch polizeiliche Verfügung herangezogen werden. Eine L.-fachleistungspflicht ergab sich nach dem Reichsleistungsgesetz. Von jedem Einwohner wurde erwartet, daß er sich an Vorkehrungen im Haus, Teilnahme an Schulungen oder dem Aufsuchen der Schutzräume bei Fliegeralarm beteiligte. Der L.-warndienst warnte die Bevölkerung durch Sirenen bei einem drohenden Angriff.
C. Richert: Das Luftschutzgesetz, 1940.

Luftschutz-Ehrenzeichen, Ehrenzeichen für Verdienste um den →Luftschutz oder die Luftverteidigung. Das L. wurde von A. →Hitler am 30. 1. 1938 in zwei Stufen gestiftet: vergoldetes Kreuz mit Hakenkreuz in der Mitte und umlaufender Schrift „Für Verdienste im Luftschutz" sowie Medaille aus grauem Leichtmetall. Beide Stufen des L. wurden am blaßlila Band mit schwarz-weiß-rotem Saum getragen.

Luftwaffenhelfer, Bezeichnung für die ab Februar 1943 bei der Flak oder Heimatflak eingesetzten deutschen Jungen. Die Verordnung zur „Heranziehung von Schülern zum Kriegshilfseinsatz der deutschen Jugend in der Luftwaffe" vom 26. 1. 1943 sah vor, daß Schüler ab 15 Jahren im Rahmen der Reichsverteidigung insbesondere bei der Flak eingezogen und teilweise kaserniert werden konnten. Im Sommer 1944 taten etwa 56000 L. ihren Dienst, meist mit großer Begeisterung und Einsatzbereitschaft. Sie trugen Uniform der →Flieger-HJ, der sie offiziell angehörten. Die L. erwarben sich schnell Ansehen und ersetzten oft altgediente Flaksoldaten. Gegen Kriegsende wurden sie auch im Frontkampf eingesetzt, wobei ihr Status als Nichtsoldaten Probleme bei der Gefangennahme aufwarf. Der L. wurde allgemein auch als →Flakhelfer, die →Nachrichtenhelferin bei der Luftwaffe als L.in bezeichnet.

R. Schörken: Luftwaffenhelfer und Drittes Reich, 1984. L. Banny: Dröhnender Himmel – brennendes Land, 1988. J. Rüdiger: Zur Problematik von Soldatinnen, 1988. L. Tewes: Jugend im Krieg, 1989. H. D. Nicolaisen: Der Einsatz der Luftwaffenhelfer im 2. Weltkrieg, 1981.

Luisenorden, preußischer Frauenverdienstorden. Der 1814 gestiftete L. wurde bis 1919 in Preußen an Frauen für Verdienste um das Vaterland, insbesondere in Kriegszeiten, verliehen.

Luserke, Martin, Dichter, * 3. 5. 1880 Berlin, † 1. 6. 1968 Meldorf. Der Lehrer wurde 1910 Leiter des →Landerziehungsheims Wickersdorf und gründete 1925 „Die Schule am Meer" auf Juist. Er förderte das Laienspiel und schrieb selbst viele Stücke, die vor allem innerhalb der →Jugendbewegung aufgeführt wurden. In seinen Seefahrerromanen („Hasko", 1935; „Obadjah und die ZK 14", 1936; „Wikinger", 1938), Nordseenovellen („Windvögel in der Nacht", 1936), „Seegeschichten" (1932) und „Zeltgeschichten" (3 Bände, 1925–1930) beschreibt er in volkstümlicher Form das Meer und die Seeanwohner und begeistert für Abenteuerdrang und Heldentum. Seine aus „nordischer Weltschau" geschriebenen Werke fanden bei der Jugend großen Anklang. Er schrieb außerdem „Schule am Meer" (1925) und „Die Grundlage deutscher Sprachbildung" (1925).
M. Kiessig: Martin Luserke, Diss., Leipzig 1936.

Lusitania, Versenkung der, Torpedierung eines britischen Passagierdampfers im 1. Weltkrieg. Anfang 1915 hatte Deutschland nach einem vorangegangenen und entsprechenden Schritt der Engländer die Gewässer um deren Inseln zum Kriegsgebiet erklärt, in dem feindliche Schiffe ohne Warnung versenkt würden. Am 7. 5. 1915 wurde der britische Passagierdampfer L. vor Irland vom deutschen U-Boot U 20 torpediert und sank sehr schnell, da der getarnte Hilfskreuzer neben anderem Kriegsmaterial auch 173 t Munition geladen hatte, die explodierten. Beim Untergang kamen fast 1200 Menschen ums Leben, darunter 124 US-Bürger. Die deutsche Botschaft in Washington hatte alle Amerikaner vor dem Mitfahren auf der L. gewarnt, fast alle US-Zeitungen hatten diese Warnung jedoch bewußt nicht abgedruckt. Obwohl U 20 kurz vor der Versenkung der L. vor Irland drei britische Schiffe aufgebracht hatte, ließ die britische Admiralität die L. ohne Schutz aus den nahen Häfen, um durch ihre Versenkung die USA wegen eines „unprovozierten Kriegsakts" zum Kriegseintritt gegen Deutschland zu veranlassen. Tatsächlich begann nach dem Untergang der L. in den USA eine großangelegte deutschfeindliche Kampagne, die einen heftigen Notenwechsel

mit Berlin einleitete. Auseinandersetzungen zwischen Reichskanzler und Marineleitung führten im September 1915 zur Einschränkung des U-Boot-Kriegs gegen England.
C. Simpson: Die Lusitania, 1973. J. Miller: Der amerikanische Traum, 1983. Hickley und Smith: Lusitania, 1983. H. Diwald: Die Erben Poseidons, 1984. H. Wendig: Richtigstellungen zur Zeitgeschichte, Heft 1, 1989.

Luther, Hans, Dr. jur., Reichskanzler, * 10. 3. 1879 Berlin, † 11. 5. 1962 Düsseldorf. Der Kaufmannssohn und Jurist war ab 1907 Stadtrat in Magdeburg, 1913–1918 Geschäftsführer des Deutschen und Preußischen Städtetages, 1918–1922 Oberbürgermeister von Essen, ab Dezember 1922 Reichsminister für Landwirtschaft und Forsten und vom 6. 10. 1923 bis Januar 1924 Reichsfinanzminister. In dieser Zeit erfolgte die Stabilisierung der deutschen Währung durch Einführung der →Rentenmark. Von Januar 1925 bis Mai 1926 war der parteilose L. Reichskanzler einer bürgerlichen Rechtskoalition, sein Außenminister →Stresemann schloß die →Locarno-Verträge. L. mußte 1926 zurücktreten, weil sein Kabinett neben der schwarz-rot-goldenen Reichsflagge auch die schwarz-weiß-rote Handelsflagge eingeführt hatte. Er gründete 1928 zur Reichsreform den „Bund zur Erneuerung des Reiches". 1930–1933 war L. Reichsbankpräsident, anschließend bis März 1937 deutscher Botschafter in Washington. Ab 1952 Professor für Politikwissenschaft in München, wurde er 1953 Vorsitzender des Ausschusses zur Neugliederung der Bundesrepublik Deutschland, ab 1958 des →VDA. Er schrieb u. a. „Von Deutschlands eigentlicher Kraft" (1928), „Die Stabilisierung der deutschen Währung" (1928), „Politiker ohne Partei" (1960) und „Vor dem Abgrund 1930–33" (1964).
W. Hofmann: Zwischen Rathaus und Reichskanzlei, 1974.

Luther-Deutsche, ab 1938 Bezeichnung für die →Deutschen Christen unter Leitung von Pfarrer W. Petersmann.

Lutze, Viktor, Stabschef der SA, * 28. 12. 1890 Bevergern/Tecklenburg, † 2. 5. 1943 Potsdam. Ab 1912 Berufssoldat, nahm L. als Offizier am 1. Weltkrieg teil, trat 1922 in die →NSDAP ein und nahm mit →Schlageter 1923 am →Ruhrkampf teil. 1925 wurde er im Ruhrgebiet Gau-SA-Führer und stellvertretender Gauleiter, 1928 SA-Oberführer und 1930 MdR. 1933 wurde er SA-Obergruppenführer in Hannover, preußischer Staatsrat, im März 1933 kurzzeitig Polizeipräsident von Hannover, und war von 1933–1941 Oberpräsident der Provinz Hannover. Nach der Aktion gegen den Kreis um

→Röhm wurde L. am 1. 7. 1934 Stabschef der SA und Reichsleiter der NSDAP. Er starb bei einem Autounfall.

Luxemburg, Großherzogtum. Das vorwiegend von Moselfranken bewohnte L. (Lützelburg) stellte aus seinem Grafen- bzw. Herzoghaus bedeutende deutsche Könige und Kaiser (Heinrich VII., Karl IV., Sigismund u. a.) und war Teil des Reichs. 1684–1714 und 1797–1814 war es französisch besetzt. Ab 1815 wurde L. als Großherzogtum in Personalunion mit dem Königreich der Niederlande verbunden, blieb jedoch im Deutschen Bund. 1839 wurde die wallonische Westhälfte an Belgien abgetreten. Nach Auflösung des Deutschen Bundes 1866 blieb L., nun souverän, bis 1919 Mitglied des Deutschen Zollvereins (ab 1842). 1867 scheiterte ein Verkauf L.s an Frankreich auf Preußens Einspruch, L. wurde neutralisiert. Ab 1890 regieren die früheren Herzöge von Nassau. 1921 schloß es eine Wirtschaftsunion mit Belgien. Im 1. und 2. Weltkrieg war L. von deutschen Truppen besetzt. Am 30. 8. 1942 wurde L. als Teil des Moselgaues Koblenz-Trier in das Deutsche Reich eingegliedert. 1945 kehrten die 1940 nach London geflohene Großherzogin Charlotte und ihre Exilregierung zurück; danach begann eine schwere Zeit für die deutschbewußten Einwohner in L.
P. Weber: Geschichte des Luxemburger Landes, ³1948.

Luxemburg, Rosa, Dr. phil., Spartakistin und Kommunistin, * 5. 3. 1870 Zamosc/Polen, † 15. 1. 1919 Berlin. Aus einer jüdisch-polnischen Kaufmannsfamilie stammend, mußte L. als junge Sozialistin 1889 in die Schweiz emigrieren, wo sie studierte. Durch eine Scheinehe erhielt sie 1898 die deutsche Staatsangehörigkeit und kam nach Deutschland, wo sie als Journalistin den linken →SPD-Flügel unterstützte, ab 1907 als Lehrerin an der Berliner Parteischule der SPD. Am 20. 2. 1914 wurde sie wegen ihrer staatsgefährdenden Tätigkeit zu einem Jahr Gefängnis verurteilt, im 1. Weltkrieg weitere Male. Sie bekämpfte die Politik der SPD-Mehrheit, wandte sich scharf gegen die Kriegskredite und schrieb 1916 „Die Krise der deutschen Sozialdemokratie". Mit K. →Liebknecht gründete sie 1917 den radikalen →Spartakusbund. Am 9. 11. 1918 aus dem Gefängnis entlassen, wurde sie Gründerin und Redakteurin der „Roten Fahne", trat für ein →Rätesystem ein, verweigerte jede Zusammenarbeit mit der SPD und gründete die →KPD am 30. 12. 1918 mit, deren Programm sie entwarf. Im Kampf gegen die →Weimarer Nationalversammlung unterstützte sie den →Spartakusaufstand im Januar 1919 in Berlin, wurde Tage nach dessen Niederschlagung in Berlin entdeckt und beim Abtransport von Soldaten getötet. Im Januar 1988 wurde ihr von der Berliner CDU-

Regierung ein Denkmal in Westberlin gesetzt. P. Fröhlich: Rosa Luxemburg, ³1967. P. Nettl: Rosa Luxemburg, ²1968. E. Ettinger: Rosa Luxemburg, 1990.

M

Machtübernahme (Machtergreifung), Bezeichnung für den Regierungswechsel am 30. 1. 1933 in Deutschland. Nach dem Scheitern der Präsidialkabinette →Brüning, →Papen und →Schleicher ernannte Reichspräsident von →Hindenburg am 30. 1. 1933 Adolf →Hitler als den Führer der bereits seit 1932 stärksten Reichstagsfraktion zum Reichskanzler. In dem von Hitler gebildeten neunköpfigen „Kabinett der nationalen Konzentration" mit von Papen als Vizekanzler waren neben Hitler nur W. →Frick (Inneres) und H. →Göring (ohne Geschäftsbereich) als Nationalsozialisten vertreten.
G. Franz-Willing: 1933 – Die nationale Erhebung, 1982. F. von Papen: Der Wahrheit eine Gasse, 1952. H. Hauptmann: Die Jahre der Entscheidung, 1973. H. O. Meissner: 30. Januar 33, 1976. H. Höhne: Die Machtergreifung, 1983. K. Megerle: Die nationalsozialistische Machtergreifung, 1982. J. und R. Bedker (Hrsg.): Hitlers Machtergreifung 1933, 1983. K.-H. Jansen: Der 30. Januar, 1983.

Mackensen, August von (ab 1899), Generalfeldmarschall, * 6. 12. 1849 Haus Leipnitz/Wittenberg, † 8. 11. 1945 Burghorn/Celle. Als Leutnant nahm M. am Deutsch-Französischen Krieg 1870/71 teil, kam 1882 in den Generalstab, war Kriegsgeschichtslehrer Kaiser →Wilhelms II., wurde 1895 Flügeladjutant und 1901 Kommandeur der Leibhusarenbrigade. Ab 1908 befehligte er als Kommandierender General das XVII. Armeekorps in Danzig, das er 1914 bei →Tannenberg und an den →Masurischen Seen erfolgreich führte. Ab November war er Oberbefehlshaber der 9. Armee und kämpfte mit ihr bei →Lodz, dann war er Chef der 11. Armee, die bei →Gorlice-Tarnow im April 1915 durch die russische Front brach. Seit 22. 6. 1915 Generalfeldmarschall, befehligte er ab Juli 1915 die Heeresgruppe M. in Südpolen und führte sie ab September gegen Serbien, das er mit eroberte. Ab 1916 besetzte er mit ihr Rumänien, bis Januar 1917 auch die Walachei und die Dobrudscha. Seit Mai 1918 Militärbefehlshaber in Rumänien, wurde er bei Kriegsende auf dem Rückmarsch in Ungarn gefangengenommen, an die Franzosen ausgeliefert und bis November 1919 in Saloniki festgehalten. Als einer der volkstümlichsten Heerführer des 1. Weltkriegs unterstützte M. bis zu seinem Tode nationale Verbände, auch die →NSDAP.

Er schrieb „Briefe und Aufzeichnungen" (1938).
R. von Collenberg: Generalfeldmarschall von Mackensen, 1935. Luyken: Generalfeldmarschall von Mackensen, 1920. C. Lange: Generalfeldmarschall von Mackensen, 1939.

Madagaskar-Plan, vorgesehene Auswanderung von Juden aus Europa. Nach Ausbruch des 2. Weltkriegs griffen deutsche Dienststellen einen Plan aus französischen Regierungskreisen auf, europäische Juden nach Madagaskar umzusiedeln und somit die Spannungen zwischen Juden und Nichtjuden in Europa zu beenden. Frankreich sollte sich deshalb in einem deutsch-französischen Friedensvertrag dazu verpflichten, die Insel aus seinem Kolonialbesitz für diesen Zweck zur Verfügung zu stellen. Die Vorbereitungen für die Auswanderung wurden auf deutscher Seite 1941 eingestellt, da es während des Krieges keine Transportschiffe zur Durchführung dieses Planes gab.

Made in Germany, Herkunftskennzeichnung für deutsche Waren. Zum Schutz gegen die deutsche Konkurrenz und zur Abwertung deutscher Waren wurde 1887 durch englisches Gesetz die Bezeichnung M. auf allen deutschen, nach England eingeführten Waren angeordnet. Entgegen der britischen Absicht wurde das M. zu einem Qualitätszeichen und steigerte die deutsche Ausfuhr ins Ausland.

Madjarisierung, deutschfeindliche Nationalitätenpolitik in Ungarn vor 1914. Die seit vielen Jahrhunderten (ab 1150) im alten Ungarn siedelnden →Volksdeutschen waren seit dem ersten Drittel des 19. Jahrhunderts einer starken M. ausgesetzt. Schul-, Sprach- und Beamtengesetze drängten die deutsche Muttersprache in den großen deutschen Volksinseln stark zurück, für beruflichen Aufstieg sollte die M. des Namens und die Aufgabe der deutschen Sprache Voraussetzung werden. Nur die Mehrheit der →Siebenbürger Sachsen konnte dem M.-Druck widerstehen. Durch die M. wurden viele Hunderttausend Volksdeutsche von ihrer Kulturgemeinschaft getrennt.

Mädellanddienst, Einsatz im Rahmen der HJ. Der M. diente im Rahmen des →Landdienstes

der →HJ zur Behebung des Landarbeiterin-
nenmangels und zur hauswirtschaftlichen Ertüchtigung der Stadtjugend. Die 14- bis 25jähri-
gen Teilnehmerinnen halfen ein Jahr lang einzeln oder in Gruppen bei Bauern. Diese Tätigkeit wurde auf die ländliche →Hausarbeits-
lehre angerechnet. Ab 1939 wurde der M. vor
allem in den →Ostgebieten und im →General-
gouvernement abgeleistet.

H. Fritsch: Land, mein Land, 1986. J. Rüdiger: Die Hitler-Jugend und ihr Selbstverständnis im Spiegel ihrer
Aufgabengebiete, 1983.

Mährischer Ausgleich, gesetzliche Regelung
der Sprachen- und Nationalitätenfrage in Mähren vom 16. November 1905. Aufgrund des M.
wurde die Amtssprache von den Gemeindever-
tretungen nach der Muttersprache der Bevölkerungsmehrheit festgesetzt, dabei aber die andere Landessprache berücksichtigt. Die Schul-
verwaltung wurde national getrennt, bei einer
Mindestschülerzahl die Voraussetzung für eine
Schule in der eigenen Muttersprache geschaffen. Das Gesetz sollte nach und nach in allen
gemischtsprachigen Gebieten Österreich-
Ungarns eingeführt werden. Der Ausbruch des
1. Weltkrieges verhinderte das.

A. von Skene: Der Mährische Ausgleich, 1930. H.
Glassl: Der Mährische Ausgleich, 1967.

Maercker, Georg, Generalmajor und Freikorpsführer, * 21. 9. 1865 Baldenburg, † 31. 12.
1924 Dresden. Nach Generalstabs- und Kolo-
nialtätigkeit führte M. im 1. Weltkrieg eine
Division. Im Dezember 1918 stellte er in Westfalen ein →Freikorps, das Freiwillige Landesjägerkorps („Landesjägerkorps Maercker") auf,
mit dem er Anfang 1919 die kommunistischen
Aufstände in Mitteldeutschland niederwarf,
insbesondere in Weimar die Tagungen der
→Nationalversammlung sicherte, am 1. 3. 1919
Halle und am 11. 5. 1919 Leipzig befreite. Nach
dem →Kapp-Putsch beseitigte er im März 1920
als Befehlshaber des Wehrkreises IV mit seinen
Truppen erneut die kommunistische Herrschaft in Leipzig. Im Juni 1920 wurde er mit seinem Freikorps in die →Reichswehr überführt.
Er schrieb „Vom Kaiserheer zur Reichswehr"
(1921).

F. W. von Oertzen: Die deutschen Freikorps, 1918–1923,
³1938. H. Schulze: Freikorps und Republik 1918–20,
1969. D. Venner: Söldner ohne Sold, 1975.

Märzgefallene, abwertende Bezeichnung für
die im März 1933 der NSDAP beigetretenen
Mitglieder. Da nach der →Machtübernahme
ein Eintritt in die →NSDAP vielfach aus
Opportunismus beantragt wurde, war der Ausdruck M. gleichbedeutend für Mitläufer und
„Revolutionsschmarotzer". Ursprünglich wur-

den mit M. die am 18./19. 3. 1848 in Berlin bei
den Unruhen erschossenen Aufständischen
bezeichnet, später auch die sudetendeutschen
Toten, die am 4. 3. 1919 im Sudetenland bei
friedlichen Demonstrationen für ihr Selbstbestimmungsrecht von tschechischem Militär
erschossen worden waren.

Maginot-Linie, französische Verteidigungsbe-
festigungen gegen Deutschland. Auf Betreiben
des französischen Marschalls →Pétain wurde
ab 1929 die nach dem französischen Kriegsminister Maginot (1877–1932) benannte Verteidigungslinie gegen Deutschland von Belfort über
Straßburg bis Longwy-Montmédy gebaut. Sie
war im wesentlichen 1932 fertig und bestand
aus einer teilweise mehrere Kilometer tiefen
Zone von Befestigungswerken und Hindernis-
sen mit den stärksten Werken gegenüber der
Pfalz und dem Saargebiet. Die Fortsetzung bildete im Norden die weniger starke →Daladier-
Linie gegenüber der belgischen Grenze. Die
M. hatte rund drei Milliarden Franc gekostet
und besaß 39 Wehrgruppen, 70 Bunker, 500 Ar-
tillerie- und Infanterieblöcke sowie 500 Kase-
matten, galt als uneinnehmbar und hatte
Frankreich in Verbindung mit den belgischen
und holländischen Verteidigungslinien ein (un-
berechtigtes) Gefühl der Sicherheit gegeben.
Im 2. Weltkrieg wurde die M. im Norden umgangen und nach den deutschen Hauptschlä-
gen gegen die französisch-britischen Truppen
am 15. 6. 1940 von deutschen Panzerverbänden
der Heeresgruppe C südlich von Saarbrücken
frontal durchbrochen. Ab 16. 6. 1940 wurde die
M. im →Frankreichfeldzug auch bei Kolmar
von der 7. Armee unter Generaloberst Doll-
mann durchstoßen. Die stark demoralisierten
Verteidiger, auch von Westen bedroht, gaben
dann die M. auf und zogen ins Rhonetal ab.

E. Anthérieu: Grandeur et sacrifice de la ligne Maginot,
1962. A. Beaufre: Le drame de 1940, 1965. J. B. Wahl:
Die Maginot-Linie im Elsaß, 1989.

Mahraun, Arthur, Hochmeister des Jungdeutschen Ordens, * 30. 12. 1890 Kassel, † 27. 3.
1950 Gütersloh. Der Beamtensohn ging 1908
zum Heer und war Offizier im 1. Weltkrieg. Am
10. 1. 1919 gründete er zur Abwehr linker Um-
sturzbestrebungen das →Freikorps „Offizierskompanie Kassel", das er am 17. 3. 1920 nach
dem →Kapp-Putsch in den von ihm gegründeten →Jungdeutschen Orden überführte. Dieser nationale Verband, den M. als „Hochmeister" führte, hatte 1925–1929 rund 200000 Angehörige und war, von der Jugendbewegung
beeinflußt, dem Deutschen Ritterorden nachempfunden. 1928 bildete M. mit christlichen
Gewerkschaftern die „Volksnationale Reichs-

vereinigung" gegen den Einfluß der Parteien und zur Stärkung der Regierung. 1930 gehörte M. vorübergehend der →Deutschen Staatspartei an. Der Jungdeutsche Orden wurde 1933 aufgelöst, Mahraun vorübergehend inhaftiert. Nach 1945 arbeitete M. sozialreformerisch für „Nachbarschaften". Er schrieb u. a. „Über die Einführung der allgemeinen gleichen Arbeitsdienstpflicht" (1924), „Das jungdeutsche Manifest" (^{2}1928), „Die neue Front" (1928), „Der Aufbruch" (1930) und „Der redliche Rebell" (1950).
R. Höhn: Arthur Mahraun, der Wegweiser zur Nation, 1929. K. Hornung: Der jungdeutsche Orden, 1958. A. Kessler: Der jungdeutsche Orden in den Jahren der Entscheidung, 1974.

Maid, Kurzform für →Arbeitsmaid.

Maifeiertag, Tag der nationalen Arbeit im 3. Reich. Der ursprünglich sozialistische Tag der Arbeiterbewegung wurde 1933 als „Tag der nationalen Arbeit" in Deutschland zum gesetzlichen Staatsfeiertag erklärt, mit Massenkundgebungen gefeiert und von „Betriebsführer und Gefolgschaft" gemeinsam begangen. Später wurde der M. in „Nationaler Feiertag des deutschen Volkes" umbenannt, an dem die Verbundenheit der deutschen →Volksgemeinschaft Ausdruck finden sollte. Im Kriege, vor allem ab 1942, wurden die Feiern am M. weitgehend eingestellt.

„Mainau", Deckname für einen deutschen Agenteneinsatz in Irland 1940. Am 5. 5. 1940 wurde im Auftrag der deutschen Abwehr Hauptmann Görtz von einer He 111 über Irland abgesetzt. Er sollte Verbindung zur Irischen Republikanischen Armee (IRA) aufnehmen und mit ihrer Hilfe die Trennung von Nordirland und Großbritannien anstreben.
E. Stephan: Geheimauftrag Irland, 1961.

Majdanek, deutsches →Konzentrationslager.

Malmedy, deutsches Grenzland im Westen. Das seit karolingischer Zeit zum Deutschen Reich gehörende, nur im Westteil von Wallonen bewohnte Gebiet um Malmedy kam 1815 zu Preußen, wurde im →Versailler Diktat zum „Abstimmungsgebiet" erklärt und fiel nach einer →Abstimmungsfarce vom 24. 7. 1920 an Belgien. Rückgliederungsverhandlungen →Stresemanns mit Belgien scheiterten 1926 am französischen Einspruch. Die für den Anschluß an das Deutsche Reich eintretende „Heimattreue Front" erhielt 1936 die Mehrheit der Stimmen in M. Am 18. 5. 1940 wurde M. wieder Teil Deutschlands, 1945 Teil Belgiens.

Die Bundesregierung erkannte diese Abtretung am 24. 9. 1956 in einem Grenzvertrag an, der Bundestag stimmte ihm am 6. 8. 1958 zu, ohne daß Minderheitenschutzregelungen für die Deutschen in M. vereinbart worden waren. Allerdings hat sich die Situation der Deutschen in M. einige Zeit später gebessert, der Gebrauch ihrer Sprache ist ungehindert möglich.
R. Kosiek: Deutsches Land in fremder Hand, 1982. P. Nasarski: Wege und Wandlungen, Bd. 1, 1981. G. Brugger: Die deutsche Volksgruppe in Belgien, 1969. T. Kraus: Eupen – Malmedy – St. Vith, 1934. K. L. Kaufmann: Der Grenzkreis Malmedy, ^{2}1963.

Malmedy-Prozeß, US-Militärprozeß gegen Angehörige der Waffen-SS. Am 17. 12. 1944 hatten bei einem Vorstoß im Rahmen der →Ardennen-Offensive fünf Panzer der 1. SS-Panzerdivision unter SS-Standartenführer Joachim →Peiper bei Malmedy eine rund 200 Mann starke US-Einheit gefangengenommen und waren dann weitergefahren. Als diese US-Einheit dann die Waffen wieder aufnahm und die nachfolgenden deutschen Truppen beschoß, wurden im Kampf 71 US-Soldaten getötet. Wegen dieses angeblichen Mordes an „Hunderten" von US-Soldaten wurden nach Kriegsende 1100 Angehörige der Panzergruppe Peiper in die US-Haftanstalt Schwäbisch Hall eingeliefert und grausam mißhandelt, wodurch falsche Aussagen erpreßt wurden. Im M. vom 16. 5. bis 16. 7. 1946 in Dachau gegen 73 SS-Männer wurden, obwohl die Angeklagten ihre erpreßten Aussagen dann zurücknahmen und keine weiteren Belastungsbeweise vorlagen, am 16. 7. 1946 43 Angeklagte zum Tode, 22 zu lebenslänglicher und zahlreiche andere zu zehn bis 20 Jahren Haft verurteilt. Deutsche Stellen und der US-Verteidiger W. M. Everett erreichten zunächst eine Aufschiebung der schon befohlenen Hinrichtung, dann eine mehrfache Abmilderung und – nach Untersuchung einer Kommission des US-Senats – eine Aufhebung zahlreicher Urteile. 1951 wurden die restlichen sechs Todesurteile in lebenslängliche Haft umgewandelt, später weitere 31 Strafen herabgesetzt. Der Hauptangeklagte SS-Standartenführer Peiper, zunächst zum Tode verurteilt, wurde Ende 1956 entlassen. Er ließ sich 1970 in Traves (Französischer Jura) nieder, wo er nach Morddrohungen und einer Pressekampagne am 13. 7. 1976 bei einer politischen Brandstiftung in seinem Haus ums Leben kam. Der M. ging als Beispiel grausamster und alle Rechte verletzender Siegerjustiz in die Geschichte ein.
E. Kern: Von Versailles bis Nürnberg, 1967. R. Aschenauer: Der Malmedy-Fall, 1953. L. Greil: Die Wahrheit über Malmedy. K. W. Hammerstein: Landsberg, Henker des Rechts.

271

Mandatsgebiete, Deutschland (und der Türkei), 1919 im Diktat von →Versailles (Sèvres, Lausanne) abgenommene Gebiete in Übersee. Um den Raub der deutschen Kolonien zu verdecken, wurden diese Gebiete einer Mandatsmacht übertragen. Die M. wurden in drei Klassen eingeteilt. Die A-Mandate entsprachen etwa Protektoraten und umfaßten die türkischen Abtretungen. Die B-Mandate erlaubten dem Mandatar volle Verwaltung und Ausbeutung, darunter fielen →Deutsch-Ostafrika (an England und Belgien), →Kamerun (an Frankreich und England), →Togo (an Frankreich und England). Die C-Mandate durften wie eigenes Staatsgebiet verwaltet, aber nicht einverleibt werden, so →Deutsch-Südwestafrika (Südafrikanische Union), →Samoa (Neuseeland), →Karolinen-, Marianen-, →Palau- und Marshall-Inseln (Japan), →Neuguinea und die übrigen Südsee-Inseln (Australien). Die Aufsicht des Völkerbundes über die Mandatare wurde nie eingehalten oder durchgesetzt. Das Mandatssystem wurde am 18. 4. 1946 beendet.
H. Schnee: Die deutschen Kolonien unter fremder Mandatsherrschaft, 1922. Von Freytagh-Loringhoven: Das Mandatsrecht in den deutschen Kolonien, 1938. Pahl: Das völkerrechtliche Kolonialmandat, 1929. H. Schnee: Die koloniale Schuldlüge, ¹²1940. W. Schneider: Das völkerrechtliche Mandat, 1926. H. Roth: Das Kontrollsystem der Völkerbundmandate, 1930.

Mannerheim, Carl Gustav Freiherr von, finnischer Generalfeldmarschall und Politiker, * 4. 6. 1867 Villnäs/Turku, † 27. 1. 1951 Lausanne. Im 1. Weltkrieg kämpfte M. als russischer Reitergeneral bis 1917. Dann schlug er als Oberbefehlshaber der finnischen „Weißen Armee" 1917/18 mit deutscher Hilfe unter General Graf von der →Goltz die Bolschewisten in Finnland (finnische „Rote Armee") und setzte als Reichsverweser 1918/19 die Unabhängigkeit Finnlands von Rußland durch. Als Generalfeldmarschall befehligte M. im finnisch-sowjetischen Winterkrieg 1939/40 und wieder 1941–1944 die finnischen Truppen gegen Rußland, mit dem er als Staatspräsident (1944–1946) am 1. 9. 1944 Waffenstillstand schloß. Er schrieb „Erinnerungen" (1952) und „Across Asia from West to East", 2 Bände, 1940. Nach M. war die befestigte M.-Linie an der Südostgrenze Finnlands gegen Rußland benannt.
S. Jägerskiöld: Mannerheim 1867–1951, 1985.

Manstein, Erich von, Generalfeldmarschall, * 24. 11. 1887 Berlin, † 10. 6. 1973 Irschenhausen/Isartal. Der Sohn des preußischen Generals der Artillerie von Lewinski wurde von seinem Onkel von M. adoptiert, im preußischen Kadettenkorps erzogen und 1906 Offizier. Im 1. Weltkrieg wurde er in Generalstabsstellungen, danach im Reichswehrministerium verwendet. 1934 war er als Oberst Chef des Stabes im Wehrkreis Berlin, 1935–1938 Chef der Operationsabteilung im Generalstab des Heeres, dann Oberquartiermeister im Generalstab des Heeres, danach als Generalmajor Kommandeur einer Division in Schlesien. Im November 1939 entwickelte M. den Plan (→„Sichelschnitt"), im →Westfeldzug die französische Nordarmee und das britische Expeditionskorps durch den Vorstoß von Panzerkräften zum Kanal abzuschneiden und einzukesseln; er setzte sich damit gegen das Oberkommando des Heeres durch. 1940 überschritt er mit seinem XXXVIII. Armeekorps die Seine und erhielt dafür das →Ritterkreuz. Unmittelbar nach Beginn des →Rußlandfeldzugs durchstieß M. mit seinen Truppen das Baltikum und erreichte →Leningrad, übernahm aber am 2. 9. 1941 den Befehl über die im Südabschnitt der Ostfront operierende 11. Armee und hatte 1942–1944 den Oberbefehl über die Heeresgruppe Süd. Im Kampf um die Halbinsel →Krim, die im Juli 1942 mit der Eroberung der Festung →Sewastopol abgeschlossen wurde, machte er in zehn Monaten 430000 sowjetische Gefangene und wurde dafür zum Generalfeldmarschall befördert. Nach der deutschen Niederlage in →Stalingrad verhinderte er 1943/44 den Zusammenbruch der Südfront durch eine bewegliche Kampfführung. Am 30. 3. 1944 wurde der mit den →Schwertern ausgezeichnete Generalfeldmarschall zur Führerreserve versetzt. Am 19. 12. 1949 verurteilten ihn die Engländer zu 18 Jahren Haft, wogegen es in beiden Häusern des englischen Parlaments Proteste gab, 1953 wurde M. wegen schlechter Gesundheit bedingt aus dem Zuchthaus Werl entlassen. M. galt als der beste operative Kopf des deutschen Heeres und als einer der hervorragendsten Heerführer des 2. Weltkrieges. Er schrieb „Verlorene Siege" (1955) und „Aus einem Soldatenleben 1887–1939" (1958).
A. Hillgruber: Nie außer Dienst, 1967. R. von Manstein und Th. Fuchs: Soldat im 20. Jahrhundert, ²1983. G. Sudholt: Deutsche Annalen 1974, 1974.

Mantelnote, im allgemeinen im diplomatischen Schriftverkehr eine Note, die mehrere andere vereinigt und inhaltlich zusammenfaßt; im besonderen die M. vom 16. 6. 1919 der „alliierten und assoziierten Mächte" aus Versailles als Antwort auf die deutsche Stellungnahme zum →Versailler Diktat. In dieser M. werden fast alle deutschen Proteste zurückgewiesen und nur einige wenige Zugeständnisse gemacht. Vor allem wird weiterhin die deutsche Schuld am 1. Weltkrieg behauptet und die Fortsetzung der →Hungerblockade angedroht.

Der Inhalt der langen M. umfaßt rund 80 Druckseiten.

W. Rauscher (Hrsg.): Antwort der alliierten und assoziierten Mächte, 1919.

Manteuffel, Hasso von, General der Panzertruppen, * 14. 1. 1897 Potsdam, † 24. 9. 1978 Reith/Tirol. Der Offizierssohn wurde Kadett, dann Zietenhusar, im 1. Weltkrieg 1916 Leutnant und war dann →Freikorpskämpfer. Im Herbst 1919 trat er als Leutnant der →Reichswehr bei. Der Renn- und Sportreiter wurde am 1. 4. 1934 Rittmeister und kam danach zur Panzertruppe. Als Major wurde er 1938 Referent für die Motorisierung beim Oberkommando der Wehrmacht. Von 1939–1941 war er Kommandeur des Lehrstabes der Panzerschule II in Krampnitz/Potsdam und lehrte dort die neue Panzerkampf-Taktik. Ab 1. 5. 1941 war er Bataillonsführer, ab 25. 8. 1941 Kommandeur des Schützenregiments 6 der 7. Panzerdivision und zeichnete sich im Osten aus, so am 6. 10. 1941 bei der Eroberung von →Wjasma und der Schließung des Kessels im Raum Wjasma-Brjansk. Für handstreichartige Erfolge erhielt er am 31. 12. 1941 das →Ritterkreuz und wurde Oberst. Als Generalmajor führte er von November 1942 bis Mai 1943 die „Division von Manteuffel" in Tunesien, ab 1. 8. 1943 wieder die 7. Panzerdivision im Osten. Für die Wiedereroberung von Schitomir erhielt er am 23. 11. 1943 das →Eichenlaub. Ab 1. 2. 1944 war er Generalleutnant und Kommandeur der Division „Großdeutschland". Am 22. 2. 1944 wurde er für die Schlacht bei Korosten mit den →Schwertern ausgezeichnet. Als General der Panzertruppen erhielt er im September 1944 die Führung der 5. Panzerarmee im Westen, die er in der →Ardennenschlacht führte. Für seine Verdienste bei diesem Angriff erhielt er am 18. 2. 1945 die →Brillanten. Im März 1945 verteidigte er mit der 3. Panzerarmee die Oderfront und führte dann seine 300 000 Mann starke Truppe zum größten Teil durch Mecklenburg zu den Engländern, bei denen er zwei Jahre in Gefangenschaft war. Er war dann in der Industrie tätig, trat der FDP bei und war 1953–1957 deren MdB. In einem Schwurgerichtsprozeß vom 17. bis 21. 8. 1959 wurde er in Düsseldorf wegen Totschlags zu 18 Monaten Gefängnis verurteilt, weil er im Januar 1944 einen auf Feldwache pflichtvergessenen Soldaten hatte erschießen lassen, wurde aber nach zwei Monaten Haft freigelassen. Anschließend wurde M. mehrfach in die USA zu Vorträgen eingeladen, auch an die Militärakademie Westpoint und zu Eisenhower und Montgomery persönlich.

G. Fraschka: Mit Schwertern und Brillanten, 1977. J. von Schaulen: Hasso von Manteuffel, 1983.

Mantey, Eberhard von, Vizeadmiral, * 15. 8. 1869 Herbsfeld, † 7. 12. 1940 Berlin. Im 1. Weltkrieg war M. Kommandant eines Linienschiffs, später Abteilungchef im Admiralstab. 1919 gründete er das Marine-Archiv, dem er bis 1934 vorstand, und war Leiter der amtlichen Seekriegsgeschichtsschreibung („Der Krieg zur See 1914–18", 13 Bände, 1919–1933; „Hilfskreuzer", 1936). Er schrieb „Seeschlachten-Atlas" (1928) sowie „Unsere Kriegsmarine" (1934) und gab „Auf See unbesiegt" (2 Bände, 1925) sowie „Unsere Marine im Weltkrieg" (1927) heraus.

Maquis, französische Untergrundbewegung im 2. Weltkrieg. Nach M., der französischen Bezeichnung für Buschwald, wurde die Partisanenbewegung (→Résistance) gegen die deutsche Besatzungsmacht in Frankreich 1940–1945 wegen ihrer verdeckten Kampfführung genannt, ihre Angehörigen hießen Maquisards. Sie wurden teilweise von den Westalliierten aus der Luft versorgt. Die vor allem kommunistische M. schreckte dabei vor grausamen Methoden und Morden, wie beispielsweise in →Oradour und Tulle, nicht zurück. Anhänger der M. waren ab 1944 maßgebend an sogenannten Vergeltungsmaßnahmen (Puration) gegen die →„Kollaborateure" beteiligt, wobei in Frankreich über 100 000 Menschen ermordet wurden.

P. Pringet: Die Kollaboration, 1981. P. Serant: Die politischen Säuberungen in Westeuropa, 1963. O. Abetz: Das offene Problem, 1951. H. Taege: Wo ist Kain? ²1985. H. Taege: Wo ist Abel? 1985. G. Millar: Maquis, 1950.

Marburger Blutmontag, Erschießung Deutscher in Marburg/Drau 1919. Wie die Kärntner wollten die rund 70 000 deutschen Untersteirer 1919 ihren Willen, bei Österreich zu bleiben, durch eine Volksabstimmung ausdrücken. Für den angekündigten Besuch von Oberstleutnant Miles, dem Leiter einer internationalen Kommission und Abgesandten von US-Präsident Wilson, war am Montag, 27. 1. 1919, die von rund 35 000 Deutschen (80% der Bevölkerung) bewohnte Stadt Marburg an der Drau festlich beflaggt. Mit Musikkapellen erwartete die deutsche Bevölkerung die Kommission. Um das Bekenntnis der Deutschen zu verhindern, ließ General Maister vor dem Eintreffen der Amerikaner seine südslawischen Truppen in die friedliche Menge feuern, wobei es 13 tote Männer und Frauen sowie 60 Verwundete gab, bevor die Menschen auseinanderflüchten konnten. Marburg mit der →Untersteiermark wurde dann ohne Volksabstimmung abgetrennt und dem neuen Jugoslawien zugeschlagen.

March, Werner, Professor, Architekt, * 17. 1. 1894 Berlin, † 11. 1. 1976 Berlin. M. erhielt 1925 den 1. Preis im Wettbewerb um die Ausgestaltung des Deutschen Sportforums und baute 1933–1936 die großzügige, weltweit bewunderte Anlage des →Reichssportfeldes wie das →Olympische Dorf für die →Olympiade 1936 in Berlin, wofür er 1936 die Olympische Goldene und Silberne Medaille für Städtebau und Architektur erhielt. 1933 schuf er Hermann →Görings Jagdhaus Karinhall. 1953–1962 war M. Professor für Städtebau und Siedlungswesen an der TH Berlin. Er schrieb u. a. „Bauwerk Reichssportfeld" (1936).

Marianen, ehemaliges deutsches Schutzgebiet. Die M. (Diebsinseln), 15 größere Inseln Mikronesiens mit 1180 km^2 und (1890) rund 10000 Einwohnern, wurden außer dem an die USA gefallenen Guam 1899 von Spanien an das Deutsche Reich verkauft. Sie wurden →Deutsch-Neuguinea angegliedert, Bezirksamtssitz war die Karolineninsel Jap. Im Oktober 1914 besetzten die Japaner die M., die ihnen im →Versailler Diktat als Völkerbundsmandat (ab 1920) zugesprochen wurden.
S. von Prowazek: Die deutschen Marianen, 1913. K. Graudenz, H. M. Schindler: Die deutschen Kolonien, 1982. J. Schultz-Naumann: Unter Kaisers Flagge, 1985.

Maria-Theresien-Orden, österreichischer militärischer Orden. Der von Kaiserin Maria Theresia 1757 gestiftete höchste österreichische Militärorden bis 1919 besaß drei Klassen (Großkreuz, Kommandeur, Ritter) und verlieh den erblichen Freiherrnstand.

Marineakademie, Hochschule der Kriegsmarine in Kiel, insbesondere zur Ausbildung von Seeoffizieren für den Admiralstabsdienst und die höhere Führung.

Marineehrenmal, Denkmal für gefallene Angehörige der Kriegsmarine. Das M. besteht aus einem 85 m hohen Turm bei Laboe an der Kieler Förde, der dem Vordersteven eines Schiffes nachempfunden ist. Das eindrucksvolle M. wurde 1927–1936 von G. A. Munzer errichtet und hat einen unterirdischen Weiheraum für Kränze und Fahnen sowie ein Schiffahrtsmuseum in einem Neubau. In der Nähe liegt das U-Boot-Ehrenmal Möltenort, das 1926/1938 gebaut wurde. Beide Denkmäler wurden für die Ehrung der Gefallenen des 2. Weltkriegs ergänzt.

Marinehelfer, Bezeichnung für die ab 1943 bei der Marineflak eingesetzten Schüler, die wie →Luftwaffenhelfer im Rahmen der Reichsverteidigung eingezogen worden waren. Die M. wurden allgemein auch als →Flakhelfer, die Nachrichtenhelferinnen bei der Marine als M.innen bezeichnet.

Marine-HJ, Sondereinheit der →HJ zur sportlichen Ertüchtigung und technischen Vorbildung angehender Seeleute. Führernachwuchslehrgänge für die M. wurden auf den Reichsseesportschulen durchgeführt. Im Kriege diente sie der Vorbereitung zum Eintritt in die Marine. Im Gebiet Nordsee umfaßte die M. rund 6000 Angehörige.
E. Blohm: Hitlerjugend soziale Tatgemeinschaft, ^{2}1979. H. W. Koch: Geschichte der Hitler-Jugend, 1975. H. Chr. Brandenburg: Die Geschichte der HJ, 1968.

Marinekabinett, Marinebehörde 1889–1918. Entsprechend dem →Militärkabinett unterstand das M. dem Kaiser direkt und regelte Personal- und andere Fragen der Marine. Chef des M. war bis 1908 Admiral G. von Senden-Bibran, dann Admiral G. A. von Müller. Diese nur in Deutschland vorhandene Behörde bewirkte eine eigene Marinepolitik neben der der Reichsregierung.
W. Hubatsch: Der Admiralstab, 1958.

Marinekorps, Marineeinheit im 1. Weltkrieg. Das M. bildete 1914–1918 den rechten Flügel der deutschen Westfront und verteidigte insbesondere die flandrische Küste. Es umfaßte drei Marinedivisionen und besaß leichte Seestreitkräfte mit Torpedo- und U-Booten. Führer des M. im 1. Weltkrieg war Admiral von →Schroeder.

Marineschule, Ausbildungsstätte der Kriegsmarine. An der M. Flensburg-Mürwik wurde vor allem der Offiziersnachwuchs für die Kriegsmarine ausgebildet. In der M. hatte die letzte deutsche Reichsregierung unter Reichspräsident und Großadmiral Karl →Dönitz ihren Sitz im Mai 1945.

„Marita", Deckname für den deutschen Angriff auf Griechenland im →Balkanfeldzug. Auf Grund von A. →Hitlers →Weisung Nr. 25 vom 27. 3. 1941 sollte gleichzeitig mit dem Einmarsch in Jugoslawien die „Operation M.", der Angriff gegen Griechenland, mit dem zunächst beschränkten Ziel beginnen, „das Bekken von Saloniki in Besitz zu nehmen und auf dem Höhengelände von Edessa Fuß zu fassen". Der Griechenland-Feldzug begann am 6. 4. 1941 und wurde nach A. Hitlers Weisung Nr. 27 vom 13. 4. 1941 fortgesetzt. Am 29. 4. 1941 war ganz Griechenland von deutschen Truppen besetzt.

Militärgeschichtliches Forschungsamt (Hrsg.): Beiträge zur Militär- und Kriegsgeschichte, Bd., 14, Zwischenspiel auf dem Balkan, 1973. Militärgeschichtliches Forschungsamt (Hrsg.): Das Deutsche Reich und der Zweite Weltkrieg, Bd. 3, 1984. W. Hubatsch: Hitlers Weisungen für die Kriegführung 1939–1945, ²1983.

Marneschlacht, Schlacht in Frankreich vom 5. bis 12. 9. 1914. Die zu Beginn des 1. Weltkrieges in Frankreich vorrückenden deutschen 1. bis 5. Armeen hatten am 4. 9. 1914 eine Linie zwischen Paris und Verdun erreicht. Am 5. 9. stieß das deutsche IV. Reservekorps in die sich zum Angriff bereitstellende französische 6. Armee hinein und brachte sie in der Schlacht am Ourcq am 9. 9. durch Umfassung an den Rand einer Niederlage. Jedoch entstand durch abgezogene deutsche Truppen eine nur schwach gedeckte 40 km lange Frontlücke. Es bestand die Gefahr, daß hier englische Verbände vorstoßen und die vor Paris stehenden deutschen Truppen abschneiden könnten. In dieser noch für die Deutschen günstigen Lage sandte die Oberste Heeresleitung am 9. 9. 1914 Oberstleutnant R. →Hentsch an die Front, der den Rückzug der deutschen Armeen befahl, weil er glaubte, nur dadurch die Umfassung der deutschen 1. Armee vor Paris verhindern zu können. So wurde der deutsche Angriff abgebrochen, und es begann der jahrelange zermürbende Stellungskrieg. Daran schloß sich eine bis heute nicht beendete Diskussion darüber an, ob die Weisungen von Hentsch gerechtfertigt waren oder nicht.
A. von Kluck: Der Marsch auf Paris und die Marneschlacht 1914, 1920. Müller-Loebnitz: Die Sendung des Oberstleutnants Hentsch, ²1922. W. Paul: Entscheidung im September, 1975. H. Stegemann: Geschichte des Krieges, Bd. 1, 1917. H. von Kuhl: Der Marnefeldzug 1914, 1921. G. Bernd: Die Preußen kommen, 1964. E. Bircher: Die Krisis in der Marneschlacht, 1927. S. Haffner und W. Venohr: Das Wunder an der Marne, 1982. K. Bartz: Die Deutschen vor Paris, 1934.

Marneschlacht, 2., Angriffsschlacht in Frankreich 1918. Vom 15. bis 17. 7. 1918 überschritten die deutschen Truppen in der Angriffsschlacht an der Marne und in der Champagne zum zweitenmal die Marne. Nach dem französischen Gegenstoß am 18. 7. 1918 mußte der Rückzug auf die Veslo angetreten werden.
H. Stegemann: Geschichte des Krieges, Bd. 4, 1921.

Marokko-Abkommen, Regelung über Marokko 1909. Am 9. 2. 1909 wurde in Berlin, insbesondere auf Wunsch Kaiser →Wilhelms II. und gegen den Willen Reichskanzler von →Bülows das M. abgeschlossen. Darin wurden angesichts deutscher wirtschaftlicher Interessen in Marokko die Abmachungen der →Algeciras-Akte über die wirtschaftliche Gleichbe-

rechtigung der Nationen genauer geregelt, wobei Frankreich eine politische Vorrangstellung erhielt. Das deutsche Entgegenkommen gegenüber Frankreich beseitigte zunächst die deutsch-französischen Reibungen, die sich später zur 2. →Marokko-Krise wieder zuspitzten.

Marokko-Kongo-Abkommen, deutsch-französischer Vertrag zur Beilegung der 2. →Marokko-Krise. Am 4. 11. 1911 schlossen nach langwierigen Verhandlungen Deutschland und Frankreich in Berlin das M., das die 2. Marokko-Krise beendete. Darin erkannte Deutschland die französische Vorherrschaft (Protektorat) mit französischer militärischer Besetzung über Marokko endgültig an, wobei die Handelsfreiheit aller Nationen in Marokko erhalten und insbesondere die Rechte der deutschen Bergbaufirmen bestehen bleiben sollten. Dafür trat Frankreich Teile seiner →Kongokolonie im Osten und Süden →Kameruns an Deutschland ab.

Marokko-Krisen, internationale Krisen wegen Frankreichs Vorgehen in Marokko 1905 und 1911. Als Frankreich sich am 8. 4. 1904 von England im Rahmen der „→Entente cordiale" eine Schutzherrschaft über Marokko hatte bestätigen lassen, verstärkte es seinen politischen Einfluß auf das Land, wogegen Deutschland wegen seiner wirtschaftlichen Interessen widersprach. Um das Deutschland auf Grund des Marokko-Abkommens von 1880 zukommende Mitspracherecht zu unterstreichen und deutsche Investitionsfirmen (Krupp, Mannesmann) zu unterstützen, besuchte Kaiser →Wilhelm II. auf Drängen Reichskanzler von →Bülows am 31. 3. 1905 den Sultan von Tanger. Die dadurch ausgelöste 1. M. wurde durch die vor allem von Deutschland angeregte internationale →Algeciras-Konferenz vom 16. 1. bis 7. 4. 1906 beigelegt, auf der Frankreich seine Vormachtstellung in Marokko weitgehend durchsetzen konnte und Deutschland isoliert blieb. Die Algeciras-Akte wurde 1909 durch das →Marokko-Abkommen ergänzt. Da Frankreich weiter deutsche Handelsbeziehungen behinderte und im April 1911 Fes und Rabat besetzt hatte, kam es zur 2. M., als das deutsche Kanonenboot „Panther" (→Panthersprung) am 1. 7. 1911 in Agadir landete. Diese 2. M. wurde durch das →Marokko-Kongo-Abkommen vom 4. 11. 1911 beigelegt, worin Deutschland teilweise seine Kompensationsforderungen für Frankreichs Durchsetzung seiner Ansprüche in Marokko verwirklichen konnte. Entgegen deutschen Erwartungen verbanden die M. Frankreich und England noch enger und isolierten Deutschland in Europa.

Hartung: Die Marokkokrise des Jahres 1911, 1927.
Diercks: Die Marokkofrage, 1906.

Marschall, Wilhelm, Generaladmiral, * 30. 9.
1886 Augsburg, † 21. 3. 1976 Mölln/Holstein.
Seit 1906 bei der Marine, diente M. im 1. Weltkrieg auf dem Linienschiff „Kronprinz" und
wurde nach Besuch der U-Boot-Schule Kommandant der U-Boote UC 74 und UB 105, mit
denen er im Mittelmeer 43 Handelsschiffe mit
120000 BRT versenkte. Nach dem 1. Weltkrieg
war er in der Reichsmarine, 1934–1936 Kommandant von Panzerschiffen, wurde 1936 Konteradmiral, war 1937–1939 Befehlshaber der
deutschen Seestreitkräfte vor Spanien und
1938–1939 Befehlshaber der Panzerschiffe. Im
2. Weltkrieg leitete er als Admiral und Flottenchef die Einsätze der deutschen Schlachtkreuzer 1939/40 und beim →Norwegenfeldzug. Ab
Juli 1940 auf hohen Landkommandos, wurde
er am 1. 2. 1943 Generaladmiral und kam im
Mai 1945 in US-Gefangenschaft, aus der er im
Juni 1947 entlassen wurde. Er schrieb „Torpedo
Achtung! Los!", 1938.
H. Pemsel: Biographisches Lexikon zur Seekriegsgeschichte, 1985.

Marschall von Bieberstein, Adolf Freiherr, Po-
litiker, * 12. 10. 1842 Karlsruhe, † 24. 9. 1912
Badenweiler. Der Jurist war 1875–1883 Mitglied der 1. Badischen Kammer, 1878–1881
MdR und 1883–1890 badischer Gesandter in
Berlin. Ab April 1890 war er als Nachfolger von
Bismarcks Sohn Herbert Staatssekretär des
Äußeren und versuchte zum Ausgleich mit
England zu kommen (Helgoland-Sansibar-Vertrag 1890), später auch mit politischem Druck
(Krügerdepesche 1896). Ab November 1897
war M. deutscher Botschafter in Konstantinopel, wo er den deutschen Einfluß stärkte
und die →Bagdadbahn förderte. Im Frühjahr
1912 wurde er noch kurzzeitig deutscher Bot-
schafter in London, wo er sich wieder um eine
deutsch-englische Annäherung bemühte.
E. Schütte: Marschall von Bieberstein, Diss. 1936.
H. G. Sasse: 100 Jahre Botschaft in London, 1963.
E. Lindow: Freiherr Marschall von Bieberstein in Konstantinopel, 1934.

Marsch zur (auf die) Feldherrnhalle, Demonstrationszug von Mitgliedern und Anhängern
der →NSDAP am 9. 11. 1923 in München. Am
Abend des 8. 11. 1923 war A. →Hitler mit Anhängern in eine Versammlung im Münchner
Bürgerbräukeller eingedrungen, in der Generalstaatskommissar von →Kahr sprach. Dort
verlangte er ultimativ von von Kahr die
Zusage, der Freistaat Bayern werde sich von
der Reichsregierung in Berlin lossagen und
eine eigene Nationalregierung für das Deut-

sche Reich proklamieren, die die Politik der als
unfähig angesehenen Berliner Regierung nicht
fortsetzen werde. Vorangegangen waren vertrauliche Verhandlungen zwischen von Kahr
und Vertretern der NSDAP, in der eine bayerische Aktion gegen die Reichsregierung erörtert worden war. Das Vorgehen A. Hitlers im
Bürgerbräukeller sollte diese Pläne verwirklichen und den zaudernden von Kahr zum Handeln veranlassen, gleichzeitig aber auch verhindern, daß, was von Kahr zugetraut wurde, der
Kampf gegen die Reichsregierung nur zu einem Abfall Bayerns vom Reich und zur Wiedererrichtung der Wittelsbacher-Monarchie führen sollte. Von Kahr erklärte sich öffentlich und
unter großer Zustimmung der Versammlungs-
besucher im Bürgerbräukeller damit einverstanden, eine „provisorische deutsche Nationalregierung" mit General →Ludendorff,
Adolf Hitler, dem Reichswehr-General von
Lossow und dem Oberst der Polizei von Seisser
zu unterstützen, sagte nach dem Verlassen des
Gebäudes jedoch, er sei zu diesem Einverständnis gezwungen worden. Er verbot die
NSDAP und ließ das Kriegsministerium, den
Sitz des Wehrkreiskommandos VII, umstellen,
das am Abend des 8. 11. von NSDAP-Anhän-
gern unter der Führung von E. →Röhm besetzt worden war. Am 9. November führte die
NSDAP eine Demonstration durch die Münchener Innenstadt durch, um von der Bevölkerung eine Zustimmung für ihre Pläne zu erhalten, aber auch, um ihre im Kriegsministerium
eingeschlossenen Anhänger zu befreien. Der
Zug wurde an der →Feldherrnhalle durch das
Feuer der bayerischen Landespolizei gestoppt;
dort und im Kriegsministerium fanden 16 Nationalsozialisten den Tod, viele andere wurden
durch Schüsse verletzt. A. Hitler und weitere
Führer der NSDAP und nationaler Wehrverbände wurden in den folgenden Tagen verhaftet und 1924 vor Gericht gestellt (→Hitlerpro-
zeß). Ab 1933 fand jährlich am 9. November
ein Erinnerungsmarsch vom Bürgerbräukeller
zur Feldherrnhalle statt, mit dem die Teilnehmer am Demonstrationszug von 1923 dieser
Ereignisse gedachten und mit einer Abschlußkundgebung endete. Nach dem 2. Weltkrieg wird die versuchte Machtübernahme von
1923 häufig als „Hitler-Putsch" bezeichnet.
H. Kallenbach: Mit Adolf Hitler auf Festung Landsberg,
1939. H. J. Gordon jr.: Hitlerputsch 1923. E. Deuerlein
(Hrsg.): Der Hitlerputsch, 1962. E. Kern: Adolf Hitler
und seine Bewegung, 1970. G. Franz-Willing: Krisenjahr
der Hitlerbewegung, 1975. Ders.: Putsch und Verbotszeit der Hitlerbewegung November 1923 – Januar 1925,
1977.

„Mars-Eifel", deutsches Funkspiel im 2. Weltkrieg. 1942 verhaftete die deutsche Abwehr die

für die Sowjetunion tätige Agentengruppe →„Rote Kapelle" in Frankreich. Sie benutzte anschließend deren Sender zur Übermittlung von präparierten Nachrichten an den sowjetischen Geheimdienst. Der Sender M. täuschte beispielsweise vor, der verhaftete Agent Kent befinde sich noch in Freiheit und übermittle aus Marseille Informationen. Ähnlich arbeitende Sender hatten die Bezeichnungen „Buche-Pascal", „Tanne" und „Weide".
W. von Schramm: Geheimdienst im Zweiten Weltkrieg, 1979.

Marseille, Hans-Joachim, Jagdflieger im 2. Weltkrieg, * 13. 12. 1919 Berlin, † 30. 9. 1942 Nordafrika. M. war ab 1938 bei der Luftwaffe, kam im März 1941 zum Einsatz in Nordafrika und wurde dort im Juni 1942 zum Hauptmann befördert. Er flog im Jagdgeschwader 27 unter Kommodore E. Neumann und erzielte auf 382 Feindflügen 158 Abschüsse, davon allein 17 am 1. 9. 1942. Der als „Stern von Afrika" bezeichnete erfolgreichste Jagdflieger des westlichen Kriegsschauplatzes erhielt am 22. 2. 1942 das →Ritterkreuz, am 6. 6. 1942 das →Eichenlaub, am 18. 6. 1942 die →Schwerter und am 4. 9. 1942 die →Brillanten, außerdem als einer von zwei deutschen Soldaten die höchste italienische Auszeichnung, die Medaglia d'Oro. Als er aus seiner Maschine wegen eines Motorschadens abspringen mußte, öffnete sich sein Fallschirm nicht. An seiner Absturzstelle nahe →El Alamein wurde 1989 ein Denkmal in Form einer Pyramide errichtet.
G. Just: Die ruhmreichen Vier, 1972. G. Fraschka: Mit Schwertern und Brillanten, 1977. W. Held und E. Obermaier: Die deutsche Luftwaffe im Afrika-Feldzug 1941–1943, ²1981. R. F. Toliver und T. J. Constable: Das waren die deutschen Jagdfliegerasse, ¹²1986. W. A. Musciano: Die berühmte Me 109 und ihre Piloten, 1989.

Marshall-Inseln, deutsches Schutzgebiet 1885–1920. Die Inselgruppe im östlichen Mikronesien aus 32 Atollen mit rund 415 qkm und 15000 Einwohnern wurde, bis dahin „herrenlos", 1885 unter deutschen Schutz genommen, nachdem ab 1878 deutsche Handelsfirmen sich nach Verträgen mit Eingeborenen auf der Hauptinsel Jaluit in der Handelsstation Jabor niedergelassen und die Jaluitgesellschaft gegründet hatten. Verwaltungssitz war Jabor. 1906 wurden die M. →Deutsch-Neuguinea angegliedert. Wichtigster Ausfuhrartikel war Kopra, von der südlichen Insel Nauru Phosphat. Die M. wurden 1914 von Japan besetzt, das sie 1920 als Mandatsgebiet erhielt, außer Nauru, das britisches Mandat war.
K. Graudenz und M. Schindler: Die deutschen Kolonien, 1982. A. Heilborn: Die deutschen Kolonien, 1906. D. Schäfer: Kolonialgeschichte, 1910. G. Wegener: Deutschland im Stillen Ozean, 1903. J. Schultz-Naumann: Unter Kaisers Flagge, 1985.

Marwitz, Georg von der, General, * 7. 7. 1856 Klein-Nossin/Pommern, † 27. 10. 1929 Wundichow/Pommern. Der Berufsoffizier war 1905–1907 Stabschef des XVIII. Armeekorps, wurde 1911 Divisionskommandeur und 1913 General der Kavallerie. Er führte 1914 im Westen ein Kavalleriekorps, ab Ende 1914 im Osten das XXXVIII. Reservekorps und 1915 das Beskidenkorps, anschließend das VI. Armeekorps im Westen und Osten. Ab Dezember 1916 Oberbefehlshaber der 2. Armee, schlug er mit ihr die im November 1917 gegen →Cambrai vordringende englische Armee zurück und leitete im August 1918 die Abwehrschlacht zwischen Somme und Avre. Ab September 1918 führte er die 5. Armee in der Champagne und an der Maas.

Marx, Wilhelm, Reichskanzler, * 15. 1. 1863 Köln, † 5. 8. 1946 Bonn. Der Lehrersohn und Jurist war Landrichter in Elberfeld, ab 1906 Oberlandesgerichtsrat in Köln, wurde 1921 Landgerichtspräsident in Limburg und im Oktober 1921 Senatspräsident am Kammergericht in Berlin. Er war ab 1899 MdL des →Zentrums in Preußen sowie 1910–1918 und 1920–1933 MdR, gehörte der →Weimarer Nationalversammlung an und war Fraktionsvorsitzender des Zentrums 1921–1928 sowie Parteivorsitzender 1920–1928. Vom 30. 11. 1923 bis 15.1. 1925 sowie vom 16. 5. 1926 bis 28. 6. 1928 war M. Reichskanzler in Kabinetten aus Zentrum, BVP, DVP, DDP bzw. DNVP. Von Februar bis März 1925 war M. preußischer Ministerpräsident. Als Kandidat des Zentrums für die Wahl zum Reichspräsidenten erreichte er am 29. 3. 1925 zunächst 14,5%, beim zweiten Wahlgang am 26. 4. 1925 für die Weimarer Koalition 45,3%, und damit nur 3% weniger als von →Hindenburg. Von Januar bis Mai 1926 war M. ferner Reichsjustizminister. 1932 zog er sich aus der Politik zurück.
R. Morsey: Die deutsche Zentrumspartei 1917–23, 1966. H. Stehkämper (Hrsg.): Der Nachlaß des Reichskanzlers Wilhelm Marx, 1968. U. von Hehl: Wilhelm Marx 1863–1946, 1987.

Marzabotto, Fall, angebliche Greueltaten deutscher Soldaten bei Partisanenbekämpfung. Am 29./30. 9. 1944 wurde bei Marzabotto, rund 25 km südlich von Bologna in Italien, die italienische kommunistische Partisanenbrigade „Stella Rossa" von deutschen Truppen vernichtet, die vorher zahlreiche Deutsche ermordet hatte. Nach 1945 wurden aufgrund falscher Beschuldigungen und Denunziationen bei Marzabotto unter dem Befehl des SS-Majors Walter →Reder operierenden deutschen Truppen Greueltaten und Morde an 1830 Zivilisten vorgeworfen, die jedoch vom 8. 9. 1943 bis 25. 4. 1945 im Raum Marzabotto gestorben, durch alliierte Bombenangriffe auf die Stadt oder als Opfer der Partisanen ums Leben gekommen waren. Major Reder wurde durch Rechtsbeugung am 31. 10. 1948 zu lebenslangem Zuchthaus, 1954 zu lebenslanger Kriegsgefangenschaft verurteilt, aus der er erst am 24. 1. 1985 entlassen wurde. Die nachweislich falschen Beschuldigungen im Fall M. dienten den italienischen Kommunisten und der alliierten Propaganda jahrzehntelang zur deutschfeindlichen Agitation.

H. Wendig: Richtigstellungen zur Zeitgeschichte Nr. 1, 1990. W. Kunz: Der Fall Marzabotto, 1967. A. Kesselring: Soldat bis zum letzten Tag, 1953. L. Greil: Die Lüge von Marzabotto, 1959. L. Greil: Faustpfand Walter Reder, 1977.

Masuren, Schlacht in, deutsch-russische Schlacht vom 7. bis 27. 2. 1915. Aus der Linie Tilsit-Gumbinnen-Johannesburg griffen am 7. 2. 1915 unter Generaloberst P. von →Hindenburg und seinem Generalstabschef E. →Ludendorff rund 250000 Mann der deutschen 8. Armee (von Below) und 10. Armee (von Eichhorn) unter schwierigen Wetterverhältnissen die östlich davon stehende russische 10. Armee (Sievers) an, überraschten sie bei Angriffsvorbereitungen und kesselten sie bis zum 15. 2. im Wald von Augustow ein. Nachdem russische Entsatzangriffe aus Richtung Grodno zurückgeschlagen worden waren, mußten sich bis zum 27. 2. 110000 Russen mit 300 Geschützen ergeben. Diese Schlacht befreite Ostpreußen endgültig von der russischen Besetzung. Die deutschen Truppen waren jedoch zu einer operativen Ausnutzung des Sieges zu schwach, und die deutsche 10. Armee mußte auf die Linie Suwalki-Mariampol zurückgenommen werden. Vergebens versuchte Reichskanzler von →Bethmann Hollweg nach der M.schlacht zu einem Sonderfrieden mit Rußland zu kommen.

H. von Redern: Die Winterschlacht in Masuren, 1918. H. Stegemann: Geschichte des Krieges, Bd. 2, 1917.

Masurische Seen, Schlacht an den, deutsch-russische Schlacht in Ostpreußen 5. bis 15. 9. 1914. Unmittelbar nach der Schlacht bei →Tannenberg griff Generaloberst P. von →Hindenburg mit der deutschen 8. Armee nach Gewaltmärschen die russische 1. (Njemen-)Armee unter Rennenkampf an, die an der teilweise befestigten Linie von Labiau über Angerburg bis zu den M. stand. Am 8. 9. durchbrach er bei Lötzen im Süden die russische Front und stieß nach Nordosten vor. Trotz der Entlastungsangriffe durch die russische 2. und 10. Armee im Süden zog sich Rennenkampf ab 10. 9. auf der ganzen Front zurück und verhinderte damit die drohende Umfassung und Vernichtung seiner

gesamten Armee. Die Russen verloren 45000 Gefangene sowie 70000 Tote und Verwundete bei 9000 deutschen Gefallenen. Die Schlacht an den M. gegen einen überlegenen Gegner war von →Ludendorff, dem Generalstabschef der 8. Armee, ähnlich wie die Friedrichs des Großen bei Leuthen angelegt worden.

H. Stegemann: Geschichte des Krieges, Bd. 1, 1917.

Mauss, Karl, Dr. med. dent., General, * 17. 5. 1898 Plön, † 9. 2. 1959 Hamburg. Mit 16 Jahren meldete sich M. 1914 als Freiwilliger und wurde noch im selben Jahr als Meldegänger an der Somme mit dem →EK II ausgezeichnet. Als 17jähriger wurde er Leutnant und erhielt bald darauf in den Karpaten das EK I. Nach Kampf an der Italienfront kam er nach mehreren vergeblichen Versuchen zur Fliegertruppe, stürzte mit der Maschine ab und lag ein Jahr im Lazarett. Ab 1918 war er in der Marinebrigade →Ehrhardt, zeichnete sich beim Kampf um den →Annaberg in Oberschlesien am 21. 5. 1921 aus und wurde Oberleutnant. Danach nahm er den Abschied, studierte ab 1925 Zahnmedizin, promovierte 1929 und ließ sich in Lübeck nieder. Am 1. 9. 1934 ging er als Hauptmann zum Heer, am 1. 4. 1938 wurde er Major. Er nahm am →Polenfeldzug teil, dann als Bataillonskommandeur in der 10. Panzerdivision am →Westfeldzug und drang in Calais ein. Im Oktober kam er bis auf wenige Kilometer an →Moskau heran, am 26. 11. 1941 erhielt er das →Ritterkreuz. Am 20. 4. 1942 wurde er Oberst und Regimentsführer in der 4. Panzerarmee, schlug sich mit seiner Truppe und allen Fahrzeugen aus einem Kessel bei →Kursk heraus und wurde am 24. 11. 1943 mit dem →Eichenlaub ausgezeichnet. Am 28. 1. 1944 übernahm er die 7. Panzerdivision („Gespensterdivision"), die er wie stets vorn führte. Mit ihr befreite er sich und andere eingekesselte Verbände im März 1944 in den Karpaten. Am 1. 4. 1944 wurde er Generalmajor. Im Sommer 1944 kämpfte er in Ostpreußen und verhinderte in der Schlacht bei Raseinen einen sowjetischen Durchbruch nördlich Tilsit. Am 23. 10. 1944 erhielt er die →Schwerter. Anschließend kämpfte er an der Weichsel. Vor Elbing mußte ihm Anfang Februar 1945 nach schwerer Verwundung ein Bein amputiert werden, aber er führte dann noch vier Tage lang bis zu seinem Zusammenbruch von der Tragbahre aus. Über Hela kam M. nach Kopenhagen, von wo er sich für den Abtransport seiner Männer einsetzte, die dann auch aus dem Kessel von Gotenhafen mit Marinefahrzeugen befreit wurden. Am 1. 4. 1945 wurde M. zum General der Panzertruppen befördert und erhielt als letzter Kommandeur der 7. Panzerdivision nach →Rommel,

von →Manteuffel und →Schulz am 15. 4. 1945 die →Brillanten. Nach demütigender Gefangenschaft wurde er wieder Zahnarzt. Sein Antrag auf Übernahme in die Bundeswehr wurde abgelehnt.
G. Fraschka: Mit Schwertern und Brillanten, 1977.

Max, Prinz von Baden (Maximilian Alexander Friedrich Wilhelm), Dr. jur., Reichskanzler, * 10. 7. 1867 Baden-Baden, † 6. 11. 1929 Salem/ Konstanz. Der Kavallerieoffizier (ab 1889) war seit 1907 infolge Kinderlosigkeit des Großherzogs Friedrich II., seines Vetters, badischer Thronfolger und Präsident der 1. badischen Kammer. Als Generalmajor schied er 1911 aus dem aktiven Militärdienst aus. Im 1. Weltkrieg war er in der Kriegsgefangenenfürsorge tätig. In der Politik trat er für einen Verständigungsfrieden ein. Am 3. 10. 1918 wurde er Reichskanzler und Außenminister einer Regierung aus →Zentrum, →SPD und →FoVP, um die parlamentarische Regierungsweise einzuführen und Friedensverhandlungen aufzunehmen. Er übermittelte am 5. 10. 1918 das deutsche Friedensangebot und Waffenstillstandsgesuch an US-Präsident Wilson auf der Grundlage von dessen 14 Punkten. Am 28. 10. 1918 führte er die Oktoberverfassung ein. Nach Ausbruch der →Novemberrevolution verkündete er am 9. 11. 1918 eigenmächtig die Abdankung Kaiser →Wilhelms II. und gab das Reichskanzleramt an Fr. →Ebert, den Führer der Mehrheitssozialisten, ab. Später gründete er die Schloßschule Salem. Er schrieb „Völkerbund und Rechtsfriede" (1919), „Die moralische Offensive" (1921) und „Erinnerungen und Dokumente" (1927).
K. Graf Westarp: Die Regierung des Prinzen Max von Baden, ²1928. E. Matthias und R. Morsey: Die Regierung des Prinzen Max von Baden, 1962.

Max-Joseph-Orden, bayerischer Militärorden. 1797 von Kurfürst Karl Theodor gestiftet und 1806 von König Maximilian I. Joseph erneuert, wurde der M. bis 1919 als höchster bayerischer Militärorden verliehen. Er war für Bayern mit dem persönlichen Adel verbunden.

Mayr, Michael, Professor Dr., österreichischer Politiker und Bundeskanzler, * 10. 4. 1864 Adlwang/Oberösterreich, † 21. 5. 1922 Waldneukirchen/Oberösterreich. Der Historiker war ab 1892 im Archivdienst tätig, leitete ab 1897 das Statthaltereiarchiv in Innsbruck und wurde dort 1900 Professor für Geschichte. M. war 1907–1911 Mitglied des Reichsrats, ab 1908 des Tiroler Landtags und 1919 der Verfassunggebenden Nationalversammlung in Wien. Er war 1920–1922 Abgeordneter zum Nationalrat,

1919/20 Staatssekretär für Verwaltungs- und Verfassungsreform, von Juli bis November 1920 Vorsitzender des Proporzkabinetts und von Oktober bis November 1920 Staatssekretär für Äußeres. Von Juli 1920 bis Juni 1921 war M. österreichischer Bundeskanzler, bis er wegen der gegen den Regierungswillen abgehaltenen →Volksabstimmungen über die Anschlußfrage in Tirol und Salzburg stürzte. Er schrieb u. a. „Die politischen Beziehungen Deutsch-Tirols zum italienischen Landesteil" (1901) und „Der italienische Irredentismus, seine Einstellung und Entwicklung in Tirol" (1916).
I. Richter: Michael Mayr als Historiker und Politiker, Diss. 1959. L. R. Heuberger: Michael Mayr, 1929.

MdB (M. d. B.), Abkürzung für Mitglied des (Deutschen) Bundestags ab 1949.

MdL (M. d. L.), Abkürzung für Mitglied des Landtags.

MdR (M. d. R.), Abkürzung für Mitglied eines (Deutschen) Reichstags 1871–1945.

Mecheln, Schlacht bei, flämischer Kampfort im 1. Weltkrieg. In der Schlacht bei M. wurde vom 25. bis 27. 8. 1914 ein Vorstoß der Besatzung von Antwerpen durch deutsche Truppen abgewiesen.

Mecheln-Zwischenfall, Notlandung deutscher Offiziere mit Geheimplänen in Belgien 1940. Am 10. 1. 1940 mußten die deutschen Luftwaffenmajore Hönmanns und Reinberger nahe der belgischen Stadt Mecheln notlanden. Sie konnten nur einen Teil der geheimen Papiere über die deutschen Angriffsvorbereitungen im Westen vernichten. Aus dem den belgischen Stellen in die Hand gefallenen Rest war zu entnehmen, daß ein deutscher Westfeldzug mit Angriff durch Holland und Belgien geplant werde. Der M. trug mit dazu bei, daß die deutsche Weststrategie auf Befehl →Hitlers geändert und dafür →Mansteins später so erfolgreicher →„Sichelschnitt"-Plan Grundlage der deutschen Planungen wurde.

Medaille zur Erinnerung an den 13. März 1938, Ehrenzeichen für Verdienste um den →Anschluß Österreichs. Die von →Führer und Reichskanzler gestiftete M. bestand aus einer runden, mattsilbernen Scheibe von 3,4 cm Durchmesser, auf der Vorderseite zwei männliche Gestalten über dem Reichsadler, auf der Rückseite das Datum des 13. März 1938 mit der Umschrift „Ein Volk, ein Reich, ein Führer". Sie wurde an einem zinnoberroten Band mit weiß-schwarz-weißem Randstreifen getragen. Gleiche Form hatten die →Sudetenland-Medaille und die →Memelland-Medaille.

Mediasch (rumänisch Medias), Stadt in →Siebenbürgen. Im 13. Jahrhundert von Deutschen gegründet, war M. der Mittelpunkt des siebenbürgischen Weinbaus, besaß eine alte deutsche Kirchenburg sowie ein deutsches Obergymnasium und eine Ackerbauschule. Vor dem 2. Weltkrieg waren noch fast 50% der 16700 Einwohner Deutsche. In M. erklärten sich die Siebenbürger Sachsen am 8. 1. 1919 für den Anschluß an Rumänien, da sie angesichts der bis dahin starken →Madjarisierung in Ungarn annahmen, in Rumänien ihr Deutschtum besser erhalten zu können.

Mefo-Wechsel, staatlich garantierte Kredite 1933–1938. Der im März 1933 ernannte Reichsbankpräsident H. →Schacht veranlaßte in Zusammenarbeit mit dem Reichswehrministerium im Mai 1933 die Gründung der Metallurgischen Forschungs-GmbH (Mefo). Deren Startkapital von 1 Milliarde RM wurde von den Firmen Krupp, Siemens, Deutsche Werke und Rheinmetall gehalten. Die Mefo nahm die vom Reichsfinanzministerium ausgestellten M. an, mit denen viele Investitionsvorhaben sowie Rüstungsaufträge staatlicher Stellen finanziert wurden. Zunächst auf drei Monate lautend, wurden die M. später auf Jahre verlängert. Am 31. 3. 1938 besaß die Reichsbank schließlich M. über rund 12 Mrd. RM. Dann wurden die M. durch Lieferungsschatzanweisungen nach dem Krediterermächtigungsgesetz vom 19. 2. 1935 ersetzt. Die Finanzierung durch M. trug wesentlich zur Belebung der deutschen Wirtschaft und zum Abbau der →Arbeitslosenzahlen nach 1933 bei. Die M. stellten als mittelfristige Privatkredite eine erfolgreiche Maßnahme der staatlichen Kreditschöpfung dar.
H. Schacht: Abrechnung mit Hitler, 1948. A. Barkei: Das Wirtschaftssystem des Nationalsozialismus, 1977.

Mehrheitssozialisten, Bezeichnung für die Mitglieder der Sozialdemokratischen Partei Deutschlands (SPD) 1917–1922. Gegen Ende des 1. Weltkriegs trat eine radikale Minderheit, die →Unabhängige Sozialdemokratische Partei Deutschlands (USPD), aus der →SPD aus, deren Angehörige seitdem M. genannt wurden. Der Begriff wurde 1922 überflüssig, als die Mitglieder der USPD entweder der →KPD beitraten oder in die SPD zurückkehrten.

Meinecke, Friedrich, Prof. Dr., Historiker, * 30. 10. 1862 Salzwedel, † 6. 2. 1954 Berlin. Nach preußischem Archivdienst 1887–1901

wurde M. 1901 Professor in Straßburg, 1906 in Freiburg und 1914 in Berlin, wo er, 1929 emeritiert, nach 1945 noch erster Rektor der von ihm 1948 mitgegründeten Freien Universität wurde. 1894–1935 gab er die Historische Zeitschrift heraus und war 1828–1934 Vorsitzender der von ihm angeregten Historischen Reichskommission. Er begründete, insbesondere mit „Weltbürgertum und Nationalstaat" (1908), die ideen- und geistesgeschichtliche Darstellung in der Geschichte. Er schrieb u. a. „Weltbürgertum und Nationalstaat" (1908), „Preußen und Deutschland im 19. und 20. Jahrhundert" (1918), „Die Idee der Staatsraison in der neueren Geschichte" (1924), „Die Entstehung des Historismus" (2 Bände, 1936) sowie „Die deutsche Katastrophe" (1946) über das →Dritte Reich. Politisch ging der ursprünglich Konservative im 1. Weltkrieg zur bürgerlichen Linken, war liberaler Demokrat in der Weimarer Zeit und kritisierte den →Nationalsozialismus.
E. Schulin: Friedrich Meinecke, 1971. M. Erbe (Hrsg.): Friedrich Meinecke heute, 1981. L. Dehio: Friedrich Meinecke, 1953. H. Rothfels: Friedrich Meinecke, 1954. W. Bussmann: Friedrich Meinecke, 1963.

„Meine Ehre heißt Treue", Wahlspruch der SS. Er ist aus einem Satz entstanden, den A. →Hitler im April 1931 schrieb: „SS-Mann, deine Ehre heißt Treue!" Der Spruch stand auch auf dem Koppelschloß der →SS und der →Waffen-SS.

„Mein Kampf", Titel des Hauptwerks A. Hitlers. Während seiner Festungshaft in →Landsberg schrieb A. →Hitler den ersten Band von „M." im Jahre 1924, der am 18. 7. 1925 mit dem Untertitel „Eine Abrechnung" im →Eher-Verlag, München, erschien. Er schildert das Leben A. Hitlers, seine Frontzeit im 1. Weltkrieg sowie Gründung und frühe Entwicklung der →NSDAP. Der zweite Band erschien am 11. 12. 1926 mit dem Untertitel „Die nationalsozialistische Bewegung"; er behandelt die Grundgedanken des →Nationalsozialismus sowie Fragen der Organisation, Propaganda und der Außenpolitik. Ab 1930 erschienen beide Bände in einer Volksausgabe in einem Buch. Bis zum 30. 1. 1933 erschienen 287000 Exemplare, bis 1944 knapp 10 Millionen, „M." wurde in 16 Sprachen übersetzt. Ab April 1936 wurde den Standesämtern empfohlen, „M." den Brautpaaren als Geschenk auszuhändigen. 1945 gingen die Verlagsrechte an den Freistaat Bayern über, die Originalmanuskripte sind seitdem verschollen. Eine deutsche Neuausgabe wird vom bayerischen Staat untersagt. Das Buch wird dagegen auf deutsch und in anderen Sprachen im Ausland herausgebracht, teilweise von angesehenen Wissenschaftlern eingeleitet.

Meißner, Otto, Dr. jur., Staatsminister, * 13. 3. 1880 Bischweiler/Elsaß, † 27. 5. 1953 München. Der Jurist war ab 1911 Regierungsrat in der Reichsbahndirektion Elsaß, im 1. Weltkrieg Hauptmann u. a. bei der Heeresgruppe Kiew und dann der deutschen Gesandtschaft in der Ukraine zugeordnet, von wo er wichtige Schuldverschreibungen rettete. Seit 1919 Vortragender Rat im Büro des Reichspräsidenten, wurde M. 1920 Chef der Präsidialkanzlei, ab 1923 als Staatssekretär, seit 1937 als Staatsminister bis 1945. Er diente so unter →Ebert, →Hindenburg und →Hitler. 1945 verhaftet, wurde M. im →Wilhelmstraßenprozeß angeklagt und freigesprochen, ebenso in weiteren Spruchkammer- und Gerichtsverfahren. Er schrieb verfassungsrechtliche Werke wie „Grundriß der Verfassung und Verwaltung des Reichs und Preußens" (1922), „Das Staatsrecht des Reiches und seiner Länder" (^{2}1923), „Staats- und Verwaltungsrecht im Dritten Reich" (1935 mit G. Kaisenberg) sowie seine Erinnerungen „Staatssekretär unter Ebert, Hindenburg, Hitler" (^{3}1958).
T. Vogelsang: Reichswehr, Staat und NSDAP, 1962. G. Franz-Willing: Die Reichskanzlei, 1984. H.-O. Meißner: Junge Jahre im Reichspräsidentenpalais, 1988.

Meißnerformel, →Meißnertreffen.

Meißnertreffen, erstes großes Treffen der deutschen →Jugendbewegung auf dem Hohen Meißner 1913. Zur 100-Jahr-Feier der Völkerschlacht von Leipzig und der Befreiungskriege trafen sich am 11./12. 1913 auf dem sagenumwobenen Hohen Meißner bei Kassel 13 deutsche Jugendbünde mit rund 2000 Teilnehmern, die sich hier zur →Freideutschen Jugend zusammenschlossen. Sie legten als „Freideutsches Bekenntnis" die „Meißnerformel" ab: „Die freideutsche Jugend will ihr Leben vor eigener Verantwortung nach eigener Bestimmung in innerer Wahrhaftigkeit selber gestalten. Für diese innere Freiheit tritt sie unter allen Umständen geschlossen ein. Alle Veranstaltungen der freideutschen Jugend sind alkohol- und nikotinfrei." Der Philosoph Ludwig →Klages hielt dort eine zeitlose Rede zum Umweltschutz. Vom M. gingen erhebliche Impulse in die Jugendbewegung und das geistige Leben in Deutschland aus. Durch Weltkrieg und spätere Spaltungen wurde der auf dem M. angestrebte Zusammenschluß der vielen Bünde beeinträchtigt. Zum 50. Jahrestag des M. versammelten sich am 12./13. 10. 1963 zum zweiten M. in einem großen Kohtenlager rund 3000 Angehörige von 25 Jugendbünden des Ringes junger Bünde auf dem Hohen Meißner.
E. Korn und andere (Hrsg.): Die Jugendbewegung, 1963. Ring junger Bünde (Hrsg.): Junge Bünde 1963, 1963. K. O. Paetel: Jugendbewegung und Politik, 1961. H. Pross: Jugend – Eros – Politik, 1964. W. Mogge und J. Reulecke: Hoher Meißner 1913, 1988.

Memel, Stadt im nördlichen Ostpreußen. Die 1252 unterhalb der Ordensburg Memelburg gegründete Stadt bekam 1254 Lübecker Stadtrecht und wurde 1326/28 ganz vom Deutschen Ritterorden erworben. 1806/07 war M. der Zufluchtsort des preußischen Königshauses. Die Kreisstadt im ostpreußischen Regierungsbezirk Königsberg (später Gumbinnen) war 1920–1939 Hauptstadt des 1923 von Litauen annektierten →Memellandes, kam 1939 wieder mit diesem an das Reich und wurde 1945 von den Sowjets Litauen einverleibt.
Lenz: Deutsches Schicksal an der Memel, 1935. K. Forstreuter: Memelland, 1939.

Memelabkommen, Vereinbarung zwischen den Alliierten und Litauen 1924. Im M. vom 14. 3. 1924 übertrugen die Alliierten, nachdem Litauen widerrechtlich und mit Gewalt ab 10. 1. 1923 das →Memelland besetzt hatte, Litauen ihre seit dem →Versailler Diktat von 1919 ausgeübte Gewalt. Im Memelstatut sagte Litauen am 8. 5. 1924 zu, das Memelland als Einheit zu erhalten und ihm umfassende Selbstverwaltung sowie Autonomie im Schulwesen und in der Rechtsprechung zu gewähren, ohne sich daran zu halten. Das M. und das Statut wurden mit der Rückkehr des Memellandes zum Reich am 22. 3. 1939 gegenstandslos.
E. A. Plieg: Das Memelland 1920–39, 1962. Rogge: Die Verfassung des Memellandes, 1928.

Memelland, nordöstlicher Teil Ostpreußens nördlich von Memel und Ruß. Das 2829 km^2 große M. mit (1919) rund 140000 vorwiegend deutschen Einwohnern wurde nach Artikel 99 des →Versailler Diktats gegen den einmütigen Willen der Bevölkerung vom Deutschen Reich abgetrennt und alliierter Verwaltung unterstellt. Am 16. 2. 1920 übernahmen ein französischer General und ein französischer Oberkommissar die Verwaltung. Am 10. 1. 1923 – gleichzeitig mit der französischen →Ruhrbesetzung – drangen litauische Truppen in M. ein, das kampflos von den französischen Kräften geräumt wurde. Litauen annektierte das M., was die alliierte Botschafterkonferenz am 15. 2. 1923 in Paris anerkannte. Im →Memelabkommen vom 14. 3. 1924 übertrugen die Alliierten ihre Gewalt Litauen und erließen ein →Memelstatut vom 8. 5. 1924 zur weitgehenden Selbstverwaltung mit Landtag und litauischem Gouverneur, an das Litauen sich nicht hielt. Die Deutschen wurden statt dessen unterdrückt, obwohl deutsche Parteien am 19. 10.

1925 in der Deutschen Einheitsfront über 91% der Stimmen erhalten hatten. Ab 1926 herrschte für zwölf Jahre Belagerungszustand im M., deutsche Leiter des Landesdirektoriums wurden abgesetzt. Im März 1935 wurden 85 Memeldeutsche in Kaunas wegen angeblichen Hoch- und Landesverrats zu hohen Zuchthausstrafen verurteilt. Im Dezember 1938 errangen die Memeldeutschen unter dem Nationalsozialisten Dr. Ernst Neumann einen großen Wahlsieg. Daraufhin gewährte Litauen die im Memelstatut zugesagte Selbstregierung, die deutsche Sprache wurde wieder Amts- und Unterrichtssprache. Willy Bertuleit wurde am 13. 1. 1939 Präsident des Landesdirektoriums. Nach Verhandlungen ohne Mitwirkung der Alliierten gab Litauen mit Vertrag vom 22. 3. 1939 das M. an das Reich zurück; keiner der Alliierten protestierte dagegen. Am 23. 3. 1939 rückten deutsche Truppen ins M. ein; A. →Hitler sprach noch am selben Tag in Memel. Nach Flucht und Vertreibung der Deutschen ab Herbst 1944 wurde das M. im Januar 1945 der 1944 gebildeten Sozialistischen Sowjetrepublik Litauen angeschlossen.

Lenz: Deutsches Schicksal an der Memel, 1935. W. Butz: Das Schrifttum zur Memelfrage, 1935. R. Kosiek: Deutsches Land in fremder Hand, 1982. M. Szameitat: Bibliographie des Memellandes, 1957. E. A. Plieg: Das Memelland 1920–39, 1962. F. von Wilpert: Deutsches Land zwischen Oder und Memel, 1962. F. Kopf: Der Kampf um das Memelland, 1935.

Memelland-Medaille, Ehrenzeichen für Verdienste um den Anschluß des →Memellandes. Die vom →Führer und Reichskanzler gestiftete M. bestand aus einer runden, bronzefarbenen Scheibe vom 3,4 cm Durchmesser, ähnlich der →Medaille zur Erinnerung an den 13. März 1938; auf der Rückseite stand in einem Eichenkranz die Inschrift „Zur Erinnerung an die Heimkehr des Memellandes 22. März 1939". Sie wurde an einem grün-weiß-roten Band getragen.

Memelstatut, →Memelabkommen.

„Merkur", Deckname für die deutsche Besetzung →Kretas 1941. Nach fast völliger Eroberung Griechenlands erließ A. →Hitler am 25. 4. 1941 die →„Weisung Nr. 28 (Unternehmen Merkur)" zur „Besetzung der Insel Kreta" „als Stützpunkt für die Luftkriegsführung gegen England im Ost-Mittelmeer". Das Unternehmen „M." begann am 20. 5. 1941, ab 23. 5. 1941 räumten die Briten nach harten Kämpfen die Insel.

W. Hubatsch: Hitlers Weisungen für die Kriegführung 1939–1945, 1983. H. O. Muehleisen: Kreta, 1968. H. Götzel: Generaloberst Kurt Student und seine Fallschirmjäger, 1980.

Mers el Kebir, Überfall auf, →Oran.

Meschendörfer, Adolf, siebenbürgischer Schriftsteller, * 8. 5. 1877 Kronstadt, † 4. 7. 1963, Kronstadt. Der Kronstädter Gymnasialdirektor beschrieb in seinen Romanen („Leonore", 1920; „Die Stadt im Osten", 1931; „Der Büffelbrunnen", 1953) und Schauspielen („Michael Weiß", 1919) vor allem das Leben und die Selbstbehauptung der →Siebenbürger Sachsen. Er gründete und leitete 1907–1914 die Zeitschrift „Die Karpaten" und wurde auch als Übersetzer bekannt.

Messerschmitt, Willy, Flugzeugbauer, * 26. 6. 1898 Frankfurt/Main, † 15. 9. 1978 München. Nach Ingenieurstudium gründete M. 1923 in Bamberg die M.-Flugzeugbau-GmbH, die zunächst Sportflugzeuge herstellte, sich 1927 mit den Bayerischen Flugzeugwerken-AG, Augsburg, verband und ab 1938 Messerschmitt-AG hieß. 1925 entstand sein erstes Motor-, 1926 mit der M 17 sein erstes Ganzmetallflugzeug. Entscheidend war er am Aufbau der deutschen Luftwaffe mit Hochleistungsflugzeugen beteiligt. Die Me 109 wurde ein erfolgreiches Jagdflugzeug im 2. Weltkrieg, die Me 209 hielt den Geschwindigkeitsrekord für Kolbenmotorflugzeuge mit 755 km/h bis 1969, die Me 262 war der erste frontreife →Düsenjäger, die Me 163 ein →Raketenjäger. 1937 wurde M. Honorarprofessor der TH München und →Wehrwirtschaftsführer, 1938 erhielt er mit E. →Heinkel den deutschen →Nationalpreis für Kunst und Wissenschaft, 1941 wurde er „Pionier der Arbeit". 1948 als „Mitläufer" bei der Entnazifizierung eingestuft, baute er zunächst Nähmaschinen und den „M."-Kabinenroller, ab 1956 konstruierte er Düsenflugzeuge und wurde dann Teilhaber der M.-Bölkow-Blohm GmbH.

Metallspende des deutschen Volkes, Metallsammlung ab 1940. Nach der mit Anordnung vom 15. 3. 1940 verfügten Erfassung von Nichteisenmetallen wurde die M. am 20. 4. 1940 verkündet, um insbesondere die kriegswichtigen Buntmetalle (Blei, Nickel, Zinn, Zink) zu sammeln und sie der „deutschen Rüstungsreserve" zuzuführen.

Metallurgische Forschungs GmbH, von den Deutschen Werken, Krupp, Rheinmetall und Siemens im Mai 1933 auf Anregung von Reichsbankpräsident H. →Schacht in Zusammenarbeit mit Reichsbank und Reichswehrministerium gegründete Firma, auf die sich die →Mefo-Wechsel zur Ankurbelung der Wirtschaft und der Rüstungsfinanzierung bezogen.

Metaxas-Linie, griechische Befestigungslinie in Mazedonien. Die nach dem griechischen Generalstabs- und späteren Regierungschef (1936–1941) J. Metaxas benannte, stark ausgebaute Befestigungslinie von rund 200 km Länge begann an dem der Insel Thasos gegenüberliegenden Festland, zog zunächst nord-, dann westwärts über die Flüsse Struma und Wardar bis zum Beles-Gebirge. Diese griechische →„Maginot-Linie" wurde im →Griechenlandfeldzug ab 6. 4. 1941 am 9. 4. 1941 von deutschen Verbänden des XVIII. Armeekorps unter General der Infanterie Böhme als Teil der 12. Armee unter Generalfeldmarschall →List nach hartem Kampf durchbrochen, wodurch die griechische Ostmakedonienarmee abgeschnitten wurde und kapitulieren mußte.

Metgethen, Vorort von Königsberg in Preußen. Der Ort wurde Ende Februar 1945 nach dreiwöchiger sowjetischer Besetzung von deutschen Truppen zurückerobert. Dabei fanden sich die Leichen von etwa 3000 Männern, Frauen und Kindern, zum größten Teil ostpreußische Flüchtlinge. Sie wiesen vielfach die Spuren schwerer Mißhandlungen auf, die Frauen waren zumeist vergewaltigt worden. Ebenso wie →Nemmersdorf wurde M. ein Begriff für den kriminellen Charakter der Roten Armee.

Meyer-Waldeck, Alfred, Vizeadmiral, * 27. 11. 1864 Petersburg, † 25. 8. 1928 Bad Kissingen. Der Marine-Offizier war ab 1911 Gouverneur von →Tsingtau, beantwortete das japanische Ultimatum auf Übergabe vom 6. 8. 1914 nicht und verteidigte dann die Stadt mit 3600 Mann vom 27. 8. bis zum 7. 11. 1914 gegen 60 000 Japaner. Er kapitulierte erst, als seine Vorräte an Munition aufgebraucht waren. M. kam mit den anderen Verteidigern von Tsingtau in jahrelange japanische Gefangenschaft.

Michaelis, Georg, Reichskanzler, * 8. 9. 1857 Haynau/Schlesien, † 24. 7. 1936 Bad Saarow. Der Jurist war ab 1879 im Staatsdienst, 1885–1889 Dozent für Staatsrecht in Tokio und danach im Justiz- und Verwaltungsdienst tätig, ab 1902 als Oberpräsident von Schlesien. 1909 wurde er Unterstaatssekretär im preußischen Finanzministerium, 1915 Leiter der Reichsgetreidestelle und im Februar 1917 preußischer Staatskommissar für Volksernährung. Als Nachfolger →Bethmann Hollwegs wurde er am 14. 7. 1917 Reichskanzler und preußischer Ministerpräsident, unterstützte die →Friedensresolution im Reichstag. Da er sich einer Reform des Dreiklassenwahlrechts widersetzte, verlor er die Unterstützung von →Zentrum, →SPD und →FVP und trat deshalb am 31. 10.

1917 zurück. 1918/19 war er Oberpräsident von Pommern.

MICUM-Abkommen, Vereinbarungen zur Ruhrkontrolle 1923/24. Nach Beendigung des →passiven Widerstandes an der Ruhr setzte Frankreich zur Legalisierung der weiteren Kontrolle und Ausbeutung des Ruhrgebietes mit Billigung der Reichsregierung vom 23. 11. 1923 bis 3. 9. 1924 sechs Verträge, die M., zwischen der von Frankreich bestimmten „Interalliierten Kontrollkommission für Fabriken und Bergwerke" (Mission interalliée de Contrôle des Usines et des Mines) und dem Bergbaulichen Verein der Ruhrindustrie durch. Sie sahen die Beschlagnahme der im →Ruhrkampf entstandenen Kohlelager, Abgaben in Höhe von 20–35% auf die Erzeugung von Kohle und Koks, Zahlung einer Kohlensteuer von 15 Millionen US-Dollar für die Zeit des →Ruhrkampfes sowie die Kontrolle der deutschen Brennstoffverteilung vor. Die auf die Dauer nicht durchführbaren M. wurden durch Bestimmungen des →Dawes-Plans abgelöst.
H. Ryken: Die MICUM-Abkommen des Ruhrkohlenbergbaus, 1931. C. Bergmann: Der Weg der Reparationen, 1926.

Miegel, Agnes, Dichterin, * 9. 3. 1879 Königsberg in Preußen, † 26. 10. 1964 Bad Salzuflen. Die ostpreußische Dichterin wurde durch ihre heimatverbundene Lyrik, ihre Balladen und als Erzählerin bekannt: „Balladen und Lieder" (1907), „Herbstgesang" (1932), „Deutsche Balladen" (1935), „Gesammelte Gedichte" (1936). Als Erzählerin schilderte sie mit Vorliebe Begebenheiten aus ihrer Heimat: „Geschichten aus Alt-Preußen" (1928), „Kinderland" (1931), „Die Fahrt der sieben Ordensbrüder" (1933), „Der Vater" (1933), „Gang in die Dämmerung" (1934), „Das Bernsteinherz" (1937), „Audhumla" (1937), als Bühnenwerke veröffentlichte sie „Spiele" (1927), „Schlacht von Rudau" (1933), „Weihnachtsspiel" (1934). 1916 erhielt sie den Kleistpreis und 1939 den Literaturpreis der Stadt Königsberg. 1945 mußte sie flüchten, wurde in Dänemark interniert und lebte ab 1948 in Bad Nenndorf. Das Kriegsende und die Nachkriegszeit hat sie in „Flüchtlingsgedichte" (1949) und „Heimkehr" (1962) geschildert. Sie wurde in Bad Nauheim beigesetzt. Die Bundespost ehrte sie 1979 mit einer Sondermarke.
P. Fechter: Agnes Miegel, 1933. A. Piorreck (Hrsg.): Agnes Miegel, 1985. J. Meidinger-Geise: Agnes Miegel und Ostpreußen, 1955. E. Krieger: Agnes Miegel, 1959.

Miklas, Wilhelm, österreichischer Bundespräsident, * 15. 10. 1872 Krems, † 20. 3. 1956 Wien. Ab 1905 Gymnasialdirektor in Horn, wurde der Christlichsoziale 1907 in den Reichsrat (bis 1918) gewählt, ab 1908 war er Mitglied des Niederösterreichischen Landtags. Er gehörte 1918/19 der Provisorischen Landesversammlung von Niederösterreich sowie dem Staatsrat an und war 1919/20 Unterstaatssekretär für Kultur. Ab 1918 Mitglied in der Konstituierenden Nationalversammlung bzw. im Nationalrat, war M. 1923–1928 dessen Erster Präsident. Er wurde 1928 zum österreichischen Bundespräsidenten gewählt, 1931 bestätigt und duldete dann die Diktaturen von →Dollfuß und →Schuschnigg. Nach anfänglichem Zögern ernannte er am 11. 3. 1938 nach Schuschniggs Rücktritt A. →Seyß-Inquart zum Bundeskanzler. Nach dem →Anschluß Österreichs an das Deutsche Reich trat er am 13. 3. 1938 zurück, da er das Anschlußgesetz nicht unterzeichnen, dem Anschluß aber nicht im Wege stehen wollte.

A. Harasek: Bundespräsident Wilhelm Miklas, Diss. 1967. H. V. Lang: Bundespräsident Miklas und das autoritäre Regime 1933–38, Diss. 1972.

Milch, Erhard, Generalfeldmarschall (ab 19. 7. 1940), * 30. 3. 1892 Wilhelmshaven, † 25. 1. 1972 Wuppertal. Der Apothekersohn war im 1. Weltkrieg Jagdflieger, dann beim Grenzschutz in Ostpreußen. 1923–1926 war M. Leiter der Flugbetriebsabteilung bei der Junkers Luftverkehrs AG, ab 1926 im Vorstand der Deutschen Lufthansa, ab 1942 deren Präsident. Am 30. 1. 1933 zu →Görings Stellvertreter als Reichskommissar für die deutsche Luftwaffe ernannt, war er, ab 1935 als General der Flieger, 1933–1944 Staatssekretär im Reichsluftfahrtministerium, 1938–1945 Generalinspekteur der deutschen Luftwaffe und 1941–1944, zunächst als Generaloberst (ab 1939), General-Luftzeugmeister. 1940 leitete er die Operationen der Luftwaffe in →Norwegen. Da ihm die späteren Mißerfolge der Luftwaffe in der Abwehr der alliierten Bomber angelastet wurden, verlor er im Januar 1945 seine Ämter. Im Nürnberger M.-Prozeß wurde er am 17. 7. 1947 von der alliierten Militärjustiz zu lebenslanger Haft verurteilt, 1951 zu 15 Jahren Haft begnadigt und am 4. 7. 1954 entlassen. Er betätigte sich dann als Industrieberater in Düsseldorf.

D. Irving: Die Tragödie der deutschen Luftwaffe, 1970. H. Boge: Die deutsche Luftwaffenführung 1939–1945, 1982.

Militärehrenzeichen, preußische Auszeichnung bis 1918. Das M. wurde in Preußen 1864–1918 an Unteroffiziere und Mannschaften für Tapferkeit vor dem Feind verliehen. Es besaß die Stufen Militärverdienstkreuz (goldenes Kreuz) als höchste preußische, mit einem Ehrensold ausgestattete Kriegsauszeichnung,

M. erster Klasse (silbernes Kreuz) und M. zweiter Klasse (silberne Medaille).

Militärgerichtsbarkeit, →Wehrmachtgerichtsbarkeit.

Militärkabinett, deutsche Militärbehörde bis 1918. Das vorher in Preußen, ab 1871 im Deutschen Reich bestehende M. unterstand, losgelöst vom Kriegsministerium, direkt dem deutschen Kaiser und bearbeitete vor allem die Personalangelegenheiten der Offiziere. Letzter Chef des M. war 1908–1918 M. von Lyncker. Daneben gab es das →Marinekabinett. Dessen Chef bildete mit dem des M.s und dem des Zivilkabinetts eine verfassungsmäßig nicht vorgesehene Nebenregierung, die als das „persönliche Regiment" des Kaisers bezeichnet und vor allem von linksgerichteten Parteien angegriffen wurde.

R. Schmidt: Das Militärkabinett der preußischen Könige und deutschen Kaiser, 1933.

Militärkanzlei, dem österreichischen Kaiser unterstellte Militärbehörde bis 1918. Analog zum deutschen →Militärkabinett gab es in Wien die M., die neben dem zuständigen Kriegsministerium die Personalangelegenheiten der Offiziere bearbeitete.

Militärkontrolle, alliierte Überwachung ab 1919. In den →Pariser Vorortverträgen wurde 1919/20 die M. zur Überwachung der Entwaffnung der Mittelmächte eingesetzt. Für Deutschland legten Artikel 203–210 des →Versailler Diktats die M. fest, die von einer interalliierten Militärkontrollkommission bis 31. 1. 1927 sowie von einer Marine- und Luftfahrtkontrollkommission bis 1922 ausgeübt wurde. Alle Kosten der M. mußte Deutschland tragen, das auch alle Auskünfte zu erteilen und gewünschte Dokumente zu liefern hatte. Die Angehörigen der M. hatten beliebig oft Zugang zu allen Orten in Deutschland.

Militär-Sankt-Heinrichs-Orden, hoher sächsischer Kriegsorden. Der 1736 gestiftete M. wurde bis 1918 in vier Klassen als Kriegsorden für Offiziere verliehen.

Militärverdienstkreuz, →Militärehrenzeichen.

Militär-Verdienstmedaille, sächsischer Kriegsorden bis 1918. Die goldene M. war die höchste sächsische Kriegsauszeichnung mit Ehrensold ab 1796, die silberne M. wurde an Unteroffiziere und Mannschaften verliehen. Eine goldene und silberne M. gab es auch in Württemberg bis 1918. Die M., „signum laudis", wurde

1890–1918 als österreichische Denkmünze für Heeresverdienste verliehen. Als M. wurden auch andere bis 1918 verliehene Tapferkeitsmedaillen bezeichnet.

Militärverdienstorden, deutscher Orden bis 1918. Der Bayerische M. wurde 1866 von König Ludwig II. gestiftet. Der Württembergische M. wurde 1759 als Militär-Karlsorden von Karl-Eugen gestiftet, 1799 und 1818 erneuert und bis 1918 verliehen. Mit seinem Besitz war der persönliche Adel verbunden. Dem M. wurde 1818 die goldene und silberne →Militär-Verdienstmedaille für Unteroffiziere und Mannschaften angeschlossen.

Ministerpräsidentenkonferenz, oberstes deutsches Organ 1945–1949. Da bis 1949 keine zentrale deutsche Regierungsspitze vorhanden war, bildete die M. der Regierungschefs der deutschen Länder, zunächst auch der Chefs der deutschen Provinzen, das oberste Gremium zur Vertretung deutscher Interessen gegenüber den Besatzungsmächten. Die vorher von den Besatzungstruppen eingesetzten Regierungschefs wurden nach den Landtagswahlen vom Herbst 1946, an denen allerdings viele Deutsche nicht teilnehmen durften, durch gewählte Politiker ersetzt. Zum ersten und letzten Mal trafen sich die Ministerpräsidenten aller deutschen Länder aus West- und Mitteldeutschland am 6./7. 6. 1947 in München, wobei die Ostzonenvertreter bald abreisten, da die Westmächte nur die Erörterung von Wirtschaftsfragen zugelassen hatten, die Sowjets jedoch eine deutsche Zentralregierung beschließen lassen wollten. Somit hatte die M. keinerlei politische Bedeutung.

Ministerrat für die Reichsverteidigung, Verwaltungsgremium 1939–1945. Mit Erlaß des →Führers und Reichskanzlers vom 30. 8. 1939 „für die Zeit der gegenwärtigen außenpolitischen Spannung zur einheitlichen Leitung der Verwaltung und Wirtschaft" gebildet, vereinigte der M. unter Leitung H. →Görings den Leiter der Parteikanzlei (M. →Bormann), den Generalbevollmächtigten für die Reichsverwaltung (W. →Frick), den Generalbevollmächtigten für die Wirtschaft (W. →Funk), den Chef der Reichskanzlei (H. H. →Lammers) und den Chef des Oberkommandos der Wehrmacht (W. →Keitel). Der M. konnte Verordnungen mit Gesetzeskraft erlassen, soweit nicht Reichsregierung oder Reichstag tätig wurden. Dem M. waren die →Reichsverteidigungskommissare als Mittelinstanzen zugeordnet. Er hat jedoch keine besondere Bedeutung erlangt.

Mistel-Flugzeug, →Beethoven-Programm.

Mitau (lettisch Jelgava), deutschgeprägte Stadt Lettlands. Auf einer Insel der Drixe, einem Nebenarm der kurländischen Aa, baute 1263–1266 der livländische Heermeister Konrad von Mandern die Ordensburg M., in der ein deutscher Ordenskomtur wohnte. 1562–1795 residierten hier die Herzöge Kurlands, die in der Burg und im 1738 an derselben Stelle errichteten Schloß beigesetzt wurden. Das 1435 zur Stadt erhobene M. war Hauptstadt Kurlands bis 1795. Die Einwohner, um 1900 rund 30000, waren mehrheitlich deutsch. Am 1. 8. 1915 wurde M. von deutschen Truppen erobert, nach dem 1. Weltkrieg von sowjetischen Truppen besetzt und am 20. 3. 1919 von der →Baltischen Landeswehr sowie von deutschen →Baltikumskämpfern wieder von den Kommunisten befreit. Ab Sommer 1940 wieder sowjetisch besetzt, befand sich M. 1941–1944 in deutscher Hand und ist seitdem wieder unter sowjetischer Herrschaft.

„Mittelbau" (Dora-Mittelbau), Deckname und Firma für unterirdische Rüstungsbetriebe im Südharz 1943/45. Nach dem britischen Bombenangriff auf die Raketenversuchsanstalt →Peenemünde (17./18. 8. 1943) wurde die Herstellung der →V-Waffen in bombensichere Stollen im Südharz bei Nordhausen verlagert. Dieses geheime Vorhaben lief unter dem Decknamen „M." und wurde von der reichseigenen Firma M. GmbH durchgeführt, die dem Rüstungsministerium und dem →OKW unterstand. 1945 waren hier rund 30000 Personen beschäftigt, größtenteils Fremdarbeiter und Häftlinge aus dem →Konzentrationslager Buchenwald. Die unterirdischen Fabrikationsanlagen kamen 1945 unversehrt in den Besitz der US-Truppen. Sie übergaben den ganzen Komplex mit allem Material am 1. 7. 1945 den Sowjets, die alle beweglichen Teile der Anlage in die UdSSR abtransportierten, außerdem die in der Firma beschäftigten deutschen Spezialisten mit ihren Familien zwangsweise deportierten, sie in der Sowjetunion an denselben Vorhaben arbeiten ließen und damit die Grundlagen für ihre Weltraumraketen legten. Den früheren deutschen Lagerkommandanten von M., O. Förschner, verurteilte ein amerikanisches Militärgericht zum Tode.

F. Kurowski: Alliierte Jagd auf deutsche Wissenschaftler, 1982. M. Bornemann: Geheimprojekt Mittelbau, 1971.

Mitteldeutschland, mittlerer Teil Deutschlands. Bis 1945 wurde als M. das Gebiet der mitteldeutschen Gebirge vom Rheinischen Schiefergebirge bis Oberschlesien, im engeren

Sinne die Landschaft Thüringens, Anhalts, Braunschweigs und Sachsens betrachtet. Ab 1945 wird als M. meist das Gebiet der Sowjetischen Besatzungszone Deutschlands, seit 1949 sogenannte Deutsche Demokratische Republik, bezeichnet.

Mittelmächte, Bezeichnung Deutschlands und seiner Verbündeten 1914–1918. Im und nach dem 1. Weltkrieg wurden als M. im engeren Sinne das Deutsche Reich und Österreich-Ungarn, im weiteren auch deren Verbündete Bulgarien und Türkei bezeichnet. Seltener wurde dafür der Begriff Zentralmächte gebraucht.

Mitterer, Franz Xaver, Südtiroler Politiker, * 28. 7. 1824 Laurein, † 5. 11. 1899 Proveis. Der katholische Geistliche war ein herausragender Verteidiger des Deutschtums in seiner →Südtiroler Heimat und entscheidender Mitbegründer des →Deutschen Schulvereins, der später den →Verein für das Deutschtum im Ausland (VDA) bildete.

Mjölnir, Pseudonym für den Maler und Karikaturisten Professor Hans Schweitzer.

Model, Walter, Generalfeldmarschall, * 24. 1. 1891 Genthin/Magdeburg, † 21. 4. 1945 westlich von Düsseldorf. Ab 1909 Berufssoldat, nahm M. am 1. Weltkrieg bei der Truppe und im Generalstab teil, trat 1919 in die →Reichswehr ein, wurde 1935 Oberst, 1938 Generalmajor, war Stabschef des IV. Armeekorps im →Polenfeldzug und ab Oktober 1939 als Generalleutnant Stabschef der 16. Armee unter Generalfeldmarschall →Busch. Im →Rußlandfeldzug führte er ab 1941, ab 1. 10. 1941 als General der Panzertruppen, das XXXXI. Panzerkorps bis vor Moskau, ab 16. 1. 1942 als Oberbefehlshaber die 9. Armee im Osten, die auch für die Operation →Zitadelle bei →Kursk eingesetzt worden war. Ab 9. 1. 1944 befehligte der „Meister der Defensive" die Heeresgruppe Nord, wurde am 30. 3. 1944 zum Generalfeldmarschall befördert, übernahm am 31. 3. 1944 die Heeresgruppe Nordukraine und am 28. 6. 1944 außerdem die Heeresgruppe Mitte. Es gelang ihm, unter schwierigsten Bedingungen und ohne nennenswerte Reserven den sowjetischen Vorstoß an der Grenze Ostpreußens zu stoppen. Am 17. 8. 1944 erhielt er den Oberbefehl über die Heeresgruppe B im Westen, stabilisierte hier die Front, vereitelte die alliierten Luftlandungen bei →Arnheim und leitete ab 16. 12. 1944 die deutsche →Ardennenoffensive. Nach hinhaltendem Rückzug lehnte er im →„Ruhrkessel" in aussichtsloser Lage die

amerikanische Aufforderung zur Kapitulation ab, befahl seinen rund 300000 Mann starken Verbänden die Selbstauflösung und nahm sich dann das Leben. Als Kommandeur der 3. Panzerdivision erhielt er am 9. Juli 1941 das →Ritterkreuz, als Oberbefehlshaber der 9. Armee am 18. 2. 1942 das →Eichenlaub und am 3. 4. 1943 die →Schwerter, als Oberbefehlshaber der Heeresgruppe Mitte am 17. 8. 1944 die →Brillanten.

G. Fraschka: Mit Schwertern und Brillanten, 1977. W. Görlitz: Model, 1975. H. Euler: Die Entscheidungsschlacht an Rhein und Ruhr 1945, 1980. K. Leppa: Generalfeldmarschall Walter Model, 1963.

Möhnetalsperre, Stausee im Sauerland. Am 16./17. 5. 1943 wurde die Staumauer der M., zeitgleich mit der →Edertalsperre, von der RAF-Sonderstaffel 617 unter Oberst Gibson zerstört. In den Wasserfluten fanden 1200 Zivilisten den Tod. Das Ziel der Engländer, die Wasserversorgung des Ruhrgebiets ernsthaft zu beeinträchtigen, wurde jedoch nur in geringem Umfang erreicht.

Mölders, Werner, Jagdflieger, * 18. 3. 1913 Gelsenkirchen, † 22. 11. 1941 bei Breslau. Der Sohn eines 1915 als Reserveoffizier gefallenen Studienrats trat nach dem Abitur 1931 in die →Reichswehr ein, besuchte die Kriegsschulen in Dresden, Königsberg und München, wurde 1934 Leutnant und 1935 nach dem Besuch der Fliegerschule Cottbus in die Luftwaffe übernommen. Am →Spanischen Bürgerkrieg nahm er 1938/39 als Führer einer Jagdstaffel teil, wurde mit 14 Abschüssen erfolgreichster Jagdflieger der →„Legion Condor" und dafür mit dem →Spanienkreuz in Gold und mit Brillanten ausgezeichnet. Im →Frankreichfeldzug erhielt er nach 20 Abschüssen am 29. 5. 1940 als 1. deutscher Soldat das →Ritterkreuz, wurde wenig später aber selber abgeschossen, kam nach dem Waffenstillstand zu seiner Truppe zurück und wurde am 19. 7. 1940 Major und Kommodore des Jagdgeschwaders 51. Im →Luftkampf gegen England führte er mit dem „Vierfingerschwarm" und „Doppelangriffssystem" eine neue Taktik für die Jagdflieger ein. Nach seinem 40. Luftsieg wurde er am 21. 9. 1940 als 2. deutscher Soldat mit dem →Eichenlaub ausgezeichnet, nach seinem 72. Abschuß am 22. 6. 1941 mit den →Schwertern. Im →Rußlandfeldzug erhielt er nach seinem 101. Abschuß am 16. 7. 1941 die →Brillanten als 1. Soldat der Wehrmacht. Nach seinem 115. Abschuß wurde Oberst M. zum Inspekteur der Jagdflieger ernannt. Am 22. 11. 1941 kam er bei einem Flugzeugabsturz in der Nähe von Breslau ums Leben, als er zum Staatsbegräbnis für General-

Moltke

oberst E. →Udet nach Berlin geflogen werden sollte. Die Bundeswehr benannte einen Lenkwaffenzerstörer und ein Jagdgeschwader nach ihm.

F. von Forell: Mölders und seine Männer, 1942. G. Just: Die ruhmreichen Vier, 1972. F. von Forell: Werner Mölders, 1976. G. Fraschka: Mit Schwertern und Brillanten, 1977. E. Obermaier und W. Held: Jagdflieger Oberst Werner Mölders, 1982. G. Aders und W. Held: Jagdgeschwader 51 „Mölders", 1985.

Mölders-Brief, angeblicher, Fälschung der britischen Kriegspropaganda. Im Januar 1942 verfaßte Sefton →Delmer, britischer Journalist und in der englischen Kriegspropaganda gegen Deutschland eingesetzt, einen Brief, der angeblich von dem kurz vorher tödlich verunglückten Jagdfliegeroberst und Brillantenträger W. →Mölders an den Stettiner Dompropst Klawitter gerichtet worden war. Die Fälschung wurde in zahlreichen Exemplaren über Deutschland abgeworfen und sollte den Eindruck hervorrufen, der Katholik Mölders betrachte die Nationalsozialisten als „Gottlose" und sei deshalb einem Attentat zum Opfer gefallen. Der M. wurde zwar von J. →Goebbels und der Mutter von Mölders als Fälschung bezeichnet, trotzdem aber von Teilen der Bevölkerung geglaubt und führte deshalb zu Spannungen zwischen den Kirchen und der →NSDAP. In seinem Buch „Die Deutschen und ich" hat Delmer später die Einzelheiten dieser Fälschung und ihre unerwartet große Wirkung beschrieben.

S. Delmer: Die Deutschen und ich, 1961.

Moeller van den Bruck, Arthur, kulturpolitischer Schriftsteller, * 23. 4. 1876 Solingen, † 30. 5. 1925 Berlin. Nach der Veröffentlichung geschichtsphilosophischer und kunstgeschichtlicher Betrachtungen, in denen es ihm vor allem um das „Gesetz der Reinheit des Stils" ging, wirkte M. ab 1919 als politischer Publizist, beeinflußte vor allem die „Jungkonservativen" in der Weimarer Republik und die Zeitschrift „Das Gewissen", forderte einen entschiedenen Nationalismus im Innern und eine Zusammenarbeit der „jungen Völker", als die er Russen, Amerikaner und Deutsche betrachtete. 1923 veröffentlichte er unter dem Titel „Das Dritte Reich" ein Werk, in dem er politische Begriffe zum Teil sehr willkürlich deutete. Wegen dieser Schrift wurde häufig ein Zusammenhang zwischen M. und der →NSDAP herzustellen versucht. Tatsächlich gibt es zwischen der Konzeption M.s und der des Dritten Reiches keine wesentlichen Übereinstimmungen. M. nahm sich das Leben.

R. Adam: Moeller van den Bruck, ³1933. P. Fechter: Moeller van den Bruck, 1934. A. Mohler: Die konserva-

tive Revolution in Deutschland, 1918–1932, ³1989. Rödel: Moeller van den Bruck, 1939.

Molotow-Besuch, deutsch-sowjetische Besprechungen 1940. Nachdem die Sowjetunion im Sommer 1940 das Baltikum und Bessarabien annektiert hatte und ihre Presse zunehmend unfreundlich über das Dritte Reich berichtete, lud Reichsaußenminister J. von →Ribbentrop in einem Schreiben an →Stalin vom 13. 10. 1940 den sowjetischen Außenminister Molotow zur Klärung der deutsch-sowjetischen Beziehungen zu einem Gespräch nach Berlin ein. Bei diesen Unterredungen mit A. →Hitler bzw. Ribbentrop am 12./13. 11. 1940 erhob Molotow für das Deutsche Reich unannehmbare Forderungen: auf Finnland mit sofortigem Abzug der deutschen Truppen, den Bosporus und die Dardanellen, Bulgarien und die Südbukowina sowie die Rücknahme der deutschen Garantie für Rumänien; außerdem deutsch-sowjetische Gespräche über Polen, Ungarn, Jugoslawien, Griechenland und die Ostseeausgänge. In einem sowjetischen Schreiben an die Reichsregierung vom 26. 11. 1940 wurden die meisten dieser Forderungen noch einmal wiederholt. Daraus ließ sich eine sowjetische Bereitschaft zum Krieg mit Deutschland erkennen. A. →Hitler befahl deshalb in seiner →Weisung Nr. 21 vom 18. 12. 1940: „Die deutsche Wehrmacht muß darauf vorbereitet sein, auch vor Beendigung des Krieges gegen England Sowjetrußland in einem schnellen Feldzug niederzuwerfen (Fall →Barbarossa)". Der M. hatte deshalb einschneidende Veränderungen in den deutsch-sowjetischen Beziehungen zur Folge und muß als auslösender Faktor für den →Rußlandfeldzug angesehen werden. Neuere Veröffentlichungen zur Vorgeschichte des Ostfeldzuges gehen davon aus, daß Stalin einen deutsch-sowjetischen Krieg provozieren wollte, weil er von der Überlegenheit der Roten Armee überzeugt war und deshalb annahm, nach der Niederlage Frankreichs und der Vertreibung der englischen Truppen vom Festland müßte ein sowjetischer Sieg über Deutschland gleichbedeutend mit der kommunistischen Herrschaft über das europäische Festland sein.

R. Pemsel: Hitler – Revolutionär, Staatsmann, Verbrecher? 1986. P. Schmidt: Statist auf diplomatischer Bühne 1923–1945, 1949.

Moltke, Helmuth Johannes Ludwig von, Generalstabschef, * 25. 5. 1848 Rittergut Gersdorf/Mecklenburg, † 18. 6. 1916 Berlin. Nach Teilnahme am Krieg 1870/71 war M. 1882–1891 Adjutant seines Onkels, des Feldmarschalls H. von M., anschließend von Kaiser →Wilhelm II., und wurde nach Truppendienst 1902

287

Divisionskommandeur, 1904 – gegen →Schlieffens Willen – Generalquartiermeister im →Großen Generalstab, 1906 Nachfolger Schlieffens als Generalstabschef. 1912/13 befürwortete er eine Heeresvermehrung, die er jedoch nicht in vollem Umfang durchsetzen konnte. Bei Kriegsausbruch 1914 hatte er wesentlichen Anteil an den deutschen Entscheidungen zur Mobilisierung und Kriegserklärung, befolgte dann grundsätzlich den →Schlieffenplan, schwächte jedoch den rechten Flügel des Westheeres, indem er zwei Armeen nach Elsaß-Lothringen abzog. Dadurch und durch fehlende straffe Führung der →Marneschlacht im September 1914 kam das deutsche Westheer um seinen Erfolg. Der kränkelnde M. wurde dann am 14. 9. 1914 abgelöst. Er übernahm 1915 die Leitung des Stellvertretenden Generalstabs in Berlin und setzte sich für die Berufung →Hindenburgs anstelle von →Falkenhayn ein. Seine Witwe gab 1922 „Generaloberst Helmuth von Moltke, Erinnerungen, Briefe, Dokumente" heraus.
F. Herre: Moltke, 1984. R. Steiner: Die „Schuld" am Kriege, 1919.

Mondorfer Erklärung, Protest von Reichspräsident Dönitz gegen die Machtübernahme der →Alliierten in Deutschland. Als die →Juni-Deklaration der Alliierten vom 5. 6. 1945 bekannt wurde, protestierte Reichspräsident und Großadmiral K. →Dönitz im Juli 1945 aus seiner Haft in Mondorf (Luxemburg) mit der M. gegen die völkerrechtlich unzulässige Form einer Machtübernahme der Alliierten in Deutschland mit folgenden Feststellungen: Er sei von den Alliierten als Staatsoberhaupt des Deutschen Reiches und damit Oberster Befehlshaber der Wehrmacht anerkannt worden; durch die bedingungslose Kapitulation der Wehrmacht habe weder das Deutsche Reich aufgehört zu bestehen noch sei dadurch sein Amt als Staatsoberhaupt beendet worden; die Besetzung des Reichsgebietes habe an dieser Rechtslage nichts geändert, sondern nur zur Folge gehabt, daß die Amtstätigkeit seiner Regierung unterbunden worden sei.
W. Lüdde-Neurath: Regierung Dönitz, 1980. W. Grabert (Hrsg.): Jalta-Potsdam und die Dokumente zur Zerstörung Europas, 1985.

Monte Cassino, Schlacht um, deutsche Abwehrschlacht 1943/44. Nachdem die Alliierten am 10. 7. 1943 auf →Sizilien und am 9. 9. 1943 bei →Salerno in Italien gelandet waren, wurden die deutschen Truppen der 10. Armee unter Generaloberst H. G. von Vietinghoff-Scheel nach hinhaltendem Widerstand bis zum Dezember 1943 auf die ausgebaute →„Gustav-Linie" zurückgenommen, eine wegen ihres ge-

birgigen Charakters günstige Verteidigungslinie, die an der engsten Stelle der Halbinsel zwischen den Mündungen von Garigliano und Sangro rund 120 km lang war, nördlich dieser Flüsse verlief und den Zugang nach Rom versperrte. Beherrschender Punkt, aber nicht in die Front einbezogen, war der 519 m hohe M. über der Stadt Cassino. Ab Anfang Januar 1944 griffen weit überlegene alliierte Verbände die deutschen Verteidiger an. Nach wochenlangen erfolglosen Kämpfen zerstörten 300 alliierte Bomber auf Drängen des neuseeländischen Generals Freyberg am 15. 2. 1944 das bis dahin aus den Kämpfen herausgehaltene Kloster M., das 529 gegründete Mutterkloster des ganzen Abendlandes, völlig. Alle Kunstschätze waren jedoch vorher von der deutschen Wehrmacht nach Rom in Sicherheit gebracht worden. Nach anschließenden wochenlangen erfolglosen Angriffen mußten die Alliierten am 20. 2. 1944 ihre Offensive zunächst einstellen. Nachdem am 15. 3. 1944 weitere rund 2500 t Sprengbomben auf den nun in die deutsche Verteidigung einbezogenen M. geworfen worden waren, begann ein neuer Großangriff der Alliierten. Ihnen begegnete erbitterter deutscher Widerstand, insbesondere von Fallschirmjägereinheiten, den „Grünen Teufeln" vom M., bis die Alliierten am 24. 3. 1944 auch diesen Versuch aufgaben. Erst nach einem neuen Großangriff entlang der Küste am 11. 5. 1944 sowie mit dem Angriff aus dem ab 22. 1. 1944 bestehenden alliierten Landungsbrückenkopf bei Anzio/→Nettuno südlich Roms erfolgte ein Einbruch in die westliche „Gustav-Linie", so daß die Front am M. ab 16. 5. 1944 zurückgenommen werden mußte. Die letzten 1500 deutschen Verteidiger am M. ergaben sich am 18. 5. 1944 nach einem Abwehrkampf ohne Beispiel. Nach ihrem Durchbruch rückten die Alliierten am 4. 6. 1944 in das von den Deutschen wegen seiner unersetzlichen Kunstschätze zur „Offenen Stadt" erklärte und damit nicht verteidigte Rom ein. Die Schlacht um M. hatte das Vorrücken der Alliierten in Italien um sechs Monate verzögert.
R. Böhmler: Monte Cassino, 1955. E. D. Smith: Der Kampf um Monte Cassino 1944, 1979. J. Piekalkiewicz: Die Schlacht von Monte Cassino, 1980. J. Piekalkiewicz: Der Zweite Weltkrieg, 1986. Boschmann: Die Grünen Teufel von Monte Cassino, 1989.

Montoire, Konferenz von, Treffen A. Hitlers mit →Pétain 1940. Nachdem sich A. →Hitler und Reichsaußenminister J. von →Ribbentrop am 22. 10. 1940 in M. mit dem stellvertretenden französischen Ministerpräsidenten P. →Laval und dann in →Hendaye mit →Franco getroffen hatten, kam es am 24. 10. 1940 zu ihrer Begegnung in M. mit dem französischen

Staatspräsidenten Marschall Pétain und mit Laval. Die deutsche Seite erstrebte einen „Kontinentalblock" gegen England, woran sich Frankreich ohne direkten Eintritt in den Krieg beteiligen sollte. Obwohl die Briten am 3. 7. 1940 die französische Flotte vor →Oran versenkt hatten und Hitler weitgehende Zugeständnisse an →Vichy-Frankreich machte, ging Pétain auf seine Angebote nicht ein, so daß die in freundschaftlich-höflicher Atmosphäre stattfindende Konferenz von M. ohne Ergebnis verlief.

E. Jäckel: Frankreich in Hitlers Europa, 1966.

Morell, Theo, Prof. Dr. med., Leibarzt A. Hitlers, * 18. 7. 1886 Traisa/Hessen, † 26. 5. 1948 Tegernsee. M. behandelte A. →Hitler von 1936–1945. Nach dem Krieg wurde gegen ihn der Vorwurf erhoben, Erschöpfungszustände A. Hitlers mit Präparaten behandelt zu haben, die schwerwiegende Nebenwirkungen haben: regelmäßigen Traubenzuckerinjektionen, die zu einer vorzeitigen und starken Verkalkung der Gehirngefäße führen, sowie ständige Verabreichung von Pervitin-Tabletten, die euphorische Rauschzustände und damit Beeinträchtigungen des Urteilsvermögens bewirken. Außerdem hatte M. nicht verhindert, daß A. Hitler in Überdosis Atropin-Strychnin-Tabletten mit toxischen Nebenwirkungen einnahm. Es wurde bereits während des Krieges von ärztlicher Seite vergeblich versucht, M. deshalb von seinem Posten zu entfernen. Vorwürfe, M. habe A. Hitler durch seine Behandlung vorsätzlich ruiniert und den Zusammenbruch von dessen Gesundheit verschuldet, dürften unzutreffend sein. Es ist eher anzunehmen, daß er die Folgen seiner Therapie nicht übersah, also fahrlässig gehandelt hat.

H. D. Röhrs: Hitler. Die Zerstörung einer Persönlichkeit, 1965. O. Katz: Prof. Dr. med. Theo Morell, 1982. E. G. Schenck: Patient Hitler, 1989.

Morgenthau-Plan, US-Programm von 1944 zur Zerschlagung Deutschlands. Da Planungen des US-Außenministeriums und der alliierten Europäischen Beratenden Kommission zur Behandlung Deutschlands nach dem Kriege Henry Morgenthau jr. (1891–1967), →Roosevelts jüdischem Finanzminister (1934–1945) und engstem Berater, zu mild erschienen, ließ er, ein erklärter Feind Deutschlands und Freund der Kommunisten, mit Auftrag vom 23. 8. 1944 an seinen prokommunistischen Mitarbeiter H. D. White einen wesentlich schärferen Plan ausarbeiten. Am 6. 9. 1944 wurde der M. dem US-Präsidenten sowie dem Außen- und Kriegsministerium übersandt. Er sah in 14 Punkten vor: die Zerschlagung Deutschlands in a) eine Internationale Zone (etwa das

heutige Westdeutschland nördlich des Mains), b) ein Süddeutschland südlich des Mains, c) ein Norddeutschland (etwa die spätere sogenannte DDR), d) Österreich. Dabei sollte Frankreich das Saargebiet und die Pfalz, Polen die deutschen Ostprovinzen erhalten. Dazu kamen →Entmilitarisierung, →Umerziehung, politische Dezentralisierung, Demontage aller Industrieanlagen und Stillegung aller Bergwerke, damit Umwandlung Deutschlands in ein reines Agrarland; außerdem Reparationen, Beschlagnahme deutschen Vermögens im Ausland sowie jahrzehntelange Kontrolle Deutschlands. Ein Anhang forderte Erschießung der „Hauptkriegsverbrecher" ohne Prozeß; Todesurteile für weitere Gruppen, Inhaftierung und Aburteilung der gesamten →SS und →Gestapo sowie aller hohen Beamten und Führer der →SA, anderer Sicherheitsorgane und der Regierung; Zwangsarbeit im Ausland für alle übrigen Angehörigen der SS, Gestapo und Sicherheitsorgane; Berufsverbot in Verwaltung, Erziehungswesen, Banken sowie leitend in Wirtschaft und Handel für alle →NSDAP-Mitglieder, Großgrundbesitzer und Offiziere; Enteignung und Aufteilung der Güter der Großgrundbesitzer sowie Auswanderungsverbot für alle Deutschen. Eine etwas geänderte Fassung des M. wurde auf der Konferenz von →Quebec am 15. 9. 1944 von Roosevelt und →Churchill paraphiert. Da Teile der US-Öffentlichkeit sowie Kriegsminister Stimson und Außenminister Hull gegen den M. protestierten, zog Roosevelt angesichts der bevorstehenden Wahl am 22. 9. 1944 seine Zustimmung zum M. zurück und distanzierte sich von ihm. Dennoch blieb die antideutsche Haltung des M.s für die US-Planung bestehen und setzte sich bis in die berüchtigte →Direktive JCS 1067 durch, die Roosevelt am 23. 3. 1945 billigte, Truman später bestätigte und die bis zum 14. 7. 1947 für die US-Besatzungstruppen in Kraft blieb. Der Sicherheitsunterausschuß für Rechtsfragen des US-Senats veröffentlichte am 20. 11. 1967 das „Morgenthau Diary (Germany)". Der M., in Deutschland schnell bekannt geworden und als „Judas Mordplan" bezeichnet, versteifte den deutschen Widerstand gegen die Alliierten. Dem M. waren in den USA ähnliche oder noch weiter gehende Forderungen in Büchern wie von Th. N. →Kaufman „Germany must perish" (1941) oder von L. Nizer „What to do with Germany?" (1944) vorausgegangen, von dem allein General Eisenhower 100 000 Exemplare an seine Truppen verteilen ließ.

H. Schild (Hrsg.): Das Morgenthau-Tagebuch, 1970. J. M. Blum: Deutschland ein Ackerland? 1968. H. Härtle: Amerikas Krieg gegen Deutschland, 1968. B. Colby: Roosevelts scheinheiliger Krieg, 1977. H. Fish:

Der zerbrochene Mythos, ²1986. W. Grabert (Hrsg.): Jalta-Potsdam und die Dokumente zur Zerstörung Europas, 1985. U. Keppler: Tod über Deutschland – Der Morgenthauplan, 1971. G. Moltmann: Amerikas Deutschlandpolitik im Zweiten Weltkrieg, 1958.

Moskau, Schlacht vor, deutscher Angriff auf Moskau 1941. Am 2. 10. 1941 begann der Angriff der Heeresgruppe Mitte unter Generalfeldmarschall F. von →Bock (Unternehmen „Taifun") aus dem Raum nördlich Smolensk bis Orel mit dem Ziel einer Umfassungsschlacht gegen die sowjetische Heeresgruppe Timoschenko und nachfolgender Einschließung Moskaus. Nach den erfolgreichen Kesselschlachten bei →Wjasma und Brjansk vom 2. bis 20. 10. 1941 mit 660000 sowjetischen Gefangenen standen die deutschen Truppen nur noch 100 km vor Moskau. Die kommunistische Regierung flüchtete, mit Ausnahme →Stalins, am 16. 10. 1941 nach Kuibyschew (Wolga). Von Mitte Oktober bis zum 15. 11. 1941 behinderte die Schlammperiode den deutschen Vormarsch erheblich. Nach Frosteintritt wurden die Angriffe auf Moskau von drei Seiten fortgesetzt und die Außenbezirke der Stadt am 28. 11. 1941 erreicht. Schärfster Frost, völlige Erschöpfung der Truppe, Nachschubmangel und Anfang Dezember einsetzende sowjetische Gegenangriffe erzwangen dann die Rücknahme der deutschen Front. Am 8. 12. 1941 befahl A. Hitler, an der Ostfront zur Verteidigung überzugehen.
A. M. Samsonow: Die große Schlacht vor Moskau, 1959. H.-A. Jacobsen und J. Rohwer: Entscheidungsschlachten des zweiten Weltkrieges, 1960. P. Carell: Unternehmen Barbarossa, 1963. K. Reinhardt: Die Wende vor Moskau, 1972. W. Paul: Erfrorener Sieg, 1975. J. Piekalkiewicz: Die Schlacht um Moskau 1941, 1981. W. Haupt: Sturm auf Moskau 1941, 1986. J. Piekalkiewicz: Der Zweite Weltkrieg, 1986.

Moskau, Vertrag von, →Deutsch-sowjetischer Nichtangriffspakt.

Moskauer Außenministerkonferenzen, allierte Konferenzen 1943–1947. Die 1. M. tagte vom 18. bis 30. 10. 1943 mit Hull (USA), Eden (Großbritannien), Molotow (UdSSR) und Fou Ping Sheung (China) zur Vorbereitung der Konferenz von Teheran über die künftige Deutschlandpolitik. Beschlossen wurden Besetzung, Entwaffnung und Kontrolle Deutschlands, Abtretung Ostpreußens, Selbständigkeit Österreichs und der Tschechoslowakei, Bestrafung und Auslieferung deutscher „Kriegsverbrecher", Einsetzung einer Europäischen Beratenden Kommission zur Behandlung Nachkriegsdeutschlands und Bestätigung der Forderung nach bedingungsloser Unterwerfung Deutschlands. Die 2. M. beriet vom 16. bis 26. 12. 1945 mit Byrnes (USA), Bevin (Großbritannien) und Molotow (UdSSR) über eine Friedenskonferenz mit Deutschlands Verbündeten sowie Fernostfragen. Sie beschloß die Gründung einer Internationalen Atomenergiekommission. Die 3. M. erörterte vom 10. 3. – 24. 4. 1947 mit Marshall (USA), Bevin (Großbritannien), Bidault (Frankreich) und Molotow (UdSSR) ohne Ergebnis die deutsche Frage, die deutschen Grenzen, die deutschen Reparationen und die künftige deutsche Staatsform.
G. Zieger: Alliierte Kriegskonferenz. 1941–1943, 1964.

Motor-HJ, Sondereinheit der →Hitler-Jugend. Die M. hatte 1934 etwa 100000 Mitglieder zwischen 16 bis 18 Jahren. Ab 1934 übernahm das →NSKK ihre technische und theoretische Ausbildung, in deren Rahmen jährlich rund 10000 Angehörige der M. den Kfz-Führerschein erwarben.

Motorsportabzeichen, Deutsches, Auszeichnung für Erfolge im Kraftfahrsport. Das von A. →Hitler am 18. 2. 1938 gestiftete Deutsche M. wurde in Gold für 150, in Silber für 100, in Eisen für 50 Punkte verliehen. Die Punktwertung sah beispielsweise für einen Sieg in einem internationalen Rennen zwölf, für einen dort erreichten zweiten Platz acht Punkte vor.

Muchow, Reinhold, Organisator der Nationalsozialistischen Betriebszellenorganisation (NSBO), * 21. 12. 1905 Berlin, † 12. 9. 1933 Bacharach. M. kam 1925 zur →NSDAP und führte in seiner Ortsgruppe Berlin-Neukölln das System der Straßenzellen ein. 1928 wurde er Gauorganisationsleiter der NSDAP in Berlin, wo er maßgeblichen Anteil am Aufbau der →Nationalsozialistischen Betriebszellenorganisation (NSBO) hatte. 1931 gründete er die Zeitschrift „Arbeitertum". Ab 1933 war er Leiter des Organisationsamtes der „Deutschen Arbeitsfront". Er verunglückte bei einem Autounfall.

Mücke, Helmut von, Korvettenkapitän, * 25. 6. 1881 Zwickau. Als 1. Offizier des zum deutschen Ostasiengeschwader gehörenden Kleinen Kreuzers →„Emden" unter dem Kommandanten Karl Friedrich Max von →Müller hatte M. großen Anteil an der Aufbringung von 23 Handelsschiffen mit 101000 BRT. Als die „Emden" am 9. 11. 1914 bei den Kokosinseln nach dem Kampf mit einem überlegenen australischen Kreuzer von der Besatzung auf die Riffe gesetzt wurde, war Kapitänleutnant M. mit einer Abteilung zur Zerstörung einer Funkstelle an Land gegangen. Er besetzte dann den

britischen Schoner „Ayesha", nach dessen Versenkung den Kohlendampfer „Choising" und landete am 9. 1. 1915 mit seiner Mannschaft an der arabischen Küste bei Hodaida, von wo er sich auf abenteuerlichem Marsch zur Hedschasbahn und dann bis Konstantinopel durchschlug. Er schrieb darüber „Ayesha" (1915) und „Emden" (1915).
R. K. Lochner: Die Kaperfahrten des Kleinen Kreuzers Emden, 1979.

Müller, Hermann, Reichskanzler, * 18. 5. 1876 Mannheim, † 20. 3. 1931 Berlin. Nach kaufmännischer Lehre war der Sohn eines Fabrikdirektors 1899–1906 Redakteur der „Görlitzer Volkszeitung" (SPD), 1903–1906 Stadtverordneter in Görlitz, trat der SPD bei, kam 1906 in den SPD-Vorstand und war 1916–1918 sowie 1920–1931 MdR, dabei 1920–1928 Fraktionsvorsitzender. Als Außenminister (Juni 1919 bis März 1920) unterschrieb er das →Versailler Diktat am 28. 6. 1919 und war vom 26. 3. bis 25. 6. 1920 Reichskanzler. Sein zweites Kabinett, das letzte mit parlamentarischer Mehrheit der →Weimarer Republik, leitete er vom 28. 6. 1928 bis 30. 3. 1930, bis sich angesichts von vier Millionen Arbeitslosen SPD und Gewerkschaften nicht über einen Beitrag zur Arbeitslosenversicherung einigen konnten. Er schrieb u. a. „Die Gewerkschaften" (mit A. Braun 1921–1925) und seine Erinnerungen „Die Novemberrevolution" (1928).
M. Vogt (Bearb.): Das Kabinett Müller I und II, 2 Bde., 1970/71. J. Maurer: Reichsfinanzen und Große Koalition, 1973.

Müller, Karl Friedrich Max von, Kapitän zur See und Kreuzerkommandant, * 16. 6. 1873 Hannover, † 11. 3. 1923 Braunschweig. Seit 1891 war M. in der Marine, hatte mehrere Bordkommandos, war 1909–1912 im Reichsmarineamt tätig und wurde im Frühjahr 1913 Kommandant des in Ostasien stationierten Kleinen Kreuzers →„Emden" (3670 BRT). Seit Mai 1914 Fregattenkapitän, führte er im 1. Weltkrieg im Pazifik und Indischen Ozean erfolgreichen Handelskrieg, wobei er 23 Handelsschiffe, deren Besatzungen er auf vier Schiffen nach und nach entließ, mit 101000 BRT aufbrachte sowie vor dem Hafen von Penang den russischen Kreuzer „Schemtschug" (1380 BRT) sowie den französischen Zerstörer „Mousquet" versenkte und dann die Öltanks im Hafen von Madras in Brand schoß. Bei den Kokosinseln unterlag die „Emden" am 9. 11. 1914 dem britischen Kreuzer „Sidney" und wurde schwerbeschädigt von der Besatzung auf die Riffe gesetzt, wobei M. in britische Gefangenschaft geriet. Als Kapitän zur See nahm M. am 11. 1. 1919 seinen Abschied.

R. K. Lochner: Die Kaperfahrten des Kleinen Kreuzers Emden, 1979. K. Bartz: Der Kommandant der Emden, 1939. H. Pemsel: Biographisches Lexikon zur Seekriegsgeschichte, 1895. H. von Mücke: Emden, 1915. H. von Mücke: Ayesha, 1915.

Müller, Ludwig, Reichsbischof, * 23. 6. 1883 Gütersloh, † 31. 7. 1945 Berlin. Der evangelische Theologe war im 1. Weltkrieg und bis 1926 Marinepfarrer in Wilhelmshaven und von 1926–1933 Wehrkreispfarrer in Königsberg, wo er 1927 A. →Hitler kennenlernte. Seit Dezember 1932 war er Leiter der →Deutschen Christen in Ostpreußen, wurde am 5. 4. 1933 Bevollmächtigter des Reichskanzlers für Kirchenfragen, am 6. 9. 1933 Landesbischof von Preußen und am 27. 9. 1933 von der Nationalsynode zum ersten →Reichsbischof der Deutschen Evangelischen Kirche gewählt. Seit September 1933 war er preußischer Staatsrat. M. scheiterte bei seinem Versuch, die 28 Landeskirchen zu einer einheitlichen Deutschen Evangelischen Kirche zusammenzufassen, vor allem am Widerstand der Bekennenden Kirche. Ende Dezember 1933 überführte er die evangelischen Jugendorganisationen in die →HJ. Nachdem H. →Kerrl am 16. 7. 1935 sein Amt als Reichsminister für kirchliche Angelegenheiten angetreten hatte, nahm M. keine kirchenorganisatorischen Aufgaben mehr wahr, ohne jedoch als Reichsbischof zurückzutreten.

Münchener Abkommen, internationaler Vertrag über das →Sudetenland vom 29. 9. 1938. Angesichts der Bestrebungen der Sudetendeutschen, aus der Tschechoslowakischen Republik auszutreten, verlangten, wie dazu von Prag aufgefordert (→Necas-Dokumente), die britische und die französische Regierung in einer gemeinsamen Note vom 19. 9. 1938 von der tschechoslowakischen Regierung die Abtretung der „überwiegend von Deutschen bewohnten Bezirke innerhalb der Grenzen des tschechoslowakischen Staates" an das Deutsche Reich. Am 21. 9. 1938 erhielten sie zur Antwort: „Durch die Umstände gezwungen und einem unerhörten Druck nachgebend, nimmt die tschechoslowakische Regierung . . . die anglofranzösischen Vorschläge schmerzerfüllt an . . .". Im M. regelten Deutschland, England, Frankreich und Italien die Einzelheiten der Abtretung des Sudetenlandes an das Reich, nämlich die schrittweise Übergabe dieser Gebiete bis zum 10. Oktober 1938. Am 30. 9. 1938 akzeptierte die tschechoslowakische Regierung diese Vereinbarung. Beim M. handelt es sich somit nur um Durchführungsbestimmungen zu einer schon vorher erzielten Vereinbarung zwischen England, Frankreich und der Tschechoslowakei. Es wurde am 4. 10. 1938 im englischen Unterhaus mit 366 zu 144 Stimmen, am 5. 10. 1938 von der französischen Nationalversammlung mit 535 zu 75 Stimmen gebilligt.

H. Raschhofer: Völkerbund und Münchener Abkommen, 1978. Sudetendeutscher Rat e.V. (Hrsg.): München 1938, 1964. H. K. G. Rönnefarth: Die Sudetenkrise in der internationalen Politik, 1961. E. Moravek. Das Ende der Benesch-Republik, 1942.

Münchener Prozeß, →Hitler-Prozeß.

Münchener Räterepublik, kommunistische Diktatur in München 1919. Am 8. 11. 1918 rief der Unabhängige Sozialdemokrat Kurt →Eisner in München eine Revolutionsregierung aus, an deren Spitze er trat. Eisner wurde am 21. 2. 1919 von Leutnant Graf Arco-Valley erschossen, der in ihm einen Usurpator der Macht und reichsfeindlichen Politiker sah. Darauf wurden der bayerische Minister E. Auer (SPD) im Landtag durch Schüsse schwer verletzt und die Abgeordneten Ösel und von Jahreis ermordet, der Landtag selbst ging auseinander. In Bayern wurde die Macht danach in wachsendem Maße von sogenannten →Arbeiter- und Soldatenräten beansprucht, in denen Kommunisten eine immer größere Rolle spielten. Am 27. März wählte der Landtag den Mehrheitssozialisten Hoffmann zum bayerischen Ministerpräsidenten, der sich aber in München gegen die Herrschaft der Räte nicht durchsetzen konnte und deshalb den Sitz seiner Regierung nach Bamberg verlegte. Um die Etablierung einer parlamentarischen Demokratie zu verhindern, wurde am 7. 4. 1919 in München von Mitgliedern der SPD und der USPD eine Räterepublik mit einem „Zentralrat" proklamiert. Die Kommunisten beteiligten sich an dieser Aktion nicht, da sie einen solchen Schritt ohne ausreichende Organisation des „Proletariats" als verfrüht ansahen. In München wurde durch den Zentralrat u. a. ein Volkskommissariat für auswärtige Angelegenheiten errichtet, das die Beziehung zum Deutschen Reich „abbrach" sowie Württemberg und der Schweiz den Krieg erklärte. In der Nacht vom 9. zum 10. 4. 1919 bildeten die Kommunisten neben der Regierung Hoffmann und dem Zentralrat der Räterepublik mit einem „Zehnerrat" die dritte Regierung für Bayern. Am 13. 4. wurden die Anhänger der Regierung Hoffmann und der Zentralrat von Kommunisten in München entmachtet und ein „Aktionsausschuß" und ein „Vollzugsrat der Betriebs- und Soldatenräte" unter dem Kommunisten E. Leviné gebildet. Damit begann der kommunistische Terror gegen die Münchener Bevölkerung. Wahllos wurden Haussuchungen, Verhaftungen, Enteignungen, Waffenbeschlagnahmungen vorgenommen und eine „Rote Ar-

mee" unter Eglhofer gegründet, die die „Errungenschaften" der Revolution verteidigen sollte. Kommunistische Aufstände in Würzburg, Schweinfurt, Nürnberg und Passau folgten, die von Regierungstruppen niedergeschlagen werden konnten. Gegen München wurden von der Reichsregierung Truppen und →Freikorps eingesetzt. Sie kreisten München ein und begannen den Sturm auf die Stadt, als am 30. 4. 1919 die Erschießung von zehn sogenannten Geiseln durch Kommunisten im Münchener Luitpoldgymnasium bekannt wurde. Bis zum 6. 5. 1919 wurde die kommunistische Herrschaft in München beseitigt. Die Kämpfe forderten mehrere hundert Tote.

R. Kanzler: Bayerns Kampf gegen den Bolschewismus, 1931. H. Neubauer: München und Moskau 1918/1919, 1958. H. Hillmayr: Roter und Weißer Terror in Bayern nach 1918, 1974. E. Kern: Von Versailles nach Nürnberg, 1967. R. Meyer-Leviné: Leviné – Leben und Tod eines Revolutionärs, 1972.

Münchhausen, Börries, Freiherr von, Dichter, * 20. 3. 1874 Hildesheim, † 16. 3. 1945 Schloß Windischleuba bei Altenburg (Thüringen). M. war der Erneuerer und wichtigste Vertreter der deutschen Balladendichtung im 20. Jahrhundert: „Das Balladenbuch" erschien 1924, „Das Liederbuch" 1928, 1922 veröffentlichte er die autobiographischen Plaudereien „Fröhliche Woche mit Freunden", 1934 „Geschichten aus der Geschichte einer alten Geschlechtshistorie nacherzählt". Ab 1898 gab er den „Göttinger Musenalmanach" neu heraus und förderte den dichterischen Nachwuchs. Nach seinem Tod erschien „Aus letzter Hand" (1959).

W. Scholz: Erinnerungen an Börries von Münchhausen, 1951. M. Jahn: Börries von Münchhausen, 1959.

Münzenberg, Willi, kommunistischer Propagandist, * 14. 8. 1889 Erfurt, † Sommer 1940 bei Caugnet (Frankreich). M. war zunächst Arbeiter in einer Schuhfabrik, trat 1906 der Sozialistischen Jugend bei, lebte ab 1910 in Zürich und arbeitete dort mit Lenin zusammen, wurde 1914 Sekretär der Sozialistischen Jugendinternationale, 1919 Mitglied der →KPD, gründete und leitete ab 1921 auf Weisung Lenins die Internationale Arbeiterhilfe. 1924–1933 war er MdR der KPD und ab 1927 Mitglied ihres Zentralkomitees. Er gründete und lenkte ab 1924 zahlreiche kommunistische Verlage, Zeitungen und Filmgesellschaften („Münzenberg-Konzern"). 1933 emigrierte er nach Paris und setzte von dort seine Tätigkeit fort, u. a. mit einem →„Braunbuch", das der →NSDAP die Schuld am →Reichstagsbrand zu geben versuchte. 1937 wurde er wegen seiner Kritik an →Stalins Massenmorden in der Sowjetunion („Säuberungen") sowie an Walter Ulbricht aus

der KPD ausgeschlossen. Nach Beginn des →Frankreichfeldzugs wurde er von der französischen Polizei verhaftet und interniert, floh aus einem Lager bei Lyon und wurde am 21. 6. 1940 zum letztenmal gesehen, seine Leiche im November 1940 gefunden. Mit größter Wahrscheinlichkeit wurde er im Auftrag der sowjetischen Geheimpolizei GPU ermordet.
B. Gross: Willi Münzenberg, 1967.

Mürzsteg, Abkommen von, österreichisch-russische Vereinbarung 1903. Am 2. 10. 1903 trafen sich Kaiser →Franz Joseph und Zar Nikolaus II. im steirischen Jagdschloß M., um angesichts der mazedonischen Wirren gemeinsame diplomatische Maßnahmen gegenüber der Türkei zu vereinbaren. Diese Zusammenarbeit Österreichs und Rußlands in der Balkanpolitik dauerte angesichts gegensätzlicher Interessen jedoch nicht lange.

Mütterdienst (Reichs-M.), vom →Deutschen Frauenwerk eingerichtete Lehrgänge. Zur „Heranbildung körperlich und seelisch tüchtiger Mütter, die überzeugt sind von den hohen Pflichten der Mutterschaft, die erfahren sind in der Pflege und Erziehung der Kinder und die ihren haus- und volkswirtschaftlichen Aufgaben gewachsen sind", wurden im Rahmen des am Muttertag 1934 eingerichteten M. Lehrgänge für Frauen und Mädchen durchgeführt. Die mehrwöchigen Kurse umfaßten Haushaltsführung mit Kochen, Näharbeiten, Gesundheitsführung und Säuglingspflege, Erziehungsfragen, Heimgestaltung, Volks- und Brauchtum. Sie wurden in den ab 1936 eingerichteten Mütterschulen (1941 rund 500) in Städten sowie auf dem Lande in Form von Wanderlehrgängen durchgeführt. In Mütterschulen der Betriebe versah das Frauenamt der →DAF den M. für Erwerbstätige. In Heimmütterschulen fanden vierwöchige Lehrgänge für verheiratete Frauen statt. Bräuteschulen waren für bis kurz vor der Ehe berufstätige Mädchen eingerichtet. Die Lehrkräfte des M. (1940 rund 4000) wurden fachlich, u. a. an einer Reichsschule des M., vorgebildet.
J. Haarer: Die deutsche Mutter und ihr erstes Kind. Reichsfrauenführung (Hrsg.): Deutsches Frauenschaffen, Jahrbuch ab 1937.

Mütterschulen, →Mütterdienst.

Murmansk, Schlacht vor, deutsch-sowjetische Schlacht 1942. In einem Großangriff versuchte die sowjetische 14. Armee die deutsche M.-Front im April/Mai 1942 zu durchbrechen. Das von General Ferdinand →Schörner geführte deutsche „Gebirgskorps Norwegen" (XIX.

Gebirgs-Armeekorps) widerstand dem zahlenmäßig weit überlegenen Gegner bei widrigsten Klimabedingungen (viertägiger Polarsturm) erfolgreich, so daß die deutsche Eismeerfront dann noch 28 Monate gehalten werden konnte.
K. Ruef: Winterschlacht im Mai, 1984. K. Ruef: Odyssee einer Gebirgsdivision, 1976. K. Ruef: Gebirgsjäger zwischen Kreta und Murmansk, 1970. F. Schreiber: Kampf unter dem Nordlicht, 1969. R. Kaltenegger: Deutsche Gebirgsjäger im Zweiten Weltkrieg, 1977. R. Kaltenegger: Die deutsche Gebirgstruppe 1939–1945, 1989. M. Kräuter und K. Springenschmid: Es war ein Edelweiß, 1962. L. Vrbra: Vor Murmansk, 1988. W. Hess: Eismeerfront 1941, 1956. H. Ruef: Gebirgsjäger vor Murmansk, 1957.

Mussert, Anton Adriaan, holländischer Politiker, * 11. 5. 1894 Werkendam, † 7. 5. 1946 Den Haag. M. war leitender Ingenieur des Wasserbauwesens der Provinz Utrecht und in seinem Beruf bis 1934 tätig. Im Dezember 1931 gründete er die Nationaal-Socialistische Beweging (NSB) in den Niederlanden nach dem Vorbild der →NSDAP und führte sie. 1937 errang die Partei Parlamentsmandate. Nach der deutschen Besetzung Hollands wurde die NSB als einzige Partei zugelassen, M. war ab 1942 „Leiter des niederländischen Volkes". Er arbeitete eng mit den deutschen Behörden zusammen und befürwortete die Gründung eines germanischen Reiches, lehnte aber einen Anschluß der Niederlande an Deutschland ab. Am 7. 5. 1945 wurde er wegen dieser Zusammenarbeit in Holland verhaftet, zum Tode verurteilt und hingerichtet.

Mussolini, Benito, Duce und italienischer Ministerpräsident, * 29. 7. 1883 Predappio (Provinz Forli, Italien), † 28. 4. 1945 Giulino di Mezzegra (Como). Der Schmiedesohn trat 1900 der Sozialistischen Partei (PSI) bei, wurde 1901 Lehrer, war 1902–1904 in der Schweiz, gründete 1909 und leitete bis 1912 die Wochenzeitung „Lotta di Classe", von 1912–1914 das führende sozialistische Parteiblatt „Avanti" in Mailand. Am 14. 11. 1914 gründete er die Zeitung „Popolo d'Italia" und befürwortete in ihr den Kriegseintritt Italiens auf seiten der Alliierten. 1915–1917 kämpfte er am →Isonzo und wurde schwer verwundet. Am 23. 3. 1919 gründete er in Mailand den ersten „Fascio di combattimento" als Kampfbund der faschistischen Bewegung gegen Marxisten und Liberale, aus dem im November 1921 die Partido Nazionale Fascista (PNF) hervorging. Mit dem „Marsch auf Rom" seiner „Schwarzhemden" vom 28. 10. 1922 riß er die Macht an sich und wurde am 31. 10. 1922 italienischer Ministerpräsident. Er baute einen korporativen Staat unter Beibehaltung der Monarchie und in Zusammenarbeit mit der katholischen Kirche auf. 1935/36 eroberte er Abessinien, half →Franco im Spanischen Bürgerkrieg 1936–1939 und annektierte im Frühjahr 1939 Albanien. Einen →Anschluß Österreichs an Deutschland drohte M. 1934 mit Waffengewalt zu verhindern. Im Herbst 1936 kam es jedoch zur Bildung der →Achse Berlin–Rom. M. besuchte Ende September 1937 das Reich, A. →Hitler im Mai 1938 Italien. Seit 1938 „Marschall des Imperiums", hielt sich M. erst aus dem 2. Weltkrieg heraus, erklärte dann aber im Juni 1940 England und Frankreich den Krieg, drang ab 10. 6. 1940 in Frankreich ein, griff am 28. 10. 1940 von Albanien aus Griechenland an, wobei ihn jedoch ab 6. 4. 1941 die deutsche Wehrmacht unterstützen mußte und dadurch im →Balkanfeldzug wertvolle Zeit für den →Ostfeldzug verlor. Ab 13. 9. 1940 begann er in Nordafrika einen Angriff gegen die Briten in Ägypten, wurde geschlagen und mußte ab Mitte Februar 1942 vom deutschen →Afrikakorps unterstützt werden. Nach der alliierten Landung in Italien schwenkten der italienische König und der Faschistische Großrat zu den Alliierten über und verhafteten M. am 25. 7. 1943. Er konnte am 12. 9. 1943 von deutschen Fallschirmjägern unter Otto →Skorzeny befreit werden. In Salo am Gardasee errichtete M. den Regierungssitz für die „Repubblica Soziale Italiana". Am 28. 4. 1945 wurde M. auf dem Weg von Mailand zur Schweiz von kommunistischen Partisanen gefangen und erschossen. Seine Leiche wurde in Mailand öffentlich aufgehängt und geschändet. M. schrieb u. a. „Mein Kriegstagebuch" (1930) und „Der Faschismus" (1935).

M. Sarfatti: Mussolini, 1926. L. Diel: Mussolini, 1937. R. Mussolini: Mussolini ohne Maske, 1974. G. Renzi: Endstation Dongo, 1946. G. Pini: Benito Mussolini, 1939.

Mutterkreuz, volkstümliche Bezeichnung für das am 16. 12. 1938 von A. →Hitler gestiftete →Ehrenkreuz der Deutschen Mutter.

Muttertag, jährlicher Ehrentag der Mutter. Die aus den USA stammende Anregung, jährlich einen Feiertag zu Ehren der Mutter zu begehen, wurde 1923 in Deutschland aufgegriffen. Ab 1933 wurde der M. am zweiten Sonntag, ab 1938 am dritten Sonntag im Mai gefeiert. Er sollte in dieser Zeit „zu vertieftem Familienleben als der biologischen und sittlichen Grundlage des völkischen Staates" erziehen. Am M. wurden bevorzugt die →Ehrenkreuze der Deutschen Mutter verliehen.

Mutter und Kind, →Hilfswerk „Mutter und Kind".

Myslowitz, polnisches →Konzentrationslager 1945. Das Konzentrationslager M. wurde in Oberschlesien 1945 von Polen für Deutsche errichtet.

N

Nachrichtenhelferin, Bezeichnung für die im 2. Weltkrieg als →Wehrmachtshelferinnen eingesetzten Frauen und Mädchen. Je nach der Einsatzdienststelle sprach man von →Luftwaffen-, →Flak-, →Flakwaffen-, →Marinehelferinnen, volkstümlich von →Blitzmädeln. Sie waren Zivilangestellte, hatten keinen Militärstatus, trugen jedoch Uniform und waren oft kaserniert, wurden aber nicht an der Front eingesetzt. Nach 1945 hat man sie völkerrechtswidrig oft als Kriegsgefangene behandelt, und sie hatten dann, insbesondere im Osten, ein schweres Schicksal.

F. W. Seidler: Frauen zu den Waffen, 1978. F. W. Seidler: Blitzmädchen, 1979. J. Rüdiger: Zur Problematik von Soldatinnen, 1987.

Nachrichten-HJ, Sondereinheit der HJ. In der N. wurde neben weltanschaulicher Schulung und sportlicher Ertüchtigung eine technische Ausbildung im Nachrichtenwesen vorgenommen. Insbesondere im 2. Weltkrieg diente die N. zur Ausbildung des Nachwuchses für die Nachrichteneinheiten der Wehrmacht. Im Gebiet Nordsee der →HJ betrug die Stärke der N. rund 2000 Jungen.

E. Blohm: Hitlerjugend – soziale Tatgemeinschaft, ²1979. H. W. Koch: Geschichte der Hitler-Jugend, 1975. H. Chr. Brandenburg: Die Geschichte der HJ, 1968.

Nacht-und-Nebel-Erlaß (NN-Erlaß), geheimer Erlaß 1941 über das Vorgehen gegen ausländische Widerständler. Der auf Befehl A. →Hitlers vom Chef des Oberkommandos der Wehrmacht, Generalfeldmarschall W. →Keitel, am 7. 12. 1941 unterzeichnete, geheimzuhaltende N. mit Durchführungsverordnungen vom 12. 12. 1941 und 16. 4. 1942 sah vor, daß Widerständler „gegen das Deutsche Reich oder die Besatzungsmacht" aus den besetzten Gebieten, mit Ausnahme Dänemarks, bei „Nacht und Nebel" ins Reich gebracht und dort vor Gerichte (Volksgerichtshof, Sondergerichte, Kriegsgerichte usw.) gestellt werden sollten, da die zuständigen Wehrmachtsgerichte in den besetzten Gebieten überlastet waren. Im ganzen soll es rund 7000 Verhaftungen nach dem N. gegeben haben, davon rund 5000 in Frankreich. Entlassene Häftlinge dieser Aktion kamen meist in die Konzentrationslager Natzweiler oder Groß-Rosen.

Nadler, Josef, Prof. Dr., Literaturwissenschaftler, * 23. 5. 1884 Neudörfl/Nordböhmen, † 14. 1. 1963 Wien. Nach Professuren in Freiburg/Schweiz (1912–1925) und Königsberg (1925–1931) lehrte N. ab 1931 in Wien bis zu seiner Entlassung 1946. In seinem Hauptwerk „Literaturgeschichte der deutschen Stämme und Landschaften" (4 Bände 1912–1928, 4. Auflage 1939/41 als „Literaturgeschichte des deutschen Volkes") begründete er die „stammheitlich-landschaftliche Literaturbetrachtungsmethode", die die deutschen Stämme mit ihren Eigenarten als Träger der Entwicklung des deutschen Schrifttums ansieht und den kennzeichnenden Charakter wie den kulturellen Wertmaßstab von der Stammesabkunft und geographischen Heimat der Verfasser ableitet. Er schrieb ferner eine „Literaturgeschichte der deutschen Schweiz" (1932) sowie „Das stammhafte Gefüge des deutschen Volkes" (1934), dessen Restauflage 1945 eingestampft wurde, sowie Bücher über Grillparzer (1948) und Hamann (1949). Mit Heinrich von →Srbik gab er 1936 „Österreich – Erbe und Sendung im deutschen Raum" heraus. N. wurde mit dem Gottfried-Keller-Preis (1929), dem Kant-Preis (1942) und dem österreichischen Mozart-Preis ausgezeichnet.

Nährstand, →Reichsnährstand.

Nahkampfspange, Auszeichnung im 2. Weltkrieg. Die N. wurde nach dem 1. 12. 1942 in drei Stufen für Teilnahme am Nahkampf Mann gegen Mann verliehen.
M. Dörr: Die Träger der Nahkampfspange in Gold, 1988.

Namur, Schlacht bei, deutsch-französische Schlacht 1914. Nachdem die strategisch wichtige belgische Festung N. von der deutschen Armeegruppe →Gallwitz nach Beschießung ab 21. 8. am 23. 8. 1914 erobert war, besiegte die deutsche 2. Armee in der Schlacht bei N. oder Charleroi am 23./24. 8. 1914 die französische 5. Armee. Die Schlacht bei N. war eine in der großen Schlachtenfolge zwischen Sambre und Maas, bei der fünf deutsche mit vier französisch-britischen Armeen zusammenstießen.
H. Stegemann: Geschichte des Krieges, Bd. 1, 1917.

Napola, im 3. Reich volkstümliche Abkürzung für →Nationalpolitische Erziehungsanstalt. Offizielle Abkürzung war NPEA.

Narew-Bobr-Linie, russische befestigte Verteidigungslinie im 1. Weltkrieg in Polen. Nach der Winterschlacht in →Masuren bildete die stark ausgebaute N. längs der Flüsse Narew und Bobr mit den Festungen Pultusk, Ostrolenka und Lomscha die russische Verteidigungslinie zum Schutz Polens und auch eine Angriffslinie gegen das südliche Ostpreußen. Sie wurde in der Narew-Bobr-Schlacht (13. 7. bis 26. 8. 1915) am 17. 7. 1915 von der deutschen Armeegruppe →Gallwitz (12. Armee) bei Prasnysz und von der deutschen 8. Armee unter General von →Scholtz im nördlichen Bereich durchbrochen. Die Russen wichen nach Osten aus und verloren allein 125 000 Gefangene. Polen war dadurch ungeschützt der deutschen Besetzung überlassen, die nach dem Durchbruch bei →Gorlice-Tarnow auch von Süden eingeleitet wurde.
W. Stegemann: Geschichte des Krieges, Bd. 3, 1919.

Narvik, Kampf um, deutsches Landungsunternehmen 1940. Am Morgen des 9. 4. 1940 landeten vor N. (Nordnorwegen) nach etwa eintägiger Seefahrt ab Wesermünde Truppen der deutschen 3. Gebirgsdivision unter Generalmajor E. →Dietl. Durch britische Schiffseinheiten von der See abgeschnitten, jedoch durch Fallschirmjäger und die Besatzungen untergegangener deutscher Zerstörer verstärkt, konnten sich die Gebirgsjäger gegen die am 14. 4. 1940 bei N. gelandeten, weit überlegenen britischen und französischen Verbände und gleichzeitig die Erzbahn bis zur schwedischen Grenze halten. Während sich die Alliierten ab 30. 4. 1940 von anderen Brückenköpfen in Norwegen zurückzogen, ging der Kampf um N. weiter. Am 26. 5. begann ein neuer britischer Angriff auf die Stadt, der nach zweiwöchigem Kampf zu einer kurzen Besetzung und Zerstörung der Hafenanlagen von N. führte. Angesichts des deutschen Vormarsches im →Frankreichfeldzug wurden die alliierten Truppen bis zum 8. 6. abgezogen. Der wochenlange Widerstand der Gebirgsjäger trug wesentlich dazu bei, daß der →Norwegenfeldzug (Unternehmen „Weserübung") am 10. 6. 1940 erfolgreich beendet werden konnte. Für die Leistungen seiner Truppe und ihre Führung erhielt Generalmajor Dietl als erster deutscher Soldat das →Eichenlaub zum →Ritterkreuz.
J. Piekalkiewicz: Der Zweite Weltkrieg, 1986. R. Kaltenegger: Die deutsche Gebirgstruppe 1939–1945, 1989. R. Kaltenegger: Deutsche Gebirgsjäger im Zweiten Weltkrieg, 1977. K. Springenschmid: Die Männer von Narvik, 1968. M. Kräuter und K. Springenschmid: Es war ein Edelweiß, 1962. F. Fantur: Narvik, 1941. F. Kurowski: Zu Lande, zu Wasser, in der Luft, ²1977. A. Buchner: Narvik, 1977. W. Hubatsch: „Weserübung", 1960.

Narvikschild, Kampfabzeichen im 2. Weltkrieg. Der →Führer und Oberste Befehlshaber der Wehrmacht stiftete am 19. 8. 1940 den N. für alle an den Kämpfen um →Narvik ehrenvoll Beteiligten der Wehrmacht. Der N. war für Heer und Luftwaffe silbern, für die Kriegsmarine goldfarbig und wurde am linken Oberarm zur Uniform getragen. Er bestand aus einem Schild mit aufgesetztem, nach links blickenden Adler, der ein Hakenkreuz in den Fängen hatte, darunter folgte die Inschrift „Narvik" über stilisiertem Edelweiß, Anker und Propeller.

Nationalbolschewismus, Bestrebungen zur Verwirklichung eines national ausgerichteten Kommunismus in Deutschland. Der nach dem 1. Weltkrieg entstandene N. umfaßte als seine sehr unklare politische Idee unterschiedliche Bestrebungen, in Deutschland eine kommunistische Gesellschaftsordnung zu errichten, Bestand und Staat des deutschen Volkes jedoch zu bewahren. Insoweit besteht eine Ähnlichkeit zu Konzeptionen, die nach dem 2. Weltkrieg von Kim Ir Sen in Nordkorea und Ceausescu in Rumänien vertreten wurden. Unberechtigt wurde der Begriff jedoch auch auf Vertreter der deutschen Rechten angewandt, die keine kommunistische Revolution wollten, jedoch ein Zusammengehen von Deutschen und sowjetischen Kommunisten befürworteten, um Deutschlands Lage unter den Bedingungen des →Versailler Diktats zu erleichtern. Diese Überlegungen wurden zeitweilig von sowjetischer Seite gefördert, deren Vertreter jedoch bewußt Gemeinsamkeiten zwischen Kommunisten und deutschen Konservativen behaupteten, die tatsächlich nicht gegeben waren (K. Radek). Solche Illusionen wurden auch in dem von in der Sowjetunion kriegsgefangenen deutschen Offizieren gegründeten „Bund deutscher Offiziere" und dem →„Nationalkomitee Freies Deutschland" gepflegt, nach Kriegsende in der Sowjetischen Besatzungszone Deutschlands jedoch radikal unterbunden.
O. E. Schüddekopf: Linke Leute von rechts, 1960. K. O. Paetel: Versuchung oder Chance, 1965. L. Dupeux: „Nationalbolschewismus" in Deutschland 1919–1933, 1985.

Nationale Erhebung, Bezeichnung für die nationalsozialistische →Machtübernahme 1933. Der Begriff wurde u. a. im „Aufruf der Reichsregierung an das deutsche Volk" vom 1. 2. 1933 verwendet, später der 30. Januar als „Tag der N." festlich begangen. Im engeren Sinn wurde die Zeit vom 30. 1. 1933 bis zum „Tag von Potsdam" am 21. 3. 1933 als N. bezeichnet, vereinzelt auch der →„Marsch zur Feldherrnhalle" von 1923.

Nationale Feiertage, staatliche Feiertage. Im Deutschen Reich waren nach dem Gesetz über die Feiertage vom 27. 2. 1934 und dem Erlaß vom 25. 2. 1939 N.: der →„Heldengedenktag" am Sonntag, dem 16. 3. oder an dem diesem Tag vorangehenden Sonntag; der „Nationale Feiertag des deutschen Volkes" am 1. 5. (Maifeiertag); der →„Erntedanktag" am 1. Sonntag nach Michaelis; der „Gedenktag für die Gefallenen der Bewegung (der →NSDAP)" am 9. 11. Daneben gab es nationale Erinnerungs- und Gedenktage, die keine Feiertage nach dem Feiertagsrecht waren, aber doch festlich mit Beflaggung und öffentlichen Veranstaltungen begangen wurden, so der →„Reichsgründungstag" am 18. 1., der „Tag der →Nationalen Erhebung" am 30. 1. und der Geburtstag A. →Hitlers (→„Führers Geburtstag") am 20. April.

Nationaler Buchpreis, ab 1934 verliehene Auszeichnung für deutsche Verfasser. Der N. wurde jährlich am 1. Mai von seinem Stifter, dem Reichsminister für Volksaufklärung und Propaganda Dr. →Goebbels, verliehen und war mit 12 000 Mark dotiert. Preisträger waren 1934 Hanns →Johst, 1935 E. W. Möller, 1936 Gerhard Schumann, 1937 Fr. Bethge, 1938 der Gedichtband „Das Lied der Getreuen, Verse ungenannter österreichischer →Hitlerjungen aus den Jahren der Verfolgung 1933–37" (herausgegeben von Baldur von →Schirach), 1939 Bruno →Brehm.

Nationaler Filmpreis, Auszeichnung für Filmregisseure. Der 1933 vom Reichsminister für Volksaufklärung und Propaganda Dr. →Goebbels gestiftete N. wurde von ihm jährlich am 1. 5. für das beste Filmwerk des vergangenen Jahres verliehen und war mit 12 000 Mark dotiert. Mit dem N. wurden u. a. Leni →Riefenstahl für „Triumph des Willens" (1935) und C. A. Froelich für „Heimat" (1939) ausgezeichnet.

Nationaler Musikpreis, Auszeichnung für Musiker. Der am 28. 5. 1938 vom Reichsminister für Volksaufklärung und Propaganda Dr. →Goebbels gestiftete N. wurde jährlich an den besten deutschen Geiger oder Pianisten des Nachwuchses verliehen und war mit je 10 000 Mark dotiert.

Nationalhymne, vaterländisches Lied als offizielles nationales Symbol. Als nach der Französischen Revolution im 19. Jahrhundert N.n im zwischenstaatlichen Verkehr und bei Begrüßung und Ehrung von Staatsoberhäuptern oder anderen Volksvertretern üblich geworden

waren, bildete im Deutschen Reich das Lied „Heil Dir im Siegerkranz" die deutsche N. bis 1918. Von Reichspräsident Fr. →Ebert wurde am 11. 8. 1922 das →„Deutschlandlied" von Hoffmann von Fallersleben (1841) mit der Melodie von J. Haydn (1797) zur N. erklärt, nachdem es von den Kämpfern im 1. Weltkrieg wie auch bei den →Freikorps oft gesungen worden war. Ab 1933 war das Deutschlandlied zusammen mit dem →„Horst-Wessel-Lied" die N. des Deutschen Reiches. Beide wurden durch Alliiertes Kontrollratsgesetz Nr. 154 vom 14. 7. 1945 verboten. Nach Diskussionen im Bundestag ab 1949 und erfolglosen Versuchen, eine andere N. einzuführen, wurde in Westdeutschland nach einem Briefwechsel →Heuss – →Adenauer am 6. 5. 1952 das ganze Deutschlandlied wieder die N., wobei sich einbürgerte, bei offiziellen Anlässen nur die dritte Strophe zu singen. Am 17. Juni 1953 sangen die Freiheitskämpfer in Ostberlin und in der Ostzone das Deutschlandlied.
E. Reichenbichler: Das Deutschlandlied, 1986. R. Pozorny: Hoffmann von Fallersleben, 1982. G. Knopp und E. Kuhn: Das Lied der Deutschen, 1988.

Nationalklubrede, Rede A. Hitlers in Hamburg 1926. Vor dem angesehenen „Nationalklub von 1919" in Hamburg, wo er damals Redeverbot hatte, hielt A. →Hitler am 28. 2. 1926 im Festsaal des Hotels „Atlantic" vor mehreren hundert Zuhörern eine zweieinhalbstündige Rede über die politische Lage Deutschlands und die Forderungen der NSDAP. Am Ende erhielt er „stürmische Ovationen und Heilrufe". Es soll die einzige Rede A. Hitlers vor einem geschlossenen Kreis gewesen sein, der nicht aus Mitgliedern der →NSDAP bestand, die stenographisch aufgezeichnet wurde. Am 1. 12. 1930 sprach er, gleichfalls unter großem Beifall, noch einmal vor dem Nationalklub.
W. Jochmann: Im Kampf um die Macht, 1960. H. A. Türmer: Die Großunternehmer und der Aufstieg Hitlers, 1985.

Nationalkomitee „Freies Deutschland", prosowjetische deutsche Emigranten- und Gefangenengruppe 1943–1945. Am 12./13. 7. 1943 gründeten in Krasnogorsk bei Moskau auf sowjetische Anordnung kommunistische deutsche Emigranten (Pieck, Ulbricht, Weinert, Matern), Schriftsteller (Becher, Plivier, von Wangenheim) und Kriegsgefangene das N., das dann mit einer Wochenzeitung „Freies Deutschland" (Chefredakteur R. Herrnstadt), einem gleichnamigen Rundfunksender (Leitung A. Ackermann) und Flugblättern auf die deutschen Ostfrontkämpfer mit der Aufforderung zum Sturz →Hitlers und zur Desertion einzuwirken versuchte. Am 12./13. 9. 1943

wurde der →Bund Deutscher Offiziere in der Sowjetunion (BDO) mit dem N. zur Bewegung „Freies Deutschland" vereinigt. Präsident wurde E. Weinert, Vizepräsident General von →Seydlitz-Kurzbach, der Vorsitzende des BDO. Sowjetischer Verbindungsoffizier war General Melnikow. In Moskau stand ein Sender „Freies Deutschland". Das N. wie der BDO hatten kaum Erfolg, da ihr Vorgehen in der deutschen Wehrmacht als Landesverrat und Verstoß gegen die Grundbegriffe des deutschen Soldatentums angesehen wurde. Führende Mitglieder des N. kamen am 30. 4. 1945 als Gruppe Ulbricht nach Berlin und bekleideten dann wichtige Posten in der Verwaltung der Sowjetzone. Am 2. 11. 1945 lösten sich N. und BDO in Lunjowo bei Moskau auf.
B. Scheurig: Freies Deutschland, ²1961. B. Scheurig: Verrat hinter Stacheldraht? 1965. K. H. Frieser: Die deutschen Kriegsgefangenen in der Sowjetunion und das Nationalkomitee „Freies Deutschland", 1981. P. Straßner: Verräter, 1960. E. Weinert: Das Nationalkomitee „Freies Deutschland", 1957. W. Adam: Der schwere Entschluß, 1969.

Nationalliberale Partei (NLP), liberale „Honoratioren"-Partei 1867–1918. Am 28. 2. 1867 durch Anhänger der Bismarckschen Politik in der →DFP-Fraktion im preußischen Landtag und des Zentrums gegründet, wurde die NLP unter R. von Bennigsen von 1871–1878 stärkste Reichstagsfraktion und Verbündeter Bismarcks (1874 155 Reichstagsmandate). Sie trat für die „Einheit Deutschlands zu Macht und Freiheit" ein und entwickelte sich von einer Partei der gehobenen zu einer der mittleren Schicht, unterstützte den Kulturkampf, die Sozialistengesetze, die Flotten- und die Kolonialpolitik und stand unter alldeutschem Einfluß. Wie schon 1881, arbeitete die NLP ab 1907 verstärkt mit den Konservativen (im →Bülow-Block) zusammen, während ihr linker Flügel und die Jungliberalen zur →SPD tendierten. 1912 erhielt die NLP noch 45 Mandate. Im 1. Weltkrieg hat sie zunächst eine Annexionspolitik gefordert und 1917 die →Friedensresolution abgelehnt. Unter →Stresemann verlangte sie 1917, zusammen mit →FoVP und SPD, eine Wahlrechtsreform. Im November 1918 zerbrach die NLP, eine Minderheit um Stresemann gründete die →DVP, der rechte Flügel ging zur →DNVP, der linke zur →DDP.
E. Brandenburg: 50 Jahre Nationalliberale Partei 1867–1917, 1917. H. Thieme: Nationaler Liberalismus in der Krise, 1963. H. Schwab: Aufstieg und Niedergang der NLP, 1968.

Nationalpolitische Erziehungsanstalten (NPEA, volkstümlich Napola), besondere staatliche höhere Lehranstalten 1933–1945. Die N. verbanden die wissenschaftliche Ausbildung unter Leitung eines Oberstudiendirektors mit der Vermittlung der nationalsozialistischen Weltanschauung und umfassender körperlicher Erziehung durch Leibesübung und Wehrsport, sollten zur Gemeinschaft erziehen und auf lange Sicht den nationalsozialistischen Führernachwuchs im Staat stellen. Sie waren als Ausleseschulen anerkannt und hatten grundsätzlich Heimerziehung. Für die Aufnahme nach dem 3./4. Schuljahr galten strenge Maßstäbe ohne Rücksicht auf die soziale Stellung der Eltern. Die ersten N. wurden am 20. 4. 1933 in den 1919 im →Versailler Diktat verbotenen Kadettenanstalten in Potsdam, Köslin und Plön eingerichtet. Bis 1945 entstanden 46 N., auch in Österreich, Böhmen und Mähren. Außer der N. für Mädchen in Hubertendorf bei Wien waren es reine Jungenschulen. Inspekteur der N. war bis 1935 J. Haupt, dann SS-Obergruppenführer →Heißmeyer, der auch das jugendbewegte Erbe der →Bündischen Jugend betonte (Feiern, Lager, Auslandsfahrten, Bergwerkseinsatz, Landarbeit). Die in „Züge" und „Hundertschaften" eingeteilten Schüler („Jungmannen") wurden 1936 in die →HJ überführt. Die N. wurden 1941 dem Reichserziehungsminister unmittelbar unterstellt. Ab 1943 war ihr Besuch allgemein kostenlos. Im Krieg wurden auch Tochtergründungen in besetzten Gebieten vorgenommen. Den N. nahe standen einige „Reichsschulen", zwei in den Niederlanden, eine 1943 in Belgien eröffnet. Die N. arbeiteten meist nach dem Lehrplan der Oberschulen, wenige (Ilfeld, Schulpforta) als Gymnasien, einige hatten Aufbauzweige und zwei „Sonderzüge" für die fliegerische Ausbildung. Alle führten zur Reifeprüfung. Die Berufswahl blieb den Absolventen freigestellt. An den N. wurden moderne pädagogische Reformen ausprobiert, und sie galten als erzieherische Musteranstalten. Als Zeitschrift erschien seit 1936 „Der Jungmann". Viele N.-schüler machten im Nachkriegsdeutschland in Wirtschaft und Politik Karrieren.

H. Scholtz: Nationalsozialistische Ausleseschulen, 1973. H. Ueberhorst (Hrsg.): Elite für die Diktatur, 1969. F. Simoneit: Die Napola, 1989.

Nationalpreis für Buch und Film, im Mai 1933 gestifteter Nationaler Buchpreis und Nationaler Filmpreis für das beste Buch- und Filmwerk des Jahres.

Nationalpreis (Deutscher N.) **für Kunst und Wissenschaft,** Auszeichnung für Deutsche als Ersatz für den Nobelpreis. Die am 30. 1. 1937 von A. →Hitler verfügte Stiftung des N. sollte jährlich auf dem →Reichsparteitag der →NSDAP an drei verdiente Deutsche Preise

von je 100000 Mark zusammen mit dem Ehrenzeichen der Träger des N. verliehen. Das Ehrenzeichen bestand aus einem mit vier goldenen Hoheitsadlern besetzten Bruststern aus Platin, dessen Mittelfeld den Kopf der Pallas Athene von der Seite in Gold auf rotem Email zeigte. Die goldene Umschrift „Für Kunst und Wissenschaft" war auf elfenbeinfarbenem Emailuntergrund von einem Kranz von Brillanten umgeben. Erster Preisträger war der 1934 verstorbene Paul →Troost, 1937 erhielten den N. A. →Rosenberg, A. Bier und F. Sauerbruch (zur Hälfte) sowie W. Filchner, 1938 F. →Porsche, W. →Messerschmidt und E. Heinkel (zur Hälfte) sowie Fritz →Todt. Grund für die Stiftung des N. war die Verleihung des Friedensnobelpreises an den im 3. Reich zeitweise inhaftierten C. von →Ossietzky im November 1936 gewesen, die zu einer Demonstration gegen den Nationalsozialismus geworden war. Danach sollte kein Deutscher mehr einen Nobelpreis annehmen.

Nationalsozialer Verein (NV), linksliberale, sozialreformerische Partei 1896–1903. Am 25. 11. 1896 gründete Friedrich →Naumann mit A. →Damaschke, H. von Gerlach, M. Weber u. a. in Erfurt den NV. Die auf Naumann zurückgehenden „Grundlinien" (1896) und „Nationalsozialen Leitsätze" erstrebten mit einer Neubestimmung des Liberalismus eine Verbindung von Bürger- und Arbeitertum und ein nach außen verstärktes, nach innen „soziales Kaisertum". Presseorgan war die zunächst als Tages-, dann als Wochenzeitung erscheinende „Die Zeit" sowie ab Oktober 1898 Naumanns Wochenblatt „Die Hilfe". Ein linker, zur →SPD neigender Flügel unter dem Gründungsmitglied P. Göhre trat 1898 vom NV zur SPD über. Da 1898 kein, 1903 nur ein Reichstagsmandat erzielt wurde, löste sich der NV am 30. 8. 1903 auf und schloß sich der →FVan.

D. Düding: Der Nationalsoziale Verein 1896–1903, 1972. Th. Heuss: Friedrich Naumann, 1937. M. Wenck: Die Geschichte der Nationalsozialen, 1905.

Nationalsozialismus, Bezeichnung der NSDAP für Volksgemeinschaft (vom lat. natus, Eingeborener, und socius, Genosse). Der Begriff hatte nichts mit der ursprünglichen Bedeutung von Sozialismus, der Forderung nach Vergesellschaftung des Privateigentums, zu tun. Die →NSDAP folgte mit ihrer Namenswahl lediglich dem Brauch, politische Programme mit einem Fremdwort zu benennen. Die Bezeichnung N. (NS) selbst stammte von der schon im Sudetenland bestehenden →Deutschen Nationalsozialistischen Arbeiterpartei (DNSAP). Der N. betonte den Wert des Volks

298

im Gegensatz zu internationalistisch ausgerichteten, vor allem marxistischen Parteien. Nach dem Programm der NSDAP von 1920 bedeutete die Verwirklichung der Volksgemeinschaft den Zusammenschluß aller Deutschen auf der Grundlage des Selbstbestimmungsrechts, somit auch der Deutsch-Österreicher, schloß aber Nicht-Deutsche, zu denen insbesondere Juden gezählt wurden, von den Staatsbürgerrechten aus. Die innerhalb des deutschen Volkes bestehenden Interessenunterschiede verlangte der N. unberücksichtigt zu lassen, wenn und soweit sie die Durchsetzung der für alle Deutschen wichtigen Lebensfragen gefährden könnten, andernfalls ihre Regelung im Geist des Gemeinschaftsbewußtseins. Aber auch die Ansprüche des einzelnen sollten die Handlungsfähigkeit der Volksgemeinschaft nicht beeinträchtigen: Dafür hatte die NSDAP den Grundsatz „Gemeinnutz geht vor Eigennutz" aufgestellt. Für das Konzept des N. ausschlaggebend war das Bewußtsein der Zusammengehörigkeit einer in Jahrhunderten gewachsenen Menschengruppe, die Bewährung dieser Gruppe in einem für alle Stände harten und verlustreichen Weltkrieg, aber auch die Erkenntnis, daß nur eine politisch geeinte Nation dem Druck der Siegermächte widerstehen, die Ausbeutung Deutschlands durch diese Staaten beenden und die im →Versailler Diktat abgetrennten Gebietsteile wiedererringen, somit den unter fremder Gewalt lebenden Deutschen die nationale Freiheit bringen könne. Dieses Ziel schien der NSDAP nicht erreichbar, solange sich das deutsche Volk in verschiedenen Interessengruppen gegenüberstand und deshalb außenpolitisch kaum durchsetzungsfähig war. Insoweit befand sich der N. im Gegensatz zu Parteien, die Berufs- und Standesinteressen, konfessionelle Ziele oder regional bedingte Sonderwünsche und nicht mehr als das durchsetzen wollten. Der Staat sollte nach dem Parteiprogramm der NSDAP so stark wie möglich sein, um den Schutz der Volksgemeinschaft nach innen und außen gewährleisten zu können. Ferner verlangte der N. eine starke Wirtschaft und Landwirtschaft auf der Grundlage des Privateigentums, die Gleichberechtigung aller Deutschen, soziale Maßnahmen zur Sicherung einkommensschwacher Bevölkerungsgruppen und Bildungsmöglichkeiten für alle, außenpolitisch die Überwindung der Diktate von Versailles (mit Deutschland) und →Saint-Germain (mit Österreich). Das 1920 verkündete Parteiprogramm wurde für unabänderlich erklärt.

Nationalsozialistische Betriebszellen-Organisation (NSBO), zunächst Zusammenschluß nationalsozialistischer Arbeitnehmer, später Hauptamt in der →NSDAP. Ab 1927 entstanden in Berliner Betrieben nationalsozialistische Arbeitergruppen („Nationalsozialistischer Arbeiterkampfbund" 1927/28), die sich bald ausbreiteten. Zur Zusammenfassung wurde am 30. 7. 1928 im Gau Berlin ein „Sekretariat für Arbeiterangelegenheiten" eingerichtet, in dem vor allem R. →Muchow die Organisation aufbaute. Am 15. 1. 1931 wurde die Reichsbetriebszellenabteilung unter W. Schumann (ab Dezember 1932 Amtsleiter) eingerichtet, ab 8. 3. 1931 NSBO genannt. Ab 1. 3. 1931 erschien als Organ „Das Arbeitertum". Als „SA der Betriebe" hatte die NSBO unter Dr. R. →Ley erheblichen Anteil am Erfolg der NSDAP in Berlin. Die NSBO gewährte auch wie eine Gewerkschaft arbeitslosen Mitgliedern Hilfe. Sie wurde im April 1933 den Gewerkschaften gleichgestellt. In der NSBO waren bis zu der Aktion gegen den →Röhm-Kreis 1934 sozialrevolutionäre Kräfte mit Forderungen nach einer „Zweiten Revolution" stark vertreten. Im Januar 1935 wurde die NSBO als Hauptamt in die Reichsleitung der NSDAP und in die →DAF eingegliedert und faßte die Politischen Leiter der NSDAP in der DAF zusammen. Ihre Aufgaben, auch der Beitragseinzug, gingen auf die DAF über. Abzeichen der NSBO waren Zahnrad und Hammer mit dem Hakenkreuz.

Nationalsozialistische Bibliographie (NSB), Monatshefte der „Parteiamtlichen Prüfungskommission zum Schutze des NS-Schrifttums". Die seit Januar 1936 von Ph. →Bouhler herausgegebenen Hefte beurteilten Schriften, die sich mit dem Nationalsozialismus befaßten oder Themen vom Standpunkt des Nationalsozialismus behandelten. Sie dienten der Auswertung für die →NSDAP und deren Gliederungen sowie für die Öffentlichkeit. Geplant war die Herausgabe eines umfassenden Katalogs des gesamten nationalsozialistischen Schrifttums in Jahresbänden.

Nationalsozialistische Deutsche Arbeiterpartei (NSDAP), deutsche Partei 1920–1945. Am 5. 1. 1919 wurde in München die →Deutsche Arbeiter-Partei (DAP) gegründet, der A. →Hitler am 16. 9. 1919 beitrat und in der er bald der führende Redner wurde. Die Partei gab sich am 25. 2. 1920 ein 25 Punkte umfassendes Parteiprogramm und nannte sich seit ihrem Salzburger Parteitag vom 7./8. 8. 1920 NSDAP (→Nationalsozialismus). Ab Dezember 1920 gab sie die Zeitung →„Völkischer Beobachter" heraus. Am 29. 7. 1921 wurde A. Hitler 1. Vorsitzender der Partei. Die NSDAP bekam vor allem als

Folge ihrer Massenversammlungen immer mehr Mitglieder und konnte bald auch außerhalb Münchens zahlreiche Ortsgruppen gründen. Gegen Störversuche vor allem marxistischer Gegner wurde ein Saalschutz ins Leben gerufen, der ab 1921 den Namen →SA erhielt. Am 8./9. November 1923 versuchte A. Hitler, von Bayern aus die Reichsregierung zu stürzen (→Marsch zur Feldherrnhalle). Das Unternehmen schlug fehl, die NSDAP wurde verboten, A. Hitler zu einer Freiheitsstrafe verurteilt und bis Dezember 1924 in der Festung Landsberg inhaftiert. Am 27. 2. 1925 gründete er die NSDAP neu mit der Absicht, von nun an die Macht in Deutschland auf gesetzlichem Weg zu erringen. Ende 1928 hatte die NSDAP mehr als 100000 Mitglieder, Ende 1930 fast 400000, Ende 1931 über 800000, Anfang Januar 1933 etwa 1,5 Millionen. 1928 erzielte die NSDAP in Reichstagswahlen 2,62 % der Stimmen und 12 Mandate, 1930 18,3 % und 107 Mandate, am 31. 7. 1932 wurde sie mit 36,9 % und 230 Mandaten stärkste deutsche Partei. Damit verbunden waren ähnliche Erfolge bei Landtagswahlen in zahlreichen deutschen Ländern. Angesichts der Unfähigkeit anderer Parteien, die parlamentarische Mehrheit für eine Reichsregierung zu schaffen, ernannte Reichspräsident von →Hindenburg am 30. 1. 1933 A. Hitler zum Reichskanzler einer Koalitionsregierung. Bis zu diesem Tag hatten in den bürgerkriegsähnlichen Auseinandersetzungen mit marxistischen Gegnern etwa 200 Nationalsozialisten das Leben verloren. Nach ihrer Machtergreifung hat die NSDAP ihren Einfluß in Deutschland systematisch ausgebaut und war nach der Auflösung oder dem Verbot anderer Parteien ab Sommer 1933 einzige Partei im Deutschen Reich. Sie bestimmte dann durch ihre Vertreter überall die Richtlinien der Politik, der Wirtschaft, des kulturellen Lebens, der Jugendarbeit und der Bildungspolitik. Aufgebaut, gegliedert und geführt wurde sie nach militärischem Vorbild. Sie hatte Hoheitsträger, die für bestimmte Gebiete verantwortlich waren (Gauleiter, Kreisleiter, Ortsgruppenleiter), und →Politische Leiter, die fachliche Aufgaben zu erfüllen und die Hoheitsträger zu beraten hatten. Für die Mitglieder der NSDAP galt das →Führerprinzip (die Verantwortung für das jeweilige Aufgabengebiet) und das Unterstellungsverhältnis (disziplinäre Unterstellung unter Vorgesetzte). Gliederungen der NSDAP waren die SA, die →SS, das →NSKK und die →HJ, dazu kamen angeschlossene Verbände zur Betreuung nahezu aller Lebensbereiche. Bei Kriegsende gehörten die meisten Deutschen der NSDAP oder einer ihrer Gliederungen und angeschlossenen Verbände an. 1945 wurde die Partei mit ihren nachgeordneten Organisationen verboten.

Nationalsozialistische Frauenschaft (NSF), Frauenorganisation der NSDAP. Die am 1. 10. 1931 gegründete NSF war zunächst der Zusammenschluß aller weiblichen Parteimitglieder. Ab 1933 wurde sie dann zur Führerinnenorganisation im →Deutschen Frauenwerk und ab 29. 3. 1935 Gliederung der →NSDAP. An ihrer Spitze stand die Reichsfrauenführerin Gertrud Scholtz-Klink (1939–1945), ihre Stellvertreterin war Paula Siber-von Groote. Oberste Dienststelle der NSF war die Reichsfrauenführung mit zwölf Hauptabteilungen in der Reichsleitung der NSDAP. Ab 1. 2. 1936 für die allgemeine Mitgliedschaft geschlossen, umfaßte die NSF die Altmitglieder und die Frauenschaftsleiterinnen, die auch Leiterinnen im Deutschen Frauenwerk waren. Sie ergänzte sich aus den Führerinnen des →BDM, des →Landjahrs, des →Reichsarbeitsdienstes und der →Arbeitsgemeinschaft Nationalsozialistischer Studentinnen (ANST). Aufgaben der NSF waren die weltanschauliche Ausrichtung, Bildung, Schulung, Förderung und hauswirtschaftliche Erziehung der Frauen. Sie unterhielt eigene Reichs- und Gauschulen, Lehrküchen, Mütterschulen, Heime, Umschulungslager und widmete sich auch der Grenzland- und Volksdeutschen-Arbeit. Organe waren „Nachrichtendienst der Reichsfrauenführung" (ab 1934), „NS-Frauenwarte" (ab 1932), „Frauenkultur im deutschen Frauenwerk" (seit 1935), „Deutsche Hauswirtschaft" (ab 1935), „Deutsches Frauenschaffen" (Jahrbuch ab 1937).

G. Scholtz-Klink: Die Frau im 3. Reich, 1978. D. Winkler: Frauenarbeit im „Dritten Reich", 1977. Deutsches Frauenwerk (Hrsg.): Die Frau für ihr Volk, 1937. Reichsfrauenführung (Hrsg.): Das weite Wirkungsfeld, 1942. A. Kuhn und V. Rothe: Frauen im deutschen Faschismus, 2 Bde., 1982.

Nationalsozialistische Freiheitsbewegung Großdeutschlands, Ersatzorganisation der NSDAP in der Verbotszeit 1923/25. Nach der nationalsozialistischen Erhebung vom 9. 11. 1923 und dem folgenden Verbot der →NSDAP war die N. eine der Ersatzorganisationen bis zur Neugründung der NSDAP am 27. 2. 1925. Sie war vor allem in Norddeutschland vertreten, wurde von G. →Strasser, G. →Feder und W. →Frick geführt und trat für einen prosozialistischen Kurs ein. Bei der Reichstagswahl am 7. 12. 1924 gewann sie, zusammen mit der →Deutsch-Völkischen Freiheitspartei, 14 Sitze.

Nationalsozialistische Handwerks-, Handels- und Gewerbeorganisation (NS-Hago), NS-

Verband für den Mittelstand. Aus dem „Kampfbund des gewerblichen Mittelstandes" ging 1933 die N. zur nationalsozialistischen Betreuung des Mittelstandes hervor. Führer war Dr. Theodor Adrian von →Renteln, Stabsleiter Hans Fritz Sohns, Sitz war Berlin. Organ des N. war der „Aufbau". Die N. wurde später mit dem Gesamtverband der Handwerker, Kaufleute und Gewerbetreibenden (GHG) in die →Deutsche Arbeitsfront (DAF) eingegliedert und ging 1936 in deren Reichsbetriebsgemeinschaft Handwerk und Handel auf.

Nationalsozialistische Jugendbetriebszellen (NSJB), Vereinigung junger Nationalsozialisten in den Betrieben. Die als Gegenstück zu den Jugendverbänden der marxistischen Gewerkschaften gegründeten N. waren ein Teil der →Hitler-Jugend. Nachdem in der HJ ein eigenes Referat für Berufsschüler errichtet worden war, wurden die N. am 17. 10. 1933 mit der HJ verschmolzen.

Nationalsozialistische Kampfspiele, Kampfspiele der NSDAP für Reichsparteitage. Auf Anordnung A. →Hitlers vom 30. 11. 1936 für die künftigen Parteitage geschaffen, sollten die N. von der →NSDAP und ihren Gliederungen, insbesondere →SA, →SS, →NSKK, →HJ, sowie von →Reichsarbeitsdienst, Wehrmacht und Polizei unter Leitung der SA durchgeführt werden. Sie umfaßten sportliche und wehrsportliche Wettkämpfe und fanden auf den Reichsparteitagen der NSDAP 1937 und 1938 in Nürnberg statt.

Nationalsozialistische Kriegsopferversorgung (NSKOV), der NSDAP angeschlossener Verband für Kriegsopfer. Die NSKOV ging 1933 aus der 1930 eingerichteten Hauptabteilung IX (Kriegsopfer) der Reichsleitung der →NSDAP hervor und umfaßte die früheren Einzelvereinigungen der Kriegsopfer (→Kyffhäuserbund, Reichsbund u. a.). Sie wurde vom Hauptamt für Kriegsopfer in der Reichsleitung der NSDAP betreut und sorgte für Kriegsbeschädigte, Kriegerwitwen, -waisen und -eltern. Geleitet wurde sie vom →Reichsopferführer Hanns →Oberlindober und hatte 1939 rund 1,6 Mill. Mitglieder.

Nationalsozialistische Monatshefte, Zeitschrift der NSDAP. Von A. →Rosenberg seit 1930 herausgegeben, waren die N. die führende Zeitschrift der →NSDAP für Politik und Kultur.

Nationalsozialistischer Bund Deutscher Technik (NSBDT), der NSDAP angeschlossener Dachverband aller deutschen technisch-wissenschaftlichen Vereine und Verbände. Der am 17. 8. 1934 auf Anraten F. →Todts von R. →Heß gegründete NSBDT diente als Dachverband für alle technischen Vereine. Vorsitzender war zunächst G. Feder, ab 26. 11. 1934 Fritz Todt, als „Reichswalter", der auch dem am 30. 4. 1934 im →Braunen Haus eingerichteten „Amt für Technik" der →NSDAP vorstand. Der NSBDT gliederte sich in fünf Fachgruppen: Mechanische Technik und allgemeine Ingenieurwissenschaft; Elektrotechnik, Gas und Wasser; Chemie; Bergbau- und Hüttenwesen; Bauwesen. Die Vereine im NSBDT blieben für sich bestehen. Der dem Hauptamt für Technik angeschlossene NSBDT sollte die technisch-wissenschaftliche Arbeit fördern und „seine Einzelmitglieder im Interesse des Einsatzes der deutschen Technik" sowie zu höchster Berufsleistung, Berufspflicht und -ehre erziehen. Der NSBDT war in Gau, Kreis und Ort gegliedert, die Mehrzahl seiner Mitglieder gehörte der NSDAP nicht an. Organ war das Wochenblatt „Rundschau Deutscher Technik" sowie die „Deutsche Technik". Der NSBDT veranstaltete jährlich den „Tag der Technik". Die →Plassenburg (Oberfranken) diente ab 1936 als Reichsschule Deutscher Technik neben Gauhäusern der Technik zur Ausbildung, wobei unter Todts Einfluß die Techniker auch mit Landschaftskunde und Landschaftsschutz vertraut gemacht wurden.

F. W. Seidler: Fritz Todt, 1986.

Nationalsozialistischer Deutscher Ärztebund (NSDÄB), Verband nationalsozialistischer Ärzte. Der NSDÄB wurde auf dem 4. NSDAP-Reichsparteitag (1. bis 4. 8. 1929) in Nürnberg gegründet, Vorsitzender wurde Liebl (ab 1939 G. Wagner). Ab 1930 nahm der NSDÄB auch Zahn- und Tierärzte sowie Apotheker auf, Nichtparteimitglieder konnten Anwärter werden. Von 1934 an hieß sein Leiter Reichsärzteführer. Eine Reichsführerschule der Deutschen Ärzteschaft wurde 1935 in Alt-Rehse (Mecklenburg) eingerichtet. Der NSDÄB hatte 1939 rund 30 000 Mitglieder, war der →NSDAP angeschlossen und wurde vom Hauptamt für Volksgesundheit in der Reichsleitung der NSDAP betreut. Er verstand sich nicht als ärztliche Wirtschafts- oder Berufsorganisation, sondern hatte das Ziel, der NSDAP und ihren Gliederungen ärztliche Fachleute zur Verfügung zu stellen und die deutsche Ärzteschaft im nationalsozialistischen Sinne auszurichten. Der NSDÄB wurde am 10. 10. 1945 durch Kontrollratsgesetz Nr. 2 als Gliederung der NSDAP verboten und für abgeschafft erklärt.

301

Nationalsozialistischer Deutscher Dozentenbund (NSD-Dozentenbund), nationalsozialistischer Verband für Hochschullehrer. Der am 24. 7. 1935 durch Ausgliederung aus dem →NS-Lehrerbund geschaffene, als Verband der →NSDAP angeschlossene N. mit Sitz in München faßte die nationalsozialistischen Hochschullehrer zusammen und sollte die nationalsozialistische Weltanschauung auf den Hochschulen verbreiten. Reichsdozentenführer war 1935–1943 Prof. Dr. med. Walter Schultze.

Nationalsozialistischer Deutscher Marine-Bund (NSDMB), Verband ehemaliger Angehöriger der Kriegsmarine. Der 1935 aus dem Bund Deutscher Marine-Vereine gebildete NSDMB mit Sitz in Bremen diente der Pflege der Marinetradition, der Kameradschaft auf der Grundlage der nationalsozialistischen Weltanschauung, dem Gedanken deutscher Seegeltung und der Wehrhaftigkeit. Er war in Gaue und Kameradschaften eingeteilt und unterstand dem Oberbefehlshaber der Kriegsmarine. Als Bundeszeitung erschien die „Deutsche Marine-Zeitung".

Nationalsozialistischer Deutscher Studentenbund (NSDStB), Gliederung der NSDAP für Studenten. Der NSDStB wurde am 26. 1. 1926 von W. Tempel gegründet und ab 20. 7. 1928 von B. von →Schirach geleitet. Ab 1930 errang er an mehreren Universitäten bei Studentenwahlen die absolute Mehrheit. Am 15. 7. 1931 wurde auf dem großdeutschen Studententag in Graz der Nationalsozialist Walter Lienau (später Gerhard Krüger) einstimmig zum Vorsitzenden der Deutschen Studentenschaft gewählt. Als Nachfolger Schirachs wurde am 5. 11. 1936 Dr. med. Gustav Adolf →Scheel, bis 1935 Gaustudentenführer in Baden, Reichsstudentenführer sowie Leiter des NSDStB und führte ihn bis 1945, zugleich als Führer der Deutschen Studentenschaft. Der NSDStB hatte Kameradschaften an den Hochschulorten, aus denen seine Mitglieder berufen wurden, die einer weiteren Gliederung der →NSDAP angehören mußten. Am 24. 4. 1937 erhielt die Reichsstudentenführung die Stellung eines Hauptamtes der NSDAP, Scheel wurde Reichsamtsleiter. Er unterstand dem Reichsminister für Erziehung, Wissenschaft und Unterricht. Am 13./14. 5. 1937 wurde mit der NS-Studentenkampfhilfe, dem Altherrenbund des NSDStB, eine befriedigende Regelung für die früheren Altherrenverbände der deutschen Korporationen getroffen. Auf dem Reichsparteitag 1937 (6. bis 13. 9.) verkündete der Reichsstudentenführer die „Zehn Gesetze des deutschen Studenten".

G. A. Scheel: Die Reichsstudentenführung, 1938. A. Faust: Der Nationalsozialistische Studentenbund, 2 Bde., 1973. G. Franz-Willing: „Bin ich schuldig?" 1987. H. P. Bleuel und E. Klinnert: Deutsche Studenten auf dem Weg ins Dritte Reich, 1967. M. H. Kater: Studentenschaft und Rechtsradikalismus in Deutschland 1918–1933.

Nationalsozialistische Revolution, Durchsetzung des →Nationalsozialismus in Deutschland 1933. Als N. im engeren Sinn wird die schnelle Verbreitung des nationalsozialistischen Einflusses nach den Reichstagswahlen vom 5. 3. 1933 bezeichnet, also die Übernahme von Funktionen im Reich, in den Ländern und Gemeinden, Verbänden und Wirtschaftsorganisationen durch Nationalsozialisten. Nach Selbstauflösung oder Verbot aller Parteien mit Ausnahme der →NSDAP erklärte A. →Hitler am 6. 7. 1933 die N. für beendet. Dem widersprachen Kreise vor allem um den Stabschef der SA, →Röhm, die den seit der Machtübernahme erfolgten Maßnahmen nur den Charakter einer nationalen, nicht aber nationalsozialistischen Revolution zuerkennen und deshalb noch weitreichende soziale Veränderungen verwirklichen, eine „Zweite Revolution" durchsetzen wollten. Diese unterschiedlichen Auffassungen und die daraus herrührenden Spannungen waren ein wichtiger Auslöser für die →Röhm-Affäre vom 30. 6. 1934.

Nationalsozialistischer Lehrerbund (NSLB), der NSDAP angeschlossener Verband für Lehrer. Der NSLB wurde 1929 von Hans →Schemm gegründet und aufgebaut, dann zunächst von ihm als Reichswalter mit Sitz in Bayreuth („Haus der deutschen Erziehung") geleitet. 1933 übernahm der NSLB den größten Teil der deutschen Erzieherverbände. Seine Aufgabe war die weltanschauliche Ausrichtung der Lehrer, die Mitwirkung an der Reform des Erziehungswesens sowie die fachliche und weltanschauliche Fortbildung der Erzieher. Er war in zehn Abteilungen gegliedert, deren wichtigste die für Erziehung und Unterricht mit sieben Fachschaften war: Hochschulen, höhere Schulen, Mittelschulen, Volksschulen, Sonderschulen, Berufs- und Fachschulen, Sozialpädagogische Berufe. Am 24. 7. 1935 wurde der NSD-Dozentenbund durch Ausgliederung aus dem NSLB geschaffen. Neben einer Anzahl spezieller Zeitschriften gab der NSLB die Reichszeitung „Der deutsche Erzieher" heraus. Nach Schemms Tod wurde am 5. 12. 1935 der Gauleiter Fritz Wächtler Reichswalter des NSLB und Leiter des Hauptamtes für Erziehung in der Reichsleitung der NSDAP. Am 27. 10. 1938 wurde eine eigene Reichsschule des NSLB bei Bayreuth eingerichtet.

Nationalsozialistischer Musterbetrieb (NS-Musterbetrieb), Ehrentitel für Betriebe mit vorbildlicher nationalsozialistischer Haltung und Betriebsgestaltung. Die nach Richtlinien der →DAF vorgenommene Bewertung umfaßte sowohl fachliche Leistung als auch die zur Förderung der Betriebsgemeinschaft (Schönheit der Arbeitsstätte, Vergütungen, Förderung, Fürsorge). Geschaffen durch Verfügung A. →Hitlers vom 29. 8. 1936, wurde der Titel von ihm jährlich am 1. Mai für ein Jahr verliehen (1937 an 30, 1938 an 103, bis 1941 an 419 Betriebe) und erlaubte es, die →„Goldene Fahne" der DAF zu führen. In einzelnen Bereichen wurden vorbildliche Betriebe mit dem „Leistungsabzeichen" geehrt (1938 266 Betriebe).

Nationalsozialistischer Rechtswahrerbund (NSRB), der NSDAP angeschlossener Verband der Juristen („Rechtswahrer"). Der NSRB mit Sitz in München ging 1936 aus dem 1928 von H. →Frank gegründeten →Bund Nationalsozialistischer deutscher Juristen (NS-Juristenbund) hervor. Leiter war Reichsrechtsführer H. Frank (1928–1942), anschließend O. →Thierack (1942–1945). Der NSRB betreute die Juristen weltanschaulich und versuchte, das NS-Programm im Rechtswesen zu verwirklichen, um zu einer nationalsozialistischen Rechtserneuerung zu gelangen. Ab 1936 konnten auch Angehörige nichtakademischer Rechtsberufe in ihm mitwirken. Der NSRB war in Gaue, Kreisgruppen und Kreisabschnitte gegliedert. Die Mitglieder waren in acht Reichsgruppen zusammengefaßt: Richter und Staatsanwälte, Rechtsanwälte, Notare, Rechtspfleger, Hochschullehrer, Rechtswahrer der Verwaltung, Wirtschaftsrechtler, Junge Rechtswahrer. Der NSRB hatte 1936 rund 83000 Mitglieder. Sein Organ war die Zeitschrift „Deutsches Recht" (DR).
H. Weinkauff: Die deutsche Justiz und der Nationalsozialismus, 1968. W. Johe: Die gleichgeschaltete Justiz, 1971.

Nationalsozialistischer Reichsbund für Leibesübungen (NSRL), Sportorganisation der NSDAP. Der am 21. 12. 1938 gegründete NSRL ging aus dem 1933 gegründeten Deutschen Reichsbund für Leibesübungen hervor und umfaßte sämtliche Vereine und Verbände, die Leibesübungen nicht berufs- oder gewerbsmäßig betrieben. Er förderte den allgemeinen Sport und ergänzte die Leibeserziehung durch weltanschauliche Schulung. An der Spitze stand der Reichssportführer Hans von →Tschammer und Osten, darunter standen Gau- und Kreisführer. Der NSRL besaß 14 Fachämter unter Reichsfachamtsleitern: Geräteturnen, Gymnastik und Sommerspiele; Fußball, Rugby, Kricket; Leichtathletik; Handball, Baseball; Schwimmen; Schwerathletik; Boxen; Fechten; Hockey; Tennis; Rudern; Kanusport; Eissport und Rollschuhsport; Skilauf. Ihm angeschlossen waren: Deutscher Segler-Verband, Deutscher Motoryacht-Verband, Deutscher Wander-Verband, Deutscher Bergsteigerverband, Deutscher Radfahrer-Verband, Deutscher Kegler-Bund, Deutscher Schützen-Verband, Deutscher Bob-Verband, Deutscher Schlittensport-Verband, Deutscher Tischtennis-Bund, Deutscher Amateur-Billard-Verband. Der NSRL beaufsichtigte und förderte sportliche und turnerische Wettkämpfe, bildete Fachkräfte aus und vertrat den deutschen Sport nach außen. Die Führer- und Lehrerschulung erfolgte insbesondere auf der 1936 auf dem →Reichssportfeld in Berlin errichteten Reichsakademie für Leibesübungen.
C. Diem: Weltgeschichte des Sports und der Leibesübungen, 2 Bde., 1960.

Nationalsozialistischer Reichskriegerbund (NSRKB), Spitzenverband der Soldatenvereine und -bünde. Der am 4. 3. 1938 aus dem →Deutschen Reichskriegerbund Kyffhäuser hervorgegangene N. war die Dachorganisation aller Verbände ehemaliger deutscher Soldaten aus Armee, Marine, →Schutztruppe, →Reichswehr und Wehrmacht. Er diente der Kameradschaftspflege und dem Gedanken der Wehrhaftigkeit. Vorsitzender war als →Reichskriegerführer der General der Infanterie und SS-Gruppenführer →Reinhard. Ihm unterstanden Gebietskriegerführer.

Nationalsozialistisches Automobilkorps (NSAK), Kraftfahrzeugbereitschaft der frühen →NSDAP. Das NSAK wurde am 1. 4. 1930 von A. →Hitler eingerichtet und dem Obersten SA-Führer unterstellt. Es wurde am 20. 4. 1931 in →Nationalsozialistisches Kraftfahrkorps (NSKK) umbenannt.

Nationalsozialistische Schulen, nach 1933 eingerichtete Erziehungsstätten für den nationalsozialistischen Führernachwuchs. Zu den N. gehörten insbesondere die →Nationalpolitischen Erziehungsanstalten und die →Adolf-Hitler-Schulen als höhere Schulen, außerdem die →Ordensburgen sowie die →Führerschulen der NSDAP und ihrer Gliederungen.

Nationalsozialistische Schwesternschaft, Zusammenfassung der Schwestern der →NS-Volkswohlfahrt. Die N. wurde 1934 gegründet und hatte ihren Sitz in Berlin. Hauptaufgabe der NS-Schwestern (Braune Schwestern) war der Dienst als Gemeindeschwester in Gemeindepflegestationen. Die NS-Lernschwester mußte eine längere Tätigkeit im Arbeitsdienst oder Landjahr nachweisen sowie eine Ausbildung in Hauswirtschaft, Säuglings- und Krankenpflege haben. Die zweijährige Lehrzeit erfolgte in staatlich anerkannten Krankenpflegeschulen mit anschließender halbjähriger Tätigkeit als Anwärterin. Der Nachwuchs kam vor allem aus dem →BDM, mit dem eine enge Zusammenarbeit bestand. Neben der N. gab es die NSV-Schwesternschaft (Blaue Schwestern), die Zusammenfassung von Schwestern aus dem Reichsbund der freien Schwestern und Pflegerinnen, die vor allem in der Krankenpflege eingesetzt waren.

Nationalsozialistisches Fliegerkorps (NSFK), Gliederung der NSDAP für Flieger. Das mit Erlaß A. →Hitlers vom 17. 4. 1937 gegründete NSFK wurde Nachfolger des 1933 gegründeten Deutschen Luftsportverbandes und hatte die Aufgabe, das Interesse am Fliegen im deutschen Volk zu fördern, die fliegerische vor- und nachmilitärische Ausbildung durchzuführen und den gesamten Luftsport in Deutschland zu betreuen. Das NSFK arbeitete mit der →Flieger-HJ eng zusammen, förderte Modellbau und -flug sowie den Segel- und Motorflugsport. Der Korpsführer, General der Flieger Friedrich Christiansen, unterstand dem Oberbefehlshaber der Luftwaffe, H. →Göring, persönlich. Das NSFK war in 16 Gruppen, diese wieder in Standarten und Stürme gegliedert und unterhielt im ganzen Reich Motor-, Modellbau-, Segelflug- und technische Schulen, worin u. a. zum Motor- oder Segelflugzeugführer, Ballonführer, Beobachter oder technischen Personal ausgebildet wurde.

Nationalsozialistisches Kraftfahrkorps (NSKK), Gliederung der NSDAP für Kraftfahrsport. Das NSKK ging am 20. 4. 1931 aus dem →Nationalsozialistischen Automobilkorps hervor, war zunächst Sondereinheit der →SA, wurde aber am 30. 6. 1934 von der SA gelöst und der →NSDAP angegliedert. Der Leiter, Korpsführer Adolf Hühnlein, war A. →Hitler unmittelbar unterstellt. Das NSKK förderte im 3. Reich den Motorsport, besonders die →Motor-HJ, nahm ab 1936 die Verkehrserziehung in Zusammenarbeit mit der Polizei wahr und ab 1939 die vor- und nachmilitärische Ausbildung auf dem Gebiet des Kraftfahrwesens. Seine Reichsmotorschule in Döberitz und weitere 24 Motorsportschulen besuchten bis 1939 rund 200000 seiner Angehörigen. Es besaß 1931 etwa 10000, 1939 etwa 500000 Mitglieder, die nicht auch der NSDAP angehö-

ren mußten. Bis 1939 vergrößerte es den eigenen Wagenpark, nachdem zunächst alle Fahrzeuge Privateigentum waren. Im 2. Weltkrieg hatte das NSKK Transportaufgaben bei Heer und Luftwaffe und Sicherungsaufgaben in besetzten Gebieten. Es gliederte sich in Motorstandarten, diese in Motorgruppen. Dienstkleidung war eine olivgrüne Bluse oder Rock mit Braunhemd, schwarze Reithose, schwarzer Sturzhelm oder Dienstmütze. Organ des NSKK war die Wochenschrift „Der NSKK-Mann".

H. H. Krenzlin: Das NSKK, 1939.

Nationalsozialistisches Reiterkorps (NSRK), Gliederung der →NSDAP für Reiter. Das NSRK warb für den Reitsport und bildete Reiter aus.

Nationalsozialistische Volkswohlfahrt (NSV), nationalsozialistischer Verband für Wohlfahrtspflege und Fürsorge. Die im April 1932 in Berlin gegründete NSV wurde mit Verfügung A. →Hitlers als Verband der →NSDAP angeschlossen (29. 3. 1935). Sie wurde vom Hauptamt für Volkswohlfahrt in der Reichsleitung der NSDAP betreut, dessen Leiter Erich →Hilgenfeldt die NSV als Reichswalter führte. Er war gleichzeitig Reichsbeauftragter für das →Winterhilfswerk. Gegliedert in Gaue, Kreise, Ortsgruppen und Stützpunkte, war die NSV fachlich eingeteilt in sechs Ämter: Wohlfahrtspflege und Jugendhilfe, Volksgesundheit, Organisation, Finanzverwaltung, Propaganda, Schulung. Parallel zu den staatlichen Wohlfahrtseinrichtungen sorgte die NSV für Bedürftige und betreute alle anderen Einrichtungen der freien Wohlfahrtspflege. Sie war als „Erziehung zur Selbsthilfe" gedacht, vertraute auf den Opferwillen der Deutschen und empfand sich als Ausdruck der Volksgemeinschaft. Im Mittelpunkt der NSV-Arbeit stand die Familie als Grundzelle des Volkes, besonders im →NS-Hilfswerk „Mutter und Kind" sowie in „Mütterfreizeiten". Der Gesundheitsfürsorge für Erwachsene dienten Kuren, Reihenuntersuchungen, Erholungspflege, das Tuberkulose-Hilfswerk sowie das Erholungswerk des deutschen Volkes mit der →„Hitler-Freiplatz-Spende" für →Alte Kämpfer der NSDAP. Dazu kamen Leistungen auf den Gebieten der Jugendpflege (z. T. in Zusammenarbeit mit der →HJ), der Flüchtlingsfürsorge, Siedlungshilfe, Seuchenbekämpfung und Altenbetreuung. Die NSV führte das →„Ernährungshilfswerk des Deutschen Volkes" im Rahmen des Vierjahresplans durch, das Nahrungsmittelabfälle aus Haushaltungen für zusätzliche Schweinemast sammelte, ferner das Winterhilfswerk. Im

Kriege war die NSV auch zur Linderung der Not in den von der Wehrmacht besetzten Gebieten tätig. In der NSV arbeiteten die NS-Schwesternschaft sowie die NSV-Jugendhilfe. Die Arbeit wurde größtenteils von rund einer Mill. ehrenamtlichen Helfern geleistet. Die Gelder stammten von den (1939) rund 11,5 Mill. Mitgliedern, womit die NSV die größte Wohlfahrtsorganisation der Welt war, sowie aus den Einnahmen aus dem Winterhilfswerk. Seit März 1934 war die NSV führender Verband in der „Arbeitsgemeinschaft der freien Wohlfahrtspflege Deutschlands" (u. a. mit der Inneren Mission, der Caritas, dem Roten Kreuz) sowie im „Reichszusammenschluß für öffentliche und freie Wohlfahrtspflege und Jugendhilfe". Im Krieg war die NSV bei der →Kinderlandverschickung sowie bei der Versorgung von Ausgebombten und Evakuierten tätig.
H. Vorländer: Die NSV, 1988.

Nationalversammlung, →Weimarer N.

Naturschutz, Bestrebungen und Maßnahmen zur Erhaltung der Tier- und Pflanzenwelt in der freien Natur sowie der ursprünglichen Landschaft und ihrer Naturdenkmale. Nach Vorarbeiten im 19. Jahrhundert (Ernst Rudorff, Hugo Conwentz) und dem preußischen „Gesetz gegen die Verunstaltung landschaftlich hervorragender Gegenden" vom 2. 6. 1902 wurde 1906 die „Staatliche Stelle für Naturdenkmalpflege in Preußen" unter Leitung von Conwentz in Danzig (ab 1910 in Berlin) gegründet. In München wurde 1909 der „Verein Naturpark" gegründet, der 1921 den „Naturschutzpark Lüneburger Heide" als erstes größeres deutsches N.-gebiet einrichten konnte. Um 1940 gab es rund 800 deutsche N.-gebiete. Der N. wurde 1919 in der Weimarer Reichsverfassung in Artikel 150 verankert: „Die Denkmäler der Kunst, der Geschichte und der Natur sowie der Landschaft genießen den Schutz und die Pflege des Staates." Eine systematische N.-arbeit wurde durch das „Reichs-N.-gesetz" vom 26. 6. 1935 möglich, dem eine Tier- und Pflanzenschutzverordnung vom 10. 3. 1933 und ein Gesetz gegen Waldverwüstung vom 18. 1. 1934 vorangegangen waren. Das Reichs-N.-gesetz faßte vorbildlich die Bestrebungen und Maßnahmen zum N. wie zum Landschaftsschutz zusammen, führte ein Reichsnaturschutzbuch sowie eine Landschaftsschutzkarte ein und sah ehrenamtliche Beauftragte für den N. auf Landes-, Bezirks- und Kreisebene vor. Ergänzend wirkten die Wallheckenverordnung vom 29. 11. 1935, die N.-verordnung vom 18. 3. 1936 sowie das „Schutzwaldgesetz" vom 14. 5. 1936. Bahnbrechend für den N. und Landschaftsschutz

wurde auch die Einführung von „Landschaftsanwälten" beim →Reichsautobahnbau ab 1933, da dessen Leiter Dr. →Todt der Erhaltung der Landschaft Vorrang vor dem Straßenbau einräumte und den Technikern ein neues Gefühl für Natur und Landschaft vermittelte.
W. Schoenichen: Naturschutz im Dritten Reich, 1934. G. Olschowy: Landschaft und Technik, 1970. A. Bernatzky, O. Böhm: Bundesnaturschutzrecht, 1981. R. Künast: Umweltzerstörung und Ideologie, 1983. W. Schoenichen: Urdeutschland, 2 Bde., 1935. W. Weber und W. Schoenichen: Reichsnaturschutzgesetz-Kommentar, 1936. V. Sturm: Deutsche Naturschutzparke, 1964.

Naumann, Friedrich, liberaler Politiker, * 25. 3. 1860 Störmthal/Leipzig, † 24. 8. 1919 Travemünde. Der evangelische Theologe schloß sich der christlich-sozialen Bewegung S. Stoeckers an, war ab 1890 im Evangelisch-sozialen Kongreß tätig, gründete 1896 den →Nationalsozialen Verein und versuchte vergeblich, die sozialdemokratische Arbeiterschaft mit dem nationalen Staat zu versöhnen. 1897 schied er aus dem geistlichen Amt aus, trat 1903 der →Freisinnigen Vereinigung bei und war 1907–1918 deren MdR, 1910 an der Gründung der →Fortschrittlichen Volkspartei beteiligt. In seinem Buch „Mitteleuropa" (1915) stellte er ein Programm für eine mitteleuropäische Wirtschaftsgemeinschaft auf. 1917 gründete er in Berlin die Staatsbürgerschule als Vorläufer der Deutschen Hochschule für Politik. Im November 1918 war er Mitbegründer der →Deutschen Demokratischen Partei, seit Juli 1919 deren Vorsitzender und führendes Mitglied der →Weimarer Nationalversammlung. Er gründete 1894 die Wochenschrift „Die Hilfe", gab 1896/97 sowie 1901/03 „Die Zeit" heraus und veröffentlichte zahlreiche Beiträge über soziale, liberale und religiöse Fragen.
Th. Heuss: Friedrich Naumann, 1937. A. Milatz: Friedrich Naumann-Bibliographie, 1957. K. Oppel: Friedrich Naumann, 1961. A. H. Nuber: Friedrich Naumann, 1962. J. Christ: Staat und Staatsraison bei Friedrich Naumann, 1969.

Naumann, Max, jüdischer Politiker, * 12. 1. 1875 Berlin, † 15. 5. 1939 Berlin. Der im 1. Weltkrieg mit dem EK I ausgezeichnete jüdische Offizier war Ideologe und zeitweise Vorsitzender des 1921 gegründeten Verbandes nationaldeutscher Juden und setzte sich sowohl als →DNVP-Mitglied als auch nach 1933 für das „totale Aufgehen des deutschen Judentums im Deutschtum" ein. Insbesondere wandte er sich gegen die Masseneinwanderung von Ostjuden, die er als „schädliche Bakterien im deutschen Volkskörper" ansah. Er hatte jedoch keinen Erfolg, sein Verband wurde 1935 aufgelöst.

Nauru, südlichste der →Marshall-Inseln. Mit dieser Inselgruppe kam N. 1888 an Deutschland, das dort ab 1907 mit dem Abbau der vier Fünftel der Insel bedeckenden Guano-Phosphatlager begann. Während die übrigen Marshall-Inseln 1919 durch das →Versailler Diktat Japan als Völkerbundsmandat zugewiesen wurden, kam das phosphatreiche N. als Mandatsgebiet an Großbritannien, das sich in der Verwaltung alle fünf Jahre mit Australien und Neuseeland abwechselte. 1968 wurde N. selbständig.

J. Schultz-Naumann: Unter Kaisers Flagge, 1985. K. Graudenz, H. M. Schindler: Die deutschen Kolonien, 1982.

Nazi, Kurzbezeichnung für Nationalsozialist, meist polemisch-abfällig gemeint. Die →Komintern benutzte das Wort seit den frühen 20er Jahren zur Bezeichnung der Anhänger der →NSDAP, um durch Vermeidung des vollen Namens nicht an „Sozialisten" zu erinnern, damit dieser Begriff für die Linke vorbehalten bleibe. Insbesondere im westlichen Ausland setzte sich vor dem und im Zweiten Weltkrieg diese kommunistische Sprachregelung durch, die nach 1945 auch in die westdeutsche Zeitgeschichte Eingang fand.

Necas-Dokumente, tschechische Geheimpapiere 1938. Nach Zuspitzung der →Sudetenkrise im Sommer 1938 sandte die tschechische Regierung ihren Sozialminister Jaromir Necas Mitte September 1938 nach Paris, der am 17. 9. 1938 den Regierungen in Paris und London ein Geheimangebot unterbreitete. Darin stimmte die Regierung Benesch der Abtretung des mehrheitlich deutsch besiedelten →Sudetenlandes an das Reich zu unter der Bedingung, daß dieser Plan geheim bleibe, daß von Frankreich und England öffentlich Druck auf Prag ausgeübt werde und daß niemals herauskomme, der Plan stamme von der tschechoslowakischen Regierung. Die lange geheimgehaltenen N. beweisen somit, daß die Abtretung des Sudetenlandes zwischen Prag, Paris und London vereinbart worden war und durch das →Münchener Abkommen nur in Einzelheiten geregelt wurde.

Neef, Hermann, Reichsbeamtenführer, * 2. 9. 1904 Templin. Bereits seit 1923 in →NSDAP und →SA, wurde der Zollbeamte 1929 Bezirksleiter der NSDAP im Lahntal, 1930 Kreisleiter, 1931 Organisations- und Propagandaleiter in der Reichsleitung der NSDAP (Beamtenabteilung). Seit Juni 1933 Führer des Deutschen Beamtenbundes, wurde er im Juli 1933 Leiter der Beamtenabteilung der NSDAP und mit der Gründung des →Reichsbundes der Deutschen Beamten (RDB) dessen Führer. Seit 1933 MdR und ab 1934 Hauptamtsleiter der NSDAP, war N. Mitglied der →Akademie für Deutsches Recht und des →NS-Rechtswahrerbundes. Als Präsident leitete er die Verwaltungsakademie in Berlin. Er schrieb u. a. „Der Beamte im nationalsozialistischen Führerstaat", „Die Aufgaben des Beamten im 3. Reich", „Die Stellung des Berufsbeamten im 3. Reich", „Das Soldatentum des deutschen Beamten".

Nemmersdorf, Dorf im ostpreußischen Kreis Gumbinnen. Der Ort fiel am 20./21. 10. 1944 als eines der ersten deutschen Dörfer in die Hand sowjetischer Verbände und wurde kurz danach von der Wehrmacht zurückerobert. Dabei wurden zahlreiche bestialisch ermordete Zivilisten aufgefunden, darunter auch etwa 50 französische Kriegsgefangene. Frauen waren vergewaltigt und teilweise nackt an Scheunentore genagelt worden, auch Ordensschwestern. Zwar war N. keine Ausnahme, sondern nahm nur im Herbst 1944 vorweg, was sich ab Januar 1945 in den deutschen Ostgebieten überall beim Einmarsch der Roten Armee abspielte; die Vorgänge in diesem Ort wurden jedoch durch die Untersuchungen einer internationalen Ärztekommission sowie durch die Reportagen in- und ausländischer Journalisten besonders bekannt. Die Morde und Gewalttaten von N. führten wenige Wochen später zu einer Massenflucht der ostdeutschen Bevölkerung.

Nerger, Karl August, Hilfskreuzerkommandant, * 25. 2. 1875 Rostock, † 12. 1. 1947 Sachsenhausen. Ab 1893 in der Marine, nahm N. 1900 auf dem Kanonenboot „Iltis" am Boxeraufstand in China teil und kommandierte zu Beginn des 1. Weltkriegs den Kleinen Kreuzer „Stettin" u. a. beim Seegefecht vor Helgoland am 28. 8. 1914. Ab März 1916 führte er den Hilfskreuzer „Wolf", mit dem er vom 30. 11. 1916 bis Februar 1918 auf der längsten Hilfskreuzerfahrt erfolgreichen Handelskrieg im Atlantik, Indischen Ozean und Pazifik führte, wobei er 27 Handelsschiffe mit 112 000 BRT, meist durch Minen, vernichtete. Im Juni 1918 wurde er als Fregattenkapitän Führer der Minensuch- und Räumverbände der Hochseeflotte. Im Juli 1919 ging er als Konteradmiral und mit dem Pour le mérite ausgezeichnet in den Ruhestand. Er schrieb „S.M.S. Wolf" (1928). 1947 starb er im sowjetischen Konzentrationslager Sachsenhausen bei Oranienburg.

H. Pemsel: Biographisches Lexikon zur Seekriegsgeschichte, 1985.

„Nerobefehl", Bezeichnung für A. →Hitlers Weisung vom 19. 3. 1945 zur Zerstörung aller Einrichtungen im Reichsgebiet, „die sich der Feind für die Fortsetzung seines Kampfes . . . nutzbar machen kann". Der „N." wurde jedoch größtenteils nicht mehr ausgeführt.
H. Euler: Die Entscheidungsschlacht an Rhein und Ruhr 1945, 1981.

Nettuno, Landung bei, alliierte Landung in Mittelitalien 1944. Um die seit Dezember 1944 von deutschen Truppen erfolgreich verteidigte →Gustav-Linie mit dem →Monte Cassino von Norden her aufzurollen und den Weg nach Rom zu öffnen, landeten in der Nacht vom 21. zum 22. 1. 1944 US-Streitkräfte (rund 55 000 Mann) bei N. und Anzio etwa 50 km südlich von Rom (Operation „Shingle"). Die Landungsköpfe wurden von deutschen Einheiten sofort abgeriegelt, und die deutschen Gegenangriffe bewirkten fast die Zerschlagung der gelandeten Truppen, so daß die Amerikaner bereits den Rückzug ins Auge faßten, als die deutsche Offensive eingestellt wurde. Erst am 23. 5. 1944 konnten die Amerikaner aus dem Landekopf von N. einen Großangriff beginnen, der dann die deutschen Verbände zur Aufgabe der Gustav-Linie und des Monte Cassino zwang. Am 4. 6. 1944 rückten die Amerikaner in das von der Wehrmacht wegen seiner Kunstschätze zur „Offenen Stadt" erklärte und deshalb nicht verteidigte Rom ein.
J. Staiger: Anzio-Nettuno, 1962. J. Piekalkiewicz: Der Zweite Weltkrieg, 1986. R. Trevelyan: Die Festung. Der Brückenkopf von Anzio, 1958.

Netzedistrikt, das Gebiet um Hohensalza, Bromberg und Schneidemühl. Der von Deutschen kolonisierte und urbar gemachte N. kam durch die erste polnische Teilung 1772 zu Preußen, fiel 1919 nach dem →Versailler Diktat größtenteils an Polen, wurde nach dem →Polenfeldzug im Herbst 1939 wieder mit dem Deutschen Reich vereinigt und in die →Reichsgaue →Danzig-Westpreußen und →Wartheland eingegliedert. Seit 1945 steht der N. unter polnischer Verwaltung.
H. von Cornberg und W. Köhler (Hrsg.): Netzekreis, 1932. H. J. Schmitz: Geschichte des Netze-Warthelandes, 1941. W. Maas: Aus Westpreußen und dem Netzedistrikt, 1962.

Neudeck, Rittergut in Ostpreußen östlich von Freystadt. Das alte Familiengut der Hindenburgs wurde mit den Geldern einer vom →„Stahlhelm" durchgeführten Sammelaktion gekauft und dem Generalfeldmarschall und Reichspräsidenten P. von →Hindenburg 1927 zu seinem 80. Geburtstag geschenkt. Er starb hier am 2. 8. 1934.

H. Sieber: Schlösser und Herrensitze in Ost- und Westpreußen, [2]1962. C. von Lorck: Landschlösser und Guthäuser in Ost- und Westpreußen, [3]1965.

Neue Deutsche Heilkunde, medizinische Reichsarbeitsgemeinschaft 1935–1937. Anläßlich der Nürnberger Ausstellung „Volksheilkunde aus Blut und Boden" wurde im Mai 1935 die Reichsarbeitsgemeinschaft für eine N. gegründet. Insbesondere von Rudolf →Heß gefördert, versuchte die N. Naturheilverfahren in die Schulmedizin einzubringen und die Chemotherapie einzuschränken. Unter Rückgriff auf Paracelsus wollte man von „den natürlichen, den biologischen Grundsätzen allen Geschehens" ausgehen. Unter dem Druck der Schulmedizin wurde die Reichsarbeitsgemeinschaft Anfang 1937 wieder aufgelöst. Auf ihre Bemühungen geht aber das Heilpraktikergesetz von 1939 zurück, das den Stand der Heilpraktiker erstmalig anerkannte, für die Ausübung dieses Berufs jedoch eine staatliche Zulassung verlangte.

Neue Reichskanzlei, Amtssitz des Reichskanzlers 1939–1945. Im Januar 1938 von A. →Hitler dem Architekten A. →Speer in Auftrag gegeben, entstand die N. in Berlin an der Voß- und Wilhelmstraße bis zum 7. 1. 1939, wurde am 9. 1. 1939 von A. Hitler übernommen und war ab 12. 1. 1939 sein Amtssitz. Die in klassizistischem Stil erbaute N. war mit entsprechenden Gemälden und Skulpturen (→Breker, →Thorak), die 146 m lange Marmorgalerie mit wertvollen Gobelins ausgestattet. Die N. wurde von Posten der →Leibstandarte-SS „Adolf Hitler" bewacht. Im Garten der N. befand sich später die bombensichere →Führerbunker, von wo aus A. Hitler in den letzten Monaten des 2. Weltkriegs seine Amtsgeschäfte führte und wo er am 30. 4. 1945 in den Freitod ging. Um die N. tobten die letzten Kämpfe in Berlin. Nach Kriegsende wurde die zerstörte N. ganz abgetragen. Die Sowjets verwendeten Steine der N. für ihr „Ehrenmal" in Berlin-Treptow.

Neuer Finanzplan, Bezeichnung für das „Gesetz über die Finanzierung nationalpolitischer Aufgaben des Reichs" vom 20. 3. 1939. Danach bezahlten Reich, Länder und Gemeinden die Lieferungen und sonstigen Leistungen gewerblicher Unternehmungen zu 40% in Steuergutscheinen. Diese konnten weitergegeben oder nach sechs Monaten auf die Steuerschuld angerechnet werden. Der N. diente zur Kreditbeschaffung, nachdem die →Mefowechsel 1938 ausgelaufen waren. Der Einnahmeausfall des Reichs durch die Inzahlungnahme der Steuergutscheine wurde u. a. durch die Mehreinkommensteuer für die Jahre 1938 und 1939 ausgeglichen.

Neuguinea, →Kaiser-Wilhelms-Land, →Neuguinea-Compagnie, →Deutsch-Neuguinea.

Neuguinea-Compagnie, deutsche Kolonialgesellschaft. Nachdem sich im Jahrzehnt vorher deutsche Handelsunternehmungen, so die Deutsche Handels- und Plantagengesellschaft zu Hamburg (DHPG), auf Neuguinea und in der Südsee niedergelassen hatten, gründete am 26. 5. 1884 Adolf von Hansemann, Direktor der Disconto-Gesellschaft, zusammen mit dem Bankier Bleichröder die N. zur Erschließung der Südseegebiete. Sie sandte den bereits mit der Südsee bekannten Forschungsreisenden Dr. Otto Finsch 1884 nach Neuguinea, der 1884/85 mit dem Dampfer „Samoa" unter Kapitän Dallmann Küstenstrecken befuhr. Nach Anerkennung der deutschen Rechte durch England und Frankreich 1884 wurde ein deutscher Landeshauptmann eingesetzt, der Direktor der N. war und Neuguinea zunächst von Finschhafen aus verwaltete. Ab 1889 übernahm das Reich die Verwaltung, mit Vertrag vom 7. 10. 1898 gingen die Hoheitsrechte der N. endgültig auf das Deutsche Reich über. Die N. war weiter wirtschaftlich tätig. Nach dem 1. Weltkrieg von Australien enteignet, verlegte die N. ihre Tätigkeit nach Venezuela (1922) sowie Kamerun (1927).
J. Schultz-Naumann: Unter Kaisers Flagge, 1985.

Neuhannover, die nördlichste der größeren Inseln des →Bismarck-Archipels, mit diesem 1884 zu Deutschland, 1920 unter australische Mandatsverwaltung gekommen, ab 1920 Lavongai genannt.

Neukamerun, Teil der deutschen Kolonie →Kamerun. Durch das →Marokko-Kongo-Abkommen von 1911 kam N. mit 277824 km² und rund 300000 Einwohnern von Frankreich an Deutschland. 1920 wurde N. unmittelbar wieder an Französisch-Äquatorialafrika, also nicht als Mandatsgebiet, angegliedert.

Neulauenburg, Inselgruppe im →Bismarck-Archipel zwischen →Neumecklenburg und →Neupommern, vor der deutschen Inbesitznahme 1884 und ab 1920 als Mandatsgebiet Duke of York Islands genannt.
J. Schultz-Naumann: Unter Kaisers Flagge, 1985.

Neumecklenburg, zweitgrößte, sehr gebirgige Insel des →Bismarck-Archipels mit 7800 km² und (1939) rund 38000 Einwohnern. Hauptorte sind Käwieng und Namatanai. N. war

1884–1920 deutsche Kolonie und wird ab 1920 wie vor 1884 New Ireland genannt.

Neunter November 1918, →Novemberrevolte.

Neunter November 1923, →Marsch zur Feldherrnhalle.

Neupommern, größte Insel des →Bismarck-Archipels mit 37800 km² und (1939) rund 100000 Einwohnern. 1884–1920 war N. Teil →Deutsch-Neuguineas (→Kaiser-Wilhelms-Land), wurde 1920 australisches Mandatsgebiet und wird seitdem wie vor 1884 New Britain genannt.

Neurath, Konstantin Freiherr von, Reichsaußenminister, * 2. 2. 1873 Klein-Glattbach/Württemberg, † 14. 8. 1956 Enzweihingen/Württemberg. Der Jurist trat 1901 in das Auswärtige Amt ein, kam 1903 zum deutschen Generalkonsulat in London, wurde 1909 Legationsrat und war 1914–1916 Botschaftsrat in Konstantinopel, 1917–1918 Chef des württembergischen Zivilkabinetts, 1919 Gesandter in Kopenhagen, 1921–1930 Botschafter in Rom, 1930–1932 in London. Am 2. 6. 1932 wurde N. Reichsaußenminister im Kabinett →Papen und blieb dies unter von →Schleicher und →Hitler bis 4. 2. 1938. Der 1937 der →NSDAP beigetretene N. blieb Reichsminister ohne Geschäftsbereich sowie Präsident des Geheimen Kabinettsrats und wurde am 18. 3. 1939 →Reichsprotektor von Böhmen und Mähren mit Sitz in Prag. Am 27. 9. 1941 aus Altersgründen beurlaubt, trat der zum SS-Obergruppenführer (19. 6. 1943) Beförderte von diesem Amt im August 1943 zurück. Im →Nürnberger Hauptkriegsverbrecherprozeß wurde er zu 15 Jahren Haft verurteilt, 1954 jedoch vorzeitig wegen seines Augenleidens freigelassen.
H.-A. Jacobsen: Nationalsozialistische Außenpolitik 1933–38, 1968. J. L. Heinemann: Hitler's First Foreign Minister C. Freiherr von Neurath, 1979.

Neusatz (ungarisch Uj-Vidék, serbisch Novi-Sad), Stadt im Banat. Das 1740 am linken Donauufer gegenüber Peterwardein gegründete N. wurde 1748 königliche Freistadt und ein kultureller Mittelpunkt der deutschen Donauschwaben (→Batschka) mit Sitz des Schwäbisch-Deutschen Kulturbundes und deutschen Tageszeitungen und Zeitschriften. 1940 waren von 64000 Einwohnern noch 6500 Deutsche, die, soweit sie nicht vorher fliehen konnten, bei Kriegsende von Serben ermordet oder anschließend vertrieben wurden.

Neustämme, deutsche Stämme in Ostmitteleuropa. Die deutschen N. haben sich infolge der ostdeutschen Siedlung im Mittelalter gebildet, insbesondere die Ostniederdeutschen (Mecklenburger, Brandenburger, Pommern, Ost- und Westpreußen), die Ostmitteldeutschen (Obersachsen, Lausitzer, Schlesier), die Sudetendeutschen und die Siebenbürger Sachsen sowie die Österreicher als Ableger der Bayern. Die N. haben jeweils besondere Stammeseigenarten entwickelt. Durch die Vertreibung nach 1945 wurden mehrere N. praktisch vernichtet. Ihr Kulturgut wird von Landsmannschaften gepflegt.

J. Nadler: Das stammhafte Gefüge des deutschen Volkes, 1934. A. Helbok: Deutsche Volksgeschichte, 2 Bde., 1964–1967. E. Schwarz: Germanische Stammeskunde, 1956. A. Bach: Deutsche Volkskunde, ³1960.

Ney, Elly, Prof., Pianistin, * 27. 9. 1882 Düsseldorf, † 31. 3. 1968 Tutzing. Die Schülerin von Th. Letschetitzky und E. von Sauter war eine romantische Interpretin besonders der Klaviermusik von L. van Beethoven, wurde aber auch dadurch bekannt, daß sie in der Kriegs- und Nachkriegszeit viel vor Verwundeten, Flüchtlingen, Gefangenen und Heimkehrern konzertierte. Für sie galt: „Aufgabe eines deutschen Künstlers ist es, seinem Volke zu helfen." Sie schrieb „Erinnerungen und Betrachtungen", 1957, 1962.

J. M. Wehner: Elly Ney, ein Leben für die Musik, 1952. Z. Maurina: Begegnung mit Elly Ney, 1956. H. Vogel: Aus den Tagebüchern von Elly Ney, 1979.

Nibelungentreue, Schlagwort für Bündnistreue. In der Reichstagsdebatte vom 29. 3. 1909 sagte Reichskanzler Fürst Bernhard von →Bülow, die Haltung des Deutschen Reichs zu Österreich-Ungarn sei durch N. bestimmt, was anschließend, besonders im 1. Weltkrieg, zum vielzitierten Schlagwort wurde.

Niederdonau, Reichsgau. Bei der Einteilung Österreichs in Gaue im Mai 1938 wurde aus Niederösterreich der Gau N. der →NSDAP, im April 1939 der →Reichsgau N. geschaffen, der auch den nördlichen Teil des Burgenlandes sowie die sudetendeutschen Gebiete Südmährens und Südböhmens umfaßte und den Reichsgau Wien umgab. Hauptstadt des bis 1945 bestehenden Reichsgaues N. war Krems, vorläufiger Verwaltungssitz Wien.

–: Niederdonau. Ein deutscher Grenzgau, 1939. H. Schopper: Niederdonau, 1940.

Niekisch, Ernst, Nationalbolschewist, * 23. 5. 1889 Trebnitz/Schlesien, † 23. 5. 1967 Berlin. Der Arbeitersohn wurde Volksschullehrer, 1917 Mitglied der SPD und 1918/19 Vorsitzender des Zentralen Arbeiter- und Soldatenrats in München. Er trat 1919 zur USPD über, war 1922/23

Vorsitzender der bayerischen Landtagsfraktion der vereinigten SPD und USPD und dann bis 1926 Sekretär des Deutschen Textilarbeiterverbandes. 1926 wurde er Mitglied der Alten Sozialistischen Partei in Sachsen. Als Herausgeber der Zeitschrift „Der Widerstand" (1926–1934) wandte er sich seit 1928 scharf gegen die Weimarer Republik, insbesondere gegen →Stresemanns Westpolitik, und trat für →Nationalbolschewismus und Hinwendung zur Sowjetunion ein. 1931 schrieb er „Hitler, ein deutsches Verhängnis". Mit seinem „N.-Kreis" opponierte er nach 1933 gegen das 3. Reich. Seine Zeitschrift wurde 1937 verboten, er selbst verhaftet und 1939 wegen „literarischen Hochverrats" zu lebenslänglichem Zuchthaus verurteilt. Nach 1945 war N. in der Sowjetischen Besatzungszone Mitglied der KPD, dann der SED, ab 1948 Professor an der Ostberliner Humboldt-Universität, ab 1949 Mitglied der Volkskammer. Nach dem Volksaufstand vom 17. 6. 1953 siedelte er nach Westberlin über und wurde 1966 als „Opfer des Faschismus" anerkannt. Er schrieb außerdem „Im Dickicht der Pakte" (1935), „Die dritte imperiale Figur" (1935), „Deutsche Daseinsverfehlung" (1945), „Europäische Bilanz" (1951), „Das Reich der niederen Dämonen" (1953), „Erinnerungen eines deutschen Revolutionärs" (1958/74), „Gewagtes Leben" (1958), „Gesammelte politische Schriften" (1965) und „Die Legende von der Weimarer Republik" (1967).

J. Kabermann: Widerstand und Entscheidung eines deutschen Revolutionärs, 1973. U. Sauermann: Ernst Niekisch, 1980.

Niemöller, Martin, politisierender evangelischer Theologe, * 14. 1. 1892 Lippstadt/Westfalen, † 6. 3. 1984 Wiesbaden. Der Pfarrersohn kam 1910 zur Marine, 1915 zur U-Boot-Waffe und war 1918 Kommandant von UC 67. Er erhielt den →Pour le mérite. Erschüttert von der „Schande des 9. November" 1918, gab er den Offiziersberuf auf und studierte ab 1919 Theologie, war 1924–1930 Geschäftsführer der Inneren Mission in Westfalen und ab 1. 7. 1931 Pfarrer in Berlin-Dahlem. Obwohl →NSDAP-Wähler ab 1924, wandte er sich 1933 gegen die Kirchenpolitik des 3. Reiches und gegen die →Deutschen Christen, gründete am 21. 9. 1933 den oppositionellen Pfarrernotbund, hatte am 25. 1. 1934 zwar noch eine Audienz bei A. →Hitler, wurde dann aber ein führender Kopf der Bekennenden Kirche. Als Folge staatskritischer Predigten wurde er wegen Kanzelmißbrauchs, Vergehens gegen das →Heimtückegesetz und Aufforderung zum Ungehorsam am 1. 7. 1937 verhaftet und am 2. 3. 1938 zu sieben Monaten Festungshaft verurteilt, danach in

→Konzentrationslagern inhaftiert. Nach 1945 war N. Präsident des Kirchlichen Außenamtes, maßgeblicher Mitverfasser des deutschen Interessen widersprechenden sogenannten →Stuttgarter Schuldbekenntnisses vom 19. 10. 1945, von 1945–1955 Mitglied des Rates der Evangelischen Kirche Deutschlands, von 1947–1964 Präsident der evangelischen Landeskirche von Hessen und Nassau sowie 1961–1967 Präsidiumsmitglied des Weltkirchenrates. Über sein kirchliches Amt hinaus wurde er in der Nachkriegszeit, aber vor allem durch seine politischen Erklärungen bekannt. Er wandte sich gegen die Wiederaufrüstung in der Bundesrepublik Deutschland, trat für die kommunistisch gesteuerte sogenannte Friedensbewegung sowie eine Verständigung mit der Sowjetunion ein und unterstützte alle wesentlichen Aktionen der kommunistischen Propaganda. Dafür wurde er von sowjetischer Seite hoch geehrt und ausgezeichnet. N. schrieb „Vom U-Boot zur Kanzel" (1934), „Predigten" (1935), „Reden" (1957/58).
D. Schmidt: Martin Niemöller, ²1960. J. Schmidt: Martin Niemöller im Kirchenkampf, 1971. W. Niemöller (Hrsg.): Martin Niemöller, 1975. H. Krüger (Hrsg.): Bis an das Ende der Erde, 1962.

Nimwegen, Luftlandeunternehmen von, →Arnheim.

NLP, Abkürzung für →Nationalliberale Partei.

NN-Häftlinge, Abkürzung für die nach dem →„Nacht-und-Nebel-Erlaß" 1941–1945 inhaftierten Ausländer.

Nösnerland (Nösnergau), deutsches Siedlungsgebiet im nordöstlichen →Siebenbürgen. Mitte des 12. Jahrhunderts besiedelten deutsche Bauern und Handwerker das N. und gründeten Bistritz, das früher Nösen genannt wurde. Das N., bis 1920 ungarisch, gehörte 1920–1940 zu Rumänien, 1940–1945 zu Ungarn, ab 1945 wieder zu Rumänien. Vor dem 2. Weltkrieg lebten im N. rund 30000 Deutsche, die sich größtenteils 1944 den abziehenden deutschen Truppen anschlossen und das Reichsgebiet erreichten. Damit war die geschlossene deutsche Volksgruppe in N. vernichtet. Nur noch sehr wenige Orte im N. haben einen deutschen Anteil von 20%.
D. Waldmann: Die Deutschen im Rumänien von heute, 1970.

Norddeutscher Lloyd (Nordlloyd), zweitgrößte deutsche Schiffahrtsgesellschaft bis 1945. Der 1857 gegründete N. mit Sitz in Bremen war die größte deutsche Fahrgastreederei. Sie begann mit Fahrten nach England, hatte ab 1858 einen Dienst nach Nordamerika, ab etwa 1870 nach Südamerika, ab 1886 nach Ostasien und Australien und errang 1884 erstmals das „Blaue Band". Der N. wurde für die deutschen Auswanderer nach Übersee wichtig. Von seinen 494 Seeschiffen 1914 mußte er ab 1919 die wertvollsten an die Alliierten abliefern. Der Wiederaufstieg gelang mit Neubauten und durch Ankauf kleinerer Reedereien, so der Rolandlinie und Bremen-Afrika-Linie 1925, der Dampfschiffahrtsreederei Horn 1927 und der Stettiner Dampferkompagnie 1931. 1929/30 wurden die modernen Riesenschnelldampfer „Bremen" und „Europa" (je rund 50000 BRT) eingestellt, die beide nacheinander das „Blaue Band" errangen. 1939 hatte der N. 73 Seeschiffe mit über 600000 BRT bei einem Grundkapital von 44,7 Mill. RM. Der Wiederaufbau nach dem 2. Weltkrieg führte bis 1965 zu 45 Frachtern, drei Passagier- und 29 anderen Schiffen und einem Grundkapital von 54 Millionen DM.
Siebzig Jahre Norddeutscher Lloyd, 1927. G. Bessell: Norddeutscher Lloyd, 1957.

Nordifikation, erstmals 1908 von W. →Rathenau gebrauchte Bezeichnung für eine „Erneuerung des Abendlandes" durch Rückbesinnung auf Ideale und Traditionen der →nordischen Rasse.

Nordische Bewegung, Bestrebungen zur Verbreitung und Förderung des →„Nordischen Gedankens". Die Anhänger der in den ersten Jahrzehnten des 20. Jahrhunderts stark anwachsenden N. kamen meist aus der →völkischen Bewegung, waren insbesondere in der deutschen →Jugendbewegung vertreten und setzten sich für die Anerkennung der Kulturleistungen der →Nordischen Rasse ein, wobei sie besonders auf die Schriften von A. Graf Gobineau, P. de →Lagarde und H. S. →Chamberlain verwiesen. Die N. wollte vor allem das deutsche Geistesleben von christlichen Einflüssen befreien. Wichtige Persönlichkeiten der N. waren der Rassenforscher H. F. K. →Günther, der im „Nordischen Ring" und bei dessen Zeitschrift „Die Rasse" mitarbeitete, A. →Rosenberg mit seinem →„Kampfbund für deutsche Kultur" und der Zeitschrift „Nordische Blätter", Dr. E. Timm als Geschäftsführer der →„Nordischen Gesellschaft" mit deren Zeitschrift „Der Norden" (1934–1942) sowie R. W. →Darré mit seinen Werken. Die N. fand teilweise Eingang in den →Nationalsozialismus, insbesondere in die →SS. Nach 1945 wurde die N. in der Öffentlichkeit meist als rassistisch abgelehnt.
A. Graf von Gobineau: Versuch über die Ungleichheit der Menschenrassen, 1898. H. S. Chamberlain: Die

Grundlagen des XIX. Jahrhunderts, 1898. A. Rosenberg: Der Mythus des 20. Jahrhunderts, 1930. R. W. Darré: Das Bauerntum als Lebensquell der Nordischen Rasse, 1929. H. F. K. Günther: Rassenkunde des deutschen Volkes, 1922. E. Timm: Deutschland – nordisch, 1937.

Nordische Gesellschaft, Vereinigung zur Verbreitung des →Nordischen Gedankens sowie zur Pflege der kulturellen, wissenschaftlichen, wirtschaftlichen und informativen Beziehungen zu Skandinavien und Finnland 1921–1945. Aus einem Lübecker Unternehmen mit Reisebürotätigkeit (Nordische Verkehrs-GmbH) entwickelte sich die N,. insbesondere ab 1933 unter Reichsgeschäftsführer Dr. Ernst Timm. Das Reichskontor war in Lübeck, Kontore bestanden vor allem in den Gauhauptstädten. Schutzherr wurde A. →Rosenberg, Vorsitzender der Gauleiter und Oberpräsident von Schleswig-Holstein, →Hinrich Lohse. Dem „Obersten Rat" gehörten neben A. Rosenberg die Reichsminister W. →Frick und R. W. →Darré, Reichsführer-SS H. →Himmler, der Lübecker Oberbürgermeister Dr. Drexler und die Kontorleiter aus dem Reich und Skandinavien an. Neben Vortrags-, Ausstellungs- und Begegnungsveranstaltungen fanden jährlich um die Sommersonnenwende in Lübeck Reichstagungen der N. mit einem umfangreichen Kulturprogramm statt. Die Kulturabteilung der N. leitete Heinrich Jessen; der Leiter der Presseabteilung, Dr. Walter Zimmermann, gab die Zeitschrift „Der Norden" (1934–1942) heraus. Abteilungsleiter für Jugendarbeit, Verbindungsmann zur Reichsjugendführung und Vortragsbeauftragter war ab 1937 Dieter Vollmer. Ab 1938 war Hans Jürgen Krüger Reichsgeschäftsführer. Der Bildungssenator Bremens, Dr. Richard von Hoff, schloß den von ihm gegründeten und geleiteten Nordischen Ring mit der Zeitschrift „Die Rasse" der N. an, deren Organ „Die Rasse" auch wurde. Von der N. wurde ferner ein „Pressedienst" und ein „Wirtschaftsdienst" herausgegeben. Während bis 1935 der „Nordische Gedanke" als innerdeutsche Sache betrachtet wurde, begann die N., ihn dann den nordeuropäischen Nachbarn verständlich zu machen. Nach 1945 erhielten Dr. Timm und H. J. Krüger wegen ihrer Tätigkeit in der N. von den Briten mehrjährige Zuchthausstrafen. Später gründete H. Jessen nach Freigabe des zunächst gesperrten Vermögens der N. die „Deutsche Auslandsgesellschaft".
W. Zimmermann (Hrsg.): Nordische Wiedergeburt, 1935. B. Timm: Deutschland – nordisch! 1937. H. Jessen: Zwiegespräch zwischen den Völkern, 1940. L. Stael von Holstein: Der Norden und das neue Europa, 1941. H. F. Blunck: Deutschland und der Norden, 1941. D. Vollmer: Das größere Vaterland, 1975. H. F. K. Günther:

Der Nordische Gedanke unter den Deutschen, 1927. H. J. Lutzhöft: Der Nordische Gedanke in Deutschland 1920–1940. U. Telschow: Der Nordische Gedanke, 1938. Nordische Gesellschaft (Hrsg.): Nordlandfibel, 1938.

Nordische Rasse, Rasse mit dem Hauptverbreitungsgebiet Nordeuropa. Körpermerkmale der N. sind: Erhebliche Körperlänge, lange Gliedmaßen, schmaler und langer Kopf, herausspringender Hinterkopf, schmales Gesicht, schmale vorspringende Nase mit hoher Nasenwurzel, vorspringendes Kinn, blondes oder rötliches Haar, blaue oder graue Augen, helle Haut. Die N. hat, wie alle Rassen, einen spezifischen Stil, in dem sich Fähigkeiten und Begabungen entfalten, sie hat deshalb auch die Kultur in ihrem Verbreitungsgebiet auf eine besondere Weise geprägt, die sich bei allen indogermanischen Völkern – in denen die N. verbreitet war und ist – findet. Die N. ist heute vor allem in Skandinavien, in geringerem Maße in West-, Mittel- und Osteuropa und nur wenig in Südeuropa anzutreffen, außerhalb Europas vor allem in Ländern, die von England aus besiedelt worden sind (USA, Kanada, Australien, Neuseeland) sowie im niederländisch kolonisierten Südafrika. Der N. verwandt ist die fälische Rasse. Für die Bewahrung der N. und ihrer Kultur haben sich vor allem die →Nordische Bewegung und andere Anhänger des →Nordischen Gedankens eingesetzt.
H. F. K. Günther: Rassenkunde des deutschen Volkes, 1924. H. F. K. Günther: Die Nordische Rasse bei den Indogermanen Asiens, 1934. H. F. K. Günther: Rassenkunde Europas, 1929. H. F. K. Günther: Rasse und Stil, 1926. H. F. K. Günther: Der Nordische Gedanke unter den Deutschen, 1927. H. F. K. Günther: Herkunft und Rassengeschichte der Germanen, 1935. H. F. K. Günther: Lebensgeschichte des Hellenischen Volkes, 1956. H. F. K. Günther: Lebensgeschichte des Römischen Volkes, 1957. L. F. Clauß: Die nordische Seele, 1932. L. F. Clauß: Rasse und Seele, 1939. L. F. Clauß: Rasse und Charakter, 1936. H. Burkhardt: Die seelischen Anlagen des nordischen Menschen, 1941. R. W. Darré: Das Bauerntum als Lebensquell der Nordischen Rasse, 1929. J. Strzygowski: Aufgang des Nordens, 1936.

Nordischer Gedanke, Bestrebungen zur Erhaltung der nordischen Rasse und ihrer Kultur. Im Unterschied zu anderen politischen Zielen, in deren Mittelpunkt ein Volk (nationale Konzeption), ein bestimmtes Prinzip (Sozialismus, Kommunismus, Anarchismus, Liberalismus), eine Klasse (Proletariat), eine Gesellschaftsschicht (Adel, Bürgertum), Interessengemeinschaft (Organisationen aller Art) oder eine Religionsausbreitung (Christentum, Islam) steht, orientiert sich der N. grenzüberschreitend und wahrscheinlich einmalig auf der Welt an einer – hier der →nordischen – Rasse. Angestrebt wird mit ihm die Bewahrung der nordischen Rasse und ihrer Kultur, Lebensformen und Religiosi-

tät. Angesichts der Durchdringung verschiedener →Rassen und ihrer unterschiedlichen Ausdrucksformen geht es den Anhängern des N. darum, die Besonderheiten der nordischen Rasse durch Erforschung früherer Zeiten festzustellen, in denen es noch keine wesentlichen Rassen- und Kulturvermischungen gegeben hat, oder durch Beobachtungen nordischer Menschen in der Gegenwart. Gerechtfertigt wird der N. zumeist mit dem Argument, jede Rasse benötige ihrem Charakter angemessene Lebens- und Glaubensformen. Die Verwirklichung dieser Aufgabe bedeute nicht die Abwertung anderer Rassen, die von der nordischen verschieden seien, sondern nur die Anerkennung dieser Unterschiedlichkeit. Somit enthält der N. auch kein Werturteil über Rassen, sondern strebt nur die Verwirklichung eines Prinzips an, das auch von den Angehörigen anderer Rassen für sich durchgesetzt werden sollte.
D. Vollmer: Das größere Vaterland, 1975. H. J. Lutzhöft: Der Nordische Gedanke in Deutschland 1920–1940. W. Telschow: Der Nordische Gedanke.

Nordischer Glaube, Bezeichnung für die religiösen Anschauungen der nordischen Völker in vorchristlicher Zeit. Von Anhängern der →nordischen Bewegung wurden Glaubensformen der nordisch geprägten indogermanischen Völker mit der Absicht ermittelt, ihnen wieder Geltung zu verschaffen und damit die Wirkung des Christentums einzuschränken, das seinem Ursprung und seiner Bewußtseinsstruktur nach dem religiösen Empfinden der vorderasiatischen und orientalischen Rasse zuzuordnen und dem nordischen Menschen nicht angemessen sei. Der N. sei auch keineswegs mit der Durchsetzung des Christentums in Europa verschwunden, sondern habe sich ständig in Äußerungen sogenannter Ketzer manifestiert. Während die christlichen Konfessionen Gott personifiziert, ihn aus dem Diesseits verbannt und im Jenseits angesiedelt hätten, gebe es nach nordischem Empfinden diese Zerspaltung nicht, sondern Gott entfalte sich in allen Dingen und Kreaturen, somit auch im Diesseits, sei also eins mit den Menschen und stehe nicht außerhalb von ihnen. Diese Einheit des Seins schließe die Vorstellung aus, daß der Mensch seine Existenz einem Schöpfungsakt aus dem Jenseits verdanke; er sei vielmehr in eine zeitlose Ordnung eingebettet. Anders als das Christentum mit seiner Spaltung von Diesseits und Jenseits kenne der nordische Glaube auch keine sündenbeladene irdische Existenz, die man meistern müsse, um dafür im Jenseits erlöst zu werden. Die Bewährung des einzelnen habe vielmehr auf der Erde zu erfolgen, wo sich bereits das Göttliche entfalte. Der

Mensch sei nach dem nordischen Glauben nicht der Sklave eines Gottes, dem man mit Demut, Angst, Zerknirschung und der Bereitschaft zur Selbstverdammung gegenübertrete und der Gewalt über die Menschen habe. Im Gegensatz zur christlichen Religion kenne der nordische Glaube auch nur den unmittelbaren Weg zu Gott und lehne eine Glaubensvermittlung durch eine Priesterkaste ab. Er sei deshalb als Diesseitsfrömmigkeit, als Einheit von Mensch, Natur, Gottheit und Kosmos und somit als Gegensatz von Offenbarungs- und Erlösungsreligionen anzusehen.
H. F. K. Günther: Frömmigkeit nordischer Artung, [6]1963. J. W. Hauer: Deutsche Gottschau, 1935. E. von Reventlow: Wo ist Gott? 1934. G. Frenssen: Der Glaube der Nordmark, 1936. H. Grabert: Der protestantische Auftrag des deutschen Volkes, 1936. S. Hunke: Europas eigene Religion, 1981. A. de Benoist: Heide sein zu einem neuen Anfang, 1982. W. Wüst: Indogermanisches Bekenntnis, 1942. W. Hauer: Was will die Deutsche Glaubensbewegung? 1935. W. Schloz: Kampf und Ziel der Deutschen Glaubensbewegung, o. J. W. Kusserow: Heimkehr zum Artglauben, 3 Bde., 1974/76.

Nordmark, Bezeichnung für →Nordschleswig als nördliches Grenzland des deutschen Siedlungsbereiches. Im 3. Reich wurde ganz Schleswig-Holstein als N. bezeichnet.

Nord-Ostsee-Kanal, →Kaiser-Wilhelm-Kanal.

„Nordpol", Deckname für ein Unternehmen der deutschen Abwehr 1942–1944. Am 6. 3. 1942 wurde in Den Haag (Holland) eine englische Agentengruppe mit ihrem Sender ausgehoben. Der Sender wurde dann von der deutschen Abwehr im →„Englandspiel" unter Oberstleutnant Giskes bis Anfang 1944 weiterbetrieben, ohne daß die Briten Verdacht schöpften. Durch das Unternehmen N. konnte die Widerstandsbewegung in den Niederlanden weitgehend lahmgelegt werden.
J. Piekalkiewicz: Spione, Agenten, Soldaten, 1969. O. Reile: Geheime Westfront, 1962.

Nordschleswig (dänisch Sonderjylland), südlichste Provinz Dänemarks mit 250000 Einwohnern, von denen heute 8–10% Angehörige der deutschen Volksgruppe sind. Das zu Dänemark gehörende Herzogtum Schleswig wurde 1460 im Vertrag von Ripen mit dem deutschen Herzogtum Holstein vereinigt („up ewig ungedeelt"). Im Laufe der Zeit bekannte sich die Mehrheit der Südschleswiger und eine Minderheit der Nordschleswiger zur deutschen Sprache. 1848 scheiterte ein Versuch der deutschen Minderheit, sich von Dänemark zu trennen, am Widerstand der Großmächte. 1864 erzwang Preußen im Bündnis mit Österreich die Abtretung von ganz Schleswig-Holstein, das 1866 eine preußische Provinz wurde. Nach dem 1. Weltkrieg setzte die dänische Volksgruppe im →Versailler Diktat eine →Volksabstimmung durch, bei der sich am 10. 2. 1920 die Nordzone (Nordschleswig) mit großer Mehrheit zu Dänemark bekannte (allerdings stimmten im Süden dieser Zone einige Orte mit Mehrheit für Deutschland, z. B. Tondern mit 76%; da aber en-bloc abgestimmt wurde, fielen auch sie an Dänemark). Die verhältnismäßig großzügige dänische Gesetzgebung ermöglichte der deutschen Minderheit ein eigenes Kulturleben mit deutschen Schulen, Gottesdiensten und Vereinen. Nach dem 2. Weltkrieg wurden in der Bonn-Kopenhagener Erklärung vom 29. 3. 1955 die Rechte der Minderheiten nördlich und südlich der Grenze anerkannt. Dachorganisation der Deutschen in N. ist der Bund deutscher Nordschleswiger, der bei Parlament und Regierung in Kopenhagen durch ein Sekretariat vertreten ist.

Bund deutscher Nordschleswiger (Hrsg.): Nordschleswig und die deutsche Volksgruppe in Dänemark, o. J. (etwa 1985). P. Nasarski (Hrsg.): Wege und Wandlungen, Bd. I, 1981. T. Fink: Geschichte des schleswigschen Grenzlandes, 1958. P. Kürstein: Die Volksabstimmungen im Landesteil Schleswig, 1970.

Nord- und Ostsee-Abkommen, internationale Vereinbarungen 1908. Nach der Trennung Norwegens von Schweden 1905 drängte Rußland auf ein Ostsee-Abkommen unter den vier Anrainer-Staaten. Da Deutschland eine Spitze gegen England vermeiden wollte, wurde ein ähnliches Abkommen für die Nordsee vorbereitet. Nach einem deutsch-russischen Geheimprotokoll vom 20. 10. 1907 in Petersburg über die Ostsee wurde nach längeren Verhandlungen am 23. 4. 1908 in Berlin das Nordsee-Abkommen zwischen Großbritannien, Frankreich, Deutschland, den Niederlanden und Schweden und in Petersburg das Ostsee-Abkommen zwischen Dänemark, Schweden, Rußland und Deutschland abgeschlossen. Beide Abmachungen bestanden aus einer Deklaration und einem Memorandum mit fast gleichlautendem Text. Die Abkommen erlangten bis zum Ausbruch des Weltkrieges keine größere Bedeutung. Sie sahen beide vor, daß die Anrainerstaaten ihre Hoheitsrechte im Bereich der beiden Meere wahren und den Status quo aufrechterhalten wollten.

Norkus, Herbert, Hitlerjunge, * 26. 7. 1916 Berlin, † 24. 1. 1932 Berlin. Der 15jährige →Hitlerjunge wurde in Berlin-Plötzensee von Kommunisten überfallen und ermordet. Sein Leben und Sterben wurde zum Symbol für den Kampf, sein Todestag ein Trauertag der →HJ. Nach seinem Schicksal schrieb K. A. Schenzin-

ger das Buch und drehte H. Steinhoff den Film →„Hitlerjunge Quex" (1933).

Littmann: Herbert Norkus, 1933.

Normalverbraucher, bei der Lebensmittelbewirtschaftung im und nach dem 2. Weltkrieg eine Person, die die normalen Zuteilungen erhielt, also keine Zulagen für besondere Berufsgruppen oder schwere Arbeit bekam und kein →Selbstversorger war.

Norwegenfeldzug, deutsche Besetzung Dänemarks und Norwegens 1940. Das Deutsche Reich erhielt auch während des 2. Weltkriegs Eisenerz aus Schweden, das über den nordnorwegischen Hafen Narvik verschifft wurde. Die Westalliierten, insbesondere die Engländer, stellten bald nach Kriegsausbruch Überlegungen zur Unterbindung dieser Erztransporte an. Am 16. 1. 1940 begannen sie Vorbereitungen für eine Landung in Norwegen, die in Deutschland bekannt wurden. Auf Befehl A. →Hitlers arbeitete deshalb das Oberkommando der Wehrmacht die Aufmarschstudie „Weserübung" aus, die A. Hitler am 1. 3. 1940 unterzeichnete. Nachdem die Briten mehrfach deutsche Frachter in norwegischen Hoheitsgewässern angegriffen hatten, beschlossen sie, ab 5. 4. 1940 norwegische Gewässer zu verminen und ab 8. 4. 1940 in Norwegen zu landen. Am Morgen des 7. 4. 1940 liefen jedoch die deutschen Landungseinheiten aus und kamen den Engländern um wenige Stunden zuvor, obwohl diesen der deutsche Angriffstermin am 4. 4. 1940 von dem der Abwehr angehörenden Oberst H. →Oster über den holländischen Militärattaché in Berlin, Sas, verraten worden war. Die unter Leitung von General N. von →Falkenhorst eingesetzten Verbände konnten ab 9. 4. 1940 bei Oslo, Stavanger, Bergen, Drontheim und Narvik landen, wobei zum erstenmal auch größere Fallschirmjäger- und Luftlandeeinheiten beteiligt waren. Während bei der gleichzeitig erfolgten Besetzung Dänemarks auf Weisung König Christians X. jeder Widerstand unterblieb, rief die norwegische Regierung zum Kampf auf. Den sieben in Norwegen gelandeten deutschen Divisionen standen sechs norwegische gegenüber, die ab 14. 4. 1940 durch britische, französische und polnische Einheiten verstärkt wurden. Dennoch konnten die deutschen Truppen ihre Ziele erreichen mit Ausnahme der Verbände im Raum →Narvik, die abgeschnitten wurden und sich unter General E. →Dietl in wochenlangen Abwehrkämpfen gegen überlegene Feindkräfte behaupten mußten. Ab 1. 5. 1940 zogen die Alliierten ihre Truppen aus den südlichen Landungsköpfen Norwegens zurück, ab 3. 6. auch aus Narvik. Am 9. 6. befahl der nach England geflohene König Haakon VII. den norwegischen Truppen die Einstellung der Kämpfe, am 10. 6. 1940 war der N. zu Ende. Die deutschen Verluste betrugen drei Kreuzer, zehn Zerstörer und sechs U-Boote sowie 1317 Tote, 2375 Vermißte und 1604 Verwundete. Die Alliierten verloren einen Flugzeugträger, zwei Kreuzer, neun Zerstörer und fünf U-Boote, übernahmen jedoch die norwegische Handelsflotte mit 1024 Schiffen, darunter 200 moderne Tanker. Gefallen sind 3349 Briten, 1355 Norweger sowie 530 Franzosen und Polen.

J. Piekalkiewicz: Der Zweite Weltkrieg, 1985. W. Hubatsch: „Weserübung", ²1960. C. A. Gemzell: Raeder, Hitler und Skandinavien, 1965. Oberkommando der Wehrmacht (Hrsg.): Kampf um Norwegen, 1940. G. von Hase: Die Kriegsmarine erobert Norwegens Fjorde, 1940. W. Hubatsch: Die deutsche Besetzung von Dänemark und Norwegen 1940, 1952.

Noske, Gustav, Reichswehrminister, * 9. 7. 1868 Brandenburg, † 30. 11. 1946 Hannover. Der Sohn eines Webers war erst Holzarbeiter, ab 1893 Redakteur bei SPD-Zeitungen in Brandenburg, Königsberg und Chemnitz. 1906–1918 war N. MdR und als solcher vor allem mit Heeres- und Kolonialfragen beschäftigt. Im November 1918 wurde er Gouverneur von Kiel. Ab 29. 12. 1918 war er im Rat der Volksbeauftragten für Heer und Marine zuständig und schlug im Januar 1919 den →Spartakistenaufstand in Berlin, als Reichswehrminister (Februar 1919 bis zum →Kapp-Putsch im März 1920) marxistische Aufstände im Reich nieder, machte sich jedoch wegen des Einsatzes von Regierungstruppen gegen revolutionäre Arbeiter bei der SPD unbeliebt. Nach seinem erzwungenen Rücktritt wurde er Oberpräsident von Hannover (1920–1933). Im 3. Reich stand er Widerständlern nahe, wurde nach dem 20. 7. 1944 verhaftet und wegen Hochverrats angeklagt, aber bis zum Kriegsende nicht verurteilt. Er schrieb „Sozialdemokratie und Kolonialpolitik" (1914), „Von Kiel bis Kapp" (1920) und seine Autobiographie „Erlebtes aus Aufstieg und Niedergang einer Demokratie" (1947).

U. Czisnik: Gustav Noske, 1969. H. C. Schröder: Gustav Noske und die Kolonialpolitik des Deutschen Kaiserreichs, 1980. W. Wette: Gustav Noske, 1987.

Notabitur, volkstümliche Bezeichnung für eine vorgezogene Hochschulreife wegen Einberufung zum Militärdienst. Im 1. Weltkrieg wurde das N. eingeführt, damit Schüler bereits vor Ablauf der allgemeinen gymnasialen Schulzeit Wehrdienst leisten konnten. Nachdem ab Januar 1938 die Oberschulzeit für Jungen auf acht Jahre herabgesetzt worden war, wurde mit der „Anordnung über Reifezeugnisse" vom

8. 9. 1939 das N. wieder eingeführt. Danach konnten zur Einberufung Schüler die 8. Oberschulklasse vorzeitig verlassen, erhielten die schriftliche Prüfung erlassen und das Reifezeugnis nach einer mündllichen Prüfung. Ab 1941 entfiel auch die mündliche Prüfung. Im Februar 1941 wurde das N. auf Schüler der 7. Gymnasialklasse erweitert. Ein nach dem 1. 1. 1943 abgelegtes N. wurde nach 1945 nicht mehr anerkannt.

Notgeld, in Notzeiten bei Geldmangel von Staat, Gemeinden oder Privatleuten herausgebenes Geld. Vor allem im und nach dem 1. Weltkrieg, insbesondere während der Inflation 1923, wurde N., oft künstlerisch ausgestaltete Scheine, ausgegeben. Ende 1923 war in Deutschland N. im Gesamtbetrag von rund 500 Trillionen Papiermark (= 500 Millionen Goldmark) im Umlauf.

A. Keller: Das deutsche Notgeld 1914–28, 8 Bde., 1931–1932.

Notgemeinschaft der Deutschen Wissenschaft, Vereinigung zur Unterstützung und Förderung der Forschung und der Wissenschaftler. 1920 schlossen sich die reichsdeutschen Universitäten, Technischen Hochschulen, Akademien der Wissenschaften, die →Kaiser-Wilhelm-Gesellschaft und mehrere fachwisschenschaftliche Vereinigungen zur N. zusammen, um in der damaligen Notzeit die deutsche Forschung zu fördern. Später nannte sie sich in Deutsche Forschungsgemeinschaft e. V. (D. F.) um, die dann auch die Geschäfte des 1937 gegründeten Forschungsrates führte. Die Mittel kamen von privater Seite, vor allem aus der Industrie, sowie vom Stifterverband der D. F. und vom Reich. Sitz war Berlin. Die N. wurde 1949 neugegründet und 1951 mit dem Deutschen Forschungsrat zur Deutschen Forschungsgemeinschaft (DFG) mit Sitz in Bad Godesberg vereinigt.

Notverordnungen, von der Exekutive erlassene Verordnungen mit Gesetzeskraft in verfassungsmäßig vorhergesehenen Notfällen. Der § 48 („Diktaturparagraph") der →Weimarer Verfassung erlaubte Verordnungen des Reichspräsidenten oder bei „Gefahr im Verzuge" einer Landesregierung mit Gesetzeskraft. So konnte der Reichspräsident (Absatz 1) die Reichswehr gegen eine verfassungswidrig handelnde Landesregierung einsetzen oder im Falle erheblicher Gefährdung der „öffentlichen Sicherheit und Ordnung" Grundrechte (Artikel 114, 115, 117, 118, 123, 124, 153) außer Kraft setzen und „nötige Maßnahmen" treffen (Absatz 2). Die Reichstagsmehrheit konnte N.

aufheben, was u. a. am 16. 12. 1921 und 18. 7. 1930 geschah. Reichspräsident →Ebert wandte N. mehrfach gegen Aufstände und Putschversuche an, auch zur Absetzung der legalen sächsischen Landesregierung. Unter →Brüning kam es zu zahlreichen N. zur Behebung der Wirtschaftskrise. Von 1919–1933 wurden über 250 N. erlassen. Als nach 1930 keine Reichstagsmehrheit mehr zustande kam, regierten die →Präsidialkabinette weitgehend mit N. 1930 gab es 98 Gesetze und fünf N.; 1931: 34 Gesetze und 44 N.; 1932: fünf Gesetze und 66 N. Mit der „N. des Reichspräsidenten zum Schutz von Volk und Staat" (→Reichstagsbrandverordnung) vom 28. 2. 1933 und dem →Ermächtigungsgesetz wurden vom 23. 3. 1933 an weitere N. überflüssig.

C. Schmitt: Notverordnung und öffentliche Verwaltung, 1931. R. Grau: Diktaturgewalt des Reichspräsidenten und der Landesregierungen, 1922.

Novemberrevolte (Novemberrevolution), der Umsturz im Deutschen Reich im November 1918. Die neue deutsche Reichsregierung unter Prinz →Max von Baden hatte am 4. 10. 1918 ein Waffenstillstandsgesuch an die Alliierten gerichtet und US-Präsident Wilson darauf am 23. 10. 1918 die Beseitigung des deutschen „Obrigkeitsstaates" gefordert. Nachdem deshalb im Reich am 28. 10. 1918 die Oktoberverfassung erlassen worden war, begannen am 29. 10. 1918, als die deutsche Seekriegsleitung der Hochseeflotte den Befehl zum Auslaufen gegen England gegeben hatte, von Wilhelmshaven und Kiel aus Meutereien der Matrosen, die, von linken Gruppen – vor allem den →Spartakisten – angezettelt und gefördert, die Küstenstädte und einige Binnengarnisonen erfaßten. Während das Heer im Westen noch kämpfte, brach die innere Ordnung im Deutschen Reich weitgehend zusammen. Kaiser →Wilhelm II. fuhr am 29. 10. 1918 ins Hauptquartier nach Spa. In München rief am 7. 11. 1918 →Eisner die Republik aus. Als in Berlin die →USPD für den 11. 11. 1918 zum Streik aufrief, der teilweise schon am 9. 11. 1918 begann, trat am 9. 11. 1918 die →SPD aus der Reichsregierung aus. Ohne die Entscheidung des Kaisers abzuwarten, erklärte Max von Baden am 9. 11. 1918 um 12 Uhr die Abdankung Wilhelms II., trat danach selbst zurück und übergab die Regierung an die SPD unter →Ebert, die einen „Rat der Volksbeauftragten" bildete. Um 14 Uhr proklamierte Ph. →Scheidemann gegen Eberts Willen vom Reichstagsgebäude aus die „Deutsche Republik", zwei Stunden später der Spartakistenführer K. →Liebknecht die „Freie sozialistische Republik" vor dem Berliner Schloß, wobei er russischen Agenten für

ihre Hilfe dankte. Wilhelm II., der schließlich nur als Kaiser, nicht aber als preußischer König zurücktreten wollte, ging am 10. 11. 1918 von Spa aus nach Holland ins Exil. Am 28. 11. 1918 verzichtete er förmlich auf „die Rechte an der Krone Preußens und die damit verbundenen Rechte an der deutschen Kaiserkrone". In allen deutschen Staaten traten in den folgenden Tagen die regierenden Fürsten ohne Widerstand zurück. Überall entstanden →Arbeiter- und Soldatenräte. Die ab 9. 11. 1918 in →Compiègne verhandelnde deutsche Waffenstillstandskommission unterzeichnete am 11. 11. 1918, und ab 12 Uhr mittags wurden von deutscher Seite die Kampfhandlungen eingestellt. Das in mustergültiger Ordnung zurückgeführte deutsche Heer geriet im Reich in den Strudel der N. und löste sich auf. Gegen den Widerstand der radikalen USPD setzten die →Mehrheitssozialisten unter Ebert die Wahl einer →Nationalversammlung durch, die ab Februar 1919 in Weimar tagte. Im Frühjahr 1919 mußten mehrere mit sowjetischer Hilfe angezettelte kommunistische Aufstände durch →Reichswehr und Polizei niedergeschlagen werden.

E. O. Volkmann: Revolution über Deutschland, [20]1930. W. Tormin: Zwischen Rätediktatur und sozialer Demokratie, 1954. J. Benoist-Méchin: Das Kaiserreich zerbricht, 1965. H. Riehl: Als die deutschen Fürsten fielen, 1979. A. Phillip (Hrsg.): Die Ursachen des Deutschen Zusammenbruchs im Jahre 1918, 13 Bde., 1926–1929. A. Rosenberg: Die Entstehung der Deutschen Republik 1871–1918, 1928. E. Kolb: Die Arbeiterräte in der deutschen Innenpolitik 1918–1919, 1962. P. von Oertzen: Betriebsräte in der Novemberrevolution, 1963.

Novemberverbrecher, polemische Bezeichnung der für die →Novemberrevolte 1918, die Ausrufung der Republik am 9. 11. 1918 und die Unterzeichnung des Waffenstillstands am 11. 11. 1918 Verantwortlichen durch rechte Kreise. Später wurden von nationaler Seite die Vertreter der →Erfüllungspolitik als N. bezeichnet und Begriffe wie „Novembersystem", „Novemberrepublik" und „Novemberparteien" für die →Weimarer Republik und die sie tragenden Parteien benutzt.

Nowotny, Walter, Jagdflieger, * 7. 12. 1920 Gmünd/Niederösterreich, † 8. 11. 1944 bei Osnabrück. Nach Abitur und Arbeitsdienst meldete er sich zum 1. 10. 1939 zur Luftwaffe. Im Rußlandfeldzug wurde der Leutnant zweimal abgeschossen, einmal über See und mußte drei Tage im Schlauchboot paddeln. Nach dem 56. Luftsieg erhielt er am 3. 9. 1942 das →Ritterkreuz, nach 191 Abschüssen am 5. 9. 1943 als Oberleutnant das →Eichenlaub, am 22. 9. 1943 nach dem 220. Luftsieg die →Schwerter als bis dahin erfolgreichster Jagdflieger der Welt. Als erster erreichte er 250 Abschüsse bei nur 442 Einsätzen und erhielt dafür am 14. 10. 1943 als Hauptmann die →Brillanten mit 22 Jahren. Die Stadt Wien übergab ihm ihren Ehrenring. Im Februar 1944 mußte er sein Geschwader verlassen und wurde Leiter der Jagdfliegerschule 1 in Pau/Pyrenäen und des Jagdgeschwaders 101. Dann erprobte er in Rechlin das erste →Düsenflugzeug, die Me 262, das damals schnellste Flugzeug der Welt, und führte die „Schweren Jäger" gegen alliierte Bomber. Trotz Feindflugverbots flog der Major die Me 262 gegen Bomberpulks, erreichte insgesamt 257 Abschüsse, bis er wegen Turbinenschadens abstürzte. Er erhielt ein Staatsbegräbnis in Wien. 1945 wurde der Friedhof von den Sowjets in eine Kuhweide verwandelt, erst 1950 durfte das Grab wieder gekennzeichnet werden.

R. Nowotny: Walter Nowotny, 1957. G. Fraschka: Mit Schwertern und Brillanten, 1977. T. J. Constable und R. F. Toliver: Das waren die deutschen Jagdfliegerasse 1939–1945, 1972. G. Just: Die ruhmreichen Vier, 1972. W. Held: Der Jagdflieger Walter Nowotny, 1984.

NPEA, Abkürzung für →Nationalpolitische Erziehungsanstalt, volkstümlich Napola genannt.

NS, Abkürzung für Nationalsozialismus oder Nationalsozialistisch, insbesondere als Vorsatz bei der Bezeichnung von Verbänden.

NSAK, Abkürzung für →Nationalsozialistisches Automobilkorps, den Vorläufer des →NSKK.

NSB, Abkürzung für →Nationalsozialistischer Studentenbund. Der Ende der 20er Jahre gegründete NSB war Vorläufer des NSDStB.

NSBDT, Abkürzung für →Nationalsozialistischer Bund Deutscher Technik.

NSBO, Abkürzung für →Nationalsozialistische Betriebszellenorganisation.

NSDÄB, Abkürzung für →Nationalsozialistischer Deutscher Ärztebund.

NSDAP, Abkürzung für →Nationalsozialistische Deutsche Arbeiterpartei.

NSDMB, Abkürzung für →Nationalsozialistischer Deutscher Marine-Bund.

NSDSt, Abkürzung für Nationalsozialistische Deutsche Studentenschaft.

NSDStB, Abkürzung für →Nationalsozialistischer Deutscher Studentenbund.

NSF, Abkürzung für →Nationalsozialistische Frauenschaft.

NSFK, Abkürzung für →Nationalsozialistisches Fliegerkorps.

NSFO, Abkürzung für →NS-Führungsoffizier.

NS-Führungsoffizier (NSFO), mit der „weltanschaulichen Ausrichtung der Truppe" beauftragte Offiziere. Auf Anordnung A. →Hitlers vom Dezember 1943 wurden N.e von der Kompanie bis zu den Stäben eingeführt. Sie waren meist Parteimitglieder und sollten die Bereitschaft zur Verteidigung des Deutschen Reiches in der Truppe fördern.

NS-Gemeinschaft „Kraft durch Freude" (KdF), Sonderorganisation in der →Deutschen Arbeitsfront (DAF) für Freizeit, Erholung und Volksbildung. Das KdF wurde am 27. 11. 1933 gegründet und besaß für die einzelnen Sachgebiete Ämter in der Reichsleitung der →NSDAP, in den Gauen und Kreisen entsprechende Dienststellen und in den Betrieben KdF-Warte. Sein Leiter war Dr. Bodo Lafferentz mit Sitz im Zentralbüro der DAF in Berlin. Das „Amt Feierabend" veranstaltete Konzert-, Theater-, Varieté-, Lichtspielveranstaltungen und Ausstellungen. Das „Amt für Schönheit der Arbeit" bemühte sich um die Verbesserung des Arbeitsplatzes und der Betriebsanlagen. Das „Sportamt" führte Sportkurse aller Art mit geprüften Sportlehrern durch, vor allem Vorbereitungskurse für das →Reichssportabzeichen. Das „Amt Deutsches Volksbildungswerk" veranstaltete Vorträge und Arbeitsgemeinschaften über geisteswissenschaftliche und künstlerische Themen. Das „Amt Reisen, Wandern und Urlaub" ermöglichte Urlaubs- und Erholungsfahrten auch auf eigenen Schiffen der KdF (die weiße „Flotte des Friedens") wie der „Robert Ley" oder der „Wilhelm Gustloff" u. a. nach Norwegen oder Madeira. Großbritannien verbot das Anlegen der KdF-Schiffe. Das „Amt Wehrmachtheime" sorgte für die Freizeitgestaltung für Wehrmachts- und Reichsarbeitsdienstangehörige und baute für sie KdF-Heime. Ein großes Vorhaben war der geplante Bau eines KdF-Seebades auf Rügen. Das →KdF-Auto (der →Volkswagen) sollte durch Ansparen von 990 Mark erworben werden. Als Organ der KdF diente die Zeitschrift „Freude und Arbeit". Die Leistungen des KdF, vor allem von Dr. Lafferentz und Dr. Ley angeregt, trugen wesent-

lich mit dazu bei, viele deutsche Arbeiter für die NSDAP zu gewinnen, das →Klassenkampfdenken zu überwinden und den Großteil der Deutschen in eine →Volksgemeinschaft einzubinden.
R. Smelser: Robert Ley, 1989. W. Buchholtz: Die nationalsozialistische Gemeinschaft „Kraft durch Freude", 1976. G. Huck (Hrsg.): Sozialgeschichte der Freizeit, 1980.

NSG-Prozesse, Abkürzung für NS-Gewaltverbrecher-Prozesse (→Kriegsverbrecherprozesse).
U. D. Opitz: Strafverfahren und Strafvollstreckung bei NS-Gewaltverbrechen, 1976.

NS-Hago, Abkürzung für →Nationalsozialistische Handwerks-, Handels- und Gewerbe-Organisation.

NSJB, Abkürzung für →Nationalsozialistische Jugendbetriebszellen.

NS-Juristenbund, →NS-Rechtswahrerbund und →Bund Nationalsozialistischer Deutscher Juristen.

NSK, Abkürzung für Nationalsozialistische Parteikorrespondenz.

NSKK, Abkürzung für →Nationalsozialistisches Kraftfahrkorps.

NSKOV, Abkürzung für →Nationalsozialistische Kriegsopferversorgung.

NSLB, Abkürzung für →Nationalsozialistischer Lehrerbund.

NSRB, Abkürzung für →Nationalsozialistischer Rechtswahrerbund.

NSRK, Abkürzung für →Nationalsozialistisches Reiterkorps.

NSRKB, Abkürzung für →Nationalsozialistischer Reichskriegerbund.

NSRL, Abkürzung für →Nationalsozialistischer Reichsbund für Leibesübungen.

NSS, Abkürzung für Nationalsozialistischer Schülerbund.

NSSB, Abkürzung für Nationalsozialistischer Schülerbund.

NS-Schwesternschaft, →Nationalsozialistische Schwesternschaft.

NSSi, Abkürzung für Nationalsozialistischer Schülerinnenbund.

NSV, Abkürzung für →Nationalsozialistische Volkswohlfahrt.

NSV-Schwesternschaft (blaue Schwestern), Zusammenfassung der Schwestern und Pflegerinnen des Reichsbundes der freien Schwestern im 3. Reich. Sie gehörten nicht zur →NS-Schwesternschaft und arbeiteten vor allem in der Krankenpflege.

Nürnberg, Stadt der Reichsparteitage. Nachdem in Nürnberg, einer der bedeutendsten deutschen Reichsstädte seit dem Mittelalter, 1927 der 3. und 1929 der 4. Reichsparteitag der →NSDAP stattgefunden hatten, erklärte A. →Hitler 1933 N. zur „Stadt der Reichsparteitage", die dann bis 1938 jährlich in N. stattfanden. Dazu wurden umfangreiche Anlagen angelegt und ausgebaut, so die Zeppelinwiese, das Deutsche Stadion, die Luitpoldarena sowie die Kongreßhalle. Weitere Planungen unterbrach der Krieg. 1937 und 1938 fanden in N. beim Reichsparteitag auch die →NS-Kampfspiele statt.

„Nürnberg", Kleiner Kreuzer. Die N. (3470 BRT) gehörte zum deutschen Ostasiengeschwader unter Vizeadmiral Graf von →Spee, nahm am 1. 11. 1914 am erfolgreichen Gefecht gegen britische Seestreitkräfte bei →Coronel vor der chilenischen Küste teil und wurde am 8. 12. 1914 in der Seeschlacht bei den →Falklandinseln versenkt.
H. Pemsel: Seeherrschaft, Bd. 2, 1985.

Nürnberger Gesetze, Bezeichnung für das vom Reichstag am Reichsparteitag der →NSDAP in Nürnberg am 15. 9. 1935 verabschiedete Reichsbürgergesetz, das „Gesetz zum Schutz des deutschen Blutes und der deutschen Ehre" und das →Reichsflaggengesetz. Reichsbürger wurden danach deutsche Staatsangehörige „deutschen oder artverwandten Blutes", sie waren Träger der vollen politischen Rechte. Das Reichsbürgerrecht wurde durch Verleihung des Reichsbürgerbriefes erworben; bis dahin besaßen alle deutschen Staatsangehörigen „deutschen oder artverwandten Blutes" das vorläufige Reichsbürgerrecht. Das „Blutschutzgesetz" verbot u. a. Juden die Eheschließung mit Nichtjuden, berührte aber den Status bereits geschlossener Ehen nicht. Das Reichsflaggengesetz bestimmte Schwarz-Weiß-Rot als Reichsfarben sowie die Hakenkreuzfahne zur Reichs-, National- und Handelsflagge.
Lösener-Knost: Die Nürnberger Gesetze, 1937.

Nürnberger Prozesse, Sammelbezeichnung für die alliierte Siegerjustiz 1945/49 in Nürnberg. Nach Kriegsende fanden in Nürnberg außer dem →„Hauptkriegsverbrecherprozeß" weitere 12 →Kriegsverbrecherprozesse vor US-Militärtribunalen statt, in denen gegen fundamentale Rechtsgrundsätze verstoßen wurde. Mit Kontrollratsgesetz Nr. 10 vom 20. 12. 1945 hatten sich die Alliierten ermächtigt, in ihren Zonen „geeignete Gerichtshöfe" einzurichten. Für die US-Zone wurden in Nürnberg dann weitere zwölf Prozesse gegen insgesamt 185 Personen durchgeführt, von denen vier in der Haft Selbstmord begingen und vier für verhandlungsunfähig erklärt wurden. Zwischen Dezember 1946 und April 1949 kam es dann zum →Ärzte-, Milch-, →Juristen-, →Pohl-, →Flick-, →IG-Farben-, →Südost-Generale-, →RuSHA-, →Ohlendorf-, →Krupp-, →Wilhelmstraßen- und →OKW-Prozeß. Dabei gab es 24 Todesur-

teile, 20mal lebenslange Haft, 89 Freiheitsstrafen über 18 Monate bis zu 25 Jahren, 35mal Freispruch. Später wurden elf dabei zum Tode Verurteilte zu lebenslanger Haft begnadigt, zwölf wurden hingerichtet, einer an Belgien ausgeliefert, wo er in der Haft starb.

W. Maser: Nürnberg – Tribunal der Sieger, 1977. Grewe: Nürnberg als Rechtsfrage, 1947. A. von Knieriem: Nürnberg, 1953. B. F. Smith: Der Jahrhundert-Prozeß, 1977. T. Taylor: Die Nürnberger Prozesse, 1951. R. Pemsel: Hitler, 1986. S. Westphal: Der Deutsche Generalstab auf der Anklagebank, 1978. Internationaler Militärgerichtshof: Der Prozeß gegen die Hauptkriegsverbrecher vor dem IMT in Nürnberg, 42 Bde., 1947–1949. H. Fritzsche: Vor dem Tribunal der Sieger, 1981.

Nürnberger Reichsparteitage, →Reichsparteitage.

NV, Abkürzung für →Nationalsozialer Verein.

O

Oberabschnitt, oberste Gliederung der SS. Der O. entsprach der SA-Gruppe. Die →SS war in zwölf O.e eingeteilt.

Oberbefehlshaber, in der deutschen →Wehrmacht Dienstbezeichnung der Führer der drei Wehrmachtsteile (O. des Heeres, O. der Kriegsmarine, O. der Luftwaffe) sowie der Führer von Heeresgruppen und Armeen.

H. Greiner: Die oberste Wehrmachtführung 1939–43, 1951.

Oberbefehlshaber Ost (Ober-Ost), deutsche Kommandostelle im Osten. Im 1. Weltkrieg war ab September 1914 der O. die höchste deutsche Kommandostelle auf dem russischen Kriegsschauplatz, von 1914–August 1916 unter →Hindenburg, dann unter Prinz Leopold von Bayern. Im 2. Weltkrieg wurde ein O. nach dem →Polenfeldzug für die besetzten polnischen Gebiete eingesetzt.

Oberdonau, Reichsgau. Bei der Einteilung Österreichs in Gaue im Mai 1938 wurde aus Oberösterreich der Gau O. der →NSDAP, im April 1939 der Reichsgau O. geschaffen. Zu ihm gehörten auch die Bezirkshauptmannschaft Aussee und sudetendeutsche Gebiete Südböhmens.

R. Lenk: Oberdonau, 1941.

Obergebiet, oberste Inspektionseinheit in der →Hitler-Jugend. Ein O. umfaßte mehrere Gebiete. Nach zunächst fünf, gab es schließlich

sechs O. Nord, West, Süd, Ost, Mitte, Südost. Die O.sführer waren jedoch nicht Vorgesetzte der Gebietsführer, die unmittelbar dem Reichsjugendführer unterstanden. Ab 1935 bestanden die O.e nicht mehr als Dienststellen, sondern nur als namentliche Zusammenfassung. Das Ärmeldreieck der HJ wies jedoch den Namen des O.s über dem des Gebiets auf.

Obergruppenführer, (Ogruf), zweithöchster Offiziersrang in →SS und →SA, vergleichbar dem General.

Oberkommando des Heeres (OKH), oberste Verwaltungs-, Stabs- und Kommandobehörde des deutschen Heeres mit Oberbefehlshaber Werner Freiherr von →Fritsch 1. 11. 1936–4. 2. 1938, Walther von →Brauchitsch 4. 2. 1938–19. 12. 1941 und Adolf →Hitler bis 30. 4. 1945. Dann wurde das OKH aufgelöst.

Oberkommando der Kriegsmarine (OKM), oberste Verwaltungs-, Stabs- und Kommandobehörde der deutschen Kriegsmarine. Das O. unterstand dem Oberbefehlshaber der Kriegsmarine, 1. 6. 1935–30. 1. 1943 Dr. h. c. Erich →Raeder, 30. 1. 1943–1. 5. 1945 Karl →Dönitz, 1.–8. 5. 1945 Hans Georg von →Friedeburg.

Oberkommando der Luftwaffe (OKL), Bezeichnung für die oberste Verwaltungs-, Stabs- und Kommandobehörde der deutschen Luftwaffe mit Oberbefehlshaber Hermann →Göring 1. 3. 1935–23. 4. 1945 und Robert Ritter von →Greim 25. 4.–8. 5. 1945.

Oberkommando der Wehrmacht (OKW), militärischer Stab des Führers als Obersten Befehlshabers der deutschen Wehrmacht. Das am 4. 2. 1938 gebildete OKW war unter Wilhelm →Keitel die oberste Stabs-, Verwaltungs- und Kommandostelle der deutschen Wehrmacht und dem →OKH, →OKL und →OKM übergeordnet. Es arbeitete →Hitlers →„Weisungen für die Kriegführung" aus. Keitel hatte den Rang eines Ministers, war mit der Wahrnehmung der Geschäfte des Reichskriegsministers beauftragt und A. Hitler direkt unterstellt. Das OKW hatte vier Ämter: Wehrmachtführungsamt (ab 1940 Wehrmachtführungsstab) unter Alfred →Jodl als Stabsabteilung, Amt Ausland/Abwehr unter Wilhelm →Canaris (bis Februar 1944), Allgemeines Wehrmachtamt und Wehrwirtschafts- und Rüstungsamt. Das OKW gab seine Befehle den Oberkommandos von Heer, Kriegsmarine und Luftwaffe, wobei es ab 1940 dem OKH weitgehend die Führung militärischer Operationen abnahm und eigene „OKW-Kriegsschauplätze" einführte. Im →Nürnberger Prozeß 1945 wurde das OKW zwar angeklagt, aber nicht als sogenannte verbrecherische Organisation verurteilt.

P. E. Schramm: Das Kriegstagebuch des OKW 1940–45, 4 Bde, 1961–1978. F. J. Schott: Der Wehrmachtführungsstab im Führerhauptquartier 1939–45, 1980.

Oberländer, Theodor, Prof. Dr., deutscher Politiker, * 1. 5. 1905 Meiningen. Nach Abitur und Studium der Agrarwissenschaften war O. von 1928–1932 in der Sowjetunion, in Ostasien, den USA und der Türkei tätig. 1933 trat er der →NSDAP bei, wurde 1934 Professor in Danzig und leitete daneben das Institut für osteuropäische Fragen in Königsberg, wo er 1937 eine Professur erhielt. Ab 1938 lehrte er an der Universität Greifswald, von 1940–1945 in Prag. Von 1934–1937 leitete er den →Bund Deutscher Osten (BDO). 1939 wurde er als Soldat und kam 1940 zu der aus Ukrainern gebildeten Einheit „Nachtigall", in deren Reihen er am →Rußlandfeldzug teilnahm. Ab Ende 1941 stellte er als Hauptmann turkestanische und kaukasische Freiwilligenverbände auf (Unternehmen →Bergmann), außerdem verfaßte er sechs Denkschriften mit Vorschlägen über die Behandlung der Bevölkerung in den von der Wehrmacht besetzten Gebieten. 1943/44 war er in Prag, bei Kriegsende im Stab von General →Wlassow. Nach Kriegsgefangenschaft 1945/ 46 gründete er den →BHE in Bayern mit, wurde dessen Vorsitzender, war 1950–1953

MdL und 1951 bayerischer Staatssekretär für das Flüchtlingswesen. Von 1953–1961 und 1963–1965 war er MdB, von 1953–1960 Bundesvertriebenenminister, von 1954–1956 Bundesvorsitzender des →GB/BHE. 1959 begann eine gegen ihn gerichtete Verleumdungskampagne von kommunistischer Seite. O. trat deshalb am 3. 5. 1960 als Minister zurück. Alle gegen ihn erhobenen Beschuldigungen erwiesen sich in einem Prozeß, der im September 1960 endete, als unhaltbar. 1958–1964 leitete O. den CDU-Landesverband Oder-Neiße. Er schrieb u. a. „Die agrarische Überbevölkerung Polens" (1935), „Die Landwirtschaft Posens-Pommerellens" (1937), „Die Überwindung der deutschen Not" (1954), „Der Osten und die Deutsche Wehrmacht" (1987).

G. Bräutigam: So hat es sich zugetragen, 1968.

Oberland, Freikorps 1919–1921. Der 1919 zum Kampf gegen die Münchener →Räteherrschaft gegründete Wehrverband beteiligte sich an hervorragender Stelle auch an der Niederschlagung des kommunistischen Aufstands im Ruhrgebiet 1920 und bei der Verteidigung →Oberschlesiens bis 1921. Aus dem Freikorps O. entstand 1921 der (Kampf-) →Bund O. als nationaler Verband.

F. W. von Oertzen: Die deutschen Freikorps 1918–1923, ³1938. H. Schulze: Freikorps und Republik 1918–1920, 1969. D. Venner: Söldner ohne Sold, 1975.

Oberlindober, Hanns, Reichskriegsopferführer, * 5. 3. 1896 München. Seit 1922 Mitglied der →NSDAP und →SA, wurde O. 1923 Bezirksleiter der NSDAP in Straubing und 1930 Mitglied des Reichstages. Ab 1930 leitete er die →NS-Kriegsopferfürsorge und das Hauptamt für Kriegsopfer bei der Reichsleitung der NSDAP. 1933 wurde er →Reichskriegsopferführer. Er war SA-Obergruppenführer und Mitglied der →Akademie für Deutsches Recht.

Ober-Ost, Abkürzung für →Oberbefehlshaber Ost im 1. Weltkrieg.

Oberpräsident, höchster regionaler Beamter. In Preußen war der O. seit 1808/15 der oberste Verwaltungsbeamte einer Provinz. Durch die zweite Neuaufbau-Verordnung vom 27. 11. 1934 wurde der O. ständiger Vertreter der Reichsregierung in der Provinz und konnte von allen Reichs- und Landesbehörden des Amtsbereichs Berichte anfordern, ihnen Anregungen geben und bei Gefahr einstweilige Anordnungen erlassen. Seine Stellung entsprach der der Reichsstatthalter. Durch Gesetz vom 15. 12. 1933 erhielt der O. auch die Leitung der provinziellen Selbstverwaltung, des Provinzial-verbandes, übertragen. Dem O. stand als beratendes Organ der Provinzialrat zur Seite. O. war meist der jeweilige Gauleiter der →NSDAP.

Oberquartiermeister, militärisches Amt. Im Frieden ein General oder höherer Generalstabsoffizier, der mehrere Abteilungen des Generalstabs des Heeres führte, im Krieg ein Generalstabsoffizier, der bei den Armeeoberkommandos die Versorgung und Verwaltung im Armeegebiet leitete.

Oberreichsanwalt, beim →Reichsgericht und →Volksgerichtshof der erste Beamte der Staatsanwaltschaft, beim Reichsverwaltungsgericht der mit der Wahrnehmung des öffentlichen Interesses beauftragte Beamte.

Obersalzberg, Berg bei Berchtesgaden. Am 900–1000 Meter hohen O. ließ sich A. →Hitler den →Berghof (bis 1936 Haus →Wachenfeld), 1927 von ihm erworben, ausbauen. In der Umgebung entstanden auf rund 10 Quadratkilometern Fläche weitere Verwaltungs-, Kasernen- und Wohngebäude von Spitzenpolitikern des Dritten Reiches. Hier empfing A. Hitler bis Kriegsbeginn zahlreiche ausländische Gäste.
A. Plenk KG (Hrsg.): Der Obersalzberg im 3. Reich, 1987. F. Schaffing: Der Obersalzberg, 1985. B. Frank: Die Rettung von Berchtesgaden und der Fall Göring, 1985.

Oberschlesien, südöstlicher Teil Schlesiens. Bis 1919 gehörte O. mit vorwiegend deutscher Bevölkerung als Teil des gesamten Schlesiens zu Preußen- Deutschland, ein kleinerer Teil, das österreichische O., zur k. u. k. Monarchie. 1919 kam durch das Diktat von →Saint-Germain vom österreichischen O. das →Troppauer Gebiet und der Westteil des →Teschener Gebiets an die Tschechoslowakei, der Ostteil an Polen. Nach den Bestimmungen des →Versailler Diktats mußte 1919 das →Hultschiner Ländchen an die Tschechoslowakei abgetreten werden. Gegen Polens Forderung auf ganz O. wurde im Versailler Diktat eine Volksabstimmung durchgesetzt. Jedoch versuchten vorher polnische Gruppen (Insurgenten) unter →Korfanty, u. a. im August 1919 und August 1920, durch Aufstände unter Duldung der alliierten Kommission (seit März 1920 mit französischer Leitung) die Abstimmung zu verhindern und O. zu erobern, was deutsche Selbstschutzgruppen verhinderten. Bei der →Abstimmung am 20. 3. 1921 stimmten 60 % für Deutschland (darunter alle Städte außer Alt-Berun), nur

40% für Polen. Gegen dieses eindeutige Ergebnis versuchten die Polen im dritten polnischen Aufstand ab 3. Mai 1921 erneut, auch mit regulären Truppen, O. zu erobern. Das scheiterte am Widerstand deutscher →Freikorps, die am 21. 5. 1921 den →Annaberg in O. stürmten, worauf jedoch die Interalliierte Kommission die Räumung O. von beiden Parteien durchsetzte. Gegen die früheren Vereinbarungen und das Ergebnis der Volksabstimmung wurde dann vom Völkerbundsrat am 29. 8. 1921, bekanntgegeben durch die Botschafterkonferenz am 20. 10. 1921, O. geteilt; →Ost-O. und damit 4/5 des Hauptindustriegebietes mit 260000 Deutschen mußte an Polen abgetreten werden. In dem deutsch-polnischen →Genfer Abkommen vom 15. 5. 1922 wurden für 15 Jahre minderheitenrechtliche und wirtschaftliche Sondervereinbarungen für die Deutschen in Ost-O. getroffen. Ost-O. kam als „Woiwodschaft Schlesien" unter dem Woiwoden Grazynski, der die verbliebenen Deutschen als weitgehend rechtlos behandelte, zu Polen. Im September 1939 wurde Ost-O. zurückerobert, 1941 wurde ganz O. wieder eigene Provinz. Als Gebiet östlich von Oder und Neiße kam O. 1945 unter polnischer Verwaltung.
O. Heike: Die deutsche Minderheit in Polen bis 1939, 1985. J. Gumpert: Polen-Deutschland, 1966. H. Neubach und W. Zylla (Hrsg.): Oberschlesien im Überblick, 1986. Chr. T. Stoll: Die Deutschen im polnischen Herrschaftsbereich nach 1945, 1986. E. Ruge und P. Ruge: Nicht nur die Steine sprechen deutsch, ²1985. H. Kramarz: Oberschlesien, 1981. S. Körner: Einsatz des Selbstschutzes in Oberschlesien 1921, 1981.

Oberste Heeresleitung (OHL), im 1. Weltkrieg oberste Kommandostelle des deutschen Heeres. Den Oberbefehl führte Kaiser →Wilhelm II., Chef des Generalstabes war bis September 1914 Generaloberst von →Moltke, bis August 1916 General der Infanterie von →Falkenhayn, dann Generalfeldmarschall P. von →Hindenburg mit General der Infanterie E. →Ludendorff (bis Oktober 1918) und dann mit Generalleutnant →Gröner als Erstem Generalquartiermeister.

Oberster Befehlshaber der Wehrmacht, Titel und Amt A. →Hitlers ab 2. 8. 1934. Mit Erlaß vom 4. 2. 1938 wurde nach der →Fritschkrise das Reichskriegsministerium aufgelöst und das →Oberkommando der Wehrmacht unter →Keitel geschaffen, der A. Hitler unmittelbar unterstellt war, so daß A. Hitler die Führung der Wehrmacht direkt übernahm.

Oberster Gerichtsherr, am 26. 4. 1942 auf der letzten Reichstagssitzung A. →Hitler übertragene Amtsbezeichnung und Aufgabe zusätzlich zur Regierungs- und Gesetzgebungsgewalt. Unter Berufung auf die Erfordernisse der Kriegführung vereinigte er somit alle Macht in seiner Hand.

Oberster Rat, höchste Vertretung der Alliierten im und nach dem 1. Weltkrieg. Der von 1917–1923 bestehende O. setzte sich nach dem Ausscheiden der USA 1919 aus den Ministerpräsidenten von Frankreich, England, Italien, Belgien und Japan zusammen und überwachte die Durchführung der Diktate von →Versailles, →Saint-Germain und Trianon.

Oberster SA-Führer (Osaf), Bezeichnung für den Führer der SA nach der Bildung der Obersten SA-Führung am 1. 11. 1926. Von da an bis zum 29. 8. 1930 war Franz Felix →Pfeffer von Salomon O., dann A. →Hitler, der als Stabschef der SA bis 30. 6. 1934 Ernst →Röhm, bis 2. 5. 1943 Viktor Lutze, ab 9. 11. 1943 Wilhelm →Schepmann hatte.
E. Bayer: Die SA, 1938. V. Lutze: Wesen und Aufgaben der SA, ²1939. Handbuch der SA, 1939.

Oberstgruppenführer (Obstgruf), nach dem →Reichsführer SS die höchste Rangstufe der →SS, vergleichbar dem Generaloberst.

Obersturmbannführer (Ostubaf), Dienstrang in →SS und →SA, vergleichbar dem Oberstleutnant.

Oberth, Hermann, Prof. Dr. h. c., Raketenforscher, * 25. 6. 1894 Hermannstadt (Siebenbürgen), † 23. 12. 1989 Nürnberg. Der Siebenbürger Sachse wuchs in Schäßburg (Siebenbürgen) auf und beschäftigte sich schon als 14jähriger Gymnasiast gedanklich mit Raketenflügen zum Mond. 1913 studierte er Medizin, wurde dann Kriegsfreiwilliger und an der Front verwundet. Danach schickte er einen Vorschlag für den Bau einer Wasserstoff-Sauerstoff-Rakete, mit der bis zu zehn Tonnen Sprengstoff nach London geschossen werden sollten, nach Berlin. Dort hielt man seinen Plan aber nicht für realisierbar. Nach dem Studium der Mathematik, Physik und Astronomie 1918–1923 lehnte der berühmte Astronom Max Wolf in Heidelberg 1923 O.s Dissertation über eine Flüssigkeitsrakete nach dem Rückstoßprinzip als „zu schülerhaft" ab. O. veröffentlichte seine Forschungsergebnisse 1923 unter dem Titel „Die Rakete zu den Planetenräumen", erweitert erschienen 1929 als „Wege zur Raumschiffahrt". Das Buch wurde die Grundlage der modernen Raketentechnik. O. war danach zunächst als Physiklehrer in Mediasch (Siebenbürgen), später als Professor an der TH Wien

und Dresden tätig. Seine Gedanken wurden von Anhängern seiner Theorie wie Wernher von →Braun aufgegriffen und fortentwickelt. Sie führten in →Peenemünde zur Entwicklung der →V2, an der 1941–1943 auch O. beteiligt war. Nach Kriegsende wurde O. von den Amerikanern interniert und arbeitete dann im Schweizer Militärdepartment in Bern und 1950–1953 bei der italienischen Kriegsmarine in La Spezia. 1955 holte von Braun O. zur Raketenversuchsanstalt der amerikanischen Armee nach Huntsville (Alabama), wo er bis 1958 an der Entwicklung der Redstone-Rakete mitarbeitete. Danach setzte sich O. in Feucht bei Nürnberg zur Ruhe und baute ein nach ihm benanntes Museum auf. Der „Vater der Raumfahrt" erhielt fünf Ehrendoktorhüte sowie viele hohe in- und ausländische Auszeichnungen und Ehrungen. 1950 wurde die „O.-Medaille" gestiftet, 1969 der „Hermann-O.-Ehrenring" und der „Hermann-O.-Preis". Politisch trat O. nach seiner Rückkehr in die Bundesrepublik als Befürworter einer nationalen Politik hervor. Er schrieb u. a. „Menschen im Weltraum" (1954), „Das Mondauto" (1958), „Stoff und Leben" (1959) und „Das Drachenwindkraftwerk" (1977). Sein Gesamtwerk erschien in acht Bänden.

Obmann, Amtsträger der DAF. Die Gebietswalter der →DAF hießen ab 1936 Gau-O., Kreis-O. Daneben gab es in den Betrieben mit mehr als vier Arbeitnehmern den Betriebs-O., der dem Betriebsrat bzw. nach dem 20. 1. 1934 dem Vertrauensrat angehörte.

Obstgruf, Abkürzung für →Oberstgruppenführer in der →SS.

OC, Abkürzung für →Organisation Consul.

„Odal", Monatsschrift, herausgegeben vom Reichsbauernführer Richard Walther →Darré, ab 1932 als „Deutsche Agrarpolitik", seit 1934 als „O. Monatsschrift für Blut und Boden". Mit dem Namen wurde an das germanische O.-recht (Odal = Stammsitz, Heimat) angeknüpft, das auch im →Reichserbhofgesetz berücksichtigt wurde.

Oder-Neiße-Gebiete, Ostdeutschland östlich der 1945 von den Alliierten im →Potsdamer Protokoll vom 2. 8. 1945 festgesetzten →Oder-Neiße-Linie. Die O. umfassen →Schlesien, →Ostbrandenburg, das östliche →Pommern, →Westpreußen, →Danzig und das südliche →Ostpreußen, die unter polnische Verwaltung gestellt wurden, sowie das nördliche Ostpreußen (mit dem →Memelland), das unter sowjetische Verwaltung kam. In den O. lebten (1939) mit 9,6 Millionen Einwohnern knapp 14 % der Bewohner des →Altreichs, die größtenteils 1945/46 vertrieben oder ermordet wurden. Die O. gehören nach der Rechtsprechung des Bundesverfassungsgerichtes (31. 7. 1973, 7. 7. 1975) weiterhin zum fortbestehenden Deutschen Reich, stellen somit kein Ausland dar.

E. Deuerlein: Die Einheit Deutschlands, ²1961. H. E. Jahn: Die deutsche Frage von 1945 bis heute, 1985. V. Vierheller: Polen und die Deutschland-Frage 1939–49, 1970. R. Kosiek: Deutsches Land in fremder Hand, 1982.

Oder-Neiße-Linie, seit 1945 Demarkationslinie zwischen den polnisch und sowjetisch verwalteten Besatzungszonen in Deutschland. Im →Potsdamer Protokoll vom 2. 8. 1945 wurde die O. in Kapitel IX. als westliche Demarkationslinie der vorläufig unter polnischer Verwaltung gestellten deutschen →Ostgebiete „bis zur endgültigen Festlegung der Westgrenze Polens" von den Alliierten ohne deutsche Mitwirkung vereinbart. Sie verläuft „von der Ostsee unmittelbar westlich von Swinemünde und von dort die Oder entlang bis zur Einmündung der westlichen Neiße und die westliche Neiße entlang bis zur tschechoslowakischen Grenze". Die →Oder-Neiße-Gebiete östlich der O. umfassen 24 % des deutschen Reichsgebietes von 1937, vor der Vertreibung lebten dort mit 9,6 Millionen Einwohnern 14 % der Reichsbevölkerung. Entgegen der Vereinbarung in Kapitel XIII des Potsdamer Protokolls, daß nur die Deutschen „in Polen, Tschechoslowakei und Ungarn" und diese „in ordnungsgemäßer und humaner Weise" „überführt" werden sollten, wurden auch die Deutschen aus den Gebieten östlich der O. 1945/46 in grausamster Weise und mit zahlreichen Opfern vertrieben. Die Sowjetzonen-Regierung hat am 6. 7. 1950 im Görlitzer Abkommen die O. als „unantastbare Friedens- und Freundschaftsgrenze" anerkannt, wogegen Bundesregierung (9. 7. 1950) und Bundestag (13. 7. 1950) feierlich protestierten. Im Moskauer Vertrag vom 12. 8. 1970 in Artikel 4 und im Warschauer Vertrag vom 7. 12. 1970 in Artikel I hat die Bundesregierung die Unverletzlichkeit der O. als bestehende polnische Westgrenze bis zu einem künftigen Friedensvertrag anerkannt. Das Bundesverfassungsgericht hat am 31. 7. 1973 und erneut am 7. 7. 1975 in Grundsatzurteilen erklärt, daß die Gebiete östlich der O. weiterhin zu Deutschland gehören, daß die O. keine Staatsgrenze ist, sondern wie eine Grenze zwischen Bundesländern zu betrachten sei. Auch die westdeutsche Zustimmung zur Schlußakte von Helsinki hat daran nichts geändert.

W. Grabert (Hrsg.): Jalta-Potsdam und die Dokumente zur Zerstörung Europas, 1985. D. Blumenwitz: Die Ostverträge im Lichte des internationalen Vertragsrechts, 1982. H. Burneleit: Materialien zur Ostpolitik, ohne Jahr (ca. 1978). H. E. Jahn: Die deutsche Frage von 1945 bis heute, 1985. H. Kraus: Die Oder-Neiße-Linie, ²1959. H. G. Lehmann: Der Oder-Neiße-Konflikt, 1979. G. Rhode und W. Wagner: Quellen zur Entstehung der Oder-Neiße-Linie, 1956. G. Blum: Die Oder-Neiße-Linie in der deutschen Außenpolitik, 1963.

Ödenburg, Stadt im Burgenland. Das bis zum 1. Weltkrieg vorherrschend von Deutschen bewohnte Ö. war Hauptstadt des Komitats Ö., von dessen rund 250000 Einwohnern noch um 1900 die Deutschen mit 42 % die größte Volksgruppe stellten. Mit dem →Burgenland war Ö. im Diktat von →Saint-Germain und →Trianon Österreich zugesprochen worden. Ungarn verweigerte jedoch die Übergabe. Damit die Ungarn das übrige Burgenland räumten, willigte Österreich in eine Volksabstimmung in Ö. und acht umliegenden Gemeinden ein. Die Abstimmung am 14. 12. 1921 in dem von Ungarn terrorisierten Gebiet wurde zur Farce und ergab 65 % für Ungarn, 35 % für Österreich. So blieb das vorwiegend deutsche Ö. unter ungarischer Herrschaft.

W. Berger: Das Burgenland, 1977. G. Fritsch und J. Zachs: Das Buch vom Burgenland, 1968. L. Pfleger: Ödenburg, das verlorene Herz des Burgenlandes, 1971. G. Schlag: Die Kämpfe um das Burgenland 1921, 1970.

Oeffa, Abkürzung für →Deutsche Gesellschaft für öffentliche Arbeiten AG.

Österreich-Anschluß, →Anschluß Österreichs.

Österreichische Volkspartei (ÖVP), österreichische politische Partei ab 1945. Als Nachfolgeorganisation der →Christlichsozialen Partei wurde am 17. 4. 1945 in Wien durch L. Figl, F. Hurter u. a. die ÖVP gegründet. In ihren „15 Leitsätzen" und späteren Programmen bekannte sie sich zur parlamentarischen Demokratie, katholischen Soziallehre und österreichischen Nation. Dementsprechend hat die ÖVP wie keine andere österreichische Partei an der Verdrängung der Tatsache mitgewirkt, daß der Großteil der österreichischen Bevölkerung deutscher Abstammung und Sprache ist. Beispielhaft für ihr Wirken ist, daß zeitweise anstelle von „Deutsch" in den Schulen eine „Unterrichtssprache" gelehrt, außerdem unter Verdrängung der Anschlußbereitschaft in seiner Bevölkerung Österreich als von Deutschland überfallenes und besetztes Land bezeichnet wurde und wird. Die ÖVP stellte mit L. Figl (1945–1953), J. Raab (1953–1961), A. Gorbach (1961–1963) und J. Klaus (1963–1969) die Bundeskanzler, meist in einer Großen Koalition mit der Sozialistischen Partei Österreichs (SPÖ).

L. Reichhold: Die Geschichte der ÖVP, 1975.

Österreichisch-Schlesien, das →Troppauer Gebiet, das 1849–1918 als Ö. ein Kronland der Habsburger war. Es fiel 1919 an die Tschechoslowakei.

ÖVP, Abkürzung für →Österreichische Volkspartei.

Offene-Markt-Politik, Maßnahme der Notenbank zur Beeinflussung des Geldmarktes. Durch Gesetz vom 27. 10. 1933 erhielt die Reichsbank – wie schon andere Notenbanken vorher – die Befugnis, bestimmte festverzinsliche und zum amtlichen Börsenverkehr zugelassene Wertpapiere zu handeln, in die Deckung der Banknoten einzubeziehen und für sie Banknoten auszugeben. Dadurch konnte schneller auf einen Geldbedarf der Wirtschaft reagiert werden.

Oflag (Offlag), Abkürzung für Offizierslager, Lager für kriegsgefangene alliierte Offiziere in Deutschland im Zweiten Weltkrieg. In den O. wurden die gefangenen Offiziere nach den Vorschriften des Roten Kreuzes behandelt und von ihm betreut. Es gab hier auch die Möglichkeit einer Weiterbildung bis zum Universitätsstudium.

Ogruf, Abkürzung für →Obergruppenführer in →SA und →SS.

OHL, Abkürzung für →Oberste Heeresleitung im 1. Weltkrieg.

Ohlendorf, Otto, SS-Führer, * 4. 2. 1907 Hoheneggelsen/Hildesheim, † 8. 6. 1951 Landsberg/Lech. Nach dem Studium der Rechte und Wirtschaftswissenschaft wurde O. im Oktober 1933 Assistent am Institut für Weltwirtschaft in Kiel und im Januar 1935 Abteilungsleiter am Institut für angewandte Wirtschaftswissenschaft. Seit 1925 in der →NSDAP und ab 1926 in der →SS, war er auch im →NSD-Studentenbund tätig und lehrte 1935 an der Parteischule Berlin. 1936 kam er zum →SD, wurde 1938 SS-Obersturmbannführer und 1939 (bis Kriegsende) Chef des Amtes III im →Reichssicherheitshauptamt in Berlin. Er betrachtete den von ihm aufgebauten und geleiteten Inlands-→SD als eine Organisation, die sich ein genaues Bild über Stimmungen und Ansichten in der Bevölkerung verschaffen und darüber Reichsregierung und andere Behörden unter-

richten sollte. Damit wollte er eine Politik in stärkerer Übereinstimmung mit der Volksmeinung ermöglichen. Exekutivbefugnisse hatte sein Amt, eine Einrichtung der NSDAP, nicht. Von Juni 1941 bis Juni 1942 leitete O. die →Einsatzgruppe D in der Sowjetunion, die im Südabschnitt der Ostfront operierte. Ab Sommer 1942 war er wieder in Berlin, wurde am 16. 7. 1942 SS-Brigadeführer, war dann – neben seiner Arbeit für den Inlands-SD – im Reichswirtschaftsministerium tätig, u. a. als Mitglied des zentralen Planungsstabes. Im November 1944 wurde er SS-Gruppenführer. Im →O.-Prozeß wurde er wegen der von ihm zugegebenen Leitung von Judenerschießungen in Südrußland vom US-Militärgerichtshof II am 10. 4. 1948 zum Tode verurteilt und nach langer Wartezeit am 8. 6. 1951 in Landsberg gehängt.

R. Smelser und R. Zitelmann: Die braune Elite, 1989. H. Taege: NS-Perestroika?, 1988.

Ohlendorf-Prozeß (Einsatzgruppen-Prozeß), amerikanische Siegerjustiz nach 1945. Im O. vor dem Militärgerichtshof II der USA in Nürnberg waren der ehemalige Leiter der Einsatzgruppe D, Otto →Ohlendorf, und 23 weitere frühere Angehörige von →Einsatzgruppen wegen Verbrechen gegen die Menschlichkeit, Kriegsverbrechen, Mitgliedschaft in verbrecherischen Organisationen und Exekutionen von Juden in der Sowjetunion 1941/42 angeklagt. Ein Beschuldigter verübte Selbstmord, das Verfahren gegen den Führer der Einsatzgruppe C, Dr. Dr. Otto Rasch, der am 1. 11. 1948 starb, wurde wegen Verhandlungsunfähigkeit abgetrennt. Im Urteil vom 10. 4. 1948 wurden Ohlendorf und 13 weitere Angeklagte zum Tode durch Erhängen verurteilt, zwei zu lebenslänglich und fünf zu langjährigen Freiheitsstrafen. Vier Todesurteile wurden bestätigt, aber erst nach dreijähriger Wartezeit am 8. 6. 1951 in Landsberg/Lech vollstreckt. Der zum Tode verurteilte Dr. Eduard Strauch, Leiter der Einsatzgruppe A, wurde an Belgien ausgeliefert und verstarb in der Haft. Die übrigen Todesurteile wurden am 31. 1. 1951 durch US-Hochkommissar McCloy in lebenslängliche Haftstrafen umgewandelt, die Zeitstrafen herabgesetzt.

„Ohm Krüger", deutscher Spielfilm von 1941. Der nach dem Roman „Mann ohne Volk" von A. Krieger unter der Regie von Hans Steinhoff u. a. mit Emil Jannings, Gustav Gründgens und Lucie Höflich gedrehte und am 4. 4. 1941 uraufgeführte Film schilderte den Kampf der Buren unter Paulus (Ohm) Krüger in Südafrika gegen die britischen Imperialisten 1899–1902, die Konzentrationslager zur Vernichtung der burischen Frauen und Kinder einrichteten.

Ohnesorge, Wilhelm, Dr. ing., Reichspostminister, * 8. 6. 1872 Gräfenhainichen/Bitterfeld, † 1. 2. 1962 München. Der Erfinder der Vierdrahtschaltung im Fernsprechwesen war 1915–1918 Telegraphendirektor im →Großen Hauptquartier, gründete 1920 in Dortmund die erste →NSDAP-Ortsgruppe außerhalb Bayerns, wurde 1924 Abteilungsleiter der Oberpostdirektion Berlin und 1929 Präsident des Reichspostzentralamtes in Berlin-Tempelhof. Ab 1. 3. 1933 war O. Staatssekretär im Reichspostministerium und ab 2. 2. 1937 bis zum Kriegsende Reichspostminister. Seit 1933 auch Präsident des Reichsverbandes der Deutschen Luftfahrtindustrie, setzte er sich vergeblich für den Bau einer deutschen Atombombe ein. 1945 wurde er verhaftet, 1948 als Hauptschuldiger eingestuft.

OKH, Abkürzung für →Oberkommando des Heeres.

OKL, Abkürzung für →Oberkommando der Luftwaffe.

OKM, Abkürzung für →Oberkommando der Kriegsmarine.

OKW, Abkürzung für →Oberkommando der Wehrmacht.

OKW-Prozeß, Verfahren der amerikanischen Siegerjustiz. Im O. waren als Fall 12 vor dem Militärgerichtshof V der USA in Nürnberg Generalfeldmarschall von →Leeb und 13 weitere Generale und hohe Offiziere – gewissermaßen stellvertretend für die Wehrmacht – wegen Verbrechen gegen die Menschlichkeit, den Frieden und wegen Kriegsverbrechen angeklagt, nachdem Generalstab und →OKW im →Hauptkriegsverbrecherprozeß 1946 nicht als verbrecherische Organisationen verurteilt worden waren. Kurz bevor nach jahrelanger Haft der Angeklagten die Hauptverhandlung begann, beging Generaloberst Johannes Blaskowitz am 5. 2. 1948 Selbstmord. Im Urteil vom 28. 10. 1948 erhielten zwei Angeklagte lebenslänglich, neun weitere zeitliche Haftstrafen von 3 bis 20 Jahren, zwei wurden freigesprochen. Teile der Anklage, so der Vorwurf Angriffskriege geplant zu haben, waren fallengelassen worden. Leeb, zu drei Jahren Haft verurteilt, wurde gleich entlassen. Einige Strafen sind am 31. 1. 1951 durch US-Hochkommissar McCloy herabgesetzt worden. Bis etwa 1955 waren alle Verurteilten wieder in Freiheit.

Olbricht, Friedrich, General und Widerständler, * 4. 10. 1888 Leisnig (Sachsen), † 21. 7. 1944

Berlin. Nach dem Abitur trat O. 1906 ins Heer ein, wurde 1908 Leutnant, 1910 Oberleutnant und war im 1. Weltkrieg als Hauptmann an der Front und im Generalstab. Ab 1920 war er in der →Reichswehr, 1926–1931 im Reichswehrministerium. Nach Truppenkommandos erhielt er das Ritterkreuz, wurde am 15. 2. 1940 Chef des Allgemeinen Heeresamtes im OKH und am 1. 6. 1940 General der Infanterie. O. neigte zu marxistisch-kommunistischen Ansichten und stand dem →Nationalsozialismus feindlich gegenüber, kam mit Widerstandskreisen in Verbindung und beteiligte sich an Planungen für Attentate, vor allem an dem vom →20. Juli 1944. Er löste an diesem Tag den →„Walküre"-Alarm aus, verhaftete seinen Vorgesetzten, Generaloberst →Fromm, der wiederum ihn nach seiner Befreiung festnehmen und standrechtlich erschießen ließ.

P. Hoffmann: Widerstand, Staatsstreich, Attentat, 1985. K. Balzer: Verschwörung gegen Deutschland, 1978. A. H. Jacobsen (Hrsg): Spiegelbild einer Verschwörung, 2 Bde., 1984. H. Paar: Dilettanten gegen Hitler, 1985. F. von Schlabrendorff: Offiziere gegen Hitler, 1984.

„Olga", Deckname für das ab 1944 im Bau befindliche →Führerhauptquartier nahe Ohrdruf in Thüringen. Wegen des schnellen Vormarsches der Amerikaner wurde „O." nur noch von Vorauskommandos belegt, die Ende April 1945 vor den US-Truppen nach Berchtesgaden ausweichen mußten.

U. Bahnsen und J. P. O'Donnell: Die Katakombe, 1975. H. Schröter: Geheime Reichssache 330, 1970.

Olympiastadion, Sportstadion in Berlin. Nach Entwürfen von Werner →March (ab 1928) wurde ab 1932 das 1913 geschaffene Deutsche Stadion zum O. umgebaut. Nach einer Ortsbesichtigung A. →Hitlers am 5. 10. 1933 wurden die Pläne von A. →Speer ergänzt und das O. als Mittelpunkt des →Reichssportfeldes für die →Olympischen Sommerspiele 1936 angelegt. Es besaß 63 500 Sitz- und 33 500 Stehplätze, galt als das zweckmäßigste und schönste Sportstadion der Welt und war 1936 Schauplatz der Olympischen Sommerspiele.

Olympisches Dorf, Unterkunft der Wettkämpfer bei den Olympischen Spielen 1936 bei Berlin. Nach Plänen von Werner →March wurde von der deutschen Wehrmacht das O. für die über 4000 Sportler der →Olympischen Sommerspiele 1936 rund 14 Kilometer westlich des →Reichssportfeldes bei Berlin gebaut. Es bestand aus 140 einstöckigen Häusern in reizvoller Landschaft mit Empfangsgebäude, Hindenburghaus und Sportplätzen. Nach der Olympiade wurde es von der Wehrmacht verwendet.

Olympische Spiele 1936, erste Olympiade in Deutschland. Für das Jahr 1916 war die Olympiade schon einmal nach Deutschland vergeben, wegen des Krieges dann jedoch nicht durchgeführt worden. Das Internationale Olympische Komitee (IOC) übertrug 1931 die Olympischen Spiele 1936 wiederum Deutschland. Die Winterspiele fanden vom 6.–16. 2. 1936 in Garmisch-Partenkirchen mit 756 Teilnehmern aus 28 Ländern, die Sommerspiele vom 1.–16. 8. 1936 mit 4069 Sportlern aus 49 Ländern auf dem →Reichssportfeld Berlin, vor allem im →Olympiastadion, statt. Vorangegangen waren – allerdings vergebliche – Versuche vor allem aus den USA, die O. wegen der →Machtübernahme A. →Hitlers zu boykottieren. Zum erstenmal wurde zu der Eröffnungsfeier durch eine Fackelträgerstafette das olympische Feuer aus Griechenland gebracht. Deutschland war mit 33 goldenen, 36 silbernen und 30 bronzenen Medaillen die vor den USA, Ungarn und Italien mit Abstand erfolgreichste Nation bei den Sommerspielen. Die unter der Schirmherrschaft A. Hitlers, der fast täglich im Stadion erschien, stehenden O. machten wegen ihrer perfekten Organisation unter der Leitung von Carl →Diem, den künstlerischen Darbietungen, der betonten Gastfreundschaft der Berliner und durch die Begeisterung der Zuschauer einen großen Eindruck auf die ausländischen Besucher und verschafften dadurch auch dem 3. Reich erhebliche Sympathien in der ganzen Welt. Trotzdem versuchte Diskreditierungen u. a. durch die Behauptung, farbige Teilnehmer seien brüskiert worden, entbehrten jeder Grundlage. Leni →Riefenstahl schuf mit „Fest der Völker" und „Fest der Schönheit" vielfach ausgezeichnete Dokumentarfilme von den O.
Die Olympischen Spiele 1936, 2 Bde., 1936, ²1972. C. Diem: Weltgeschichte des Sports und der Leibesübungen, 2 Bde., 1960. H. Ueberhorst: Geschichte der Leibesübungen, 6 Bände, 1988. F. Bohlen: Die XI. Olympischen Spiele Berlin 1936, 1979. R. Mandell: Hitlerolympiade, 1980. C. Diem: Olympiaden 776 v. Chr. bis 1964 n. Chr., 1964.

Opfer der Arbeit, Stiftung für Hinterbliebene tödlich verunglückter Arbeiter. Im Mai 1933 begründete A. →Hitler das O. mit Sitz in Berlin als eine Stiftung, die Hinterbliebene im Beruf tödlich verunglückter deutscher Arbeiter unterstützte. Die Gelder wurden durch Spenden aufgebracht und von einem Ehrenausschuß vergeben. Im Rahmen der Stiftung wurde im Dezember 1935 auch eine „Stiftung für Opfer der Arbeit auf See" ins Leben gerufen.

Opferring, Bezeichnung 1924–1929 für die Gesamtheit der NSDAP-Mitglieder, die freiwillig mehr als den üblichen Monatsbeitrag zahlten. Später war der O. eine Vereinigung von →NSDAP-Anwärtern, „die nicht mehr die Möglichkeit hatten, der Partei beizutreten", sowie von inaktiven Mitgliedern, die Spenden leisteten.

Oradour-sur-Glane, Vergeltungsaktion von, Maßnahme der Partisanenbekämpfung in Frankreich 1944. Bei Oradour haben im Juni 1944 kommunistische Partisanen bewaffnete Überfälle auf deutsche Truppen durchgeführt, die in die Normandie verlegt wurden. Darauf wurde das Dorf am 10. 6. 1944 zerstört und gegen die Bevölkerung eine Vergeltungsaktion mit Erschießungen durchgeführt, nach der es in diesem Gebiet keine Anschläge gegen deutsche Truppen mehr gegeben hat. Die Vorgänge in Oradour wurden und werden noch als Beispiele für die angebliche Grausamkeit deutscher Truppen genannt, ohne daß in der Regel die vorangegangenen Partisanenaktionen und die Munitionslagerung in der Kirche von O. erwähnt werden.
H. Taege: Wo ist Kain?, 1981. H. Taege: Wo ist Abel?, 1985. O. Weidinger: Tulle und Oradour, 1984.

Oran, Überfall auf, britischer Angriff auf französische Kriegsschiffe 1940. Am 3. 7. 1940 erschien ein britisches Flottengeschwader unter Vizeadmiral Somerville mit drei Schlachtschiffen („Hood", „Valiant", „Resolution"), dem Flugzeugträger „Ark Royal", zwei Kreuzern und elf Zerstörern vor dem Hafen von Mers el Kebir bei Oran und forderte die dort liegende französische Mittelmeerflotte unter Admiral Gensoul mit vier Schlachtschiffen („Dunkerque", „Strasbourg", „Provence", „Bretagne"), einem Flugzeugmutterschiff und sechs Zerstörern ultimativ zur Übergabe auf. Nach Ablehnung des Ultimatums schossen die Briten sofort in 15 Minuten die völlig überraschten französischen Einheiten größtenteils zusammen, nur die „Strasbourg" konnte nach Toulon entkommen. Die Franzosen verloren 1720 Tote und 380 Verwundete. Diese völkerrechtswidrige Handlung sollte verhindern, daß nach der Kapitulation Frankreichs und der Bildung der →Vichy-Regierung die französische Flotte in deutsche Hand fiel. Der Überfall auf O. belastete das englisch-französische Verhältnis sehr.
H. Pemsel: Seeherrschaft, Bd. 2, 1985.

Ordensburg, Stätte zur Ausbildung des NS-Führernachwuchses. Die →NSDAP verstand sich als Orden, dessen Mitglieder auf unterschiedlichen Ebenen mit den Aufgaben der Staatsführung betraut waren. Sie sollten durch Bildung und politische Arbeit darauf vorbereitet werden, eine bestimmte Lebensform unabhängig von Begabung und Format des einzelnen zu gewährleisten. Zur Wahrnehmung von Führungsaufgaben sollte besonders in den drei Ordensburgen →Krössinsee (Pommern), →Vogelsang (Eifel) und →Sonthofen (Allgäu) ausgebildet werden, die in den 30er Jahren von der DAF unter Dr. R. →Ley erbaut und 1936 eingeweiht wurden. Ihr Baustil sollte sowohl an mittelalterliche Ordensburgen anknüpfen als auch die nationalsozialistische Architektur repräsentieren. Die „Burganwärter" meldeten sich freiwillig und wurden, bei einer Altersgrenze von 25–30 Jahren, durch besondere Kommissionen unter Leitung von Dr. Ley, der auch Reichsorganisationsleiter der NSDAP war, ausgewählt. Es gab keine Aufnahme- und Abschlußprüfung. Die Anwärter sollten verheiratet sein, Arbeits- und Wehrdienst geleistet und sich in der Parteiarbeit bewährt haben. Bevorzugt wurden Absolventen der →Adolf-Hitler-Schulen und der →Nationalpolitischen Erziehungsanstalten. Die Angehörigen der „Burgmannschaft", je rund 1000 Mann, sollten in dreijähriger Ausbildung, jeweils ein Jahr auf jeder Burg, als „Ordensjunker" vielseitig geistig und körperlich auf Führungsaufgaben vorbereitet und zum Elitebewußtsein erzogen werden. Zum Stammpersonal jeder Burg gehörten ein Burgkommandant, drei Bereitschaftsführer für je 300–400 Mann, 10 Hundertschafts- und 50 Kameradschaftsführer. Den wissenschaftlichen Unterricht gaben Gastlehrer. Bis zum Kriegsausbruch konnte nur ein Lehrgang 1936–1939 wie geplant ausgebildet werden. Im 2. Weltkrieg dienten die O. zur Unterbringung von Adolf-Hitler-Schulen und zur Umschulung von Kriegsversehrten. Der vorgesehene Erziehungsweg von der Adolf-Hitler-Schule über die O. zur →„Hohen Schule" der NSDAP konnte wegen des Kriegsverlaufs nicht verwirklicht werden.

Ordensjunker, Angehörige der Burgmannschaft auf einer →Ordensburg 1936–1939.

Organisation Consul (O. C.), rechtsstehende Vereinigung 1920–1922. Nach dem →Kapp-Putsch 1920 und der Auflösung der Brigade →Ehrhardt entstanden, wirkte die O. unter Hermann Ehrhardt (Deckname: Consul Eichmann) von München aus als Geheimbund (Deckname: Bayerische Holzverarbeitungsgesellschaft). Ihre rund 5000 Mitglieder, meist ehemalige Offiziere und →Freikorpskämpfer, bereiteten sich, auch durch Anlage geheimer Waffenlager, auf Aktionen gegen die →Erfüllungspolitik der Reichsregierungen vor. Aus ihren Reihen kamen die Attentäter gegen →Erz-

berger und →Rathenau, gegen Verräter wurden →Fememorde verübt. Die O. wurde nach Erlaß des →Republikschutzgesetzes vom 21. 7. 1922 verboten, bestand aber als „Neudeutscher Bund" bzw. „Bund Wiking" bis 1928 weiter. Von den vor dem Staatsgerichtshof angeklagten 40 Mitgliedern der O. wurden 20 im Jahre 1924 wegen Geheimbündelei verurteilt, aber nicht inhaftiert.

E. J. Gumbel: Vier Jahre politischer Mord, 1922. E. von Salomon: Der Fragebogen, 1951. H. Frenske: Konservatismus und Rechtsradikalismus in Bayern nach 1918, 1969.

Organisation Escherich (Orgesch), Selbstschutzverband 1920/21. Nachdem Einwohnerwehren im April 1920 von der Reichsregierung verboten waren, gründete der bayerische Forstrat Escherich am 9. 5. 1920 in Regensburg die O. als Selbstschutzverband zur Sicherung der Ordnung gegen kommunistische Unruhen und Aufstände. Die rechtsstehende Vereinigung breitete sich auch vor allem in Sachsen, Preußen und Nordwestdeutschland aus, nahm viele →Freikorpskämpfer auf, hielt Verbindung zur →Schwarzen Reichswehr und soll bis zu eine Million Angehörige gehabt haben. Die O. wurde am 1. 11. 1920 in Preußen verboten, im Juni 1921 auf unmittelbares Einwirken der Alliierten im ganzen Reich. Aus der O. entstanden halbmilitärische Nachfolgeorganisationen („Silberner Schild"), viele Angehörige traten rechten Vereinigungen wie dem →Stahlhelm bei.

H. Nusser: Konservative Wehrverbände in Bayern, Preußen und Österreich 1918–33, 1973. H. Fenske: Konservatismus und Rechtsradikalismus in Bayern nach 1918, 1969.

Organisation Todt (OT), Organisation für militärisches Bauwesen 1938–1945. Nach Fehlschlägen beim Einsatz von Heeresbautruppen wurde der Generalinspektor für das deutsche Straßenwesen, Dr. Fritz →Todt, mit dem Bau des →Westwalls ab 28. 5. 1938 beauftragt. Er erzielte in kurzer Zeit große Erfolge. A. →Hitler bezeichnete erstmalig auf dem →Reichsparteitag am 6. 9. 1938 öffentlich Todts Bautrupps als „O.". Beim Westwall wurden rund 275000 Arbeiter eingesetzt. Weitere Bewährungen der OT waren der →Polen-, der →Frankreich- und der →Rußlandfeldzug. Die OT schuf mit dem Ausbau sowie der Sicherung der Nachschubwege zur Front wesentliche Voraussetzungen für den Erfolg der →Blitzkriege. Bis Kriegsbeginn blieb die Firmenbezogenheit der einzelnen Angehörigen weitgehend erhalten, später kamen Dienstverpflichtete als →„Frontarbeiter" dazu. Im Krieg waren die OT-Gruppen teilweise den Heeresgruppen zugeordnet. Die

Einsatzgruppe Ost der OT umfaßte bis zu 800000 Mann, etwa drei Viertel Nichtdeutsche. 1941 begann die OT den Bau des →Atlantikwalls, eines Befestigungswerks zwischen dem Nordkap und den Pyrenäen. In Dänemark und Norwegen wirkte die OT-Einsatzgruppe „Wiking" mit bis zu 100000 Mann, vor allem im Straßen- und U-Boot-Stützpunktbau. Die OT-Einsatzgruppe Süd-Ost auf dem Balkan hatte rund 60000 Arbeiter, davon 3000 Deutsche. Kennzeichnend für die OT unter Todt waren ein freiheitlicher Führungsstil, eine enorme Leistung und die Bewältigung größter Bauaufgaben und -massen in kürzester Zeit. Nach Todts Tod am 8. 2. 1942 übernahm A. →Speer die OT, die nun stärker bürokratisiert wurde (Uniform, Ränge). Sie wurde dann von F. X. Dorsch bis Kriegsende geleitet.

E. Vollbehr: Mit der OT beim Westwall und Vormarsch, 1941. E. Schönleben: Fritz Todt, 1943. W. A. Boelcke: Die deutsche Wehrwirtschaft 1930–1945, 1983. G. Thomas: Geschichte der deutschen Wehr- und Rüstungswirtschaft, 1966. D. Eichholtz: Geschichte der deutschen Kriegswirtschaft 1939–1945, 2. Bde., 1984/85. F. W. Seidler: Fritz Todt, 1986. F. W. Seidler: Die Organisation Todt, 1987. U. Walendy: Die Organisation Todt, 1987.

Orgesch, Abkürzung für →Organisation Escherich.

Ortsgruppe, unterster Hoheitsbereich der NSDAP. Die von einem O.n-leiter geführte O. sollte mindestens 150, möglichst nicht mehr als 1500 Haushalte umfassen und kommunale Grenzen nicht überschreiten. Der O.n-leiter wurde auf Vorschlag des Kreisleiters vom Gauleiter ernannt und war der →NSDAP für die „gesamtpolitische Lage" in seiner O. verantwortlich. In der örtlichen O.n-dienststelle wirkten auch die Vertreter von →NSV, →DAF und →Frauenschaft. Von der O. wurden die örtlichen Veranstaltungen der NSDAP und Schulungen geleitet.

Ortsgruppenleiter, →Politische Leiter.

Osaf (OSAF), Abkürzung für →Oberster SA-Führer.

Ossewa-Brandwacht, antienglische Widerstandsbewegung in Südafrika während des 2. Weltkrieges gegen die Teilnahme Südafrikas am Kriege gegen Deutschland, für die Befreiung vom Empire und die Gründung einer unabhängigen südafrikanischen Republik. Anläßlich der Jahrhundertfeier des Großen Trecks 1938 von Oberstleutnant J. C. Laas zur Wiederbelebung der burischen Militärtradition ins Leben gerufen und nach Vortreckermuster „Ochsenwagen-Brandwacht" benannt, wurde die O.-B. ab 1941 von Commandant-General Dr. Hans van Rensburg geführt. Die Parlamentsentscheidung für den Eintritt in den 2. Weltkrieg hatte das südafrikanische Volk überrascht. Ministerpräsident General Hertzog hatte Südafrikas Neutralität beantragt, aber General Smuts und proenglische Tendenzen setzten sich durch. Smuts übernahm die Regierung und erklärte Deutschland den Krieg. Dagegen kämpfte die O.-B. Gegliedert war sie in Kommandos, die einem Kommandanten unterstanden. Drei Kommandos, meistens 400–500 Mann je Einheit, unterstanden einem Hauptkommandanten und drei Hauptkommandanten einem General. Die Spitze in den Provinzen bildete eine Exekutive, die in den unialen „Grootraad" mündete. Führer der O.-B. war der Kommandant-General, dem vier provinzielle Adjunkt-Generale untergeben waren. Es gab auch Frauenkommandos und eine Jugendbewegung. Eine Sonderabteilung innerhalb der O.-B. bildeten die Sturmjäger (S. J.), sie umfaßte 7–8 Bataillone. Die O.-B. war schweren Repressalien seitens der Regierung ausgesetzt.

H. van Rensburg: Der weiße Sündenbock, 1964.

Ossietzky, Carl von, Journalist. * 3. 10. 1889 Hamburg, † 4. 5. 1938 Berlin. Der Beamtensohn war nach kaufmännischer Lehre Angestellter beim Hamburger Senat, ab 1911 Mitarbeiter der Wochenzeitung „Das freie Volk". Nach Kriegsdienst im 1. Weltkrieg war er 1919/20 Sekretär der Deutschen Friedensgesellschaft, organisierte die Bewegung „Nie wieder Krieg" mit, war 1920–1922 Redakteur der Berliner „Volkszeitung", 1924–1926 bei der Zeitschrift „Das Tagebuch" und gab 1927–1933 mit K. Tucholsky „Die Weltbühne" heraus, deren Chefredakteur er auch war. Im November 1931 wurde er im „Weltbühnen-Prozeß" wegen Landesverrats und Verrats militärischer Geheimnisse zu 18 Monaten Gefängnis verurteilt, zu Weihnachten 1932 jedoch schon amnestiert. Ende Februar 1933 wurde er verhaftet und kam vorübergehend in ein Konzentrationslager. Wieder in Freiheit, erhielt er 1936 den Friedensnobelpreis für 1935, was allgemein als Maßnahme der norwegischen Parlamentsmehrheit gegen das 3. Reich angesehen wurde. Da O. zu krank war, um Berlin zur Entgegennahme des Preises zu verlassen und seine trunksüchtige Frau die Reise ablehnte, sollte ein von ihm Beauftragter das Geld in Empfang nehmen, der ihn jedoch zu betrügen versuchte und gegen den deshalb ein Prozeß stattfand. O. starb an Tuberkulose, seine Frau lebte mit dem geretteten Geld unbehelligt in Berlin und stellte sich nach 1945 mit der neugegründeten „Weltbühne" der kommunistischen Propaganda zu Verfügung. Sie starb 1974.

K. Singer: Carl von Ossietzky, 1936. B. Frei: Carl von Ossietzky, 1978. E. Suhr: Carl von Ossietzky, 1988. S. Berkholz (Hrsg.): Carl von Ossietzky, 1989. R. Kopplin: Carl von Ossietzky als politischer Publizist, 1964.

Ostafrika, →Deutsch-Ostafrika.

„Ostara", Schriftenreihe 1905–1930. Die von Jörg →Lanz von Liebenfels herausgegebene Heftreihe mit dem Untertitel „Briefbücherei der Blonden und Mannesrechtler" umfaßte 1905–1918 etwa 100 Ausgaben. Sie wurde 1927–1930 neu herausgegeben und nach 1933 mit den „Hertesburger Flugschriften" und den „Luzerner Briefen" weitergeführt. Lanz setzte sich in seinen Veröffentlichungen für den Kampf einer als heroisch bezeichneten „Edelrasse" gegen eine „Niederrasse" ein, erhielt jedoch, da seine Theorien vielfach unhaltbar waren, nach dem →Anschluß seiner österreichischen Heimat an das Deutsche Reich 1938 Schreibverbot.

Ostarbeiter, Fremdarbeiter aus den im 2. Weltkrieg besetzten Ostgebieten (vor allem Polen und Rußland), die ins Reich zur Arbeit in Rüstungsbetrieben oder in der Landwirtschaft zwangsverpflichtet waren.

Ostdienst der HJ, Bezeichnung für Einsätze der HJ ab 1939 in den ostdeutschen Reichsgauen. Nach dem →Polenfeldzug setzte 1939 der O. in den neueingerichteten Reichsgauen im Osten ein. Dabei halfen reichsdeutsche Gruppen der →HJ und auch des →BDM, den Ansässigen und Umsiedlern aus Osteuropa, in Lagern wie in Dorfeinsätzen, bei der Erziehung und Betreuung bis hin zur Vorbereitung und Durchführung der Flucht 1944/45. Ein Vorläufer des O. war der →Landdienst der HJ.

H. Fritsch: Land mein Land, 1986. J. Rüdiger (Hrsg.): Die Hitler-Jugend und ihr Selbstverständnis im Spiegel ihrer Aufgabengebiete, 1983.

Osteinsatz, Bezeichnung für die →Dienstverpflichtung deutscher Arbeiter und Angestellter zur Tätigkeit in den im 2. Weltkrieg besetzten Ostgebieten, insbesondere in Polen und Rußland. Vom O. zu unterscheiden ist der →Ostdienst der HJ.

Ostende, Stadt in Westflandern. Vom Oktober 1914 bis Oktober 1918 war O. von der deutschen 4. Armee besetzt und wurde zu einem wichtigen U-Boot- und Torpedo-Boot-Stützpunkt ausgebaut. Die Briten versuchten am 23. 4. und 10. 5. 1918 vergeblich, von See her die Hafeneinfahrt zu sperren. Sie wurden mit schweren Verlusten zurückgeschlagen. Im

2. Weltkrieg war O. vom 28. 5. 1940 bis September 1944 von der deutschen Wehrmacht besetzt.

Oster, Hans, Generalmajor und Widerständler, * 9. 8. 1887 Dresden, † 9. 4. 1945 Flossenbürg. Nach dem Abitur trat O. in das Heer ein, wurde 1907 Leutnant, war im 1. Weltkrieg Generalstabsoffizier und wurde 1920 als Hauptmann von der →Reichswehr übernommen. 1929 wurde er nach Truppendienst Major, 1931 wegen einer gesellschaftlichen Verfehlung aus der Reichswehr entlassen. Durch →Canaris' Vermittlung kam er 1933 in den militärischen Abwehrdienst, wurde später reaktiviert und am 1. 12. 1935 Oberstleutnant. Ab 1939 leitete er die Zentralabteilung der →Abwehr. Nach Kriegsbeginn betrieb er Landesverrat, indem er deutsche militärische Geheimnisse, so den Angriffstermin im Westen, den Gegnern mitteilte. O. beteiligte sich auch an Attentatsversuchen auf A. →Hitler. Nach der Amtsenthebung von Canaris wurde er am 31. 3. 1944 entlassen und nach dem Attentat vom →20. Juli verhaftet. Am 8. 4. 1945 wurde er wegen fortgesetzten Landes- und Hochverrats zum Tode verurteilt und am folgenden Tag hingerichtet.

K. Bartz: Die Tragödie der deutschen Abwehr, 1955. B. H. Gisevius: Bis zum bitteren Ende, 1946. H. Höhne: Canaris, 1976. H. Paar: Dilettanten gegen Hitler, 1985. P. Hoffmann: Widerstand, Staatsstreich, Attentat, 1985. K. Balzer: Der 20. Juli und der Landesverrat, 1971.

Osterbotschaft, Ankündigung Kaiser →Wilhelms II. 1917. Am 7. 4. 1917 gab ein kaiserlicher Reformerlaß bekannt, daß in Preußen nach einem deutschen Sieg im Weltkrieg das geltende Dreiklassenwahlrecht zugunsten einer geheimen und direkten Wahl abgeschafft werde. Da aber nicht auch das gleiche Wahlrecht in Aussicht gestellt wurde – die konservative Mehrheit des preußischen Abgeordnetenhauses versuchte ihre Vorrechte zu erhalten – und die Wahlrechtsänderung nicht sofort erfolgte, verfehlte die O. weitgehend ihre vom Kaiser erhoffte einigende Wirkung und Unterstützung der Reichsregierung.

L. Bergsträßer: Die preußische Wahlrechtsfrage im Kriege und die Entstehung der Osterbotschaft 1917, 1929.

Ostfeldzug, Bezeichnung für den →Rußlandfeldzug im 2. Weltkrieg.

Ostgebiete, Teile Ostdeutschlands oder im 2. Weltkrieg besetzter Gebiete. Nach dem 1. Weltkrieg wurden die zunächst umstrittenen, teilweise umkämpften, dann im →Versailler Diktat abgetretenen deutschen Landschaften mit O. oder Ostmark bezeichnet. Im 2. Weltkrieg waren die besetzten O., die von der Wehrmacht eroberten Territorien im Osten. Nach dem 2. Weltkrieg werden als O. die deutschen Provinzen östlich der →Oder-Neiße-Linie, die 1945 unter sowjetische oder polnische Verwaltung kamen, bezeichnet.

E. Reiners: Der Kampf um den deutschen Osten, 1943. R. Suchenwirth: Der deutsche Osten, 1978. G. Rhode: Die Ostgebiete des Deutschen Reiches, 1956. P.-H. Seraphim u. a.: Ostwärts der Oder und Neiße, 1949.

Ostgoten-Bewegung. Bezeichnung für die Zuführung von Heimatverbänden an die Ostfront 1945. Nach dem Führerbefehl vom 26. 3. 1945 wurden im Rahmen der →Goten-Bewegung ab 28. 3. 1945 rund 96000 Mann aus Stamm- und Stabsmannschaften von →RAD, Ausbildungstruppen oder Fahnenjunkerschulen für den Kampf gegen die Rote Armee an die Ostfront verlegt.

Osthilfe, staatliche Maßnahme zur Unterstützung der ostdeutschen Landwirtschaft 1928–1937. Mit der „Ostpreußenhilfe" begann 1928 die O. zur Unterstützung der ostdeutschen Landwirtschaft, die von Preußen und vom Reich getragen wurde. Das „Gesetz über Hilfsmaßnahmen für die notleidenden Gebiete des Ostens" vom 31. 3. 1931 stellte weitere 2,5 Milliarden RM zur Verfügung, die zu 8 % vom Reichsetat, zu 12 % aus Landverkäufen und zu 80 % von einer neu gegründeten Industriebank kamen. Sie dienten vor allem zur Zinsverbilligung, Lastensenkung, Entschuldung und Siedlungsförderung. Der O. standen Reichskommissare (Treviranus, Schlange-Schöningen, v. Braun, Gereke) vor. Die ostdeutsche Landwirtschaft wurde von der Weltagrarkrise, die 1932/33 ihren Höhepunkt erreichte, besonders hart getroffen, da sie ihre Erzeugnisse über erhebliche Entfernungen zu den wichtigsten Verbrauchern transportieren und außerdem mit der polnischen Landwirtschaft konkurrieren mußte. Die Agrarkrise selber wurde erheblich von der Weltwirtschaftskrise beeinflußt.

D. Hertz-Eichenrode: Politik und Landwirtschaft in Ostpreußen 1919–30, 1969. D. Gessner: Agrarverbände in der Weimarer Republik, 1976. H. Heinrich und W. Otto: Die gesamte Osthilfe-Gesetzgebung, 1933.

Ostland, →Reichskommissariat Ostland.

Ostmärkische Reichsgaue, Bezeichnung für die auf dem Gebiet Österreichs 1939 errichteten →Reichsgaue der →NSDAP.

Ostmark, wechselnde Bezeichnung für Teile Ostdeutschlands. Seit dem Mittelalter wurden unter O. verschiedene Landschaften im östlichen Deutschland verstanden. So gab es die Sächsische O. (Lausitz) und die Bayerische O. (Österreich). Ab 1919 wurde allgemein Ostdeutschland, insbesondere das von Polen annektierte Gebiet als O. bezeichnet, ab 1933 vor allem Österreich, dann auch das Sudetenland, bis ab 1942 statt O. die Namen der einzelnen Gaue bevorzugt wurden. In der →NSDAP bestand ein Gau Bayerische O. mit Sitz in Bayreuth bis Juni 1942, dann in Gau Bayreuth umbenannt.

K. Stephan: Der Todeskampf der Ostmark 1918/19, 1985. U. Reich von Rohrwig: Der Freiheitskampf der Ostmarkdeutschen, 1942. Deutscher Ostmarkenverein (Hrsg.): Die deutsche Ostmark, 1913. G. Cleinow: Der Verlust der Ostmark, 1934.

Ostmarkenpolitik, Maßnahmen Preußens und des Deutschen Reiches zur Unterstützung der Deutschen in Ostdeutschland. In den deutschen Ostprovinzen lebte eine polnische Minderheit, deren Bestrebungen vielfach auf die Errichtung eines polnischen Nationalstaates unter Einschluß von Teilen des Deutschen Reiches gerichtet waren. Von deutscher Seite wurde deshalb versucht, durch Ansiedlung deutscher Bauern in den Ostgebieten das Gewicht der Polen zu vermindern (→Osthilfe). Vor allem versuchte dies der 1894 in Posen gegründete →Ostmarkenverein. Durchgreifende Erfolge hatte diese Ansiedlungspolitik jedoch nicht.

M. Laubert: Die preußische Polenpolitik 1772–1914, 1920. F. Schinkel: Polen, Preußen und Deutschland, 1932. R. Baier: Der deutsche Osten als soziale Frage, 1980. Deutscher Ostmarkenverein (Hrsg.): Die deutsche Ostmark, 1913.

Ostmarkenverein, →Deutscher Ostmarkenverein.

Ostmedaille, Auszeichnung für Teilnahme am →Rußlandfeldzug 1941/42. Die am 26. 5. 1942 gestiftete O. („Winterschlacht im Osten 1941/42") wurde für die Teilnahme am harten Winterkrieg 1941/42 im Osten verliehen. Das „Winterkampfdenkabzeichen" wurde in der Landsersprache →„Gefrierfleischorden", „Eisbeinorden" oder „Tundraorden" genannt.

Ostoberschlesien, der östliche und südliche Teil →Oberschlesiens, der trotz der mehrheitlich für Deutschland ausgefallenen →Abstimmung am 20. 3. 1921 vom Völkerbund am 29. 8. 1921 Polen zugesprochen wurde. O. war mit 4/5 der Kohlengruben, allen Eisenvorräten, allen Zinkhütten, 2/3 der Zink- und Bleierzgruben, 6/7 der Zinkförderung und 2/3 aller Hochofen- und Eisenwerke der wirtschaftlich wichtige Teil Oberschlesiens. Nach dem →Polenfeldzug kam O. 1939 wieder an die Provinz Schlesien und bildete ab Anfang 1941 mit dem übrigen

Oberschlesien eine eigene Provinz. Seit 1945 steht O. unter polnischer Verwaltung, die die meisten der nicht ermordeten oder verschleppten Deutschen vertrieb.

Ostpommern, Bezeichnung für den östlich der Oder gelegenen Teil →Pommerns, der 1945 unter polnischer Verwaltung kam.

Ostpreußen, nordöstlichste Landschaft Deutschlands. Beginnend mit dem 13. Jahrhundert wurde das Land der Pruzzen vom Deutschen Ritterorden besiedelt und christianisiert. 1618 kam es an die brandenburgischen Hohenzollern, am 18. 1. 1701 wurde in Königsberg das Königreich Preußen durch Friedrich I. gegründet. Die im 1. Weltkrieg in Ostpreußen eingefallenen Russen wurden bei →Tannenberg (23.–31. 8. 1914), an den →Masurischen Seen (5.–15. 9. 1914) und in der Winterschlacht in →Masuren (4.–22. 2. 1915) geschlagen und aus dem Land herausgedrängt. Das →Versailler Diktat von 1919 bestimmte die Abtretung des mehrheitlich deutschen Gebietes um →Soldau an Polen und stellte das →Memelland unter alliierte Verwaltung; 1923 wurde es von Litauen annektiert. Das südliche Ostpreußen entschied sich in einer Volksabstimmung unter alliierter Kontrolle am 11. 7. 1920 mit 97,8 % für einen Verbleib bei Deutschland. Im östlichsten Kreis Oletzko wurden nur 2 Stimmen (bei 28 627 Stimmberechtigten) für Polen abgegeben. Am 23. 3. 1939 kam das Memelland, nach dem →Polenfeldzug das Soldauer Gebiet zu O. zurück. Ab Herbst 1944 wurde O. von der Roten Armee bedroht, ab Januar 1945 besetzt. Die Deutschen konnten zum Teil noch flüchten, die Zurückgebliebenen wurden systematisch (mit einem Ausdruck von E. Jünger) „ausgemordet" oder in die Sowjetunion verschleppt, ein verbleibender Teil vertrieben. Die →Potsdamer Konferenz vom Juli 1945 stellte den Nordteil von O. unter sowjetische, den Süden unter polnische Verwaltung.

K. Dieckert und H. Großmann: Der Kampf um Ostpreußen, 1960. G. Hermanowski: Ostpreußen-Lexikon, 1990. R. Lawin: Die Bevölkerung von Ostpreußen, 1930. B. Schumacher: Geschichte von Ost- und Westpreußen, ³1958. E. Wermke: Bibliographie der Geschichte von Ost- und Westpreußen, 6 Bde., 1929–1969.

Ostsee-Abkommen, →Nord- und Ostsee-Abkommen.

Ostseeprovinzen (baltische Provinzen), Bezeichnung der früheren russischen Gouvernements Kurland, Livland und Estland. Die seit 1710/21 zum russischen Zarenreich gehörenden O. mit deutschem Adel und Bürgertum (→Baltendeutsche) wurden ab Mitte des 19. Jahrhun-

derts verstärkt russifiziert. Im 1. Weltkrieg 1915/17 größtenteils von deutschen Truppen besetzt, die später auch gegen die Bolschewisten zu Hilfe gerufen wurden, erklärten die O. 1918 durch ihre Ritterschaften die Loslösung von Rußland. Später entstanden aus den O. die Freistaaten Estland und Lettland. Angesichts der drohenden Besetzung durch die UdSSR kam es im Herbst 1939 zur →Umsiedlung der Baltendeutschen ins Reich. 1941–1944/45 von deutschen Truppen besetzt, kamen die O. nach Kriegsende wieder zur Sowjetunion.

Ostubaf, Abkürzung für →Obersturmbannführer in →SS und →SA.

OT, Abkürzung für →Organisation Todt.

Otavi Minen- und Eisenbahn-Gesellschaft, eine der größten Unternehmungen in den ehemaligen deutschen Kolonien. Die 1900 mit Sitz in Berlin gegründete O. diente der bergbaulichen Erschließung des Otavi-Gebietes in →Deutsch-Südwestafrika. Sie baute 1903–1906 die Otavibahn, die 1910 verstaatlicht wurde, von Swakopmund nach Tsumeb (567 km) mit einer Abzweigung nach Grootfontein und baute kupfer-, blei- und silberhaltige Erze ab. Sie bestand auch in der Mandatszeit nach 1919 weiter, ihr Vermögen wurde im 2. Weltkrieg beschlagnahmt.

Otranto, Straße von, Schauplatz von Seegefechten 1915–1917. In und bei der 83 km breiten Meerenge von O., dem Eingang zur Adria, kam es im 1. Weltkrieg zu mehreren Seegefechten zwischen österreich-ungarischen und französischen, ab 1915 auch italienischen Einheiten. So versenkte am 27. 4. 1915 das österreichische U-Boot U5 unter Ritter von Trapp den französischen Panzerkreuzer „Leon Gambetta" (12 500 BRT) bei O. Am 15. 5. 1917 griffen drei österreich-ungarische Kleine Kreuzer und zwei Zerstörer unter Linienschiffskapitän Horthy, dem späteren ungarischen Reichsverweser, die alliierte Blockade in der Enge von O. an, vernichteten einen Zerstörer und 20 Kriegsschiffdampfer und konnten dann alliierten Kreuzern entkommen. Die Seegefechte bei O. verhinderten eine alliierte Seeherrschaft in der Adria und eine Bedrohung der österreichischen Küste.

H. Pemsel: Seeherrschaft, 2. Bd., 1985. P. Handel-Mazzetti: Die österreichisch-ungarische Kriegsmarine, 1925.

„Otto", Deckname verschiedener deutscher Operationsstudien 1937–43. Im Sommer 1937 entstand ein Plan „O." für das Vorgehen im Fall einer Restauration der Monarchie in Österreich. Unter derselben Tarnbezeichnung gab es ab 11. 3. 1938 eine militärische Weisung A. →Hitlers für einen Einmarsch in Österreich, 1940 erste Planungen für den →Ostfeldzug (später →Barbarossa), vom 1.–7. 12. 1943 die Bekämpfung einer rund 2000 Mann starken Partisanengruppe nördlich von Tepelene in Albanien.

Otto-Programm, Planungen für die Eisenbahn- und Straßentransporte für einen künftigen →Ostfeldzug entsprechend der →Weisung vom Oktober 1940.
H. Pottgießer: Die deutsche Reichsbahn im Ostfeldzug 1939–1944, 1960. G. Thomas: Geschichte der deutschen Wehr- und Rüstungswirtschaft, 1966.

Ourcq, Schlacht am, Teil der →Marneschlacht 1914. Im 1. Weltkrieg war die Schlacht am O., einem rechten Nebenfluß der Marne, vom 5.–9. 9. 1914 die Teilschlacht der deutschen 1. Armee unter Generaloberst von →Kluck gegen die französische Armee Maunoury im Rahmen der →Marneschlacht. Bis zum Morgen des 9. 9. 1914 hatte die deutsche 1. Armee eine drohende Umarmung vereitelt, die Armee Maunoury geschlagen, die französische Armee French in Schranken gehalten und war bereit, Maunourys Niederlage zu vollenden und dann die Briten anzugreifen, als der Rückzugsbefehl der →Obersten Heeresleitung eintraf und die Erfolge der bisherigen Marneschlacht in Frage stellte.

P

Padua, Waffenstillstand von, österreichisch-italienischer Waffenstillstand am Ende des 1. Weltkriegs. In der Villa Giusti bei Padua wurde am 3. 11. 1918 zwischen Österreich und Italien der Waffenstillstand geschlossen. Er sah die Räumung von Norddalmatien, Istrien, Karst, dem →Kanaltal und →Südtirol durch österreichische Truppen vor. Da den österreichisch-ungarischen Verbänden nicht mehr mitgeteilt wurde, daß der Waffenstillstand erst 24 Stunden später in Kraft trat, wurden Hunderttausende von ihnen nach der Niederlegung der Waffen noch gefangengenommen und kamen in längere italienische Kriegsgefangenschaft. Ohne jede Gegenwehr „eroberte" Italien dann auch noch →Südtirol.

Pak, Abkürzung für →Panzer-Abwehrkanone.

Palästinadeutsche, Volksdeutsche in Palästina. Im 19. Jahrhundert übersiedelten Deutsche, vor allem Anhänger der in Württemberg entstandenen „Tempelgesellschaft", nach Palästina und ließen sich bei Haifa, Jaffa (Sarona, Wilhelma) und Jerusalem nieder, wo sie Musterkolonien ins Leben riefen. Nach dem 1. Weltkrieg kamen viele von ihnen in ein britisches Konzentrationslager in Ägypten. Um 1939 gab es noch rund 2000 P., die im 2. Weltkrieg teilweise nach Australien deportiert wurden. Nach 1945 fielen manche der Zurückgebliebenen zionistischen Terroristen zum Opfer, so am 22. 3. 1946 der deutsche Bürgermeister von Sarona, Gotthilf Wagner. Im November 1946 teilte die britische Regierung den P.n „unwiderruflich" mit, daß sie ausgewiesen würden. Der Besitz der P.n kam an die Jewish Agency oder wurde von der britischen Man-

datsverwaltung an die Stadt Tel Aviv verkauft.
P. Sauer: Uns rief das heilige Land.

Palau-Inseln, ehemalige deutsche Kolonie im Pazifik. Die im westlichen Mikronesien gelegenen Inseln kamen 1885 durch Schiedsspruch von Papst Leo XIII. an Spanien und wurden dann, zusammen mit den Karolinen und Marianen, 1899 für rund 16,6 Millionen Mark an Deutschland verkauft. 1920 kamen sie unter japanische Mandatsverwaltung. Sie sind 478 Quadratkilometer groß und hatten etwa 10 000 Einwohner. Neben Pflanzungswirtschaft gab es vor allem den Abbau von Guanolagern. Das Bezirksamt befand sich auf der Karolineninsel Jap.
J. Schultz-Naumann: Unter Kaisers Flagge, 1985. K. Graudenz und H. M. Schindler: Die deutschen Kolonien, 1982.

Paneuropa, erstmals 1923 von R. Coudenhove-Kalergi erstrebter Zusammenschluß europäischer Staaten mit Ausnahme Englands und Rußlands. Der Plan wurde von einer „P.-Bewegung" unterstützt, die jedoch vor und nach dem 2. Weltkrieg keinen größeren Einfluß erlangte.
R. N. Coudenhove-Kalergi: Paneuropa, 1923. Ders.: Kampf um Europa, 1949. Ders.: Eine Idee erobert Europa, 1958.

Pangermanismus, ursprünglich Bezeichnung für ein Stammesbewußtsein in den Völkern germanischer Herkunft, heute jedoch im Ausland zumeist zur Abwertung einer nationalorientierten deutschen Politik benutzter Begriff.
Wessely: Pangermanismus – Geschichte und Widerlegung eines Schlagworts, 1938.

Pannwitz, →Kosaken.

Panslawismus, allslawische Bewegung. Der Begriff wurde 1826 von dem Slowaken J. Herkel für die Verwandtschaft slawischer Sprachen geprägt, erhielt jedoch bald eine politische Bedeutung: als Forderung nach dem Zusammenschluß aller slawischen Völker unter russischer Führung. 1848 fand in Prag ein Slawenkongreß statt, ein zweiter 1867 in Moskau, dem jedoch die Polen aus Protest gegen die Niederwerfung ihres Aufstandes von 1863 durch russische Truppen fernblieben. Vor dem 1. Weltkrieg nahm die Bedeutung des P. zu und hat als Absicht Rußlands, die in Österreich-Ungarn lebenden Slawen von der Vorherrschaft Wiens zu „befreien" und dem russischen Staatsverband einzuverleiben, sehr stark zum Kriegsausbruch beigetragen. Wegen der starken Differenzen zwischen Polen und Ukrainern, Tschechen und Slowaken, Serben und Kroaten hat der P. nach dem 1. Weltkrieg seine Bedeutung verloren. Er wurde jedoch nach 1941 von der Sowjetunion als „Slawische Solidarität" gegen das Deutsche Reich zu beleben versucht. 1946 haben sich auf dem Slawenkongreß in Belgrad die nationalen Gegensätze wieder deutlich gezeigt.
A. Fischel: Der Panslawismus bis zum Weltkrieg, 1919. H. Kohn: Die Slawen und der Westen, 1956.

Panthersprung, Bezeichnung für die Entsendung des deutschen Kanonenboots „Panther" in den marokkanischen Hafen Agadir am 1. 7. 1911. Der „P.", veranlaßt durch Staatssekretär von Kiderlen-Wächter, sollte nach der französischen Besetzung von Fes deutsche Ansprüche in Marokko unterstreichen. Die durch die französische Besetzung von Fes ausgelöste zweite →Marokko-Krise wurde im →Marokko-Kongo-Abkommen vom 4. 11. 1911 beigelegt, worin die französische Vorherrschaft in Marokko festgelegt und Deutschland durch Teile der französischen Kongo-Kolonie entschädigt wurde.
E. Oncken: Panthersprung nach Agadir, 1981.

Panther-Stellung (Pantherlinie), ausgebaute Verteidigungslinie der deutschen Heeresgruppe Nord und Mitte im →Ostfeldzug 1943/44. Die ursprünglich als „Ostwall" geplante P. wurde nach A. →Hitlers Genehmigung vom 12. 8. 1943 von rund 50 000 Arbeitskräften ausgebaut. Sie verlief auf einer Länge von rund 700 Kilometer vom Finnischen Meerbusen bei Narwa über den Peipus-See, den Ale-See, den Iwan-See vorbei an Newel, Witebsk, Orscha, Brjansk und Gomel nach Kiew und folgte dann dem Dnjepr. Sie besaß etwa 3 000 Bunker. Die Heeresgruppe Mitte mußte schon im September 1943 unter dem Druck der Roten Armee auf die noch im Bau befindliche

P. zurückgehen, die Heeresgruppe Nord erst im Februar 1944 auf die in ihrem Bereich inzwischen fertiggestellte Verteidigungslinie. In ihrem Südabschnitt konnte die P. streckenweise nur einige Wochen gehalten werden.
W. Haupt: Heeresgruppe Mitte, 1968. W. Haupt: Die Schlachten der Heeresgruppe Mitte, 1983. P. Dimt: Die Pantherlinie, 1989.

Panzerkampfabzeichen, →Kampfabzeichen im 2. Weltkrieg. Der Oberbefehlshaber des Heeres schuf am 20. 12. 1939 für Bewährung in drei Gefechten in vorderster Linie an drei verschiedenen Kampftagen das P. in Silber für Panzersoldaten, in Bronze für Schützen und Kradschützen, die zusammen mit Panzer- oder Panzerspäheinheiten eingesetzt waren. Es bestand aus einem Eichenlaubkranz mit oben aufgesetztem, nach rechts blickenden Adler mit Hakenkreuz in den Fängen und einem nach rechts fahrenden Panzer im Mittelfeld. Es wurde auf der linken Brustseite getragen.

Panzerkreuzer, frühere Bezeichnung für Kriegsschiffe, die die hohe Geschwindigkeit der Kreuzer mit der Feuerkraft großer Kampfschiffe verbanden. Sie hatten 8000–12 000 BRT und ein Kaliber bis etwa 23 Zentimeter. Ihre Nachfolger waren Schlachtkreuzer.

Panzerschiffe, allgemein gepanzerte Kriegsschiffe, bis 1939 auch Bezeichnung für die 1928–1936 unter den einschränkenden Bestimmungen des →Versailler Diktats gebauten 10 000-BRT-Kampfschiffe „Deutschland", →„Admiral Graf Spee" und →„Admiral Scheer", die später Schwere Kreuzer genannt wurden.

Panzervernichtungsabzeichen, Auszeichnung im 2. Weltkrieg. Ab Anfang 1942 wurden deutsche Soldaten für die Vernichtung eines Feindpanzers mit Nahkampfmitteln das P. verliehen. Es bestand aus einem silbernen Ärmelstreifen mit der Seitenabbildung eines Panzers und wurde auf dem rechten Oberarm getragen. Für die Vernichtung von fünf Feindpanzern gab es ab 18. 12. 1943 das P. in Gold.

Papen, Franz von, Politiker und Reichskanzler, * 29. 10. 1879 Werl, † 2. 5. 1969 Obersasbach/Baden. P. wurde 1897 Leutnant, kam 1911 als Major in den Generalstab, war 1913–1915 Militärattaché in Mexiko und Washington und 1918 als Oberstleutnant Stabschef der 4. türkischen Armee in Palästina. Ab 1918 gehörte er dem Zentrum an und war – mit Unterbrechungen – von 1920–1932 Mitglied des Landtages in Preußen. Nach der Entlassung →Brünings wurde P. am 1. 6. 1932 dessen Nachfolger als Reichskanzler, dazu auf Anregung →Schleichers durch Reichspräsident von →Hindenburg ernannt, um den Einfluß der SPD im Reich und in Preußen zu vermindern. Da P. sich im Reichstag nur auf die →Deutschnationalen stützen konnte, mußte sein „Kabinett der Barone" mit →Notverordnungen Hindenburgs regieren. P. hob das unter Brüning verhängte Verbot der →SA und →SS auf und setzte am 20. 7. 1932 die preußische Regierung unter dem SPD-Politiker O. →Braun ab (→„Preußenschlag"), deren Befugnisse er als Reichskommissar selbst übernahm. Den Eintritt von →NSDAP-Politikern in eine von ihm geführte Reichsregierung erreichte er jedoch nicht. Weil sich seine parlamentarische Basis durch die Reichstagswahlen vom 6. 11. 1932 nicht vergrößerte, strebte P. eine Auflösung des Reichstags und die Verschiebung von dessen Neuwahl auf einen Zeitpunkt an, zu dem sich die Auswirkungen der Weltwirtschaftskrise abgeschwächt hatten. Da Hindenburg zu diesem Verfassungsbruch nicht bereit war, reichte P. am 17. 11. 1932 seinen Rücktritt ein und wurde am 2. 12. 1932 durch von Schleicher abgelöst, den er für seinen Sturz verantwortlich machte und dadurch bekämpfte, daß er ab Dezember 1932 eine Zusammenarbeit mit A. →Hitler anstrebte. Es gelang ihm – auch durch die Unterstützung von Staatssekretär →Meißner und Hindenburgs Sohn Oskar –, den Reichspräsidenten zur Berufung eines Kabinetts Hitler zu bewegen, in dem er ab 30. 1. 1933 Vizekanzler, die Nationalsozialisten in der Minderheit und mehrheitlich Konservative als Reichsminister vertreten waren. 1934 versuchte P., beeinflußt vor allem durch seine Mitarbeiter von Bose und Jung, Hindenburg zu einer Aktion gegen A. Hitler zu bewegen. Unter Berufung auf Disziplinlosigkeiten der SA sollte der Reichspräsident den Belagerungszustand verhängen und der →Reichswehr die vollziehende Gewalt übertragen, um anschließend die Kompetenzen A. Hitlers als Reichskanzler zu verringern, ihn zu einer Kabinettsumbildung zu zwingen und den Einfluß der SA auszuschalten. Nicht zuletzt deshalb, weil er P. die Argumente für dessen am 30. 6. 1934 geplanten Vortrag bei Hindenburg nehmen wollte, ging A. Hitler an diesem Tag gegen den ohne Zweifel auf eine sogenannte zweite Revolution und Gewaltmaßnahmen hinwirkenden Kreis um →Röhm vor. Ohne die von P. vorbereiteten Maßnahmen wäre jedoch auch eine andere Form der Entmachtung des Stabschefs und der radikalen Gruppen der SA denkbar gewesen. P. wurde im Juli 1934 erst Gesandter, ab 1936 deutscher Botschafter in Wien, wo er das →Juliabkommen 1936 sowie den →Anschluß

Österreichs an Deutschland mit vorbereitete. Von 1939–1944 war er Botschafter in Ankara. Im →Nürnberger Hauptkriegsverbrecherprozeß wurde P. freigesprochen, 1949 von einer deutschen Spruchkammer zu acht Jahren Arbeitslager verurteilt, die durch die vorangegangene Haft als verbüßt galten. Er schrieb „Appell an das deutsche Gewissen" (1933), „Der Wahrheit eine Gasse" (1952) und „Vom Scheitern einer Demokratie 1930–33" (1968).

J. A. Bach: Franz von Papen in der Weimarer Republik, 1977. K. H. Minuth: Das Kabinett von Papen, 2 Bde., 1989.

Papenputsch, →Preußenschlag.

Papiermark, Bezeichnung für die in den →Inflationsjahren 1919–1923 entwertete deutsche Geldeinheit. Sie wurde durch Verordnung vom 15. 10. 1923 durch die Rentenmark, die Rentenmark durch Gesetz vom 30. 8. 1924 durch die Reichsmark abgelöst.

Pariser Botschafterkonferenz (Botschafterrat), ständige alliierte Kommission aus den Botschaftern Großbritanniens, Italiens und Japans unter Vorsitz des französischen Diplomaten Jules Cambon ab 1920. Die P. war offizielle Nachfolgerin der →Pariser Friedenskonferenz von 1919/20. Sie sollte die Durchführung der Bestimmungen der →Pariser Vorortverträge, insbesondere des →Versailler Diktats, sicherstellen und trat u. a. bei den →Volksabstimmungen in Tätigkeit, so im Oktober 1921 mit dem Beschluß über die Abtretung →Oberschlesiens an Polen trotz der für Deutschland erfolgreichen Volksabstimmung vom 20. 3. 1921. Ab etwa 1925 hatte die P. kaum noch Bedeutung.

Pariser Friedenskonferenz, die ab 18. 1. 1919 in Paris tagende Konferenz von 27 alliierten und assoziierten Staaten zur Aufstellung der Friedensbedingungen für die Mittelmächte, die an diesen Beratungen nicht teilnehmen durften. Das Ergebnis der P. waren die →Pariser Vorortverträge, insbesondere das →Versailler Diktat.

Pariser Vertrag, seltene Bezeichnung für den (Briand-) →Kellogg-Pakt vom 27. 8. 1928.

Pariser Vorortverträge, Gesamtbezeichnung für die 1919/20 den Mittelmächten auferlegten Friedensdiktate. Sie waren Ergebnisse der am 18. 1. 1919 in Paris eröffneten Friedenskonferenz, an der 27 alliierte und assoziierte Staaten teilnahmen, die Mittelmächte aber nicht zugelassen waren. Unterzeichnet wurden die Diktate mit Deutschland am 28. 6. 1919 in →Versailles, mit Österreich am 10. 9. 1919 in →Saint-Germain-en-Laye, mit Bulgarien am 27. 11. 1919 in Neuilly-sur-Seine, mit Ungarn am 4. 6. 1920 im Palais „GrandTrianon" in Versailles, mit der Türkei am 10. 8. 1920 in Sèvres. Die USA ratifizierten die P. nicht, sondern schlossen mit den Mittelmächten einzelne Friedensverträge 1921/23 ab (→Friede von Berlin). Die P. belasteten die Verliererstaaten, insbesondere Deutschland, schwer und trugen dadurch wesentlich zum 2. Weltkrieg bei.

M. Gunzenhäuser: Die Pariser Friedenskonferenz 1919 und die Friedensverträge 1919/20, 1970.

Parteiabzeichen der NSDAP, Anstecknadel der NSDAP-Mitglieder. Das P. bestand aus einer runden, weiß emaillierten Scheibe von rund drei Zentimeter Durchmesser mit schwarzem Hakenkreuz in der Mitte und der Umschrift „Nationalsozialistische D. A. P." auf rotem Grund. Das →Goldene P. (Goldenes Ehrenzeichen der NSDAP) besaß dazu noch einen goldenen Ährenkranz außen und stand den NSDAP-Mitgliedern zu, die der Partei vor 1928 beigetreten waren und eine Mitgliedsnummer unter 100000 hatten. Es wurde außerdem denen verliehen, die sich um die NSDAP verdient gemacht hatten.

Parteiamtliche Prüfungskommission zum Schutze des Nationalsozialistischen Schrifttums (PPK), NS-Kontrollorgan. Durch Verfügung des →Stellvertreters des Führers, Rudolf →Heß, vom 21. 4. 1934 gegründet, geleitet von Reichsleiter Philipp →Bouhler und seinem Stellvertreter Karlheinz Hederich, sollte die dem →Stabe Heß und damit der Reichsleitung der →NSDAP angeschlossene PPK im Bereich des Schrifttums die Behandlung nationalsozialistischer Themen beobachten und eine Verfälschung der nationalsozialistischen Zielsetzungen unterbinden. Der PPK sollten alle Veröffentlichungen der NSDAP sowie ihrer Gliederungen und angeschlossenen Verbände zur Begutachtung und Freigabe vorgelegt werden. Schriften mit dem Unbedenklichkeitsvermerk der PPK durften „als nationalsozialistisch ausgegeben werden". Der Vorsitzende der PPK hatte als Vertreter der NSDAP neben dem Reichspropagandaleiter das Recht, bei verfälschenden Darstellungen und unkorrekten Zitaten die Beschlagnahme bereits erschienener Bücher zu beantragen. Die PPK gab die NS-Bibliographie heraus mit allen Schriften, deren Aussage zu politischen und gesellschaftlichen Fragen als positiv aus der Sicht der NSDAP beurteilt wurde.

Parteigenosse (Pg.), amtliche Bezeichnung und Anrede für die Mitglieder der →NSDAP.

Parteigerichtsbarkeit, Ehrengerichtsbarkeit für die Mitglieder der NSDAP. Die P. sollte die Ehre der →NSDAP und ihrer Mitglieder sowie den Frieden zwischen den Mitgliedern sichern. Rechtliche Grundlage waren die am 17. 2. 1934 vom →Stellvertreter des Führers genehmigten „Richtlinien für die Parteigerichte der NSDAP". Die P. konnte jedem Mitglied zum Schutz seiner eigenen Ehre, gegen sich selbst und von dem jeweiligen politischen Leiter angerufen werden. Die P. bestand aus Orts-, Kreis-, Gaugerichten und dem Obersten Parteigericht mit dem Obersten Parteirichter (und Reichsleiter) Walter →Buch. Die Gerichte bestanden aus einem Vorsitzenden und zwei Beisitzern, auf Orts- und Kreisebene meist Laien. Als Strafen waren vorgesehen: Verweis, Verwarnung und Ausschluß aus der NSDAP. In bestimmten Fällen war die Berufung an das übergeordnete Gericht möglich. Gegen einen Spruch der P. konnte sich der Betroffene unmittelbar auf dem Gnadenweg an A. →Hitler als Führer der NSDAP wenden, wobei der Chef der →Kanzlei des Führers die Behandlung übernahm. Bis Anfang 1933 war die P. vom →„Untersuchungs- und Schlichtungsausschuß" (Uschla) ausgeübt worden.

Parteikanzlei, seit 12. 5. 1941 (nach dem Englandflug von Rudolf →Heß). Bezeichnung für die frühere Dienststelle des →Stellvertreters des Führers. Die nun A. →Hitler persönlich unterstellte P. wurde von Reichsleiter Martin →Bormann, der mit den Befugnissen eines Reichsministers ausgestattet wurde, geleitet.

Parteiprogramm der NSDAP, programmatische Aussage der NSDAP von 1920. Am 24. 2. 1920 verkündete A. →Hitler im Hofbräuhaus in München ein 25 Punkte umfassendes Parteiprogramm der →NSDAP, das er unter Mitwirkung von A. Drexler verfaßt hatte. Es forderte u. a. den Zusammenschluß aller Deutschen auf der Grundlage des Selbstbestimmungsrechts, die Gleichberechtigung des deutschen Volkes und die Aufhebung der Friedensverträge von →Versailles und →Saint-Germain, eine Fremdengesetzgebung für Juden, die Einziehung von Kriegsgewinnen, eine Bodenreform, das Recht auf Bildung für alle, die Förderung der Volksgesundheit, die Verwirklichung des Grundsatzes „Gemeinnutz geht vor Eigennutz" sowie eine starke Zentralgewalt für das Deutsche Reich. Eine Klarstellung A. Hitlers vom 13. April 1928 besagte, daß die NSDAP auf dem Boden des Privateigentums stehe und unentgeltliche Enteignungen zugunsten einer Bodenreform sich „in erster Linie gegen die jüdische Grundspekulationsgesellschaften" und

den von ihnen „auf unrechtmäßige Weise" erworbenen Boden richteten. Eine ergänzende „Parteiamtliche Kundgebung über die Stellung der NSDAP zum Landvolk und zur Landwirtschaft" vom 6. 3. 1930 verlangte die „Steigerung der Leistung der heimischen Landwirtschaft" und deshalb auch die „Erhaltung eines leistungsfähigen . . . starken Bauernstandes".
A. Rosenberg: Das Parteiprogramm. Wesen, Grundsätze und Ziele der NSDAP. 1922, [27]1943. A. Rosenberg: Das Wesensgefüge des Nationalsozialismus, [5]1933. G. Feder: Das Programm der NSDAP und seine weltanschaulichen Grundlagen, [116–125]1933. A. Himstedt: Das Programm der NSDAP wird erfüllt! [8]1942.

Parteitage der NSDAP, →Reichsparteitage.

Partisanen, Zivilisten oder nicht den regulären Streitkräften angehörige Kämpfer (Freischärler), die einzeln, in Gruppen oder Verbänden eine Besatzungsmacht oder deren Einrichtungen, meist aus dem Hinterhalt, bekämpfen. Nach der →Haager Landkriegsordnung haben P. das Recht auf Anerkennung als reguläre Krieger und auf Gefangennahme als Kriegsgefangene nur, wenn sie einen verantwortlichen Führer haben, deutlich sichtbare Abzeichen tragen und offen die Waffen führen. Das war im 2. Weltkrieg meist nicht der Fall, als die P., zunehmend ab 1943, mit großer Grausamkeit gegen die deutsche Wehrmacht vorgingen und damit harte Repressalien auslösten. Im Frühjahr 1944 kämpften über 250000 P. vor allem im deutschbesetzten Weißrußland, auf dem Balkan unter Tito mehr als 70000. In Frankreich traten P. praktisch erst nach der alliierten Invasion am 6. 6. 1944 in Erscheinung (→Maquis), in Italien erst seit Herbst 1943 nach dem italienischen Waffenstillstand. Den P. fielen Tausende deutscher Soldaten und viele Volksdeutsche zum Opfer. Nach Kriegsende ermordeten P., vor allem auf dem Balkan, viele Tausend deutscher Kriegsgefangener.
R. Aschenauer: Krieg ohne Grenzen, 1982. E. Hesse: Der sowjetische Partisanenkampf 1941–1944, 1969. L. V. Richard: Partisanen, 1986. V. Redelis: Partisanenkrieg, 1958. H. Kühnrich: Der Partisanenkrieg in Europa 1939–1945, 1965. M. Djilas: Der Kampf der Partisanen, 1978. R. Schroers: Der Partisanenkrieg, 1961.

Passiver Widerstand, →Ruhrkampf.

Paulus, Friedrich, Generalfeldmarschall, * 23. 9. 1890 Breitenau/Melsungen, † 1. 2. 1957 Dresden. Seit 1910 im preußischen Heer, nahm P. am 1. Weltkrieg teil, war dann bei „Grenzschutz Ost" und ging anschließend zur Reichswehr. Dort war er wesentlich am Aufbau der deutschen Panzerwaffe beteiligt. Im →Polen- und im →Westfeldzug war P. als Generalmajor Stabschef der 10. und 6. Armee, vom 3. 9. 1940

bis Januar 1942 Oberquartiermeister I des Generalstabs des Heeres und mit der Planung des →Ostfeldzugs befaßt. Anschließend übernahm er den Oberbefehl über die 6. Armee, die als Teil der Heeresgruppe B ab Juni 1942 im Rahmen der deutschen Frühjahrsoffensive im Osten (Unternehmen „Blau") auf →Stalingrad vordrang und ab 13. 9. 1942 die Stadt fast ganz eroberte. Durch eine sowjetische Gegenoffensive wurde Stalingrad am 22. 11. 1942 eingeschlossen und konnte nur unzureichend aus der Luft versorgt werden. Ein Entsatzversuch scheiterte. Die 6. Armee verteidigte ihre Stellungen gegen eine Übermacht bis zum 2. 2. 1943 und band dadurch erhebliche Kräfte, so daß im Südabschnitt der Ostfront eine neue Front aufgebaut werden konnte. P., am 31. 1. 1943 noch zum Generalfeldmarschall befördert und am 15. 1. 1943 mit dem →Eichenlaub ausgezeichnet, ging mit etwa 90000 deutschen Soldaten in Gefangenschaft, deren Lebensbedingungen bewußt so gehalten wurden, daß nur 6000 von ihnen zurückkehrten. Er stellte sich ab Sommer 1944 der sowjetischen Propaganda zur Verfügung und unterschrieb einen Kapitulationsaufruf an die deutsche Wehrmacht, sagte im →Nürnberger Hauptkriegsverbrecherprozeß als Zeuge der sowjetischen Anklagebehörde aus, nahm später seinen Wohnsitz in Mitteldeutschland und wirkte in Vereinigungen mit, die ehemalige Soldaten gegen den Beitritt der Bundesrepublik zur NATO mobilisieren sollten.
W. Görlitz: Paulus. „Ich stehe hier auf Befehl!", 1960. W. Adam: Der schwere Entschluß, [14]1973.

Pavelić, Ante, kroatischer Politiker, * 14. 7. 1889 Bradina (Herzegowina), † 28. 12. 1959 Argentinien. Der Rechtsanwalt bekämpfte als kroatischer Abgeordneter den serbischen Zentralismus, mußte deshalb 1929 nach Turin emigrieren und leitete von da aus die Unabhängigkeitsbewegung (Ustascha) in Kroatien. Nach der Niederlage Jugoslawiens im Balkanfeldzug konnte P. mit deutscher und italienischer Hilfe im April 1941 ein unabhängiges Kroatien proklamieren, dessen Staatschef (Poglavnik) er wurde. Nach Kriegsende mußte er über Österreich und Italien nach Südamerika emigrieren. Kroatien verlor seine Selbständigkeit, wurde wieder Teil Jugoslawiens, und die Anhänger von P. wurden zu Zehntausenden von Kommunisten ermordet. P. rief 1949 eine kroatische Exilregierung ins Leben.

Peenemünde, Raketenversuchsanstalten. In der Nähe des Fischerdorfes P. im Nordteil der Insel Usedom (Ostsee) errichtete das Heereswaffenamt unter der Leitung von General Dr. W. Dornberger ab 1936 eine Versuchsanstalt, in der die Fernrakete A-4 (später als →V 2 bekannt) entwickelt und am 3. 10. 1942 zum erstenmal abgeschossen wurde. Auf einem angrenzenden Gelände erprobte die Luftwaffe eine später →V 1 genannte Flügelbombe. In der Nacht vom 17./18. 8. 1943 bombardierten 600 englische Bomber die Anlagen und töteten 735 Menschen, in der Mehrzahl bei Bauarbeiten eingesetzte Ausländer. Die Anlagen wurden zum Teil stark beschädigt, aber die Arbeit konnte nach Reparaturarbeiten schon nach kurzer Zeit wieder aufgenommen werden. Die Fertigung der ab Sommer 1944 gegen England eingesetzten Raketen wurde danach in unterirdische Stollen im Südharz (→„Mittelbau") verlagert. Zahlreiche Mitarbeiter der Heeresversuchsanstalt, so W. von →Braun, haben nach dem Krieg ihre Tätigkeit in den USA fortgesetzt.

G. Thomas: Geschichte der deutschen Wehr- und Rüstungswirtschaft, 1966. W. Dornberger: Peenemünde, 1981. J. Engelmann: Geheime Waffenschmiede Peenemünde, 1890.

Peiper, Joachim, Standartenführer der Waffen-SS, * 30. 1. 1915 Berlin, † 14. 7. 1976 Traves/Frankreich. Der Offizierssohn meldete sich freiwillig zur →Leibstandarte Adolf Hitler, nahm am →Polen- und →Westfeldzug als Kompaniechef und im Ostfeldzug zunächst als Bataillonsführer teil. Am 9. 3. 1943 erhielt er das →Ritterkreuz, am 27. 1. 1944 als Kommandeur des SS-Panzerregiments 1 der Leibstandarte das →Eichenlaub und während der Ardennen-Offensive am 28. 12. 1944 die →Schwerter. In amerikanischer Gefangenschaft wurde ihm und 72 seiner Männer die angebliche Erschießung von US-Gefangenen zur Last gelegt, ein später widerlegter Vorwurf. Geständnisse wurden durch brutale Folterungen, die vielfach dauernde gesundheitliche Schäden zur Folge hatten, Scheinhinrichtungen und Drohungen, bei denen sich vor allem die amerikanischen Offiziere Perl und Schumaker hervortaten, erzwungen. Im Mai 1946 begann in Dachau die Hauptverhandlung im sogenannten →Malmedy-Prozeß, in der alle Gegenbeweise der Verteidigung übergangen wurden. Am 16. 7. 1946 sprach das amerikanische Militärgericht nach einer Beratung von knapp zwei Minuten für jeden Angeklagten 43 Todesurteile, 22 lebenslängliche und 8 langjährige Freiheitsstrafen aus. Der zum Tod verurteilte P. wurde danach mehr als ein dutzendmal in Landsberg zum Galgen geführt, aber die Vollstreckung immer wieder im letzten Augenblick aufgeschoben. Als in den USA bekannt wurde, unter welchen Umständen man von den Angeklagten im Malmedy-Prozeß Geständnisse erpreßt hatte und die Verteidigung

behindert worden war, wurden 1951 die Todesurteile aufgehoben und die Gefängnisstrafen herabgesetzt. Am 22. 12. 1956 wurde auch P. entlassen. Er baute sich einige Zeit später in Südfrankreich ein Haus, in dem er zurückgezogen lebte und Übersetzungen vornahm. Gegen seine Anwesenheit richteten sich ab 1975 Angriffe in der kommunistischen Presse. Am 14. 7. 1976 wurde P. in seinem Haus von französischen Kommunisten, die sich in einer späteren Erklärung „Les Vengeurs" (Die Rächer) nannten, ermordet, das Anwesen niedergebrannt.

E. G. Krätschmer: Die Ritterkreuzträger der Waffen-SS, [3]1982. L. Greil: Oberst der Waffen-SS Jochen Peiper, 1977.

Pétain, Philippe, französischer Marschall und Staatschef, * 24. 4. 1856 Cauchy-à-la-Tour, † 23. 7. 1951 Port Joinville (Insel Yeu). Als General verteidigte P. im 1. Weltkrieg erfolgreich →Verdun und wurde im Mai 1917 Oberbefehlshaber des französischen Heeres. Es gelang ihm, im Frühjahr 1917 eine Vertrauenskrise und Meutereien im französischen Heer zu überwinden, die sich als Folge der fehlgeschlagenen französischen Frühjahrsoffensive 1917 eingestellt hatten. Seit 1929 war er Mitglied der Académie Française. 1934 wurde er französischer Verteidigungsminister. Nach der Eroberung von Paris durch deutsche Truppen wählte ihn die nach Bordeaux geflohene französische Nationalversammlung am 17. 6. 1940 zum Ministerpräsidenten. Am 22. 6. 1940 ließ P. den Waffenstillstand mit Deutschland unterzeichnen. Nachdem sich die französische Regierung und Nationalversammlung nach →Vichy im unbesetzten Frankreich begeben hatten, erhielt P. von der Nationalversammlung am 11. 7. 1940 das Amt des Staatschefs mit umfassenden Vollmachten. Während des 2. Weltkriegs war P. zu einer Zusammenarbeit mit Deutschland bereit, wahrte aber die französische Neutralität. Nach der Räumung Frankreichs durch deutsche Truppen im Herbst 1944 nahm er seinen Amtssitz ab 8. 9. 1944 im Schloß Sigmaringen, ging im April 1945 in die Schweiz und von da freiwillig nach Frankreich, stellte sich am 26. 4. 1945 dem französischen Obersten Gerichtshof, wurde im Sommer 1945 wegen Hoch- und Landesverrats angeklagt und in einem Prozeß, in dem er jede Aussage verweigerte, zum Tode verurteilt. Wegen seines Alters wurde er von de Gaulle zu lebenslänglicher Haft begnadigt und bis zu seinem Tod auf die Insel Yeu verbannt.

O. Abetz: Das offene Problem, 1951. E. Jäckel: Frankreich in Hitlers Europa, 1966. P. de Pringet: Die Kollaboration, 1981. P. Bourget: Der Marschall, 1968.

Peters, Carl, Dr., Kolonialpionier, * 27. 9. 1856 Neuhaus/Elbe, † 10. 9. 1918 Bad Harzburg.

Der Pastorensohn studierte Geschichte und Nationalökonomie, lebte dann 1881–1883 in London und entwarf unter dem Eindruck der britischen Kolonialpolitik Pläne für ein deutsches Kolonialreich. Er gründete am 28. 3. 1884 die Gesellschaft für deutsche Kolonisation und erwarb ab Ende 1884 ohne Staatshilfe wesentliche Teile des späteren →Deutsch-Ostafrikas, für die er am 27. 2. 1885 einen kaiserlichen Schutzbrief bekam. 1887 schloß er einen Pachtvertrag über Sansibar. 1889/90 führte er die deutsche Emin-Pascha-Expedition durch, konnte mit dem Herrscher des Negerreichs Uganda einen Schutzvertrag abschließen und Emin Pascha dazu bewegen, der deutschen Oberhoheit über die Äquatorialprovinz zuzustimmen. Im →Helgoland-Sansibar-Vertrag verzichtete jedoch das Reich zugunsten Englands auch auf Uganda. 1891 war P. Mitbegründer des →Alldeutschen Verbands, 1891–1893 Reichskommissar im Kilimandscharo-Gebiet. Wegen angeblicher Härte in seiner Amtsführung wurde er 1896 aus dem Staatsdienst entlassen, worauf er nach London ging. 1914 kehrte er nach Deutschland zurück und wurde rehabilitiert. Er schrieb „Deutsch-National" (1887), „Die deutsche Emin-Pascha-Expedition" (1891), „England und die Engländer" (1904), „Die Gründung von Deutsch-Ostafrika" (1906), „Lebenserinnerungen" (1918).

P. Leutwein: Carl Peters, 1933. R. Wichterich: Dr. Carl Peters, 1934. F. C. Roegels: Mit Carl Peters in Afrika, 1933. K. Büttner: Die Anfänge der deutschen Kolonialpolitik in Ostafrika, 1959.

Peter-Sendungen, Bezeichnung für Transporte von Baumaterial für Ostbau-Vorhaben der →Organisation Todt 1939–1944.

H. Pottgießer: Die deutsche Reichsbahn im Ostfeldzug, 1960.

Pfarrernotbund, Vereinigung evangelischer Geistlicher. Der am 21. 9. 1933 von →Niemöller, Jacobi und von Rabenau gegründete P. wandte sich angesichts der Vorherrschaft der →Deutschen Christen in der Nationalsynode der Deutschen Evangelischen Kirche gegen die neue kirchliche Ordnung, insbesondere gegen den →Arierparagraphen in der Kirche und sprach sich für die Bindung allein an die Bibel und an die Bekenntnisse der Reformation aus. Der P. wurde von einem achtköpfigen Bruderrat geleitet. Im Januar 1934 hatte er über 7000 Mitglieder. Aus dem P. entstand der Reichsbruderrat, der die Barmer Bekenntnissynode einberief, die zur Bekennenden Kirche führte.

W. Niemöller: Texte zur Geschichte des Pfarrernotbundes, 1958.

Pfeffer von Salomon, Franz Felix, Oberster SA-Führer, * 19. 2. 1888 Düsseldorf, † wahrscheinlich in den 70er Jahren in München. Der Beamtensohn war nach dem Studium Referendar in Dülmen, im 1. Weltkrieg Offizier im Westen und im Generalstab, zuletzt als Hauptmann Bataillonskommandeur mit hohen Auszeichnungen. Von November 1918 bis März 1920 führte er das von ihm gegründete →Freikorps Pfeffer bei Kämpfen im Ruhrgebiet, im Baltikum, in →Oberschlesien und in Litauen. Als Teilnehmer am →Kapp-Putsch 1920 wurde P. verhaftet, aber amnestiert. Er nahm 1923 aktiv am →Ruhrkampf teil, wurde am 10. 3. 1925 →NSDAP-Mitglied und am 27. 3. 1925 Gauleiter des von ihm gegründeten Gaues Westfalen, vom 7. 3. 1926–19. 6. 1926 führte er zusammen mit K. →Kaufmann und J. →Goebbels den Großgau Ruhr. Seit 1. 11. 1926 war er →Oberster SA-Führer (OSAF) und organisierte den 3. Reichsparteitag in Nürnberg (19.–21. 8. 1927). Sein am 12. 8. 1930 eingereichter Abschied als OSAF wurde am 29. 8. 1930 genehmigt, A. →Hitler sein Nachfolger. Vom 6. 11. 1932 bis 1942 war P. MdR, 1933 wurde er zum Polizeipräsidenten ernannt. Am 24. 11. 1941 wurde er aus der NSDAP ausgeschlossen, weil er sich über ein Verbot A. Hitlers hinweggesetzt hatte.

K. Höffkes: Hitlers politische Generale, 1986.

Pflichtjahr, einjährige Dienstpflicht für weibliche Jugendliche. Mit der „Anordnung zur Durchführung des Vierjahresplans über den verstärkten Einsatz weiblicher Arbeitskräfte in der Land- und Hauswirtschaft" des Beauftragten für den →Vierjahresplan vom 15. 2. 1938 wurde das P. als eine mindestens einjährige Tätigkeit der ledigen weiblichen Jugend unter 25 Jahren eingeführt. Der Nachweis des P.s im Arbeitsbuch wurde für alle gefordert, die nach dem 1. 3. 1938 erstmalig eine Tätigkeit als Arbeiterin oder Angestellte aufnehmen wollten. Ausgenommen waren Frauen, die einen land- oder hauswirtschaftlichen Beruf hatten oder erstrebten. Tätigkeit im →Landjahr oder im →Reichsarbeitsdienst wurde mit 6 Monaten, im →Hauswirtschaftlichen Jahr oder beim →Frauenhilfsdienst in der Sozialfürsorge des Deutschen Frauenwerks voll angerechnet. Das P. konnte im Elternhaus oder bei Verwandten nur abgeleistet werden, wenn dort mehr als drei Kinder unter 14 Jahren lebten, die Arbeitsämter erteilten dazu die Genehmigung. Das P. sollte zu einer Entlastung in der Land- und Hauswirtschaft führen.

Pfundspende, Sammelmaßnahme des →Winterhilfswerks (WHW). Die P. wurde 1934/35 als monatliche Sammelmaßnahme des WHW in den Haushalten eingeführt. Sie bestand aus kleinen, zur unmittelbaren Weitergabe an bedürftige Personen verpackten Sachspenden. Durch eine Geldspende konnte man für die P. Ersatz leisten.

Pg., Abkürzung für Parteigenosse der →NSDAP.

Pieck, Wilhelm, kommunistischer Politiker, * 3. 1. 1876 Guben, † 7. 9. 1960 Berlin. Der Arbeitersohn wurde Tischler, trat 1895 der →SPD bei, war ab 1905 Abgeordneter der Bremer Bürgerschaft und wurde 1906 hauptamtlicher SPD-Funktionär. Im 1. Weltkrieg verweigerte er nach Ausheilung einer Verwundung die Rückkehr zur Front, wurde zu 1½ Jahren Gefängnis verurteilt und floh 1918 nach Holland. P. gehörte dem →Spartakusbund an und war 1918 Mitbegründer der →KPD, deren Zentralkomitee er ab 30. 12. 1918 angehörte. Im Januar 1919 wurde er mit →Liebknecht und →Luxemburg verhaftet, jedoch entlassen, nachdem er im Verhör weitreichende Aussagen gemacht hatte. 1921–1928 war er MdL in Preußen, 1928–1933 MdR und einer der wichtigsten KPD-Politiker, der die „Rote Hilfe" leitete, ab 1926 der Berliner KPD vorstand und ab 1928 Mitglied des Exekutivkomitee-Präsidiums der →Komintern war. 1930–1932 war er Mitglied des Preußischen Staatsrats. 1933 nach Paris emigriert, wurde er 1935 Vorsitzender der Exil-KPD. Ab 1938 lebte er in Moskau, wo er das →Nationalkomitee „Freies Deutschland" mitgründete und 1938–1943 Generalsekretär der Komintern war. 1945 kam er nach Berlin zurück, war ab 1946 (mit O. Grotewohl) Vorsitzender der SED und 1949–1960 Staatspräsident der sogenannten DDR. Von ihm wurden „Reden und Aufsätze (1908–1950)" (1951) und „Gesammelte Reden und Schriften" (1959–1961) veröffentlicht.

Pimpf, Junge im →Deutschen Jungvolk. Die von der Jugendbewegung übernommene Bezeichnung wurde 1934 amtlich für die 10–14jährigen Angehörigen des Deutschen Jungvolks eingeführt. Nach dem Eintritt war die Pimpfenprobe abzulegen, die sportliche Übungen, eine Mutprobe und Wissensfragen umfaßte. Die bestandene Pimpfenprobe war mit einer Auszeichnung verbunden.

Pimpfenprobe, siehe →Pimpf.

Pionier der Arbeit, Auszeichnung für hervorragende Betriebsführer 1940–1945. Die von A. →Hitler gestiftete Auszeichnung wurde erstmals am 8. 8. 1940 an Gustav →Krupp von Bohlen und Halbach, den Betriebsführer der

Friedrich-Krupp-AG, verliehen. Das goldene Ehrenzeichen bestand aus einem oben gebundenen hocheirunden Lorbeerkranz, auf den im unteren Teil der Hoheitsadler mit einem das Hakenkreuz umschließenden Zahnkranz angebracht war. Es wurde auf der Brust getragen.

PK, Abkürzung für →Propagandakompanie im 2. Weltkrieg, deren Angehörige die PK-Männer waren. Sie nahmen wie Soldaten an Einsätzen und Kampfhandlungen teil und schrieben darüber Berichte oder filmten das Geschehen (→Kriegsberichterstatter).

Planck, Max, theoretischer Physiker, * 23. 4. 1858 Kiel, † 4. 10. 1947 Göttingen. P. war seit 1885 Professor in Kiel, seit 1889 in Berlin, wo er 1912–1938 auch ständiger Sekretär der Preußischen Akademie der Wissenschaften war. Er fand das Gesetz der schwarzen Wärmestrahlung und begründete die Quantentheorie. Für seine Forschungen erhielt er 1918 den Nobelpreis für Physik. Er war lange Sekretär der Preußischen Akademie der Wissenschaften, Vorsitzender der Deutschen Physikalischen Gesellschaft und Herausgeber der „Annalen der Physik". Nach dem 2. Weltkrieg wurde die →Kaiser-Wilhelm-Gesellschaft zur Förderung der Wissenschaften, deren Präsident P. sieben Jahre lang gewesen war, in →Max-Planck-Gesellschaft zur Förderung der Wissenschaften umbenannt.

H. Hartmann: Max Planck als Mensch und Denker, 1953. H. Kretschmar: Max Planck als Philosoph, 1967. A. Hermann: Frühgeschichte der Quantentheorie, 1969.

Plassenburg, Schulungsstätte für deutsche Techniker ab 1936. Die alte Hohenzollernfeste oberhalb der Stadt Kulmbach wurde von Fritz →Todt, dem Generalinspektor für das deutsche Straßenwesen, zur Reichsschule des →NSBdT umgebaut und eingerichtet. Ab März 1936 wurde hier Technikern in Vorträgen die Bedeutung des Landschaftsschutzes und der Schönheit des Bauens vermittelt. Feierstunden mit bedeutenden Kammer- und Symphonieorchestern sowie Künstlern (u.a. Elly →Ney) ergänzten die technische Fortbildung. „Reichsschulungsleiter" auf der P. war Emil Maier-Dorn. Ab Kriegsbeginn diente die Burg als Genesungsheim für Westwallarbeiter, betreut von Professor Karl Gebhardt vom Lazarett Hohenlychen.

E. Schönleben: Fritz Todt, 1943. F. W. Seidler: Fritz Todt, 1986. F. W. Seidler: Die Organisation Todt, 1987.

Plüschow, Günther, „Flieger von Tsingtau", * 8. 2. 1886 München, † 28. 1. 1931 am Lago Rico/Patagonien. Der deutsche Kapitänleutnant, der sich durch seine wagemutigen Erkun-

dungsflüge während der japanischen Belagerung bewährt hatte, verließ am 6. 11. 1914 auf Befehl des deutschen Gouverneurs vor der Einnahme →Tsingtaus durch die Japaner die Stadt im Flugzeug und schlug sich in monatelanger abenteuerlicher Flucht bis zum 14. 7. 1915 nach Deutschland durch. Er schrieb „Die Abenteuer des Fliegers von Tsingtau" (1916).
J. Schultz-Naumann: Unter Kaisers Flagge, 1985.

Pohl, Oswald, SS-Obergruppenführer, * 30. 6. 1892 Duisburg, † 8. 6. 1951 Landsberg/Lech. Der Marine-Beamte (Oberzahlmeister), der 1926 in die →NSDAP und 1929 in die →SA eingetreten war, wurde am 1. 2. 1934 als SS-Standartenführer Chef des Verwaltungsamtes im SS-Hauptamt in Berlin, war ab Juni 1939 Ministerialdirektor im Reichsinnenministerium und gehörte dem →Freundeskreis Heinrich Himmler an. Er baute die SS-Wirtschaftsunternehmen erheblich aus und wurde als SS-Obergruppenführer (21. 4. 1942) Leiter des am 31. 12. 1942 eingerichteten →Wirtschafts- und Verwaltungs-Hauptamtes (WVHA) der →SS, das den Arbeitseinsatz der KL-Häftlinge leitete. Im Mai 1946 wurde P. verhaftet, im →P.-Prozeß vor dem US-Militärgerichtshof III am 3. 11. 1947 zum Tode verurteilt und am 8. 6. 1951 nach Abweisung aller Gnadengesuche gehängt.

Pohl-Prozeß, Verfahren der US-Siegerjustiz 1947. Vor dem US-Militärgerichtshof III in →Nürnberg wurden der im Mai 1946 verhaftete Oswald →Pohl, im Krieg Leiter des →Wirtschafts- und Verwaltungshauptamtes der →SS (WVHA), und 17 seiner führenden Mitarbeiter wegen Verbrechen gegen die Menschlichkeit, Kriegsverbrechen und Mitgliedschaft in einer verbrecherischen Organisation im Zusammenhang mit dem Arbeitseinsatz von KL-Häftlingen angeklagt. Im Urteil vom 3. 11. 1947 wurden Pohl und drei weitere Mitarbeiter zum Tod, zwölf zu hohen Freiheitsstrafen verurteilt und drei freigesprochen. Auf Betreiben der Verteidigung wandelte das Gericht am 11. 8. 1948 ein Todesurteil in lebenslange Haft um und verkürzte drei Freiheitsstrafen. Am 31. 1. 1951 änderte US-Hochkommissar McCloy zwei weitere Todesstrafen in Haft um und verringerte das Strafmaß der anderen Verurteilten. Der Hauptangeklagte O. Pohl wurde am 8. 6. 1951 in Landsberg gehängt.

„Polarwolf", Deckname für den Einsatz eines deutschen Wettertrupps auf der Insel Hope bei Spitzbergen ab Oktober 1944.
F. Ruge: Der Seekrieg 1939–1945, 1962.

Polenfeldzug, deutsch-polnischer Blitzkrieg 1939. Nach monatelangen Verhandlungen, in denen Polen unter Verkennung seiner wirtschaftlichen und militärischen Stärke die deutschen Forderungen auf exterritorialen Zugang nach Ostpreußen durch den Korridor und die Rückkehr der fast rein deutschen Freien Stadt Danzig zum Reich abgelehnt und sich zu weiteren Gesprächen nicht mehr bereit erklärt hatte, nach außerdem wochenlangem Terror gegen die Volksdeutschen in Polen marschierten am 1. 9. 1939 deutsche Truppen in Polen ein (Fall „Weiß"). Die Heeresgruppe Nord unter Generaloberst Fedor von →Bock stieß von Pommern und Ostpreußen, die Heeresgruppe Süd unter Generaloberst Gerd von →Rundstedt von Schlesien und der Slowakei mit zusammen 57 Divisionen, 2500 Panzern und 1500 Flugzeugen auf Warschau vor. Sie durchbrachen in wenigen Tagen überall die Stellungen der polnischen Verbände. In der Kesselschlacht von Radom (8. – 12. 9. 1939) und im Bzura-Bogen (12. – 17. 9.) erkämpfte die deutsche Wehrmacht große Siege mit 230000 Gefangenen. Als am 17. 9. 1939 die deutschen Verbände vom Norden und Süden sich bei Wlodowa südöstlich von Warschau trafen und das Schicksal der polnischen Armee bereits entschieden war, marschierten sowjetische Streitkräfte in Ostpolen ein, und die polnische Regierung floh nach Rumänien. Das seit 19. 9. 1939 von deutschen Truppen eingeschlossene, von 120000 polnischen Soldaten verteidigte Warschau kapitulierte am 28. 9., die letzten polnischen Einheiten gaben am 6. 10. 1939 bei Kock (östlich Deblin) den Widerstand auf. So ging der P. ohne Gesamtkapitulation, Waffenstillstand oder Friedensvertrag zu Ende. Die polnische Armee hatte 70000 Tote, 133000 Verwundete sowie 700000 Gefangene gegenüber den Deutschen und 217000 Gefangene gegenüber der Roten Armee. Die deutsche Wehrmacht verlor 10572 Tote und hatte 3409 Vermißte und 30322 Verwundete. Bei ihrem Vormarsch fand sie die Leichen Tausender Volksdeutscher, die von den Polen ermordet und vorher oft grausam mißhandelt worden waren. Im →deutsch-sowjetischen Vertrag vom 28. 9. 1939 wurde Polen in zwei Interessensphären aufgeteilt. Vom deutschbesetzten Gebiet wurden die Territorien mit hohem Anteil Volksdeutscher, die zumeist bis 1919/20 auch zum Deutschen Reich gehört hatten, wieder deutsches Staatsgebiet (Warthegau, Danzig-Westpreußen, Ostoberschlesien, Kreise Zichenau und Suwalki), der Rest kam als →Generalgouvernement unter deutsche Verwaltung. Trotz Garantie und Beistandspakt waren England und Frankreich vor Polen nicht zu Hilfe gekommen. Zwar erklärten beide Länder Deutschland am 3. 9. 1939 den Krieg, nicht jedoch der Sowjetunion, ob-

wohl die Rote Armee am 17. 9. 1939 die Kampfhandlungen gegen Polen eröffnete. Da beide
Länder deutsche Friedensangebote im Oktober 1939 ablehnten, weitete sich der P. zum
2. Weltkrieg aus.

K. von Tippelskirch: Geschichte des Zweiten Weltkriegs,
1956. J. Piekalkiewicz: Der Polenfeldzug, 1982. A. Hillgruber: Der Zweite Weltkrieg 1939–1945, 1982. J. Piekalkiewicz: Der Zweite Weltkrieg, 1986. K.-J. Thies: Der
Polenfeldzug 1939, 1988. A. Buchner: Der Polenfeldzug
1939, 1989. E. Hadamovsky: Blitzmarsch nach Warschau, 1940. Oberkommando der Wehrmacht (Hrsg.):
Der Sieg in Polen, 1939. R. Barthe: Der Feldzug der 18
Tage, 1939. E. Kabisch: Deutscher Siegeszug in Polen,
1940.

Politische Bereitschaften, bewaffnete SS-Einheiten ab 1933. Nach dem 30. 1. 1933 bildeten
sich aus örtlichen Sonderkommandos und persönlichen Stabswachen der →SS die P. Später
gingen sie in der →SS-Verfügungstruppe auf,
die im 2. Weltkrieg den Grundstock der →Waf-
fen-SS bildete.

Politische Leiter, Amtsträger der politischen
Organisation der →NSDAP. Die P. bildeten
mit den Führern von →SS, →SA und →NSKK
das Führerkorps der NSDAP, wurden zu vorbildlicher Haltung sowie unverbrüchlicher
Treue und unbedingtem Gehorsam gegenüber
A. →Hitler verpflichtet und unterstanden einer eigenen Disziplinar- und Ehrengerichtsbarkeit. Die Block-, Zellen-, Ortsgruppen-, Kreis-
und Gauleiter wurden als Hoheitsträger von
den anderen P. unterschieden, die auf einer bestimmten Stufe der NSDAP-Organisation fachliche Aufgaben zu erfüllen hatten. Die P. waren
ehrenamtlich tätig außer den ab Kreisebene
eingesetzten hauptamtlich Beschäftigten. Für
die P. waren 30 Dienstränge eingeführt. Auf die
untersten Ränge: P.-Anwärter als Nichtpartei-
genosse, P.-Anwärter als Parteigenosse, Helfer
und Oberhelfer folgten acht Gruppen von je
drei Rängen, wobei jeweils durch den Zusatz
„Ober" und „Haupt" der Rang erhöht wurde:
Arbeitsleiter, Bereitschaftsleiter, Einsatzleiter,
Gemeinschaftsleiter, Abschnittsleiter, Bereichsleiter, Dienstleiter, Befehlsleiter. Die
höchsten Ränge waren Gau- und Reichsleiter.
Das „Korps der P." wurde 1946 im →Nürnber-
ger Prozeß zur verbrecherischen Organisation
erklärt, wobei P. ausgenommen wurden, deren
Amt vor dem 1. 9. 1939 beendet war. 1937 gab
es rund 70000 P.

Politische Polizei, für politische Strafsachen zu-
ständiger Teil der Sicherheitspolizei. Von 1933–
1945 wurden die Aufgaben einer P. in Deutschland von der →Geheimen Staatspolizei wahrgenommen.

politische Straftaten, Verbrechen und Vergehen, die das öffentliche Leben (die Politik)
betreffen. Neben Hoch- und Landesverrat
wurden auch Angriffe gegen den Staat, seine
Repräsentanten und Abgeordneten, im
3. Reich auch gegen die →NSDAP, als p. S.
aufgefaßt. In der Weimarer Republik galt das
am 21. 7. 1922 erlassene „Gesetz zum Schutze
der Republik" (→Republikschutzgesetz) mit
Verlängerungen bis 1929 und wurde dann durch
das „Zweite Gesetz zum Schutze der Republik" abgelöst, das bis 20. 12. 1932 galt. Bis 2. 6.
1927 bestand der „Staatsgerichtshof zum
Schutz der Republik" beim Reichsgericht. Im
3. Reich wurden für die Aburteilung schwerer
p. S. der →Volksgerichtshof und Sondergerichte eingesetzt.

H. W. Koch: Volksgerichtshof, 1987.

Politische Zentralkommission (PZK), Organ
der NSDAP 1932. Im Dezember 1932 wurde in
der Reichsleitung der →NSDAP nach dem
Rücktritt Gregor →Strassers als Reichsorganisationsleiter die P. unter Leitung von Rudolf
→Heß geschaffen. Ihre Aufgaben waren insbesondere die Überwachung und Beratung der
nationalsozialistischen Parlaments- und Pressearbeit auf allen Ebenen sowie die Abgabe von
Stellungnahmen zur Wirtschaftspolitik und Arbeitsbeschaffung durch besonders eingerichtete Kommissionen. Die PZK sollte auf diesen
Gebieten eine einheitliche Aussage der
NSDAP gewährleisten. Als R. Heß am 24. 3.
1933 das Amt des →„Stellvertreters des Führers" übernahm, verschmolz die PZK praktisch mit dieser Dienststelle.

Polizei, Behörde zur Aufrechterhaltung der inneren Sicherheit und Ordnung. Bis zum Jahr
1933 unterstand im Deutschen Reich die Polizei den Regierungen der einzelnen Länder.
Danach wurde schrittweise ihre Zusammenfassung vorgenommen, die sich allmählich auf
immer mehr Länder erstreckte und 1936 zum
Abschluß kam. Seitdem war die Polizei eine
Behörde des Deutschen Reiches und unterstand dem Reichsführer SS und Chef der Deutschen Polizei (RFSSuChdDtPol) H. →Himm-
ler, Staatssekretär im Reichsministerium des
Innern. Sie wurde gegliedert in die Ordnungsp.
– Orpo – (Schutzp., Gendarmerie, Gemein-
dep.) unter General der P. K. Daluege, die Si-
cherheitsp. – Sipo – (Kriminalp., Politische P.)
unter SS-Gruppenführer R. →Heydrich und
die Verwaltungsp.

Polnischer Korridor, 1919 an Polen als Zugang
zum Meer abgetretenes deutsches Gebiet Westpreußens. Nach dem →Versailler Diktat von

1919 mußte ohne Volksabstimmung ein rund 30 bis 90 km breiter Gebietsstreifen aus der preußischen Provinz Westpreußen und dem Netzegebiet an Polen abgetreten werden. Das 16000 km² große von rund 330000 meist Deutschen und Kaschuben mit polnischer Minderheit bewohnte Landstück sollte Polen den Zugang zur Ostsee ermöglichen. Die nicht für Polen optierenden Deutschen mußten aus dem P. auswandern (1925). Durch den P. wurde Ostpreußen auf dem Landweg vom Reich getrennt. Weitsichtige alliierte Politiker sahen im P. bereits 1919 die Ursache des nächsten Krieges. Nachdem alle Weimarer Regierungen die Aufhebung des P. erfolglos angestrebt hatten, machte A. →Hitler den Polen ab 1938 Angebote zur Bereinigung des Problems: Er schlug die Errichtung einer exterritorialen Autobahn und Bahnverbindung durch den Korridor nach Ostpreußen in Verbindung mit einem für 25 Jahre geltenden Nichtangriffspakt vor. Polen lehnte jedoch am 26. 3. 1939 alle Verhandlungen ab, auf polnischem Staatsgebiet kam es in immer stärkerem Maße zur Verfolgung und Mißhandlung Volksdeutscher, die schon vor Kriegsausbruch 1939 zahlreiche Todesopfer zur Folge hatten. Der P. war eine entscheidende Ursache für den →Polenfeldzug. Von 1939–1945 gehörte das Gebiet des P. zum Reichsgau Danzig-Westpreußen und steht seitdem unter polnischer Verwaltung.

C. Budding: Der Polnische Korridor als europäisches Problem, 1932. F. von Wilpert: Deutsches Land zwischen Oder und Memel, 1962. W. Rasmus: Pommerellen, Westpreußen 1919–1939, 1989.

Polnische Teilung, vierte, Bezeichnung für die deutsch-sowjetische Vereinbarung über Polen vom 23. 8. 1939. Zwischen 1772–1795 war es zwischen Rußland, Österreich und Preußen zu drei Aufteilungen Polens gekommen. Gelegentlich wird deshalb die im geheimen Zusatzprotokoll des →deutsch-sowjetischen Nichtangriffspakts vom 23. 8. 1939 vorgesehene und nach dem Polenfeldzug 1939 vorgenommene Aufteilung Polens in eine deutsche und eine sowjetische Interessensphäre als vierte P. bezeichnet.

Pommern, deutsche Provinz an der Ostsee. Das 1938 38401 km² große Land mit 2,4 Millionen Einwohnern war ab 1815 vollständig in preußischem Besitz. Haupterwerbszweig seiner Bewohner war die Landwirtschaft, in geringerem Maße Fischerei und Forstwirtschaft. Für die Ernährung der deutschen Bevölkerung spielte P. daher eine wichtige Rolle. Das Land hat auch stets wichtige Truppenkontingente für das preußische Heer gestellt. Durch das →Versailler Diktat wurde P. Grenzprovinz gegen

Polen. 1945 wurde das Land von der Roten Armee besetzt, die zahlreiche Pommern ermordete, verschleppte oder vertrieb. Die →Potsdamer Konferenz unterstellte das rein deutsch besiedelte Ostpommern östlich der Oder polnischer Verwaltung, die die Ausplünderung und Vertreibung seiner Bewohner mit weiteren zahlreichen Todesopfern vollendete. Das westlich der Oder gelegene Vorpommern kam mit Ausnahme der von Polen okkupierten Provinzhauptstadt Stettin zur Sowjetischen Besatzungszone Deutschlands.

H. Lindenblatt: Pommern 1945, 1984. O. Eggert: Geschichte Pommerns, ³1961. H. Spruth: Bibliographie für Pommern, 1965. E. Murawski: Die Eroberung Pommerns durch die Rote Armee, 1969.

Porsche, Ferdinand, Autokonstrukteur, * 3. 9. 1875 Maffersdorf/Sudetenland, † 30. 1. 1951 Stuttgart. Nach Klempnerlehre und Selbststudium zum Ingenieur war P. bei der Wiener Autofabrik Löhner tätig, kam 1906 zu Austro-Daimler, wo er 1916 Generaldirektor wurde und aufsehenerregende Autos baute. Ab 1923 bei Daimler in Stuttgart tätig, entwickelte er zahlreiche Pkw- und Lkw-Typen, darunter international sehr erfolgreiche Sportwagen. Nach Vorarbeiten ab 1934, von A. →Hitler dazu beauftragt, stellte er am 20. 4. 1938 den →„Volkswagen" (→KdF-Wagen) vor, der für jeden Deutschen erschwinglich sein sollte. Da die deutschen Autofirmen den Billigwagen nicht bauen wollten, wurde die Volkswagen GmbH gegründet, deren Geschäftsführung P. übernahm. 1938 erhielt er den →Nationalpreis für Kunst und Wissenschaft. Im 2. Weltkrieg baute P. u. a. Panzer, nach 1945 erfolgreiche Sportwagen, die seinen Namen tragen.

P. Müller: Ferdinand Porsche, 1965. H. A. Quint: Porsche, ²1951.

„Porto", Deckname für ein Funkspiel der deutschen Abwehr. Ab Mitte Juni 1941 leitete der deutsche Agent Andreas Folmer als angeblicher Chef einer Führungsstelle des englischen Geheimdienstes in Paris die Spionagetätigkeit von Franzosen. Die Nachrichten wurden von der deutschen Abwehr kontrolliert und an den britischen Geheimdienst weitergegeben. Am 9. 10. 1941 konnten rund 1000 im Rahmen von „P." erkannte Spione und Widerständler von der Abwehr festgenommen werden. Unter dem Decknamen „Porto II" betrieb die Abwehr vom Frühjahr bis Herbst 1942 ein Funkspiel mit dem britischen Intelligence Service, um dessen Arbeitsweise zu erforschen und Absichten zu ermitteln.

O. Reile: Geheime Westfront, 1962. O. Reile: Treff Lutetia Paris, 1973.

Posen, deutsch-polnisches Grenzland. P. wurde seit der deutschen Ostsiedlung im Mittelalter, vor allem imWestteil mehrheitlich, von Deutschen bewohnt. Es kam 1772/73 an Preußen, war 1807–1815 beim Herzogtum Warschau, dann wieder preußisch. Im →Versailler Diktat erhielt Polen fast ganz P. zugesprochen, das damals rund 29000 qkm mit mehr als zwei Mill. Bewohnern umfaßte. Viele Deutsche wanderten anschließend ins Reich aus, die verbleibenden wurden von den Polen stark verfolgt. Nach dem →Polenfeldzug wurde P. dem Reichsgau →Wartheland und mit diesem dem Reich angegliedert. 1945 wurde P. von der Roten Armee besetzt, seine Bewohner ermordet, verschleppt und vertrieben, das Land dann polnischerVerwaltung unterstellt.

E. Schmidt: Geschichte des Deutschtums im Lande Posen, 1904. H. Schütze: Das Posener Land, 3 Bde., 1923–1925. F. von Wilpert: Deutsches Land zwischen Oder und Memel, 1962. F. Lüdtke, E. O.Thiele (Hrsg.): Der Kampf um deutsches Ostland, o. J. R. Suchenwirth: Der deutsche Osten, 1978. H. Rasmus: Pommerellen, Westpreußen 1919–1939, 1989. K. Stephan: Der Todeskampf der Ostmark 1918/19, 1985. H. Rauschning: Die EntdeutschungWestpreußens und Posens, 1930. G. Cleinow: DerVerlust der Ostmark, 1934.

Posen-Westpreußen, →Grenzmark Posen-Westpreußen.

Potsdam, Tag von, 21. 3. 1933. Am Jahrestag des von Bismarck eröffneten ersten Reichstages des 2. Reiches fand im traditionsreichen P. ein Staatsakt zur Eröffnung des am 5. 3. 1933 neugewählten Reichstages statt. Nach evangelischem (Nicolaikirche) und katholischem (Pfarrkirche) Gottesdienst erfolgte der Festakt in der Garnisonkirche von P. in Anwesenheit des Reichspräsidenten von →Hindenburg, des diplomatischen Korps, des Kronprinzen →Wilhelm – für Kaiser →Wilhelm II. blieb ein Stuhl leer – und der MdR mit Ausnahme der SPD- und KPD-Abgeordneten, mit Reden von Hindenburg und Reichskanzler A. →Hitler. Ein als „historisch" bezeichneter Händedruck zwischen Hindenburg und Hitler sollte die „Vermählung von alter Größe und neuer Kraft" und die Zusammenarbeit des „alten" und des „neuen" Deutschlands, der konservativen preußischen Kreise und der →NSDAP, symbolisieren. Der Reichspräsident legte am Grabe Friedrichs des Großen einen Kranz nieder. Eine Parade von Reichswehr, Schutzpolizei, →SA, →SS und →Stahlhelm schloß sich an. Später traf sich der Reichstag zur konstituierenden Sitzung in der Berliner Krolloper und wählte sein Präsidium. Der Staatsakt, vom Rundfunk ganz übertragen, sollte dazu beitragen, daß mit dem „Geist von Potsdam" der „Geist vonWeimar" als überwunden galt.

Potsdamer Konferenz, alliierte Siegertagung 1945. Zur Verteilung der Kriegsbeute und zur Beratung der Lage nach dem Ende des 2.Weltkriegs trafen sich vom 17. 7. bis 2. 8. 1945 im Schloß Cäcilienhof in Potsdam die Regierungschefs von Großbritannien (bis 25. 7. →Churchill, nach dessen Abwahl Attlee), der USA (Truman) und der UdSSR (→Stalin). Sie wollten die in den Kriegskonferenzen von →Teheran und →Jalta besprochenen Maßnahmen abschließend festlegen und Friedensregelungen besprechen. Bei der P. traten bereits erhebliche Meinungsverschiedenheiten zwischen Ost undWest auf. Das Ergebnis war lediglich ein von den Teilnehmern unterzeichnetes Abschlußkommunique, das →Potsdamer Protokoll, fälschlich als Potsdamer Abkommen bezeichnet. Die Aufgabe der Einigung über Friedensbedingungen für Deutschland wurde späteren Konferenzen überlassen, die ebenso erfolglos blieben. Praktisch wurde auf der P. die Sowjetisierung ganz Ost- und Südosteuropas vom Westen bestätigt sowie die Teilung Deutschlands und Europas eingeleitet.

A. Kraut und P. Lamatsch: Potsdam – die Welttragödie, 1979. H. Sündermann: Potsdam 1945, 1962. A. Fischer: Teheran, Jalta, Potsdam, 1986. B. Meissner undT. Veiter (Hrsg.): Das Potsdamer Abkommen und die Deutschlandfrage, 2 Bde., 1987. W. Grabert (Hrsg.): Jalta–Potsdam und die Dokumente zur Zerstörung Europas, 1985. E. Deuerlein: Potsdam 1945, 1970. F. Klein und B. Meissner (Hrsg.): Das Potsdamer Abkommen und die Deutschlandfrage, 1977. C. L. Mee: Die Potsdamer Konferenz 1945, 1985.

Potsdamer Kronrat, deutschfeindliche Legende über den Ausbruch des 1. Weltkrieges. Nach der für die Entstehung der Kriegsschuldlüge im →Versailler Diktat wichtigen Legende soll am 5. 7. 1914 in Potsdam unter Vorsitz von Kaiser →Wilhelm II. mit politischen, wirtschaftlichen und militärischen Führern des Reiches und Österreich-Ungarns ein Kronrat stattgefunden haben, auf dem der 1. Weltkrieg beschlossen worden sei. Richtig ist dagegen, daß an diesem Tag der österreichisch-ungarische Botschafter, Graf Szögyény, vom Kaiser empfangen wurde, der dann anschließend Einzelbesprechungen mit dem Reichskanzler und einigen Militärs zu seiner Unterrichtung hatte.

Potsdamer Protokoll (Abkommen), Abschlußerklärung der alliierten →Potsdamer Konferenz vom 17. 7. bis 2. 8. 1945. Nach der Kapitulation der Deutschen Wehrmacht (8. 5. 1945), der Verhaftung der Reichsregierung (23. 5. 1945) und der einseitigen Übernahme der Regierungsgewalt durch die Alliierten (→Juni-Deklaration vom 5. 6. 1945) berieten die Alliierten auf der Potsdamer Konferenz vor allem über die Behandlung Deutschlands. Es kam weder ein Vertrag noch ein Abkommen, sondern nur ein von den Regierungschefs der USA (Truman), Großbritanniens (Attlee) und der UdSSR (→Stalin) unterzeichnetes Abschlußkommuniqué zustande, das als P. bezeichnet wird. Es hat insbesondere für Deutschland, auch wegen dessen Nichtteilnahme, keinerlei völkerrechtliche Bindung. Im P. legten die Alliierten ihre Grundsätze für Deutschland nieder, insbesondere zur →„Entmilitarisierung", →„Entnazifizierung", „Demokratisierung", Demontage und Dekartellisierung. Deutschland sollte in den Grenzen von 1937 als Einheit erhalten bleiben und zunächst in vier Besatzungszonen der Sieger eingeteilt werden. Das nördliche →Ostpreußen sollte unter sowjetische, das übrige →Ostdeutschland östlich von Oder und Neiße unter polnische Verwaltung bis zu einem Friedensvertrag gestellt werden. Die Deutschen sollten aus Polen, Ungarn und der Tschechoslowakei in „ordnungsgemäßer und humaner Weise" ausgesiedelt werden. Auf dem P., dem Frankreich am 4. 8. 1945 zustimmte, gründet die Viermächte-Verantwortung der Sieger gegenüber Deutschland und seiner Wiedervereinigung.

W. Grabert: Jalta–Potsdam und die Dokumente zur Zerstörung Europas, 1985. F. Klein und B. Meissner (Hrsg.): Das Potsdamer Abkommen und die Deutschlandfrage, 1977. C. L. Mee: Die Potsdamer Konferenz 1945, 1985. F. Faust: Das Potsdamer Abkommen und seine völkerrechtliche Bedeutung, ⁴1969. E. Deuerlein: Potsdam und die deutsche Frage, 1970.

Potulice, polnisches →Konzentrationslager ab 1945. Bei Bromberg/Westpreußen wurde 1945 von Polen für Deutsche das Konzentrationslager P. eingerichtet, das erst 1949/50 aufgelöst wurde.

Pour le mérite, hoher preußischer Orden. Von Friedrich dem Großen 1740 gestiftet, wurde der P. am 18. 1. 1810 von Friedrich Wilhelm III. zum reinen Kriegsorden für Offiziere nach hervorragenden Verdiensten vor dem Feind in einer Klasse (als besondere Auszeichnung mit goldenem Eichenlaub) bestimmt. Er wurde bis 1918 verliehen, im 1. Weltkrieg 687mal. Die Inhaber bildeten 1934 die Ritterschaft des Ordens P., sie erhalten nach dem Ordensgesetz vom 26. 7. 1957 einen Ehrensold. Der Orden besteht aus einem blauen achtspitzigen Kreuz mit goldenem Rand. In den Winkeln befinden sich goldene Adler mit ausgebreiteten Flügeln. Der obere Balken zeigt eine Krone, darunter ein goldenes „F", die anderen Balken haben die Inschrift „Pour – leMé – rite". Der P. besitzt oben einen Ring und wird an einem schwarzen, silbern eingefaßten Band um den Hals getragen. Die Friedensklasse des P. wurde am 31. 5.

1842 von Friedrich Wilhelm IV. für besonders verdiente Wissenschaftler und Künstler, jedoch mindestens 30 deutschen und höchstens 30 ausländischen Trägern, gestiftet. Der Orden wurde am 4. 3. 1924 als sich selbst ergänzende Gemeinschaft staatlich anerkannt, am 31. 5. 1952 neu begründet und erhielt am 5. 9. 1958 neue Statuten.

K. G. Klietmann: Pour le mérite und Tapferkeitsmedaille, 1966.

Präsidialkanzlei, ab 1934 Bezeichnung für das Büro des Reichspräsidenten. Chef des Büros bzw. der P. war seit 1920 unter F. →Ebert, P. von →Hindenburg und A. →Hitler bis 1945 Otto →Meißner, seit 1923 als Staatssekretär, ab 1937 als Staatsminister. In das Aufgabengebiet der P. fielen vor allem Staatsbesuche, Staatsempfänge, Ordensverleihungen und Gnadengesuche.

O. Meißner: Als Staatssekretär unter Ebert, Hindenburg, Hitler, 1950. O. Meißner: Junge Jahre im Reichspräsidentenpalais, 1988.

Präventivkrieg, Krieg, der begonnen wird, um dem Gegner bei einem als unvermeidlich angesehenen Zusammenstoß zuvorzukommen und ihn unter möglichst günstigen Bedingungen zu bekämpfen. Der Angriff der Wehrmacht 1941 gegen die Sowjetunion stieß mitten in einen grenznahen Aufmarsch der Roten Armee hinein. Seitdem häufen sich die Stimmen, die den →Rußlandfeldzug als deutschen P. ansehen.

E. Helmdach: Überfall?, 1975. E. Topitsch: Stalins Krieg, 1985. E. Schusterreit: Vabanque, 1988. M. Klüver: Präventivschlag 1941, ²1989. V. Suworow: Der Eisbrecher, 1989.

Preisbildungsstellen, →Reichskommissar für Preisbildung.

Preiskommissar, Abkürzung für →Reichskommissar für Preisbildung.

Preisüberwachungsstellen, →Reichskommissar für Preisbildung.

Presseabteilung der Reichsregierung, die 1933–1945 im Reichsministerium für Volksaufklärung und Propaganda für Pressearbeit zuständige Abteilung IV. Sie unterstand den Staatssekretären Walther →Funk (1933–1938) und Dr. Otto Dietrich (1938–1945), die Pressechefs der Reichsregierung waren. Geleitet wurde die P. von den Ministerialräten Kurt Jahncke (1933–1936), Alfred-Ingemar Berndt (1936–1938), Hans Fritzsche (1938–1942) und Erich Fischer. Diese waren gleichzeitig stellvertretende Pressechefs der Reichsregierung. Die P. unterhielt 35 Reichspropagandaämter im Reich.

Presseanweisungen, von der Presseabteilung der Reichsregierung 1933–1945 täglich herausgegebene vertrauliche Mitteilung für die Inlandspresse. Ab Juli 1933 wurden die P. auf der Berliner Pressekonferenz der deutschen Presse übermittelt. Provinzblätter und Zeitschriften erhielten die P. bis 1937 über die Landesstellen des Propagandaministeriums, dann über die Reichspropagandaämter. Ab 9. 5. 1939 erschienen die P. auch im wöchentlichen „Zeitschriften-Dienst". In den P. wurden aus der Sicht der Reichsregierung Inhalt und Aufmachung der Pressethemen in zunehmend verbindlicherer Form mitgeteilt. Ab November 1940 gab es außerdem die „Tagesparole des Reichspressechefs".

H. Bohrmann (Hrsg.): NS-Presseanweisungen der Vorkriegszeit, 3 Bde., 1985–1987.

Pressechef der Reichsregierung, →Presseabteilung der Reichsregierung.

Preuß, Hugo, Prof. Dr., * 28. 10. 1860 Berlin, † 9. 10. 1925 Berlin. Der Sohn eines jüdischen Kaufmanns habilitierte sich 1889 für Staatsrecht und wurde 1906 Professor an der Berliner Handelshochschule. Seit 1910 Stadtrat der →Fortschrittlichen Volkspartei, war P. ab 15. 11. 1918 Staatssekretär des Innern und vom 13. 2. bis 20. 6. 1919 Reichsinnenminister als Mitglied der →DDP. Er entwarf die →Weimarer Verfassung. U. a. veröffentlichte er „Stadt und Staat" (1909), „Deutschlands republikanische Reichsverfassung" (1921).

C. Schmitt: Hugo Preuß, 1930. S. Grassmann: Hugo Preuß und die deutsche Selbstverwaltung, 1965. G. Schmidt: Hugo Preuß, 1980. G. Schmoller: Walther Rathenau und Hugo Preuß, 1922. W. Simons: Hugo Preuß, 1930. S. Grassmann: Hugo Preuß und die deutsche Selbstverwaltung, 1965.

Preußen, Landschaft und Staat in Deutschland. Das nach den heidnischen Pruzzen genannte, aus dem Deutschordensstaat entstandene Herzogtum P. kam 1618 an die Brandenburger, deren Kurfürst Friedrich III. sich am 18. 1. 1701 in Friedrich I. in Königsberg zum „König in P." krönte, wonach der Begriff Brandenburg zunehmend durch P. ersetzt wurde und man vom Staat P. sprach. Die „großen Könige" P.s, der Soldatenkönig Friedrich Wilhelm I. (1713–1740) und Friedrich II., der Große (1740–1786), machten P. zur europäischen Großmacht und schufen das preußische Ethos: Pflichttreue, Gemeinschaftssinn, Sparsamkeit und Disziplin. Dem Zusammenbruch P.s im Kampf gegen Napoleon 1806/07 folgten die geistige Erneuerung (Fichte, vom Stein, Scharnhorst u. a.) und die Befreiungskriege 1813–1815. Dank Bismarcks Diplomatie ging P. aus

dem Dualismus mit Habsburg-Österreich nach dem deutsch-dänischen (1864), dem deutsch-österreichischen (1866) und dem deutsch-französischen Krieg (1870/71) als Sieger hervor: „P. ging in Deutschland auf", sein König Wilhelm I. wurde Deutscher Kaiser in dem am 18. 1. 1871 in Versailles begründeten Zweiten Deutschen Kaiserreich, in dem P. ein Bundesstaat blieb. Mit der Verfassung vom 30. 11. 1920 wurde P. Freistaat in der →Weimarer Republik. Im Zuge der →Gleichschaltung wurden die preußischen Ministerien durch Gesetz vom 30. 1. 1934 bis auf das der Finanzen mit denen des Reichs vereinigt, sein Ministerpräsident H. →Göring wurde Reichsstatthalter in P. Nach der Besetzung durch die Alliierten 1945 wurde P. durch →Kontrollratsgesetz Nr. 46 vom 25. 2. 1947 aufgelöst, da es angeblich „seit jeher Träger des Militarismus und der Reaktion in Deutschland gewesen" sei. Seine Gebiete „sollen die Rechtsstellung von Ländern erhalten oder Ländern einverleibt werden". Mit der Auflösung P.s wollten die Alliierten die geistige, moralische und politische Tradition Deutschlands, die am stärksten in P. und im P.-tum verkörpert war, vernichten.

F. Meinecke: Preußen und Deutschland im 19. und 20. Jahrhundert, 1918. L. von Ranke: Zwölf Bücher preußischer Geschichte, 3 Bde., 1930. O. Hintze: Die Hohenzollern und ihr Werk, ⁵1979. B. Maack: Preußen, 1980. U. Scheuner: Der Staatsgedanke Preußens, 1965.

Preußenschlag, Bezeichnung für die Amtsenthebung der preußischen Regierung 1932. Nachdem die seit 1925 amtierende preußische Regierung →Braun–→Severing (SPD, Zentrum, Staatspartei) bei der Landtagswahl am 24. 4. 1932 ihre Mehrheit verloren hatte und neue Koalitionsverhandlungen gescheitert waren, setzte Reichskanzler F. von →Papen nach dem →„Altonaer Blutsonntag" vom 17. 7. 1932 mit der Begründung, in Preußen sei die öffentliche Sicherheit und Ordnung nicht mehr gewährleistet, unter Berufung auf Artikel 48 der →Weimarer Verfassung am 20. 7. 1932 die preußische Regierung ab. Die vom Reichspräsidenten unterzeichnete Notverordnung bestellte von Papen zum Reichskommissar für Preußen und den Essener Oberbürgermeister Dr. Franz →Bracht zum preußischen Innenminister. Alle Minister und Staatssekretäre, der Berliner Polizeipräsident Albert Grzesinski (SPD) und der Chef der Berliner Schutzpolizei, Heimannsberg, wurden amtsenthoben, hinzu kamen Umbesetzungen bei Ober-, Regierungs-, Polizeipräsidenten und Landräten. Die abgesetzte Regierung leistete keinen Widerstand. Auf ihre Klage urteilte der Staatsgerichtshof am 25. 10. 1932, der Reichskommissar sei rechtmäßig eingesetzt, die Regierung Braun sei jedoch im

Reichsrat vertretungsberechtigt. Sie wurde endgültig am 6. 2. 1933 durch Verordnung des Reichspräsidenten abgesetzt. Die SPD hatte lediglich die Form der Einsetzung des Reichskommissars beanstandet, der „Grundidee" jedoch zugestimmt.

H. Grund: „Preußenschlag" und Staatsgerichtshof im Jahre 1932, 1976.

Preußischer Staatsrat, Gremien des Staates Preußen. Der P. wurde 1817 als Kollegium zur Begutachtung von Gesetzentwürfen ins Leben gerufen. Ihm gehörten die volljährigen Prinzen, höchste zivile und militärische Amtsträger sowie durch königliches Vertrauen berufene Personen an. Er ist zum letztenmal 1890 tätig geworden. In der Weimarer Republik bestand ein 1920 geschaffener P., der die Vertretung der Provinzen war, vom Provinziallandtag gewählt wurde und das Recht des Gesetzesvorschlags und des Einspruchs gegen Gesetzesbeschlüsse des Landtags hatte. Er wurde 1933 abgeschafft, statt dessen durch Gesetz vom 8. 7. 1933 ein P. ins Leben gerufen, der die preußische Regierung bei ihren Amtsgeschäften beraten sollte. Ihm gehörten kraft Amtes die Mitglieder der preußischen Regierung sowie vom Ministerpräsidenten ernannte Vertreter der →NSDAP und ihrer Gliederungen, der Wirtschaft, Wissenschaft, Arbeit und Kunst sowie andere „um Staat und Volk verdiente Männer" an.

Prien, Günther, Korvettenkapitän und U-Boot-Kommandant, * 16. 1. 1908 Osterfeld/ Thüringen, † 7. 3. 1941 Nordatlantik. P. war ab 1923 bei der Handelsmarine und 1932 Kapitän auf großer Fahrt, trat am 1. 1. 1933 in die Kriegsmarine ein, wurde 1935 Leutnant zur See und führte ab Dezember 1938 als Kapitänleutnant U 47, mit dem er in der Nacht vom 13./14. 10. 1939 in den stark bewachten britischen Flottenstützpunkt →Scapa Flow eindrang und dort das Schlachtschiff „Royal Oak" (29 150 BRT) versenkte, wofür er das →Ritterkreuz erhielt. Am 20. 10. 1940 wurde er als erster Offizier der Kriegsmarine nach Versenkung von rund 200 000 BRT Schiffsraum mit dem →Eichenlaub ausgezeichnet und war damit einer der bekanntesten deutschen Soldaten. Nach zehn Feindfahrten, auf denen er 28 Handelsschiffe mit 161 000 BRT versenkte, wurde sein Boot durch den englischen Zerstörer „Wolverine" versenkt. Er schrieb „Mein Weg nach Scapa Flow" (1940).

H. Pemsel: Biographisches Lexikon zur Seekriegsgeschichte, 1985. J. Thorwald: Die ungeklärten Fälle, ²1952. H. Herlin: Verdammter Atlantik, ²1981. K. Alman: Günther Prien, 1981. A. Korganoff: Prien gegen Scapa Flow, 1989. J. Rohwer: Die U-Booterfolge der Achsenmächte 1939–45, 1968.

Princip, Gavrilo, der Attentäter von →Sarajewo.

Professoreneingabe (Intellektuelleneingabe), Erklärung zur Kriegszieldiskussion 1915. Am 20. 6. 1915 erschien trotz des Verbots einer öffentlichen Kriegszieldiskussion die P., die von 1347 Intellektuellen, darunter 352 Professoren, unterzeichnet worden war. Sie forderte die Annexion von eroberten Gebieten im Westen und Osten. Die Aktion ging von →alldeutschen Kreisen aus. Zur selben Zeit wurde eine ähnliche Petition von sechs führenden Wirtschaftsverbänden an den Reichskanzler gerichtet, der jedoch Stellungnahmen vermied. Eine Gegenerklärung erschien am 9. 7. 1915 von 141 Unterzeichnern, darunter A. Weber, die eine Angliederung selbständiger Völker ablehnte, gemäßigte Annexionen jedoch nicht ausschloß.

Propaganda-Kompanien (PK), deutsche Truppeneinheiten zur Berichterstattung von der Front. Die 1938 bei den Armeegeneralkommandos eingerichteten PK – bei der Luftwaffe →Kriegsberichterkompanien genannt – hatten die Aufgabe, möglichst unmittelbar vom Kriegsgeschehen zu berichten. Die PK-Männer waren Soldaten, die aktiv an den Kampfhandlungen teilnahmen. Man unterschied Wort-, Bild-, Film- und Rundfunkberichter, die meist die fachlichen Kenntnisse aus ihrem zivilen Beruf mitbrachten. Die PK waren besondere Einheiten und gegliedert in Troß, Arbeitsstaffel, Lautsprecherzug und Kriegsberichterzüge. Ab 1943 bildeten die PK eine eigene Truppe, die 1945 rund 15 000 Mann stark war. Die Berichte der PK gelangten über die militärische Vorzensur ins Reichspropagandaministerium und wurden insbesondere für die Deutsche Wochenschau ausgewertet. Die PK waren auch bei der Bildung und Unterhaltung der Truppe eingesetzt und stellten die Schriftleiter der Feldzeitungen.

Propagandaministerium, gebräuchliche Kurzbezeichnung für das am 13. 3. 1933 eingerichtete Reichsministerium für Volksaufklärung und Propaganda. Es wurde von Dr. Joseph →Goebbels als Reichsminister geführt, der zugleich Reichspropagandaleiter der →NSDAP war.

Protektorat Böhmen und Mähren, 1939–1945 dem Deutschen Reich angegliedertes Gebiet. Das 48 959 km² große P. mit fast 7,4 Millionen Einwohnern, darunter rund 380 000 Deutsche, vor allem in den Sprachinseln um Iglau, Brünn, Wischau, Olmütz, Budweis, Pilsen und Prag, wurde nach dem Zerfall der Tschechoslowakei

345

durch Erlaß A. →Hitlers vom 16. 3. 1939 gebildet, der die Angliederung der „historischen Länder" Böhmen und Mähren an diesem Tag vom Hradschin in Prag aus erklärte. Die Verwaltungsautonomie unter Staatspräsident Hacha und Ministerpräsident Eliás (bis September 1941) blieb bis Kriegsende erhalten, jedoch gab es in Böhmen und Mähren neben einer tschechischen Protektoratstruppe für die innere Sicherheit auch deutsche Garnisonen, militärische Schulen, Polizeidienststellen und Behörden. Die Hoheitsrechte des Reiches vertrat der →Reichsprotektor (1939 bis 27. 9. 1941 Konstantin Freiherr von →Neurath, dann bis 4. 6. 1942 Reinhard →Heydrich, dann bis 25. 8. 1943 Kurt →Daluege, dann Wilhelm →Frick). Staatssekretär (ab August 1943 Reichsminister) für das P. war Karl Hermann →Frank. Um das zunehmend gute Verhältnis zwischen der tschechischen Bevölkerung und den Deutschen zu stören, verübten Exiltschechen, von England aus abgesetzt, am 27. 5. 1942 ein Attentat, an dessen Folgen R. →Heydrich wenige Tage später verstarb. Als Vergeltungsmaßnahme wurden die männlichen Bewohner des Dorfes →Lidice, das Verbindung zu den Attentätern gehabt haben sollte, erschossen und der Ort dem Erdboden gleichgemacht. Seitdem hat es eine Widerstandstätigkeit im P. in nennenswertem Umfang nicht mehr gegeben. Die tschechische Industrie hat bis Kriegsende einen wichtigen Beitrag für die deutsche Rüstung geleistet. Das Land blieb bis 1945 von Kriegsfolgen praktisch verschont. Bei und nach Kriegsende wurden die Deutschen im P. und im Sudetenland von den Tschechen ausgeplündert, in Konzentrationslager und Zuchthäuser verschleppt, oft grausam mißhandelt und vertrieben, zu einem erheblichen Teil auch ermordet. Die Gesamtzahl der Opfer wird auf 272000 geschätzt.

E. Frank: Karl Hermann Frank – Staatsminister im Protektorat, ²1971. H. Umbreit: Deutsche Militärverwaltungen 1938/39, 1977. D. Brandes: Die Tschechen unter deutschem Protektorat 1939–1945, 2 Bde., 1969–1975.

Provinzialausschuß, in Preußen bis 1933 das Verwaltungsorgan des Provinzialverbandes.

Provinziallandtag, in Preußen bis 1933 das Vertretungsorgan des →Provinzialverbandes. Der P. bestand meist aus 30 Abgeordneten.

Provinzialordnungen, in Preußen von 1875 bis 1933 die Gesetze, die zur Selbstverwaltung der Provinzen ergangen waren. Das Gesetz vom 15. 12. 1933 schuf eine Neuordnung.

Provinzialrat, in Preußen Behörde in der Provinz. Bis 1933 war der P. eine Beschlußbehörde für bestimmte staatliche Aufgaben der Provinz. Mit Gesetz vom 17. 7. 1933 wurde der P. ein beratendes Organ für den Oberpräsidenten, dem außer diesem noch der Vizepräsident, der Landeshauptmann, die in der Provinz wohnenden Mitglieder des Staatsrats und die Regierungspräsidenten angehörten. In den P. berufen wurden ferner der rangälteste Amtswalter der NSDAP, der SA und der SS sowie verdiente Persönlichkeiten der Provinz. Ein Mitglied des P. wurde auch P. genannt.

Provinzialverband, in Preußen die Provinz als höherer Gemeindeverband und Selbstverwaltungskörper als juristische Person des öffentlichen Rechts. Die Provinzialordnung von 1875 wurde durch Gesetz vom 15. 12. 1933 geändert, das insbesondere das Führerprinzip einführte. Organe des P. waren der Oberpräsident und dessen ständiger Vertreter, der Landeshauptmann. Für bestimmte Aufgaben beschließendes, ab 1933 beratendes Organ war der →Provinzialrat. Zu den Aufgaben des P.es gehörten insbesondere Verkehr und Straßenbau, Energieversorgung, Siedlungswesen, Wohlfahrtspflege, kulturelle Angelegenheiten. Die Finanzmittel stammten aus dem Reichsetat, aus Steueranteilen und Umlagen auf die Kreise.

Psychologische Kriegführung, →Greuelpropaganda.

PZK, Abkürzung für →Politische Zentralkommission der →NSDAP.

Q

Quast, Ferdinand von, General der Infanterie, * 18. 10. 1850 Radensleben, † 27. 3. 1939 Potsdam. Der preußische Offizier wurde 1913 Kommandierender General des IX. Armeekorps, führte es im 1. Weltkrieg bis Anfang 1917 im Westen, dann das Gardekorps und war ab September 1917 Oberbefehlshaber der 6. Armee.

Von Januar bis Juli 1919 befehligte er den Grenzschutz Nord gegen Polen und Bolschewisten.

Quebec, Konferenzen von, Kriegstreffen westalliierter Regierungschefs 1943/44. An der 1. Konferenz von Q. vom 17. bis 24. 8. 1943

(Codename „Quadrant") nahmen →Roosevelt und →Churchill mit ihren Außenministern, der kanadische Premier und der chinesische Außenminister teil. Beschlossen wurde die vorrangige Bekämpfung Deutschlands („Germany first"-Strategie) mit Invasionen im Frühjahr 1944 in Frankreich sowie vom Mittelmeer her und die verstärkte Unterstützung der Sowjetunion, die „nach der Niederwerfung der →Achse Europa beherrschen wird". Auf der 2. Konferenz von Q. vom 10. bis 16. 9. 1944 besprachen Roosevelt und Churchill die weitere Strategie, auch gegen Japan, und stimmten dem →Morgenthau-Plan zu, der vorsah, „Deutschland in ein Land zu verwandeln, das seiner Art nach überwiegend als Agrar- und Weideland genutzt wird".

Quisling, Vidkun, norwegischer Politiker, * 18. 7. 1887 Fyredal/Telemark, † 24. 10. 1945 Oslo. Der norwegische Major beteiligte sich 1922–1926 als Mitarbeiter F. Nansens an den Hilfsmaßnahmen gegen den Hunger in der Sowjetunion und war 1927/28 Legationssekretär an der norwegischen Botschaft in Moskau, lernte bis zur Heimkehr 1930 den Bolschewis-

mus gründlich kennen und wurde ein entschiedener Antikommunist. 1931–1933 war er norwegischer Verteidigungsminister. Er gründete 1933 die „Nasjonal Samling" als Partei mit antiparlamentarischem und antibritischem Kurs. Bei einem Empfang durch Hitler am 14. 12. 1939 warnte er vor einer britischen Invasion in Norwegen. Nach der deutschen Landung am 9. 4. 1940 in →Norwegen rief Q. zur Beendigung des Kampfes gegen die deutschen Truppen auf und arbeitete danach mit dem deutschen Reichskommissar →Terboven zusammen. Nur seine „Nasjonal Samling" wurde als Partei zugelassen, Q. am 1. 2. 1942 Ministerpräsident. Er trat für eine europäische Neuordnung und die Zusammenarbeit der germanischen Völker ein. Am 9. 5. 1945 gefangengenommen, wurde er nach einem Prozeß unter Verletzung von Rechtsprinzipien am 10. 9. 1945 zum Tode verurteilt und dann hingerichtet. Er wird zu Unrecht der prinzipienlosen →Kollaboration mit Deutschland verdächtigt. Er schrieb „Rußland und wir" (1942) und „Quisling ruft Norwegen" (1942).
H. D. Loock: Quisling, Rosenberg und Terboven, 1970.

R

RAB, Abkürzung für →Reichsautobahn.

RAD, Abkürzung für →Reichsarbeitsdienst.

Radio Humanité, deutscher Geheimsender gegen Frankreich 1940. Der vom deutschen Propagandaministerium geleitete Geheimsender R. hat 1940 wesentlich zur Auslösung der französischen Flüchtlingswelle beigetragen, dadurch wie beabsichtigt die Operationsmöglichkeiten der Alliierten im Frankreichfeldzug erheblich behindert und den Durchhaltewillen der französischen Armee gelähmt. Er soll der erfolgreichste deutsche Geheimsender gewesen sein.
O. Buchbender und R. Hauschild: Geheimsender gegen Frankreich, 1985.

Radom, Schlacht bei, siegreiche deutsche Schlacht vom 8. bis 12. September 1939 im →Polenfeldzug, bei der starke polnische Heeresteile der Armee „Prusy" von der deutschen 10. Armee unter General der Artillerie von →Reichenau eingeschlossen und rund 60000 Mann zur Kapitulation gezwungen wurden.

RADwJ, Abkürzung für →Reichsarbeitsdienst der weiblichen Jugend.

Raeder, Erich, Großadmiral, * 24. 4. 1876 Wandsbek, † 6. 11. 1960 Kiel. Der Lehrersohn kam 1894 zur Kaiserlichen Marine, wurde 1897 Seeoffizier, kommandierte im 1. Weltkrieg den Kleinen Kreuzer „Cöln" und kämpfte in den Seeschlachten an der →Doggerbank (1915) und am →Skagerrak (1916) mit, wurde dann 1. Admiralstabsoffizier und Chef des Stabes des Kreuzerführers Admiral →Hipper. 1919 kam er als Kapitän zur See in das Reichsmarineamt, 1922 wurde er als Konteradmiral Inspekteur des Bildungs- und Erziehungswesens der Marine, 1924 Befehlshaber der leichten Seestreitkräfte Nordsee und damit auch für die Nachrüstung der Reichsmarine verantwortlich. Als Vizeadmiral leitete er ab 1925 die Marinestation Ostsee, als Admiral 1928 wurde er am 1. 10. Chef der Marineleitung, am 1. 1. 1935 übernahm er den Oberbefehl über die Kriegsmarine. Als solcher hatte er wesentlichen Anteil am Aufbau der deutschen Kriegsflotte, der jedoch bei Kriegsbeginn keineswegs abgeschlossen war. R. sah in England den deutschen Hauptgegner und lehnte vor dessen Kapitulation einen deutschen Angriff auf die Sowjetunion ab. Im Dezember 1939 wurde er, nun Großadmiral (1. 4. 1939), vor einer Besetzung Norwegens durch englische Truppen gewarnt und traf deshalb frühzeitig Vorbereitungen dafür, daß diese Aktion durch den →Norwegenfeldzug vereitelt werden konnte. Am 30. 1. 1943 wurde er auf eigenen Antrag als Oberbefehlshaber der Kriegsmarine abgelöst und zum Generalinspekteur der Kriegsmarine ernannt. Er machte so den Weg für Großadmiral →Dönitz frei, der das Schwergewicht der deutschen Seekriegsstrategie noch mehr auf den Einsatz von U-Booten legen wollte. Im →Nürnberger Hauptkriegsverbrecherprozeß wurde R. als 70jähriger wegen „Verbrechens gegen den Frieden" zu lebenslänglichem Gefängnis verurteilt, am 26. 9. 1955 jedoch wegen Krankheit freigelassen. Er schrieb „Der Kreuzerkrieg in den ausländischen Gewässern", 2 Bände (1922/23), „Mein Leben", 2 Bände (1956/57), „Von 1935 bis Spandau" (1957).

H. Pemsel: Biographisches Lexikon der Seekriegsgeschichte, 1985. C. A. Gemzell: Raeder, Hitler und Skandinavien, 1965. M. Salewski: Die deutsche Seekriegsleitung 1939-1945, 1970.

Räteregierungen, 1918/19 nach sowjetischem Vorbild von Kommunisten in Deutschland angestrebte Regierungen. In den Umsturzwirren 1918/19 bildeten sich an mehreren Orten →Arbeiter-, Soldaten- und Bauernräte nach sowjetischem Muster, die die Macht zu übernehmen und die Diktatur des Proletariats einzuführen versuchten. Meist konnten sich die R. nur wenige Tage halten, bis ihre Terrorherrschaft von →Freikorps und Regierungstruppen gebrochen wurde. Am längsten hielt sich die →Münchener Räterepublik. Die →Mehrheitssozialisten unter F. →Ebert wandten sich gegen die R. und das Rätesystem und setzten die Wahl einer deutschen →Nationalversammlung am 19. 1. 1919 nach dem Gesetz vom 30. 11. 1918 gegen den Widerstand der →USPD durch.

W. Tormin: Zwischen Rätediktatur und sozialer Demokratie, 1954. E. Ertl: Alle Macht den Räten?, 1968. D. Schneider und R. Kuda: Arbeiterräte in der Novemberrevolution, ²1969. G. Hillmann: Die Rätebewegung, 1971.

Räterepublik, →Münchener Räterepublik.

Raketenflugzeug, →Strahlflugzeug.

Ramcke, Hermann Bernhard, General, * 24. 1. 1889 Schleswig-Friedrichsberg, † 5. 7. 1968 Kappeln/Schleswig. Seit 1905 in der Marine, kämpfte R. im 1. Weltkrieg in der Marinedivision in Flandern, erhielt EK I und II sowie das Preußische Militärverdienstkreuz in Gold und wurde wegen Tapferkeit vor dem Feind Leutnant. Bei den →Baltikumkämpfen wurde er Oberleutnant, in der →Reichswehr Hauptmann, in der Wehrmacht Major und als

Oberstleutnant Kommandeur des pommerschen Truppenübungsplatzes Groß-Born. Nach Meldung zur Fallschirmtruppe sprang der bereits einundfünfzigjährige Kommandeur der Fallschirm-Ergänzungstruppen mit einer Kampfgruppe bei Malemes auf →Kreta ab und trug mit zum Sieg auf diesem Kriegsschauplatz bei, wofür er am 21. 8. 1941 das →Ritterkreuz erhielt. Im Herbst 1942 kämpfte er in Nordafrika und entkam auf erbeuteten britischen Lkws mit 2000 Mann sicherer Gefangenschaft. Dafür wurde er am 15. 11. 1942 mit dem →Eichenlaub ausgezeichnet. Von Februar bis Juni 1944 war er an der Ostfront. Nach der Invasion im Westen führte R. dort die 2. Fallschirmjägerdivision. Ab 8. 8. 1944 verteidigte er als Befehlshaber das eingeschlossene Brest. Mehrere Kapitulationsangebote lehnte er ab, Angriffe schlug er zurück, bis er am 20. 9. 1944 aufgeben mußte. Am selben Tag erhielt „Vater R.", wie ihn seine Soldaten nannten, die →Schwerter und zugleich die →Brillanten. Er kam in Gefangenschaft nach USA, brach dort aus dem Lager aus, um US-Senatoren über die Lage der deutschen Kriegsgefangenen zu informieren, und kehrte freiwillig zurück. Über England und Lager in Deutschland wurde er den Franzosen als „Mörder von Brest" ausgeliefert. Er floh aus französischer Gefangenschaft, machte in der deutschen Presse auf die elende Lage der deutschen Kriegsgefangenen in Frankreich aufmerksam und kehrte freiwillig nach Frankreich zurück, als ihm ein Prozeß versprochen war. Nach sechs Jahren Gefangenschaft wurde er am 21. 3. 1951 zu fünf Jahren Haft verurteilt, die als verbüßt angesehen wurden, so daß er am 24. 6. 1951 entlassen wurde. Bundeskanzler →Adenauer empfing ihn nach seiner Heimkehr. Anschließend war er in der Industrie tätig. Er schrieb „Vom Schiffsjungen zum Fallschirmgeneral" und „Fallschirmjäger – damals und danach".

G. Fraschka: Mit Schwertern und Brillanten, 1977.

Rangklassen, →Dienstgrade.

Rangliste, Namensverzeichnis der Offiziere mit Angabe von Dienstgrad und Dienststellung. Nach dem 1. Weltkrieg wurden Ehrenranglisten für das deutsche Heer und die Kriegsmarine herausgegeben, in denen auch die Gefallenen aufgeführt waren.

Rapallo-Vertrag, deutsch-sowjetischer Vertrag 1920. Nachdem die deutsch-russischen Beziehungen seit 1918 unterbrochen gewesen waren und im Mai 1921 war ein erster deutsch-sowjetischer Handelsvertrag abgeschlossen war, unterzeichneten am 16. 4. 1922 am Rande der Weltwirtschaftskonferenz von →Genua der deutsche Außenminister Walther →Rathenau und sein sowjetischer Kollege Tschitscherin in Rapallo den R. Vorher hatte Frankreich die Sowjetunion insgeheim zu Reparationsforderungen an Deutschland aufgefordert. Im R., praktisch dem deutsch-sowjetischen Friedensvertrag, verzichteten jedoch beide Staaten auf alle gegenseitigen Ansprüche aus dem 1. Weltkrieg, Deutschland auch auf das in der Sowjetunion verstaatlichte deutsche Vermögen. Für die gegenseitigen Wirtschaftsbeziehungen sollte zukünftig die Meistbegünstigung gelten. Diplomatische und konsularische Beziehungen wurden wieder aufgenommen. Der Abschluß des R. ließ die Weltwirtschaftskonferenz platzen und durchkreuzte die Reparationspolitik der Westalliierten. Der R. wurde am 4. 7. 1922 vom Deutschen Reich ratifiziert. Er brachte Deutschland größere Freiheit gegenüber der Versailler Abschnürung und der UdSSR wichtige Handelsbeziehungen.

H. Helbig: Die Träger der Rapallo-Politik, 1958. H. G. Linke: Deutsch-sowjetische Beziehungen bis Rapallo, 1970. G. Lang: Die Polen verprügeln, 2 Bde., 1988. W. von Blücher: Deutschlands Weg nach Rapallo, 1951. L. Kochan: Rußland und die Weimarer Republik, 1955. T. Schieder: Die Probleme des Rapallo-Vertrages, 1956.

Rassegesetze, →Nürnberger Gesetze.

Rassen, Gruppen von Lebewesen mit gleichen, vererbbaren Merkmalen. Über menschliche R. schreibt Hans F. K. →Günther: „Eine Rasse stellt sich dar in einer Menschengruppe, die sich durch die ihr eigene Vereinigung körperlicher Merkmale und seelischer Eigenschaften von jeder anderen (in solcher Weise zusammengefaßten) Menschengruppe unterscheidet und immer wieder ihresgleichen zeugt." Unterschiede zwischen verschiedenen Menschenrassen zeigen sich also nicht nur im äußeren Erscheinungsbild, sondern auch in der spezifischen Weise, wie Eigenschaften zum Ausdruck gebracht werden. Die Eigenschaften selber sind keineswegs bei allen Angehörigen einer Rasse anzutreffen, kennzeichnend ist nur der Stil, in dem sie hervortreten. Der ist nicht immer einfach zu ermitteln, da die meisten Menschen von verschiedenen R. abstammen. Mit der Erforschung der R. befassen sich Rassenkunde und Rassenseelenkunde. Beide werden vor allem von Milieutheoretikern angegriffen, die für die Formung eines Menschen Umwelteinflüsse und Erziehung verantwortlich machen, durch Abstammung bedingte Verhaltenskonstanten des Menschen aber als nicht bestehend ansehen.

Rassenpolitisches Amt der NSDAP, Dienststelle der NSDAP. Das 1933 von Dr. Walter

Groß gegründete Aufklärungsamt für Bevölkerungspolitik und Rassenpflege wurde am 1. 5. 1934 von Rudolf →Heß zum R. erweitert. Es bearbeitete bevölkerungs- und rassenpolitische Fragen, beriet den Gesetzgeber und alle Dienststellen der →NSDAP und überwachte die Schulungs- und Propagandatätigkeit auf diesem Gebiet. Es sollte den Gedanken von der Bedeutung der →Rasse im Volk verbreiten, veranstaltete Vortrags- und Filmabende sowie Tagungen, gab Flugblätter und Schriften heraus, darunter die Monatsschrift „Neues Volk" (ab 1933), betreute den →Reichsbund „Deutsche Familie" und beriet die →NSV bei deren Frauen- und Mädelarbeit. Das R. wurde von Professor Walter Groß geleitet und hatte seinen Sitz in Berlin.

P. Weingart u. a.: Rasse, Blut und Gene, 1988.

Rassenschande, im 3. Reich Bezeichnung für Verstöße gegen das →Blutschutzgesetz vom 15. 9. 1935 und in Deutschland Straftatbestand von 1935–1945.

Rassenschutzgesetzgebung, Gesamtheit der im 3. Reich erlassenen Vorschriften „zur Reinerhaltung des deutschen Blutes und zur Gesunderhaltung des Volkskörpers". Zur R. gehörten insbesondere das Gesetz zur Verhütung erbkranken Nachwuchses vom 14. 7. 1933, das Gesetz zum Schutze des deutschen Blutes und der deutschen Ehre (→Blutschutzgesetz) vom 15. 9. 1935 und das Gesetz zum Schutz der →Erbgesundheit des deutschen Volkes (Erbgesundheitsgesetz) vom 18. 10. 1935.

Guth, Linden, Maßfeller: Blutschutz- und Ehegesundheitsgesetz, 1936. W. Stuckart, H. Globke: Reichsbürgergesetz, Blutschutzgesetz, Ehegesundheitsgesetz, 1936. Lösener, Knost: Die Nürnberger Gesetze, ³1939. A. Gütt, E. Rüdin, Ruttke: Zur Verhütung erbkranken Nachwuchses, Gesetz und Erläuterungen, ²1936.

Rasse- und Siedlungshauptamt (RuSHA, RuS-Hauptamt), Dienststelle der SS. Das 1931 gegründete Amt wurde am 30. 1. 1935 Hauptamt der Reichsführung →SS. Leiter waren R. Walther →Darré (bis Sommer 1938), Günther Pancke (1938–1940), Otto Hofmann (1940–1943) und Richard Hildebrandt (1943–1945). Aufgaben des R. waren Siedlungsmaßnahmen, Sippenpflege, Verbreitung und Vertiefung der →Blut- und Boden-Idee und der Rassenkunde. Es führte Schulungen durch, unterhielt Sippenpflegestellen bei den SS-Standarten und bearbeitete Abstammungsgutachten und Heiratsgenehmigungen für SS-Angehörige. Nach Darrés Ausscheiden verlor das R. durch Gründung anderer SS-Siedlungsgesellschaften, durch Ausgliederung des Schulungswesens und durch Betreuung der →Umsiedler durch die →Volksdeutsche Mittelstelle an Bedeutung.

Rastenburg, meistbenutztes Führerhauptquartier im 2. Weltkrieg. Bei der ostpreußischen Kreisstadt R. im Westen des masurischen Seengebietes lag das wichtigste →Führerhauptquartier →„Wolfsschanze", das ab 1941 benutzt wurde. Hier fand am →20. 7. 1944 das Attentat auf A. →Hitler statt.

Rat der Volksbeauftragten, provisorische Reichsregierung 1918/19. Nachdem am 9. 11. 1918 bei Beginn des →Novemberumsturzes der SPD-Vorsitzende Friedrich →Ebert vom Reichskanzler Prinz →Max von Baden die Regierungsgewalt verlangt und erhalten hatte, bildete er am 10. 11. 1918 zusammen mit Ph. →Scheidemann und O. Landsberg (SPD) sowie H. Haase, W. Dittmann und E. Barth (USPD) den R. als provisorische Reichsregierung, der einem am Abend des 10. 11. 1918 im Zirkus Busch in Berlin von rund 3000 →Arbeiter- und Soldatenräten nach sowjetischem Vorbild gewählten „Vollzugsrat der Arbeiter- und Soldatenräte" unterstellt wurde. Der R. stellte an die Spitze der bisherigen kaiserlichen Bürokratie neue Staatssekretäre. Er setzte eine demokratische Neuordnung des Reiches und die Wahl zu einer →Nationalversammlung am 19. 1. 1919 gegen linksradikale Bestrebungen nach einer →Rätediktatur durch, was am 20. 12. 1918 durch den 1. Deutschen →Reichsrätekongreß bestätigt wurde. Nach Niederschlagung eines von der Volksmarinedivision in Berlin Ende Dezember 1918 versuchten Putsches durch Regierungstruppen traten die →USPD-Mitglieder am 29. 12. 1918 aus dem R. aus und wurden durch G. →Noske und R. Wissell ersetzt. Anfang Januar ließ der R. den →Spartakistenaufstand in Berlin durch Regierungstruppen niederschlagen. Am 6. 2. 1919 übergab der R. die Regierungsgewalt der →Weimarer Nationalversammlung, die am 11. 2. 1919 Friedrich Ebert zum Reichspräsidenten wählte, der Philipp Scheidemann zum Ministerpräsidenten des Reiches (Reichskanzler) ernannte.
W. Tormin: Zwischen Rätediktatur und sozialer Demokratie, 1954. R. M. Watt: Der Kaiser geht . . ., 1971. E. Kolb (Hrsg.): Vom Kaiserreich zur Weimarer Republik, 1972.

Rathenau, Walther, Industrieller und Politiker, * 29. 9. 1867 Berlin, † 24. 6. 1922 Berlin. Der jüdische Industriellensohn wurde Elektroingenieur, 1899 Vorstandsmitglied der von seinem Vater gegründeten AEG, war 1902–1907 Inhaber der Berliner Handelsgesellschaft, wurde 1907 Mitglied, dann Vorsitzender des Aufsichtsrats der AEG, 1915 deren Präsident und saß im Aufsichtsrat von über 100 deutschen Unternehmen. Anfangs des 1. Weltkriegs leitete er die Kriegsrohstoffabteilung im preußischen

Kriegsministerium. Als Mitglied der →DDP und Wirtschaftsfachmann war er an der deutschen Stellungnahme zum →Versailler Diktat und an der Konferenz von →Spa 1920 beteiligt. Im Kabinett →Wirth war er von Mai bis November 1921 Minister für Wiederaufbau, trat aber aus Protest gegen die Abtretung Oberschlesiens zurück. Seit 1. 2. 1922 Außenminister, nahm er mit Reichskanzler Wirth an der Weltwirtschaftskonferenz in →Genua im April 1922 teil und unterzeichnete in ihrem Verlauf den →Rapallo-Vertrag. Als Hauptvertreter der →Erfüllungspolitik angesehen, wurde er von zwei Offizieren, Mitgliedern der von H. →Ehrhardt gegründeten →Organisation Consul (Erwin Kern, Hermann Fischer), erschossen. R. schrieb u. a. „Zur Kritik der Zeit" (1912), „Von kommenden Dingen" (1917).
P. Berglar: Walther Rathenau, 1987. E. Gottlieb: Walther-Rathenau-Bibliographie, 1929. H. D. Hellige, E. Schulin (Hrsg.): Walther-Rathenau-Gesamtausgabe, 1977. G. Herker: Walther Rathenau und sein Verhältnis zu Militär und Krieg, 1983. A. Brecht: Walther Rathenau und das deutsche Volk, 1950.

Raumordnung, Gesamtheit der Planung und Ordnung der Landschaft. Die R. wurde durch Gesetz vom 29. 3. 1935 und Erlasse vom 26. 6. und 18. 12. 1935 als staatliche Hoheitsaufgabe für das ganze Deutsche Reich erklärt. Die neu eingerichtete Reichsstelle für Raumordnung überwachte die Gestaltung des Raumes in einer den Notwendigkeiten des deutschen Volkes und Reiches entsprechenden Weise. Planungsbehörden waren die Reichsstatthalter und Oberpräsidenten sowie der Oberbürgermeister von Berlin. In der Reichsplanungsgemeinschaft waren die Landesplanungsgemeinschaften zusammengeschlossen. Die wissenschaftliche Vorarbeit leistete die durch Erlaß vom 16. 12. 1935 eingerichtete Reichsarbeitsgemeinschaft für Raumforschung, die an allen Hochschulen die Raumforschung zusammenfassen sollte. Ab 1936 erschien die Zeitschrift „Raumforschung und Raumordnung".

Rauschning, Hermann, Dr. phil., Senatspräsident, * 7. 8. 1887 Thorn, † 8. 2. 1982 Portland/ Oregon (USA). Seit 1918 leitete der Weltkriegsoffizier die Kulturarbeit der deutschen Volksgruppe in Posen und schrieb 1929 „Die Entdeutschung Westpreußens und Polens". Als Vorsitzender des →Landbundes wurde R. im Mai 1933 Spitzenkandidat der →NSDAP bei der Volkstagswahl und am 20. 6. 1933 Senatspräsident einer nationalsozialistischen Regierung in der Freien Stadt →Danzig. Wegen unterschiedlicher Auffassungen mit dem Gauleiter A. →Forster über die Wirtschaftspolitik trat er im November 1934 zurück und übersiedelte

1936 über Polen in die Schweiz. Dort veröffentlichte er 1938 das gegen den Nationalsozialismus gerichtete Buch „Die Revolution des Nihilismus". Aus Geldnot schrieb er 1939 im Auftrage eines Pariser Pressedienstes „Gespräche mit Hitler" über seine angeblichen Unterredungen mit A. →Hitler vom August 1932 bis Juli 1934, die vor allem in französischer und englischer Sprache allein bis 1940 in über 350000 Exemplaren erschienen und auch nach dem 2. Weltkrieg als Quelle zum Verständnis des 3. Reiches galten. 1983 wurde jedoch von W. Hänel nachgewiesen, daß es sich dabei um freie Erfindungen handelte. Ab 1948 lebte R. in Gaston (Oregon, USA) als Farmer.

W. Hänel: Hermann Rauschnings „Gespräche mit Hitler" – eine Geschichtsfälschung, 1984. Th. Schieder: Hermann Rauschnings „Gespräche mit Hitler" als Geschichtsquelle, 1972.

Ravensbrück, deutsches →Konzentrationslager.

RBF, Abkürzung für →Reichsbauernführer.

RDF, Abkürzung für →Reichsbund Deutsche Familie.

RDK, Abkürzung für →Reichsbund der Kinderreichen.

RDO, Abkürzung für →Reichsverband Deutscher Offiziere.

rechts, politische Haltung, →Konservatismus.

Rechtsfront, Deutsche, ständische Zusammenfassung aller deutschen Juristen. Ab 1933 wurden alle Richter, Staatsanwälte, Rechtsanwälte, Rechtspfleger, Verwaltungsjuristen, Wirtschaftsprüfer, juristischen Hochschullehrer sowie Angehörige anderer dem Recht verbundener Berufe in der Deutschen R. durch den →NS-Rechtswahrerbund vereinigt. Als Zeitschrift erschien (seit 1931) „Deutsches Recht".

Rechtswahrer, deutsche Bezeichnung für „Jurist". Das seit Anfang des 20. Jahrhunderts benutzte Wort wurde insbesondere von 1933–1945 verwendet. So nannte sich am 15. 4. 1936 der →Bund nationalsozialistischer Juristen in →Nationalsozialistischer R.-bund um.

Reder, Walter, SS-Sturmbannführer, * 4. 2. 1915 Freiwaldau/Österreichisch-Schlesien. R. wuchs in Linz/Donau auf, kam 1934 als Rekrut zum SS-Regiment „Deutschland" nach München, wurde 1936 Offizier und machte 1940 den →Frankreichfeldzug mit. An der Ostfront zeichnete er sich mehrfach aus, wurde wiederholt verwundet und erhielt das →Deutsche Kreuz in Gold. Als SS-Hauptsturmführer und Bataillonskommandeur in der SS-Panzerdivision „Totenkopf" wurde er für einen entscheidenden Einsatz bei der Vernichtung starker Kräfte der sowjetischen 3. Panzerarmee am 3. 4. 1943 mit dem →Ritterkreuz ausgezeichnet. Kurz darauf verlor er seinen linken Unterarm und übernahm nach seiner Genesung die Aufklärungsabteilung der 16. SS-Panzergrenadierdivision „Reichsführer SS"; ab Januar 1944 führte er sie als Sturmbannführer (Major). Seine Einheit wurde am 29./30. 9. 1944 südlich von Bologna (Italien) zur Bekämpfung kommunistischer →Partisanen eingesetzt. Nach Kriegsende und kurzer US-Gefangenschaft wurde R. später erneut verhaftet, am 30. 9. 1947 den Engländern überstellt und im Mai 1948 nach Italien ausgeliefert, wo man ihm vom 18. 9. bis 31. 10. 1951 in Bologna den Prozeß wegen der nachweislich falschen Behauptung machte, er habe im Rahmen der Partisanenbekämpfung Zivilisten erschießen lassen. Unter dem Druck italienischer Kommunisten wurde er zu lebenslänglicher Haft und Degradierung verurteilt. Am 16. 3. 1954 wurde die Degradierung aufgehoben und R. als Kriegsgefangener anerkannt. Bemühungen aus allen Ländern, diesen klaren Fall von Rechtsbeugung durch Revision oder einen Gnadenakt zu korrigieren, scheiterten an der Feigheit der zuständigen italienischen Behörden und ihrer Angst vor der kommunistischen Öffentlichkeit. So mußte R., zusammen mit Herbert →Kappler bis zu dessen Flucht im Jahr 1977, viele Jahre im italienischen Militärgefängnis Gaeta verbringen. Seit seiner Entlassung am 24. 1. 1985 lebt er, durch Krankheiten stark belastet, in Wien.

L. Greil: Die Lüge von Marzabotto, 1959. A. Kesselring: Soldat bis zum letzten Tag, 1953. L. Greil: Faustpfand Walter Reder, 1977. W. Kunz: Der Fall Marzabotto, 1967. R. Aschenauer: Der Fall Reder, 1978. H. Kiessler: Wahrheit und Gerechtigkeit für den Menschen und Soldaten Walter Reder, 1985.

Reeducation, englisch für →Umerziehung.

REG, Abkürzung für →Reichserbhofgesetz.

„Regenbogen", Codename für den Befehl des Oberbefehlshabers der Kriegsmarine vom 3. 5. 1945, bei einer Kapitulation die Schiffe der Kriegsmarine selbst zu versenken, damit sie nicht in die Hand der Sieger fielen oder an sie ausgeliefert werden müßten. Der Befehl wurde jedoch am 4. 5. 1945 von Großadmiral

Karl →Dönitz aufgehoben. Über 60 U-Boote wurden trotzdem selbst versenkt.

K. Dönitz: 10 Jahre und 20 Tage, 1963. J. Rohwer und G. Hümmelchen: Chronik des Seekrieges 1939–1945, 1968.

Reich, Kurzform für Deutsches Reich. Unterschieden wird das 1. Reich (962–1806, „Heiliges Römisches Reich Deutscher Nation", auch das „Alte Reich" genannt), das 2. Reich (1871–1918, „Kaiserreich", auch als „Bismarck-Reich" bezeichnet) und das 3. Reich (1933–1945, ab 1938 meist „Großdeutsches Reich" genannt). Die Bewohner des R.s waren die Reichsdeutschen, während die außerhalb des R.s-Gebiets lebenden Deutschen zu den →Volksdeutschen zählten. Das 1. Reich war seinem Charakter nach übernational, vereinigte also auch Nichtdeutsche unter der Führung eines deutschen Kaisers oder Königs. Das 2. Reich war ein deutscher Nationalstaat, der jedoch zahlreiche Deutsche außerhalb der Reichsgrenzen lassen mußte, weil die politischen Voraussetzungen zu ihrer Einbeziehung im vergangenen Jahrhundert nicht gegeben waren. Das 3. Reich war gleichfalls ein deutscher Nationalstaat, der die Eingliederung aller Volksdeutschen durch Verschiebung seiner Grenzen oder durch →Umsiedlung verstreut im Ausland lebender Deutscher anstrebte. Im Verlauf des 2. Weltkrieges wurden auch Vorstellungen entwickelt, nach einem von Deutschland gewonnenen Krieg ein 4. Reich zu errichten, in dem das Zusammenleben der europäischen Völker mit Deutschland als Kern neu geordnet werden sollte. Diese Überlegungen kamen jedoch zu keinem bestimmten Ergebnis und wurden durch den Kriegsausgang gegenstandslos. Mit dem R. ist auch der Begriff →R.s-Idee verbunden.

„Reich, Das", Wochenzeitung 1940–1945. Mit dem Untertitel „Deutsche Wochenzeitung" erschien „Das R." seit 26. 5. 1940 im Deutschen Verlag, Berlin. Hauptschriftleiter war bis 31. 1. 1943 Eugen Mündler, dann der Mitbegründer Rudolf Sparing. Die Leitartikel schrieb meist Reichspropagandaminister Dr. J. →Goebbels. Das Blatt war vor allem für die deutsche Intelligenz und das Ausland gedacht und galt als Sprachrohr der geistigen Führung des →Nationalsozialismus. Die Mitarbeiter waren meist bekannte Journalisten. Die Auflage stieg von 500 000 im Oktober 1940 auf 1,4 Mill. im März 1944, die letzte Ausgabe erschien am 15. 4. 1945.

H. D. Müller (Hrsg.): Facsimile-Querschnitt durch „Das Reich", 1964.

Reichenau, Walter von, Generalfeldmarschall (ab 19. 7. 1940), * 8. 10. 1884 Karlsruhe, † 17. 1. 1942 Poltawa. Der Offizierssohn trat 1903 in das preußische Heer ein, diente im 1. Weltkrieg als Batteriechef und Generalstabsoffizier, anschließend in der Reichswehr. Am 1. 2. 1933 wurde er Chef des Ministeramts (ab 13. 2. 1934 Wehrmachtsamts) im Reichswehrministerium. Seit 1. 2. 1934 Generalmajor, wurde R. am 1. 10. 1935 Generalleutnant und Kommandierender General des VII. Armeekorps (München), ab Februar 1938 führte er die Heeresgruppe 4 (Leipzig), als Oberbefehlshaber die 10. Armee bei der Angliederung des Sudetenlandes und im →Polenfeldzug. Im →Frankreichfeldzug und →Rußlandfeldzug führte er die 6. Armee, bis er Anfang Dezember 1941 Chef der Heeresgruppe Süd wurde. Er starb an einem Herzanfall.

J. Thorwald: Die ungeklärten Fälle, ²1952. K.-J. Müller: Das Heer und Hitler, 1969.

Reichenberg-Programm, Bezeichnung für die Entwicklung von drei Flugzeugtypen für den Einsatz einer bemannten →V 1 als V 4 im →Selbstopfereinsatz. Das im Rahmen der V-Waffen 1945 vorbereitete R. sah eine Einweisungs-, eine Trainings- und eine Einsatzmaschine vor, kam aber nicht mehr zur Durchführung.

A. Rose: Radikaler Luftkampf, 1977. O. Skorzeny: Meine Kommandounternehmen, 1976. P. W. Stahl: Geheimgeschwader KG 200, 1977.

Reichenhall-Massaker, Ermordung französischer Soldaten, die im 2. Weltkrieg auf deutscher Seite kämpften. Am 8. 5. 1945 besetzten Truppen des französischen Generals Leclerc Reichenhall und nahmen dabei elf französische Angehörige der SS-Division „Charlemagne" gefangen. Leclerc verhörte sie und ließ sie dann völkerrechtswidrig erschießen.

Reichsämter, oberste Reichsbehörden bis 1918. An ihrer Spitze standen Staatssekretäre, die direkt dem Reichskanzler unterstellt waren. Die R. wurden 1919 durch Reichsministerien abgelöst.

Reichsärzteordnung, staatliche Regelung für die Ärzteschaft 1935–1945. Durch Gesetz vom 13. 12. 1935 wurden mit der R. die ärztlichen Berufs- und Standesverhältnisse geregelt. Danach war der Arzt kein Gewerbetreibender mehr, sondern Angehöriger eines besonderen Standes. Durch die R. wurde die Reichsärztekammer unter dem →Reichsgesundheitsführer als Vertretung der Ärzteschaft im Deutschen Reich eingerichtet.

Reichsakademie für Leibesübungen, oberste Lehr- und Forschungsstätte des Deutschen

Reichs für Leibesübungen. Sie wurde 1936 auf dem Gelände des →Reichssportfeldes in Berlin im „Haus des Deutschen Sports" als ganzheitliche Ausbildungsstätte für Sport- und Turnlehrer und die „Lehrwarte" des →„Deutschen Reichsbundes für Leibesübungen" eingerichtet. 1937 wurde sie Reichsbehörde unter gemeinsamer Aufsicht von Reichsinnen- und Reichserziehungsminister. Präsident war der Reichssportführer Hans von →Tschammer und Osten, nach dessen Tod (25. 3. 1943) Arno Breitmeyer, ab 18. 9. 1944 Karl Ritter von →Halt; die Leitung hatte Ministerialdirektor Carl Krümmel. Wegen des Kriegsausbruchs stellte die R. nach Abschluß des Sommersemesters 1939 ihren Betrieb ein.

Reichsamt für Agrarpolitik, Dienststelle in der →Reichsleitung der →NSDAP. Das 1933 aus dem →Agrarpolitischen Apparat hervorgegangene R. mit Sitz in München unter Leitung von Richard Walther →Darré arbeitete eng mit dem →Reichsnährstand zusammen, beriet die Reichsregierung und entwickelte Richtlinien zur Agrarpolitik. Organ des R. war die „NS-Landpost".

Reichsamt für wehrwirtschaftliche Planung, Behörde im Reichswirtschaftsministerium. 1938 wurde das R. als Behörde für Statistik und Planung auf dem Gebiet der Materialvorsorge für die Wehrmacht eingerichtet, um für einen drohenden Kriegsfall wirtschaftlich besser als im 1. Weltkrieg gerüstet zu sein.

Reichsangehörigkeit, deutsche Staatsangehörigkeit. Die deutsche Staatsangehörigkeit war durch das Reichs- und Staatsangehörigkeitsgesetz vom 22. 7. 1913, eine Verordnung vom 5. 2. 1934 sowie durch das Gesetz vom 15. 5. 1935 geregelt. Der Erwerb der R. erfolgte durch Geburt, beim ehelichen Kind, wenn der Vater, beim unehelichen, wenn die Mutter die deutsche R. besaß; durch Eheschließung mit einem Deutschen; durch Einbürgerung und durch Verbeamtung. Nach 1934 konnte eine Einbürgerung zwischen dem 9. 11. 1918 und dem 30. 1. 1933 widerrufen werden.

Reichsarbeitsdienst (RAD), Organisation zur Durchführung der allgemeinen Arbeitsdienstpflicht 1935–1945. Nachdem aus der →Jugendbewegung der 20er Jahre die Arbeitslagerbewegung und auch aus anderen Verbänden ein freiwilliger →Arbeitsdienst (FAD) entstanden war, baute Oberst a. D. Konstantin →Hierl ab 1931 den freiwilligen nationalsozialistischen Arbeitsdienst auf, der ab 1933 eine weitverzweigte Organisation erhielt und als wichtige Aufgabe die „Erziehung zur →Volksgemeinschaft" ansah. Reichsleiter Hierl unterstand als Staatssekretär und Leiter des RAD ab 31. 3. 1933 dem Reichsarbeits-, ab 3. 7. 1934 dem Reichsinnenministerium. Mit Gesetz vom 26. 6. 1935 wurde die allgemeine sechsmonatige R.-pflicht für alle deutschen Männer von 18 bis 25 Jahren eingeführt. Der →Reichsarbeitsführer hatte seine Dienststelle in Berlin. Das Reichsgebiet war in 38 Arbeitsgaue eingeteilt, diese in je sechs bis acht RAD-Gruppen mit je etwa sechs RAD-Abteilungen, die jeweils vier Züge zu je drei Trupps umfaßten. Der Arbeitsgauführer besaß den Dienstrang eines Generalarbeitsführers, vom Oberstarbeitsführer unterstützt, der Gruppenführer den eines Oberarbeits- oder Arbeitsführers, dem die Abteilungsführer als Oberstfeldmeister unterstanden. 1939 bestanden rund 1700 RAD-Abteilungen in 259 RAD-Gruppen mit insgesamt 360000 Mann. Es gab eine Reichs-, fünf Bezirks-, fünf Feldmeister- und 19 Truppführerschulen. Die RAD-Pflichtigen wurden durch die Ersatzdienststellen erfaßt, die sich in 41 Hauptmeldeämter und 329 Meldeämter gliederten. Hauptaufgabe des RAD war, auch als erzieherisches Mittel, die Arbeit am Boden: Kultivierungs- und Rodungsarbeit, Entwässerung, Deichbau, Wegebau, Forstarbeit, Vorbereitung ländlicher Siedlungen. Der RAD wurde auch beim Bau der →Reichsautobahn, des →Westwalls und im 2. Weltkrieg allgemein beim Befestigungs- und Straßenbau eingesetzt. Hauptarbeitsmittel und Symbol des RAD war der Spaten. Seine Angehörigen trugen braune Uniform mit Kragenspiegel, Hakenkreuzarmbinde und Koppel, Stiefelhose und Stiefel. Mit Verordnung vom 4. 9. 1939 wurde die RAD-Pflicht auch für die weibliche Jugend eingeführt, zunächst für 100000, mit Führererlaß vom 29. 7. 1941 für 130000 „Arbeitsmaiden" einschließlich Stammpersonal. Zur Ausbildung standen eine Reichsschule, acht Bezirks- und 14 Lagerschulen zur Verfügung. Die Maiden wurden in der Lagergemeinschaft staatspolitisch und hauswirtschaftlich ausgebildet, halfen in Bauern- und Siedlerfamilien sowie bei der →Kinderlandverschickung. Ab 1941 hatten die Maiden anschließend einen sechsmonatigen →Kriegshilfsdienst abzuleisten. Im 2. Weltkrieg wurden männliche RAD-Einheiten auch bei der Luftabwehr und ab Ende 1944 beim Volkssturm eingesetzt. Organ des RAD war ab 1935 „Der Arbeitsmann".

H. Köhler: Arbeitsdienst in Deutschland, 1967. K. Hierl: Grundsätzliches zur Arbeitsdienstpflicht, 1934. Decker: Der deutsche Arbeitsdienst, 1937. Stamm: Der RAD, 1937. Scheibe: Aufgabe und Aufbau des RAD, 1938. Zypries: Der Arbeitsdienst für die weibliche Jugend, 1938. W. Mallebrein und W. Stelling: Männer und Maiden, 1979. H. Kläbe und andere: Arbeitsdienst – Gemeinschaftsdienst, 1973. W. Mallebrein: Konstantin Hierl, 1971. K. Hierl: Der Geist des Arbeitsdienstes, 1933. K. Hierl: Im Dienst für Deutschland 1918–1945, 1955. K. Hierl: Sinn und Gestaltung der Arbeitsdienstpflicht, 1932. von Gönner: Spaten und Ähre, 1937. H. Stellrecht: Der Deutsche Arbeitsdienst, ^{5}1933.

Reichsarbeitsführer, Titel des Führers des →Reichsarbeitsdienstes, Konstantin →Hierl.

Reichsarbeitskammer, Einrichtung der Deutschen Arbeitsfront (DAF). Die R. wurde 1935 als beratendes Gremium im Amt Soziale Selbstverantwortung der →Deutschen Arbeitsfront in Berlin zur Behandlung arbeitspolitischer Fragen geschaffen. Sie hatte 180 Mitglieder aus DAF, →NSDAP, Staat und Wirtschaft. Ihr unterstanden 26 Arbeitskammern, die „Anregungen und Wünsche aus der Praxis der Betriebe an die politische Führung" heranbringen sollten.

Reichsarbeits- und Reichswirtschaftsrat, →Reichswirtschaftsrat.

Reichsarchiv, erstes Archiv des Deutschen Reiches. Das R. wurde 1919 in Potsdam gegründet und hat besonders die Geschichte des 1. Weltkriegs bearbeitet. Daneben gab es Landesarchive.

Reichsautobahnen (RAB), kreuzungsfreies Netz von nur Kraftfahrzeugen vorbehaltenen mehrspurigen Straßen in Deutschland ab 1933. Als autobahnähnliche Straße war 1932 die 20 km lange „Kraftwagenstraße" Köln–Bonn entstanden. Ab 1924 gab es eine Studiengesellschaft für Automobilstraßenbau (STUFA), ab 1926 den Verein zur Vorbereitung der Autostraße Hamburg–Frankfurt–Basel (Hafraba). A. →Hitler erließ am 27. 6. 1933 ein Gesetz über die Errichtung des Unternehmens „R.", einer selbständigen juristischen Person des öffentlichen Rechts mit Sitz in Berlin. Er berief den durch die Denkschrift „Straßenbau und Straßenverwaltung" (Dezember 1932) zum Verkehrswesen hervorgetretenen Diplomingenieur Dr. Fritz →Todt zum →Generalinspektor für das deutsche Straßenwesen und beauftragte ihn mit dem Bau der R. Todt setzte die Idee in kürzester Zeit um: Am 23. 9. 1933 erfolgte der erste Spatenstich für den Autobahnbau durch A. Hitler bei Frankfurt, am 19. 5. 1935 war die Strecke Frankfurt–Darmstadt fertig, am 1. 5. 1939 waren von den 1933 geplanten 6900 km bereits 3065 km dem Verkehr übergeben, 1849 km im Bau. Die „Straßen Adolf Hitlers" waren zunächst 24 m breit und bestanden aus zwei Fahrbahnen von je 7,5 m Breite, mit

jeweils einer Fahr- und Überholspur sowie einem Grünstreifen von 5 m Breite in der Mitte. Aus Sicherheitsgründen wurde neben jeder rechten Fahrbahn eine Haltespur von 2 m Breite angeordnet. Die Straßendecke bestand meist aus rund 20 cm Beton. Anschlüsse an andere Straßen erfolgten durch besondere Anschlußstellen; andere Verkehrswege wurden durch Über- und Unterführungen gekreuzt. Es wurde keine Benutzungsgebühr erhoben. Beim Bau der R. legte F. Todt sowohl auf die landschaftliche Anpassung wie auf stilvolle Bauausführung großen Wert. Er berief dazu bereits Anfang 1934 Landschaftsanwälte unter Leitung des Gartenarchitekten A. Seifert und verpflichtete für den Brückenbau führende Ingenieure und Architekten (F. Leonhardt, P. Bonatz u. a.). Die Straßen sollten „Ausdruck ihrer Landschaft" sein, zugleich in ihrer Gediegenheit und sachlichen Schönheit Vorbild für den deutschen Tiefbau. Aus Planungen und Streckenverlauf geht hervor, daß die R. nicht für den militärischen Gebrauch vorgesehen waren. Der Bau der R. trug als große →Arbeitsbeschaffungsmaßnahme ab 1933 mit zur Behebung der Arbeitslosigkeit bei, erschloß weite Landesteile dem Verkehr, förderte die Wirtschaft und verband als gemeinsame Aufgabe das ganze Volk. Obwohl teilweise im 2. Weltkrieg zerstört, bildete das mit Beginn der 50er Jahre wieder ausgebaute Netz der R. eine der Voraussetzungen für den wirtschaftlichen Wiederaufbau Deutschlands und wurde zum Vorbild für das ganze westliche Europa.

K. Lengemann: Reichsautobahnen in Staat, Wirtschaft und Recht, 1934. Generalinspektor für das deutsche Straßenwesen (Hrsg.): Zwei Jahre Arbeit an der Reichsautobahn, 1935 (analog 1936, 1937, 1938). Generalinspektor für das deutsche Straßenwesen (Hrsg.): Die Straßen Adolf Hitlers in der Kunst, 1937. E. Lendvai-Dircksen: Reichsautobahnbau – Mensch und Werk, 1942. E. Schönleben: Fritz Todt, 1943. Bundesminister für Verkehr (Hrsg.): Hafraba – 30 Jahre Autobahnbau, 1962. F. W. Seidler: Fritz Todt, 1986.

Reichsbanne, in der →Hitler-Jugend die der →Reichsjugendführung unmittelbar unterstehenden Banne „Seefahrt" (S), „Binnenschifffahrt" (BS), „Blinde" (B) und „Gehörgeschädigte" (G).

Reichsbanner „Schwarz-Rot-Gold", linksgerichtete Organisation in der Weimarer Republik. Am 22. 2. 1924 wurde das R. von sechs Magdeburger SPD-Angehörigen, einem Mitglied der Deutschen Demokratischen Partei und einem Zentrumsmitglied gegründet. Vorsitzender war bis 1932 der Mitgründer Oberpräsident Hörsing (SPD), dann der Mitgründer K. Höltermann (SPD). Hauptsächlich von der SPD getragen, wurde das R. die mitgliederstärkste militante politische Organisation der Weimarer Zeit mit 1932 rund 3,2 Millionen Angehörigen. Es gründete die Schutzformation (Schufo) mit rund 400000 Mitgliedern, die insbesondere in den Wahlkämpfen ab 1929 in Erscheinung traten und am 16. 12. 1931 zusammen mit Gewerkschaften und Arbeitersportverbänden die →Eiserne Front gegen die →Harzburger Front bildeten. Das R. wandte sich meist mit Gewalt gegen die Veranstaltungen der →NSDAP und →SA. 1932 wurden rund 8100 Angehörige des R. wegen Landfriedensbruch u. ä. angeklagt und 3000 von ihnen verurteilt. Zahlreiche tote NSDAP-Mitglieder gingen auf das Konto des R. Im Februar 1933 nahm das R. Verbindung zum →Stahlhelm und zur →Reichswehr auf, bevor es sich im März 1933 ohne Widerstand auflöste.

E. H. Posse: Die politischen Kampfbünde Deutschlands, ²1931. K. Rohe: Das Reichsbanner Schwarz-Rot-Gold, 1966.

Reichsbauernführer (RBF), 1933–1945 der Führer des →Reichsnährstandes. Reichsminister Richard Walther →Darré war als RBF →Hitler persönlich verantwortlich und verband in seiner Person staatliche, ständische und parteiamtliche Funktionen. Sein Nachfolger als Minister war Herbert →Backe.

Reichsbauernrat, Beirat des →Reichsbauernführers 1933–1941. Der R. ging unter Führung Richard Walther →Darrés im Sommer 1933 aus dessen →Agrarpolitischem Apparat der →NSDAP und der am 4. 4. 1933 gegründeten „Reichsführergemeinschaft des deutschen Bauerntums" hervor. Der Geschäftsführer war bis zu seinem Tod 1936 Richard Arauner, dann E. Metzner. Dem R. gehörten bis zu 27 ordentliche Mitglieder an, darunter der Reichsbauernführer, dann Mitglieder kraft Amtes zur Verwaltung, vor allem aus dem →Reichsnährstand, sowie die Landesbauernführer und vom Reichsbauernführer berufene Mitglieder, insgesamt 205. Der R. sollte dem Reichsbauernführer beratend zur Seite stehen und über „den Gedanken von →Blut und Boden" wachen. Er tagte insgesamt zehnmal, meist in Verbindung mit dem →Reichsbauerntag, zuletzt am 25. 11. 1938 in Goslar. Durch Anordnung vom 22. 4. 1941 wurde der R. aufgehoben, an seine Stelle trat der Beirat für Ernährung und Landwirtschaft, der am 8. 7. 1942 durch →Backe aufgelöst wurde.

Reichsbauernstadt, im 3. Reich Bezeichnung für Goslar, wo jährlich die →Reichsbauerntage stattfanden.

Reichsbauerntag, die im 3. Reich jährlich in der →„Reichsbauernstadt" Goslar stattfindende Tagung des →Reichsnährstandes.

Reichsbehörden, Organe, die die Geschäfte des Deutschen Reiches in Verwaltung und Rechtsprechung führten. Die obersten R. waren die Reichsregierung mit Reichskanzler und Reichsministern. Im 3. Reich traten hinzu der Vorsitzende des Ministerrats für die Reichsverteidigung, der Beauftragte für den Vierjahresplan, der Chef der →Präsidialkanzlei, der Chef der →Reichskanzlei, der Geheime Kabinettsrat, das →Oberkommando der Wehrmacht, der →Reichsprotektor für Böhmen und Mähren, der →Generalgouverneur, der Rechnungshof des Deutschen Reiches, der →Jugendführer des Deutschen Reiches, der Präsident der Reichsbank, der →Generalinspektor für das deutsche Straßenwesen, das Reichsforstamt und die Reichsstelle für Raumordnung. Zu den höheren R., die den obersten R. angegliedert oder nachgeordnet waren, gehörten →Reichskulturkammer, Reichsgesundheitsamt, Reichsfinanzhof, Reichsgericht, Statistisches Reichsamt, Reichsversicherungsamt. Die Reichsstatthalter gehörten zu den R. der mittleren Instanz und waren dem Reichsinnenministerium unterstellt. Nach der →Gleichschaltung waren alle Landesbehörden mittelbare R. geworden. Die →Reichsgaue wurden durch unmittelbare R. verwaltet.

Reichsberufswettkampf, jährlicher Wettkampf der berufstätigen Jugend 1934–1944. Als eine Maßnahme nationalsozialistischer Volkserziehung und zur Förderung der beruflichen Leistungen wurde auf Anregung von Arthur →Axmann, 1933 Leiter des Sozialen Amtes in der →Reichsjugendführung, ab 1934 jährlich der R. durchgeführt. Zunächst nur für die berufstätige Jugend geplant, wurde der R. ab 1938 auch auf Erwachsene als „R. aller schaffenden Deutschen" ausgedehnt. Träger des R. waren die →Deutsche Arbeitsfront und die →HJ. Bei freiwilliger Teilnahme umfaßten die Bedingungen des R. theoretische und praktisch-berufliche und weltanschauliche Aufgaben. Das Schwergewicht lag bei den praktischen Arbeiten, für Mädchen kam ein hauswirtschaftlicher Teil dazu. Es wurden Orts-, Gau- und Reichssieger ermittelt. Die Reichssieger wurden jeweils am 1. Mai verkündet, mit einer runden Ansteckspange mit Reichsadler und HJ-Emblem geehrt und später beruflich besonders gefördert. 1938 gab es rund 2,2 Millionen Teilnehmer in 1600 Berufssparten. Im Rahmen des R. veranstaltete der →NSD-Studentenbund einen „R. der deutschen Studenten".

Reichsbewegung Deutsche Christen, →Deutsche Christen.

Reichsbischof, Oberhaupt der Deutschen Evangelischen Kirche 1933–1945. Am 27. 5. 1933 wählten die Vertreter der 28 deutschen evangelischen Landeskirchen Friedrich von Bodelschwingh zum R. Da jedoch noch keine Reichskirchenverfassung bestand, erkannte die Reichsregierung die Wahl nicht an und setzte am 24. 6. 1933 einen Staatskommissar zur Regelung der Kirchenfragen ein, worauf Bodelschwingh zurücktrat. Nach Erlaß der Kirchenverfassung am 11. 7. 1933 und den Kirchenwahlen vom 23. 7. 1933 mit erheblicher deutsch-christlicher Mehrheit wurde am 27. 9. 1933 in Wittenberg der Königsberger Garnisonpfarrer und Landesbischof in Preußen Ludwig →Müller von der Nationalsynode zum R. gewählt. Er konnte sich jedoch gegen den Widerstand der Bekennenden Kirche nicht durchsetzen. Am 16. 7. 1935 wurde deshalb Hanns →Kerrl als Reichsminister für kirchliche Angelegenheiten eingesetzt und R. Müller am 24. 11. 1935 die Leitungsvollmacht entzogen. Er blieb aber als R. bis Kriegsende im Amt.

Reichsbräuteschulen, →Eheschulen.

Reichsbühnenbildner, der Beauftragte der → Reichstheaterkammer für die Gestaltung der Bühnenbilder in deutschen Theatern. Das 1936 eingerichtete Amt wurde Benno von Arent übertragen.

Reichsbürger, Status nach dem Reichsbürgergesetz. Als Teil der →Nürnberger Gesetze beschloß der Reichstag am 15. 9. 1935 das →„Reichsbürgergesetz", dessen § 2 folgenden Wortlaut hatte: „(1) Reichsbürger ist nur der Staatsangehörige deutschen oder artverwandten Blutes, der durch sein Verhalten beweist, daß er gewillt und geeignet ist, in Treue dem Deutschen Volk und Reich zu dienen. (2) Das Reichsbürgerrecht wird durch Verleihung des Reichsbürgerbriefes erworben. (3) Der Reichsbürger ist der alleinige Träger der vollen politischen Rechte nach Maßgabe der Gesetze." Eine Verordnung vom 14. 11. 1935 bestimmte, daß bis zum Erlaß näherer Vorschriften vorläufig als Reichsbürger zu gelten hatte, wer beim Inkrafttreten des Reichsbürgergesetzes am 30. 9. 1935 das Reichstagswahlrecht besaß oder wem das vorläufige Reichsbürgerrecht verliehen worden war.

Reichsbürgergesetz, Gesetz vom 15. 9. 1935 zur Einführung des Begriffs →Reichsbürger.

Reichsbund der Deutschen Beamten (RDB), Einheitsorganisation für alle Beamten 1933–1945. Der RDB wurde im Oktober 1933 als ein der →NSDAP angeschlossener Verband für alle deutschen Beamten gegründet und vom Hauptamt für Beamte in der →Reichsleitung der NSDAP geleitet. Seine Aufgabe war die nationalsozialistische Ausrichtung der Beamtenschaft, die Mitwirkung bei beamtenpolitischen Maßnahmen der Regierung und die Unterhaltung von Einrichtungen zur Selbsthilfe sowie zur Berufsausbildung und -fortbildung. Die Mitglieder, die nicht Parteimitglieder sein mußten, waren in 14 Fachschaften zusammengefaßt. Führer des RDB war der frühere Leiter des Deutschen Beamtenbundes, SA-Brigadeführer und Reichsbeamtenführer Hermann Neef, Präsident der Verwaltungsakademie in Berlin.

Reichsbund der Kinderreichen (RDK), Vereinigung der kinderreichen Familien in Deutschland seit 1920. Sein Organ war „Völkischer Wille". Der RDK wurde 1940 vom →Reichsbund Deutsche Familie abgelöst.

Reichsbund Deutsche Familie (RDF), aus dem →Reichsbund der Kinderreichen 1940 hervorgegangene Vereinigung der kinderreichen Familien in Deutschland. Sitz des RDF war Berlin, betreut wurde er vom →Rassenpolitischen Amt der →NSDAP. Der RDF trat für die Sicherung der kinderreichen Familien und für die „Auslese erbgesunder deutscher Vollfamilien" ein. Mitgliedern wurde auf Antrag das „Ehrenbuch für die deutsche kinderreiche Familie" verliehen. Einem „Ehrenführerring der Kinderreichen" gehörten namhafte Persönlichkeiten an.

Reichsbund Deutscher Seegeltung, Vereinigung zur Verbreitung des Gedankens deutscher Seegeltung. Der 1934 mit Sitz in Berlin gegründete R. wurde von Admiral Adolf von →Trotha, nach dessen Tod ab 1941 von Konteradmiral Busse geleitet; Stellvertreter war bis Januar 1939 Rudolf Krohne. Am 1. 5. 1937 gründete der R. das Seegeltungsinstitut in Magdeburg, das am 15. 1. 1938 eingeweiht wurde. Sein wissenschaftlicher Leiter war Dr. Walther Kiefer, Schirmherr Generaladmiral →Raeder, Beauftragter des R. war R. Krohne. Ab 6. 11. 1934 besaß der R. die Modellbauschule (Max) Bartsch in Potsdam. Der R. wurde regional von Gaureferenten und Kreisstützpunktsleitern vertreten. Er führte jährlich mehrere Ausstellungen durch. Als Organ erschien vierteljährlich „Das Schulungsblatt". Im Auftrag des R. gab R. Krohne die „Schriften deutscher Seegeltung" heraus. Daneben wurden Bildbände, Kalender und Flugschriften verbreitet.

Reichsbund Deutscher Seegeltung (Hrsg.): Arbeitsbericht 1935–1937. R. Krohne: Ein Volk sucht die See, 1936. R. Krohne: Geschichte deutscher Seegeltung, 1936. A. von Trotha: Seegeltung – Weltgeltung, 1940.

Reichsbund Jüdischer Frontsoldaten (RJF), Vereinigung ehemaliger jüdischer Soldaten in Deutschland. Der am 8. 2. 1919 gegründete Verein diente der Pflege der Kameradschaft, der Betreuung von jüdischen Kriegsopfern und gegenseitiger Hilfe. Er besaß 1936 rund 30 000 Mitglieder und brachte von 1921–1938 die Wochenzeitschrift „Der Schild" heraus. Seine Mitglieder genossen im 3. Reich gesetzliche Vorteile im Vergleich zu anderen Juden. Er wurde 1938 aufgelöst.

Reichsdeutsche, ab 1918 übliche Bezeichnung für die im Deutschen Reich wohnenden Deutschen im Unterschied zu den →Auslandsdeutschen, die mit deutscher Staatsangehörigkeit im Ausland wohnen, und den →Volksdeutschen, die als Deutsche eine fremde Staatsangehörigkeit haben und in einem fremden Staat wohnen. Der Begriff wurde insbesondere nach den im →Versailler Diktat erzwungenen umfangreichen Gebietsabtretungen benutzt.

Reichsdramaturg, Posten im Reichspropagandaministerium zur Anleitung der Spielpläne deutscher Bühnen. Die 1933 geschaffene Stelle wurde Rainer Schlösser übertragen. Der R. konnte auch die Theaterleitung zur Aufnahme ihm wichtig erscheinender Stücke veranlassen.

Reichsehrenmal Tannenberg (Tannenberg-Nationaldenkmal), Ehrenmal in Ostpreußen. Zur Erinnerung an die siegreiche Schlacht bei →Tannenberg (22. bis 31. 8. 1914) über die Russen nach Plänen von Walter und Johannes Krüger bei Hohenstein in Ostpreußen erbaute und 1927 eingeweihte Gedenkstätte. Am 7. 8. 1934 wurde hier Reichspräsident Generalfeldmarschall von →Hindenburg beigesetzt, am 2. 10. 1935 feierlich in den umgebauten Gruftturm überführt. Bei dieser Feier erklärte A. →Hitler das Denkmal zum R. Acht schwere Türme, durch eine begehbare, nach innen in Bogenstellung geöffnete Mauer verbunden, umgaben den achteckigen geräumigen Innenhof. Der Gruftturm befand sich gegenüber dem Eingangsturm und enthielt die Krypta mit den Gräbern Hindenburgs und seiner Gattin sowie in seitlichen Gewölben die Gräber von 20 unbekannten Soldaten. Der Fahnenturm enthielt die Fahnen aller an der Schlacht beteiligten Regimenter, der Feldherrenturm die Büsten der

in der Tannenberg-Schlacht siegreichen Generale. Im Ostpreußenturm befand sich ein Heimatkundemuseum. Gegen Kriegsende wurden die Gebeine Hindenburgs und seiner Gattin vor den Sowjets in Sicherheit gebracht und in der Elisabeth-Kirche in Marburg beigesetzt. Das R. wurde gesprengt.

Reichserbhofgesetz, Gesetz vom 29. 9. 1933 zur „Erhaltung des Bauerntums". Das R., das wesentlich auf die Vorstellungen und Vorarbeiten des →Reichsbauernführers →Darré zurückging, sollte die deutschen Bauern vor Überschuldung schützen, Zersplitterung der Hofflächen verhindern und eine wirtschaftlich vertretbare Verteilung der Besitzgrößen sichern. Es galt nur für →Erbhöfe, also Höfe mit einer Betriebsgröße zwischen 7,5 und 125 ha, die von einer Hofstelle aus bewirtschaftet wurden und sich im Besitz eines →Bauern befanden. Das R. regelte auch die Erbfolge und unterband den Verkauf eines Hofes, auch seine finanzielle Belastung. Anfang 1938 gab es im Deutschen Reich knapp 700 000 Erbhofbauern mit 15,6 Millionen ha Land. Das R. trug wesentlich zur Anhebung des Selbstbewußtseins und des Ansehens der deutschen Bauern bei. Weitere Regelungen enthielten die Erbhofrechtsverordnung und die Erbhofverfahrensordnung vom 21. 12. 1936. Für die Auslegung der R. waren Erbhofgerichte mit dem →Reichserbhofgericht an der Spitze zuständig.

Mühlbauer, Wintrich, Rummel: Bauer und Erbhof, 1937. H. Stoll und F. Baur: Deutsches Bauernrecht, 1943. K. Meyer: Gefüge und Ordnung der deutschen Landwirtschaft, 1939. H. Gies: R. Walther Darré und die nationalsozialistische Bauernpolitik 1930 bis 1933, 1966.

Reichsexekution, Durchführung von Maßnahmen des Reiches durch Reichstruppen. In Anlehnung an die im Ersten Deutschen Reich bis 1806 und dann im Deutschen Bund mögliche R. konnte im Deutschen Kaiserreich die R. vom Bundesrat beschlossen und vom Kaiser vollzogen werden. Nach der →Weimarer Verfassung hatte der Reichspräsident das Recht, ein deutsches Land mit Waffengewalt zur Erfüllung gesetzlicher Pflichten zu zwingen. So wurde die R. bei den kommunistischen Aufständen nach 1918, etwa in Braunschweig 1919, in Thüringen und Gotha 1920, in Sachsen 1923 sowie in Preußen beim →Preußenschlag 1932 vollzogen.

Reichsfarben (deutsche Farben), Farben der Reichsflagge. Nachdem der Norddeutsche Bund 1867 (als Verbindung von Preußen mit den Hansestädten) die Farben Schwarz-Weiß-Rot als Bundesfarben gewählt hatte, wurden sie auch die R. von 1871 bis 1919. Die →Weimarer Verfassung führte 1919 als R. Schwarz-Rot-Gold ein, die Farben der Deutschen Burschenschaft von 1806 und des Deutschen Bundestages von 1848, wobei die Handelsflagge allerdings weiterhin Schwarz-Weiß-Rot zeigte (→Flaggenstreit 1926). Seit der Machtübernahme durch die →NSDAP waren die R. wieder, durch Erlaß vom 12. 3. 1933, Schwarz-Weiß-Rot, in Einzelheiten geregelt durch das →Reichsflaggengesetz vom 15. 9. 1935. In den R. waren dann auch die Kommandoflaggen aller höheren Stäbe von Heer und Luftwaffe, die Flaggen von →Reichsarbeitsdienst und NSDAP gehalten.

Reichsfilmkammer, im 3. Reich Vereinigung der an der Herstellung und am Vertrieb von Filmen Beteiligten. Die R. wurde mit Gesetz vom 14. 7. 1933 eingerichtet und bildete später eine der sieben Kammern der →Reichskulturkammer. Sie umfaßte 1937 zehn Abteilungen bzw. Fachgruppen und nahm die Belange der in der Filmindustrie Tätigen wahr. Präsidenten waren Fritz Scheuermann (1933–1935), Oswald Lehnich (1935–1939), Carl August Frölich (1939–1945), Geschäftsführer Karl Melzer (1933–1939) und Heinz Tackmann (1939–1945).
H. Hinkel (Hrsg.): Handbuch der Reichskulturkammer, 1937. J. Wulf: Theater und Film im III. Reich, 1966. H. Grensemann: Leitfaden für den Geschäftsbereich der Reichskulturkammer, 1937.

Reichsflaggengesetz, Reichsgesetz vom 15. 9. 1935. Es bestimmte, daß die →Reichsfarben Schwarz-Weiß-Rot waren und die Hakenkreuzflagge allein die Reichs- und Nationalflagge sowie die Handelsflagge war. Seit dem Erlaß vom 12. 3. 1933 war neben der schwarz-weiß-roten die Hakenkreuzfahne gleichberechtigte Reichsflagge gewesen. Durchführungsverordnungen zum R. legten fest, daß die Reichsflagge außer zu besonderen Anlässen am 18. 1. (→Reichsgründungstag), →Heldengedenktag (Mitte März), 20. 4. (→Führers Geburtstag), 1. 5. (→Tag der Arbeit), →Erntedanktag (Ende September) und 9. 11. (Gedenktag für die Gefallenen der Bewegung) zu hissen sei.

Reichsformeln (RF), vom →Reichsgesundheitsführer 1940 herausgegebene einheitliche Rezeptvorschriften für das Großdeutsche Reich.

Reichsforschungsrat, Koordinierungsstelle für naturwissenschaftliche Forschungsvorhaben. Der 1937 vom Reichsminister für Wissenschaft, Erziehung und Volksbildung eingerichtete R. sollte im Rahmen des Vierjahresplans die Zusammenarbeit bei der naturwissenschaftlichen Forschung verstärken. Vorsitzender des R. war 1937–1940 Prof. Dr. Karl Becker, anschließend Reichsminister Bernhard →Rust.

Reichsforstmeister, Leiter des durch Gesetz vom 3. 7. 1934 geschaffenen Reichsforstamtes. Der R. stand damit an der Spitze des deutschen Forst- und Jagdwesens, dem auch der Naturschutz unterstand. Er hatte den Rang eines Reichsministers. Auf dem Gebiet des Jagdwesens führte er die Bezeichnung →Reichsjägermeister. R. war Hermann →Göring.

Reichsfrauenführung, oberste Dienststelle der →NS-Frauenschaft und des →Deutschen Frauenwerks. Die R. unterstand der →Reichsleitung der →NSDAP. Reichsfrauenführerin war ab November 1934 Gertrud →Scholtz-Klink, die bereits am 24. 2. 1934 zur Reichsführerin von NS-Frauenschaft und Deutschem Frauenwerk berufen worden war.

Reichsführer SS (RFSS), Amtsbezeichnung Heinrich →Himmlers als höchstem Führer der SS ab 6. 1. 1929. In dieser Dienststellung unterstand er A. →Hitler direkt.

Reichsführerschulen, Bezeichnung für die Einrichtungen zur Ausbildung der →Politischen Leiter der →NSDAP und ihrer Untergliederungen.

Reichsgau, staatlicher Verwaltungsbezirk und Selbstverwaltungskörperschaft. Mit dem Gesetz vom 14. 4. 1939 wurden die 1938/39 zum Deutschen Reich gekommenen Gebiete in R.e eingeteilt: Sudetenland, Wien, Kärnten, Niederdonau, Oberdonau, Salzburg, Steiermark, Tirol mit Vorarlberg. Mit Erlaß vom 8. 10. 1939 kamen dazu die R.e →Danzig-Westpreußen und →Wartheland. An der Spitze der reichsunmittelbaren R.e stand ein →Reichsstatthalter, der die staatliche Verwaltung führte. Bei dieser Aufgabe wurde er von einem Regierungspräsidenten vertreten, in der Selbstverwaltung von einem Gauhauptmann. Der Reichsstatthalter war meist in Personalunion auch →Gauleiter der →NSDAP. Die R.e entsprachen den Gauen der NSDAP. Ein R. gliederte sich in Regierungsbezirke (außer in Österreich), Land- und Stadtkreise. Bei einer geplanten Reichsreform sollte auch das „Altreich", in dem sich Provinzen und Gaue der NSDAP nicht deckten, in R.e eingeteilt werden.

Reichsgründungstag, Bezeichnung für den 18. Januar als Jahrestag der Gründung des Zweiten Deutschen Reiches 1871 in Versailles. Der R. wurde im kaiserlichen Deutschland und später von nationalen Kreisen, insbesondere studentischen Verbindungen (Reichsgründungskommers), festlich begangen. Er war gleichzeitig Jahrestag der Gründung des Königreiches Preußen 1701 in Königsberg.

Reichsheimstättenamt, Dienststelle in der →Deutschen Arbeitsfront zur Verwaltung der →Heimstätten. Das →Reichsheimstättengesetz vom 25. 11. 1937 regelte mit der Durchführungsverordnung vom 19. 7. 1940 die Grundsätze und unterschied die einzelnen Arten von →Heimstätten.

Reichsidee, geistig-politische Idee und Aufgabe der Deutschen zur Gestaltung (Mittel-) Europas. Seit dem Untergang des römischen Weltreichs und der Erneuerung des Kaiserreichs durch Karl den Großen beeinflußte die R. in verschiedenen Ausprägungen das geistigpolitische Leben in Deutschland. Dem Heiligen Römischen Reich Deutscher Nation des Mittelalters (ab 962, Kaiserkrönung Ottos I.) lag die Idee einer christlich-germanischen Ordnung für Europa mit religiös-mythischer Bedeutung des Reichs zugrunde. Das Reich hatte insbesondere den Schutz des Abendlandes gegen äußere Feinde zu gewähren (Islam, Ungarn, Mongolen, Türken). Es zerbrach an der Auseinandersetzung zwischen Kaiser und Papst im 13. Jahrhundert. Nach säkularisierter Erneuerung des Reichs, dann meist unter Habsburger-Kaisern, lebte die R., insbesondere in den Zielen der Bauernkriege und im Werk Ulrich von Huttens, Martin Luthers und später Wallensteins fort. Nach der Zerstörung des Reichs im Dreißigjährigen Krieg kam es zu einer Wiederbelebung der R. vor allem in der Romantik, dann in der „Deutschen Bewegung" der Befreiungskriege 1806/13. Die Frankfurter Nationalversammlung 1848 wollte im Sinne der R. alle Deutschen in einem Staat zusammenfassen und konnte diesen Plan nicht verwirklichen, es gelang lediglich 1871 eine kleindeutsche Lösung, die Schaffung eines Nationalstaats, der nur einen Teil aller Deutschen vereinte. Die Wirksamkeit der R. verhinderte 1919 und danach die Abspaltung deutscher Gebiete als Folge separatistischer Bestrebungen. In der →Weimarer Republik bildeten sich zahlreiche nationale Gruppen, die sich auf die R. beriefen. A. →Moeller van den Brucks Buch „Das Dritte Reich" kann als Beispiel für den Versuch angesehen werden, ein politisches Programm unter Berufung auf die R. zu schaffen. Die deutsche Politik ab 1933 diente dem Ziel, einen Nationalstaat unter Einbeziehung aller Deutschen in Mitteleuropa zu schaffen. Angesichts der raumfremden Kriegsgegner USA und

UdSSR mit ihren ganz unterschiedlichen politischen Systemen und Kulturen sowie der Zugehörigkeit zahlreicher nichtdeutscher Europäer zur deutschen Wehrmacht verstärkten sich im Verlaufe des Krieges in Deutschland wie in seinen Nachbarstaaten Überlegungen, nach einem gewonnenen Krieg verstärkt – auch im Rahmen eines gemeinsamen und somit übernationalen Reiches – zusammenzuarbeiten. Als Folge der deutschen Niederlage und der Zerstörung der nationalen Einheit Deutschlands hat die R. nach 1945 viel von ihrer Anziehungskraft verloren.

H. Domizlaff: Die Seele des Staates, 1957. C. Steding: Das Reich und die Krankheit der europäischen Kultur, 1938. J. Haller: Das altdeutsche Kaisertum, 1944. K. R. Ganzer: Das Reich als europäische Ordnungsmacht, 1941. G. Baeumler: Das Reich als Tat, 1934. Kampers: Vom Werdegang der abendländischen Kaisermystik, 1924. J. Neurohr: Der Mythos vom Dritten Reich, 1957. O. Westphal: Das Reich. Aufgang und Vollendung I, 1943. R. Höhn: Reich – Großraum – Großmacht, 1942. J. Strzygowski: Europas Machtkunst im Rahmen des Erdkreises, 1943. K. Haushofer: Das Reich. Großdeutsches Werden im Abendland, 1943. F. Schmidt: Das Reich als Aufgabe, 1940. A. Rein: Europa und das Reich, 1942. R. Benz: Geist und Reich, 1932. W. Tröge: Europäische Front, 1942.

Reichsinstitut für ältere deutsche Geschichte, historische Forschungseinrichtung. Das 1935 mit Sitz in Berlin gegründete R. sollte sich vor allem mit der Herausgabe der Monumenta Germaniae historica befassen. Präsident wurde E. E. Stengel.

Reichsinstitut für Geschichte des neuen Deutschlands, historische Forschungsstelle. In der Nachfolge der aufgelösten, 1928 gegründeten Historischen Reichskommission wurde am 1. 7. 1935 das R. mit Sitz in Berlin errichtet, um der Geschichtswissenschaft neue Impulse zu geben. Präsident des unter der Aufsicht des Reichswissenschaftsministers stehenden R. wurde Walter →Frank. Eine eigene Abteilung wurde in München mit großer Fachbibliothek eingerichtet. Ein Forschungsschwerpunkt war die Judenfrage. Ergebnisse wurden in den „Schriften des R." veröffentlicht.

Reichsjägermeister, →Reichsforstmeister.

Reichsjugendabzeichen, Deutsches, sportliche Auszeichnung für Jugendliche. Entsprechend dem →Reichssportabzeichen für Erwachsene wurde 1925 ein R. für Jugendliche beiderlei Geschlechts bis zum vollendeten 18. Lebensjahr für erfolgreich abgelegte sportliche Prüfungen geschaffen. Es bestand aus einer Vorstecknadel, die in einem runden Lorbeerkranz die Buchstaben RJA enthielt, von

1933–1945 unten auch ein Hakenkreuz. Das R. wurde vom →Deutschen Reichsausschuß für Leibesübungen, ab 1933 vom →Deutschen Reichsbund für Leibesübungen, ab 1938 vom →NS Reichsbund für Leibesübungen verliehen und sollte als Ansporn zu weiterer sportlicher Betätigung dienen.

Reichsjugendführer, oberste Reichsbehörde. Nachdem die →Reichsjugendführung am 30. 10. 1931 eine Dienststelle bei der →Reichsleitung der →NSDAP und ihr Leiter Baldur von →Schirach am 17. 6. 1933 „Jugendführer des Deutschen Reiches" geworden war, wurde der R. mit dem „Gesetz über die HJ" vom 1. 12. 1936 Oberste Reichsbehörde und dem →Führer und Reichskanzler unmittelbar unterstellt. Mit der Aufgabe, die deutsche Jugend in der →HJ zu erziehen, betreute der R. insbesondere die HJ, den →NS-Schülerbund und den →NSD-Studentenbund. Nachfolger Schirachs als R. wurde am 8. 8. 1940 Arthur →Axmann.

Reichsjugendtag, im 3. Reich Bezeichnung für den 2. Oktober. In Erinnerung an den 2. 10. 1932, den ersten R. von Potsdam, wurde in der →Hitler-Jugend jährlich der R. begangen. An diesem Tag erfolgte die endgültige Aufnahme der Zehnjährigen in das →Deutsche Jungvolk.

Reichskammer der bildenden Künste, Einzelkammer der →Reichskulturkammer. Hervorgegangen aus dem Reichskartell der bildenden Künste, war die durch die 1. Durchführungsverordnung vom 1. 11. 1933 zum Reichskulturkammergesetz eingerichtete R. die Standesvertretung der bildenden Künstler. Die Mitgliedschaft in der R. war Voraussetzung zur Berufsausübung in der bildenden Kunst. Präsident war 1933–1936 Eugen Hönig, danach Adolf Ziegler, Geschäftsführer Walter Hofmann. Die von der R. eingerichtete Stelle eines „Reichsbeauftragten für künstlerische Formgebung" wurde 1935 von Professor Hans Schweitzer (Pseudonym: →Mjölnir) übernommen.
H. Hinkel (Hrsg.): Handbuch der Reichskulturkammer, 1937. H. Grensemann: Leitfaden für den Geschäftsbereich der Reichskulturkammer, 1937.

Reichskanzlei, Dienststelle des Reichskanzlers. Die deutschen Reichskanzler residierten seit dem Ende des 19. Jahrhunderts in der „Alten R." an der Wilhelmstraße in Berlin. Nachdem 1938/39 die geräumigere und moderne →Neue R. an der Voßstraße in Berlin gebaut worden war, amtierte A. →Hitler dort ab Januar 1939. Chef der R. war ab 30. 1. 1933 zunächst als Staatssekretär, ab 26. 11. 1937 als Reichsminister Dr. Hans-Heinrich →Lammers.

H. von Stutterheim: Die Reichskanzlei, 1940. G. Franz-Willing: Die Reichskanzlei 1933–1945, 1984. A. Schönberger: Die „Neue Reichskanzlei" von Albert Speer, 1981. H. Pünder: Politik in der Reichskanzlei, 1961. H. S. Hegner: Die Reichskanzlei 1933–1945, 41966.

Reichskanzler, Regierungschef des Deutschen Reiches. Im Zweiten Deutschen Reich wurde der R. vom Kaiser ernannt und war einziger Minister des Reichs. Er führte den Vorsitz im Bundesrat. Die Anordnungen des Kaisers bedurften der Gegenzeichnung des R.s zur Gültigkeit. Der R. leitete die gesamte Verwaltung des Reiches, ihm unterstanden Staatssekretäre an der Spitze der Reichsämter. Die R. des Zweiten Deutschen Reiches waren Otto Fürst von Bismarck (21. 3. 1871 bis 20. 3. 1890), Leo Graf Caprivi (20. 3. 1890 bis 26. 10. 1894), Chlodwig Fürst zu Hohenlohe-Schillingsfürst (29. 10. 1894 bis 17. 10. 1900), Bernhard von →Bülow (17. 10. 1900 bis 14. 7. 1909), Theobald von →Bethmann Hollweg (14. 7. 1909 bis 14. 7. 1917), Georg →Michaelis (14. 7. 1917 bis 1. 11. 1917), Georg Friedrich Graf von →Hertling (1. 11. 1917 bis 3. 10. 1918), Prinz Max von →Baden (3. 10. 1918 bis 9. 11. 1918). In der →Weimarer Republik wurde der R. vom Reichspräsidenten ernannt und entlassen, bestimmte die Richtlinien der Politik und bildete mit den Reichsministern die Reichsregierung. Die R. der Weimarer Zeit waren Philipp →Scheidemann (13. 2. bis 20. 6. 1919), Gustav Bauer (20. 6. 1919 bis 26. 3. 1920), Hermann →Müller (26. 3. bis 25. 6. 1920 und 28. 6. bis 30. 3. 1930), Konstantin →Fehrenbach (25. 6. 1920 bis 10. 5. 1921), Josef →Wirth (10. 5. 1921 bis 22. 11. 1922), Wilhelm →Cuno (22. 11. 1922 bis 13. 8. 1923), Gustav →Stresemann (13. 8. bis 23. 11. 1923), Wilhelm →Marx (23. 11. 1923 bis 15. 1. 1925 und 16. 5. 1926 bis 28. 6. 1928), Hans →Luther (15. 1. 1925 bis 15. 5. 1926), Heinrich →Brüning (30. 3. 1930 bis 1. 6. 1932), Franz von →Papen (1. 6. bis 3. 12. 1932), Kurt von →Schleicher (3. 12. 1932 bis 28. 1. 1933). Im 3. Reich war →Adolf Hitler Reichskanzler vom 30. 1. 1933 bis 30. 4. 1945. Nach dem Gesetz vom 1. 8. 1934 verband er als „Führer und R." das Amt des R. mit dem des Reichspräsidenten und übte die volle Regierungsgewalt aus. In seinem Politischen Testament ernannte er Joseph →Goebbels zum neuen R., der sich jedoch am 1. 5. 1945 das Leben nahm. Der von A. Hitler ernannte Reichspräsident Großadmiral Karl →Dönitz setzte Anfang Mai 1945 Johann Ludwig Graf →Schwerin von Krosigk als Leiter der Geschäftsführenden Reichsregierung ein, der bis zur Verhaftung der Reichsregierung in Flensburg am 23. 5. 1945 amtierte.

Reichskleiderkarte, im 2. Weltkrieg Berechtigungsschein zum Bezug von Textilien. Die R. wurde an alle Zivilisten für ein Jahr ausgegeben und wies 100 Punkte (Abschnitte) auf, für die man drei bis fünf Kleidungsstücke (Rock, Mantel) kaufen konnte. Jugendliche erhielten Zusatzkleiderkarten, Winter- und Berufskleidung gab es auf besondere Bezugsscheine.

Reichskleinodien (Reichsinsignien), Hoheitszeichen der Kaiser des Ersten Deutschen Reiches. Die R. (Krone, Zepter, Reichsapfel, Schwert, Sporen, Kleidungsstücke) der deutschen Könige und Kaiser des Mittelalters und des alten Deutschen Reiches (bis 1806) befanden sich nach früherem Aufenthalt auf der Feste Trifels (Pfalz) und Burg Karlstein (Böhmen) von 1424–1796 in Nürnberg, wurden dort vor den französischen Revolutionsheeren gerettet, waren 1808–1938 in Wien, 1938–1945 wieder in Nürnberg und befinden sich seitdem in der Hofburg in Wien.
H. Fillitz: Die Insignien und Kleinodien des Heiligen Römischen Reiches, 1954. H. Pletiwka: Des Reiches Glanz, 1989.

Reichskolonialbund, e. V., Vereinigung zur Vertiefung des kolonialen Gedankens. Nach Auflösung der früheren →Kolonialvereine wurde der R. am 13. 6. 1936 als einzige Organisation zur Verbreitung und Vertiefung des Kolonialgedankens und zur Betreuung der Kolonialdeutschen in den ehemaligen deutschen Kolonien mit Sitz in Berlin gegründet. Bundesführer wurde General Franz Ritter von →Epp. Unter der Bundesführung bestanden Gau-, Kreis- und Ortsverbände.
Nachrodt: Der Reichskolonialbund, 1939.

Reichskommissar, Sonderbeauftragter der Reichsregierung oder des Reichspräsidenten. Die in der Weimarer Republik und im 3. Reich verfassungsmäßig vorgesehene und nicht selten ausgefüllte Stellung eines R.s sollte zur Erfüllung eines bestimmten, meist zeitlich begrenzten Zweckes dienen, der sich mit den bestehenden Behörden nicht erreichen ließ. Dazu konnte der R. weitreichende Vollmachten zur Übernahme oder Überwachung anderer Behörden erhalten. Beispiele sind R. in Preußen (Franz von →Papen 20. 7. 1932), R. für Preisüberwachung (1932), R. für die Luftfahrt (Hermann →Göring 30. 1. 1933), R. für die Rückgliederung der Saar (Josef →Bürckel 30. 1. 1935), →R. für Preisbildung (Josef →Wagner 29. 10. 1936), R. für die Eingliederung Österreichs (Josef →Bürckel 23. 4. 1938), R. für das →Sudetenland (Konrad →Henlein 1. 10. 1938), R. für die Festigung des Deut-

schen Volkstums (Heinrich →Himmler 7. 10. 1939), R. für die besetzten norwegischen Gebiete (Josef →Terboven 24. 4. 1940), R. für die besetzten niederländischen Gebiete (Arthur →Seyß-Inquart 28. 5. 1940), R. für den sozialen Wohnungsbau (Robert →Ley 19. 11. 1940). Am 17. 11. 1941 wurden die R.-iate Ostland unter Hinrich →Lohse und Ukraine unter Erich →Koch eingerichtet.

Reichskommissar für Preisbildung (Preiskommissar), Beauftragter der Reichsregierung. Durch Gesetz vom 29. 10. 1936 wurde im Rahmen des Vierjahresplans ein R. eingesetzt, der die Preisbildung für Güter und Leistungen jeder Art zu überwachen und nötigenfalls zu regeln hatte. Durch Verordnung vom 26. 11. 1936 (Preisstopp-Verordnung) waren Preiserhöhungen jeder Art grundsätzlich vom R. zu genehmigen. Stichtag für den gesetzlich zulässigen Höchstpreis war der 18. 10. 1936. Dem R. nachgeordnet waren die Preisbildungsstellen (in Preußen die Oberpräsidenten, sonst die obersten Landesbehörden) und die Preisüberwachungsstellen (in Preußen die Regierungspräsidenten, sonst die obersten Landesbehörden) sowie die unteren Verwaltungsbehörden.
J. Wagner: Die Preispolitik im Vierjahresplan, 1938.

Reichskonkordat, völkerrechtlicher Vertrag zwischen dem Deutschen Reich und dem Vatikan 1933. Nach vergeblichen Bemühungen um ein R. seit 1921 verhandelte ab April 1933 Vizekanzler F. von →Papen unter Mitwirkung des Zentrumsführers Prälat Kaas mit dem Nuntius in Berlin, Kardinalstaatssekretär Pacelli. Das am 20. 7. 1933 in Rom abgeschlossene und am 10. 9. 1933 in Kraft getretene R. kam den Wünschen der katholischen Kirche weit entgegen. Es ergänzte die bestehenden Länderkonkordate (Bayern 1924, Preußen 1929, Baden 1932), gewährleistete u. a. „Freiheit des Bekenntnisses und der öffentlichen Ausübung der katholischen Religion", nichtpolitische katholische Organisationen, den Besitz der katholischen Kirche, freies Besetzungsrecht der Kirche für ihre Ämter, Erhalt der katholischen Hochschulen, katholischen Religionsunterricht an den Schulen, Beibehaltung und Neueinrichtung von Bekenntnisschulen, das kanonische Recht im Kirchenbereich und untersagte dem katholischen Klerus politische Betätigungen. Ein geheimes Zusatzprotokoll befaßte sich mit der Stellung von Geistlichen bei Wiedereinführung der Wehrpflicht. Das R. brachte für das Deutsche Reich einen ersten Durchbruch der außenpolitischen Isolierung und erheblichen Prestigegewinn. Der Vatikan konnte vorher nicht durchsetzbare Bedingungen erreichen und begrüßte, daß damit „das neue Deutschland eine entscheidende Schlacht gegen den Bolschewismus und die Gottlosenbewegung geschlagen habe". Das R. ist nach dem Urteil des Bundesverfassungsgerichts vom 26. 3. 1957 auch für die BRD gültig.

L. Volk: Das Reichskonkordat, 1972. W. Weber: Die deutschen Konkordate und Kirchenverträge der Gegenwart, 1962. H. J. Becker: Zur Rechtsproblematik des Reichskonkordats, 1956. E. Deuerlein: Das Reichskonkordat, 1956. F Müller: Schulgesetzgebung und Reichskonkordat, 1966.

Reichskreditkassen, deutsche Kreditanstalten in den im 2. Weltkrieg besetzten Gebieten. In dem ab 1939 von der Wehrmacht besetzten Polen, Dänemark, Norwegen, Belgien, Frankreich, Luxemburg, Niederlande wurden R. eingerichtet, um die deutschen Truppen und Behörden mit Geldmitteln zu versorgen und den Zahlungsverkehr aufrechtzuerhalten. Die Hauptverwaltung der R. befand sich in Berlin. Sie gab Reichskreditkassenscheine und -münzen aus, die in bestimmtem Wert zur betreffenden ausländischen Währung standen. Die R. im Generalgouvernement wurden durch Verordnung des Oberbefehlshabers des Heeres vom 23. 9. 1939, die übrigen durch Verordnung vom 15. 5. 1940 eingerichtet.

Reichskriegerbund Kyffhäuser, Deutscher, Verband ehemaliger deutscher Frontsoldaten des 1. Weltkriegs. Aufgaben waren die Pflege der Kameradschaft, des Wehrgedankens und der gegenseitigen Hilfe wie der Fürsorge für Invaliden und deren Hinterbliebene. 1938 ging aus ihm der →NS-Reichskriegerbund (Kyffhäuserbund) hervor.

Reichskriegerführer, Bezeichnung für den Führer des →NS-Reichskriegerbundes, den General der Infanterie und SS-Gruppenführer Wilhelm →Reinhard.

Reichskriegsflagge, Kriegsflagge des Deutschen Reiches. Die Kriegsflagge des Deutschen Reiches (schon vorher des Norddeutschen Bundes) war 1871–1921 ein schwarz-weiß eingefaßtes schwarzes Kreuz in weißem Feld mit dem schwarzen Reichsadler in rundem, schwarz eingefaßten weißen Feld in der Mitte; das linke obere Viertel war durch Schwarz-Weiß-Rot mit dem Eisernen Kreuz ausgefüllt. Von 1922–1933 war die Kriegsflagge des Deutschen Reiches Schwarz-Weiß-Rot mit Eisernem Kreuz in der Mitte und kleinem schwarzrot-goldenen Feld oben links, das 1933 entfernt wurde. Mit Verordnung vom 5. 10. 1935 wurde folgende R. eingeführt, die auf die Kriegsflagge des Zweiten Deutschen Reiches zurückging: weiß-schwarz-weiß eingefaßtes schwarzes Kreuz in rotem Feld mit schwarzem Hakenkreuz in weißem, schwarz-weiß-schwarz eingefaßten runden Feld in der Mitte sowie das schwarze Eiserne Kreuz oben links. Sie wurde bis 1945 von allen deutschen Kriegsschiffen geführt und auf Gebäuden der Wehrmacht gehißt.

Reichskriegsgericht, oberstes Militärgericht. Das 1936 mit Sitz in Berlin geschaffene R. war bis Kriegsbeginn Revisionsinstanz der Wehrmachtgerichtsbarkeit, dazu 1. und letzte Instanz für Hoch-, Landes- und Kriegsverrat von Soldaten. Ab 1939 war es für die Aburteilung von Spionage und Wehrkraftzersetzung zuständig. Präsident war ein Admiral oder General. Die Senate waren mit einem Senatspräsidenten, zwei Reichskriegsgerichtsräten und zwei Offizieren besetzt. Anklagebehörde war die Reichskriegsanwaltschaft. Das R. wie die gesamte Militärgerichtsbarkeit hielten sich an die Rechtsnormen. 1943 wurde beim R. ein „Sonderstandgericht für die Wehrmacht" gebildet.

O.-P. Schweling: Die deutsche Militärjustiz in der Zeit des Nationalsozialismus, 1977. M. Messerschmidt und F. Wüllner: Die Wehrmachtjustiz im Dienst des Nationalsozialismus, 1987. E. Schwinge: Verfälschung und Wahrheit, 1988.

Reichskriegshafen, besondere Häfen für Bau, Pflege und Ausrüstung deutscher Kriegsschiffe. Seit dem Ende des 19. Jahrhunderts besaß Deutschland drei R.: Wilhelmshaven, Kiel und Danzig.

Reichskriegsschädenamt, Behörde zur Feststellung und Beurteilung von Kriegsschäden. Das durch Verordnung vom 15. 4. 1941 beim Reichsverwaltungsgericht eingerichtete R. war oberste Spruchbehörde für Entscheidungen zur Feststellung und Einschätzung von Sachschäden, die durch Kampfhandlungen oder Räumung gefährdeter Gebiete entstanden waren. Es bestand aus dem Präsidenten, dem Vizepräsidenten des Reichsverwaltungsgerichts und aus ehrenamtlichen rechtskundigen Mitgliedern, die vom Reichsinnenminister ernannt wurden.

Reichskristallnacht, →Kristallnacht.

Reichskulturkammer, im 3. Reich berufsständische Organisation aller Angehörigen kultureller Berufe. Mit Gesetz vom 22. 9. 1933 und Verordnungen vom 1. und 9. 11. 1933 wurde die R. als Körperschaft des öffentlichen Rechts mit Sitz in Berlin gegründet. Sie sollte die deutsche Kultur „in Verantwortung für Volk und Reich" fördern, wirtschaftliche und soziale

Angelegenheiten ihrer Angehörigen regeln und für einen Ausgleich zwischen allen Gruppen sorgen. Sie konnte Arbeitsbedingungen festlegen und über Eröffnung und Schließung von Unternehmen befinden. Mitgliedschaft in der R. war Voraussetzung zur beruflichen Betätigung im kulturellen Bereich. Präsident der R. war Reichspropagandaminister Dr. J. →Goebbels, der die Präsidenten der sieben Einzelkammern (→Reichspresse-, -rundfunk- [aufgelöst am 28. 10. 1939], -theater-, -film-, -musik-, -schrifttumskammer und Reichskammer der bildenden Künste) ernannte, die den Reichskulturrat bildeten und denen jeweils ein Präsidialrat zur Seite stand. Vizepräsident war 1933–1937 Walther →Funk, 1937–1940 Karl Hanke, 1940–1944 Leopold Gutterer, 1944–1945 Werner Naumann. Bis 1938 amtierten als Geschäftsführer (Reichskulturverwalter) Hans Schmidt-Leonhardt, Franz Moraller, Hans Hinkel, dann als Generalsekretär 1939 Erich Schmidt, 1940–1941 Hans Hinkel und ab 1944 Hans Erich Schrade. Die R. war ab 12. 2. 1934 korporatives Mitglied der →Deutschen Arbeitsfront. Als amtliches Mitteilungsblatt diente ab 20. 6. 1934 der „Völkische Beobachter".

H. Schmidt-Leonhardt: Die Reichskulturkammer, 1936. H. Hinkel (Hrsg.): Handbuch der Reichskulturkammer, 1937. H. Grensemann: Leitfaden für den Geschäftsbereich der Reichskulturkammer, 1937.

Reichskuratorium für Jugendertüchtigung, Vereinigung zur vormilitärischen Ausbildung der deutschen Jugend. 1932 wurde durch die Reichsregierung das R. unter General von Stülpnagel gegründet. Es sollte das Interesse der deutschen Jugend auf geländesportliche Ertüchtigung lenken und sie der zunehmenden Politisierung entziehen. Das R. wurde vom Staat stark gefördert, errichtete Geländesportschulen und bildete Geländesportlehrer aus. Im Herbst 1932 fuhr eine Abordnung des R. nach Genf und ließ sich seine Arbeit vom Völkerbund genehmigen, um nicht gegen das →Versailler Diktat zu verstoßen. 1933 wurde das R. in das Ausbildungswesen der →SA übernommen, 1935 wurde es aufgelöst.

Reichsland, bis 1806 alles zum Deutschen Reich gehörige Gebiet einschließlich Böhmens, Mährens und Schlesiens. Nach 1871 wurde als R. das von Frankreich zurückgewonnene →Elsaß-Lothringen bezeichnet.

Reichslandbund, landwirtschaftlicher Verband. Der am 1. 1. 1921 gegründete R. war um 1928 mit rund fünf Mill. Mitgliedern der größte deutsche landwirtschaftliche Interessenverband. Er trat vor allem für Schutzzollpolitik und Preisgarantie ein. Der R. beteiligte sich im März 1929 an der →Grünen Front und am 11. 10. 1931 an der →Harzburger Front. Ende 1933 ging er im →Reichsnährstand auf.

Reichsleiter der NSDAP, oberste politische Leiter der NSDAP. Die 1933 eingeführten, von A. →Hitler ernannten und mit bestimmten Aufgaben betrauten R. bildeten die →Reichsleitung der →NSDAP, deren Sitz das →„Braune Haus" in München war. Einzelne R. hatten zusätzliche Amtsstellen in Berlin. Aufgabe der R. war es, die NSDAP anzuleiten und ihr Ziele aus den verschiedenen Amtsbereichen zu vermitteln sowie oberste Parteiämter zu verwalten. Sie standen im Range eines Ministers. R. waren u. a. Rudolf →Heß (Stellvertreter des Führers), Martin →Bormann (Stabsleiter), Philipp →Bouhler (Chef der Parteikanzlei), Robert →Ley (Reichsorganisationsleiter), Franz Xaver →Schwarz (Reichsschatzmeister), Dr. Joseph →Goebbels (Reichspropagandaleiter), Walter →Buch (Oberster Parteirichter), Otto →Dietrich (Reichspressechef), Max →Amann (NS-Presse), Richard Walther Darré (R. für Agrarpolitik), Hans →Frank (Reichsrechtsamt), Alfred →Rosenberg (Außenpolitisches Amt), Franz Xaver Ritter von →Epp (Kolonialamt), Wilhelm →Frick (Reichstagsfraktion).

Reichsleitung der NSDAP, oberste Leitung der →NSDAP. Die R. bestand aus dem Führer A. →Hitler und den von ihm für bestimmte Aufgaben in der Partei berufenen rund 20 →Reichsleitern, die ihm direkt unterstellt waren. Sie hatte ihren Sitz im →„Braunen Haus" in München. Unter ihr gliederte sich die NSDAP in Gaue, Kreise und Ortsgruppen.

Reichslesebuch, Lesebuch für Volksschulen. Das R. wurde ab 1935 für alle Volksschulen des Deutschen Reiches vom Reichserziehungsministerium herausgegeben. Neben dem für alle Gebiete einheitlichen Kernteil besaß es einen Heimatteil, 22 insgesamt.

Reichsluftschutzbund (RLB), öffentlicher Verband für Luftschutz. Am 29. 4. 1933 wurde nach Auflösung bestehender Luftschutzverbände von Hermann →Göring der R. als Organisation seines Reichsministeriums für Luftfahrt gegründet. Der RLB wurde durch Verordnung vom 14. 5. 1940 Körperschaft des öffentlichen Rechts, erhielt am 28. 6. 1940 seine Satzung und wurde 1944 in die →NSDAP überführt. Er sollte den Gedanken des →Luftschutzes verbreiten, Mitarbeiter gewinnen und ausbilden, die Organisation des Selbstschutzes übernehmen, alle Maßnahmen des Luftschutzes fördern und bei ihnen beratend wirken. Der R. wurde von einem Präsidenten (H. Göring) geführt und gliederte sich in Präsidium, Gruppen, Bezirks-, Orts-, Revier- oder Gemeinde-, Untergruppen und Blocks. Mitgliedskennzeichen war ein achtzackiger Strahlenstern aus weißem Metall mit einem schwarzen Hakenkreuz in der Mitte als Anstecknadel. Für Amtsträger war auf dem RLB-Stern ein nach rechts blickender Adler angebracht. Sie konnten auch die RLB-Uniform tragen, die an die Parteiuniform erinnerte. 1939 besaß der RLB über 13,5 Millionen Mitglieder, 820000 Amtsträger sowie 28000 Luftschutzlehrer in 3800 Luftschutzschulen.

Reichsmarine, deutsche Seestreitkräfte 1919–1935. Aufgrund des →Versailler Diktats mußten große Teile der Kaiserlichen Marine an die Siegermächte ausgeliefert und ihre Besatzungen abgemustert werden. Im Rahmen der zugelassenen →Reichswehr durfte es nur 25000 Angehörige der R. geben. Die Art ihrer Schiffe und Munition war genau vorgeschrieben. Mit der Einführung der allgemeinen Wehrpflicht wurde 1935 aus der R. die deutsche Kriegsmarine.

Reichsmarineamt, bis 1919 die Zentralverwaltungsbehörde der Kaiserlichen Marine in Berlin.

Reichsmark (RM), deutsche Währungseinheit. Mit dem Münzgesetz vom 30. 8. 1924 wurde die nach der →Inflation am 15. 10. 1923 eingeführte →Rentenmark abgelöst und durch die RM ersetzt. Sie war in 100 Reichspfennige eingeteilt und sollte dem Wert von ¹/₂₇₉₀ kg Feingold entsprechen. In den westlichen Besatzungszonen Deutschlands wurde statt dessen am 21. 6. 1948 die Deutsche Mark (DM) eingeführt.
K. Elster: Von der Mark zur Reichsmark, 1928. H. Schacht: Die Stabilisierung der Mark, 1927.

Reichsmarschall des Großdeutschen Reiches, höchster Dienstrang der deutschen Wehrmacht. Am 19. Juli 1940 erhielt der bisherige Generalfeldmarschall Hermann →Göring für seine militärischen Verdienste und als Schöpfer der deutschen Luftwaffe aus Anlaß des Sieges über Frankreich den Rang eines R. als höchsten Dienstrang der deutschen Wehrmacht, der nur einmal verliehen wurde. Er knüpfte an den Titel Reichsfeldmarschall an, den die Augsburger Reichsversammlung 1707 dem Prinzen Eugen von Savoyen verliehen hatte.

Reichsminister, die Mitglieder der Reichsregierung unter dem Reichskanzler. Ihre Rechtsstellung ergab sich aus dem Deutschen Beamtengesetz und dem Ministergesetz vom 27. 3. 1930. Sie bearbeiteten ihre Sachgebiete selbständig in Verantwortung gegenüber dem Reichskanzler und hatten das Recht zum Erlaß von Durchführungs- und Ausführungsverordnungen zu Reichsgesetzen. Die R. von 1933–1945 waren: R. des Auswärtigen (Konstantin Freiherr von →Neurath, 2. 6. 1932 bis 4. 2. 1938, Joachim von →Ribbentrop, 4. 2. 1938–1945); R. des Innern (Wilhelm →Frick, 30. 1. 1933 bis 25. 8. 1943, Heinrich →Himmler, 25. 8. 1943–1945); R. für Volksaufklärung und Propaganda (Joseph →Goebbels 13. 3. 1933–1945); Reichsluftfahrtminister (Hermann →Göring, 5. 5. 1933–1945, schon ab 30. 1. 1933 R. ohne Geschäftsbereich); R. der Finanzen (Johann Ludwig Graf →Schwerin von Krosigk, 2. 6. 1932–1945); R. der Justiz (Dr. Franz →Gürtner, 2. 6. 1932–29. 1. 1941, Dr. Otto Thierack, August 1942–1945); Reichswirtschaftsminister (Dr. Alfred →Hugenberg, 30. 1. bis 26. 6. 1933, Kurt Schmitt, 29. 6. 1933 bis 30. 7. 1934, Dr. Hjalmar →Schacht, August 1934 bis November 1937, Walther →Funk, 1938–1945); R. für Ernährung und Landwirtschaft (Dr. Alfred Hugenberg, 30. 1. bis 26. 6. 1933, Richard Walther →Darré, 26. 6. 1933–1942, Herbert →Backe, 1942–1945); Reichsarbeitsminister (Franz →Seldte, 30. 1. 1933–1945), R. für Wissenschaft, Erziehung und Volksbildung (Bernhard →Rust, 30. 4. 1934–1945), R. für kirchliche Angelegenheiten (Hanns →Kerrl, 16. 7. 1935 bis 15. 12. 1941), Reichsverkehrsminister (Julius →Dorpmüller, 1937–1945), Reichspostminister (Wilhelm →Ohnesorge, 2. 2. 1937–1945), R. für Bewaffnung und Munition (Dr. Fritz →Todt, 17. 3. 1940 bis 8. 2. 1942, Albert →Speer, 8. 2. 1942 bis 22. 1. 1945); R. für die besetzten Ostgebiete (Alfred →Rosenberg, 17. 11. 1941–1945); R. ohne Geschäftsbereich (Dr. Hjalmar Schacht, 1937 – 22. 1. 1943), Reichswehrminister – ab 21. 5. 1935 Reichskriegsminister – (Werner von →Blomberg, 30. 1. 1933 bis 4. 2. 1938).

Reichs-Mütterdienst, →Mütterdienst.

Reichsmütterschule, Ausbildungsstätte des →Reichs-Mütterdienstes. Auf der R. in Berlin-Wedding wurden die hauptamtlichen Lehrkräfte des Reichs-Mütterdienstes fortgebildet.

Reichsmusikkammer, Einzelkammer der →Reichskulturkammer. Die aus dem im Mai 1933 gegründeten Reichskartell der deutschen Musikerschaft hervorgegangene, durch die 1. Durchführungsverordnung vom 1. 11. 1933 zum Reichskulturkammergesetz eingerichtete R. umfaßte und vertrat als Standesorganisation alle im Bereich der Musik Tätigen. Die Mitgliedschaft in der R. war für sie Voraussetzung zur Berufsausübung. Die R. wies fünf Zentralämter für Koordinationsaufgaben und sieben Abteilungen auf, die alle Bereiche der Berufs- und Laienmusik wie der Musikwirtschaft betreuten. Präsident war vom 15. 11. 1933 bis 14. 7. 1935 Richard Strauss, dann Peter Raabe. Nach der Mitgliederzahl war die R. die größte Einzelkammer der Reichskulturkammer.

H. Hinkel (Hrsg.): Handbuch der Reichskulturkammer, 1937. H. Grensemann: Leitfaden für den Geschäftsbereich der Reichskulturkammer, 1937.

Reichsnährstand, Organisation für die gesamte landwirtschaftliche Erzeugung, Verarbeitung und Vermarktung 1933–1945. Mit Gesetz vom 13. 9. 1933 und Verordnung vom 8. 12. 1933 wurde der R. auf Betreiben seines späteren Leiters, des →Reichsbauernführers und Landwirtschaftsministers Richard Walther →Darré durch Weiterentwicklung von dessen „Reichsführergemeinschaft des deutschen Bauernstandes" als repräsentative Standesorganisation der deutschen Bauern sowie aller Zweige der Landwirtschaft (Genossenschaften, Landhandel, Landwirtschaftskammern, Verarbeitung) als Körperschaft des öffentlichen Rechts geschaffen. Staatssekretär Herbert →Backe löste im Mai 1942 Darré in seiner Funktion als Landwirtschaftsminister ab. Der R. gliederte sich in 20 Landes-, 515 Kreis- und rund 55 000 Ortsbauernschaften unter der Leitung von Landes-, Kreis- und Ortsbauernführern und hatte etwa 16 Millionen Mitglieder. Dem Reichsbauernführer als Leiter des R. standen das Stabsamt unter SS-Gruppenführer Reischle und das Verwaltungsamt zur Seite, ferner beratend der →Reichsbauernrat und das →Reichsbauernthing, das alljährlich alle Bauernführer bis zum Kreisbauernführer in der →„Reichsbauernstadt" Goslar vereinigte. Der R. veranstaltete „Ehrentage des deutschen Bauerntums", insbesondere das alljährliche Erntedankfest auf dem →Bückeberg bei Hameln/Weser. Die Aufgaben des R. wurden in den drei Hauptabteilungen „Der Mensch", „Der Hof" und „Der Markt" bearbeitet, die dem Gedanken des →Erbhofes und der →Blut- und Boden-Idee, der wirtschaftlichen Bodenbearbeitung und der Sicherstellung der deutschen Ernährung, auch im Rahmen der Vierjahrespläne, dienten. Der R. propagierte die Zusammengehörigkeit von Stadt und Land, hemmte die Landflucht, stärkte das Selbst- und Standesbewußtsein der Bauern, an deren Entschul-

dung und wirtschaftlicher Gesundung er wesentlichen Anteil hatte, und sorgte dafür, daß auch im Krieg die Ernährung in Deutschland gesichert war. Organ war die →„NS-Landpost". Der R. wurde durch Gesetz vom 21. 1. 1949 des Wirtschaftsrates aufgelöst.

Baath: Aufbau und Aufgaben des Reichsnährstandes, 1936. Reichsnährstand-Taschenkalender, jährlich ab 1934. C. V. Dietze: Grundzüge der Agrarpolitik, 1967. A. Bramwell: Blood and Soil, 1985. H. Gies: R. Walther Darré und die nationalsozialistische Bauernpolitik 1930 bis 1933, 1966. W. Tornow (Hrsg.): Chronik der Agrarpolitik und Agrarwirtschaft des Deutschen Reiches von 1933 bis 1945, 1972. H. Barmeyer: Andreas Hermes und die Organisation der deutschen Landwirtschaft, 1971.

Reichspartei des deutschen Mittelstandes, wirtschaftlich ausgerichtete Mittelstandspartei 1920–1933. Die am 11./13. 9. 1920 als Wirtschaftspartei des deutschen Mittelstandes durch H. Drewitz und andere gegründete Partei nannte sich 1925 in R. um. Zunächst vertrat sie nur wirtschaftliche Forderungen des Mittelstandes, nach ihrem Görlitzer Programm von 1926 verlangte sie auch eine nationale Außenpolitik und staatliche Sozialhilfeprogramme. In der organisatorischen Gliederung hatten berufsständische „Fachgruppen" großen Einfluß. Bis 1922 auf Preußen beschränkt (1921 vier Landtagsmandate), erreichte die R. gemeinsam mit dem →Bayerischen Bauernbund 1924 sieben bzw. elf Reichstagsmandate. 1924–1928 beteiligte sie sich an einer Reichstagsfraktion mit der Bezeichnung „Wirtschaftliche Vereinigung". Mit 23 Mandaten konnte sie 1928 eine eigene Fraktion bilden. Ab 1930 sank ihr Einfluß durch inneren Streit und Korruptionsvorwürfe gegen den Vorsitzenden Drewitz. Am 13. 4. 1933 löste die R. sich auf. Ihr Presseorgan war die „Deutsche Mittelstandszeitung".

M. Schumacher: Mittelstandsfront und Republik 1919–1933, 1972.

Reichsparteitag, Parteitag der NSDAP. Der R. war die jährliche große Gemeinschaftsveranstaltung und der politische Appell der →NSDAP, auf der A. →Hitler Rechenschaft über das vergangene Jahr ablegte und die Grundsätze für das kommende verkündete. Begleitet war der R. von großen Aufmärschen der →politischen Leiter, des →RAD, der →SA, →HJ, →SS, →NSKK, später auch der Wehrmacht. Er fand ab 1927 in Nürnberg, der „Stadt der Reichsparteitage", statt, ab 1933 jährlich eine Woche lang Anfang September. Das R.sgelände im Südosten Nürnbergs wurde ab 1933 von Albert →Speer ausgebaut. Auf einer Fläche von 8 × 4 km waren geplant: die Luitpoldarena (1935 fertig); eine unvollendete Kongreßhalle für 60 000 Personen; das unvollendete Haus der Kultur; als Aufmarschfelder das Zeppelinfeld (1936 fertig) für mehrere hunderttausend Menschen und das Märzfeld sowie das Stadion mit Aufmarschstraße; die Plätze für ausgedehnte Zeltlager. Seit 1935 fand im Rahmen des R.s ein Tag der Wehrmacht statt, ab 1937 wurden die →NS-Kampfspiele veranstaltet. Dazu kamen Musik- und Turnvorführungen. Zu den Hauptveranstaltungen mit A. Hitlers Reden waren auch das diplomatische Korps und ausländische Ehrengäste geladen. Beim abendlichen Appell wurde ein →„Lichtdom" von einem Ring von Flakscheinwerfern über dem Versammlungsfeld an den Himmel gestrahlt. Zum R. veranstaltete die HJ jeweils einen →„Adolf-Hitler-Marsch" nach Nürnberg. Ab 1933 waren die R. jeweils unter ein bestimmtes Motto gestellt. Die einzelnen R. waren: 27. bis 29. 1. 1923 München, 3. bis 4. 7. 1926 Weimar, 19. bis 21. 8. 1927 und danach immer Nürnberg, 1. bis 4. 8. 1929, 31. 8. bis 3. 9. 1933 „Sieg des Glaubens", 4. bis 10. 9. 1934, 10. bis 16. 9. 1935 „Parteitag der Freiheit", 8. bis 14. 9. 1936 „Parteitag der Ehre", 6. bis 13. 9. 1937 „Parteitag der Arbeit", 5. bis 12. 9. 1938 „Parteitag Großdeutschland". Der für September 1939 vorgesehene R. fiel wegen des Kriegsbeginns aus.

K. Schmeer: Die Regie des öffentlichen Lebens im Dritten Reich, 1956. R. Nederling: Die Reichsparteitage der NSDAP 1923–1939, 1981.

Reichsplanung, Gesamtheit der Maßnahmen für eine Ordnung von Bevölkerung, Siedlung, Wirtschaft und Verkehr im Reichsgebiet. Die R. wurde im 3. Reich verstärkt und mit der Siedlungspolitik verbunden. Für die R. standen als Reichsbehörde die Reichsstelle für →Raumordnung, als Dienststelle der → NSDAP die Akademie für Landesforschung und Reichsplanung, beide in Berlin, zur Verfügung. Als Organe der R. dienten die Monatsschriften „Reichsplanung" (1933–1937) sowie „Raumforschung und Raumordnung" (ab 1936).

Reichspräsident, deutsches Staatsoberhaupt 1919–1934. Nach der Weimarer Verfassung von 1919 war der R. oberstes Organ und Repräsentant des Deutschen Reiches. Er wurde vom Volk für sieben Jahre gewählt und hatte u. a. das Recht auf Ernennung und Abberufung des Reichskanzlers und der Reichsminister, Ernennung der Beamten und Offiziere, Auflösung des Reichstags, Erlaß von Notverordnungen nach Artikel 48 der Verfassung ohne Reichstagszustimmung, wovon vor allem ab 1930 Gebrauch gemacht wurde. Er war auch Oberbefehlshaber der Reichswehr. Der erste R. Friedrich →Ebert (SPD, 11. 2. 1919 bis 28. 2. 1925)

war nur von der Nationalversammlung gewählt, seine Amtszeit vom Reichstag durch verfassungsänderndes Gesetz vom 22. 10. 1922 verlängert worden. Als zweiter R. wurde Generalfeldmarschall Paul von Beneckendorff und von →Hindenburg vom Volk gewählt (26. 4. 1925) und bestätigt (10. 4. 1932). Nach Hindenburgs Tod am 2. 8. 1934 wurde durch Gesetz vom 1. 8. 1934 das Amt des R.en mit dem des Reichskanzlers vereinigt und von A. →Hitler ausgeübt. Seine Amtsbezeichnung lautete danach „Führer und Reichskanzler".

C. Schmitt: Der Hüter der Verfassung, 1931.

Reichspressechef, Leiter der Pressearbeit der →NSDAP. Von 1931–1945 war R. und 1938–1945 zugleich Pressechef der Reichsregierung Dr. Otto →Dietrich, Staatssekretär im Reichsministerium für Volksaufklärung und Propaganda als Leiter der dortigen Abteilung IV, der „Presseabteilung der Reichsregierung".

Reichspressekammer, Einzelkammer der →Reichskulturkammer für den Pressebereich. Die aus der Reichsarbeitsgemeinschaft der deutschen Presse hervorgegangene, mit der 1. Durchführungsverordnung des Reichskulturkammergesetzes vom 1. 11. 1933 gegründete R. umfaßte und vertrat als Standesorganisation in 14 Fachschaften und Fachverbänden alle im Bereich periodischer Druckerzeugnisse Beschäftigten, insbesondere die Reichsverbände der deutschen Zeitungsverleger, Zeitschriftenverleger, Nachrichtenbüros, Presse, Zeitschriften- und Zeitungsgrossisten und -einzelhändler. Mitgliedschaft in der R. war für alle im Pressebereich Tätigen Voraussetzung zur Berufsausübung. Präsident war Max →Amann, der Reichsleiter für die Presse der →NSDAP. Vizepräsident ab 1936 Otto →Dietrich, Geschäftsführer 1936–1939 I. Richter, 1939–1945 A. Willi.

H. Hinkel (Hrsg.): Handbuch der Reichskulturkammer, 1937. H. Grensemann: Leitfaden für den Geschäftsbereich der Reichskulturkammer, 1937.

Reichsprotektor, Wahrer der Reichsinteressen im →Protektorat Böhmen und Mähren. Das Amt des R.s wurde bei Einrichtung des Protektorats geschaffen und am 18. 3. 1939 mit Konstantin Freiherr von →Neurath (am 27. 9. 1941 beurlaubt), am 24. 8. 1943 (bis 1945) mit Dr. Wilhelm →Frick besetzt. Von September 1941 bis zu seinem Tod am 4. 6. 1942 war Reinhard →Heydrich Stellvertretender R., der für einen Ausgleich zwischen Tschechen und Deutschen eintrat und deswegen Ziel eines britisch-tschechischen Attentats wurde. Der R. wurde vom Führer des Deutschen Reiches ernannt, dessen Vertreter und Beauftragter der Reichsregierung er war. Sein Amtssitz war Prag.

Reichsprotektorat Böhmen und Mähren, amtliche Bezeichnung für das →Protektorat Böhmen und Mähren 1939–1945.

Reichsrätekongreß, Reichsversammlung der Arbeiter- und Soldatenräte in Deutschland 1918/19. Nach den Novemberunruhen 1918 und Vorarbeiten des Vollzugsausschusses der Berliner Arbeiter- und Soldatenräte tagte vom 16. bis 20. 12. 1918 in Berlin der erste R., auf dem sich nach turbulenten Auseinandersetzungen die →SPD gegenüber der →USPD und dem →Spartakusbund durchsetzen konnte und entsprechend nicht die sofortige Einführung einer →Rätediktatur, sondern für den 19. 1. 1919 die Wahl einer deutschen Verfassunggebenden →Nationalversammlung beschlossen wurde. Der überstimmte Spartakusbund gründete daraufhin am 30. 12. 1918 die →KPD und unternahm Anfang Januar 1919 in Berlin den Spartakusaufstand. Ein zweiter R. tagte vom 8. bis 14. 4. 1919 und beschloß einen später nicht verwirklichten Plan für ein wirtschaftliches Rätesystem.

E. Kolb: Die Arbeiterräte in der deutschen Innenpolitik 1918/19, 1962. E. Kern: Von Versailles nach Nürnberg, 1967.

Reichsrat, Verfassungsorgan. Nach der →Weimarer Verfassung von 1919 bildeten Vertreter der deutschen Länder den R. zur Mitwirkung bei der Verwaltung und Gesetzgebung des Reiches. Sein Einspruch konnte vom Reichstag überwunden werden. Der R. wurde durch Gesetz vom 14. 2. 1934 aufgehoben. In Österreich war der R. 1861 geschaffen worden und bestand ab 1867 aus Herrenhaus und Abgeordnetenhaus. Er war für den →zisleithanischen Teil der Monarchie (zu dem die nichtungarisch verwalteten Gebiete gehörten) zuständig. Gesetze bedurften der Zustimmung beider Häuser.

Reichsreform, territoriale Neugliederung des Deutschen Reiches. Die im Artikel 18 der →Weimarer Verfassung vorgesehene Neugestaltung des Reichsgebiets und des Verhältnisses von Reich und Ländern wurde in der →Weimarer Republik kaum durchgeführt. 1920 wurden lediglich die thüringischen Länder zusammengefaßt und Coburg an Bayern, 1922 Pyrmont und 1929 Waldeck an Preußen angeschlossen. Das 3. Reich hat die R. durch die →Gleichschaltungsgesetze vom 31. 3. 1933 und 7. 4. 1933, durch das Gesetz über den Neu-

aufbau des Reiches vom 30. 1. 1934 und das Gesetz über die Auflösung des Reichsrats vom 14. 2. 1934 fortgesetzt, damit den früheren Föderalismus der Länder durch Zentralismus abgelöst. 1933/34 wurden die preußischen Ministerien (außer Finanzministerium) mit den entsprechenden des Reiches vereinigt, 1935 die Landesjustizverwaltungen auf das Reich überführt. Nach dem →Polenfeldzug wurden im Osten die ersten →Reichsgaue mit →Reichsstatthaltern gebildet. Die geplante endgültige R. mit Schaffung von Reichsgauen im ganzen Reich sollte erst nach dem 2. Weltkrieg stattfinden.

J. Crämer: Das Problem der Reichsreform in der deutschen Geschichte, 1935. F. A. Medicus: Reichsreform und Länderkonferenz, 1930. F. Poetzsch-Heffter: Grundgedanken der Reichsreform, 1931.

Reichsregierung, die Regierung des Deutschen Reiches. Von 1871–1918 stand der Deutsche Kaiser an der Spitze der R., der Reichskanzler war der höchste, vom Kaiser ernannte Regierungsbeamte, der nach Artikel 15 der Reichsverfassung den Vorsitz im Bundesrat führte und als einziger verfassungsmäßig verantwortliche Minister die gesamte Politik und die Geschäfte leitete. Nach der →Weimarer Verfassung von 1919 bestand die R. aus den Reichsministern unter Vorsitz des Reichskanzlers. Die Verfügungen des Reichspräsidenten erhielten durch Gegenzeichnung des Ressortministers Gültigkeit. Von 1919–1933 gab es 19 R.en unter zwölf verschiedenen Reichskanzlern: acht des Zentrums, fünf der SPD, einer gehörte der DVP an und fünf waren parteilos. Von 1930–1933 regierten →Präsidialkabinette ohne Reichstagsmehrheit, die erst die R. unter A. →Hitler wieder hatte. Im 3. Reich gehörten zur R. außer den Ministern auch der Leiter der →Parteikanzlei (Martin →Bormann), der Chef des →OKW (Generalfeldmarschall Wilhelm →Keitel), der Beauftragte für den →Vierjahresplan und Reichsforstmeister (Hermann →Göring) und der Chef der →Reichskanzlei (Dr. Hans Heinrich →Lammers). Die letzte gemeinsame Sitzung der R. fand Anfang 1938 statt. Nach dem Tode A. Hitlers bildete der von ihm als Reichspräsident eingesetzte Großadmiral Karl →Dönitz eine Geschäftsführende R. unter L. Graf →Schwerin von Krosigk, dem seit 1932 amtierenden Reichsfinanzminister. Sie hatte ihren Sitz in Flensburg-Mürwik, wurde von den Alliierten ab 10. 5. 1945 zunächst anerkannt, dann jedoch am 23. 5. 1945 unter entwürdigenden Umständen festgenommen, inhaftiert und somit an ihrer Tätigkeit gehindert. Am 5. 6. 1945 übernahmen die Alliierten durch die →„Berliner Erklärung" die Befugnisse der R. und die Verwaltung in ganz

Deutschland. Reichspräsident Dönitz protestierte in der →Mondorfer Erklärung gegen diesen Willkürakt und erklärte, daß nur die Deutsche Wehrmacht, nicht aber das Deutsche Reich, kapituliert habe und seine legitime R. an der Ausführung ihres Amtes gehindert werde.

Reichsrundfunkkammer, Einzelkammer der →Reichskulturkammer. Die aus der vom Reichssendeleiter Eugen Hadamovsky am 3. 7. 1933 gegründeten Nationalsozialistischen Rundfunkkammer e.V. hervorgegangene, durch die 1. Durchführungsverordnung zum Reichskulturkammergesetz vom 1. 11. 1933 eingerichtete R. umfaßte und vertrat als Standesorganisation alle im Bereich des Rundfunks Tätigen, für die Mitgliedschaft in der R. Voraussetzung zur Berufsausübung war. 1937 hatte die Kammer fünf Abteilungen: Verwaltung, Propaganda, Wirtschaft und Technik, Recht, Kultur. Als Präsident wirkte bis Mai 1937 Horst Dreßler-Andreß, 1937–1939 Hans Kriegler, Vizepräsident war Eugen Hadamovsky, Geschäftsführer 1933–1935 Bernhard Knust, 1935–1939 Herbert Packebusch. Durch Verordnung vom 28. 10. 1939 wurde die R. von Dr. →Goebbels aufgelöst, ihre Mitglieder der Reichsschrifttums-, -musik- oder -theaterkammer zugewiesen.
H. Hinkel (Hrsg.): Handbuch der Reichskulturkammer, 1937. H. Grensemann: Leitfaden für den Geschäftsbereich der Reichskulturkammer, 1937.

Reichsschatzwechsel, Schatzanweisungen. Zur Finanzierung des 1. Weltkriegs wurden neben den Kriegsanleihen von der Reichsbank R. ausgegeben. Ihr Ausmaß – 1923 rund 192 Milliarden Mark – trug erheblich zur Inflation bei. Im 3. Reich wurden R. nur in begrenzten Mengen ausgegeben.

Reichsschrifttumskammer, Einzelkammer der →Reichskulturkammer. Die durch die 1. Durchführungsverordnung vom 1. 11. 1933 zum Reichskulturkammergesetz gegründete R. umfaßte und vertrat als Standesorganisation alle im Bereich der nichtperiodischen Literatur Tätigen, deren Mitgliedschaft Voraussetzung zur Berufsausübung war. Insbesondere vertrat sie die Schriftsteller, Buchhändler und Bibliothekare. Präsident war bis Oktober 1935 Hans-Friedrich →Blunck (dann Altpräsident), anschließend Hanns →Johst, Vizepräsident war 1933–1936 Heinz Wismann, 1936–1939 Karl-Heinz Hederich, 1939–1941 Alfred-Ingemar Berndt, 1941–1945 Wilhelm Haegert; Geschäftsführer bis 1935 war Gunther Haupt, anschließend Richard Suchenwirth, Eduard

Koelwel und Wilhelm Ihde. Ab April 1934 führte die R. eine „Liste des schädlichen und unerwünschten Schrifttums".
H. Schmidt-Leonhardt: Die Reichskulturkammer, 1936. H. Hinkel (Hrsg.): Handbuch der Reichskulturkammer, 1937. H. Grensemann: Leitfaden für den Geschäftsbereich der Reichskulturkammer, 1937.

Reichsschulungsburg der NSDAP, oberste Ausbildungsstätte für die →Politischen Leiter von →NSDAP, →SA, →SS und →HJ. Sie befand sich in Erwitte bei Lippstadt/Westfalen und stand an der Spitze der Führerschulen der NSDAP.

Reichssicherheitshauptamt (RSHA), Polizei- und Geheimdienstbehörde 1939–1945. Das am 27. 9. 1939 zur Zusammenfassung der zentralen Ämter der →Sicherheitspolizei und des →Sicherheitsdienstes (SD) des →Reichsführers-SS eingerichtete R. in Berlin unterstand Heinrich →Himmler und wurde von Reinhard →Heydrich (bis 4. 6. 1942), vorübergehend von H. Himmler und ab 30. 1. 1943 von Ernst →Kaltenbrunner geleitet. Es gliederte sich in sechs, ab 1940 in sieben Ämter: Amt I: Personalfragen (Bruno Streckenbach), Amt II: Organisation, Recht und Verwaltung (Werner →Best bis Juni 1940, dann Hans Nockmann), Amt III: Inlandsnachrichtendienst (früher Inlands-SD, unter Otto →Ohlendorf), Amt IV: Politische Polizei des Hauptamtes Sicherheitspolizei und Teile des Gestapa (Heinrich Müller), Amt V: Reichskriminalpolizeiamt (Arthur Nebe bis 27. 7. 1944), Amt VI: Auslandsnachrichtendienst (Heinz Jost, ab Ende 1941 Walter →Schellenberg), Amt VII: Weltanschauliche Forschung (Franz Six, später Paul Dittel). Das Amt IV war mit der Bekämpfung politischer Gegner betraut und für die Einweisung in →Konzentrationslager zuständig. In das Amt VI wurde 1944 die Abteilung →Abwehr des OKW einbezogen. Dem R. nachgeordnet waren die Einsatzgruppen in den besetzten Gebieten.
H. Buchheim u. a.: Anatomie des SS-Staates, 1965. H. Höhne: Der Orden unter dem Totenkopf, 1967. H. Buchheim: SS und Polizei im NS-Staat, 1964. J. Delarue: Geschichte der Gestapo, 1964.

Reichssiegel (Staatssiegel), Siegel des Deutschen Reiches. Mit Erlassen vom 7. und 16. 3. 1933 waren Form und Handhabung des R.s festgelegt. Das große R. war ein Prägesiegel für feierliche Beurkundungen, Bestallungen und Gesetze und blieb den obersten →Reichsbehörden, den →Reichsstatthaltern oder obersten Gerichten vorgehalten. Es bestand aus einem nach links blickenden Reichsadler mit umkränztem Hakenkreuz in den Fängen in rundem Eichenlaubkranz. Das kleine R. wurde von den übrigen Reichs- und Landesbehörden geführt. Bei ihm war der Adler mit umkränztem Hakenkreuz in den Fängen kreisförmig vom Namen der Behörde umgeben.

Reichssippenamt, Dienststelle für Sippenforschung. Als R. wurde die 1933 eingerichtete Stelle des „Sachverständigen für Rasseforschung beim Reichsministerium des Innern" bezeichnet, die 1935–1940 „Reichsstelle für Sippenforschung" genannt wurde. Das zum Geschäftsbereich des Reichsinnenministeriums gehörende R. hatte die Aufgabe, in besonderen Fällen „Abstammungsbescheide" zu erteilen und die Sippenforschung zu fördern. Dem R. waren der „Reichsverband der Sippenforscher und Heraldiker e.V." und der „Volksbund der deutschen sippenkundlichen Vereine", beide in Berlin, angeschlossen. Der Direktor des R.s war auch Leiter des Amtes Sippenforschung der →NSDAP. Als Organ erschien ab 1937 das „Allgemeine Suchblatt für Sippenforschung". Andere Zeitschriften waren das „Archiv für Sippenforschung" (seit 1927) und die Monatszeitschrift „Familie, Sippe, Volk" (seit 1935).
H. Seidler und A. Rett: Das Reichssippenamt entscheidet, 1982.

Reichssportabzeichen, Bezeichnung 1934–1945 für das 1913 eingeführte Deutsche Turn- und Sportabzeichen, das seit 1945 Deutsches Sportabzeichen heißt.

Reichssportamt, oberste Sportbehörde. Am 23. 4. 1936 wurde in Berlin im Reichsministerium des Innern das R. geschaffen. Es wurde vom Staatssekretär und →Reichssportführer Hans von →Tschammer und Osten bis zu seinem Tode (25. 3. 1943), dann von Arno Breitmeyer und ab 18. 9. 1944 kommissarisch von Karl Ritter von →Halt geleitet.
C. Diem: Weltgeschichte des Sports und der Leibesübungen, 2 Bde., 1960.

Reichssportfeld, große Sportanlage im Westen Berlins. Das R. wurde an der Stelle des früheren Deutschen Stadions und Sportforums 1933–1936 nach Plänen von Werner →March unter Mitarbeit von Albert →Speer auf einem 132 ha großen Gelände, insbesondere für die →Olympischen Sommerspiele 1936, gebaut. Mittelpunkt ist das ovale Olympiastadion aus fränkischem Muschelkalk mit rund 100000 Plätzen. Nach Westen schließt sich das Maifeld mit dem 76 m hohen Glockenturm (Führerturm) als Aufmarschgelände (für bis zu 200000 Menschen) und der Langemarck-Halle an. Das R. enthält ferner das Schwimmstadion (17000 Plätze), das Reitergelände (2000), das Hockeystadion (16500) und das Tennisstadion (3300). Im Nordwesten lag die Dietrich-Eckart-Freilichtbühne (20000). Die Gaststätte „Stadionterrassen" konnte 5000 Gäste bewirten. Im Nordosten standen die →Reichsakademie für Leibesübungen und das Haus des Deutschen Sports mit dem Sportforum und dem Sitz der obersten Sportbehörden. Die ganze Anlage war auf wenige klare, durch Türme ausgezeichnete Hauptachsen bezogen, monumental und zugleich zweckvoll errichtet und paßte sich der märkischen Landschaft hervorragend an. Die Architektur war durch zahlreiche Plastiken (Albiker, →Breker, →Kolbe, Lehmann, →Thorak, Wackerle, Wamper u. a.) belebt. Das R. gilt als schönste Sportanlage der Welt.
W. March: Bauwerk Reichssportfeld, 1936. C. Diem: Weltgeschichte des Sports und der Leibesübungen, 2 Bde., 1960.

Reichssportführer, amtliche Bezeichnung für den Führer der Leibeserziehung im Deutschen Reich 1933–1945. Der R. war Führer des →NS-Reichsbundes für Leibesübungen, Sportreferent der →SA, Beauftragter für die Leibeserziehung der deutschen Jugend im Rahmen der Jugendführung des Deutschen Reiches, Leiter des Reichssportamtes und als solcher Staatssekretär im Reichsinnenministerium, Präsident der →Reichsakademie für Leibesübungen. R. war seit 19. 7. 1933 der frühere Reichssportkommissar (ab 28. 4. 1933) Hans von →Tschammer und Osten bis zu seinem Tod am 25. 3. 1943, dann Arno Breitmeyer und ab 18. 9. 1944 kommissarisch Karl Ritter von →Halt.
C. Diem: Weltgeschichte des Sports und der Leibesübungen, 2 Bde., 1960.

Reichsstatthalter, ständige Vertreter der Reichsregierung in den deutschen Ländern. Die R. wurden mit dem 2. Reichsgesetz zur →Gleichschaltung der Länder vom 7. 4. 1933 (R.-Gesetz), ergänzt am 25. 4. und 26. 5. 1933 sowie durch Gesetz vom 30. 1. 1935, als Träger der Reichsgewalt in den Ländern unter der Dienstaufsicht des Reichsinnenministeriums eingeführt. Sie wurden auf Vorschlag des Reichskanzlers vom Reichspräsidenten ernannt, außer in Preußen, wo der Reichskanzler zugleich auch R. war. Die R. hatten für die Durchsetzung der Reichspolitik zu sorgen, konnten bei Gefahr im Verzuge einstweilige Anordnungen treffen, schlugen dem Reichskanzler die Mitglieder der Landesregierung vor, fertigten die Landesgesetze nach Zustimmung der Reichsregierung aus und verkündeten sie. Die meisten R. waren zugleich Gauleiter der →NSDAP. 1941 gab es elf R. im Altreich: Bayern (Franz Xaver Ritter von →Epp), Sachsen (Martin Mutschmann), Württemberg (Wilhelm Murr), Baden (Robert Wagner), Hessen (Jakob Sprenger), Thüringen (Fritz →Sauckel), Mecklenburg (Friedrich →Hildebrandt), Hamburg (Karl →Kaufmann), Bremen und Oldenburg (Carl →Röver), Lippe und Schaumburg-Lippe (Alfred Meyer), Braunschweig und Anhalt (Rudolf →Jordan). Dazu kamen R. in zehn neuen →Reichsgauen: Wien (Baldur von →Schirach), Kärnten (stellvertretender R. Franz Kutschera), Oberdonau (August Eigruber), Niederdonau (Hugo Jury), Salzburg (Friedrich Rainer), Steiermark (Siegfried Uiberreither), Tirol mit Vorarlberg (Franz →Hofer), Sudetenland (Konrad →Henlein), Danzig-Westpreußen (Albert →Forster), Wartheland (Arthur Karl →Greiser). In diesen neuen Reichsgauen war der R. Gauleiter und Leiter der Selbstverwaltungskörperschaft sowie der staatlichen Verwaltung. Mit Erlaß vom 11. 3. 1941 wurde Josef →Bürckel, früherer Reichskommissar für die Saarpfalz, zum „R. in der →Westmark" ernannt, obwohl der Reichsgau Westmark noch nicht errichtet worden war. Für Preußen hatte der Reichskanzler die ihm vorbehaltenen Rechte des R. zur Ausübung dem preußischen Ministerpräsidenten Hermann →Göring übertragen. In der für die Nachkriegszeit vorgesehenen Reichsreform sollten überall im Deutschen Reich R. eingesetzt werden.

Reichsstelle für Sippenforschung, →Reichssippenamt.

Reichsstellen, besondere Behörden im 3. Reich. Nach 1933, insbesondere nach Kriegsbeginn, wurden in Ministerien und in der Wirtschaft zur besseren Sicherstellung der Versorgung R. u. a. für Getreide und Futtermittel, Eier, Milch, Wolle, Metall, Leder, Tabak, Kohle, Papier sowie Holz eingerichtet. Ferner gab es R. für Umsiedlung, Außenhandel und Raumordnung, Auswanderung, Naturschutz und Sippenforschung. Im kulturpolitischen Bereich gab es R. u. a. für Büchereiwesen, Schrifttumspflege, Schulbücher, Film und Bild.

Reichsstelle zur Förderung des Deutschen Schrifttums, kulturpolitische Einrichtung. Die R. wurde am 1. 7. 1933 vom Propagandaministerium und vom →Kampfbund für deutsche Kultur zur allgemeinen Förderung völkischer Literatur und Dichtung gegründet. Sie wurde später dem Amt Schrifttumspflege bei dem „Beauftragten des Führers für die Überwa-

chung der gesamten geistigen und weltanschaulichen Schulung und Erziehung der NSDAP" (Alfred →Rosenberg) unter der Leitung von Hans Hagemeyer unterstellt und hatte als dessen „Abteilung für Sonderaufgaben" ihren Sitz in Berlin.

Reichstag, Parlament im Deutschen Reich. Ab 1871 verkörperte der R. neben dem deutschen Kaiser die Einheit des Reiches. Er war zusammen mit dem Bundesrat für die Gesetzgebung zuständig und beschloß den Reichshaushalt, wurde in allgemeinen, gleichen, unmittelbaren und geheimen Wahlen gewählt und hatte 382, nach 1874 397 direkt gewählte Mitglieder. Die Wahlperiode betrug drei, ab 1888 fünf Jahre. Der R. mußte jährlich vom Kaiser einberufen werden, der ihn auch auflösen konnte. In der →Weimarer Republik hatte der R. größere Befugnisse neben der Gesetzgebung. Er war oberster Träger der Reichsgewalt, Reichskanzler und Reichsminister bedurften seines Vertrauens und mußten zurücktreten, wenn der R. es ihnen entzog (Artikel 54). Der R. konnte vom Reichspräsidenten aufgelöst werden. Die Wahlperiode betrug vier Jahre. Die Rechte des R.s konnten durch →Notverordnungen des Reichspräsidenten umgangen werden, die 1930–1933 zunehmend durch die Präsidialkabinette beantragt, vom R. aber toleriert wurden. Die letzte Wahl eines Mehrparteien-R. fand am 5. 3. 1933 statt. Am 23. 3. 1933 entmachtete sich der R. durch Annahme des →Ermächtigungsgesetzes selbst. Nach Auflösung bzw. Verbot der anderen Parteien bestand der R. ab Sommer 1933 als Einparteienparlament nur noch aus Angehörigen der →NSDAP, war am Etatbeschluß nicht mehr beteiligt und diente im wesentlichen zur Entgegennahme wichtiger Erklärungen und Entscheidungen des →Führers und Reichskanzlers. Nach dem →Reichstagsbrand 1933 tagte er in der Berliner Krolloper, das letztemal 1942.
E. Deuerlein (Hrsg.): Der Reichstag, 1963.

Reichstagsbrand, teilweise Zerstörung des Reichstagsgebäudes in Berlin. Am Abend des 27. 2. 1933 brannten Teile des Reichstagsgebäudes, so der Plenarsaal, durch Brandstiftung aus. Im Gebäude wurde der holländische Anarcho-Kommunist Marinus van der →Lubbe auf frischer Tat festgenommen. Er hatte den Brand an mehreren Stellen mit Kohleanzündern gelegt, war voll geständig und beharrte bis zu seinem Tode darauf, allein gehandelt zu haben, um damit zur Erhebung gegen den →Nationalsozialismus aufzurufen. A. →Hitler, der zusammen mit Dr. →Goebbels bald am Tatort erschien, hielt den Brand jedoch für das Fanal zur Auslösung eines von der KPD geplanten Aufstandes gegen die neue „Regierung der nationalen Konzentration". Deshalb wurden in der Nacht des R. zahlreiche Kommunisten verhaftet. Am 28. 2. 1933 unterzeichnete Reichspräsident von →Hindenburg die „Verordnung zum Schutz von Volk und Staat", die wichtige Grundrechte der Weimarer Reichsverfassung im Interesse der Verfolgung von Regierungsgegnern außer Kraft setzte. Im →R.-Prozeß wurde van der Lubbe vom Reichsgericht am 23. 12. 1933 zum Tode verurteilt, während die mitangeklagten Kommunisten Torgler, Dimitroff, Popoff und Taneff freigesprochen wurden. Von kommunistischer Seite, insbesondere durch Willi →Münzenberg in Paris, wurde durch sogenannte →„Braunbücher" in mehreren Sprachen den Nationalsozialisten die Brandstiftung anzulasten versucht, wobei vor groben Fälschungen nicht zurückgeschreckt wurde. Nach 1945 wurde mehrfach der Reichstagsbrandprozeß vor westdeutschen Gerichten behandelt, dabei die Todesstrafe für van der Lubbe posthum aufgehoben und das Strafmaß auf acht Jahre Zuchthaus herabgesetzt. 1968 konstituierte sich in Luxemburg ein sogenanntes „Internationales Komitee zur wissenschaftlichen Erforschung der Ursachen und Folgen des Zweiten Weltkrieges", das die kommunistische Behauptung über die Urheber am Reichstagsbrand erneut verbreitete. Wiederum schreckte man vor zahlreichen, meist leicht widerlegbaren Fälschungen nicht zurück. Akribische Untersuchungen unabhängiger Historiker bewiesen jedoch definitiv die Alleintäterschaft van der Lubbes.

F. Tobias: Der Reichstagsbrand, 1962. W. Hofer (Hrsg.): Der Reichstagsbrand, 1972. U. Backes und andere: Der Reichstagsbrand, 1986. K. Corino (Hrsg.): Gefälscht! 1988.

Reichstagsbrandprozeß, Reichsgerichtsprozeß vor dem IV. Strafsenat des Reichsgerichts in Leipzig vom 21. 9. bis 23. 12. 1933. Wegen Brandstiftung im Reichstagsgebäude (→Reichstagsbrand) in Berlin am 27. 2. 1933 waren der niederländische Rätekommunist Marinus van der →Lubbe, der Vorsitzende der kommunistischen Reichstagsfraktion Ernst Torgler sowie die bulgarischen Komintern-Funktionäre Dimitroff, Popoff und Taneff angeklagt. Das Reichsgericht sprach am 23. 12. 1933 die Mitangeklagten van der Lubbes mangels Beweises frei und verurteilte den geständigen Holländer wegen Hochverrats in Tateinheit mit aufrührerischer Brandstiftung zum Tode. Das Urteil beruhte auf einem am 29. 3. 1933 ergangenen Gesetz (lex van der Lubbe), das für Brandstiftungen rückwirkend die Todesstrafe

einführte. Van der Lubbe wurde am 10. 1. 1934 durch das Fallbeil hingerichtet. Nach 1945 wurde der Prozeß mehrfach wieder aufgerollt, 1967 die Todesstrafe aufgehoben und das Strafmaß auf acht Jahre Zuchthaus herabgesetzt, 1980 das Reichsgerichtsurteil vom Berliner Landgericht für ungültig erklärt, dieser Spruch jedoch 1981 vom Berliner Kammergericht wieder aufgehoben. Alle Gerichtsverfahren gingen von der Alleintäterschaft van der Lubbes aus.

F. Tobias: Der Reichstagsbrand, 1962. U. Backes und andere: Der Reichstagsbrand, 1986. W. Hofer (Hrsg.): Der Reichstagsbrand, 1972.

Reichstagsbrandverordnung, Notverordnung 1933. Am 28. 2. 1933, dem Tag nach dem →Reichstagsbrand, wurde in der Befürchtung kommunistischer Umsturzversuche die R. als „Verordnung des Reichspräsidenten zum Schutz von Volk und Staat" „zur Abwehr kommunistischer staatsgefährdender Gewaltakte" erlassen. Sie setzte in den Artikeln 114, 115, 117, 118, 123, 124 und 153 der Weimarer Verfassung garantierte Grundrechte außer Kraft, insbesondere das Recht auf persönliche Freiheit, Unverletzlichkeit der Wohnung, Brief-, Telefon-, Meinungs-, Versammlungs- und Vereinigungsfreiheit, und ermächtigte die Reichsregierung, in den Ländern „zur Wiederherstellung der öffentlichen Sicherheit und Ordnung" Befugnisse der Landesregierungen „vorübergehend wahrzunehmen".

Reichstheaterkammer, Einzelkammer der →Reichskulturkammer. Die durch die 1. Durchführungsverordnung vom 1. 11. 1933 zum Reichskulturkammergesetz gegründete R. umfaßte und vertrat als Standesorganisation alle im Bereich des Theaters, der Kleinkunst, des Varietés und des Tanzwesens Tätigen. Die Mitgliedschaft in der R. war Voraussetzung zur Berufsausübung in diesen Bereichen. Die R. war in Fachschaften und Fachverbände gegliedert. Ihr Präsident war 1933 bis Oktober 1935 Otto Laubinger, 1935–1938 Rainer Schlösser, 1938–1942 Ludwig Körner, 1942–1945 Paul Hartmann. Vizepräsident war 1933–1935 Werner Krauß, Juni bis November 1935 Rainer Schlösser, 1935–1945 Eugen Klöpfer; Geschäftsführer 1933–1935 Gustav Aßmann, 1935–1942 Alfred Eduard Frauenfeld, 1942–1945 Hans Erich Schrade. Die Kontrolle von und Anregung für Bühnenaufführungen war mit Gesetz vom 15. 5. 1934 dem →„Reichsdramaturgen" übertragen worden, dessen Stelle Rainer Schlösser innehatte.

H. Hinkel (Hrsg.): Handbuch der Reichskulturkammer, 1937. J. Wulf: Theater und Film im III. Reich, 1966.

Reichstreuhänder der Arbeit (Treuhänder der Arbeit), Organe der deutschen Sozialverfassung im 3. Reich. Die durch Gesetz vom 19. 5. 1933 geschaffenen und im Arbeitsordnungsgesetz vom 20. 1. 1934 verankerten R. waren Reichsbeamte, die dem Reichsarbeitsminister unterstanden. Sie sollten zur Wahrung des Arbeitsfriedens, zur Überwindung des Klassenkampfes und zur Vertiefung der Volksgemeinschaft beitragen sowie Einfluß auf die Arbeitsbedingungen nehmen: Mitarbeit bei Tarifordnungen, Betriebsordnungen, Ernennung der Vertrauensratsmitglieder, Entscheidung bei umfangreichen Entlassungen, Ehrengerichtsverfahren. Für bestimmte Bereiche, insbesondere bei der Heimarbeit, wurden Sondertreuhänder eingesetzt. Für die öffentlichen Verwaltungen und Betriebe wirkte der R. für den öffentlichen Dienst. 1941 gab es 22 R.-Bezirke, dazu kamen der R. für den öffentlichen Dienst, mehrere Sondertreuhänder für bestimmte Wirtschaftszweige sowie 14 Sondertreuhänder für Heimarbeit. Die Arbeitsämter bildeten überall Außenstellen der R., die in Österreich und in den Ostgebieten die Präsidenten der Landesarbeitsämter waren.

Reichs- und Freikonservative Partei (RFKP), rechtsgerichtete, bismarcktreue, monarchistische Partei 1866–1918. Am 20. 7. 1866 hatten sich konservative, Bismarck unterstützende Abgeordnete im preußischen Landtag in Berlin zur Freien Konservativen Vereinigung zusammengeschlossen. Sie nannten sich ab 1867 Freikonservative Partei, ab 1871 im Reichstag Deutsche Reichspartei. Die Honoratiorenpartei trat für ein einiges Deutschland unter preußischer Führung ein und unterstützte stets Bismarck. Sie arbeitete zeitweise mit der →NLP und der →Deutschkonservativen Partei zusammen und erhielt Unterstützung von Industrie- und Großagrarkreisen. 1878 hatte sie 57, 1887 41 und 1912 nur noch 14 Mandate. Ein Teil der RFKP-Abgeordneten bildete 1916 mit denen anderer Parteien die →„Deutsche Fraktion" im Reichstag. Im Dezember 1918 löste sich die RFKP auf, wobei viele Mitglieder zur →DNVP gingen. Als Organ erschien 1874–1910 „Die Post" als Tageszeitung.
K. Viebig: Die Entstehung und Entwicklung der Freikonservativen und der Reichspartei, 1920.

Reichsverband der deutschen Industrie (RdI), Dachvereinigung der deutschen Industrie. Der R. wurde am 4. 2. 1919 gegründet und vertrat als Dachorganisation zahlreicher Verbände die Interessen der deutschen Industrie. Er wurde von einem Präsidium unter Vorsitz von Krupp-Direktor Sorge (1919–1925), Duisberg

(1925–1929) und (ab 1931) Gustav →Krupp von Bohlen und Halbach geleitet, hatte 27 Fachgruppen und rund 1000 Fachverbände. Seinen größten Einfluß besaß der R. in der Schwerindustrie. Politisch tendierte er zur →DVP, erst ab 1933 förderte er stärker die →NSDAP. 1934 ging er mit der Vereinigung der Arbeitgeberverbände im „Reichsstand der deutschen Industrie" auf und arbeitete nach seiner Auflösung 1934 in der Reichsgruppe Industrie weiter.

Reichsverband der Deutschen Presse (RDP), berufsständische Vertretung der deutschen Schriftleiter. Der 1933 gegründete R. war eine Körperschaft des öffentlichen Rechts mit Sitz in Berlin, der alle hauptamtlichen Schriftleiter angehören mußten. Seine Aufgaben ergaben sich aus dem Schriftleitergesetz vom 4. 10. 1933 mit Durchführungsverordnungen vom 19. 12. 1933, 25. 8. 1936 und 31. 5. 1938. Leiter des R. war MdR Wilhelm Weiß, der Hauptschriftleiter des →„Völkischen Beobachters", Hauptgeschäftsführer Hans Henningsen, der zugleich als Hauptschriftleiter der Verbandszeitschrift „Die Deutsche Presse" wirkte.
H. Schmidt-Leonhard-Gast: Das Schriftleitergesetz, 1934.

Reichsverband Deutscher Offiziere (RDO), Traditionsverband für Offiziere. Der R. wurde 1934 durch Zusammenschluß des →Deutschen Offiziersbunds und des →Nationalverbands deutscher Offiziere gegründet. 1938 wurde er in den →NS-Reichskriegerbund eingegliedert.

Reichsverband gegen die Sozialdemokraten, antisozialistische Vereinigung. Der R. wurde am 9. 5. 1904 in Berlin von Angehörigen der →Deutschkonservativen, der →Freikonservativen und der →Nationalliberalen Partei gegründet. Seine Aufgabe war, „alle in Treue zu Kaiser und Reich stehenden Deutschen ohne Unterschied ihrer religiösen und politischen Stellung zum Kampf gegen die antimonarchistischen und revolutionären Bestrebungen der Sozialdemokratie zu einigen". Vorsitzender war Generalleutnant von Liebert. Die Mitgliederzahl stieg von 38000 im Jahre 1905 auf 200000 1909. Als Organ erschien die „Korrespondenz des R." (1905–1914). Der R. wurde bis 1914 auch von der Reichsregierung begünstigt, er hatte auch gute Verbindungen zum →Alldeutschen Verband. Im 1. Weltkrieg verlor er an Bedeutung und stellte nach Kriegsende seine Arbeit ein.
D. Fricke: Die bürgerlichen Parteien in Deutschland 1830–1945, Bd. 2, 1970.

Reichsverein für Sippenforschung und Wappenkunde e.V., Verband für Sippenkunde. Der in Berlin tätige R. (später Reichsverband der Sippenforscher und Heraldiker e.V.) stand unter der Leitung von Dr. Achim Gercke, der ab 1933 Sachverständiger für Rasseforschung beim Reichsinnenministerium (→Reichssippenamt) war und die NS-Auskunftsstelle zu Rassenfragen leitete. Der R. war die einzige von der →NSDAP anerkannte Organisation auf dem Gebiet der Sippenforschung.

Reichsvereinigung der Juden in Deutschland, Organisation der Juden in Deutschland. Nach der 10. Verordnung zum →Reichsbürgergesetz wurde am 4. 7. 1939 die bestehende Reichsvertretung der Juden in Deutschland in R. umbenannt. Ihr gehörten alle staatsangehörigen und staatenlosen Juden an, die ihren Wohnsitz oder gewöhnlichen Aufenthalt im Deutschen Reich hatten. Sitz der R. war Berlin. Sie war Trägerin des jüdischen Schulwesens und der jüdischen freien Wohlfahrtspflege und sollte die Auswanderung der Juden fördern. 1943 wurde sie aufgelöst.
E. Goldmann: Zwischen zwei Völkern, 1975. S. Adler-Rudel: Jüdische Selbsthilfe unter dem Naziregime 1933–39, 1974.

Reichsverfassung, Verfassung des Deutschen Reiches. Die R. des Deutschen Kaiserreichs vom 16. 4. 1871 ging mit wenigen Änderungen aus der des Norddeutschen Bundes vom 17. 4. 1867 hervor. Mit Gesetz vom 28. 10. 1918 wurde in sie das parlamentarische System eingefügt. Die R. der →Weimarer Republik (→Weimarer Verfassung) wurde am 31. 7. 1919 von der Deutschen →Nationalversammlung beschlossen und trat am 11. 8. 1919 in Kraft. Mit dem periodisch erneuerten →Ermächtigungsgesetz vom 24. 3. 1933 und dem Staatsoberhauptgesetz vom 1. 8. 1934 blieb die Weimarer R. formal bis 1945 erhalten. Sie verlor aber ihre Bedeutung durch die Eingriffe der Besatzungsmächte. Ab 1945 entstanden in den deutschen Ländern und Teilstaaten neue Verfassungen.

Reichsverteidigungskommissar, Beauftragter für zivile Verteidigung im 2. Weltkrieg. Mit der Verordnung vom 1. 9. 1939 wurde für jeden Wehrkreis ein R. als Beauftragter der Reichsregierung bestellt, der in allen Angelegenheiten der zivilen Reichsverteidigung die Maßnahmen innerhalb seines Amtsbereichs insbesondere mit den Wehrkreisbefehlshabern abzustimmen hatte. Die R. unterstanden in ihrem Amt dem →Ministerrat für die Reichsverteidigung. Als R. wurden bei Kriegsbeginn die Gauleiter, die zugleich Reichsstatthalter waren, eingesetzt, am 16. 11. 1942 auch die übrigen Gauleiter. Dem R. stand ein Verteidigungsausschuß zur Seite.

Reichsvertretung der deutschen Juden, →Reichsvertretung der Juden in Deutschland.

Reichsvertretung der Juden in Deutschland, Dachverband jüdischer Organisationen. Die 1933 mit Leo Baeck als Präsidenten gegründete Reichsvertretung der deutschen Juden mit Sitz in Berlin mußte nach dem Erlaß der → Nürnberger Gesetze vom 15. 9. 1935 ihren Namen in R. umändern, am 4. 7. 1939 in →Reichsvereinigung der Juden in Deutschland. Ihre Hauptaufgaben waren die Organisation des jüdischen Schulwesens sowie die Sozialhilfe und Hilfe bei der Auswanderung der Juden aus Deutschland.

Reichswehr, Gesamtheit der Streitkräfte des Deutschen Reiches 1919–1935. Nach dem →Versailler Diktat durften die deutschen Streitkräfte 100000 Mann (davon 3797 Offiziere) im Heer und 15000 Mann (davon 1500 Offiziere) bei der Marine nicht übersteigen. Eine Luftwaffe war verboten. Das Gesetz über die „vorläufige R." vom 6. 3. 1919 und das Wehrgesetz vom 23. 3. 1921 regelten ihre Aufgabe und Gliederung. Die R. bestand aus Berufssoldaten mit Verpflichtung für zwölf, bei Offizieren für 25 Dienstjahre in sieben Infanterie- und drei Kavallerie-Divisionen in den sieben Wehrkreisen. Sie unterstand zwei Gruppenkommandos, die im →Truppenamt im Reichswehrministerium zusammengefaßt waren, nachdem der →Große Generalstab verboten worden war. Chef der Heeresleitung war 1919/20 General Walter Reinhardt, 1920–1926 Generaloberst Hans von →Seeckt, 1926–1930 Generaloberst Wilhelm Heye, 1930–1934 Generaloberst Kurt Freiherr von →Hammerstein-Equord. Oberbefehlshaber war der Reichspräsident, dessen Erlasse der R.-Minister (1919/20 Gustav →Noske, 1920–1928 Otto →Geßler, 1928–1932 General Wilhelm →Groener, 1932/33 General Kurt von →Schleicher, 1933–1935 General Werner von →Blomberg) gegenzeichnete. Der R. waren schwere Artillerie, Panzer, U-Boote, große Kriegsschiffe und Flugzeuge verboten. Diese Beschränkungen wurden ab 1924 durch Ausbildung an Panzern und Flugzeugen in Sowjetrußland teilweise umgangen. Die R. hielt sich aus den politischen Parteienkämpfen heraus, ihre Angehörigen hatten kein Wahlrecht und durften sich politisch nicht betätigen. Die R. rettete mehrfach das Reich durch Eingreifen gegen kommunistische Aufstände 1920–1923 und die Reichsexekution gegen Sachsen und Thüringen (1923), begünstigte die Freikorps, die teilweise in die R. übernommen wurden, und deckte die Maßnahmen der geheimen →Schwarzen R. und anderer →Wehrverbände. Sie war eine hervorragend ausgebildete, national motivierte Elitetruppe, aus der die Kader der späteren Wehrmacht hervorgingen. Mit der Wiedereinführung der allgemeinen Wehrpflicht am 16. 3. 1935 ging die R. in die Wehrmacht über.

H. von Seeckt: Die Reichswehr, 1933. O. E. Schüddekopf: Das Heer und die Republik, 1955. H. Gordon: Die Reichswehr und die Weimarer Republik, 1959. T. Vogelsang: Reichswehr, Staat und NSDAP 1930–32, 1962. R. Wohlfeil, H. Dollinger: Die deutsche Reichswehr, 1973. M. Geyer: Aufrüstung oder Sicherheit, 1980. O. Gessler: Reichswehrpolitik in der Weimarer Zeit, 1958. F. L. Carsten: Reichswehr und Politik, [3]1966.

Reichswehrprozeß, Verfahren gegen drei Reichswehroffiziere 1930. Der R. fand vom 23. 9. bis 4. 10. 1930 vor dem Leipziger Reichsgericht gegen Oberleutnant a. D. Wend und die Leutnants Ludin und Scheringer vom Ulmer Artillerieregiment 5 statt, die beschuldigt wurden, innerhalb der Reichswehr nationalsozialistische Zellen aufgebaut und damit Vorbereitung zum Hochverrat und Umsturz getrieben zu haben. Alle drei erhielten eineinhalb Jahre Festungshaft, Ludin und Scheringer wurden unter Aberkennung des Rechts, Uniform zu tragen, aus der Reichswehr ausgestoßen. Verteidiger war Hans →Frank, der A. →Hitler als Entlastungszeugen auftreten ließ. Dieser erklärte dabei unter Eid, die Macht nur mit legalen Mitteln anzustreben. Ludin wurde später SA-Führer und deutscher Botschafter in der Slowakei, deshalb 1946 von den Tschechen gehängt; Scheringer betätigte sich sowohl vor 1933 als auch nach 1945 als Kommunist.

P. Bucher: Der Reichswehrprozeß, 1967. E. von Salomon: Der Fragebogen, 1951.

Reichswerke Hermann Göring, deutscher Industriekonzern 1937–1945. Am 15. 7. 1937 wurde die „AG für Erzbergbau und Eisenhütten Hermann Göring" mit Sitz in Salzgitter als reichseigener Industriekonzern gegründet. Er sollte die Eisenerzvorräte des Deutschen Reichs mit geringem Eisengehalt erschließen und verarbeiten, nachdem die Privatindustrie darin keine lohnenswerte Aufgabe gesehen hatte, und damit das Reich von Einfuhren unabhängiger machen. Zunächst wurden Gruben, Kokerei, Hochofenwerk und Stahlwerk in Salzgitter angelegt, später ein Hüttenwerk bei Linz (Donau). Das H. →Göring direkt unterstellte Werk Salzgitter wurde von P. Pleiger geleitet. 1939 entstand als Dachgesellschaft die AG Reichswerke „Hermann Göring" mit Sitz in Berlin, die die Reichswerke AG für Berg- und Hüttenbetriebe „Hermann Göring" (Grundkapital: 560 Mill. RM), die Reichswerke AG für Waffen- und Maschinenbau „Hermann Göring" (Grundkapital: 80 Mill. RM) und die Reichswerke AG für Binnenschiffahrt „Hermann Göring" (Grundkapital 12,5 Mill. RM) umfaßte. 1941 kamen die Reichswerke „Hermann Göring" Alpine Montanbetriebe, Linz, hinzu. 1944 waren in den R. 228 Unternehmen mit 2,4 Milliarden RM Nominalkapital vereinigt. Nachdem die Anlagen in Salzgitter am 11. 4. 1945 von P. Pleiger den Alliierten fast unversehrt übergeben worden waren, wurden sie von den Engländern zu 80% demontiert. Den Rest übernahm die 1950 gegründete AG für Bergwerks- und Hüttenbetrieb (ab 1961 Salzgitter AG).

M. Riedel: Kohle und Stahl für das Dritte Reich, 1973. A. Meyer: Das Nazi-Syndikat, 1986.

Reichswirtschaftskammer, oberste Wirtschaftsvertretung. Mit der Verordnung vom 27. 11. 1934 wurde die R. als oberste gemeinsame Vertretung der deutschen fachlichen und Bezirks-Organisationen der gewerblichen Wirtschaft, der Industrie-, Handels- und Handwerkskammern eingerichtet. Als Organ der Selbstverwaltung vertrat sie die Interessen ihrer Mitglieder und trug zur planvollen Leitung der deutschen Wirtschaft bei. 1935 wurden die Geschäftsstelle der R. und das Wirtschaftsamt der →DAF zusammengelegt.

Reichswirtschaftsrat, Gremium für Wirtschaftsfragen. Der R. wurde durch Gesetz vom 5. 4. 1933 anstelle des bisherigen, nun aufgelösten „Vorläufigen R." gegründet. Seine 60 Mitglieder wurden vom Reichspräsidenten auf Vorschlag der Reichsregierung berufen. Er bestand nur bis zum 23. 3. 1934. Mit Gesetz vom 21. 3. 1935 wurde dafür der „Reichsarbeits- und R." geschaffen, der die gewerbliche Wirtschaft vertrat und vor allem mit der →DAF zusammenarbeitete, die die praktischen Maßnahmen durchführte.

Reims, Schlachtort im 1. Weltkrieg. Die Stadt und Festung in der Champagne wurde im 1. Weltkrieg am 3. 9. 1914 von deutschen Truppen der 3. Armee erobert, beim Rückzug von der →Marne wieder geräumt. Im April und Mai 1917 entbrannte beiderseits R. die Doppelschlacht →Aisne-Champagne. Als letzte deutsche Offensive erfolgte ab 15. 9. 1918 beiderseits R. die Angriffsschlacht an der Marne und in der Champagne. Im 2. Weltkrieg wurde R. am 11. 6. 1940 von der deutschen Wehrmacht eingenommen. Am 7. 5. 1945 unterzeichnete in R. nach früheren Teilkapitulationen Generaloberst Alfred →Jodl im Auftrag des Reichspräsidenten Großadmiral Karl →Dönitz die Gesamtkapitulation der deutschen Wehrmacht, die am 9. 5. 1945 um 0.01 Uhr in Kraft trat und den 2. Weltkrieg in Europa beendete.

Reinerth, Hans, Prof. Dr., Vorgeschichtsforscher, * 13. 5. 1900 Bistritz (Siebenbürgen). Der durch seine Forschungen zur deutschen und germanischen Vor- und Frühgeschichte bekanntgewordene R. wurde 1933 Bundesführer des Reichsbundes für deutsche Vorgeschichte und 1934 Professor in Berlin. Seit 1945 leitete er das (Pfahlbau-)Freilichtmuseum deutscher Vorzeit in Unteruhldingen/Bodensee. Er schrieb u. a. „Pfahlbauten am Bodensee" (1922), „Chronologie der jüngeren Steinzeit in Süddeutschland" (1924), „Die Wasserburg Buchau" (1928), „Das Federseemoor als Siedlungsland des Vorzeitmenschen" (^{2}1936), „Haus und Hof im nordischen Raum" (1937). Er gab die „Vorgeschichte der deutschen Stämme" (3 Bände, ^{2}1985/86) sowie die Zeitschriften „Germanen-Erbe" und „Mannus" heraus.

Reinhard, Wilhelm, General, * 18. 3. 1869 Lutau, Kreis Flatow (Pommern). Der Offizier führte im 1. Weltkrieg ein Regiment. Als Oberst stellte er Ende 1918 das „Regiment R." auf, das den →Spartakisten-Aufstand im Januar 1919 in Berlin mit niederschlug. Am 27. 1. 1934 wurde R. Bundesführer des →Deutschen Reichskriegerbundes Kyffhäuser, am 18. 3. 1938 →Reichskriegerführer und Leiter des →NS-Reichskriegerbundes. Er war ab 1936 MdR, wurde am 15. 9. 1935 SS-Standartenführer, am 20. 4. 1937 SS-Gruppenführer, am 22. 3. 1938 Generalmajor a. D., am 14. 3. 1939 General der Infanterie a. D. und am 9. 11. 1941 SS-Obergruppenführer. Er schrieb „1918/19. Die Wehen der Republik" (1932).

Reinhardt, Fritz, Staatssekretär, * 3. 4. 1895 Ilmenau, † 1969. Der gelernte Kaufmann wurde im August 1914 auf einer Reise in Riga verhaftet und bis Juli 1918 in Sibirien festgehalten. 1919 wurde er Direktor der thüringischen Handelsschule in Ilmenau, wo er 1922 das „Deutsche Steuersyndikat" gründete. 1923 trat er in die →NSDAP ein, verlor deshalb seine Stelle und gründete 1924 in Herrsching die erste Fernhandelsschule in Deutschland. 1928–1930 war er Gauleiter in Oberbayern; seine Schule wurde offizielle Rednerschule der NSDAP. 1930–1933 war er MdR und Amtsleiter in der NSDAP.→Reichsleitung. Am 1. 4.

1933 wurde er Staatssekretär im Reichsfinanzministerium und schuf dort das am 1. 6. 1933 vorgestellte →„R.-Programm", das durch Steuermaßnahmen die Arbeitslosigkeit verringern sollte. Am 15. 11. 1933 wurde er SA-Gruppenführer und arbeitete im Stabe der Obersten SA-Führung mit. Ab 1935 war er Leiter des Sachgebiets für Finanz- und Steuerpolitik im Stabe des Stellvertreters des Führers mit Sitz in Berlin und maßgeblich an der Finanzierung der neuen Wehrmacht beteiligt. Der SA-Obergruppenführer (9. 11. 1937) wurde 1945 verhaftet, zu längerer Haft verurteilt, 1949 freigelassen und 1950 als „Hauptschuldiger" eingestuft. Er schrieb u. a. „Die Herrschaft der Börse" (1927), „Deutschland erwache" (1930), „Buchführung, Bilanzen und Steuern" (2 Bände, 1936/37).

Reinhardtprogramm, Maßnahme gegen die Arbeitslosigkeit. Das vom Staatssekretär im Reichsfinanzministerium Fritz →Reinhardt am 1. 6. 1933 vorgestellte R. sah vor, durch Steuergesetzgebung die hohe Arbeitslosigkeit zu senken.

Reitsch, Hanna, Fliegerin, * 29. 3. 1912 Hirschberg/Schlesien, † 24. 8. 1979 Frankfurt/Main. Um fliegende Ärztin in Afrika werden zu können, erwarb R. die Segel- und Motorflugscheine, wurde aber ab 1934 Forschungspilotin, richtete Segelflugschulen ein, schaffte 1937 die erste Alpenüberquerung im Segelflug und führte 1938 mit einem Hubschrauber den ersten Hallenflug vor. Sie stellte im Segel- und Motorflug zahlreiche Weltrekorde auf und war 1937 erster weiblicher Flugkapitän. Im 2. Weltkrieg erprobte sie – als erste Frau – Raketenflugzeuge, so die Me 163 und die durch Piloten gesteuerte Version der →V 1. Als einzige Frau erhielt sie das →EK II, →EK I und das Militärflieger-Abzeichen in Gold mit Brillanten. Ende April 1945 flog sie Feldmarschall Ritter von Greim mit einem Fieseler Storch in das bereits eingeschlossene Berlin und nach dessen Ernennung zum Oberbefehlshaber der Luftwaffe wieder aus der unter Beschuß liegenden Stadt heraus. Nach Kriegsende kam sie für eineinhalb Jahre in amerikanische Haft, flog dann wieder und stellte weitere Segelflug-Rekorde auf. Sie wurde von zahlreichen deutschen und ausländischen Pilotenvereinigungen und Fliegerclubs geehrt. Veröffentlicht hat sie „Fliegen – mein Leben" (1951), „Das Unzerstörbare in meinem Leben" (1979), „Höhen und Tiefen" (1978).

R. Drechsler: Hanna Reitsch, 1979. G. Sudholt (Hrsg.): Deutsche Annalen 1980, 1980.

Remagen, Brücke von, Ort des ersten alliierten Rheinübergangs 1945. Die 330 m lange, 1916–1918 gebaute Ludendorff-Brücke über den Rhein bei Remagen wurde beim Rückzug deutscher Truppen vor den nachrückenden Streitkräften der 9. US-Armee nicht gesprengt, so daß sie den überraschten Alliierten am 7. 3. 1945 unversehrt in die Hände fiel, die sofort einen rechtsrheinischen Brückenkopf ausbauten. Deutsche Flieger- und Raketenangriffe (einziger taktischer →V-2-Einsatz) blieben zunächst erfolglos, bis die dadurch beschädigte Brücke am 17. 3. 1945 unter Belastung zusammenbrach und 46 Todesopfer forderte. Die Eroberung der unzerstörten Brücke von R. soll den westalliierten Vormarsch und damit das Kriegsende um einige Wochen beschleunigt haben. Die nächsten alliierten Rheinüberquerungen erfolgten am 22. 3. 1945 bei Oppenheim und am 23. 3. 1945 bei Wesel.
R. Palm: Die Brücke von Remagen, 1985.

Rembrandtdeutscher, →Langbehn, Julius.

Remer, Otto Ernst, Generalmajor, * 18. 8. 1912 Neubrandenburg. Der Sohn eines Justizinspektors trat nach dem Abitur als Fahnenjunker in das Infanterie-Regiment 4 in Kolberg ein und nahm als Kompaniechef und dann als Bataillons- und Regimentskommandeur am →Polen-, →Frankreich-, →Balkan- und →Rußlandfeldzug teil, erhielt das →Deutsche Kreuz in Gold, das →Ritterkreuz am 27. 5. 1943 und am 12. 11. 1943 das →Eichenlaub. Nach acht Verwundungen führte er ab 16. 5. 1944 das Wachregiment „Großdeutschland" in Berlin. Am 20. 7. 1944 wurde ihm vom Berliner Stadtkommandanten von Hase unter Berufung auf den angeblichen Tod A. →Hitlers befohlen, mit seiner Truppe das Berliner Regierungsviertel abzuriegeln und Reichsminister Dr. →Goebbels zu verhaften. Auf Veranlassung von Leutnant Dr. Hans W. →Hagen vom Regiment „Großdeutschland" setzte sich R. jedoch mit Dr. Goebbels in Verbindung und erfuhr durch ihn vom Sprengstoffanschlag im →Führerhauptquartier und dem Versuch einer Offiziersgruppe, einen Umsturz herbeizuführen und zu diesem Zweck Truppen einzusetzen, die über die Lage und die Absichten der Putschisten getäuscht wurden. In Anwesenheit von Dr. Goebbels übertrug A. Hitler R. telefonisch die militärische Befehlsgewalt in Berlin und befahl ihm, die Rebellion niederzuschlagen. R. unterstellte sich daraufhin die Truppen, die von den Verschwörern zur Durchsetzung ihrer Ziele mobilisiert worden waren, oder veranlaßte sie durch seine Offiziere zur Rückkehr in ihre Standorte, riegelte den Bendlerblock, den

Sitz der Putschisten, ab, besetzte ihn und trug dadurch wesentlich und ohne Blutvergießen zum Zusammenbruch des Umsturzversuches bei. Der zum Oberst Beförderte nahm dann an der →Ardennenoffensive teil und wurde am 30. 1. 1945 zum Generalmajor befördert. Anschließend kämpfte er als Kommandeur einer Panzerdivision in Pommern. Nach seiner Kriegsgefangenschaft betätigte er sich führend in der 1952 verbotenen Sozialistischen Reichs-Partei, wurde wegen seiner Werturteile über die Putschisten vom 20. 7. 1944 verurteilt und hielt sich dann lange im Ausland auf. Ab 1985 gab er die Monatsschrift „Der Bismarck-Deutsche" heraus, das Organ der von ihm gegründeten und geleiteten „Deutschen Freiheits-Bewegung". 1981 veröffentlichte er „Verschwörung und Verrat um Hitler", 1990 „Kriegshetze gegen Deutschland".
H. W. Hagen: Zwischen Eid und Befehl, 1958. K. Balzer: Der 20. Juli und der Landesverrat, 1971. H. Paar: Dilettanten gegen Hitler, 1985

Renner, Karl, österreichischer Staatskanzler, * 14. 12. 1870 Unter-Tannowitz/Mähren, † 31. 12. 1950 Wien. Der Jurist wurde 1896 Bibliothekar in der Bibliothek des österreichischen Reichsrats, trat der Sozialdemokratie bei, war in der Genossenschaftsbewegung tätig und ab 1907 Reichsratsabgeordneter. Nach dem Zusammenbruch der k. u. k. Monarchie 1918 war R. vom 30. 10. 1918 bis 15. 3. 1919 Leiter der Staatskanzlei, dann bis 7. 7. 1920 Staatskanzler, vom 26. 7. 1919 bis 22. 10. 1920 auch Staatssekretär für Äußeres. Als Leiter der österreichischen Abordnung in →Saint-Germain 1919 trat er energisch, doch vergeblich für den →Anschluß Österreichs an das Deutsche Reich ein. Von 1920–1934 war er Abgeordneter, 1931–1933 Präsident des Nationalrats. 1934 wurde er von der →Dollfuß-Regierung inhaftiert, 1938 begrüßte er den erfolgten Anschluß. Noch vor Kriegsende bildete er am 27. 4. 1945 eine erste österreichische Regierung, war vom 27. 4. bis 20. 12. 1945 erster Staatskanzler der Provisorischen Regierung, dann Mitbegründer der →SPÖ und wurde am 20. 12. 1945 zum ersten Bundespräsidenten Österreichs gewählt, der er bis zu seinem Tode blieb. Die Unabhängigkeitserklärung Österreichs wurde durch ihn veranlaßt. Er schrieb u. a. „Österreichs Erneuerung" (3 Bände, 1916/17) und verfaßte viele politische Schriften, zum Teil pseudonym (Synopticus, Josef Karner, Rudolf Springer).
J. Hannack: Karl Renner und seine Zeit, 1965. H. Schroth u. a.: Karl Renner, 1970.

Renteln, Theodor Adrian von, Dr. rer. pol., nationalsozialistischer Politiker, * 15. 9. 1897 Hotsi/Rußland, † 1946 Sowjetunion. Der Jurist und Wirtschaftswissenschaftler trat 1928 der →NSDAP bei, war 1929–1932 Reichsführer des →NS-Schülerbundes, 1931–1932 Reichsführer der →Hitler-Jugend und ab 1932 MdR. 1932–1933 führte er den →NS-Kampfbund des gewerblichen Mittelstandes (NS-Hago) und war 1933–1935 Präsident des Deutschen Industrie- und Handelstages, daneben Vorsitzender des Obersten Ehren- und Disziplinarhofes der →DAF, Präsident des Deutschen Genossenschaftsverbandes in Berlin und der Deutsch-Belgischen Gesellschaft in Berlin. Er leitete das Institut für angewandte Wirtschaftswissenschaft und das Hauptamt für Handwerk und Handel in der →Reichsleitung der NSDAP in München. 1941 wurde er zum Generalkommissar in Litauen (Reichskommissariat Ostland) ernannt, 1946 von den Sowjets gehängt.

Rentenmark, deutsche Währung 1923/24. Durch Gesetz vom 13. 10. 1923 und Verordnung vom 15. 10. 1923 wurde die R. zusammen mit der Deutschen Rentenbank geschaffen, um der →Inflation Einhalt zu gebieten. Sie löste die durch Kriegsschulden, →Reparationen und den →Ruhrkampf völlig entwertete Mark (Papiermark) ab, wobei eine R. einer Billion Mark gleichgesetzt wurde. Die Deckung der R. erfolgte durch verzinsliche, auf Gold lautende Rentenbriefe. Sie war unterteilt in 100 Rentenpfennige. Rentenbankscheine wurden zu 1000, 100 und 10 R. ausgegeben, dazu Münzen, später auch Scheine zu fünf, zwei und einer R. Mit dem Münzgesetz vom 30. 8. 1924 wurde die R. in die neue →Reichsmark mit 1 R. = 1 RM überführt. Die bis Ende 1942 vorgesehene Tilgung der Rentenbankscheine wurde durch Verordnung vom 4. 9. 1939 zurückgestellt. Die Einführung der R. ging wesentlich auf Vorschläge von Karl →Helfferich für eine Roggenwährung zurück, die durch Pläne von Hans →Luther und Hjalmar →Schacht ergänzt wurden.
H. Schacht: Die Stabilisierung der Mark, 1927. J. Schönthal: Rentenbank und Rentenmark, 1924. K. Elster: Von der Mark zur Reichsmark, 1928.

Reparationen, die Deutschland im →Versailler Diktat 1919 auferlegten Zwangszahlungen. Unter Bruch der Zusagen des US-Präsidenten Wilson hat das →Versailler Diktat 1919 mit der unzutreffenden Begründung der deutschen Alleinkriegsschuld (Artikel 231) alle den Siegermächten entstandenen Kriegsschäden und -schulden Deutschland auferlegt. Die R. sollten jedoch darüber hinaus auch noch eine Strafe sein und den wirtschaftlichen Aufstieg Deutschlands verhindern. Da in Versailles unter den Siegern keine Einigung über die Endsumme erzielt wurde, wurde eine Reparations-

konferenz (Repko) in Paris unter französischem Vorsitz eingesetzt, die bis zum 1. 5. 1921 den Zahlungsplan aufstellen sollte. Bis dahin (Artikel 235) sollten 20 Milliarden Goldmark (GM) von Deutschland bar und in Sachwerten aufgebracht werden. Ab 1920 tagten alliierte Reparationskonferenzen: San Remo (April 1920), Boulogne (20. bis 22. 6. 1920, sie verlangte mindestens drei Milliarden GM jährlich), Brüssel (Juli 1920), Spa (5. bis 16. 7. 1920, erstmals mit deutschen Vertretern), Brüssel (Dezember 1920), Paris (24. bis 29. 1. 1921, sie forderte 226 Milliarden in von zwei bis sechs Milliarden GM ansteigenden Jahresraten bis 1963), London (1. bis 7. 3. 1921, Ablehnung dieser Forderungen durch →Stresemann). Frankreich besetzte daraufhin am 8. 3. 1921 Düsseldorf und Duisburg-Ruhrort. Das →Londoner Ultimatum vom 4. 5. 1921 forderte bei Androhung der Besetzung des ganzen Ruhrgebiets die Anerkennung einer Reparationsschuld von insgesamt 132 Mrd. GM bei Jahreszahlungen von zwei Mrd. GM und dazu eine jährliche Abgabe von 26% der deutschen Ausfuhr. Es wurde von der Regierung →Wirth am 11. 5. 1921 angenommen, was ihr von deutscher Seite den Vorwurf der →„Erfüllungspolitik" einbrachte. Der Reichstag billigte das Londoner Ultimatum mit 220 gegen 172 Stimmen. Da auch diese Zahlungen die deutsche Wirtschaft bei weitem überforderten, mußte Deutschland um Stundung nachsuchen. In der Reparationskonferenz von Cannes (6. bis 14. 1. 1922) gaben die Alliierten etwas nach. Wegen geringfügigen deutschen Rückstands bei den Lieferungen besetzten Frankreich und Belgien am 11. 1. 1923 das →Ruhrgebiet, woraufhin die Reichsregierung zum →„passiven Widerstand" aufrief und alle Zahlungen und Lieferungen an beide Länder einstellte. Nach Abbruch des passiven Widerstands am 23. 9. 1923 wurde auf Druck der USA am 30. 11. 1923 ein Ausschuß unter Vorsitz des Amerikaners Dawes eingesetzt, dessen Plan (→Dawesplan) auf der →Londoner Konferenz vom 16. 7. bis 16. 8. 1924 von den Siegern und von Deutschland angenommen wurde. Er sah – bei kleineren Raten für die ersten vier Jahre – Jahreszahlungen von je 2,5 Milliarden GM vor, ohne eine Endsumme anzugeben. Die Raten wurden fünf Jahre gezahlt und durch Auslandsanleihen finanziert. Die Pariser Sachverständigenkonferenz unter Vorsitz des Amerikaners Young entwarf vom 11. 2. bis 7. 6. 1929 den →Youngplan, auf den sich als „Neuen Plan" auf der →Haager Konferenz 1929/30 die Beteiligten einigten. Der Reichstag stimmte am 13. 3. 1930 zu. Mit seinem Inkrafttreten erloschen auch die Befugnisse der Reparationskommission. Der Youngplan sah vor, daß

Deutschland insgesamt 112 Milliarden RM, 37 Jahre lang durchschnittlich je 2,05 Milliarden GM, anschließend 22 Jahre lang die fälligen Kriegsschuldzahlungen der Sieger an die USA von 0,9 bis 1,6 Milliarden GM zahle. Da Deutschland auch zu diesen Zahlungen nicht imstande war und die →Weltwirtschaftskrise sich zu verschlimmern drohte, schlug US-Präsident Hoover im →Hoover-Moratorium am 20. 6. 1931 eine einjährige Pause aller Zahlungen vor, die akzeptiert wurde. Die Konferenz von →Lausanne vom 17. 6. bis 9. 7. 1932 brachte dann das Ende der R., wobei Deutschland nur noch zu einer Abschlagszahlung von drei Milliarden RM in Schuldverschreibungen, beginnend nach drei Jahren, verpflichtet wurde. Insgesamt hatte das Deutsche Reich bis 1931 rund 53 Milliarden GM an R. gezahlt. Die R. trugen wesentlich zur Zerrüttung der deutschen und internationalen Wirtschaft, zur Inflation 1923, zur Weltwirtschaftskrise ab 1929 und zum Scheitern der →Weimarer Republik bei. In den Diktaten von 1919/20 waren auch Österreich, Ungarn und Bulgarien zu Zahlungen verpflichtet worden. Österreich wurde 1930 davon ganz befreit, Ungarn und Bulgarien zahlten wenig. Nach dem 2. Weltkrieg wurden ohne jede rechtliche Grundlage gewaltige R. aus allen Teilen Deutschlands von den Siegern entnommen, ohne daß eine Friedensvereinbarung bestand. Im Londoner Schuldenabkommen vom 27. 2. 1953 zur Regelung der Vorkriegsschulden mußte die Bundesrepublik Deutschland u. a. die ausstehenden Jahresraten des Dawes- und Youngplans anerkennen und nachzahlen (bis in die 80er Jahre). Im Überleitungsvertrag vom 26. 5. 1952 und vom 23. 10. 1954 wurde die Frage der R. für den 2. Weltkrieg auf den künftigen Friedensvertrag vertagt, die Beschlagnahme deutschen Eigentums, vor allem im Ausland, anerkannt. Schätzungen bereits erfolgter direkter deutscher Reparationen an die Westmächte belaufen sich auf mehr als 22 Milliarden DM, an den Osten auf 50 Milliarden DM, an Wiedergutmachung auf rund 100 Milliarden DM.

H. Bergmann: Der Weg der Reparationen, 1926. H. Schacht: Das Ende der Reparationen, 1931. E. Meier: Zeittafel der deutschen Reparationen, 1932. Fr. Grimm: Der Feind diktiert, 1932. H. Ronde: Von Versailles nach Lausanne, 1950. W. H. Helbich: Die Reparationen in der Ära Brüning, 1962. P. Krüger: Deutschland und die Reparationen 1918/1919, 1973. W. Link: Die amerikanische Stabilisierungspolitik in Deutschland 1921–32, 1970. H. Rumpf in: B. Willms (Hrsg.): Handbuch zur Deutschen Nation, Bd., 1, 1986. A. Metzner: Gutachten zur Reparations-Frage, 1970.

Repko, Abkürzung für Reparationskommission nach dem 1. Weltkrieg.

Republikanischer Schutzbund (RSB), →Wehrverband der österreichischen Sozialdemokraten. Aus den 1918 in Österreich entstandenen Fabrik- und Arbeiterwehren bildeten die Sozialdemokraten nach ihrem Ausscheiden aus der Regierung 1920 den bewaffneten, der Partei unterstehenden R. Sitz der Zentralleitung war Wien, zunächst unter Arbeiterräten, dann unter Obmann Julius Deutsch direkt der →SPÖ unterstellt. 1928 hatte er rund 80 000 Mitglieder. Am 31. 3. 1933 wurde er von der Regierung →Dollfuß zwar aufgelöst, kämpfte aber noch bei den →Februarunruhen 1934 mit. Danach flüchteten viele Mitglieder des R. in die Tschechoslowakei oder in die Sowjetunion, andere nahmen in den Internationalen Brigaden der Linken am Spanischen Bürgerkrieg 1936–1939 teil.

C. Vlcek: Der Republikanische Schutzbund in Österreich, Diss. Wien 1971. K. R. Stadler: Opfer verlorener Zeiten, 1974.

Republikschutzgesetz, Gesetz vom 21. 7. 1922. Nach tödlichen Attentaten auf Matthias →Erzberger (26. 8. 1921) und Walther →Rathenau (24. 6. 1922) wurde am 21. 7. 1922 das „Gesetz zum Schutz der Republik", das R., gegen die Stimmen von →DNVP, →Bayerischer Volkspartei und →KPD im Reichstag angenommen. Es drohte für die Vorbereitung politischer Attentate sowie die Verunglimpfung der Verfassung hohe Strafen an, verbot verfassungsfeindliche Vereinigungen und Versammlungen, ermöglichte das Verbot von Zeitungen bis zu vier Wochen, das von Zeitschriften bis zu sechs Monaten, und setzte einen Staatsgerichtshof mit drei Angehörigen des Reichsgerichtshofs und drei Laien ein. Das R. wurde bei dem Prozeß gegen die Rathenau-Attentäter rückwirkend angewandt, ein Vorgang, auf den beim →Reichstagsbrandprozeß 1933 als Präzedenzfall zurückgegriffen wurde. Mit dem Staatsgerichtshof wurde erstmals ein politisches →Sondergericht eingerichtet. Die fünfjährige Laufzeit des R. wurde am 17. 5. 1927 um zwei Jahre verlängert, 1929 kam keine Mehrheit für eine weitere Verlängerung zustande. Am 25. 3. 1930 wurde ein neues R. erlassen, was ohne große Bedeutung blieb und durch Verordnung vom 19. 12. 1932 außer Kraft gesetzt wurde.

W. Kiesow, E. Zweigert: Gesetz zum Schutz der Republik, 1923.

Reservatrechte, Sonderrechte süddeutscher Staaten 1870–1918. In den Novemberverträgen von 1870 hatten süddeutsche Staaten, vor allem Bayern, Württemberg und Baden, einige R. festlegen lassen, die ohne ihre Genehmigung nicht verändert werden durften. Die R. waren nur zum Teil in der →Reichsverfassung aufgeführt. So unterstand Bayerns Heer nur im Krieg dem deutschen Kaiser, hatte es wie Württemberg eine eigene Postverwaltung. Die R. wurden in die Weimarer Verfassung nicht aufgenommen und erloschen damit 1919.

Résistance, Bezeichnung für die kommunistischen und nichtkommunistischen französischen Widerstandsgruppen im 2. Weltkrieg. Sie wirkten vor allem durch Nachrichtenbeschaffung, Sabotage, Fluchthilfe für notgelandete alliierte Piloten und Mordanschläge auf →Kollaborateure oder einzelne deutsche Soldaten. Ihre Tätigkeit band beträchtliche deutsche Kräfte, vor allem vor und nach Beginn der alliierten Invasion 1944. Am 27. 5. 1943 wurde ein Nationaler Widerstandsrat gebildet, am 1. 2. 1944 wurden die militärischen Widerstandsgruppen in den „Forces Françaises de l'Intérieur" (FFI) vereinigt. Nach der Besetzung Frankreichs durch die Alliierten haben viele Angehörige der R. an Massenmorden an Franzosen teilgenommen, die mit der deutschen Besatzungsmacht zusammengearbeitet hatten. Dabei gab es mehr als 100 000 Tote.

Resttschechei, Bezeichnung für das tschechoslowakische Gebiet nach der Angliederung des →Sudetenlandes an das Deutsche Reich am 1. 10. 1938 bis zur Errichtung des →Reichsprotektorats Böhmen und Mähren am 16. 3. 1939.

Rettung über See, die Maßnahmen zur Rettung der ostdeutschen Flüchtlinge über die Ostsee 1945. Von Januar 1945 bis nach der Kapitulation am 9. 5. 1945 wurden von der deutschen Kriegsmarine fast zwei Millionen Flüchtlinge und Soldaten aus dem eingeschlossenen Ostpreußen, Danzig, Hinterpommern und dem Baltikum über See in Häfen der westlichen Ostsee transportiert und so dem Zugriff der Roten Armee entzogen. Fast 800 Schiffe waren pausenlos im Einsatz. Die Verluste waren hoch, etwa bei der Torpedierung der „Wilhelm →Gustloff" und der →„Goya". Die Rettung dieser Millionen Menschen ist eine besondere Leistung der deutschen Kriegsmarine unter Großadmiral Karl →Dönitz und dem Kommandierenden Admiral Östliche Ostsee, Theodor Burchardi, ab April 1945 Vizeadmiral Thiele.
H. Schön: Ostsee '45, ³1985. E. Kieser: Danziger Bucht 1945, ⁵1985. K. Gerdau: „Albatros", 1984. H. Schön: Die „Gustloff"-Katastrophe, 1984. K. Gerdau: Goya – Rettung über See, 1985. H. Schön: Flucht über die Ostsee 1944/45 im Bild, 1985. E. Fredmann: Sie kamen übers Meer, ⁸1981. C. Bekker: Flucht übers Meer, 1964. F. Brustat-Naval: Unternehmen Rettung, 1970. C. Bekker: Ostsee – Deutsches Schicksal 1944/45, 1959. I. Bidlingmaier: Entstehung und Räumung der Ostseebrückenköpfe 1945, 1962.

Reuter, Ludwig von, Konteradmiral, * 9. 2. 1869 Guben. Der Seeoffizier nahm als Kreuzerführer an der Seeschlacht an der →Doggerbank (24. 1. 1915) und vor dem →Skagerrak (31. 5. bis 1. 6. 1916) teil. Nach dem Waffenstillstand 1918 führte er am 21. 11. 1918 die nach den Waffenstillstandsbedingungen auszuliefernden deutschen Kriegsschiffe (elf Großlinienschiffe, fünf Schlachtkreuzer, acht Kleine Kreuzer und 50 Zerstörer) in die Internierung in den englischen Kriegshafen Scapa Flow, wo er in der Annahme, das →Versailler Diktat werde von der Reichsregierung abgelehnt, am 21. 6. 1919 die deutschen Schiffe von den eigenen Besatzungen versenken ließ, was unter strengster Geheimhaltung gelang. Die Briten schossen anschließend auf die deutschen Besatzungen in den Rettungsbooten, wobei vier Offiziere und 24 Mann getötet oder verwundet wurden. R. schrieb „Scapa Flow, das Grab der deutschen Flotte" (1921).
F. Ruge: Scapa Flow 1919, 1969. H. Pemsel: Seeherrschaft, Bd. 2, 1985.

Reval (estnisch Tallinn), frühere deutsche Hansestadt. Die Hafenstadt an der Revaler Bucht des Finnischen Meerbusens entstand ab 1219 als deutsche Stadt an der vom Dänenkönig Waldemar II. erbauten Burg. Sie erhielt 1248 Lübisches Recht, wurde 1255 Bistum, trat 1285 der Hanse bei, kam 1346 zum Ordensstaat, bekannte sich 1524 zum Luthertum, wurde 1561 schwedisch und 1710 russisch, wobei weiterhin die deutsche Bevölkerung und Sprache vorherrschten. Am 25. 2. 1918 wurde R. von deutschen Truppen besetzt und nach kurzer Zeit wieder geräumt, war dann 1918–1940 Hauptstadt der Republik Estland. Die meisten deutschen Bewohner der Stadt kamen ab Oktober 1939 im Rahmen der →Umsiedlung aus dem Baltikum ins Reich. Ab Sommer 1940 gehörte R. mit Estland zur Sowjetunion. Im 2. Weltkrieg wurde die Stadt am 28. 8. 1941 von der deutschen Wehrmacht erobert, die sie am 22. 9. 1944 wieder aufgeben mußte. Seitdem ist R. wieder sowjetisch.

Reventlow, Ernst Graf zu, Politiker und Schriftsteller, * 18. 8. 1869 Husum, † 21. 11. 1943 München. Der Marineoffizier nahm 1900 seinen Abschied als Kapitänleutnant und war dann freier politischer Schriftsteller, der die Politik des Kaisers vor 1914 wie die der →Weimarer Republik von einer nationalen Position aus scharf kritisierte. Ab 1920 gab er die Zeitschrift „Der Reichswart" heraus. Seit 1924 MdR, schloß er sich 1927 der →NSDAP an. 1933–1936 war er führend in der →Deutschen Glaubensbewegung tätig. Er schrieb u. a.

„Kaiser Wilhelm II. und die Byzantiner"
(1906), „Deutschlands auswärtige Politik
1888–1913" (1914), „Deutscher Sozialismus"
(1930), „Wo ist Gott?" (1934), „Von Potsdam
nach Doorn" (1940) und „Der Deutsche Freiheitskampf" (o. J.).

Revisionismus, nach 1918 und 1945 Bestrebungen, die Nachkriegsbelastungen für Deutschland zu verringern oder zu beseitigen. In der
Weimarer Zeit wandte sich der R. vor allem gegen die Alleinschuldthese des →Versailler Diktats sowie gegen die Reparationen und Gebietsabtretungen, die mit dem Schuldvorwurf
begründet wurden. Ins Gewicht fallende Veränderungen konnten durch die deutsche Politik
damals jedoch nicht erreicht werden, erst nach
1933 gelang dies durch zumeist einseitige Akte
der Reichsregierung. Nach 1945 ist die Korrek-
tur von Geschichtsverfälschungen zu Lasten
Deutschlands fast nur von in- und ausländischen Historikern durch private Forschungen
und ohne staatliche Unterstützung vorgenommen worden, die es für denselben Zweck in der
Weimarer Republik in starkem Maße gegeben
hatte. Die einseitige Zeitgeschichtsschreibung,
die Okkupation großer Teile des Reichsgebiets
sowie Zahlungen unter Berufung auf den
2. Weltkrieg dauern unvermindert an.
B. P. Liddell Hart: Die wahren Ursachen des Krieges,
1946. H. Grimm: Die Erzbischofschrift, 1948. H. E. Bar-
nes: Entlarvte Heuchelei, 1961. D. L. Hoggan: Der erzwungene Krieg, 1961. R. Kosiek: Historikerstreit und
Geschichtsrevision, 1987. B. Willms (Hrsg.): Handbuch
zur Deutschen Nation, Bd. 1 u. 2, 1986/87.

Revolutionäre Sozialisten (RS), illegale österreichische Partei. Als nach der Niederschlagung des Schutzbundaufstandes im Februar
1934 (→Februarunruhen) die Führer der
→SPÖ ins Ausland geflohen oder verhaftet waren, entstanden aus der mittleren Führer-
schicht der Sozialdemokraten als illegale
Parteiorganisation die RS. Kurz vor dem →An-
schluß 1938 bekannten sie sich zur Loyalität gegenüber →Schuschnigg und dem österreichischen Staat, danach wurde die Organisation
der RS aufgelöst. Im April 1945 bildeten die RS
mit der alten Sozialdemokratischen Partei
Österreichs die Sozialistische Partei Österreichs.
K. L. Shell: Jenseits der Klassen?, 1969. H. Hauptmann
u. R. Kropf: Die österreichische Arbeiterbewegung vom
Vormärz bis 1945, 1974. P. Kulemann: Am Beispiel des
Austromarxismus, 1979.

Rex-Bewegung (Rexisten), belgische politische Bewegung. 1930 gründete Léon →De-
grelle die wallonische „Christkönigsbewe-
gung". Sie war ursprünglich eine Reform-

gruppe innerhalb des politischen Katholizismus, genannt nach dem Verlagshaus Christus
Rex, das die Zeitschrift „Rex" herausbrachte.
Nach Abkehr von der ausschließlich christlichen Zielsetzung war sie eine nationalistische,
antidemokratische, autoritäre politische Bewegung, die einen Ständestaat anstrebte. Sie gewann vor allem in Flandern Anhänger, erreichte bei den Wahlen am 24. 5. 1936 21 Sitze
und 12 Senatoren, verlor aber bei den Wahlen
im März 1939 erheblich. Nach der Besetzung
Belgiens 1940 arbeiteten zahlreiche Rexisten
mit den Deutschen zusammen, viele meldeten
sich freiwillig zur →Waffen-SS, in der Degrelle
die „Wallonische Legion" (SS-Division blindée
Wallonie, Panzergrenadierdivision) aufbaute
und führte. Nach dem 2. Weltkrieg wurden
viele R. wegen Zusammenarbeit mit den Deutschen auch zum Tode verurteilt.
L. Degrelle: Erinnerungen eines Faschisten, 1969.
L. Degrelle: Die verlorene Legion, 1972. J. Vinks: Der
Nationalismus in Flandern, 1978. H. W. Neulen: An deutscher Seite, 1985.

Rexisten, →Rex-Bewegung.

RFB, Abkürzung für →Roter Frontkämpferbund.

RFKP, Abkürzung für →Reichs- und Freikonservative Partei.

RFSS, Abkürzung für →Reichsführer-SS,
Amtsbezeichnung Heinrich →Himmlers ab
6. 1. 1929.

Rheinlandbastarde, Bezeichnung für die Kinder farbiger französischer Besatzungssoldaten
und deutscher Frauen aus der Zeit der Besetzung des Rheinlandes und →Ruhrgebietes
nach 1919. Sie wurden von der deutschen Bevölkerung weithin als Ausdruck der →„Schwarzen Schmach" empfunden.

Rheinlandbesetzung, Bezeichnung für die
→Wiederherstellung der deutschen →Wehrho-
heit im Rheinland am 7. 3. 1936 durch Gegner
der Reichsregierung und ihrer Politik.

Rheinübergang, →Remagen, Brücke von.

„Rheinübung", Deckname für das →„Bismarck-Unternehmen" 1941.

Rheinwiesenlager, Sammelbezeichnung für die
US-Gefangenenlager links des Rheins 1945.
Im Frühjahr 1945, vor allem nach der Kapitulation im Mai 1945, kamen über eine Million
deutscher Soldaten in US-Gefangenschaft. Auf
freiem Feld und ohne alle Unterkünfte wurden

die R. errichtet, so u. a. bei Andernach, Bad Kreuznach, Bretzenheim, Dietersheim, Dietz, Koblenz, Rheinberg, Rheingönheim, Sinzig, mit jeweils vielen tausend →Kriegsgefangenen. Da in den ersten Tagen nach der Einlieferung an die Soldaten meist gar keine, später nur ungenügende Verpflegung ausgegeben wurde, war die Todesrate ungeheuer hoch. Nach neueren Forschungen (1989) haben die Amerikaner, insbesondere ihr Oberbefehlshaber →Eisenhower, bewußt Hunderttausende Gefangener sterben lassen. Erst nach einiger Zeit änderten sich die Verhältnisse durch bessere Verpflegung und Benutzung von Zelten. Mitte Juni bzw. im Juli 1945 übergaben die US-Streitkräfte nördliche Lager den Briten und südliche den Franzosen. Die Gesamtkapazität der R. lag bei 1,3 Millionen Mann.
J. Bacque: Der geplante Tod, 1989.

Ribbentrop, Joachim von, Reichsaußenminister, * 30. 4. 1893 Wesel, † 16. 10. 1946 Nürnberg. Der Offizierssohn lernte in Metz und Grenoble Fremdsprachen, machte eine Banklehre und war Kaufmann in Kanada und den USA. Als Freiwilliger im 1. Weltkrieg war er Oberleutnant und Militärattaché in Istanbul. Verheiratet war er ab 1920 mit Annelies Henkell, der Erbtochter des großen Handelshauses. Am 1. 5. 1932 trat er in die NSDAP und →SS ein. In seiner Villa in Berlin-Dahlem trafen sich mehrfach F. von →Papen und A. →Hitler vor dessen Machtübernahme. Seit 1933 MdR, wurde er im April 1934 Beauftragter der Reichsregierung für Abrüstungsfragen, richtete die →„Dienststelle R." in Berlin ein, war deutscher Delegierter auf der →Genfer Abrüstungskonferenz 1934 und wurde im Mai 1935 außerordentlicher Botschafter des Deutschen Reiches. Er vermittelte und unterzeichnete das →deutsch-englische Flottenabkommen vom 18. 6. 1935 und war ab 11. 8. 1936 deutscher Botschafter in London. Ab 4. 2. 1938 Außenminister, warnte er vor der Unversöhnlichkeit Englands, wirkte an der →Achse Berlin–Rom und am →Antikominternpakt mit und unterzeichnete den →deutsch-sowjetischen Nichtangriffspakt vom 23. 8. 1939 wie den →deutsch-sowjetischen Grenz- und Freundschaftsvertrag vom 28. 9. 1939 in Moskau. Am →Dreimächtepakt vom 27. 9. 1940 wie am Versuch eines Festlandsblocks gegen England war er maßgeblich beteiligt. Am 14. 6. 1945 in Hamburg verhaftet, wurde er im →Nürnberger „Hauptkriegsverbrecherprozeß" am 1. 10. 1946 zum Tode verurteilt und am 16. 10. 1946 gehängt. Posthum erschienen 1953 seine Erinnerungen „Zwischen London und Moskau".

A. von Ribbentrop: Verschwörung gegen den Frieden, 1962. Dies.: Deutsch-englische Geheimverbindungen, 1967. Dies.: Die Kriegsschuld des Widerstandes, 1974. R. Smelser und R. Zitelmann: Die braune Elite, 1989. W. Michalka: Ribbentrop und die deutsche Weltpolitik 1933–1940, 1980. H.-A. Jacobsen: Nationalsozialistische Außenpolitik 1933–1938, 1968.

Richthofen, Manfred Freiherr von, Jagdflieger, * 2. 5. 1892 Breslau, † 21. 4. 1918 bei Sailly-le-Sec (Frankreich). Der Ulanenleutnant kam 1915 zur Fliegertruppe, wurde 1916 Pilot und mit 80 Abschüssen der erfolgreichste Jagdflieger des 1. Weltkrieges. 1917 erhielt er den →Pour le mérite als Führer der Jagdstaffel II, danach führte er das Jagdgeschwader Boelke. R., wegen der Farbe seiner Maschine auch „der rote Kampfflieger" genannt, bewährte sich sowohl im Einzelkampf als auch in der Führung von Verbänden und bei der taktischen Ausbildung für den Luftkampf. Er fiel bei der Verfolgung eines Gegners. Er schrieb „Der rote Kampfflieger" (1917).
Wasner: Manfred von Richthofen, 1918.

Richthofen, Wolfram Freiherr von, Feldmarschall, * 10. 10. 1895 Barzdorf/Schlesien, † 12. 7. 1945 Lüneburg. Der Sohn eines Rittergutsbesitzers besuchte die Kadettenanstalt in Berlin-Lichterfelde, wurde Husar und kam 1917 zur Fliegertruppe. Nach dem 1. Weltkrieg studierte er Maschinenbau und ging 1923 ins Waffenamt des Reichswehrministeriums. 1928–1931 war er Militärattaché in Italien, 1932 promovierte er zum Dr.-Ing., ab 1933 war er im Reichsluftfahrtministerium als Leiter des Erprobungsamtes tätig. 1936 kam er als Angehöriger der →Legion Condor nach Spanien, 1937 wurde er Chef des Generalstabs und 1938 Befehlshaber der Legion und kehrte mit ihr als Generalmajor nach Deutschland zurück. Nach Teilnahme am →Polenfeldzug wurde er Ende 1939 Kommandierender General des VIII. Fliegerkorps, danach im →Frankreich- und im →Balkanfeldzug eingesetzt und führte anschließend eine Luftflotte im →Rußlandfeldzug und in Italien. Am 18. 5. 1940 erhielt er das →Ritterkreuz, am 17. 7. 1941 das →Eichenlaub, am 16. 2. 1943 wurde er Feldmarschall. Im Oktober 1944 mußte er wegen eines Gehirntumors seinen Dienst aufgeben.

Riefenstahl, Leni, Filmregisseurin, * 22. 8. 1902 Berlin. Die Schauspielerin und Regisseurin drehte nach großen Filmerfolgen ab 1925 die Dokumentarfilme über die →Reichsparteitage der →NSDAP 1933 („Sieg des Glaubens") und 1934 („Triumph des Willens"), 1936 die Dokumentarfilme über die Berliner →Olympischen Spiele „Fest der Völker" und

„Fest der Schönheit", wurde dafür mehrfach ausgezeichnet und weit bekannt, nach dem 2. Weltkrieg deshalb jedoch auch politisch diffamiert. Sie schrieb u. a. „Memoiren" (1987).
E. Jäger: Leni Riefenstahls Olympia-Film, 1936.

Riese, →Eule.

Riga, frühere deutsche Hansestadt. Die Hauptstatt Lettlands wurde 1201 als deutsche Stadt von dem Bremer Domherrn Albert gegründet. Zunächst Missionsbistum für Livland, Kurland und Estland, wurde R. 1255 Erzbistum mit den Bistümern Dorpat, Ösel-Wiek, Kurland-Samland, Pomesanien, Ermland und Kulm. 1202 wurde in R. der Orden der Schwertbrüder gegründet, der sich 1237 mit dem Deutschen Ritterorden vereinigte, dem R. bis 1562 angehörte. Die Stadt trat 1282 der Hanse bei, kam 1562 an Polen, wurde 1621 schwedisch und 1710 russisch. Um 1880 waren noch 45% der Einwohner Deutsche. Im 1. Weltkrieg wurde R. am 3. 9. 1917 von der deutschen 8. Armee erobert, geriet nach deren Abzug am 3. 1. 1919 in die Hand der Bolschewisten und wurde am 22. 5. 1919 von den deutschen →Baltikumstruppen und →Baltischer Landeswehr vom roten Terror befreit. 1918–1940 war R. die Hauptstadt der Republik Lettland. Die meisten Deutschen aus R. kamen ab Oktober 1939 im Rahmen der →Umsiedlung ins Reich. Ab Sommer 1940 gehörte R. mit Lettland zur Sowjetunion, wurde am 1. 7. 1941 von deutschen Truppen befreit und fiel am 13. 10. 1944 wieder in sowjetische Hand.
R. Wittram: Zur Geschichte Rigas, 1951. N. von Holst: Riga und Reval, 1952.

Rintelen, Anton, österreichischer Politiker, * 15. 11. 1876 Graz, † 28. 1. 1946 Graz. Nach Jurastudium und Tätigkeit am Grazer Landgericht wurde R. 1902 an die Universität Prag berufen, wurde 1903 Professor und lehrte ab 1911 in Graz. Im 1. Weltkrieg war er im militärisch-juristischen Dienst tätig. 1918 wurde er Landeshauptmannstellvertreter, danach 1919–1926 und 1928–1933 Landeshauptmann der Steiermark. 1920–1922 war er Mitglied des Bundesrats, 1927–1934 des Nationalrats. Als Unterrichtsminister gehörte er 1926 dem Kabinett Ramek, 1932/33 dem Kabinett →Dollfuß an. Ab August 1933 war er österreichischer Gesandter in Rom. Er förderte die →Heimwehren, hielt Verbindung zu den österreichischen Nationalsozialisten und war von ihnen bei ihrer Erhebung am 25. 7. 1934 (→Juli-Erhebung) als neuer Bundeskanzler vorgesehen. Deswegen wurde er im März 1935 wegen Hochverrats zu lebenslangem Kerker verurteilt, nach dem An-

schluß 1938 jedoch befreit und rehabilitiert. Er schrieb „Erinnerungen an Österreichs Weg" (1941).

Ritterkreuz des Eisernen Kreuzes, Orden im 2. Weltkrieg. Bei der dritten Erneuerung (nach 1870 und 1914) des →Eisernen Kreuzes am 1. 9. 1939 durch A. →Hitler wurde mit dem R. eine neue Klasse des Eisernen Kreuzes (EK) eingeführt. Der Orden trat an die Stelle des →Pour le mérite und wurde wie dieser am Hals getragen (am schwarz-weiß-roten Band). Seine Verleihung setzte den Besitz des EK I voraus. Er war größer als das EK und wurde rund 7300mal verliehen, davon entfielen 4780 auf das Heer, 1730 auf die Luftwaffe, 465 auf die →Waffen-SS, 318 auf die Kriegsmarine. Weitere Erhöhungen des R. waren das Eichenlaub (3. 6. 1940, 883 Träger), das Eichenlaub mit Schwertern (28. 9. 1940, 159 Träger), das Eichenlaub mit Schwertern und Brillanten (28. 9. 1941, 27 Träger) und das →Goldene Eichenlaub mit Schwertern und Brillanten (29. 12. 1944, einziger Träger Oberst Hans-Ulrich →Rudel). Das R. darf in der BRD nach dem Gesetz vom 26. 7. 1957 nur ohne Hakenkreuz getragen werden.
W. P. Fellgiebel: Die Träger des Ritterkreuzes des Eisernen Kreuzes 1939–1945, 2 Bde., 1986/88. F. Kurowski: Die Träger des Ritterkreuzes des Eisernen Kreuzes der U-Boot-Waffe 1939–1945, 1987. E. G. Krätschmer: Die Ritterkreuzträger der Waffen-SS, 1982. M. Dörr: Ritterkreuzträger der U-Boot-Waffe, 2 Bde., 1989/90. G. Fraschka: Mit Schwertern und Brillanten, 1977. H. Doehle: Die Auszeichnungen des Großdeutschen Reiches, ⁴1943. H. G. Geeb u. H. Kirchner: Deutsche Orden und Ehrenzeichen, 1958.

Ritterkreuz des Kriegsverdienstkreuzes, Orden im 2. Weltkrieg. Nachdem am 18. 10. 1939 das Kriegsverdienstkreuz in zwei Klassen als Zeichen der Anerkennung für solche Kriegsverdienste gestiftet worden war, die keine Würdigung durch das →Eiserne Kreuz finden konnten, wurde als dritte Stufe am 19. 8. 1940 das R. eingeführt. Das R. mit Schwertern wurde für überragende Verdienste von entscheidender Auswirkung auf die Kriegführung verliehen.

RJF, Abkürzung für →Reichsjugendführung und Reichsjugendführer.

RLB, Abkürzung für →Reichsluftschutzbund.

Röchling, Hermann, Dr. Ing., * 12. 11. 1872 Saarbrücken, † 24. 8. 1955 Mannheim. Seit 1898 leitete R. das gleichnamige Hüttenwerk in Völklingen im Saarland. 1918 weigerte er sich, eine französische Beteiligung an diesem Werk aufzunehmen und wurde dafür zu Weihnachten 1919 in Amiens von den Franzosen in Abwesenheit zu zehn Jahren Kerker und zehn Millionen Francs Geldstrafe verurteilt. Trotzdem unterstützte R. alle Bestrebungen, das Saarland deutsch zu erhalten. Nach einem Besuch bei A. →Hitler im April 1933 förderte R. die im Juli 1933 gebildete →Deutsche Front als Zusammenschluß aller deutschen Gruppen zur Volksabstimmung an der Saar 1935. Nach der Rückkehr des Saarlandes zum Deutschen Reich baute R. seinen Konzern sehr erfolgreich aus. Im 2. Weltkrieg war er →Wehrwirtschaftsführer und erhielt zum 12. 11. 1942 den →Adlerschild des Deutschen Reiches. Im Mai 1947 wurde R. von den Amerikanern an die Franzosen ausgeliefert und von einem französischen Militärgericht in Rastatt erst zu sieben, in der Berufung zu zehn Jahren Haft und Vermögenseinzug verurteilt. Am 18. 8. 1951 wurde er freigelassen, durfte das Saargebiet aber nicht mehr betreten.

Röhm, Ernst, Stabschef der SA, * 28. 11. 1887 München, † 1. 7. 1934 München. Der Beamtensohn war im 1. Weltkrieg Hauptmann, organisierte und unterstützte ab 1919 als Reichswehroffizier in Bayern rechtsgerichtete Parteien, Gruppen und →Wehrverbände und nahm als Angehöriger des →Freikorps Epp an der Niederschlagung der kommunistischen →Rätediktatur teil, lernte A. →Hitler kennen und trat in die →NSDAP ein. Am 9. 11. 1923 beteiligte er sich am →Marsch auf die Feldherrnhalle und wurde dafür zu 15 Monaten Festungshaft auf Bewährung verurteilt. Von Mai bis Dezember 1924 war er MdR, zog sich dann aber von der NSDAP zurück, weil er Bedenken gegen A. Hitlers Konzept einer legalen Machtübernahme hatte. Von 1928–1930 war er Militärberater in Bolivien, wurde von A. Hitler zurückgerufen, am 1. 1. 1931 Stabschef der →SA und war dann entscheidend an deren Vergrößerung und ihrem Einsatz für die Machtübernahme der NSDAP beteiligt. 1933 wurde R. bayerischer Staatsminister und Reichsminister ohne Geschäftsbereich, verlangte aber gegen den Willen A. Hitlers eine sogenannte Zweite oder „soziale" Revolution, die der „nationalen" folgen und deren Ziel der „SA-Staat" sein sollte. In ihm hätten radikale Kreise um Röhm sogenannte reaktionäre und bürgerliche Kräfte aus Politik und Wirtschaft entfernt, die Reichswehr unter ihre Kontrolle gebracht und sie nach Ausschaltung der Generalität durch Vereinigung mit der SA zu einem Milizheer umgeformt. Da A. Hitler diese Forderungen mit dem Argument ablehnte, die Regierung sei auf die Mitarbeit ziviler und militärischer Fachkräfte angewiesen und das Heer

der Zukunft könne nur aus hochqualifizierten Soldaten, nicht aber aus Milizangehörigen bestehen, übte Röhm Pressionen zur Durchsetzung seiner Forderungen aus. Er organisierte Massenkundgebungen der SA und vertrat dort seine Forderungen immer ultimativer, ernannte SA-„Kommissare", die sich willkürlich in Politik, Wirtschaft und Verwaltung einmischten, schritt gegen Disziplinlosigkeiten von SA-Männern nicht ein und duldete Bewaffnung und Putschvorbereitungen besonders radikaler SA-Einheiten. Nach seinen eigenen Worten war R. auch zur Mißachtung von A. Hitlers Befehlsbefugnissen und zu einer Verletzung seines Eides als SA-Führer bereit. Die Pläne R.s zur Übernahme des Reichswehrministeriums, vor allem aber die von ihm nicht unterbundenen Disziplinlosigkeiten von SA-Angehörigen veranlaßten Vizekanzler F. von →Papen, eine Entmachtung A. Hitlers und damit auch R.s vorzubereiten. Nach den Plänen seiner Berater von Bose und Jung wollte von Papen Reichspräsident von →Hindenburg zur Ausrufung des Staatsnotstandes veranlassen und der Reichswehr die vollziehende Gewalt übertragen lassen. Anschließend wollte man die Befugnisse A. Hitlers einschränken, ihn zur Aufnahme von Ministern in seine Regierung veranlassen, die der NSDAP distanziert oder feindlich gegenüberstanden, und dann die Monarchie wieder einführen. Als A. Hitler angesichts solcher Pläne von R. eine Mäßigung seiner Absichten wie auch eine verstärkte Disziplinierung der SA verlangte, um Hindenburg keinen Vorwand für die Verwirklichung der Papenschen Vorschläge zu geben, reagierten radikale Führer und Kreise der SA darauf verstärkt mit Demonstrationen, Bewaffnungen, vereinzelten Überfällen und Putschvorbereitungen, wobei bald nicht mehr klar war, ob sie von R. und seinen Untergebenen befohlen, ermutigt oder gebilligt wurden. Nach SA-Krawallen in München ließ A. Hitler am 30. 6. 1934, dem Tag, an dem von Papen Hindenburgs Zustimmung zur Ausrufung des Staatsnotstandes erhalten wollte, R. und für diese Entwicklung verantwortliche SA-Führer in Bad Wiessee festnehmen und einige von ihnen, auch R., erschießen. Vor NSDAP-Führern rechtfertigte er diese Maßnahme mit der Behauptung, nur auf diese Weise habe er die gewaltsame Befreiung R.s und seiner Unterführer durch radikale SA-Einheiten und somit einen Bürgerkrieg vermeiden können. Vor dem Reichstag berief er sich am 3. 7. 1934 auf Staatsnotwehr. Erschossen wurden bei der Aktion gegen den Röhm-Kreis auch Gegner der NSDAP, die an der Planung von Papens Schritt gegen A. Hitler beteiligt waren. Außerdem kam es zu einigen nicht befohlenen und irrtümlichen Erschießungen von unbeteiligten Personen. Hindenburg gratulierte zu den Maßnahmen gegen die Röhm-Gruppe, der Reichstag billigte die Erschießungen durch ein Gesetz.

R. Smelser und R. Zitelmann (Hrsg.): Die braune Elite, 1989. H. Höhne: Mordsache Röhm, 1984. C. Bloch: Die SA und die Krise des NS-Regimes 1934, 1970. H. Bennecke: Hitler und die SA, 1962. H. Bennecke: Die Reichswehr und der „Röhm-Putsch", 1964. M. Gallo: Der Schwarze Freitag der SA, 1972. K. M. Grass: Edgar Jung, Papenkreis und Röhmkrise, 1967.

Römische Protokolle, österreichisch-ungarisch-italienische Vereinbarungen 1934. Die Regierungschefs von Italien (→Mussolini), Österreich (→Dollfuß) und Ungarn (Gömbös) vereinbarten nach vorangegangenen Verhandlungen in Rom am 17. 3. 1934 drei Protokolle. Das erste verpflichtete die Partner, „eine gemeinsame Politik zu treiben und die zu treffenden Entscheidungen zu beraten, jedesmal, wenn eine der drei Regierungen es für nötig halten würde". Das zweite Protokoll galt der Erleichterung und der Ausweitung des gegenseitigen Handels. Das dritte sah den Abschluß eines Handelsvertrages zwischen Italien und Österreich vor, der am 14. 5. 1934 unterzeichnet wurde und Österreich Zollvergünstigungen in Italien brachte. Mit den R. wollte sich Dollfuß enger an Italien – und damit gegen Deutschland – binden, während Italien Einfluß im Donauraum erhoffte. Durch die Annäherung →Hitler–Mussolini und die sich anbahnende Entwicklung zum →Anschluß Österreichs an das Deutsche Reich wurden die R. ab 1936 politisch unwirksam.

Röver, Carl, Gauleiter der NSDAP, * 12. 2. 1889 Lemwerder/Oldenburg, † 15. 5. 1942 Oldenburg. Der Kaufmann war 1911–1913 in Kamerun tätig, nahm als Freiwilliger am 1. Weltkrieg teil, wurde 1916 Unteroffizier und war ab Juni 1916 in der Propagandaabteilung der Obersten Heeresleitung. 1923 trat er in die →NSDAP ein, gründete die Ortsgruppe Oldenburg, wurde im Mai 1928 MdL, am 1. 10. 1928 Gauleiter des neuen Gaues Weser-Ems, am 14. 9. 1930 MdR. Am 16. 9. 1932 wurde R. zweiter NS-Ministerpräsident eines deutschen Landes (in Oldenburg). Am 5. 5. 1933 wurde er zum Reichsstatthalter von Oldenburg und Bremen ernannt. Er erhielt am 22. 5. 1942 ein Staatsbegräbnis.

P. Hüttenberger: Die Gauleiter, 1969. K. Höffkes: Hitlers politische Generale, 1986.

Rogge, Bernhard, Vizeadmiral und Hilfskreuzerkommandant, * 4. 11. 1899 Schleswig, † 29. 6. 1982 Reinbek/Hamburg. Seit 1915 bei der Marine, tat R. im 1. Weltkrieg auf Kreuzern Dienst, wurde 1934 Korvettenkapitän und war 1936–1939 Kommandant der Segelschulschiffe „Gorch Fock" und „Albert Leo Schlageter". Als Kapitän zur See wurde er 1939 Kommandant des Hilfskreuzers →„Atlantis", mit dem er ab 31. 3. 1940 in 622 Seetagen mit 102000 Seemeilen die längste Einsatzfahrt eines Hilfskreuzers durchführte und dabei im Atlantik, Indischen Ozean und Pazifik 22 Handelsschiffe mit 145000 BRT aufbrachte. Auf dem Rückweg wurde die „Atlantis" am 22. 11. 1941 im Südatlantik vom britischen Kreuzer „Devonshire" (10000 BRT) gestellt. Nach Überführung der Besatzung auf das deutsche U-Boot U 126 wurde die „Atlantis" selbst versenkt. Über weitere Boote kam die Besatzung im Dezember 1941 nach Frankreich. Am 7. 12. 1940 erhielt R. das →Ritterkreuz, am 31. 12. 1941 das →Eichenlaub. Am 1. 3. 1943 wurde R. Konteradmiral, war ab Herbst 1944 Befehlshaber von Ausbildungsstäben und wurde am 1. 3. 1945 Vizeadmiral. In der Bundesmarine war er 1957–1962 Befehlshaber im Wehrbereich I (Kiel).

H. Pemsel: Biographisches Lexikon zur Seekriegsgeschichte, 1985. W. Frank: Schiff 16, 1955.

Roggenanleihe, auf Roggen lautende Sachwertanleihe. Im Jahre 1922 wurde von der Roggenrentenbank AG in Berlin eine R. in Form von fünfprozentigen Roggenrentenbriefen ausgegeben.

Rommel, Erwin, Generalfeldmarschall, * 15. 11. 1891 Heidenheim, † 14. 10. 1944 Herrlingen/Ulm. Der Sohn eines Gymnasialdirektors trat 1910 als Fahnenjunker in das württembergische Infanterieregiment 124 ein, wurde 1912 Leutnant, erhielt für seine Bewährung auf dem italienischen Kriegsschauplatz 1917 den →Pour le mérite und beendete den Krieg als Hauptmann. Er gehörte dann der →Reichswehr an und wurde längere Zeit als Lehrer an Kriegsschulen eingesetzt. 1939 wurde R. Kommandant des →Führerhauptquartiers, durchbrach im →Frankreichfeldzug an der Spitze der 7. Panzerdivision die →Maginot-Linie und erhielt dafür am 26. 5. 1940 das →Ritterkreuz, für die Leistungen der 7. Panzerdivision („Gespensterdivision") im Westfeldzug insgesamt am 20. 3. 1941 das →Eichenlaub. Im Februar 1941 wurde er als Generalleutnant Befehlshaber des →Afrikakorps, das die Italiener in Nordafrika unterstützte. Im beweglichen Wüstenkrieg trieb er die Engländer auf die ägyptische Grenze zurück, erhielt am 20. 1. 1942 die →Schwerter, wurde nach der Eroberung →Tobruks Generalfeldmarschall und erreichte bei

→El Alamein die ägyptische Grenze. Nachschubschwierigkeiten und feindliche Überlegenheit zwangen ihn von da ab zum Rückzug. Als am 8. 11. 1942 ein amerikanisches Expeditionskorps im Rücken der deutschen Verbände landete, war die Stellung des Afrikakorps unhaltbar geworden. R. wurde wegen seiner angegriffenen Gesundheit abgelöst, erhielt am 11. 3. 1943 die →Brillanten und übernahm nach seiner Genesung den Oberbefehl über die deutschen Verbände an der französischen Atlantikküste. Er konnte die Landung der alliierten Verbände an der Normandieküste im Juni 1944 (→Invasion) angesichts ihrer Überlegenheit nicht verhindern, verunglückte am 17. Juli 1944 schwer und mußte deshalb durch Generalfeldmarschall von →Kluge abgelöst werden. Die Untersuchungen des Attentats vom →20. Juli 1944 ergaben, daß R. von dem geplanten Sprengstoffanschlag gewußt und seine Mitwirkung bei einem Umsturz zugesagt hatte. Um einem Verfahren vor dem →Volksgerichtshof zu entgehen, das mit einem Todesurteil enden würde, nahm er sich, dazu aufgefordert, das Leben. Zur Tarnung erhielt er ein Staatsbegräbnis.

D. Young: Rommel, 1985. D. Irving: Rommel, 1978. V. Kühn: Mit Rommel in der Wüste, 1987. S. Fraschka: Mit Schwertern und Brillanten, 1977. L. Koch: Erwin Rommel, 1950. F. Ruge: Rommel und die Invasion, 1959. R. Lewin: Rommel, 1969.

Roos, Karl, Dr., deutscher Politiker im Elsaß, * 7. 9. 1878 Surburg (Unterelsaß), † 28. 10. 1939 Nancy. Der Oberlehrer war seit 1926 einer der Führer der elsässischen Autonomisten, die sich im Interesse ihrer deutschen Landsleute gegen den französischen Zentralismus wandten. 1939 wurde er wie viele andere Elsässer verhaftet und nach Nancy deportiert. Hier wurde er nach Ausbruch des 2. Weltkriegs von einem französischen Kriegsgericht unzutreffenderweise als Spion für Deutschland zum Tode verurteilt und erschossen.

P. Schall: Karl Roos und der Kampf des heimattreuen Elsaß, 1941.

Roosevelt, Franklin Delano, US-Präsident, * 30. 1. 1882 Hyde Park (New York), † 12. 4. 1945 Warm Springs (Georgia). R. wurde 1932 als Kandidat der Demokraten zum amerikanischen Präsidenten gewählt, nahm 1933 diplomatische Beziehungen zur Sowjetunion auf, scheiterte weitgehend bei dem Versuch, die Auswirkungen der Weltwirtschaftskrise in den USA schnell zu überwinden, förderte linksgerichtete Meinungen und Personen und wandte sich in der zweiten Hälfte der 30er Jahre vom amerikanischen Isolationismus ab und einer Politik der Eindämmung der →Achsenmächte

(Quarantänerede vom 5. 10. 1937) zu. Er ermutigte offen und versteckt die europäischen Gegner Deutschlands, vor allem Polen, England und Frankreich, und stellte ihnen noch vor Kriegsausbruch amerikanische Waffenhilfe und -unterstützung in Aussicht, falls es zum Kampf mit Deutschland kommen würde. Das Deutsche Reich hatte zu diesem Zeitpunkt alles unterlassen, was als Einmischung in die amerikanischen Verhältnisse angesehen werden konnte. Ab November 1939 lieferte Roosevelt den deutschen Kriegsgegnern Waffen und militärische Ausrüstungen zunächst noch gegen Bezahlung und bei Verschiffung auf eigenen Transportmitteln, ab 11. 3. 1941 im Rahmen des →„Leih- und Pachtgesetzes" auch ohne Bezahlung. Da Roosevelt zu diesem Zeitpunkt keine Kriegserklärung des amerikanischen Kongresses gegen Deutschland erwarten konnte, beteuerte er fortgesetzt seine Friedensbereitschaft. Am 14. 8. 1941 verkündete er, Repräsentant eines noch neutralen Staates, zusammen mit →Churchill, dem Vertreter des kriegführenden Englands, mit der →Atlantik-Charta eine gegen die Achsenmächte gerichtete Politik. Auf Roosevelts Weisung sollten amerikanische Schiffe ab Sommer 1941 das Feuer auf in Sicht kommende „feindliche" Schiffe eröffnen, womit nur deutsche gemeint sein konnten. Als alle diese Provokation nicht zu einer deutschen Kriegserklärung an die USA führten, unterband Roosevelt amerikanische Zufuhren an das mit Deutschland verbündete Japan, bis es am 7. 12. 1941 zum Angriff japanischer Streitkräfte auf die amerikanische Flotte im Hafen von Pearl Harbor (Hawaii) und damit zum japanisch-amerikanischen Krieg kam. Roosevelt war über die japanischen Absichten durch entschlüsselte Funksprüche genau unterrichtet, unterließ jedoch eine rechtzeitige Warnung der bedrohten Schiffe, die somit fast ohne Gegenwehr attackiert werden konnten und deshalb auch Verluste hatten, die die amerikanische Öffentlichkeit stark erregten. Am 11. 12. 1941 erklärte darauf das Deutsche Reich den USA den Krieg. Roosevelt konzentrierte seine militärischen Anstrengungen von Anfang an in erster Linie auf Europa, belieferte England, vor allem jedoch die Sowjetunion mit Waffen und Nahrungsmitteln, ohne die Stalin nicht zur Fortführung des Krieges gegen Deutschland in der Lage gewesen wäre. Schon 1942, in großem Umfang ab 1943 setzte Roosevelt amerikanische Bomber zum Angriff gegen Deutschland ein. Er ließ auch mit großem technischen und personellen Aufwand Atombomben, die auf Deutschland abgeworfen werden sollten, entwickeln. Nach der Landung amerikanischer

Truppen in Nordafrika (November 1942), Sizilien (Juli 1943) und dem italienischen Festland (September 1943) konzentrierte sich Roosevelt auf die von Stalin geforderte Errichtung einer „Zweiten Front" in Europa, die im Juni 1944 erfolgte alliierte →Invasion in Frankreich. Als sein Kriegsziel formulierte er auf der Konferenz von →Casablanca am 24. 1. 1943 die Forderung nach →bedingungsloser Kapitulation Deutschlands, womit er jede Verhandlungsmöglichkeit zwischen den Kriegsgegnern ausschloß. Auf den Konferenzen von Teheran (1943) und Jalta (1945) kam Roosevelt den Wünschen →Stalins weit entgegen, überließ ihm nicht nur Deutschland bis zur Linie Lübeck–Hof, sondern auch den ausschlaggebenden politischen Einfluß in Osteuropa. Die Folge war die Sowjetisierung dieser Staaten nach dem 2. Weltkrieg. Kurz vor Kriegsende starb Roosevelt an einem Gehirnschlag. Sein Nachfolger Truman setzte auf der →Potsdamer Konferenz nicht nur Roosevelts Konzessionsbereitschaft gegenüber der Sowjetunion fort. Er befahl auch ohne jede militärische Notwendigkeit, da Japan schon seine Kapitulationsbereitschaft angezeigt hatte, den Abwurf der zwei auf Roosevelts Anweisung gebauten →Atombomben auf Hiroshima und Nagasaki.

D. L. Hoggan: Der erzwungene Krieg, 1961. D. L. Hoggan: Das blinde Jahrhundert. Erster Teil: Amerika, 1979. B. Colby: Roosevelts scheinheiliger Krieg, 1977. J. M. Blum: Deutschland ein Ackerland?, 1968. W. Grabert (Hrsg.): Jalta–Potsdam und die Dokumente zur Zerstörung Europas, 1985. A. Fischer (Hrsg.): Teheran Jalta Potsdam. Die sowjetischen Protokolle von den Kriegskonferenzen der „Großen Drei", 1968. D. Bavendamm: Roosevelts Weg zum Krieg, 1983. D. L. Hoggan: Meine Anmerkungen zu Deutschland, 1990. E. Schwinge: Churchill und Roosevelt aus kontinentaleuropäischer Sicht, ⁴1986.

Rosenberg, Alfred, Reichsleiter der NSDAP und Reichsminister, * 12. 1. 1893 Reval, † 16. 10. 1946 Nürnberg. Der Sohn eines baltendeutschen Kaufmanns studierte in Riga und Moskau und machte dort 1917 sein Examen als Architekt. Nach der bolschewistischen Revolution kam er nach München und suchte hier Anschluß an antikommunistische Kreise. Er trat mit der Mitglieds-Nummer 625 im Jahr 1919 der →DAP (später →NSDAP) bei, wurde 1921 Hauptschriftleiter der NS-Zeitung →„Völkischer Beobachter" und nahm am 9. 11. 1923 am →Marsch auf die Feldherrnhalle teil. A. →Hitler beauftragte ihn am Tag danach mit der Führung der verbotenen →NSDAP, für die R. als Ersatzorganisation die →„Großdeutsche Volksgemeinschaft" ins Leben rief. Nach der Neugründung der NSDAP leitete R. wieder den „Völkischen Beobachter" und wurde auch Herausgeber der „Nationalsozialistischen

Monatshefte". 1929 gründete er den „Kampfbund für deutsche Kultur", 1930 wurde er MdR, 1933 →Reichsleiter und Leiter des außenpolitischen Amtes der NSDAP, am 24. 1. 1934 „Beauftragter des Führers für die Überwachung der gesamten geistigen und weltanschaulichen Schulung und Erziehung der NSDAP". 1937 erhielt er als erster den →Deutschen Nationalpreis für Kunst und Wissenschaft, 1938 wurde er Herausgeber des „Völkischen Beobachters", am 17. 11. 1941 Reichsminister für die besetzten →Ostgebiete. In seinen Veröffentlichungen wandte sich R. gegen überstaatliche Mächte („Die Spur des Juden im Wandel der Zeiten", 1919; „Das Verbrechen der Freimaurerei", 1921), gegen die Herrschaft der Kommunisten („Der Bolschewismus als Aktion einer fremden Rasse", 1935) und die Repräsentanten der Weimarer Republik („Novemberköpfe", 1927, „Der Sumpf", 1930). Er schrieb ferner „Das Parteiprogramm. Wesen, Grundsätze und Ziele der NSDAP" (1922) sowie „Das Wesensgefüge des Nationalsozialismus" (1932). Weit verbreitet waren auch seine Auseinandersetzungen mit den christlichen Kirchen: „An die Dunkelmänner unserer Zeit" (1935) und „Protestantische Rompilger" (1937). Reden und Aufsätze veröffentlichte er in den Bänden „Blut und Ehre" (1935), „Gestaltung der Idee" (1936), „Kampf um die Macht" (1937) und „Tradition und Gegenwart" (1940). Sein Hauptwerk war „Der Mythos des 20. Jahrhunderts", der ab 1929 eine Gesamtauflage von fast zwei Mill. Exemplaren erreichte. Beeinflußt von H. St. →Chamberlain, schrieb R. hier über den Zusammenhang von Rasse, Volk, Religion und Politik. Daneben bereitete er die Gründung der →„Hohen Schule", der geplanten zentralen Stätte nationalsozialistischer Forschung, Lehre und Erziehung vor, die am Chiemsee entstehen sollte. Im →Nürnberger „Hauptkriegsverbrecherprozeß" wurde R. zum Tode verurteilt und hingerichtet. Posthum erschienen seine Aufzeichnungen aus der Nürnberger Haft: „Letzte Aufzeichnungen" (1955), in 2. Auflage als „Großdeutschland – Traum und Tragödie" (1970, herausgegeben von H. Härtle).

F. Th. Hart: Alfred Rosenberg, ²1935. W. Brackmann: Alfred Rosenberg und seine Gegner, 1938. H. Koch: Rosenberg und die Bibel, 1935. A. Baeumler: Alfred Rosenberg und der Mythos des 20. Jahrhunderts, 1943. H. G. Seraphim (Hrsg.): Das politische Tagebuch Alfred Rosenbergs, 1964. R. Baumgärtner: Weltanschauungskampf im Dritten Reich, 1977. R. Smelser und R. Zitelmann (Hrsg.): Die braune Elite, 1989. R. Bollmus: Das Amt Rosenberg, 1970.

Roßbach, Gerhard, Freikorpsführer, * 28. 2. 1893 Kehrberg/Pommern, † 30. 8. 1967 Hamburg. Der Berufsoffizier stellte nach Teilnahme am 1. Weltkrieg im November 1918 in Graudenz das →„Freikorps R." auf, mit dem er in West- und Ostpreußen sowie im Baltikum 1918/20 kämpfte. Bei der Auflösung des Freikorps im Januar 1920 blieb der Stab illegal bestehen, wurde beim →Kapp-Putsch als „Detachement R." im Rahmen der Reichswehr auf 1000 Mann aufgefüllt und in Mecklenburg wie im Ruhrgebiet eingesetzt. Nach erneuter Auflösung im Mai 1920 bestand die „Arbeitsgemeinschaft R." weiter, die dann als „Freiwilligenabteilung Schlesien" unter R. 1921 in Schlesien kämpfte und am Sturm auf den →Annaberg teilnahm. R. beteiligte sich 1923 am →Marsch auf die Feldherrnhalle, floh dann nach Österreich, wurde amnestiert und gründete 1924 die „Schilljugend" innerhalb der völkischen →Jugendbewegung. 1926–1933 leitete er deren Führerschule in Mecklenburg. 1933 wurde er Inspekteur des Ausbildungswesens im neuen →Reichsluftschutzbund. Nach den Ereignissen um →Röhm (30. 6. 1934) war er kurzzeitig in Haft und dann nur noch als Versicherungskaufmann, aber nicht mehr politisch tätig. Nach 1945 bemühte er sich erfolgreich um die Wiedereröffnung der Bayreuther Festspiele. Er schrieb seine Autobiographie „Mein Weg durch die Zeit" (1950).

K. G. Klietmann: Freiwillige Sturmabteilung Roßbach, 1961. D. Venner: Söldner ohne Sold, 1975. H. Schulze: Freikorps und Republik 1918–20, 1969. H.W. Koch: Der deutsche Bürgerkrieg, 1978. F.W. von Oertzen: Die deutschen Freikorps 1918–1923,[3]1938.

„Rot, Fall", Deckname für die zweite Phase des →Westfeldzuges, die „Schlacht um Frankreich" vom 5. 6. 1940 bis zum Waffenstillstand am 22. 6. 1940.

„Rote Kampfflieger, Der", Ehrenname für Manfred von →Richthofen.

Rote Kapelle, kommunistische Spionageorganisation im 2. Weltkrieg. Die →Gestapo bezeichnete als R. ein im Deutschen Reich für den sowjetischen militärischen Nachrichtendienst (Raswedka) arbeitendes Spionagenetz, das unter Anleitung von Mitarbeitern der bis zum 22. 6. 1941 bestehenden sowjetischen Botschaft in Berlin gebildet worden war. Geführt wurde es von Harro Schulze-Boysen, Oberleutnant im Reichsluftfahrtministerium, und Arvid Harnack, Oberregierungsrat im Reichswirtschaftsministerium. Die Informationen wurden durch verschlüsselte Funksprüche nach Moskau übermittelt. Die Nachrichten kamen aus einem großen Kreis von Informanten und bezogen sich auf militärische, wirtschaftliche und politische Vorgänge. Sie hatten zum Teil einen erheblichen Wert, in vielen Fällen waren sie jedoch auch unzulänglich und entsprachen nicht dem, was die sowjetische Nachrichtenauswertung benötigte. Sowjetische Spionagenetze arbeiteten auch in Frankreich und Belgien sowie in der Schweiz. Enttarnt wurde die R. durch die Entschlüsselung eines sowjetischen Funkspruchs, in dem die Adressen von drei in Berlin lebenden Agenten genannt waren. Ab 30. 8. 1942 wurden die Mitglieder der Gruppe verhaftet, zumeist waren sie auch geständig. Rund 100 Personen wurden vor dem Reichskriegsgericht angeklagt, etwa 55 wegen Spionage und Landesverrat zum Tode, die anderen zu hohen Freiheitsstrafen verurteilt. Der →Abwehr und der Gestapo gelang auch die Zerschlagung der sowjetischen Agentennetze in Frankreich und der Schweiz. Sie konnte auch Informationen weitergeben, die den Schweizer Behörden die Verhaftung sowjetischer Agenten in der Schweiz erlaubten.

D. Dallin: Die Sowjetspionage, 1956. H. Höhne: Kennwort: Direktor, 1970. H. Höhne: Der Krieg im Dunkeln, 1985. Herfeldt und W. F. Flicke: Schwarze Kapelle – Rote Kapelle. A. S. Blank und J. Mader: Rote Kapelle gegen Hitler, 1979. M. Roeder: Die Rote Kapelle, 1952. W. F. Flicke: Agenten funken nach Moskau, 1957. G. Perrault: Auf den Spuren der Roten Kapelle, 1969. L. Trepper: Die Wahrheit – ich war der Chef der Roten Kapelle, 1975. G. Sudholt: Das Geheimnis der Roten Kapelle, 1978.

Roter Frontkämpferbund (RFB), militanter kommunistischer →Wehrverband in der Weimarer Republik. Auf Beschluß des →KPD-Vorstandes vom Mai 1924 wurden die ersten Gruppen des R. im Juli 1924 in Thüringen und Sachsen aufgebaut. 1928 besaß er rund 100000 Mitglieder und wurde vom KPD-Vorsitzenden E. →Thälmann und seinem Stellvertreter W. Leow geführt. Nebenorganisationen waren der „Rote Jungsturm" („Rote Jungfront") (16 bis 21 bzw. später 23 Jahre), die „Rote Marine" sowie der „Rote Frauen- und Mädchenbund". Mit großem Propagandaaufwand wurden die jährlichen „Reichstreffen" veranstaltet. Der R. erstrebte wie die KPD die Bolschewisierung Deutschlands und Zusammenarbeit mit der Sowjetunion. Er trug wesentlich zur Verschärfung der innenpolitischen Kämpfe in der Weimarer Republik durch harte Straßen- und Versammlungsschlachten sowie Überfälle auf politische Gegner bei. Nach den blutigen Ausschreitungen am Maifeiertag 1929 in Berlin wurde der R. verboten, bestand jedoch illegal weiter. Nach der nationalsozialistischen Machtübernahme wurde seine Tätigkeit unterbunden.

K. Schuster: Der Rote Frontkämpferbund 1924–1929, 1975.

Rote Zone, Räumungszone am Westwall 1944. In der vorbereitenden Anweisung des Reichsinnenministers vom 14. 9. 1944 zur eventuellen Räumung des Gebietes um den →Westwall von der Zivilbevölkerung beim Nahen der Front war um den →Westwall als Hauptkampflinie eine R. mit je 10 km Tiefe feindwärts als „Vorfeld", rückwärts als „Hauptkampffeld" mit dem Stellungssystem vorgesehen, an das sich dann östlich mit 15 km Tiefe die „Grüne Zone" anschloß. Die Anlagen des Westwalls waren 1944/45 jedoch kein großes Hindernis für die Alliierten.

Rottenführer, Dienstgrad in →SA und →SS, entsprach einem Gefreiten in der Wehrmacht.

RS, Abkürzung für →Revolutionäre Sozialisten.

RSB, Abkürzung für →Republikanischer Schutzbund.

RSHA, Abkürzung für →Reichssicherheitshauptamt.

Ruckteschell, Hellmuth von, Kapitän zur See und U-Boot- wie Hilfskreuzer-Kommandant, * 23. 3. 1890 Hamburg, † 24. 6. 1948 Hamburg. Seit 1909 in der Marine, versenkte R. ab September 1917 als Kommandant der U-Boote UB 34 und U 54 auf neun Feindfahrten 17 Handelsschiffe mit 26000 BRT. Am 24. 11. 1919 wurde er verabschiedet und 1939 reaktiviert. Ab 6. 5. 1940 führte er mit dem →Hilfskreuzer „Widder" bis 30. 10. 1940 Handelskrieg im Atlantik, ab 20. 3. 1942 mit dem Hilfskreuzer „Michel" im Atlantik, Indischen Ozean und vor Japan, bis er am 1. 3. 1943 in Kobe, Japan, einlief. Dabei brachte er 24 Handelsschiffe mit 153000 BRT auf. Am 31. 10. 1940 erhielt er das →Ritterkreuz, am 22. 12. 1942 das →Eichenlaub. Bis 1945 war er beim Marineattaché in Tokio tätig und kam dann in Gefangenschaft. Von den Alliierten wurde er zu zehn Jahren Zuchthaus verurteilt, weil er angeblich Schiffe zu lange beschossen habe. Er verstarb in der Haft. G. Hümmelchen: Handelsstörer, 1960. H. Pemsel: Biographisches Lexikon zur Seekriegsgeschichte, 1985.

Rudel, Hans-Ulrich, Oberst der Luftwaffe und höchstausgezeichneter deutscher Soldat des 2. Weltkriegs, * 2. 7. 1916 Konradswaldau/Schlesien, † 18. 12. 1982 Rosenheim. Der aus einem evangelischen Pfarrhaus stammende R. ging nach Abitur (1936) und Arbeitsdienst am 4. 12. 1936 freiwillig als Fahnenjunker zur Luftwaffe, besuchte 1937 die Luftkriegsschule Berlin-Werder und wurde am 1. 1. 1939 Leutnant.

Als Fernaufklärer nahm er am →Polenfeldzug teil und erhielt am 10. 11. 1939 das EK II. Nach dem →Frankreichfeldzug kam er zur Stuka-Fliegerei und wurde am 1. 9. 1940 Oberleutnant. 1941 war er bei der Stuka-Ergänzungsstaffel Graz-Thalerhof, ab April 1941 beim Stuka-Geschwader 2 →„Immelmann" in Griechenland. Mit dem →Rußlandfeldzug begann seine eigentliche Stuka-Laufbahn zum erfolgreichsten und berühmtesten Kampfflieger. Am 18. 7. 1941 erhielt er das EK I und die Frontflugspange in Gold. Am 23. 9. 1941 versenkte er durch Volltreffer das sowjetische Schlachtschiff „Marat" (23600 BRT) im Hafen von Kronstadt, kurz danach einen Kreuzer und einen Zerstörer. Am 8. 12. 1941 erhielt er das →Deutsche Kreuz in Gold, nach über 400 Feindflügen am 6. 1. 1942 das →Ritterkreuz. Bereits am 10. 2. 1943 hatte er über 1000 Feindflüge als erster Flieger der Welt hinter sich und wurde am 1. 4. 1943 Hauptmann wegen besonderer Tapferkeit vor dem Feind. Am →Kuban-Brückenkopf versenkte er im Frühjahr 1943 70 sowjetische Landungsboote mit der Ju 87 G („Kanonenmaschine") und erhielt am 14. 4. 1943 das →Eichenlaub. Im Juli 1943 vernichtete er zahlreiche Panzer bei Charkow, wurde am 18. 9. 1943 Kommandeur des kurz darauf Schlachtgeschwader 2 „Immelmann" genannten Verbandes und erzielte am 30. 10. 1943 seinen 100. Panzerabschuß. Am 25. 11. 1943 erhielt er als 42. Soldat und erster Stukaflieger nach über 1600 Feindflügen die →Schwerter. Am 20. 3. 1944 landete er beim achten Feindflug dieses Tages im Feindgebiet, um einer notgelandeten Maschine zu helfen, konnte selbst nicht mehr starten und schlug sich mit einem Schulterdurchschuß über 50 km in zwei Tagen zu den deutschen Linien durch, wobei er den eisigen Dnjestr durchschwimmen mußte. Allein am 27. 3. 1944 vernichtete er 17 Sowjetpanzer, kam am folgenden Tag nach über 1800 Feindflügen auf über 200 Panzerabschüsse und erhielt am 29. 3. 1944 als zehnter Soldat die →Brillanten. Nach mehr als 2000 Einsätzen wurde er am 3. 6. 1944 mit der →Frontflugspange in Gold mit Brillanten und dem goldenen Flugzeugführerabzeichen mit Brillanten ausgezeichnet. 1944 mehrfach verwundet, floh er aus dem Lazarett und setzte sich über Flugverbote hinweg, am 22. 12. 1944 hatte er den 2400. Feindflug. Nach Vernichtung von 463 sowjetischen Panzern erhielt „der Adler der Ostfront" am 29. 12. 1944 (ausgehändigt im →Führerhauptquartier am 1. 1. 1945) als einziger Soldat die höchste deutsche Tapferkeitsauszeichnung, das →Goldene Eichenlaub mit Schwertern und Brillanten zum Ritterkreuz des Eisernen Kreuzes. Gleichzeitig wurde er zum Oberst befördert.

Sein Schlachtgeschwader blickte in diesen Tagen auf 12 500 Einsätze zurück. Am 14. 1. 1945 erhielt R. als einziger Ausländer die höchste ungarische Tapferkeitsauszeichnung, die nur siebenmal verliehene Goldene Tapferkeitsmedaille. Nach Abschuß von mehr als 500 Panzern, allein zwölf an diesem Tag, wurde R. am 8. 2. 1945 bei Lebus/Oder schwer verwundet, konnte noch notlanden und mußte den rechten Unterschenkel amputieren lassen. Trotz Flugverbots und nicht verheiltem Beinstumpf flog R. ab 4. 4. 1945 mit Prothese weiter und vernichtete noch mehr als 25 sowjetische Panzer „mit einem Bein". Am 8. 5. 1945 landete er nach der Kapitulation auf dem Flugplatz Kitzingen/Main und ging in US-Gefangenschaft, aus der er im April 1946 entlassen wurde. Insgesamt hat R. in 2530 Feindflügen, davon 430 mit der FW 190, ein Schlachtschiff, einen Kreuzer, einen Zerstörer, 70 Landungsboote, über 519 Panzer und 800 andere Fahrzeuge, rund 150 Geschützstellungen und vier Panzerzüge, dazu Brücken und viele Nachschubverbindungen der Sowjets zerstört und neun Luftsiege errungen. Er wurde mehrfach abgeschossen, fünfmal verwundet und rettete sechs notgelandete Besatzungen aus Feindgebiet vor Gefangenschaft. Damit wurde er der bei weitem erfolgreichste Kriegsflieger der Geschichte. In seinem Buch „Trotzdem" (1966) schilderte er seine Fronterlebnisse und den Opfergang der deutschen Stukaflieger. Nach dem Kriege trat R. trotz Beinprothese mit hervorragenden sportlichen Leistungen (Bergsteigen, Skisport, Tennis, Schwimmen) hervor und gewann zahlreiche Wettkämpfe. 1948 ging er für Jahre nach Argentinien, kam 1951 zurück und setzte sich 1953, 1955 und 1959 nachhaltig bei Bundes- und Landtagswahlen für die Deutsche Reichs-Partei (DRP) ein, ohne selbst je einer Partei anzugehören. Trotz behördlicher und privater Behinderung unternahm er zahlreiche Vortragsreisen und mahnte zu nationaler Selbstbestimmung. Mehrfach wurde er von hohen Militärs in die USA eingeladen. Er schrieb neben vielen Artikeln die Bücher „Dolchstoß oder Legende" (1951), „Aus Krieg und Frieden" (1958), „Zwischen Deutschland und Argentinien" (1958), „Von den Stukas zu den Anden" ([3]1978), „Mein Kriegstagebuch" ([2]1987). Mehrere seiner Bücher wurden in der Bundesrepublik Deutschland als jugendgefährdend indiziert. Im Oktober 1976 mußten zwei Bundeswehrgenerale ihren Abschied nehmen, weil sie Untergebenen nicht die Teilnahme an Rudel-Veranstaltungen untersagt hatten. Zu Entlassungen kam es auch, als und weil R. in eine Bundeswehrkaserne eingeladen worden war. Obwohl die Bundeswehr ihren Angehörigen verboten hatte, an R.s Beerdigung teilzunehmen, flogen Bundeswehrmaschinen im Tiefflug über sein offenes Grab und ehrten so den tapferen Soldaten und vorbildlichen Kameraden.

G. Just: Hans-Ulrich Rudel, 1971. G. Just: Die ruhmreichen Vier, 1972. G. Brütting: Das waren die deutschen Stuka-Asse, 1949–1945, [4]1984. G. Fraschka: Mit Schwertern und Brillanten, 1977. G. Just: Das war Rudel, 1983. G. Sudholt (Hrsg.): Deutsche Annalen, 1983.

Rudeltaktik, deutsche U-Boot-Taktik im 2. Weltkrieg. Als Karl →Dönitz ab Herbst 1935 als „Führer der U-Boote" die deutsche U-Boot-Waffe aufbaute, entwickelte er die R., das Zusammenwirken mehrerer U-Boote beim Angriff auf feindliche Geleitzüge, besonders nachts. Die R. traf England im 2. Weltkrieg unvorbereitet und hatte zunächst große Erfolge.

K. Dönitz: Zehn Jahre und zwanzig Tage, 1958. K. Dönitz: Mein wechselvolles Leben, 1968.

Rückgliederung, Bezeichnung für die Eingliederung von Gebieten, die im Rahmen der →Revision des →Versailler Diktats und des Diktats von →Saint-Germain ab 1935 wieder zum deutschen Staatsgebiet kamen, insbesondere das Saarland, Österreich, das Sudetenland, Memel und Danzig.

Rücksiedelung, ab 1939 Bezeichnung für die Wiederansiedlung von Deutschen in den 1919 abgetretenen Ostgebieten. Aus Westpreußen, Posen und Oberschlesien, die gegen den Willen ihrer Bevölkerungsmehrheit als Folge des →Versailler Diktats von 1919 nach dem 1. Weltkrieg teilweise zu Polen kamen, waren ab 1920 rund eine Million Deutsche ausgewandert oder von den Polen vertrieben worden. Nach dem Polenfeldzug und der Errichtung der Reichsgaue →Danzig-Westpreußen und →Wartheland wurde mit ihrer Wiederansiedlung in der alten Heimat begonnen.

Rüdin, Ernst, Prof. Dr., Humangenetiker, * 19. 4. 1874 St. Gallen (Schweiz). R. war seit 1917 Professor in München und Direktor des Kaiser-Wilhelm-Instituts für Genealogie und Demographie in München, lehrte 1925–1928 in Basel, ab 1933 wieder in München, war ab 1935 Direktor der Deutschen Forschungsanstalt für Psychiatrie und ab 1938 des Instituts für Rassenhygiene in München. Mit Alfred Ploetz gründete er 1905 die Deutsche Gesellschaft für Rassenhygiene und war ab 1933 deren Vorsitzender (Reichskommissar). 1933 wurde er in den Beirat für Bevölkerungs- und Rassenpolitik berufen und dessen Obmann. Er entwickelte die psychiatrische Erbforschung („empirische Erbprognose") und trug damit zu den wissenschaftlichen Grundlagen für das Gesetz zur Verhütung erbkranken Nachwuchses (14. 7. 1933) bei, dessen Standardkommentar er mitverfaßte. 1939 wurde er mit der Goethemedaille für Kunst und Wissenschaft, 1944 mit dem →Adlerschild des Deutschen Reiches geehrt. Er schrieb u. a. „Fortpflanzung, Vererbung und Rassenhygiene" (1911 mit M. von Gruber), „Zur Verhütung erbkranken Nachwuchses" (1934 mit A. Gütt und F. Ruttke), „Erblehre und Rassenhygiene im völkischen Staat" (1934). 1939 erschien eine Festschrift für ihn.

Ruhrarbeiterstreiks, Streiks der Bergarbeiter im Ruhrgebiet. Die durch rasche Zuwanderung und schnelle Industrialisierung des Ruhrgebiets ausgelöste wirtschaftliche Notlage der Bergarbeiter führte 1872 zu einem Streik im Essener Revier und zu einem weiteren im Mai 1889 im ganzen Ruhrgebiet, der unter →SPD-Führung mehrere Wochen dauerte, mit 90000 Streikenden rund 80% der Bergleute erfaßte, erst durch Vermittlung von Kaiser →Wilhelm II. beigelegt wurde und dann zu sozialen Verbesserungen für die Bergarbeiter führte. Am 6. 1. 1905 begann in Bochum (Stinnes) ein weiterer Streik, der am 19. 1. 1905 in einen Generalstreik von über 200000 Bergarbeitern überging und mehrere Wochen dauerte. Die vier größten Gewerkschaften unterstützten ihn. Die preußische Regierung sagte eine Novellierung des Berggesetzes zu, die im Juli 1905 erfolgte. Ein Lohnstreik ergriff vom 11. bis 20. 3. 1912 bis zu 235000 Bergleute und mußte dann erfolglos abgebrochen werden. Bei den R. trat die preußische Regierung ausgleichend ein, während die Unternehmer oft unnachgiebig blieben.

M. J. Koch: Die Bergarbeiterbewegung im Ruhrgebiet zur Zeit Wilhelms II., 1954.

Ruhrbesetzung, →Ruhrkampf.

Ruhrkampf, deutsche Abwehr der französischen Besetzung des Ruhrgebiets 1923/25. Nachdem das Ruhrgebiet 1919/20 Schauplatz kommunistischer Aufstände gewesen war und Franzosen und Belgier im März 1921 die →„Sanktionsstädte" Düsseldorf, Duisburg und Ruhrort widerrechtlich besetzt hatten, ließ der französische Ministerpräsident Poincaré am 11. 1. 1923 nach längerer Vorplanung und in Ausführung des französischen Reparationsplans vom 2. 1. 1923 unter dem Vorwand geringfügiger deutscher Holz- und Kohlelieferungsrückstände französische und belgische Truppen von schließlich 100000 Mann in das Ruhrgebiet einmarschieren, die es bis Bochum und Dortmund besetzten, den Belagerungszustand verhängten und als „Politik der ‚produktiven

Pfänder'" die gesamte industrielle und staatliche Verwaltung unter ihre Kontrolle stellten. England lehnte die Teilnahme an der Besetzung ab, die USA protestierten nur. Die Reichsregierung unter W. →Cuno rief unter Zustimmung des Reichstags und der Gewerkschaften zum →„passiven Widerstand" auf, Beamten und Eisenbahnern wurde jeder Dienst für die Besatzungsmacht verboten, ein allgemeiner Streik der Ruhrindustrie organisiert, jede Reparationslieferung an Frankreich und Belgien eingestellt. Das Rheinisch-Westfälische Kohlesyndikat zog von Essen nach Hamburg um. Die Besatzer versuchten, den deutschen Widerstand mit allen Mitteln zu brechen. Mit einer Zoll- und Paßgrenze wurde das Ruhrgebiet durch die Besatzungsmacht vom übrigen Reich abgetrennt. Die Eisenbahnen wurden französisch-belgischer Verwaltung unterstellt, deutsche Beamte, rund 140000 mit Angehörigen, ausgewiesen. Deutsche Regierungsmitglieder durften das Ruhrgebiet nicht betreten. Es gab viele Gewalttakte der Besatzung und Entwürdigungen durch die französischen Kolonialtruppen (Algerier und Marokkaner), so beim →Essener Blutbad vom 31. 3. 1923 mit 13 Toten und 29 Verletzten. Großindustrielle wie F. →Thyssen wurden von französischen Kriegsgerichten zu hoher Geld-, Dr. Gustav →Krupp von Bohlen und Halbach zu langjähriger Haftstrafe verurteilt. Vom deutschen Widerstand, auch →Freikorpskämpfern, wurden Brücken- und Eisenbahnanlagen gesprengt. Dafür wurde Albert Leo →Schlageter, einer der deutschen Vorkämpfer, am 26. 5. 1923 standrechtlich von Franzosen erschossen. Selbst die →KPD (K. Radek) schloß sich der nationalen Abwehrfront an. Die finanzielle Unterstützung der Ruhrbevölkerung durch das Reich (2 Mill. Arbeitslose) zerrüttete die Reichsfinanzen, und die Kaufkraft der Mark sank ins Bodenlose. Frankreich wies alle Reparationsvorschläge Cunos zurück. Nach Cunos Rücktritt (12. 8. 1923) gab die neue Reichsregierung →Stresemann am 26. 9. 1923 den passiven Widerstand auf. Mit den →Micum-Verträgen (23. 11. 1923) wurden die Kohlelieferungen an Frankreich wiederaufgenommen und die →Erfüllungspolitik fortgesetzt. Erst nach Einigung über den →Dawesplan (1924) wurde die Besetzung des Ruhrgebiets bis Juli/August 1925 aufgegeben. Der R. kostete um 3,5 Mrd. Goldmark und beschleunigte die →Inflation, sein bedingungsloser Abbruch trug auch mit zum →Marsch auf die Feldherrnhalle bei.

H. Spethmann: Der Ruhrkampf 1923–25, 1933. Wentzke: Ruhrkampf, 2 Bde., 1930/32. F. Grimm: Vom Ruhrkrieg zur Rheinlandräumung, 1930. L. Zimmermann: Frankreichs Ruhrpolitik von Versailles bis zum Dawesplan, 1971.

Ruhrkessel, Einschluß der Heeresgruppe B im April 1945. Nach dem Rückzug über den Rhein wurde die deutsche Heeresgruppe B (15. Armee, 5. Panzer-Armee) unter Generalfeldmarschall →Model ab 1. 4. 1945 zwischen Rhein, Sieg, der Linie Duisburg–Hamm und östlichem Sauerland (Meschede) eingeschlossen. Ab 17. 4. wurde sie von Model, der nicht kapitulieren wollte, aufgelöst. Am 21. 4. 1945 erschoß sich Model in dem auf wenige Kilometer verengten R., aus dem sich kleine Gruppen nach Osten durchschlugen.
W. Görlitz: Model, 1975. H. Euler: Die Entscheidungsschlacht an Rhein und Ruhr 1945, 1980. F. Kurowski: Von den Ardennen zum Ruhrkessel, 1965. F. Kurowski: Endkampf um das Reich 1944–1945, 1987. W. Mues: Der große Kessel, ³1984.

Rumäniendeutsche, Sammelbezeichnung für die in Rumänien lebenden →Volksdeutschen. Rumänien, im 1. Weltkrieg Gegner der Mittelmächte, erhielt 1919 ganz →Siebenbürgen, das →Buchenland und das östliche →Banat, so daß 1939 knapp 800 000 Deutsche in Rumänien lebten, die →Siebenbürger Sachsen seit rund 800 Jahren, die Banater Schwaben knapp 200 Jahre. Nach deutsch-russischen bzw. deutsch-rumänischen Verträgen wurden 1940 die R.n aus der Bukowina, aus Bessarabien und der →Dobrudscha nach Deutschland umgesiedelt (→Umsiedlung), aus Nordsiebenbürgen floh 1944 der größte Teil der Deutschen mit den deutschen Truppen vor der Roten Armee. 1944/49 verringerten Flucht, Verschleppung und Deportation zur Zwangsarbeit, vor allem in die Sowjetunion, die Zahl der Siebenbürger Sachsen stark, so daß von ihnen 1975 nur noch rund 190 000, von den Banater und Sathmarer Schwaben nur noch 180 000 in Rumänien lebten. In den 80er Jahren haben die Rumänisierung wie die Auswanderung diese Zahlen weiter sinken lassen.
D. Waldmann: Die Deutschen im Rumänien von heute, 1970. R. Kosiek: Deutsches Land in fremder Hand, 1982. J. Schmidt: Die Donauschwaben 1944–1964, 1968. F. H. Riedl: Das Südostdeutschtum in den Jahren 1918–1945, 1962. H. Hartel: Das Schicksal des Deutschtums in Rumänien 1938–1945–1953, 1958. H. Zillich: Siebenbürgen – ein abendländisches Schicksal, 1968. H. Kühnel (Hrsg.): Siebenbürgen, 1986. E. Illges: Nationale Minderheiten in Rumänien, 1981. E. Wagner (Hrsg.): Quellen zur Geschichte der Siebenbürger Sachsen 1191–1975, ²1981. E. Wagner: Geschichte der Siebenbürger Sachsen, ⁵1987.

Runciman-Mission, britische Informationsmission während der Sudetenkrise 1938. Als im Juli 1938 angesichts der Zuspitzung der →Sudetenkrise auf britischen Druck Prag „um Entsendung eines Beobachters" bat, wurde am 3. 8. 1938 Lord Walter Runciman (19. 11. 1870–14. 11. 1949), langjähriger Parlamentarier und mehrfacher Minister, von der britischen Regierung mit umfangreicher Begleitung in die Tschechoslowakei gesandt, um die Lage zu untersuchen und als „unabhängiger Vermittler" zu wirken. Nach seiner Rückkehr nach London Anfang September stellte er in seinem Gutachten (teilweise in der „Times" am 7. 9. 1938 veröffentlicht) fest, daß er „auf seiten der tschechischen Regierung keinerlei Bereitwilligkeit gefunden (habe), den Beschwerden der Sudetendeutschen in auch nur angemessenem Ausmaß abzuhelfen", und er empfahl, daß die Sudetendeutschen sofort das Selbstbestimmungsrecht erhielten. Die große Mehrheit wünsche die Vereinigung mit Deutschland. Jede Abstimmung halte er bei den klaren Verhältnissen nur für eine Formsache. Damit stellte er, wie auch schon der britische Premier im Mai 1938, die Forderung nach dem Anschluß des Sudetenlandes zeitlich vor denselben Forderungen A. →Hitlers.
Sudetendeutscher Rat (Hrsg.): München 1938 – Dokumente sprechen, 1964. R. Pozorny: Wir suchten die Freiheit, 1978. Nittner, E. (Hrsg.): Dokumente zur sudetendeutschen Frage 1916–1967, 1967. B. Celovsky: Das Münchener Abkommen von 1938, 1958. M. Gilbert und R. Gott: Der gescheiterte Frieden, 1964.

Rundstedt, Gerd von, Generalfeldmarschall, * 12. 12. 1875 Aschersleben, † 24. 2. 1953 Hannover. R. wurde 1893 Offizier, war ab 1899 im Generalstab, hatte im 1. Weltkrieg Generalstabsstellungen in der Türkei und in Frankreich, wurde dann in die →Reichswehr übernommen, am 1. 11. 1927 Generalmajor und am 1. 2. 1929 Generalleutnant. Von 1932–1938 war er Oberbefehlshaber des Gruppenkommandos 1 in Berlin. Im →Polenfeldzug führte er als Generaloberst (ab 1. 3. 1938) die Heeresgruppe Süd, im →Frankreichfeldzug er mit seiner Heeresgruppe A durch die →Ardennen bis zur Kanalküste durch und schnitt damit starke englische und französische Kräfte ab, erhielt am 30. 9. 1939 das →Ritterkreuz und wurde am 19. 7. 1940 Generalfeldmarschall. Im →Rußlandfeldzug führte er bis 30. 11. 1941 die Heeresgruppe Süd und drang mit ihr bis Rostow am Don vor. Vom 1. 3. 1942 bis 1945 war er mit Unterbrechungen Oberbefehlshaber West. Nach der Landung der Alliierten in der Normandie im Juni 1944 (→Invasion) trat er für eine Beendigung des Krieges ein. Unter seinem Vorsitz tagte ein Ehrenhof, der jene Offiziere aus der Wehrmacht ausschloß, die in das Attentat vom →20. 7. 1944 verwickelt waren. Am 2. 7. 1944 erhielt er das →Eichenlaub, am 18. 2. 1945 die →Schwerter. Ein nach dem Krieg von den Alliierten gegen ihn geplanter Prozeß mußte wegen seines Gesundheitszustandes ausgesetzt werden.

G. Blumentritt: Von Rundstedt, 1952. B. H. Liddell Hart: Deutsche Generale des 2. Weltkrieges, 1964.

Rupprecht, Kronprinz von Bayern und Generalfeldmarschall, * 18. 5. 1869 München, † 2. 8. 1955 Leutstetten/Starnberg. Der älteste Sohn König Ludwigs III. wurde 1906 Kommandierender General des I. bayerischen Armeekorps, 1912 Generalinspekteur der 4. Armee-Inspektion in München und führte 1914/15 den Oberbefehl über die 6. Armee im Westen (Schlacht in →Lothringen). 1916 wurde er Generalfeldmarschall und Oberbefehlshaber der Heeresgruppe „Kronprinz Rupprecht", die er in der →Sommeschlacht, in →Flandern 1917 und 1918 bei den Angriffs- und Rückzugskämpfen führte. Er schrieb „Reiseerinnerungen aus Ostasien" (1906), „Reiseerinnerungen aus Indien" (1922) und „Mein Kriegstagebuch" (3 Bände, 1929). Nach 1918 trat er für die Wiedererrichtung der Monarchie ein.
Breg: Kronprinz Rupprecht von Bayern, ²1918. K. Krafft von Dellmensingen: Die Führung des Kronprinzen Rupprecht von Bayern im August 1914, 1925. K. Sendtner: Rupprecht von Wittelsbach, 1954. W. Goetz (Hrsg.): Festgabe, 1953.

RuSHA, Abkürzung für →Rasse- und Siedlungshauptamt der SS.

RuSHA-Prozeß, einer der →Nürnberger Militärgerichtsprozesse. Vom 20. 10. 1947 bis zum 10. 3. 1948 fand in Nürnberg ein amerikanischer Prozeß gegen →SS-Führer statt, die beim Reichskommissar für die Festigung des Deutschen Volkstums (RKFDV), bei der →Volksdeutschen Mittelstelle (VOMI), im →Rasse- und Siedlungshauptamt (RuSHA) und beim →Lebensborn e. V. Dienst getan hatten. Die Anklage warf ihnen „die Stärkung des deutschen Volkes und der sogenannten ‚arischen Rasse' auf Kosten jener Völker und Gruppen, durch Aufzwingen von nationalsozialistischen und typisch deutschen Eigenschaften auf Einzelpersönlichkeiten jener Völker" vor, die angeblich nicht als arisch angesehen wurden. Verurteilt wurde Ulrich Greifelt, Chef des Stabsamtes beim RKFDV, zu lebenslänglicher Haft, er starb kurz darauf; Richard Hildebrandt, SS-Obergruppenführer und General der Waffen-SS, zeitweilig Chef des RuSHA, erhielt 25 Jahre Haft, wurde dann an Polen ausgeliefert und dort 1951 hingerichtet, andere Freiheitsstrafen reichten bis zu 25 Jahren, fünf Verurteilte wurden unter Anrechnung der Untersuchungshaft entlassen, eine Angeklagte wurde freigesprochen.

Rust, Bernhard, Reichserziehungsminister, * 30. 9. 1883 Hannover, † 8. 5. 1945 Berne/Ol-

denburg. Seit 1909 Studienrat in Hannover, nahm er am 1. Weltkrieg als Reserveoffizier teil, erhielt beide EK und das Ritterkreuz des Hohenzollernschen Hausordens, wurde verwundet, baute 1919 die Einwohnerwehr mit auf und war in völkischen Gruppen tätig. 1924 wurde er Gauleiter des völkisch-sozialen Blocks der Provinz Hannover, im Mai 1924 Bürgervorsteher in Hannover, trat am 27. 2. 1925 der →NSDAP bei und war vom 22. 3. 1925 bis 30. 9. 1928 →Gauleiter des Gaues Hannover-Ost, vom 1. 10. 1928 bis November 1940 von Süd-Hannover–Braunschweig. Im November 1930 wurde er Fraktionsführer der NSDAP im Hannoverschen Provinziallandtag, im März 1930 als Studienrat pensioniert, am 14. 9. 1930 MdR. Ab 4. 2. 1933 war er preußischer Kultusminister, ab 1. 5. 1934 Reichsminister für Wissenschaft, Erziehung und Volksbildung. Ihm unterstanden auch die →Napolas. Gegen Kriegsende hielt er sich bei der letzten deutschen Reichsregierung in Flensburg-Mürwik auf. Nach der deutschen Kapitulation erschoß er sich.
R. Eilers: Die nationalsozialistische Schulpolitik, 1963. K. Höffkes: Hitlers politische Generale, 1986. P. Hüttenberger: Die Gauleiter, 1969.

Rußlanddeutsche, schon im Mittelalter gab es deutsche Kaufleute und Handwerker in Rußland (Moskau, Nowgorod). Eine große Einwanderungswelle setzte aber erst ein, als ab 1772 die Zarin Katharina II. (eine deutsche Prinzessin von Anhalt-Zerbst) deutsche Bauern ins Land rief, um für Rußland neuerworbene Gebiete zu besiedeln und moderne Wirtschaftsmethoden einzuführen. Dadurch entstand ein geschlossenes deutsches Siedlungsgebiet an der Wolga. Spätere Einwanderungswellen bewirkten deutsche Siedlungen in Wolhynien, Bessarabien, im Schwarzmeergebiet, im Kaukasus, im Ural und im Altai. Außerdem gab es in Rußland die →Baltendeutschen und das städtische Deutschtum vor allem in Moskau und St. Petersburg. Nach dem 1. Weltkrieg fiel Bessarabien an Rumänien, Wolhynien an Polen, und das Baltikum wurde selbständig, die dort lebenden Deutschen wurden nach Ausbruch des 2. Weltkriegs ins Deutsche Reich umgesiedelt (→Umsiedlung). In der UdSSR wurde in den 20er Jahren zunächst ein eigenes autonomes Gebiet der Wolgadeutschen eingerichtet, doch hatten die Deutschen besonders stark unter den verschiedenen Verfolgungswellen zu leiden. Nach Beginn des Rußlandfeldzugs 1941 erreichten die Verfolgungen ihren Höhepunkt: Die gesamte deutsche Minderheit wurde zu Landesverrätern erklärt und nach Sibirien und Turkestan deportiert. Hunderttausende fanden dabei den Tod. Nach Ende der Stalinära wurden die Überlebenden zwar rehabilitiert, erhielten aber nicht die Erlaubnis zur Rückkehr ins Wolgagebiet. Heute leben etwa 1,9 Millionen Deutsche in der UdSSR, vor allem im asiatischen Teil, einige wurden inzwischen im nördlichen Ostpreußen angesiedelt. Es gibt wieder einige deutsche Zeitschriften, deutsche Chor- und Theatergruppen, an manchen Orten einen (sehr beschränkten) deutschen Sprachunterricht, auch einige deutsche Kirchengemeinden, aber trotzdem fühlen sich die Deutschen als Staatsbürger zweiter Klasse und möchten größtenteils in die Bundesrepublik auswandern.

M. Straka: Deutsche in aller Welt, 2. Auflage, Wien, 1966. P. Nasarski (Hrsg.): Wege und Wandlungen, Bd. I, Berlin/Bonn, 1981. J. B. Bilke: Die Rußlanddeutschen, 1970. A. Eisfeld: Die Deutschen in Rußland und in der Sowjetunion, 1986. A. Kappeler u. a. (Hrsg.): Die Deutschen im Russischen Reich und im Sowjetstaat, 1987. B. Pinkus und J. Fleischhauer: Die Deutschen in der Sowjetunion, 1987. S. Steenberg: Die Rußland-Deutschen, 1989.

Rußlandfeldzug (Ostfeldzug), Krieg gegen die Sowjetunion 1941–1945. Die Forderungen des sowjetischen Außenministers →Molotow an das Deutsche Reich anläßlich seines Berlin-Besuches im November 1940 begründeten den Verdacht, die UdSSR betrachte eine Phase der Zusammenarbeit mit Deutschland als abgeschlossen und rechne nicht nur mit einem deutsch-sowjetischen Krieg, sondern wolle ihn auch provozieren. A. →Hitler erließ deshalb am 18. 12. 1940 die →Weisung Nr. 21 mit der Warnung, die deutsche Wehrmacht müsse darauf vorbereitet sein, noch vor Beendigung des Krieges gegen England Sowjetrußland in einem schnellen Feldzug niederzuwerfen („Fall →Barbarossa"). Die deutschen Planungen und Angriffsvorbereitungen wurden in dem Maße intensiviert, wie die Sowjetunion eine deutschfeindliche Politik betrieb (z. B. Unterstützung eines Putsches, der in Belgrad eine deutschfeindliche Regierung an die Macht brachte) und an ihrer Westgrenze einen gewaltigen Truppenaufmarsch durchführte, der rein offensiven Charakter hatte. Nach einer zeitlichen Verzögerung durch den →Balkanfeldzug griff die deutsche Wehrmacht am 22. 6. 1941 die UdSSR an und konnte in großen Kesselschlachten sowjetische Armeen vernichten, die im grenznahen Bereich zum Vormarsch bereitstanden und deshalb auf jegliche Verteidigungsvorbereitungen verzichtet hatten. Die Heeresgruppen Nord (Ritter von →Leeb, 26 Divisionen), Mitte (Fedor von →Bock, 51 Divisionen) und Süd (Gerd von →Rundstedt, 59 Divisionen) wurden wenig später durch finnische, ru-

mänische, ungarische, italienische und slowakische Divisionen, dazu durch →Freiwilligenverbände aus zahlreichen Ländern unterstützt, die den Kampf gegen den Bolschewismus als gemeinsame Aufgabe der europäischen Völker betrachteten. In der Kesselschlacht von Bialystok und Minsk bis 9. 7. wurden 320 000 sowjetische Gefangene gemacht, im Kessel von Smolensk bis 5. 8. 310 000, im Kessel von Uman bis 8. 8. 103 000, im Kessel ostwärts Kiew bis 24. 9. 665 000, im Kessel von →Wjasma und Brjansk bis 13. 10. 1941 663 000. Darüber hinaus verlor die Rote Armee große Mengen an Panzern, Geschützen, Flugzeugen und Fahrzeugen aller Art. Anfang Dezember hatten die deutschen Truppen eine Linie erreicht, die nahezu eingeschlossenen →Leningrad vorbei an den westlichen Vororten von →Moskau in südöstlicher Richtung bis hin zum Asowschen Meer verlief; mit Ausnahme der am 2. 7. 1942 eroberten Festung →Sewastopol befand sich auch die Halbinsel →Krim in deutscher Hand. Am 5. 12. 1941 begann ein sowjetischer Gegenangriff mit Truppen, die zumeist aus dem östlich des Urals gelegenen Teil der Sowjetunion an die Front gebracht worden waren. Ihre Operationen wurden durch enorme Nachschubschwierigkeiten, die das deutsche Heer im harten Winter 1941/42 hatte, begünstigt. Bis April 1942 mußte deshalb die Wehrmacht Gebiete bis zu 150 km Tiefe wieder aufgeben. Der Schwerpunkt der deutschen Operationen lag im Frühjahr und Sommer 1942 im Südabschnitt der Ostfront. Die Heeresgruppe A (List) stieß über Rostow hinaus nach Südosten bis in den →Kaukasus vor. Die Heeresgruppe B (von Bock, ab 15. 7. 1942 von Weichs) stieß mit der 6. Armee auf →Stalingrad vor und eroberte die Stadt in langdauernden Kämpfen fast vollständig. Ab 19. 11. 1942 führte ein Gegenangriff der Roten Armee zur Einkesselung und bis 2. 2. 1943 zur Kapitulation der 6. Armee in Stalingrad, außerdem zur Zurücknahme der deutschen Südfront bis auf den Donez. Der deutsche Angriff auf den →Kursker Bogen ab 5. 7. 1943 fügte den sowjetischen Verbänden zwar schwere Verluste zu, mußte jedoch hauptsächlich wegen der alliierten Landungen auf Sizilien am 12. 7. abgebrochen werden. Von da an dominierte die zahlenmäßige Überlegenheit der Roten Armee. Bis November 1943 gaben die deutschen Verbände das Gebiet östlich vom Dnjepr mit Kiew auf, nachdem bis zum 9. 10. schon der →Kubanbrückenkopf mit Seetransporten geräumt worden war. Ab Anfang 1944 hat die Rote Armee die deutsche Front weiter nach Westen gedrückt. Am 11. 1. 1944 wurde die deutsche Front um Leningrad gesprengt, der Westteil der Ukraine mußte im Frühjahr aufgegeben werden, am 12. 5. 1944 erlosch der Widerstand der abgeschnittenen deutschen 17. Armee auf der Krim. Ab 22. 6. 1944 führte eine sowjetische Offensive zum Zusammenbruch der Heeresgruppe Mitte mit dem Verlust von 28 Divisionen und der Rücknahme der Front bis nach Brest-Litowsk. Ende August 1944 konnte Feldmarschall →Model die deutsche Front auf der Linie Riga – Ostgrenze Ostpreußen – Warschau noch einmal stabilisieren. Ab 20. 8. 1944 drang die Rote Armee in Rumänien ein (das am 25. 8. Deutschland den Krieg erklärte), eroberte am 31. 8. Bukarest und dann Bulgarien, dem die Sowjetunion unmittelbar vorher den Krieg erklärt hatte. Vor dem sowjetischen Einmarsch nach Jugoslawien konnten sich die dort operierenden Heereseinheiten zurückziehen, ohne eingeschlossen zu werden. Am 4. 9. 1944 wechselte Finnland die Front und kämpfte zusammen mit den Kommunisten gegen Deutschland. Im Oktober wurde die deutsche Front westlich Murmansk nach Norwegen zurückgedrängt. Am 15. 10. 1944 mußte Riga aufgegeben werden, Ende Oktober erreichte die Rote Armee nördlich von Memel die Ostsee und schnitt dadurch Teile der Heeresgruppe Nord ab, die sich bis zum Kriegsende in →Kurland hielten. Am 12. 1. 1945 begann der sowjetische Großangriff von der Weichsellinie aus: Am 17. 1. fiel Warschau, am 31. 1. erreichte er bei Elbing die Ostsee, wodurch Ostpreußen abgeschnitten wurde, sowie nach kurzer Zeit die Oder östlich von Berlin. Abgeschnittene Städte wie Thorn, Posen, Deutsch-Krone und Breslau konnten sich noch einige Zeit halten. Der Vormarsch der Roten Armee war mit beispiellosen Massenmorden und Grausamkeiten an der deutschen Zivilbevölkerung verbunden, an der sich gleichfalls vorrückende polnische Truppen und Zivilisten beteiligten. Am 11. 2. 1945 mußte das eingeschlossene und wochenlang umkämpfte Budapest aufgegeben werden, am 14. 4. besetzte die Rote Armee Wien. Am 16. 4. begann der sowjetische Großangriff auf Berlin, der trotz heftigster deutscher Abwehr und noch einmal großen Verlusten für die Angreifer zum Verlust der Stadt, in der sich A. Hitler in aussichtsloser Lage das Leben nahm, am 2. 5. 1945 führte. Am 8. 5. kapitulierte die Wehrmacht. Der Rußlandfeldzug forderte von der Wehrmacht 2,06 Mill. Gefallene und 1,156 Mill. Vermißte, deren Tod anzunehmen ist. Ihre eigenen Verluste haben die Sowjets einmal mit sieben, dann mit 20 Mill. beziffert. Für diese unterschiedlichen Angaben war zunächst vermutlich der Wunsch maßgebend, nicht durch zu hohe Verlustzahlen den Nachweis einer unzulänglichen wie rücksichtslosen Kriegführung zu liefern. Später haben die Kommunisten unter Berufung auf 20 Mill. Kriegstote die Schwierigkeiten in ihrer wirtschaftlichen Entwicklung zu erklären versucht.

P. Carell: Unternehmen Barbarossa, 1963. A. Seaton: Der russisch-deutsche Krieg, 1941–45, 1973. J. Piekalkiewicz: Der Zweite Weltkrieg, 1985. A. Werth: Rußland im Krieg 1941–1945, 1965. K. von Tippelskirch: Geschichte des Zweiten Weltkriegs, 1956. B. Liddell Hart: Geschichte des Zweiten Weltkriegs, 2 Bde., 1970/72. E. Topitsch: Stalins Krieg, ²1990. E. Helmdach: Überfall?, ⁵1979. M. Klüver: War es Hitlers Krieg?, 1984. V. Suworow: Der Eisbrecher, ³1989.

Rußlandfreiwillige, Bezeichnung für die in den →Freiwilligen-Verbänden an deutscher Seite gegen den Bolschewismus kämpfenden Angehörigen anderer europäischer Völker.

S

SA, Abkürzung für →Sturmabteilung, Gliederung der →NSDAP.

Saaleck, Burgruine unterhalb der Rudelsburg bei Kösen/Saale. Hier wurden am 17. 7. 1922 nach wochenlanger Flucht die beiden →Rathenau-Attentäter von der Polizei nach Verrat für zwei Mill. Mark Hinweisgeld gestellt. Erwin Kern wurde von der Polizei erschossen, Hermann Fischer erschoß sich daraufhin selbst. Am Westturm war ein Ehrenmal für die →Baltikumkämpfer von 1918/19 angebracht.

H. Wäscher: Baugeschichte der Burgen Rudelsburg, Saaleck, 1957.

Saarabstimmung, deutscher Abstimmungssieg 1935. Durch das →Versailler Diktat (Saarstatut) war das aus fünf preußischen und zwei bayerischen Landkreisen gebildete Saarland mit rund 2000 qkm und 800 000 fast ausschließlich deutschen Einwohnern zwar nicht Frankreich angegliedert, doch ihm zur wirtschaftlichen Ausbeutung überlassen worden. Nach 15 Jahren sollte eine Abstimmung darüber entscheiden, ob der Status quo erhalten bleiben, die Rückgliederung an Deutschland oder die Angliederung an Frankreich erfolgen solle. Die Saar kam zum französischen Zollgebiet, der französische Franc war einziges Zahlungsmittel, französische Schulen wurden für die ins Land geholten Franzosen eingerichtet. 1925 erfolgte eine noch stärkere wirtschaftliche Anbindung an Frankreich. Für die am 13. 1. 1935 stattfindende S. schlossen sich die deutschen

Parteien, die im 1922 geschaffenen Landesrat nicht mitwirken durften, am 15. 7. 1933 zur →Deutschen Front zusammen, die von den einheimischen Großindustriellen, vor allem Dr. Hermann →Röchling, und von der katholischen Kirche unterstützt wurde. Auch 13 Arbeitnehmerverbände hatten sich im Oktober 1933 zur →„Deutschen Gewerkschaftsfront Saar" vereinigt und traten für die Rückkehr zu Deutschland ein. Die 1934 gebildete Einheitsfront von →SPD und der nach dem Zentrum stärksten Partei an der Saar, der →KPD, unterstützt von Emigranten wie H. Mann, B. Brecht und A. Kerr, trat ebenso wie die Separatisten für den Status quo ein. Am 31. 12. 1934 erklärten die katholischen Dechanten des Saarlandes, sie betrachteten „die Liebe und Treue zu unserem Volk und Vaterland für uns und unsere Gläubigen als sittliche Tugend und werden pflichtgemäß danach handeln". Im Reich fanden zahlreiche Treuekundgebungen zum Saarland unter der Regie des Saarbevollmächtigten Gauleiter J. →Bürckel statt, so am 26. 8. 1934 auf dem Ehrenbreitstein bei Koblenz mit 600000 Teilnehmern. Unter internationaler Kontrolle stimmten am 13. 1. 1935 bei einer Wahlbeteiligung von 97,6% dann 90,8% für die Rückgliederung an Deutschland, 8,8% für den Status quo und nur 0,4% (2124 Stimmen) für die Angliederung an Frankreich. Der Völkerbund beschloß am 17. 1. 1935 die Rückgliederung an Deutschland und bestimmte den 1. 3. 1935 als Zeitpunkt der Übergabe. Deutschland mußte dann innerhalb eines Jahres die Saarkohlengruben für 900 Mill. Goldmark von Frankreich zurückkaufen, wozu eine große Spendenaktion von Gold aus der Bevölkerung beitrug. A. →Hitler fuhr am 1. 3. 1935 unter dem Jubel der Bevölkerung ins Saarland ein, das nun mit der Pfalz den Gau Saarpfalz bildete, der ab 7. 12. 1940 →„Westmark" hieß.

K. Bartz: Weltgeschichte an der Saar, 1935. Groten: Die Vorschriften über die Rückgliederung des Saarlandes zum Reich, 1936. P. von zur Mühlen: „Schlagt Hitler an der Saar!", 1979. R. Kosiek: Deutsches Land in fremder Hand, 1982. H. Hoffmann: Hitler holt die Saar heim, 1940. M. Zentner: Partei und Politik im Saargebiet unter dem Völkerbundregime 1920–1935, 1966.

Saarpfalz, Zusammenfassung von Saarland und Regierungsbezirk Pfalz. Durch Verordnung vom 8. 4. 1940 wurde für die Dauer des 2. Weltkriegs die Verwaltungsstelle des →Reichskommissars für das Saarland in Saarbrücken mit der des Regierungspräsidenten in Speyer zusammengelegt. Leiter war der Reichskommissar für die S., Josef Bürckel (bis 28. 9. 1944), dessen Bezeichnung am 11. 3. 1941 in „Reichsstatthalter in der Westmark" geändert wurde. Eine endgültige Regelung sollte

der Nachkriegszeit vorbehalten bleiben. 1946 wurde das Saarland wieder abgetrennt und praktisch Frankreich angeschlossen, bis es nach einer Volksabstimmung 1956 am 1. 1. 1957 politisch und bis 1. 1. 1960 wirtschaftlich zur Bundesrepublik Deutschland kam.

Sachsenhausen, deutsches →Konzentrationslager.

Saint-Germain-en-Laye, Diktat von, Friedensbedingungen für Österreich 1919. Die in S., einem Pariser Vorort, Österreich am 2. 9. 1919 übergebenen Friedensbedingungen wurden unter Protest der österreichischen Nationalversammlung am 10. 9. 1919 in S. unterzeichnet und traten am 16. 7. 1920 in Kraft. Wie das →Versailler Diktat verstießen sie gegen das vorher garantierte Selbstbestimmungsrecht. Sie sahen vor, daß die deutschen Gebiete Südtirol und das Kärntner →Kanaltal zu Italien, die →Südsteiermark und ein Teil von Südost-Kärnten zu Jugoslawien sowie das →Sudetenland und ein Streifen Niederösterreichs zur Tschechoslowakei kamen. Für das südliche →Kärnten wurde eine Volksabstimmung angesetzt, die für Österreich ausfiel. Die Auflösung Österreich-Ungarns wurde bestätigt, dem deutschen Rest-Österreich der Name →„Deutsch-Österreich" verboten, ein →Anschluß an das Deutsche Reich untersagt (Artikel 88), ein Kriegsschuldbekenntnis erpreßt (Artikel 177) und die Zahlung von Reparationen gefordert. Die Streitkräfte mußten auf 30000 Mann verringert werden, die Donau wurde internationalisiert. Die harten Bedingungen, insbesondere das Anschlußverbot für den wirtschaftlich nicht lebensfähigen Kleinstaat, führten zu großer Not. Mit dem Anschluß 1938 wurden die Bedingungen von S. außer Kraft gesetzt.

Ratzenhofer: Der Friedensvertrag von Saint-Germain, 1920. M. Gunzenhäuser: Die Pariser Friedenskonferenz 1919 und die Friedensverträge 1919/20, 1970. L. Kerekes: Von Saint-Germain bis Genf, 1979. F. Ermacora: Der unbewältigte Friede. St.-Germain und die Folgen, 1989. T. Borodajkewicz: Saint-Germain, 1969. K. Bosl (Hrsg.): Versailles – St. Germain – Trianon, 1971.

Saint-Quentin, französischer Schlachtort im 1. Weltkrieg. In der Schlacht bei S. schlug am 27./30. 8. 1914 die deutsche 2. Armee unter Generaloberst von Bülow die französische 5. Armee, die sich, teilweise umfaßt, zurückziehen mußte. Nach dem deutschen Rückzug auf die →Siegfriedstellung im März 1917 lag S. unmittelbar hinter der Front und wurde durch alliierten Beschuß stark zerstört. Bei der Durchbruchschlacht von S.–La Fère durchbrach die deutsche 18. Armee unter General von Hutier am 22./25. 3. 1918 die französisch-britische

Front, warf insbesondere die britische 5. Armee zurück, machte 90000 Gefangene und erbeutete 1100 Geschütze. In der Abwehrschlacht bei S. und Cambrai waren die deutsche 2., 17. und 18. Armee in schwere Kämpfe vom 8. 9. bis 8. 10. 1918 verwickelt.

Heydemann: Die Schlacht bei Saint-Quentin, 1919, ²1924. H. Stegemann: Geschichte des Krieges, 4 Bde., 1917/21.

Salerno, Landung bei, alliierte →Invasion in Italien 1943. Nach Landungen bei Reggio am 3. 9. 1943 und Tarent am 8. 9. 1943 bildeten am 9. 9. 1943 in der Bucht von S. (Operation „Avalanche") vier Divisionen der 5. US-Armee und das britische X. Korps mehrere Brückenköpfe, die sich trotz schwerer deutscher Gegenangriffe halten konnten. Von hier aus wurde am 1. 10. 1943 Neapel nach Rückzug der deutschen Truppen erobert.

J. Piekalkiewicz: Der Zweite Weltkrieg, 1985.

Salomon, Ernst von, Schriftsteller, * 25. 9. 1902 Kiel, † 9. 8. 1972 Winsen/Luhe. Der Sohn eines Rittmeisters wurde in →Kadettenanstalten erzogen, nahm nach dem 1. Weltkrieg an →Freikorpskämpfen sowie am →Kapp-Putsch 1920 teil und leistete 1922 Beihilfe am Attentat auf →Rathenau, wofür er zu fünf Jahren Zuchthaus verurteilt wurde. Über diese Erlebnisse veröffentlichte er 1930 das Buch „Die Geächteten", weitere Titel von ihm sind „Die Stadt" (1932) und „Die Kadetten" (1933). Nach dem 2. Weltkrieg wurde vor allem sein Roman „Der Fragebogen" (1951) bekannt, in dem S. die Erfahrungen seiner zweijährigen Nachkriegsinternierung verarbeitete. Politisch tendierte S. zum →Nationalbolschewismus mit der Folge, daß er kommunistische Propagandathesen übernahm und sich an kommunistisch gelenkten Ostermärschen beteiligte.

R. Pilhion: Ernst von Salomon (Diss. 1979).

Salomon-Inseln, ehemalige deutsche Kolonien. Nach Vereinbarung mit Großbritannien vom 6. 4. 1886, das die südlichen S. erhielt, bekam die deutsche →Neuguinea-Kompagnie die nördlichen S. (Buka, Bougainville, Choiseul, Ysabel) und stellte sie am 1. 4. 1899 unter den Schutz des Reiches. Im →Samoa-Vertrag vom 14. 11. 1899 mit England verblieben dem Reich nur Buka und Bougainville mit rund 10000 qkm und 60000 Bewohnern. Sie wurden von Deutsch-Neuguinea aus verwaltet. 1920 kamen die deutschen S., die 1914 kampflos von neuseeländischen Truppen besetzt worden waren, als Völkerbundsmandat an Australien.

K. Graudenz und H. M. Schindler: Die deutschen Kolonien, 1982. J. Schultz-Naumann: Unter Kaisers Flagge, 1985.

Salonikifront, Kriegsschauplatz im 1. Weltkrieg. Trotz griechischer Neutralität landeten ab 5. 10. 1915 alliierte Truppen unter dem Befehl des französischen Generals Sarrail bei Saloniki. Sie wurden zunächst von den Mittelmächten nicht angegriffen, jedoch ab August 1916 von den Bulgaren. Eine alliierte Gegenoffensive ab September 1916 warf die bulgarischen Truppen aber zurück; ihre Niederlage konnte nur durch die deutsche 11. Armee und eine neue Heeresgruppe unter General O. von Below verhindert werden. Am 15. 9. 1918 durchbrachen die Alliierten die bulgarischen Stellungen, am 29. 9. 1918 unterzeichneten die Bulgaren in Saloniki den Waffenstillstand.

Samoa, ehemalige deutsche Kolonie. 1855 errichtete das Hamburger Handelshaus J. C. Godeffroy in Apia eine Niederlassung und legte Plantagen an. 1879 wurde ein Freundschaftsvertrag zwischen der samoanischen und deutschen Regierung geschlossen. Der deutsche Reichstag lehnte jedoch 1880 den deutschen Schutz für Samoa ab. Nach Bürgerkriegen und Verwicklungen mit England und den USA wurde am 14. 6. 1889 in Berlin die S.-Akte abgeschlossen, die die Neutralität S.s unter den drei Mächten vorsah. Ein S.-Vertrag vom 14. 11. 1899 und ein Teilungsvertrag vom 2. 12. 1899 sprachen den größeren Teil von S. mit rund 2500 km² und 35000 Einwohnern Deutschland zu. Deutscher Gouverneur war 1900–1911 Dr. →Solf, 1911–1914 Dr. Schultz. Hauptausfuhrartikel der Kolonie waren Kopra und Kakao, bald brauchte sie keinen Reichszuschuß mehr. S. besaß keine deutsche →Schutztruppe, wurde am 29. 8. 1914 kampflos von neuseeländischen Kräften besetzt und fiel 1920 als Völkerbundsmandat an Neuseeland.

J. Schultz-Naumann: Unter Kaisers Flagge, 1985.

Sanktionen, Zwangsmaßnahmen zur Sicherung völkerrechtlicher Ansprüche. Im →Versailler Diktat von 1919 waren S. in § 17 und § 18 der Anlage II zu Teil VIII (Artikel 231–244) sowie in Artikel 430 bei Nichterfüllung deutscher Verpflichtungen angedroht. Als S. wurden am 8. 3. 1921 die →„Sanktionsstädte" Düsseldorf, Duisburg und Ruhrort sowie ab 11. 1. 1923 das ganze →Ruhrgebiet von französischen und belgischen Truppen besetzt.

Sanktionsstädte, von Frankreich 1921 besetzte Städte im Rheinland. Am 8. 3. 1921 marschierten französische und belgische Truppen in Düsseldorf, Duisburg und Ruhrort ein und besetzten diese „S." als Pfand für die deutschen →Reparationslieferungen. Am 11. 1. 1923 wurde das ganze →Ruhrgebiet von französisch-belgischen Truppen besetzt. Die S. wurden erst mit dem Ende des →Ruhrkampfes bis August 1925 geräumt.

Sarajewo, Attentat von. Am 28. 6. 1914 ermordete der Student Gavrilo →Princip den Thronfolger Österreich-Ungarns, Erzherzog →Franz Ferdinand, und dessen Frau in der bosnischen Stadt Sarajewo. Er handelte im Auftrag des Obersten Dragutin Dimitrijevic, Chef der Nachrichtenabteilung des serbischen Generalstabs, der als Folge dieses Mordes einen österreichisch-serbischen Krieg mit Teilnahme Rußlands und dabei eine Niederlage Österreichs erhoffte. Danach sollten die südslawischen Gebiete der Habsburger Monarchie einem großserbischen Reich einverleibt werden. Dimitrijevic handelte in Übereinstimmung mit dem russischen Militärattaché in Belgrad, Artamanow, der das Attentat mit vorbereitet und außerdem militärische Unterstützung Rußlands für den Kriegsfall zugesichert hatte. Damit wurde das Ziel verfolgt, Rußland, das nach seiner Niederlage im Krieg gegen Japan 1905 im Fernen Osten seinen Einflußbereich nicht mehr ausdehnen konnte, auf dem Balkan expansiv werden zu lassen. Das setzte eine militärische Niederlage Österreich-Ungarns voraus. Als Untersuchungen des Attentats die serbische Geheimorganisation →„Schwarze Hand" als Auftraggeber enttarnten, kam es zur →Julikrise 1914, einem österreichisch-ungarischen Ultimatum an Serbien und danach zum 1. Weltkrieg.

R. Krug von Nidda: Der Weg nach Sarajewo, 1964. F. Würthle: Die Spur führt nach Belgrad, 1975. H. Fronius: Das Attentat von Sarajewo, 1988. L. Cassels: Der Erzherzog und sein Mörder, 1988. H. Höhne: Der Krieg im Dunkeln, 1985.

SA-Sportabzeichen, Auszeichnung für sportliche Leistungen in der →SA. Das S. wurde am 28. 11. 1933 von A. →Hitler gestiftet, am 15. 2. 1935 erneuert und ab 19. 1. 1939 als SA-→Wehrabzeichen verliehen. Es konnte von jedem wehrwürdigen Deutschen nach vollendetem 17. Lebensjahr erworben werden und wurde wie das →Reichssportabzeichen in Bronze, Silber (nach fünfmaliger Wiederholung oder ab 35. Lebensjahr) und in Gold (sechsmalige Wiederholung in aufeinanderfolgenden Jahren oder nach dem 40. Lebensjahr) verliehen. Die Leistungen umfaßten in Gruppe I Leibesübungen (100-m-Lauf, Weitsprung, Kugelstoßen, Keulenweitwurf, 3000-m-Lauf), in Gruppe II Grundübungen (25-km-Gepäckmarsch, Kleinkaliberschießen, Keulenzielwurf, Hindernislauf, Schwimmen oder Radfahren, Erste Hilfe), in Gruppe III Geländesport (Geländesehen, Orientierung, Gelän-

debeurteilung, Melden, Tarnung, Entfernungsschätzen, Geländeausnutzung, allgemeines Verhalten). Die Wertung erfolgte nach Punkten. Durchführung und Verleihung lag bei der SA. Die Anstecknadel des SA-Wehrabzeichens bestand aus einem runden Eichenkranz um ein Hakenkreuz, über dem senkrecht ein SA-Dolch lag. Am 18. 3. 1937 wurden jährliche Wiederholungen für die Besitzer eingeführt.

Sathmarer Schwaben, deutsche Volksgruppe um Sathmar (Rumänien). Ab 1712 siedelten südlich von Sathmar in der östlichen Theißebene auf den Gütern des Grafen Karolyi deutsche, meist katholische schwäbische und fränkische Bauern. Starker Madjarisierung ausgesetzt, sank ihre Zahl von 20000 um 1870 auf 8000 um 1910. Der größte Teil der S. fiel 1920 mit dem Hauptort Groß-Karol an Rumänien, war ab 1926 als Gaugemeinschaft Sathmar den →Banater Schwaben angeschlossen, erhielt wieder deutsche Schulen und war 1939 auf 39000 Menschen angewachsen. Die S. kamen 1940 wieder unter ungarische Herrschaft. 1944 flohen die meisten von ihnen mit den abziehenden deutschen Truppen vor der Roten Armee, so daß ihre Zahl dadurch wie auch durch Verschleppung und Morde auf 4000 um 1975 absank. Damit sind die S. als Volksgruppe faktisch erloschen.

J. Straubinger: Die Schwaben in Sathmar, 1927. S. Pfeiffer: Zur Geschichte der Madjarisierung des Sathmarer Deutschtums, 1941. J. Schmidt: Die Donauschwaben 1944–1964, 1968. F. H. Riedl: Das Südostdeutschtum in den Jahren 1918–1945, 1962. E. Hauler: Sathmar und seine Schwaben, 1987. D. Waldmann: Die Deutschen im Rumänien von heute, 1970.

Sauckel, Fritz, Gauleiter, * 27. 10. 1894 Haßfurt/Main, † 16. 10. 1946 Nürnberg. Der Beamtensohn besuchte das Gymnasium, fuhr 1909–1914 zur See, wurde am 4. 8. 1914 auf See von Franzosen gefangengenommen und bis November 1918 zivilinterniert. Nach einer Schlosserlehre besuchte er 1922/23 die Ingenieurschule. Er trat 1922 in die →NSDAP und →SA ein und wurde Bezirksleiter, am 1. 3. 1925 Gaugeschäftsführer, am 30. 9. 1927 Gauleiter, am 10. 2. 1929 MdL und NSDAP-Fraktionsführer, am 26. 8. 1932 Ministerpräsident und Innenminister, am 5. 5. 1933 Reichsstatthalter in Thüringen, am 12. 11. 1933 MdR. Am 21. 3. 1943 zum Generalbevollmächtigten für den Arbeitseinsatz ernannt, organisierte S. den Einsatz aller Arbeitskräfte, einschließlich der Kriegsgefangenen und ausländischen Arbeiter bis Kriegsende. Dafür wurde er im →„Hauptkriegsverbrecherprozeß" in Nürnberg am 30. 9. 1946 zum Tode durch den Strang verurteilt und hingerichtet. Er schrieb „Kampf und Sieg in Thüringen" (1934).

P. Hüttenberger: Die Gauleiter, 1969. K. Höffkes: Hitlers politische Generale, 1986. R. Smelser und R. Zitelmann (Hrsg.): Die braune Elite, 1989. U. Herbert: Fremdarbeiter, 1985. A. S. Milward: Die deutsche Kriegswirtschaft 1939–1945, 1966. G. Janssen: Das Ministerium Speer, 1968.

Saucken, Dietrich von, General, * 16. 5. 1892 Fischhausen/Ostpreußen, † 27. 9. 1980 München. S. wurde Berufsoffizier, kämpfte im 1. Weltkrieg als Kompanieführer, wurde siebenmal verwundet und erhielt EK I und II, den Hohenzollern-Orden mit Schwertern sowie das österreichische Militärverdienstkreuz. Nach 1918 in der →Reichswehr, wurde er 1927 Rittmeister, 1936 Major. Der Oberst (ab 1. 6. 1939) und Regimentskommandeur nahm am →Polen- und →Westfeldzug teil. Als Chef der Schützenbrigade der 4. Panzerdivision stieß er im Herbst 1941 auf →Moskau und kämpfte um Tula. Seit 25. 12. 1941 Divisionskommandeur, wurde S. am 1. 1. 1942 Generalmajor und erhielt am 15. 1. 1942 das →Ritterkreuz. Anschließend leitete er nach schwerer Verwundung die Schule für „Schnelle Truppen" in Krampnitz. Am 1. 4. 1943 wurde er Generalleutnant und führte die 4. Panzerdivision bei →Kursk und Orel. Am 22. 8. 1943 erhielt er das →Eichenlaub. Für erfolgreiche Abwehrkämpfe am Dnjepr und bei Kalinkowitschi bekam er die →Schwerter am 20. 2. 1944. Als Führer des XXXIX. Panzerkorps kämpfte S. im Sommer und Herbst 1944 beim Rückzug der Heeresgruppe Mitte, ab Anfang 1945 in Ostpreußen als Führer des Korps Großdeutschland. Nach kurzer Versetzung zur Führerreserve wurde er am 12. 3. 1945 als General der Panzertruppen Chef der 2. Panzerarmee, dann der Armeegruppe Ostpreußen, mit der er, später eingeschlossen, Ostpreußen verteidigte und Hunderttausenden von Flüchtlingen und Soldaten den Weg nach Westen wie zur Flucht übers Meer offenhielt. Den Befehl, aus dem Kessel zu fliegen, verweigerte er und blieb bei der Truppe. Am 8. 5. 1945 erhielt er von Großadmiral →Dönitz die →Brillanten verliehen. Nach der Kapitulation am 9. 5. 1945 kam er in harte sowjetische Gefangenschaft, wurde zu 25 Jahren Zwangsarbeit verurteilt, 1955 schwerkrank entlassen.

G. Fraschka: Mit Schwertern und Brillanten, 1977.

SA-Wehrabzeichen, am 19. 1. 1939 anstelle des →SA-Sportabzeichens eingeführte Auszeichnung für sportliche und geländekundliche Leistungen.

Scapa Flow, britischer Flottenstützpunkt, Ort des Untergangs der deutschen Hochseeflotte 1919. Nach den Waffenstillstandsbedingungen von →Compiègne mußte die deutsche Hochseeflotte (5 Schlachtkreuzer, 11 Linienschiffe, 8 Kleine Kreuzer und 50 Zerstörer) am 21. 11. 1918 nach Scapa Flow auf den Orkney-Inseln gebracht und an die Briten ausgeliefert werden. Der deutsche Befehlshaber, Konteradmiral Ludwig von →Reuter, ließ nach Bekanntwerden des alliierten Ultimatums zum →Versailler Diktat in der Annahme, das Reich werde ablehnen, am 21. 6. 1919 nach geheimer Vorbereitung die deutsche Kriegsflagge setzen und innerhalb von zwei Stunden 72 Schiffe durch Öffnen der Flutventile versenken. Die Briten eröffneten auf die in die Boote gegangenen Deutschen das Feuer, wobei vier Offiziere und 24 Mann getötet oder verwundet wurden. Deutschland mußte dann als Ersatz andere Seeausrüstung liefern.

L. von Reuter: Scapa Flow, das Grab der deutschen Flotte, 1921, ⁶1932. F. Ruge: Scapa Flow 1919, 1969. H. Pemsel: Seeherrschaft, Bd. 2, 1985.

Schacht, Hjalmar Horace Greely, Dr. phil., Reichsbankpräsident und Reichsminister, * 22. 1. 1877 Tingleff (Nordschleswig), † 3. 6. 1970 München. Der Kaufmannssohn ging nach dem Studium der Wirtschaftswissenschaften ins Bankwesen, war ab 1908 stellvertretender Direktor der Dresdner Bank, 1916–1923 Direktor der privaten Nationalbank, später Darmstädter- und Nationalbank. 1918 gründete er die →DDP mit, aus der er 1926 wieder austrat. Im November 1923 wurde er Reichswährungskommissar, im Dezember 1923 Reichsbankpräsident. Er war an der Einführung der →Rentenmark beteiligt. Als Sachverständiger nahm er an den Verhandlungen zum →Youngplan teil, gegen den er dann scharf, im April 1930 auch mit seinem Rücktritt als Reichsbankpräsident, protestierte. Er nahm am Treffen der →Harzburger Front vom 11. 10. 1931 teil, wurde am 17. 3. 1933 wieder Reichsbankpräsident sowie Reichswährungskommissar und war von Juli 1934 bis November 1937 Reichswirtschaftsminister, danach bis 22. 1. 1943 Minister ohne Geschäftsbereich. S. hat durch seine Kreditschöpfung (→Mefo-Wechsel) entscheidend zur Belebung der deutschen Wirtschaft, außerdem erheblich zur Steigerung des deutschen Exports beigetragen. Zu seiner Abberufung als Reichsbankpräsident am 20. 1. 1939 trug vor allem seine Befürchtung bei, die verstärkte Rüstung könne zur Inflation führen. Nach dem Attentat vom →20. Juli 1944 stellte sich heraus, daß Widerständler zu ihm Verbindung aufgenommen hatten. S. wurde deshalb bis Kriegsende inhaftiert, danach im →Nürnberger →„Hauptkriegsverbrecherprozeß" an-

geklagt und freigesprochen. Am 30. 9. 1947 verurteilte ihn eine Stuttgarter Entnazifizierungs-
Spruchkammer zu acht Jahren Arbeitslager,
aus dem er 1948 entlassen wurde. 1950 freigesprochen, war er ab 1953 Mitinhaber der Düsseldorfer Außenhandelsbank S. und Co. und
beriet Entwicklungsländer. Er schrieb „Die
Stabilisierung der Mark" (1927), „Das Ende
der Reparationen" (1931), „Grundsätze deutscher Wirtschaftspolitik" (1932), „Nationale
Kreditwirtschaft" (1934), „Abrechnung mit
Hitler" (1948), als Erinnerungen „76 Jahre
meines Lebens" (1953) sowie „1933" (1968).
F. Reuter: Schacht, 1937. H. Pentzlin: Hjalmar Schacht,
1980. H. Müller: Die Zentralbank – eine Nebenregierung, 1973.

Schäfer, Wilhelm, Schriftsteller, * 20. 1. 1868
Ottrau (Hessen), † 19. 1. 1952 Überlingen. Der
heimat- und volksbewußte Volksschullehrer
gab Erzählungen („Gesammelte Anekdoten",
1929, „Wendekreis neuer Anekdoten", 1937)
und Liebesnovellen heraus, schrieb historische
Romane wie „Karl Stauffers Lebensgang"
(1912), „Lebenstag eines Menschenfreundes"
(1915 über Pestalozzi), „Der Hauptmann von
Köpenick" (1930) sowie „Theoderich" (1939).
In „Die dreizehn Bücher der deutschen Seele"
(1922) schuf er eine religiös-weltanschauliche
Geschichte des deutschen Volkes. 1933 erschienen seine „Deutsche Reden", 1934 die Autobiographie „Mein Leben". 1900–1923 gab er
die Zeitschrift „Die Rheinlande" heraus. Er erhielt 1937 den Rheinischen Literaturpreis und
1941 den Frankfurter Goethepreis.
O. Doderer (Hrsg.): Bekenntnis zu Wilhelm Schäfer,
1928. C. Höfer: Wilhelm-Schäfer-Bibliographie, 2 Bde.,
1938–1943. G. K. Eten: Wilhelm Schäfer, Diss., Marburg
1968. G. von Loos: Die Novellen Schäfers, Diss., Wien
1939. J. Hamacher: Der Stil in Wilhelm Schäfers epischer
Prosa, Diss., Bonn 1951.

Schäßburg, Stadt in →Siebenbürgen. 1200 als
deutsche Siedlung gegründet, wurde S. wichtiger kultureller Schwerpunkt der Siebenbürger
Sachsen. Das um 1880 (9000 Einwohner) vorwiegend, um 1939 (13 500 Einwohner) noch
etwa zur Hälfte deutsche S. hatte ein deutsches
Obergymnasium, ein deutsches Lehrer- und
Predigerseminar sowie ein bedeutendes Museum.

„Scharnhorst", Name für deutsche Kriegsschiffe. Im 1. Weltkrieg nahm die „S.", ein deutscher Panzerkreuzer mit 11 600 BRT und das
Flaggschiff des deutschen Ostasiengeschwa-
ders unter Vizeadmiral Graf von →Spee, am
siegreichen Seegefecht von →Coronel am 1. 11.
1914 teil, in dessen Verlauf zwei britische Panzerkreuzer versenkt wurden. Sie sank dann in

der Seeschlacht bei den →Falklandinseln am
8. 12. 1914. Im 2. Weltkrieg deckte das Schlachtschiff „S." (39 000 BRT) im April 1940 die deutsche Landung bei Narvik, operierte unter Kapitän zur See Kurt →Hoffmann zusammen mit
dem Schlachtschiff „Gneisenau" vom 4. 2. 1941
bis Mai 1941 im Atlantik, wobei 22 Schiffe mit
115 622 BRT versenkt wurden, und lag dann bis
zum erfolgreichen →Kanaldurchbruch am
12. 2. 1942 in Brest. Am 26. 12. 1943 wurde die
„S." unter Konteradmiral Erich Bey als letztes
noch kampffähiges deutsches Schlachtschiff
beim Angriff auf einen britischen Geleitzug im
Nördlichen Eismeer von überlegenen britischen Seestreitkräften versenkt.
H. Pemsel: Seeherrschaft, Bd. 2, 1985. J. Piekalkiewicz:
Der Zweite Weltkrieg, 1985. E. Raeder: Kreuzerkrieg,
Bd. 1, 1922. W. Hubatsch: Weserübung, ²1960. G. Bidlingmaier: Einsatz der schweren Kriegsmarineeinheiten
im ozeanischen Zufuhrkrieg, 1963.

„Schatzgräber", Deckname für den Einsatz eines deutschen Wettertrupps 1943/44 westlich
von Franz-Joseph-Land.
F. Ruge: Der Seekrieg 1939–1945, 1962. J. Piekalkiewicz: Spione, Agenten, Soldaten, 1969.

Scheel, Gustav Adolf, Dr. med., Reichsstudentenführer und Gauleiter, * 22. 11. 1907 Rosenberg (Baden), † 25. 3. 1979 Hamburg. Der Pastorensohn gehörte der →Jugendbewegung
an, machte 1928 sein Abitur und studierte in
Heidelberg und Tübingen erst Jura und Theologie, dann Medizin. Seit 1930 in der
→NSDAP und →SA, wurde er 1931 einstimmig zum ASTA-Vorsitzenden der Heidelberger
Universität gewählt, 1932 wurde er Kreisführer
Südwest der Deutschen Studentenschaft. Er
regte einen Fabrikdienst und Landdienst der
Studenten an. Am 22. 11. 1935 wurde er Ehren-
senator der Universität Heidelberg. Seit 1935
war S. in der →SS und für den →SD tätig. Am
5. 11. 1936 wurde er Reichsstudentenführer, als
solcher am 24. 4. 1937 Reichsamtsleiter, dazu
im Juni 1944 Reichsdozentenführer. Selbst Ver-
bindungsstudent, gelang ihm ein Ausgleich mit
den Korporationen. Vom 29. 11. 1941 bis
Kriegsende war S. Gauleiter von Salzburg, wo
er durch energischen Luftschutzstollenbau Tausende von Menschen retten und die Stadt bei
Kriegsende durch Erklärung zur offenen Stadt
unzerstört erhalten konnte. Bis 24. 12. 1948 in
alliierter Haft, wurde S. als „Belasteter" eingestuft. Eine Anklage im Naumann-Verfahren
1953/54 endete mit Freispruch und Entschädigung. Er war dann als Arzt in Hamburg tätig.
G. Franz-Willing: „Bin ich schuldig?", 1987. G. Sudholt
(Hrsg.): Deutsche Annalen 1980, 1980.

Scheer, Reinhard, Admiral, * 30. 9. 1863
Obernkirchen/Schaumburg, † 26. 11. 1928

Scheidemann

Marktredwitz. Seit 1879 bei der Marine und seit 1885 Leutnant, war S. an der Besitznahme von →Kamerun wie 1888/89 bei den Auseinandersetzungen um →Deutsch-Ostafrika beteiligt. 1893 wurde er Kapitänleutnant, 1900 Korvettenkapitän und Kommandant des Kreuzers „Niobe". Nach Tätigkeit im Marineamt unter Tirpitz wurde er 1913 als Vizeadmiral Geschwaderchef, am 24. 1. 1916 Chef der Hochseeflotte, für deren Einsatz er seit 1914 eingetreten war. Unter seiner Leitung errang sie den Sieg in der →Skagerrak-Schlacht am 31. 5. 1916. Er trat für den uneingeschränkten U-Bootkrieg ein. Im August 1918 wurde er Chef des Admiralstabs und der neuen →Seekriegsleitung. Sein Plan zu einem neuen Einsatz der Hochseeflotte im Oktober 1918 führte zu den Marine-Meutereien und zur →Novemberrevolte. Nach der Pensionierung im November 1918 trat S. für die Wiedergewinnung der deutschen Seegeltung ein. Er schrieb „Deutschlands Hochseeflotte im Weltkrieg" (1919) und „Vom Segelschiff zum U-Boot" (1925).

H. Pemsel: Seeherrschaft, Bd. 2, 1985. E. B. Potter und andere: Seemacht, 1982. H. Pemsel: Biographisches Lexikon zur Seekriegsgeschichte, 1985.

Scheidemann, Philipp, Ministerpräsident, * 26. 7. 1865 Kassel, † 29. 11. 1939 Kopenhagen. Der Buchdrucker war seit 1883 in der →SPD, seit 1895 Redakteur an SPD-Zeitungen, 1903–1933 MdR, ab 1911 im SPD-Vorstand. Im 1. Weltkrieg trat er für einen Verständigungsfrieden ohne Annexionen ein, wurde 1917 Fraktionsvorsitzender der SPD und war neben Friedrich →Ebert anerkannter Führer der SPD. Im Kabinett des Prinzen →Max von Baden wurde S. im Oktober 1918 Staatssekretär. Am 9. 11. 1918 legte er sein Amt nieder und proklamierte am selben Tag ohne Eberts Einverständnis und gegen dessen Willen vor dem Reichstagsgebäude die Deutsche Republik. Nach führender Tätigkeit im Rat der Volksbeauftragten war er vom 13. 2. bis 20. 6. 1919 Ministerpräsident des Deutschen Reiches. Er trat aus Protest gegen das →Versailler Diktat zurück („Welche Hand müßte nicht verdorren, die sich und ihn in diese Fesseln legt"). 1920–1925 war S. Oberbürgermeister von Kassel, trat für das →Reichsbanner Schwarz-Rot-Gold auf und enthüllte im Dezember 1926 die geheime Zusammenarbeit von Reichswehr und Roter Armee. 1933 emigrierte er über Frankreich und die USA nach Dänemark. Er schrieb u. a. „Memoiren eines Sozialdemokraten" (1928).

H. Schulze (Hrsg.): Das Kabinett Scheidemann, 1971. E. Kuttner: Philipp Scheidemann, 1919. H. Leuss: Philipp Scheidemann, 1919.

Schellenberg, Walter, SS-Brigadeführer und Generalmajor der Polizei, * 16. 1. 1910 Saarbrücken, † 31. 3. 1952 Turin. Nach Medizin- und Jurastudium trat S. im Mai 1933 der →NSDAP und →SS bei und kam im Sommer 1934 in das →SD-Hauptamt; 1937 wurde er Regierungsrat. Im →Reichssicherheitshauptamt (RSHA) leitete er ab 1939 als SS-Obersturmbannführer die Amtsgruppe IV E (Spionageabwehr Inland). Am 9. 11. 1939 war er an der Festnahme von zwei englischen Geheimdienstoffizieren an der deutsch-holländischen Grenze bei →Venlo beteiligt und wurde dafür mit dem EK I ausgezeichnet. 1941 wurde er Amtschef des Auslandsnachrichtendienstes (Amt VI im RSHA), 1944 wurde ihm auch die militärische Abwehr unterstellt. S. plädierte frühzeitig für eine Verständigung des Deutschen Reiches mit den Westmächten, hat sich auch bei Kriegsende im Auftrage des Reichsführers SS H. →Himmler und von Großadmiral →Dönitz, der ihn dafür zum Gesandten ernannte, über Schweden um Kontakte mit den Westalliierten bemüht, konnte angesichts von deren Forderung nach →bedingungsloser Kapitulation jedoch zu keinem Erfolg kommen. Am 11. 4. 1949 wurde er vom amerikanischen IV. Militärgerichtshof in Nürnberg zu sechs Jahren Haft verurteilt, im Dezember 1950 entlassen. Er schrieb „Aufzeichnungen" (1956, 1979).

P. T. Braunschweig: Geheimer Draht nach Berlin, 1989.

Schemann, Karl Ludwig, Rassenforscher, * 16. 10. 1852 Köln, † 13. 2. 1938 Freiburg/Breisgau. Von 1875–1891 Bibliothekar in Göttingen, gründete S. 1894 die Gobineau-Vereinigung, der er bis 1920 vorstand, und war ab 1897 als freier Gelehrter in Freiburg/Breisgau tätig. Er übersetzte das Hauptwerk Gobineaus, veröffentlichte dessen Nachlaß, trat für Richard Wagner ein und trug zur Verbreitung rassenkundlicher Kenntnisse bei. Er schrieb „Gobineau" (2 Bände, 1913–1916), „Die Rasse in den Geisteswissenschaften" (3 Bände, 1928–1931), „Erinnerungen an Richard Wagner" ([2]1924), „Paul de Lagarde" ([2]1920), „Hans von Bülow im Lichte der Wahrheit" (1935), „Wolfgang Kapp und das Märzunternehmen 1920" (1937), „Selbstdarstellung" (1925).

Schemm, Hans, Kultusminister, * 6. 10. 1891 Bayreuth, † 5. 3. 1935 Bayreuth. Der Schuhmachersohn war ab 1910 Lehrer in Oberfranken, leistete 1914–1916 Militärdienst im Lazarett und Bakterienlabor bis zu seiner Erkrankung und nahm im April/Mai 1919 als Angehöriger des Bayreuther →Freikorps an der Befreiung Münchens von der →Rätediktatur teil. Ab 1922 in der →NSDAP, wurde er am 28. 4. 1928

400

MdL und am 3. 9. 1928 Gauleiter von Oberfranken. Am 24. 11. 1928 gründete er den
→NS-Lehrerbund, den er bis zumTode leitete,
im Mai 1930 die Zeitschrift „Kampf" und am
1. 10. 1932 die Tageszeitung „Fränkisches
Volk". 1930 MdR geworden, wurde er am
19. 1. 1933 Gauleiter der Bayerischen Ostmark, am 13. 4. 1933 bayerischer Staatsminister für Unterricht und Kultur und Reichswalter aller im NS-Lehrerbund vereinigten Erzieherverbände. Er kam bei einem Flugzeugabsturz ums Leben. Veröffentlicht hat er „Gott,
Rasse und Kultur" (1933), ab 1933 gab er auch
die Zeitschrift „Das deutsche Bildungswesen"
heraus. 1936 wurde der Hans-S.-Preis für Ju-
gendbuchautoren gestiftet.
Gauleitung Bayerische Ostmark (Hrsg.): Hans Schemm
spricht, 1935. Lochmüller: Hans Schemm, 2 Bde., 1935/
36. B. Lembeck: Hans Schemm, 1936. K. Seybold: Hans
Schemm, 1937.

Schenzinger, Karl Aloys, Schriftsteller, * 28. 5.
1886 Neu-Ulm, † 4. 7. 1962 Prien a. Chiemsee.
Der Nervenarzt schrieb die vielgelesenen Romane „Der →Hitlerjunge Quex" (1932),
„Wehe den Wehrlosen" (1933) und „Der Herr-
gottsbacher Schülermarsch" (1934), dann
populärwissenschaftliche Bücher zur Geschichte der Wissenschaft und Technik wie
„Anilin" (1936), „Metall" (1939), „Schnell-
dampfer" (1951), „Bei IG-Farben" (1953),
„99% Wasser" (1956).

Schepmann, Wilhelm, Stabschef der SA,
* 17. 6. 1894 Hattingen. Der SA-Führer in Hattingen, dann SA-Oberführer inWestfalen-Süd,
wurde 1932 MdL in Preußen, am 12. 11. 1933
MdR, war ab Februar 1933 Polizeipräsident
von Dortmund, führte ab April 1934 die SA-
Obergruppe X (Westfalen-Niederrhein) und
wurde im November 1934 Führer der SA-
Gruppe Sachsen. Nach dem tödlichen Unfall
Viktor →Lutzes wurde S. am 9. 11. 1943 letzter
Stabschef der SA.

„Scherhorn", Kampfgruppe, angebliche.
Nach dem Zusammenbruch der Heeresgruppe
Mitte in der Sowjetunion im Sommer 1944 meldete ein deutscher Agent aus Moskau, daß sich
100 km ostwärts von Minsk noch eine deutsche
Kampfgruppe von rund 2000 Mann unter
Oberstleutnant Scherhorn halte. Der angege-
bene Verband wurde ab 14. 9. 1944 durch Abwurf von Munition und Verpflegung sowie
durch Absetzen von Funkern bis zum 17. 4.
1945 unter zumTeil erheblichen Flugzeugverlu-
sten unterstützt. Nach dem Krieg stellte sich
heraus, daß die Existenz dieser Gruppe von
den Sowjets vorgetäuscht worden war.
P. W. Stahl: Geheimgeschwader KG 200, 1977. G. W. Gellermann: Moskau ruft Heeresgruppe Mitte . . ., 1988.

Schirach, Baldur von, Reichsjugendführer,
* 9. 5. 1907 Berlin, † 8. 8. 1974 Kröv/Mosel.
Der Sohn des Weimarer Theaterdirektors und
Generalintendanten lernte 1925 A. →Hitler
kennen, trat 1925 in die →NSDAP und →SA
ein und studierte ab 1927 Germanistik, Geschichte und Kunstgeschichte in München. Er
baute den →NSD-Studentenbund mit auf, den
er ab 1928 leitete. 1931 wurde er SA-Gruppenführer, →Reichsleiter und am 30. 10. 1931
→Reichsjugendführer der NSDAP. Seit 1932
MdR, wurde S. am 18. 6. 1933 Jugendführer
des Deutschen Reiches und damit für die au-
ßerschulische Jugenderziehung zuständig; ab
1936 war er A. Hitler unmittelbar unterstellt.
Er führte in die →Hitler-Jugend (HJ) sowohl
die Erziehung zur Härte wie zum Musischen
(Weimarer Festspiele) ein, behielt die Freiwilligkeit des Eintritts bei und setzte durch, daß in
ihr keine vormilitärische Ausbildung durchgeführt wurde. Im Dezember 1939 meldete er
sich freiwillig zum Heer, kämpfte 1940 als Leutnant an der Westfront (EK II), trat dann als
Reichsjugendführer zurück und wurde am 7. 8.
1940 Reichsstatthalter und Gauleiter von
Wien, wo er im Juli 1942 den „Europäischen Ju-
gendkongreß" ausrichtete. Bei Kriegsende
tauchte er in Tirol unter. Als alle HJ-Führer
vom Bannführer aufwärts →„automatischen
Arrest" erhielten und die HJ als „verbrecherische Organisation" angeklagt werden sollte,
stellte er sich freiwillig den Amerikanern. Im
→„Hauptkriegsverbrecherprozeß" in Nürn-
berg wurde S. des Verbrechens gegen die
Menschlichkeit angeklagt und zu 20 Jahren
Haft verurteilt, die er in Spandau absaß. Im
Prozeß beschuldigte er A. Hitler und klagte
sich selbst an. Er schrieb u. a. „Die Fahne der
Verfolgten" (1933), „Die Pioniere des Dritten
Reiches" (1933), „Die Hitler-Jugend" (1934),
„Revolution der Erziehung" (1938), „Ich
glaubte an Hitler" (1967). Von ihm stammen
u. a. Text und Melodie des Liedes „Unsere
Fahne flattert uns voran". Er gab ferner die
Monatsschrift „Deutsche Zukunft" heraus.
Max von Schirach: Geschichte der Familie von Schirach,
1939. M. Wortmann: Baldur von Schirach, 1982.
H.Taege: . . . über die Zeiten fort, 1978. K. Höffkes: Hit-
lers politische Generale, 1986. P. Hüttenberger: Die
Gauleiter, 1969. E. Blohm: Hitler-Jugend – soziale Tatgemeinschaft, 1977. H. J. Koch: Geschichte der Hitler-Jugend, 1976. H. C. Brandenburg: Die Geschichte der Hit-
ler-Jugend, 1968. B. Jacob: Baldur von Schirach und die
Hitler-Jugend, 1934. J. von Lang: Der Hitler-Junge Baldur von Schirach, 1988. R. Smelser und R. Zitelmann
(Hrsg.): Die braune Elite, 1989.

Schlabrendorff, Fabian von, Widerständler im
3. Reich, * 1. 7. 1907 Halle/Saale, † 3. 9. 1980
Wiesbaden. Der Jurist und Reserveoffizier war
ab 1941 Ordonnanzoffizier im Stabe der Hee-

resgruppe Mitte, wohin ihn sein Vetter, Oberst H. H. von →Tresckow, geholt hatte. S. hat für Tresckow, der Attentate und Putsche gegen A. →Hitler plante, die Verbindung zu anderen Gegnern des 3. Reiches aufrechterhalten und am 13. 3. 1943 auch einen Sprengstoffanschlag gegen A. Hitler versucht, der fehlschlug. Nach dem Attentat vom →20. Juli 1944 und dem Selbstmord Tresckows kam S. bis Kriegsende in Haft. Er schrieb nach dem Krieg „Offiziere gegen Hitler" (1946).

P. Hoffmann: Widerstand, Staatsstreich, Attentat, 1969. E. Kern: So wurde Deutschland verraten, 1974. A. von Ribbentrop: Die Kriegsschuld des Widerstandes, 1974. K. Balzer: Verschwörung gegen Deutschland, 1978.

Schlachtkreuzer, Kriegsschiffstyp. Im 1. Weltkrieg kam die Bezeichnung S. für Großkampfschiffe auf, die in Größe und Bewaffnung den Linienschiffen entsprachen, zwar eine etwas schwächere Panzerung, dafür aber größere Geschwindigkeit besaßen. Später wurden sie Schlachtschiffe genannt. Die S. spielten bei der →Skagerrakschlacht am 31. 5. 1916 eine entscheidende Rolle. Deutsche S. waren u. a. „Lützow", „Derfflinger", „Seydlitz", „Moltke", „von der Tann".

Schlachtschiff, Großkampfschiff nach dem 1. Weltkrieg. In der deutschen Kriegsmarine wurden die Nachfolger der Linienschiffe und Schlachtkreuzer S. genannt. Sie hatten zwischen 20000 und 45000 BRT und besaßen meist acht bis neun Geschütze mit 30,5- bis 40-cm-Kaliber neben mittlerer und leichter Artillerie. Deutsche Schlachtschiffe waren die →„Scharnhorst" (39000), „Gneisenau" (32000), →„Bismarck" (45170) und →„Tirpitz" (42900).

Schlageter, Albert Leo, Offizier, * 12. 8. 1894 Schönau/Schwarzwald, † 26. 5. 1923 Golzheimer Heide/Düsseldorf. Der Bauernsohn nahm nach dem Notabitur 1915–1918 als Kriegsfreiwilliger am 1. Weltkrieg teil, wurde Leutnant der Reserve und erhielt das EK I und II. Er kämpfte dann als →Freikorpsangehöriger 1919 im →Baltikum, im →Ruhrgebiet und 1921 in Oberschlesien. 1923 beteiligte er sich im Freikorps Hauenstein (Organisation Heinz) im →Ruhrgebiet durch Sprengungen von Brükken und Sabotageakten an Eisenbahnlinien am Widerstand gegen die Franzosen. Durch Verrat wurde er von ihnen festgenommen, am 8. 5. 1923 von einem französischen Militärgericht zum Tode verurteilt und trotz zahlreicher deutscher Proteste nach Bestätigung des Todesurteils durch den französischen Ministerpräsidenten Poincaré standrechtlich erschossen. 1931 wurde an der Hinrichtungsstätte auf der Golzheimer Heide das S.-Nationaldenkmal (Cle-

mens Holzmeister) errichtet, das 1946 abgetragen wurde. Der Gedenkstein auf dem Friedhof in Schönau ist 1985 geschändet worden. Allgemein galt S. als Symbol des deutschen Freiheitskampfes. 1932 schrieb Hanns Johst das Schauspiel „S.".

R. Brandt: Schlageter, 1926. A. Rehbein: Für Deutschland in den Tod, 1928. F. Glombowski: Organisation Heinz, 1934. M. Franke: Albert Leo Schlageter, 1980. H. Hagen (Hrsg.): Albert Leo Schlageter, 1932. K. Höffkes und U. Sauermann: Albert Leo Schlageter, 1983. W. Mallebrein: Albert Leo Schlageter, 1990.

Schlegelberger, Franz, Prof. Dr., Staatssekretär, * 23. 10. 1876 Königsberg, † 14. 12. 1970 Flensburg. Der Kaufmannssohn wurde nach dem Jurastudium 1914 Kammergerichtsrat, 1918 Vortragender Rat im Reichsjustizamt und lehrte ab 1922 als Honorarprofessor an der Universität Berlin. Von 1931–1945 war er Staatssekretär im Reichsjustizministerium und leitete es nach dem Tod Gürtners vom 29. 1. 1941 bis zur Ernennung →Thieracks am 20. 8. 1942. S. wurde im →Nürnberger Juristenprozeß vor dem Militärgerichtshof III der USA am 4. 12. 1947 zu lebenslanger Haft verurteilt, krankheitshalber 1951 entlassen und erhielt Pension. Er verfaßte u. a. „Vom Beruf unserer Zeit zur Gesetzgebung" (1934), „Die Erneuerung des deutschen Aktienrechts" (1935), „Abschied vom BGB" (1937), „Die Entwicklung des deutschen Rechts im Dritten Reich" (1938) sowie die Loseblattsammlung „Das Recht der Gegenwart" (16. Auflage 1985).

H. Weinkauff: Die deutsche Justiz und der Nationalsozialismus, 1968. H. W. Koch: Volksgerichtshof, 1988.

Schleicher, Kurt von, Reichskanzler, * 7. 4. 1882 Brandenburg/Havel, † 30. 6. 1934 Potsdam. Der Offizierssohn wurde seit 1913 im →Großen Generalstab der preußischen Heeres, ab 1914 in der →Obersten Heeresleitung verwendet. Er wurde 1920 Leiter des innenpolitischen Referats im Reichswehrministerium, 1926 Oberst und leitete nach →Seeckts Ausscheiden die Wehrmachtsabteilung. 1929 wurde er Generalmajor und als Staatssekretär Chef des neuen Ministeramts im Reichswehrministerium, als solcher dem Minister →Groener direkt unterstellt. 1930–1932 übte er entscheidenden Einfluß auf die Ernennung und den Sturz der Reichskanzler →Brüning und →Papen aus. Ab Juni 1932 war er unter Papen Reichswehrminister, am 3. 12. 1932 wurde er Reichskanzler. Sein Versuch, mit G. →Strasser den linken Flügel der →NSDAP sowie die Gewerkschaften zur Mitarbeit zu gewinnen, mißlang. Im Januar 1933 versuchte er, politisch isoliert, →Hindenburg zur Aussetzung der Verfassung zu bewegen, was dieser verweigerte.

Ohne Rückhalt im Parlament und beim Reichspräsidenten mußte S. am 28. 1. 1933 abdanken. Bei der Auseinandersetzung um →Röhm wurde er mit seiner Frau erschossen.

J. Nowak: Kurt von Schleicher, Diss. Würzburg, 1971. O. Gessler: Reichswehrpolitik in der Weimarer Zeit, 1958. T. Vogelsang: Reichswehr, Staat und NSDAP 1930–32, 1962. T. Vogelsang: Kurt von Schleicher, 1965. F.-K. von Plehwe: Reichskanzler Kurt von Schleicher, 1983. K. Caro und W. Oehme: Schleichers Aufstieg, 1933. H. R. Berndorff: General zwischen Ost und West, 1951.

Schlesien, deutsche Provinz beiderseits der oberen Oder. Nach dem Eingreifen Kaiser Friedrichs I. Barbarossa 1163 in Erbstreitigkeiten wurden die schlesischen Herzöge ans Reich gebunden, förderten die weitere deutsche Ansiedlung und stellten sich 1327–1329 unter böhmische Lehnshoheit, waren damit ab 1526 habsburgisch. 1742 kam S. zu Preußen, nur Österreichisch-S., nämlich Sudetens. um Troppau und das Teschener S., blieben bei Habsburg. In den Diktaten von →Versailles und →Saint-Germain 1919 kamen das →Troppauer Gebiet, das westliche →Teschener Gebiet und das →Hultschiner Ländchen an die neugegründete Tschechoslowakei, die östliche Hälfte des Teschener Landes an Polen. Trotz der →Abstimmungsmehrheit für Deutschland am 20. 3. 1921 wurde am 20. 10. 1921 vom Völkerbund Ostobers., der wirtschaftlich wertvollste Teil Obers.s, Polen zugesprochen. Das Troppauer und Hultschiner Gebiet kamen im Oktober 1938, →Oberschlesien im September 1939 an das Reich zurück. Ab Januar 1945 wurde S. von der Roten Armee besetzt. Auf der →Potsdamer Konferenz vom Juli 1945 wurde das fast rein deutsche S. unter polnische Verwaltung gestellt, die nach Flucht und Massenmorden noch vorhandenen Bewohner wurden größtenteils vertrieben.

W. Havel und P. Nasarski: Ober-Schlesien, 1957. J. Seipolt: Niederschlesien, 1957. F. Hein: Das Schlesienbuch, 1938. W.-E. Penckert: Schlesien, 1950. K. Pagel (Hrsg.): Deutsche Heimat im Osten, 1951.

Schlieffen, Alfred Graf von, Generalfeldmarschall, * 28. 2. 1833 Berlin, † 4. 1. 1913 Berlin. Der Generalstabsoffizier nahm an den Kriegen 1866 und 1870/71 teil, wurde 1884 Abteilungsleiter im →preußischen Großen Generalstab, 1889 Oberquartiermeister und war 1891–1906 Chef des Generalstabs der Armee. 1903 wurde er Generaloberst, 1911, schon im Ruhestand, Generalfeldmarschall. Als großer Stratege prägte er den Generalstab. Er fußte auf Clausewitz und Moltke, befürwortete die offensive Operation und sah das höchste Ziel in der doppelseitigen Umfassung des Gegners in einer „Vernichtungsschlacht" („Cannae"). Zur Abwehr eines Zweifrontenkrieges gegen Rußland und Frankreich entwickelte er den →S.-Plan zur schnellen Ausschaltung eines Gegners. Die Kampfkraft des Heeres verstärkte er durch Umbildung der schweren zur Feldartillerie. Er schrieb brillante Aufsätze, die in den „Gesammelten Werken" (2 Bände, 1913) erschienen. Seine Briefe wurden 1958 veröffentlicht.

H. Frhr. von Freytag-Loringhoven: Generalfeldmarschall Graf von Schlieffen, 1920. W. Foerster: Graf Schlieffen und der Weltkrieg, ²1925. W. Elze: Graf Schlieffen, 1928. F. von Boetticher: Schlieffen, ²1973. W. Groener: Das Testament des Grafen Schlieffen, ²1929. E. Bircher und W. Bode: Schlieffen, 1937.

Schlieffenplan, Generalstabsplan von 1905 zur Verhinderung eines langdauernden Zweifrontenkrieges. Generalstabschef und Generaloberst Alfred von →Schlieffen legte mit seiner letzten Denkschrift im Amt 1905 den S., das sogenannte „Testament des Grafen von Schlieffen", vor. Der Plan sah für den Fall eines Zweifrontenkrieges eine schwache deutsche Verteidigung gegen russische Angriffe im Osten vor, bis der Großteil der deutschen Verbände Frankreich besiegt hatte. An der Westfront sollte ein starker deutscher Flügel mit 35 Armeekorps durch Luxemburg und Belgien stoßen, dann nach Süden und später nach Osten einbiegen, die Masse der in diesem Raum operierenden französischen Kräfte auf diese Weise umklammern, gegen die Vogesen drücken und dann vernichten. Der nach Schlieffen amtierende Generalstabschef →Moltke d. J. machte den rechten Flügel jedoch nicht so stark, wie Schlieffen es vorgesehen hatte, sondern ließ wesentlich stärkere Kräfte zur Abwehr eines französischen Angriffs in Elsaß-Lothringen. Wahrscheinlich scheiterte die Durchführung des S.s aber vor allem daran, daß Moltke noch vor einer Entscheidung in Frankreich unter dem Eindruck von Erfolgsmeldungen von der Westfront zwei Korps nach Ostpreußen abtransportieren ließ, die dort, nach dem Sieg bei →Tannenberg, nicht mehr gebraucht wurden und die dann in der →Marneschlacht fehlten. So kam es im Westen zu einem langdauernden Stellungskrieg.

W. Groener: Das Testament des Grafen Schlieffen, 1929. von Zoellner: Schlieffens Vermächtnis, 1938. G. Ritter: Der Schlieffenplan, 1956. J. L. Wallach: Das Dogma der Vernichtungsschlacht, 1967.

Schmeling, Max, Boxweltmeister, * 28. 9. 1905 Klein-Luchow/Uckermark. S. wurde 1926 deutscher und 1927 Europameister im Halbschwergewicht und 1928 deutscher Meister im Schwergewicht. Am 12. 6. 1930 wurde er mit einem Sieg über den Amerikaner Jack Sharkey Weltmeister und blieb seitdem einer der volkstümlichsten deutschen Sportler. Am 19. 6. 1936 gelang ihm der K.-o.-Sieg über den als un-

schlagbar geltenden „braunen Bomber" Joe Louis. Beim Rückkampf am 22. 6. 1938 blieb Joe Louis K.-o.-Sieger. 1939 wurde S. Europameister. Im 2. Weltkrieg nahm S. als Fallschirmjäger am Kampf um →Kreta teil. Der für seine Fairneß bekannte S. trat als Boxer noch bis 1948 auf und war dann erfolgreicher Unternehmer. Er schrieb seine „Erinnerungen".
P. Forster: Max Schmeling, 1986.

Schmidt, Guido, Dr. jur., österreichischer Außenminister, * 15. 1. 1901 Bludenz, † 5. 12. 1957 Wien. Der Jurist trat in den österreichischen diplomatischen Dienst und war ab September 1925 in der österreichischen Gesandtschaft in Paris tätig. 1927 kam er in die Kanzlei des österreichischen Bundespräsidenten und wurde bald danach Kabinettsvizedirektor. Der von →Schuschnigg geschätzte Mitarbeiter hatte am deutsch-österreichischen Ausgleich im →Juliabkommen 1936 wesentlichen Anteil. Anschließend wurde er am 11. 7. 1936 Staatssekretär für Äußeres und war vom 16. 2. 1938 bis zum Anschluß am 11. 3. 1938 österreichischer Außenminister. Im 2. Weltkrieg war S. zeitweise Vorstandsmitglied der →Hermann-Göring-Werke, sonst leitend in der Industrie tätig. 1945–1947 inhaftiert, wurde er 1947 vor dem Volksgerichtshof wegen seiner deutschfreundlichen Politik 1938 des Hochverrats angeklagt, jedoch freigesprochen. Anschließend nahm er wieder Aufgaben in der Wirtschaft wahr.
R. Schirra: Die öffentliche Meinung und das Juliabkommen 1936, Diss. Wien 1962.

Schmitt, Carl, Prof. Dr., Staatsrechtler, * 11. 7. 1888 Plettenberg, † 7. 4. 1985 Plettenberg. Nach dem Studium der Rechts- und Staatswissenschaften sowie Habilitation (1915) war S. Staatsrechtslehrer an den Universitäten Greifswald (1921), Bonn (1922–1932), Köln (1932–1933) und Berlin (1933–1945). Der wohl bedeutendste deutsche Staatsrechtler des 20. Jahrhunderts analysierte alle wesentlichen Begriffe des Staatsrechts und der Staatslehre, so den Begriff des Politischen, der Souveränität oder die geistesgeschichtliche Lage des Parlamentarismus. Er betätigte sich aber auch politisch, kritisierte die Weimarer Republik („Die geistesgeschichtliche Lage des heutigen Parlamentarismus", 1923), beriet den Reichskanzler von →Schleicher, vertrat das Reich nach →Papens →„Preußenschlag" vor Gericht, wurde im Frühjahr 1933 Mitglied der NSDAP, dann Preußischer Staatsrat und rechtfertigte den „totalen Staat" („Staat, Bewegung, Volk", 1934), verwarf also den liberalen. Auch wandte er sich gegen das Eingreifen raumfremder Mächte in Europa. Nach Kriegsende wurde er interniert

und erhielt dann kein Amt mehr. Er schrieb u. a. „Politische Theologie" (1922), „Politische Romantik" ([2]1925), „Die Diktatur" ([2]1928), „Verfassungslehre" (1928), „Der Hüter der Verfassung" (1931), „Legalität und Legitimität" (1932), „Der Begriff des Politischen" ([4]1933), „Positionen und Begriffe" (1940), „Völkerrechtliche Großraumordnung" ([3]1941), „Der Nomos der Erde" (1950), „Verfassungsrechtliche Aufsätze" (1958), „Der Leviathan in der Staatslehre von Thomas Hobbes" (1982).
H. Barion und andere (Hrsg.): Festschrift für Carl Schmitt, [2]1989. G. Maschke: Der Tod des Carl Schmitt, 1987. E. W. Bockenförde (Hrsg.): Epirrhosis, 2. Bde., 1968. M. Schmitz: Die Freund-Feind-Theorie Carl Schmitts, 1965.

Schmitt, Kurt, Dr. jur., Reichswirtschaftsminister, * 7. 10. 1886 Heidelberg, † 22. 11. 1950 Heidelberg. Der Rechtsanwalt wurde im 1. Weltkrieg schwer verwundet, kam 1915 in die Direktion der Allianz-Versicherung, wurde 1921 ihr Generaldirektor, 1933 Vizepräsident der Industrie- und Handelskammer Berlin und am 29. 6. 1933 als Nachfolger →Hugenbergs Reichswirtschaftsminister. Er betrieb den ständischen Aufbau der Wirtschaft im „Reichsstand der deutschen Industrie", war auch preußischer Staatsrat und →Wehrwirtschaftsführer. Sein Ministeramt wurde ab 30. 7. 1934 kommissarisch, ab 1. 1. 1935 endgültig durch H. →Schacht wahrgenommen. S. war dann wieder in der Wirtschaft tätig und hatte wichtige Aufsichtsratsposten, so bei der AEG, inne.

Schmundt, Rudolf, Chefadjutant der Wehrmacht beim Führer, * 13. 8. 1896 Metz, † 1. 10. 1944 Rastenburg/Ostpreußen. Der Berufsoffizier war ab Januar 1938 als „Chefadjutant der Wehrmacht beim Führer" in der →Reichskanzlei bzw. im →Führerhauptquartier tätig. Am 1. 4. 1943 wurde er Generalleutnant. Er wurde beim Attentat am →20. 7. 1944 schwer verletzt und starb an den Folgen im Lazarett Rastenburg.
N. von Below: Als Hitlers Adjutant 1937–1945, 1980. H. Picker: Hitlers Tischgespräche im Führerhauptquartier, 1977.

Schmutz- und Schundgesetz, Bezeichnung für das „Gesetz zur Bewahrung der Jugend vor Schmutz- und Schundschriften". Das am 18. 12. 1926 erlassene S. sollte die Jugend vor sogenannter Schundliteratur schützen. Hierzu eingerichtete Prüfstellen nahmen entsprechende Veröffentlichungen in eine „Liste der Schund- und Schmutzschriften" auf. Für diese Titel galten dann erhebliche Vertriebsbeschränkungen. Das S. wurde am 10. 4. 1935 aufgehoben, da die Verbreitung der betreffenden

Schriften im 3. Reich anderweitig einge-schränkt wurde.

Schnaufer, Heinz Wolfgang, Nachtjäger, * 16. 2. 1922 Calw, † 15. 7. 1950 Südwestfrank-reich. Nach mit Auszeichnung bestandenem Abitur ging S. 1940 zur Luftwaffe und wurde als Nachtjäger ausgebildet. Am 1. 4. 1941 wurde er Leutnant und kam zum Einsatz, meist über dem Reichsgebiet. Nach 15 Nacht-abschüssen erhielt der Oberleutnant 1943 das →Deutsche Kreuz in Gold, nach dem 41. Luftsieg am 15. 1. 1944 das →Ritterkreuz. Seit 1. 5. 1944 Hauptmann, bekam er am 27. 6. 1944 nach dem 80. Abschuß das →Eichenlaub, am 30. 7. 1944 die →Schwerter. Nach dem 100. Abschuß wurde er am 16. 10. 1944 mit den →Brillanten ausgezeichnet. Mehrfach schoß er in einer Nacht vier bis neun feindliche Bomber ab und wurde bei den Briten als „Nachtge-spenst" gefürchtet. Insgesamt vernichtete er als erfolgreichster Nachtjäger bei 2300 Starts und 1133 Flugstunden 126 Feindbomber. Von Mai bis November 1945 war Major S. in briti-scher Gefangenschaft. Seine Maschine, eine Me 110, wurde im Londoner Hyde-Park ausge-stellt. Nach dem Krieg baute er in Calw eine Li-körfabrik auf und stellte dabei vor allem seine Männer ein. Auf der Straße Biarritz–Bordeaux verunglückte er mit seinem Wagen tödlich, als ein Lastwagen von der Seite einbog.
G. Fraschka: Mit Schwertern und Brillanten, 1977.

Schnee, Heinrich, Kolonialpolitiker, * 4. 2. 1871 Neuhaldensleben, † 23. 6. 1949 Berlin. S. war seit 1898 im Reichskolonialdienst tätig, u. a. in →Deutsch-Neuguinea und auf →Sa-moa, ab 1904 dann im Auswärtigen Amt, ab 1911 als Ministerialdirektor im Reichskolonial-amt und von 1912–1918 Gouverneur von →Deutsch-Ostafrika. Seine kluge Eingebore-nenpolitik trug dazu bei, daß die deutsche Schutztruppe unter General von →Lettow-Vor-beck sich mit Hilfe der Eingeborenen den gan-zen Weltkrieg über halten konnte und Deutsch-Ostafrika nicht an die Engländer übergeben wurde. Nach 1918 war S. leitend in Organisatio-nen zur Förderung des kolonialen Gedankens und zur Rückgewinnung der deutschen Kolo-nien tätig. Er war von 1924–1932 und 1933–1945 MdR, ab 1930 auch Präsident der →Deutsche Kolonialgesellschaft. Er schrieb u. a. „Meine Erlebnisse während der Kriegs-zeit in Deutsch-Ostafrika" (1918), „Deutsch-Ostafrika im Weltkrieg" (1919), „Deutsches Koloniallexikon" (1920), „Die koloniale Schuldlüge" (1924), „Die deutschen Kolonien vor, in und nach dem Weltkrieg" (²1935), „Ko-lonialmacht Deutschland" (1940).

J. Schultz-Naumann: Unter Kaisers Flagge, 1985.
K. Graudenz und H. M. Schindler: Die deutschen Kolo-nien, 1982.

Schniewind, Otto, Admiral, * 14. 12. 1887 Saar-lautern, † 26. 3. 1964 Linz am Rhein. Ab 1910 Seeoffizier, nahm S. am 1. Weltkrieg bei Torpe-dobootsverbänden teil. Danach war er Kom-mandant des Kreuzers „Köln", wurde 1934 In-spekteur des Bildungswesens der Marine, 1937 als Konteradmiral (1. 10. 1937) Chef des Mari-newehramtes und im Juni 1938 Chef des Stabes der →Seekriegsleitung. Der am 1. 9. 1940 zum Admiral Beförderte wurde am 12. 6. 1941 Flot-tenchef. 1942/43 kommandierte er als Flotten-chef und Oberbefehlshaber der Gruppe Nord deutsche Flottenverbände, die von Nordnor-wegen aus gegen alliierte →Geleitzüge operier-ten. Vom Nürnberger Militärtribunal wurde er am 30. 10. 1948 freigesprochen. 1949–1952 lei-tete er eine Arbeitsgemeinschaft deutscher Ad-mirale zur Seekriegsgeschichte des Zweiten Weltkrieges.
E. B. Potter: Seemacht, 1982.

Schober, Johannes, österreichischer Bundes-kanzler, * 14. 11. 1874 Perg/Oberösterreich, † 19. 8. 1932 Baden/Wien. Nach dem Studium der Rechte war S. ab 1898 bei der Wiener Poli-zei tätig, kam 1909 ins Innenministerium und wurde 1913 Leiter der Staatspolizei. Seit 1918 Polizeipräsident von Wien, wurde er 1923 Vor-sitzender der neu gegründeten Internationalen Kriminalpolizeilichen Kommission. Er schlug den marxistischen Umsturzversuch 1919 und die sozialistischen Gewalttätigkeiten im Juli 1927 nieder. 1921/22 und 1929/30 war er Bun-deskanzler eines bürgerlichen Kabinetts, von Dezember 1930 bis Januar 1932 Vizekanzler und Außenminister unter Ender. Politische Er-folge waren die Regelung der Burgenland-Frage im →Venediger Protokoll 1921 und der Vertrag von Lana mit der Tschechoslowakei 1921. 1929 konnte er eine Verfassungsreform durchführen. Mit Reichsaußenminister →Cur-tius verfaßte er am 19. 3. 1931 das →„Wiener Protokoll" über eine →Zollunion mit dem Reich, die aber am Widerstand der Alliierten scheiterte.
O. Kleinschmied: Schober, 1930. J. Hannak: Johannes Schober, 1966. R. Hubert: Johannes Schober und seine Bedeutung für die österreichische Politik in den Jahren 1929 und 1930, Diss. Wien 1974. R. Hubert: Johannes Schober, 1975.

Schönerer, Georg Ritter von, österreichischer Politiker, * 17. 7. 1842 Wien, † 14. 8. 1921 Rose-nau/Niederösterreich. Nach Schul- und Studienjahren in Deutschland war S. von 1873–1888 und 1897–1907 Abgeordneter im

österreichischen Reichsrat. Seit 1879 war er ein Führer der deutschnationalen Bewegung in Österreich, vertrat antisemitische Forderungen und setzte sich für den →Anschluß Österreichs an das Deutsche Reich ein (Alldeutschland). 1888 erhielt er vier Monate schweren Kerker und verlor Adelstitel und Mandat, weil er gegen Redakteure des „Neuen Wiener Tageblatts" tätlich geworden war, die verfrüht den Tod des von ihm verehrten deutschen Kaisers Wilhelm I. gemeldet hatten. Aus Protest gegen die slawenfreundliche Haltung des katholischen Klerus trat er zum Protestantismus über und gründete die →Los-von-Rom-Bewegung.
E. V. von Rudolf: Georg Ritter von Schönerer, der Vater des politischen Antisemitismus, 1936. Schopper: Georg Ritter von Schönerer ein Vorläufer des Nationalsozialismus, 1940. Herwig (E. Pichl): Georg von Schönerer, 4 Bde., 1913–1923.

Schönheit der Arbeit, Amt innerhalb der →Nationalsozialistischen Gemeinschaft „Kraft durch Freude", das sich mit der Verschönerung des Arbeitsplatzes und der Betriebsanlagen sowie mit der Verbesserung der Arbeitsbedingungen befaßte.

Schönhengstgau, deutsches Siedlungsgebiet bis 1945 im östlichen →Sudetenland. Der auf der böhmisch-mährischen Höhe gelegene S. ist nach dem 660 m hohen Berg Schönhengst benannt und umfaßte rund 1180 km² mit den Hauptorten Mährisch-Trübau, Zwittau, Landskron, Brüsau und Müglitz. Aus dem von jeher deutsch besiedelten S. wurden die rund 13 000 Deutschen nach 1945 vertrieben.
M. Theusner: Der Schönhengstgau, 1937. Scheidt: Eine Insel deutschen Volkstums, 1934. E. Lehmann: Der Schönhengstgau, ²1923. M. C. Theusner: Der Schönhengstgau, Diss., München 1938. G. Korkisch: Geschichte der Schönhengstgauer, 1966.

Schörner, Ferdinand, Generalfeldmarschall, * 12. 6. 1892 München, † 2. 7. 1973 München. Der Soldatensohn trat nach dem Abitur und Sprachenstudium 1911 als Freiwilliger bei der bayerischen Infanterie ein, nahm als Offizier am 1. Weltkrieg teil und erhielt 1917 den →Pour le mérite. Er war dann Angehöriger der →Reichswehr und der Wehrmacht, wurde 1937 Oberstleutnant, nahm am →Westfeldzug teil, wurde am 1. 8. 1940 Generalmajor und kämpfte auf dem Balkan. Ab Juni 1942 General der Gebirgstruppen, war S. seit Oktober 1943 Kommandeur des XL. Panzerkorps in der Ukraine. An der zusammenbrechenden Ostfront war er ab 31. 3. 1944 Oberbefehlshaber der Heeresgruppe Süd, ab 20. 7. 1944 der Heeresgruppe Nord, ab 18. 1. 1945 der Heeresgruppe Mitte, wo er die deutsche Front immer

wieder stabilisieren konnte. Für seinen Einsatz wurde er am 5. 4. 1945 zum Generalfeldmarschall befördert. A. →Hitler ernannte ihn in seinem politischen Testament zum Oberbefehlshaber des Heeres. Nach der Kapitulation kam S. in die Gefangenschaft der Amerikaner, die ihn an die Sowjets auslieferten. In Moskau wurde er zu zweimal 25 Jahren „Erziehungslager" verurteilt, 1955 in die Sowjetische Besatzungszone Deutschlands abgeschoben und kam von da nach München. In den westdeutschen Massenmedien wurde er nach seiner Rückkehr wegen der Disziplinierungsmaßnahmen, mit denen er einen Teil der Ostfront gehalten hatte, scharf angegriffen. Im Oktober 1957 wurde er wegen der von ihm gebilligten Erschießung von zwei Offizieren, die befehlswidrig eine Stadt aufgegeben hatten, zu viereinhalb Jahren Haft verurteilt, 1960 jedoch wegen seines Gesundheitszustandes entlassen. S. hat neben dem Pour le mérite des 1. Weltkriegs auch die höchsten deutschen Tapferkeitsauszeichnungen des 2. Weltkriegs erhalten. Am 20. 4. 1941 wurde er mit dem →Ritterkreuz, am 17. 2. 1944 mit dem →Eichenlaub, am 28. 8. 1944 mit den →Schwertern und am 1. 1. 1945 mit den →Brillanten ausgezeichnet. Es ist hauptsächlich ihm zu verdanken, daß seine Heeresgruppe Mitte die Flucht von 1,5 Mill. Deutschen aus den Ostgebieten ermöglichte und den Sowjets den geplanten Vormarsch bis nach Bayern verwehrte.
E. Kern: Generalfeldmarschall Ferdinand Schörner, ³1985. R. Aschenauer: Der Fall Schörner, 1962, 1979. H. Ruef: Gebirgsjäger vor Murmansk, 1957. J. Thorwald: Die ungeklärten Fälle, 1950.

Scholl, Geschwister, Hans und Sophie, Studenten und Widerständler. Nach der Niederlage der deutschen 6. Armee in Stalingrad Anfang 1943 verfaßten die an der Universität München studierenden Geschwister S. zusammen mit anderen Studenten Flugblätter, die sie als Blätter der Weißen Rose bezeichneten und in denen sie zum Sturz A. →Hitlers sowie zur Beendigung des Krieges aufriefen. Sie wurden bei der Verbreitung der Flugblätter erkannt, verhaftet, zusammen mit anderen Beteiligten zum Tod verurteilt und hingerichtet.

Scholtz, Friedrich von (seit 1913), General der Artillerie, * 24. 3. 1851 Flensburg, † 30. 4. 1927 Ballenstedt. Der Berufsoffizier wurde 1912 Kommandierender General des XX. Armeekorps, das er im 1. Weltkrieg in den Schlachten bei →Tannenberg (26. bis 30. 8. 1914), an den →Masurischen Seen (5. bis 15. 9. 1914) und anschließend in Polen führte. Im Mai 1915 wurde er Oberbefehlshaber der deutschen 8. Armee und durchbrach mit ihr in der Narew-Bobr-Schlacht (13. 7. bis 26. 8. 1915) die russischen Linien. Seit April 1917 führte er den Oberbefehl über die Heeresgruppe in Mazedonien.

Scholtz-Klink, Gertrud, Reichsfrauenführerin, * 9. 2. 1902 Adelsheim/Baden. Seit 1928 in der →NSDAP, war S. ab 1930 Leiterin der →NS-Frauenschaft (NSF) in Baden, ab 1931 auch in Hessen, 1933 wurde sie Referentin für Frauenfragen im badischen Innenministerium. Seit 1. 1. 1934 Leiterin des weiblichen →Arbeitsdienstes, wurde sie am 24. 2. 1934 Reichsführerin der NSF und des →Deutschen Frauenwerkes (DFW) und war ab November 1934 →Reichsfrauenführerin. Als solche war sie – auch Leiterin des Frauenamtes der →DAF – für alle Frauenfragen im 3. Reich zuständig. 1940 heiratete sie den SS-Obergruppenführer (ab 19. 11. 1944 General der Waffen-SS) August →Heißmeyer. Als Mutter und Politikerin mit großem Einsatz für soziale Belange gab sie im 3. Reich vielen Frauen ein Beispiel. 1950 wurde sie im Entnazifizierungsverfahren als „Hauptschuldige" eingestuft und zu zweieinhalb Jahren Haft verurteilt sowie der bürgerlichen Ehrenrechte für verlustig erklärt. Sie schrieb „Die Frau im Dritten Reich" (1978).
J. C. Fest: Das Gesicht des Dritten Reiches, 1964.

Schriftleitergesetz, Gesetz vom 4. 10. 1933. Nach dem S. war Schriftleiter, wer im Hauptberuf oder nach Bestellung zum Hauptschriftleiter an der Gestaltung des Inhalts im Reichsgebiet erscheinender Zeitungen und politischen Zeitschriften mitwirkte. Schriftleiter konnte sein, wer fachmännisch vorgebildet, mindestens 21 Jahre alt, deutschen oder artverwandten Blutes, nicht mit einer Person nichtarischer Abstammung verheiratet war und die deutsche Reichsangehörigkeit besaß. Die Schriftleiter wurden in eine Berufsliste eingetragen und waren im Reichsverband der Deutschen Presse zusammengefaßt, der als öffentlich-rechtliche Körperschaft der →Reichspressekammer angehörte. Verstöße gegen die Berufspflichten wurden von den Berufsgerichten der Presse verfolgt. Durchführungsverordnungen ergingen am 19. 12. 1933, 25. 8. 1936 und 31. 5. 1938, die Verfahrensordnung für die Berufsgerichte der Presse wurde am 18. 1. 1934 erlassen, geändert wurde sie am 7. 12. 1937.
H. Schmidt und andere: Das Schriftleitergesetz, 1934.
W. Geiger: Die Rechtsstellung des Schriftleiters, 1941.

Schrifttumskammer, →Reichsschrifttumskammer.

Schrifttumspflege, Amt, Dienststelle beim „Beauftragten des Führers zur Überwachung der gesamten geistigen und weltanschaulichen Schulung und Erziehung der →NSDAP" (→Amt Rosenberg). Sie wurde von Hans Hagemeyer geleitet, der auch Leiter der Reichsstelle zur Förderung des deutschen Schrifttums war. Sein Stellvertreter war der Literaturwissenschaftler Hellmuth Langenbucher. Dem Zentrallektorat gehörten 1940 rund 1400 Lektoren an. Das Amt S. prüfte und bewertete das gesamte deutschsprachige Schrifttum, förderte das der NS-Weltanschauung dienende und gab die „Schriftenreihe der NSDAP" heraus, daneben mit Buchrezensionen die parteiamtliche Monatsschrift „Die Bücherkunde". Zur Förderung nationalsozialistischer Zielsetzungen wurden auch Buchausstellungen durchgeführt, so 1942 „Europas Schicksalskampf im Osten".

Schröder, Kurt Freiherr von, Bankier, * 24. 11. 1889 Hamburg, † um 1965. Der Bankierssohn war im 1. Weltkrieg Hauptmann im →Großen Generalstab. 1921 trat er als Mitinhaber in das Kölner Bankhaus J. H. Stein ein und erhielt mehrere Aufsichtsratsposten in Bankwesen und Industrie. Er war Mitbegründer des →Keppler-Kreises und trat seit 1932 für eine Kanzlerschaft A. →Hitlers ein. In seinem Kölner Haus fand am 4. 1. 1933 das Gespräch zwischen →Papen und A. Hitler über eine von den Nationalsozialisten geführte Regierung unter Beteiligung Papens statt. Am 1. 2. 1933 trat S. in die →NSDAP, am 13. 9. 1936 in die →SS ein, in der er später Brigadeführer wurde. Ab 1933 war er Präsident der Industrie- und Handelskammer Köln, später Mitglied der Reichswirtschaftskammer und der →Akademie für Deutsches Recht sowie des →Freundeskreises →Reichsführer SS. Im November 1947 wurde er von einer →Spruchkammer zu drei Monaten Gefängnis und einer Geldstrafe verurteilt. Anschließend lebte er zurückgezogen bei Eckernförde.
R. Vogelsang: Der Freundeskreis Himmler, 1972.

Schröder, Ludwig von (seit 1912), Admiral, * 17. 7. 1854 Hinzenkamp/Pommern, † 23. 7. 1933 Berlin. Der Seeoffizier wurde 1911 Chef der Marinestation Ostsee, führte im 1. Weltkrieg erst die Marinedivision, ab November 1914 das Marinekorps in Flandern. Nach 1918 trat er als Vorsitzender des →Nationalverbandes deutscher Offiziere für nationale Forderungen ein.

Schuhmann, Walter, Reichsleiter, * 3. 4. 1898 Berlin. Der Monteur nahm als Kriegsfreiwilliger am 1. Weltkrieg teil, 1925 trat er der

→NSDAP bei. Von Anfang an war er am Aufbau der →Nationalsozialistischen Betriebszellenorganisation (NSBO) beteiligt, betreute sie ab 1931 und wurde 1933 ihr Reichsleiter. Seit 1930 MdR und später Leiter des Gesamtverbandes der Arbeiter innerhalb der →DAF, wurde S. am 1. 3. 1936 →Treuhänder der Arbeit in Schlesien, 1943 Reichshauptstellenleiter der NSDAP, SS-Standartenführer sowie im 2. Weltkrieg Ministerialdirigent beim Generalbevollmächtigten für den Arbeitseinsatz.

Schuldbekenntnis der evangelischen Kirche, →Stuttgarter Schuldbekenntnis.

Schuldenbereinigung, Anpassung alter Schulden an die Leistungsfähigkeit des Schuldners 1938/40. Nach dem Gesetz vom 17. 8. 1938 und 3. 9. 1940 konnte einen Antrag auf S. stellen, wer als Folge der Wirtschaftsnot vor 1933 oder seines Einsatzes für die →NSDAP seinen Beruf als Selbständiger aufgeben mußte, sein Haus oder seinen Grundbesitz verloren oder vor dem 1. 1. 1934 Schulden gemacht hatte (in den später zum Reich gekommenen Gebieten galten entsprechend spätere Termine). Für Arbeiter und Angestellte gab es S., wenn sie aus den gleichen Gründen oder wegen unverschuldeter Arbeitslosigkeit Schulden gemacht hatten. Zuständig für die S. war das Amtsgericht für den Wohnsitz des Schuldners.

Schulenburg, Friedrich Bernhard Graf von der, Generalstabsoffizier, * 21. 11. 1865 Bobitz/Mecklenburg, † 19. 5. 1939 St. Blasien. Seit 1888 Berufsoffizier, war S. 1902–1906 Militärattaché in London und im 1. Weltkrieg Generalstabsoffizier, zuletzt als General der Artillerie Chef des Stabes der Heeresgruppe Deutscher Kronprinz. Er nahm 1919 seinen Abschied, trat in die →DNVP ein und war deren MdR 1925–1928. 1931 wurde er Mitglied der →NSDAP, im August 1933 der →SA und war ab September 1934 wieder MdR, anschließend hoher Führer im Stab der Obersten SA-Führung. Später wechselte er zur →SS und wurde Obergruppenführer.

Schulenburg, Friedrich Dietlof Graf von der, Widerständler im 3. Reich, * 5. 9. 1902 London, † 10. 8. 1944 Berlin. Der Offizierssohn wurde Verwaltungsjurist beim Landratsamt Recklinghausen und trat 1932 der →NSDAP bei, in der er dem Flügel um Gregor →Strasser angehörte. 1933 kam er ins Oberpräsidium in Königsberg, wurde 1937 stellvertretender Polizeipräsident von Berlin und 1939 stellvertretender Oberpräsident von Schlesien. 1940 trat er aus der NSDAP aus, wurde Offizier an der

Westfront, war dann in Frankreich stationiert, später im Stab des Generals von Unruh (Auskämmeinheit →„Heldenklau"). Bei der Vorbereitung des Attentats vom →20. 7. 1944 arbeitete er mit →Stauffenberg zusammen, wurde deshalb vom Volksgerichtshof zum Tode verurteilt und in Berlin-Plötzensee hingerichtet.

A. Krebs: Friedrich Dietlof von der Schulenburg, 1964. H. Rothfels: Die deutsche Opposition gegen Hitler, 1949. K. Balzer: Der 20. Juli und der Landesverrat, 1971. E. Kern: Verrat an Deutschland, 1963. J. F. Taylor: Der 20. Juli 1944, 1968.

Schulenburg, Friedrich Werner Graf von der, Diplomat, * 20. 11. 1875 Kemberg/Wittenberg, † 10. 11. 1944 Berlin. Nach dem Studium der Rechts- und Staatswissenschaften trat der Sohn eines Oberstleutnants 1901 in den diplomatischen Dienst ein, nahm als Hauptmann am 1. Weltkrieg teil und war dann ab 1923 Gesandter in Teheran, 1931–1934 Botschafter in Bukarest, 1934–1941 in Moskau. Hier trug er zum →Deutsch-sowjetischen Nichtangriffspakt vom 23. 8. 1939 sowie zum →Deutsch-sowjetischen Abkommen vom 28. 9. 1939 bei. Er trat unter Verkennung des Charakters des Kommunismus für eine deutsch-sowjetische Verständigung ein. Frühzeitig kam er in Verbindung mit Widerständlern und war von Goerdeler als Außenminister nach einem erfolgreichen Putsch vorgesehen. Nach dem →20. 7. 1944 wurde S. verhaftet, vom →Volksgerichtshof am 8. 8. 1944 zum Tode verurteilt und in Berlin-Plötzensee hingerichtet.

B. Ruhland: Deutsche Botschaft Moskau, 1964. K. Höffkes (Hrsg.): Deutsch-sowjetische Geheimverbindungen, 1988. H. von Herwarth: Zwischen Hitler und Stalin, 1982. E. E. Sommer: Botschafter Graf Schulenburg, 1988.

Schultze, Norbert, Komponist, * 26. 1. 1911 Braunschweig. Er wurde 1938 durch die Vertonung des Gedichts →„Lili Marleen" von Hans Leip bekannt, das Lied zum verbreitetsten Schlager des 2. Weltkriegs. Von S. stammen ferner „Bomben auf Engelland" und „Panzer rollen in Afrika vor". Ab 1952 leitete er einen eigenen Musikverlag und Bühnenvertrieb in Hamburg.

Schultze, Walter, Prof. Dr. med., Reichsdozentenführer, * 1. 1. 1894 Hersbruck, † 16. 8. 1979 Krailling/München. Der Mediziner nahm am 1. Weltkrieg als Flieger teil, war dann im →Freikorps Epp, trat 1919 in die DAP (NSDAP) ein, gehörte der →SA seit ihrer Gründung an, war Arzt der SA-Gruppe Hochland sowie Stellvertreter des SA-Reichsarztes und nahm am →Marsch zur Feldherrnhalle am 9. 11. 1923 teil. 1926–1931 war S. MdL in Bayern. Im November 1933 wurde er Staatskommissar und Leiter des Gesundheitswesens im bayerischen Staatsministerium, dann Ministerialdirektor und Präsident der Staatsmedizinischen Akademie München, 1934 Honorarprofessor der Universität München. Von 1935–1943 war er Reichsdozentenführer und ab 1938 MdR. 1960 wurde er wegen Planung von →Euthanasiemaßnahmen zu vier Jahren Haft verurteilt.

Schultze-Naumburg, Paul, Prof. Dr. h. c., * 10. 6. 1869 Almrich/Naumburg, † 19. 5. 1949 Jena. Der Architekt war 1901–1903 Professor an der Kunstschule Weimar und leitete dann die von ihm gegründeten Saalecker Werkstätten. Er baute vor allem Landhäuser und repräsentative Gebäude wie den Cecilienhof bei Potsdam in bodenständiger Architektur und überliefertem, dem Charakter der Landschaft und der Menschen angepaßtem Stil. Damit stellte er sich bewußt gegen eine geschichtslose, unkünstlerische und abstrakte Architektur, wie sie beispielsweise vom „Bauhaus" ausging. Auch als Maler und Schriftsteller trat S.-N. für diese Kunstgesinnung ein. 1930–1940 war er Leiter der Staatlichen Hochschule für Baukunst und Handwerk in Weimar, ab 1932 Mitglied der NS-Reichstagsfraktion, später Mitglied der Akademie des Bauwesens und der Akademie der bildenden Künste. Er veröffentlichte u. a. „Kunst und Kunstpflege" (1901), „Kulturarbeiten" seit 1900, 9 Bände, „Die Entstellung unserer Landschaft" (1908), „Das bürgerliche Haus" (1926), „ABC des Bauens" (1927), „Kunst und Rasse" (1928), „Kampf um die Kunst" (1932), „Die Kunst der Deutschen" (1934), „Rassegebundene Kunst" (1934), „Kunst aus Blut und Boden" (1934), „Nordische Schönheit" (1937), „Heroisches Italien" (1938), „Das Glück der Landschaft" (1942).
R. Pfister: Bauten Schultze-Naumburgs, 1940.

Schulungsburgen, Bildungsstätten der NSDAP. Die S. im 3. Reich unterstanden dem Reichsschulungsleiter der →NSDAP Dr. Robert →Ley. Es gab sie als Reichs-, Gau- und Kreis-S. Sie hatten die Aufgabe, den politischen Nachwuchs der →NSDAP weltanschaulich zu erziehen. Neben der Wissensvermittlung standen sportliche und musische Betätigung, Feiern, Lager, Kameradschaftsabende sowie vormilitärische Ausbildung auf dem Programm. Die verschiedenen Gliederungen der NSDAP (→HJ, →SA, →DAF, →NSV) besaßen eigene S. oder Reichs- und Gauschulen. Neben dem Hauptschulungsamt hatte der „Beauftragte des Führers für die geistige und weltanschauliche Erziehung der NSDAP", Reichsleiter Alfred →Rosenberg, für die einheitliche

Ausrichtung der Schulen zu sorgen. Wichtiges Organ war als zentrales Monatsblatt der NSDAP →„Der Schulungsbrief".

Schulz, Adelbert, Generalmajor, * 20. 12. 1903 Berlin, † 28. 1. 1944 bei Schepetowka/UdSSR. Nach Abitur und Banktätigkeit besuchte S. die Handelshochschule, trat 1925 in die Polizei ein und wurde 1935 als Oberleutnant in die Wehrmacht übernommen. Im →Frankreichfeldzug zeichnete er sich als Hauptmann und Abteilungskommandeur in →Rommels „Gespensterdivision" aus, machte insbesondere mit seinen Panzern den Durchbruch nach Cherbourg möglich. Am 29. 9. 1940 erhielt er das →Ritterkreuz. Im Ostfeldzug trat er schon 1941 durch hervorragende Taktik als Panzerführer hervor und bekam am 31. 12. 1941 das →Eichenlaub. Als Oberstleutnant führte „Panzer-Schulz" dann ein Panzerregiment. Am 6. 8. 1943 wurde er mit den →Schwertern ausgezeichnet, im November wurde er Oberst. Am 14. 12. 1943 bekam er für herausragende Abwehrleistungen seiner Panzer bei Kiew die →Brillanten verliehen, bei deren Empfang am 9. 1. 1944 er Generalmajor und Kommandeur der 7. Panzerdivision wurde. Bei einem Angriff wurde er in vorderster Front durch einen Granatsplitter tödlich verwundet.
G. Fraschka: Mit Schwertern und Brillanten, 1977.

Schumacher, Kurt, Dr. rer. pol., Politiker, * 13. 10. 1895 Kulm/Westpreußen, † 20. 8. 1952 Bonn. Der Kaufmannssohn machte 1914 das Notabitur, war Kriegsfreiwilliger bis zu einer schweren Verwundung im Dezember 1914 und studierte dann. 1918 war er Mitglied des Berliner Arbeiter- und Soldatenrates, ab 1920 Schriftleiter bei SPD-Zeitungen. Er gründete 1924 das →Reichsbanner Schwarz-Rot-Gold mit, war 1924–1931 MdL in Württemberg und 1930–1933 MdR, wobei er sich besonders gegen die Tolerierung →Brünings und gegen die →NSDAP wandte. Von 1933–1943 war er aus politischen Gründen in Haft (→Konzentrationslager Dachau und Flossenbürg). 1945 beteiligte er sich maßgeblich an der Neugründung der SPD, setzte sich gegen eine Zusammenarbeit mit der KPD ein und war vom 10. 5. 1946 bis zum Tode SPD-Vorsitzender von Westdeutschland und dann der Bundesrepublik. Er war Mitglied des Parlamentarischen Rates, unterlag 1949 mit einer Stimme →Adenauer als Kanzlerkandidat, war MdB und Oppositionsführer im Bundestag und trat leidenschaftlich gegen einen Verzicht auf die deutschen Gebiete östlich von Oder und Neiße sowie das Sudetenland ein. Gleichzeitig wandte er sich gegen Adenauers Politik der Westintegration. 1953 erschienen seine „Reden und Schriften" (Hrsg. A. Scholz und W. G. Oschilewski).

F. Wesemann: Kurt Schumacher, 1952. A. Kaden: Einheit oder Freiheit, 1964. L. J. Edinger: Kurt Schumacher, 1965. F. Heine: Dr. Kurt Schumacher, 1969. W. Albrecht (Hrsg.): Kurt Schumacher, 1985.

Schumann, Gerhard, Schriftsteller, * 14. 2. 1911 Esslingen. Nach dem Studium der Germanistik in Tübingen war S. in den 30er Jahren Chefdramaturg am Württembergischen Staatstheater, wurde aber vor allem durch Gedichte und Schauspiele bekannt, in denen sich das politische Geschehen seiner Zeit spiegelte. 1936 erhielt er den Nationalen Buchpreis. Nach dem 2. Weltkrieg war S. Geschäftsführer des Europäischen Buchklubs in Stuttgart und gründete später den Hohenstaufen-Verlag in Bodman. An Gedichtbänden gab er u. a. „Ein Weg führt ins Ganze" (1933), „Fahne und Stern" (1934), „Die Lieder vom Reich" (1935), „Wir aber sind das Korn" (1936), „Wir dürfen dienen" (1937), „Schau und Tat" (1938), „Bewährung" (1940), „Stachel-Beeren-Auslese" (1950), „Der Segen bleibt" (1968) heraus. Schauspiele von ihm sind „Das Reich" (1934), „Entscheidung" (1939).

Schuschnigg, Kurt Edler von, Dr. jur., österreichischer Bundeskanzler, * 14. 12. 1897 Riva/Gardasee, † 18. 11. 1977 Mutters/Österreich. Der Offizierssohn studierte Jura, nahm 1915–1918 am 1. Weltkrieg teil, promovierte 1922 und war dann Rechtsanwalt in Wien. Ab 1927 war er christlich-sozialer Abgeordneter im Nationalrat, ab 1932 Justizminister, ab 1933 auch Unterrichtsminister unter →Dollfuß. Nach dessen Tod wurde S. am 30. 7. 1934 österreichischer Bundeskanzler und setzte die autoritäre Politik von Dollfuß fort. 1936 wurde er Führer der →Vaterländischen Front. Am 11. 7. 1936 schloß er das →Juli-Abkommen mit dem Deutschen Reich. Obwohl scharfer Gegner der in Österreich wachsenden großdeutschen Bestrebungen, traf S. nach Italiens Annäherung an das Deutsche Reich am 12. 2. 1938 mit A. →Hitler in Berchtesgaden Vereinbarungen, die der NSDAP in Österreich eine begrenzte Tätigkeit erlaubten. Um einen Anschluß an Deutschland zu verhindern, setzte S. aber am 9. 3. 1938 kurzfristig für den 13. 3. eine →Volksabstimmung an, um sich seine Politik bestätigen zu lassen, und setzte sie am 11. 3. 1938 wieder ab. Die Folgen waren ausgedehnte Unruhen und Demonstrationen. Am 11. 3. 1938 trat S. zurück und gab sein Amt für die Regierung →Seyß-Inquart frei. Er war nach dem →Anschluß von 1938–1945 inhaftiert, ging dann nach Italien, 1948 in die USA und lehrte bis

1967 in St. Louis Geschichte. Anschließend lebte er in Österreich. Er schrieb u. a. „Österreichs Erneuerung" (1935), „Dreimal Österreich" (1937), „Ein Requiem in Rot-Weiß-Rot" (1946) und „Im Kampf gegen Hitler" (1969, 1988).

B. Birk: Kanzler Schuschnigg, 1934. H. Sündermann: Wie deutsch bleibt Österreich?, 1970. A. Eichstädt: Von Dollfuß zu Hitler, 1955.

Schutzstaffel, →SS.

Schutztruppe, Kolonialstreitmacht. Die deutsche S. wurde 1891 in →Deutsch-Ostafrika, 1895 in →Deutsch-Südwestafrika und →Kamerun eingeführt. Als militärische, vom Reichsheer unabhängige Einheit diente sie in den deutschen Kolonien neben den dort eingesetzten Polizeikräften. Ihr Kommandeur unterstand dem Reichskolonialamt über den jeweiligen Gouverneur. Offiziere, Unteroffiziere und Beamte der S. waren Deutsche, in Deutsch-Südwest auch die Mannschaften, während in Deutsch-Ostafrika und Kamerun eingeborene Soldaten (→Askaris) dienten. Die Stärke der Schutztruppe belief sich um 1913 in Deutsch-Ostafrika auf 73 Offiziere, 210 weitere Weiße sowie 2500 Askaris, in Deutsch-Südwestafrika auf 120 Offiziere und 2000 deutsche Soldaten, in Kamerun auf 51 Offiziere, 150 weitere Weiße und 1300 Farbige, in Togo auf 2 Offiziere und 560 Farbige. Für Ostasien lag in →Kiautschou/China das III. Seebataillon, dem Reichsmarineamt unterstellt. Die S. hat in Deutsch-Südwestafrika beim →Herero- (1896, 1904) und →Hottentotten-Aufstand (1904–1909) sowie im 1. Weltkrieg gegen die völkerrechtswidrig die deutschen Kolonien angreifenden alliierten Truppen gekämpft, in Deutsch-Ostafrika hat sie sich unter General von →Lettow-Vorbeck bis Kriegsende 1918 halten können.

J. Schultz-Naumann: Unter Kaisers Flagge, 1985. K. Graudenz und H. M. Schindler: Die deutschen Kolonien, 1982. Reichs-Kolonial-Amt (Hrsg.): Der Krieg in den deutschen Schutzgebieten, 2 Bde., 1914/18. E. von Rudolf: Heldenkämpfe in unseren Kolonien, 1939. W. Haupt: Die deutsche Schutztruppe 1889–1918, 1989.

Schwäbische Türkei, volksdeutsches Gebiet in Ungarn. Die S. liegt zwischen Donau, Drau und Plattensee in Ungarn. Hier siedelten nach der Vertreibung der Türken im 18. Jahrhundert deutsche Bauern, vor allem Rheinfranken, in rund 230 Dörfern und bildeten einen Schwerpunkt der Volksdeutschen in Ungarn. Ein Teil von ihnen wurde nach 1945 vertrieben.

O. Faas: Deutsches Bauerntum im Bergland der Schwäbischen Türkei, 1936. P. E. Nasarski (Hrsg.): Wege und Wandlungen, Bd. 1, 1981. J. Weidlein: Die Deutschen in der Schwäbischen Türkei, 1956.

Schwarz, Franz Xaver, Reichsschatzmeister der NSDAP, * 27. 11. 1875 Günzburg, † 2. 12. 1947 Regensburg. Der Verwaltungsbeamte der Stadt München (1900–1924) trat 1922 der →NSDAP bei, wurde nach dem →Marsch auf die Feldherrnhalle entlassen und dann in der neugegründeten NSDAP 1925 Reichsschatzmeister. Ab 16. 9. 1931 vertrat er als „Generalbevollmächtigter des Führers" die NSDAP in allen Vermögenssachen. 1933 wurde er MdR sowie SA- und SS-Obergruppenführer, 1935 Reichsleiter. Seit 1934 hatte er die Leitung und Kontrolle der Finanzen aller Gliederungen der NSDAP. Er kam im alliierten Internierungslager bei Regensburg ums Leben. Nach seinem Tode wurde er 1948 von einer Münchener Spruchkammer als „Hauptschuldiger" eingestuft und sein Vermögen eingezogen.

Schwarze Front, Zusammenschluß um Otto Strasser. Nach seinem Austritt aus der →NSDAP (4. 7. 1930) gründete O. →Strasser die „Kampfgemeinschaft revolutionärer Nationalsozialisten", der sich sozialistische Gruppen (→Nationalbolschewisten) anschlossen und die sich bald als S. bezeichnete. Mit ihr sollten sozialistische Forderungen verwirklicht werden, nachdem Strasser A. →Hitler „Verrat am Sozialismus" vorgeworfen und die Devise ausgegeben hatte: „Die Sozialisten verlassen die NSDAP." Mit Hilfe der S. agitierte Strasser nach seiner Emigration ab 1933 aus Wien und Prag, später aus der Schweiz und ab 1941 aus Kanada gegen A. Hitler und bereitete Anschläge vor. Wirkungen erzielte er damit jedoch nicht.
R. Schapke: Die Schwarze Front, 1932. K. O. Paetel: Otto Strasser und die Schwarze Front der wahren Sozialismus, in: Politische Studien 8, 1957. R. Kühnl: Die nationalsozialistische Linke 1925–30, 1966.

Schwarze Hand (serbisch Crna Ruka), serbischer Geheimbund. Die 1911 gegründete S. hatte die Schaffung eines unabhängigen Großserbiens zum Ziel. Mit Hilfe und von Mitgliedern der S. wurde das Attentat vom 28. 6. 1914 auf den österreichischen Thronfolger Erzherzog Franz Ferdinand in →Sarajewo unternommen. Der Oberst im serbischen Generalstab Dimitrijević leitete die S., die auch von Rußland unterstützt wurde.
H. Bauer: Sarajewo, 1930. F. Würthle: Die Spur führt nach Belgrad, 1975.

„Schwarze Korps, Das", SS-Wochenzeitung. Mit dem Untertitel „Zeitung der Schutzstaffeln der NSDAP, Organ der Reichsführung SS" erschien die reich bebilderte Wochenzeitung ab 6. 3. 1935 jeden Donnerstag im →Eher-Verlag, Berlin. Hauptschriftleiter war Gunter d'Alquen, sein Stellvertreter Rudolf aus den Ruthen. Das Blatt vertrat die NS-Ideologie, griff jedoch auch parteiinterne Mißstände auf, weshalb es als „einzige oppositionelle Zeitung" in Deutschland bezeichnet wurde. In den letzten Kriegsjahren trat Das S. für eine gesamteuropäische Verteidigung gegen den Bolschewismus ein. 1944 hatte es eine Auflage von 750000, die letzte Nummer erschien am 12. 4. 1945. Ein Faksimile-Querschnitt mit der Geschichte des Blattes erschien um 1975.
H. Heiber und H. von Kotze: Facsimile Querschnitt Das Schwarze Korps, o. J.

Schwarze Propaganda, Verbreitung unzutreffender Behauptungen, die in Kriegszeiten die Wehrbereitschaft des Gegners herabsetzen oder die Unbeteiligte gegen eine kriegführende Partei einnehmen sollen. Im 1. und 2. Weltkrieg wurde diese Methode vor allem von englischen Stellen gegen Deutschland angewandt.
A. Ponsonby: Lügen in Kriegszeiten, 1930. H. Wanderscheck: Weltkrieg und Propaganda, 1935. S. Delmer: Die Deutschen und ich, 1962. E. Howe: Die schwarze Propaganda, 1983. H. Wendig: Richtigstellungen zur Zeitgeschichte, 1990. U. Walendy: Alliierte Kriegspropaganda 1914–1919, o. J.

Schwarze Reichswehr, militärische Verbände zur Umgehung der Bestimmungen des Versailler Diktats. In der Weimarer Republik wurde versucht, mehr als jene 100000 Mann unter Waffen zu halten, die das →Versailler Diktat der →Reichswehr erlaubte. Am 11. 9. 1919 wurde von militärischen Stellen das Zeitfreiwilligen-System begründet, das Soldaten für eine begrenzte Dauer und vor allem in Spannungsfällen mobilisierte. Es mußte 1920 auf Anordnung der Alliierten aufgegeben werden. 1921 organisierte der in Küstrin stationierte Major Ernst Buchrucker mit Billigung und Unterstützung der Reichswehr „Arbeitskommandos" hauptsächlich aus ehemaligen →Freikorpskämpfern und rechten Gruppen, die wegen ihres Charakters auch als S. bezeichnet wurden. Sie unterstanden dem Stabschef der 3. Reichswehrdivision, Oberst Fedor von →Bock, und hatten bald überall im Reich geheim übende Mitglieder. Sie wurden ausgebildet, schützten illegale Waffenlager, übernahmen Wachaufgaben an der deutsch-polnischen Grenze, beteiligten sich am →Ruhrkampf und nahmen an Übungen der Reichswehr teil. Am 1. 10. 1923 versuchte Buchrucker, der sich nach seiner Entlassung aus der Reichswehr nationalbolschewistischen Kreisen und später O. →Strasser anschloß, mit Hilfe der S. einen Putsch gegen die Reichsregierung (→Buchrucker-Putsch), der jedoch von der Reichswehr ver-

hindert wurde. Die „Arbeitskommandos" wurden darauf aufgelöst, die S. spielte von diesem Zeitpunkt an keine Rolle mehr.
F. L. Carsten: Reichswehr und Politik 1918–1933, 1964.

Schwarzer Freitag, Bezeichnung für den New Yorker Börsensturz am 25. 10. 1929 (ursprünglich für Freitag, den 24. 9. 1869). Nach Jahren des wirtschaftlichen Aufschwungs und einer Zeit hektischer Spekulationen bewirkten geringe Kursrückgänge in den USA panische Angstverkäufe, die die Kurse weiter drückten und nach kurzer Zeit einen Zusammenbruch der Börse an der Wallstreet bewirkten. Damit begann eine Weltwirtschaftskrise, die sich auch für Europa und Deutschland verheerend auswirkte.

Schwarze Schmach, Bezeichnung für die Anwesenheit farbiger französischer Besatzungssoldaten an Rhein und Ruhr 1918–1930. Die Beherrschung der deutschen Bevölkerung durch afrikanische Soldaten der französischen Besatzungsarmee (Neger, Annamiten, Marokkaner) in den ab 1919 besetzten Zonen des Rheinlandes wie im Ruhrgebiet wurde in allen Schichten Deutschlands als S. empfunden, zumal es auch zu zahlreichen Sittlichkeitsverbrechen der Farbigen kam (→Rheinlandbastarde).
Von Eberlein (Hrsg.): Schwarze am Rhein, 1921.

Schwarzmarkt (Schwarzer Markt), illegaler Verkauf oder Tausch bewirtschafteter oder preisgebundener Waren. Ein S. entsteht bei knappem Warenangebot, die S.-preise sind höher als die offiziellen. In der Ernährungs- und Wirtschaftsnot nach dem 2. Weltkrieg entwickelte sich in Deutschland, besonders in den großen Städten, bis zur Währungsreform 1948 ein blühender S. mit „Ersatzwährungen" (US-Zigaretten, Butter usw.) statt der geltenden Währung. Insbesondere viele deutsche Stadtbewohner konnten nur überleben, weil sie auf dem S. wertvolle Güter umsetzten. Die erste Nachkriegszeit wird daher auch S.-zeit genannt. Die alliierten Besatzungstruppen nahmen am S. lebhaft teil. Wegen der allgemeinen Not gingen die Behörden nicht energisch gegen den S. vor.

Schwarzmeerdeutsche, Volksdeutsche im südlichen Teil des europäischen Rußlands. Die Nachkommen der seit dem 18. Jahrhundert insbesondere unter Zarin Katharina II. und Zar Alexander I. in die Gebiete nördlich des Schwarzen Meers eingewanderten Deutschen wurden nach dem 1. Weltkrieg S. genannt. Von Bessarabien über die Krim bis zum Kaukasus

siedelten vor dem 1. Weltkrieg auf etwa 5 Mill. ha rund 550000 S., die nach dem 1. Weltkrieg von den Kommunisten enteignet und zu Beginn des →Rußlandfeldzugs zum Teil und dann bei zahlreichen Todesopfern nach Sibirien verschleppt wurden. 1943 wurden etwa 350000 S. in den Warthegau umgesiedelt, von denen 1945 nach dem Einmarsch der Roten Armee etwa 300000 gleichfalls nach Sibirien deportiert wurden. Neben den →Wolgadeutschen bildeten die S. einen Schwerpunkt der →Volksdeutschen in Rußland und der Sowjetunion.
K. Stumpp: Die deutschen Kolonien im Schwarzmeergebiet, 1922. J. Schleuning: Das Deutschtum in Sowjetrußland, 1927. K. Stumpp: Die Rußlanddeutschen, 1964. P. E. Nasarski (Hrsg.): Wege und Wandlungen, Bd. 1, 1981.

Schwarz-Rot-Gold, deutsche Farben. Nachdem ab 1806 die Farben S. von der Burschenschaft zum Sinnbild des deutschen Einigungswillens gemacht worden waren, wurden sie 1848 vom deutschen Bundestag vorübergehend zu den Bundesfarben erklärt. Die →Weimarer Verfassung von 1919 führte die Farben S., außer für die Handelsflagge, die weiterhin Schwarz-Weiß-Rot behielt, als →Reichsfarben ein. 1933 wurden sie wieder durch Schwarz-Weiß-Rot abgelöst. 1949 führten West- und Mitteldeutschland S. als ihre Staatsfarben ein.

„Schwarz-Rot-Gold", →„Reichsbanner Schwarz-Rot-Gold".

Schwarz-Weiß-Rot, deutsche Farben. Der Norddeutsche Bund wählte 1867 S. als Verbindung der Farben Preußens (Schwarz-Weiß) und der Hansestädte als Bundesfarben. Das Zweite Deutsche Kaiserreich behielt sie 1871–1919 als →Reichsfarben bei, auch als Farben der Kriegsflagge. Nach Inkrafttreten der →Weimarer Verfassung 1919 blieben S. die Farben der deutschen Handelsflagge, was 1926 den →Flaggenstreit auslöste. Die schwarzweiß-rote Marine-Flagge wurde danach durch eine schwarz-rot-goldene Gösch (Bugflagge) ergänzt. Nach dem Regierungsantritt A. →Hitlers wurden S. wieder die Reichsfarben durch Erlaß vom 12. 3. 1933. Das Reichsflaggengesetz vom 15. 9. 1935 bestimmte, daß S. die Reichsfarben waren, während die Hakenkreuzflagge die Reichs-, National- und Handelsflagge war. In den Farben S. waren im 3. Reich auch alle Kommandoflaggen der höheren Stäbe von Heer und Luftwaffe, die Flaggen des →RAD und alle aus der Hakenkreuzfahne entwickelten Flaggen der →NSDAP und ihrer Gliederungen gehalten. 1945 wurden die Farben S. verboten.

Schwerin von Krosigk, Johann Ludwig (Lutz) Graf, Reichsfinanzminister, * 22. 8. 1887 Rathmannsdorf/Anhalt, † 4. 3. 1977 Essen. Der Offizierssohn nahm nach dem Studium von Jura und Volkswirtschaft als Oberleutnant am 1. Weltkrieg teil. Ab 1920 war er Regierungsrat im Reichsfinanzministerium, 1929 wurde er dort Ministerialdirektor. 1925 erhielt er mit der Adoption durch Graf Alfred von Schwerin den Grafentitel. Vom 2. 6. 1932 bis 1945 war er Reichsfinanzminister unter →Papen, →Schleicher und A. →Hitler. In der Regierung →Dönitz wurde er Anfang Mai 1945 Chef der Geschäftsführenden Reichsregierung, in der er auch das Reichsaußen- und Reichsfinanzministerium leitete, bis er mit der ganzen Regierung am 23. 5. 1945 von den Alliierten verhaftet wurde. Im →Wilhelmstraßenprozeß erhielt er am 11. 4. 1949 zehn Jahre Haft, aus der er im Januar 1951 entlassen wurde. Er schrieb u. a. „Es geschah in Deutschland" (1951), „Die Zeit des großen Feuers" (1957–1959), „Staatsbankrott" (1975), „Memoiren" (1977) und „Die großen Schauprozesse" (1981).

Schwerter, Kurzform für →Ritterkreuz des Eisernen Kreuzes mit dem Eichenlaub mit Schwertern, deutscher Orden im 2. Weltkrieg. Die am 28. 9. 1940 von A. →Hitler gestifteten S. wurden insgesamt 159mal verliehen.
H. Doehle: Die Auszeichnungen des Großdeutschen Reiches, ⁴1943. K. G. Klietmann: Deutsche Auszeichnungen, 1957. H. G. Geeb und H. Kirchner: Deutsche Orden und Ehrenzeichen, 1958.

Schwertfeger, Bernhard, Historiker, * 23. 9. 1868 Aurich, † 13. 1. 1953 Neckargemünd. Der preußische Offizier (Oberst) war 1910–1914 Lehrer an der Kriegsakademie, 1916–1917 in der politischen Abteilung des Generalgouvernements Belgien. Ab 1919 war er im Untersuchungsausschuß der →Nationalversammlung und des Reichstags „Die Ursachen des deutschen Zusammenbruchs im Jahre 1918" tätig und befaßte sich mit der Erforschung der Kriegsursachen. 1926 wurde er Dozent an der TH Hannover und lehrte ab 1929 auch in Göttingen. Er schrieb u. a. „Der Fehlspruch von Versailles" (1921), „Der Weltkrieg der Dokumente" (1929), „Das Weltkriegsende" (1936), „Kriegsgeschichte und Wehrpolitik" (1938), „Im Kampf um den Lebensraum" (1940).

SD, Abkürzung für →Sicherheitsdienst des Reichsführers SS.

SdP, Abkürzung für →Sudetendeutsche Partei.

Sedantag, Festtag im Zweiten Deutschen Reich. Zur Erinnerung an die kriegsentscheidende Schlacht bei Sedan, in der die preußische 3. Armee unter dem Kronprinzen (späteren Kaiser Friedrich III.) und die 4. Armee unter Kronprinz Albert von Sachsen die französischen Truppen unter Marschall MacMahon am 1. 9. 1870 besiegten und einschlossen, am 2. 9. 1870 zur Kapitulation zwangen und dabei auch Kaiser Napoleon III. gefangennahmen, wurde im Deutschen Kaiserreich jährlich, vor allem in den Schulen und Kriegervereinen, der S. gefeiert.

Seebohm, Hans Christoph, * 4. 8. 1903 Emanuelsegen bei Kattowitz, † 17. 9. 1967 Bonn. Seine Vorfahren stammten aus dem Egerland, wo er auch seine Jugend verbrachte. Der Bergassessor war Mitbegründer der Deutschen Partei, 1946–1951 Mitglied des Niedersächsischen Landtags und Arbeitsminister, seit 1949 Mitglied des Bundestages und von 1949–1966 Bundesverkehrsminister. Er galt als international anerkannter Verkehrsfachmann. 1959 wurde er Sprecher der Sudetendeutschen Landsmannschaft. S. widersetzte sich allen Bestrebungen, das →Münchener Abkommen für nichtig zu erklären. Er war einer der entschiedensten Kämpfer für das →Selbstbestimmungsrecht der Deutschen insgesamt und forderte wiederholt die „Rückgabe der geraubten Sudetengebiete an die Volksgruppe".
A. Predöhl (Hrsg.): (Festschrift) Verkehr, 1963.

Seeckt, Hans von, Generaloberst, * 22. 4. 1866 Schleswig, † 27. 12. 1936 Berlin. Der Offizierssohn war im 1. Weltkrieg (ab 1915 Generalmajor) Chef des Generalstabs des III. Armeekorps, der 11. Armee unter →Mackensen, der Heeresgruppe Mackensen, 1916/17 der Heeresgruppen Erzherzog Karl und Erzherzog Joseph, 1918 des türkischen Heeres. 1919 leitete er das Oberkommando Nord des Grenzschutzes Ost. Von März 1920 (Kapp-Putsch) bis Oktober 1926 war er Chef der Heeresleitung der →Reichswehr, die er entscheidend prägte („Schöpfer der Reichswehr") und zu einer Kader- und Elitetruppe formte. Vom 8. 11. 1923 bis 28. 2. 1924 war er in den Bürgerkriegswirren vom Reichspräsidenten mit der vollziehenden Gewalt betraut, die er wieder zurückgab. Mit →Schwarzer Reichswehr und Ausbildung deutscher Offiziere an neuen Waffen in Rußland umging er Bestimmungen des →Versailler Diktats. 1926 mußte er auf linken Druck gehen, weil die Teilnahme eines Hohenzollern-Prinzen an einem Manöver zugelassen hatte. 1930–1932 war S. MdR der DVP, 1934/35 Militärberater in China. Nur dank der von ihm hervorragend ausgebildeten Reichswehr konnte ab 1935 die deutsche Wehrmacht so schnell aufgebaut werden. S. schrieb u. a. „Gedanken eines Soldaten" (1929), „Zukunft des Reiches" (1929), „Landesverteidigung" (1930), „Moltke" (1931), „Deutschland zwischen Ost und West" (1933), „Aus meinem Leben 1866–1917" und „Aus meinem Leben 1918–1936" (1938/40 herausgegeben von F. von Rabenau).

H. Meier-Welcker: Seeckt, 1967, 1980. K. Guske: Das politische Denken des Generals von Seeckt, Diss., Berlin 1971. H. H. Grote: Seeckt, 1937. E. von Schmidt-Pauli: General von Seeckt, 1937.

Seekriegsleitung, Kommandobehörde der deutschen Kriegsmarine. Die S., die für die deutsche Seekriegführung verantwortlich war, wurde im August 1918 im →Großen Hauptquartier unter Admiral R. →Scheer gebildet und konnte deshalb im 1. Weltkrieg kaum noch wirksam werden. Sie hat lediglich noch für Ende Oktober 1918 das Auslaufen der deutschen Hochseeflotte geplant, wodurch Matrosenmeutereien in den Ost- und Nordseehäfen ausgelöst wurden. Im 2. Weltkrieg war die S. anstelle eines Admiralstabs die oberste Führungsstelle der Kriegsmarine.

W. Rahn und G. Schreiber (Hrsg.): Kriegstagebuch der Seekriegsleitung, 12 Bde., 1989.

Seelöwe, Unternehmen, deutsche Planung der Besetzung Englands 1940. A. →Hitler verfolgte auch nach der englischen Kriegserklärung vom 3. 9. 1939 weiter die Absicht, mit den Briten zu einer Verständigung zu kommen. Deshalb schlug er nach dem deutschen Sieg in Polen deutsch-englische Verhandlungen zur Beendigung des Krieges vor, darum ließ er die geschlagenen englischen Truppen im Mai 1940 bei Dünkirchen über den Kanal entkommen, und deshalb machte er nach der Niederlage Frankreichs erneut ein Friedensangebot. Als England es schroff zurückwies, befahl A. Hitler mit der →Weisung Nr. 16 vom 16. 7. 1940 die Vorbereitung für das Unternehmen „S.", um England „als Basis für die Fortführung des Krieges gegen Deutschland auszuschalten und, wenn es erforderlich werden sollte, in vollem Umfang zu besetzen". Nach Planungen sollten 24 deutsche Divisionen unter Generalfeldmarschall Gerd von →Rundstedt von Nordfrankreich aus übersetzen, vor allem im Bereich Dover–Beachy Head sowie bei Brighton. Da die →Luftschlacht um England ab 13. 8. 1940 nicht den erwünschten Erfolg brachte, wurde „S." zunächst bis 21. 9. 1940, dann bis zum Frühjahr 1941 verschoben. Der →Rußlandfeldzug machte weiteren Planungen zu „S." ein Ende.

W. Hubatsch: Hitlers Weisungen für die Kriegführung 1939–1945, 1962. K. Klee: Unternehmen „Seelöwe", 2 Bde., 1958/59. T. Weber: Die Luftschlacht um England, 1956. P. Schenk: Landung in England, 1988. E. Kieser: „Unternehmen Seelöwe", 1987. R. Wheatley: Operation Seelöwe, 1958.

Seipel, Ignaz, Prof. Dr. theol., österreichischer Bundeskanzler, * 19. 7. 1876 Wien, † 2. 8. 1932 Pernitz/Niederösterreich. Der Theologe promovierte 1903 und habilitierte sich 1908 in Wien und war ab 1909 Professor in Salzburg, ab 1917 in Wien. Von Oktober 1918 bis November 1918 war er Minister für Soziales, ab 1919 christlich-sozialer Abgeordneter in der Konstituierenden Nationalversammlung, dann im Nationalrat (1920–1932), 1920–1929 Obmann der →Christlichsozialen Partei. 1921 wurde er Prälat. S. war 1922–1924 und 1926–1929 österreichischer Bundeskanzler einer bürgerlichen Koalitionsregierung. 1922 erreichte er mit den →Genfer Protokollen eine Völkerbundanleihe und eine Linderung der österreichischen Wirtschaftsnot. Er bekämpfte die Sozialdemokraten, förderte die →Heimwehren und ständestaatlichen Bestrebungen sowie den →Anschluß an das Deutsche Reich. Am 1. Juni 1924 wurde er durch ein Attentat schwer verwundet. Im Herbst 1930 war S. für kurze Zeit Außenminister unter Vaugoin. Er schrieb u. a. „Die wirtschaftsethischen Lehren der Kirchenväter" (1907), „Nationalitätenprinzip und Staatsgedanke" (1915), „Nation und Staat" (^{2}1930), „Soziale Frage und soziale Arbeit" (1917), „Die geistigen Grundlagen der Minderheitenfrage" (1925), „Der Kampf um die österreichische Verfassung" (1930), „Der christliche Staatsmann" (1931).

W. Thormann: Ignaz Seipel, 1932. R. Blüml: Ignaz Seipel, 1955. E. K. Winter: Seipel als dialektisches Problem, 1966. V. Reimann: Zu groß für Österreich, 1968. K. von Klemperer: Ignaz Seipel, 1976. F. Rennhofer: Ignaz Seipel, 1978. U. Daniel: Ignaz Seipel im Spiegel der österreichischen Presse, Diss., Graz 1980. R. Schmitz: Ignaz Seipel, 1946. G. Ladner: Seipel als Überwinder der Staatskrise vom Sommer 1922, 1964.

Seitz, Karl, österreichischer Politiker, * 4. 9. 1869 Wien, † 3. 2. 1950 Wien. Der sozialdemokratische Lehrer in Wien, maßgeblich mit Schulreform und Bildungsfragen befaßt, war ab 1901 Mitglied des österreichischen Reichsrats, ab 1902 auch des Niederösterreichischen Landtags. Von Oktober 1918 bis Februar 1919 war S. als ein Führer der österreichischen Sozialdemokraten einer der drei Präsidenten der Provisorischen Nationalversammlung sowie 1919/20 Erster Präsident der Konstituierenden Nationalversammlung und mit den Aufgaben des Staatsoberhaupts betraut. 1920–1934 gehörte S. dem Nationalrat an, führte dort die

Fraktion seiner Partei, war als Nachfolger →Adlers Vorsitzender der SPÖ bis 1934 und von 1923–1934 Bürgermeister von Wien. Im Februar 1934 wurde er von →Dollfuß seines Amtes enthoben und zeitweise inhaftiert, nach dem 20. 7. 1944 kam er erneut in Haft. 1945 wurde er Ehrenvorsitzender der SPÖ und war Nationalratsabgeordneter bis zu seinem Tode. Er schrieb „Volksschule oder Pfaffenschule" (1917) und „Die Schmach von Genf und die Republik" (1922).

A. Tesarek: Karl Seitz, 1964. R. Neck: Karl Seitz, 1975. G. Wondrach: Karl Seitz als Schulpolitiker, Diss. Wien 1978. R. Neck: Karl Seitz, 1982.

Seitz, Theodor, Dr., Kolonialstatthalter, * 12. 9. 1863 Seckenheim/Mannheim. Der Kolonialbeamte wurde 1907 deutscher Gouverneur von →Kamerun und 1910 von →Deutsch-Südwestafrika, das er als Oberbefehlshaber der deutschen →Schutztruppe mit deren Kommandeur, Oberstleutnant Franke, gegen südafrikanische Truppen verteidigte, bis er am 9. 7. 1915 unter ehrenvollen Bedingungen bei Tsumeb vor dem südafrikanischen General Botha kapitulieren mußte. Er schrieb „Südafrika im Weltkrieg" (1920) und „Vom Aufstieg und Niederbruch deutscher Kolonialmacht" (3 Bände, 1927–1929).

K. Graudenz und H. M. Schindler: Die deutschen Kolonien, 1982.

Selbstauflösung der Parteien, das Ende zahlreicher deutscher Parteien 1933. Nach der Machtübernahme A. →Hitlers und dem wachsenden Einfluß seiner Bewegung nach den Reichstagswahlen am 5. 3. 1933 und unter dem allgemeinen Eindruck, daß die Parteien sich überlebt hätten, lösten sich die meisten deutschen Parteien selbst auf, insbesondere der →Bayerische Bauernbund (BB) Anfang April 1933, die →Reichspartei des Deutschen Mittelstandes – Wirtschaftspartei am 13. 4., die →Deutschnationale Volkspartei (DNVP) am 27. 6., die →Deutsche Staatspartei (DSTP, vorher →Deutsche Demokratische Partei, DDP) am 28. 6., der →Christlich-Soziale Volksdienst (CSVD) und die →Deutsch-Hannoversche Partei (DHP) am 1. 7., die →Bayerische Volkspartei (BVP) am 3. 7., die →Deutsche Volkspartei (DVP) am 4. 7. und das →Zentrum (Z) am 5. 7. 1933. Die →Kommunistische Partei Deutschlands (KPD) war bereits am 5. 3. 1933, die →Sozialdemokratische Partei Deutschlands (SPD) am 22. 6. 1933 verboten worden. Die Bildung neuer Parteien wurde mit einem Gesetz vom 14. 7. 1933 untersagt, so daß ab Juli 1933 nur noch die →NSDAP bestand.

Selbstbestimmungsrecht der Völker, das Recht von Völkern oder Volksgruppen, über ihre innerstaatliche Ordnung, vor allem die Zugehörigkeit zu einem Staat, selbst zu entscheiden. Das S. entwickelte sich aus dem Nationalstaatsgedanken des 19. Jahrhunderts. US-Präsident Wilson verkündete es am 4. 7. 1918 in Mount Vernon in Ergänzung seiner →„14 Punkte" vom Januar 1918 als Grundlage der vorzunehmenden Neuregelung in Europa. Im →Versailler Diktat von 1919 wurde das S. jedoch nur einseitig zugunsten von Polen, Tschechen, Rumänen oder Serben ausgelegt, Deutschland und Österreich mußten hingegen unter Verletzung des S. die Abtretungen großer Gebiete hinnehmen: Elsaß-Lothringen, Südtirol, Südsteiermark, Sudetenland, Westpreußen und Posen, Memelgebiet, Danzig. Gegen das S. wurde 1919 der von Österreich und dem Deutschen Reich vereinbarte Zusammenschluß verboten. Die unter Berufung auf das S. 1919/21 angesetzten →Volksabstimmungen in Grenzgebieten wurden unkorrekt vorgenommen (Eupen-Malmedy, Nordschleswig, Burgenland) oder nicht berücksichtigt (Ostoberschlesien). Die Zusage von Minderheitenschutz für die unter fremde Herrschaft geratenen Deutschen wurde nicht gehalten. Hingegen kamen nach dem S. 1935 das Saarland, 1938 Österreich und das Sudetenland, 1939 das Memelland ohne Blutvergießen an das Reich zurück, nach Kriegsausbruch ab 1939 die übrigen 1919 geraubten Gebiete. 1945 wurde das S. der Deutschen durch Vertreibungen und Abtretungen erneut mißachtet, obwohl es von der UNO in ihre Charta aufgenommen worden war.

Wetz: Das Selbstbestimmungsrecht der Völker in den Friedensverträgen von Versailles und St.-Germain, 1929. D. Blumenwitz: Die Ostverträge im Lichte des internationalen Vertragsrechts, 1982. R. Arzinger: Das Selbstbestimmungsrecht im allgemeinen Völkerrecht der Gegenwart, 1966. B. Meissner (Hrsg.): Das Selbstbestimmungsrecht der Völker in Osteuropa und China, 1968. F. Ermacora: Menschenrechte und Selbstbestimmung, 1980. W. Heidelmeyer: Das Selbstbestimmungsrecht der Völker, 1973. K. Rabl: Das Selbstbestimmungsrecht der Völker, ²1973. W. Burckhardt: Über das Selbstbestimmungsrecht der Völker, 1919. H. Raschhofer: Das Selbstbestimmungsrecht, 1960.

Selbstopfer-Männer (SO-Männer), freiwillige Flieger, die sich beim Angriff selbst ins Ziel stürzten. Gegen Kriegsende meldeten sich freiwillig deutsche Piloten, die ihre Maschine auf feindliche Ziele steuerten und sich damit selbst opferten. SO-Angriffe gab es etwa am 17./19. 4. 1945, wobei sich Flieger mit Ju 87, Ju 88, He 111 und Fw. 190 auf Oderbrücken stürzten, um den Sowjets den Nachschub abzuschneiden. SO-Rammeinsätze deutscher Jäger fanden auch gegen alliierte Bomberverbände statt, so am 7. 4. 1945 im Gebiet des Steinhuder Meers.

A. Rose: Radikaler Luftkampf, 1977. G.W. Gellermann: Moskau ruft Heeresgruppe Mitte . . ., 1988. G. Bracke: Die Einzelkämpfer der Kriegsmarine, 1981. M. Grabatsch: Torpedoreiter, 1979.

Selbstschutz, Wehrverband. Nach dem militärischen Zusammenbruch von 1918 wurden Verbände des S. in ostdeutschen Gebieten (Schlesien, Westpreußen) von einheimischen deutschen Zivilisten aufgestellt, um kommunistische Aufstände zu verhindern und die deutsche Ostgrenze gegen polnische Angriffe zu schützen. Die Einwohnerwehren bewirkten beispielsweise 1920/21 in Schlesien (Oberschlesischer S.), daß die drohende Besetzung durch polnische Insurgenten verhindert und die →Volksabstimmung am 20. 3. 1921 durchgeführt werden konnte. Ein S. aus Volksdeutschen bildete sich auch 1939 in den von Polen annektierten deutschen Ostgebieten, um Übergriffe der Polen gegen Deutsche zu verhindern. Nach Abschluß der Kämpfe löste H. →Himmler diesen S., der rund 45000 Angehörige besaß, zum 30. 11. 1939 auf.

G. Körner: Selbstschutz in Oberschlesien 1921, 1981.

Selbstversenkung, Versenkung eigener Schiffe, um sie dem Gegner nicht in die Hände fallen zu lassen. Eine S. deutscher Schiffe gab es sowohl nach dem 1. wie nach dem 2. Weltkrieg. Am 21. 6. 1919 wurden 72 Schiffe der deutschen Kriegsflotte im Hafen von →Scapa Flow unter Konteradmiral Ludwig von →Reuter durch Fluten der Ventile versenkt. Am 2./3. 5. 1945 wurden in den deutschen Häfen sowie in der Ostsee die deutschen Kreuzer „Admiral Hipper", „Lützow" und „Emden", 118 U-Boote und viele andere Schiffe durch S. dem Gegner entzogen.

L. von Reuter: Scapa Flow, das Grab der deutschen Flotte, 1921. H. Pemsel: Seeherrschaft, Bd. 2, 1985.

Selbstversorger, bei der →Rationierung von Lebensmitteln im und nach dem 2. Weltkrieg Personen, die sich aus eigener Erzeugung – wie die Landwirte – weitgehend selbst versorgten. Sie brauchten deswegen keine Lebensmittelzuteilungen. Teils. erhielten geringere Zuteilungen als die →Normalverbraucher.

Selchow, Bogislaw Freiherr von, Dr. phil., Dichter, * 4. 7. 1877 Köslin, † 6. 2. 1943 Berlin. Der Marineoffizier (ab 1900) schied 1919 als Fregattenkapitän aus dem Dienst aus, studierte in Berlin und Marburg und organisierte dort nationale Wehrverbände; 1920–1922 war er →Orgesch-Führer von Westdeutschland. Ab 1923 widmete er sich ganz dem Schreiben.

Seine Werke sind von der Absicht getragen, den Stolz auf die preußisch-deutsche Geschichte und die Verbundenheit mit der Heimat zu stärken. Veröffentlicht hat er u. a. „Weltkrieg und Flotte" (1918), „Deutsche Gedanken" (1920), „Von Trotz und Treue" (1921), „Der Ruf des Tages" (1922), „Kampf um das Posener Erzbistum" (1923), „Unsere geistigen Ahnen" (1927), „An der Schwelle des vierten Zeitalters" (1930), „Wächter der Schwelle" (1930), „Die Not unseres Rechts" (1932), „Der deutsche Mensch" (1933), „Der Glaube in der deutschen Ichzeit" (1933), „Zwei Jahrtausende deutscher Geschichte" (1933), „Der bürgerliche und der heldische Mensch" (1934), „Deutsche Köpfe im Zeitalter Friedrichs d. Gr." (1936), „Hundert Tage aus meinem Leben" (1937).

Seldte, Franz, Stahlhelmführer und Reichsminister, * 29. 6. 1882 Magdeburg, † 1. 4. 1947 Fürth. Nach dem Chemiestudium leitete S. die Fabrik seines Vaters, wurde 1916 als Hauptmann schwer verwundet (Verlust eines linken Unterarms) und gründete am 13. 11. 1918 den Wehrverband „Der →Stahlhelm. Bund der Frontsoldaten", dessen Bundesführer er (ab 1924 mit Th. →Duesterberg) wurde. S. lehnte die →Weimarer Republik ab, arbeitete mit rechten Parteien zusammen und war am Kampf gegen den →Young-Plan 1929 wie an der →Harzburger Front 1931 mit dem Stahlhelm beteiligt. Vom 30. 1. 1933 bis 1945 war Reichsarbeitsminister, NSDAP-Mitglied seit 27. 4. 1933, 1933–1945 MdR, daneben von März 1933 bis Juli 1934 Reichskommissar für den →Freiwilligen Arbeitsdienst. Er ließ den Stahlhelm in die →SA überführen, wurde im August 1933 SA-Obergruppenführer und leitete 1934/35 den →NS-Deutschen Frontkämpferbund. 1935 nahm A. →Hitler ein Rücktrittsgesuch von ihm als Minister nicht an. S. hatte aber über sein Ressort hinaus keinen Einfluß. Von den Alliierten 1945 verhaftet, sollte S. angeklagt werden, starb jedoch vorher in US-Haft. Er schrieb u. a. die Kriegstagebücher „M. G. K." (1929), „Dauerfeuer" (1931) und „Vor und hinter den Kulissen" (1931), „Sozialpolitik im Dritten Reich" (1939).

W. Kleinau (Hrsg.): Franz Seldte, 1933. V. Berghahn: Der Stahlhelm, 1966. W. Kleinau: Soldaten der Nation, 1933.

Separatismus, Bestrebungen zur Abtrennung des Rheinlands vom Reich 1919–1924. Neben der antipreußischen Bewegung des rheinischen Zentrums und anderer Parteien zur Bildung eines rheinischen Bundesstaates im Reichsverband versuchte der S. ab 1919 mit französischer und belgischer Hilfe, das Rheinland ganz vom Reich zu trennen und dort einen Frankreich hörigen Pufferstaat zu bilden. Führer des S. waren der Staatsanwalt Dr. A. Dorten, der Chemiker Haas, der Journalist Josef Matthes, der Führer der „Rheinisch-Republikanischen Volkspartei" J. Smeets (vorher SPD) sowie Franz Joseph Heinz aus Orbis. Erste Versuche zur Abtrennung scheiterten 1919, weitere wurden besonders 1923 unternommen. Im Mai 1923 wurde ein Separatisten-Putsch in Trier von Polizei und Bevölkerung niedergeschlagen. Am 30. 9. 1923 paradierte Matthes' bewaffneter „Rheinlandschutz" mit französischen Truppen in Düsseldorf, wobei es zahlreiche Tote gab. Am 21. 10. 1923 wurde in Aachen von Leo Deckers die „Rheinische Republik" ausgerufen. Die Separatisten besetzten dann Düren, Krefeld, Mönchengladbach und Duisburg. Am 22. 10. 1923 wurde auch in Bonn, Wiesbaden und Mainz von Dr. Dorten und Matthes die „Rheinische Republik" ausgerufen, die am 26. 10. 1923 vom französischen Oberkommandierenden anerkannt wurde. Die Separatisten besetzten Koblenz, Trier, Bingen, Rüdesheim und Worms, nach Widerstand auch Andernach und Düsseldorf, teilweise unter dem Schutz französischer Truppen. In Limburg konnte Ende November 1923 die Bürgerwehr die Besetzung der Stadt durch Separatisten verhindern. Am 15./16. 11. 1923 schlugen Bauern eine über 1000 Mann starke Separatistengruppe im Siebengebirge in die Flucht. Am 22. 11. 1923 stürmten Bauern die Stadt Wittlich in der Eifel und vertrieben die Separatisten, die danach das Rheinland verließen und in die Pfalz zogen, wo am 12. 11. 1923 Heinz-Orbis in Speyer die „Autonome Pfalzregierung" ausgerufen hatte, die von der Internationalen Rheinlandkommission anerkannt wurde. Am 9. 1. 1924 wurde Heinz in Speyer in einem Gasthaus erschossen, sein Nachfolger Bley fand ebensowenig Anklang bei der Bevölkerung. Die Pirmasenser Bevölkerung stürmte am 12. 2. 1924 das Bezirksamt und erschlug die dort residierenden Separatisten. Am 15. 2. 1924 mußte Bley daraufhin zurücktreten, und der S. verschwand, mit ihm seine grün-weiß-rote Fahne und eigene Währung. Versuche französischer Banken zur Errichtung einer rheinischen Währungsbank scheiterten ebenso wie Bestrebungen Kölner Bankkreise und des „Fünfzehner-Ausschusses" unter Oberbürgermeister K. →Adenauer, im Spätherbst 1923 einen Sonderstatus (Rheinstaat) für das Rheinland innerhalb des Reiches einzurichten. Gegen massive französische und belgische Einflußnahme, Geld- und Truppeneinsatz hat die rheinische Bevölkerung, geführt von Patrioten wie Hans

→Steinacher, den S. abgewehrt und mit vielen Todesopfern den Sieg der Landesverräter verhindert.

Fr. Grimm: Frankreich am Rhein, 1931. A.-H. Jacob: Das Ende des Separatismus in Deutschland, 1940. F. Brüggemann: Die Rheinische Republik, ²1956. K. D. Erdmann: Adenauer in der Rheinpolitik nach dem 1. Weltkrieg, 1966. E. Bischoff: Rheinischer Separatismus 1918–1924, 1969. H. Köhler: Adenauer und die rheinische Republik, 1986. M. Süss: Rheinhessen unter französischer Besatzung, 1988. M. Springer: Loslösungsbestrebungen am Rhein, 1924. P. Klein: Separatisten an Rhein und Ruhr, 1961. E. Bischoff: Rhein-Separatismus 1918–1924, 1969.

Serbienfeldzüge, österreichisch-deutsche Besetzung Serbiens 1914–1916. Nach Kriegsbeginn drangen ab 12. 8. 1914 die österreichische 5. (Frank), 6. (Potiorek) und 2. (Boehm-Ermolli) Armee mit 300000 Mann nach Serbien ein, wurden jedoch von den Serben bis zum 21. 8. 1914 zurückgeschlagen, die ab 6. 9. 1914 in Bosnien und Syrmien einfielen. Eine zweite österreichische Offensive, wieder unter Potiorek, brachte Siege und am 2. 12. 1914 die kurzfristige Besetzung von Belgrad. Am 7. 10. 1915 drangen die österreichische 3. Armee (→Mackensen) und die deutsche 11. Armee (→Gallwitz) erneut gegen Serbien vor und eroberten am 9. 10. 1915 Belgrad. Ab 15. 10. 1915 griffen auch die Bulgaren Serbien an. Die Serben wurden am Amselfeld ab 20. 11. 1915 schwer geschlagen, Teile ihrer Truppen entkamen nach Albanien und rund 50000 Mann von dort auf die Insel Korfu, nachdem die Österreicher im Januar 1916 auch große Gebiete Albaniens besetzt hatten. Dieser zweite der S. kostete die Serben 94000 Tote und 174000 Gefangene, die Deutschen 12000, die Österreicher 18000, die Bulgaren 37000 Gefallene.

H. Stegemann: Geschichte des Krieges, Bd. 3, 1919.

Severing, Carl, Reichsminister, * 1. 6. 1875 Herford, † 23. 7. 1952 Bielefeld. Der Arbeitersohn wurde Schlosser, trat 1893 der SPD bei, war ab 1901 Gewerkschaftsfunktionär, ab 1902 Geschäftsführer des Metallarbeiterverbandes in Herford, 1905–1924 Stadtverordneter in Bielefeld, 1907–1912 MdR der SPD, 1919 Mitglied der Nationalversammlung, 1920–1933 wieder MdR, 1921–1933 auch MdL in Preußen. 1919/20 konnte S. als Reichskommissar für das Ruhrgebiet und Westfalen einen Bergarbeiterstreik beenden und ließ nach dem →Kapp-Putsch die „Rote Armee" und den Kommunisten-Aufstand im Ruhrgebiet durch →Reichswehr und →Freikorps niederschlagen. 1920/21, 1921–1926 und vom Oktober 1930 bis 20. 7. 1932 war er preußischer Innenminister sowie vom Juni 1928 bis März 1930 Reichsinnenminister im Kabinett →Müller. Mit Ministerpräsident →Braun (SPD) war S. die führende Persönlichkeit der preußischen Regierung in der →Weimarer Republik. 1932 nahm er, wie auch Braun, den →„Preußenschlag" →Papens ohne Widerstand hin. Er stärkte die preußische Polizei und förderte das →Reichsbanner Schwarz-Rot-Gold. Im 3. Reich hat sich der pensionierte S. von der Politik völlig zurückgehalten. Ab 1946 war er Bezirksvorsitzender der SPD in Ostwestfalen, 1947–1952 MdL in Nordrhein-Westfalen, 1946–1948 Chefredakteur der „Freien Presse" in Bielefeld. Er schrieb „Im Wetter- und Watterwinkel" (1927) und „Mein Lebensweg" (2 Bde. 1950).

H. Menzel: Carl Severing, 1932. H. Menzel: Carl Severing und der 20. 7. 1932, 1957.

Sèvres, Diktat von, Friedensvertrag zwischen den Alliierten und der Türkei 1920. Am 10. 8. 1920 wurde im Pariser Vorort S. als letzter der Pariser →Vorortverträge das Diktat von S. von den Alliierten und der Türkei unterzeichnet, die im 1. Weltkrieg auf deutsch-österreichischer Seite gekämpft hatte. Die Türkei mußte große Gebiete abtreten: Thrazien und das Hoheitsrecht im Bereich von Smyrna an Griechenland; Armenien wurde selbständig; Syrien und Kilikien erhielt Frankreich als Völkerbundsmandat, Mesopotamien und Palästina kamen unter britische Verwaltung. Als Einflußzone erhielt Frankreich Südkurdistan, Italien das südwestliche Anatolien. Die Meerengen kamen unter internationale Verwaltung. Das Diktat löste wesentlich den türkisch-griechischen Krieg 1921/22 mit aus. Es wurde schon 1923 durch den Frieden von Lausanne ersetzt, in dem die unter Kemal Pascha Atatürk emporstrebende Türkei bessere Bedingungen erhielt.

W. Padel: Der Vertrag von Sèvres, 1921.

Seydlitz-Kurzbach, Walther von, General, * 22. 8. 1888 Hamburg, † 28. 4. 1976 Bremen. Der Offizierssohn trat 1908 ins Heer ein, war im 1. Weltkrieg Offizier der Artillerie und 1920–1929 Batteriechef der →Reichswehr in Schwerin. 1930–1933 wurde S. im Reichswehrministerium verwendet, anschließend als Regimentskommandeur in Verden. Als Generalmajor führte er 1940 in Frankreich die 12. Infanterie-Division und erhielt am 15. 8. 1940 das →Ritterkreuz, im Rußlandfeldzug am 31. 12. 1941 das →Eichenlaub. Mit der eigens gebildeten Gruppe S. zeichnete er sich im Februar 1942 bei der Öffnung des Kessels von →Demjansk aus. Mit einem Armeekorps der 6. Armee erreichte er im September 1942 in Stalingrad das Wolgaufer. Ab Ende November 1942 riet er zum Ausbruch aus dem eingeschlossenen →Stalingrad, was der Armeeoberbefehls-

haber Paulus gegen A. →Hitlers Befehl nicht wagte. Am 25. 1. 1943 stellte S. den Kampf in Stalingrad ein und ging am 31. 1. 1943 in sowjetische Gefangenschaft. Dort rief er ab September 1943 als Präsident des →Bundes deutscher Offiziere und als Vizepräsident des →Nationalkomitees „Freies Deutschland" zum Sturz A. Hitlers und zur Einstellung des Krieges auf, lehnte es aber ab, sich als Kommunist zu bekennen. Vom Reichsgericht wurde S. im April 1944 in Abwesenheit zum Tode verurteilt, ebenso von den Sowjets 1950, nachdem er es nach Kriegsende abgelehnt hatte, mit dem Regime der Sowjetzone zusammenzuarbeiten. Dann zu 25 Jahren Haft begnadigt, wurde S. am 7. 10. 1955 nach Westdeutschland entlassen. Er schrieb „Stalingrad – Konflikt und Konsequenz" (1977).

H. Martens: General von Seydlitz 1942–45, 1971.

Seyß-Inquart, Arthur, Dr. jur., österreichischer Bundeskanzler, Reichsminister, * 22. 7. 1892 Stannern/Mähren, † 16. 10. 1946 Nürnberg. Der Jurist war ab 1921 in Wien als Rechtsanwalt tätig und gehörte nationalen Gruppen (Deutsche Gemeinschaft, Deutscher Klub, Steirischer Heimatschutz u. a.) an. Er war in dieser Zeit nicht Mitglied der →NSDAP, jedoch großdeutsch eingestellt. Im Juni 1937 wurde er von →Schuschnigg zum Staatsrat als Regierungsmitglied ernannt und diente als Verbindungsmann zu den Nationalsozialisten. Nach dem →Berchtesgadener Abkommen vom 12. 2. 1938 wurde S. Bundesminister des Innern und damit Chef der österreichischen Polizei. Nach Schuschniggs Rücktritt am 11. 3. 1938 wurde er vom Bundespräsidenten →Miklas zum Bundeskanzler berufen, als der er dem Anschluß Österreichs an Deutschland zustimmte. Am 15. 3. 1938 wurde S. Reichsstatthalter von Österreich (bis 30. 4. 1939) und SS-Gruppenführer, am 1. 5. 1939 Reichsminister ohne Geschäftsbereich. Von Oktober 1939 bis Mai 1940 war er Stellvertreter des →Generalgouverneurs in Polen und Verwaltungschef von Südpolen. Ab 18. 5. 1940 wurde S. →Reichskommissar der besetzten Niederlande. In A. →Hitlers Testament vom 29. 4. 1945 war er als Reichsaußenminister vorgesehen. 1945 von kanadischen Truppen gefangengenommen, wurde S. in →Nürnberg als Hauptkriegsverbrecher angeklagt, am 1. 10. 1946 zum Tode verurteilt und gehängt.

H. J. Neumann: Arthur Seyß-Inquart, 1970. W. Rosar: Deutsche Gemeinschaft, Seyß-Inquart und der Anschluß, 1971. U. Eichstädt: Von Dollfuß zu Hitler, 1955. K. Kwiet: Reichskommissariat Niederlande, 1968.

SHD, Abkürzung für →Sicherheits- und Hilfsdienst.

Sichelschnittplan, Bezeichnung für den deutschen Angriffsplan 1939/40 gegen Frankreich. Die auf →Churchill zurückgehende spätere Bezeichnung umreißt das wesentliche Ziel des von General Erich von →Manstein in Abstimmung mit dem Panzer-General Heinz →Guderian nach Anregungen A. →Hitlers ausgearbeiteten und ab 10. 5. 1940 durchgeführten neuen deutschen Angriffsplan gegen Frankreich (Fall →„Gelb"): das Durchtrennen der Verbindung zwischen den nördlichen und südlichen feindlichen Verbänden durch einen schnellen deutschen Panzervorstoß durch die Ardennen nach Westen bis zur Kanalküste. Der S. wurde im Mai 1940 erfolgreich von der Panzergruppe →Kleist im Frankreichfeldzug durchgeführt.

W. Haupt: Sieg ohne Lorbeer, 1965. H. Guderian: Erinnerungen eines Soldaten, 1951. G. Buck (Hrsg.): Der Westfeldzug, 1979.

Sicherheitsdienst (SD) des Reichsführers SS, Nachrichtendienst der NSDAP. Der SD wurde unter der Bezeichnung „Ic-Dienst" 1931 von R. →Heydrich mit Sitz in München-Nymphenburg aus Mitgliedern der Schutzstaffel (→SS) gebildet und bald auf das ganze Reichsgebiet ausgedehnt. Bis 1933 hatte er die Aufgabe, gegen die →NSDAP gerichtete Aktionen von parteipolitischen Gegnern im voraus zu erkennen sowie gegen die Reichsleitung der NSDAP gerichtete Maßnahmen von innerparteilichen Opponenten, wie sie etwa von O. →Strasser und W. →Stennes unternommen worden waren, frühzeitig zu ermitteln. Da die SS bei allen parteiinternen Auseinandersetzungen A. →Hitler zuverlässig unterstützt hatte, wurde ihr auch der Aufbau des SD übertragen. Bald nach der Machtübernahme stand für die Bekämpfung von Gegnern der NSDAP die →Geheime Staatspolizei zur Verfügung, während der SD neue Aufgaben erhielt: Er beschaffte in steigendem Maße politisch wichtige Informationen aus dem Ausland und erforschte die Positionen von weltanschaulichen Gegnern des →Nationalsozialismus. Durch einen Funktionstrennungserlaß R. →Heydrichs vom 1. 7. 1937 wurde dem SD die Zuständigkeit für allgemeine und grundsätzliche Fragen bei der Beurteilung von Gegnern der NSDAP, der Gestapo hingegen die Kompetenz für Einzelfälle übertragen, bei denen staatspolizeiliche Vollzugsmaßnahmen als erforderlich angesehen wurden. Zur gleichen Zeit setzte Otto →Ohlendorf für den SD ein von ihm entwickeltes Konzept mit folgendem Gedankengang durch: Da oppositionelle Meinungen im 3. Reich keine legalen Ausdrucksmöglichkeiten hatten, sollte der SD die Meinung der Bevölkerung zu politisch wichtigen Fragen ermitteln und der

Staats- und Parteiführung zur Kontrolle ihrer eigenen Pläne und Handlungen mitteilen. Mit der Durchsetzung dieses Planes wurde der SD die wichtigste Informationsbehörde im 3. Reich. Er erhielt von einer großen Zahl ehrenamtlicher Mitarbeiter Nachrichten, die regional in 13 Oberabschnitten gesammelt und dann zentral zusammengefaßt wurden. Ab Kriegsbeginn gab es eine Berichterstattung in kürzeren Abständen, in denen Meldungen über „Allgemeine Stimmung und Lage", „Gegner", „Kulturelle Gebiete", „Recht und Verwaltung" und „Wirtschaft" gesammelt wurden. Die Berichterstattung über „Gegner" hörte im Sommer 1940 auf. Am 27. 9. 1939 wurden →Geheime Staatspolizei, Kriminalpolizei und S. in Berlin im →Reichssicherheitshauptamt (RSHA) unter R. Heydrich organisatorisch zusammengefaßt, wobei der Inlands-SD (O. Ohlendorf) das Amt III, der Auslands-SD (H. Jost, dann W. →Schellenberg) das Amt VI und der Bereich Weltanschauliche Forschung (Prof. F. A. Six, später Ditt) das Amt VII im RSHA bildeten. Der Inlands-SD mußte im Sommer 1944 seine Berichterstattung einstellen, der Auslands-SD war bis 1944 nur für die Beschaffung von Nachrichten hauptsächlich aus Politik und Wirtschaft zuständig, übernahm dann aber nach der Absetzung von Canaris auch das Amt Ausland/Abwehr und somit die Zuständigkeit für die Beschaffung militärischer Informationen aus dem Ausland. Das Amt VII hat als Folge mangelhafter personeller Ausstattung nie eine größere Bedeutung erlangt. Dem Amt VI unterstand der Sonderverband „Oranienburg" unter der Führung von Otto →Skorzeny, der Einsätze hinter feindlichen Linien durchführte. Da SD-Angehörige zeitweilig zu den →Einsatzgruppen abkommandiert wurden und die Angehörigen der Einsatzgruppen eine SD-Raute an der SS-Uniform trugen, obwohl sie organisatorisch von den SD-Ämtern unabhängig waren, wurde der S. von der →Nürnberger Siegerjustiz 1946 zur verbrecherischen Organisation erklärt.

H. Boberach (Hrsg.): Meldungen aus dem Reich, 1965. W. Schellenberg: Memoiren, 1956. S. Aronson: Richard Heydrich und die Frühgeschichte von Gestapo und SD, 1971.

Sicherheitspolizei (Sipo), Teil der Polizei im 3. Reich. Nach der Neuordnung der deutschen Polizei durch H. →Himmler im Oktober 1936 waren in der S. die Kriminalpolizei, die →Geheime Staatspolizei (Gestapo) und die Grenzpolizei unter R. →Heydrich zusammengefaßt. Daneben gab es die Ordnungspolizei (Orpo) unter K. →Daluege, die für die öffentliche Sicherheit und Ordnung zuständig war. Da Heydrich auch den →Sicherheitsdienst (SD) leitete und ihn mit der Sipo im →Reichssicherheits-hauptamt (RSHA) organisatorisch zusammen-gefaßt hatte, führte er den Titel „Der Chef der Sicherheitspolizei und des SD".

Sicherheits- und Hilfsdienst (SHD), kaser-nierte Einheiten des Luftschutzes im 2. Welt-krieg. Der SHD wurde nach Befehlen des Oberbefehlshabers der Luftwaffe vom örtli-chen →Luftschutzleiter geführt und einge-setzt, wenn bei Luftangriffen Selbst- und Werk-schutz nicht ausreichten. Der Einsatz wurde von der Polizei angefordert. Insbesondere wur-den Lösch-, Entgiftungs- und Sanitätsdienst geleistet. Angehörige der SHD trugen blaugraue Uniform, Armbinde mit Aufschrift „Sicher-heits- und Hilfsdienst", Rangabzeichen, erhiel-ten eine dem Wehrsold vergleichbare Bezah-lung, Gemeinschaftsverpflegung und waren vom Wehrdienst freigestellt. Die örtlichen Feu-erwehren und Feuerschutzpolizeien waren in den SHD eingegliedert.

Siebenbürgen, Gebiet im großen Karpaten-bogen. Der ungarische König Geisa II. (1141–1161) rief deutsche Bauern und Städter zur Sicherung der damals ungarischen Grenz-provinz ins Land. Ihnen folgten bis ins 19. Jahr-hundert weitere Auswanderungswellen, die alle von den ersten deutschen Einwanderern (im wesentlichen Moselfranken) den Namen „Sachsen" übernahmen. Sie konnten sich durch eine starke Organisation, die auch in der lutherischen Kirche eine Basis hatte, sowie durch ihr deutsches Schulwesen auch in der Tür-kenzeit sowie gegen starke Madjarisierungsver-suche im 19. Jahrhundert behaupten. Nach dem 1. Weltkrieg wurde S. rumänisch, seit dem →Wiener Schiedsspruch von 1940 zwischen Ungarn und Rumänien aufgeteilt. Bei Kriegs-ende floh ein Teil der Siebenbürger Sachsen nach Deutschland, die Zurückgebliebenen wurden teils ermordet, teils zur Zwangsarbeit mit zahlreichen Todesopfern in die Sowjet-union verschleppt, der Rest in Rumänien un-terdrückt und insbesondere in der Ära Ceau-sescu Opfer kommunistischer Gewaltherr-schaft, so daß viele von ihnen in die Bundesre-publik Deutschland abwanderten und ihre Zahl in den 80er Jahren unter 200 000 sank.

D. Waldmann: Die Deutschen in Rumänien heute, 1970. P. Nasarski (Hrsg.): Wege und Wandlungen, Bd. 1, 1981. H. Kühnel (Hrsg.): Siebenbürgen, 1986. H. Bergel: Sie-benbürgen, 1989. E. Wagner: Geschichte der Siebenbür-ger Sachsen, [5]1987. E. Wagner (Hrsg.): Quellen zur Ge-schichte der Siebenbürger Sachsen, [2]1981. C. Göllner: Die Siebenbürger Sachsen in den Jahren 1848–1918, 1988. W. Oschlies: Rumäniendeutsches Schicksal 1918–1988, 1988. D. G. und F. Teutsch: Geschichte der Sieben-bürger Sachsen, 4 Bde., 1899–1926. F. Teutsch: Kleine Geschichte der Siebenbürger Sachsen, [3]1965.

Sieben Gemeinden, (italienisch Sette Com-muni), deutsche Volksinsel in Norditalien. Auf einer Hochfläche der Lessinischen Alpen in rund 1000 m Höhe liegen die S. mit ihrem Hauptort Schlägen (italienisch Asiago) in der Provinz Vicenza (Venetien). Die aus dem Mit-telalter stammende Volksinsel spricht ein sehr frühes Deutsch und ist in der neueren Zeit fast völlig italienisiert worden. Gegenwärtig meh-ren sich jedoch Bestrebungen zur Erhaltung der alten Sprache.

B. Wurzer: Die deutschen Sprachinseln in Oberitalien, 1969 ([4]1977). A. Baß: Deutsche Sprachinseln in Südtirol und Oberitalien, 1919. E. Paul: Im Zimberland, 1911. W. Mitzka: Deutsche Mundarten, 1943.

Siegfriedstellung, deutsche Verteidigungslinie in Nordfrankreich 1917/18. Als Teil der →Hin-denburglinie hatte die →Oberste Deutsche Heeresleitung die S. von Arras bis Vailly als rückwärtige Verteidigungslinie ausgebaut, auf die im Frühjahr 1917 die deutschen Truppen zu-rückgenommen wurden. Sie wurde erst im Herbst 1918 aufgegeben. Im 2. Weltkrieg be-zeichneten die Briten mit S. auch den →West-wall.

„Signal", deutsche Auslandsillustrierte 1940–1945. Ab April 1940 erschien 14täglich als Ableger der Berliner Illustrierten Zeitung im Deutschen Verlag in Berlin in bis zu 20 Spra-chen „S." zur Verbreitung des Gedankens eines vereinten Europas unter deutscher Führung. Insbesondere sollte die Jugend Europas für den Kampf gegen England, die USA und den Bolschewismus gewonnen werden. Für die „Zeitschrift des Neuen Europa" war die Abtei-lung Wehrmachtpropaganda beim Wehrmacht-führungsstab (Hasso von Wedel) verantwort-lich, Hauptschriftleiter waren Harald Lechten-berg (bis September 1941), Heinz von Mede-find (stellvertretend bis Frühjahr 1942), Wil-helm Reetz (bis Anfang 1945), dann Giselher Wirsing. Das technisch hervorragende, mit Sonderinformationen bedachte Blatt hatte her-ausragende Mitarbeiter (A. E. Johann, Zent-ner, W. Kiaulehn) und besaß 1943 eine Gesamt-auflage von rund 2,5 Mill. Stück, davon 500 000 auf Deutsch, 800 000 auf Französisch. Die letzte Ausgabe erschien am 13. 4. 1945.

Sikawa, polnisches →Konzentrationslager 1945. Das Konzentrationslager S. wurde 1945 bei Lodz von Polen für Deutsche eingerichtet.

Simon, Gustav, Gauleiter, * 2. 8. 1900 Malstatt-Burbach/Saarbrücken, † etwa 18. 12. 1945 Lu-xemburg (?). Der Beamtensohn wurde Lehrer, studierte ab 1922 in Frankfurt Volkswirtschaft,

trat am 14. 8. 1925 in die →NSDAP ein und wurde 1927 in Frankfurt erster nationalsozialistischer ASTA-Vorsitzender Deutschlands. Nach Diplom und Referendariat war er als Gewerbelehrer in Völklingen tätig, ab 1928 hauptberuflich für die NSDAP. 1929 wurde er Stadtverordneter in Koblenz und Mitglied des Rheinischen Provinziallandtags, am 14. 9. 1930 MdR. Vom 1. 6. 1931 bis 29. 8. 1942 war S. Gauleiter des Gaues Koblenz-Trier, dann bis Kriegsende des Gaues Moselland. 1933 wurde er Preußischer Staatsrat sowie Führer der Saarvereine im ganzen Reich. Am 2. 8. 1940 wurde er zum Chef der Zivilverwaltung in →Luxemburg ernannt mit der Aufgabe, das Großherzogtum in die deutsche Verwaltung zu überführen und das Land dem Deutschtum zurückzugewinnen. Nachdem sein Sohn als Geisel von Engländern genommen war, wurde S. am 13. 12. 1945 von Engländern verhaftet und von ihnen wahrscheinlich bald an Luxemburg ausgeliefert, wo er erschlagen worden sein soll.
K. Höffkes: Hitlers politische Generale, 1986.

Simons, Walter, Reichsminister, Prof. Dr. jur., * 24. 9. 1861 Elberfeld, † 14. 7. 1937 Nowawes. Der Kaufmannssohn studierte Jura, war ab 1906 Oberlandesgerichtsrat in Kiel, seit 1911 Justitiar im Auswärtigen Amt und ab Oktober 1918 Ministerialdirektor in der Reichskanzlei. Er war an den →Waffenstillstandsverhandlungen 1918 beteiligt und enger Berater (Generalkommissar) Graf →Brockdorff-Rantzaus in →Versailles 1919. Wie dieser trat er im Juni 1919 zurück, war dann Geschäftsführer des Reichsverbandes der deutschen Industrie sowie vom Juni 1920 bis Mai 1921 parteiloser Reichsaußenminister im Kabinett →Fehrenbach. Er vertrat das Reich auf den →Reparationskonferenzen in Spa und London und trat nach dem →Londoner Ultimatum zurück. Als Präsident des Reichsgerichts (1922–1929) und des Reichsgerichtshofes führte S. von →Eberts Tod bis →Hindenburgs Amtsantritt (28. 2. bis Mai 1925) die Geschäfte des Reichspräsidenten. Ab 1927 war er auch Professor in Leipzig. Er schrieb u. a. „Der Friedensvertrag und seine finanziellen Folgen" (1920), „Hugo Preuß" (1930), „Religion und Recht" (1935) sowie (mit H. H. Lammers) „Die Rechtsprechung des Staatsgerichtshofes für das Deutsche Reich und des Reichsgerichts" (1929–1933).
H. Gründer: Walter Simons als Staatsmann, Jurist und Kirchenpolitiker, 1975.

Sipo, Abkürzung für →Sicherheitspolizei.

Sippenamt, →Reichssippenamt.

Sippenbuch, Familienregister der SS. Durch Befehl vom 31. 12. 1931 wurde ein S. der →SS. eingeführt, in das „die Familien der SS-Angehörigen nach Erteilung der Heiratsgenehmigung oder Bejahung des Eintragungsgesuchs eingetragen" wurden. Es wurde vom →Reichssippenamt der SS geführt und sollte die Bedeutung der Familie und des Blutserbes unterstreichen.

Sitzkrieg, Bezeichnung für die praktisch kampflose Kriegszeit im Westen vom 3. 9. 1939 bis 10. 5. 1940. Nach den Kriegserklärungen Englands und Frankreichs an Deutschland vom 3. 9. 1939 versuchte A. →Hitler zunächst, eine Auseinandersetzung mit den Westmächten zu vermeiden, machte ein Friedensangebot und unterließ alle Kampfmaßnahmen. Da die alliierten Truppen trotz der nur schwachen deutschen Truppen im Westen hinter der →Maginot-Linie blieben, kam es bis auf wenige örtliche Feindberührungen im S. zu keinen Kampfmaßnahmen. Die Franzosen sprachen vom „Drôle de guerre" (komischer Krieg). Der S. endete mit dem deutschen →Westfeldzug.

Sixtus, Prinz von Bourbon-Parma, Unterhändler, * 1. 8. 1886 Schloß Wartegg/Schweiz, † 14. 3. 1934 Paris. Der Bruder der österreichischen Kaiserin Zita nahm am 1. Weltkrieg als belgischer Offizier teil. Im Frühjahr 1917 versuchte er mit Wissen des österreichischen Außenministers Czernin einen Sonderfrieden zwischen den Alliierten und Österreich-Ungarn zu vermitteln. Der österreichische Kaiser →Karl bestätigte in zwei Schreiben, den →S.-Briefen, mit Informationen für den französischen Staatspräsidenten Poincaré dieses vor dem deutschen Bundesgenossen geheimgehaltene Friedensangebot und stimmte darin der Abtretung →Elsaß-Lothringens sowie der Wiederherstellung von Belgien und Serbien zu, lehnte dagegen die Abtrennung von →Südtirol ab. Frankreich und Italien verweigerten eine Zustimmung, so daß die Mission scheiterte. Im April 1918 veröffentlichte der französische Ministerpräsident Clemenceau den ersten der S.-Briefe mit Karls Zusage, Frankreich bei der Gewinnung Elsaß-Lothringens zu unterstützen. Bei der dadurch ausgelösten →S.-Affäre, die die deutsch-österreichischen Beziehungen schwer belastete, bestritt Kaiser Karl seine Verfasserschaft und entließ Czernin. So wurde die S.-Affäre zu einer diplomatischen Niederlage der Mittelmächte und stärkte den Durchhaltewillen der Entente.
T. Griesser-Pečar: Die Mission Sixtus, 1988. R. A. Kann: Die Sixtusaffäre, 1966. Polzer-Hoditz: Kaiser Karl, 1928. R. Fester: Die politischen Kämpfe um den Frieden und

das Deutschtum, 1938. A. Demblin: Czernin und die Sixtusaffäre, 1920. R. Fester: Die Politik Kaiser Karls und der Wendepunkt des Weltkrieges, 1925. W. Steglich: Die Friedenspolitik der Mittelmächte 1917/18, Bd. 1, 1964.

Sixtusaffäre, →Sixtus.

Sixtusbriefe, →Sixtus.

Sizilien, Kampf um, US-→Invasion 1943. Nachdem am 13./14. 5. 1943 in Nordafrika die letzten deutschen und italienischen Einheiten kapituliert hatten, landeten am 10. 7. 1943 die britische 8. Armee (Montgomery) und die 7. US-Armee (Patton) unter Oberbefehl des US-Generals D. D. Eisenhower von Tunesien aus (Operation „Husky") im Süden und Osten von S., wobei auch starke Luftlandetruppen beteiligt waren. Im Süden brach der deutsch-italienische Widerstand bereits am 12. 7. 1943 zusammen. Zur Deckung des Rückzugs verteidigten die deutschen Truppen stärker den Bereich um Catania, das am 6. 8. 1943 von den Alliierten erobert wurde, am 17. 8. 1943 fiel Messina. Am 18. 7. 1943 einigten sich A. →Hitler und B. →Mussolini in Feltre/Verona auf die Räumung der Insel, um hinhaltend auf die →Gustav-Linie in Mittelitalien zurückzugehen. Am 22. 7. 1943 wurde Palermo, die Hauptstadt S.s, von der 7. US-Armee erobert, die letzten deutschen Verbände zogen sich über die Straße von Messina nach Italien zurück. Unter General →Hube war am 17. 8. 1943 die deutsche Räumung der Insel (Unternehmen „Lehrgang") abgeschlossen, wobei auch alles schwere Gerät überführt wurde. Bei der Verteidigung S.s fielen 24000 deutsche Soldaten. Ab 3. 9. 1943 erfolgte dann die alliierte Invasion in Festlanditalien.
J. Piekalkiewicz: Der Zweite Weltkrieg, 1985. G. Steinhoff: Die Straße von Messina, 1969.

„Sizilien" („Eisfjord", „Zitronella"), Unternehmen, Angriff der deutschen Schlachtschiffe →„Scharnhorst" und →„Tirpitz" mit neun Zerstörern zur Vernichtung alliierter Stützpunkte auf Spitzbergen vom 6. bis 9. 9. 1943. Unter Admiral Kummetz war die deutsche Kampfgruppe am Abend des 6. 9. 1943 aus dem Alta-Fjord (Nordnorwegen) ausgelaufen und erreichte am 8. 9. 1943 morgens den Grön-Fjord und die Adventsbucht auf Spitzbergen. Ein Bataillon des Grenadierregiments 349 landete, sprengte die Funk- und Wetterstation sowie das Kohlebergwerk und steckte die Kohlehalden in Brand. Die Bergwerkssiedlung in der Bucht von Barentsborg wurde beschossen.
J. Piekalkiewicz: Seekrieg 1939–1945, o. J. H. Pemsel: Seeherrschaft, Bd. 2, 1985. J. Rohwer, G. Hümmelchen: Chronik des Seekrieges 1939–45, 1968.

Skagerrak, Seeschlacht vor dem, deutsch-britische Seeschlacht 1916. Zu dem bis dahin größten Seegefecht kam es, als der neue Chef der deutschen Hochseeflotte, Vizeadmiral Reinhard →Scheer, eine Entscheidung in der Nordsee suchte und die deutsche Hochseeflotte am 31. 5. 1916 ab 2.00 Uhr aus Wilhelmshaven auslaufen ließ, nachdem die britische am Vortag in See gegangen war. Ab 15.30 Uhr kam es vor dem Skagerrak zur ersten Feindberührung zwischen den beiden Aufklärungseinheiten (fünf deutsche Schlachtkreuzer unter Admiral →Hipper gegen sechs britische unter Admiral Beatty). Ab 17.45 Uhr kämpften dann beide Flotten gegeneinander, 37 britische Großkampfschiffe unter Admiral J. R. Jellicoe gegen 21 deutsche unter Vizeadmiral Scheer. Obwohl die deutschen Schiffe im Westen in der Dämmerung die besten Ziele boten und von der Zahl her unterlegen waren, gelang es durch Scheers Taktik (zweimaliges Wenden der ganzen Hochseeflotte und ein Torpedoangriff), der britischen Home Fleet schwere Verluste zuzufügen. Sie verlor 14 Schiffe mit 115025 BRT, darunter die Schlachtkreuzer „Queen Mary", „Indefatigable" und „Invincible", die Panzerkreuzer „Defence", „Warrior" und „Black Prince" sowie den Kreuzer „Tipperary", 6945 Tote (11,6% der beteiligten 60000 Matrosen), 177 Gefangene und hatte 674 Verwundete. Die deutsche Flotte verlor elf Schiffe mit 61800 BRT, darunter den Schlachtkreuzer „Lützow", das Linienschiff „Pommern" und vier Kleine Kreuzer („Frauenlob", „Rostock", „Elbing" und „Wiesbaden"), hatte 3058 Tote (6,8% der 45000 beteiligten Seeleute) und 507 Verwundete, verlor aber keine Gefangenen. Zu weiteren Kämpfen zwischen der britischen und deutschen Flotte kam es im 1. Weltkrieg nicht, so daß die Schlacht vor dem S. keine kriegsentscheidende Bedeutung hatte.
F. von Kühlwetter: Skagerrak, 1933. F. O. Busch: Das Volksbuch vom Skagerrak, 1938. G. von Hase: Der Sieg vor dem Skagerrak, 1926. G. von Hase: die größte Seeschlacht der Weltgeschichte, [1]1940. H. Pemsel: Seeherrschaft, Bd. 2, 1985. E. B. Potter u. a.: Seemacht, 1982. G. Bruce: Seeschlachten des 20. Jahrhunderts, 1975. R. Scheer: Die deutsche Hochseeflotte im Weltkrieg, 1919. Marinearchiv (Hrsg.): Der Krieg in der Nordsee, 1925.

SKL, Abkürzung für →Seekriegsleitung.

Skorzeny, Otto, SS-Standartenführer, * 12. 6. 1908 Wien, † 5. 7. 1975 Madrid. Der Diplomingenieur meldete sich im Sommer 1939 freiwillig zur Luftwaffe, kam von da im Februar 1940 zur Leibstandarte SS „Adolf Hitler" und nahm am →Westfeldzug teil, im April 1941 am →Bal-

kanfeldzug, anschließend am →Rußlandfeldzug. Im April 1943 wurde er Kommandeur des Sonderverbands Friedenthal. Am 26. 7. 1943 beauftragte A. →Hitler den Hauptsturmführer mit der Befreiung des am Vortag von seinen Landsleuten verhafteten italienischen Staatschefs B. →Mussolini. Nach wochenlangen Ermittlungen und Vorbereitungen landete Skorzenys Truppe am 12. 9. 1943 mit Lastenseglern auf dem 2900 m hohen Gran Sasso in den Abruzzen und überrumpelte die Bewacher Mussolinis. Dafür wurde er am 13. 9. 1943 mit dem →Ritterkreuz ausgezeichnet. Anschließend bildete er SS-Jagdverbände für vielseitige Kommandoeinsätze an allen Fronten aus. Als im Herbst 1944 der ungarische Reichsverweser →Horthy einen Frontwechsel plante, besetzte S. am 16. 10. 1944 mit den ihm zu diesem Zweck unterstellten Truppen den Burgberg in Budapest ohne Gegenwehr der ungarischen Wachen, worauf Horthy zurücktrat, sich nach Deutschland begab und der Übertritt Ungarns an die Seite der Sowjetunion unterblieb. Anschließend stellte Skorzeny in Grafenwöhr die Panzerbrigade 150 aus englischsprechenden Soldaten auf, deren Angehörige während der Ardennenoffensive in amerikanischer Uniform hinter den feindlichen Linien operierten und dort erhebliche Verwirrung anrichteten, die den deutschen Vormarsch erleichtern sollte. Am 30. 1. 1945 bekam S. den Befehl, am Ostufer der Oder um Schwedt mit seinem Jagdverband und weiteren Truppen einen Brückenkopf zu bilden und ihn gegen die Sowjets zu halten. Im Kampf gegen 15fache Übermacht erfüllte S. diesen Auftrag bis zu seiner Ablösung Ende Februar, fügte der Roten Armee hohe Verluste zu und wurde dafür am 8. 3. 1945 mit dem →Eichenlaub ausgezeichnet. Nach Gefangenschaft, Freispruch in einem US-Militärgerichtsprozeß (9. 8. 1947) und Internierung lebte S. ab 1951 bis zu seinem Tod in Spanien.
E. G. Krätschmer: Die Ritterkreuzträger der Waffen-SS, ³1982.

Slowakei-Deutsche, →Karpatendeutsche.

SMAD, Abkürzung für →Sowjetische Militäradministration in Deutschland.

Smolensk, Schlacht bei, Kesselschlacht 1941. Nachdem S. am 16. 7. 1941 von der deutschen 29. motorisierten Division unter Generalmajor Werner von Boltenstern eingenommen worden war, kam es anschließend zur großen Kesselschlacht bei S., in der die Sowjets erstmals „Stalin-Orgeln" genannte Raketengeschütze einsetzten. Bis 5. 8. 1941 wurden von der deutschen Heeresgruppe Mitte unter Generalfeld-

marschall Fedor von →Bock die sowjetische 16., 19. und 20. Armee sowie das XXIII. mechanische Korps im Kessel zerschlagen, wobei 310000 Rotarmisten gefangengenommen wurden. Einzelne eingeschlossene sowjetische Einheiten konnten ausbrechen.
J. Piekalkiewicz: Der Zweite Weltkrieg, 1985.

Smolensker Komitee, Vereinigung antikommunistischer Russen im 2. Weltkrieg. Im September 1941 bildete sich in dem von der deutschen Wehrmacht besetzten Smolensk ein Komitee aus antisowjetischen russischen Politikern und Militärs, das den deutschen Dienststellen eine Zusammenarbeit gegen die kommunistische Führung der Sowjetunion anbot. Starke Bedenken in die Zuverlässigkeit dieser Gruppe verhinderten, daß dieses Angebot von deutscher Seite aufgegriffen wurde. Am 27. 12. 1942 gründete der kriegsgefangene sowjetische General A. A. →Wlassow das „Smolensker Russische Befreiungskomitee", das ein „Smolensker Manifest" mit der Aufforderung zum Abfall von →Stalin beschloß und durch die deutsche Luftwaffe hinter den sowjetischen Linien abwerfen ließ. Die Vorbehalte A. →Hitlers gegen Wlassow und die von ihm vertretene Politik verzögerten eine deutsch-russische Zusammenarbeit jedoch noch weiter. Erst 1944 konnte Wlassow russische →Freiwilligenverbände für den Einsatz auf deutscher Seite aufstellen. Zu einer Frontverwendung ist es jedoch fast nicht mehr gekommen, vielmehr hat eine von Wlassows beiden Divisionen im Mai 1945 in Prag den Aufstand der Tschechen durch Waffengewalt gegen deutsche Truppen unterstützt, damit dessen Niederschlagung verhindert und so den Mord an vielen Deutschen mitverschuldet.
S. Steenberg: Wlassow, 1968. H. W. Neulen: An deutscher Seite, 1985.

Smolensker Manifest, →Smolensker Komitee.

SMT, Abkürzung für →Sowjetisches Militärtribunal.

SO, Abkürzung für →Selbstopfer.

Sobibor, deutsches →Konzentrationslager.

Söderbaum, Kristina, Filmschauspielerin, * 5. 9. 1912 Stockholm. Die Schwedin kam 1930 zum Studium der Kunstgeschichte nach Berlin, besuchte dort auch die Schauspielschule und erhielt eine Filmrolle in „Onkel Bräsig". Von dem Regisseur Veit →Harlan entdeckt, der sie bald heiratete, spielte sie ab 1938 viele Hauptrollen in seinen Filmen, u. a. in „Jugend" (1938), „Das unsterbliche Herz" (1939), „Jud

Süß" (1940), „Der große König" (1942), „Die goldene Stadt" (1942), „Kolberg" (1944). Auch nach 1945 trat sie in Filmen Harlans auf, nach seinem Tode (1964) war sie als Photographin tätig.

Sohnrey, Heinrich, Dr. e. h., Schriftsteller und Heimatpfleger, * 19. 6. 1859 Jühnde/Göttingen, † 26. 1. 1948 Neuhaus/Solling. Der Lehrer gestaltete in seinen Erzählungen und Romanen (u. a. in „Die Leute aus der Lindenhütte", 2 Bände, 1886/87; „Der Bruderhof", 1897; „Wulf Anke", 1933) und Bühnenstücken („Die Dorfmusikanten", 1901) das Leben des Landvolks in Verbundenheit mit Heimat und Stammestum, in „Grete Lenz" (1909) die Erlebnisse eines Großstadtkindes. Um die Jahrhundertwende war S. einer der bekanntesten Volksschriftsteller. Er leitete u. a. 1893–1924 die von ihm gegründete Zeitschrift „Das Land", 1896–1926 die „Deutsche Dorfzeitung" und gab 1902–1932 „Sohnreys Dorfkalender" heraus. 1900 erschien sein „Wegweiser für ländliche Wohlfahrts- und Heimatpflege" (^{4}1930), in dem er für die Erhaltung der alten Bauernsitten eintrat. Er schrieb auch seine Erinnerungen „Zwischen Dorn und Korn" (1934) und wurde mit mehreren Ehrendoktorwürden sowie 1938 mit dem →Adlerschild des Deutschen Reiches ausgezeichnet. Er gilt als „Vater der deutschen Heimatpflege"
H. Rothardt (Hrsg.): Das Heinrich-Sohnrey-Buch, 1929. F. W. Brepohl: Heinrich Sohnrey, der Vater der deutschen Heimatpflege, ^{2}1932. K. Schöpke: Heinrich Sohnrey, 1949.

Soissons, Schlachten bei. Nahe der französischen Kreisstadt an der Aisne in der Ile-de-France tobten im 1. Weltkrieg mehrfach schwere Kämpfe, wobei S. beim Stellungskrieg in französischer Hand blieb. In der Schlacht bei S. vom 8. bis 14. 1. 1915 wurden die stark befestigten Höhen nördlich von S. von deutschen Truppen erobert. In der Schlacht bei Soissons und Reims (Schlacht an der Aisne) vom 27. 5. bis 13. 6. 1918 konnten die deutschen Truppen vom →Damenweg aus überraschend rund 50 km bis zur Marne vorstoßen, die am 15. 7. 1918 bei Dormans überschritten wurde. Die französische Gegenoffensive leitete am 18. 7. 1918 die Abwehrschlacht bei S. und Reims ein, in deren Verlauf die deutschen Truppen bis 2. 8. 1918 auf die Aisne zurückgenommen wurden. Im 2. Weltkrieg erzwang die deutsche Wehrmacht am 8. 6. 1940 beiderseits S. den Übergang über die Aisne.
H. Stegemann: Geschichte des Krieges, 4 Bde., 1917–1921.

Soldatensender, Sender für die Truppe im 2. Weltkrieg. Zur Betreuung der deutschen Truppen in den besetzten Gebieten wurden dort S. eingerichtet, die von Angehörigen der Propaganda-Kompanien betrieben wurden. Einer der bekanntesten und beliebtesten S. war der „S. Belgrad", der ab 18. 8. 1941 den Schlager →„Lili Marleen" brachte. Unter dem Anschein eines deutschen S.s betrieb die britische Gegenpropaganda u. a. den „S. Calais" und den „S. Gustav Siegfried 1", die zur Desinformation der deutschen Truppe beitragen sollten.
S. Delmer: Die Deutschen und ich, 1962. M. Mohr: Soldatensender Calais, 1988. J. Cole: Hier spricht der Großdeutsche Rundfunk, 1965.

Soldauer Gebiet, Landschaft in Ostpreußen. Das fast rein deutsch besiedelte S. mit der Stadt Soldau mußte nach dem →Versailler Diktat 1919 ohne Volksabstimmung an Polen abgetreten werden. Nach dem →Polenfeldzug kam das S. 1939 wieder zum Reich und in den Regierungsbezirk Allenstein zurück.

Solf, Wilhelm Heinrich, Dr., Kolonialpolitiker, * 5. 10. 1862 Berlin, † 6. 2. 1936 Berlin. Nach dem Studium der Indologie und Orientalistik trat S. 1894 in die Kolonialabteilung des Auswärtigen Amtes ein, war 1898 in →Deutsch-Ostafrika, 1899 auf →Samoa und wurde 1900 Gouverneur der neuen deutschen Kolonie Samoa. 1911–1918 war er Staatssekretär im Reichskolonialamt, von Oktober bis Dezember 1918 Staatssekretär im Auswärtigen Amt. Als deutscher Botschafter diente er 1920–1928 in Tokio. Er schrieb „Kolonialpolitik" (1919).
E. von Vietsch: Wilhelm Solf, 1961.

Sombart, Werner, Prof. Dr., Volkswirtschaftler, * 19. 1. 1863 Ermsleben/Harz, † 18. 5. 1941 Berlin. Nach juristischem Staatsexamen (1885) und Studium der Geschichte und Volkswirtschaft (Dr. phil. 1888) war S. Syndikus der Bremer Handelskammer und wurde 1890 Professor für Staatswissenschaften in Breslau. Ab 1906 lehrte er an der Handelshochschule und 1917–1939 an der Universität Berlin. 1892 wurde S. Vorstandsmitglied, 1932 Vorsitzender des Vereins für Socialpolitik. 1909 gründete er die Deutsche Gesellschaft für Soziologie mit. Ursprünglich von K. Marx beeinflußt, wurde er immer mehr zu dessen scharfem Kritiker, wobei er sich auch gegen Liberalismus und Kapitalismus wandte. Er strebte eine „verstehende Nationalökonomie" auf historisch-soziologischen Grundlagen an. Durch seine Werke „Sozialismus und soziale Bewegung" (1897), „Der proletarische Sozialismus" (2 Bände, 1924), „Der moderne Kapitalismus" (1920), „Die Juden und das Wirtschaftsleben"

(1911), „Der Bourgeois" (1913), „Deutscher Sozialismus" (1934), „Soziologie" (1936), „Vom Menschen" (1938) trug er wesentlich zum Verständnis für Sozialpolitik bei.

Nitsch: Sombarts Stellung zum Sozialismus, 1931. B. vom Brocke: Werner Sombart, 1972. E. Salin: Lynkeus, 1963.

Sommerzeit, vorverlegte Stundenzählung im Sommer. Erstmalig in England zu Beginn des 1. Weltkriegs aufgekommen, wurde die S. auch im Deutschen Reich und in Österreich 1916–1918 eingeführt, die Uhr also in den Frühlings- und Sommermonaten um eine Stunde vorgestellt, um das Tageslicht besser auszunutzen. Im 2. Weltkrieg wurde sie mit Verordnung vom 23. 1. 1940 wieder eingeführt und auch in den Wintermonaten beibehalten.

Sommeschlachten, Materialschlachten im 1. Weltkrieg. Das Gebiet an dem französischen Fluß Somme in der Picardie war 1914–1917 mehrfach schwer umkämpft. Nachdem der deutsche Vormarsch 1914 die Somme überwunden hatte, versuchte in der 1. S. vom 23. 9. bis 6. 10. 1914 die französische 2. Armee unter de Castelnau vergeblich, die deutsche 6. Armee unter Kronprinz →Rupprecht von Bayern westlich von Péronne zu umzingeln. In der 2. S. unter Oberbefehl von Foch vom 24. 6. bis 26. 11. 1916 versuchten die englische 4. Armee unter Rawlinson de Trent und die französische 6. Armee unter Fayolle beiderseits der Somme auf 40 km Breite die Front der deutschen 2. Armee unter Fritz von →Below sowie der deutschen 6. Armee zu durchbrechen. In dieser monatelangen schwersten Materialschlacht des 1. Weltkrieges, in die auch noch die französische 10., die englische 5. und die deutsche 1. Armee eingriffen, erzielten die Alliierten einen Geländegewinn von nur 7 km Tiefe, bis am 18. 11. 1916 ein alliierter Großangriff unter schwersten Verlusten scheiterte und dann die Kämpfe abflauten. In der 2. S. verloren die Alliierten rund 700000, die Deutschen 500000 Mann. Die neue deutsche →Oberste Heeresleitung unter →Hindenburg und →Ludendorff hatte in der 2. S. erfolgreich ein beweglicheres Abwehrverfahren eingeführt.

A. von Stosch: Somme-Nord, 1927. Frh. Grote: Somme, ²1937. E. Kabisch: Somme 1916, 1937. H. Stegemann: Geschichte des Krieges, 4 Bde., 1917–1921.

Sonderbezugsschein für Fliegergeschädigte, besonderer Bezugsschein für Opfer des →Bombenkriegs. Durch den Luftkrieg geschädigte Personen konnten ab 1. 3. 1943 auf den deutschen Wirtschaftsämtern den S. erhalten, mit dem sie zusätzlich zur →Reichskleiderkarte Hausrat und Bekleidung kaufen konnten.

Sonderführer, im 2. Weltkrieg in Offiziers- oder Unteroffiziersstellen eingewiesene Personen, die keine abgeschlossene militärische Ausbildung hatten. Für die Dauer der Einweisung hatten sie den betreffenden Dienstrang, aber keinen Dienstgrad in der Wehrmacht. S. waren vor allem Wissenschaftler und Techniker.

Sondergerichte, neben den ordentlichen Gerichten tätige Gerichte. Im 3. Reich gab es unabhängig von der ordentlichen Gerichtsbarkeit S., beispielsweise für schwere politische und andere Verbrechen nach der Verordnung vom 21. 2. 1940, die vor allem Verstöße gegen das →Heimtückegesetz bestrafte. Gegen die Urteile solcher S. waren teilweise keine Rechtsmittel möglich, in anderen Fällen konnte das Reichsgericht Urteile von S. aufheben. Zu den S. im weiteren Sinne gehörten für besondere Personenkreise die Arbeitsgerichte, die Anerbengerichte, die →Erbhofgerichte, die Erbgesundheitsgerichte, die Kriegsgerichte, die Standgerichte.

Sondermeldung, besondere deutsche Rundfunkmitteilung im 2. Weltkrieg mit Unterbrechung des Programms. Seit Beginn des 2. Weltkriegs wurden Meldungen über besondere deutsche Siege und andere wichtige Begebenheiten über alle deutschen Sender in Form der S. gegeben, wobei das jeweils laufende Rundfunkprogramm kurzzeitig unterbrochen wurde. Die S. wurde mit Fanfarenstößen eingeleitet und je nach Inhalt mit Marsch- oder Trauermusik beschlossen.

„Sonderstab F", Deckname für den Einsatz einer deutschen Militärmission im Irak 1941. Vom 10. bis 30. 5. 1940 erfolgte der Einsatz des S., der mit deutschen Kampfflugzeugen mit irakischen Hoheitszeichen und deutschen Sonderkommandos die irakischen Truppen in ihrem Kampf gegen die Briten beraten und unterstützen sollte.

W. Kohlhaas: Hitler – Abenteuer im Irak, 1989.

Sondertreuhänder, →Reichstreuhänder der Arbeit.

Sonderverband „Bergmann", →„Bergmann", Sonderverband.

Sonthofen, Ordensburg, Schulungsstätte der NSDAP. Auf dem Kalvarienberg bei S. wurde von Professor Paul Giesler bis 1936 eine der drei Ordensburgen für die Ausbildung des Führernachwuchses der →NSDAP für rund 1000 Mann Belegschaft errichtet. Später wurde sie eine Kaserne der Bundeswehr.

Sorge, Richard, Dr. phil. et rer. pol., kommunistischer Spion, * 4. 10. 1895 Adschibend/Baku, † 7. 11. 1944 Tokio. Der Sohn eines Ingenieurs wurde 1914 deutscher Kriegsfreiwilliger, studierte nach schwerer Verwundung Volkswirtschaft und trat 1917 der USDP, 1919 der KPD bei. 1920/21 war er Redakteur der „Bergischen Arbeiterstimme", 1920 beteiligte er sich im Ruhrgebiet, 1923 in Hamburg an kommunistischen Aufständen. Ab 1925 arbeitete er für die →Komintern, wurde sowjetischer Staatsbürger und Mitglied der KPdSU. Der zum engeren Kreis der →„Frankfurter Schule" um Max Horkheimer gehörende sowjetische Agent war ab 1929 offiziell als Reporter der „Frankfurter Zeitung" in Shanghai, ab 1933 in Japan tätig, wo er bald enge Beziehungen zum deutschen Militärattaché und späteren Botschafter Ott knüpfen konnte und ein Spionagenetz für die Sowjets aufbaute. Er meldete u. a. den Termin des deutschen Angriffs auf die Sowjetunion 1941, den Beschluß Japans, keinen Krieg gegen die Sowjetunion zu führen, so daß Stalin im Herbst 1941 ostsibirische Truppen gegen die bis Moskau vorgerückten deutschen Verbände einsetzen konnte. Am 18. 10. 1941 von japanischer Polizei verhaftet, wurde er in einem Geheimprozeß zum Tode verurteilt und hingerichtet. Nach dem 2. Weltkrieg rühmte die „Prawda" seine „Kundschaftertätigkeit". S. wurde „Held der Sowjetunion" und mit einem Denkmal in Moskau geehrt.

M. Boveri: Der Verrat im XX. Jahrhundert, Bd. 3, 1957. J. Korolkow: Der Mann, für den es keine Geheimnisse gab, 1968. J. Mader und andere: Dr. Sorge funkt aus Tokio, 1968.

Souchon, Wilhelm, Admiral, * 2. 6. 1864 Leipzig, † 13. 1. 1946 Bremen. Seit 1881 bei der Marine, war S. 1887–1888 auf dem Kanonenboot „Adler" im Pazifik (Samoa) und anschließend im Admiralstab eingesetzt. Im Russisch-Japanischen Krieg war er 1904/05 Chef des Stabes beim deutschen Kreuzergeschwader in Ostasien, dann wieder im Reichsmarineamt, anschließend Kommandant des Linienschiffs „Wettin". Als Chef des Stabes der Marinestation der Ostsee ab 1909 wurde er 1911 Konteradmiral und im Dezember 1912 Chef der neuen Mittelmeerdivision mit dem Schlachtkreuzer „Goeben" und dem Leichten Kreuzer „Breslau". Nach Beginn des 1. Weltkriegs beschoß er mit beiden Schiffen französische Häfen in Nordafrika und brach dann durch britische Sperren nach Konstantinopel durch, womit er wesentlich zum Kriegseintritt der Türkei an der Seite der Mittelmächte beitrug. Er übergab seine Schiffe der Türkei, wurde türkischer Flottenchef und führte die Schiffe erfolgreich im Schwarzen Meer und im →Dardanellenkrieg.

Seit 1915 war er Vizeadmiral, kam 1917 nach Deutschland zurück und führte das IV. Schlachtschiffgeschwader bei der Eroberung der Baltischen Inseln. Im August 1918 wurde er Admiral, im März 1919 nahm er seinen Abschied.

M. E. Mäkelä: Souchon, der Goebenadmiral greift in die Weltgeschichte ein, 1936. M. E. Mäkelä: Auf den Spuren der Goeben, 1979. H. Pemsel: Biographisches Lexikon zur Seekriegsgeschichte, 1985.

Sowjetische Militäradministration in Deutschland (SMAD), sowjetische Verwaltungsbehörde für die Sowjetzone. Die am 9. 6. 1945 in Ost-Berlin gebildete SMAD hatte bis zu ihrer Auflösung am 10. 10. 1949 nach Gründung der sogenannten Deutschen Demokratischen Republik die oberste Gewalt in der Sowjetischen Besatzungszone Deutschlands mit Sitz in Berlin-Karlshorst.

Sowjetische Militärtribunale (SMT), Siegerjustiz in der Sowjetischen Besatzungszone. Von 1945–1955 bestanden S. in Potsdam, Schwerin, Dresden, Weimar und Halle. Nach § 58 des Sowjetischen Militärstraf-Gesetzbuches wurden von ihnen „Kriegsverbrechen", „Spionage" oder versuchter illegaler Grenzübertritt mit schweren Strafen bis hin zur Erschießung (durch Genickschuß) geahndet. Freiheitsstrafen waren in Arbeitslagern teils in Sibirien, teils in der Sowjetzone zu verbüßen. Die meisten der in der UdSSR inhaftierten überlebenden SMT-Gefangenen kehrten bis 1954, die in der Sowjetischen Besatzungszone festgehaltenen bis 1956, einige von ihnen jedoch erst bis 1960 zurück.

Sozialdemokratische Arbeitsgemeinschaft, Abspaltung von der SPD-Reichstagsfraktion 1916. Im März 1916 trennten sich als S. 18 SPD-Abgeordnete unter Führung von H. Haase, E. Bernstein, W. Dittmann und F. Mehring von der SPD-Reichstagsfraktion, da sie keine weiteren Kriegskredite bewilligen wollten. Sie gründeten 1917 die →USPD mit.

Sozialdemokratische Partei Deutschlands (SPD), politische Partei in Deutschland. Am 23. 5. 1863 wurde von Ferdinand Lassalle der Allgemeine Deutsche Arbeiterverein (ADAV) als Partei in Leipzig gegründet. Nach Lassalles Tod (1864) verband sich ein Teil der ADAV 1869 auf dem Eisenacher Kongreß mit dem 1863 gegründeten „Vereinstag Deutscher Arbeitervereine" zur Sozialdemokratischen Arbeiterpartei (SDAP) unter A. →Bebel und W. Liebknecht. Mit der SDAP schlossen sich auf dem Gothaer Kongreß 1875 die Reste des ADAV zur Sozialistischen Arbeiterpartei (SAP) zusammen, die ab 1876 das Parteiorgan „Vorwärts" heraus- brachte. Nach dem Auslaufen der Sozialisten- gesetze, der Einschränkung sozialistischer Be- tätigung unter Bismarck, wurde 1890 die SPD gegründet, die sich 1891 in Erfurt ein marxisti- sches Parteiprogramm gab. Sie stellte unter A. Bebel und F. →Ebert bis zum 1. Weltkrieg die stärkste Reichstagsfraktion; 1893 erhielt sie 23,3 %, 1912 34,8 % der Stimmen. Am 4. 8. 1914 votierte die SPD im Reichstag geschlossen für die Kriegskredite und erklärte einen „Burg- frieden" für die Dauer des Krieges. Im April 1917 spalteten sich linksradikale SPD-Mitglie- der als →USPD von der Partei ab. 1917 trat die SPD für die →Friedensresolution ein. Im Ok- tober 1918 entsandte sie Vertreter in die Regie- rung →Max von Badens, nach der →Novem- berrevolte bildete sie zusammen mit der USPD den →Rat der Volksbeauftragten. Gegen die Bestrebungen der USPD und des →Spartakus- bundes setzte sie die Wahl zur Weimarer →Na- tionalversammlung durch und unterstützte als deren stärkste Fraktion – später auch des Reichstags – die →Weimarer Koalition und die Regierungen →Bauer und →Müller. Bis 1932 stellte die SPD den Reichstagspräsidenten. Während der →Weimarer Republik sank ihre Mitgliederzahl von 1,18 Millionen 1920 auf 690 000 1925, stieg dann aber wieder bis 1931 auf rund 1 Million. Bis zum Ende der Weimarer Republik war die SPD in zahlreichen Landes- regierungen, ab März 1930 jedoch nicht mehr in der Reichsregierung vertreten. 1931 spaltete sich von ihr die linksstehende →Sozialistische Arbeiterpartei (SAP) ab. In den Reichstags- wahlen vom 5. 3. 1933 erhielt die SPD noch 18,3 % der Stimmen, lehnte als einzige der im Reichstag vertretenen Parteien das →Ermäch- tigungsgesetz ab und wurde am 22. 6. 1933 ver- boten. In Erwartung dieser Maßnahme hatte sie schon im Mai im Saarland eine Auslandsver- tretung eingerichtet und den Sitz ihres Vorstan- des nach Prag verlegt. 1937 ging die Exil-SPD nach Paris, 1940 nach London. 1945 wurde die SPD mit Lizenz der Besatzungsmächte neu ge- gründet, in der Sowjetischen Besatzungszone jedoch 1946 zu einer Vereinigung mit den Kom- munisten in der Sozialistischen Einheitspartei Deutschlands (SED) gezwungen, bis sie sich in Mitteldeutschland nach dem Zusammenbruch der kommunistischen Diktatur 1989 neu bilden konnte. In den Westzonen und später der Bun- desrepublik wurden nacheinander Kurt →Schumacher, Erich Ollenhauer, Willy Brandt und Hans-Jochen Vogel zu Vorsitzenden der SPD gewählt. In westdeutschen Ländern hatte die SPD schon unmittelbar nach Kriegsende Regierungsverantwortung übernommen, im Bundestag war sie bis 1965 in der Opposition,

stellte dann mit W. Brandt 1967–1969 den Vize- kanzler in der Regierung Kiesinger und mit W. Brandt (1969–1974) und H. Schmidt (1974– 1982) den Bundeskanzler in einer SPD-FDP- Regierung. Bis 1959 gab es in programmati- schen Aussagen der SPD starke Anklänge an die marxistische Klassenkampf-Ideologie; dann zog die Partei 1959 mit dem Godesberger Programm die Konsequenz aus der Tatsache, daß diese Konzeption von den meisten Wäh- lern nicht gewünscht wurde, und strebte statt dessen den Charakter einer Volkspartei an. Von ihrer Ausrichtung her ist die SPD in sich jedoch stark gespalten. Neben Gruppen, die lediglich einen sozialen Ausgleich für einkommens- schwache Bevölkerungsgruppen oder durch die Partei einen gesellschaftlichen Aufstieg an- streben, gibt es fanatische Marxisten, die mit offenen oder verdeckten Methoden eine Sy- stemveränderung in der Bundesrepublik her- beiführen wollen; neben den Befürwortern der NATO und der Bundeswehr gibt es unter ihren Mitgliedern Neutralisten, Pazifisten und Ver- fechter einer Zusammenarbeit mit den kom- munistisch beherrschten Staaten. Keine der im Bundestag vertretenen Parteien hat die Forde- rungen von Ostblock-Regierungen so eindeu- tig unterstützt und ihnen so weitgehende Zuge- ständnisse gemacht wie die SPD.

H. Potthoff: Die Sozialdemokratie von den Anfängen bis 1945, ²1975. G. Fülberth und J. Harrer: Die deutsche So- zialdemokratie 1890–1933, 1974. H. Grebing: Ge- schichte der deutschen Arbeiterbewegung, 1966. K. Klotzbach: Bibliographie zur Geschichte der deutschen Arbeiterbewegung 1914–1945, ²1976.

Sozialdemokratische Partei Österreichs (SPÖ), österreichische politische Partei. Im April 1874 in Neudörfl als Sozialdemokratische Arbeiterpartei in Österreich gegründet, vertrat die vom Parteitag von Hainfeld am Jahres- wechsel 1888/89 SPÖ genannte Partei den Austromarxismus. Zunächst war V. →Adler ihr maßgebender Führer. 1907 erhielt die SPÖ 87 Mandate und wurde damit stärkste Einzelpar- tei. Dann verschärfte sich innerhalb der SPÖ die Nationalitätenfrage, und 1911 spalteten sich die tschechischen Sozialisten ab. 1918/19 Sozial- demokratische Partei Deutschösterreichs ge- nannt, forderte die SPÖ unter K. →Renner und O. →Bauer den →Anschluß an das Deut- sche Reich. 1919 bildete die Partei mit den →Christlichsozialen eine Koalition, ab Novem- ber 1920 war sie in der Opposition bis zum Ver- bot 1934 durch →Dollfuß. Ihr militanter und seit März 1933 verbotener →„Schutzbund" ra- dikalisierte sich, so daß es am 12. 2. 1934 zu ei- nem mehrtägigen sozialistischen Aufstand kam (→Februarunruhen), den die Regierung Doll- fuß mit Polizei und Truppen niederschlug. Füh-

rende Sozialisten wie Bauer und J. Deutsch flohen anschließend nach Prag und gründeten
dort das „Auslandsbüro der österreichischen
Sozialisten" (ALÖS), zahlreiche zurückgeblie-
bene Sozialdemokraten wurden verhaftet und
in →Anhaltelager gebracht. Radikale Teile bildeten die Gruppe der →Revolutionären Sozialisten Österreichs (RS), die nach dem Anschluß 1938 aufgelöst wurden. Emigranten
gründeten ein Auslandsbüro erst in Paris, später in London. Der Anschluß 1938 ist von vielen Sozialisten, insbesondere von K. Renner,
begrüßt worden. Im April 1945 wurde von früheren Sozialdemokraten die Sozialistische Partei Österreichs (SPÖ) gegründet. K. Renner
übernahm die erste Provisorische Regierung
und wurde dann Bundespräsident Österreichs.
H. Hauptmann und R. Kropf: Die österreichische Arbeiterbewegung vom Vormärz bis 1945, 1974. P. Kulemann:
Am Beispiel des Austromarxismus, 1979.

Sozialismus, Ideologie der Abschaffung des
Privateigentums. Der Begriff S. wurde zum erstenmal 1832 in Frankreich gebraucht, um die
Sozialisierung, also die Vergesellschaftung oder
Beseitigung des Privateigentums zu begründen und zu rechtfertigen. Der Übergang vom
Agrar- zum Industriestaat ist in allen Ländern
mit sozialen Spannungen verbunden. Die Leistungsfähigkeit einer unterentwickelten Industrie ist noch so gering, daß von niedrigen Um-
sätzen auch nur niedrige Löhne gezahlt werden
können, bis eine fortschreitende Technik höhere
Erträge und somit höhere Lohnzahlungen bewirkt. Bis dahin versprechen sich aber zahlreiche Arbeitnehmer von einer Abschaffung und
– wie sie es meistens verstehen – Umverteilung
des Privateigentums eine nachhaltige Verbesserung ihrer materiellen Situation. Das wird von
ihnen als Aufgabe des Sozialismus angesehen.
Der Begriff wurde deshalb so populär, daß politische Parteien mit ganz unterschiedlichem
Charakter seine Werbewirksamkeit für sich
auszunutzen versuchten. Das führte zu so vielen Umdeutungen, daß ein „Sozialist" im Zweifelsfall erklären müßte, worin sich seine Ansichten von schätzungsweise 200 anderen Sor-
ten „S." unterscheiden. Auch die Rechte hat,
wie in Deutschland, für ihre Ziele mit dem nationalen, deutschen, preußischen, Front- und
Staatssozialismus geworben, ohne deshalb enteignen zu wollen. Die ersten sozialistischen
Ideologien boten verschiedene Rezepte zur
Durchführung ihrer Theorie an. Neben der Abschaffung des Privateigentums durch Gewalt
wurde auch an eine Belehrung der Besitzenden
über die Vorzüge einer eigentumslosen Gesellschaft mit dem Ziel eines freiwilligen Verzichts
auf Eigentum gedacht. Andere erwarteten die

Überwindung des Privateigentums durch die
Entwicklung von Genossenschaften, deren
Wirtschaftsweise sich als überlegen erweisen
sollte. Seit Karl Marx und Friedrich Engels do-
minieren unter den Sozialisten aber diejenigen,
die eine Beseitigung des Privateigentums
durch einen „Klassenkampf" erwarten oder
herbeiführen wollen. Diese Theorie wurde von
ihren Schöpfern als „wissenschaftlicher S."
oder →Kommunismus bezeichnet, im Gegensatz zu einem vormarxistischen oder „utopi-
schen" S., der die Durchsetzung seiner Ziele
nicht immer von einem Klassenkampf erwartete und deshalb nicht zu verwirklichen sein
soll. Da das Streben nach Privateigentum jedoch zur menschlichen Triebstruktur gehört,
läßt sich S. auch mit Gewalt niemals dauerhaft
durchsetzen. Er kann nur vorübergehend erzwungen werden und bewirkt dann, als Folge
mangelnder Arbeitsleistungen der Enteigneten, wirtschaftliches Chaos und niedrigen Lebensstandard. Solche Ergebnisse zeigen sich
auch dort, wo der S. außerhalb des Herrschaftsbereichs kommunistischer Parteien
durchgesetzt werden soll. Seit ihrer Gründung
werden sozialistische Parteien und Gewerkschaften von hauptamtlichen Funktionären
verwaltet, deren Gewerbe darin besteht, einen
Umverteilungskampf zu organisieren. Sie leben und leben davon, daß sie im Namen der
„sozial Benachteiligten" etwas von anderen
verlangen und den Protest ihrer Anhänger in-
szenieren, wo man ihren Forderungen nicht
nachgibt. Für sie kann es niemals ein Ende der
„Umverteilung" geben, denn dann würden sie
überflüssig und somit beschäftigungslos. Dabei
nehmen sie auf die Leistungsfähigkeit der Industrie nur selten Rücksicht. Eine von sozialistischen Parteien und Gewerkschaften dik-
tierte Politik führt deshalb oft zu Krisen, die
wiederum als Beweis für die Unfähigkeit der
Marktwirtschaft gedeutet und mit der Forderung nach ihrer Abschaffung oder Einschränkung verbunden werden. Deshalb sind diejenigen Volkswirtschaften am erfolgreichsten, die
sich von sozialistischen Einflüssen freihalten
und statt dessen eine Marktwirtschaft auf der
Grundlage des Privateigentums erlauben.

Sozialistische Arbeiterpartei (SAP), linke Abspaltung von der SPD 1931. Am 2. 10. 1931
gründeten die am 29. 9. 1931 wegen ihrer Kritik
an der Tolerierung der Regierung →Brüning
aus der SPD ausgeschlossenen, der „Klassen-
kampf-Gruppe" angehörenden Sozialisten
M. Seydewitz und K. Rosenfeld in Breslau die
SAP für linke SPD- sowie KPD-Anhänger.
Teile der alten, 1922 nicht wieder mit der SPD
vereinigten →USPD und der 1928 gegründe-

ten Kommunistischen Partei-Opposition (KPO) kamen hinzu. Am 4. 10. 1931 wurde in Berlin ein an Lenin und Rosa →Luxemburg ausgerichtetes Programm der SAP verabschiedet, das die Einführung des →Rätesystems, Diktatur des Proletariats, →Klassenkampf nach sowjetischem Vorbild und die Verteidigung der Sowjetunion forderte. Organ der SAP war „Die Fackel", am 13. 11. 1932 in „Sozialistische Wochenzeitung der SAP" umbenannt. Bei den Reichstagswahlen 1932 erreichte die SAP weniger als 1 %, nur in Zwickau 1,2%. Mitglied der SAP war u. a. der spätere Bundeskanzler W. Brandt.

H. Drechsler: Die Sozialistische Arbeiterpartei Deutschlands, 1965. J. Bremer: Die SAP 1933-1945, 1978.

Sozialistische Partei Österreichs (SPÖ), →Sozialdemokratische Partei Österreichs.

Sozialversicherung, staatliche Pflichtversicherung zum Schutz vor den Folgen von Alter, Krankheit und Unfall. Die deutsche S. ist ein Werk Bismarcks und war Vorbild für die ganze Welt. Sie wurde mit der Kaiserlichen Botschaft vom 17. 11. 1881 (Novemberbotschaft) angekündigt und mit der Krankenversicherung (1883), Unfallversicherung (1884) sowie Invaliden- und Altersversicherung (1889) eingeführt. 1911 entstand die Angestelltenversicherung, am 1. 10. 1927 die Arbeitslosenversicherung, nachdem bereits 1919 eine staatlich-kommunale Erwerbslosenunterstützung eingeführt worden war. Mit Verordnung vom 5. 9. 1939 ist die Arbeitslosenversicherung durch die Arbeitslosenhilfe ersetzt worden. Die S. wurde durch das Gesetz über den Aufbau der S. vom 3. 7. 1934 und über den Aufbau der Rentenversicherung vom 21. 12. 1937 neu geordnet. Eine im 3. Reich unter Dr. →Ley geplante umfassende Alters- und Beschädigtenversorgung wurde teilweise nach 1949 durchgeführt. Als Zeitschrift der S. erschien ab 1927 „Die Reichsversicherung".

L. Richter: Grundriß der Reichsversicherung, 1935. Müller und andere (Hrsg.): Handbuch der Reichsversicherung, 1935. H. Peters: Die Geschichte der Sozialversicherung, 1959.

Spa, Großes Hauptquartier in. Vom März bis November 1918 war der belgische Badeort Spa Sitz des deutschen →Großen Hauptquartiers. Von da aus wurde die letzte deutsche Offensive im Westen 1918 geleitet. Nachdem Reichskanzler Prinz →Max von Baden in Berlin am 9. 11. 1918 eigenmächtig den Rücktritt des Kaisers verkündet hatte, ging Kaiser →Wilhelm II. am Morgen des 10. 11. 1918 von Spa aus in holländisches Exil.

Wilhelm II. von Hohenzollern: Ereignisse und Gestalten 1878–1918, 1922. K. von Westarp: Das Ende der Monarchie, 1952.

Spa, Konferenz von, Reparationskonferenz 1920. Auf der Konferenz von S. vom 5. bis 16. 7. 1920 wurden erstmals seit Unterzeichnung des →Versailler Diktats deutsche Vertreter (Reichskanzler K. →Fehrenbach, Reichsaußenminister W. →Simons und andere) zur Regelung der →Reparationen zugelassen. Die Entwaffnungsfrist wurde von den Alliierten bei Androhung von Sanktionen bis zum 1. 1. 1921 verlängert. Die Reparationshöhe blieb offen, der Verteilerschlüssel wurde wie folgt festgelegt: 52,5% an Frankreich, 22% an England, 10% an Italien, 8% an Belgien, der Rest an andere. Deutschland sollte im nächsten halben Jahr monatlich 2 Mill. t Kohle liefern, womit der drohende Einmarsch ins Ruhrgebiet abgewendet wurde. Deutsche →Selbstschutzverbände und Einwohnerwehren mußten aufgelöst werden. Weitere Bestimmungen wurden folgenden →Reparationskonferenzen überlassen.

M. Salewski: Entwaffnung und Militärkontrolle in Deutschland 1919–1927, 1966. P. Wulf (Bearb.): Das Kabinett Fehrenbach, 1972.

Spandauer Gefängnis, alliiertes Gefängnis für Verurteilte der Nürnberger Siegerjustiz. In dem für 600 Häftlinge eingerichteten S. wurden ab 18. 7. 1946 die sieben von der →Nürnberger Siegerjustiz im sogenannten →„Hauptkriegsverbrecherprozeß" am 1. 10. 1946 zu Haftstrafen verurteilten deutschen Politiker und Militärs gefangengehalten. Es waren: 1. Baldur von →Schirach (20 Jahre, bis 1966), 2. Karl →Dönitz (10 Jahre, bis 1956), 3. Konstantin von →Neurath (15 Jahre, bis 1954), 4. Erich →Raeder (lebenslänglich, bis 1955), 5. Albert →Speer (20 Jahre, bis 1966), 6. Walther →Funk (lebenslänglich, bis 1957), 7. Rudolf →Heß (lebenslänglich, am 17. 8. 1987 unter ungeklärten Umständen gestorben). Das stark gesicherte S. wurde im monatlichen Wechsel von Einheiten der vier Besatzungsmächte bewacht. Die Haftbedingungen waren sehr schwer, besonders für R. Heß, der ab 1966 („teuerster Häftling der Welt") in Einzelhaft gehalten wurde. Die hohen Kosten für das S. mußte die Bundesrepublik Deutschland tragen. Nach Heß' Tod wurde das S. sofort von Engländern dem Erdboden gleichgemacht.

A. Speer: Spandauer Tagebücher, 1975. W. R. Heß: Mein Vater Rudolf Heß, 1984.

Spanienkreuz, Orden für deutsche Freiwillige im Spanischen Bürgerkrieg. Als Ehrenzeichen für deutsche Teilnehmer am Spanischen Bürgerkrieg (→Legion Condor) 1936–1939 wurde von A. →Hitler am 14. 4. 1939 das S. in Gold, Silber und Bronze gestiftet. Es bestand aus einem 5,7 cm breiten achtspitzigen (Malteser-) Kreuz mit dem Hakenkreuz in rundem Kranz in der Mitte. Freiwillige, die an der Front gekämpft hatten, erhielten das S. mit Schwertern, für besondere Verdienste wurde es mit Brillanten verliehen (27 Träger).

Spanische Legion, spanische Freiwilligeneinheit im 2. Weltkrieg gegen die Sowjets. Nachdem die →Blaue Division auf spanischen Wunsch im Oktober 1943 aufgelöst worden war, erlaubte Franco noch →Freiwilligenverbände in Stärke bis zu drei Bataillonen in Rußland. Sie bildeten ab 17. 11. 1943 die S. unter Oberst G. Navarro mit rund 2000 Mann und wurden im Gebiet der Heeresgruppe Nord eingesetzt. Auf alliierten Druck mußte Spanien am 6. 3. 1944 auch die Rückführung dieser Einheiten anordnen, die dann in Königsberg aufgelöst und am 17. 4. 1944 nach Spanien zurücktransportiert wurden, wo sie ehrenvoll empfangen und ihre Angehörigen auf Wunsch in die Landespolizei überführt wurden. Innerhalb der Waffen-SS kämpften Kompanien freiwilliger Spanier jedoch noch bis zum Kriegsende weiter.
E. Esteban-Infantes: Blaue Division, 1958. H. W. Neulen: An deutscher Seite, 1985. P. Gostony: Hitlers Fremde Heere, 1976. J. Hoffmann: Die Ostlegionen 1941–43, 1977.

Spann, Othmar, Prof. Dr., Philosoph und Soziologe, * 1. 10. 1878 Wien, † 8. 7. 1950 Neustift/Burgenland. Nach Promotion (1903 Tübingen, Staatswissenschaften) und Habilitation (1907 Brünn, Nationalökonomie) wurde S. 1908 Professor an der Deutschen Technischen Hochschule in Brünn, nahm am 1. Weltkrieg teil und lehrte von 1919–1938 in Wien. In seinem Hauptwerk „Der wahre Staat" (1921) forderte er eine konservative Gesellschaftsordnung auf berufsständischer und föderalistischer Grundlage (Ständestaat). Über seine Lehrtätigkeit wie seine Schriften wirkte er mit seiner ganzheitlichen Lehre gegen Liberalismus, Marxismus und Demokratie, trug auch zur Entwicklung der österreichischen →Heimwehren wie der Diktaturen unter →Dollfuß und →Schuschnigg bei und erhielt deshalb nach dem Anschluß Österreichs 1938 Lehrverbot. Er schrieb u. a. „Hauptheorien der Volkswirtschaftslehre" (1910, ^{24}1936), „Kategorienlehre" (1924), „Gesellschaftsphilosophie" (1928), „Naturphilosophie" (1937), „Religionsphilosophie" (1947).
H. Räber: Othmar Spanns Philosophie des Universalismus, 1937. W. Heinrich (Hrsg.): Othmar Spann Gesamtausgabe, 1963–1979. W. Becher: Der Blick aufs Ganze. Das Weltbild Othmar Spanns, 1985. K. Dunkmann: Der Kampf um Othmar Spann, 1928. W. Heinrich (Hrsg.): Die Ganzheit in Philosophie und Wissenschaft, 1950. F. von Falkenhayn: Kritische Untersuchung der Gesellschaftslehre Othmar Spanns, Diss., Mainz, 1969. M. Schneller: Zwischen Romantik und Faschismus, 1970. A. Rieber: Vom Positivismus zum Universalismus, 1971.

Spartakusbund, kommunistische Organisation 1917/18. Von Mitgliedern der Gruppe Internationale, in der sich ab 1915 linksradikale Abgeordnete der →SPD um R. →Luxemburg und K. →Liebknecht sammelten, wurde am 1. 1. 1916 auf der sogenannten 1. Reichskonferenz des S.es die Bildung einer revolutionären innerparteilichen Opposition beschlossen, als ihr Organ die bestehenden, von Liebknecht veröffentlichten „Spartakusbriefe" gewählt. Der S., dem auch F. Mehring, C. Zetkin und P. Levi führend angehörten, war maßgeblich an der Gründung der →USPD 1917 beteiligt. Einige seiner Mitglieder gaben ab 9. 11. 1918 die „Rote Fahne" heraus und strebten gegen die SPD die Diktatur des Proletariats durch eine →Räteherrschaft an. Als sich der S. auf der Generalversammlung der Berliner USPD am 15. 12. 1918 und beim 1. →Reichsrätekongreß am 16. bis 20. 12. 1918 in Berlin nicht gegen die gemäßigte SPD durchsetzen konnte, wurde auf der letzten Reichskonferenz des S. am 29. 12. 1918 in Berlin die Gründung der →KPD beschlossen, in der sich am 30. 12. 1918 die Spartakisten mit den Internationalen Kommunisten Deutschlands unter Führung von Luxemburg, Liebknecht und E. Meyer in Berlin zusammenfanden. Vom S. und den von ihm ab November 1918 in Berlin veranstalteten Massensammlungen ging dann im Januar 1919 der S.-Aufstand in Berlin aus, der viele Todesopfer forderte und erst von →Freikorps nach schweren Kämpfen niedergeschlagen werden konnte.
G. Schmidt: Spartakus, 1971. O. K. Flechtheim: Die KPD in der Weimarer Republik, 1969. H. Weber: Die Stalinisierung der KPD in der Weimarer Republik, 2 Bde., 1969. P. Nettl: Rosa Luxemburg, 1968. P. Fröhlich: Rosa Luxemburg, ^{3}1967. P. Levi: Zwischen Spartakus und Sozialdemokratie, 1969.

Spee, Maximilian Graf von, Vizeadmiral, * 22. 6. 1861 Kopenhagen, † 8. 12. 1914 Falklandinseln. Seit 1878 bei der Marine, wurde S. 1884 Wachoffizier auf dem Kanonenboot „Möve", beteiligte sich an der Besitznahme deutscher Kolonien in Westafrika, war 1885 im Pazifik sowie 1900 mit dem deutschen Expeditionskorps während des →Boxeraufstands in China. 1905 wurde er Kapitän zur See und Kommandant des Linienschiffs „Wittelsbach", 1908–1910 war er Chef des Stabes der Nordseestation. Ab 1910 Konteradmiral, war S. 1910/11 Zweiter Admiral der Aufklärungsstreitkräfte, 1912 Zweiter Admiral des III. Geschwaders und ab Dezember 1912 Chef des Kreuzergeschwaders in Ostasien. Seit 1913 Vizeadmiral, versenkte der hervorragende Seekriegstaktiker mit seinem Geschwader am 1. 11. 1914 bei →Coronel vor Chile die beiden britischen Panzerkreuzer „Good Hope" und „Monmouth" ohne deutsche Verluste und ging dann mit seinem Flaggschiff „Scharnhorst" am 8. 12. 1914 in der Seeschlacht bei den →Falklandinseln unter, wobei auch seine beiden Söhne fielen.

K. Fein: Seeheld Graf Spee, 1934. H. Pemsel: Biographisches Lexikon zur Seekriegsgeschichte, 1985. H. Pochhammer: Graf Spees letzte Fahrt, [4]1930. E. B. Potter: Seemacht, 1982.

„Spee, Admiral Graf", deutsches Panzerschiff. Das 1932 in Dienst gestellte, 12100 BRT große Panzerschiff führte im Herbst 1939 unter Kapitän zur See Hans Langsdorff drei Monate lang erfolgreich Handelskrieg im Atlantik und Indischen Ozean und versenkte über 50000 BRT. Am 13. 12. 1939 schoß sie, von vielen britischen Schiffen verfolgt, vor der La-Plata-Mündung drei britische Kreuzer („Exeter", „Achilles", „Ajax") zusammen. Sie lief dann das neutrale Montevideo zu Reparaturen an, wo ihr nur drei Tage Aufenthalt gewährt wurden. Da stärkere britische Einheiten auf See lauerten und Munitionsmangel bestand, lief die „S." am 17. 12. 1939 mit kleiner Besatzung auf die Reede von Montevideo aus, wo sie von der Besatzung gesprengt wurde.

E. B. Potter und andere: Seemacht, 1982. H. Pemsel: Seeherrschaft, Bd. 2, 1985.

Speer, Albert, Dipl.-Ing., Reichsminister, * 19. 3. 1905 Mannheim, † 1. 9. 1981 London. Der Architekt trat 1931 der →SA, 1932 der →SS und der →NSDAP bei und wurde, vor allem nach dem Tod von P. L. →Troost 1934, von A. →Hitler für zahlreiche repräsentative Bauten herangezogen. Unter anderem war er mit der Ausgestaltung des →Reichsparteitagsgeländes in Nürnberg sowie der technischen und künstlerischen Planung der Tage nationaler Arbeit in Berlin, der Reichsparteitage, der →Erntedankfeste am →Bückeberg und der Sommerolympiade 1936 betraut. 1937 wurde er Generalbaudirektor für die Reichshauptstadt und entwarf zahlreiche Pläne für deren Umgestaltung, 1938/39 baute er in kürzester Zeit die →Neue Reichskanzlei in Berlin. Im 2. Weltkrieg führte er mit seinem „Baustab" vor allem Rüstungsbauten für die Luftwaffe durch. Nach dem Tode F. →Todts wurde er 1942 dessen Nachfolger als Reichsminister für Bewaffnung und Munition sowie Leiter der →Organisation Todt. Ihm gelang dank Todts Vorarbeit eine erhebliche Steigerung der deutschen Rüstungsproduktion, wobei verstärkt Fremdarbeiter eingesetzt wurden. Im Nürnberger →„Hauptkriegsverbrecherprozeß", in dessen Verlauf er sich vom →Nationalsozialismus distanzierte, wurde er zu 20 Jahren Freiheitsstrafe verurteilt und bis 1966 in Spandau in Haft gehalten. Er veröffentlichte „Erinnerungen" (1969), „Spandauer Tagebücher" (1975), „Architekten-Arbeiten 1931–1945" (1978) und „Der Sklavenstaat" (1981). In diesen Büchern gibt es zahlreiche Verfälschungen seiner eigenen Rolle.

A. S. Milward: Die deutsche Kriegswirtschaft 1939–1945, 1966. G. Janssen: Das Ministerium Speer, 1968. W. A. Boelcke (Hrsg.): Deutschlands Rüstung im 2. Weltkrieg, 1969. H. Kehrl: Krisenmanager im Dritten Reich, 1973. A. Reif (Hrsg.): Albert Speer. Kontroversen um ein deutsches Phänomen, 1978. M. Schmidt: Albert Speer. Das Ende eines Mythos, 1982. R. Smelser und R. Zitelmann (Hrsg.): Die braune Elite, 1989.

Speidel, Hans, Dr. phil., General, * 28. 10. 1897 Metzingen, † 28. 11. 1984 Bad Honnef. S. war seit 1914 im Heer, nahm am 1. Weltkrieg teil, wurde in die Reichswehr übernommen und studierte während seiner Dienstzeit auch Geschichte und Volkswirtschaft. 1936 kam er in die Abteilung Fremde Heere West im Oberkommando des Heeres. Im 2. Weltkrieg war er u. a. Generalstabschef beim Militärbefehlshaber Frankreich, bei der Heeresgruppe Süd in Rußland und ab 14. 4. 1944 bei der Heeresgruppe B in Frankreich. Da er auch mit Widerstandskreisen in Verbindung stand, wurde er am 7. 9. 1944 verhaftet, blieb jedoch bis Kriegsende ohne Prozeß in Haft. Zu Beginn der 50er Jahre beriet er Bundeskanzler K. →Adenauer in militärischen Fragen, trat dann in die Bundeswehr ein und war 1957–1963 erster deutscher Oberbefehlshaber der NATO-Landstreitkräfte in Mitteleuropa. Er schrieb u. a. „Invasion 1944" ([3]1950), „Zeitbetrachtungen" (1969), „Aus unserer Zeit" (1977).

M. Horst (Hrsg.): Soldatenleben und Kultur, Festschrift 1967.

Spengler, Oswald, Dr. rer. nat., Geschichtsphilosoph, * 29. 5. 1880 Blankenburg (Harz), † 8. 5. 1936 München. S. veröffentlichte 1918–1922 sein Hauptwerk „Der Untergang des Abendlandes", in dem er eine Kulturzyklentheorie vertrat. Er deutete Kulturen als Großorganismen und sah ihren Verlauf durch Blüte, Reife und Verfall bestimmt. Durch Vergleich mit der ägyptischen, babylonischen, indischen, chinesischen, antiken, arabischen und mexikanischen Kultur erschien ihm die abendländische in einem Verfallsstadium, das durch das Erlöschen kultureller Schöpferkraft ge-

kennzeichnet sei. Eine aufsteigende Kultur, die die abendländische ablösen werde, sah er in Rußland voraus. Von seinen politischen Schriften wurde vor allem „Preußentum und Sozialismus" (1920) bekannt. S. schreibt hier, daß sich im Preußentum ein vom Marxismus verschiedener Sozialismus zeige, den Tatsachensinn, Disziplin, Korpsgeist, Würdigung jeder Arbeit und Verachtung von Luxus und Bequemlichkeit kennzeichne. Er schrieb außerdem „Der Mensch und die Technik" (1931), „Jahre der Entscheidung" (1933), „Politische Schriften" (1934), nach seinem Tod erschienen „Reden und Aufsätze" (1937) und „Gedanken" (1941).
T. Haering: Die Struktur der Weltgeschichte, 1921. M. Schroeter: Der Streit um Spengler, 1922. J. Narcher: Oswald Spengler, 1984. P. Chr. Ludz: Spengler heute, 1980. E. Stutz: Spengler als politischer Denker, 1988. D. Felken: Oswald Spengler, 1988. G. Briefs: Untergang des Abendlandes, ²1921. O. Koellreuter: Die Staatslehre Oswald Spenglers, 1924. E. Meyer: Spenglers Untergang des Abendlandes, 1925. A. Baltzer: Untergang oder Vollendung, ²1956. A. M. Koktanek: Oswald Spengler in seiner Zeit, 1968.

Sperrgebiet, Seegebiet, das von einer kriegführenden Macht zum „Kriegsgebiet" erklärt wurde. Im 1. und 2. Weltkrieg wurden von den Alliierten und Deutschland S.e erklärt, in denen alle Schiffe ohne vorherige Warnung versenkt werden konnten. So teilte die Reichsregierung die totale Blockade gegenüber den britischen Inseln im 2. Weltkrieg im August 1940 mit.

Sperrle, Hugo, Generalfeldmarschall, * 7. 2. 1885 Ludwigsburg, † 2. 4. 1953 Landsberg/Lech. S. war seit 1904 Offizier bei der württembergischen Infanterie, kommandierte im 1. Weltkrieg Fliegerverbände und war dann in der Reichswehr an der geheimen Luftkriegsausbildung beteiligt. 1935 wurde er Kommandierender General und Befehlshaber im Luftgau V München, führte 1936/37 die →Legion Condor im Spanischen Bürgerkrieg, wurde am 1. 7. 1938 Befehlshaber der Luftwaffengruppe 3 in München, 1939 Chef der Luftflotte 3, die er auch im →Frankreichfeldzug und in der →Luftschlacht um England im Sommer 1940 führte. Am 19. 7. 1940 wurde er Generalfeldmarschall. Bei der alliierten →Invasion in Frankreich 1944 leitete er die deutsche Luftabwehr und wurde nach deren Scheitern am 23. 8. 1944 verabschiedet. 1948 wurde er im →OKW-Prozeß angeklagt, jedoch am 22. 10. 1948 in allen Punkten freigesprochen.

SPD, Abkürzung für →Sozialdemokratische Partei Deutschlands.

SPÖ, Abkürzung für →Sozialistische Partei Österreichs und →Sozialdemokratische Partei Österreichs.

Sportabzeichen, →Reichssportabzeichen.

Sportpalastrede, Rede von Dr. J. Goebbels am 18. 2. 1943. Nach der Kapitulation der deutschen 6. Armee in →Stalingrad rief Reichspropagandaminister Dr. J. Goebbels am 18. 2. 1943 im Berliner Sportpalast bei einer Massenkundgebung zum →„Totalen Krieg", zur Mobilisierung aller Reserven und zum Bekenntnis zu A. →Hitler auf. Seine Rede, die als rhetorische Meisterleistung anzusehen ist, begeisterte die Zuhörer und leitete umfangreiche Maßnahmen zur Steigerung der Rüstungsproduktion und zur personellen Verstärkung der Front ein.

Sprachinsel, →Volksinsel.

Springenschmid, Karl, Dichter und Schriftsteller, * 19. 3. 1897 Innsbruck, † 5. 3. 1981 Elsbethen/Salzburg. Im 1. Weltkrieg verteidigte S. seine Tiroler Heimat, wurde dann Lehrer, jedoch wegen seiner nationalen politischen Haltung aus dem österreichischen Schuldienst entlassen. Er veröffentlichte Hochgebirgserzählungen, den Weltkriegsroman „Der Sepp" (1931), Laienspiele, unter dem Pseudonym „Christian Kreuzhakler" Schilderungen vom Einsatz der österreichischen →SA, außerdem geopolitische Schriften. Nach dem 2. Weltkrieg lebte er einige Zeit in der Illegalität und schrieb danach seine Romane „Nové" (Flüchtlingsschicksal), „Sieben Takte Liebe" und Erzählungen aus seiner Heimat, die vielfach auch um die Anwesenheit der Italiener in Südtirol kreisen und eine Gesamtauflage von 1,5 Mill. Exemplaren erreichten. In seinem Buch „Die Männer von Narvik" setzte er den Gebirgsjägern ein literarisches Denkmal. Als Autobiographie erschien 1975 „Der Waldgänger". Sein letztes Werk „Der Jörg" (1980) galt dem Südtiroler Freiheitskämpfer Georg Klotz, der in italienischem Auftrag ermordet worden ist.
W. Jantzen: Karl Springenschmid, 1960.

Spruchkammern, Sonderjustiz zur Durchführung der sogenannten →Entnazifizierung. Am 12. 1. 1946 wurde von den vier Besatzungsmächten in Deutschland das Kontrollratsgesetz Nr. 24 erlassen, das die Entfernung und den Ausschluß von „Nationalsozialisten und Militaristen" aus der Verwaltung und anderen Stellen nach bestimmten Richtlinien verlangte. Die amerikanische Militärregierung übertrug diese Aufgabe deutschen „Prüfungsausschüssen", für deren Tätigkeit am 5. 3. 1946 das „Gesetz zur →Befreiung von Nationalsozialismus und Militarismus" mit Geltungsbereich für die amerikanische Besatzungszone (Bayern, Hessen, Württemberg-Baden) erlassen wurde.

Durch Kontrollratsdirektive Nr. 38 vom 10. 12. 1946 wurde es auch in den anderen Besatzungszonen eingeführt. Danach hatte der Ministerpräsident eines Landes einen „Minister für die politische Befreiung" zu ernennen, der „seit langem Gegner der nationalsozialistischen Gewaltherrschaft und des Militarismus" zu sein hatte. Dieser Minister ernannte die Vorsitzenden, ihre Vertreter sowie die Beisitzer für S. (für den ersten Rechtszug) und Berufungskammern (zweiter Rechtszug), die ebenfalls „Gegner des Nationalsozialismus und Militarismus" sein mußten. Die Befähigung zum Richteramt oder zum höheren Verwaltungsdienst mußte lediglich der Vorsitzende einer Berufungskammer haben. Die S. werteten auch den „Fragebogen" aus, der, in 13 Millionen Stück ausgegeben, bis Frühjahr 1946 schon für 1,6 Millionen Betroffene bearbeitet war, wovon rund 300 000 Personen jede nichtuntergeordnete Tätigkeit untersagt wurde. Von den Kammern waren Hauptschuldige, Belastete (Aktivisten, Militaristen, Nutznießer), Minderbelastete, Mitläufer und Entlastete zu unterscheiden und zu „Sühnemaßnahmen" zu verurteilen, die ein „öffentlicher Kläger" beantragte. Als hauptschuldig sowie belastet hatte man bis zum Beweis des Gegenteils zu gelten, wenn man einer bestimmten Organisation oder Gliederung mit einem bestimmten Rang angehört oder im 3. Reich eine bestimmte Auszeichnung erhalten hatte, konnte jedoch auch aufgrund anderer Kriterien verurteilt werden. Als „Sühnemaßnahmen" waren vorgesehen: Arbeitslager bis zu zehn Jahren, Vermögenseinzug bis zur Sicherung nur eines „notdürftigen Lebensunterhalts", Ausschluß von öffentlichen Ämtern einschließlich des Notariats und der Anwaltschaft, Verlust von Pensionen und Renten, Verlust des Wahlrechts, der Wählbarkeit sowie der politischen Betätigung, Berufsverbot für mindestens zehn Jahre, Wohnungs- und Aufenthaltsbeschränkungen, Entzug von Approbationen, Konzessionen sowie dem Recht, einen Kraftwagen zu halten. Alle Deutschen über 18 Jahre mußten einen umfangreichen Fragebogen ausfüllen, der in vielen Fällen die Grundlage für ein S.-Verfahren bildete und der für 13 Mill. Personen ausgegeben wurde. Da sich die S. aus politischen Gegnern des 3. Reiches wie überwiegend aus juristischen Laien zusammensetzten, wurden unzählige Urteile einer Gesinnungsjustiz ausgesprochen, die viele deutsche Familien schwer trafen. In der Sowjetischen Besatzungszone wurde die „Entnazifizierung" am 27. 2. 1948 für beendet erklärt, der Deutsche Bundestag empfahl den Ländern am 15. 10. 1950 eine einheitliche Abschlußgesetzgebung zur Entnazifizierung, die nicht er-folgte. In den 50er Jahren stellten die S. mit Ausnahme der von West-Berlin ihre Tätigkeit ein.

C. Schrenck-Notzing: Charakterwäsche, 1965.

Srbik, Heinrich Ritter von, Prof. Dr., Historiker, * 10. 11. 1878 Wien, † 16. 2. 1951 Ehrwald/Tirol. Nach Promotion (1902) und Habilitation (1907 Wien) wurde S. 1912 Professor für Allgemeine Geschichte in Graz, 1922–1945 lehrte er in Wien. Seit 1919 war er korrespondierendes, ab 1923 wirkliches Mitglied der Akademie der Wissenschaften in Wien, 1938–1945 deren Präsident. Der großdeutsch eingestellte Historiker war 1929/30 Bundesminister für Unterricht im Kabinett →Schober sowie 1938–1945 Mitglied des Großdeutschen Reichstags. In seinen Werken betonte er den deutschen Charakter Österreichs und trat für den →Anschluß an das Deutsche Reich ein. Seine Hauptwerke sind „Metternich, der Staatsmann und Mensch" (2 Bände, 1925) und „Deutsche Einheit" (2 Bände, 1935), kleinere Werke sind „Wallensteins Ende" (1920) sowie „Österreich in der deutschen Geschichte" (1936).

K. A. von Müller: Zwölf Historikerprofile, 1935. Festschrift „Gesamtdeutsche Vergangenheit", 1938. S. Kaehler: Srbik als Geschichtsschreiber der deutschen Einheit, 1951. A. Agnelli: Heinrich Ritter von Srbik, 1975. H. Reinalter: Heinrich Ritter von Srbik, 1982. J. Kämmerer (Hrsg.): Heinrich Ritter von Srbik, 1988.

SS, Schutzstaffel der NSDAP. Vorläufer der SS war der 1923 von Josef Berchtold gegründete →„Stoßtrupp Adolf Hitler", der aus ausgewählten Mitgliedern der →NSDAP bestand und für den Schutz von Rednern bei Versammlungsstörungen und für andere Sicherungsmaßnahmen zur Verfügung stand. Die Gründung der SS, zunächst auch nur mit der Aufgabe des Rednerschutzes, erfolgte 1925 durch Julius Schreck. Am 6. 1. 1929 wurde Heinrich →Himmler →Reichsführer SS und übernahm einen Bestand von 280 SS-Männern im ganzen Reichsgebiet. Er steigerte die Mitgliederzahl der Gliederung planmäßig, verlieh ihr aber auch den Charakter eines Ordens, der A. →Hitler bedingungslos die Treue zu wahren hatte. 1931 entstand als Sonderformation der →Sicherheitsdienst des Reichsführers SS, der politische Gegner zu beobachten, aber auch innerhalb der NSDAP oppositionelle Bestrebungen gegen A. Hitler festzustellen hatte. 1933 hatte die SS etwa 60 000 Mitglieder, und ihre Zahl wuchs weiter an, obwohl die Eintrittsanforderungen laufend erhöht wurden. Nach der Machtübernahme übernahm die SS folgende Aufgabenbereiche: Die Allgemeine SS behielt ihre Aufgaben als Schutzformation bei. Ihre Mitglieder waren in vielen Staatsstellungen, besonders jedoch in der Polizei vertreten und sollten langfristig den Bestand für ein Staatsschutzkorps abgeben. Andererseits erhielten viele Beamte der Polizei und besonders der →Geheimen Staatspolizei Angleichungsdienstgrade der SS. Die →Totenkopfverbände bewachten die →Konzentrationslager, die auch von der SS verwaltet wurden. Daneben wurde die →SS-Verfügungstruppe aufgebaut, die militärisch ausgebildet wurde, repräsentative Aufgaben übernahm und den Stamm für die →Waffen-SS im 2. Weltkrieg bildete. Die Ordnungspolizei im 3. Reich wurde von einem SS-Führer geleitet, ab 1939 war das →Reichssicherheitshauptamt der SS für die Überwachung und Inhaftierung politischer Gegner sowie für den Inlands- und Auslands-Nachrichtendienst zuständig. Im 2. Weltkrieg operierten →Einsatzgruppen des Sicherheitsdienstes in besetzten Ländern. Wegen ihrer überdurchschnittlichen Leistungen wurden der SS bis zum Kriegsende zahlreiche Sonderaufgaben übertragen. Sie galt im Dritten Reich als zuverlässigstes Instrument A. Hitlers und wird auch in der Nachkriegszeit so beurteilt. Nach dem Krieg wurde die SS vom Internationalen Militärtribunal in Nürnberg zur verbrecherischen Organisation erklärt, zahlreiche ihrer Angehörigen wurden bei der Gefangennahme oder in der Haft ermordet, vielen ehemaligen SS-Männern wegen ihrer Tätigkeit im Konzentrationslager, bei den Einsatzgruppen, der Gestapo und dem SD der Prozeß gemacht.

SS-Totenkopfverbände, Einheiten der SS. Die 1933 zur Inhaftierung von politischen Gegnern des 3. Reiches sowie von Kriminellen geschaffenen →Konzentrationslager (KL) wurden von SS-Männern bewacht, die in SS-Totenkopfstandarten zusammengefaßt waren und neben ihrem Wachtdienst auch militärisch ausgebildet wurden. Ab 29. 3. 1936 wurden sie S. genannt. Ihre Angehörigen, Freiwillige mit zwölfjähriger Verpflichtung, trugen erdbraune Uniformen mit einem Totenkopf auf dem rechten Kragenspiegel. Rund 9000 Mann der S. nahmen am →Polenfeldzug teil, die meisten von ihnen bildeten ab 1. 11. 1939 die SS-Division „Totenkopf", die sich unter Gruppenführer Theodor Eicke im →Frankreichfeldzug bewährte und später als 3. SS-Panzerdivision „Totenkopf" an vielen Brennpunkten der Ostfront eingesetzt war.

H. Höhne: Der Orden unter dem Totenkopf, 1978. E. G. Krätschmer: Die Ritterkreuzträger der Waffen-SS, ³1982.

SS-Verfügungstruppe (VT), bewaffnete Sonderformation der →SS. Ab Frühjahr 1933 wurden aus SS-Männern bewaffnete Verbände mit folgenden Aufgaben gebildet: Sie wurden für repräsentative Aufgaben des Staates und der →NSDAP eingesetzt sowie auf einen möglichen Kriegseinsatz vorbereitet. Die erste Einheit dieser Art war die am 17. 3. 1933 unter dem Kommando von Sepp →Dietrich aufgestellte Stabswache Berlin, wenig später in Wachbataillon Berlin und im September 1933 in →Leibstandarte-SS „Adolf Hitler" umbenannt. Nach dem Vorbild dieser Truppe wurden an anderen Orten, so Hamburg, Dresden, München, Ellwangen und Arolsen, →„Politische Bereitschaften" aufgestellt und mit Handfeuerwaffen ausgerüstet. Eine Verfügung des →Reichsführers-SS vom 14. 12. 1934 bestimmte, diese Bereitschaften in Bataillone umzugliedern und mit der Leibstandarte zu einer Verfügungstruppe (VT) zusammenzufassen. Mit dieser Aufgabe wurde Generalleutnant a. D. P. → Hausser beauftragt. Er stellte mit dem Standort München das SS-Regiment 1 „Deutschland" auf, für Hamburg das SS-Regiment 2 „Germania", erweiterte die Leibstandarte in Berlin zu einem motorisierten Infanterieregiment, ab 1938 kam das SS-Regiment 3 „Der Führer" in Wien dazu. Am 1. 10. 1936 wurde SS-Brigadeführer Hausser zum Inspekteur der Verfügungstruppe ernannt. Für die Ausbildung des Führer-(Offiziers-)Nachwuchses standen die →Junkerschulen Bad Tölz und Braunschweig zur Verfügung. Sie erfolgte weitgehend nach den Ausbildungsvorschriften des Heeres, wurde aber unter dem Einfluß von F. →Steiner um wichtige Elemente erweitert: Sie bildete vor allem für den Stoßtrupp- und Nahkampf aus, legte großen Wert auf Leistungssport, strebte ein kameradschaftliches Verhältnis nicht nur zwischen den SS-Männern, sondern auch zwischen den Führern und ihrer Truppe an, erzog zur Ehrlichkeit und ermöglichte die Führerlaufbahn aufgrund militärischer Leistungen, nicht der Vorbildung. Am 17. 8. 1938 unterzeichnete A. →Hitler einen Erlaß, in dem er Stellung und Aufgaben der VT so beschrieb: „Die SS-Verfügungstruppe ist weder ein Teil der Wehrmacht noch der Polizei. Sie ist eine stehende bewaffnete Truppe zu meiner ausschließlichen Verfügung. Als solche und als Gliederung der NSDAP ist sie weltanschaulich und politisch nach den von mir für die NSDAP und die Schutzstaffel gegebenen Richtlinien durch den Reichsführer-SS auszuwählen." Gleichzeitig bestimmte der Erlaß, daß die VT eine stehende Truppe nicht nur im Frieden, sondern auch in einem möglichen Krieg sei. Damit stand fest, daß sie im Kriegsfall ihre Männer nicht an Heereseinheiten abgeben, sondern geschlossen im Rahmen eines SS-Verbandes einsetzen würde (→Waffen-SS).

George H. Stein: Geschichte der Waffen-SS, 1967. H. Höhne: Der Orden unter dem Totenkopf, 1978.

SS-Wirtschafts- und Verwaltungshauptamt (WVHA), Behörde der SS für deren Wirtschaftsunternehmen. Von der →SS wurden ab 1934, zunächst durch Spargelder ihrer Angehörigen, später durch Kredite und Wiederanlagen, in zunehmendem Maße Firmen gegründet, übernommen und betrieben. Dazu gehörte ein Verlag für die Verbreitung von Schriften, die Standpunkte der SS vertraten; eine Porzellan-Manufaktur, deren Erzeugnisse preisgünstig erworben werden konnten; Fabriken zur Herstellung guter und billiger Serienmöbel; eine Wohnungs- und Heimstätten-Gesellschaft, die für SS-Angehörige Häuser errichtete und die ihre Materialien von SS-eigenen Firmen bezog, die Steinbrüche, Ziegelherstellung und Kiesabbau betrieben; Mineralwasserfirmen für die Versorgung von SS-Angehörigen; im 2. Weltkrieg kamen Unternehmen für die Ausrüstung der →Waffen-SS dazu. Bei Kriegsende gehörten der SS etwa 150 Betriebe, deren Aufgabe die Versorgung von SS-Angehörigen und Truppenverbänden mit Bedarfs- und Ausrüstungsgegenständen sowie mit Häusern war. Teilweise wurden dafür Häftlinge eingesetzt. Die Firmen wurden am 26. 7. 1938 in der Dachgesellschaft Deutscher Wirtschaftsbetriebe (DWB) zusammengefaßt und dem SS-Verwaltungsamt unterstellt, aus dem am 31. 12. 1942 das W. unter SS-Obergruppenführer Oswald →Pohl hervorging. Das W. hatte Amtsgruppen für Truppenverwaltung, Truppenversorgung, Bauwesen und Wirtschaftliche Unternehmungen, am 3. 4. 1942 kam noch die Inspektion der Konzentrationslager dazu, eine Maßnahme, die auf verstärkte Anstrengungen zum Einsatz von Häftlingen für die Kriegswirtschaft zurückzuführen war. Im Prozeß gegen das WVHA vor einem amerikanischen Militärgericht vom 8. 4. 1947 bis 3. 11. 1948 wurden drei Angeklagte, darunter O. Pohl, wegen des Arbeitseinsatzes von Häftlingen zum Tode verurteilt und Pohl selber 1951 hingerichtet, zwölf erhielten lebenslängliche oder langjährige Freiheitsstrafen.
H. Höhne: Der Orden unter dem Totenkopf, 1978. E. Georg: Die wirtschaftlichen Unternehmungen der SS, 1963. R. M. W. Kempner: SS im Kreuzverhör, 1987.

Staatsexekution, →Reichsexekution.

Staatsgerichtshof, Sondergericht. In der →Weimarer Republik war nach Artikel 59 der Verfassung ein S. beim Reichsgericht vorgesehen für Anklagen des Reichstags gegen den Reichspräsidenten, den Reichskanzler und die Reichsminister, außerdem war er nach Artikel

19 zuständig beim Streit zwischen Reich und Ländern oder zwischen deutschen Ländern sowie beim Verfassungsstreit innerhalb eines Landes. Ferner bestand nach dem →Republikschutzgesetz vom 21. 7. 1922 ein S. zur Aburteilung schwerer politischer Straftaten, insbesondere von Attentaten, Putsch- und Aufstandsversuchen.
E. von Salomon: Die Geächteten, 1930.

Staatsrat, Gremium, außerdem dessen Angehörige, zur Beratung der Regierung. In Preußen bestand der S. seit 1817 aus den volljährigen Prinzen, den höchsten Amtsträgern und Militärs sowie berufenen Personen. In der Weimarer Republik 1920–1933 war der S. die Vertretung der preußischen Provinzen bei Gesetzgebung und Verwaltung. Mit Gesetz vom 8. 7. 1933 bildete der preußische Ministerpräsident →Göring den S. als beratendes Organ, seine Mitglieder hießen →Preußischer Staatsrat. Der S. bestand aus dem Ministerpräsidenten, den Staatsministern und Staatssekretären sowie vom Ministerpräsidenten auf Lebenszeit berufenen Angehörigen der →NSDAP, der Wirtschaft und Kunst oder anderen verdienten Persönlichkeiten.

Staatssekretär, höchster Beamte. Bis 1919 war der S. im Deutschen Reich der dem Reichskanzler, der einzige Reichsminister war, unterstellte Leiter eines Reichsamtes. Sein Stellvertreter war der Unter-S. Ab 1919 war der S. der nach dem jeweiligen Minister höchste Beamte eines Ministeriums.

Stab Heß, →Stellvertreter des Führers.

Stabshelferin, weibliche Bürokraft beim Heer im 2. Weltkrieg. Die S.nen waren meist dienstverpflichtet und trugen im Gegensatz zu den →Luftwaffen-, →Marine- und →Nachrichtenhelferinnen in den ersten Kriegsjahren oft keine Uniform.

Stabswache, Bezeichnung für Formationen der NSDAP. Im Frühjahr 1923 wurde in München von J. Schreck eine Stabswache mit dem Namen →„Stoßtrupp Adolf Hitler" aufgestellt, deren Führung der Leutnant a. D. Josef Berchtold übernahm und deren Aufgabe der Schutz von Versammlungen und Aufmärschen der →NSDAP war. Die etwa 100 Mann starke Truppe nahm am Abend des 8. 11. 1923 am Einsatz im Bürgerbräukeller sowie am nächsten Tag am →Marsch auf die Feldherrnhalle teil, wurde dann verboten, 40 ihrer Mitglieder anschließend zu Festungsstrafen von 15 bis 24 Monaten verurteilt. Nach der Neugründung der NSDAP bildete Schreck 1925 erneut eine Stabswache, die wenig später den Namen Schutzstaffel (→SS) erhielt. Ab 17. 3. 1933 stellte Sepp →Dietrich die Stabswache Berlin auf, die bald darauf Wachbataillon Berlin, ab September 1933 →Leibstandarte SS „Adolf Hitler" genannt wurde und die ab 1934 zur →SS-Verfügungstruppe gehörte. 1933/34 bildete die →SA bewaffnete Stabswachen, mit denen →Röhm seinen Anspruch auf die Bildung und Führung eines Milizheeres unterstreichen wollte.

Stadt der Auslandsdeutschen, im 3. Reich Beiname für Stuttgart als Sitz des 1917 gegründeten →Deutschen Ausland-Instituts, des 1925 errichteten →„Haus des Deutschtums", des 1936 eröffneten Museums für das Auslandsdeutschtum sowie als Ort für das jährliche große Treffen der Auslandsdeutschen.

Stadt der deutschen Kunst, Beiname für München im 3. Reich.

Stadt der Jugend, Beiname für Landsberg/Lech im 3. Reich. Hier endete der jährliche →Adolf-Hitler-Marsch der →Hitler-Jugend, der zunächst sternförmig aus dem ganzen Reich zum →Reichsparteitag nach Nürnberg führte.

Stadt der Reichsparteitage, Beiname für Nürnberg im 3. Reich, da dort ab 1927 alle →Reichsparteitage der →NSDAP (bis 1938) stattfanden.

Stadt des KdF-Wagens, Name der 1938 bei Fallersleben in Niedersachsen an Aller und Mittellandkanal für die Beschäftigten des dort gebauten →Volkswagenwerkes gegründeten Stadt, die 1939 6800, 1988 rund 130000 Einwohner hatte und heute Wolfsburg heißt.

Ständestaat, Bezeichnung für eine Staatsform mit Beteiligung von Berufsständen an der Staatsgewalt. Der österreichische Philosoph Othmar →Spann vertrat in seinen Büchern „Der wahre Staat" (1921), „Kategorienlehre" (1924), „Gesellschaftsphilosophie" (1918) und „Der Schöpfungsgang des Geistes" (1928) sowie in einer „Geschichtsphilosophie" (1932) die Idee von einem Universalismus, der Liberalismus und Marxismus ablehnt, gegen die Existenz politischer Parteien ist, in der katholischen Soziallehre wurzelt, dem politischen Parlament alle Rechte der wirtschaftlichen Gesetzgebung abnimmt und sie einem S. überträgt. Bedeutung erlangten diese Überlegungen unter dem als Diktator regierenden österreichischen Bundeskanzler E. →Dollfuß, der

1933/34 nach Ausschaltung des Parlaments einen „christlichen Ständestaat" einzuführen vorgab, jedoch nur die zwei „Vollstände" Landwirtschaft und Öffentlichen Dienst bilden, aber auch sie nicht die Staatsgewalt ausüben ließ, sondern sich bei seiner Politik auf die Zustimmung einer von ihm gegründeten →„Vaterländischen Front" berief. Die Konzeption Spanns diente also im wesentlichen nur dazu, eine Diktatur zu kaschieren.
A. Merkl: Die ständisch-autoritäre Verfassung Österreichs, 1935. W. Becher: Der Blick aufs Ganze, 1985. O. Spann: Der wahre Staat, 1921, ⁵1972.

Staf, Abkürzung für Standartenführer der →SA und der →SS (Oberst).

Stahlhelm, Bund der Frontsoldaten, Soldatenbund 1918–1935. Am 13. 11. 1918 gründete Franz →Seldte den S. in Magdeburg, den er dann zusammen mit dem 2. Vorsitzenden Theodor →Duesterberg leitete, als Wehrverband gegen linke Umsturzversuche. Bis 1924 konnten dem S. nur Frontkämpfer angehören, danach auch nationalgesinnte Männer ab 23 Jahren. Der S. nahm an den Kämpfen gegen mitteldeutsche Kommunistenaufstände, polnische Überfälle in →Oberschlesien und am →Ruhrkampf teil. Vom Juli 1922 bis Januar 1923 war er im ganzen Reich verboten. Er lehnte das →Versailler Diktat, die →Weimarer Republik und den Parteienstaat, besonders den Marxismus, ab, trat statt dessen für →Volksgemeinschaft, Pflege der Frontkameradschaft und die Erhaltung des Wehrwillens ein. Die Uniform des S. waren feldgrauer Rock und Mütze. Um 1925 hatte er rund 400000, 1930 zusammen mit dem „Jungstahlhelm" und dem „Stahlhelm-Studentenring Langemarck" etwa 500000 Mitglieder, dazu auch Frauengruppen, und war somit neben den Gewerkschaften die größte außerparlamentarische Gruppe in Deutschland. Ab 1924 galt für ihn ein →Arierparagraph. Er bekämpfte den →Dawes- und →Young-Plan, beteiligte sich 1931 an der →Harzburger Front, stellte 1932 mit Duesterberg einen eigenen Kandidaten für die Reichspräsidentenwahl und unterstützte danach die Regierung von →Papen. Am 30. 1. 1933 trat F. Seldte als Arbeitsminister in die Regierung A. →Hitler ein. Zur Reichstagswahl am 5. 3. 1933 bildete der S. zusammen mit der →DNVP die →„Kampffront Schwarz-Weiß-Rot". Am 27. 4. 1933 unterstellte Seldte den S. A. Hitler, worauf seine Mitglieder unter 35 Jahren in die →SA überführt wurden. Am 28. 3. 1934 wurde der S. in →NS-Deutscher Frontkämpferbund (NSDFB) umbenannt und am 7. 11. 1935 aufgelöst, die Traditionspflege von da ab vom →NS-

Reichskriegerbund wahrgenommen. 1951 wurde der S. neugegründet, ohne große Wirksamkeit zu erzielen.

W. Kleinau: Soldaten der Nation, 1933. Kleinau: Der NSDFB, 1935. T. Duesterberg: Der Stahlhelm und Hitler, 1949. A. Klotzbücher: Der politische Weg des Stahlhelms, Diss., Erlangen 1964. V. R. Berghahn: Der Stahlhelm 1918–1935, 1966. W. Kleinau: Franz Seldte, 1933.

Stahlpakt, Bezeichnung für den deutsch-italienischen Vertrag vom 22. 5. 1939. Das in Berlin durch die Außenminister Ciano und von →Ribbentrop unterzeichnete Abkommen für zehn Jahre wurde von Mussolini S. genannt und sollte eine „eherne" Solidarität bezeichnen. Es sah bei Anerkennung der gemeinsamen deutsch-italienischen Grenze eine Konsultationspflicht und gegenseitige politische und militärische Unterstützung bei Bedrohung von außen oder bei „kriegerischen Verwicklungen" sowie den Verzicht auf einen Sonderfrieden vor. Ein geheimes Zusatzprotokoll regelte Einzelheiten der militärischen Zusammenarbeit. Der S. erlangte keine große Bedeutung, insbesondere als Italien sich 1939 nicht am Krieg gegen Polen, Frankreich und England beteiligte und 1940 ohne Konsultation Deutschlands in Albanien einfiel. Italiens Waffenstillstand vom 3. 9. 1943 war ein klarer Bruch des Artikels V des S.s und machte ihn damit gegenstandslos.

F. Siebert: Italiens Weg in den Zweiten Weltkrieg, 1962. K. Hildebrand: Deutsche Außenpolitik 1933–1945, ⁴1980.

Stalin, Josef, sowjetischer Diktator, * 21. 12. 1879 Gori bei Tiflis (Georgien), † 5. 3. 1953 Moskau. Geboren unter dem Namen J. Dschugaschwili als Sohn eines Schusters, besuchte er ab 1888 die Pfarrschule in Gori und ab 1894 das Priesterseminar in Tiflis, aus dem er jedoch 1899 wegen marxistischer Agitation ausgeschlossen wurde. Er betätigte sich seitdem als Revolutionär, lernte 1905 Lenin kennen, wurde von der Polizei festgenommen und zeitweilig nach Sibirien und Nordrußland verbannt. Seit 1913 nannte er sich Stalin. Nach der Oktoberrevolution 1917 wurde er Volkskommissar für das Nationalitätenwesen in der ersten Sowjetregierung und kontrollierte anschließend als Kommissar Einheiten der Roten Armee im Bürgerkrieg. Am 3. 4. 1922 wurde er Generalsekretär der Kommunistischen Partei Rußlands (B), der späteren KPdSU. Aus dieser Position bekämpfte er nach Lenins Tod 1924 innerparteiliche Konkurrenten, die ihm eine angestrebte Alleinherrschaft streitig machen konnten, und verdrängte sie allmählich aus einflußreichen Funktionen. Bis 1925 befürwortete er die „Permanente Revolution", das heißt fortlaufende kommunistische Machtergreifungen außerhalb der Sowjetunion; nach dem Fehlschlag solcher Bemühungen in Europa und China jedoch den „Aufbau des Sozialismus" zunächst nur in der Sowjetunion und die Ausweitung des kommunistischen Einflußbereichs später durch den Vormarsch der Roten Armee am Ende eines Krieges zwischen „kapitalistischen" Staaten. Ab 1928 begann er mit der Enteignung von landbesitzenden Bauern (Kollektivierung), die dabei zu einem großen Teil auch ihr Leben verloren. In der Mitte der 30er Jahre ließ Stalin ehemalige Konkurrenten in der Partei und ihre Anhänger, große Teile des Offizierskorps der Roten Armee und die Überreste der gesellschaftlich führenden Schichten des Zarenreichs ermorden. Von den schätzungsweise 66 Millionen Menschen, die seit der Oktoberrevolution in Rußland im Rahmen von Klassenkämpfen – nicht als Opfer von Kriegen – ums Leben gekommen sind, gehen die meisten auf sein Konto. Der Diktator benutzte die Spannungen und dann den Krieg zwischen Deutschland und den Westmächten dazu, ab 1939 den sowjetischen Einflußbereich in Europa zu erweitern und trug dadurch entscheidend zum deutsch-sowjetischen Krieg 1941 bei. Lediglich mit Hilfe vor allem der USA konnte er nach anfänglichen schweren Niederlagen der Roten Armee den deutschen Vormarsch bei →Leningrad, →Moskau und →Stalingrad stoppen und mit dem Verlust von etwa 20 Mill. Soldaten die deutsche Wehrmacht besiegen. Nach Kriegsende errichtete er in den von der Roten Armee besetzten Gebieten Ost- und Mitteleuropas die Herrschaft kommunistischer Parteien, was hauptsächlich durch Zugeständnisse von amerikanischer und englischer Seite ermöglicht wurde. Auch hier ließ er zahlreiche Menschen ermorden und die anderen ihrer Freiheit berauben. Als sich angesichts dieses Vorhabens, vor allem aber nach dem von Stalin unterstützten Angriff der nordkoreanischen kommunistischen Armee auf Südkorea 1950 westliche Staaten zu Verteidigungsmaßnahmen entschlossen, entwickelte Stalin anstelle eines Vormarsches der Roten Armee ein neues Konzept für die Ausweitung des kommunistischen Herrschaftsbereichs. Es sah den Verzicht auf weitere Bedrohung der westlichen Länder vor, um so ihre Einheit aufzuspalten und Gegensätze zwischen ihnen wirksam werden zu lassen, bei gleichzeitig verstärkten Bemühungen einheimischer kommunistischer Parteien um Einfluß und Machtzuwachs. Dieses Konzept der „friedlichen Koexistenz" wurde nach Stalins Tod von Chruschtschow fortgeführt.

G. F. Alexandrow und andere: Josef Wissarionowitsch Stalin, 1947. I. Deutscher: Stalin, 1962. G. Paloczi-Horvath: Stalin, 1968. E. Ellis Smith: Stalin, 1969. B. Baschanow: Ich war Stalins Sekretär, 1977. A. B. Ulam: Stalin, 1977. M. Morozow: Der Georgier, 1980. B. Souvarine: Stalin, 1980. A. Antonow-Owssejenko: Stalin, 1983. M. Rubel: Stalin, 1975. D. Wolkogonow: Stalin, 1989. G. Hilger: Stalin, ²1964. M. Djilas: Gespräche mit Stalin, 1962.

Stalingrad, Schlacht um, deutsche Niederlage im 2. Weltkrieg. Ab 19. 8. 1942 griff die deutsche 6. Armee unter dem Oberbefehl von Generaloberst Friedrich →Paulus S. an, am 23. 8. erreichte ihre 16. Panzerdivision unter Generalleutnant Hans →Hube bei Rynok nördlich von S. die Wolga, am 13. 9. begann der Angriff auf das eigentliche Stadtgebiet, das in den folgenden Wochen immer mehr erobert wurde. Ein sowjetischer Großangriff mit weit überlegenen Kräften ab 19. 11. 1942 aus einem Brükkenkopf am Don nordwestlich von S. und vom westlichen Wolgaufer südlich der Stadt führte am 23. 11. 1942 zur Einkesselung der 6. Armee mit 280000 Mann. Einen Ausbruchsversuch lehnte A. →Hitler ab, weil er die Vernichtung der Truppe in der Steppe als dann unausweichlich ansah, einen Entsatz der Stadt anstrebte und bis dahin eine Versorgung durch die Luft sicherstellen wollte. Der am 12. 12. 1942 begonnene Angriff zur Befreiung der 6. Armee mußte jedoch kurz vor der Stadt und vor Jahresende abgebrochen werden, weil die unter dem Oberbefehl von Generalfeldmarschall von →Manstein operierenden Entsatz-Verbände zur Abwehr eines weiteren sowjetischen Großangriffs benötigt wurden, der zur Einkesselung weitaus stärkerer deutscher Verbände im Süden der Ostfront zu führen drohte. Die 6. Armee verteidigte sich in S. noch bis zum 2. 2. 1943, band damit starke sowjetische Kräfte und ermöglichte auf diese Weise den Aufbau einer zusammenhängenden deutschen Abwehrfront. 91000 Mann gingen in Gefangenschaft, von denen nur 6000 überlebten. 34000 waren vorher ausgeflogen worden. Insgesamt waren jedoch die sowjetischen Verluste bei den Kämpfen um die Stadt ab Sommer 1942 höher als die 146000 Gefallenen der deutschen Truppen, die gegen einen weit überlegenen Feind bei völlig unzureichender Versorgung mit Munition und Verpflegung im strengsten Winter Leistungen vollbrachten, die im 2. Weltkrieg nicht wieder erzielt worden sind.
H. Doerr: Der Feldzug nach Stalingrad, 1955. H. A. Jacobsen und J. Rohwer: Entscheidungsschlachten des zweiten Weltkrieges, 1960. H. Scheibert: Entsatzversuch Stalingrad, 1968. M. Kehrig: Stalingrad, 1975. J. Förster: Stalingrad, 1975. W. Kerr: Das Geheimnis Stalingrad, 1977. J. Piekalkiewicz: Stalingrad, 1977. F. Uhle-Wettler: Höhe- und Wendepunkte deutscher Militärgeschichte, 1984. J. Piekalkiewicz: Der Zweite Weltkrieg, 1985. W. R. Beyer: Stalingrad, 1987. F. Kurowski: Luftbrücke

Stalingrad, 1988. H. Schröter: Stalingrad, 1957. H. Selle: Die Tragödie von Stalingrad, 1947. E. von Manstein: Verlorene Siege, 1955. F. Paulus: Ich stehe hier auf Befehl, 1960.

Stalin-Linie, Befestigungen östlich der bis 1939 bestehenden sowjetischen Westgrenze. Die in den 20er und 30er Jahren errichteten starken Grenzbefestigungen sollten das kommunistische Rußland vor einem Angriff von Westen schützen. 1940/41 wurden sie jedoch größtenteils abgebaut, da der sowjetische Truppenaufmarsch vor allem des Jahres 1941 einer Offensive dienen sollte und die Führung der Roten Armee nicht mit einem Rückzug ihrer Verbände und folglich einer Verteidigung des eigenen Territoriums rechnete. Die deutschen Streitkräfte konnten deshalb im →Rußlandfeldzug die S. im Juni/Juli 1941 schnell durchbrechen.
V. Suworow: Der Eisbrecher, 1989.

Standarte, Mannschaftseinheit bei →SA und →SS in Stärke etwa eines Regiments (rund 1200 Mann). Die Standarte führte ein S.-nführer, ranggleich einem Obersten.

Starhemberg, Ernst Rüdiger, Fürst von, österreichischer Politiker, * 10. 5. 1899 Schloß Eferding/Oberösterreich, † 15. 3. 1956 Schruns/Vorarlberg. Nach freiwilligem Kriegsdienst in der k. u. k. Armee ab 1917 studierte er ab 1920 Jura in Innsbruck und nahm im „Sturmzug Tirol" beim →Freikorps Oberland an den Abwehrkämpfen in →Oberschlesien sowie am →Marsch auf die Feldherrnhalle 1923 in München teil. Ab 1928 Mitglied des Oberösterreichischen →Heimatschutzes, wurde er 1929 dessen Landesführer und war 1930–1936 (außer kurzzeitig 1931) Bundesführer des Österreichischen Heimatschutzes. 1930 wurde er im Kabinett Vaugoin Bundesminister des Innern. 1930/31 war er Abgeordneter des Heimatblocks im Nationalrat. Von den Nationalsozialisten, denen er sich zeitweilig zugehörig fühlte, entfernte sich S. immer mehr. Beobachter sahen den Grund vor allem darin, daß er in einer auch in Österreich von A. →Hitler geführten Bewegung niemals jene selbständige Rolle spielen konnte, auf die er Wert legte. Darüber hinaus ließ er den Heimatschutz auch von →Mussolini subventionieren, der in der ersten Hälfte der 30er Jahre die Trennung Österreichs vom Deutschen Reich bis hin zur Kriegsdrohung aufrechterhalten wollte und seine Zuwendungen an den Heimatschutz davon abhängig machte, daß S. und seine Funktionäre für die Selbständigkeit Österreichs eintraten. Dementsprechend ließ S. sich von Mussolini beraten, unterstützte →Dollfuß bei der Errichtung seiner Diktatur, war 1934–1936 unter →Dollfuß und →Schuschnigg Vizekanzler und Führer in der →Vaterländischen Front. In zahlreichen Reden bezeichnete er die Unabhängigkeit Österreichs als Konsequenz aus dessen Geschichte und als Bestandteil einer europäischen Friedensordnung. Als Schuschnigg, der die Differenzen zum Deutschen Reich vermindern wollte, deshalb 1936 seinen Einfluß beschränkte, ging S. 1937 in die Schweiz, ließ jedoch nach dem →Anschluß 1938 vertraulich anfragen, ob man ihn in einem nationalsozialistisch gewordenen Österreich verwenden könne. Er hatte damit aber keinen Erfolg. 1940 trat er darauf in die französische Armee ein und kämpfte gegen die deutsche Wehrmacht, entkam dann nach England, lebte ab 1942 in Südamerika und ging 1956 kurz vor seinem Tod nach Österreich zurück. Posthum erschienen 1974 seine „Memoiren".

J. Hannak: Der Fürst, der sein Land verkaufte, 1949. B. Berger: Ernst Rüdiger Fürst Starhemberg, Diss., Wien 1967.

Stauffenberg, Claus Graf Schenk von, Oberst i. G., * 15. 11. 1907 Jettingen/Donau, † 20. 7. 1944 Berlin. Der Sohn eines württembergischen Hofbeamten trat 1926 in die →Reichswehr ein und wurde Kavallerist, 1930 Leutnant, 1933 Oberleutnant, besuchte ab 1. 10. 1936 die Kriegsakademie in Berlin, wurde 1937 Rittmeister und nach Abschluß des Kriegsakademie-Lehrgangs im Sommer 1938 Generalstabsoffizier. Er nahm am →Polen- wie am →Frankreichfeldzug teil, wurde anschließend im Generalstab verwendet, während eines Truppenkommandos in Nordafrika am 7. 4. 1943 schwer verwundet und tat nach Genesung Dienst im Stab des Befehlshabers des →Ersatzheeres. Er glaubte ab 1943 nicht mehr an einen deutschen Sieg, nahm Verbindung zu Widerständlern auf und teilte mit ihnen die Überzeugung, daß A. →Hitler durch ein Attentat beseitigt werden und eine nichtnationalsozialistische Regierung Waffenstillstandsverhandlungen mit den Kriegsgegnern aufnehmen sollte. Als er am 1. 7. 1944 als Oberst zum Stabschef des Befehlshabers des deutschen Ersatzheeres ernannt wurde und damit Zutritt zu den Lagebesprechungen im →Führerhauptquartier (FHQ) erhielt, entschloß er sich, das Attentat selber auszuführen und legte am 20. 7. 1944 im FHQ eine Bombe, die nach seinem Weggang detonierte und fünf Personen tötete. A. Hitler jedoch nur geringfügig verletzte. S. ging jedoch von dessen Tod aus, kehrte mit dem Flugzeug nach Berlin zurück, ließ dort durch Mitverschworene seinen Chef verhaften und

mobilisierte das deutsche Ersatzheer mit dessen Namen und der Behauptung, A. Hitler sei tot und die Wehrmacht müsse nun verhindern, daß frontfremde Funktionäre der →NSDAP die Macht in Deutschland an sich rissen. Diese Befehle wurden zum Teil ausgeführt, so in Berlin, wo das getäuschte Wachbataillon zunächst das Regierungsviertel besetzte. Bald stellte sich durch Rundfunkmeldungen und Gegenbefehle aus dem Führerhauptquartier aber heraus, daß die Behauptungen vom Tod A. Hitlers nicht stimmten und das Ersatzheer unter falschen Voraussetzungen und von nichtkompetenten Personen mobilisiert werden sollte. Der Putschversuch brach somit zusammen, S. wurde mit drei Mitverschwörern von einem Standgericht auf Befehl des inzwischen enthafteten Befehlshabers des Ersatzheeres →Fromm wegen Hochverrats zum Tode verurteilt und sofort erschossen. Andere Teilnehmer an dem Staatsstreich wurden in den folgenden Monaten vor Gericht gestellt. Dabei ergab sich, daß S. trotz vorangegangener Sondierungen von den Kriegsgegnern keinerlei Zusagen auf Waffenstillstandsverhandlungen mit einer nichtnationalsozialistischen Regierung erhalten hatte, die Erwartungen, mit denen der Putsch gerechtfertigt wurde, somit unbegründet waren.

H. C. Müller: Oberst i. G. Graf Stauffenberg, 1970. P. Hoffmann: Widerstand Staatsstreich Attentat, [3]1979. H. Paar: Dilettanten gegen Hitler, 1985. H. W. Hagen: Zwischen Eid und Befehl, 1958. H. Rothfels: Die deutsche Opposition gegen Hitler, 1949. B. Scheurich: Stauffenberg, 1963. W. Venohr: Stauffenberg, 1986. K. Balzer: Der 20. Juli und der Landesverrat, 1971.

Stegemann, Hermann, Prof. Dr., Historiker, * 30. 5. 1870 Koblenz, † 8. 6. 1945 Merlingen (Thuner See). Nach einer Serie von Berichten über die Ereignisse des 1. Weltkriegs im Berner „Bund" schrieb er eine ausführliche „Geschichte des Krieges" (4 Bände, 1917–1921), wurde 1922 Professor für Geschichte an der Universität München und lebte später in der Schweiz. Er schrieb ferner u. a. „Das Trugbild von Versailles" (1926), „Erinnerungen aus meinem Leben und meiner Zeit" (1930), „Weltwende" (1934) und „Der Krieg" (2 Bände, 1939/40).

H. Stubbemann: Hermann Stegemann als politischer Journalist, 1940.

Steguweit, Heinz, Dichter, * 19. 3. 1897 Köln, † 25. 5. 1964 Haltern/Westfalen. Nach ersten Erfolgen mit volkstümlichen und humorvollen Erzählungen und Schwänken wurde S. als ein „Dichter der Frontgeneration" durch Romane wie „Der Jüngling im Feuerofen" (1932) bekannt. Er schrieb ferner „Heilige Unrast"

(1936), „Die törichte Jungfrau" (1937), „Ihr vielgeliebten Schätze" (1939). 1936 erschien „Das fröhliche Steguweit-Buch", 1935 das Schauspiel „Der Nachbar zur Linken". Er erhielt mehrere Literaturpreise und wurde Landesleiter der →Reichsschrifttumskammer. Nach 1945 veröffentlichte er „Eulenspiegel darf nicht sterben" (1955) und andere Jugendbücher.

Stehr, Hermann, Dichter, * 16. 2. 1864 Habelschwerdt, † 11. 9. 1940 Oberschreiberhau (Schlesien). Unter dem Einfluß der schlesischen Mystik schilderte S. seelisches Ringen in Romanen und Erzählungen wie „Der Schindelmacher" (1899), „Leonore Griebel" (1900), „Der begrabene Gott" (1905), „Drei Nächte" (1909), „Der Heiligenhof" (1918), „Peter Brandeisener" (1924), „Nathanael Maechler" (1929), „Die Nachkommen" (1933). Im 3. Reich wurde er mit dem Goethepreis, dem →Adlerschild sowie der Ehrendoktorwürde ausgezeichnet. Sein Werk wird von der Hermann-S.-Gesellschaft gepflegt.
H. Boeschenstein: Hermann Stehr, 1935. H. M. Meyer: Das Übersinnliche bei Hermann Stehr, 1936. E. Mühle: Hermann Stehr, 1937. G. Blanke: Hermann Stehrs Menschengestaltung, 1939. F. Richter (Hrsg.): Hermann Stehr, 1964. W. Meridies: Hermann Stehr, 1964.

Steiermark, deutsches Herzogtum und österreichisches Bundesland. Die vorher zu Kärnten gehörende S. wurde 1180 eigenes Herzogtum und fiel 1282 an die Habsburger. 1919 wurde die →Untersteiermark mit der fast ausschließlich von Deutschen bewohnten Stadt Marburg/Drau im Diktat von →St.-Germain ohne die von Österreich geforderte →Volksabstimmung Jugoslawien zugesprochen (→„Marburger Blutsonntag"), nachdem die Landesversammlung der S. am 6. 11. 1918 den Beitritt zu Deutsch-Österreich erklärt hatte. 1941–1945 gehörte die Unter-S. wieder zur S. und wurde 1945 von Jugoslawen besetzt und annektiert, die die dort lebenden Steiermärker ermordeten oder vertrieben.
H. Karpf: Bedrohte Heimat, 1956.

Stein, Hermann von (ab 1913), General, * 23. 9. 1854 Wedderstedt/Quedlinburg, † 25. 5. 1927 Lehnin/Potsdam. Der Berufsoffizier war im 1. Weltkrieg Generalquartiermeister, führte ab November 1914 das XIV. Reservekorps im Westen und war vom Oktober 1916 bis Oktober 1918 preußischer Kriegsminister. Er schrieb „Erlebnisse und Betrachtungen aus der Zeit des Weltkrieges" (1919).

Steinacher, Hans, Dr., österreichischer Politiker, * 22. 5. 1892 Bleiberg, † 10. 1. 1971 Völker-

markt. Der im 1. Weltkrieg hochdekorierte österreichische Offizier organisierte nach Kriegsende den bewaffneten Widerstand gegen jugoslawische Angriffe, die das Ziel hatten, Südkärnten zu annektieren, und anschließend einen →Abstimmungskampf, der den Verbleib des Landes bei Österreich sicherte. 1923 kämpfte S. gegen die von den Franzosen unterstützten →Separatisten im Rheinland, war ab 1933 Präsident des →VDA, im 2. Weltkrieg Offizier, nach 1945 in der Österreichischen Volkspartei tätig und ab 1953 österreichischer Generalkonsul in Mailand. 1958 ging er in den Ruhestand.
H. Steinacher: In Kärntens Freiheitskampf, ²1976. W. Mallebrein: Hans Steinacher, 1980.

Steinbrinck, Otto, Fregattenkapitän und U-Boot-Kommandant, * 19. 12. 1888 Lippstadt, † 16. 8. 1949 Landsberg. Seit 1907 bei der Marine, kam S. früh zur U-Boot-Waffe und war im 1. Weltkrieg Kommandant von UB 10, UB 18, UB 65 und UB 57 bei der U-Boot-Flotille Flandern. Er versenkte im Kanal und der südlichen Nordsee auf rund 50 Feindfahrten 202 Handelsschiffe mit 232 000 BRT sowie den britischen Minenkreuzer „Ariadne" (11 150 BRT, am 26. 7. 1917) und das britische U-Boot E 22 am 20. 4. 1916. Damit erzielte er die meisten Versenkungen durch U-Boote in beiden Weltkriegen und erhielt zuletzt den →Pour le mérite. Ab April 1918 war er Admiralstabsoffizier beim Führer der U-Boote Flandern, gehörte im November 1918 zur Waffenstillstandskommission, nahm 1919 den Abschied und war dann in der Stahlindustrie tätig, im 2. Weltkrieg im besetzten Westen. Deswegen wurde er nach 1945 im Nürnberger →Flick-Prozeß von den Alliierten zu fünf Jahren Haft verurteilt, an deren harten Bedingungen er starb.
H. Pemsel: Biographisches Lexikon zur Seekriegsgeschichte, 1985.

Steiner, Felix, SS-Obergruppenführer und General der Waffen-SS, * 23. 5. 1896 Stallupönen (Ostpreußen), † 17. 5. 1966 München. Der Sohn eines Gymnasiallehrers aus einer Familie vertriebener Salzburger Protestanten wurde im März 1914 Fahnenjunker eines ostpreußischen Infanterieregiments, nahm am 1. Weltkrieg teil (Tannenberg, Masuren, Kurland, ab 1918 Frankreich), wurde schwer verwundet und erhielt das EK II und I. Als Oberleutnant 1918 demobilisiert, war er dann Kompanieführer eines →Freikorps im Memelland, trat 1921 in die →Reichswehr ein und wurde 1927 Hauptmann. 1933 nahm er als Major Abschied, ging 1935 zur →SS-Verfügungstruppe und wurde als SS-Obersturmbannführer Kommandeur des

III. Bataillons der SS-Standarte 1 in Ellwangen. Als Standartenführer übernahm er 1936 das Regiment „Deutschland" in München, das er zur Kerntruppe der späteren →Waffen-SS formte. Er führte sein Regiment im →Polen- und →Westfeldzug mit großem Erfolg. Am 15. 8. 1940 erhielt er das →Ritterkreuz. Als SS-Brigadeführer (9. 11. 1940) und Generalmajor der Waffen-SS stellte S. ab 1. 12. 1940 die 5. SS-Division „Wiking" mit Freiwilligen aus mehreren europäischen Ländern auf und führte sie im →Rußlandfeldzug an vielen Brennpunkten. Mit ihr als Kern stellte er 1942/43 das III. (germanische) Panzerkorps auf, dessen Kommandierender General er im Mai 1943 wurde und das unter seiner Führung im Osten große Erfolge erzielte. Am 23. 12. 1942 erhielt er das →Eichenlaub, am 10. 8. 1944 die →Schwerter. 1945 war S. Oberbefehlshaber der 11. Panzerarmee und der Armeegruppe S. beim Verteidigungskampf im Osten und um Berlin, bis er seine Einheiten über die Elbe führen konnte und am 3. 5. 1945 in Gefangenschaft ging, aus der er am 27. 4. 1948 entlassen wurde. Der maßgeblich den Geist der Waffen-SS prägende Truppenführer schrieb u. a. „Die Wehridee des Abendlandes" (1952), „Die Freiwilligen der Waffen-SS, Idee und Opfergang" (1958) und „Die Armee der Geächteten" (1963).

W. Tieke: Tragödie um die Treue, 1968. H. Höhne: Der Orden unter dem Totenkopf, 1978. K.-G. Klietmann: Die Waffen-SS, 1965. E. G. Krätschmer: Die Ritterkreuzträger der Waffen-SS, ³1982.

Stellvertreter des Führers, Amt in der →NSDAP. Am 21. 4. 1933 ernannte A. →Hitler Rudolf →Heß zum S., sein Amt sollte „in allen Fragen der Parteiführung" entscheiden. Heß, der „als Gewissen der Partei" angesehen wurde, bekam am 29. 6. 1933 das Recht auf Teilnahme an allen Kabinettssitzungen und wurde mit dem „Gesetz zur Sicherung der Einheit von Partei und Staat" vom 1. 12. 1933 Reichsminister ohne Geschäftsbereich. Nach dem Führererlaß vom 27. 7. 1934 wirkte der S. auch an allen gesetzgeberischen Vorhaben mit, nach dem Erlaß vom 24. 9. 1935 hatte er ein Mitbestimmungsrecht bei Ernennungen und Entlassungen von Beamten. Der S. hatte mit seinem Stab im →„Braunen Haus" in München seinen Sitz, sein Stabsleiter war M. →Bormann. Nach dem Englandflug von R. Heß wurde das Amt am 12. 5. 1941 abgeschafft, seine Aufgaben übernahm die →Parteikanzlei unter M. Bormann, der auch die Befugnisse eines Reichsministers erhielt und Mitglied der Reichsregierung wurde.

W. Krämer: Vom Stabe Heß zu Dr. Goebbels, 1979.

Stennes-Revolte, SA-interne Opposition 1930/ 31. Im Spätsommer 1920 entstand in München ein „Ordnungsdienst" mit der Aufgabe, Versammlungen der →NSDAP gegen marxistische Störer zu schützen. Die ab Oktober 1921 „Sturmabteilung" (→SA) genannte Formation wurde jedoch mit Hilfe von →Reichswehr-Dienststellen gegründet und unterhalten, die in ihr weniger eine NS-Organisation als vielmehr einen Wehrverband sahen, dessen Angehörige ein Reservoir der Reichswehr sein und deshalb vor allem militärisch ausgebildet und gegliedert werden sollten. A. →Hitler und die NSDAP wirkten aus dieser Sicht hauptsächlich als Werber für die SA. Nach dem →Marsch auf die Feldherrnhalle 1923 wurde auch die SA verboten, bei ihrer Neuentstehung ab 1925 verhinderte A. Hitler, daß sie wieder nur als getarnte Wehrorganisation aufgebaut wurde. Sie sollte vielmehr rein politische Aufgaben übernehmen, Versammlungen schützen und durch Propagandaaktionen und Märsche in der Öffentlichkeit für die NSDAP werben. Der schnell wachsende Verband wurde ab September 1926 von einem →„Obersten SA-Führer" (OSAF), Franz →Pfeffer von Salomon, geleitet, der im Februar 1929 fünf höhere SA-Führer zu seinen Stellvertretern ernannte. Einer von ihnen war Walter Stennes, der insgeheim die legal angestrebte Regierungsübernahme der NSDAP durch Teilnahme an Wahlen ablehnte und statt dessen einen gewaltsamen Machtwechsel anstrebte. Im Sommer 1930 benutzte er die Unzufriedenheit zahlreicher SA-Männer und Führer mit der als unzureichend angesehenen Finanzierung ihrer Organisation durch die NSDAP dazu, um mitten im Wahlkampf für die Reichstagswahlen vom September 1930 in Berlin und Umgebung den Versammlungsschutz und die Propagandatätigkeit der SA einzustellen. A. Hitler konnte diese Maßnahme nur unter Schwierigkeiten überwinden, Pfeffer von Salomon legte sein Amt nieder. A. Hitler wurde selber OSAF und ernannte zum 5. 1. 1931 E. →Röhm zum Stabschef mit der Aufgabe, die SA zu disziplinieren. Dagegen wandte sich Stennes und wurde deshalb abgesetzt. Am 1. 4. 1931 erklärte er in einer von zahlreichen SA-Führern Berlins, Brandenburgs, Schlesiens, Pommerns und Mecklenburgs unterstützten Erklärung, die SA werde keine Befehle A. Hitlers mehr entgegennehmen. Mit seinen Anhängern bildete er dann eine „Unabhängige Nationalsozialistische Kampfbewegung Deutschlands", die keinerlei Bedeutung erlangte. Ein Erfolg der Stennes-Aktionen wurde in erheblichem Maße durch die →SS verhindert, die Aufgaben der revoltierenden SA übernahm, Parteidienststellen vor ihr schützte und A. Hitler im voraus über von Stennes geplante Aktionen unterrichtete.

H. Höhne: Mordsache Röhm, 1984. C. Drage: Als Hitler nach Canossa ging, 1982.

„Stern von Afrika", ehrender Beiname für den Jagdflieger und Brillantenträger Hans-Joachim →Marseille.

Steubengesellschaft, deutsch-amerikanische Kulturvereinigung. Unter Bezugnahme auf General Friedrich Wilhelm von Steuben, der nach preußischem Offiziersdienst im Siebenjährigen Krieg ab 1777 am nordamerikanischen Unabhängigkeitskrieg teilgenommen hatte und 1778 von Washington zum Generalinspektor des amerikanischen Heeres ernannt worden war, gründeten deutsch-amerikanische Kreise 1919 die S., die zu einem der führenden deutschen Kulturvereine der USA wurde und insbesondere die „Steubenparade" in New York durchführt. 1948 bildete sie mit der Schurz-Gesellschaft die Steuben-Schurz-Gesellschaft.

St.-Germain, →Saint-Germain-en-Laye.

Stinnes, Hugo, Industrieller, * 12. 2. 1870 Mülheim, † 10. 4. 1924 Berlin. 1891 trat S. in die familieneigenen Kohlenhandels-, Reederei- und Bergbauunternehmungen ein, gründete 1893 eine eigene Firma und wurde bis zum 1. Weltkrieg führender Montanindustrieller. Nach 1918 baute er seinen Konzern weiter aus (Siemens-Rhein-Elbe-Schuckert-Union). 1920–1924 war S. MdR der DVP und saß im Präsidium des Reichsverbandes der deutschen Industrie. Auf der Konferenz von Spa (1920) war er deutscher Kohlesachverständiger und trat dort den alliierten Forderungen scharf entgegen. 1923 zog er große Gewinne aus der Inflation. Er regte 1918 die Zentralarbeitsgemeinschaft mit an und war 1923/24 am →Micum-Abkommen beteiligt. 1924 besaß er Anteile an mehr als 4500 Betrieben. Nach seinem Tode zerfiel der gewaltige Konzern.
P. Wulf: Hugo Stinnes, 1979. P. Ufermann und A. Hüglin: Stinnes und seine Konzerne, 1924. G. von Klaas: Hugo Stinnes, 1958.

St.-Louis-Irrfahrt, Seefahrt jüdischer Auswanderer 1939. Am 13. 5. 1939 stach die „St. Louis", ein 16 732 BRT großes Passagierschiff der Hapag, unter Kapitän Gustav Schröder von Cuxhaven aus mit 937 zumeist vermögenden Juden in See, denen Kuba die Einwanderung zugesagt hatte. In Havanna wurde das Schiff jedoch am Einlaufen gehindert, den Passagieren das Betreten des Landes untersagt, da Kuba inzwischen die Einreiseerlaubnis zurückgezogen hatte und für eine neue Genehmigung noch einmal eine Million Dollar verlangte. Anschließend verweigerten die USA die Aufnahme der Auswanderer. Nach mehrwöchiger

Irrfahrt konnten die Passagiere dank Schröders Bemühungen am 16. 6. 1939 in Antwerpen an Land gehen und wurden dann gruppenweise von Frankreich, Belgien, Holland und England aufgenommen.
G. Thomas und M. Morgan-Witts: Das Schiff der Verdammten, 1976.

Stoßtrupp Adolf Hitler, Stabswache zur Verfügung A. Hitlers 1923. Als Ergänzung der →SA, die zu Beginn der 20er Jahre noch stark unter dem Einfluß von →Reichswehr-Offizieren stand und von ihnen als Ergänzungspotential der Streitkräfte angesehen, dementsprechend auch ausgerüstet und ausgebildet wurde, war der S. ausschließlich A. →Hitler verpflichtet und stand deshalb für politische Einsätze zur Verfügung. Die etwa 100 Mann starke, von J. Schreck aufgestellte und von J. Berchtold geführte Truppe wurde vor allem beim Umsturzversuch vom 8./9. November 1923 eingesetzt (→Marsch auf die Feldherrnhalle). Mitglieder des S. bildeten 1925 den Kern einer neuen →Stabswache, aus der sich die →Schutzstaffel (SS) entwickelte.

Strachwitz, Hyazinth Graf, Panzergeneral, * 30. 7. 1893 Großstein/Oberschlesien, † 25. 4. 1968. Der Leutnant im Potsdamer Regiment Garde du Corps ritt 1914 mit seinem Regiment nach Frankreich und führte eine Reiterpatrouille weit hinter die feindlichen Linien bis vor Paris, wo Panik ausbrach. Dabei gefangengenommen, wurde er zum Tode verurteilt, am 14. 10. 1914 zu Zwangsarbeit begnadigt und schließlich vom Schweizer Roten Kreuz fast verhungert aus dem Zuchthaus Carcassone befreit. 1921 organisierte er den deutschen Selbstschutz in →Oberschlesien mit und führte den →Annaberg am 21. 5. 1921. Er verwaltete danach eigene Güter und machte ab 1935 Reserveübungen bei der jungen Panzerwaffe. Im →Polen- und →Frankreichfeldzug fiel er durch seine Angriffe und Alleingänge auf, nahm beispielsweise mit zwei Mann 600 Franzosen in einer Kaserne weit hinter der Front gefangen und führte sie ab. Im Osten kämpfte er ähnlich listenreich und draufgängerisch, erhielt am 25. 8. 1941 das →Ritterkreuz und am 17. 11. 1942 das →Eichenlaub. Als Oberstleutnant fuhr er als erster in →Stalingrad ein und erreichte die Wolga, operierte oft hinter der russischen Front und schoß mit seiner Abteilung Hunderte von T 34 ab. Nach schwerer Verwundung führte er als Oberst das Regiment „Großdeutschland" und erhielt als erster Kommandeur Tiger-Panzer, für deren hervorragenden Einsatz bei Bjelgorod er am 28. 3. 1943 die →Schwerter bekam. Am 1. 4. 1944 wurde er, der zwei Kopfschüsse

und neun schwere sowie leichtere Verwundungen erlitten hatte, Generalmajor und Kommandeur der 1. Panzerdivision, später Höherer Panzerführer der Heeresgruppe Nord mit drei Panzerdivisionen und einer Panzerbrigade. Mit einem einzigen Panzer durchbrach er von außen die sowjetische Einkesselung von →Riga und gelangte in die Stadt. Am 15. 4. 1944 bekam er die →Brillanten. Auch nach einem schweren Autounfall führte er, an zwei Krücken gehend, seine Panzer weiter, löste nach der Kapitulation seine Truppe auf, schlug sich durch Böhmen bis Bayern durch und kam in jahrelange US-Gefangenschaft. Bis 1949 war er als Berater in Syrien sowie im Libanon tätig, dann bis 1951 Landwirt in Italien. 1951 kehrte er nach Bayern zurück.
G. Fraschka: Mit Schwertern und Brillanten, 1977.

Strafbataillon, anderer Name für →Bewährungsbataillon im 2. Weltkrieg.

Strahlflugzeug (Düsenflugzeug), nach dem Rückstoßprinzip angetriebenes Flugzeug. Als 1. S. der Welt flog im August 1939 die deutsche Heinkel He 178. Die S.e wurden im 2. Weltkrieg weiterentwickelt, kamen jedoch als Jagdflugzeuge zu spät und in zu geringer Zahl zum Einsatz, um noch kriegsentscheidende Erfolge zu erzielen.
J. L. Ethell: Messerschmitt „Komet", 1980. J. L. Ethell: Deutsche Düsenflugzeuge im Kampfeinsatz 1944/45, 1981. W. Späte: Der streng geheime Vogel Me 163, 1983. M. Ziegler: Raketenjäger Me 163, 1961. M. Ziegler: Turbinenjäger Me 262, ³1986. W. Wagner: Die ersten Strahlflugzeuge der Welt, 1989.

Stralkowo, polnisches →Konzentrationslager für Volksdeutsche. Das Konzentrationslager S. wurde im Posener Gebiet 1919 errichtet, nach dem in →Szczypiorno das zweite Konzentrationslager in Europa. Hier und in Szcypiorno wurden rund 16000 Deutsche gefangengehalten.

Straßburg, frühere Reichsstadt an der Mündung der Ill in den Rhein. Um 350 von den Alemannen erobert, gehörte S. zum Franken-, dann zum Ersten Deutschen Reich, wurde nach 1314 freie Reichsstadt und war lange neben Nürnberg wichtigstes deutsches Kulturzentrum. Am 30. 9. 1681 kam S. nach militärischer Belagerung an Frankreich, was 1684 als vorläufig, 1697 im Rijswijker Frieden als endgültig anerkannt werden mußte. Die weiterhin rein deutsche Stadt fiel 1871 mit dem Elsaß bis 1918 wieder ans Reich, war Hauptstadt des Reichslandes →Elsaß-Lothringen und erlebte mit seiner Reichsuniversität einen großen Aufschwung. 1919 wurde es durch das →Versailler Diktat wieder abgetrennt, anschließend teilweise französiert, war 1940–1944 wieder deutsch und kam dann wieder an Frankreich, das seitdem die deutsche Sprache stark unterdrückt, so daß die Einwohner heute dort überwiegend französisch sprechen.
W. Forstmann und andere: Der Fall der Reichsstadt Straßburg und seine Folgen, 1981. R. Ernst: Rechenschaftsbericht eines Elsässers, 1954. C. O. Windecker: Straßburg-Gesicht einer Stadt, 1941. O. Flake: Straßburg – Geschichte einer deutschen Stadt, 1940. H. O. Meissner: Straßburg, o Straßburg, 1986. M. Rehm: Straßburgs geistige Luft um die letzte Jahrhundertwende, 1984.

Straßen des Führers (Straßen Adolf Hitlers), Beiname für die →Reichsautobahnen im 3. Reich.

Strasser, Gregor, Politiker, * 31. 5. 1892 Geisenfeld/Oberbayern, † 30. 6. 1934 Berlin. Der Sohn eines bayerischen Justizbeamten studierte Pharmazie, war im 1. Weltkrieg Offizier, gehörte dann zum →Freikorps Epp und war Führer des „Sturmbataillons Niederbayern". 1920 übernahm er eine Drogerie in Landshut. 1921 trat er der →NSDAP bei und wurde Gauleiter von Niederbayern. Für seine Teilnahme an der nationalsozialistischen Erhebung am 8./9.11.1923 (→Marsch zur Feldherrnhalle) wurde er zu einer Freiheitsstrafe von 18 Monaten verurteilt, jedoch nach seiner Wahl zum bayerischen MdL am 6. 4. 1924 aus der Haft entlassen. Am 7. 12. 1924 wurde er als Abgeordneter der →NS-Freiheitspartei, einer Nachfolgeorganisation der verbotenen NSDAP, in den Reichstag gewählt. Ab 1925 organisierte er die NSDAP vor allem in Norddeutschland (21. 2. 1925 Konferenz in Hamm, 10. 9. 1925 Gründung der →„Arbeitsgemeinschaft Nordwest"), gab ab 1. 10. 1925 die „Nationalsozialistischen Briefe" heraus und gründete am 1. 3. 1926 den Kampf-Verlag in Berlin. Im Gegensatz zu A. →Hitler vertrat er sozialistische Ideen mit gegen die Marktwirtschaft gerichteten Forderungen („Antikapitalismus") und versuchte vergeblich, Anfang Januar 1926 ein in diesem Sinne verfaßtes neues Parteiprogramm für die NSDAP durchzusetzen. Seine engeren Freunde wollten ein Zusammengehen mit der Linken nicht ausschließen und wandten sich gleichzeitig gegen die traditionellen rechten Gruppen in Deutschland. Trotz dieser Differenzen überließ A. Hitler S. die organisatorische Leitung der NSDAP, eine Aufgabe, die er bis 1932 mit Erfolg wahrnahm. Zum Bruch zwischen beiden kam es 1932. S. glaubte nicht, daß die NSDAP, wie A. Hitler angestrebt, in Deutschland den Reichskanzler stellen könnte. Gleichzeitig billigte er den Plan des

Generals und zeitweiligen Reichskanzlers von →Schleicher, eine neue Reichsregierung zu unterstützen, die von der →Reichswehr, Gewerkschaftsvertretern, rechten Sozialdemokraten, dem →Zentrum und dem von S. repräsentierten linken Flügel der NSDAP getragen werden sollte. Das schloß einen Verzicht auf eine Machtübernahme der NSDAP und eine Ausgrenzung A. Hitlers ein, während S. Vizekanzler in einer Regierung Schleicher und preußischer Ministerpräsident werden sollte. Als A. Hitler diese Absprachen, die hinter seinem Rücken getroffen worden waren, nicht billigte, trat S. am 8. 12. 1932 von seinen Parteiämtern zurück. Während der →Röhm-Affäre wurde er erschossen, ohne daß die Verantwortung für diesen Schritt später geklärt werden konnte. S. schrieb u. a. „Freiheit und Brot" (1928) sowie „Kampf um Deutschland" (1932).

B. Strasser: Gregor und Otto Strasser, 1954. U. Kissenkoetter: Gregor Strasser und die NSDAP, 1978. K. Höffkes: Hitlers politische Generale, 1986. R. Smelser und R. Zitelmann (Hrsg.): Die braune Elite, 1989. U. Wörtz: Programmatik und Führerprinzip, Diss., Erlangen 1966. R. Kühnl: Die nationalsozialistische Linke 1925–1930, 1966.

Strasser, Otto, Dr. rer. pol., Politiker, * 10. 9. 1897 Windsheim/Mittelfranken, † 27. 8. 1974 München. Der Bruder von Gregor →S. war im 1. Weltkrieg Offizier, dann Mitglied im →Freikorps Epp, 1920 einige Monate Mitglied der →SPD. Er studierte Volkswirtschaft, wurde 1925 Mitglied der →NSDAP, leitete den von Gregor S. gegründeten Kampf-Verlag und gab dessen Publikationen eine sozialistische und sozialrevolutionäre Ausrichtung. Am 4. 7. 1930 verließ er die NSDAP aus Protest gegen A. →Hitler, dem er „Verrat am Sozialismus" vorwarf, und gründete dann unter Einbeziehung nationalbolschewistischer Gruppen die „Kampfgemeinschaft revolutionärer Nationalsozialisten" (→Schwarze Front). 1933 emigrierte er und arbeitete von Wien, Prag, der Schweiz und Portugal aus publizistisch gegen die NSDAP; die Gestapo führte auf ihn jedoch auch verschiedene Anschläge im Reichsgebiet zurück. Ab 1941 lebte er in Kanada, ab 1955 in der Bundesrepublik, gründete hier eine Deutschsoziale Union und verbreitete eine „Strasser-Vorschau" ohne wesentlichen Anklang. Er schrieb u. a. „Der Aufbau des deutschen Sozialismus" (1932), „Die deutsche Bartholomäusnacht" (1935), „Deutschlands Erneuerung" (1945), „Hitler und ich" (1948), „Exil" (1958), „Der Faschismus" (1965), „Mein Kampf" (1969).

R. Schapke: Die Schwarze Front, 1932. R. Kühnl: Die nationalsozialistische Linke 1925–30, 1966. P. Moreau: Nationalsozialismus von links, 1984. G. Bartsch: Zwischen drei Stühlen, 1989. R. Smelser und R. Zitelmann

(Hrsg.): Die braune Elite, 1989. P. Thoma: Der Fall Otto Strasser, 1971.

Strasser, Peter, Fregattenkapitän, * 1. 4. 1876 Hannover, † 5. 8. 1918 bei Kings Lynn (England). Der Marine-Offizier leitete im 1. Weltkrieg die Angriffe der deutschen Marineluftschiffe gegen England. Er kam durch Absturz ums Leben.

T. Goote: Der F. d. L. Führer der Luftschiffe.

Streicher, Julius, Gauleiter, * 12. 2. 1885 Fleinhausen/Augsburg, † 16. 10. 1946 Nürnberg. Der Lehrer nahm als Freiwilliger am 1. Weltkrieg teil und erhielt EK II und I sowie österreichische und bayerische Tapferkeitsauszeichnungen. 1918 war er Mitglied des „Schutz- und Trutzbundes", 1919 Mitbegründer und Führer der Deutschsozialistischen Partei sowie 1920 von deren Wochenzeitung „Deutscher Sozialist". Am 8. 10. 1922 überführte er seine Anhänger in die →NSDAP, ab 16. 4. 1923 gab er die antisemitische Wochenzeitung →„Der Stürmer" heraus. Nach Teilnahme am →Marsch auf die Feldherrnhalle 1923 wurde er kurzzeitig inhaftiert und aus dem Schuldienst entlassen. Vom 6. 4. 1924 bis 1932 war S. MdL in Bayern, am 2. 4. 1925 wurde er Gauleiter von Franken („Frankenführer"), von 1932–1945 war er MdR. 1933 gründete er die „Fränkische Tageszeitung", übernahm am 6. 5. 1934 die Leitung der Regierung von Mittel- und Oberfranken und wurde SA-Gruppenführer. Am 16. 2. 1940 wurde er von seinem Amt als Gauleiter beurlaubt, durfte den Titel jedoch weiterführen. Bis zum Kriegsende lebte er zurückgezogen auf seinem Gut Pleigershof in Franken, gab jedoch weiter den „Stürmer" sowie eine Zeitschrift für Homöopathie heraus. Am 22. 5. 1945 wurde er von den Amerikanern verhaftet und schwer gefoltert, anschließend im Nürnberger →„Hauptkriegsverbrecherprozeß" angeklagt. Seine dort gemachten Aussagen über die an ihm verübten Mißhandlungen wurden auf Antrag der amerikanischen Anklagevertretung aus dem Prozeßprotokoll gestrichen. Am 1. 10. 1946 wurde S. zum Tode verurteilt und 15 Tage später gehängt. Er schrieb u. a. „Kampf dem Weltfeind" (1938).

P. Hüttenberger: Die Gauleiter, 1969. K. Höffkes: Hitlers politische Generale, 1986. F. Nadler: Eine Stadt im Schatten Streichers, 1969. M. Rühl: Der Stürmer und sein Herausgeber, 1960.

Stresa, Konferenz von, alliierte Gipfeltagung 1935. Vom 11. bis 14. 4. 1935 trafen sich im italienischen Kurort S. am Lago Maggiore die Regierungschefs Italiens (Mussolini), Großbritanniens (Macdonald) und Frankreichs (Flandin) mit ihren Außenministern, um zur deutschen

Erklärung der Wiedererlangung der →Wehrhoheit und Wiedereinführung der allgemeinen Wehrpflicht vom 16. 3. 1935 Stellung zu nehmen. Das Abschlußprotokoll von S. bedauert die gegen Teil V des →Versailler Diktats verstoßende deutsche Aufrüstung bei (seit 15 Jahren) laufenden Abrüstungsverhandlungen, den Willen, „sich mit allen geeigneten Mitteln jeder einseitigen Aufkündigung von Verträgen zu widersetzen, durch die der Friede in Europa gefährdet werden könnte", sowie die Entschlossenheit, für die Unabhängigkeit Österreichs und den →Locarno-Pakt einzutreten. Die Erklärungen der „S.-Front" („Antirevisionsfront") verloren ihre Bedeutung, als England am 18. 6. 1935 das →Flottenabkommen mit Deutschland schloß und Italien im Herbst 1935 Abessinien angriff, wodurch Proteste von englischer und französischer Seite ausgelöst wurden.

Stresa-Front, →Stresa.

Stresemann, Gustav, Reichskanzler, * 10. 5. 1878 Berlin, † 3. 10. 1929 Berlin. S. studierte Staatswissenschaft und Geschichte und war 1902–1918 Syndikus des Verbandes sächsischer Industrieller. Seit 1903 war er Mitglied der →Nationalliberalen Partei, 1907–1912 und 1914–1918 MdR, ab 1917 ihr Fraktionsvorsitzender. Er trat für deutsche Annexionen sowie den uneingeschränkten U-Boot-Krieg ein und wandte sich gegen die →Friedensresolution von 1917. 1918 gründete er die →Deutsche Volkspartei und war ihr Vorsitzender ab Januar 1919 und Fraktionsvorsitzender ab 1920. Er war Mitglied der →Weimarer Nationalversammlung und MdR 1920–1929. Vom 13. 8. bis 23. 11. 1923 war er Reichskanzler und Außenminister einer großen Koalition, die den →Ruhrkampf aufgab, kommunistische Regierungen in Sachsen und Thüringen beseitigte sowie ein Ende der →Inflation einleitete. Danach war S. Außenminister bis zu seinem Tod in allen Regierungen. Er trieb eine Verständigungs- und Erfüllungspolitik mit →Dawes-Plan, →Locarno-Abkommen, →Völkerbund-Eintritt, →Berliner Vertrag, Vorbereitung des →Young-Plans. Seine Hoffnung auf ein Entgegenkommen der Sieger wurde jedoch enttäuscht, obwohl er zusammen mit dem französischen Außenminister Briand 1926 den Friedensnobelpreis erhielt. Verbittert über die Uneinsichtigkeit der Alliierten starb er. S. hat stets den deutschen Anspruch auf die in →Versailles geraubten deutschen →Ostgebiete aufrechterhalten. Er schrieb u. a. „Macht und Freiheit" (1918), „Von der Revolution bis zum Frieden von Versailles" (1919), „Reden und Schriften" (1926). 1932/33

erschien in drei Bänden sein „Vermächtnis", herausgegeben von H. Bernhard.
R. von Rheinbaben: Stresemann, ²1930. H. A. Turner: Stresemann, 1968. M.-O. Maxelon: Stresemann und Frankreich, 1972. M. Walsdorff: Bibliographie Gustav Stresemann, 1972. F. Hirsch: Stresemann, 1978. W. Michalka und M. M. Lee (Hrsg.): Gustav Stresemann, 1982. M. Jenke: Bonn – besser als Weimar? 1985. W. Stresemann: Mein Vater Gustav Stresemann, 1979. Th. Eschenburg und U. Frank-Planitz: Gustav Stresemann, 1978. K. Koszyk: Gustav Stresemann, 1989. K.-D. Erdmann und M. Vogt: Die Kabinette Stresemann I und II 1923, 2 Bde., 1978.

Strobl, Karl Hans, Dr. jur., Dichter, * 18. 1. 1877 Iglau, † 10. 3. 1946 Perchtoldsdorf bei Wien. Nach Studium und Promotion war S. im Staatsdienst, nahm am 1. Weltkrieg als Kriegsberichterstatter der österreichischen Armee teil und war dann freier Schriftsteller bis zu seinem Tod. In seinen zahlreichen Romanen schilderte er die Selbstbehauptung der Deutsch-Österreicher, aber auch das Prager Studentenleben. Er veröffentlichte u. a. „Die Vaclavbude" (1902), „Der Schipkapaß" (1908) und „Die Fackel des Hus" (1929). Weitere Romane geben die Vorstellungswelt seiner Iglauer und sudetendeutschen Heimat wieder.
A. Altrichter: Karl Hans Strobl, 1927. H. Thalhammer: Karl Hans Strobl, 1937.

„Struma", rumänisches Schiff für jüdische Flüchtlinge. Das von jüdischen Emigranten übernommene kleine Schiff verließ am 12. 12. 1941 unter panamesischer Flagge den rumänischen Hafen Konstanza mit rund 750 Flüchtlingen an Bord, um nach Palästina zu fahren. In Istanbul, wo es am 15. 12. 1941 ankam, verhinderten türkische Behörden auf britischen Druck die Landung und Weiterfahrt, ließen nur eine schwangere Frau von Bord und schickten die „S." am 24. 2. 1942 wieder ins Schwarze Meer zurück, wo sie von einem sowjetischen U-Boot torpediert wurde. Nur vier Schiffbrüchige überlebten. Auch anschließend blockierten die Briten die jüdische Auswanderung nach Palästina.
E. B. Potter: Seemacht, 1982.

S-Trupp, Abkürzung für Sabotagetrupp im 2. Weltkrieg.

Student, Kurt, Generaloberst, * 12. 5. 1890 Birkholz (Schwiebus), † 1. 7. 1978 Bad Salzuflen. S. befehligte zu Beginn des Westfeldzuges die 7. Fliegerdivision und setzte sie erfolgreich zur Einnahme wichtiger Brücken und Befestigungen durch Fallschirmjäger ein, wobei er schwer verwundet wurde. Am 29. 5. 1940 wurde er General der Flieger. 1941 bereitete er die Luftlandeoperationen auf →Kreta vor

("Unternehmen Merkur") und leitete den Absprung seiner Fallschirmjäger und die Eroberung der Insel ab 20. Mai. Im Juli 1943 wurde er zusammen mit O. →Skorzeny mit der Befreiung →Mussolinis beauftragt und bereitete den Einsatz der deutschen Fallschirmjäger, SS-Männer und Lastensegler zur Eroberung des Gran Sasso vor. Danach führte er die Heeresgruppe H, vom 1. 5. bis 18. 11. 1944 und vom 10. bis 18. 4. 1945 die 1. Fallschirmarmee, danach war er Oberbefehlshaber der Heeresgruppe Weichsel. Er war Träger des →Ritterkreuzes (12. 5. 1940) und des →Eichenlaubs (27. 9. 1943). Nach Kriegsende wurde S. von einem US-Militärgericht zu fünf Jahren Haft verurteilt, nach erfolgreicher Berufung bald entlassen.

Stürgkh, Karl Graf von, Dr. jur., österreichischer Ministerpräsident, * 30. 10. 1859 Graz, † 21. 10. 1916 Wien. Nach Jurastudium und Promotion (1881) war S. Beamter und 1891–1895 sowie 1897–1907 Mitglied des österreichischen Abgeordnetenhauses, 1907–1916 des Herrenhauses. Er wurde 1908 Unterrichtsminister und war 1911–1916 Ministerpräsident. Er wandte sich gegen die Wiedereinberufung des am 16. 3. 1914 vertagten Parlaments und regierte mit →Notverordnungen, nach Kriegsbeginn mit Ausnahmeverfügungen für die Kriegszeit. Wegen seiner Politik wurde S. von dem jüdischen Marxisten Friedrich Adler, dem Sohn Victor →Adlers, erschossen.

A. Fussek: Ministerpräsident Karl Graf Stürgkh, Diss., Wien 1959.

„Stürmer, Der", Wochenzeitung 1923–1945. Der im April 1923 von Julius →Streicher als „Nürnberger (ab 1933 Deutsches) Wochenblatt zum Kampf um die Wahrheit" – so der Untertitel – gegründete S. befaßte sich vorzugsweise mit Angriffen auf Juden. Deshalb wurde er vom November 1923 bis März 1925 sowie im Frühjahr 1931 verboten, wegen seines oft undifferenzierten Antisemitismus seine Verbreitung aber auch im 3. Reich behindert, beispielsweise durch eine Verfügung von Baldur von →Schirach in der →HJ. Ab 1927 brachte das Blatt auf der Titelseite das Treitschke-Zitat: „Die Juden sind unser Unglück". Hauptschriftleiter waren Julius Streicher, Karl Holz, Ernst Hiemer und Erwin Kellinek. Die Zeitung erschien bis 1935 im Wilhelm-Härdel-Verlag, Nürnberg, danach in Streichers Verlag und mit ihm als Herausgeber. Die Auflage erreichte vor 1933 25000 Exemplare und stieg 1934 auf mehr als 500000. Die letzte Ausgabe erschien am 1. 2. 1945.

N. Feldmann: Motive des Stürmers, Diss., Wien 1966. F. Hahn (Hrsg.): Lieber Stürmer, 1978. M. Rühl: Der Stürmer und sein Herausgeber, 1960.

Stuka, abkürzende übliche Bezeichnung für →Sturzkampfflugzeug, insbesondere im 2. Weltkrieg für die deutsche Ju 87.

Sturm, organisatorische Einheit bei →SA, → SS, →NSFK, →NSKK. Der Sturm entsprach etwa einer Kompanie (rund 100 Mann). Er wurde von einem S.-führer geleitet und besaß eine S.-fahne. Mehrere Stürme bildeten einen S.-bann, der etwa dem Bataillon entsprach.

Sturmabteilung (SA), Gliederung der NSDAP. Als im Spätsommer 1920 marxistische Gegner zunehmend die Versammlungen der →NSDAP in München störten, übernahm Hauptmann Hans Streck mit den Männern seiner Minenwerferkompanie 19 den Saalschutz. Daraus entstand ein „Ordnungsdienst", der wenig später als Turn- und Sportabteilung und seit Anfang Oktober 1921 als SA bezeichnet wurde. Der ehemalige Leutnant zur See Hans Ulrich Klintzsch, ein Mitarbeiter von Kapitän zur See Hermann →Ehrhardt, übernahm ihre Ausbildung. Materiell und personell wurde die SA von der →Reichswehr gefördert, die in ihr in erster Linie eine Truppe zu ihrer Ergänzung sah. Am 4. 11. 1921 behaupteten sich nur wenige SA-Männer bei einer Versammlung im Münchener Hofbräuhaus gegen eine Überzahl marxistischer Gegner und ermöglichten A. →Hitler seine Ansprache. Hermann →Göring war 1923 nach Klintzsch zweiter Führer der SA, die nach dem →Marsch zur Feldherrnhalle am 9. 11. 1923 verboten, 1925 jedoch von Ernst →Röhm neu gegründet wurde. Ab 1926 führte sie Franz →Pfeffer von Salomon als →Oberster SA-Führer (OSAF), der die SA nicht mehr als vormilitärische Organisation betrachtete, sondern politische Aufgaben in den Vordergrund stellte. Die SA wurde einheitlich uniformiert und neben dem Versammlungs- und Aufmarschschutz verstärkt für Propagandaaktionen eingesetzt. Nach Unruhen, die der zeitweilige OSAF-Stellvertreter Walter →Stennes ausgelöst hatte, übernahm A. Hitler 1930 das Amt des Obersten SA-Führers und erteilte seine Weisungen einem Stabschef: 1929/30 war das Otto Wagener, 1931–1934 Ernst Röhm, 1934–1943 Viktor →Lutze, 1943–1945 Wilhelm →Schepmann. Vor 1933 trug die SA die Hauptlast der gewalttätigen Auseinandersetzungen mit den marxistischen Gegnern. Von den 207 Toten, die die NSDAP bis zur Machtübernahme hatte, zählten die meisten zur SA. Ende 1931 hatte die SA 260000 Angehörige, von April bis Juni 1932 war sie verboten, am 30. 1. 1933 war sie etwa 700000 Mann stark, im Juni 1934 nach Aufnahme der Mitglieder des →Stahlhelms und des →Kyffhäuserbundes gab es etwa 4,5 Mill. SA-Männer, 1938 noch etwa 1,2 Mill. Pläne Röhms, in Deutschland einen SA-Staat zu errichten, die Struktur der Reichswehr zu verändern und mit der SA als Basis ein Milizheer unter seiner Führung aufzubauen, das Bürgertum und die Beamtenschaft als zu wenig revolutionär aus dem 3. Reich auszugrenzen und diese Forderungen mit Drohungen und Vorbereitungen von Gewalt zu verbinden, führten am 1. 7. 1934 zu seiner Erschießung sowie zur Ablösung der ihm nahestehenden SA-Führer. Danach konzentrierte sich die SA auf die Durchführung von Aufmärschen, Sammelaktionen, vormilitärische Ausbildung und politische Schulung. Im 2. Weltkrieg übernahm die SA die Ausbildung zurückgestellter Wehrpflichtiger sowie Hilfsaufgaben für Wehrmacht, Polizei, →Luftschutz und →SS. Sie stellte 1944/45 große Teile des →Volkssturms. Die Reichsführung der SA hatte ihren Sitz in München, Brienner Straße 45. Die SA gliederte sich in Schar (8–16 Mann), Trupp (3 Scharen), Sturm (mehrere Trupps, 80–200 Mann), Sturmbann (mehrere Stürme, 600–1200 Mann), Standarte (mehrere Sturmbanne, 3000–4000 Mann), Brigade (mehrere Standarten, 8000–10 000 Mann), Gruppe (mehrere Brigaden), Obergruppe. Die aktiven Einheiten umfaßten die SA-Männer bis 35 Jahren, die älteren dienten in Reserveeinheiten. Es gab besondere Marine-, Pionier-, Nachrichten- und Sanitätseinheiten der SA sowie das SA-Reiterkorps, bis 1934 auch Flieger- und Motorstürme, daneben Musik- und Spielmannszüge und Lehrstürme zur Ausbildung von Unterführern. In der SA konnte die Wehrpflicht nicht abgeleistet werden. Bei Brigaden und Gruppen gab es Führerschulen. Die Uniform bestand aus Braunhemd, brauner Stiefelhose, Stiefeln, Mütze, Armbinde mit Hakenkreuz am linken Arm, Koppel und Schulterriemen sowie SA-Dolch. Armstreifen, Achselstücke und Kragenspiegel wiesen Rang- und Zugehörigkeit aus. Der SA-Mann hatte keine weitere Bewaffnung. Am 28. 11. 1933 stiftete A. Hitler das →SA-Sportabzeichen, das am 15. 2. 1935 erneuert und am 19. 1. 1939 in das →SA-Wehrabzeichen umgewandelt wurde.

H. Wagner: Taschenbuch des Nationalsozialismus, 1934. E. Bayer: Die SA, 1938. V. Lutze: Wesen und Aufgaben der SA, ²1939. A. Werner: SA und NSDAP, 1964. H. Bennecke: Hitler und die SA, 1962.

Sturmabzeichen, →Kampfabzeichen im 2. Weltkrieg. Das S. wurde neben dem →Infanterie-S. am 1. 6. 1940 vom Oberbefehlshaber des Heeres für Soldaten geschaffen, die nicht Infanterie- oder Panzereinheiten angehörten und sich in drei Gefechten an drei verschiedenen Kampftagen in vorderster Linie bewährt

hatten. Es bestand aus einem Eichenkranz, in dem sich über gekreuztem Dolch und Handgranate ein nach rechts blickender Adler mit Hakenkreuz in den Fängen befand. Das S. wurde auf der linken Brustseite getragen.

Sturmmann, Dienstgrad der SA und SS. Der S. war die erste Beförderungsstufe in der →SA und konnte vom SA-Mann, der Eingangsstufe, nach einem halben Jahr erreicht werden. Der S. trug einen Balken auf seinem Kragenspiegel. In der →SS war der S. gleichfalls die erste Beförderungsstufe. In der →Waffen-SS entsprach der S. dem Gefreiten.

Sturzkampfflugzeug (Stuka), Kampfflugzeug, das seine Bomben nach einem Sturzflug auf das Ziel auslöst. Ein S., vor allem die Ju 87, war in den 30er Jahren für die deutsche Luftwaffe entwickelt worden und kam im 2. Weltkrieg häufig zum Einsatz gegen Erd- (Anlagen, Panzer) und Seeziele (große Schiffe). Das einmotorige S. war für ein bis drei Mann Besatzung ausgelegt und ließ sich nach langem Sturzflug abfangen, wobei eine kleine bis mittlere Bombenlast ausgelöst wurde. Der bekannteste und erfolgreichste Stuka-Flieger war Oberst Hans-Ulrich →Rudel, der in 2530 Einsätzen 519 sowjetische Panzer und 800 Fahrzeuge zerstörte, einen Kreuzer versenkte und ein Schlachtschiff schwer beschädigte.

K. Munson: Die Weltkrieg II-Flugzeuge, 1973. P. C. Smith: Stuka, ⁸1989.

Stuttgarter Schuldbekenntnis, kirchliche Erklärung 1945. Nach erheblichem Druck aus dem Ausland (Karl →Barth, Visser't Hooft) und Manipulationen durch Martin →Niemöller unterzeichneten am 19. 10. 1945 in Stuttgart trotz erheblicher Bedenken führende Vertreter der evangelischen Kirchen im neugebildeten Rat der Evangelischen Kirche Deutschlands (EKD) das S. Über die NS-Zeit heißt es darin, „wir klagen uns an, daß wir nicht mutiger bekannt, nicht treuer gebetet, nicht fröhlicher geglaubt und nicht brennender geliebt haben". Die Erklärung diente dann zur Rechtfertigung von →Umerziehung und Kollektivschuldthese. Mitunterzeichner waren u. a. Bischof Otto Dibelius, Wilhelm Hahn und Martin Niemöller.

Sudauen, Landschaft im Südosten von Ostpreußen. Der altpreußische Gau S. wurde 1283 vom Deutschen Ritterorden kolonisiert, war dann polnisch, 1795–1807 preußisch, 1915–1918 von deutschen Truppen besetzt, kam dann zu Litauen und wurde im Herbst 1939 der Provinz Ostpreußen angegliedert. 1941 wurde die Kreisstadt Suwalki in S. umbenannt.

Sudetendeutsche, Sammelbegriff für die Deutschen aus Böhmen, Mähren und Österreichisch-Schlesien, der zum erstenmal 1902 von dem österreichischen Senator Franz Jesser benutzt wurde. Er wurde auch von der österreichischen Delegation bei den Verhandlungen vor der Unterzeichnung des Diktats von →St.-Germain verwendet und bürgerte sich in den 30er Jahren allgemein ein. 1933 nannte Konrad →Henlein eine von ihm gegründete Partei →Sudetendeutsche Heimatfront, die auf tschechischen Druck hin in →Sudetendeutsche Partei (SdP) umbenannt werden mußte. Nach dem Zerfall der CSR wurde 1938 der Gau Sudetenland mit dem Sitz Reichenberg gebildet, dem jedoch der südliche Teil des sudetendeutschen Sprachgebiets und der Böhmerwald nicht angehörten. 1938 gab es 3,5 Mill. S. in 3338 Gemeinden mit mehr als 80% deutscher Bevölkerung, dazu kamen noch die deutschen Sprachinseln im tschechischen Staatsgebiet, die 59 Gemeinden mit 313666 S. umfaßten. Nach dem 8. 5. 1945 wurden S. in großer Zahl von den Tschechen ermordet, in Lager und Gefängnisse gesperrt, zur Zwangsarbeit genötigt, ihres Eigentums beraubt und dann vertrieben. In Westdeutschland und dann der Bundesrepublik bildeten sie die Sudetendeutsche Landsmannschaft. Der Name leitet sich von einem 380 km langen und 60 km breiten Gebirgszug her, der östlich des Elbsandsteingebirges beginnt und bis zur mährischen Pforte reicht.

H. Münch: Böhmische Tragödie, 1949. W. Turnwald (Hrsg.): Dokumente zur Austreibung der Sudetendeutschen, 1951. E. Nittner (Hrsg.): Dokumente zur sudetendeutschen Frage 1916–1967, 1967. R. Pozorny: Wir suchten die Freiheit, 1978. R. Suchenwirth: Der deutsche Osten, 1978. R. Kosiek: Deutsches Land in fremder Hand, ²1984. E. Franzel: Sudetendeutsche Geschichte, ⁸1987. F.-P. Habel (Hrsg.): Dokumente zur Sudetenfrage, 1984. T. Herget: Die Deutschen in der Tschechoslowakei seit 1945, 1979. H. Raschhofer und O. Kimminich: Die Sudetenfrage, ²1988. F. Seibt: Deutschland und die Tschechen, 1974. R. Urban: Die sudetendeutschen Gebiete nach 1945, 1964. O. Böse und R. J. Eibicht (Hrsg.): Die Sudetendeutschen, 1989. H. Löffler: Am Scheideweg 1918–1938–1988, 1989. E. Franzel: Die Sudetendeutschen, 1980. E. Kern: Das andere Lidice, 1950. W. Ahrens (Hrsg.): Verbrechen an Deutschen, ²1979. J. Hemmerle u. a.: Sudetendeutsche Bibliographie, 2 Bde., 1959–1965.

Sudetendeutsche Heimatfront (SHF), Partei der Sudetendeutschen 1933–1935. Nachdem im September 1933 die →Deutsche Nationalpartei und die →DNSAP im Sudetenland einem bevorstehenden Verbot durch Selbstauflösung zuvorgekommen waren, gründete am 1. 10. 1933 der aus der Jugend- und Turnerbewegung hervorgegangene Turnlehrer Konrad →Henlein in Eger die SHF als Sammlungsbewegung der →Sudetendeutschen. Sie bekannte sich zu „demokratischen Grundlagen", zur „Anerkennung des Staates", zur tschechoslowakischen Republik und wollte eine „Zusammenfassung aller Deutschen, . . . die bewußt auf dem Boden der Volksgemeinschaft und der christlichen Weltanschauung stehen", sein. Henlein war Vorsitzender. Da der Name SHF den Tschechen zu aggressiv und die Teilnahme an der bevorstehenden Parlamentswahl deshalb gefährdet war, wurde die SHF am 19. 4. 1935 in →Sudetendeutsche Partei (SdP) umbenannt.

F. Wende (Hrsg.): Lexikon zur Geschichte der Parteien Europas, 1981.

Sudetendeutsche Partei (SdP), Partei der Deutschen im →Sudetenland 1935–1938. Aus der am 1. 10. 1933 durch Konrad →Henlein in Eger gegründeten und von ihm geführten →Sudetendeutschen Heimatfront (SHF) ging am 19. 4. 1935 in Befolgung einer tschechischen Auflage zur Namensänderung die SdP hervor. Ihr Führer war K. Henlein, Stellvertreter Karl Hermann →Frank. Noch stärker als die SHF wurde die SdP Sammelpartei aller Deutschen im Sudetenland, deren schwere Notlage sie innerhalb des tschechoslowakischen Staates verbessern wollte, indem sie für wirksameren Minderheitenschutz und kulturelle Autonomie eintrat. Bei den Wahlen zum Prager Parlament im Mai 1935 errang die SdP 1,25 Mill., damit rund zwei Drittel der deutschen Stimmen (44 der 66 deutschen Mandate) und wurde stärkste Partei im Staate, blieb aber dennoch von der Regierungsbeteiligung ausgeschlossen. Angebote der SdP vom April 1937 sowie vom 24. 4. 1938 („Acht →Karlsbader Punkte") auf Mitarbeit im Staat wurden von den Tschechen abgelehnt. Im Juli 1938 hatte die SdP mit 1,3 Mill. Mitgliedern fast die ganze sudetendeutsche Volksgruppe hinter sich, nachdem andere →sudetendeutsche Parteien, außer der Sozialdemokratie, sich zugunsten der SdP aufgelöst hatten. Nach dem Anschluß wurde die SdP am 11. 12. 1938 in die →NSDAP eingegliedert.

F. Wende (Hrsg.): Lexikon zur Geschichte der Parteien Europas, 1981. R. Pozorny: Wir suchten die Freiheit, 1978. Sudetendeutscher Rat (Hrsg.): München 1938, 1964.

Sudetendeutsche Parteien, Parteien der Sudetendeutschen 1919–1938. Nach Ende des 1. Weltkrieges protestierten alle →Sudetendeutschen dagegen, daß sie gegen ihren Willen nach dem Diktat von →Saint-Germain in die neugegründete Tschechoslowakei (CSR) hineingepreßt wurden. Sie verwiesen darauf, daß ihre Wohngebiete rein oder weit überwiegend deutsch besiedelt und sie von den Tschechen auch schon militärisch besetzt worden waren, ehe es zur Unterzeichnung des Friedensdiktats gekommen war. Trotzdem waren viele Sudetendeutsche zur Mitarbeit in der CSR bereit. Die am 30. 8./3. 9. 1919 in Teplitz gegründete Deutsche Sozialdemokratische Arbeiterpartei (DSAP) unter J. Seeliger war 1920 mit 43% der deutschen, 11% aller in der CSR abgegebenen Stimmen, die stärkste der S. Ab 1929 war sie in der Prager Regierung vertreten, verlor dann aber immer mehr Wähler und somit ihre Bedeutung. Die →Deutsche Nationalsozialistische Arbeiterpartei (DNSAP) ging am 5. 5. 1918 aus der 1903/04 entstandenen →Deutschen Arbeiterpartei hervor und stand in ihren Forderungen der →NSDAP nahe. Geführt wurde sie von H. →Knirsch, später von R. Jung. Sie forderte das volle Selbstbestimmungsrecht der Deutschen innerhalb des „Zwangsstaats". 1925 erhielt sie bei Wahlen sieben, 1929 10% der deutschen Stimmen und acht Abgeordnete im Prager Parlament. Am 28. 9. 1933 löste sie sich angesichts eines bevorstehenden Verbots auf, ihre Mitglieder gingen zur SHF (→SdP). Die Deutsche Christlichsoziale Volkspartei (DCVP) wurde am 28. 9. 1919 in Prag für Böhmen, am 2. 11. 1919 als „Reichspartei" für die Tschechoslowakei als „nationaldeutsche" Volkspartei auf katholischer Grundlage gebildet. Sie erhielt 1920 10% und 1925 18% der deutschen Stimmen, hatte 1927 rund 35000 Mitglieder, 1935 jedoch hohe Stimmenverluste. 1926–1929 und 1936–1938 war sie in der Prager Regierung vertreten. Am 24. 3. 1938 löste sie sich zugunsten der SdP auf. Der Bund der Landwirte (BdL) wurde am 21./22. 1. 1920 in Prag für das ganze Gebiet der CSR gegründet, trat für das Selbstbestimmungsrecht der Sudetendeutschen ein, hatte über 100000 Mitglieder und war zeitweise die stärkste deutsche Partei. Ab 1926 (mit 33% der deutschen Stimmen) gehörte er der Prager Regierung an. 1935 hatte er jedoch nur noch 1,7%, löste sich nach einem Führungswechsel von Spina zu Hacker auf und schloß sich der SdP an. Die Deutsche Nationalpartei (DNP) wurde im April 1919 in Aussig gegründet und forderte uneingeschränkt das deutsche →Selbstbestimmungsrecht. 1924/25 hatte R. →Lodgman von Auen den Vorsitz, dann H. Brunar. 1925 erhielt sie 10% der deutschen Stimmen. Zeitweise arbeitete sie mit der DNSAP zusammen. Im Herbst 1933 kam sie einem drohenden Verbot durch Selbstauflösung zuvor, ihre Anhänger gingen zur SdP. Die im November 1919 in Teplitz-Schönau gegründete Deutsche Gewerbepartei (DGP) erzielte nur durch Wahlbündnisse Abgeordnete. Der Rest ihrer Mitglieder trat am 23. 3. 1938 zur SdP über.

F. Wende: Lexikon zur Geschichte der Parteien in Europa, 1981. J. W. Brügel: Tschechen und Deutsche, 1967.

Sudetenkrise, Konflikt zwischen Tschechen und Sudetendeutschen. Unter grober Mißachtung des →Selbstbestimmungsrechts und ihres ausdrücklich bekundeten Willens wurden 1919 rund 3,3 Mill. →Sudetendeutsche in rein oder weit überwiegend deutschen Siedlungsgebieten dem tschechoslowakischen Staat angeschlossen. Unter Mißachtung des zugesagten Minderheitenschutzes nahmen die Tschechisierungsmaßnahmen sowie die Mißhandlungen der Sudetendeutschen in einem Maße zu, daß die deutsche Volksgruppe, die sich 1935 fast geschlossen in der →Sudetendeutschen Partei (SdP) zusammenfand, immer stärker erst die Autonomie, und dann, als sie damit nichts erreichte, den Anschluß an das Deutsche Reich forderte. Ab 3. 8. 1938 reiste der Engländer Lord →Runciman mit einer Kommission für mehrere Wochen durch die sudetendeutschen Gebiete, fand die Klagen der Bevölkerung über ihre Behandlung durch die Tschechen voll begründet und kam in einem Bericht an den englischen Premierminister vom 14. 9. 1938 zu dem Schluß: „Für mich ist selbstverständlich, daß die zwischen Deutschland und der Tschechoslowakei liegenden Grenzbezirke, in denen die Sudetendeutschen die klare Mehrheit besitzen, sofort das uneingeschränkte Selbstbestimmungsrecht erhalten sollten." Angesichts der Haltung Englands und Frankreichs ließ der Staatspräsident der CSR, Benesch, über den tschechoslowakischen Sozialfürsorgeminister →Nečas der französischen und englischen Regierung vertraulich mitteilen, daß er zu einer Abtretung sudetendeutscher Gebiete an das Deutsche Reich bereit sei, jedoch wünsche, daß die Westmächte eine entsprechende Forderung stellten. Das geschah durch eine gemeinsame Note der britischen und französischen an die tschechoslowakische Regierung vom 19. 9. 1938, der Prag mit einer Note vom 21. 9. 1938 „durch die Umstände gezwungen und einem unerhörten Druck nachgebend" entsprach. Das →Münchener Abkommen vom 29. 9. 1938 legte die Einzelheiten der Übergabe fest. Der Anschluß des Sudetenlandes an das Deutsche Reich (Prager Abkommen) war somit eine durch das Selbstbestimmungsrecht begründete und international anerkannte Revision des Diktats von →Saint-Germain.

Sudetendeutscher Rat (Hrsg.): München 1938, 1964. E. Nittner (Hrsg.): Dokumente zur sudetendeutschen Frage 1916–1967, 1967. J. Benoist-Méchin: Am Rande des Krieges, 1967. R. Pozorny: Der Sudetenland-Anschluß 1938, 1978. R. Pozorny: Wir suchten die Freiheit, 1978. F.-P. Habel: Dokumente zur Sudetenfrage, 1984. E. Franzel: Sudetendeutsche Geschichte, ⁸1987. F. Leoncini: Die Sudetenfrage in der europäischen Politik, 1988. R. u. M. Smelser: Das Sudetenproblem und das Dritte Reich, 1980.

Sudetenland, Bezeichnung für die bis 1945 von Deutschen bewohnten Randgebiete Böhmens, Mährens und Österreichisch-Schlesiens. Nachdem 1902 von dem sudetendeutschen Politiker Franz Jesser der Ausdruck →Sudetendeutsche geprägt war, wurde das rein deutsch besiedelte Randgebiet Böhmens, Mährens und Österreichisch-Schlesiens zunehmend als S. bezeichnet. Es gehörte 1919–1938 zur Tschechoslowakischen Republik. Nach der →Sudetenkrise fiel das S. ab 1. 10. 1938 nach dem Münchener Abkommen vom 29. 9. 1938 an das Reich und bildete mit Ausnahme einiger an die Gaue Ober- und Niederdonau, Bayerische Ostmark und Schlesien angegliederter Teile den Reichsgau S. mit der Hauptstadt Reichenberg. 1945 kam das S. unter die Verwaltung der Tschechen, die den weitaus größten Teil der Deutschen unter grausamen Umständen vertrieben, wobei mehr als 200 000 Deutsche zu Tode kamen. Von den etwa 235 000 im S. verbliebenen Deutschen übersiedelten in den Folgejahren noch viele in den Westen.
E. Franzel: Sudetendeutsche Geschichte, [6]1978. R. Pozorny: Wir suchten die Freiheit, 1978. F. Prinz: Die Geschichte Böhmens 1848–1948, 1988. S. A. Welsch: Die Sudetendeutsche Frage 1918–1928, 1980.

Sudetenland-Medaille, Ehrenzeichen für Verdienste um den Anschluß des →Sudetenlandes. Die vom Führer und Reichskanzler gestiftete S. bestand aus einer bronzefarbenen Scheibe von 3,4 cm Durchmesser, ähnlich der Medaille zur Erinnerung an den →Anschluß Österreichs, mit der Inschrift auf der Rückseite „1. Oktober 1938". Sie wurde am schwarz-rotschwarzen Band getragen und für Verdienste um die Vereinigung des Sudetenlandes mit dem Reich oder für die Schaffung des Protektorats Böhmen und Mähren verliehen. Bereits mit der S. Ausgezeichnete erhielten für Verdienste um die Schaffung des →Protektorats statt einer neuen S. auf dem Bande eine bronzene, rechteckige Spange mit reliefartiger Darstellung der Prager Burg.

Sudetenschlesien, andere Bezeichnung für das →Troppauer Gebiet.

Südost-Generale-Prozeß (Geisel-Prozeß), einer der →Nürnberger Prozesse im Rahmen der alliierten Siegerjustiz nach 1945. Vor dem US-Militärgerichtshof V fand vom 25. 5. 1947 bis 19. 10. 1948 in Nürnberg der S. gegen Generalfeldmarschall Wilhelm →List und weitere elf Generale, die Oberbefehlshaber auf dem Balkan gewesen waren, statt. Die Anklage warf ihnen die Erschießung von Zivilisten vor. Das Verfahren gegen Generalfeldmarschall Maximilian von →Weichs wurde wegen dessen

Gesundheitszustandes abgetrennt, er selbst am 3. 11. 1948 ohne Prozeß entlassen. In der Haft beging ein Angeklagter Selbstmord. Das Urteil ergab zwei lebenslange Haftstrafen (u. a. List), sechsmal Haftdauer zwischen 7 und 20 Jahren, zwei Freisprüche. Am 31. 1. 1951 wurden alle Zeitstrafen herabgesetzt, List wurde zu Weihnachten 1952 entlassen.

Südsteiermark (→Untersteiermark), →Steiermark.

Südtirol, 1918 von Italien annektierter südlicher Teil von Tirol. S. wurde im 6. Jahrhundert von Bayern besiedelt. Reste der Ureinwohner sind die Ladiner (so im Grödner- und Gadertal), die sich mehrheitlich den Deutsch-Südtirolern verbunden fühlen. Bis 1363 gehörte ganz Tirol zu Bayern und wurde dann Besitz der Habsburger. Vor dem 1. Weltkrieg wurde in Italien vor allem von Ettore Tolomei als „natürliche Grenze" Italiens der Alpenkamm und somit auch die Herrschaft über Südtirol gefordert, obwohl dort nur 7000 Italiener lebten, die 3% der Bevölkerung ausmachten, der deutsche Charakter des Landes somit nicht angezweifelt werden konnte. Vor seinem Eintritt in den 1. Weltkrieg ließ sich Italien von den Westmächten die Abtretung Südtirols versprechen und annektierte dann das Land unter Bruch des Selbstbestimmungsrechts 1918. Es folgten umfangreiche Maßnahmen zur Italienisierung Südtirols vor allem nach der faschistischen Machtübernahme 1922: Verbot der deutschen Schule, Amtssprache, Vornamen und sogar Grabinschriften. Ortsnamen wurden nach von Tolomei erfundenen Bezeichnungen abgeändert, die Einwanderung von Italienern systematisch gefördert: 1921 machten sie 8%, 1939 24%, 1953 34% des Bevölkerungsanteils aus. Die Südtiroler wehrten sich unter Führung von Kanonikus →Gamper, auch durch Gründung von geheim durchgeführtem deutschsprachigen Unterricht (→Katakombenschulen). Im Interesse einer deutsch-italienischen Zusammenarbeit schloß das Deutsche Reich mit Italien 1939 ein →Umsiedlungsabkommen, das die Aussiedlung jener Deutschen vorsah, die nicht für Italien optieren wollten. Beim Frontwechsel Italiens 1943 wurde die Umsiedlung gestoppt. A. →Hitler erklärte, der Verrat Italiens habe wenigstens den Vorteil, Südtirol dem Deutschen Reich zu erhalten. 1945 lehnten die Siegermächte Österreichs Forderung nach Rückgabe Südtirols ab, jedoch wurde im Gruber-de-Gasperi-Abkommen von 1946 Südtirol Autonomie innerhalb Italiens zugesichert. Rom umging diese Zusage, indem es Südtirol mit der fast rein italienischen Provinz Trient vereinigte und die Autonomie somit einem Gebiet mit italienischer Bevölkerungsmehrheit gewährte. Versuche, eine Erweiterung dieser Autonomie zu erreichen, scheiterten. Ab 1961 kam es deshalb zu gewaltsamen Widerstandsaktionen, gegen die vor allem die italienischen Carabinieri mit Verhaftungen und Folterungen Verdächtiger bis zum Mord vorgingen. Österreich brachte die Südtirolfrage vor die Vereinten Nationen, aber vor allem unter dem Eindruck des anhaltenden Widerstandes machte Italien in langjährigen Verhandlungen Zugeständnisse und räumte mit dem sogenannten „Paket" vom Herbst 1969 Südtirol eine erweiterte Autonomie ein. Die Verwaltungspraxis wurde dadurch den Bedürfnissen der Südtiroler angepaßt, die Zahl der Italiener wächst nicht mehr. Jedoch ist die Verwirklichung des „Pakets", die bis 1974 vorgesehen war, 1990 noch nicht abgeschlossen. Deshalb versammeln sich in der Partei der Unabhängigen und im Heimatbund Südtiroler, die die autonomieorientierte Politik der Südtiroler Volkspartei nicht mehr unterstützen und die Verwirklichung ihres →Selbstbestimmungsrechts, also den Anschluß an Österreich, anstreben.

K. Springenschmid: Schicksal Südtirol, 1971. E. Widmoser: Südtirol-Brevier von A – Z, 1966. P. Herre: Die Südtiroler Frage, 1927. O. Stolz: Geschichte des Landes Tirol, 1955. P. Hermes: Die Südtiroler Autonomie 1952. E. F. Latour: Südtirol und die Achse Berlin–Rom 1938–1945, 1962. P. Kienesberger und A. M. Euler: Sie nannten uns Terroristen, 1971.

Südwestafrika, →Deutsch-Südwestafrika.

Sütterlinschrift, deutsche Schrift. Die von dem deutschen Graphiker Ludwig Sütterlin (1865–1917) in Anlehnung an die damals in Deutschland übliche Schreibweise geschaffene Schrift wurde 1915 in den Schulen Preußens eingeführt. Nachdem auch andere deutsche Länder sie übernommen hatten, wurde sie 1934 in allen deutschen Volksschulen als „Deutsche Schreibschrift" Grundlage des Schreibunterrichts. Zur besseren Verständigung mit dem Ausland wurde sie ab 1941 durch die lateinische Schrift, die nun →„Deutsche Normalschrift" genannt wurde, wieder abgelöst.

L. Sütterlin: Neuer Leitfaden für den Schreibunterricht, 1917.

Surén, Hans, Sportpädagoge, * 10. 6. 1885 Berlin, † 25. 5. 1972 Berlin. Der Teilnehmer am 1. Weltkrieg, zuletzt als Major, entwarf eine eigene Körper- und Charakterschulung, mit der er in seinem Hauptwerk „Deutsche Gymnastik" (1921) die Gymnastik in Deutschland begründete. Er stellte auch das deutsche Heeresturnen auf neue Grundlagen und wirkte bei der Leibeserziehung im deutschen →Arbeitsdienst mit. S. war dann Leiter der Heeressportschule in Wünsdorf und wurde als Oberarbeitsführer Inspektor für Leibesübungen im →Reichsarbeitsdienst. Er schrieb u. a. „Atemgymnastik" (1923) und „Der Mensch und die Sonne" (1924), das 1936 neubearbeitet erschien.

Suwalki-Zipfel, →Sudauen.

Swastika, aus dem Sanskrit stammende Bezeichnung für das →Hakenkreuz, das für Asien bis in die Mitte des 3. Jahrtausends v. Chr. nachweisbar ist.

System, abfällige Bezeichnung für die →Weimarer Republik. In den 20er und 30er Jahren wurde von konservativen und nationalen deutschen Kreisen der Begriff S. herabsetzend für die Weimarer Republik benutzt, auch in Zusammensetzungen wie S.-zeit (die Weimarer Zeit), -parteien, -politiker, -presse, -regierung.

Szczypiorno, polnisches →Konzentrationslager für Volksdeutsche. Das Konzentrationslager S. im Posener Gebiet wurde für Volksdeutsche 1918 als erstes Konzentrationslager in Europa errichtet. Hier und im Konzentrationslager Stralkowo waren rund 16000 Deutsche inhaftiert.

T

Tag der nationalen Arbeit, Maifaiertag. Der seit Ende des 19. Jahrhunderts von Sozialisten als „Tag der Arbeit" begangene 1. Mai wurde am 1. 5. 1933 erstmals und dann jährlich von der Regierungspartei gewordenen →NSDAP mit Kundgebungen und Aufmärschen als T. gefeiert. Viele Arbeiter sahen darin einen Beweis, daß sie im 3. Reich anerkannt werden sollten.

Mit dem Gesetz vom 27. 2. 1934 wurde der 1. Mai als T. zum nationalen Feiertag erklärt.

Tag der nationalen Erhebung, im 3. Reich Bezeichnung für den 30. Januar. Der T. sollte an die Machtübernahme (Ernennung A. →Hitlers zum Reichskanzler) am 30. 1. 1933 erinnern und wurde 1934–1945 mit Beflaggung und

Kundgebungen begangen, war allerdings kein (nationaler) Feiertag.

Tag von Potsdam (auch Tag der HJ und Reichsjugendtag), im 3. Reich Bezeichnung für den 2. Oktober. Am 2. 10. 1932 hatten sich in Potsdam mehr als 100000 Mitglieder und Anhänger der →Hitler-Jugend, zum erstenmal in solcher Stärke, zu einem großen Lager und einem mehrstündigen Vorbeimarsch an A. →Hitler versammelt. Zur Erinnerung an diesen Aufmarsch, der das Anwachsen der HJ zur stärksten deutschen Jugendorganisation ankündigte, wurde von der HJ jährlich der T. begangen.

Tag von Potsdam, →Potsdam, Tag von.

„Taifun", Deckname für den deutschen Angriff auf Moskau 1941. In Ergänzung zu A. →Hitlers →Weisung Nr. 35 vom 6. 9. 1941 wurde vom →OKW am 19. 9. 1941 die Bezeichnung „T." für den Angriff der Heeresgruppe Mitte zur Einkesselung der sowjetischen Heeresgruppe Timoschenko in Richtung Wjasma und zum nachfolgenden Angriff auf →Moskau festgelegt. Der Vormarsch begann am 2. 10. 1941 aus dem Raum nordöstlich Smolensk bis westlich von Orel, führte zur Einschließung der sowjetischen 6. Armee und in der Doppelschlacht von →Wjasma-Brjansk zur Zerschlagung der sowjetischen 19., 20., 24., 30., 32., 43. sowie der 3., 13. und 50. Armee (2. bis 20. 10. 1941), wobei 673000 Gefangene gemacht wurden. Der deutsche Angriff wurde durch die Mitte Oktober 1941 beginnende Schlammperiode, später den äußerst harten Winter stark behindert und brach kurz vor Moskau zusammen.

W. Hubatsch: Hitlers Weisungen für die Kriegführung, 1939–1945, 1983. P. Carell: Unternehmen Barbarossa, 1963. Militärgeschichtliches Forschungsamt (Hrsg.): Die Wende vor Moskau, 1972. W. Haupt: Heeresgruppe Mitte, 1968. H.-A. Jacobsen und J. Rohwer: Entscheidungsschlachten des Zweiten Weltkrieges, 1960.

„Tanne", →„Mars-Eifel".

Tannenberg, Schlacht bei, Vernichtung einer russischen Armee im 1. Weltkrieg. Im August 1914 fiel die russische 1. (Njemen-)Armee unter Rennenkampf in Ostpreußen ein und rückte von Ost nach West in Richtung Königsberg vor. Gleichzeitig griff die russische 2. (Narew-)Armee unter Samsonow im Süden Ostpreußens an und rückte nach Norden vor, um sich mit der 1. Armee zu vereinigen und so deutsche Kräfte entweder einzuschließen oder sie zum Rückzug aus Ostpreußen zu zwingen. Die deutsche 8. Armee unter Generaloberst

von Prittwitz versuchte zunächst in der Schlacht bei →Gumbinnen den Vormarsch von Rennenkampf zu stoppen, brach den Kampf dann aber ab und zog sich langsam nach Westen zurück, um der drohenden Einschließung zu entgehen. Von Prittwitz erwog sogar die Räumung ganz Ostpreußens und den Rückzug hinter die Weichsel. Deshalb wurde er mit seinem Stabschef abberufen und durch General Paul von →Hindenburg mit General Erich →Ludendorff als neuem Generalstabschef ersetzt. Beide ließen vor der Front von Rennenkampf nur schwache Kräfte stehen und gruppierten die Masse der 8. Armee zum Angriff auf die Narew-Armee um, brachten ihren Vormarsch ab 23. 8. zum Stehen, kesselten sie ab 27. 8. ein und schlugen sie bis zum 30. 8. vernichtend. Ein russischer Entsatzversuch von Süden scheiterte, während die Njemen-Armee untätig blieb und dadurch den Erfolg der Schlacht bei T. gewährleistete. Etwa 100000 Mann der Narew-Armee gerieten in Gefangenschaft, Samsonow erschoß sich angesichts der Niederlage. Anschließend schlug die 8. Armee in der Schlacht an den →Masurischen Seen (6. bis 14. 9. 1914) Rennenkampf und konnte so Ostpreußen wieder befreien. Die Überwindung der vorher in Deutschland sehr gefürchteten „russischen Dampfwalze" hatte darüber hinaus große psychologische Wirkungen. Hindenburg und Ludendorff gingen als „Sieger von Tannenberg" in die Geschichte ein, aber auch die Leistungen ihres 1. Generalstabsoffiziers, des späteren Generals Max Hoffmann, wurden in Deutschland voll anerkannt. Das →Reichsehrenmal T. erinnerte an diesen Sieg, den 153000 deutsche gegen 191000 russische Soldaten errungen hatten. Die 8. Armee hatte dabei 12000 Gefallene.

H. Stegemann: Geschichte des Krieges, Bd. 1, 1917. E. Ludendorff: Meine Kriegserinnerungen, [8]1922. M. Hoffmann: Tannenberg, wie es wirklich war, 1926. W. Elze: Tannenberg, 1928.

„Tannenberg", Bezeichnung für das →Führerhauptquartier auf dem Kniebis im Schwarzwald. Die im Winter 1939/40 gebaute Anlage befand sich nahe Freudenstadt auf dem rund 1000 m hohen Kniebis einige Kilometer nordwestlich der Alexanderschanze unmittelbar an der Schwarzwaldhochstraße. Sie umfaßte Bunker, Häuser und Baracken. Von hier führte A. →Hitler im Anschluß an den →Frankreichfeldzug vom 27. 6. bis 5. 7. 1940.

U. Bahnsen und J. P. O'Donnell: Die Katakombe, 1975. G. Buck (Hrsg.): Das Führerhauptquartier 1939–1945, 1977.

Tannenbergbund, Vereinigung in Deutschland 1925–1933. General Erich →Ludendorff und

Oberst Konstantin →Hierl gründeten 1925 einen Verband, den sie nach einer siegreichen deutschen Schlacht im 1. Weltkrieg T. nannten und der zeitweilig 30000 Mitglieder hatte. Er trat für eine von Ludendorffs Frau Mathilde beschriebene „Gotterkenntnis" ein und wandte sich gegen „überstaatliche Mächte" wie Freimaurer, Juden, Jesuiten und Marxisten, die das Ehepaar Ludendorff überall hinter den Kulissen wähnte. Verbreitet wurden solche Gedanken vor allem in der Zeitschrift „Ludendorffs Volkswarte". Der T. wurde im September 1933 aufgelöst.

Tannenberg-Nationaldenkmal, →Reichsehrenmal Tannenberg.

Tapferkeitsmedaille, militärische Auszeichnung. Die wegen Tapferkeit vor dem Feind verliehene T. war z. T., wie bei der österreichischen T., auf Unteroffiziere und Mannschaften beschränkt. Daneben wurden auch andere militärische Auszeichnungen volkstümlich als T. bezeichnet, z. B. die bayerische Militärverdienstmedaille vor 1914 oder die badische Karl-Friedrich-Militärverdienstmedaille.

Tarnopol, Durchbruch bei, →Kerenski-Offensive.

Tatkreis, Redaktions- und Mitarbeiterkreis um die Zeitschrift „Die Tat" ab 1920 in Jena. Die 1909 gegründete und ab 1912 von Eugen Diederichs verlegte und ab 1916 von ihm herausgegebene Zeitschrift wandte sich nach dem 1. Weltkrieg an die nationale Intelligenz, lehnte das →Versailler Diktat ab und forderte die Überwindung des Kapitalismus sowie der →Weimarer Republik durch einen „nationalen Sozialismus". Besonders unter ihrem Chefredakteur Hans Zehrer (1929–1933) sowie den Mitarbeitern F. F. Zimmermann („Ferdinand Fried"), E. W. Eschmann („Leopold Dingräve"), H. Grüneberg und G. Wirsing trat sie für einen modernen Nationalismus und Elitebewußtsein ein. Ihre Auflage stieg von 900 im Jahre 1929 auf 30000 1932 an. Vom T. wurden 1929–1932 auch die „Korrespondenz" als Mitteilungen für „führende Persönlichkeiten" im Reich sowie eine Reihe von Sammelbänden herausgegeben. „Die Tat" hielt deutlichen Abstand zum →Nationalsozialismus; Angehörige des T.es versuchten 1932, den →Strasser-Flügel der →NSDAP zur Mitwirkung in einer Regierung →Schleicher heranzuziehen. Nach dem Rücktritt Zehrers näherte sich „Die Tat" unter dem Herausgeber G. Wirsing ab 1933 der NSDAP stärker an, verlor aber immer mehr Leser und stellte deshalb 1938 ihr Erscheinen ein. Ab 1939

erschien als Fortsetzung „Das XX. Jahrhundert", ebenfalls im Eugen Diederichs Verlag und als laufender Jahrgang der früheren „Tat" gekennzeichnet. Herausgegeben wurde sie von G. Wirsing und E. W. Eschmann. Die Monatsschrift informierte vor allem über das Ausland, geschichtliche Themen und den Kriegsverlauf. Im Herbst 1944 stellte sie ihr Erscheinen ein.
J. Neurohr: Der Mythos vom Dritten Reich, 1957. H. Hecker: Die Tat und ihr Osteuropabild 1909–1939, 1974. A. Mohler: Die Konservative Revolution in Deutschland 1918–1939, ³1989. H. P. Brunzel: Die Tat, 1918–1933, Diss., Bonn 1952.

Tausendjähriges Reich, gelegentlich gebrauchte Bezeichnung für das →Dritte Reich. Die aus der christlichen Geschichtsphilosophie entlehnte Wortprägung wurde nur selten in der NS-Propaganda verwandt, von A. →Hitler abgelehnt, nach 1945 als abfällige Bezeichnung für das Dritte Reich benutzt.

Teheran, Konferenz von, alliiertes Treffen 28. 11. bis 1. 12. 1943. Die Konferenz von T. war die erste der drei →Kriegskonferenzen der alliierten Regierungschefs mit ihren Außenministern. Vorbereitet war die Tagung auf der Moskauer →Außenministerkonferenz vom 18. bis 30. 10. 1943. →Roosevelt, →Churchill und →Stalin einigten sich in der persischen Hauptstadt auf eine alliierte →Invasion in Frankreich im Mai 1944, verbunden mit einer sowjetischen Offensive im Osten; den Angriff der Roten Armee auf Japan nach Beendigung des europäischen Krieges; eine Westverschiebung Polens bis zur Oder-Neiße-Linie, wobei die Sowjets Nordostpreußen mit Königsberg erhalten sollten; die Teilung Deutschlands; die Einsetzung einer Europäischen Beratenden Kommission für das Deutschland-Problem; die Entwaffnung Deutschlands; die Beschränkung der deutschen Wirtschaftskapazität; die Gründung einer Weltfriedensorganisation. In Teheran wurden somit die Weichen für die Beschlüsse von →Jalta und →Potsdam und damit die Teilung Deutschlands gestellt.
G. Zieger: Die Teheran-Konferenz, 1967. A. Fischer (Hrsg.): Teheran, Jalta, Potsdam, 1968. W. Grabert (Hrsg.): Jalta–Potsdam und die Dokumente zur Zerstörung Europas, 1985. M. Holch: Die Konferenz von Teheran, Diss., Köln 1967.

Temeschburg (Temeschwar, rumänisch Timisoara), rumänische Stadt. Bis 1716 türkisch, wurde T. danach der kulturelle und wirtschaftliche Mittelpunkt des vor allem von Deutschen neubesiedelten →Banats und der Banater Schwaben. Vor dem 2. Weltkrieg waren von den rund 90000 Einwohnern 35% Deutsche, 31% Ungarn und 20% Rumänen. Der 2. Weltkrieg,

Abwanderung und Rumänisierung haben den Anteil der deutschen Volksgruppe stark sinken lassen.

Teppichbeißer, nach dem 2. Weltkrieg in Umlauf gebrachte Diffamierung, die fälschlich unterstellte, A. →Hitler habe in Teppiche gebissen.

Terboven, Josef, Gauleiter und Reichskommissar, * 23. 5. 1898 Essen, † 8. 5. 1945 Oslo. Der Gutsbesitzerssohn nahm von der Schulbank weg freiwillig am 1. Weltkrieg teil, wurde Leutnant und erhielt beide EK. 1919/21 studierte er Jura, war ab 1923 Bankbeamter, trat 1923 der →NSDAP bei und nahm am →Marsch auf die Feldherrnhalle teil. Seit 1925 war er in der →SA, gründete 1927 die NS-Zeitung „Neue Front" und wurde am 1. 8. 1928 Gauleiter von Essen, wo er 1929 die „Nationalzeitung" gründete und dann herausgab. Ab 14. 9. 1930 war er MdR, ab 1. 3. 1933 SA-Gruppenführer, ab 26. 6. 1933 im Kleinen Konvent der →Deutschen Arbeitsfront, ab Juli 1933 →Preußischer Staatsrat und ab 5. 2. 1935 →Oberpräsident der Rheinprovinz. Als persönlicher Beauftragter A. →Hitlers wurde er am 19. 4. 1940 Reichskommissar in Norwegen. Dort lehnte er eine Unterstützung der „Nasjonal Samling" von Vidkun →Quisling ab, machte sich andererseits durch seine ungeschickte Politik bei den Norwegern unbeliebt. Auf die Nachricht von der deutschen Kapitulation sprengte er sich im Bunker des Kronprinzenschlosses Skaugum bei Oslo in die Luft.
H. Höffkes: Hitlers politische Generale, 1986. H.-D. Loock: Quisling, Rosenberg und Terboven, 1970.

Terrorangriffe, Bezeichnung für den →Bombenkrieg anglo-amerikanischer Flugzeuge auf deutsche Städte, an denen ab 1943 oft mehr als 1000 Maschinen beteiligt waren und durch →Flächenbombardierung häufig einen →Feuersturm auslösten. Der letzte T. erfolgte noch am 2./3. 5. 1945 auf Kiel.

Teschen, Kreisstadt und Landschaft im früheren Österreichisch-Schlesien. Nach dem →1. Weltkrieg zwischen Polen und der neuen Tschechoslowakei umstritten, kam der östliche Teil des Gebietes mit der Stadt T. 1920 an Polen, der westliche, das Olsa-Gebiet, zunächst an die Tschechoslowakei, im Herbst 1938, nach dem →Münchener Abkommen, auch zu Polen. Nach dem →Polenfeldzug wurde das Gebiet von T. ein Teil des Regierungsbezirks Kattowitz, gehörte bis 1945 zum Deutschen Reich und steht seitdem unter polnischer Verwaltung.
Witt: Die Teschener Frage, 1936.

Teutsch, Friedrich, →Teutsch, Georg Daniel.

Teutsch, Georg Daniel, siebenbürgischer Geistlicher, * 12. 12. 1817 Schäßburg, † 2. 7. 1893 Hermannstadt. Der evangelische Geistliche war ab 1867 Bischof der siebenbürgisch-sächsischen Kirche und damit gleichzeitig Führer der →Siebenbürger Sachsen. Insbesondere vertrat er die deutsche Volksgruppe gegenüber der ungarischen Regierung. Er schrieb u. a. „Geschichte der Siebenbürger Sachsen". Sein Sohn Friedrich (* 16. 9. 1852 Schäßburg, † 11. 2. 1933 Hermannstadt) war ab 1906 Sachsen-Bischof und seit 1927 Bischof der Evangelischen Kirche in Rumänien. Er förderte vor allem die siebenbürgische Heimatforschung und schrieb u. a. „Geschichte der evangelischen Kirche in Siebenbürgen" (2 Bände, 1921/22) und „Georg Daniel Teutsch" (1909).

Thälmann, Ernst, * 16. 4. 1886 Hamburg, † 18. 8. 1944 Konzentrationslager Buchenwald. Der Transportarbeiter trat 1903 der →SPD bei, nahm 1914–1918 am 1. Weltkrieg teil, kam über die →USPD zur →KPD und leitete im Oktober 1923 deren fehlgeschlagenen Aufstand in Hamburg mit zahlreichen Gewalttaten und Todesopfern. Von 1924–1933 war er MdR, 1924 und 1932 Kandidat der KPD bei den Reichspräsidentenwahlen, 1924 wurde er Vorsitzender der KPD und Mitglied des Präsidiums des Exekutivkomitees der →Kommunistischen Internationale, 1925 Vorsitzender des →Roten Frontkämpferbundes. Am 1. 9. 1925 kam er an die Spitze des KPD-Politbüros. Unter seiner Leitung entwickelte sich die KPD zu einer Stalin-hörigen Partei, die ihre Weisungen aus Moskau empfing und durchführte. 1928 wurde T. wegen Vertuschung von Unterschlagungen in der Hamburger KPD, an denen sein Schwager beteiligt war, seiner Ämter enthoben, auf Anweisung →Stalins jedoch sofort wieder eingesetzt. Die von ihm geführte KPD hat vor allem in der Endphase der →Weimarer Republik unter der Parole „Schlagt die Faschisten, wo ihr sie trefft!" zahlreiche Morde und Gewalttaten an politisch Andersdenkenden begangen und eine bürgerkriegsähnliche Situation in Deutschland in erheblichem Umfang mit herbeigeführt. Nach dem →Reichstagsbrand wurde T. am 3. 3. 1933 verhaftet und dann in Berlin-Moabit, Hannover und Bautzen inhaftiert. Er starb im Konzentrationslager Buchenwald. Von ihm wurden u. a. „Über proletarischen Internationalismus" (1977) und „Zur Machtfrage" (1982) veröffentlicht.
H. Gittig: Ernst Thälmann, 1956. W. Bredel: Ernst Thälmann, 1961. H. Weber: Die Wandlungen des deutschen Kommunismus, 1969.

Theresianische Militärakademie, Bezeichnung für die von Kaiserin Maria Theresia 1752 gegründete militärische Bildungsanstalt in Wiener Neustadt. Von 1938–1945 hieß sie Kriegsschule Wiener Neustadt, heute dient sie dem österreichischen Bundesheer zur Offiziersausbildung.

Theresienstadt, deutsches →Konzentrationslager.

Thiaumont, französisches Befestigungswerk nordöstlich von →Verdun. Im 1. Weltkrieg wurde das heißumkämpfte Werk am 23. 5. 1916 von Einheiten der deutschen 5. Armee erstürmt, es mußte jedoch im August 1916 wieder geräumt werden.

„Thielbek", von den Engländern versenktes deutsches Schiff mit Konzentrationslager-Insassen. Am 3. 5. 1945 wurde der 2800 BRT große Frachter „T.", auf dem sich 2800 Häftlinge des geräumten →Konzentrationslagers Neuengamme befanden, in der Neustädter Bucht vor der Ostküste Schleswig-Holsteins von britischen Flugzeugen mit Bomben, Raketen und Bordwaffen angegriffen. Das Schiff sank in kurzer Zeit mit allen an Bord befindlichen Menschen. Ein ähnliches Schicksal hatte die →„Cap Arcona".

Thierack, Otto Georg, Dr. jur., Reichsjustizminister, * 19. 4. 1889 Wurzen (Sachsen), † 22. 11. 1946 Lager Eselsheide/Paderborn. Nach dem Jurastudium nahm T. als Freiwilliger am 1. Weltkrieg teil, war ab 1921 Staatsanwalt in Leipzig und ab 1926 Richter am OLG Dresden. 1932 wurde er →NSDAP-Mitglied, 1933 kommissarischer Justizminister in Sachsen, 1933/34 führte er die Gleichschaltung der Justiz durch. 1935/36 war er Vizepräsident des Reichsgerichts in Leipzig, 1936–1942 Präsident des →Volksgerichtshofs in Berlin und von August 1942 bis 1945 Reichsjustizminister. Daneben leitete er das Reichsrechtsamt der NSDAP, war Führer des →NS-Rechtswahrerbundes sowie Präsident der →Akademie für Deutsches Recht. In alliierter Haft nahm er sich das Leben.
H. Schorn: Der Richter im Dritten Reich, 1959. H. Weinkauff: Die deutsche Justiz und der Nationalsozialismus, 1968. H. W. Koch: Volksgerichtshof, 1988.

Thingspiel, frühe Form nationalsozialistischer Freilichtaufführungen. Aus Bestrebungen der Laienspielbewegung, der →Jugendbewegung sowie zur Wiederbelebung des kultischen Theaters der Griechen entstanden in den frühen 30er Jahren die T.-Bewegung, von 1933–1937 über einen besonderen Reichsbund staatlich gefördert. Im T. auf Freilichtbühnen sollte der Zuschauer möglichst in die Aufführung einbezogen werden. Dementsprechend hatten die Chöre im T. große Bedeutung. Besonders die Kultspiele griffen auf germanische Vorstellungen zurück. Für die T. wurden in den ersten Jahren nach 1933 mehrere →Thingstätten angelegt. Die T.-Bewegung verlor nach Fortfall der staatlichen Förderung zunehmend an Bedeutung.
R. Stommer: Die inszenierte Volksgemeinschaft „Thingbewegung im 3. Reich", 1985.

Thingstätten, besondere Form der Freilichttheater. Ab 1933 wurden mehrere T. als Bühnen für völkische und kultische Feiern und Aufführungen – meist vom →Reichsarbeitsdienst – angelegt. Die erste wurde am 5. 6. 1934 in den Brandbergen bei Halle, eine weitere kurz darauf dem Heiligenberg nördlich von Heidelberg eingeweiht. Zur Sommerolympiade 1936 wurde im Bereich des →Reichssportfeldes in Berlin die Dietrich-Eckart-Bühne (später Waldbühne) fertiggestellt. Insgesamt gab es etwa zehn in Deutschland. Sie wurden ab Mitte der 30er Jahre als Freilichtbühnen bezeichnet.

Thoiry, Gespräch von, Unterredung des deutschen Außenministers G. →Stresemann mit seinem französischen Kollegen A. Briand am 17. 9. 1926. Das vorbereitete Treffen in dem Dorf T. bei Genf kurz nach dem Eintritt Deutschlands in den →Völkerbund sollte für das Reich Erleichterungen der →Versailler Bedingungen bringen. Insbesondere sollte das →Rheinland früher geräumt und Deutschland der Rückkauf der Kohlengruben an der Saar günstiger ermöglicht werden. Außerdem wollte Briand deutsch-belgische Verhandlungen über die Rückgabe von →Eupen-Malmedy dulden, und es sollten mobilisierte deutsche Reichsbahnobligationen zur Stützung der angeschlagenen französischen Währung verwendet werden. Das mit beiderseitigem Verständnis geführte Gespräch von T. hatte, nachdem erst große Hoffnungen geweckt waren, dann kaum praktische Folgen, weil sich Briand mit seinen Zusagen in Paris nicht durchsetzen konnte. Damit zerschlug sich eine Möglichkeit zur Verständigung zwischen Frankreich und Deutschland.

Thorak, Josef, Bildhauer, * 7. 2. 1889 Salzburg, † 26. 2. 1952 Hartmannsberg/Obb. Der gelernte Töpfer besuchte ab 1910 die Wiener Akademie der Künste und ab 1915 die Berliner Kunstakademie. Für seine bildhauerischen Arbeiten, die zunächst unter dem Einfluß Rodins

standen, erhielt er ab 1913 zahlreiche deutsche und internationale Preise, u. a. 1913/14 die österreichische Goldene Staatsmedaille für künstlerische Leistung, 1919 den Staatspreis des Kultusministeriums Berlin, 1927 den 2. Preis für das General-Botha-Denkmal in Melbourne, 1937 den Grand Prix der Pariser Weltausstellung. Seit 1928 stellte er ständig in der Berliner Akademie aus. Seine Denkmäler und Büsten wurden weltbekannt. 1936 schuf er u. a. Skulpturen für das →Reichssportfeld sowie das Märzfeld und das Deutsche Stadion in Nürnberg. 1938 erhielt er ein großes Staatsatelier in Baldham bei München, wo er über 17 m hohe Denkmäler, so für die →Reichsautobahn bei Salzburg, schuf. Er zählt zu den bedeutendsten Bildhauern des 20. Jahrhunderts. 1945 wurden viele seiner Werke als „Nazikunst" zerstört, sein Atelier von US-Soldaten verwüstet. Von einer Münchener Spruchkammer erhielt er bis 1948 Berufsverbot. Im geheimen und später schuf er weitere große Werke.
W. von Bode: Der Bildhauer Josef Thorak, 1929. M. G. Davidson: Kunst in Deutschland 1933–1945, 1988.

Thorn, frühere deutsche Hansestadt an der Weichsel. 1231 als erste Niederlassung des Deutschen Ritterordens gegründet, erhielt T. 1232 Stadtrecht, wurde 1454 vom Orden unabhängig und von da ab mit einer zu 80% deutschen Bevölkerung selbständig unter polnischer Oberhoheit. 1793, endgültig 1815, kam die Stadt zu Preußen. Nach dem →Versailler Diktat mußte T. gegen den Willen seiner noch zu 66% deutschen Einwohner an Polen abgetreten werden. Als Folge der polnischen Schikanen blieben von früher 30000 Deutschen bis 1926 nur noch 2255 zurück. Im September 1939 wurden zahlreiche Deutsche aus T. und Umgebung von den Polen verschleppt oder ermordet. Die Stadt gehörte nach dem Einmarsch deutscher Truppen 1939 bis Januar 1945 zum Reichsgau Danzig-Westpreußen, wurde dann von der Roten Armee erobert und später den Polen übergeben. Dabei wurden wieder zahlreiche Deutsche ermordet oder später vertrieben.
R. Heuer: Siebenhundert Jahre Thorn, 1931. B. Schumacher: Geschichte Ost- und Westpreußens, 1958. J. E. Wernicke: Geschichte Thorns, 1842. P. Bansleben: Thorn, 1981.

Thule-Gesellschaft, nationale Vereinigung in München. Anfang 1918 gründete R. von Sebottendorf in München aus Kreisen des seit 1912 bestehenden Germanenordens die T. zur Förderung nationaler Bestrebungen und Sammlung von Gruppen mit antisemitischer Ausrichtung. Sie unterstützte auch die Gründung von →Freikorps, insbesondere des Freikorps

→Oberland, die sich an der Niederwerfung der →Münchener Räterepublik beteiligten. Organ der T. war seit Juli 1918 der „Münchener Beobachter", aus dem später der →„Völkische Beobachter" als Organ der NSDAP hervorging. Die T. stand der →Deutschen Arbeiterpartei nahe, der Keimzelle der →NSDAP. Zu den etwa 1500 Mitgliedern der T. gehörten u. a. Anton Drexler, Dietrich →Eckart, Gottfried →Feder, Rudolf →Heß und Alfred →Rosenberg, die später in der NSDAP Einfluß gewannen.
R. von Sebottendorf: Bevor Hitler kam, 1933.

Thyssen, Fritz, Dr. jur. h. c., Industrieller, * 9. 11. 1873 Mülheim-Styrum, † 8. 2. 1951 Buenos Aires. Der Großindustriellensohn trat nach dem Studium 1898 in die väterliche Firma ein und übernahm 1926 den T.-Konzern, der im selben Jahr in der Vereinigten Stahlwerke AG aufging, die T. bis 1935 als Aufsichtsratsvorsitzender leitete. Ab 1923 unterstützte T., der auch Präsidiumsmitglied des Reichsverbandes der deutschen Industrie und des Zentralausschusses der Reichsbank war, die →NSDAP, verschaffte ihr Verbindungen zur Großindustrie und trat 1932/33 für A. →Hitlers Kanzlerschaft ein. 1933 wurde er →Preußischer Staatsrat und am 12. 11. 1933 MdR. Am 1. 5. 1933 trat er der NSDAP bei. Er war dann Mitglied des →Generalrats der Wirtschaft und der →Akademie für Deutsches Recht. Später wandte er sich gegen die NSDAP, ging am 2. 9. 1939 in die Schweiz und 1940 nach Frankreich; sein Vermögen in Deutschland wurde beschlagnahmt. Er schrieb das umstrittene Buch „I paid Hitler" (1940). In Vichy-Frankreich wurde er 1941 verhaftet, nach Deutschland ausgeliefert und inhaftiert. 1945 wurde T. in US-Haft genommen, bis er 1948 als Minderbelasteter eingestuft wurde. Er wanderte dann nach Argentinien aus.
G. W. F. Hallgarten: Hitler, Reichswehr und Industrie, ²1962. P. Neebe: Großindustrie, Staat und NSDAP 1930–1933, 1981.

Tilea-Lüge, antideutsche Falschmeldung 1939. Unmittelbar nach Errichtung des →Protektorats Böhmen und Mähren wurde in London eine weltweite, gegen Deutschland gerichtete Hetzkampagne gestartet. Zu dieser Zeit hielt sich der rumänische Gesandte Virgil Tilea in London auf, um für Bukarest eine englische Rüstungsanleihe zu erreichen. Nach täglichen Gesprächen im Foreign Office mit R. Vansittard, dem außenpolitischen Berater der englischen Regierung, erklärte Tilea am 17. 3. 1939, das Deutsche Reich verlange ultimativ von Rumänien einschneidende Wirtschaftsrechte, wofür die deutsche Wehrmacht die Grenzen Rumäniens garantiere. Vansittard teilte das sofort der Presse mit, die darin deutsche Expansionsabsichten erblickte. Obwohl diese Behauptung aus der Luft gegriffen war und sowohl der britische Botschafter in Bukarest als auch der rumänische Außenminister erklärten, an dieser Meldung sei nichts wahr, warnten am 17. März Eden vor dem Unterhaus und auch Premierminister Chamberlain in einer Rede in Birmingham vor deutschen Eroberungsabsichten. Chamberlain leitete damit seine deutschfeindliche Politik ein.

D. L. Hoggan: Der erzwungene Krieg, 1962. O. E. Remer: Kriegshetze gegen Deutschland, 1989.

Tirpitz, Alfred von (ab 1900), Großadmiral, * 19. 3. 1849 Küstrin, † 6. 3. 1930 Ebenhausen/München. Ab 1865 in der preußischen Marine, baute T. 1877–1888 die Torpedobootwaffe auf. Seit 1888 war er Kapitän zur See, 1889/90 Kommandant der Panzerschiffe „Preußen" und „Württemberg", ab 1892 Stabschef der Marine, wurde 1895 Konteradmiral, befehligte 1896/97 das deutsche Ostasiengeschwader und leitete die Inbesitznahme des Schutzgebietes von →Tsingtau in China. 1897 wurde er Staatssekretär des dem Kaiser unmittelbar unterstehenden →Reichsmarineamtes, 1898 auch preußischer Staatsminister und entwickelte die Pläne für den Ausbau der deutschen Hochseeflotte. Er wurde 1899 Vizeadmiral, 1903 Admiral, 1911 Großadmiral und vertrat geschickt die deutschen →Flottengesetze von 1898–1912 im Reichstag, so daß Deutschland die nach England zweitstärkste Flotte der Welt erhielt, was jedoch Englands Frontstellung gegen das Reich bestärkte. 1898 gründete er den →Deutschen Flottenverein und setzte sich erfolgreich für den Gedanken der deutschen Seegeltung im Bürgertum ein. Im 1. Weltkrieg befürwortete er den uneingeschränkten U-Boot-Krieg gegen England und trat 1916 aus Protest gegen dessen Einschränkung zurück. 1917 gründete er mit Wolfgang →Kapp die →Deutsche Vaterlandspartei. 1908–1918 war er Mitglied des preußischen Herrenhauses, 1924–1928 MdR der DNVP, 1925 unterstützte er →Hindenburgs Kandidatur zum Reichspräsidenten. Er schrieb u. a. „Erinnerungen" (1919), „Politische Dokumente" (2 Bände, 1924–1926).

U. von Hassel: Tirpitz, 1920. A. von Trotha: Großadmiral von Tirpitz, Flottenbau und Reichsgedanke, 1932. Scheibe: Alfred von Tirpitz, 1934. W. Hubatsch: Die Ära Tirpitz, 1955. A. Schulze-Hinrichs: Alfred von Tirpitz, 1958. V. R. Berghahn: Der Tirpitz-Plan, 1971. H. Pemsel: Biographisches Lexikon der Seekriegsgeschichte, 1985. M. Salewski und B. Kaulisch: Alfred von Tirpitz und die imperialistische deutsche Flottenrüstung, 1982. H. D. Reinhardt: Tirpitz und der deutsche Flottengedanke in den Jahren 1892–1898, Diss., Marburg 1964.

„Tirpitz", deutsches Schlachtschiff im 2. Weltkrieg. Nach dem Untergang der →„Bismarck" war die T. mit 42 900 BRT das größte deutsche Schlachtschiff im 2. Weltkrieg. Es wurde Ende 1941 aus der Ostsee nach Norwegen verlegt und griff 1942/44 von Trondheim aus mehrfach in die →Geleitzugschlachten im Nordmeer ein, beschoß am 8. 9. 1943 Industrieanlagen auf Spitzbergen (→„Sizilien") und wurde ab Februar 1944 im Alta-Fjord bei Tromsö mehrmals von britischen Bombern angegriffen und beschädigt. Am 12. 11. 1944 griffen englische Flugzeuge mit Sechs-Tonnen-Bomben die T. an und brachten sie zum Kentern, wobei 900 Matrosen den Tod fanden und ebensoviele gerettet werden konnten. Darauf wurden die anderen schweren deutschen Schiffe in die Ostsee verlegt, wo sie wenig später an der →Rettung über See deutscher Flüchtlinge und Soldaten aus dem Baltikum und Ostdeutschland teilnahmen.

J. Brennecke: Schlachtschiff Tirpitz. D. Brown: Die Tirpitz, 1980.

Tiso, Josef, slowakischer Staatspräsident, * 13. 10. 1887 Velka Bytca, † 18. 4. 1947 Preßburg. Der Priester war 1918 Mitbegründer der slowakischen Volkspartei, später ihr Vorsitzender, kam 1925 ins Prager Parlament und war 1927/28 tschechoslowakischer Gesundheitsminister. Er trat für ein autonome Slowakei ein und wurde am 6. 10. 1938 ihr erster Ministerpräsident. Als Prag die Autonomie der Slowakei aufheben wollte und ihn am 10. 3. 1939 absetzte, erklärte T. sein Land mit deutscher Rückendeckung für unabhängig. Ab 26. 10. 1939 war er Staatspräsident der Slowakei, wurde Verbündeter des Reiches, trat dem →Dreimächtepakt am 24. 11. 1940 und dem →Antikominternpakt am 25. 11. 1941 bei. Slowakische Soldaten kämpften an deutscher Seite gegen den Bolschewismus. Auch beim prokommunistischen Aufstand in der Slowakei im Sommer und Herbst 1944 hielt er mit seiner Regierung zu Deutschland. Anfang April 1945 floh er beim Einrücken der Roten Armee ins Deutsche Reich, wurde von den Amerikanern an die Tschechen ausgeliefert und von denen in einem Prozeß ab Dezember 1946 wegen Hochverrats zum Tode verurteilt und gehängt.

Tobruk, Schlachten um, deutsch/italienisch-britische Kämpfe 1941/42. Die libysche Hafenstadt war von den Italienern zu einer Festung ausgebaut worden, die die Engländer am 22. 1. 1941 eroberten. Truppen des →Afrikakorps unter →Rommel und italienische Einheiten schlossen die Stadt am 11. 4. 1941 ein, die darauf von den Engländern über See versorgt wurde. Angriffe am 13. bis 16. 4. sowie am 30. 4. 1941 konnte die britische Besatzung abschlagen. Im November 1941 drängten überlegene englische Kräfte unter Auchinleck Rommels Verbände zurück und stellten die Verbindung zu der eingeschlossenen Besatzung von Tobruk her. In diesen Kämpfen hatten die deutsch-italienischen Truppen 9000 Tote und Verwundete, die Engländer 10000. Im Januar/Februar 1942 wurde die →Cyrenaika mit →Bengasi und Derna jedoch von den Achsenstreitkräften zurückerobert. Am 26. 5. 1942 begann Rommel von der Gazala-Front aus eine Offensive (Unternehmen „Theseus"), in deren Verlauf er am 21. 6. 1942 T. im Handstreich erobern und dabei 32200 Briten gefangennehmen konnte. Die Engländer zogen sich darauf, von Rommel verfolgt, bis nach →El Alamein zurück. Für die Eroberung von T. wurde Rommel zum Generalfeldmarschall befördert. Nach Beginn der britischen Offensive von El Alamein am 23. 10. 1942 mußte er sich jedoch ab 4. 11. 1942 zurückziehen. Am 13. 11. 1942 fiel T. ohne großen Widerstand wieder in britische Hand.

A. von Taysen: Tobruk 1941, 1976. J. Piekalkiewicz: Der Zweite Weltkrieg, 1985. P. Carell: Die Wüstenfüchse, ⁶1961.

Todt, Fritz, Dr. Ing., Dipl.-Ing., Generalinspektor für das deutsche Straßenwesen, Schöpfer der Reichsautobahn, Reichsminister, * 4. 9. 1891 Pforzheim, † 8. 2. 1942 Rastenburg/Ostpreußen. Nach Besuch des humanistischen Gymnasiums, Ingenieurstudium in München, freiwilligem Kriegsdienst bei der Infanterie und 1915–1918 als Flieger (im Luftkampf verwundet, EK I und II, Hohenzollernorden) war T. zunächst als Ingenieur im Hoch- und Tiefbau (vor allem Kraftwerk- und Brückenbau), ab 1927 auch im Straßenbau tätig. Er trat am 5. 1. 1922 der →NSDAP bei. Bereits ab 1925 befaßte er sich mit der Planung von Autobahnen und verfaßte im Dezember 1932 eine Denkschrift „Straßenbau und Straßenverwaltung", auf die A. →Hitler aufmerksam wurde. Am 28. 6. 1933 wurde T. →Generalinspektor für das deutsche Straßenwesen, am 30. 11. 1933 Leiter einer A. Hitler unmittelbar unterstellten Obersten Reichsbehörde und mit dem Bau der →Reichsautobahnen beauftragt. Bis Ende 1941 wurden, erstmalig unter Beachtung von Landschaftsschutz und Formschönheit, 3870 km der Reichsautobahn gebaut, wobei harmonisch nach Form und Material der Umgebung angepaßte Brücken und Bauwerke die Landschaft bereicherten. Am 26. 11. 1934 wurde T. Leiter des →Nationalsozialistischen Bundes Deutscher Techniker (NSBDT) und im Mai

1938 Vorsitzender des Vereins Deutscher Ingenieure (VDI). Ab 28. 5. 1938 war er zusätzlich mit dem Bau des →Westwalls, einer Befestigungslinie an der deutsch-französischen Grenze, beauftragt. Die von ihm geschaffene →„Organisation Todt" (OT) bewältigte den Auftrag in kürzester Zeit mit etwa 240000 Mann. Ab 9. 12. 1938 war T. auch Generalbevollmächtigter für die Regelung der Bauwirtschaft im Rahmen des Vierjahresplanes und damit für das ganze deutsche Bauwesen verantwortlich. Im →2. Weltkrieg sorgte die OT, allein in der Sowjetunion bis zu 800000 Mann stark, für den Straßen-, Eisenbahn-, Brücken- und Bunkerbau in den besetzten Gebieten. Ab 17. 3. 1940 war T. zudem Reichsminister für Bewaffnung und Munition und sicherte in Zusammenarbeit mit der deutschen Industrie, an deren Eigenverantwortlichkeit er appellierte, eine rationelle und ausreichende Waffenerzeugung. Ab Anfang 1941 baute er auch den →Atlantikwall mit Befestigungswerken zwischen Nordkap und Pyrenäen. Am 29. 7. 1941 kam noch das Amt des Generalinspektors für Wasser und Energie hinzu. T. kam nach einer Besprechung im Führerhauptquartier bei einem immer noch ungeklärten Flugzeugabsturz bei Rastenburg ums Leben. Er war ab 11. 5. 1938 Honorarprofessor der TH München und Ehrenmitglied der Preußischen Akademie der Wissenschaften. Ab 19. 10. 1939 war er Generalmajor der Luftwaffe. Er erhielt zahlreiche Auszeichnungen, so auf der internationalen Ausstellung in Paris 1937 zweimal den Grand Prix, auf dem Reichsparteitag am 6. 9. 1938 den →Deutschen Nationalpreis für Kunst und Wissenschaft, am 12. 12. 1938 den Werner-von-Siemens-Ring, am 4. 9. 1941 als erster den →Fritz-Todt-Ring. Posthum wurde ihm als erstem das →Großkreuz des Deutschen Nationalordens verliehen. Er gab u. a. die Zeitschrift „Die Straße" (1934–1943) und „Die Deutsche Technik" heraus und veröffentlichte viele Fachartikel.

E. Schönleben: Fritz Todt, 1943. J. Pöchlinger: Das Buch vom Westwall, 1940. H. Kehrl: Krisenmanager im Dritten Reich, 1973. K. H. Ludwig: Technik und Ingenieure im Dritten Reich, 1974. G. Thomas: Geschichte der deutschen Wehr- und Rüstungswirtschaft, 1966. E. Lendvai-Dircksen: Reichsautobahn – Mensch und Werk, 1942. R. Stammer (Hrsg.): Reichsautobahn, 1982. F. Leonhard: Baumeister in einer umwälzenden Zeit, 1984. F. W. Seidler: Fritz Todt, 1986. F. W. Seidler: Die Organisation Todt, 1987.

Togo, ehemalige deutsche Kolonie. Das rund 90000 qkm große Land mit rund 1 Mill. Einwohnern (davon 1913 nur 368 Weiße) im tropischen Afrika mit 50 km Küstenlänge am Atlantik wurde nach früherer Tätigkeit deutscher Kaufleute und Missionare durch Vertrag zwischen dem König Mlapa von T. und dem deutschen Kommissar Gustav Nachtigal vom 5. 7. 1884 deutsches Schutzgebiet. Seine Grenzen im teilweise unbekannten Innern wurden 1890–1899 mit England und Frankreich festgelegt. T. wurde schnell deutsche Musterkolonie unter bedeutenden Gouverneuren wie Jesko von Puttkamer (1889–1895) oder Herzog Adolf Friedrich von Mecklenburg-Schwerin (1912–1914). Die Kolonie kam bald ohne Reichszuschüsse aus. Haupterzeugnisse waren Palmöl, Kautschuk, Mais, Baumwolle und Erdnüsse. Verwaltungssitz war zunächst Bagida, dann Sebe, ab 1897 die Hafenstadt Lome. Ab 8. 8. 1914 drangen völkerrechtswidrig Engländer und Franzosen nach Togo ein, vor deren Übermacht die kleine deutsche Polizeitruppe (zwei Offiziere, fünf Unteroffiziere, 550 Farbige) unter Rittmeister von Roebern nach einigen Gefechten am 27. 8. 1914 in Kamina kapitulieren mußte. Ab November 1915 wurden alle deutschen Firmen in T. geschlossen, die Deutschen interniert. 1920 kam Ostt. als →Völkerbundsmandat an Frankreich, Westt. an Großbritannien.

K. Graudenz und H. M. Schindler: Die deutschen Kolonien, 1982. A. Full: 50 Jahre Togo, 1935. O. F. Metzger: Unsere alte Kolonie Togo, 1941.

Tolsdorff, Theodor, Generalleutnant, * 3. 11. 1909 Lehnharten, † 25. 5. 1978. Der Landwirt kam 1934 zur Wehrmacht. Im →Polenfeldzug führte er eine Infanterie-Kompanie, wurde verwundet und erhielt EK I und II. Er nahm dann am Westfeldzug teil. Ab 22. Juni 1941 kämpfte der Oberleutnant im Baltikum, führte nach Ausfall des Kommandeurs verwundet ein Bataillon und erhielt am 4. 12. 1941 das →Ritterkreuz. Im Frühjahr 1942 verlor er am Ladoga-See den halben rechten Fuß, im Juni 1942 wurde er mit dem →Deutschen Kreuz in Gold ausgezeichnet. Wegen eines Kopfschusses mußte er bis 20. 9. 1942 ins Lazarett. Für die Abwehr russischer Angriffe am Ladoga-See von Januar bis Juli 1943 erhielt er am 15. 9. 1943 das →Eichenlaub. Anfang 1944 kam seine Truppe in den Südabschnitt der Ostfront, wo er durch Bauchschuß verwundet wurde. Im Sommer 1944 zeichnete er sich bei Wilna aus und bekam am 18. 7. 1944 die →Schwerter. Ab November 1944 führte er eine Division im Westen, wurde am 30. 1. 1945 Generalmajor und erhielt am 18. 3. 1945 für persönliche Tapferkeit und hervorragende Führungsleistungen die →Brillanten. Danach wurde er Generalmajor und Chef des LXXII. Korps in Amberg, das er noch gegen die anrückenden Amerikaner bis in die Alpen zurückführte, womit er vielen Soldaten den Rückzug aus dem Balkan ins Reich sicherte. Am 9. 5. 1947 wurde der Generalleut-

nant aus US-Gefangenschaft entlassen und war im Fuhrgeschäft tätig. Überrraschend wurde er am 7. 12. 1952 verhaftet und von einem Traunsteiner Schwurgericht wegen Erschießung eines Soldaten im Mai 1945 zu zweieinhalb Jahren Haft verurteilt. Im Revisionsverfahren wurde das Urteil aufgehoben und am 24. 6. 1960 ein Freispruch gefällt. T. war dann in der Industrie und in der Landsmannschaft Ostpreußen tätig.

G. Fraschka: Mit Schwertern und Brillanten, 1977.

Topp, Erich, Konteradmiral, * 2. 7. 1914 Hannover. Nach Eintritt in die Marine 1934 und Besuch der Marineschule Mürwik kam T. 1938 zur U-Boot-Waffe. Nach Kriegsbeginn wurde er Wachoffizier auf U 46, im Mai 1940 Kommandant von U 57, im November 1940 von U 552. Auf 13 Feindfahrten im Atlantik mit 325 Seetagen versenkte er 35 Handelsschiffe mit 195 000 BRT. Damit wurde er dritterfolgreichster U-Boot-Kommandant des 2. Weltkriegs und dafür mit dem →Eichenlaub und den →Schwertern ausgezeichnet. Ab August 1942 war er Chef der 27. U-Boot-Flottille und Leiter der taktischen Ausbildung aller U-Boote, dann Leiter der Erprobungsgruppe U-Boote, kurz vor Kriegsende als Korvettenkapitän Kommandant von U 2513. Nach 1945 wurde er Diplomingenieur, arbeitete als Architekt, trat 1958 in die Bundesmarine ein, wo er nach Stabstätigkeit Kommandeur der Amphibischen Streitkräfte und der U-Boote, dann Chef des Stabes der Flotte und anschließend Stellvertreter Inspekteur der Bundesmarine und Chef des Führungsstabes der Marine wurde. 1969 ging er in Pension.

B. Herzog und G. Schomaekers: Ritter der Tiefe, 1965. H. Pemsel: Biographisches Lexikon zur Seekriegsgeschichte, 1985. B. Herzog: U-Boote im Einsatz 1939–1945, 1970.

Torgau, erstes Zusammentreffen amerikanischer und sowjetischer Truppen auf deutschem Boden. Am 25. 4. 1945 stießen bei Torgau und 30 km südlich davon bei Strehla amerikanische und sowjetische Truppen aufeinander und trennten damit das noch von der Wehrmacht verteidigte Gebiet in einen nördlichen und einen südlichen Bereich. Da die erste Begegnung gegen 11.30 Uhr bei Strehla erst später gemeldet wurde, gilt das Zusammentreffen von Truppen der 69. US-Infanteriedivision und der sowjetischen 1. Ukrainischen Front gegen 16 Uhr bei Torgau bei den Alliierten als Ort und Zeit ihrer ersten Begegnung im 2. Weltkrieg.

Tost, polnisches →Konzentrationslager ab 1945. Das Konzentrationslager T. bei Gleiwitz in Oberschlesien wurde 1945 von Polen für Deutsche errichtet.

Totaler Krieg, Form des Krieges, der nicht nur die kämpfende Truppe und unmittelbar für sie tätige Firmen, sondern das ganze Volk und Land in die Kriegsanstrengungen einbezieht. Der Begriff T. K. geht auf Erich →Ludendorff zurück („Der Totale Krieg", 1935). Obwohl die Sowjetunion und Großbritannien schon bald nach Kriegsausbruch praktisch den T. K. führten, wurde er in Deutschland erst durch einen Erlaß A. →Hitlers zur „totalen Mobilisierung" vom 13. 1. 1943, eine Verordnung F. →Sauckels zum Arbeitseinsatz vom 27. 1. 1943 und durch die Sportpalastrede J. →Goebbels' vom 18. 2. 1943 eingeleitet. Dadurch wurde die Dienstpflicht der Männer vom 16. bis 65., der Frauen vom 17. bis 45. Lebensjahr eingeführt. Am 4. 2. 1943 wurden vom Reichswirtschaftsministerium nichtkriegswichtige Betriebe und Gaststätten geschlossen, später die Arbeitszeit auf 60 Wochenstunden verlängert. Im August 1944 erfolgte ein erneuter Aufruf zum T. K., und J. Goebbels wurde „Generalbevollmächtigter für den totalen Kriegseinsatz". Im Rahmen des T. K.es kam es 1944/45 zum Einsatz des →Volkssturms und der →HJ.

G. Förster: Totaler Krieg und Blitzkrieg, 1967.

„Totenkopf", Division, →SS-Totenkopfverbände.

Totenkopfverbände, →SS-Totenkopfverbände.

Toter Mann, (französisch Mort Homme), Schlachtort im 1. Weltkrieg. Der 12 km nordwestlich von →Verdun gelegene Höhenrücken T. mit den Höhen 295 und 265 wurde in der Schlacht um Verdun am 14. 3. 1916 von deutschen Truppen gestürmt und bildete bis August 1917 ein Stück des schwer umkämpften Frontverlaufs. Danach war der T. wieder in der Hand der Franzosen.

Traditionsgau, ab 1930 Bezeichnung für den Gau München-Oberbayern der →NSDAP als der Keimzelle der nationalsozialistischen Bewegung.

Transfermoratorium, reichsgesetzliche Zahlungsregelung für deutsche Devisenverpflichtungen gegenüber dem Ausland. Das T. wurde mit Gesetz vom 9. 6. 1933 eingeführt und bestimmte, daß ab 1. 7. 1933 alle Leistungen aus Schulden, die vor dem 15. 7. 1931 dem Ausland gegenüber entstanden waren, nicht in Devisen an das Ausland, sondern in Reichsmark an die neueingerichtete Konversionskasse für deutsche Auslandsschulden zu zahlen waren. Bestimmte Schulden, die unter das Stillhalteabkommen fielen, und solche der Reichsbank wie der Golddiskontbank waren vom T. ausgenommen.

Treblinka, deutsches →Konzentrationslager.

Trepper, Leopold, sowjetischer Agent im 2. Weltkrieg, * 23. 2. 1904 Nowy Targ (Galizien), † 20. 1. 1982 Jerusalem. T. wuchs in Galizien und Oberschlesien auf, trat einer zionistischen Jugendorganisation bei, wanderte 1924 nach Palästina aus und trat dort der Kommunistischen Partei bei. Er wurde deshalb 1929 ausgewiesen, lebte für kurze Zeit in Frankreich und besuchte ab 1932 eine Universität in Moskau. 1937 wurde er für den sowjetischen militärischen Nachrichtendienst angeworben und ließ sich als Kaufmann in Belgien nieder, wo er ein gegen Deutschland arbeitendes Agentennetz (→Rote Kapelle) aufbaute. Nach dem Einmarsch der deutschen Wehrmacht in Frankreich verlegte er den Sitz seiner Organisation nach Paris, von wo er ab 1940 etwa 1500 Funksprüche nach Moskau sandte. Er berichtete über die deutsche Kriegsindustrie und die militärische Lage, bis er im November 1942 verhaftet und sein Agentennetz zerschlagen wurde. Zum Schein arbeitete er mit den deutschen Behörden zusammen, bis er 1943 flüchten konnte. Gegen Kriegsende kam er in die Sowjetunion und wurde dort bis 1954 inhaftiert, dann rehabilitiert, ging nach Polen zurück und wanderte später nach Israel aus. 1975 veröffentlichte er seine Autobiographie „Die Wahrheit", in der er sich vom Kommunismus distanzierte.

Tresckow, Henning von, Generalmajor und Widerständler, * 10. 1. 1901 Magdeburg, † 21. 7. 1944 bei Bialystok. Der Berufsoffizier besuchte nach Truppendienst die Kriegsakademie in Berlin und war ab 1. 10. 1936 Generalstabsoffizier. Er stand zu dieser Zeit dem →Nationalsozialismus bereits sehr kritisch gegenüber und kam deshalb auch in engere Beziehung zu Widerstandskreisen. Als Erster Generalstabsoffizier der Heeresgruppe Mitte an der Ostfront versuchte er zunächst deren Oberbefehlshaber, seinen Onkel Generalfeldmarschall Fedor von Bock, dann dessen Nachfolger, Generalfeldmarschall von Kluge, zu Aktionen gegen A. →Hitler zu bewegen. Er plante mehrere Umsturzversuche und Attentate und war insbesondere an den Vorbereitungen zum Anschlag am →20. Juli 1944 beteiligt. Nach dem Scheitern der Aktion brachte er sich selber um.

B. Scheurig: Henning von Tresckow, 1987. K. Balzer: Verschwörung gegen Deutschland, 1978. P. Hoffmann: Widerstand, Staatsstreich, Attentate, 1985.

Treudienst-Ehrenzeichen, Auszeichnung für langjährige Berufsausübung. Das T. wurde am 30. 1. 1938 als Anerkennung für treue Arbeit im Dienst des deutschen Volkes von A. →Hitler gestiftet. Es wurde an Beamte, Angestellte und Arbeiter im öffentlichen Dienst nach 25 Jahren in Silber, nach 40 Jahren in Gold, an die in der freien Wirtschaft Tätigen nach 50 Jahren in Silber mit goldenem Eichenkranz und der goldenen Zahl 50 auf dem oberen Kreuzesbalken verliehen. Es bestand aus einem symmetrischen Kreuz von 4,1 cm Größe mit Hakenkreuz in der Mitte. Auf der Rückseite befand sich die Inschrift „Treue für Führer und Volk".

Treuhänder der Arbeit, →Reichstreuhänder der Arbeit.

Trialismus, Plan über die Gliederung der k. u. k. Monarchie in drei Staaten. Als T. wurde die Absicht bezeichnet, das Gebiet der österreichisch-ungarischen Monarchie in drei anstelle der bestehenden zwei Staaten Österreich und Ungarn aufzugliedern. Der dritte Staat sollte aus den südslawischen Teilen der Monarchie bestehen. Vor allem auch wegen des starken ungarischen Widerstandes wurde der besonders vom Thronfolger →Franz Ferdinand befürwortete T. zunächst nicht verwirklicht, dann durch das Attentat von →Sarajewo und den 1. Weltkrieg überholt.

Trianon, Diktat von, Friedensbedingungen für Ungarn nach dem 1. Weltkrieg. Am 4. 6. 1920 mußte Ungarn das Diktat der Alliierten von T. unterzeichnen, das am 26. 7. 1921 in Kraft trat. Es beschränkte Ungarn auf rund ein Drittel seines Vorkriegsgebietes und brachte drei Mill. Ungarn unter fremde Herrschaft. Dabei kamen die Slowakei, die Zips und das Karpatenland an die neue Tschechoslowakei, Siebenbürgen und das östliche Banat fielen an Rumänien; Kroatien, Slawonien, große Teile der Batschka, die Woiwodina und das westliche Banat kamen zum neugegründeten Jugoslawien; ein Teil des deutschen Burgenlandes wurde an Österreich abgetreten. Das ungarische Heer wurde auf 35 000 Mann beschränkt, außerdem waren Reparationen zu zahlen. Einen Teil dieser Gebiete erhielt Ungarn durch die →Wiener Schiedssprüche (2. 11. 1938 und 30. 8. 1940) bis 1945 wieder zurück.
K. Bosl (Hrsg.): Versailles, St. Germain, Trianon, 1971.

Tripleentente, Bezeichnung für den Dreiverband England, Rußland, Frankreich ab 1907.

„Triumph des Willens", Titel des Filmes von Leni →Riefenstahl über den Reichsparteitag vom 5. bis 10. 9. 1934. Der von rund dreißig Kameraleuten gedrehte Film erhielt auch im Ausland zahlreiche Auszeichnungen. Leni Riefenstahl wurde für ihn mit dem nationalen Filmpreis 1934/35 ausgezeichnet.

Trizone, Bezeichnung für die drei westlichen Besatzungszonen in Deutschland. An die am 1. 1. 1947 geschaffene Bizone aus britischem und amerikanischem Besatzungsgebiet wurde am 8. 4. 1949 die französische Zone angeschlossen, so daß die T. als Vorläufer der Bundesrepublik Deutschland mit einheitlicher Wirtschaftsverwaltung entstand.

Troost, Paul Ludwig, Prof., Architekt, * 17. 8. 1878 Elberfeld, † 21. 1. 1934 München. Der klassische Formen bevorzugende Architekt war schon durch zahlreiche Wohnbauten und Inneneinrichtungen – so der Luxusdampfer des Norddeutschen Lloyd – bekanntgeworden, als er 1930 von A. →Hitler mit dem Ausbau des →„Braunen Hauses" in München beauftragt wurde. Nach 1933 entwarf er die Pläne für das →Haus der Deutschen Kunst und die Neugestaltung des Königsplatzes in München. Daneben baute er Verwaltungsgebäude und entwarf Brücken für die →Reichsautobahnen. Er hatte über A. Hitler, der ihn oft besuchte und mit ihm diskutierte, großen Einfluß auf den Baustil des 3. Reiches. Posthum erhielt T. 1937 als erster den →Deutschen Nationalpreis für Kunst und Wissenschaft.
A. Teut: Architektur im Dritten Reich, 1967.

Troppauer Gebiet (Sudetenschlesien), Teil →Schlesiens. Das T. mit der Hauptstadt Troppau an der Oppa kam 1742 nicht zu Preußen, sondern blieb im Besitz der Habsburger. Von 1849–1918 war es habsburgisches Kronland Österreichisch-Schlesien. Durch das Diktat von →Saint-Germain fiel es 1919 an die Tschechoslowakei, kam 1938 als Teil des →Sudetenlandes an das Deutsche Reich und wurde 1945 wieder der Tschechoslowakei einverleibt. Seine deutschen Einwohner wurden dabei größtenteils ermordet oder vertrieben.

Trotha, Adolf von, Vizeadmiral, * 1. 3. 1868 Koblenz, † 11. 10. 1940 Berlin. Der Admiralstabsoffizier nahm 1900 beim →Boxeraufstand an der Verteidigung von Tientsin teil, hatte im 1. Weltkrieg entscheidenden Anteil am deutschen Sieg in der Seeschlacht am →Skagerrak und wurde 1916 Chef des Stabes der deutschen Hochseeflotte. Vom März 1919 bis zu seinem

Rücktritt im Oktober 1920 war er Chef der Admiralität und schuf die Grundlagen für die neue Reichsmarine. Als Führer des „Großdeutschen Jugendbundes" wie als Leiter des „Sudetendeutschen Heimatbundes" wirkte er für den nationalen Gedanken. Ab 1934 führte er den aus dem →Deutschen Flottenverein hervorgegangenen →„Reichsbund deutsche Seegeltung". Er schrieb u. a. „Großdeutsches Wollen" (1924), „Volkstum und Staatsführung" (1928) sowie „Großadmiral von Tirpitz, Flottenbau und Reichsgedanke" (1932) und „Seegeltung – Weltgeltung" (1940).

Trotha, Lothar von, General der Infanterie, * 3. 7. 1848 Magdeburg, † 31. 3. 1920 Bonn. Der preußische Offizier war 1894–1897 Stellvertreter des Gouverneurs von →Deutsch-Ostafrika, nahm 1900 am Feldzug gegen den →Boxeraufstand in China teil und führte 1904/06 als Generalleutnant die deutsche →Schutztruppe in →Deutsch-Südwestafrika im →Hereroaufstand. Er schrieb „Deutsch-Süd-West-Afrika" (1907).

Truppel, Oskar von (seit 1911), Admiral, * 17. 5. 1854 Katzhütte/Thüringen, † 20. 8. 1931 Berlin. Der Marineoffizier nahm 1897 an der Inbesitznahme des deutschen Schutzgebietes →Kiautschou in China teil und trug von 1901–1911 als dessen Gouverneur wesentlich zur Entwicklung dieses Territoriums bei.

Truppenamt, Stab der Reichswehr. Da das →Versailler Diktat der →Reichswehr einen →Generalstab verbot, übernahm dessen Aufgabe einer zentralen Führung ab 1920 das T.

Tschammer und Osten, Hans von, Reichssportführer und Staatssekretär, * 25. 10. 1887 Dresden, † 25. 3. 1943 Berlin. Der Berufsoffizier war nach Teilnahme am 1. Weltkrieg und schwerer Verwundung auf dem väterlichen Rittergut tätig und führte 1923–1926 den sächsischen →Jungdeutschen Orden. Seit 1929 war er in der →NSDAP und →SA, ab 5. 3. 1933 MdR. Am 28. 4. 1933 wurde er Reichssportkommissar, am 14. 7. 1933 Leiter des →Deutschen Sportbundes, am 19. 7. 1933 →Reichssportführer und führte dann den →Deutschen Reichsbund für Leibesübungen (ab 1938 →NS-Reichsbund für Leibesübungen), in dem er alle deutschen Sport- und Turnbünde zusammenschloß. Als Beauftragter des →Reichsjugendführers für die gesamte körperliche Erziehung der deutschen Jugend und Leiter des Hauptamtes Kampfspiele sowie Sportreferent in der Obersten SA-Führung war er für den Sport bei →HJ und SA verantwortlich. Als

Präsident des Deutschen Olympischen Ausschusses hatte T. hervorragenden Anteil an der Organisation der →Olympischen Spiele 1936 in Deutschland.

Tschechei, Bezeichnung für das von Tschechen besiedelte Gebiet der Tschechoslowakei, im wesentlichen Böhmen und Mähren ohne das →Sudetenland. Die T. entsprach etwa dem Gebiet des →Protektorats 1939–1945.

Tschechische Legion, tschechische Einheiten auf alliierter Seite im 1. Weltkrieg. In der österreichisch-ungarischen Armee waren im 1. Weltkrieg auch tschechische Soldaten eingesetzt. Ein Teil von ihnen geriet bei Kampfhandlungen in alliierte Gefangenschaft, andere liefen über, weil sie sich dem panslawistischen Rußland verbunden fühlten und die k. u. k. Monarchie ablehnten. Sie ließen sich in Italien, in Frankreich und in Rußland zu T. L.en zusammenfassen, die zum Kampf gegen die Mittelmächte bereit waren. Eine besondere Rolle spielten diese Einheiten in Rußland, rund 90000 Mann, die nach der bolschewistischen Revolution und dem deutsch-russischen Friedensvertrag 1918 über Wladiwostok nach Frankreich transportiert und dort militärisch eingesetzt werden sollten. Sie wurden jedoch in den innerrussischen Bürgerkrieg verwickelt, unterstellten sich zunächst dem weißen Oberbefehlshaber in Sibirien, Admiral Koltschak, und erklärten ihre Bereitschaft zum Kampf gegen die Rote Armee. Tatsächlich haben sie jedoch die ihr zugeteilten Frontabschnitte vielfach ohne Widerstand verlassen, dadurch den Roten den Vormarsch nach Osten ermöglicht, Admiral Koltschak gefangengenommen und an die Bolschewisten ausgeliefert, die ihn erschossen. Bei ihrem Rückzug an den Pazifik plünderten die Tschechen entlang der Transsibirischen Eisenbahn fortgesetzt und brachten ihre Beute in vielen Zügen fort, die sie den Weißen Truppen genommen hatten oder vorenthielten. Auf diese Weise waren Hunderttausende von russischen Soldaten und Flüchtlingen 1919/20 zu Fußmärschen gezwungen, die vor allem im Winter unzählige Todesopfer forderten. In der weißrussischen Emigration sind diese Ereignisse bis heute nicht vergessen. Ihre Beute nahmen die Tschechen auf Schiffen von Wladiwostok aus mit. Die Existenz der T. L.en hat die Durchsetzung tschechischer Forderungen in den Diktaten von →Versailles und →Saint-Germain erheblich begünstigt.

Konstantin W. Sakharow: Die tschechischen Legionen in Sibirien, 1936. M. Klante: Von der Wolga zum Amur, 1931. G. Thunig-Nittner: Die tschechische Legion in Rußland, Diss., Mainz 1970.

Tscherkassy, Kessel von, erfolgreicher deutscher Ausbruch im →Rußlandfeldzug 1944. Durch eine Zangenbewegung der 1. und 2. sowjetischen Ukrainischen Front wurden am 28. 1. 1944 südlich der bereits wieder in russischer Hand befindlichen Stadt Kiew und rund 80 km westlich von T. Teile der deutschen 8. Armee unter General Otto Wöhler mit dem XI. (General Stemmermann) und XXXXII. Armeekorps (Generalleutnant Lieb) mit rund sieben Divisionen (54 000 Mann) eingeschlossen. Nach einem Entsatzvorstoß der 1. Panzerarmee von Westen und der 8. Armee von Süden gelang am 17. 2. 1944 der Ausbruch aus dem Kessel von T., wobei 35 000 Mann die deutsche Front erreichten. Vorher wurden rund 2 400 Verwundete aus dem Kessel ausgeflogen.
J. Piekalkiewicz: Der Zweite Weltkrieg, 1985.

Tsingtau, Halbinsel und bedeutendste Stadt des ehemaligen deutschen Schutzgebietes →Kiautschou in China.

Turbinenflugzeug, →Strahlflugzeug.

U

U-Boot-Ehrenmal, Denkmal für die gefallenen U-Boot-Männer beider Weltkriege. Das U. in Möltenort/Heikendorf an der Kieler Förde hat den Charakter einer Kasematte, an deren Vorderfront sich eine 15 m hohe, fast 5 m breite viereckige Quaderstein-Säule befindet, die einen rund 4 m hohen Adler trägt. Zwei Ehrenhallen sind dem Gedenken der auf See gebliebenen U-Boot-Männer des 1. und 2. Weltkriegs gewidmet. Auf 89 Bronzetafeln sind auch die Namen der 28 728 Gefallenen des 2. Weltkriegs verzeichnet. Der Grundstein zum ersten U. wurde am 11. 7. 1926 von Vizeadmiral a. D. Michelsen gelegt. Wegen baulicher Mängel wurde 1937/38 ein Neubau errichtet, der am 12. 6. 1938 von Admiral Albrecht eingeweiht und später für die Gefallenen des 2. Weltkriegs erweitert, am 27. 9. 1970 eingeweiht wurde.

U-Boot-Falle, →Unterseebootfalle.

U-Boot-Kriegsabzeichen, →Kampfabzeichen im 2. Weltkrieg. Das U. wurde zu Beginn des 2. Weltkriegs vom Oberbefehlshaber der deutschen Kriegsmarine gestiftet und wurde an Angehörige von U-Boot-Besatzungen nach Bewährung auf mindestens zwei Feindfahrten verliehen. Es bestand aus einem U-Boot in einem länglich-ovalen Eichenlaubkranz mit einem nach links blickenden Adler mit Hakenkreuz in den Fängen auf dem oberen Kranz. Es wurde auf der linken Brustseite getragen.

Udet, Ernst, Generaloberst, * 26. 4. 1896 Frankfurt (Main), † 17. 11. 1941 Berlin. U. gehörte mit 62 Abschüssen zu den erfolgreichsten Jagdfliegern des 1. Weltkriegs, war Führer einer Jagdstaffel, wurde mit dem →Pour le mérite ausgezeichnet und schied 1919 als Oberleutnant aus der Truppe aus. Anschließend betätigte er sich als Testpilot und Kunstflieger, überflog Afrika, Amerika und Grönland. Seit 1934 war er ziviler Mitarbeiter H. →Görings, betonte früh die Kriegsnotwendigkeit der Luftwaffe, wurde 1935 Oberst, dann Chef des technischen Amtes im Reichsluftfahrtministerium, 1936 Inspekteur der Jagd- und Sturzkampfflieger. Er begünstigte den Bau von Jagd- und Sturzkampfflugzeugen sowie von leichten Bombern, also von Maschinen zum taktischen Einsatz im Frontbereich. 1939 wurde er Generalluftzeugmeister, 1940 Generaloberst. Zu Beginn des 2. Weltkriegs bewährte sich sein Rüstungskonzept, später machte sich der Mangel an Langstreckenbombern stark bemerkbar. U. kam durch Selbstmord ums Leben, angeblich hat er den Tod gesucht, weil er der nervlichen Belastung seines Amtes bei zunehmender Feindstärke in der Luft nicht mehr gewachsen war.
D. Irving: Die Tragödie der deutschen Luftwaffe, 1970. A. van Ishoven: Udet, 1977. J. Thorwald: Die ungeklärten Fälle, 1950.

Überstaatliche Mächte, zusammenfassende Bezeichnung für politische, wirtschaftliche, religiöse und weltanschauliche Vereinigungen oder Gruppen mit grenzüberschreitender Tätigkeit. Der Begriff spielte nach dem 1. Weltkrieg eine Rolle vor allem in der von E. →Ludendorff geleiteten →Tannenbergbund und meinte insbesondere Juden, Freimaurer, katholische Kirche, Marxismus und Hochfinanz. Auf das geheime Wirken dieser Gruppen führte Ludendorff fast das ganze öffentliche Geschehen, das danach nur aus einer Summe von Verschwörungen bestand, zurück. Diese Betrachtungsweise hat eine der Wirklichkeit losgelöste, sektiererische Deutung der Geschichte begünstigt, Ludendorff dadurch seinen Namen als Stratege des 1. Weltkriegs erheblich belastet.

UFA, Abkürzung für →Universum-Film-AG.

uk, Abkürzung für unabkömmlich, im 2. Weltkrieg die militärrechtliche Bezeichnung für Personen, die vom Wehrdienst freigestellt waren, weil ihre zivile Tätigkeit kriegswichtig war (Facharbeiter, Firmenleiter, Wissenschaftler und andere). Grundlage waren die Bestimmungen für Uk-Stellung des →OKW vom November 1940. Der Gegensatz zu uk war kv (kriegsverwendungsfähig).

Ulmer Reichswehrprozeß, →Reichswehrprozeß.

Ultramontanismus, Bezeichnung für den politischen Katholizismus. Der in der Bismarck-Ära üblich gewordene Begriff meint die Absicht, Gesichtspunkte der katholischen Konfession in der Politik anderen Interessen, etwa denen der Nation, voranzustellen. Vertreter des U. wurden auch „romhörig" genannt. Der U. trat vor allem im Kulturkampf gegen Bismarck in Erscheinung und hatte seine Vertreter besonders im →Zentrum. Als Sinnbild des U. galt in Deutschland im vergangenen Jahrhundert der Zentrumspolitiker und Reichstagsabgeordnete Ludwig Windthorst (1812–1891), der auch im Zusammenwirken mit partikularistischen Gruppen (Polen und Welfen) jedes Erstarken der Reichsgewalt zu verhindern suchte.

Umerziehung (Reeducation), alliierte Methoden zur Zerstörung des Geschichts- und Nationalbewußtseins, der Traditionen, Wehrbereitschaft, überlieferten Verhaltensnormen und Kunstmaßstäbe in Deutschland nach dem 2. Weltkrieg. Nach der Besetzung des Reichsgebietes begannen die Sieger damit, Nationalbewußtsein, kulturelles Empfinden und geschichtliches Denken in Deutschland zu beseitigen oder so zu verändern, daß ein Selbstbewußtsein des deutschen Volkes unterbunden oder deformiert und damit auch die Voraussetzung für eine eigenständige Politik beseitigt wurde. Dazu zählten: 1. Zum Teil jahrelange Internierung von Deutschen, denen man nationalsozialistisches, nationalistisches oder militaristisches Gedankengut unterstellte. Davon waren Millionen Menschen betroffen, die nicht nur in der Sowjetunion und der Sowjetischen Besatzungszone, sondern ebenso auch in westdeutschen und westlichen Lagern in Haft waren und in großer Zahl durch Hunger und Seuchen ums Leben gekommen sind. 2. Verurteilung zu Zwangsarbeit, Vermögensentzug oder Berufsverbot von Deutschen auf der Grundlage des „Gesetzes zur Befreiung von Nationalsozialismus und Militarismus". 3. Entfernung von Lehrern, Hochschullehrern, Redakteuren, Künstlern und Angehörigen anderer mei-

nungsbildender Berufe aus ihren Stellungen, sofern deren bisheriges Wirken nicht den Wünschen der Besatzungsmächte entsprach, dazu die Enteignung von Buch-, Zeitungs- und Zeitschriftenverlegern, deren Tätigkeit ebenfalls beanstandet wurde. 4. Neubesetzung aller freigemachten Stellen mit Personen, die Gewähr dafür boten, daß sie die von den Besatzungsmächten gewünschten Anschauungen ohne Einschränkung zu vertreten bereit waren. Dabei wurde sowohl die politische Vergangenheit der neuen Posteninhaber als auch deren Brauchbarkeit für ihre Aufgabe in Eignungsprüfungen ermittelt, beispielsweise ihre Abneigung gegen sogenanntes autoritäres Denken. 5. Zulassung (Lizenzierung) lediglich von Parteien, deren Vertreter und Programm Gewähr dafür boten, daß sie sich im Rahmen der von den Besatzungsmächten aufgestellten Richtlinien bewegten. 6. Verbot von Parteien, Vereinen, politischen Betätigungen und Publikationen, die sich nicht an die Vorschriften der Besatzungsmächte hielten. 7. Umschulungsveranstaltungen für Deutsche vor allem in Lagern, wo man die Haftdauer auch von einer entsprechenden Mitwirkung abhängig machte, sowie für Personen, denen man die Meinungsbildung in Deutschland übertragen wollte. 8. Inhaltliche Ausrichtung der neugeplanten Bewußtseinsbildung mit dem Ziel, die deutsche Geschichte zu kriminalisieren und als Fehlentwicklung darzustellen, überlieferte Tugenden wie Opfer- und Wehrbereitschaft, Tapferkeit, Disziplin, Verantwortungsfreude, politische Überzeugungen wie Nationalbewußtsein oder die Anerkennung gegenständlicher Kunst als einseitig falsch darzustellen. Dagegen wurden unter der inhaltlich unzutreffenden Bezeichnung „Demokratisierung" vielfach marxistische, anarchistische, wehrfeindliche, staatsverneinende, enthemmende Konzeptionen gelehrt. Folgen und Spätwirkungen der U. waren und sind die „Studentenrevolte", die „sexuelle Revolution", Autoritätsverlust, Staatsverdrossenheit, Wehrdienstverweigerung, politische Orientierungslosigkeit, Geschichtsverlust, Alkohol- und Drogenkonsum, Kriminalitätsanstieg oder Leistungsabfall in Westdeutschland und später in der Bundesrepublik. Pläne zur U. der Deutschen gingen im 2. Weltkrieg von englischen Dienststellen aus, wurden jedoch hauptsächlich von nach Amerika ausgewanderten Emigranten aus Deutschland ausgearbeitet, die vielfach Marxisten oder Anhänger der sogenannten →Frankfurter Schule und im 2. Weltkrieg in der →Psychologischen Kriegführung gegen Deutschland eingesetzt waren, deren Tätigkeit auch in der →Direktive JCS 1067 zur Besatzungspolitik ihren Ausdruck fand.

Demgegenüber hatte die Umerziehung in der Sowjetischen Besatzungszone das Ziel, ein „marxistisch-leninistisches" Bewußtsein der Bevölkerung durch Indoktrination einerseits und Gewaltmaßnahmen gegen Personen, die sich dieser Beeinflussung widersetzten, andererseits zu erreichen. Dabei wurden Disziplin, Arbeitsbereitschaft und Unterwerfung unter den Willen der herrschenden Kommunisten verlangt.

C. Schrenck-Notzing: Charakterwäsche, 1969. R. Kosiek: Historikerstreit und Geschichtsrevision, 1987. H. Grabert (Hrsg.): Das Geschichtsbuch als Umerzieher, [2]1967.

Umsiedlung, geschlossene und freiwillige Rücksiedlung von Volksgruppen in das Mutterland, von der die unter Zwang erfolgende Vertreibung zu unterscheiden ist. Zur U. deutscher Volksgruppen kam es vor allem in den Jahren 1939–1941, nachdem A. →Hitler in seiner Reichstagsrede vom 6. 10. 1939 die U. als eine wichtige Aufgabe erklärt hatte, damit „eine Ordnung der ethnographischen Verhältnisse" „bessere Trennungslinien" ergebe. Nach Vereinbarungen mit Estland vom 15. 10. 1939 und mit Lettland vom 30. 10. 1939 wurden 65000 →Baltendeutsche im Herbst 1939 vor allem in das →Wartheland und nach →Danzig-Westpreußen umgesiedelt. Nach der deutsch-sowjetischen Vereinbarung vom 10. 1. 1941 kamen weitere 12000 Baltendeutsche sowie 45000 →Volksdeutsche aus Litauen ins Reich. Die deutsch-sowjetische Vereinbarung vom 16. 11. 1939 gab den Volksdeutschen im sowjetisch besetzten Ostpolen ein Optionsrecht zur U., wovon rund 128000 Deutsche aus Galizien, Wolhynien und Nordpolen in drei Monaten Gebrauch machten. Deutsch-italienische Vereinbarungen vom 23. 6. 1939 mit Richtlinien vom 21. 10. 1939 sahen die Option für das Deutsche Reich bis zum 31. 12. 1939 für die Deutschen in →Südtirol sowie in Trient, Belluno und Udine vor, wovon 90% Gebrauch machten. Die U. sollte bis 31. 12. 1942 erfolgt sein, sie wurde jedoch nur teilweise durchgeführt (bis Ende 1940 waren rund 65000 Südtiroler umgesiedelt) und nach Italiens Frontwechsel 1943 sowie ab 1945 teilweise durch Rückwanderung wieder rückgängig gemacht. Eine deutsch-sowjetische Vereinbarung vom 5. 9. 1940 sah die U. der Volksdeutschen aus →Bessarabien und der Nordbukowina vor, die deutsch-rumänische vom 22. 10. 1940 eine aus der Südbukowina und der →Dobrudscha. Danach wurden in wenigen Monaten im Herbst 1940 aus Bessarabien 93548, aus der Nordbukowina 42441, aus der Südbukowina 52107 und aus der Dobrudscha 13988 Volksdeutsche nach Deutschland umgesiedelt. Nach der deutschen Besetzung Jugoslawiens 1941 kamen rund 15000 →Gottscheer und 20000 Volksdeutsche aus Bosnien und Serbien vor allem in die Südsteiermark. Aus den ab 1941 besetzten Gebieten der Sowjetunion wurden vor dem deutschen Rückzug rund 300000 Volksdeutsche ins Reich umgesiedelt. Die gesamte geregelte U. 1939–1944 vor dem Einsetzen von Flucht und Vertreibung betraf damit rund 800000 Personen.

R. Kosiek: Deutsches Land in fremder Hand, 1982. K. Mayer: Der Weg aus der Steppe, 1940, [2]1986. H. Bosse: Der Führer ruft, 1941. H. Krieg: Volksdeutsche Heimkehr, 7 Bde., 1940/41. F. Lützkendorf: Völkerwanderung 1940, 1940. H. Hecker (Hrsg.): Die Umsiedlungsverträge des Deutschen Reiches während des zweiten Weltkrieges, 1971.

Unabhängige Sozialdemokratische Partei Deutschlands (USPD), linksrevolutionäre, marxistische Partei 1917–1931. Linke Gruppen der SPD um die „Sozialdemokratische Arbeitsgemeinschaft" (SAG) gründeten am 6. 4. 1917 in Gotha die USPD, der sich später und bis Ende 1918 auch der →Spartakusbund anschloß. Die USPD trat für eine proletarische Diktatur, für ein Rätesystem sowie für die Vergesellschaftung der Großindustrie und des Großgrundbesitzes ein. Sie war ab November 1918 in Arbeiter- und Soldatenräten sowie zeitweilig in Landes- und Reichsregierungen vertreten und an revolutionären Aufständen beteiligt. Bei der Wahl zur Nationalversammlung am 19. 1. 1919 erhielt sie 7,6%, bei den Reichstagswahlen 1920 14%. An der Frage der Zugehörigkeit zur II. (kommunistischen) Internationale spaltete sich die USPD: Ein Teil vereinigte sich am 4. 12. 1920 mit der KPD, die Rest-USPD bildete am 14. 7. 1922 mit der SPD im Reichstag eine Arbeitsgemeinschaft und schloß sich ihr am 24. 9. 1922 ganz an, eine Minderheit unter G. Ledebour wirkte ohne Bedeutung selbständig weiter und trat 1931 zur →SAP über. Presseorgane der USPD waren u. a. „Die Freiheit" (1918–1922) und die „Leipziger Volkszeitung" (1917–1922).

R. F. Wheeler: USPD und Internationale, 1975.

Universum-Film-AG (UFA), größte deutsche Filmgesellschaft. Die UFA wurde am 18. 12. 1917 mit Sitz in Berlin auf Anregung der →Obersten Heeresleitung gegründet. Sie kaufte zahlreiche Filmtheater und -hersteller auf. Nach 1919 kam sie in den Besitz der Deutschen Bank und wurde wichtigster deutscher Filmproduzent. 1927 kam sie an den Hugenberg-Konzern. 1938 wurden weitere Firmen in der UFA-Film GmbH (Ufi) zusammengeschlossen, die damit praktisch die gesamte deutsche Filmindustrie umfaßte, um 1939

35 inländische und 15 ausländische Tochterge-
sellschaften umschloß, mehr als 170 Filmthea-
ter betrieb und ein Grundkapital von 40 Mill.
RM besaß. Filmateliers bestanden u. a. in Ba-
belsberg-Ufastadt und Berlin-Tempelhof. Die
UFA war mit der Glanzzeit des deutschen
Films eng verbunden. Nach 1945 wurde sie von
den Besatzungsmächten zerschlagen: In der
Sowjetzone wurde die DEFA 1946 Nachfolge-
rin der UFA, in Westdeutschland wurden 1955
die Ufa-Theater AG und 1956 die Universum-
Film AG gegründet, die 1964 zur Bertelsmann-
Gruppe kamen.
R. Lipschütz: Der Ufa-Konzern, Diss., Berlin 1932.
O. Krieck: Der deutsche Film im Spiegel der Ufa, 1943.
H. Traub (Hrsg.): Die Ufa, 1943. H. Bohn: Entflechtung
und Neuordnung des ehemaligen Ufi-Konzerns, Diss.,
Bonn 1957. H. P. Manz: Die Ufa und der frühe deutsche
Film, 1963.

Unterseebootfalle, gegen U-Boote eingesetzte
Handelsschiffe. Von England wurde im 1. Weltkrieg das völkerrechtswidrige Mittel der U. angewandt. Dabei täuschte ein meist als neutraler
Handelsfrachter getarntes Schiff das feindliche
U-Boot, ließ es nahe herankommen und eröffnete dann nach schneller Entfernung der Ab-
deckung das Feuer. Auch im 2. Weltkrieg setzte
Großbritannien U. gegen deutsche U-Boote ein.

Untersteiermark (Südsteiermark), 1919 von
der Steiermark abgetrennter südlicher Landesteil. Die U. umfaßte 27% des Territoriums der
→Steiermark und hatte 1910 469000 Bewohner, von denen 65000 Deutsche waren, die zumeist in den Städten wohnten, während die
Landbevölkerung überwiegend slowenisch
war. Am Ende des 1. Weltkrieges erklärte der
slowenische Volksrat die Vereinigung der U. mit
Serbien und Kroatien. Unmittelbar danach begannen die Massenausweisung der deutschen
Bevölkerung sowie die Vorstöße jugoslawi-
scher Truppen in rein deutschbesiedelte Gebiete der Steiermark. Einen militärischen Wi-

derstand gegen diese Angriffe verbot die Wiener Regierung. In Marburg an der Drau wurden am 27. 1. 1919 13 Deutsche von Slowenen
erschossen und 60 verwundet, als sie auf dem
Hauptplatz eine internationale Kommission erwarteten und auf den deutschen Charakter ihrer Stadt aufmerksam machen wollten (→Mar-
burger Blutmontag). Innerhalb eines Jahres
wurden durch Schikanen aller Art allein aus
Marburg 14000 Deutsche vertrieben. Nach
Ende des 2. Weltkrieges wurden in der U. von
Slowenen und jugoslawischen kommunistischen Partisanen Deutsche in großer Zahl ermordet, der Rest vertrieben.

Untersuchungs- und Schlichtungsausschuß
(Uschla), Schiedsstelle der →NSDAP. Am
27. 2. 1925 wurde der U. als parteiinternes
Schiedsgericht unter Generalleutnant a. D.
Bruno Heinemann eingerichtet, am 22. 11.
1927 wurde Walter →Buch sein Vorsitzender.
Der U. wurde am 1. 1. 1934 in das Oberste Parteigericht mit Buch als Oberstem Parteirichter
umgebildet.

Uschla, Abkürzung für →Untersuchungs- und
Schlichtungsausschuß.

Usedom, Guido von, Admiral und türkischer
Feldmarschall, * 2. 10. 1854 Quanditten/Ost-
preußen, † 24. 2. 1925 Schwerin. Der Marineoffizier führte beim →Boxeraufstand 1900 das
Landungskorps des Kreuzergeschwaders unter
dem britischen Admiral Seymour, der am 22. 6.
1900 den Angriff der Deutschen mit den Worten →„The Germans to the front!" befahl. Im
1. Weltkrieg war U. Leiter der deutschen Son-
derkommission in der Türkei und erfolgreicher
Oberbefehlshaber beim Kampf um die türkischen Meerengen.

USPD, Abkürzung für →Unabhängige Sozialdemokratische Partei Deutschlands.

V

V1, V2, →Vergeltungswaffen.

Valentiner, Maximilian, Korvettenkapitän und
U-Boot-Kommandant, * 15. 12. 1883 Tondern/
Nordschleswig, † 19. 6. 1949 Sonderburg/Jüt-
land. Seit 1902 bei der Marine, kam V. 1911 zur
U-Boot-Waffe. Im 1. Weltkrieg machte er sich
durch technische Verbesserungen an den U-
Booten verdient und versenkte als Kommandant von U 38 und U 157 um England, im Mit-
tel- und Schwarzen Meer sowie im Atlantik

rund 140 Handelsschiffe mit 310000 BRT und
ein französisches Kanonenboot. Er erhielt den
→Pour le mérite. Von Juni bis November 1918
war er Lehrer an der U-Boot-Schule und
wurde im November 1919 verabschiedet. Im 2.
Weltkrieg reaktiviert, war er bis März 1945 im
Rang eines Korvettenkapitäns Gruppenleiter
beim U-Boot-Abnahmekommando.
H. Pemsel: Biographisches Lexikon zur Seekriegsgeschichte, 1985. B. Herzog und G. Schomaekers: Ritter
der Tiefe, graue Wölfe, 1965.

Vaterländische Front (VF), österreichische politische Organisation. Zur Unterstützung seiner autoritären Regierung gründete der österreichische Bundeskanzler →Dollfuß nach der Ausschaltung des Parlamentes am 20. 5. 1933 die VF und führte sie. Die christlichsoziale „Reichspost" brachte am 23. 5. 1933 den Aufruf an „alle Parteiformationen, alle Verbände und Vereine, die dem Vaterland dienen und es verteidigen wollen", der VF beizutreten. Sie sollte eine „Bewegung, keine Addition von zwei oder drei Parteien" sein, alle Berufsstände umfassen und die bisherigen Parteien ersetzen. Die regierende →Christlichsoziale Partei ging in ihr auf. Die VF als Körperschaft des öffentlichen Rechts und einzige Trägerin des politischen Willens in der Dollfuß-Diktatur war in eine Zivil- und in eine Wehrfront gegliedert, errang jedoch nicht die Bedeutung und Dynamik einer Volksbewegung, auch unter Dollfuß' Nachfolger →Schuschnigg nicht. 1937 entstand in der VF ein „Volkspolitisches Referat" unter dem NS-Sympathisanten Arthur →Seyß-Inquart, wodurch der Wirkungsbereich der noch im Untergrund arbeitenden NSDAP vergrößert wurde. Nach dem →Anschluß 1938 wurde die VF aufgelöst.
I. Bärnthaler: Geschichte und Organisation der Vaterländischen Front, Diss., Wien 1964. H. Bußhoff: Das Dollfuß-Regime in Österreich, 1968. L. Jedlicka: Vom alten zum neuen Österreich, 1977.

Vaterländischer Hilfsdienst, Ende 1916 in Deutschland eingeführte Pflichtarbeit für alle nicht zum Heeresdienst einberufenen Männer zwischen 17 und 60 Jahren.
F. Hofmann: Der vaterländische Hilfsdienst, ⁵1918.

Vaterlandspartei, →Deutsche Vaterlandspartei.

Vaugoin, Carl, österreichischer Bundeskanzler, * 8. 7. 1873 Hacking/Wien, † 10. 6. 1949 Krems. Der Berufsoffizier (ab 1892) ging 1898 in den niederösterreichischen Landesdienst, war 1912–1920 christlichsozialer Abgeordneter im Wiener Gemeinderat und 1918–1920 Wiener Stadtrat. Im 1. Weltkrieg war V. Leiter einer Reserveoffiziersschule, später Train-Offizier. Von 1920–1934 war er Abgeordneter im Nationalrat, 1921 sowie 1922/33 Heeresminister in 15 Kabinetten, 1929/30 Vizekanzler in der Regierung →Schober, Bundeskanzler vom September bis Dezember 1930. Von 1930 bis 1934 war er Bundesobmann der →Christlichsozialen Partei. 1932 kam er als Anhänger von →Dollfuß in dessen Kabinett, hatte dann aber stärkere Differenzen mit ihm, mußte 1933 als Minister zurücktreten und wurde Präsident der Verwaltungskommission der Österreichischen

Bundesbahnen. 1934–1936 war er noch Mitglied des Staatsrats, nach dem →Anschluß kurzfristig in Haft.
A. Staudinger: Die Bemühungen Carl Vaugoins um Suprematie der Christlichsozialen Partei in Österreich 1930–1933, Diss. Wien 1969.

VB, Abkürzung für →Völkischer Beobachter.

VDA, Abkürzung für →Verein für das Deutschtum im Ausland.

Venediger Protokoll, österreichisch-ungarische Vereinbarung 1921. Am 11./12. 10. 1921 verhandelte in Venedig der österreichische Bundeskanzler Johannes →Schober mit dem ungarischen Ministerpräsidenten Bethlen und dessen Außenminister Banffy auf Anregung und unter dem Vorsitz des italienischen Außenministers Toretta über die in den Diktaten von →Saint-Germain und →Trianon festgesetzte Abtretung des vorwiegend deutschbesiedelten →Burgenlandes an Österreich, nachdem sich Ungarn vorher mit Waffengewalt gegen die österreichische Inbesitznahme gewehrt hatte. Im V. vom 13. 10. 1921 stimmte der Abtretung zu, wobei aber für Ödenburg und Umgebung eine Volksabstimmung vereinbart wurde. Ab 13. 11. 1921 kam das Burgenland mit Ausnahme des Ödenburger Gebiets zu Österreich. Dem V. stimmte der österreichische Nationalrat am 30. 11. 1921 zu. Die →Volksabstimmung um Ödenburg fand am 14. 12. 1921 unter starkem Druck der Ungarn statt und brachte ihnen eine Mehrheit, sie wurde wegen dieser Manipulationen von Österreich jedoch nicht anerkannt. Ödenburg blieb trotzdem bei Ungarn.

Venlo-Zwischenfall, deutsche Geheimdienst-Aktion 1939. Nach Ausbruch des 2. Weltkrieges versuchte die englische Regierung, deutsche Oppositionelle zum Sturz A. →Hitlers zu veranlassen und auf diese Weise einen Waffenstillstand zu für sie günstigen Bedingungen zu erhalten. Vom Vorhandensein solcher Gruppen war sie schon vor Kriegsausbruch vor allem durch Kleist-Schmenzin, Böhm-Tettelbach und die im Auswärtigen Amt tätigen Gebrüder Kordt unterrichtet worden. Ein Kontakt zu diesen Widerstandskreisen sollte durch die von Holland aus arbeitenden englischen Geheimdienstoffiziere Stevens und Best aufgenommen werden. Der →Sicherheitsdienst des →Reichsführers SS war jedoch von diesen Plänen unterrichtet, stellte über Sturmbannführer W. →Schellenberg und Professor de Crinis, die sich als Widerständler tarnten, Verbindung zu den Engländern her und täuschte Verhandlungen über einen geplanten Staatsstreich in Deutsch-

land vor. Am Abend des 8. 11. 1939 wurde auf A. Hitler im Münchener →Bürgerbräukeller ein Sprengstoffanschlag verübt, dem sieben Personen zum Opfer fielen. Weil hinter dieser Aktion – unzutreffend – der englische Geheimdienst vermutet worden ist, wurden Stevens und Best am nächsten Tag in Venlo an der deutsch-holländischen Grenze von einem SS-Kommando festgenommen und auf Reichsgebiet verbracht, um die Hintergründe des Anschlags zu klären. Da das Münchener Attentat G. →Elser allein verübt hatte, ergab die Vernehmung der beiden Verhafteten lediglich den Nachweis für eine enge Zusammenarbeit zwischen England und dem formell neutralen Holland. Der V. wurde deshalb als Fall von Neutralitätsverletzung bei der Begründung der deutschen Kriegserklärung an die Niederlande am 10. 5. 1940 genannt. Die an der Aktion bei Venlo beteiligten SD-Angehörigen wurden von A. Hitler in der Reichskanzlei empfangen und ausgezeichnet.
W. Schellenberg: Memoiren, 1956, 1979. H. Höhne: Der Orden unter dem Totenkopf, 1978.

Verband der deutschen Volksgruppen in Europa; Vereinigung volksdeutscher Gruppen. 1924 schlossen sich alle deutschen Volksgruppen im Ausland zum V. zusammen. Ziel war die bessere Zusammenarbeit untereinander und mit dem Reich sowie die verstärkte Durchsetzung der Volksgruppeninteressen. Der V. trat für kulturelle Autonomie sowie wirtschaftliche und politische Sicherung der einzelnen Volksgruppen ein. Organ war ab 1927 die in Wien erscheinende Monatszeitschrift „Nation und Staat".

Verband der Deutschnationalen, österreichische Partei. Am 8. 10. 1885 gründete Georg Ritter von →Schönerer, Mitverfasser des 1882 beschlossenen „Linzer Programms" der deutschnationalen Verbände Österreichs, mit Unterstützung des rechten Flügels des →Alldeutschen Verbandes den V. Die Partei errang 1901 nach einem gegen die Sprachverordnungen von Badeni sowie gegen slawische Einflüsse in Österreich geführten Wahlkampf 21 Sitze im Abgeordnetenhaus.
P. Molisch: Geschichte der deutschnationalen Bewegung in Österreich, 1926.

Verband deutscher Vereine im Ausland (VdV), Dachverband auslandsdeutscher Vereinigungen. 1934 wurde der VdV mit Sitz in Berlin als Dachorganisation der →Auslandsdeutschen gegründet. Der nationalsozialistisch geführte VdV war für die nicht von der →NS-Auslandsorganisation betreuten Auslandsdeut-

schen zuständig. Sein Organ war der „Heimatbrief".

Verbrannte Erde, Bezeichnung für die vor einem militärischen Rückzug durchgeführte Vernichtung einer Infrastruktur, die den Vormarsch oder die Versorgung des nachrückenden Feindes erleichtern könnte. Die V. wurde 1941/42 in der Sowjetunion vor ihrem Rückzug von der Roten Armee und ab Herbst 1943 von der deutschen Wehrmacht angestrebt.
P. Carell: Verbrannte Erde, 1982. E. von Manstein: Verlorene Siege, 1976.

Verdun, Schlacht um, Materialschlacht im 1. Weltkrieg. Nachdem die starke Festung V. beim deutschen Vormarsch im August/September 1914 umgangen und bis auf einen Zugang vom Süden fast eingeschlossen war, wurde V. im anschließenden Stellungskrieg nordöstlicher Eckpfeiler der französischen Front. Nach Plänen von Generalstabschef von →Falkenhayn begann nach schwerem Trommelfeuer am 22. 2. 1916 auf 10 km Breite der deutsche Angriff auf die Festungswerke von V., der bis 26. 2. zwar Einbrüche von 8 km Tiefe erzielte und zur Eroberung einiger Forts, wie des →Douaumont, führte, aber keinen entscheidenden Durchbruch bewirkte. Große deutsche Angriffe im März, Mai, Juni und Juli 1916 brachten nur geringe Geländegewinne, so den →Toten Mann und die Höhe 304 am 24. 5. 1916, bis nach Beginn der →Somme-Schlacht Ende Juni 1916 und Falkenhayns Rücktritt am 25. 8. 1916 die →Oberste Heeresleitung am 2. 9. 1916 den Angriff auf V. endgültig einstellte. Gegenangriffe der Franzosen ab September 1916 drückten die deutsche Front an einigen Stellen wieder zurück: Am 24. 10. fiel das Fort Douaumont wieder in französische Hand, im August 1917 der Tote Mann. In der „Hölle von V." gab es 338000 Mann deutsche und 364000 Mann französische Verluste. Auf deutscher Seite kämpfte die 5. Armee unter Kronprinz →Wilhelm und Stabschef Schmidt von Knobelsdorff, bei den Franzosen führte General →Pétain, ab April 1916 General Nivelles.
H. Stegemann: Die Geschichte des Krieges, Bd. 4, 1921. G. Werth: Verdun, 1979. A. Horne: Des Ruhmes Lohn – Verdun 1916, 1965.

Verdunklung, Luftschutzmaßnahme im 2. Weltkrieg zur Abdunklung von Lichtquellen bei Nacht. Die Verordnungen vom 23. 5. 1939 und 22. 10. 1940 regelten die V. als Luftschutzmaßnahmen, die durch Abblenden der Lichtquellen oder der Austrittsöffnungen erfolgen konnte. Bei Dunkelheit und klarer Sicht sollte in 500 m Abstand für ein normales Auge kein Lichtschein mehr wahrgenommen werden.

Autoscheinwerfer sollten abgedeckt sein, daß nur eine 5 bis 8 cm lange und 1 cm breite Öffnung in der Mitte des Scheinwerfers frei blieb. Vom 1. 10. 1940 mußten überall Wehrmachts-Tarnscheinwerfer verwendet werden, die kein Licht nach oben austreten ließen. Die V. war von Einbruch der Dunkelheit bis zum Tagesanbruch vorzunehmen. Der Erlaß vom 20. 11. 1941 erlaubte Ladengeschäften, von 6 bis 19 Uhr in den untersten Stockwerken bei normaler Innenbeleuchtung von einer V. abzusehen. Bei V. begangene Verbrechen wurden schwer bestraft.

Verein für das Deutschtum im Ausland (VDA), Vereinigung zur Unterstützung der →Volks- und →Auslandsdeutschen. Der VDA wurde 1880 von dem katholischen Pfarrer Franz Xaver Mitterer aus Proveis (Südtirol) und dem Frankfurter Arzt Dr. Lotz als „Deutscher Schulverein" mit der Aufgabe gegründet, das durch Überfremdung gefährdete Deutschtum an den Grenzen des deutschen Sprachgebietes zu schützen. Er unterhielt und unterstützte Schulen, Schülerheime, Kindergärten, Büchereien und auslandsdeutsche Studenten. Die Hauptgebiete seines Wirkens waren Böhmen und Mähren, Schlesien, Kärnten und Siebenbürgen, aber auch deutsche Siedlungen in aller Welt wie etwa in Amerika. Von 1908 bis 1933 nannte sich die Organisation VDA mit Sitz in Berlin, von 1933 bis 1945 Volksbund für das Deutschtum im Ausland, von 1955 bis 1981 Gesellschaft für deutsche Kulturbeziehungen im Ausland, ab 1981 bezeichnet sie sich wieder als V. Nach dem 1. Weltkrieg war Generalfeldmarschall von →Hindenburg Ehrenvorsitzender des VDA, die Zahl seiner Mitglieder wuchs bis 1932 auf etwa zwei Millionen, die Arbeit wurde vor allem von der Lehrerschaft getragen. Innerhalb des Deutschen Reiches warb der VDA durch Vorträge und Ausstellungen für die Förderung seiner Tätigkeit, die nach dem 1. Weltkrieg nicht zuletzt deshalb von großen Teilen der Bevölkerung unterstützt wurde, weil als Folge der Friedensdiktate von 1919 viele Deutsche zu Minderheiten in neugegründeten Staaten geworden waren. Nach 1933 nahm die Bedeutung des VDA unter Führung von Dr. Hans →Steinacher noch zu. U. a. gab der VDA die Zeitschrift „Der Volksdeutsche" ab 1924, die Jugendzeitschrift „Rolandblätter" ab 1924, die Leiterzeitschrift „Deutsche Arbeit" ab 1900 sowie die „Volksdeutschen Pressebriefe" heraus. Nach zehnjährigem Verbot wurde der VDA zunächst unter anderem Namen 1955 wiedergegründet und mit etwa 20 000 Mitgliedern bald wieder die stärkste auf diesem Gebiet tätige Vereinigung, er gibt seit 1968 die

Monatsschrift „Globus" heraus und konnte 1980 unter der Schirmherrschaft von Bundespräsident Karl Carstens sein hundertjähriges Bestehen feiern.
R. Aschenauer: Die Auslandsdeutschen, 1981. H. Werner und P. Nasarski (Hrsg.): Deutsche Schulen im Ausland, 2 Bde. 1988/89.

Verein Mitteleuropäischer Eisenbahnverwaltungen (VMEV), Zusammenschluß von Eisenbahnen. Im V. waren bis 1945 die Staats- und wichtigsten Privatbahnen des Deutschen Reiches, Ungarns, der Niederlande, Dänemarks, Norwegens, Schwedens und der Schweiz zur besseren Förderung des Verkehrs zusammengeschlossen. Sitz des V. war Berlin.

Verfassung, Zusammenfassung der Grundsetze eines Staates. Aufgabe einer V. ist es, die rechtliche Grundordnung für ein Staatswesen festzulegen, die für lange Dauer die künftige politische Entwicklung in einen festen Rahmen einfügen soll. Sie konstituiert den Staat und bestimmt seine Staatsform, legt seinen organisatorischen Bau sowie die fundamentale Rechtsstellung seiner Bürger fest und formuliert leitende Grundsätze zur Gestaltung des sozialen und wirtschaftlichen Lebens sowie der internationalen Beziehungen. Die Verfassung der 1949 gegründeten Bundesrepublik Deutschland hat den Namen „Grundgesetz" erhalten, um den provisorischen Charakter dieses deutschen Teilstaates zu betonen. Hervorzuheben sind die in ihrem Wesensgehalt nicht anzutastenden Grundrechte. Sie gewähren die freie Entfaltung der Persönlichkeit; das Recht auf Leben und körperliche Unversehrtheit; die Gleichberechtigung vor dem Gesetz; die Freiheit des Glaubens, des Gewissens sowie die religiösen und weltanschaulichen Bekenntnisses; das Recht der freien Meinungsäußerung; die Versammlungs- und Vereinigungsfreiheit; das Post- und Fernmeldegeheimnis; die Freizügigkeit; die Freiheit der Berufswahl; die Unverletzlichkeit der Wohnung; das Eigentum und Erbrecht. Die Bundesrepublik Deutschland ist nach dem Grundgesetz ein demokratischer und sozialer Bundesstaat. Demokratie wird als Wahl der Staatsgewalt durch das Volk definiert und ist folglich nur ein technisches Verfahren, keineswegs mit einer bestimmten Politik gleichzusetzen, die sich erst aus den Überzeugungen der Wähler ergibt. Da Demokratie in der Umgangssprache vielfach als „Volksherrschaft" verstanden wird, kommt es zu Fehldeutungen, wenn man diesem Begriff einen von der Verfassung abweichenden Sinn geben will. Am meisten verbreitet ist die marxistische Vorstellung, unter „Volk" dürfe man nicht die Gesamtheit aller wahlberechtigten Bürger, sondern nurTeile davon verstehen. Setzt man etwa „Volk" mit Proletariat gleich, dann bedeutet „Volksherrschaft" die „Diktatur des Proletariats" über alle anderen. Und wenn „Volk" mit einer solchen „Klasse" identisch sein soll, kann man unter der Herrschaft dieses Volkes auch die Durchsetzung seiner Interessen verstehen, die sich aus dem Gruppencharakter ergeben sollen. Zur Ausübung einer solchen Herrschaft sind danach jene berufen, die die Interessen des Proletariats besonders gut kennen: das ist die „Avantgarde" oder „Vorhut" der „Arbeiterklasse", nämlich die örtlich zuständige kommunistische Partei. Ebenso unzulässig ist es, unter Berufung auf das Grundgesetz Demokratie im Sinne einer allgemeinen Mitbestimmungsbefugnis auch da zu verlangen, wo es nicht um die Legitimierung der Staatsgewalt geht, beispielsweise in derWirtschaft.Trotzdem werden unter Berufung auf ein angeblich in der Verfassung enthaltenes Demokratisierungsgebot weitgehendste Systemveränderungen in der BRD verlangt. Eine verfassungsfeindliche Betätigung zieht das Verbot einer Partei durch das Bundesverfassungsgericht nach sich, das Verbot einer Vereinigung erfolgt durch Verwaltungsbehörden. Nur dann, wenn solche Entscheidungen rechtskräftig sind, kann von einer Verfassungsfeindlichkeit der Betroffenen ausgegangen werden. In der BRD ist es jedoch üblich geworden, politische Gegner auch dann als verfassungsfeindlich zu diffamieren, wenn solche Urteile nicht ergangen sind. Das trifft beispielsweise für politische Meinungsäußerungen zu, die nach völlig willkürlichen Merkmalen als „rechtsradikal" eingestuft werden.

Verfügungstruppe, →SS-Verfügungstruppe.

Vergangenheitsbewältigung, →Umerziehung.

Vergeltungswaffen (V-Waffen), deutsche Waffen am Ende des 2. Weltkriegs. Vor allem zum Einsatz gegen England wurde die Flugbombe V1 (Fi 103, Projekt „Kirschkern") in →Peenemünde entwickelt und zum erstenmal am 13. 6. 1944 gegen London und Südengland von Erdstellungen in Frankreich aus abgeschossen. Sie hatte ein Startgewicht von 2200 kg, 1000 kg Sprengstoff, eine Geschwindigkeit von 650 km/h, eine Flughöhe von 2000 m bei 250 km Reichweite. Rund 8000V1 wurden abgeschossen. Ab September 1944 kam die Fernrakete V2 dazu. Sie hatte 12000 kg Startgewicht mit 1000 kg Sprengstoff, eine Geschwindigkeit von 5000 km/h bei 250 km Reichweite. Beide Sprengstoffträger wurden alsVergeltung für die alliierten Bombenangriffe auf deutsche Städte

eingesetzt und hatten daher ihren Namen. Sie haben erheblich zu einer Beeinträchtigung des Lebens in London und Südengland beigetragen, hatten jedoch keinen Einfluß auf den Ausgang des Krieges. Die deutschen Konstrukteure der V-Waffen (W. von →Braun, Debus, →Oberth u. a.) wurden 1945 gefangengenommen, ein großerTeil von ihnen hat dann in den USA, eine kleinere Gruppe in der UdSSR die Raketentechnik bis zur interstellaren Raumfahrt weiterentwickelt.
D. Irving: Die Geheimwaffen des Dritten Reiches, 1965. J. Engelmann: Geheime Waffenschmiede Peenemünde, 1980. W. Dornberger: Peenemünde, 1981. H. D. Hölsken: Die V-Waffen, 1984. W. Hellmold: Die V 1, 1988. M. Bornemann: Geheimprojekt Mittelbau, 1971.

Verlag der Deutschen Arbeitsfront GmbH. Der 1933 gegründete V. gab das amtliche Schrifttum der →DAF heraus, daneben sozialpolitische Bücher, Schriften und Zeitungen, u. a. die Zeitschrift „Arbeitertum". Er hatte seinen Sitz in Berlin.

Vernegerung, bevölkerungspolitisches Schlagwort. Seit Beginn des 20. Jahrhunderts machten mehrere Autoren – so Josef →Lanz 1906 – darauf aufmerksam, daß sich weiße Völker zunehmend mit Negern vermischten. Die „V." beobachteten sie neben Süd- und Mittelamerika vor allem in Frankreich, das in seinem großen Kolonialreich alle Staatsbürger unabhängig von ihrer Hautfarbe gleich behandelte. Im 1. Weltkrieg setzte Frankreich über 800000 Neger als Soldaten ein, danach blieben ständig fünf farbige Divisionen in Frankreich, von denen etwa die Hälfte am Einmarsch in das Ruhrgebiet 1923 teilnahm (→Schwarze Schmach). Zu Beginn des 2. Weltkriegs mobilisierte Frankreich etwa eine Mill. farbige Soldaten. Die V. wurde als Gefahr für Frankreich auch von A. →Hitler in „Mein Kampf" erwähnt.

Verreichlichung, Bezeichnung für die Einrichtung zentraler Reichsbehörden anstelle von Landesbehörden im Zuge der →Gleichschaltung 1933/34.

Versailler Diktat, Friedensdiktat für Deutschland 1919. Das dem Deutschen Reich aufgezwungene V. wurde am 28. 6. 1919 unterzeichnet und trat am 10. 1. 1920 in Kraft. Es beendete formell den 1. Weltkrieg. Nach dem Ersuchen der Reichsregierung vom 3. 10. 1918 um Friedensvermittlung an US-Präsident Wilson folgte ein mehrfacher Notenwechsel, bis die Reichsregierung die alliierte Note vom 5. 11. 1918 durch Entsendung der Waffenstillstandskommission auf der Grundlage von Wilsons →14 Punkten annahm. Am 11. 11. 1919 wurde im Walde von →Compiègne der Waffenstillstand abgeschlossen, der dem Reich bereits schwere Verpflichtungen auferlegte. Am 18. 1. 1919, dem Jahrestag der Gründung des Zweiten Deutschen Reiches, trat die Friedenskonferenz der 32 alliierten und assoziierten Mächte in Anwesenheit von US-Präsident Wilson in Versailles zusammen und wählte den französischen Ministerpräsidenten Clemenceau zum Vorsitzenden. Unter Bruch des Vorvertrages wurde Deutschland zur Teilnahme nicht eingeladen, die Verhandlungen wurden meist geheim geführt, erst im „Rat der Zehn" (Regierungschefs und Außenminister von England, Frankreich, USA, Italien, Japan), ab Mitte März 1919 im „Rat der Vier" (Wilson, Clemenceau, Lloyd George, Orlando). Nach Verweigerung mündlicher Verhandlungen wurden der deutschen Delegation unter Reichsaußenminister Graf →Brockdorff-Rantzau am 7. 5. 1919 die Friedensbedingungen übergeben, die erheblich gegen den Vorvertrag verstießen. Die dann eingebrachten deutschen Gegenvorschläge und Abänderungswünsche wurden fast alle abgelehnt. Nach schärfstem Protest und Rücktritt des Reichsaußenministers und der Reichsregierung unterzeichneten am 28. 6. 1919 die deutschen Vertreter (Reichsminister Hermann →Müller und Johannes →Bell) das V. im Spiegelsaal des Schlosses von Versailles. Das V. enthält im I. Teil (Artikel 1 bis 26) die Völkerbundsatzung mit dem Versprechen allgemeiner Abrüstung (Artikel 8). Im II. bis IV. Teil sind die Gebietsabtretungen aufgeführt: →Eupen-Malmedy an Belgien (nach Scheinabstimmung), →Elsaß-Lothringen an Frankreich, →Saargebiet für 15 Jahre an den →Völkerbund bis zur Volksabstimmung, der größte Teil von →Posen und →Westpreußen an Polen, →Danzig als Freie Stadt an den Völkerbund, das →Memelgebiet an den Völkerbund (1923/24 an Litauen), das →Hultschiner Ländchen an die Tschechoslowakei, →Nordschleswig an Dänemark (nach Volksabstimmung vom 10. 2. und 14. 3. 1920). Angesetzte Volksabstimmungen in den west- und ostpreußischen Bezirken Marienwerder und Allenstein ergaben am 11. 7. 1920 überwältigende Mehrheiten für Deutschland, in Oberschlesien am 20. 3. 1921 ebenso, dennoch wurde →Ostoberschlesien – ein klarer Vertragsbruch der Alliierten – Polen zugesprochen. Der →Anschluß Österreichs an das Reich wurde verboten (Artikel 80). Alle Kolonien (Artikel 118) wurden Deutschland unter Berufung auf die „koloniale Schuldlüge" weggenommen. Der V. Teil enthält die Entwaffnungsbestimmungen, wonach dem Deutschen Reich nur ein Berufsheer mit zwölfjähriger Dienstzeit von höchstens 100 000 Mann und eine Marine von 15 000 Mann zugestanden wurde. Schwere Geschütze, Tanks, Luftabwehrgeschütze, alle Land- und Marineluftstreitkräfte, Zeppeline und U-Boote wurden verboten, die Kriegsflotte stark vermindert. Fast alle Befestigungen waren zu schleifen. Eine →alliierte Militärkontrolle wurde für Deutschland eingesetzt. Der VII. Teil forderte als „Strafbestimmungen" die Auslieferung →Wilhelms II. und Hunderter führender Militärs für sogenannte Kriegsverbrecherprozesse. Am Widerstand der niederländischen Königin scheiterte jedoch die Auslieferung des im holländischen Exil lebenden Kaisers, während, gestützt auf das einmütige Verhalten des deutschen Volkes, die Justiz der →Weimarer Republik eine Auslieferung der anderen Soldaten hintertreiben konnte. Der VIII. Teil behauptete, Deutschland und seine Verbündeten seien am Krieg allein schuld (Artikel 231, →Kriegsschuldlüge) und das Reich müßte deshalb →Reparationen in noch ungenannter Höhe leisten. Dazu kam die Ablieferung fast der ganzen deutschen Handelsflotte, die Abtretung aller deutschen Überseekabel, die Enteignung des deutschen Eigentums im Ausland sowie die Gewährung der Meistbegünstigung für die Feindbundmächte bis 1925. Im XII. Teil wurde mit der Internationalisierung aller deutschen Ströme, der Errichtung von tschechoslowakischen Freizonen im Hafen von Hamburg und Stettin, der 15jährigen Besetzung des linksrheinischen Gebiets mit Brückenköpfen in Kehl, Main, Koblenz sowie Köln und durch die Entmilitarisierung des ganzen Rheinlandes die deutsche Souveränität wesentlich eingeschränkt. In insgesamt 440 Artikeln (auf 226 Seiten) wurden unter vielfachem Bruch des versprochenen →Selbstbestimmungsrechts und gerechten Friedens so einschneidende Bestimmungen diktiert, daß alle Parteien in Deutschland nur von dem „Schanddiktat von Versailles" sprachen und es einmütig ablehnten. Nur unter dem Druck der Hungerblockade und der Drohung militärischen Einmarsches erfolgte die Unterzeichnung unter Protest. Keine Weimarer Regierung erkannte insbesondere die Abtretungen im Osten an. Die USA unterzeichneten das V. nicht, sondern schlossen mit dem Deutschen Reich den →Berliner Frieden vom 25. 8. 1921. Die Pariser Friedenskonferenz schloß anschließend 1919/20 die anderen →Pariser Vorortverträge mit den Verbündeten Deutschlands: mit Österreich in →Saint-Germain (10. 9. 1919), mit Bulgarien in Neuilly (19. 9. 1919), mit Ungarn in →Trianon (4. 6. 1920) und mit der Türkei in →Sèvres (10. 8. 1920). Schon kurze Zeit nach der Unterzeichnung des V. brachen die Alliierten den Vertrag auch schon: durch die Abtretung Ostoberschlesiens an Polen 1921, die Auslieferung des →Memellandes an Litauen 1923 und die →Ruhrbesetzung 1923. Das V. führte als Folge der finanziellen Belastungen des Deutschen Reiches insbesondere nach der Ruhrbesetzung zur totalen →Inflation und damit zu größten Vermögensverlusten im deutschen Bürgertum, es trug zusammen mit der →Weltwirtschaftskrise zum Zusammenbruch der deutschen Wirtschaft mit sieben Mill. Arbeitslosen bei, brachte auch wegen der Mißerfolge der →„Erfüllungspolitik" zahlreiche Deutsche in Opposition zum Staat und bewirkte so ausschlaggebend das Ende der →Weimarer Republik. Die Räumung des Rheinlandes 1930 und das Ende der Reparationszahlungen 1932 waren im Vergleich dazu unerheblich. Ab 1933 hat die NS-Regierung die meisten Belastungen des V. überwunden. Nach einer Volksabstimmung am 13. 1. 1935 kam das Saarland zum Deutschen Reich zurück; am 16. 3. 1935 wurde die allgemeine Wehrpflicht wieder eingeführt und die →Wehrhoheit im Rheinland am 7. 3. 1936 durchgesetzt; am 14. 11. 1936 wurden die Bestimmungen des V. über die deutschen Ströme aufgehoben; am 30. 1. 1937 wurde die Anerkennung der deutschen Kriegsschuld widerrufen; am 13. 3. 1938 wurde der Anschluß Österreichs an Deutschland vollzogen, die →sudetendeutschen Gebiete wurden ab 1. 10. 1938 mit dem Reich vereinigt; am 22. 3. 1939 kam das Memelland zu Deutschland zurück. Bei der versuchten →Revision der Bestimmungen des V. über Danzig kam es zum 2. Weltkrieg.

Auswärtiges Amt (Hrsg.): Der Vertrag von Versailles, 1919. U. Graf von Brockdorff-Rantzau: Dokumente und Gedanken um Versailles, [3]1926. K. F. Nowak: Versailles, 1927. H. Schnee und H. Draeger (Hrsg.): Zehn Jahre Versailles, 3 Bde., 1929/30. H. Draeger (Hrsg.): Der Vertrag von Versailles, 1933. W. Ziegler: Versailles, die Geschichte eines mißglückten Friedens, 1932. F. Berber (Hrsg.): Das Diktat von Versailles, 2 Bde., 1939. W. Frauendienst: Die Überwindung von Versailles, 1939. M. Gunzenhäuser: Die Pariser Friedenskonferenz und die Friedensverträge 1919/20, 1970. K. Bosl (Hrsg.): Versailles – St.-Germain – Trianon, 1971. A. Lentin: Die Drachensaat von Versailles, 1988. F. Ermacora: Der unbewältigte Friede, 1989. H. Stegemann: Das Trugbild von Versailles, 1926. E. Wuest: Der Vertrag von Versailles in Licht und Schatten der Kritik, 1962. R. Pomerin (Hrsg.): Der Vertrag von Versailles, 1990. B. Schwertfeger: Der Fehlspruch von Versailles, 1921.

Vertreibung der Deutschen, gewaltsame Vertreibung der ostdeutschen Bevölkerung aus ihrer Heimat. Auf der alliierten Konferenz von →Teheran (28. 11. bis 1. 12. 1943) wurde als Teil einer Westverschiebung des polnischen Staatsgebiets ein „Bevölkerungsaustausch" beschlossen, der die „Umsiedlung" der ostdeutschen Bevölkerung in die Gebiete westlich der →Oder-Neiße-Linie auf „humane" Weise vorsah. Die →Potsdamer Konferenz vom Juli/August 1945 bestätigte diesen Beschluß. Außer den östlich der Oder-Neiße-Linie lebenden Deutschen wurden auch die →Sudetendeutschen von den Tschechen sowie die überlebenden Deutschen aus den Balkanländern, insgesamt 16,6 Mill. Menschen, vertrieben. Das Bundesarchiv hat in einer Untersuchung, mit der es 1969 beauftragt wurde, festgestellt, daß es beim Einmarsch der Roten Armee und bei Gewalttaten insbesondere von Polen, Tschechen und Jugoslawen sowie ihrer Behandlung der von ihnen beherrschten Deutschen etwa 2,2 Mill. deutsche Todesopfer gegeben hat, die als „Nachkriegsverluste" bezeichnet werden. Die Zahl der Deutschen, die Opfer anderer Verbrechen wurden, ist nicht ermittelt worden. Die Schuld an diesem Massenmord liegt nicht nur bei den Tätern, sondern auch bei denen, die ihnen die deutsche Bevölkerung ausgeliefert haben.

W. Ahrens (Hrsg.): Verbrechen an Deutschen, [2]1979. A. de Zayas: Die Anglo-Amerikaner und die Vertreibung der Deutschen, 1977. A. de Zayas: Zeugnisse der Vertreibung, 1983. Kulturstiftung der deutschen Vertriebenen (Hrsg.): Vertreibung und Vertreibungsverbrechen 1945-1948, 1989. W. Benz (Hrsg.): Die Vertreibung der Deutschen aus dem Osten, 1985. R. Schulze u. a. (Hrsg.): Flüchtlinge und Vertriebene in der westdeutschen Nachkriegsgeschichte. W. Ahrens (Hrsg.): Verbrechen an Deutschen, 1983. G. Böddeker: Die Flüchtlinge der Deutschen, 1985. B. Franken: Die große Flucht, 1957. Statistisches Bundesamt (Hrsg.): Die deutschen Vertreibungsverluste, 1958. A. Schickel: Die Vertreibung der Deutschen, 1985. G. Ziemer: Deutscher Exodus, 1973. Th. Schieder (Hrsg.): Dokumente der Vertreibung der Deutschen aus Ost-Mitteleuropa, 1984. Th. Schieder: Das Schicksal der Deutschen in Jugoslawien, 1961. G. Nawratil: Die deutschen Nachkriegsverluste unter Vertriebenen, Gefangenen und Verschleppten. 1986.

Verwundetenabzeichen, Ehrenzeichen für Verwundete im 1. und 2. Weltkrieg. Auf dem hochovalen, von einem Blattkranz eingerahmten V. befand sich ein Stahlhelm vor zwei gekreuzten Schwertern. Beim V. des 2. Weltkrieges, das am 1. 9. 1939 von A. →Hitler neu gestiftet wurde, war auf dem Stahlhelm noch ein auf der Spitze stehendes Hakenkreuz abgebildet. Das V. wurde auf der linken Brustseite getragen und in der Regel in Schwarz für ein bis zwei, in Silber für drei und vier und in Gold für fünf und mehr Verwundungen verliehen.

Vesper, Will, Dichter, * 11. 10. 1882 Barmen, † 11. 3. 1962 Gut Triangel/Gifhorn. Er wurde vor allem durch seine historischen Romane und völkische Lyrik bekannt, u. a. schrieb er die Romane „Tristan und Isolde", „Parzifal", „Die Wanderung des Herrn Ulrich von Hutten" (1922), „Sam in Schnabelweide" (1931) und „Das harte Geschlecht" (1931). Seine Lyrik erschien 1934 in einer Gesamtausgabe unter dem Titel „Kranz des Lebens", seine „Novellen" kamen 1937 heraus. Er wurde nach 1933 in die Preußische Dichterakademie berufen. Seit 1923 gab er die Zeitschrift „Die Neue Literatur" heraus, die im 3. Reich großen Einfluß gewann. Seit Ende der 30er Jahre lebte und arbeitete er auf seinem Gut in Niedersachsen.

W. Pleyer u. a.: Will Vesper Gedenkrede, 1962.

VF, Abkürzung für →Vaterländische Front.

Vichy-Regierung, französische Regierung 1940–1945. Nach der Kapitulation Frankreichs am 20. 6. 1940 übersiedelte die französische Regierung unter Marschall P. →Pétain nach Vichy, einer Stadt im von deutschen Truppen nicht besetzten Teil Frankreichs. Dort erhielt Pétain am 10. 7. 1940 von der zum letztenmal tagenden Nationalversammlung diktatorische Vollmachten als Präsident des „Etat Français", der von ihm und den von ihm ernannten Ministerpräsidenten – F. Darlan bis 18. 4. 1942, dann P. →Laval – souverän regiert und von vielen Staaten, darunter die USA, die UdSSR und der Vatikan, anerkannt wurde. Dem „Etat Français" unterstanden 40% des Territoriums Frankreichs und alle Kolonien, dazu ein Heer von 100 000 Mann. Unter dem Motto „Travail, Famille, Patrie" (Arbeit, Familie, Vaterland) strebte Pétain eine Erneuerung des Staates in konservativem Geist an. Die meisten Franzosen unterstützten ihn dabei. Nach der alliierten Landung in Nordafrika (7./8. 11. 1942) wurde auch Südfrankreich ab 11. 11. 1942 von deutschen Truppen besetzt, um einer Invasion an der französischen Mittelmeerküste begegnen zu können. Bei der Besetzung Frankreichs durch die Anglo-Amerikaner 1944 verlegte Pétain seinen Regierungssitz erst nach Belfort (26. 8. 1944) und siedelte dann mit seinen Mitarbeitern und Teilen seiner Truppen und Polizeieinheiten am 7. 9. 1944 nach Sigmaringen über. Seine Anhänger in Frankreich, nach 1945 auch die in Deutschland gefangengenommen, wurden in Frankreich als →Kollaborateure inhaftiert und gefoltert, mehr als 100 000 von ihnen ermordet.

O. Abetz: Das offene Problem, 1951. P. Pringet: Die Kollaboration, 1981. E. Jäckel: Frankreich in Hitlers Europa, 1966. P. Sérant: Die politischen Säuberungen in Westeuropa, 1966.

Vierjahresplan, jeweils auf vier Jahre angelegtes Wirtschaftsprogramm der nationalsozialistischen Regierung. Der erste V. wurde nachträglich vom Aufruf der Reichsregierung vom 1. 2.

1933 an gerechnet und hatte die Ziele: „Rettung des deutschen Bauern zur Erhaltung der Ernährungs- und damit Lebensgrundlage der Nation, Rettung des deutschen Arbeiters durch einen gewaltigen und umfassenden Angriff gegen die Arbeitslosigkeit". Bis 1936 wurden diese Absichten durch den Aufbau des →Reichsnährstandes und das →Erbhofgesetz sowie die fast völlige Beseitigung der Arbeitslosigkeit erreicht. Der zweite V. wurde am 9. 9. 1936 von A. →Hitler auf dem →Reichsparteitag in Nürnberg verkündet und sollte „Deutschland in allen jenen Stoffen vom Ausland gänzlich unabhängig" machen, die selbst erzeugt oder beschafft werden konnten. Durch Verordnung vom 18. 10. 1936 wurde die Durchführung des V.s Hermann →Göring übertragen, der dafür besondere Vollmachten erhielt. Gesetze über den Arbeitseinsatz und Preisregelungen folgten. Verstärkt wurden Ölfrüchte angebaut, Mineralien und Erze erschlossen. Ab 1937 wurden zur Eisenerzförderung und Stahlgewinnung die →„Reichswerke Hermann Göring" in Salzgitter gebaut. Mit Erlaß vom 18. 10. 1940 wurde H. Göring mit der Durchführung eines dritten V.s beauftragt, der den besonderen Erfordernissen des Krieges Rechnung zu tragen hatte. Der V. hat die deutsche Wirtschaft erheblich umstrukturiert, vor allem zugunsten der Produktionsgüterindustrie, sowie durch hohe Investitionen modernisiert. Trotz umfangreicher Planungen begründete er keine Zentralverwaltungswirtschaft und vermied daher deren Nachteile. Auf dem V. konnte die spätere Kriegswirtschaft aufbauen. Als Organ des V.s erschien ab 1937 die Zeitschrift „Der Vierjahresplan". Die Finanzierung des (zweiten) V.s erfolgte zu 53% durch den Kapitalmarkt, zu 28% durch die Industrie und zu 19% durch öffentliche Einrichtungen. Das gesamte Investitionsvolumen betrug etwa 9 Mrd. RM.

D. Petzina: Autarkiepolitik im Dritten Reich, 1968. A. E. Bagel-Bohlan: Hitlers industrielle Kriegsvorbereitung 1936–39, 1975. R. Zitelmann: Hitler – Selbstverständnis eines Revolutionärs, 1987. A.-J. Berndt: Gebt mir vier Jahre Zeit!, 1939.

Vier-Mächte-Pakt, internationale Vereinbarung 1933. Auf Anregung von B. →Mussolini und dem französischen Botschafter in Rom, Henry de Jouvenel, wurde nach A. →Hitlers Friedensrede vom 17. 5. 1933 ein V. zwischen Italien, Frankreich, Großbritannien und dem Deutschen Reich entworfen, der durch den Zusammenhalt dieser Staaten „das Vertrauen auf den Frieden bekräftigen" sollte. Am 7. 6. 1933 wurde der V. im Palazzo Venezia von den vier Botschaftern unterzeichnet, jedoch später nicht ratifiziert.

Vierzehn Punkte, Friedensvorschlag von US-Präsident Wilson. Nach eigenen früheren →Friedensbemühungen und dem russischen Friedensvorschlag vom 28. 11. 1917 verkündete US-Präsident Woodrow Wilson am 8. 1. 1918 in einer Botschaft vor dem US-Kongreß seine V. als Programm für einen allgemeinen Weltfrieden mit folgenden Forderungen: 1. Abschaffung der Geheimdiplomatie und öffentliche Friedensverhandlungen; 2. uneingeschränkte Freiheit der Meere; 3. internationale Handelsfreiheit; 4. Abrüstung; 5. „unparteiischer" Ausgleich aller kolonialen Ansprüche; 6. bis 8., 11. Räumung der von den Mittelmächten noch besetzten Gebiete in Rußland, auf dem Balkan und im Westen mit Abtretung →Elsaß-Lothringens an Frankreich; 9. Festlegung der italienischen Grenze nach Nationalitätengrenzen; 10. und 12. Selbständigkeit für die Völker Österreich-Ungarns und der Türkei; 13. Errichtung eines unabhängigen Polens unter Gewährung eines freien Zugangs zum Meer; 14. Gründung eines →Völkerbundes. Ergänzend erklärte Wilson vor dem Kongreß am 11. 2. 1918, daß keine Annexionen, keine Kriegsentschädigungen und kein strafrechtlich begründeter Schadenersatz verlangt werden dürften. Die deutsche Regierung stimmte vor dem Reichstag den V.n bis auf geringe Einschränkungen (Belgien) zu. Angesichts der sich verschlechternden Kriegslage ersuchte sie am 3. 10. 1918 Wilson um Waffenstillstands- und Friedensvermittlung auf der Grundlage seiner V. Der amerikanische Staatssekretär Lansing nannte dafür als weitere Bedingungen die Abdankung des deutschen Kaisers und die Änderungen der Reichsverfassung, schränkte auch das Gebot der Freiheit der Meere sowie den Verzicht auf Reparationen ein, stimmte aber unter diesen Voraussetzungen am 5. 11. 1918 den gewünschten Verhandlungen zu. Durch Entsendung ihrer Waffenstillstandsdelegation akzeptierte die Reichsregierung die Lansing-Note. Doch bereits die Bedingungen des Waffenstillstandsvertrags, noch viel mehr aber das →Versailler Diktat, verletzten die von Wilson und Lansing genannten und von Deutschland akzeptierten Grundlagen einer Friedensvereinbarung, mißachteten also in höchstem Maße die Prinzipien, die von den beiden amerikanischen Politikern für einen Friedensabschluß aufgestellt worden waren und Deutschland zur Einstellung der Kampfhandlungen veranlaßt hatten. Da Wilson sich mit seinen Vorstellungen nicht gegen Frankreich und England durchsetzen konnte, verließ er verbittert die Verhandlungen der Alliierten über den Friedensvertrags-Entwurf, und die USA ratifizierten den Versailler Vertrag nicht. Die brutalen Bestimmungen des Versailler Diktats waren dann die wichtigste Voraussetzung für die Auslösung des 2. Weltkriegs.

Kunz: Die Revision der Pariser Friedensverträge, 1932. K. Schwabe: Deutsche Revolution und Wilson-Frieden, 1971.

Viktoria, Adelheid Marie Luise, Deutsche Kaiserin und Königin von Preußen, * 21. 11. 1840 London, † 5. 8. 1901 Schloß Friedrichshof/Kronberg im Taunus. Die älteste Tochter der britischen Königin Viktoria und des Prinzen Albert von Sachsen-Coburg-Gotha heiratete am 25. 1. 1858 den preußischen Kronprinzen Friedrich Wilhelm, den späteren Kaiser Friedrich III. Als kluge, ehrgeizige und eigenwillige Frau beeinflußte sie ihren Gemahl stark und setzte sich für eine liberale Politik ein, was sie mehrfach in Gegensatz zu Bismarck brachte. Zu ihrem Sohn Kaiser →Wilhelm II. hatte sie ein gespanntes Verhältnis. Nach dem Tode Friedrichs III. 1888 nannte sie sich „Kaiserin Friedrich". Ihre „Briefe" erschienen 1929 in deutscher Sprache, von Wilhelm II. herausgegeben.

Radel: Die unbekannte Kaiserin, 1932. R. Barkeley: Die Kaiserin Friedrich, 1959. M. L. Aufermann: Der persönliche Anteil der Kaiserin Friedrich an der deutschen Politik, Diss., Münster 1931. J. Friese: Die politische Haltung der Kronprinzessin Viktoria bis zum Jahre 1871, 1933.

VKV, Abkürzung für →Volkskonservative Vereinigung.

Vögler, Albert, Dr.-Ing., Unternehmer und Wirtschaftsführer, * 8. 2. 1877 Borbeck/Essen, † 13. 4. 1945 bei Wittbräucke/Dortmund. Der Hütteningenieur war 1902–1906 Oberingenieur, 1906–1912 Direktor der Union AG für Eisen- und Stahlindustrie in Dortmund und 1915–1926 Generaldirektor der Deutsch-Luxemburgischen Bergwerks- und Hütten-AG Bochum. Als Mitbegründer und Generaldirektor (1926–1935) der Vereinigten Stahlwerke in Düsseldorf war er einer der wichtigsten Großindustriellen in Deutschland mit vielen Aufsichtsratsposten. 1919 war er für die →DVP Mitglied der →Weimarer Nationalversammlung, 1920–1924 MdR. Mit H. →Schacht war V. 1929 deutscher Vertreter im Pariser Sachverständigenausschuß zur Regelung der →Reparationen (→Young-Plan), bis er im Mai 1929 wegen der untragbaren alliierten Forderungen zurücktrat. Er unterstützte, ohne Mitglied zu sein, noch in der Weimarer Republik die →NSDAP und trat für die Beteiligung A. →Hitlers an der Regierung ein. Er war ab 1932 Mitglied des →Keppler-Kreises. Von 1933–1945 MdR, gehörte V. auch nach 1933 wichtigen Wirtschaftsvereinigungen an, so dem →Generalrat der deutschen Wirtschaft, dem

Präsidium des →Reichsforschungsrates, der →Akademie für Deutsches Recht. 1941 wurde er Präsident der →Kaiser-Wilhelm-Gesellschaft, nachdem er 1936 deren Harnack-Medaille erhalten hatte. 1939 wurde er als Nachfolger →Thyssens Aufsichtsratsvorsitzender der Vereinigten Stahlwerke. Ab April 1942 war er Mitglied des Rüstungsrates, ab Mai 1942 des Industrierates des →OKH und hatte folglich Einfluß auf die Organisation der deutschen Kriegswirtschaft. In US-Gefangenschaft nahm V. sich das Leben.

G. von Klass: Albert Vögler, 1957.

Völkerbund (Genfer Liga), Vereinigung von Staaten 1920–1946. Im letzten seiner →Vierzehn Punkte hatte US-Präsident Wilson am 8. 1. 1918 einen V. gefordert, dessen Satzung am 28. 4. 1919 durch die Vollversammlung der →Pariser Friedenskonferenz beschlossen, als Teil I (Artikel 1 bis 26) in die Pariser Vorortverträge aufgenommen wurde und am 10. 1. 1920 in Kraft trat. Mitglieder des V. waren die 32 alliierten und assoziierten Staaten des 1. Weltkriegs (die USA traten nicht bei) sowie 13 besonders eingeladene Neutrale. Hinzu kamen 1920 Äthiopien, Österreich, Bulgarien, 1922 Ungarn, 1926 Deutschland, 1931 Mexiko, 1932 Irak, Türkei, 1934 die UdSSR, 1937 Ägypten. 1928 trat Brasilien aus, 1933 Japan und Deutschland, 1937 Italien, 1938 Chile, 1939 Ungarn, Peru und Spanien, 1940 wurde die UdSSR ausgeschlossen. In der einmal jährlich tagenden Vollversammlung hatte jedes Mitglied eine Stimme. Im Völkerbundsrat hatten Frankreich, Großbritannien, Italien, Japan, später Deutschland und die UdSSR einen Ständigen Sitz, weitere neun Mitglieder wurden auf je drei Jahre gewählt. Das Ständige Sekretariat wurde vom Generalsekretär geleitet. Vom V. eingerichtet waren der Ständige Internationale Gerichtshof in Den Haag und das Internationale Arbeitsamt in Genf. Sitz des V. war Genf. In der Satzung vorgesehene Aufgabe des V. war die Friedenserhaltung, insbesondere durch Abrüstung, friedliches Schlichten von Streitigkeiten, →Revision friedensfeindlicher Verträge. Tatsächlich diente die V. den Alliierten zur Knebelung Deutschlands und der Erhaltung des Versailler Status quo. Gründlich versagte der V. bei der ihm zustehenden Verwaltung des →Saargebiets bis 1935, beim Schutz der Freien Stadt →Danzig bis 1939, des →Memellandes bis 1939, bei der Überwachung der Mandate über die ehemaligen deutschen Kolonien, beim Schutz der Minderheiten, vor allem der deutschen, in den 1919 abgetrennten Gebieten. Der im Dezember 1925 im →Locarno-Vertrag vorgesehene deutsche Beitritt zum V. schei-

terte zunächst, als der offizielle Aufnahmeantrag des Deutschen Reiches vom 10. 2. 1926 abgelehnt wurde, weil Brasilien auf seinen Ständigen Sitz im Rat nicht verzichten wollte. Als ein neuer Ratssitz für Deutschland beschlossen worden war, stimmte die Vollversammlung am 8. 9. 1926 dem deutschen Antrag zu. Die Aufnahme erfolgte am 10. 9. 1926. Als nach jahrelangen ergebnislosen Verhandlungen die Westalliierten weiterhin die Abrüstung hintertrieben, trat das Deutsche Reich am 19. 10. 1933 nach A. →Hitlers Ankündigung vom 14. 10. 1933 aus dem V. aus. Am 12. 11. 1933 billigten bei der mit der Reichstagswahl verbundenen Volksabstimmung über den Austritt aus dem V. 95,1% der Wähler das Vorgehen der Reichsregierung. Der V. versagte auch bei Konflikten zwischen den Großmächten (Abessinien-Krieg 1935/36, Spanien-Krieg 1936/39, 2. Weltkrieg 1939/45) und löste sich, nachdem bereits die meisten südamerikanischen Staaten ausgetreten waren, am 18. 4. 1946 auf. Nachfolger wurden 1946 die Vereinten Nationen.

F. Juntke und H. Sveistrup: Das deutsche Schrifttum über den Völkerbund 1917–1925, 1927. B. von Bülow: Der Versailler Völkerbund, 1923. O. Göppert: Der Völkerbund, 1938. J. Spenz: Die diplomatische Vorgeschichte des Beitritts Deutschlands zum Völkerbund 1924–26, 1966. S. Dengg: Deutschlands Austritt aus dem Völkerbund und Schachts „Neuer Plan", 1986. H. Raschhofer: Völkerbund und Münchener Abkommen, 1978.

Völkerbundmandate, →Mandatsgebiete.

Völkerrecht, Normen, die das Verhalten der Staaten untereinander regeln. Die Rechtslehre unterscheidet das Friedens- und das Kriegsv. mit jeweils besonderen Bestimmungen. Subjekte des V. sind Staaten und Staatenverbindungen, die durch besondere Organe vertreten werden. Die Beziehungen zwischen den Staaten werden durch Verträge geregelt, die jedoch durch vertraglich vorgesehene Gründe auch wieder beendet werden können. Es gibt aber auch den Rücktritt von einem Vertrag, wenn Umstände eingetreten sind, die beim Abschluß des Vertrages nicht bestanden (Klausel der veränderten Umstände). Das gilt vor allem bei erzwungenen Verträgen, die durch die Aussichtslosigkeit des in einer bestimmten Situation Schwachen abgeschlossen worden sind.

völkisch, deutsche Bezeichnung für den Begriff „national". Seit etwa 1875 versteht man unter „v." nicht nur die Übertragung des Wortes „national" in die deutsche Sprache, sondern auch eine Sinngebung, die sich von der in Frankreich entwickelten und dann auch in anderen Ländern üblich gewordenen unterscheidet. In Anlehnung an J.-J. Rousseau und den

Abbé Sieyès betrachtet man in Frankreich seit Ende des 18. Jahrhunderts die Nation als einen vertraglich geeinten Personenkreis, der einen gemeinsamen Staat will und sich zu ihm bekennt. Insoweit ist die Zugehörigkeit eines Menschen zu einer Nation von keiner anderen Voraussetzung als von einer Willenserklärung abhängig: „Zur Nation gehört, wer will." Demgegenüber setzte sich in Deutschland, beeinflußt vor allem durch J. Möser, J. W. von Goethe und J. G. von Herder, die Auffassung durch, daß die Zusammengehörigkeit eines Volkes oder einer Nation durch seine Abstammung, Geschichte, Sprache, Kultur und das Leben auf einem abgegrenzten Territorium bestimmt sei, der Charakter eines Volkes somit nicht beliebigen Willensentscheidungen unterliege. Der französischen Auffassung von einer „Staatsnation" wurde somit in Deutschland der Begriff der „Kulturnation" entgegengesetzt. Das Adjektiv v., heute nur noch selten benutzt, sollte diese Interpretation deutlich machen. Völkisches Denken hat in Deutschland Literatur, Brauchtum und Politik durch die Absicht, das Einmalige und Besondere eines Volkes zu betonen und zu pflegen, zeitweilig stark beeinflußt. Dieses weitverbreitete Denken und Handeln hat auch zu dem Begriff „Völkische Bewegung" geführt.
R. Kosiek: Das Volk in seiner Wirklichkeit, 1975.

„Völkischer Beobachter" (VB), Zentralorgan der NSDAP. Der aus dem „Münchener Beobachter" 1918 hervorgegangene, im →Eher-Verlag, München, erscheinende VB war zunächst Eigentum von R. von Sebottendorf und wurde im Dezember 1920 durch Vermittlung des Teilhabers G. →Feder an die →NSDAP verkauft. Der VB erschien seit Juli 1921 mit dem Untertitel „Kampfblatt der nationalsozialistischen Bewegung Großdeutschlands", ab 8. 2. 1923 als Tageszeitung, und war das Zentralorgan der NSDAP. Nach dem 9. 11. 1923 wurde er verboten. A. →Hitler, Aufsichtsratsvorsitzender der Eher GmbH, war nach der Neugründung im Februar 1925 bis 30. 4. 1933 Herausgeber, dann Max →Amann, der ab 1922 Verlagsdirektor war. Hauptschriftleiter war von Juli 1921 bis März 1923 Dietrich →Eckart, dann Alfred →Rosenberg, ab 1938 Wilhelm Weiß. Die Auflage stieg von 7000 im Jahr 1922 auf 25000 Exemplare 1923, 1931 auf 130000 und 1,7 Mill. 1944. Ab Februar 1927 erschien außer der Bayern- eine Reichsausgabe, 1930/31 eine Berliner Ausgabe, ab 1933 in Berlin eine Norddeutsche Ausgabe, ab 1941 auch eine Feldpostausgabe. Der VB war wichtigstes Propagandamittel der NSDAP und „Bindeglied zwischen Führer und Gefolgschaft". Zum VB erschienen zahlreiche

Beilagen. Die letzte Nummer der Norddeutschen Ausgabe kam am 27. 4. 1945, der Süddeutschen Ausgabe am 30. 4. 1945 heraus.
S. Noller: Die Geschichte des Völkischen Beobachters 1920–45, Diss. München 1956.

Vogesen (Wasgenwald), Kriegsschauplatz im 1. Weltkrieg. Der Bereich der V. im westlichen Elsaß war im 1. Weltkrieg nur ein Nebenkriegsschauplatz. Im August/September 1914 erfolgte ein deutscher Vorstoß auf St. Dié; um das am 8. 8. 1914 von Franzosen besetzte Mülhausen entbrannten am 9./10. 8. und 19. 8. 1914 erbitterte Schlachten, wobei die deutsche 7. Armee die Franzosen zurückdrängen konnte. Anschließend kam es in den V. zu hartnäckigen Stellungskämpfen, vor allem am Hartmannsweilerkopf sowie nördlich und westlich von Münster mit besonders schweren Schlachten um Münster vom 19. 2. bis 20. 3. und 20. 7. bis 14. 10. 1915.

Volk, →völkisch, →Volksgemeinschaft.

volkhafte Dichtung, Bezeichnung für die ab Ende des 19. Jahrhunderts erscheinende Literatur mit betont →völkischer Ausrichtung, allgemein auch für die →nationalsozialistische Literatur.

„Volk ohne Raum", Titel des 1926 erschienenen Hauptwerkes von Hans →Grimm, der dafür 1926 die Ehrendoktorwürde der Philosophischen Fakultät der Universität Göttingen erhielt. Der Roman schildert das Schicksal eines Deutschen etwa in der Zeit von 1885 bis 1925, das durch die Übervölkerung und somit Raumenge in seiner Heimat, dann durch das Leben und die Not in Deutsch-Südwestafrika und die Herrschaft der Engländer in Südafrika geprägt ist und somit den Hintergrund der deutschen Geschichte von vier Jahrzehnten widerspiegelt.

Volksabstimmung, im 3. Reich „Befragung des Volkes durch den Führer". Mit dem Gesetz vom 14. 7. 1933 wurde die von der Reichsregierung anzusetzende V. eingeführt, bei der alle zur Reichstagswahl Berechtigten sich zu einer vom Reichskanzler getroffenen oder geplanten Maßnahme, vor allem einem Gesetz, zustimmend oder ablehnend äußern konnten. In der V. sollte das besondere Vertrauensverhältnis zwischen Volk und Führung zum Ausdruck kommen. Es gab je eine V. am 12. 11. 1933 über den deutschen Austritt aus dem →Völkerbund mit einer gemeldeten Zustimmung von 95%; am 19. 8. 1934 über das Staatsoberhauptgesetz vom 1. 8. 1934, wobei für die Vereinigung der Ämter von Reichspräsident und Reichskanzler in der Person A. →Hitlers eine Zustimmung von 90% bekanntgegeben wurde; und am 10. 4. 1938 zum Anschluß Österreichs mit einer Zustimmung von 99% in Deutschland und 99,7% in Österreich. Durch die V. wurden die in der →Weimarer Verfassung vorgesehenen Volksbegehren und Volksentscheide hinfällig.

Volksabstimmungen, →Abstimmungen.

Volksbund der Deutschen in Ungarn (VDU), politische Vereinigung der Volksdeutschen in Ungarn 1938–1945. Am 26. 11. 1938 ging der VDU aus der Volksdeutschen Kameradschaft hervor, er wurde von F. Basch geleitet. Im deutsch-ungarischen Vertrag vom 30. 8. 1940 wurde er als Vertretung der Volksdeutschen in Ungarn staatlich anerkannt. Er amtierte im Deutschen Haus in Budapest und gab die „Deutsche Zeitung" sowie als Zeitschriften den „Deutschen Volksboten" und die „Deutschen Forschungen in Ungarn" heraus.

Volksbund der sippenkundlichen Vereine, Dachorganisation für Sippenkunde. 1935 wurde der V. unter Leitung der Reichsstelle für →Sippenforschung im Reichsinnenministerium als Dachverband aller deutschen sippenkundlichen Vereine geschaffen.

Volksbund für das Deutschtum im Ausland, Name des →Vereins für das Deutschtum im Ausland (VDA) 1933–1945.

Volksbund für Freiheit und Vaterland, liberaldemokratische Vereinigung 1917/18. Am 4. 12. 1917 wurde in Berlin der V. als überparteiliche Vereinigung von Liberalen und Demokraten zur Herbeiführung eines Verständigungsfriedens und einer demokratischen Verfassung gegründet, um ein Gegengewicht gegen die →Deutsche Vaterlandspartei zu bilden. Durch die unterstützenden Parteien (→SPD, →Zentrum, →Fortschrittliche Volkspartei), Gewerkschaften und Verbände bekam der V. rund vier Mill. korporative Mitglieder. Nach Austritt der Gewerkschaften und anderer Verbände wurde er am 19. 12. 1919 aufgelöst, da seine Aufgabe als erledigt angesehen wurde.

Volksdeutsche, im Ausland (meist seit Generationen) lebende Deutsche, die eine fremde Staatsangehörigkeit besitzen, sich aber zur deutschen Abstammung, Sprache und Kultur bekennen. Die V.n siedeln verstreut oder in geschlossenen Volksgruppen, oft seit vielen Jahrhunderten in ihrer neuen Heimat, in die ihre Vorfahren aus Deutschland auf Grund der Einladung fremder Grundherren zum Erwerb von freiem Boden, auch nach religiöser oder politischer Verfolgung, ausgewandert waren, so die →Siebenbürger Sachsen schon im 12. Jahrhundert. Die Zahl der V.n in Europa wurde 1919–1921 durch die Abtretungen des →Versailler Diktats stark vergrößert, durch die Umsiedlungen 1939–1944 sowie durch Kriegseinwirkungen, Flucht und Vertreibung 1944–1949 wieder erheblich verringert. Die Zahlen der V.n in den einzelnen Ländern Europas jeweils für 1937 und 1980 sind: Tschechoslowakei 3,35 Mill., 70000; Polen 1,5 Mill., 500000 (einschließlich Ostdeutschland); Ungarn 600000, 210000; Rumänien 745000, 340000; Jugoslawien 520000, 30000; UdSSR 1,6 Mill., 2,1 Mill.; Dänemark 60000, 21000; Ostbelgien 130000, 110000; Elsaß-Lothringen 1,5 Mill., 1,3 Mill.; Südtirol 310000, 295000. Die V.n in Übersee stammen meist aus der deutschen Auswanderung des 19. und 20. Jahrhunderts. Als Folge der beiden Weltkriege haben sich viele V. ungeachtet ihrer Abstammung assimiliert. In den USA stellen die Deutschen mit 29% den größten Anteil aller Vorfahren der heutigen US-Bürger. Doch 1914 sprachen von den damals rund 30 Mill. Nachfahren deutscher Einwanderer nur noch 12 Mill., 1939 nur noch rund 3 Mill. deutsch und fühlten sich als Deutsche. Vor dem 2. Weltkrieg gab es in Kanada 550000, in Brasilien 750000, in Argentinien 250000, in Chile 35000, in Paraguay 10000, in Südafrika 40000, in Südwestafrika 14000, in Australien 50000 V. Kleinere Gruppen gab es in Mexiko (8000), Guatemala (3000) und →Palästina (2000). Die gegenwärtige Zahl der V.n wird je nach Abgrenzung zu den Deutschstämmigen auf vier bis 14 Mill. geschätzt. Für die V.n setzte und setzt sich besonders der →Verein für das Deutschtum im Ausland (VDA) ein. Monographien über die einzelnen Gruppen der V.n erschienen in der Reihe der Eckartschriften in Wien.

C. Petersen und andere (Hrsg.): Handwörterbuch des Grenz- und Auslandsdeutschtums, 1936. F. C. Badendick: Volk unter Völkern, 1979. M. Straka: Deutsche in aller Welt, ²1966. P. E. Nasarski: Wege und Wandlungen, 3 Bde., 1981–1983. R. Aschenauer: Die Auslands-Deutschen, 1981. R. Kosiek: Deutsches Land in fremder Hand, 1982 (2. Aufl.: Jenseits der Grenzen, 1987). H. Werner: Deutsche Schulen im Ausland, 2 Bde., 1989. K.-D. Schulz-Vobach: Die Deutschen im Osten, 1989. H. Fröschle (Hrsg.): Die Deutschen in Lateinamerika, 1979. E. Ritter: Das Deutsche Ausland-Institut in Stuttgart 1917–1945, 1976.

Volksdeutsche Mittelstelle (Vomi), Dienststelle der NSDAP für Volksdeutsche 1936–1939. Die V. wurde 1936 von Rudolf →Heß zur Abstimmung der Betreuung der Volksdeutschen durch →NSDAP und staatliche Stellen gegründet. Sie wurde ab 1937 von SS-Gruppenführer Werner Lorenz geleitet, war ab 1938

A. →Hitler unmittelbar unterstellt und ging am 7. 10. 1939 unter Lorenz im Reichsamt für den Zusammenschluß des deutschen Volkstums beim →Reichsführer SS auf. Die V. führte vor allem ab 1939 die durch Verträge vereinbarte →Umsiedlung der deutschen Volksgruppen aus dem Baltikum, Gebieten des Balkans, Ostpolens und der Sowjetunion durch und betreute die davon betroffenen rund 900 000 Personen.

Volksdienst, →Christlich-sozialer Volksdienst.

Volksempfänger, preiswertes Radio ab 1933. Um möglichst weiten Kreisen die Anschaffung eines Rundfunkempfängers zu ermöglichen, wurde 1933 auf Veranlassung des Reichspropagandaministeriums der schlicht gestaltete V. entworfen und gebaut, der, in Massen hergestellt, nur rund 65,– RM kostete. Noch billiger war mit 35,– RM der ab 1938 gebaute →Kleinempfänger. Dadurch besaßen um 1940 etwa 65% aller deutschen Haushalte ein Radio. Der V. war bis in die 50er Jahre in Deutschland der am meisten benutzte Rundfunkempfänger.
P. Dahl: Arbeitersender und Volksempfänger, 1978.
A. Diller: Rundfunkpolitik im Dritten Reich, 1980.

Volksentscheid (Referendum), unmittelbare politische Mitwirkung der Wähler. Die →Weimarer Verfassung sah den V. vor. Danach konnte der Reichspräsident oder nach erfolgreichem Volksbegehren eine Reichstagsminderheit ein Gesetz im V. den Bürgern zur Entscheidung vorlegen. Die Reichsregierung hatte dieses Recht nicht. Seit dem Gesetz vom 14. 7. 1933 gab es die →Volksabstimmung.

Volksfront, Bezeichnung für die Zusammenarbeit von Kommunisten, marxistischen Parteien und bürgerlichen Gruppen. Die V. war ein auf kommunistische Initiative zustandegekommenes Bündnis zwischen Kommunisten, marxistischen oder anderen sozialistischen und sozialdemokratischen Parteien sowie bürgerlichen Gruppen. Sie sollte eine Regierungsbildung ermöglichen, zu der die Kommunisten allein zu schwach waren, ihnen jedoch innerhalb der Koalition eine „führende" Rolle sichern. In Frankreich kam es 1934, in Spanien 1935 zu einer V. und späterer (Mai 1936 bzw. am 18. 7. 1936) V.-Regierung; nach 1945 mußte auf Druck der Roten Armee in den sowjetisch beherrschten Ländern Ost- und Mitteleuropas eine V. gebildet werden, die jedoch meist als „Nationale Front" bezeichnet wurde und die absolute Herrschaft der kommunistischen Partei zu vertuschen hatte. Von der V. unter Einschluß bürgerlicher Gruppen ist die Einheitsfront zu unterscheiden, in der die Kommunisten ein Zusammengehen allein mit sogenannten Arbeiterparteien anstreben. Mit dem Begriff „Einheitsfront von unten her" wollen sie die Zusammenarbeit nur mit den Mitgliedern, nicht jedoch mit den Führungen dieser Parteien verwirklichen, also unter der Vorspiegelung von Gemeinsamkeiten unerfahrene Sozialisten zu sich herüberziehen. Solche „Bündnispolitik" ist in der „Strategie und Taktik der kommunistischen Arbeiterparteien" besonders sorgfältig und ausführlich behandelt worden. Die wichtigsten Beiträge zu dieser Theorie stammen schon von den sogenannten „Klassikern" Marx, Engels, Lenin sowie Stalin und wurden später von Dimitroff, Gramsci, Togliatti und Berlinguer geliefert.

Volksgemeinschaft, politisches Programm in Deutschland im 20. Jahrhundert. Ziel der →völkischen Bewegung war ein Gemeinschaftsbewußtsein des deutschen Volkes, also die Absicht, der durch Abstammung, Sprache, Kultur, Geschichte und Territorium sowie durch ein vielfach gemeinsames Schicksal verbundenen Lebensgemeinschaft der Deutschen auch ein Zusammengehörigkeitsgefühl sowie den Willen zum gemeinsamen politischen Handeln zu vermitteln. Zu dieser Absicht trug die Erkenntnis von der Abstammungs-, Kultur- und Schicksalsgemeinschaft bei (vor allem in der →Jugendbewegung und in der →völkischen Bewegung); das gemeinsame →Fronterlebnis im 1. Weltkrieg; der Druck der Siegermächte auf das Deutsche Reich mit seinen für alle Deutschen schweren Folgen und auch die Einsicht, daß eine Gegenwehr kaum möglich sei, wenn Deutschland in verschiedene, sich gegenseitig bekämpfende politische Lager gespalten bleibt; das Bewußtwerden schließlich der Folgen, wenn ein →Klassenkampf innerhalb Deutschlands noch länger zu hohen Opfern und weitreichender Handlungsunfähigkeit führt. Die Konsequenz aus dieser Überzeugung bestand darin, bestehende Interessensverschiedenheiten zwischen den Deutschen sowie Unterschiede zwischen Klassen, Ständen, Berufen und Konfessionen dem Willen zur Gemeinsamkeit unterzuordnen, den von Marxisten betriebenen Klassenkampf zu überwinden, durch einen sozialen Ausgleich allen Deutschen ausreichende Lebensmöglichkeiten und ihnen im Rahmen ihrer Fähigkeiten Arbeit und Mitwirkung im öffentlichen Leben zu sichern. Die →NSDAP wählte für ihre Vorstellung von Volksgemeinschaft den Namen →Nationalsozialismus. Sie hat nach ihrer Machtübernahme 1933 die Mitwirkung von Gruppen und Personen, die – wie die Marxisten – die Idee einer nationalen Gemeinschaft ablehnten, in der Politik und anderen Bereichen des öffentlichen Lebens ausgeschaltet und durch umfangreiche pädagogische Maßnahmen und zahlreiche Organisationen ihre Idee der Volksgemeinschaft zu verwirklichen versucht.

M. Klüver: Vom Klassenkampf zur Volksgemeinschaft, 1988. T. W. Mason: Sozialpolitik im Dritten Reich, 1977. G. Scholtz-Klink: Die Frau im Dritten Reich, 1978. A. Stupperich: Volksgemeinschaft oder Arbeitersolidarität, 1982.

Volksgerichtshof, Gericht für politische Straftaten 1934–1945. Nach dem Reichstagsbrandprozeß wurde mit Gesetz vom 24. 4. 1934 der V. zunächst als Sondergericht für Landes- und Hochverratsfälle mit Sitz in Berlin eingerichtet. Mit Gesetz vom 18. 4. 1936 wurde er ordentliches Gericht in Berlin, hatte neben Verrat auch Wehrkraftzersetzung, Spionage oder Beschädigung von Wehrmachtseigentum abzuurteilen. Seine sechs Senate bestanden aus jeweils fünf Mitgliedern, von denen drei von A. →Hitler berufene Laien (ehrenamtlich, meist aus Wehrmacht, Polizei, NSDAP) sein konnten, mindestens zwei Berufsrichter sein mußten. Präsident des V.s war 1936–1942 der frühere Vizepräsident des Reichsgerichts Dr. Otto Georg →Thierack, vom 20. 8. 1942 bis 3. 2. 1945 der frühere Staatssekretär Dr. Roland →Freisler. Vom V. wurden auch die Verschwörer vom →20. Juli 1944 abgeurteilt. In einer Bundestagsentschließung vom 25. 1. 1985 (BT-Drs. 10/2368) heißt es, „daß die als ‚V.' bezeichnete Institution kein Gericht im rechtsstaatlichen Sinne, sondern ein Terrorinstrument zur Durchsetzung der nationalsozialistischen Willkürherrschaft war".

H. W. Koch: Volksgerichtshof, 1988. W. Wagner: Der Volksgerichtshof im nationalsozialistischen Staat, 1974. Bundesminister der Justiz (Hrsg.): Im Namen des Deutschen Volkes, 1989. S. Wieland: Das war der Volksgerichtshof, 1989.

Volksinsel (Sprachinsel), Gruppe von Menschen gleicher Sprache und gleichen Volkstums, die abgetrennt vom Muttervolk in einem anderen Volk lebt. Als Ergebnis der mittel- und osteuropäischen Siedlungsgeschichte hatten sich viele deutsche V.n im östlichen und südöstlichen Europa gebildet, so vor allem im Baltikum, in Polen, Rußland, Ungarn, Rumänien, Jugoslawien und der Tschechoslowakei. Sehr alte, nur in Resten erhaltene deutsche V.n gibt es auch noch in Oberitalien (→Sieben- und →Dreizehn-Gemeinden). Durch die →Umsiedlungen 1939–1944, durch Flucht und →Vertreibung ab 1944 sowie durch Aussiedlung sind viele deutsche V.n sehr geschwächt oder ganz erloschen. Um die Deutschen in den V.n küm-

mert sich im Rahmen seiner Möglichkeiten der →VDA.

W. Kuhn: Deutsche Sprachinselforschung, 1934. P. E. Nasarski: Wege und Wandlungen, Bd. 1 u. 2, 1981/83.

Volkskonservative Vereinigung, politische Vereinigung 1930–1933. Als „überparteiliches Sammelbecken junger Kräfte auf der Rechten" wurde am 28. 1. 1930 die V. von Gottfried Treviranus und mehreren aus der →DNVP ausgetretenen MdR gegründet. Sie schloß sich im Juli 1930 mit weiteren ehemaligen Reichstagsabgeordneten der DNVP des Westarp-Flügels zur →Konservativen Volkspartei (KVP) unter Treviranus zusammen, erreichte aber im September 1930 nur vier Reichstagsmandate und trat dann nicht mehr zur Wahl an. Die V. mit rund 10000 Mitgliedern unterstützte Reichskanzler →Brüning, ohne größeren Einfluß zu erlangen. Am 14. 7. 1933 wurde sie verboten.

E. Jonas: Die Volkskonservativen 1928–1933, 1965. G. R. Treviranus: Das Ende von Weimar, 1968.

Volksmarinedivision, Revolutionstruppe 1918/19. Zum Schutz des →„Rates der Volksbeauftragten", der im November 1918 gebildeten sozialistischen Regierung, wurden 600 revolutionäre Matrosen in den Marstall des Berliner Schlosses verlegt. Diese sogenannte V. geriet bald unter →spartakistischen Einfluß, verübte unter ihrem gewählten Anführer, dem Matrosen Dorrenbach, Plünderungen und Gewalttaten und nahm auch F. →Ebert, Vorsitzender des Rates der Volksbeauftragten, sowie den sozialdemokratischen Stadtkommandanten von Berlin, Otto →Wels, gefangen. Sie ließ Ebert zwar bald wieder frei, Wels mußte jedoch am 24. 12. 1918 im Handstreich von der Garde-Kavallerie-Schützen-Division unter Generalleutnant von Hofmann befreit werden. Darauf traten die →USPD-Mitglieder des Rates der Volksbeauftragten zurück, Ebert ernannte Gustav →Noske zum Oberbefehlshaber der Regierungstruppen, und General der Infanterie Freiherr von →Lüttwitz übernahm das Berliner Generalkommando. Am 11. 1. 1919 griffen die Regierungstruppen die Spartakisten und die V. in Berlin an und säuberten die Stadt in kurzer Zeit von ihnen. Offiziell wurde die V. im März 1919 aufgelöst.

Volkssturm, letztes deutsches Verteidigungsaufgebot 1944/45. Als die Alliierten die deutschen Grenzen erreichten, wurde durch einen Erlaß A. →Hitlers vom 25. 9. 1944 der Deutsche V. zur Verteidigung des Reichsgebiets geschaffen. In ihm sollten alle bisher noch nicht eingezogenen oder aus bestimmten Gründen vom Wehrdienst freigestellten Männer zwischen 16 und 60 Jahren erfaßt und zur Verteidigung gegen die vordringenden Feinde eingesetzt werden. Für die Aufstellung und Führung des V.s waren die Gauleiter als Reichsverteidigungskommissare, für die militärische Ausbildung und Ausrüstung war der Befehlshaber des Ersatzheeres, Heinrich →Himmler, für die organisatorische und politische Leitung Reichsleiter Martin →Bormann verantwortlich. Die Angehörigen des V.s waren durch Armbinden als Kombattanten gekennzeichnet, konnten meist nur kurz an Gewehr und Panzerfaust ausgebildet werden, wurden auch zur Errichtung von Panzersperren und Barrikaden eingesetzt. Im V. kämpften besonders die →Hitler-Jungen aus den →Wehrertüchtigungslagern mit großem persönlichen Einsatz. Die Verluste des V. an Toten und Vermißten waren im Osten sehr hoch, in Mittel- und Westdeutschland kam er vielfach nicht mehr zum Einsatz.

H. Kissel: Der deutsche Volkssturm 1944/45, 1962. F. W. Seiler: Deutscher Volkssturm, 1989.

Volkstod, Aussterben eines Volkes. Der V. ist denkbar als Folge von Massenmorden, Hungerkatastrophen und Seuchen; er wurde von dem jüdischen Publizisten Th. N. Kaufmann in einer im Mai 1941 in den USA erschienenen Schrift „Germany must perish!" (Deutschland muß vernichtet werden!) auch durch Massensterilisation der Deutschen gefordert. Die Washington Post kommentierte das Buch mit den Worten: „Eine herausfordernde Theorie – fesselnd dargeboten", die New York Times schrieb: „Ein Plan für den Dauerfrieden unter zivilisierten Nationen." Eine weitere Form des V., die vor allem Deutschland bedroht, ist durch Geburtenschwund bedingt (→Bevölkerungspolitik).

I. Schwidetzky: Das Problem des Völkertodes, 1954.

Volkstrauertag, Gedenktag für die Gefallenen. Der V. wurde in Deutschland auf Anregung des Volksbundes deutscher Kriegsgräberfürsorge von 1920 ab 1926 allgemein am 5. Sonntag vor Ostern, Reminiscere, zum Gedenken an die Gefallenen und Opfer des Weltkrieges begangen. Seit 1934 wird er als →„Heldengedenktag" und staatlicher Feiertag am 16. 3. oder dem vorangehenden Sonntag gefeiert. Nach dem 2. Weltkrieg zunächst wie bisher im Frühjahr begangen, wurde der V. in der Bundesrepublik Deutschland ab 1952 auf den vorletzten Sonntag vor dem 1. Advent verlegt und dient seitdem der Erinnerung der Opfer beider Weltkriege und der „Gewaltherrschaft".

Volksverrat, im 3. Reich Bezeichnung für Hoch- und Landesverrat. Zur Aburteilung war

der →Volksgerichtshof in erster und letzter Instanz zuständig. Für Hochverrat wurde durch Verordnung vom 28. 2. 1933 die Todesstrafe eingeführt.

Volksverratsgesetz, Bezeichnung für das Gesetz gegen Verrat der deutschen Volkswirtschaft vom 12. 6. 1933, geändert am 16. 10. 1934. Es setzte den 31. 12. 1934 als letzte Frist für die Abgabe von ausländischem Vermögen und Devisen fest. Bei vorsätzlichem Verstoß gegen das V. wurde für Reichsangehörige Zuchthaus, sonst Gefängnis angedroht.

Volkswagen (VW), im 3. Reich entwickeltes Auto. Auf Anregung und nach Zeichnungen A. →Hitlers konstruierte Ferdinand →Porsche 1934 den nach seiner Form auch „Käfer" genannten VW für vier Personen, 100 km Höchstgeschwindigkeit, mit einem Benzinverbrauch von 8 l auf 100 km und einem luftgekühlten Heckmotor. Der Wagen sollte 990,– RM kosten, dadurch für alle Bevölkerungskreise erschwinglich sein und somit zu der seit 1933 in Deutschland angestrebten Modernisierung beitragen. Prototypen des VW gab es seit 1936. Da die deutschen Autofirmen den billigen Wagen nicht bauen wollten, wurde 1938 bei Fallersleben das VW-Werk und die →„Stadt des KdF-Autos", heute Wolfsburg, gebaut. Bei der →NS-Organisation „Kraft durch Freude" (KdF) sparten rund 336000 Interessenten für wöchentlich 5,– RM einen VW an, der nur auf diesem Wege, nicht durch Kauf, erworben werden konnte. Nach Kriegsausbruch wurde die Produktion auf Kübelwagen für die Wehrmacht umgestellt. Nach der weitgehenden Zerstörung des Werkes im 2. Weltkrieg und nachfolgenden Demontagen wurde die Produktion des Käfers nach der Währungsreform verstärkt aufgenommen, in Wolfsburg und in anderen – auch ausländischen – Werken wurden bis in die 80er Jahre über 20 Mill. VW hergestellt, der damit zum meistgekauften Pkw der Welt und auch zu einem Symbol des deutschen Wiederaufbaus wurde. Die früheren KdF-Sparer, die vor dem Krieg keinen Wagen mehr bekommen konnten, erhielten später einen Preisnachlaß von 600,– DM beim Kauf eines VW.

Der KdF-Wagen von A bis Z, 1975. W. H. Nelson: Die Volkswagen-Story, 1965. F. Holzapfel: Volkswagenwerk, 1962.

Vomi, Abkürzung für →Volksdeutsche Mittelstelle.

VT, Abkürzung für →SS-Verfügungstruppe.

V-Waffen, Abkürzung für →Vergeltungswaffen.

W

Wachenfeld, Haus, Wohnsitz A. →Hitlers ab 1927. Aus Privathand erwarb A. Hitler, der diese Landschaft sehr liebte, 1927 das Haus W. auf dem →Obersalzberg bei Berchtesgaden und ließ es nach 1933 zu seinem →Berghof umbauen.

Wächtler, Fritz, Gau- und Hauptamtsleiter, * 7. 1. 1891 Triebes/Thüringen, † 19. 4. 1945 Herzogau/Waldmünchen. Der Lehrer nahm als Leutnant am 1. Weltkrieg teil, wurde mehrfach verwundet und erhielt das EK II sowie das Ritterkreuz vom Weißen Falken. Ab 1918 war er wieder Lehrer, trat am 26. 4. 1926 in die →NSDAP ein, wurde 1927 Kreisleiter von Weimar-Nord, 1929 MdL in Thüringen und am 26. 8. 1932 Volksbildungsminister von Thüringen, im Mai 1933 außerdem Innenminister. Seit 12. 11. 1933 MdR, wurde W. am 5. 12. 1935 Gauleiter der Bayerischen Ostmark, Leiter des Hauptamtes für Erziehung der NSDAP und als Nachfolger des verstorbenen Hans →Schemm Führer des →NS-Lehrerbundes. Ab 9. 11. 1934 war er SS-Angehöriger und wurde am 1. 8. 1944 SS-Obergruppenführer. Nach Verlegung seiner Gauverwaltung von Bayreuth nach Herzogau wegen des Vorrückens der US-Truppen wurde W. dort wegen angeblicher Flucht auf Befehl aus Berlin erschossen. Tatsächlich war er aber nicht geflüchtet.
K. Höffkes: Hitlers politische Generale, 1986.

Waffen-SS, deutsche Truppenverbände im 2. Weltkrieg. Die Einheiten der W. wurden vom →Reichsführer-SS als Kampfverbände für den Fronteinsatz aufgestellt, ausgebildet und ausgerüstet; er war für ihre Verwaltung, weltanschauliche Schulung und Beförderung zuständig und übte die Disziplinargewalt über ihre Angehörigen aus. An der Front unterstand die W. der Heeresführung. Die Eigenständigkeit der W. ergab sich aus folgenden Gründen: 1. Sie ermöglichte den geschlossenen Einsatz der →SS-Verfügungstruppe (VT) in Kriegszeiten. 2. In ihren Reihen konnten wehrpflichtige Angehörige anderer SS-Formationen ihren Kriegsdienst ableisten. 3. Sie hatte in ihren Verbänden bei Kriegsende etwa 310 000 Volksdeutsche, die sonst nicht in der Wehrmacht gewesen wären. 4. In der W. kämpften mehr als 200 000 nichtdeutsche Freiwillige, vor allem nach Ausbruch des Rußlandfeldzuges gegen den Bolschewismus, die der Wehrmacht sonst nicht zur Verfügung gestanden hätten. 5. Wegen ihrer

überdurchschnittlichen Bewährung an der Front nahm die W. vor allem ab 1943 immer mehr Freiwillige, zum Teil aber auch gezogene wehrpflichtige Deutsche auf, um der Truppenführung besonders einsatzfähige Verbände zur Verfügung zu stellen. Am →Polenfeldzug nahmen etwa 18 000 Angehörige der VT teil, Mitte 1940 umfaßte die – von A. →Hitler in seiner Reichstagsrede vom 19. 7. 1940 erstmals öffentlich als W. bezeichnete – Truppe 100 000 Mann, Ende 1942 330 000 Mann, Ende 1943 540 000 Mann, Ende 1944 910 000 Mann. Bei Kriegsende waren 38 Divisionen der W. aufgestellt oder in der Aufstellung begriffen. Die Verluste der Truppe betrugen bis Kriegsende 235 000 Gefallene und Vermißte; sie waren prozentual geringer als die des Heeres, obwohl die Truppe stets an Brennpunkten eingesetzt war, und unterstreichen damit die gute Ausbildung der W. Der Führer-(Offiziers-)Nachwuchs wurde in den vier →Junkerschulen Bad Tölz, Braunschweig, Klagenfurt und Prag ausgebildet. Insgesamt 465 Angehörige der W. wurden mit dem →Ritterkreuz zum Eisernen Kreuz ausgezeichnet. Die Truppe zeigte überdurchschnittliche Disziplin und Einsatzbereitschaft, bewährte sich an allen Brennpunkten der Front und wird als hervorragendste Formation aller Armeen des 2. Weltkrieges bewertet. Sie hatte einen eigenen Korpsgeist und entwickelte, hauptsächlich bedingt durch die zahlreichen europäischen Freiwilligen in ihren Reihen, ein europäisches Gemeinschaftsbewußtsein, das sich vom traditionellen militärischen Denken unterschied. Schon während des Krieges wurden zahlreiche Waffen-SS-Angehörige nach ihrer Gefangennahme ermordet; bei Kriegsende waren Mißhandlungen an und willkürliche Erschießungen von Soldaten der W. alltäglich. Im Zivilleben waren sie nach 1945 lange Zeit Diffamierungen und Benachteiligungen ausgesetzt.
P. Hausser: Soldaten wie andere auch. Der Weg der Waffen-SS, 1966. K.-G. Klietmann: Die Waffen-SS. Eine Dokumentation, 1965. W. Tieke: Tragödie um die Treue, 1968. E. G. Krätschmer: Die Ritterkreuzträger der Waffen-SS, 1982. R. Schulze-Kossens: Militärischer Führernachwuchs der Waffen-SS. Die Junkerschulen, 1982. H. Höhne: Der Orden unter dem Totenkopf, 1967. W. Görlitz: Die Waffen-SS, 1960. G. H. Stein: Geschichte der Waffen-SS, 1968. B. Wegner: Hitlers politische Soldaten: Die Waffen-SS 1933–1945, 1988.

Wagner, Adolf, Gauleiter, * 1. 10. 1890 Algringen/Lothringen, † 12. 4. 1944 München. Der

Bergmannssohn nahm nach dem Studium der Naturwissenschaften in Straßburg und des Bergbaus in Aachen als Kompanieführer am 1. Weltkrieg teil, wurde mehrfach schwer verwundet, verlor den rechten Unterschenkel und erhielt das EK I und II sowie den Hohenzollernschen Hausorden mit Krone und Schwertern. 1919–1929 war er Bergwerksdirektor in Bayern und Österreich. Seit 1923 war er in der →NSDAP, von 1924 bis 1931 und wieder ab 1932 MdL in Bayern. Ab 1. 10. 1928 war er Gauleiter der Oberpfalz, ab 1. 11. 1929 des Gaues Groß-München, ab 11. 11. 1930 des →„Traditionsgaues" München-Oberbayern. Am 12. 4. 1933 wurde er bayerischer Innenminister und stellvertretender Ministerpräsident, am 28. 11. 1936 dazu Kultusminister und Staatskommissar für das neue →„Haus der Deutschen Kunst" in München. Er stand A. →Hitler nahe und hatte immer Zugang zu ihm. Nachdem er im Juni 1942 aus Krankheitsgründen einen Teil seiner Ämter niedergelegt hatte, traf ihn am 15. 7. 1942 ein Schlaganfall. Er starb an einem zweiten Schlaganfall und wurde nach einem Staatsakt an der Feldherrnhalle in München beigesetzt. 1945 wurde seine Leiche von US-Soldaten exhumiert und verbrannt, die Asche an unbekanntem Ort verstreut.
K. Höffkes: Hitlers politische Generale, 1986.

Wagner, Gerhard, Dr. med., Reichsärzteführer, * 18. 8. 1888 Neu-Heiduck/Oberschlesien, † 25. 3. 1939 München. Der Mediziner nahm am 1. Weltkrieg als Sanitätsoffizier teil und erhielt das EK I, war anschließend in den →Freikorps Epp und Oberland und praktizierte ab 1919 als Arzt in München. Er trat 1929 der →NSDAP bei und gründete im selben Jahr den →NS-Deutschen Ärzte-Bund (NSDÄB) mit, den er ab 1932 führte. 1934 wurde er →Reichsärzteführer und Beauftragter für Fragen der Volksgesundheit in der →Reichsleitung der NSDAP.

Waidhofener Prinzip, Grundsatz studentischer Korporationen. Als W. wird der 1896 zuerst vom „Waidhofener Verband der Wehrhaften Vereine Deutscher Studenten in der Ostmark" aufgestellte Grundsatz bezeichnet, Juden keine Satisfaktion mit der Waffe zu geben. Das W. wurde allmählich, insbesondere nach 1918, von den meisten studentischen Verbänden in Deutschland übernommen und nach 1933 allgemeiner Brauch.

Waldersee, Alfred von, Generalfeldmarschall, * 8. 4. 1832 Potsdam, † 5. 3. 1904 Hannover. Der Generalssohn war ab 1866 im preußischen Generalstab, ab Januar 1871 Generalstabschef der Armeeabteilung des Großherzogs von Mecklenburg, anschließend erster deutscher Geschäftsträger bei der französischen Regierung von Juni bis September 1871. 1873 wurde er Generalstabschef des X. Armeekorps, 1882 Generalquartiermeister und war 1888–1891 als Moltkes Nachfolger Generalstabschef, dessen Vertreter er ab 1882 gewesen war, außerdem Mitglied des preußischen Herrenhauses und des Staatsrats. Er trug zu Bismarcks Sturz bei, verlor dann aber 1891 selber die Gunst Kaiser →Wilhelms II. und wurde Kommandierender General des IX. Armeekorps in Altona, 1898 Generalinspekteur der 3. Armeeinspektion. Als Generalfeldmarschall führte er beim →Boxeraufstand 1900–1901 den Oberbefehl über die europäischen Truppen in China. Posthum erschienen seine „Denkwürdigkeiten" (3 Bände, 1922–1945).
H. Mohs: Generalfeldmarschall Graf von Waldersee, 2 Bde., 1929. W. Fornaschon: Die politischen Anschauungen des Grafen Waldersee, Diss., Göttingen 1935. K. Canis: Bismarck und Waldersee, 1980.

„Walküre", Deckname und Stichwort für die Mobilisierung des deutschen Ersatzheeres im 2. Weltkrieg. Für den Fall von feindlichen Luftlandungen, Fremdarbeiterunruhen oder Aufständen im Reichsgebiet waren nach dem Plan „W." vom 31. 7. 1943 Gegenmaßnahmen des deutschen Ersatzheeres vorgesehen. Dem Befehlshaber des Ersatzheeres, Generaloberst F. →Fromm, unterstehende und in eine Verschwörung gegen A. →Hitler verwickelte Offiziere planten jedoch seit 1943, nach einem Anschlag auf A. Hitler gemäß dem Plan „W." das Ersatzheer zu mobilisieren und mit ihm die Macht im Deutschen Reich zu übernehmen. Dementsprechend wurde nach dem Sprengstoffattentat am →20. 7. 1944 die Truppe unter dem Vorwand alarmiert, A. Hitler sei tot und die Wehrmacht müsse die geplante Herrschaft einer „gewissenlosen Clique frontfremder Parteiführer" verhindern. Die Befehle wurden im Namen von Fromm, der von den Verschwörern festgesetzt worden war, herausgegeben. Da jedoch durch Rundfunkmeldungen sowie durch Fernschreiben und Ferngespräche aus dem →Führerhauptquartier die Meldung von dem fehlgeschlagenen Attentat verbreitet und damit auch das Ersatzheer über seine Irreführung aufgeklärt wurde, erhielten die Verschwörer bald keine Unterstützung durch die Truppe mehr.
P. Hoffmann: Widerstand, Staatsstreich, Attentat, ³1979. W. Venohr: Stauffenberg, 1986. O. E. Remer: Verschwörung und Verrat um Hitler, 1981. C. Müller: Oberst i. G. Stauffenberg, o. J.

Wandervogel, Ursprungsbund der deutschen →Jugendbewegung. Seit 1895 bestand in Berlin-Steglitz eine von Hermann →Hoffmann gegründete und geführte Schülerwandergruppe, die Karl →Fischer am 4. 11. 1901 in den „W.", Ausschuß für Schülerfahrten, umwandelte. Nach diesem Vorbild entstanden bis 1906 rund 80 Ortsgruppen des „W." mit 1500 Jungen, die seit 1904 in den „W. e. V. zu Steglitz bei Berlin" und den „Alt-W." gespalten waren. 1907 bildete sich aus Teilen des „Alt-W." der „W. Deutscher Bund", der auch Mädchen aufnahm. In Österreich und der Schweiz entstanden gleichfalls W.-Gruppen, später auch im Baltikum und in →Siebenbürgen. Ein Teil der W.-Bünde schloß sich 1912/13 zum „W. e. V., Bund für deutsches Jugendwandern" zusammen. Die W.-Bewegung trat für ein naturnahes, heimatverbundenes und kulturschöpferisches Leben ein, das sie in der älteren Generation vielfach vermißte. Ausdruck fanden ihre Bestrebungen in Wanderungen, Fahrten und Heimabenden, Teile der W.-Bewegung veranstalteten am 11. bis 13. 10. 1913 das →Meißner-Treffen. Viele Mitglieder der W.-Bünde waren →völkisch orientiert. Am 1. Weltkrieg nahmen rund 15 000 Angehörige des W. als Freiwillige teil, von denen etwa 7000 fielen. Nach 1918 setzten sich Spaltungen und Neugründungen fort, so gab es ab 1920 den „W., Deutscher Jugendbund", ab 1925 den „Deutsch-W.", ab 1926 den „Bund der Wandervögel und Pfadfinder" (ab 1927 „Deutsche Freischar"). Um 1914 hatte die W.-Bewegung rund 25 000 Mitglieder, um 1930 etwa 30 000. Die meist völkisch ausgerichteten W.-Gruppen schlossen sich nach 1933 der HJ an, in die sie den bündischen Geist einbrachten. Die anderen W.-Bünde wurden 1933 aufgelöst. Als Zeitschrift erschien 1905–1925 „Der W.".

W. Laqueur: Die deutsche Jugendbewegung, 1962. U. Aufmuth: Die deutsche Wandervogel-Bewegung, 1979. E. H. Schomburg: Das Wandervogelbuch, ²1924. W. Vesper: Deutsche Jugend, 1924. H. Blüher: Wandervogel, 3. Bde., ⁴1919/22. H. Ahrens: Die deutsche Wandervogelbewegung, 1939. P. Nasarski (Hrsg.): Deutsche Jugendbewegung in Europa, 1967.

Wannsee-Konferenz, Besprechung über die Durchführung von Juden-Deportationen. Mit Schreiben vom 31. 7. 1941 hatte H. →Göring den Chef der Sicherheitspolizei und des SD, R. →Heydrich, mit den Vorbereitungen für eine „Gesamtlösung der Judenfrage im deutschen Einflußgebiet in Europa" beauftragt. Heydrich teilte dies auf einer Besprechung mit, zu der er am 20. 1. 1942 ranghohe Vertreter deutscher Ministerien und Behörden in ein Gebäude „Am Großen Wannsee 56/58" in Berlin eingeladen hatte. Gleichzeitig gab er bekannt, daß alle Juden aus Deutschland und den von der Wehrmacht besetzten Gebieten nach Osten deportiert würden. Über diese Besprechung führte Adolf Eichmann, Referent für Judenfragen bei der Geheimen Staatspolizei, ein Protokoll. 1945 wurde eine Fassung dieser Aufzeichnung („Wannsee-Protokoll") bekannt, von der Eichmann in den 50er Jahren in Argentinien erklärte: „Also ist zusammenfassend zu sagen, daß der Textteil dieses Berichtes absolut authentisch ist, daß nur dort, wo es um wesentliche Dinge geht, nämlich um die Zahlen und die Andeutungen über irgendwelche Gewaltlösungen des Problems, Falsches hineingeschmuggelt ist." (Ich, Adolf Eichmann, 1980, S. 487.) Unter Historikern wird darüber diskutiert, ob die W. Auftakt für umfangreiche Judentötungen gewesen ist.

Warschau, Kämpfe um, Schlachten im 1. und 2. Weltkrieg. Im 1. Weltkrieg kam der deutsche Vorstoß gegen die mittlere Weichsel in der Schlacht bei W. vom 9. bis 19. 10. 1914 zum Stehen, gefolgt vom Rückzug gegen Schlesien. Nach deutschen Umfassungsunternehmen gaben die Russen das stark befestigte W. am 5. 8. 1915 ohne stärkeren Widerstand auf. Bis November 1918 war die Stadt dann Sitz des deutschen Generalgouverneurs von Polen. Im 2. Weltkrieg drangen deutsche Panzerspitzen bereits am 8. 9. 1939 bis W. vor, das sie am 16. 9. 1939 einschlossen. Da die Polen eine Übergabe ablehnten, folgten starke Luft- und Artillerieangriffe, bis W. am 27. 9. 1939 mit über 30 000 Verteidigern kapitulierte. Obwohl die Sowjets im Juli 1944 bis nördlich und östlich von W. vorgestoßen waren, konnten sie die Stadt erst nach harten Kämpfen am 17. 1. 1945 einnehmen. Vorher scheiterte noch der →W.er Aufstand der polnischen →Heimatarmee vom 1. 8. bis 2. 10. 1944.

J. Piekalkiewicz: Der Zweite Weltkrieg, 1985.

Warschauer Aufstand, bewaffneter polnischer Aufstand im Sommer 1944. Im 2. Weltkrieg organisierten sich in Polen →Partisanengruppen gegen die deutsche Wehrmacht, die aus dem Hinterhalt Überfälle verübten. Zum Teil standen sie unter kommunistischer Führung, eine →„Heimatarmee" (Armia Krajowa, AK) erhielt ihre Befehle von der 1939 geflüchteten polnischen Regierung, die im 2. Weltkrieg ihren Sitz in London hatte. In Warschau gab es im Sommer 1944 25 000 Angehörige der AK unter dem Kommando von T. Komorowski, der sich „Bor" (Wald) nannte. Als sich die Rote Armee Warschau von Osten her näherte, befahl Bor in Warschau für den 1. 8. 1944 den Aufstand der ihm unterstellten Partisanen, die zunächst große Teile der Stadt unter ihre Kontrolle bringen konnten und dabei zahlreiche deutsche

Soldaten, auch verwundete und schon gefangene, ermordeten. Allerdings blieben die Weichselbrücken und der Flugplatz in deutscher Hand. Teile der deutschen 9. Armee unter der Führung von SS-Obergruppenführer E. von dem →Bach-Zelewski eroberten die Stadt vom 4. 8. bis zum 2. 10. 1944 in schweren Kämpfen zurück, wobei die deutschen Verluste rund 2000 Gefallene und 9000 Verwundete betrugen, die Polen hatten 16 000 Tote und 6000 Verwundete. Im Verlauf der Kämpfe fanden auch viele Zivilisten den Tod, große Teile Warschaus wurden dabei zerstört. Der Aufstand der AK sollte die Stadt in die Hand der Nationalpolen bringen, bevor die Rote Armee die Stadt erobern konnte. Da Stalin daran nicht interessiert war, ließ er seine Truppen am Ostufer der Weichsel stehen und unterband monatelang jede nennenswerte Unterstützung für die Aufständischen, die er auch als „Verbrecherbande" bezeichnen ließ. Auf diese Weise erreichte er eine rein kommunistische Herrschaft in Polen ab 1945. Die Angehörigen der AK wurden nach ihrer Kapitulation von der Wehrmacht ehrenvoll als Kombattanten behandelt und kamen in deutsche Gefangenschaft.

H. von Krannhals: Der Warschauer Aufstand 1944, 1962.

Wartheland (Warthegau), Reichsgau 1940–1945. Das rund 44 000 km² große Gebiet südlich von Weichsel und Netze mit 4,7 Mill. Einwohnern wurde nach dem →Polenfeldzug am 8. 10. 1939 als →Reichsgau Posen unter Gauleiter und Reichsstatthalter (2. 11. 1939) Arthur →Greiser dem Deutschen Reich angegliedert. Ab Januar 1940 hieß es Reichsgau W. mit den Regierungsbezirken Posen, Hohensalza und Lodz, das ab 12. 4. 1940 →Litzmannstadt genannt wurde. Rund 600 000 Polen, vor allem nach 1918 eingewanderte, wurden ins →Generalgouvernement Polen umgesiedelt, die etwa 380 000 Juden in Gettos zusammengefaßt. Dafür wurden im W. große Teile der 1939–1941 aus dem Baltikum, Rußland und Rumänien gekommenen Volksdeutschen angesiedelt, die in dem vorwiegend bäuerlich genutzten Land neue Höfe erhielten, um die nach 1918 von den Polen erzwungene Auswanderung von Deutschen wieder auszugleichen. Nach der Eroberung durch die Sowjets 1945 wurden im W. die nicht geflohenen oder sofort ermordeten Deutschen größtenteils zur Zwangsarbeit in die Sowjetunion verschleppt, wobei die meisten starben; der Rest wurde bis 1950 von den Polen vertrieben.

H. Schütze: Der Reichsgau Wartheland, 1941. H. Fritsch: Land, mein Land, 1986.

Warthestadt, 1941–1945 Bezeichnung von Wronke, einer Stadt im Warthetal im Regierungsbezirk Posen (Wartheland) mit 5100 Einwohnern.

Wasgau (Wasgenwald), der deutsche Name für die →Vogesen.

Wasgenwald, →Wasgau.

Waterberg, Schlacht am, entscheidender Sieg der deutschen →Schutztruppe über die Hereros 1904. Nachdem am 12. 1. 1904 der →Herero-Aufstand in →Deutsch-Südwestafrika begonnen hatte und anschließend die Hereros von der deutschen Schutztruppe unter Gouverneur Major Theodor →Leutwein und Hauptmann Viktor Franke mehrfach geschlagen worden waren, hatte sich ihre Hauptmacht in das wasserreiche Gebiet um den 80 km langen, steil abfallenden W. zurückgezogen. Nach Eintreffen von Verstärkung aus dem Reich griffen am 11. 8. 1904 rund 3000 Schutztruppler unter Generalleutnant Lothar von →Trotha die zahlenmäßig weit überlegenen, gut verschanzten Hereros an, wobei auf Befehl Frauen und Kinder geschont wurden. Nach dem mörderischen Kampftag zogen die Hereros nachts mit Frauen, Kindern und Herden durch eine Lücke in den deutschen Linien nach Osten in das wasserarme Sandfeld der Omaheke ab, um den Ngami-See in Betschuanaland zu erreichen. Die deutschen Soldaten waren zunächst zu erschöpft und litten zu sehr unter Wassermangel, um die Flüchtenden verfolgen zu können, von denen der größte Teil in der Wüste durch Durst und Hunger umkam. Von der am W. versammelten Hauptmacht der Hereros von 60 000–80 000 Menschen sollen nicht mehr als 16 000 die Schlacht und den Zug durch die Wüste überlebt haben.

T. Leutwein: Elf Jahre Gouverneur in Deutsch-Südwestafrika, 1908. W. Grumpelt: Im Herzen von Deutsch-Südwestafrika, 1939. K. Graudenz und H. M. Schindler: Die deutschen Kolonien, 1982. H. von Lichtenfeld: Südwestafrika, 1978. M. Damböck: Südwestafrika im Brennpunkt der Zeitgeschichte, 1987.

Weddigen, Otto, Kapitänleutnant und U-Boot-Kommandant, * 15. 9. 1882 Herford, † 18. 3. 1915 Pentland Firth/Nordsee. Ab 1901 bei der Marine, wurde W. 1904 Leutnant, diente 1906–1907 in →Tsingtau, nahm 1908–1909 an der U-Boot-Ausbildung teil und war dann Wachoffizier auf U-Booten, ab 15. 9. 1910 selber U-Boot-Kommandant und führte ab Oktober 1911 „U 9". Mit diesem Schiff versenkte er in der südlichen Nordsee am 22. 9. 1914 in etwa einer Stunde die drei britischen Panzerkreuzer „Abukir", „Cressy" und „Hogue" mit je 12 000 BRT und erreichte damit einen der größten Erfolge der deutschen U-Boot-Waffe, wo-

für er den →Pour le mérite erhielt. Am 15. 10.
1914 versenkte er in der Nordsee den britischen
Kreuzer „Hawke" mit 7350 BRT, ab Februar
1915 mit „U 29" vier Handelsschiffe mit 12 934
BRT. Auf dem Rückweg vom Angriff auf die
britische Schlachtflotte bei den Orkney-Inseln
wurde sein Boot vom Schlachtschiff „Dread-
nought" gerammt und ging mit der ganzen Besatzung unter. W. wurde als einer der Seehelden
des 1. Weltkriegs im Volk bekannt.
H. Pemsel: Biographisches Lexikon zur Seekriegsgeschichte, 1985.

Wehrbeitrag, Vermögensabgabe für den Hee-
resetat 1913. Zur Deckung der Kosten für die
Wehrvorlagen 1912/13, nach denen bis 1916 das
deutsche Heer auf 803 500 Mann verstärkt werden sollte, wurde der W. am 3. 7. 1913 als einmalige Vermögensabgabe in Höhe von fast einer
Mrd. Mark erhoben. Dazu kam die Reichsbe-
sitzsteuer als erste direkte Reichssteuer.

Wehrertüchtigungslager, mehrwöchige Lehrgänge für 16- bis 18jährige Jungen 1942–1945.
Ab 1942 wurde in W.n unter Führung der →HJ
eine Wehrertüchtigung der 16- bis 18jährigen
→Hitlerjungen vorgenommen. Als Leiter dienten vom Heer abkommandierte verwundete
und fronterfahrene HJ-Führer, die Offiziere
waren, der →Reichsjugendführung unterstellt
wurden und ihren Dienst in HJ-Uniform versa-
hen. Ausbilder waren Feldwebel und Unteroffiziere, die möglichst auch HJ-Führer sein sollten. Vor Beginn der Lehrgänge wurden Lager-
führer und Ausbilder in die nichtmilitärische
Ausbildung eingewiesen. Die W. waren nicht in
Kasernen, sondern meist in leerstehenden Lagern des →Reichsarbeitsdienstes untergebracht. Das Ausbildungsprogramm der W. umfaßte 160 Stunden u. a. mit Geländeausbildung
im Wehrsportrahmen, Sport und Kleinkaliber-
Schießen. Die Absolventen der W. erhielten
den →„Kriegsausbildungsschein (K-Schein)
der HJ", der jedoch nicht von der Rekruten-
ausbildung in der Wehrmacht befreite.
E. Blohm: Hitler-Jugend – soziale Tatgemeinschaft, 1977.
H. Taege: . . . über die Zeiten fort, 1978.

Wehrerziehung, Erziehung zur Wehrhaftigkeit
im 3. Reich. Unter W. wurde nicht die militärische Erziehung und Ausbildung in der Wehrmacht, sondern die vormilitärische Erziehung
der Jugend sowie die vor- und nachmilitärische
Erziehung der männlichen Bevölkerung zu
Kampfbereitschaft und Wehrwillen verstanden. Schon 1932 hatte der Staat die Gründung
des „Reichskuratoriums für Jugendertüchtigung" (General von Stülpnagel) auch durch die
Einrichtung von Geländesportschulen unter-

stützt. Nach 1933 standen →HJ, →SA, →SS,
→NSKK und →NSFK neben der Wehrmacht
im Dienst der W., wobei die HJ sich, zumindest
bis Kriegsbeginn, auf die geistige W. beschränkte. Zur W. gehörte die gesamte charakterliche Ausbildung zu soldatischer Haltung
und Einsatzbereitschaft, zu Mut und körperlicher Härte. Zur W. trugen auch die →Wehr-
ertüchtigungslager bei.
H. Stellrecht: Die Wehrerziehung der deutschen Jugend,
²1938. B. von Volkmann-Leander: Soldaten oder Militärs? ⁵1939. E. Blohm: Hitler-Jugend – soziale Tatgemeinschaft, 1977. H. Taege: . . . über die Zeiten fort,
1978.

Wehrhoheit im Rheinland, →Wiederherstellung
der W., militärischer Status des Rheinlandes. Im
→Versailler Diktat von 1919 waren in Artikel 42
und 43 jede Befestigung und jeder Aufenthalt
deutscher Truppen links des Rheines und innerhalb einer 50 km-Zone rechts des Rheines verboten worden. Eine Zuwiderhandlung wurde in Artikel 44 als „feindliche Handlung" gegenüber
den Alliierten und als „Störung des Weltfrie-
dens" bezeichnet. Nachdem am 27. 2. 1936 die
französische Nationalversammlung den gegen
den →Locarno-Pakt verstoßenden französisch-
sowjetischen Beistandspakt vom 2. 5. 1935 gebilligt hatte, erteilte A. →Hitler über Reichswehrminister Werner von →Blomberg den Befehl,
mit drei Bataillonen der Wehrmacht am 7. 3.
1936 ins Rheinland nach Aachen, Trier und
Saarbrücken zu marschieren und dadurch die
deutsche W. wiederherzustellen. Die – von den
Einwohnern dann stürmisch begrüßten – Truppen sollten jedoch bei Aktionen der französischen Armee, zu denen es aber nicht kam, umkehren. Frankreich und Belgien verurteilten
den deutschen Einmarsch am 8. 3. 1936, der
→Völkerbund am 19. 3. 1936. England hielt
sich zurück. Am Tag des Einmarsches kündigte
A. Hitler den Locarno-Pakt und schlug einen
Nichtangriffspakt der Locarno-Mächte sowie
Beschränkungen der Rüstung und Deutschlands Rückkehr in den Völkerbund als Ersatz
vor. Nach dem 7. 3. 1936 kam es zu französisch-
britischen Generalstabsbesprechungen. Mit
der Wiederherstellung der W. war ein Teil des
Versailler Diktats revidiert.

Wehrkraftzersetzung, Straftatbestand 1939–
1945. Die W. wurde als Straftatbestand durch
§ 5 Absatz 1 Nr. 1 der Kriegssonderstrafrechts-
verordnung vom 17. 8. 1938 (veröffentlicht am
26. 8. 1939 im Reichsgesetzblatt I, S. 1455) eingeführt. Sie umfaßte die öffentliche Aufforderung oder den Anreiz, die Dienstpflicht in der
deutschen Wehrmacht zu verweigern oder den
Versuch, sonstwie öffentlich den Verteidigungs-
willen des deutschen Volkes zu lähmen oder zu

zersetzen. Die W. wurde mit Gefängnis oder Zuchthaus, in schweren Fällen mit der Todesstrafe geahndet. In der „Verordnung zum Schutze der Wehrkraft des deutschen Volkes" vom 25. 11. 1939 wurden ferner unter Strafe gestellt: 1. die Wehrmittelbeschädigung, also Beschädigung oder Zerstörung von Wehreinrichtungen, 2. die Störung von Betrieben, die der Reichsverteidigung dienten, 3. die Teilnahme an wehrfeindlichen Verbindungen, 4. untersagter Umgang mit Kriegsgefangenen, 5. Gefährdung der Streitkräfte befreundeter Staaten. Verbrechen zu 1. und 2. konnten in schweren Fällen mit dem Tode bestraft werden. Zuständig für W. war das Reichskriegsgericht, später urteilten darüber →Sondergerichte, durch Verordnung vom 29. 1. 1943 der →Volksgerichtshof. Im Verlauf des 2. Weltkriegs wurden für W. zunehmend Todesurteile verhängt.
H. W. Koch: Volksgerichtshof, 1988.

Wehrkreis, Gliederung des Reiches für militärische Zwecke. Die W.e entsprachen etwa den Gauen im 3. Reich, in ihnen gab es Wehrersatzbezirke, Wehrbezirke und Wehrmeldeämter. Ihnen unterstand vor allem das Wehrersatzwesen mit der Erfassung, Musterung, Aushebung und Einberufung der Wehrpflichtigen.

Wehrmacht, Gesamtheit der deutschen Streitkräfte 1935–1945. Nach der Auflösung des deutschen Heeres 1918 und dem →Versailler Diktat 1919 wurde die →Reichswehr gebildet (Reichswehrgesetz vom 23. 3. 1921). Sie wurde durch das „Gesetz für den Aufbau der W." vom 16. 3. 1935 in die W. überführt, die Heer, Kriegsmarine und Luftwaffe umfaßte, die allgemeine Wehrpflicht mit zunächst einjähriger, ab August 1936 zweijähriger aktiver Dienstzeit hatte und vom Kriegsminister, Generaloberst (ab 1936 Generalfeldmarschall) Werner von Blomberg als Oberbefehlshaber geführt wurde. Oberster Befehlshaber der W. war nach § 3 des Wehrgesetzes vom 16. 3. 1935 der →Führer und Reichskanzler. Oberbefehlshaber des Heeres war bis 4. 2. 1938 Generaloberst Werner von →Fritsch; der Kriegsmarine Generaladmiral (ab 1. 4. 1939 Großadmiral) Erich →Raeder bis 31. 3. 1943, dann Großadmiral Karl →Dönitz, der Luftwaffe General der Flieger (ab 1936 Generaloberst, ab 1938 Generalfeldmarschall, ab 1940 Reichsmarschall) Hermann →Göring. Nach dem Rücktritt von Blomberg und Fritsch am 4. 2. 1938 wurde das Kriegsministerium aufgelöst und in ein →Oberkommando der Wehrmacht (OKW) umgewandelt, an dessen Spitze A. →Hitler trat. Zu seinem Chef des Stabes (Chef des OKW) ernannte er General (ab 10. 11. 1938

Generaloberst, ab Juli 1940 Generalfeldmarschall) Wilhelm →Keitel. Oberbefehlshaber des Heeres war vom 4. 2. 1938 bis 19. 12. 1941 Generaloberst (ab 19. 7. 1940 Generalfeldmarschall) Walther von →Brauchitsch, dann A. Hitler. Die deutsche W. errang nach nur wenigen Jahren des Aufbaus 1939–1941 in mehreren →Blitzkriegen bis dahin für unvorstellbar gehaltene Siege, besetzte Frankreich, drang bis zum Nordkap, bis Leningrad, Moskau, Stalingrad und in den Kaukasus vor, erreichte in Nordafrika Ägypten und hielt fast sechs Jahre lang gegen eine vielfache feindliche Überlegenheit stand. Am 8. 5. 1945 kapitulierte sie nach einem auch vom Gegner anerkannten ehrenvollen Ringen.
R. Absolon: Die Wehrmacht im Dritten Reich, 7 Bde., 1963–1979. M. Messerschmidt: Die Wehrmacht im Dritten Reich, 1969. P. E. Schramm (Hrsg.): Das Kriegstagebuch des Oberkommandos der Wehrmacht 1940–1945, 1961–1965. K.-J. Müller: Das Heer und Hitler, 1969. K.-J. Müller: Armee und Drittes Reich, 1933–1939, 1987. R. Donnevert: Wehrmacht und Partei, 1941. H. Stellrecht: Die Wehrerziehung der deutschen Jugend, 1939. W. Kern: Die innere Funktion der Wehrmacht 1933–1939, 1979. R. Stumpf: Die Wehrmachtselite, 1982. T. Vogelsang: Reichswehr, Staat und NSDAP, 1962. W. Warlimont: Im Hauptquartier der deutschen Wehrmacht, 1978. H. Greiner: Die oberste Wehrmachtführung 1939–1945, 1951. F. von Siegler: Die höheren Dienststellen der deutschen Wehrmacht 1933–1945, 1982. Militärgeschichtliches Forschungsamt (Hrsg.): Wehrmacht und Nationalsozialismus 1933–1939, 1978. B. Mueller-Hillebrandt: Das Heer 1933–1945, 3 Bde., 1954–69.

Wehrmachtakademie, Hochschule der Wehrmacht. Die W. befand sich in Berlin und diente zur Vertiefung der Ausbildung für höhere Offiziere aller drei Wehrmachtsteile.

Wehrmachtbericht, täglicher Bericht des OKW über die Ereignisse an der Front im 2. Weltkrieg. Vom 1. 9. 1939 bis 9. 5. 1945 wurde vom →Oberkommando der Wehrmacht der W. täglich als Gesamtübersicht über die Kampfhandlungen aller Wehrmachtsteile sowie die Bombenangriffe auf das Reich veröffentlicht und mit den Mittagsnachrichten über den Rundfunk ausgestrahlt. Die insgesamt 2080 W.e wurden in der Amtsgruppe Wehrmachtpropaganda im OKW unter Generalmajor Hasso von Wedel zusammengestellt. Herausragende Einzelnachrichten wurden als →Sondermeldungen bekanntgegeben.
dtv-Verlag (Hrsg.): Die Wehrmachtberichte 1939–1945, 3 Bde., 1985.

Wehrmachtfachschulen, Schulen der Wehrmacht zur Vorbereitung längerdienender Soldaten auf einen bürgerlichen Beruf. Die W. bestanden an vielen Standorten der Wehrmacht. Es gab Heeresfachschulen für die Verwaltung,

Technik und Gewerbe, Heereshandwerker-schulen sowie W. für Land- und Forstwirt-schaft. Daneben gab es Luftwaffen- und Mari-nefachschulen.

Wehrmachtgerichtsbarkeit, Gerichtsbarkeit für Wehrmachtangehörige 1933–1945. Für alle Straftaten von Wehrmachtangehörigen (Solda-ten und Beamten) galt das Militärstrafgesetz-buch (MStGB, zuletzt vom 10. 10. 1940). Ver-brechen wurden mit Tod, Zuchthaus, Gefäng-nis oder Festung von mehr als fünf Jahren, Ver-gehen mit Haft bis zu fünf Jahren bedroht. Übertretungen wurden nach der Disziplinar-ordnung für das Heer vom 18. 5. 1926 (i. d. F. vom 3. 3. 1928, 24. 9. 1935 und 27. 2. 1940), für die Kriegsmarine vom 22. 5. 1926 (i. d. F. vom 12. 3. 1928 und 27. 2. 1940) bestraft. Die am 26. 8. 1939 in Kraft getretene Kriegssonder-strafrechtsverordnung vom 17. 8. 1939 mit Er-gänzungsverordnung vom 1. 11. 1939, 27. 2. und 10. 10. 1940 sah besonders schwere Bestrafung für Spionage und Wehrkraftzersetzung vor. Mit der Wiedereinführung der Militärgerichtsbar-keit durch Gesetz vom 12. 5. 1933 wurden Mili-tärgerichte eingeführt, die nach der Militär-strafgerichtsordnung vom 29. 9. 1936 (i. d. F. vom 24. 7. 1938 und 16. 9. 1939) urteilten. In er-ster Instanz waren die Kriegsgerichte mit ei-nem Kriegsgerichtsrat und zwei Beisitzern (Of-fizieren und Soldaten), bei schweren Straftaten mit zwei Kriegsgerichtsräten und drei militäri-schen Beisitzern tätig. Berufung ging an das Oberkriegsgericht, das mit zwei Oberkriegsge-richtsräten und drei militärischen Beisitzern tagte. Revision war zum →Reichskriegsgericht gegeben. Die Kriegsstrafverfahrensordnung vom 17. 8. 1938 regelte die Zuständigkeit. Die Kriegsgerichte wurden bei Kriegsbeginn in Feldkriegsgerichte umbenannt. Die W. fällte im 2. Weltkrieg rund 12000 Todesurteile, von denen rund 7000 vollstreckt wurden. Neben der allgemeinen W. gab es ab Oktober 1939 Sondergerichtsbarkeit für →SS und Polizei, ab November 1939 das Standrecht, ab Mai 1941 den Barbarossa-Gerichtsbarkeitserlaß.

O. P. Schweling: Die deutsche Militärjustiz in der Zeit des Nationalsozialismus, 1977. M. Messerschmidt und F. Wüllner: Die Wehrmachtjustiz im Dienst des National-sozialismus, 1987. E. Schwinge: Verfälschung und Wahr-heit, 1988.

Wehrmachthelferinnen, Sammelbezeichnung für die als Hilfspersonal der Wehrmacht einge-setzten Frauen im 2. Weltkrieg mit der amtli-chen Bezeichnung „Weibliches Wehrmachtge-folge". Die Frauen waren Zivilangestellte, tru-gen zwar Uniform, hatten aber keinen militäri-schen Status. Sie waren mindestens 17 Jahre alt und dienten ab 1940 freiwillig, ab 1943 auch

dienstverpflichtet. Es gab u. a. →Flak-, →Flak-waffen-, →Luftwaffen-, →Marine-, →Nach-richten- (Blitzmädel), Schwestern- und →Stabshelferinnen. Nachrichtenhelferinnen wurden ab Sommer 1940, Stabshelferinnen in der Verwaltung der Wehrmacht ab Herbst 1941 eingesetzt. Auf Befehl H. →Görings vom 16. 10. 1943 wurde ein Flakwaffenhelferinnen-korps aufgestellt. 1944 kam im Zuge des tota-len Krieges das W.-korps hinzu. Beim Feldheer sowie in den besetzten Gebieten gab es Ende 1943 rund 12500 Stabs- und 8000 Nachrichten-helferinnen. Im ganzen waren bei der Wehr-macht über 500000 Frauen beschäftigt. Ob-wohl sie keine Soldaten waren, mußten sie bei Kriegsende oft deren hartes Schicksal mit Ge-fangenschaft, Verschleppung oder Zwangsar-beit teilen.

F. W. Seidler: Frauen zu den Waffen, 1978. F. W. Seidler: Blitzmädchen, 1979. J. Rüdiger: Zur Problematik von Soldatinnen, 1987.

Wehrmachtuntersuchungsstelle (WUSt), Be-hörde im OKW. Die am 4. 9. 1939 in der Rechtsabteilung des →Oberkommandos der Wehrmacht eingerichtete W. hatte unter Lei-tung des Berliner Rechtsanwalts Johannes Goldsche mit vier bis zehn ständigen Mitarbei-tern die Aufgabe, „die von den gegnerischen Militär- und Zivilpersonen gegen deutsche Wehrmachtsangehörige begangenen Verstöße gegen das Völkerrecht festzustellen und zu-gleich die vom Ausland gegen die deutsche Wehrmacht in dieser Hinsicht erhobenen An-schuldigungen aufzuklären". Goldsche war be-reits 1917–1919 stellvertretender Leiter der Mi-litäruntersuchungsstelle für Verletzungen des Kriegsrechts im preußischen Kriegsministe-rium gewesen. In rund 8000 Fällen hat die W. er-mittelt, u. a. im Fall →Katyn, Lemberg, Ver-senkung des Lazarettschiffs „Tübingen". Au-ßerdem wurden Berichte und Denkschriften („Kriegsverbrechen der russischen Wehr-macht", 1941) veröffentlicht. Die W. befand sich bis August 1943 in Berlin, dann in Torgau/Elbe, ab Ende Februar 1945 in Langensalza/Thüringen. Rund die Hälfte ihrer Akten wurde bei Kriegsende verbrannt, der Rest fiel den Al-liierten am 9. 4. 1945 in die Hände, kam 1968 von den USA in die Bundesrepublik Deutsch-land zurück und befindet sich im Militärarchiv in Freiburg.

A. M. de Zayas: Die Wehrmachtuntersuchungsstelle, 1979.

Wehrpaß, Urkunde für jeden Wehrpflichtigen nach der Musterung. In den W. wurden alle An-gaben über das Wehrdienstverhältnis des Wehr-pflichtigen sowie über eine Arbeitsdienstzeit eingetragen. Der W. verblieb auch nach Ableistung der Wehrpflicht beim Inhaber.

Wehrpflicht, Verpflichtung zum Dienst in den Streitkräften. Wie in fast allen Staaten bestand im Kaiserreich (in Preußen ab 1814) bis 1918 die allgemeine W. zum Dienst im Heer, besonders in Kriegszeiten. Sie wurde im →Versailler Diktat 1919 verboten (Artikel 160). Die allgemeine W. wurde durch das Gesetz vom Aufbau der →Wehrmacht vom 16. 3. 1935 wieder eingeführt und im Wehrgesetz vom 21. 5. 1935 geregelt. Die W. galt danach für jeden deutschen Mann vom vollendeten 18. bis zum 45. Jahr und konnte in Kriegs- und Notzeiten auch auf andere Jahrgänge ausgedehnt werden. Ehemalige aktive Offiziere und Wehrmachtbeamte waren unbeschränkt wehrpflichtig. Der Wehrdienst dauerte ab 1935 ein Jahr, nach dem Erlaß vom 24. 8. 1936 zwei Jahre. Vor dem Wehrdienst war die →Arbeitsdienstpflicht zu erfüllen. Der Wehrdienst im Beurlaubtenstand umfaßte die Reserve, die Ersatzreserve und die →Landwehr. Die W. wurde 1945 abgeschafft, nach 1955 wieder eingeführt.

Wehrsteuer, Steuer für alle nicht eingezogenen Wehrpflichtigen 1937–1941. Mit dem W.-Gesetz vom 20. 7. 1937 wurde die W. für alle nach dem 31. 12. 1913 geborenen, im Inland wohnenden Staatsbürger eingeführt, die nicht zur zweijährigen aktiven Dienstzeit in der Wehrmacht eingezogen wurden. Die W.-Pflicht begann am Anfang des Jahres nach dem Bescheid über die Nichteinberufung und dauerte bis zur Vollendung des 45. Lebensjahres. Befreit waren im →Arbeits- oder Wehrdienst untauglich gewordene Wehrpflichtige und solche mit einem Jahreseinkommen unter 224 RM. Mit Verordnung vom 1. 7. 1941 wurde die W. bis auf weiteres ausgesetzt. Eine ähnliche Militärsteuer gab es in der Schweiz.

Wehrverbände, Sammelbezeichnung für die nach 1918 entstandenen Vereinigungen mit militärischem Charakter. Zu den nationalen W.n gehörten die →Freikorps, der →Stahlhelm, der →Werwolf, die →SA, der Bund Wiking, zu den linksgerichteten das →Reichsbanner Schwarz-Rot-Gold und der →Rote Frontkämpferbund. Die W. standen zum Teil Parteien nahe und griffen, vor allem gegen Ende der Weimarer Zeit, aktiv in die Wahlkämpfe ein, wobei es häufig zu Gewalttätigkeiten mit Todesopfern kam. Die Freikorps retteten in den ersten Jahren nach 1918 den Bestand der →Weimarer Republik gegen kommunistische und separatistische Umsturzversuche sowie eindringende Polen und Slowenen. 1922 schlossen sich nationale W. in den „Vereinigten Vaterländischen Verbänden Deutschlands" unter General Graf Rüdiger von der →Goltz zusammen und übernahmen teilweise Aufgaben der →Reichswehr im Grenzschutz. In den W.n führten meist Offiziere des 1. Weltkriegs. 1933 wurden die noch bestehenden W. in Gruppierungen der →NSDAP übernommen oder aufgelöst.

H.-J. Mauch: Nationalistische Wehrorganisationen in der Weimarer Republik, 1982.

Wehrwirtschaftsführer, Titel für Rüstungsindustrielle. Ab 1935 konnten wichtige Persönlichkeiten der deutschen Rüstungsindustrie mit dem Titel W. geehrt werden und kamen damit in ein besonderes Treueverhältnis zur Wehrmacht. Bekannte W. waren (1938) Friedrich →Flick und Wilhelm Zangen. Ab Januar 1938 wurden die Mitglieder des →Wehrwirtschaftsrats unter gleichzeitiger Ernennung zum W. berufen.

Wehrwirtschaftsrat, Körperschaft bei der Reichswirtschaftskammer 1938–1945. Im Januar 1938 wurde der W. bei der Reichswirtschaftskammer eingerichtet, in den hervorragende Persönlichkeiten der deutschen Wirtschaft, vor allem der Rüstungsindustrie, unter Ernennung zum →Wehrwirtschaftsführer berufen wurden. Der W. sollte die Zusammenarbeit zwischen Wirtschaft und Wehrmacht verbessern und sicherstellen, daß die deutsche Industrie den Anforderungen der Wehrwirtschaft gerecht wurde und bei Bedarf zur Kriegswirtschaft übergehen konnte.

Wehrwolf, Bezeichnung für das →Führerhauptquartier in der Ukraine 1942/43. Rund 15 km nordöstlich von Winniza in der Ukraine an der Straße nach Schitomir lag das Waldlager W. aus Betonbunkern und Blockhäusern, das A. →Hitler als Führerhauptquartier vom 16. 7. bis 30. 10. 1942 und vom 19. 2. bis 13. 3. 1943 benutzte.

U. Bahnsen und J. P. O'Donnell: Die Katakombe, 1975. G. Buck (Hrsg.): Das Führerhauptquartier 1939–1945, 1977.

Wehrwürdigkeit, im 3. Reich die Eigenschaft, als würdig zum Wehrdienst angesehen zu werden. Die W. wurde im Wehrgesetz vom 21. 5. 1935 eingeführt und galt für jeden unbescholtenen Reichsbürger. Vorbestrafte und Nichtarier konnten als „wehrunwürdig" eingestuft werden und durften dann keinen Wehrdienst leisten.

weibliches Pflichtjahr, das →Pflichtjahr für Mädchen.

weibliches Wehrmachtgefolge, amtliche Sammelbezeichnung für die im 2. Weltkrieg im Rahmen des Kriegshilfsdienstes bei der Wehrmacht eingesetzten →Wehrmachthelferinnen.

Weichs, Maximilian Freiherr von, Generalfeldmarschall (ab 1. 2. 1943), * 12. 11. 1881 Dessau, † 27. 9. 1954 Gut Rösberg/Bonn. Seit 1902 beim Heer, nahm W. als Ordonnanzoffizier am 1. Weltkrieg teil und ging dann zur →Reichswehr. Er wurde 1933 Generalmajor, am 1. 10. 1937 Kommandierender General des XIII. Armeekorps, das er im →Polenfeldzug führte. Ab 20. 10. 1939 hatte er den Oberbefehl über die deutsche 2. Armee, die er im →Frankreichfeldzug kommandierte. Er erhielt dafür am 29. 6. 1940 das →Ritterkreuz. Im →Balkanfeldzug befehligte er im April 1941 mit großem Erfolg die Nordgruppe. Im →Rußlandfeldzug führte er zunächst weiter die 2. Armee, bekam am 15. 7. 1941 den Oberbefehl über die Heeresgruppe B, wurde am 1. 2. 1943 Generalfeldmarschall und am 26. 8. 1943 Oberbefehlshaber Südost und Chef der Heeresgruppe F bis zu deren Auflösung am 25. 3. 1945. Am 5. 2. 1945 erhielt er das Eichenlaub. Bei Kriegsende gefangengenommen, kam er erst am 3. 11. 1948 frei, nachdem sein Verfahren vom Prozeß gegen die →Südost-Generale wegen seines schlechten Gesundheitszustandes abgetrennt worden war.

Weichselkorridor, →Polnischer Korridor.

„Weide", →„Mars-Eifel".

Weimarer Koalition, Regierungskoalition 1919–1922 aus →SPD, →Zentrum und →DDP (DSTP nach 1918). Die W. erhielt ihren Namen, da sie die ersten Reichsregierungen (→Scheidemann, →Bauer, →Müller, →Wirth) – außer der →Fehrenbachs – stellte und auch die Nationalversammlung mehrheitlich getragen hatte. Die Parteien der W. waren später (1923, 1928–1930) an drei Großen Koalitionen beteiligt. Sie traten entschieden für die Republik ein, erhielten am 19. 1. 1919 bei der Wahl zur Nationalversammlung 76,2%, verloren aber im folgenden Jahr schon die absolute Mehrheit, sanken dann über 43% im Jahre 1920 auf 33,3% am 6. 11. 1932 herab, wobei allein die DDP von 18,6% auf 1,0% abglitt. In Preußen bestand die W. zunächst bis 1921 und dann von 1925–1932. Von nationaler Seite wurden die Parteien der W. als →„Erfüllungsparteien" eingestuft. Vorläufer der W. war die Verbindung von SPD, Zentrum und →FoVP zur →Friedensresolution im Reichstag am 19. 7. 1917.

Weimarer Nationalversammlung, allgemeine Bezeichnung für die Verfassunggebende Deutsche Nationalversammlung 1919/20. Die W. wurde aufgrund des Reichswahlgesetzes vom 30. 11. 1918 am 19. 1. 1919 allgemein, gleich, geheim und direkt bei 83,0% Wahlbeteiligung gewählt. Ihre 421 Sitze fielen auf SPD (163, 37,9%), Zentrum (91, 19,7%), DDP (75, 18,6%), DNVP (44, 10,3%), USPD (22, 7,6%), DVP (19, 4,4%), Wirtschaftspartei (4, 0,9%), drei auf andere Parteien. Die KPD nahm an der Wahl nicht teil. Die Parteien der →Weimarer Koalition (SPD, Zentrum, DDP) hatten mit 76,2% die absolute Mehrheit. Präsident war erst Dr. Eduard David (SPD), dann Konstantin →Fehrenbach (Zentrum), der 1918 letzter Reichstagspräsident gewesen war. Die W. trat wegen der Unruhen in Berlin am 6. 2. 1919 im Nationaltheater in Weimar zusammen, verabschiedete am 10. 2. 1919 das „Gesetz über die vorläufige Reichsgewalt" und wählte am 11. 2. 1919 Friedrich →Ebert (SPD) zum vorläufigen Reichspräsidenten und berief am 13. 2. 1919 Ph. →Scheidemann zum ersten Reichsministerpräsidenten. Sie diskutierte das →Versailler Diktat, nahm am 31. 7. 1919 die →Weimarer Verfassung (Verkündung am 11. 8. 1919) an und tagte ab 30. 9. 1919 in Berlin. Dort wirkte sie an Stelle des neuzuwählenden Reichstags (6. 6. 1920) und verabschiedete vor ihrer Auflösung (21. 5. 1920) wichtige Gesetze (Reichswehr-, Reichsfinanzreform-, Betriebsrätegesetz und andere).

W. Jellinek: Die Nationalversammlung und ihr Werk, 1929. W. Ziegler: Die deutsche Nationalversammlung 1919/20 und ihr Verfassungswerk, 1932. W. Apelt: Geschichte der Weimarer Verfassung, ²1964.

Weimarer Republik, die erste deutsche Republik 1919–1933. Nach Ausbruch der Novemberunruhen rief Ph. →Scheidemann (SPD) am 9. 11. 1918 in Berlin die „Deutsche Republik" aus. Die am 19. 1. 1919 gewählte →Weimarer Nationalversammlung trat wegen Unruhen in Berlin am 6. 2. 1919 in Weimar (daher der Name W. R.) zusammen und verabschiedete am 31. 7. 1919 die →Weimarer Verfassung, die am 11. 8. 1919 von Reichspräsident →Ebert unterzeichnet wurde und am 14. 8. 1919 in Kraft trat. Danach war die W. ein parlamentarischer Bundesstaat mit 18 Ländern. Seine Organe waren der Reichstag als Parlament, der Reichsrat als parlamentarische Vertretung der Länder, der Reichspräsident als Staatsoberhaupt und die →Reichsregierung mit Reichskanzler und Reichsministern. Die W. umfaßte nach dem →Versailler Diktat 469 000 km² mit 61,8 Mill. Einwohnern. Die W. hatte u. a. 1919–1923 mehrere kommunistische Aufstände (Berlin 1919, Ruhrgebiet 1919/20, →Räterepublik in Bayern

1918/19, Mitteldeutschland und Hamburg 1919 und 1921), →separatistische Bestrebungen im Rheinland (1920, 1923/24) sowie Angriffe der Polen in →Oberschlesien (1919/20/21) abzuwehren und den Ruhreinmarsch der Franzosen (1923) zu erdulden. Sie konnte die Einheit des Reiches wahren. Trotz der →„Erfüllungspolitik" erreichte die W. lange Zeit keine →Revision der harten Versailler Bedingungen, so daß es zu großer wirtschaftlicher Verelendung, vor allem des Bürgertums, kam. Eine Scheinblüte von 1925–1929, verursacht durch US-Kredite, endete in der Weltwirtschaftskrise (→Schwarzer Freitag am 25. 10. 1929). Insgesamt 20 Kabinette mit zwölf verschiedenen Reichskanzlern von 1919–1932 konnten keine grundlegende Besserung bewirken, auch nicht, nachdem man ab 1930 zunehmend vom parlamentarischen zum präsidialen Regierungssystem mit →Notverordnungen überging. Die →Arbeitslosenzahl stieg bis Ende 1932 auf über 6 Mill., die Parteien der →Weimarer Koalition verloren ihre Bedeutung und zeigten sich zur Regierung unfähig, →NSDAP und →KPD nahmen erheblich zu. Ein erstes Nachgeben der Alliierten mit Zurücknahme unbezahlbarer →Reparationsforderungen kam 1932 zu spät. Mit der Ernennung A. →Hitlers zum Reichskanzler am 30. 1. 1933 gab es zum erstenmal seit 1930 wieder eine Regierung mit parlamentarischer Basis.

W. Conze: Die Weimarer Republik, 1953. A. Rosenberg: Entstehung und Geschichte der Weimarer Republik, 1956. T. Eschenburg: Die improvisierte Demokratie der Weimarer Republik, 1963. H. Herzfeld: Die Weimarer Republik, 1966. M. Stürmer (Hrsg.): Die Weimarer Republik, 1980. E. Kern: Von Versailles nach Nürnberg, 1967. H. Dietwart: Hundert Jahre deutsches Schicksal, 1981. K.-D. Erdmann: Akten der Reichskanzlei. Weimarer Republik, 14 Bde., 1970–1988. H. Schulze: Weimar, 1985. J. Faeter und andere: Wahlen und Abstimmungen in der Weimarer Republik, 1986. J. Benoist-Méchin: Jahre der Zwietracht, 1965. W. Conze: Die Zeit Wilhelms II. und die Weimarer Republik, 1964. D. Bracher und andere (Hrsg.): Die Weimarer Republik, 1987. P. Krüger: Die Außenpolitik von Weimar, 1986. W. Benz u. H. Graml (Hrsg.): Biographisches Lexikon zur Weimarer Republik, 1988.

Weimarer Verfassung, Reichsverfassung ab 1919. Die W. wurde von der →Weimarer Nationalversammlung am 31. 7. 1919 mit 262 gegen 75 Stimmen der →DNVP, →DVP und →USPD angenommen, am 11. 8. 1919 verkündet und trat am 14. 8. 1919 in Kraft. Sie galt mit den jeweiligen Änderungen bis 1945, wurde auch dann nicht formell aufgehoben, sondern von den Alliierten praktisch außer Kraft gesetzt. Sie beruhte auf dem von Staatssekretär Hugo →Preuß im Auftrag des →Rates der Volksbeauftragten am 20. 1. 1919 vorgelegten Entwurf, der vom Verfassungsausschuß der →Weimarer Nationalver-

sammlung erheblich abgeändert wurde. Die W. hatte eine Präambel, zwei „Hauptteile" und „Übergangs- und Schlußbestimmungen". Der erste Hauptteil (Artikel 1–108) handelt von „Aufbau und Aufgaben des Reichs": „Das Deutsche Reich ist eine Republik. Die Staatsgewalt geht vom Volke aus." (Artikel 1.) Das Deutsche Reich besteht aus den deutschen Ländern (Artikel 2), die Reichsfarben sind schwarz-rot-gold, die Handelsflagge ist schwarz-weiß-rot (Artikel 3). Reichsrecht bricht Landesrecht (Artikel 13). Der Reichstag wird in allgemeiner, gleicher, unmittelbarer und geheimer Verhältniswahl von allen über 20jährigen gewählt (Artikel 22). Der Reichspräsident wird „vom ganzen deutschen Volk" (Artikel 41) auf sieben Jahre (Artikel 43) gewählt. Er ernennt und entläßt die Beamten und Offiziere (Artikel 46), hat den Oberbefehl über die „Wehrmacht des Reiches" (Artikel 47), kann die →Reichsexekution gegen ein deutsches Land befehlen und →Notverordnungen erlassen (Artikel 48), ernennt und entläßt den Reichskanzler und dessen Minister (Artikel 53). Der Reichskanzler und seine Minister bedürfen des Vertrauens des Reichstags und müssen zurücktreten, wenn es ihnen entzogen wird (Artikel 54). Es gibt Volksentscheid und Volksbegehren (Artikel 73). Der zweite Hauptteil (Artikel 109–165) behandelt „Grundrechte und Grundpflichten der Deutschen": die Gleichheit vor dem Gesetz (Artikel 109), die Grundfreiheiten (Artikel 111–118), Schutz der Familie (Artikel 119), Religionsfreiheit (Artikel 135–141). Die W. machte Deutschland erstmalig zu einer Republik mit parlamentarischer Demokratie und starkem Reichspräsidenten. Die Parteien wurden nicht erwähnt. In Artikel 61 Absatz 2 wurde ausdrücklich der →Anschluß →„Deutschösterreichs" vorgesehen; dieser Absatz mußte nach dem →Versailler Diktat auf Druck der Alliierten durch ein Protokoll vom 22. 9. 1919 außer Kraft gesetzt werden. Durch das →„Ermächtigungsgesetz" vom 24. 3. 1933 wurden legal (Artikel 48, 76) Teile der W. für eine bestimmte Zeit außer Kraft gesetzt.

W. Ziegler: Die deutsche Nationalversammlung 1919/20 und ihr Verfassungswerk, 1932. W. Apelt: Geschichte der Weimarer Verfassung, ²1964. R. Schuster (Hrsg.): Deutsche Verfassungen, ⁸1976.

Weinheber, Josef, Dichter, * 9. 3. 1892 Wien, † 8. 4. 1945 Kirchstetten/Niederösterreich. Ursprünglich Postbediensteter, machte sich W. durch Lyrik-, Oden- und Hymnendichtung mit ausgeprägtem Formenbewußtsein und hoher Sprachkultur einen Namen (Lyrikbände: „Der einsame Mensch", 1920; „Von beiden Ufern",

1923; „Boot in der Bucht", 1926; „Adel und Untergang", 1934; „Wien wörtlich", 1935; „Späte Krone", 1936; „O Mensch gib acht", 1937; „Zwischen Göttern und Dämonen", 1938; „Kammermusik", 1939). 1924 erschien ein autobiographischer Roman „Das Waisenhaus". Er erhielt für seine auch nationale und völkische Dichtung ab Mitte der 30er Jahre hohe Literaturpreise. Beim Nahen der Roten Armee suchte er den Freitod. Seine „Sämtlichen Werke" erschienen 1953–1956 (hrsg. von J. Nadler und H. Weinheber). Die Josef-Weinheber-Gesellschaft gibt „Jahresgaben" heraus.
F. Koch: Josef Weinheber, 1942. F. Sacher: Der Lyriker Josef Weinheber, 1949. E. Finke: Josef Weinheber, 1950. H. Zillich (Hrsg.): Bekenntnis zu Josef Weinheber, 1950. J. Nadler: J. Weinheber, 1952. H. Bergholz: Josef Weinheber-Bibliographie, 1953. F. Feldner: Josef Weinheber, 1965.

Weiß, Wilhelm, Hauptamtsleiter, * 31. 3. 1892 Stadtsteinach/Oberfranken, † 24. 2. 1950 Wasserburg/Inn. Nach Teilnahme am 1. Weltkrieg war W. →Freikorpskämpfer, trat 1922 der →NSDAP bei und nahm am 9. 11. 1923 beim →Marsch auf die Feldherrnhalle teil. 1924–1926 war er Chefredakteur des für den verbotenen →„Völkischen Beobachter" erscheinenden „Völkischen Kuriers". Am 1. 1. 1927 wurde er Chef vom Dienst beim „Völkischen Beobachter", 1933 dessen stellvertretender und 1938 dessen Hauptschriftleiter. Ab 1932 leitete er die Zentralschriftleitung des →Eher-Verlages, war ab 1933 MdR und wurde Vorsitzender des →Reichsverbandes der Deutschen Presse. 1935 wurde er Mitglied des →Reichskultursenats, 1936 Hauptamtsleiter in der →Reichsleitung der NSDAP. Als einer der wichtigsten Pressevertreter im 3. Reich wurde er mehrfach ausgezeichnet und geehrt. Eine Münchener →Spruchkammer verurteilte ihn nach 1945 zu drei Jahren Arbeitslager; sein Vermögen wurde teilweise beschlagnahmt, und er erhielt zehn Jahre Berufsverbot.

„Weiß", Fall, Deckname für den →Polenfeldzug 1939. In Vorstudien wurde, wie in A. →Hitlers „Weisung Nr. 1 für die Kriegführung" vom 31. 8. 1939 auch erwähnt, der Deckname „Fall W." für Planungen zum Polenfeldzug verwendet.
W. Hubatsch: Hitlers Weisungen für die Kriegführung 1939–1945, 1983.

Weißbücher, amtliche Zusammenstellungen von Schriftstücken im Deutschen Reich, die meist dem Reichstag vorgelegt wurden. So legte das Auswärtige Amt 1939 als „W. Nr. 2" die „Dokumente zur Vorgeschichte des Krieges", 1940 als „W. Nr. 5" „Weitere Dokumente

zur Kriegsausweitungspolitik der Westmächte" vor. Im Ausland waren andere Farben üblich: Blaubücher in England; Rotbücher in USA, Spanien, Türkei; Gelbbücher in Frankreich und China; Grünbücher in Italien und Rumänien; Graubücher in Belgien und Japan; Orangebücher in den Niederlanden.

„Weißdorn", Unternehmen, Deckname für die planmäßige Räumung Memels 1944. Im Rahmen des Unternehmens „W." wurde vom 7. bis 11. 10. 1944 durch die Marine die Stadt Memel von der Zivilbevölkerung geräumt, so daß 50000 Memelern die Flucht gelang. Ebenso verlegte die Marine ihre Einheiten unter Mitnahme allen schweren Materials und der Wirtschaftsgüter nach Westen.
Militärgeschichtliches Forschungsamt (Hrsg.): Beiträge zur Militär- und Kriegsgeschichte, Bd. 5, 1963.

„Weiße Rose", studentischer Widerstandskreis in München 1942/43. Eine Gruppe um die Geschwister Hans und Sophie →Scholl sowie den Philosophieprofessor Kurt Huber veranstaltete ab Herbst 1942 mehrere Flugblattaktionen an der Münchener Universität, in denen sie geistige Freiheit verlangten und gegen die Kriegführung aufriefen. Sie wurden am 18. 2. 1943 gefaßt und vom →Volksgerichtshof zum Tode verurteilt. Die Geschwister Scholl und C. Probst wurden am 22. 3. 1943 in Berlin-Plötzensee, Professor Huber und A. Schmorell am 13. 7. 1943 in München hingerichtet.
J. Scholl: Die Weiße Rose, 1958. C. Petry: Studenten aufs Schafott, 1968. R. Ranser: Deutschland zuliebe, 1980.

Weisungen für die Kriegführung, militärische Rahmenbefehle A. Hitlers 1939–1945. Nach früheren „Weisungen" für die Wehrmacht ab Herbst 1933, u. a. „für die Wehrmacht im Falle von Sanktionen" 1933, für den Einmarsch in Österreich vom 11. 3. 1938, für den „Fall Grün" (Besetzung der Tschechoslowakei) vom 30. 5. 1938, unterzeichnete A. →Hitler am 31. 8. 1939 die →„Weisung Nr. 1 für die Kriegführung" zum Polenfeldzug. Die letzte ausdrücklich als solche bezeichnete ist die Weisung Nr. 51 vom 3. 11. 1943, doch werden noch weitere Führerbefehle, -erlasse und -fernschreiben zu den W. gerechnet, so daß man bis zum Fernschreiben eines Führerbefehls vom 15. 4. 1945 an die Oberbefehlshaber der Heeresgruppen auf die Zahl 75 kommt. Die W. trugen zunächst den Briefkopf „Der Oberste Befehlshaber der Wehrmacht", die W. Nr. 11–41 (außer 20, 23) „Der Führer und Oberste Befehlshaber der Wehrmacht", die W. ab Nr. 42 (29. 5. 1942) „Der Führer". 33 W. sind von A. Hitler in allen Ausfertigungen eigenhändig unterzeichnet, andere nur in einigen Ausfertigungen oder im Entwurf. Die W. betrafen meist Vorbereitungen zu Feldzügen oder größeren Einsätzen und benutzten Codenamen („Fall Gelb", „Weserübung", „Felix" u. a.).

W. Hubatsch: Hitlers Weisungen für die Kriegführung 1939–1945, 1983.

Weizsäcker, Ernst Freiherr von, Staatssekretär, * 12. 5. 1882 Stuttgart, † 4. 8. 1951 Lindau. Nach Dienst als Seeoffizier in der Kriegsmarine 1900–1918 trat W. 1920 in den diplomatischen Dienst ein, war 1931–1936 u. a. als Geschäftsträger und Bevollmächtigter in Oslo, Genf und Bern tätig und wurde 1936 Leiter der Politischen Abteilung des Auswärtigen Amtes in Berlin, 1937 Ministerialdirektor. Von Frühjahr 1938 bis 1943 war er Staatssekretär im Auswärtigen Amt, anschließend bis Kriegsende Botschafter beim Vatikan. Ab 30. 1. 1942 war er SS-Brigadeführer im Persönlichen Stabe →Himmlers. Er stand während des Krieges Widerstandskreisen nahe. 1945 blieb er zunächst im Vatikan, wurde bei seiner Rückkehr 1947 verhaftet und als Hauptangeklagter im →Wilhelmstraßenprozeß vom US-Militärgerichtshof IV am 11. 4. 1949 zu sieben Jahren Haft verurteilt, die am 12. 12. 1949 auf fünf Jahre herabgesetzt wurde. Im Oktober 1950 vorzeitig entlassen, starb er bald darauf. Er schrieb seine „Erinnerungen" (1950) mit dem Versuch der Rechtfertigung seines Handelns im 3. Reich.

L. E. Hill (Hrsg.): Die Weizsäcker-Papiere 1900–1932, 1982, und 1933–1950, 1975. M. Wein: Die Weizsäckers, 1988. H. J. Dröscher: Das Auswärtige Amt im Dritten Reich, 1987. M. Boveri: Der Diplomat vor Gericht.

Wels, Otto, SPD-Vorsitzender, * 15. 9. 1873 Berlin, † 16. 9. 1939 Paris. Der Gastwirtssohn wurde Tapezierer, trat früh der →SPD bei und war 1907–1918 ihr Parteisekretär in der Provinz Brandenburg, ab 1913 Mitglied des Parteivorstandes und 1912–1918 MdR. Ab November 1918 war er Stadtkommandant von Berlin, wurde im Dezember 1918 von der kommunistischen →Volksmarinedivision (mit Fr. →Ebert) gefangengenommen und von Regierungstruppen wieder befreit. 1919/20 war er Mitglied der →Weimarer Nationalversammlung, 1920–1933 MdR sowie 1919–1933 einer der SPD-Parteivorsitzenden, wobei er dem rechten SPD-Flügel zuneigte und die Regierung →Brüning unterstützte. Er leitete beim →Kapp-Putsch 1920 den Generalstreik und bewirkte →Noskes Rücktritt. Am 23. 3. 1933 begründete er im Reichstag die Ablehnung des →Ermächtigungsgesetzes durch die SPD. Ab 1. 5. 1933 arbeitete er von Prag, ab 1938 von Paris aus für die Exil-SPD. Er schrieb u. a. „Bolschewismus von rechts" (1920), „Die Sozialdemokratie ge-

gen Poincaré und Helfferich" (1923) und „Eiserne Front" (1932).

H. Adolph: Otto Wels und die Politik der deutschen Sozialdemokratie 1894–1939, 1971.

Weltkriege, →Erster Weltkrieg, →Zweiter Weltkrieg.

Weltwirtschaftskrise, Wirtschaftskrise der Industrieländer 1929–1933. Eine schwache Konjunktur der US-Volkswirtschaft löste mit dem Kurssturz an der New Yorker Börse am 25. 10. 1929 (→„Schwarzer Freitag") die W. aus. In Deutschland kamen die Folgen der →Inflation, der →Reparationspolitik und des hohen Kapitalmangels hinzu. Der Abzug kurzfristiger ausländischer Anleihen, von deutschen Banken langfristig angelegt, führte zum Zusammenbruch deutscher Geldinstitute (11. 5. 1931 Österreichische Creditanstalt, 13. 7. 1931 Darmstädter und Nationalbank) sowie zu weiterer vorübergehender Schließung von Banken. Die Regierung →Brüning versuchte vergeblich, mit →Notverordnungen, Steuererhöhungen und Gehaltskürzungen einzugreifen, konnte aber das Ansteigen der →Arbeitslosenzahl auf über vier Mill., 1932/33 auf sechs Mill. nicht verhindern. Das deutsche Volkseinkommen sank von 1929–1932 um 43%, die Industrieerzeugung um 39%. An der W. zerbrach die Regierung Brüning. In Deutschland bewirkten erst ab 1933 große Arbeitsbeschaffungsprogramme und die Sicherung der Bauern schnell den Ausweg aus der W., während andere Industrieländer, vor allem die USA, noch bis Ende der 30er Jahre hohe Arbeitslosenzahlen hatten.

K. E. Born: Die deutsche Bankenkrise 1931, 1967. C. Kindleberger: Die Weltwirtschaftskrise, 1973. J. Becker und K. Hildebrand (Hrsg.): Internationale Beziehungen in der Weltwirtschaftskrise 1929–1933, 1980. H. James: Deutschland in der Weltwirtschaftskrise 1924–1936, 1988. F. Blank: Der schwarze Freitag, 1985. K. Holl (Hrsg.): Wirtschaftskrise und liberale Demokratie, 1978. W. Treue (Hrsg.): Deutschland in der Weltwirtschaftskrise, 1967.

Werberat der deutschen Wirtschaft, Sachverständigenkreis zur Wirtschaftswerbung ab 1933. Mit dem Gesetz über die Wirtschaftswerbung vom 12. 9. 1933 wurde der W. eingerichtet, in dem vom Reichspropagandaministerium berufene Fachleute die Fragen des Werbungs-, Ausstellungs- und Reklamewesens der Wirtschaft koordinieren sollten. Der W. befand und entschied über Inhalte und Gestaltung von Werbekampagnen.

Werwolf, Wehrverband 1923–1933. Der im Januar 1923 von Angehörigen des „Stahlhelms" in Halle/Saale gegründete „Bund deutscher

Männer und Frontkämpfer" wurde ab Mai 1923 W. genannt. Unter Führung von F. Kloppe veranstaltete er Aufmärsche und Wehrsportübungen und trat für eine Revision des →Versailler Diktats ein. Er hatte etwa 30000 Mitglieder und enge Verbindungen zur →Schwarzen Reichswehr. Sein Organ war „Der Werwolf". Nach der von ihm begrüßten Machtübernahme wurde der W. 1933 in die →SA oder →HJ übernommen.
F. Kloppe: Der Possedismus, ⁹1933. H. J. Mauck: Nationalistische Wehrorganisationen in der Weimarer Republik, 1982.

Werwolf, deutsche Partisanengruppen 1944/45. Ab Sommer 1944 liefen in Deutschland Bestrebungen, alliierten Truppen auf Reichsgebiet Partisanengruppen entgegenzustellen, so unter SS-Obergruppenführer Hans-Adolf Prützmann. W.-Kampfschulen waren geplant, die Ausbildung wurde nicht mehr durchgeführt. Am 1. 4. 1945 wurde von Reichspropagandaminister Dr. →Goebbels im Rundfunk zum W. aufgerufen, ohne daß dieser jedoch Bedeutung und Wirksamkeit erlangte. Einzelne W.-Aktionen fanden statt, so die Tötung des von den Amerikanern eingesetzten Aachener Oberbürgermeisters Franz Oppenhoff durch eine mit dem Fallschirm hinter der Front abgesprungene W.-Gruppe unter SS-Unterscharführer Josef Leitgeb am 25. 3. 1945, ebenso Einzelmaßnahmen gegen alliierte Truppen, die mit Geiselerschießungen antworteten. Die Alliierten suchten nach Kriegsende noch lange vergeblich nach W.-Einheiten, die es in der befürchteten Stärke gar nicht gegeben hatte.
W. Frees: „Unternehmen Karneval", 1985. A. Rose: Werwolf 1944–1945, 1980.

„Werwolf", Unternehmen (→Selbstopfer W.), Deckname für den Einsatz von 183 deutschen Rammjägern des Sonderkommandos „Elbe" in der Luftschlacht über dem Steinhuder Meer am 7. 4. 1945 gegen die einfliegende 8. US-Luftflotte. Dabei wurden 23 viermotorige Bomber vernichtet, weitere 28 wurden durch die begleitenden Düsenjäger des Jagdgeschwaders 7 abgeschossen, 133 Rammjäger gingen verloren, 77 deutsche Piloten fielen.
A. Rose: Radikaler Luftkampf, 1977.

Wesertag, Deckname für den Tag des Unternehmens →„Weserübung", der Besetzung Dänemarks und →Norwegens am 9. 4. 1940. Als „Weserzeit" war 5.15 Uhr angesetzt.

Weserübung, Unternehmen, Deckname für den deutschen Angriff und die Besetzung von Dänemark (W.-Süd am 9. 4. 1940) und Norwegen (W.-Nord 9. 4. bis 10. 6. 1940) im Rahmen des →Norwegenfeldzuges.
O. Desarzens: Nachrichtendienstliche Aspekte der „Weserübung" 1940, 1988.

Wessel, Horst, SA-Führer, * 9. 10. 1907 Bielefeld, † 23. 2. 1930 Berlin. Der Pfarrerssohn studierte ab 1926 Jura in Berlin, trat dort 1926 der →NSDAP und →SA bei und führte ab 1929 den SA-Sturm 5 in der kommunistischen Hochburg Berlin-Friedrichshain, wo er viele Arbeiter für die NSDAP gewann. Am 14. 1. 1930 wurde W. in seiner Wohnung von dem Kommunisten A. Höhler und anderen Mitgliedern des →Roten Frontkämpferbundes überfallen und in den Mund geschossen. W. wurde, als er an den Folgen einer Blutvergiftung im Krankenhaus gestorben war, zum „Blutzeugen der Bewegung", seine Beerdigung zur politischen Demonstration. Das von W. am 23. 9. 1929 im →„Angriff" veröffentlichte Gedicht „Die Fahne hoch . . ." war als →„Horst-W.-Lied" 1933–1945 zweite deutsche Nationalhymne. Im 3. Reich wurden Straßen, Plätze und Schiffe nach ihm benannt.
I. Wessel: Mein Bruder Horst, ⁵1937. E. Reitmann: Horst Wessel, 1940. I. Lazar: Der Fall Horst Wessel, 1980. T. Oertel: Horst Wessel, 1988.

Westfeldzug, Bezeichnung für die deutschen militärischen Unternehmungen vom 10. 5. bis 22. 6. 1940 im Westen. Nach Änderung des Planes →„Gelb" in das Unternehmen →„Sichelschnitt" führte der W. am 15. 5. 1940 zur Kapitulation der niederländischen Armee, am 28. 5. zu der der belgischen und nach dem →Frankreichfeldzug zum Waffenstillstand von →Compiègne, der Kapitulation Frankreichs am 22. 6. 1940.
J. Piekalkiewicz: Ziel Paris. Der Westfeldzug 1940, 1986. G. Buck: Der Westfeldzug, 1979.

Westgoten-Bewegung, Bezeichnung für die Zuführung von Heimatverbänden an die Westfront 1945. Nach dem Führerbefehl vom 25. 3. 1945 wurden alle Ersatz- und Ausbildungseinheiten im Rahmen der →Goten-Bewegung an die Front geführt, bei der W. ab 28. 3. 1945 an die Westfront. Zu diesen Verbänden zählten u. a. „Franken", „Thüringen" und „Westfalen".

Westmark, Gau der NSDAP. Der aus dem Saargebiet, Lothringen und der Pfalz gebildete Gau Saarpfalz der →NSDAP wurde am 7. 12. 1940 in Gau W. umbenannt. Der Gauleiter Josef →Bürckel hatte seinen Sitz in Saarbrücken, war zugleich ab 2. 8. 1940 Chef der Zivilverwaltung von Lothringen und führte seit dem Führererlaß vom 11. 3. 1941 den Titel „Der Reichsstatthalter in der Westmark".

Westpreußen, preußische Provinz zwischen Pommern und Ostpreußen. Das vorwiegend deutsch besiedelte Land kam 1772 (Danzig und Thorn 1793) zu Preußen. Im →Versailler Diktat wurde der größte Teil W.s ohne Abstimmung und gegen den Willen der Bevölkerung als →„polnischer Korridor" Polen zugesprochen, →Danzig wurde „Freie Stadt", das Gebiet um Marienwerder blieb nach der →Volksabstimmung (11. 7. 1920; 92,3% für Deutschland) deutsch und kam als Regierungsbezirk W. zu Ostpreußen, der Südwestteil wurde der neuen Provinz →Grenzmark Posen-W. angeschlossen. Nach dem →Polenfeldzug 1939 wurde der Gau →Danzig-Westpreußen geschaffen, der 1945 unter polnische Verwaltung kam. Die deutsche Bevölkerung floh 1945 oder wurde ermordet und vertrieben. In Westdeutschland entstand die Landsmannschaft W. im Bund der Vertriebenen.

B. Schumacher: Geschichte Ost- und Westpreußens, [6]1977. E. Wermke: Bibliographie zur Geschichte von Ost- und Westpreußen 1939–1970, 1974. H. Scheffler: Westpreußen, 1989. H. Rasmus: Pommerellen, Westpreußen 1919–1939, 1989. H. Rauschning: Die Entdeutschung Westpreußens und Posens, 1930. F. Heiss und A. Hillen-Ziegfeld (Hrsg.): Deutschland und der Korridor, [2]1939.

Westwall, tiefgestaffelte Befestigungslinie entlang der deutschen Westgrenze. Auf rund 630 km Länge wurde der Bau des W.s zwischen der Schweizer Grenze und dem Gebiet nördlich von Aachen mit rund 20000 Bunkern, Unterständen und Höckerlinien (Panzersperren) im Frühjahr 1936 von Festungspionierstäben des Heeres begonnen, dann ab 28. 5. 1938 unter dem Generalinspektor für das deutsche Straßenwesen, Fritz →Todt, energisch fortgesetzt. Aus diesen Baukolonnen ging die →Organisation Todt hervor. Von im Herbst 1938 zeitweise fast 500000 Arbeitskräften wurden u. a. 8 Mill. t Zement und 1,2 Mill. t Eisen verbaut, so daß in kurzer Zeit eine die Westmächte abschreckende Verteidigungslinie entstand. Sie sicherte in den ersten Monaten des 2. Weltkriegs die deutsche Westgrenze, bis die Erfolge des →Westfeldzuges den W. zunächst überflüssig machten. Als die Alliierten 1944/45 von Westen gegen das Reichsgebiet vordrangen, boten die zum Teil nicht mehr armierten Bunker des W.s keinen großen Schutz mehr. Ein Teil seiner Anlagen wurde nach 1945 von den Alliierten zerstört, ein anderer später von deutschen Stellen beseitigt.

M. Gross: Der Westwall zwischen Niederrhein und Schnee-Eifel, 1982. F. W. Seidler: Die Organisation Todt, 1987. F. W. Seidler: Fritz Todt, 1986. A. Molt: Der deutsche Festungsbau von der Memel zum Atlantik 1900–1945, 1988. H. Neumann: Festungsbaukunst und Festungsbautechnik, 1988. Bettinger und Büren: Der Westwall, 2 Bde., 1990. O. W. Förster: Das Befestigungswesen, 1960. R. T. Kühne: Der Westwall, 1939.

Westwallabzeichen, anderer Name für das →Deutsche Schutzwall-Ehrenzeichen.

Wettlauf zum Meer (französisch La course à la mer), Bezeichnung für die militärischen Operationen in Nordfrankreich im Herbst 1914. Nach der →Marneschlacht versuchten von September bis November 1914 sowohl die Alliierten als auch die Deutschen zur Kanalküste vorzustoßen und den Gegner an der Nordflanke in Flandern und im Artois zu umfassen. Die Deutschen wollten dadurch zudem den britischen Nachschub über den Kanal unterbinden. Im Verlauf dieser Kämpfe kam es zur Schlacht bei →Arras (1.–13. 10. 1914), später zu der bei →Ypern (30. 10. bis 24. 11. 1914) und um die →Yser (18. 10. bis 10. 11. 1914), bis die Kämpfe ohne durchschlagenden Erfolg für eine Seite zum Stellungskrieg erstarrten.

Wewelsburg, →SS-Führerschule. Ab 1933 wurde in der mittelalterlichen Wewelsburg südlich Paderborn eine Führerschule der →SS eingerichtet, die gleichzeitig zum Kulturdenkmal ausgebaut wurde, ein Museum und eine große Bibliothek aufnahm und als Beratungsstätte für höhere SS-Führer dienen sollte.

S. Russel und J. W. Schneider: Heinrich Himmlers Burg, 1989.

WHW, Abkürzung für →Winterhilfswerk.

Widerstand, in der Politik die Ablehnung und Bekämpfung der Maßnahmen einer herrschenden Gruppe. In der Nachkriegszeit wird das Wort W. vorzugsweise für die Kennzeichnung einer Opposition im Dritten Reich benutzt, die nicht offen hervortreten konnte und deshalb verdeckt wirkte. Verstanden werden darunter Gleichgültigkeit gegenüber angeordneten Maßnahmen, Sabotage von Weisungen und Befehlen, Hochverratshandlungen bis hin zum Attentat und – allerdings nur vereinzelt nachgewiesen – Fälle von Landesverrat. Der W. setzte schon 1933 ein und wurde zunächst nur von Gruppen getragen, die auch schon vor der Machtübernahme Gegner der →NSDAP gewesen waren. Er nahm in dem Maße ab, wie die Polizei kommunistische Untergrundgruppen entlarven konnte und andererseits die Zustimmung der Bevölkerung zur Politik A. →Hitlers wuchs. 1934 strebte Vizekanzler von →Papen eine Machteinschränkung A. Hitlers durch einen von Reichspräsident von →Hindenburg zu verhängenden Staatsnotstand und den Einsatz der Reichswehr an, ein Unternehmen, das ausschlaggebend zum Vorgehen gegen SA-Führer um Ernst →Röhm beitrug. 1938 und im Winter 1938/39 wurde in militärischen Kreisen die Festnahme A. Hitlers bei Inkaufnahme seines Todes erwogen, um einen deutschen Angriff auf die Tschechoslowakei und die Westmächte zu verhindern. Widerstandskreise haben auch im westlichen Ausland ein entschiedenes Vorgehen gegen A. Hitlers Außenpolitik verlangt, um ihm das Risiko seiner Maßnahmen vor Augen zu führen. Dadurch haben sie jedoch der polnischen Regierung die Überzeugung vermittelt, A. Hitler würde nach einem Kriegsausbruch von einer Opposition entmachtet, weshalb Polen vor einem Kriege keine Angst zu haben und deshalb auf deutsche Forderungen nicht einzugehen brauche. Angesichts deutscher Siege zu Beginn des Krieges haben sich die oppositionellen Gruppen, wenn man von der Unterrichtung der Westmächte über deutsche Angriffstermine durch den bei der →Abwehr tätigen Oberst H. →Oster absieht, wenig getan oder nur Handlungen und Nachkriegsordnungen geplant. Mit dem Ausbruch des →Rußlandfeldzuges setzte verstärkt die Spionagetätigkeit von Kommunisten ein, mit den ersten Niederlagen der deutschen Wehrmacht dann die Bereitschaft pensionierter und aktiver Offiziere, einen Staatsstreich zu unternehmen. Diese Pläne führten zu mehreren Attentatsvorbereitungen und am →20. Juli 1944 zu einem Sprengstoffanschlag auf A. Hitler, der als Auftakt für eine Machtübernahme geplant war, aber sein Ziel verfehlte. Der Putsch sollte zu Friedensvereinbarungen mit den Westmächten führen, obwohl die Verschwörer von dort darüber unterrichtet worden waren, daß man Verhandlungen mit jeder deutschen Regierung ablehne und auf einer bedingungslosen Kapitulation Deutschlands bestehe. Das Ausmaß dieser Verschwörung ergibt sich aus etwa 200 Todesurteilen nach ihrer Aufdeckung. Zu diesem nichtkommunistischen Widerstand gehörten Teilnehmer aus allen Bevölkerungsgruppen. Man wird einen gemeinsamen Nenner für ihre Motive noch am ehesten in religiösen Überzeugungen zu sehen haben. Nach dem Krieg haben zahlreiche Deutsche behauptet, sie seien gleichfalls Oppositionelle gewesen und hätten auf vielfache Weise Politik und Kriegsanstrengungen des Dritten Reiches sabotiert. Nachzuprüfen ist das meistens nicht. Angesichts des tatsächlichen Verhaltens der Deutschen von 1933–1945 kann man nur davon ausgehen, daß Widerstand gleich welcher Art im Dritten Reich nur von einer verschwindenden Minderheit geleistet wurde, während sich die große Mehrheit der Deutschen loyal verhielt. Das dies heute anders gesehen wird, liegt an der überproportionalen Darstellung oppositioneller Handlungen im Dritten Reich.

Wied, Wilhelm Prinz zu, Fürst von Albanien, * 26. 3. 1876 Neuwied, † 18. 4. 1945 Predeal (Rumänien). Der aus dem alten Grafengeschlecht des Lahngaues, das 1784 in den Reichsfürstenstand gehoben war, stammende W., ein Neffe der Königin Elisabeth von Rumänien (Prinzessin von Wied), war vom 7. 3. bis 5. 9. 1914 Fürst von Albanien und mußte dann das Land als Folge eines Aufstandes verlassen.

Wiedergutmachung, Zahlungen durch die Bundesrepublik Deutschland. Die BRD leistet Zahlungen, wenn von Personen Vermögensschäden als Folge der Politik des Dritten Reiches geltend gemacht oder die Voraussetzungen für eine Haftentschädigung genannt werden. Die gesetzlichen Grundlagen dieser Regelung wurden in der Regierungszeit von K. →Adenauer geschaffen. Sie erleichtern dem Antragsteller den Nachweis des Vermögensschadens erheblich. Den größten Anteil an diesen Zahlungen haben Juden erhalten, bis zum Jahr 2000 werden sie voraussichtlich 100 Milliarden DM bekommen. Der Zionistenführer Nahum Goldmann erklärte in einem am 2. 5. 1978 veröffentlichten Interview: „Die Deutschen hätten die Sache mit der Wiedergutmachung viel billiger haben können. Aber Adenauer, dieser sehr harte Mensch vom Zuschnitt einer mittelalterlichen Holzfigur, hat die moralische Verpflichtung akzeptiert, für die es überhaupt keine juristische Handhabe gibt."

Wiederherstellung der Wehrhoheit im Rheinland, Einmarsch deutscher Truppen in die entmilitarisierte Zone des Rheinlandes am 7. 3. 1936. Nach vorangegangenen Verletzungen des →Versailler Diktats durch die Alliierten ließ A. →Hitler am 7. 3. 1936 drei deutsche Bataillone entgegen den Bestimmungen des Versailler Diktats (Artikel 42–44) und des →Locarno-Paktes in die entmilitarisierte Zone des Rheinlandes einmarschieren. Die Soldaten wurden von der Bevölkerung jubelnd begrüßt und marschierten nach Aachen, Trier und Saarbrücken. Die geringe Truppenstärke sollte die Reaktion der Alliierten prüfen: die Einheiten hatten Befehl, sich bei Feindberührung sofort zurückzuziehen. Die Locarno-Mächte, vor allem Frankreich und Belgien, protestierten am 8. 3. 1936, antworteten mit einer Sondersitzung des →Völkerbundrates (19. 3. 1936) und einer deklaratorischen Verurteilung des deutschen Schrittes, Italien hielt sich, im Abessinienkrieg verwickelt, ganz zurück, ebenso England. Am gleichen Tag bot A. Hitler nach Kündigung der Locarno-Verträge Frankreich, Belgien und den Niederlanden bei Garantie durch England und Italien einen Nichtangriffspakt für 25 Jahre mit

Entmilitarisierung eines Gebiets beiderseits der Staatsgrenzen an, dazu einen Luftpakt und Deutschlands Rückkehr in einen erneuerten Völkerbund. Die W. stellte einen großen Erfolg für A. Hitlers Politik dar und machte eine weitere Revision des Versailler Diktats wahrscheinlich (→Wehrhoheit).

K. Reimer: Rheinlandfrage und Rheinlandbewegung, 1979. M. Braubach: Der Einmarsch deutscher Truppen in die entmilitarisierte Zone am Rhein im März 1936, 1956.

Wiener Protokoll, deutsch-österreichisches Abkommen. Am 19. 3. 1931 vereinbarten Reichsaußenminister Julius →Curtius und Österreichs Vizekanzler und Außenminister Johannes →Schober in Wien nach vorhergehenden Gesprächen im W. eine →Zollunion zwischen dem Reich und Österreich, vor allem zur Abwendung der wirtschaftlichen Not Österreichs. Als diese Absicht bekannt wurde, protestierten die Westalliierten heftig. Der Plan mußte deshalb aufgegeben werden.

Wiener Schiedssprüche, internationale Gebietsregelungen 1938/40, durch die Ungarn nach dem 1. Weltkrieg verlorene Gebiete zurückerhielt. Im 1. W. ging es um ungarische Forderungen, die um die Zeit des →Münchener Abkommens erhoben waren, auf mehrheitlich von Ungarn bewohntes slowakisches Gebiet. Da Verhandlungen Ungarns mit dem slowakischen Ministerpräsidenten →Tiso keinen Erfolg brachten, A. →Hitler gegen eine neue Viererkonferenz war und Frankreich wie England sich nicht einmischen wollten, fällten am 2. 11. 1938 auf Anregung Ungarns und der Tschechoslowakei der deutsche Außenminister Joachim von →Ribbentrop und sein italienischer Kollege Ciano den 1. W.: ein rund 12 000 km² großes, an Ungarn grenzendes Gebiet der Südslowakei und der Karpato-Ukraine mit rund einer Mill. Menschen (davon 59 % Ungarn) kam zu Ungarn, das es vom 5. bis 10. 11. 1938 besetzen sollte. Darüber hinaus nahm Ungarn am 15. 3. 1939 die restliche Karpato-Ukraine und weitere Gebiete der Slowakei in Besitz. Der 2. W. erfolgte am 30. 8. 1940 durch den deutschen und italienischen Außenminister, nachdem Ungarn sich mit Rumänien in Verhandlungen nicht hatte einigen können und russische wie bulgarische Forderungen an Rumänien eine Konfliktlage geschaffen hatten: Ungarn erhielt von Rumänien Nordsiebenbürgen und das Szeklerland, rund 43 500 km² mit 2,53 Mill. Bewohnern, davon 1,1 Mill. Rumänen und 60 000 Deutsche. Nach dem 2. W. mußte König Caroll II. von Rumänien abdanken, General →Antonescu riß die Macht an sich. Beide W.

wurden im ungarischen Waffenstillstand mit den Alliierten am 20. 1. 1945 (Artikel 13) und im Pariser Friedensvertrag vom 10. 2. 1947 (Artikel 1) aufgehoben.

Wiesbadener Abkommen, Vereinbarung zwischen der Arbeitsgemeinschaft zur Wahrung sudetendeutscher Interessen und dem tschechischen Nationalausschuß. Im W. bekannten sich die Unterzeichner zu einer deutsch-tschechischen Aussöhnung auf der Grundlage des →Selbstbestimmungsrechtes, der freien Partnerschaft und der demokratischen Ordnung. Es wurde am 4. 8. 1950 in Wiesbaden für den Tschechischen Nationalausschuß von General Lew Brchala, London, und für die →Sudetendeutschen von Dr. Rudolf →Lodgman von Auen sowie zwei MdB unterzeichnet.

Wiesenthal, Führerhauptquartier in Hessen 1944/45. Nahe dem „Adlerhorst" bei Ziegenheim, rund 11 km westlich von Bad Nauheim, wurde 1939/40 das →Führerhauptquartier W. gebaut: oberirdische Häuser mit starken Kellern, durch künstliche Bäume und Netze geschützt. Von W. aus leitete A. →Hitler vom 10. 12. 1944 bis 15. 1. 1945 die →Ardennenoffensive.

Buck: Das Führerhauptquartier 1939–1945, 1977.

„Wiking", Unternehmen, Rückzugsbewegung aus dem →Kuban-Brückenkopf im September 1943. Nachdem der im Januar 1943 gebildete Kuban-Brückenkopf monatelang starke sowjetische Einheiten gebunden hatte, wurde ab 7. 9. 1943 die Rückverlegung der dort stehenden deutschen 17. Armee unter Generaloberst Jaenecke als Unternehmen „W." zur Halbinsel Kertsch und über die Krim hin planmäßig durchgeführt. Bis 10. 10. 1943 waren Soldaten und Material aus dem Brückenkopf abgezogen.

Wilhelm, Kronprinz des Deutschen Reiches und von Preußen, * 6. 5. 1882 Potsdam, † 20. 7. 1951 Hechingen. Der älteste Sohn Kaiser →Wilhelms II. und Kaiserin →Auguste Viktorias führte nach Ausbruch des 1. Weltkriegs die deutsche 5. Armee, die bei Longwy siegte, in der →Marneschlacht den deutschen linken Flügel bildete und 1916 großen Anteil an der Schlacht um →Verdun hatte. Später führte er die Heeresgruppe „Deutscher Kronprinz" mit Generalstabschef Graf F. B. von der →Schulenburg. Am 11. 11. 1918 legte er sein Kommando nieder, ging am 13. 11. 1918 nach Holland (Wieringen) ins Exil und verzichtete am 1. 12. 1918 auf seine Thronrechte. 1923 konnte er nach Deutschland zurückkehren und lebte meist auf seinem Besitz Oels (Schlesien). Er war Mitglied des →„Stahlhelms". 1932 untersagte ihm sein Vater die Kandidatur als Reichspräsident. Verheiratet war er mit Herzogin Cecilie von Mecklenburg-Schwerin. Er schrieb „Erinnerungen" (1922), „Meine Erinnerungen an Deutschlands Heldenkampf" (1932) und „Ich suche die Wahrheit" (1925).

Freiherr von Eppstein: Der deutsche Kronprinz, der Mensch, der Staatsmann, 1926. von François: Der deutsche Kronprinz, der Soldat und Heerführer, 1926. P. Herre: Kronprinz Wilhelm, 1954. K. W. Jonas: Der Kronprinz Wilhelm, 1962.

„Wilhelm Gustloff", KdF- und Flüchtlingsschiff. Das 1936 in Auftrag gegebene und am 5. 7. 1937 vom Stapel gelaufene 25 484 BRT große Passagierschiff der →Deutschen Arbeitsfront wurde nach dem am 4. 2. 1936 ermordeten Landesgruppenleiter der Schweizer NSDAP-Auslandsorganisation, W. →Gustloff, benannt und diente mit 417 Mann Besatzung für 1465 Fahrgäste in der „Flotte des Friedens" der →NS-Organisation „Kraft durch Freude" (KdF) zu Fahrten vor allem in der Nordsee, nach Norwegen sowie nach Madeira. Die Jungfernfahrt begann am 23. 3. 1938 mit 1000 Österreichern. Am 10. 5. 1938 lag das Schiff als schwimmendes Wahllokal vor London, wo die in England lebenden Deutschen über den →Anschluß Österreichs abstimmen konnten. 1939 kam ein Teil der →Legion Condor auf der „W." zurück. Im 2. Weltkrieg wurde die W. als Lazarettschiff, ab 1940 als Kasernenschiff in Gotenhafen (Gdingen) benutzt. Am 30. 1. 1945 ging sie bei minus 18 Grad mit 4974 Flüchtlingen und 1626 Wehrmachtsangehörigen überladen von Gotenhafen nach Westen in See und wurde abends um 21.08 Uhr vor Stolpmünde von dem sowjetischen U-Boot „S 13", Kommandant Marinesko, mit drei Torpedos versenkt, wobei nur 900 Menschen aus dem eisigen Wasser geborgen werden konnten. Diese bis dahin größte Schiffskatastrophe wurde noch übertroffen, als im April 1945 die →„Goya", gleichfalls von den Sowjets, versenkt wurde.

E. Kieser: Danziger Bucht 1945, [5]1985. H. Schön: Die „Gustloff"-Katastrophe, 1984. H. Schön: Ostsee '45, [3]1985. C. Dobson u. a.: Die Versenkung der „Wilhelm Gustloff", 1989.

Wilhelm-Gustloff-Stiftung, →Gustloff, Wilhelm.

Wilhelm-Gustloff-Werke →Gustloff, Wilhelm.

Wilhelm II., deutscher Kaiser und König von Preußen, * 27. 1. 1859 Potsdam, † 4. 6. 1941 Haus Doorn/Holland. Der älteste Sohn Kaiser Friedrichs III. und Kaiserin Viktorias kam am 15. 6. 1888 auf die Throne. Der selbstbewußte junge Kaiser geriet bald in Gegensatz (Sozialpolitik) zu Bismarck, der deshalb am 18. 3. 1890 als Reichskanzler zurücktrat. Im „Neuen Kurs" (ab 1890) und in der Zeit des „Persönlichen Regiments" (bis 1908) nahm W. über ergebene Reichskanzler starken Einfluß auf die Außen- und Innenpolitik, vernachlässigte dabei die Verbindung mit Rußland und suchte vergeblich die Freundschaft Englands. Durch unglückliche Auftritte, Erklärungen und Reden (Krügerdepesche 1896, Hunnenrede 27. 6. 1900, →Daily-Telegraph-Krise 28. 10. 1908) sowie seine Flottenpolitik gab er sich Blößen, die seine wenig glücklich gewählten Ratgeber nicht verbergen konnten. Der sozial ausgerichtete Kaiser trug mit seiner Familie – ab 1881 verheiratet mit →Auguste Viktoria von Schleswig-Holstein-Sonderburg-Augustenburg, seit 1922 mit Hermine Fürstin Schönaich-Carolath († 1947) – wesentlich zum Nationalbewußtsein der Deutschen bei, versuchte auch den 1. Weltkrieg zu verhindern, konnte jedoch die →Einkreisung Deutschlands nicht beseitigen. Im 1. Weltkrieg war er zwar „Oberster Kriegsherr", hielt sich gegenüber der →Obersten Heeresleitung aber weitgehend zurück und wurde von dem von ihm nicht geschätzten Reichstag immer mehr entmachtet. In seiner →Osterbotschaft vom 7. 4. 1917 versprach er die Reform des Dreiklassenwahlrechts und dafür direkte und geheime Wahlen. Nachdem Reichskanzler Prinz →Max von Baden nach Ausbruch der →Novemberrevolte am 9. 11. 1918 eigenmächtig den Rücktritt des Kaisers erklärt hatte, ging W. auf Rat seiner Umgebung im Hauptquartier →Spa, die an der Treue der Soldaten zweifelte, am 10. 11. 1918 nach Holland ins Exil. Am 28. 11. 1918 verzichtete W. auf seine Throne. Er lebte bis 1920 in Amerongen, dann in Haus Doorn. Die holländische Regierung lehnte 1920 die Auslieferungsforderung der Alliierten zur Bestrafung des Kaisers nach Artikel 227 des →Versailler Diktats ab. Hoffnungen W.s auf eine Restaurierung der Monarchie über Reichspräsident von →Hindenburg und später Reichskanzler A. →Hitler erfüllten sich nicht. Der letzte deutsche Kaiser war im Volk sehr beliebt und wurde meist zu Unrecht von den Medien wie im Ausland herabgesetzt. Er schrieb „Ereignisse und Gestalten" 1878–1918 (1922), „Aus meinem Leben 1859–88" (1927), „Meine Vorfahren" (1929). Der Repräsentant des nach ihm genannten glanzvollen Wilhelminischen Zeitalters wurde im Mausoleum des Hauses Doorn beigesetzt.

E. Eyck: Das persönliche Regiment Wilhelms II., 1948. W. Schüssler: Kaiser Wilhelm II, 1970. E. Johann (Hrsg.): Reden des Kaisers, 1966. T. Whittle: Kaiser Wilhelm II., 1979. G. Jaeckel: Die deutschen Kaiser, 1980.

F. W. Prinz von Preußen: Das Haus Hohenzollern 1918–1945, 1985. J. A. de Jonge: Wilhelm II, 1988. H. Helfritz: Wilhelm II. als Kaiser und König, 1954. M. Balfour: Der Kaiser, 1967.

Wilhelmstraße, Straße in Berlin mit Reichsbehörden bis 1945. In der in Berlin östlich des Brandenburger Tors senkrecht zur Allee Unter den Linden verlaufenden W. lagen u. a. die →Reichskanzlei und das Auswärtige Amt, so daß die deutsche Außenpolitik bzw. das Auswärtige Amt bis 1945 oft als die „W." bezeichnet wurde. In der kommunistischen Ära ab 1945 hieß die W. „Otto-Grotewohl-Straße" nach einem SPD-Funktionär, der seine Partei in Mitteldeutschland 1946 mit der KPD zur SED vereinigte und 1949 „Ministerpräsident der DDR" wurde.

Wilhelmstraßen-Prozeß, Teil der Nürnberger Siegerjustiz. Als Fall XI fand der W. als letzter der →Nürnberger Prozesse vor dem US-Militärgerichtshof V in Nürnberg statt. Angeklagt waren 21 meist hohe Beamte und Minister der deutschen Zivilverwaltung, darunter der frühere Staatssekretär im Auswärtigen Amt, Ernst von →Weizsäcker, wegen Verbrechen gegen den Frieden, Kriegsverbrechen, Verbrechen gegen die Menschlichkeit sowie Mitgliedschaft in einer verbrecherischen Organisation. Im Urteil vom 11. 4. 1949 erhielten 19 Angeklagte Haftstrafen zwischen fast vier und 25 Jahren, zwei wurden freigesprochen. Am 12. 12. 1949 wurden drei Strafen herabgesetzt, u. a. die für von Weizsäcker von sieben auf fünf Jahre. Durch US-Hochkommissar McCloy wurden am 31. 1. 1951 weitere Strafen gemildert.

Winkler, Franz, österreichischer Vizekanzler, * 20. 3. 1890 Böhmisch-Leipa, † 1945 Graz. Nach dem Studium der Landwirtschaft und Teilnahme am 1. Weltkrieg war W. im Steierischen Bauernbund tätig und gehörte der steierischen Landesregierung 1920–1930 sowie dem Nationalrat 1930–1933 an. In den Kabinetten Ender (1930/31) und Buresch (1932) war W. Bundesminister für Inneres, Vizekanzler unter Buresch (1932) und →Dollfuß (1932/33). 1932 wurde er Obmann des →Landbundes und gründete 1933 die Nationalständische Front als nationale Kampfgemeinschaft. Er kam in immer größeren Gegensatz zur Diktatur von Dollfuß und ging 1934 ins Reich, wo er das gegen Dollfuß gerichtete Buch „Die Diktatur in Österreich" (1935) veröffentlichte.

Winkler, Max, Reichstreuhänder, * 7. 9. 1875 Karresch/Westpreußen, † 2. 10. 1961 Düssel-

dorf. Der Finanzpolitiker war Mitglied des preußischen Landtags und wurde 1919 Reichstreuhänder für die durch das →Versailler Diktat abgetrennten deutschen Gebiete. Daneben leitete er die „Cura-Revisions- und Treuhand-GmbH", mit der er deutsche Presseorgane in diesen Gebieten und im übrigen Ausland förderte. Im 3. Reich war er führend bei der Konzentration der deutschen Presse tätig. Ab 1937 war er Reichsbeauftragter für die deutsche Filmindustrie, ab 1939 daneben Leiter der Haupttreuhandstelle Ost (HTO), die in den besetzten Ostgebieten für die beschlagnahmten Industrien und Flächen zuständig war. Ab 1945 war er zeitweilig in alliierter Haft und ging dann nach der →Entnazifizierung wieder in die Filmwirtschaft.

Winnig, August, Oberpräsident, * 31. 3. 1878 Blankenburg/Harz, † 3. 11. 1956 Bad Nauheim. Der Maurer trat der SPD bei, war ab 1912 Vorsitzender des Deutschen Bauarbeiterverbandes und gab dessen Zeitschrift „Der Grundstein" heraus. 1915/16 nahm er am 1. Weltkrieg teil und wurde im November 1918 →Reichskommissar für die baltischen Provinzen und Gesandter in Estland und Lettland. 1919 wurde er →Oberpräsident von Ostpreußen, war Mitglied der →Weimarer Nationalversammlung und bis 1920 Reichskommissar für Ost- und Westpreußen. Tatkräftig trug er zum Schutz der deutschen →Ostgebiete sowie zum herausragenden Ergebnis der →Volksabstimmung in Ost- und Westpreußen bei. Weil er den →Kapp-Putsch 1920 unterstützt hatte, wurde er seiner Ämter enthoben und aus der SPD ausgeschlossen. 1922–1924 studierte er Geschichte und Volkswirtschaft in Berlin und wirkte dann als nationaler und konservativer Schriftsteller. 1933 nahm er das Angebot zur Führung der →Deutschen Arbeitsfront nicht an. Er schrieb u. a. „Am Ausgang der deutschen Ostpolitik" (1921), „Vom Proletariat zum Arbeitertum" (1930), „Der Arbeiter im Dritten Reich" (1935), „Europa" (1937), „Die Hand Gottes" (1938), „Wunderbare Welt" (Roman 1938), „Der Deutsche Ritterorden" (1939) sowie seine Erinnerungen „Frührot" (1924), „Der weite Weg" (1932), „Heimkehr" (1935), „Aus 20 Jahren 1924–1945" (1948).

W. Landgrebe: August Winnig, 1961. W. Ribhegge: August Winnig, 1973.

Winterhilfswerk des deutschen Volkes (WHW), soziale Hilfsaktion 1933–1945. Nach früher von der →NSDAP veranstalteten Winterhilfsmaßnahmen rief am 13. 9. 1933 im Auftrag A. →Hitlers Reichspropagandaminister J. →Goebbels zum W. auf, das dem „Kampf

gegen Hunger und Kälte" dienen, die materielle Not Bedürftiger beheben und ein „Werk der Tat gewordenen →Volksgemeinschaft" sein sollte. Sein Motto war: „Keiner darf hungern, keiner darf frieren!" Es wurde mit dem Gesetz vom 1. 12. 1936 als ständige Einrichtung des deutschen Volkes und als rechtsfähige Stiftung des bürgerlichen Rechts errichtet, geleitet und beaufsichtigt vom Reichspropagandaminister, dem der Beauftragte für das WHW, Erich →Hilgenfeldt, unterstand. Das WHW wurde in Verbindung mit der →NS-Volkswohlfahrt sowie den anderen Sozialverbänden jährlich von Oktober bis März durchgeführt. Es war in Gau, Kreis und Bezirksstelle gegliedert und erhielt Unterstützung durch die Organisationen der →NSDAP. Die Mittel wurden durch freiwillige Lohn- und Gehaltsabzüge, Straßen- und Kleidersammlungen, →Eintopfsonntage, Los- und Abzeichenverkauf oder Sonderveranstaltungen aufgebracht, von 1933–1939 rund 2,5 Mrd. RM. Die Verteilung erfolgte grundsätzlich in Form von Sachspenden (Nahrung, Kleidung, Kohle). 1933/34 wurden 16,6 Mill. Menschen unterstützt. Erhebliche Mittel flossen aus dem WHW dem →Hilfswerk „Mutter und Kind" zu. Das WHW trug wesentlich zum Gemeinschaftsbewußtsein in Deutschland bei.
E. Wulff: Das Winterhilfswerk, 1940.

Winterschlacht in Masuren, →Masuren, Schlacht in.

Wirth, Joseph, Reichskanzler, * 6. 9. 1879 Freiburg/Breisgau, † 3. 1. 1956 Freiburg. Der Mathematik-Studienrat wurde für das →Zentrum 1913 MdL in Baden und war ab 1914 MdR. Er wurde 1918 badischer Finanzminister und war 1920/21 Reichsfinanzminister. Vom 10. 5. 1921 bis 14. 11. 1922 war er Reichskanzler einer →Weimarer Koalition ohne parlamentarische Mehrheit. Dabei setzte er die Annahme des →Londoner Ultimatums der Alliierten zur →Reparationszahlung durch und begann so mit der →Erfüllungspolitik. Mit seinem Außenminister →Rathenau schloß er den →Rapallo-Vertrag. Nach dem Attentat auf Rathenau brachte er das →Republikschutzgesetz („Der Feind steht rechts!") im Reichstag durch. Ab 1922 führte er den linken Flügel des Zentrums. Im →Reichsbanner Schwarz-Rot-Gold spielte er zeitweilig eine führende Rolle. 1929/30 war er Reichsminister für die besetzten Gebiete unter →Müller, 1930/31 Reichsinnenminister unter →Brüning. 1933–1948 lebte er in der Schweiz. Nach Westdeutschland zurückgekehrt, gründete W. 1948 die „Union der Mitte" und 1953 den „Bund der Deutschen", der kommunistische Ziele unterstützte. Er trat

gegen die deutsche Wiederbewaffnung und für die Neutralität Deutschlands ein und erhielt 1955 den Stalin-Friedenspreis. Er veröffentlichte u. a. „Unsere politische Linie im deutschen Volksstaat" (1924) und „Reden während der Kanzlerzeit" (1925).
J. Schulze-Bidlingmaier: Die Kabinette Wirth I und II 1921/22, 2 Bde., 1973. E. Laubach: Die Politik der Kabinette Wirth 1921/22, 1968.

Wirtschaftliche Vereinigung, im Dezember 1903 u. a. von →DSP, →CSP und →Bayerischem Bauernbund beschlossene Fraktionsgemeinschaft im Reichstag.

Wirtschaftspartei des deutschen Mittelstandes, am 11./13. 9. 1920 gegründete Partei, die sich ab 1925 →Reichspartei des deutschen Mittelstandes nannte.

Wirtschafts- und Verwaltungshauptamt (WVHA), Amt in der SS-Führung ab 1942. Aus dem früher dem SS-Hauptamt unterstellten Verwaltungsamt, das ab 1. 2. 1934 vom Verwaltungschef der →SS, Oswald →Pohl, geleitet wurde, entstand über das „Hauptamt Verwaltung und Wirtschaft" (ab 20. 4. 1939) und das „Hauptamt Haushalt und Bauten" am 1. 2. 1942 das W. unter Pohl als zentrales Verwaltungsamt der SS. Die zeitweise über 1500 Mann umfassende Behörde gliederte sich in fünf Amtsgruppen (Agr.): Agr. A (Truppenverwaltungsamt) für das Personalwesen der SS, Agr. B (Truppenwirtschaft) für Verpflegung, Bekleidung, Unterkunft der SS, Agr. C (Bauwesen) für Lager, Kasernen und Waffen-Sonderprogramme (→V 1), Agr. D für Inspektion der →Konzentrationslager und Arbeitseinsatz der Häftlinge, Agr. W für die SS-Wirtschaftsunternehmen.
H. Höhne: Der Orden unter dem Totenkopf, 1978. E. Georg: Die wirtschaftlichen Unternehmungen der SS, 1963.

Wissmann, Hermann von (ab 1890), Afrikaforscher und Gouverneur, * 4. 9. 1853 Frankfurt/Oder, † 15. 6. 1905 Weißenbach/Steiermark. Der junge Rostocker Leutnant erhielt wegen eines Pistolenduells vier Monate Festungshaft, lernte den Afrikareisenden Dr. Pogge kennen, ließ sich vom Militärdienst beurlauben und durchquerte 1880–1882 als erster Deutscher und Europäer von West nach Ost das tropische Afrika von Luanda (Angola) nach Sansibar. 1884–1885 erforschte er mit mehreren Wissenschaftlern das Kassai-Gebiet im Kongo und durchquerte 1886/87 Afrika erneut von der Kongo- zur Sambesi-Mündung. Vom März 1889 bis Mai 1890 ging er als Reichskommissar mit der jungen →Schutztruppe von 800 Sudanesen und Zulu gegen den Sklavenhandel der Araber in →Deutsch-Ostafrika vor und schlug einen Araberaufstand nieder, wofür er geadelt wurde. 1891 begründete er die deutsche Herrschaft im Massai-Gebiet, 1893 am Njassa-See, 1895–1896 war er Gouverneur von →Deutsch-Ostafrika, mußte dann aber wegen Krankheit zurücktreten. Er schrieb „Im Innern Afrikas" (1888), „Unter deutscher Flagge quer durch Afrika" (1889), „Meine zweite Durchquerung Äquatorialafrikas" (1891), „In den Wildnissen Afrikas und Asiens" (1901), „Deutschlands größter Afrikaner" (1907).

O. Karstedt: Hermann von Wissmann, 1933. K. Graudenz und H. M. Schindler: Die deutschen Kolonien, 1982. K. Büttner: Die Anfänge der deutschen Kolonialpolitik in Ostafrika, 1959. C. Peters: Wie Deutsch-Ostafrika entstand, 1912. R. Schmidt: Geschichte des Araberaufstandes in Ost-Afrika, 1892. R. Schmidt: Hermann Wissmann und Deutschlands koloniales Wirken, 1905. F. F. Müller: Deutschland – Zanzibar – Ostafrika, 1959.

Witzleben, Erwin von, Generalfeldmarschall, * 4. 12. 1881 Breslau, † 8. 8. 1944 Berlin. Der Offizierssohn war seit 1901 Berufsoffizier, im 1. Weltkrieg an der Westfront und anschließend in der →Reichswehr. 1933 wurde er Kommandeur der 3. Division in Berlin, 1934 als Generalmajor Befehlshaber im Wehrkreis III, 1935 Kommandierender General des III. Armeekorps, 1938 Oberbefehlshaber der Heeresgruppe 2 in Frankfurt/Main. Ab 1938 war er an Staatsstreichplanungen gegen A. →Hitler beteiligt. Er führte die 1. Armee im →Polen- (1. 11. 1939 Generaloberst) und →Westfeldzug und wurde dafür am 19. 7. 1940 Generalfeldmarschall. Am 26. 10. 1940 wurde er Oberbefehlshaber der Heeresgruppe D in Frankreich, am 1. 5. 1941 dort Oberbefehlshaber West. Nach seiner Abberufung am 21. 3. 1942 aus Gesundheitsgründen und Rückstellung zur Führerreserve betätigte er sich am Widerstand und war von den Putschisten des →20. 7. 1944 als Oberbefehlshaber der Wehrmacht vorgesehen. Am 21. 7. 1944 wurde W. wegen seiner Beteiligung am Putsch verhaftet, vom Volksgerichtshof am 8. 8. 1944 zum Tode verurteilt und am selben Tag in Berlin-Plötzensee hingerichtet.

F. von Schlabrendorff: Offiziere gegen Hitler, 1946. E. Kosthorst: Die deutsche Opposition gegen Hitler, 1955. H. W. Koch: Volksgerichtshof, 1988. E. Kern: Verrat an Deutschland, 1963. K. Balzer: Der 20. Juli und der Landesverrat, 1971.

Wjasma-Brjansk, Kesselschlachten von, erfolgreiche deutsche Schlachten vom 2. bis 20. 10. 1941 im →Rußlandfeldzug. Beim Vorstoß der deutschen Heeresgruppe Mitte unter Generalfeldmarschall von →Bock konnten durch die 4. Armee unter von →Kluge und schnell vorstoßende Panzerverbände unter →Guderian und Hoth starke sowjetische Einheiten in zwei Kesseln südwestlich und nordöstlich von Brjansk bis zum 14. 10. 1941 umzingelt werden, die am 17. 10. und am 20. 10. kapitulierten. Ein weiterer Kessel bei Wjasma wurde am 7. 10. geschlossen und bis zum 13. 10. niedergekämpft. In diesen Schlachten machten die deutschen Truppen rund 663 000 Gefangene und setzten über 1200 sowjetische Panzer und 5400 Geschütze außer Gefecht. Der Weg nach Moskau schien frei, bis Schlamm, Schnee und Eis den Vormarsch stoppten.

P. Carell: Unternehmen Barbarossa, 1963.

Wlassow, Andrej, Generalleutnant und Führer der Wlassow-Armee, * 1. 9. 1900 Lomakino (Nischnij Nowgorod), † 2. 8. 1946 Moskau. Seit 1919 in der Roten Armee, war W. 1941 Kommandierender General des sowjetischen IV. Panzerkorps. Als Chef der sowjetischen 37. Armee verteidigte er im September 1941 Kiew und im Dezember 1941 Moskau. Am 11. 7. 1942 geriet er im Wolchow-Kessel als Befehlshaber der 2. sowjetischen Stoßarmee in deutsche Gefangenschaft. Ab September 1942 arbeitete er im Einvernehmen mit dem →OKW im →Smolensker Befreiungskomitee in großrussischem Sinne für die Befreiung Rußlands vom Bolschewismus und rief in Flugblättern die sowjetischen Soldaten zum Überlaufen auf. Da A. →Hitler zunächst die Aufstellung einer russischen Freiwilligen-Armee auf deutscher Seite untersagte, konnte W. erst ab November 1944 mit Hilfe H. →Himmlers zwei Divisionen aus freiwilligen Kriegsgefangenen und Fremdarbeitern aufstellen (→Wlassow-Armee), die er 1945 an der Oder führte. Nachdem er sich im Mai 1945 bei Prag den Amerikanern gestellt hatte, wurde er mit ihnen mit seinen Offizieren am 12. 5. 1945 den Sowjets ausgeliefert, die ihn in Moskau öffentlich hinrichteten.

H. Steenberg: Wlassow, 1968. H. W. Neulen: An deutscher Seite, 1985. J. Hoffmann: Die Geschichte der Wlassow-Armee, 1984. S. Fröhlich: General Wlassow, 1989. W. Strik-Strikfeldt: Gegen Stalin und Hitler, ²1971. E. E. Dwinger: General Wlassow, 1951.

Wlassow-Armee, russische Freiwilligeneinheit 1944/45 auf deutscher Seite. Im Sommer 1942 geriet der sowjetische Generalleutnant A. A. →Wlassow in deutsche Kriegsgefangenschaft und gab zu verstehen, daß er sich vom Kommunismus losgesagt habe, deshalb auch bereit sei, auf deutscher Seite gegen die Sowjetmacht zu kämpfen. Sein Plan wurde nur mit großen Vorbehalten aufgenommen, aber mit Unterstützung H. →Himmlers konnte Wlassow im November 1944 ein „Komitee zur Befreiung der Völker Rußlands" in Prag gründen, das am

14. 11. 1944 vom Prager Hradschin ein Manifest verkündete, und anschließend aus russischen Kriegsgefangenen und Fremdarbeitern zwei Freiwilligen-Divisionen aufstellen. Seine 1. Division ging aus der 30. SS-Division unter Oberst Bunjatschenko hervor, die 2. Division wurde ab Februar 1945 aufgestellt. Die rund 50000 Mann umfassenden Verbände wurden u. a. im April 1945 bei Frankfurt/Oder gegen die Sowjets eingesetzt, hatten aber keine entscheidende Bedeutung mehr. Anschließend wandte sich die W. nach Böhmen, wo sie am 7. 5. 1945 im Raum Prag den tschechischen Aufstand gegen die Deutschen mit ihren Waffen in der Hoffnung unterstützte, dafür von den nahenden US-Einheiten als Verbündete angesehen und vor der von den Osten heranrückenden Sowjets gerettet zu werden. Doch die Amerikaner lieferten Wlassow und seine Offiziere den Sowjets aus, die ihn am 2. 8. 1946 in Moskau öffentlich hinrichteten.

J. Hoffmann: Die Geschichte der Wlassow-Armee, 1984. H. Steenberg: Wlassow, 1968. H.-W. Neulen: An deutscher Seite, 1985.

Wöllersdorf, Anhaltelager 1933–1938. Bei der kleinen niederösterreichischen Gemeinde W. südlich von Wien errichtete die Regierung Dollfuß Ende September 1933 das größte und berüchtigtste ihrer →„Anhaltelager" zur Inhaftierung politischer Gegner, vor allem der österreichischen Nationalsozialisten. Das Lager wurde erst im Februar 1938 aufgelöst, nachdem Bundeskanzler →Schuschnigg am 12. 2. 1938 mit A. →Hitler in →Berchtesgaden eine Amnestie für verurteilte und inhaftierte Nationalsozialisten in Österreich vereinbart hatte.

Wolff, Karl, SS-Obergruppenführer und General der Waffen-SS, * 13. 5. 1900 Darmstadt, † 15. 7. 1984 Rosenheim. Nach Dienst als Gardeleutnant im 1. Weltkrieg war W. 1918–1920 Angehöriger des →Freikorps Hessen, dann als Kaufmann tätig. Am 7. 10. 1931 trat er in die →NSDAP und →SS ein. Von Juli 1933 bis 18. 2. 1943 war er →Himmlers Adjutant, ab 1936 Chef des Persönlichen Stabes des →Reichsführers SS und ab 1939 Verbindungsmann zu A. →Hitler. Er wurde SS-Sturmbannführer (9. 11. 1933), Obersturmbannführer (30. 1. 1934), Standartenführer (20. 4. 1934), Oberführer (4. 7. 1934), Brigadeführer (9. 11. 1935), Gruppenführer (30. 1. 1937), Generalleutnant der Waffen-SS (3. 5. 1940), SS-Obergruppenführer und General der Waffen-SS (30. 1. 1942). Am 23. 9. 1943 wurde er zum Höchsten SS- und Polizeiführer sowie am 26. 7. 1944 zum Bevollmächtigten General der Deutschen Wehrmacht in Italien ernannt. Im Februar 1945 nahm er aus eigener Initiative Verbindung zum US-Geheimdienst in der Schweiz auf und vereinbarte über ihn am 29. 4. 1945 die vorzeitige Kapitulation der deutschen Wehrmacht in Italien für den 2. 5. 1945. Von der alliierten Justiz verschont, wurde er 1946 von einer deutschen →Spruchkammer in Hamburg zu vier Jahren Arbeitslager verurteilt, jedoch 1949 entlassen. Ein Münchener Schwurgericht verurteilte ihn am 30. 9. 1964 wegen Beihilfe zu Judendeportationen zu 15 Jahren Zuchthaus. 1971 kam er frei.

J. von Lang: Der Adjutant, 1985.

Wolfsschanze, Bezeichnung des Führerhauptquartiers nahe Rastenburg (Ostpreußen). Für einen Feldzug im Osten wurden ab Herbst 1940 Vorbereitungen für ein →Führerhauptquartier im Osten getroffen. Es erstand als „W." rund 8 km östlich von Rastenburg im Forst „Görlitz", gut getarnt im dichten Waldbestand, von der →Organisation Todt gebaut. A. →Hitler weilte hier 24. 6. 1941 bis 17. 6. 1942, 31. 10. 1942 bis 7. 11. 1942, 22. 11. 1942 bis 17. 2. 1943, 13. 3. 1943 bis 17. 6. 1944, 14. 7. 1944 bis 20. 11. 1944, damit die längste Zeit im 2. Weltkrieg. Hier empfing er u. a. →Mussolini am 25. 8. 1941, Ungarns Reichsverweser Admiral →Horthy am 8. 9. 1941, König Boris von Bulgarien am 24. 3. 1942, Finnlands Staatschef Feldmarschall →Mannerheim am 27. 6. 1942. In der W. fand am →20. 7. 1944 auch das erfolglose Attentat →Stauffenbergs auf A. Hitler statt.

U. Bahnsen und J. P. O'Donnell: Die Katakombe, 1975. G. Buck (Hrsg.): Das Führerhauptquartier 1939–1945, 1977.

Wolfsschlucht, Bezeichnung für zwei →Führerhauptquartiere im 2. Weltkrieg. W. I lag bei Bruly de Pêche an der belgisch-französischen Grenze, rund 6 km südwestlich von Couvin in einer Waldlichtung mit →Führerbunker und ausgebauten Häusern und Baracken in einem von der Bevölkerung verlassenen Dorf. A. →Hitler hielt sich dort vom 6. bis 26. 6. 1940 während des →Westfeldzuges auf. Der ursprüngliche Deckname für W. I war „Waldwiese". Als W. II bezeichnete man ein im Sommer 1940 bei Margival, rund 8 km nordöstlich von Soissons, erbautes Führerhauptquartier mit Betonbunkern, Häusern und einem Tunnel für den Führerzug. Von da aus wollte A. Hitler 1940 das Unternehmen →„Seelöwe" gegen England leiten, 1944 die Abwehr der alliierten →Invasion in Frankreich. Er hielt sich hier jedoch nur einmal zu einem Informationsbesuch und am 17. 6. 1944 zu einem Treffen mit den Generalfeldmarschällen →Rommel und von →Rundstedt auf.

U. Bahnsen und J. P. O'Donnell: Die Katakombe, 1975. G. Buck (Hrsg.): Das Führerhauptquartier 1939–1945, 1977.

Wolgadeutsche, volksdeutsche Siedler beiderseits der Wolga in Rußland. Ab 1763 siedelten sich auf Einladung der Zarin Katharina II. rund 27000 meist evangelische Deutsche vor allem aus dem westlichen Mitteldeutschland (Hessen, Pfalz) in zunächst rund 100 geschlossenen Kolonien beiderseits der Wolga um Saratow an. 1853–1874 kamen zahlreiche Mennoniten aus dem Danziger Raum hinzu. Obwohl ab 1880 als Folge von Mißernten und Aufhebung der Befreiung vom Militärdienst eine Auswanderung nach Sibirien und Amerika einsetzte, hatten sich die W.n bis 1914 auf rund 700000 Menschen vermehrt und verfügten über einen erheblich vergrößerten Bodenbesitz sowie eine leistungsfähige Landwirtschaft und Textilindustrie. Siedlung und Sitten blieben deutsch geprägt. Im und nach dem 1. Weltkrieg folgten Notzeiten mit vielen Toten, verstärkter Auswanderung, so daß 1926 nur noch etwa 460000 W. in der 1924 gegründeten Autonomen Sozialistischen Sowjetrepublik der W. lebten. Nach dem Beginn des →Rußlandfeldzuges 1941 wurde die Wolgarepublik aufgelöst, die Deutschen wurden nach Sibirien verschleppt, wobei rund ein Drittel von ihnen umkam. Später siedelte ein Teil der W.n in Kasachstan. Am 29. 8. 1964 wurden die W.n von Moskau teilweise rehabilitiert. Ab 1989 verstärkten sich Bestrebungen zur Neugründung der Wolgarepublik und zur Wiederansiedlung der W.n.
K. Stumpp: Die Rußlanddeutschen, 1964. F. Reimesch: Die deutschen Wolgakolonien, 1922. A. Eisfeld: Die Deutschen in Rußland und in der Sowjetunion, 1986. J. Schleuning: Die deutschen Siedlungsgebiete in Rußland, 1955.

Wolgadeutsche Republik, frühere autonome Sowjetrepublik. Im Siedlungsgebiet der Wolgadeutschen in den früheren Gouvernements Saratow und Samara wurde 1918 eine „Arbeitskommune der Deutschen des Wolgagebietes" errichtet. Durch Hungersnot und Auswanderung verlor sie allein 1921 rund 25% ihrer Bewohner. Am 6. Januar 1924 wurde die „Autonome Sozialistische Sowjetrepublik der →Wolgadeutschen" proklamiert, am 20. 2. 1924 vom Allrussischen Zentralen Exekutivkomitee bestätigt. Sie umfaßte 28212 qkm mit 605500 Einwohnern, davon 66% Deutsche, 20% Russen, 12% Ukrainer. Hauptstadt war Engels. Die Verfassung der W. wurde am 31. 1. 1926 angenommen. Deutsch wurde Amtssprache in den deutschen Kolonien und neben Russisch und Ukrainisch auch Amtssprache der W.; der Staatsverlag brachte allein 1933–1935 über 550 deutsche Titel heraus. 1928 setzte, verbunden mit Massendeportationen und Hungersnot, die Kollektivierung der Landwirtschaft , 1936 die „Säuberung" ein. Nach Beginn des Ruß-

landfeldzuges begannen im Juli 1941 mit dem Höhepunkt im September/Oktober 1941 die Deportationen von 400000 Wolgadeutschen in sibirische Arbeitslager, wobei die Männer von den Familien getrennt wurden und etwa 30% der Deportierten umkamen. Mit Erlaß vom 7. 9. 1941 wurde die W. aufgelöst.
A. Eisfeld: Die Deutschen in Rußland und in der Sowjetunion, 1986. K. Stumpp: Die Rußlanddeutschen, 1964.

Wolhyniendeutsche, volksdeutsche Siedler im polnisch-russischen Wolhynien. Ab 1816 siedelten sich deutsche Mennoniten aus dem Danziger Raum und aus Südwestdeutschland, um 1830 Volksdeutsche aus Polen in Wolhynien auf von polnischen Großgrundbesitzern angebotenen Böden, meist als Pächter, an. Nach 1861 folgte eine weitere deutsche Einwanderungswelle aus Ostdeutschland und Polen. Um 1914 gab es etwa 250000 W. in rund 500 Kolonien mit über 250000 ha Bodenbesitz. Nachdem ab 1906 ein Teil von ihnen ins Baltikum ausgewandert war, wurden weitere W. 1915, als die Ostfront durch Wolhynien verlief, nach Sibirien verschleppt, wobei viele umkamen, und auch ins Deutsche Reich evakuiert. 1924 lebten noch etwa 120000 W. in ihrer Heimat, die anschließend unter Kollektivierung, Hungersnot und Deportationen stark zu leiden hatten. Die W.n aus dem polnischen Bereich wurden im Herbst 1939 nach dem deutsch-sowjetischen Abkommen vom 16. 11. 1939 ins Reich umgesiedelt (→Umsiedlung), vor allem in den neuen →Warthegau. Weitere gingen mit den deutschen Truppen 1944 zurück. Soweit sie 1945 im Warthegau oder in Ostdeutschland von der Roten Armee eingeholt wurden, hatten sie unter Verschleppungen und Zwangsarbeit in der Sowjetunion, mit zahlreichen Todesopfern verbunden, zu leiden.
A. Eisfeld: Die Deutschen in Rußland und in der Sowjetunion, 1986. K. Stumpp: Die Rußlanddeutschen, 1964. J. Schleuning: Die deutschen Siedlungsgebiete in Rußland, 1955.

Workuta, Stadt, Fluß und Gefangenenlager im europäischen Teil Rußlands, nördlich des Polarkreises etwa auf dem 68. Breitengrad und nicht weit vom Ural entfernt gelegen. Vor allem mit deutschen Kriegsgefangenen und Deportierten wurde im und nach dem 2. Weltkrieg die Stadt W. errichtet und der Kohlebergbau stark erweitert. Nach W. kamen vor allem zu 25 Jahren Haft Verurteilte. Sie starben bei unzureichender Ernährung, Krankheiten, hohen Arbeitsnormen und im Winter arktischen Temperaturen in großer Zahl. Unter dem Eindruck des Volksaufstandes in der Sowjetischen Besatzungszone Deutschlands am 17. 6. 1953 kam es im August 1953 zu ausgedehnten Streiks mit

dem Ziel besserer Lebensbedingungen in W. Das sowjetische Innenministerium ließ auf die Häftlinge schießen, und es kam zu zahlreichen Todesopfern. Die meisten der überlebenden deutschen Gefangenen wurden 1955 entlassen.
J. Urwich-Ferry: Ohne Paß durch die UdSSR, 1982. J. Scholmer: Die Toten kehren zurück, 1954.

„Wüstenfuchs", volkstümlicher Beiname für Generalfeldmarschall Erwin →Rommel wegen seiner listenreichen Taktik im Afrikafeldzug.

Wunder an der Marne, →Marneschlacht.

Wunderwaffen, Sammelbezeichnung für neue deutsche Waffen und Kampftechniken 1943–1945. Um die Materialüberlegenheit der Alliierten im 2. Weltkrieg auszugleichen, setzte die deutsche Führung ab 1943 verstärkt auf die Entwicklung von W. und stellte sie propagandistisch heraus. Zu den W. rechneten die Flugbombe →V 1 mit Einsatz ab Juni 1944, die Fernrakete → V 2 mit Einsatz ab September 1944 gegen England, der →Düsenjäger Me 262 und andere Düsenflugzeuge, Rammjäger, Einmanntorpedos und Sprengboote sowie Kleinst-U-Boote der Kriegsmarine. Die Panzerfaust wurde auch als Volks-W. bezeichnet. Die Entwicklung atomarer W. war von A. →Hitler wegen ihrer Auswirkung auf die gegnerische Zivilbevölkerung abgelehnt worden. Die Entwicklung der W. setzte zu spät ein und wurde außerdem, vor allem die V-Waffen-Entwicklung und -Herstellung, durch Bombenangriffe erheblich gestört, so daß die W. keine entscheidende Bedeutung mehr gewinnen konnten. Die Alliierten, vor allem die USA, zogen aus der deutschen Entwicklung der W. anschließend erhebliche Vorteile, insbesondere auf dem Raketenbereich.
F. Hahn: Waffen und Geheimwaffen des deutschen Heeres 1933–1945, 2 Bde., 1989. W. Wagner: Die ersten Strahlflugzeuge der Welt, 1989. W. Schweitzer: Geheime Seeminen, 1989. W. Hellmold: Die V 1, 1988. E. Wetzel: U 2540, 1989. D. Irving: Die Geheimwaffen des Dritten Reiches, 1965. C. Friedrich: Die Geheimwaffen und Wunderwaffen des II. Weltkriegs, o. J.

Wunschkonzert, beliebteste Unterhaltungssendung des deutschen Rundfunks im 3. Reich. Ab 1. 10. 1939 wurde das W. für die Wehrmacht an jedem Sonntag von 16–20 Uhr unter der Moderation von Heinz Goedeke aus dem Großen Sendesaal in Berlin im Rundfunk gebracht. Unter dem Leitspruch „Die Front reicht ihrer Heimat jetzt die Hände, die Heimat aber reicht der Front die Hand" wurden in aufgelockerter Form Musikstücke, Reportagen, Grüße, Wünsche oder persönliche Nachrichten ausgestrahlt. Die bunte Mischung aus Klassik, leichter Muse, Heimat- und Soldatenliedern mit humorvollen Ansagen stärkte die Verbundenheit zwischen Heimat und Front, wozu auch Spendenaktionen für die Soldaten beitrugen.

WUSt, Abkürzung für →Wehrmachtuntersuchungsstelle.

WV, Abkürzung für →Wandervogel.

WVHA, Abkürzung für →Wirtschafts- und Verwaltungshauptamt der SS.

Y

Youngplan, Abwicklungsplan für die deutschen →Reparationszahlungen 1929/30. Am 16. 9. 1928 hatten die Alliierten und deutsche Vertreter in Genf eine Sachverständigentagung zur →Revision des unerfüllbaren →Dawesplans von 1924 beschlossen. Die Konferenz begann am 9. 2. 1929 in Paris unter Leitung des US-Bankdirektors Owen D. Young, von deutscher Seite nahmen H. →Schacht und A. →Vögler, nach dessen Rücktritt Melchior und L. Kastl teil. Am 7. 6. 1929 lag der Y. als „Neuer Plan" vor, wurde auf zwei Konferenzen in Den →Haag vom 6. bis 31. 8. 1929 und vom 3. bis 20. 1. 1930 behandelt, vom Reichstag mit Gesetz vom 13. 3. 1930 angenommen und trat nach Ratifikation der beteiligten Staaten am 17. 5. 1930 rückwirkend zum 1. 9. 1929 in Kraft. Wegen der immer noch schweren Belastungen, die der Y. für Deutschland mit sich brachte, kam es auf Initiative der →NSDAP, der →DNVP, des →Stahlhelms und des →Reichslandbundes am 22. 12. 1929 zu einem Volksentscheid gegen den Y., der jedoch nur 5,8 Mill. Stimmen, das waren 13,8% der Stimmrechtigten, erhielt. Reichsbankpräsident H. Schacht trat darauf von seinem Amt zurück, am 27. 3. 1930 scheiterte auch die Regierung →Müller. Die Reparationsregelung durch den Y. sah folgende deutsche Zahlungen vor: 37 Jahresraten in Höhe von 2,05 Mrd. RM, danach 22 Jahresraten in Höhe von 1,65 bis 0,92 Mrd. RM, somit Zahlungen von 34,5 Mrd. RM bis 1988. Ein „ungeschützter Teil" von je 612 Mill. RM sollte auf jeden Fall jährlich gezahlt, der

Rest konnte für wenige Jahre gestundet werden. Alle Zahlungen mußten in Devisen an die neuerrichtete „Bank für Internationalen Zahlungsausgleich" (BIZ) in Basel entrichtet werden. Dafür wurde das Reich von allen Pfandleistungen und Kontrollen befreit, es verschwanden somit die alliierten Kontrolleure bei Reichsbank und Reichsbahn sowie die Reparationskommissionen. Das Rheinland sollte fünf Jahre (1930) vor dem im →Versailler Diktat genannten Termin geräumt werden. Durch die Folgen der →Weltwirtschaftskrise 1929/30 war das Reich aber schon bald nicht mehr in der Lage, den Y. zu erfüllen. Deshalb kam es zum →Hoover-Moratorium vom 20. 6. 1931. Im →Lausanner Abkommen vom 9. 7. 1932 wurde der Y. aufgehoben und ein Ende der Reparationen vorgesehen. Die Rückzahlung der im Rahmen des Y.s vom Dritten Reich aufgenommenen Young-Anleihe wurde im Londoner Schuldenabkommen geregelt, das am 16. 9. 1953 in Kraft trat und Zahlungen bis in die 80er Jahre vorsah.
A. Weber: Reparationen, Youngplan, Volkswirtschaft, 1930. C. Bergmann: Deutschland und der Youngplan, 1930. H. Ronde: Von Versailles nach Lausanne, 1950. W. J. Helbich: Die Reparationen in der Ära Brüning, 1962. M. Vogt (Hrsg.): Die Entstehung des Youngplans, 1970. J. W. Reichert: Youngplan, 1930. M. J. Bonn: Der Neue Plan, 1930.

Ypern, Schlachtort im 1. Weltkrieg. Im Zuge des →„Wettlaufs zum Meer" war im Herbst 1914 die deutsche 6. Armee in Flandern aus dem Raum von Lille zum Angriff auf Y. angesetzt. In der Schlacht um Y. vom 30. 10. bis 24. 11. 1914 konnte die Stadt jedoch nicht erobert werden, obwohl die deutschen Truppen nördlich und südlich von Y. Boden gewinnen konnten und sich der Y.-Bogen bildete. Auch die nördlich anschließend angesetzte deutsche 4. Armee konnte wegen der Überflutung der →Yser-Niederung nicht weiter vorrücken. Vor Y. blieb die Front praktisch, trotz heftiger Kämpfe vom 22. 4. bis 2. 5. 1915 und der Schlacht in →Flandern (27. 5. bis 3. 12. 1917) mit Rücknahme der deutschen Front im Y.-Bogen um wenige Kilometer, bis Ende September 1918 stehen, auch als im April 1918 der Kemmel südwestlich von Y. in deutsche Hand fiel. Die Stadt Y. wurde bei den Kämpfen völlig zerstört, aber später im alten Stil wieder aufgebaut.

Yser, Schlachten um die, Kampfgebiet 1914–1918. Im 1. Weltkrieg zogen sich die Belgier nach der Eroberung Antwerpens durch deutsche Truppen (10. 10. 1914) durch Westflandern hinter die Yser zurück. Die neu zusammengestellte deutsche 4. Armee unter Herzog Albrecht von Württemberg verfolgte sie und versuchte in der Schlacht an der Y. vom 18. 10. bis 10. 11. 1914 den Durchbruch zu den Kanalhäfen zu erzwingen. Bis zum 27. 10. 1914 hatten die deutschen Verbände im Norden die Y. überschritten und Dixmuiden eingenommen. In der Nacht zum 30. 10. setzten die Belgier durch Öffnen der Meeresschleusen bei Nieuwpoort die ganze Y.-Niederung unter Wasser, so daß die deutsche Front hinter die Y. zurückgenommen werden mußte, wo sie bis Mitte Oktober 1918 verlief. Im Februar 1915 sowie in der Schlacht um →Flandern (27. 5. bis 3. 12. 1917) wurde an der Y. erneut heftig gerungen, ohne daß die Front sich wesentlich änderte.

Z

Z, Abkürzung für →Zentrum.

Zabernaffäre, Streit zwischen deutscher Militärbehörde und Zaberner Bevölkerung und Zivilverwaltung 1913. Als ein junger preußischer Leutnant der Garnison in Zabern (Elsaß) wegen ungeschickter, von den Elsässern als Beleidigung empfundener Äußerungen am 28. 10. 1913 nicht bestraft wurde, kam es im November 1913 zu mehreren an sich unbedeutenden Belästigungen von Garnisonsoffizieren. Der Kommandeur des in Zabern stationierten Infanterieregiments meinte darauf scharf durchgreifen zu müssen, und ließ bei einer Protestdemonstration 28 Zivilisten durch Militär verhaften, was ihm nicht zustand, aber von einem Kriegsgericht zu Unrecht mit der Begründung gedeckt wurde, die Zivilverwaltung hätte nicht für Sicherheit sorgen können. Nachdem Reichskanzler Th. von →Bethmann Hollweg vergeblich zugunsten der Zivilbehörde zu schlichten versucht hatte, mißbilligte der Reichstag am 4. 12. 1913 erstmals das Vorgehen der Regierung. Der an sich belanglose Zwischenfall wurde dadurch und durch vorangegangene psychologische Ungeschicklichkeiten des in Straßburg seit 1913 Kommandierenden Generals des XV. Armeekorps, Berthold von Deimling, aufgebauscht und störte das bis dahin immer besser werdende Verhältnis der Elsässer zum Reich erheblich. In Frankreich wurde die Affäre zu heftigen Angriffen gegen Deutschland benutzt.
E. Schenk: Der Fall Zabern, 1927. H. U. Wehler: Krisenherde des Kaiserreichs, 1970.

ZD, Abkürzung für →Zeitschriften-Dienst/ Deutscher Wochen-Dienst.

Zehrer, Hans, Herausgeber und Chefredakteur, * 22. 6. 1899 Berlin, † 23. 8. 1966 Berlin. Der Journalist war 1923–1929 Redakteur bei der „Vossischen Zeitung", bildete den →Tatkreis und gab ab 1929 die Zeitschrift „Die Tat" heraus, die er schnell durch bedeutende konservative Mitarbeiter (E. →Jünger, G. Wirsing, E. von →Salomon) zu einem vielgelesenen Organ der „rechten Intelligenz" machte. 1932 war er außerdem Chefredakteur von General →Schleichers „Täglicher Rundschau". 1933 begrüßte er die Machtübernahme der →NSDAP. Er gab dann die Herausgeberschaft bei der „Tat" an G. Wirsing ab und leitete danach den Stalling-Verlag in Oldenburg. Nach dem 2. Weltkrieg baute er die Redaktion der „Welt" auf, deren Chefredakteur er 1953–1966 war. In der „Bild"-Zeitung schrieb er 1952–1961 Glossen als „Hans im Bild". 1948 veröffentlichte er „Der Mensch in dieser Welt" und 1949 „Stille vor dem Sturm".
E. Demant: Von Schleicher zu Springer, 1971.

Zeitschriften-Dienst/Deutscher Wochen-Dienst (ZD), Informationsdienst 1939–1945. Am 9. 5. 1939 wurde der Z. von Hans →Fritzsche als offizieller Informationsdienst für alle deutschen Zeitschriftenredaktionen gegründet. Er erschien wöchentlich im Aufwärts-Verlag in Berlin und ersetzte die bis dahin mündlich gegebenen Presseanweisungen der Reichszeitschriftenkonferenz sowie die schriftlichen Anweisungen der Reichspropagandaämter. Hauptschriftleiter war Hans Georg Trurnit. Die letzte Ausgabe des Z. erschien am 9. 3. 1945. Neben dem Z. gab es noch die wöchentlich erscheinende „Zeitschriften-Information", die von der Presseabteilung des Reichspropagandaministeriums herausgegeben und von den Propagandaämtern ausgeliefert wurde.

Zeitschriften-Information, →Zeitschriften-Dienst/Deutscher Wochen-Dienst.

Zeitzler, Kurt, Generaloberst und Generalstabschef des Heeres, * 9. 6. 1895 Coßmar (Brandenburg), † 24. 9. 1963 Hohenaschau (Oberbayern). Nach Teilnahme am 1. Weltkrieg als Offizier diente Z. in der →Reichswehr, dann in der Wehrmacht und wurde 1937 Oberstleutnant im →OKW. Im →Polenfeldzug 1939 war er als Oberst (ab 1. 6. 1939) Stabschef des deutschen XXII. Armeekorps, im →Frankreichfeldzug 1940 der Panzergruppe →Kleist und im Ostfeldzug der 1. Panzer-

armee. Ab 1. 4. 1942 war er Generalstabschef der Heeresgruppe D in Frankreich, am 24. 9. 1942 wurde er General der Infanterie und als Nachfolger Franz →Halders Generalstabschef des Heeres. Am 30. 1. 1944 wurde er Generaloberst. Nach Differenzen mit A. →Hitler erhielt er nach mehreren Gesuchen am 10. 7. 1944, endgültig am 31. 1. 1945 den Abschied. Bei Kriegsende geriet er in britische Gefangenschaft, aus der er im Februar 1947 entlassen wurde.

Zenker, Hans, Admiral, * 10. 8. 1870 Bielitz (Oberschlesien), † 18. 8. 1932 Göttingen. Der Marineoffizier war in der →Skagerrakschlacht (31. 5. 1916) Kommandant des Schlachtkreuzers „Von der Tann", der erheblich beschädigt wurde, nach dem 1. Weltkrieg Chef der Marinestation der Nordsee, 1923 Oberbefehlshaber der deutschen Seestreitkräfte und 1924–1928 Chef der deutschen Marineleitung.

Zentralmächte, seltenere Bezeichnung für die →Mittelmächte (Deutschland, Österreich-Ungarn) im 1. Weltkrieg im Gegensatz zu den Alliierten.

Zentralrat der Deutschen sozialistischen Republik, Organ der →Novemberrevolution 1918. Am 19. 12. 1918 setzte der 1. →Reichsrätekongreß in Berlin den Z. als oberstes provisorisches deutsches Staatsorgan ein. Seine 27 Mitglieder gehörten zur SPD an. Er sollte den amtierenden →Rat der Volksbeauftragten bestätigen und kontrollieren. Der Z. erlangte kaum Bedeutung und übergab der →Weimarer Nationalversammlung nach ihrer Konstituierung am 4. 2. 1919 seine Befugnisse. Anschließend bemühte er sich, inzwischen umbenannt in Zentralrat der Arbeiterräte Deutschlands, ohne Erfolg, das Rätesystem in der deutschen Wirtschaft einzuführen.
E. Kolb: Die Arbeiterräte in der deutschen Innenpolitik 1918/1919, 1962.

Zentralverlag der NSDAP, →Eher-Verlag.

Zentrum (Z), politische Partei 1870–1933. Das Z. war eine katholische und zugleich die bedeutendste konfessionelle Partei in Deutschland. Es bildete sich am 13. 12. 1870 aus katholischen Fraktionen im preußischen Abgeordnetenhaus als Interessenvertretung der Katholiken vor allem gegen die evangelisch-preußische Vorherrschaft. Parteiführer war bis 1891 Ludwig Windthorst. Die katholische Kirche diente als Parteiorganisation, Kirchentage waren zugleich Parteitage. Organ war die Zeitung „Germania" (ab 1871), daneben vertraten u. a. die „Kölnische Volkszeitung", die „Essener Volkszeitung", die „Deutsche Reichszeitung" und die „Schlesische Volkszeitung" die Z.-Politik. Das Z. führte mit Bismarck den Kulturkampf (1871–1887), wandte sich aber auch gegen die Sozialisten und den Liberalismus. Es hatte 60–106 Reichstagsmandate, war ab 1890 stärkste Reichstagsfraktion und versuchte ab 1906 den Weg zu einer nationalen, konservativen, nichtklerikalen Partei zu gehen, die die Reichsregierung stützte. 1911 gab sich das Z. eine Parteiorganisation und nannte sich „Deutsche Zentrumspartei". Unter →Erzberger trat das Z. 1917 für einen Verständigungsfrieden ein und stellte mit Graf Hertling vom 1. 11. 1917 bis 30. 9. 1918 erstmals den Reichskanzler. 1919 war das Z. unter W. Marx (1920–1928) und L. Kaas (1928–1933) die stärkste Reichstagsfraktion, gehörte zur →„Weimarer Koalition", war in allen Reichsregierungen bis Herbst 1932 vertreten und stellte die Reichskanzler →Fehrenbach, →Wirth, →Marx, →Brüning und von →Papen. Es trat, vor allem mit Erzberger, für die →Erfüllungspolitik gegenüber den Alliierten ein. Im Dezember 1928 wurde Prälat Dr. Ludwig Kaas Fraktions- und Parteivorsitzender. Ab Herbst 1932 befürwortete das Z. eine Regierungsbeteiligung der →NSDAP, hielt bei der Reichstagswahl am 5. 3. 1933 mit 11% noch sein langjähriges Wahlergebnis, stimmte durch seine Reichstagsfraktion am 23. 3. 1933 geschlossen dem →Ermächtigungsgesetz zu und löste sich am 5. 7. 1933 selbst auf. Nach 1945 gründeten maßgebliche Z.-Politiker die CDU und trugen deren Politik. Ein selbständiges Z. wurde zwar in Westdeutschland gegründet, blieb aber bei allen Wahlen ohne jede Bedeutung.

K. Bachem: Vorgeschichte, Geschichte und Politik der Deutschen Zentrumspartei, 9 Bde., 1927–1932. R. Morsey: Die Deutsche Zentrumspartei 1917–1923, 1966. L. Bergsträßer: Der politische Katholizismus, 1921. H. Hömig: Das preußische Zentrum in der Weimarer Republik, 1979. U. Mittmann: Fraktion und Partei, 1976. D. Junker: Die Deutsche Zentrumspartei und Hitler 1932/33, 1969. J. Schauf: Die deutschen Katholiken und die Zentrumspartei, 1928.

Zeppelin, Ferdinand Graf von, Luftschiffpionier, * 8. 7. 1838 Konstanz, † 8. 3. 1917 Berlin. Nach Studium in Stuttgart und Tübingen nahm Z. als Beobachter am amerikanischen Bürgerkrieg teil, trat als württembergischer Offizier am 24. bis 26. 6. 1870 durch einen kühnen Erkundungsritt im Elsaß hervor, wodurch er den Vormarsch der französischen Armee MacMahon feststellte, und wurde 1885 württembergischer Gesandter in Berlin. Als Generalleutnant schied er 1891 aus dem militärischen Dienst, um sich dann unter Einsatz seines ganzen Vermögens der Verwirklichung des schon 1873 geplanten Baues eines starren Luftschiffes zu widmen. Obwohl er zunächst – auch beim Kaiser – nur auf Ablehnung stieß, konnte ab 2. 7. 1900 sein Z 1 auf dem Bodensee starten. Mit weiteren Typen Z 3 und Z 4 hatte er Erfolg und fand die Beachtung durch offizielle Stellen, vor allem, als er 1908 nach der Explosion von Z 4 mit einer spontanen Volksspende von sechs Mill. Mark die „Luftschiffbau Zeppelin GmbH" in Friedrichshafen gründen und weitere Zeppeline bauen konnte. Im 1. Weltkrieg wurden die Luftschiffe sowohl an der Front als auch zum Bombenabwurf über Paris, Brüssel und London eingesetzt. 1929 umfuhr das Luftschiff „Graf Zeppelin" unter →Eckener erstmalig die Welt. Zwischen den Weltkriegen flogen Luftschiffe mit 50 Passagieren planmäßig nach Nord- und Südamerika, bis am 6. 5. 1937 LZ 129 „Hindenburg" in Lakehurst (USA) verbrannte.

H. Eckener: Graf Zeppelin, 1938. L. Dürr: 25 Jahre Zeppelin-Luftschiffbau, 1925. R. Italiaander: Ferdinand Graf Zeppelin, 1980. P. Meyer: Luftschiffe, 1980. K. Grieder: Zeppelin – Dornier – Junkers, 1989. H. Rosenkranz: Ferdinand Graf von Zeppelin, 1931. H. von Schiller: Zeppelin, 1966. M. Schirmer: Zeppelin-Luftschiffe, 1969. K. Grieder: Zeppeline, 1971.

„Zeppelin", Unternehmen, Aktion des →Reichssicherheitshauptamtes (RSHA) im 2. Weltkrieg. Das Z. wurde im Spätsommer 1941 vom Amt VI/Sonderreferat CZ des RSHA eingeleitet. In seinem Rahmen wurden sowjetische Kriegsgefangene in besonderen Lagern geschult und dann meist von Einheiten des Geheimen Kampfgeschwaders 200 hinter der Front abgesetzt. Sie hatten den Auftrag, Nachrichten aus den nicht von der Wehrmacht besetzten Gebieten der UdSSR zu sammeln, antibolschewistische Aktionen zu unterstützen sowie Wirtschaftssabotage und Wehrkraftzersetzung zu betreiben. Das Unternehmen hatte jedoch nicht den erhofften Erfolg.

G. W. Gellermann: Moskau ruft Heeresgruppe Mitte. . ., 1988.

Zeppelinfeld, eines der beiden großen Aufmarschfelder auf dem →Reichsparteitagsgelände in Nürnberg, 1936 mit großer Tribüne vollendet.

Zerstörerkriegsabzeichen, →Kampfabzeichen im 2. Weltkrieg. Das Z. wurde 1940 vom Oberbefehlshaber der Kriegsmarine für die Besatzungen der deutschen Zerstörer beim Kampf um →Narvik geschaffen. Später wurde es auch für besondere Leistungen an Besatzungen von anderen Zerstörern sowie von Schnell- und Torpedobooten verliehen. Es bestand aus einem

Eichenlaubkranz mit oben aufgelegtem, nach links blickendem Adler mit Hakenkreuz in den Fängen und im Mittelfeld nach links gerichtetem Zerstörerbug. Getragen wurde es auf der linken Brustseite.

Zimmermann-Note, deutsches Bündnisangebot an Mexiko 1917. Am 17. 1. 1917 – kurz nach der deutschen Entscheidung zur Wiederaufnahme des uneingeschränkten U-Boot-Krieges – schlug A. Zimmermann, Staatssekretär im deutschen Auswärtigen Amt, in einem Telegramm Mexiko für den Fall eines amerikanischen Kriegseintritts ein Kriegsbündnis gegen die immer deutschfeindlicheren USA vor, das jenem die 1848 verlorenen Staaten Arizona, Texas und Neumexiko zurückbringen könne. Als die Z. vom britischen Geheimdienst aufgenommen, den USA am 24. 2. 1917 mitgeteilt und dann am 1. 3. 1917 veröffentlicht wurde, belastete sie das deutsch-amerikanische Verhältnis sehr und trug mit zum Kriegseintritt der USA 1917 bei.

Zinsknechtschaft, politisches Schlagwort für die Ausbeutung durch Zinsen. Die schnelle Industrialisierung im 19. Jahrhundert hatte auch die Konzentration des Kapitals zur Folge, das sich auch durch – teilweise überhöhten – Zins weiter vermehrte. Gegen diese „Z." richteten sich zahlreiche Proteste. So forderte das Parteiprogramm der NSDAP in Punkt 11 die „Brechung der Z.". Nach 1933 wurde der Zins auf 4–6% herabgesetzt (u. a. Gesetz vom 24. 1. 1935), für die Landwirtschaft auf 2–4% (u. a. Gesetz vom 28. 9. 1934 und 31. 7. 1935).
G. Feder: Das Manifest zur Brechung der Zinsknechtschaft, 1919.

Zionismus, jüdische Bewegung zur Errichtung eines jüdischen Nationalstaates in Palästina. Nach der Französischen Revolution und unter ihrem Einfluß kam es in Europa zu Bestrebungen, den bis dahin zumeist abgeschlossen in Gettos lebenden Juden die staatsbürgerliche Gleichberechtigung zu verschaffen und dabei zwar ihre Religion zu tolerieren, nicht jedoch die Sonderexistenz ihres Kollektivs, die den aufklärerischen Vorstellungen von einem „allgemeinen Menschentum" widersprach. Somit wurde erwartet, daß sich das Judentum durch Assimilation selber auflöse, und tatsächlich haben im 19. und 20. Jahrhundert viele Juden durch Taufe, Mischehe und Entnationalisierung ihrer Konfession dieser Erwartung entsprochen. Ihr Eintritt in Wirtschaft, Politik und Kultur der europäischen Völker führte jedoch auch zu heftigen antisemitischen Reaktionen. Der in Wien lebende jüdische Redakteur Theo-

dor Herzl zog daraus 1896 in seiner Broschüre „Der Judenstaat" den Schluß, daß es ein spannungsfreies Nebeneinander von Juden und Nichtjuden niemals geben werde und deshalb die Auswanderung der Juden und ihre Ansiedlung in einem eigenen Nationalstaat geboten sei. Unter dem Einfluß dieser Schrift entstand eine Bewegung, die dieses Ziel verfolgte, als Besiedlungsgebiet Palästina anstrebte und sich nach einem Hügel bei Jerusalem als „zionistisch", ihre Konzeption als Z. bezeichnete. Allerdings blieben die Zionisten unter den Juden lange eine Minderheit. 1917 stellte die englische Regierung den Juden durch die →„Balfour-Deklaration" ihre Hilfe bei der Errichtung einer „öffentlich-rechtlich gesicherten Heimstätte in Palästina" in Aussicht, ein Plan, der 1922 auch in das Palästina-Mandat des →Völkerbundes aufgenommen wurde. Die verstärkte Einwanderung und Ansiedlung von Juden in Palästina führte jedoch zu Protesten und ab Mitte der 30er Jahre auch zu blutigen Aufständen der dort lebenden Araber, die in der Anwesenheit von Juden zunehmend eine Bedrohung ihrer nationalen Existenz sahen. Um weitere Unruhen zu vermeiden, beschränkte England die Zahl der jüdischen Einwanderer, was bewaffnete Aktionen von Juden gegen englische Soldaten zur Folge hatte und bewirkte, daß Großbritannien 1947 sein Mandat für Palästina der UNO übergab. Die Vereinten Nationen beschlossen eine Teilung des Landes in jüdische und arabische Staatsgebiete. Unmittelbare Folge war 1947/48 ein Krieg zwischen beiden Gruppen, den die Juden mit westlicher Hilfe gewannen, dann den von ihnen gegründeten Staat Israel über das von der UNO vorgesehene Gebiet hinaus ausdehnten und viele palästinensische Araber daraus vertrieben. Die Israelis haben danach ihr Einflußgebiet durch Okkupation der Golan-Höhen, des Westjordanlandes und des Gasa-Streifens noch weiter ausgedehnt und sich durch die Unterdrückung der dort lebenden Araber sowie durch Ansiedlung von Israelis viele Feinde, vor allem in den arabischen und islamischen Ländern, geschaffen. Zionisten leben jedoch nicht nur in Israel. Ihre Organisationen bestehen in vielen Teilen der Welt und unterstützen Israel durch Spenden und politische Einflußnahmen.

Zipser Deutsche, deutsche Sprachinsel in der Slowakei. Um 1150 begann die deutsche Besiedlung des südlich der Hohen Tatra gelegenen Hochplateaus der Zips. Nach Verwüstung durch den Mongolensturm um 1241 gab es 1248 hier im Popperthal die „Bruderschaft der 24 königlichen Pfarreien" deutschen Ursprungs sowie weitere deutsche Siedlungen im benachbarten Gründler Boden um das Göllnitztal, aus denen später die sieben Bergstädte entstanden. 1271 erhielten die „Zipser Sachsen" einen Freibrief vom ungarischen König, der den Z. die Autonomie unter einem eigenen, nur dem König unterstellten deutschen Grafen versprach. 1312 gab es 44 deutsche Siedlungen. In der „Zipser Willkür" von 1370, angelehnt an den „Sachsenspiegel", faßten die selbstbewußten Z. ihr Recht zusammen. In den Städten wie Käsmark, Leutschau und Schmöllnitz blühten deutsches Zunftwesen und Kaufmannsgeist. Von 1412 bis 1772 wurden 13 (später drei weitere) Städte der Zips von Ungarn an Polen verpfändet. Die Hussitenkriege brachten starke Verluste. 1526 wurde die Reformation eingeführt, 1674 gewaltsam die Gegenreformation erzwungen. Im 19. Jahrhundert (1850: 65000 Z.) führte die starke Madjarisierung zu großer Auswanderung, ebenso die Tschechisierung ab 1919, so daß es um 1940 nur noch rund 45000 Z. gab, die 1945 größtenteils vertrieben wurden.

E. Fausel: Das Zipser Deutschtum, 1927. J. Gréb: Zipser Volkskunde, 1932. F. Maly: Die Deutschen in der Zips, 1941. A. Hudak: Die Karpatendeutschen, 1975. H. Grothe: 700 Jahre deutsches Leben in der Zips, 1927. E. Schwarz: Die Herkunft der Siebenbürger und Zipser Sachsen, 1957. J. Liptak: Urgeschichte und Besiedlung der Zips, 1935.

Zisleithanien (Cisleithanien), das Gebiet diesseits der Leitha, bis 1918 übliche Bezeichnung für die österreichische Hälfte der österreichisch-ungarischen Monarchie.

Zita von Bourbon-Parma, ab 21. 11. 1916 Kaiserin von Österreich und Königin von Ungarn, * 9. 5. 1892 Villa Pianore (Viareggio, Italien), † 14. 3. 1989 Zizers (Schweiz). Die Tochter des Herzogs Robert von Bourbon-Parma wurde 1911 Gemahlin des späteren Kaisers Karl I. Sie übte auf ihren Mann einen starken Einfluß aus, bestimmte ihn beispielsweise 1916 zu dem Versuch, über ihren in der belgischen Armee dienenden Bruder →Sixtus mit dem französischen Ministerpräsidenten Clemenceau in Waffenstillstandsverhandlungen unter Ausschluß der deutschen Reichsregierung einzutreten, der jedoch zu keinem Ergebnis führte. Nach 1918 lebte sie mit ihrem Mann zunächst im Schweizer Exil. Sie veranlaßte ihn 1921 zweimal, sich in Ungarn um die Übertragung der Königswürde zu bemühen. Die Versuche scheiterten, und Karl wurde mit seiner Familie von den Engländern nach Madeira verbannt, wo er kurz danach starb. Zita verzichtete nicht auf ihre Thronansprüche, durfte deshalb Österreich erst kurz vor ihrem Tod wieder betreten und lebte vorher hauptsächlich in Belgien

(Schloß Steenockerzeel bei Brüssel), den USA und ab 1963 in der Schweiz. Sie wurde in Wien in der Kapuzinergruft beigesetzt. Ihr Sohn Otto von Habsburg ist durch seine Tätigkeit als Präsident der Paneuropa-Union, Abgeordneter des Europa-Parlaments und zahlreiche Buchveröffentlichungen als Befürworter eines Vereinten Europas hervorgetreten.

T. Grieser-Pecar: Zita, 1985. H. F. Mayer: Zita, 1989.

„Zitadelle", Unternehmen, Bezeichnung für den deutschen Angriff auf den „Kursker Bogen" und die Schlacht bei →Kursk vom 5. bis 19. 7. 1943 im Mittelabschnitt der Ostfront.

J. Piekalkiewicz: Unternehmen Zitadelle, 1983. H.-A. Jacobsen und J. Rohwer: Entscheidungsschlachten des Zweiten Weltkrieges, 1960.

Zöberlein, Hans, Schriftsteller, * 1. 9. 1895 Nürnberg, † 13. 2. 1964 München. Im 1. Weltkrieg verdiente sich Z. an der Westfront höchste Kriegsauszeichnungen und kämpfte dann im →Freikorps Epp. 1921 trat er in die →NSDAP und →SA ein. Über das Kriegserlebnis in den Materialschlachten und die anschließende nationale Bewegung in Deutschland schrieb er den Doppelroman „Der Glaube an Deutschland" (1931) mit einem Vorwort von A. →Hitler und „Der Befehl des Gewissens" (1937). Für seine schriftstellerische Arbeit wurde er mehrfach ausgezeichnet. Der Architekt leitete ab 1934 das Kulturamt in München. Von einem Gericht wurde Z. 1948 zum Tode verurteilt, weil er kurz vor Kriegsende im bayerischen Penzberg auf Befehl des Reichsverteidigungskommissars mehrere kapitulationswillige Zivilisten erschießen ließ. Er wurde dann zu lebenslanger Haft begnadigt und 1958 entlassen.

Zollgrenzschutz-Ehrenzeichen, Dienstauszeichnung in einer Stufe für Beamte im Zollgrenzschutz. Das am 17. 2. 1939 von A. →Hitler gestiftete Z. bestand aus einem Tatzenkreuz mit in der Mitte aufgelegtem Hoheitsadler mit Hakenkreuz im Akanthuskranz. Es wurde an Zivilanwärter nach acht Dienstjahren, an Versorgungsanwärter nach vier Dienstjahren im Zollgrenzschutz verliehen.

Zollunion, deutsch-österreichischer, gescheiterter Plan 1931. Wegen der wirtschaftlichen Not Österreichs und zur Abmilderung des Anschlußverbots der Diktate von →Versailles und →Saint-Germain sprachen ab Anfang 1930 der österreichische Bundeskanzler Johannes →Schober und der deutsche Außenminister Julius →Curtius über eine engere wirtschaftliche Zusammenarbeit zwischen Deutschland und Österreich. Nach vorberei-

tenden Verhandlungen durch Fachleute und einem österreichisch-ungarischen Freundschaftsvertrag vom 26. 1. 1931 einigten sie sich bei einem Besuch Curtius' in Wien am 13. 3. 1931 über eine deutsch-österreichische Z. Als das „Wiener Protokoll", vorsichtig eingebunden in Briands Paneuropa-Vorschläge und Österreichs Bündnispläne, bekannt wurde, protestierten vor allem Frankreich, England, Italien und die Kleine Entente unter Hinweis auf die Diktate von Versailles und Saint-Germain und befürchteten einen „Anschluß". Frankreich zog hohe kurzfristige Wechsel aus Österreich und Deutschland zurück, österreichische Banken brachen zusammen. Auf Englands Antrag befaßte sich der Internationale Gerichtshof in Den Haag mit der Z. und entschied am 5. 9. 1931 mit acht zu sieben Stimmen, daß hier ein Verstoß gegen die Friedensdiktate und das →Genfer Protokoll von 1922 vorliege. Am 3. 9. 1931 hatten Österreich und Deutschland schon in einer gemeinsamen Erklärung vor dem →Völkerbund das Vorhaben zurückgezogen.
J. Krulis-Randa: Das Deutsch-österreichische Zollunionsprojekt von 1931, 1955.

Zone, ab 1949 in Westdeutschland übliche volkstümliche Bezeichnung für die sowjetische Besatzungszone in Mitteldeutschland.

Zonengrenze, Demarkationslinie zwischen der amerikanischen, britischen, französischen und sowjetischen →Besatzungszone in Deutschland sowie zwischen dem sowjetisch besetzten und polnisch verwalteten Reichsgebiet. Die Z.n wurden durch die Alliierten in Jalta (4. bis 11. 2. 1945) beschlossen. Durch die Bildung der →Bizone aus englischer und amerikanischer Besatzungszone am 1. 1. 1947 und den Anschluß der französischen am 8. 4. 1949 zur Bildung der Trizone, sodann durch die Gründung der Bundesrepublik Deutschland wurden die westlichen Z.n bedeutungslos. Ab 1949 galt deshalb als Z. nur noch die Demarkationslinie zwischen der BRD und Mitteldeutschland, der sogenannten DDR, die zur Unterbindung eines fortgesetzten Flüchtlingsstroms von Ost nach West von den Kommunisten mit Stacheldraht, Minen, Bunkern und Wachttürmen nahezu unüberwindlich gemacht wurde und an der viele Menschen erschossen worden sind. Von den Kommunisten wurde diese Z. ab 16. 11. 1957 als „Staatsgrenze West", von Behörden der Bundesrepublik Deutschland seit Abschluß des Grundvertrages vom 21. 6. 1973 als „Innerdeutsche Grenze" bezeichnet. Nach dem Urteil des Bundesverfassungsgerichts vom 31. 7. 1973 hatte sie jedoch rechtlich nur dieselbe Qualität wie die Grenze zwischen

westdeutschen Bundesländern. Mit der Beseitigung des kommunistischen Terrorregimes in Mitteldeutschland nach dem 9. November 1989 verlor auch diese Z. schrittweise ihre Bedeutung.

Zubringeschulen, nicht voll ausgebaute höhere Schulen ab 1938. Aus bestehenden Rektoratsschulen und Neugründungen entstanden ab 1938 die Z., die zwei bis fünf Gymnasialklassen umfaßten und einer benachbarten Vollschule (Gymnasium, Oberschule, Oberrealschule) angeschlossen waren. Sie wurden besonders in kleineren Landstädten eingerichtet, die keine eigene höhere Schule besaßen.

Zusammenbruch, volkstümliche Bezeichnung für die militärische Niederlage Deutschlands am Ende des 2. Weltkrieges mit →Kapitulation der deutschen Wehrmacht am 8./9. 5. 1945 (Teilkapitulationen 29. 4. bis 10. 5. 1945) und Verhaftung der deutschen Reichsregierung am 23. 5. 1945 in Flensburg-Mürwik.

Zwanzigster Juli 1944, erfolgloses Attentat auf A. Hitler. Es gab im 2. Weltkrieg in Deutschland Oppositionsgruppen gegen A. →Hitler, die seine Beseitigung als Staatsoberhaupt anstrebten und zu diesem Zweck auch ein Attentat ins Auge faßten. Mehrere Versuche schlugen jedoch fehl. Am 20. 7. 1944 brachte Oberst i. G. Claus Graf Schenk von →Stauffenberg dann bei einer Lagebesprechung im →Führerhauptquartier bei Rastenburg eine Zeitzünderbombe zur Explosion, die fünf Menschen tötete, A. Hitler jedoch nur geringfügig verletzte. Stauffenberg, der sich zum Zeitpunkt der Detonation bereits außerhalb des Lageraums aufhielt, glaubte an den Erfolg seines Anschlags, flog nach Berlin zurück und löste dort den Plan →„Walküre" aus: die Mobilisierung des →Ersatzheeres für die Regierungsübernahme der Verschwörergruppe. Die Truppen versagten sich den Putschisten jedoch, als durch Rundfunkmeldungen und Befehle aus dem Führerhauptquartier das Überleben A. Hitlers bekannt und zugleich klargestellt wurde, daß die Heereseinheiten durch Irreführung für die Ziele einer Oppositionsgruppe eingesetzt werden sollten. In Berlin wurden Stauffenberg und seine Vertrauten durch Generalstabsoffiziere festgenommen und standrechtlich erschossen, die Befehle der Verschwörer zur Besetzung des Regierungsviertels durch das Wachbataillon nicht ausgeführt, nachdem dessen Kommandeur, Major Otto Ernst →Remer, durch Vermittlung von Reichsminister Dr. →Goebbels mit A. Hitler telefoniert hatte und von ihm mit der Niederschlagung des Putsches beauftragt worden war. Vom →Volksgerichtshof wurden danach rund 200 Beteiligte zum Tode verurteilt. Die Militärverschwörung konnte deshalb weitgehend ungestört vorbereitet werden, weil für die Verhinderung von Hochverrat aus den Reihen der Wehrmacht die militärische Abwehr zuständig war, die bis Februar 1944 von Admiral →Canaris und danach von Oberst Hansen, zwei an der Aktion Beteiligten, geleitet wurde. Der Sicherheitspolizei war eine Überwachung von Wehrmachtsangehörigen untersagt.

H. Paar: Dilettanten gegen Hitler, 1985. Neske und Voss (Hrsg.): Der 20. Juli 1944, 1984. J. F. Taylor: Der 20. Juli 1944, 1968. P. Hoffmann: Widerstand, Staatsstreich, Attentat, ³1979. K. Balzer: Der 20. Juli und der Landesverrat, 1971. K. Balzer: Verschwörung gegen Deutschland, 1978. M. Boveri: Der Verrat im XX. Jahrhundert, 4 Bde., 1956–1960. M. Braubach: Der Weg zum 20. Juli 1944, 1953. R. Büchel: Der deutsche Widerstand im Spiegel der Fachliteratur, 1975. H. W. Hagen: Zwischen Eid und Befehl, 1959. E. Henk: Die Tragödie des 20. Juli 1944, 1946. H.-A. Jacobsen: Spiegelbild einer Verschwörung, 2 Bde., 1984. W. Venohr: Stauffenberg, 1986. E. Kern: So wurde Deutschland verraten, 1971. O. E. Remer: 20. Juli 1944, 1951. O. E. Remer: Verschwörung und Verrat um Hitler, 1981. F. von Schlabrendorff: Offiziere gegen Hitler, 1946. G. Holmsten: Deutschland Juli 1944, 1982.

Zweibund, deutsch-österreichisches Bündnis ab 1879. Als sich nach dem Berliner Kongreß (13. 6. bis 13. 7. 1878) die deutsch-russischen Beziehungen verschlechterten und Zar Alexander II. den „Ohrfeigenbrief" am 15. 8. 1879 gegen Bismarck geschrieben hatte, vereinbarten Bismarck und der österreichisch-ungarische Außenminister Gyula Andrássy Ende August 1879 den Z. als deutsch–österreichisch-ungarisches Bündnis, das am 7. 10. 1879 in Wien für die Dauer von fünf Jahren abgeschlossen wurde. Österreich hatte schon länger auf dieses Abkommen gedrängt, während Bismarck erst starke Bedenken des dem Zaren freundschaftlich verbundenen Kaisers Wilhelm I. überwinden und auf dessen Forderung Rußland über den bis zum 3. 2. 1888 geheimgehaltenen Z. vertraulich informieren mußte. Der Z. verpflichtete die Partner zu gegenseitiger voller militärischer Hilfe, wenn einer von ihnen durch Rußland angegriffen würde. Beim Angriff durch eine andere Großmacht war der andere Partner zu wohlwollender Neutralität verpflichtet. Wenn Rußland die angreifende Macht unterstützen würde, trat auch der Bündnisfall ein. Das Reich war somit gegen einen Zweifrontenkrieg geschützt, allerdings nicht, wenn Frankreich allein angreifen würde. Der Z. räumte den deutsch-österreichischen Gegensatz von 1866 aus und wurde der Grundstein zu Bismarcks Bündnispolitik, die dann zum Dreikaiservertrag vom 18. 6. 1881 und zur Erweiterung des Z.s durch den Beitritt Italiens

zum Dreibund am 20. 5. 1882 führte. Der Z. wurde 1883 und später verlängert; 1902 wurde festgelegt, daß bei unterbliebener Kündigung der Z. jeweils drei Jahre weiter gelten solle. Während Bismarcks andere Bündnisse von seinen Nachfolgern vernachlässigt wurden, blieb der Z. Grundlage der deutschen und österreichischen Politik und führte zum Bündnisfall im 1. Weltkrieg.

E. Heller: Das deutsch–österreichisch-ungarische Bündnis in Bismarcks Außenpolitik, 1925. K. Hatzfeld: Das deutsch-österreichische Bündnis in der Beurteilung der politischen Parteien Deutschlands, 1938. W. Schüssler: Deutschland zwischen England und Rußland, 1941.

Zweierverband (Zweibund), französisch-russisches Bündnis ab 1892. Nachdem Deutschland den Rückversicherungsvertrag mit Rußland nicht erneuert und den →Dreibund 1891 verlängert hatte, kam es nach Vorgesprächen am 27. 8. 1891 zum außenpolitischen Einvernehmen und am 17. 8. 1892 zu einem Militärbündnis zwischen Frankreich und Rußland. Es verpflichtete die Partner, beim Angriff einer Dreibundmacht auf den anderen alle verfügbaren Kräfte gegen Deutschland einzusetzen. Die Mobilisierung einer Dreibundmacht sollte automatisch auch die Mobilmachung beider Partner auslösen. Die Militärkonvention wurde Ende 1893 ratifiziert, 1899 erneuert und am 16. 7. 1912 durch eine geheime französisch-russische Marinekonvention erweitert. Durch den Z. wurde Frankreich aus seiner Isolation geführt, was Bismarck immer verhindern wollte. Der Z. wurde ab 1907 durch Englands Beitritt zum →Dreiverband (Tripelentente) erweitert, der die →Einkreisung Deutschlands fortführte und mit zum 1. Weltkrieg beitrug.

P. Jacobs: Das Werden des französisch-russischen Zweibundes 1890–1894, 1968. O. Becker: Das französisch-russische Bündnis, 1925. G. F. Kennan: Die schicksalhafte Allianz, 1990.

Zweimächtestandard, Grundsatz britischer Flottenpolitik bis 1922. Nach dem Z. sollte die englische Kriegsflotte mindestens so groß sein wie die beiden nächststarken Flotten zusammengenommen. Nach der Washingtoner Seeabrüstungskonferenz 1921/22 galt für die britische Politik der Einmächtestandard, wonach die englische Flotte stets größer sein sollte als die nächststarke. Im Verlauf des 2. Weltkriegs mußte auch dieser Grundsatz aufgegeben werden.

Zweite Front, Kriegsschauplatz in Europa. Zur Entlastung seiner Kriegführung forderte →Stalin ab 1941 von seinen westlichen Alliierten eine gegen Deutschland gerichtete Z. in Europa. →Churchill plante zunächst eine Invasion auf dem Balkan, um dort der Sowjetunion eine Besetzung und Herrschaft zu verwehren. Nach Protesten Stalins gegen diese Absicht fiel auf der Konferenz von →Teheran (28. 11. bis 1. 12. 1943) die Entscheidung, die Z. in Frankreich zu errichten. Entsprechend landeten die Alliierten am 6. 6. 1944 in der Normandie. Die USA und England ließen damit Stalin freie Hand in Osteuropa.

Zweiter Weltkrieg, Gesamtheit der Kriegshandlungen 1939–1945. Die deutsche Politik strebte seit Gründung der Weimarer Republik die →Revision des Diktats von →Versailles an. Verstärkt geschah das im Dritten Reich. Die ehemaligen Kriegsgegner nahmen das zum Teil hin, durch das →deutsch-britische Flottenabkommen von 1935 und durch das →Münchner Abkommen von 1938 trugen sie auch selber dazu bei. Als A. →Hitler aber die Rückkehr Danzigs zu Deutschland sowie eine exterritoriale Durchfahrt für Deutschland durch den →Korridor anstrebte, verweigerten die Polen, gestützt auf eine englische Garantieerklärung, die diesbezügliche Revision des Versailler Diktats und antworteten mit einer verstärkten Unterdrückung der Volksdeutschen in den von ihnen annektierten deutschen Ostgebieten. Die Folge war der deutsche Angriff auf Polen am 1. 9. 1939 (→Polenfeldzug), worauf am 3. 9. 1939 England und Frankreich dem Deutschen Reich den Krieg erklärten. Sie reagierten jedoch nicht, als am 17. 9. 1939 die Rote Armee in den östlichen Teil Polens einmarschierte. Am 6. 10. 1939 war der letzte polnische Widerstand gebrochen. Die Sowjetunion erklärte Finnland am 30. 11. 1939 den Krieg und griff das Land an, mußte zunächst jedoch erhebliche Niederlagen hinnehmen und konnte bis zum Waffenstillstand am 12. 3. 1940 nur unwesentliche Geländegewinne erzielen. Am 8. 4. 1940 kam die deutsche Wehrmacht mit einer Landung in Norwegen einer englischen Besetzung des Landes nur um wenige Stunden zuvor (→Norwegenfeldzug). Kämpfe in Norwegen zwischen deutschen Verbänden einerseits, englischen, französischen und norwegischen Truppen andererseits endeten am 10. 6. 1940. Dänemark hingegen war von der deutschen Wehrmacht am 8. 4. 1940 kampflos besetzt worden. →Westfeldzug und →Frankreichfeldzug begannen am 10. 5. 1940 mit dem Angriff deutscher Truppen auf Holland, das am 14./15. 5., und Belgien, das am 28. 5. 1940 kapitulierte. Der deutsch-französische Waffenstillstand wurde am 22. 6. 1940 bei →Compiegne unterzeichnet. Italien hatte kurz zuvor, am 10. 6. 1940, Frankreich noch den Krieg erklärt, war mit seinen Verbänden jedoch nur wenige Kilometer auf französisches Gebiet vorgedrungen. Ab Februar 1941 unter-

stützte das Deutsche →Afrikakorps die von den Engländern bedrängten Italiener in Nordafrika, eroberte →Bengasi und →Tobruk mit der Cyrenaika und erreichte El →Alamein westlich von Kairo. Von da aus mußte es sich ab November 1942 jedoch zurückziehen, bis seine Reste nach der Landung der Amerikaner in Nordafrika am 13. 5. 1943 kapitulierten. Mißerfolge der Italiener in ihrem Krieg gegen Griechenland sowie der Sturz einer deutschfreundlichen Regierung in Belgrad hatten das Eingreifen der Wehrmacht auf dem Balkan zur Folge (→Balkanfeldzug). Am 6. 4. 1941 kapitulierte die jugoslawische, am 23. 4. 1941 die griechische Armee. Bis zum 1. 6. 1941 wurden die griechischen Inseln und →Kreta von der Wehrmacht erobert. Am 22. 6. 1941 stieß der Angriff der Wehrmacht mitten in einen ausgedehnten Aufmarsch der Roten Armee hinein. An diesem →Rußlandfeldzug beteiligten sich auch die Slowakei (ab 23. 6. 1941), Finnland (ab 26. 6. 1941), Ungarn (ab 27. 6. 1941) und Rumänien an deutscher Seite, Italien und Spanien entsandten später Hilfskontingente. Bis zum Winter 1941 konnte die Wehrmacht bis vor →Leningrad, →Moskau und hinter Rostow am Don vorstoßen, im Sommer 1942 bis in den →Kaukasus und zur Wolga bei →Stalingrad. Nach Japans Angriff auf die amerikanische Flottenbasis Pearl Harbor weitete sich der europäische Konflikt zum Weltkrieg aus, Deutschland und Italien erklärten den USA am 11. 12. 1941 den Krieg. Am 2. 2. 1943 kapitulierte die eingeschlossene deutsche 6. Armee in Stalingrad, danach mußte die deutsche Ostfront zurückgenommen werden, lag Anfang 1944 etwa auf der Linie Leningrad-Ilmensee-Cholm-Dnjepr-Kiew und im Herbst 1944 auf der Linie Ostpreußen-Warschau-Karpaten. Am 10. 7. 1943 landeten die Alliierten auf →Sizilien, am 3. 9. 1943 in Kalabrien, worauf die Italiener am 8. 9. 1943 die Front wechselten und zu den Alliierten übergingen. Am 6. 6. 1944 begann die anglo-amerikanische Invasion in der Normandie, am 15. 8. 1944 in Südfrankreich. Bis Herbst 1944 wurde Frankreich von deutschen Truppen geräumt. Nach einem Staatsstreich am 23. 8. 1944 wechselte Rumänien die Front, am 19. 9. 1944 schloß Finnland, am 28. 10. 1944 Bulgarien einen Waffenstillstand mit der Sowjetunion ab. Am 12. 1. 1945 begann die Rote Armee eine große Offensive aus ihren Stellungen an der Weichsel und kam in wenigen Wochen bis an die Oder. Ab Ende Februar drangen die Westalliierten zum Rhein vor, der ihnen am 7. 3. 1945 überschritten wurde. Am 16. 4. 1945 begann der sowjetische Angriff von der Oder her auf →Berlin. Die eingeschlossene Stadt, in der sich A. Hitler am 30. 4. das Leben nahm, kapitulierte am 2. 5. 1945. Am 9. 5. 1945 trat, nachdem Wehrmachtsteile schon vorher in Italien und Nordwestdeutschland die Waffen niedergelegt hatten, die Kapitulation der Wehrmacht in Kraft. Die deutschen Truppen in den von den Alliierten noch nicht eroberten Gebieten (Kurland, Ostpreußen, Skandinavien, Norddeutschland, Balkan, in den Atlantikfestungen, Ägäis-Inseln) gingen in eine oft jahrelange →Gefangenschaft. In Ostasien dauerte der Krieg trotz japanischer Friedensangebote noch an. Am 8. 8. 1945 erklärte die UdSSR Japan den Krieg, am 6. 8. 1945 warfen die Amerikaner auf Hiroshima und am 9. 8. 1945 auf Nagasaki eine →Atombombe ab. Am 10. 8. 1945 erklärte sich Japan zur Kapitulation bereit, die am 2. 9. 1945 unterzeichnet wurde. Besonderes Kennzeichen des Z. war der verheerende Bombenkrieg der Anglo-Amerikaner gegen die deutsche Zivilbevölkerung.

W. Görlitz: Der Zweite Weltkrieg 1939–1945, 2 Bde., 1951/52. K. v. Tippelskirch: Geschichte des Zweiten Weltkriegs, [2]1956. H. A. Jacobsen: 1939–1945, 1961. H. Greiner und P. E. Schramm: Kriegstagebuch des Oberkommandos der Wehrmacht 1940–1945, 4 Bde., 1961. H. G. Dahms: Geschichte des Zweiten Weltkrieges, 1965. H. Michaelis: Der Zweite Weltkrieg 1939–1945, 1972. W. Michalka (Hrsg.): Der Zweite Weltkrieg, 1989.

„Zweites Buch", Hitlers, von A. Hitler nicht veröffentlichtes Manuskript von 1928. 1961 wurde von dem US-Historiker Gerhard L. Weinberg aus dem Bestand des US-Nationalarchivs das „Z." herausgegeben, das A. →Hitler im Sommer 1928 geschrieben hat. Es umfaßt 224 (Druck-)Seiten und führt vor allem die in „Mein Kampf" dargelegten außenpolitischen Konzeptionen fort.

Zwischenreich, im 3. Reich Bezeichnung für die →Weimarer Republik als Staat zwischen dem Zweiten und Dritten Deutschen Reich.

Allgemeine Literatur

A. Lexika, Nachschlagewerke, Handbücher
W. Benz und H. Graul: Biographisches Lexikon zur Weimarer Republik, 1988
Bibliographisches Institut (Hrsg.): Das Große Duden-Lexikon in 8 Bänden, 1964–68
Der Neue Brockhaus in 4 Bänden, 1942
Brockhaus-Enzyklopädie in 25 Bänden, 1966-81
Brockhaus-Enzyklopädie in 24 Bänden, 1986-90
M. Broszat und N. Frei: Ploetz des Dritten Reiches, 1983
DN-Verlagsgesellschaft (Hrsg.): Politisches Lexikon, 8 Bände, 1966–68
Droste-Geschichtskalendarium, 1982–86
DTV-Verlag (Hrsg.): Die Wehrmachtberichte 1939–1945, 3 Bände, 1985
H. J. Fischer: Hitlers Apparat, 1988
D. Fricke u. a.: Lexikon zur Parteiengeschichte, 4 Bände, 1983–86
H. Grundmann (Hrsg.): Gebhardt Handbuch der deutschen Geschichte, 1970–76, 5 Bände
A. Hillgruber und G. Hümmelchen: Chronik des Zweiten Weltkrieges, 1978
A. Hillgruber und J. Dülffer (Hrsg.): Ploetz Geschichte der Weltkriege, 1981
K. Höffkes: Hitlers politische Generale, 1986
Keesing-Archiv der Gegenwart
W. Lautemann und M. Schlenke: Geschichte in Quellen, 7 Bände, 1965–1981
Meyers Großes Universallexikon in 15 Bänden, 1981–86
Militärgeschichtliches Forschungsamt (Hrsg.): Handbuch zur deutschen Militärgeschichte, 6 Bände, 1979–81
Munzinger Archiv
H. Pemsel: Seeherrschaft, 2 Bände, 1985
H. Pemsel: Biographisches Lexikon zur Seekriegsgeschichte, 1985
H. U. G. Rönnefarth u. H. Euler: Vertragsploetz, 5 Bde, 1958–75
J. Rohwer u. G. Hümmelchen: Chronik des Seekrieges 1939–45, 1968
C. Stern u. a.: Lexikon zur Geschichte und Politik im 20. Jahrh.
E. Stockhorst: Fünftausend Köpfe, 2 Bände, 1983/84
R. Stöss (Hrsg.): Parteienhandbuch, 2 Bände, 1983/84
G. Taddey (Hrsg.): Lexikon der deutschen Geschichte, 1983
W. Uhlich: Deutsche Decknamen des Zweiten Weltkrieges, 1987
D. Vollmer: Politisches Geschehen im XX. Jahrhundert, 6 Bände, 1972–75
H. Wagner: Taschenwörterbuch des Nationalsozialismus, 1934
F. Wende (Hrsg.): Lexikon zur Geschichte der Parteien in Europa, 1981
R. Wistrich: Wer war wer im Dritten Reich?, 1983
H.-J. Witthöft: Lexikon zur deutschen Marinegeschichte, 2 Bände, 1977/78
P. Young (Hrsg.): Der große Atlas zum II. Weltkrieg, [6]1989

C. Zentner und F. Bedürftig: Das große Lexikon des Dritten Reiches, 1985.
C. Zentner und F. Bedürftig (Hrsg.): Das große Lexikon des Zweiten Weltkriegs, 1988

B. Übergreifende Darstellungen
J. Benoist-Méchin: Geschichte der deutschen Militärmacht 1918–1939, 7 Bände, 1965–71
W. Benz: Von der Besatzungsmacht zur Bundesrepublik, 1984
K. D. Bracher: Die Krise Europas, 1976
W. Conze: Die Weimarer Republik, 1953
H. G. Dahms: Geschichte des Zweiten Weltkriegs, 1965
H. Dietwart: Hundert Jahre deutsches Schicksal, 1981
H. Diwald: Geschichte der Deutschen, 1978
H. Dollinger: Der Erste Weltkrieg, 1965
G. Franz-Willing: Ursprung und Frühgeschichte der Hitlerbewegung 1919–1925, 3 Bände, 1974–77
G. Franz-Willing: Der Zweite Weltkrieg, 1979
G. Franz-Willing: Die nationale Erhebung, 1982
W. Görlitz: Der Zweite Weltkrieg 1939–1945, 2 Bände, 1951–52
A. Hillgruber: Der Zweite Weltkrieg, 1982
D. L. Hoggan: Der erzwungene Krieg, 1962
H. Huber u. a.: Das Dritte Reich, 2 Bände, 1983
Institut für Zeitgeschichte (Hrsg.): Deutsche Geschichte seit dem Ersten Weltkrieg, 3 Bände, 1971–73
H. A. Jacobsen: 1939–1945, 1961
H. A. Jacobsen und J. Rohwer: Entscheidungsschlachten des Zweiten Weltkrieges, 1960
E. Kern: Von Versailles nach Nürnberg, 1967
E. Kern: Adolf Hitler, 3 Bände, 1970/71
P. Graf Kielmansegg: Deutschland und der Erste Weltkrieg, [2]1980
R. Kühnl: Der deutsche Faschismus in Quellen und Dokumenten, [6]1987
H. Michaelis: Der Zweite Weltkrieg 1939–1945, 1972
H. Michaelis und E. Schraeple: Ursachen und Folgen, 28 Bände
W. Michalka (Hrsg.): Der Zweite Weltkrieg, 1989
Militärgeschichtliches Forschungsamt (Hrsg.): Deutsche Militärgeschichte 1648–1939, 6 Bände, 1983
Militärgeschichtliches Forschungsamt (Hrsg.): Beiträge zur Militär- und Kriegsgeschichte, 22 Bände, 1963–82
Militärgeschichtliches Forschungsamt (Hrsg.): Das Deutsche Reich und der Zweite Weltkrieg, 5 Bände, 1979–83
J. Piekalkiewicz: Der Zweite Weltkrieg, 1986
J. Piekalkiewicz: Der Erste Weltkrieg, 1988
E. B. Potter u. a.: Seemacht, 1986
A. Rosenberg: Entstehung und Geschichte der Weimarer Republik, 1956
H. Stegemann: Geschichte des Krieges, 4 Bände, 1917–21
M. Stürmer (Hrsg.): Die Weimarer Republik, 1980